LA PROTECCIÓN DE LOS DERECHOS FRENTE AL PODER DE LA ADMINISTRACIÓN

ALLAN R. BREWER-CARÍAS
LUCIANO PAREJO ALFONSO
LIBARDO RODRÍGUEZ RODRÍGUEZ
(Coords.)

LA PROTECCIÓN DE LOS DERECHOS FRENTE AL PODER DE LA ADMINISTRACIÓN

LIBRO HOMENAJE AL PROFESOR
EDUARDO GARCÍA DE ENTERRÍA

EDITORIAL JURÍDICA VENEZOLANA
Caracas, 2014

Calle 17, núm. 68D-46, Bogotá.
www.editorialtemis.com
correo elec. gerencia@editorialtemis.com
ISBN 978-958-35-1022-9
2753 201400050480
Hecho el depósito que exige la ley.

Reimpresión realizada con autorización de Editorial Temis S.A.
por Editorial Jurídica Venezolana
Avda. Francisco Solano López, Torre Oasis, P.B., Local 4, Sabana Grande,
Apartado 17.598 – Caracas, 1015, Venezuela
Teléfono 762.25.53, 762.38.42. Fax. 763.5239
http://www.editorialjuridicavenezolana.com.ve
Email fejv@cantv.net
a través de Lightning Source, an INGRAM Content company
para Editorial Jurídica Venezolana International Inc.
Panamá, República de Panamá.
Email: editorialjuridicainternational@gmail.com

PRESENTACIÓN

La Asociación Internacional de Derecho Administrativo (AIDA) tiene el honor de presentar a la comunidad jurídica internacional este libro homenaje a la memoria del ilustre administrativista español don EDUARDO GARCÍA DE ENTERRÍA y a su valioso legado en materia de derecho administrativo, con ocasión del primer aniversario de su lamentable fallecimiento.

Esta publicación se enmarca en los objetivos de la Asociación, que están relacionados con la promoción, el desarrollo y el perfeccionamiento de esta rama del derecho en los diferentes países, por medio del fomento y el fortalecimiento del estudio, la investigación, la docencia y la divulgación de los principales temas que son objeto de la ciencia del derecho administrativo. Para ello, la Asociación participa en la organización y celebración de eventos académicos en diversos escenarios internacionales sobre temas propios de la disciplina del derecho administrativo y, como en este caso, contribuye con la publicación de libros sobre dicha materia.

AIDA fue creada en la Universidad Autónoma de México en 2006 y reúne en la actualidad cerca de ciento treinta profesores de derecho administrativo de veinticinco países de América, Europa y Asia.

En esta ocasión, como un merecido homenaje a don EDUARDO GARCÍA DE ENTERRÍA y a su obra, la Asociación ha reunido colaboraciones académicas de treinta y nueve destacados profesores de derecho administrativo, originarios de dieciocho países, con quienes el homenajeado tuvo especiales relaciones académicas, ya fuera como docente, como colega o como uno de los principales exponentes de la doctrina contemporánea del derecho administrativo en España y en los demás países en los cuales se ha cultivado esta disciplina jurídica.

La obra reúne trabajos académicos sobre diversos temas del derecho administrativo. En primer lugar, un buen número de autores, como era de esperar al tratarse de un homenaje a uno de los principales tratadistas del derecho administrativo español y comparado, ha dedicado sus esfuerzos a reflexionar sobre el pensamiento del profesor GARCÍA DE ENTERRÍA alrededor de diferentes temas sobre los cuales el ilustre profesor desarrolló su aporte a la ciencia jurídica.

Otro grupo se ocupó de temas relacionados con la teoría general del derecho administrativo, como los referentes a *Transadministrativismo– una introducción*, *Neoconstitucionalismo. Proyecciones en el derecho administrativo uruguayo*, *La identidad del derecho administrativo francés*, *Principios constitucionales que rigen a la administración pública*, *El concepto de interés general* y *La revolución francesa y los orígenes del derecho administrativo*. Un tercer grupo ha contribuido con escritos sobre algunos aspectos de la organización administrativa, específicamente sobre *La centralización y el derecho administra-*

tivo, *La potestad de organización en Chile*, *El futuro de las especialidades de la región* y *Nueva administración del Estado contemporáneo*. Un cuarto grupo nos presenta el producto de sus investigaciones y análisis sobre cuestiones referentes a la contratación pública, como son *El nuevo ordenamiento de la colaboración público-privada mediante concesiones de obra pública en Chile* y *La potestad de interpretación unilateral de la administración pública concedente en la concesión administrativa*.

El quinto grupo de estudios que contiene el libro centra su atención en algunos aspectos de la responsabilidad del Estado, como es el caso de los trabajos sobre *El principio de enriquecimiento sin justa causa en el derecho administrativo* y *Convencionalidad y responsabilidad del Estado*. El sexto grupo está integrado por diversos trabajos relacionados con el tema fundamental del control judicial de las actividades administrativas. Y, finalmente, hemos agrupado, en la séptima parte del libro, los aportes presentados sobre diversos temas muy importantes en el desarrollo actual del derecho administrativo pero que no se sitúan específicamente en alguno de los grupos anteriores, como son los trabajos sobre *El servicio público: su metamorfosis y subsistencia como institución jurídica*, *La presencia de los padres en el derecho a la educación*, *Algunas reflexiones sobre la necesidad de la depuración del status de la sanción administrativa*, *Potestades públicas. Reflexiones acerca de las potestades sancionadora y disciplinaria* y *El concepto y la evolución del derecho de la regulación en Alemania y en la Unión Europea*.

Esta temática no podría ser más interesante en una época en la que el gran paso dado por el derecho administrativo en los últimos tiempos se traduce en el cambio de perspectiva del centro de atención de esta rama del derecho: mientras que en el derecho administrativo tradicional se consideraba que el objetivo central de esta rama del derecho era la administración pública, en el derecho administrativo actual se entiende que ese objetivo es "la persona" en sus relaciones con la administración.

Este cambio de perspectiva ha permitido evolucionar hacia una preocupación mayor en cuanto a los derechos de las personas, más que sobre las prerrogativas de la administración, pues se considera que estas deben estar condicionadas por el reconocimiento y efectividad de esos derechos.

Precisamente en esa perspectiva puede subrayarse uno de los más importantes aportes del profesor EDUARDO GARCÍA DE ENTERRÍA al derecho administrativo, para quien una de sus mayores preocupaciones fue el excesivo poder del Estado, que dio lugar a una de sus obras más conocidas sobre el tema de la lucha contra las inmunidades del poder y la consecuente necesidad de garantizar la tutela jurisdiccional efectiva de los derechos de las personas, aspecto que acentúan muchos de los trabajos que integran este libro.

En efecto, en buena parte de las colaboraciones académicas se evidencia que la preocupación contemporánea del derecho administrativo no se limita simplemente al análisis del régimen jurídico de la administración pública, sino que se centra en los mecanismos de protección de los derechos de las personas que se relacionan con ella, en especial respecto del ejercicio arbitrario de las potestades administrativas reconocidas por los ordenamientos jurídicos.

Como consecuencia de esa visión, este libro en homenaje al profesor GARCÍA DE ENTERRÍA lo hemos titulado *La protección de los derechos frente al poder de la administración*.

La Asociación deja expreso su agradecimiento a los juristas que participaron con entusiasmo en este homenaje y que han hecho importantes aportes a la doctrina administrativa no solo de sus respectivos países sino al derecho público en general. Igualmente expresamos nuestro reconocimiento a las casas editoriales que decidieron aportar sus esfuerzos técnicos y económicos para hacer posible esta publicación.

LIBARDO RODRÍGUEZ RODRÍGUEZ
Presidente de la Asociación Internacional
de Derecho Administrativo (AIDA)

SEMBLANZA DEL PROFESOR EDUARDO GARCÍA DE ENTERRÍA Y MARTÍNEZ-CARANDE

Unas forzosamente breves líneas solo pueden dar una idea aproximada de la riqueza y fecundidad de la vida y la obra de Eduardo García de Enterría y Martínez-Carande (Cantabria 1923-Madrid 2013). Como jurista de talla internacional, que inició muy joven (con 24 años) su brillante trayectoria como Letrado del Consejo de Estado (el supremo órgano consultivo del Gobierno en el Estado español), repartió su desbordante capacidad y enorme talento entre el cultivo de la ciencia del derecho administrativo en la universidad (obtuvo la Cátedra de la Universidad de Valladolid en 1957, pasando a ocupar, un lustro después, la de la Universidad Complutense de Madrid, que desempeñó ya ininterrumpidamente hasta su jubilación, pronunciando su última lección magistral en su Facultad de Derecho, que orgullosa de su pertenencia a ella, ha fijado su retrato en el aula magna), en la Real Academia de Legislación y Jurisprudencia y en la práctica forense como abogado, pero también en la judicatura (fue el primer juez español en el Tribunal Europeo de Derechos Humanos entre 1978 a 1986). Pero, hombre de vasta cultura e inquietudes mucho más amplias, desbordó igualmente el derecho (destacaba, en su afición literaria, su predilección por la obra de Borges y atención a ella), lo que le valió un asiento en la Real Academia de la Lengua Española, donde efectuó una notable contribución a la mejora del vocabulario jurídico. Aunque García de Enterría haya sido un *ecrivain,* si fue desde luego —empleando el neologismo acuñado por Roland Barthes— un *ecrivant,* pues pertenece al grupo social cuyas raíces últimas se remontan a la modernidad generadora del ambiente preciso, que podemos describir como el ámbito en que lo social se hace público, generando el público que es interlocutor indispensable. Responde al tipo específico que vive en simbiosis con ese público y se decanta como intelectual. Antes que jurista o sin perjuicio de ello y en cuanto tal, fue un intelectual comprometido con su circunstancia y a la altura de su tiempo al modo orteguiano, cumplidor de su doble función crítica y utópica; publicista y ensayista, que desde la cima de su enorme obra científica se dirigió —y sigue dirigiendo— a su público en la doble dimensión ética y pública inherente a toda idea sustantiva de libertad y cultivó la lengua con una prosa diáfana, precisa y clara desbordando ampliamente el saber que principalmente profesó y no rehuyó siquiera el periodismo (es de recordar, aparte sus "terceras" de *ABC,* sus artículos dedicados al desafío de la organización territorial del Estado publicados en la aurora de la democracia española y los comienzos del diario *El País*). No es en modo alguno casualidad, pues, su elección para la Real Academia Española, ni que la obra resultante de su discurso de ingreso en ella lleve por título principal "La lengua de los derechos" y que —continuando con ella el esfuerzo en llamar nuestra atención sobre la validez de los fundamentos de las revoluciones modernas y la actualidad del esfuerzo por la realización de sus postulados— nos diga en el prólogo a su segunda edición, revelándonos todo de sí mismo, que la historia de los dogmas básicos surgidos de aquellas es la de la decantación de una lengua de los derechos como lengua de la libertad, fenómeno singular que representa uno de los vectores más vivos y positivos del desarrollo humano de la historia que nos toca vivir.

Ha sido y es García de Enterría, en efecto, artífice principal del actual Derecho administrativo español, construido —más que reconstruido— desde los postulados del Estado de derecho. Labor que se ha plasmado:

— En una vastísima obra, de calidad extraordinaria, gracias a una fecundidad creadora que mantuvo en todo momento su vigor. Obra de la que da cuenta la relación bibliográfica acompañada, pero que puede ejemplificarse —por la enorme influencia que ha ejercido desde la aparición de la primera edición del primer volumen en los años setenta del siglo xx— el *Curso de derecho administrativo*, escrito junto con el profesor T. R. Fernández Rodríguez. Sin olvidar otra de también enorme repercusión en su momento (poco después de promulgada la Constitución de 1978): *La Constitución como norma jurídica y el Tribunal Constitucional*. Como ya se ha dicho al repasar su ingente labor creativa, estableció las bases para la defensa de los derechos individuales en el período de la dictadura de Franco; enmarcó el estudio de la Constitución como unidad o sistema, nada más aprobada, señalando la trascendencia del cambio que supuso, y acometió desde el primer momento el análisis del efecto en el ordenamiento propio de la integración de España en la actual Unión Europea (fue fundador y sucesivamente presidente y presidente de honor de la Asociación Española para el Estudio del Derecho Europeo, y presidente —en el período 1988-1990— de la Fédération International pour le Droit Européen). Y todo esto lo hizo enriqueciendo su formación inicial de corte francés con la mirada sucesiva a los mundos jurídicos germánico y anglosajón. Lo que hizo de él un verdadero jurista europeo.

— La aportación de su saber en la formulación de textos legales fundamentales (así, tempranamente, en la década de los cincuenta del siglo xx, en el caso de la Ley de Expropiación Forzosa) y procesos decisivos como el de la transición a la democracia y el constituyente primero (su influencia en bastantes preceptos de la Constitución de 1978 es evidente) y el de organización del Estado autonómico después (presidió la comisión de expertos que por encargo de los partidos políticos formuló el frustrado proyecto de ley orgánica de armonización del proceso autonómico). Ello fue posible gracias al especial cuidado que García de Enterría tuvo siempre de mantener su independencia y su distancia respecto al ejercicio del poder público.

— La fundación (y dirección hasta su muerte) de las dos revistas nucleares en la materia: la *Revista de Administración Pública,* aún en plena época franquista y en el seno del Instituto de Estudios Políticos (luego convertido en Centro de Estudios Políticos y Constitucionales) y la *Revista Española de Derecho Administrativo*.

— La animación y dirección de un seminario universitario semanal semillero de inquietudes, ideas y vocaciones (el seminario de los miércoles), primero en Valladolid y luego también en Madrid y que se ha celebrado regularmente de modo ininterrumpido hasta prácticamente su muerte. Seminario, que aún sigue celebrándose bajo la dirección de L. MARTÍN-RETORTILLO.

— La creación en torno a su persona y su obra, a partir del primer círculo de discípulos procedentes de Valladolid (R. Martín Mateo, recién fallecido; A. Nieto; R. Parada; S. y L. Martín Retortillo; J. A. Manzanedo, de trayectoria truncada tempranamente de modo trágico), toda una escuela de administrativistas (compuesta hoy de más de ochenta catedráticos de universidad) cuyos miembros lo reconocemos como el "maestro", incluso por intermedio de nuestros maestros directos, a su vez discípulos suyos.

La *auctoritas* indudable de GARCÍA DE ENTERRÍA ganada con una trayectoria ejemplar de más de cuarenta años de labor universitaria y forense encontró reconocimiento explícito en el IV Congreso de la Asociación Española de Profesores de Derecho Administrativo celebrado en Valladolid, en 2009, con su nombramiento como presidente de honor de dicha Asociación, que hoy agrupa a cerca de trescientos catedráticos y profesores doctores dedicados al derecho administrativo. Pero, más allá del mundo universitario, en la concesión del Premio Príncipe de Asturias de Ciencias Sociales en 1984 y el Premio Internacional Menéndez y Pelayo en 2006. Y, en el ámbito europeo, el Premio Alexis de Tocqueville del Instituto Europeo de Administración Pública.

De la dimensión de la figura da cuenta, finalmente, el otorgamiento del doctorado Honoris Causa:

a) En el ámbito nacional, por las Universidades de Valladolid, Santiago de Compostela, Carlos III de Madrid, Cantabria, Oviedo, Extremadura, Málaga, Zaragoza y San Pablo CEU.

b) Y en el ámbito internacional, por las Universidades de Paris-Sorbona (Francia); Bolonia (Italia); Oporto (Portugal); Buenos Aires, Córdoba, Mendoza y Tucumán (Argentina); Porto Alegre (Brasil); Nuevo León, Benito Juárez de Durango y Guadalajara (México) y Externado de Colombia y Sergio Arboleda de Bogotá (Colombia).

Getafe (Madrid), junio de 2014.

LUCIANO PAREJO ALFONSO
Catedrático de Derecho Administrativo
Universidad Carlos III de Madrid.

PUBLICACIONES DEL PROFESOR EDUARDO GARCÍA DE ENTERRÍA

A) *Libros*

a) *Obras jurídicas:*

Curso de derecho administrativo, en colaboración con TOMÁS-RAMÓN FERNÁNDEZ, t. I, 1ª ed., 1974; 14ª ed. 2008 (más 13 reimps.); t. II, 1ª ed., 1977; 11ª ed., 2008 (más 12 reimps.).

Este libro ha sido traducido (parcialmente) al italiano (*Principi di Diritto Amministrativo*, 1983, Milano, Giuffrè, Publicaciones de la Universidad de Bolonia; trad. L. Vandelli y G. Cassani, Prólogo de F. Roversi-Monaco) y al portugués (*Curso de Direito Administrativo*, Editorial "Revista dos Tribunais", São Paulo, 1991; trad. de A. Setti); única obra jurídica general española traducida a otros idiomas. En 2006 se publican dos ediciones del *Curso* en Suramérica (Buenos Aires-Lima-Bogotá, La Ley y Palestra-Temis) con notas sobre los respectivos Derechos nacionales (en Argentina por el Prof. Agustín Gordillo).

Dos estudios sobre la usucapión en derecho administrativo, Instituto de Estudios Políticos, Madrid, Editorial Tecnos, 1ª ed., 1955; Editorial Civitas, 3ª ed., 1998; 4ª ed. ampliada, Thomson-Civitas, 2007.

Los principios de la nueva Ley de Expropiación Forzosa (*Potestad expropiatoria. Garantía patrimonial. Responsabilidad civil de la administración*), Instituto de Estudios Políticos, 1ª ed., 1956, Editorial Civitas, reedición 1984; reimpresiones 1989 y 1994; 2ª reimp., Thomson-Civitas, 2006.

Problemas actuales de régimen local, Instituto García Oviedo, Universidad de Sevilla, 1ª ed., 1958; 2ª ed., 1986; Madrid, Civitas, 1ª ed., 2007.

La administración española, Alianza Editorial, Libro de bolsillo, 1ª ed., 1961; 2ª ed., Instituto de Estudios Políticos, 1964; 3ª ed., 1972; 4ª ed., 1985; reimp. 1995; 6ª ed., 1999; 7ª ed., Civitas, 2007.

Legislación delegada y control judicial. Discurso de ingreso en la Real Academia de Jurisprudencia y Legislación, Madrid, 1970.

Legislación delegada, potestad reglamentaria y control judicial, Madrid, Tecnos, 1ª ed., 1970; 2ª ed., 1981 (incluye el discurso anterior y otros trabajos); Madrid, Civitas, 3ª ed., 1998; reimp., 2006; 3ª ed. ampliada, 2007.

Revolución francesa y administración contemporánea, Taurus Ediciones, 1ª ed., 1972; 2ª ed., 1981 ampliada con el título *Revolución francesa, administración contemporánea y la formación del sistema municipal francés contemporáneo*, 3ª ed. y reimps.

1984 y 1986; 4ª ed., 1994; Madrid, Civitas, 5ª ed., 1998. Traducción francesa del Prof. Franck Moderne, *Revolution française et Administration contemporaine*, Collection Droit Public Positif, Paris, Éd. Economica, 1993.

La lucha contra las inmunidades del poder, Madrid, Civitas, 1ª ed., 1974; 2ª ed., 1979; 3ª ed., 1983; varias reimps. hasta 2003.

El urbanismo como hecho y la formación de las técnicas urbanísticas, Universidad Internacional Menéndez Pelayo, Santander, 1977 (reimpreso en la obra colectiva editada por dicha Universidad, *Cuatro Lecciones magistrales*, 2000).

Lecciones de derecho urbanístico, en colaboración con el Prof. L. Parejo, Madrid, Civitas, 1ª ed. del t. I, 1979; 1ª ed. del t. II, 1981; 2ª ed. obra refundida, 1981.

La Constitución como norma y el Tribunal Constitucional, Madrid, Civitas, 1ª ed., 1981; 2ª ed., 1982; 3ª ed., 1983; reimps. 1988, 1991, 1994, 2001. Traducción parcial al alemán en el volumen colectivo *Spanisches Verfassungsrecht*, Heidelberg, C. F. Müller, 1993, 4ª ed., 2006.

La ejecución autonómica de la legislación del Estado, 1ª ed., Madrid, Civitas, 1983.

Una nueva legislación del patrimonio artístico, Hispania Nostra, Cuadernos, número 1, Madrid, 1984.

Estudios sobre autonomías territoriales, 1ª ed., Madrid, Civitas, 1985.

Reflexiones sobre la Ley y los principios generales del derecho, Madrid, Civitas, 1ª ed., 1984; 2ª ed., 1986.

Las formas comunitarias de propiedad forestal y su posible proyección futura, 1ª ed., Santander, Ediciones de Librería Estudio, 1986.

Los ciudadanos y la Administración: Nuevas tendencias en Derecho español, núm. 13 de "Conferenze-Seminari 1987-88" de la "Scuola di Specializzazione in Diritto Amministrativo e Scienza dell'Amministrazione" de la Università degli Studi di Bologna.

La revisión del sistema de autonomías territoriales: reforma de Estatutos, leyes de transferencia y delegación, federalismo, Madrid, Civitas, 1988.

Hacia una nueva justicia administrativa, 1ª ed., Madrid, Civitas, 1989; 2ª ed. ampliada, 1992.

La batalla por las medidas cautelares. Derecho comunitario europeo y proceso contencioso-administrativo español, Madrid, Civitas, 1992; 2ª ed. ampliada, 1995; 3ª ed. ampliada, 2004; reimp., 2006.

La lengua de los derechos. La formación del derecho público europeo tras la Revolución francesa, Discurso de ingreso en la Real Academia Española, Madrid, 1994.

La lengua de los derechos. La formación del derecho público europeo tras la Revolución francesa, ed. en libro, Madrid, Alianza Universidad, 1994; reimp. 1995; 2ª ed., 1999; reimp., 2000; 2ª ed. (1ª ed. en Civitas), 2001; 3ª ed. (2ª ed. en Civitas), 2009. Traducción francesa en curso.

Democracia, jueces y control de la administración, Madrid, Civitas, 1995; 2ª ed., 1996; 3ª ed. ampliada, 1997; 4ª ed. ampliada, 1998; 5ª ed. y prólogo, 2000; 6ª ed., 2006.

Coautor con el Prof. Aurelio Menéndez del libro *El Derecho, la Ley y el juez. Dos estudios*, Editorial Civitas, 1997 (traducción italiana por el Prof. Luigi Corsano, *Il Diritto, la Legge e il Giudice*, Milano, Giuffrè Editore, 2001).

Justicia y seguridad jurídica en un tiempo de leyes desbocadas, Madrid, Civitas, 1999; 2ª ed. 2000.

Problemas del derecho público al comienzo de siglo. Conferencias en Argentina, con Prólogo del Prof. Agustín Gordillo, Madrid, Civitas, 2001.

El principio de "la responsabilidad de los poderes públicos" según el art. 9.3 de la Constitución y la responsabilidad patrimonial del Estado legislador, Madrid, Centro de Estudios Políticos y Constitucionales, 2003; 2ª ed., Civitas, 2009.

La justicia administrativa en el cambio de siglo, México, D. F., Fundación Universitaria de Derecho, Administración y Política (FUNDAP), 2003 (realmente, 2007).

Democracia, ley e inmunidades del poder, Lima, Palestra Editores, 2004.

La responsabilidad patrimonial del Estado legislador en el Derecho español, Madrid, Thomson-Civitas, 1ª ed. 2005, 2ª ed. (Sobre la doctrina francesa de la responsabilidad patrimonial *du fait des lois*), 2007. En curso, ed. francesa.

Azaña y la autonomía política de Cataluña, Textos escogidos e Introducción general, Tecnos y Fundación A. Martín Escudero, Madrid, 2005; 2ª ed., Tecnos, 2006.

Las transformaciones de la justicia administrativa: de excepción singular a la plenitud jurisdiccional. ¿Un cambio de paradigma?, Madrid, Thomson-Civitas, 2007.

b) *Obras no jurídicas.*

La poesía de Borges y otros ensayos, Madrid, Editorial Mondadori, 1992.

Liébana. Tierra para volver, Santander, Ediciones de Librería Studio, 1994; 3ª ed. 2006.

De montañas y hombres, Colección Austral, Madrid, Espasa, 1998; 2ª ed. 2001.

Fervor de Borges, Madrid, Edit. Trotta, 1999.

De Fray Luis a Luis Rosales. Escritos literarios, Valencia, Collección Debates, 2000.

Hamlet en Nueva York. Autores, obras paisajes. Escritos literarios, Madrid, La Esfera de los Libros, 2008

B) *Recopilaciones legislativas*

a) *Anotadas en colaboración con José Antonio Escalante (a partir de la 13ª ed. con Santiago Muñoz Machado) con amplias notas críticas y sistemáticas:*

Código de las Leyes Administrativas, 1ª ed., 1966; 10ª ed., 1996. Anexo de actualización 1997, 11ª ed., 1998. Anexo de actualización 1999. 12ª ed., 2001. Anexo de actualización 2002 y 2003. 13ª ed., 2005.

Código de Administración Local y Urbanismo, 1ª ed., 1967; 2ª ed., 1973.

Legislación administrativa básica, 1ª ed., 1975; 6ª ed., 1996.

Código de la Función Pública, 1ª ed., 1995. Ed. revisada y Anexo de actualización, 1997; 2ª ed., 1999. Anexo de actualización, 2001.

b) *En colaboración con Antonio Tizzano y Ricardo Alonso García:*

Código de la Unión Europea, 1ª ed., 1996; 2ª ed., 2000. Anexo de actualización, 2001, t. I y II, 3ª ed., 2007.

C) *Obras colectivas dirigidas por el autor:*

El sistema europeo de protección de los derechos humanos. Estudio de la convención y de la jurisprudencia del Tribunal Europeo de Derechos Humanos, Dirección y Prólogo, Madrid, Civitas, 1ª ed., 1979; 2ª ed., 1983.

La distribución de las competencias económicas entre el poder central y las autonomías territoriales en el Derecho Comparado y en la Constitución Española, Dirección y Estudio preliminar, Madrid Instituto de Estudios Económicos, 1980.

La Constitución española de 1978. Estudio sistemático. Dirigido en colaboración con el Prof. A. Predieri, de la Universidad de Florencia. Ediciones en español: Editorial Civitas, 1ª ed., 1980; 2ª ed., 1981; 1ª reimp., 1981; 2ª reimp., 1984; 3ª reimp., 1992. Edición italiana: Milano, Giuffrè Editore, 1982.

Madrid comunidad autónoma metropolitana, Dirección y Prólogo, Madrid, Instituto de Estudios Económicos, 1983.

Codirector con el Prof. J. Linz de *España: un presente para el futuro*, 2 ts., Madrid, Instituto de Estudios Económicos, 1984. Prólogo del t. II.

Tratado de Derecho Comunitario Europeo (Estudio sistemático desde el Derecho Español), dirigido con los Profs. González Campos y Muñoz Machado, 3 ts., 40 colaboradores, 2.500 págs., Madrid, Civitas, 1986.

Coautor, codirector y coordinador con el Prof. Manuel Clavero Arévalo del libro *El Derecho Público de finales de siglo. Una perspectiva iberoamericana*, 1ª ed., Madrid, Civitas, 1997.

Introducción, Prólogo y *El sistema de la justicia comunitaria tras el Tratado de Niza*, en el libro colectivo, dirigido junto al Prof. Ricardo Alonso García (Subdirector), *La encrucijada constitucional de la Unión Europea*, Seminario Internacional organizado por el Colegio Libre de Eméritos en la Real Academia de Ciencias Morales y Políticas en noviembre de 2001, Colegio Libre de Eméritos, Madrid, Civitas, 2002.

D) *Participación en libros colectivos:*

El dogma de la reversión de concesiones, en *Estudios dedicados al Prof. Gascón y Marín en el cincuentenario de su docencia*, Madrid, Instituto de Estudios de Administración Local, 1952.

La ordenación jurídica de los transportes madrileños, en el libro *Cátedra de Madrid en la Facultad de Derecho*, Ayuntamiento de Madrid, 1954.

Sobre la imprescriptibilidad del dominio público, en *Estudios dedicados al Prof. García Oviedo con motivo de su jubilación*, vol. I, Sevilla, Publicaciones de la Universidad de Sevilla, 1954.

Ponencia sobre *La actividad industrial y mercantil de los municipios* en el *Congreso Iberoamericano de Municipios*, Madrid-Granada-Sevilla, 1955, Madrid, Instituto de Estudios de Administración Local, 1956.

La Provincia en el Régimen local español, Tema IV de las Publicaciones del Departamento provincial de Seminarios en las Jornadas municipalistas canarias, Las Palmas de Gran Canaria, 1957.

La Revolución francesa y la emergencia histórica de la administración contemporánea, en el *Libro Homenaje al Prof. Nicolás Pérez Serrano*, t. II, Madrid, Instituto Editorial Reus, 1959.

Administración periférica del Estado y administración local: problemas de articulación, en el libro *Problemas políticos de la Vida Local*, Madrid, Instituto de Estudios Políticos, 1960.

La organización administrativa y sus agentes: revisión de estructuras, en el libro *La administración* pública y el Estado contemporáneo, Madrid, Instituto de Estudios Políticos, 1961.

La configuración del régimen municipal francés de la Revolución a la Restauración, en *Estudios en Homenaje a L. Jordana de Pozas*, vol. 2º, Madrid, Instituto de Estudios Políticos, 1962.

Turgot y los orígenes del municipalismo moderno, en *Problemática de la Ciencia del Derecho. Estudios en Homenaje al Profesor José Mª Pi y Suñer*, Facultad de Derecho de la Universidad de Barcelona, Barcelona, Bosch Casa Editorial, 1962.

Observaciones sobre el fundamento de la inderogabilidad singular de los reglamentos, en *Studi in onore di Silvio Lessona*, 1er t., Bolonia, Zanichelli, 1963.

La institucionalización del poder, una nueva perspectiva de la "Pacem in Terris", en el Libro *Comentarios civiles a la Encíclica "Pacen in terris"*, Taurus Ediciones, S. A., 1963.

Problemas de la libertad religiosa, en la obra colectiva dirigida por R. López Jordán, *Libertad religiosa, una solución para todos*, Editorial Studium, 1964, págs. 215 y ss. (y antes en "Cuadernos para el Diálogo").

Ponencia sobre *Haftung des Staates für rechtswidriges Verhalten seiner Organe* (La responsabilidad del Estado por el comportamiento ilegal de sus órganos), en el Coloquio Internacional sobre *Haftung des Staates für rechtswidriges Verhalten seiner Organe*, organizado por el "Max-Planck-Institut für Ausländisches Öffent- liches Recht und Völkerrecht", Heidelberg, 1964; Carl Heymanns Verlag, 1967.

Reflexiones sobre la Ley y los principios generales del Derecho en el Derecho Administrativo, en *Estudios de Derecho Público y Privado en honor del Prof. Ignacio Serrano*, t. II, Valladolid, Publicaciones de los Seminarios de la Facultad de Derecho con la colaboración del Colegio Mayor Universitario "Menéndez Pelayo", 1965.

La responsabilidad del Estado por comportamiento ilegal de sus órganos en Derecho español, en *Perspectivas del Derecho Público en la Segunda Mitad del Siglo XX. Homenaje al Prof. Enrique Sayagués-Laso*, t. IV, Madrid, Instituto de Estudios de Administración Local, 1969.

La crisis de la Universidad española actual, en el libro *La Universidad*, Madrid, Editorial Ciencia Nueva, 1969.

Ponencia sobre *Organización administrativa de las Áreas metropolitanas* (en colaboración con el Prof. León Cortiñas Peláez), en el *V Congreso Hispano-Luso-Americano-Filipino de Municipios*, Santiago de Chile, noviembre 1969. t. II, Madrid, Instituto de Estudios de Administración Local, 1970.

Significación general del control judicial sobre las normas reglamentarias, en *Estudios Jurídicos en Homenaje a Joaquín Garrigues*, vol. II, Madrid, Tecnos, 1971, págs. 351 y ss.

La formación histórica del principio de autotutela de la Administración, en *Homenaje a Don José Antonio Rubio Sacristán*, en *Moneda y Crédito*, Revista de Economía, Madrid, núm. 128, marzo 1974.

La construcción técnica del principio de legalidad de la Administración, en *Miscelánea en honor de Juan Becerril y Antón-Miralles*, t. II, Revista de Occidente, Madrid, 1974.

Los tipos de entes públicos en Derecho español, en el *Libro Homenaje al Prof. Federico de Castro*, t. I, Madrid, Tecnos, 1976.

Expropiación forzosa y devaluación monetaria, en el libro *Aspectos jurídicos de la inflación*, Dirección General de lo Contencioso del Estado, Madrid, Instituto de Estudios Fiscales, 1976.

La cuestión regional. Una reflexión, en el Libro *Mutualidad Benefica del Cuerpo de Inspectores Técnico Fiscales del Estado. La Hacienda Regional,* Madrid, *XXIV Semana de Estudios de Derecho Financiero*, 1976.

La participación del administrado en las funciones administrativas, en el *Libro Homenaje al Prof. Segismundo Royo-Villanova*, Madrid, Editorial Moneda y Crédito, 1977.

Libertades públicas y derecho administrativo, en el *Libro Homenaje a Ramón Mª Roca Sastre*, t. III, Madrid, Consejo General del Notariado y Junta de Decanos de los Colegios Notariales de España, 1977.

Sobre los derechos públicos subjetivos, en el *Libro Homenaje al Prof. Emilio Gómez Orbaneja*, Madrid, Editorial Moneda y Crédito, 1977.

L'intervention des pouvoirs publics dans la vie économique, Étude de Droit comparé sous la direction de Robert Saby, t. I, *Institutions et Politique*, colaboración como "rapporteur" sobre el Derecho Español, Paris, Publications de la Faculté de Droit et des Sciences Économiques de Limoges (Francia), Presses Universitaires de France, 1978.

Algunas reflexiones sobre el derecho administrativo norteamericano (A propósito de una nueva exposición sistemática del mismo), en el *Libro Homenaje al Prof. Juan Galvañ Escutia*, Universidad de Valencia, Facultad de Derecho 1980.

Los principios de la organización del urbanismo, en el *Libro Homenaje a Manuel García Pelayo*, t. II, Caracas, Universidad Central de Venezuela, Facultad de Ciencias Jurídicas y Políticas, 1980.

La posición jurídica del Tribunal Constitucional en el sistema español: posibilidades y perspectivas, en el libro colectivo *El Tribunal Constitucional*, vol. I, Madrid, Dirección General de lo Contencioso del Estado, Instituto de Estudios Fiscales, 1981.

La significación de las competencias exclusivas del Estado en el sistema autonómico, en *Homenaje al Prof. José Antonio García-Trevijano Fos*, Madrid, Colegio Universitario de Estudios Financieros e Instituto de Estudios de Administración Local, 1982.

La Administración Pública, colaboración en el libro *Los estudios de un joven de hoy*, dedicado a Su Alteza Real Don Felipe de Borbón y Grecia, Príncipe de Asturias. Fundación Universidad-Empresa e Instituto de Cooperación Iberoamericana, 1982.

El Derecho, la palabra y el libro, colaboración en el libro *La Cultura del Libro*, obra coordinada por Fernando Lázaro Carreter, Madrid, Biblioteca del Libro, Fundación Germán Sánchez Ruipérez, 1983.

Introducción a la obra colectiva *Integración de España en las Comunidades Europeas y las Competencias de las Comunidades Autónomas*, Barcelona, Generalitat de Catalunya, Departament de Justicia, 1983.

La concurrencia normativa entre el Estado y las Comunidades Autónomas: normación básica y *normación de desarrollo*, en el *Libro Homenaje a Jaime Guasp*, Granada, Editorial Comares, 1984.

En *España: un presente para el futuro*, t. II, *Las instituciones: Introducción* y *El futuro de las autonomías territoriales*, Madrid, Instituto de Estudios Económicos, 1984.

El ordenamiento estatal y los ordenamientos autonómicos: sistema de relaciones, en el libro *Organización territorial del Estado (Comunidades Autónomas)*, vol. IV, Dirección General de lo Contencioso del Estado, Instituto de Estudios Fiscales, 1984.

En *Tratado de Derecho Comunitario europeo* (*Estudio sistemático desde el Derecho Español*), Madrid, Civitas, 1986; t. I, capítulo XVI: *Las competencias y el funcionamiento del Tribunal de Justicia de las Comunidades Europeas. Estudio analítico de los recursos.*

Ponencia sobre *Principes et modalités de la participation à la vie administrative*, presentada a las *XII Journées d'études juridiques Jean Dabin sous la direction de Francis Delpérée*, sobre *La participation directe du citoyen à la vie politique et administrative*, Bibliothèque de la Faculté de Droit de l'Université Catholique de Louvain, 1986.

Principio de legalidad, Estado material de derecho y facultades interpretativas y constructivas de la jurisprudencia en la Constitución, en el *Libro Homenaje al Prof. Luis Diez del Corral, Historia y Pensamiento*, t. I, Madrid, Eudema, 1987.

Sobre el principio de inembargabilidad, sus derogaciones y sus límites constitucionales y sobre la ejecución de sentencias condenatorias de la Administración, en *Estudios de Derecho y Hacienda en Homenaje a César Albiñana García-Quintana*, vol. I, Madrid, Ministerio de Economía y Hacienda, 1987, págs. 121 y ss.

En *Protection des droits de l'homme: la dimension européenne, Mélanges en l'honneur de Gérard J. Wiarda*, Presidente del Tribunal Europeo de Derechos Humanos de Estrasburgo: *Valeur de la jurisprudence de la Cour européenne des Droits de l'Homme en droit espagnol*, Carl Heymanns Verlag K.G., 1988.

La Ciudad Universitaria y el Derecho, en la obra colectiva *La Ciudad Universitaria de Madrid*, t. I, Madrid, Colegio Oficial de Arquitectos de Madrid y Universidad Complutense de Madrid, 1988.

The comparative work of Bernard Schwartz, en el volumen de 1988 del *Annual Survey of American Law* dedicado al Prof. Bernard Schwartz de la "New York University School of Law", 1988.

La crisis del contencioso-administrativo francés: el fin de un paradigma, en el *Libro Homenaje a D. Juan Vallet de Goytisolo*, vol. IV, Junta de Decanos de los Colegios Notariales de España, Madrid, Consejo General del Notariado, 1988.

La Universidad en el mundo contemporáneo. La autonomía universitaria, Parte III, en el libro colectivo *Universidad y Cooperación Europea. I Encuentro Internacional de Profesores e Interlocutores Sociales*, págs. 111-117, Madrid, Universidad Complutense de Madrid, 1988.

Principios y modalidades de la participación ciudadana en la vida administrativa, en el *Libro Homenaje al Prof. José Luis Villar Palasí*, Madrid, Civitas, 1989. Además, Prólogo general de la obra.

Les garanties procédurales en matière de droit public: Les droits latins de l'Europe, en el libro *Garanties judiciaires pour les procédures administratives*, Schriften des Österreichischen Instituts für Menschenrechte, vol. I, N. P. Engel Verlag. Kehl am Rhein, Strassburg-Arlington, 1989.

Novedades sobre los procesos en el conflicto de pesca anglo-español, en *Estudios jurídicos en honor de José Gabaldón* López, Madrid, Editorial Trivium, S. A., 1990.

Revolución francesa, Derecho público y Justicia administrativa, en el libro colectivo *El Poder judicial en el Bicentenario de la Revolución francesa*, Madrid, Centro de Estudios Judiciales, 1990 (aunque realmente 1991).

Régimen fiscal de la capitalidad, en el libro colectivo *Jornadas sobre la Ley reguladora del régimen de capitalidad de Madrid,* Ayuntamiento de Madrid, 1990 (realmente 1991).

Participación en la obra colectiva *Vers un syst*ème *européen de Banques Centrales, Projet de dispositions organiques*. Rapport du groupe présidé par Jean-Victor Louis, Etudes européennes. Además, capítulo sobre *Banco de España.* Collection dirigée par l'Institut d'Études européennes, Bruxelles, Editions de l'Université de Bruxelles, 2e tirage, 1990 (realmente 1991).

La valeur normative de la Constitution, en el libro colectivo *Dix ans de démocratie constitutionnelle en Espagne*, dirigido por el prof. D. G. Lavroff, Institut de Recherches juridiques et politiques comparatives, Université de Bordeaux 1, avec le concours du Centre National de Recherche Scientifique, 1991.

La Provincia en la Constitución, en el libro colectivo *La provincia en el sistema constitucional*, dirigido por el Prof. R. Gómez-Ferrer Morant, Diputación de Barcelona, Madrid, Civitas, 1991.

En la obra colectiva dirigida por Jürgen Schwarze, Ulrich Becker y Christiana Pollak, en colaboración con Ricardo Alonso García y José Luis Piñar Mañas, *The 1992 Challenge at National Level: A Community-wide joint research project on the realization and implementation of the internal market programme by national governments and business; Reports and Conference Proceedings 1989*, Baden-Baden, Nomos Verlagsgesellschaft, 1990, pág. 69 y ss. Ídem t. II (Proceedings 1990), Baden-Baden,

1991, págs. 177 y ss. Ídem en el t. III (Proceedings 1991-1992), Baden-Baden, 1993, págs. 209 y ss.

La participación de las Comunidades Autónomas en la formación de las decisiones comunitarias, en el libro colectivo *Comunidades autónomas y Comunidades europeas. Relaciones jurídico-institucionales*, Cortes de Castilla y León, 1991.

Los problemas actuales del urbanismo, en la obra colectiva *Seminari de Dret Local. Segona edició (Curs 89-90)*, Ajuntament de Barcelona, Regidoría de Presidència, 1991.

L'università nel mondo contemporaneo, en el libro colectivo *L'Università nel mondo contemporaneo*, Nono centenario dell'Università di Bologna 1088-1988, págs. 290 y ss., Bompiani, 1991.

Las Comunidades Autónomas ante el futuro, en el libro colectivo dirigido por el Prof. Luis Martín Rebollo, *El futuro de las autonomías territoriales. Comunidades autónomas: balance y perspectivas*, Cantabria, Asamblea Regional y la Universidad de Cantabria, 1991.

La Revolución francesa y la formación del Derecho Público, Ponencia en el libro colectivo *Estructuras y formas del poder en la Historia*, Salamanca, Ediciones Universidad de Salamanca, 1991 (aunque realmente, 1992).

Constitución, fundaciones y sociedad civil, Ponencia en el libro colectivo dirigido y coordinado por D. Rafael de Lorenzo García y D. Miguel Ángel Cabra de Luna, *Las fundaciones y la sociedad civil*, organizado por la Escuela Libre de Derecho y Economía, Fundación ONCE, Madrid, Editorial Civitas, 1992.

Constitución, fundaciones y sociedad civil, en el libro colectivo, *Estudios de Derecho Civil en Homenaje al Profesor Dr. José Luis Lacruz Berdejo*, Barcelona, Facultad de Derecho, Universidad de Zaragoza, 1992.

En torno a la contribución de EXPO 92 al desarrollo de la idea de una institucionalización comunitaria del mundo iberoamericano, en el libro colectivo *En el umbral del tercer milenio*, Comité de Expertos de la Exposición Universal Sevilla 1992, Sevilla, Ministerio de Relaciones con las Cortes y de la Secretaría del Gobierno, Oficina del Comisario General de la Exposición Universal, 1992.

Der normative Wert der spanischen Verfassung, en el libro colectivo dirigido por el Prof. Antonio López-Pina, *Spanisches Verfassungsrecht*, Heidelberg, C. F. Müller, Juristischer Verlag, 1993.

Sobre la legitimidad de las medidas cautelares utilizadas por la Comisión y el Tribunal Europeo de Derechos Humanos. La Sentencia TEDH Cruz Varas y otros, de 20 de marzo de 1991, en el Libro *Studi in onore di Vittorio Ottaviano*. Volume secondo. IV: *Diritti Fondamentali-Giustizia*, Dipartimento di analisi dei processi politici, sociali e istituzionali (DAPPSI), Milano, Universidad de Catania, 1993.

Introducción: Un punto de vista sobre la nueva Ley de Régimen Jurídico de las Administraciones Públicas y del Procedimiento Administrativo Común de 1992, en el libro dirigido por J. Leguina y M. Sánchez Morón, *La nueva Ley de Régimen Jurídico de las Administraciones Públicas y del Procedimiento Administrativo Común*, Madrid, Tecnos, 1993.

Las medidas cautelares que puede adoptar el Juez nacional contra el Derecho Comunitario: la Sentencia Zuckerfabrik del Tribunal de Justicia de las Comunidades Europeas de 21 de febrero de 1991, en el *Libro Homenaje al Prof. Jesús González Pérez, La protección jurídica del ciudadano. Procedimiento Administrativo y garantía jurisdiccional*, Madrid, Civitas, 1993.

La ampliación del ámbito competencial comunitario: ¿reforma del Estatuto u otras vías?, en el *X Aniversario del Estatuto de Autonomía para Cantabria*, Santander, Cátedra Cantabria, 1993.

Los postulados constitucionales de la ejecución de las Sentencias contencioso-administrativas, en el *Libro Homenaje al Prof. Garrido Falla, Actualidad y perspectivas del Derecho Público a fines del Siglo XX,* t. II, Madrid, Editorial Complutense, 1993.

La Constitución y las Autonomías territoriales, en el Libro colectivo *Estudios de Derecho Público en Homenaje a Ignacio de Otto*, Universidad de Oviedo, 1993.

L'Autonomie Universitaire, en el libro colectivo *Academic Freedom and University Autonomy*, Bucharest, CEPES, UNESCO, European Centre for Higher Education, 1993.

Reflexión sobre la constitucionalización de las medidas cautelares en el Contencioso-Administrativo, en el libro colectivo *Cuadernos de Derecho Judicial. El acto y el procedimiento*, Consejo General del Poder Judicial, 1993.

La regulación de las competencias de la Unión en el Proyecto de Constitución, trabajo publicado en el libro colectivo dirigido por M. Oreja Aguirre, *El Proyecto de Constitución Europea*, publicación del curso celebrado en la Universidad de Verano de El Escorial, 1993.

El régimen jurídico de la electricidad durante el siglo de vida de la Compañía Sevillana de Electricidad, en el libro colectivo *Compañía Sevillana de Electricidad. Cien años de historia*, Sevilla, Compañía Sevillana de Electricidad 1994.

Presente y futuro de las autonomías territoriales, publicado en el libro colectivo *Hacia una vertebración definitiva del Estado*, X Aniversario de la promulgación del Estatuto de Autonomía de Castilla y León (Año 1993), editado por las Cortes de Castilla y León, 1994.

La ampliación del ámbito competencial comunitario: ¿reforma del Estatuto u otras vías?, en el libro colectivo dirigido por el Prof. Antonio Bar Cendón, *El Estatuto de Autonomía de Cantabria: Perspectivas doctrinales y prácticas*, Cantabria, Universidad de Cantabria, Asamblea Regional de Cantabria, 1994.

Sobre la significación general del Convenio Europeo de Derechos Humanos, en el *Libro Homenaje al Prof. Eduardo Ortiz Ortiz*, Universidad Autónoma de Centroamérica, Colegio Santo Tomás de Aquino, San José, Costa Rica, 1994.

El concepto de personalidad jurídica en el Derecho Público, en el *Libro Homenaje al Prof. Clavero Arévalo, Administración Instrumental*, Madrid, Civitas, 1994.

La Constitución juzgada por los juristas, en el libro colectivo editado por Gregorio Peces-Barba, *Estudios sobre la Constitución española*, Universidad Carlos III de Madrid, Boletín Oficial del Estado, Madrid, 1994.

Presidente del Consejo de Dirección de la obra colectiva *Enciclopedia Jurídica Básica,* 4 ts., Madrid, Civitas, 1994.

Artículos en dicha *Enciclopedia Jurídica Básica* sobre las voces *Derecho Administrativo* (t. II, págs. 2172 y 22.), *Jurisdicción contencioso-administrativa* (t. III, pág. 3864 y ss.) y *Justicia constitucional* (t. III, pág. 3893 y ss.), 1994.

Derecho sancionador y responsabilidad de la Administración en la Ley 30/1992, de Régimen Jurídico de las Administraciones Públicas y de Procedimiento Administrativo Común, en el libro *Ciudadanos y reforma administrativa*, Cátedra Joaquín Ruiz-Giménez de Estudios sobre el Defensor del Pueblo, Universidad Carlos III, Jornadas celebradas los días 27 y 28 de junio de 1994.

Banking supervision in the European Community, Report of a Working Group of the ECU Institute, under the Chairman-ship of Jean-Victor Louis, Bruxelles, Editions de l'Université de Bruxelles, Études Européennes, 1995.

Participación en la obra colectiva: *El caso del Banco de Venezuela. La incompetencia de la Comisión Nacional de valores para declarar acciones en sociedades anónimas, como acciones en Tesorería,* t. II, Caracas, Editorial Jurídica Venezolana, 1995.

A Constitution for the European Union? Proceedings of a Conference, 12-13 May 1994, Organized by the Robert Schuman Centre with the Patronage of the European Parliament, Florence, European University Institute, 1995.

Un pas décisif dans le Droit Constitutionnel britannique: Le pouvoir des juges de juger de façon abstraite et générale les lois du parlement en contradiction avec le droit communautaire, en *Liber Amicorum Marc-André Eissen*, Bruxelles-Paris, 1995.

La aplicación del Derecho en los sistemas políticos continentales, en el libro *La crisis del Derecho y sus alternativas*, Jornadas publicadas por el Consejo General del Poder Judicial, Madrid, 1995.

Por una Europa de los derechos cívicos y sociales, Informe elaborado por los Miembros del Comité de Sabios presidido por María de Lourdes Pintasilgo, Comisión Europea, Bruselas, 1995-96.

"Prólogo", a J. M. Bandres Sánchez-Cruzat, Madrid, Derecho Administrativo y Tribunal Europeo de Derechos Humanos, 1996.

Participación española, en colaboración con el Prof. Luis Ortega, en la obra colectiva dirigida por Jürgen Schwarze (Hrsg.): *Das Verwaltungsrecht unter europäischem Einfluß: Zur Konvergenz der mitgliedstaatlichen Verwaltungsrechtsordnungen in der Europäischen Union*, Nomos Baden-Baden, Verlagsgesellschaft, 1996.

La ampliación de la competencia de las jurisdicciones contencioso-administrativas nacionales por obra del Derecho Comunitario. Sentencia Borelli de 3 de diciembre de 1992 del Tribunal de Justicia y el artículo 5 CEE, publicado en los *Estudios en honor del Prof. Alberto Predieri*, t. II, Milán, Giuffrè, 1996.

Constitucionalización definitiva de las medidas cautelares contencioso-administrativas y ampliación de su campo de aplicación (medidas positivas), y "jurisdicción plenaria" de los Tribunales contencioso-administrativos, no limitada al efecto revisor de actos previos. Dos Sentencias constitucionales, colaboración en los *Estudios Jurídicos en homenaje al Prof. Aurelio Menéndez*, Madrid, Civitas, 1996.

Ámbito de aplicación de la Ley (arts. 1 a 9 inclusive), en el libro colectivo dirigido por Rafael Gómez-Ferrer Morant, *Comentario a la Ley de Contratos de las Administraciones Públicas*, Madrid, Civitas, 1996.

A Unified and Simplified Model of the European Communities Treaties and the Treaty on European Union in Just One Treaty, Report of Members for the European Parliament, Florence, Robert Schuman Centre, 1996.

Les lois d'expropriation et la jurisprudence constitutionnelle espagnole, en la obra *L'*État *de Droit, Mélanges en l'honneur de Guy Braibant*, Paris, 1996.

Giornate di Studi in onore di Massimo Severo Giannini: Conferimento della laurea ad honorem. Prospettive della giustizia amministrativa. Diritto amministrativo e diritto privato, Spisa, Scuola di specializzazione, Università di Bologna, 1997.

Organización de la jurisdicción contencioso-administrativa y sistema de recursos, en la Tribuna sobre *La reforma de la jurisdicción contencioso-administrativa*, Madrid, Real Academia de Ciencias Morales y Políticas en colaboración con el Consejo General del Poder Judicial, 1997.

Los Derechos Sociales y Civiles en la Unión Europea y *"Spanish vessels", de nuevo en las costas inglesas*, estos dos trabajos en el libro colectivo dirigido por Miguel Martínez Cuadrado, *Europa Siglo XXI. Ciudadanía-Euro-Reforma Institucional*, Atlántida, Asociación Pro Unión Europea "Agustín Argüelles", 1997.

Introducción: El valor normativo de la Constitución Española, en el libro colectivo dirigido por D. Manuel Aragón Reyes y D. Julián Martínez-Simancas Sánchez, *La Constitución y la práctica del Derecho*, t. I, Editorial Aranzadi, 1998.

Sobre la doctrina norteamericana de la deferencia judicial hacia el Ejecutivo, en la obra colectiva *Derecho Administrativo en Homenaje al Prof. Miguel S. Marienhoff*, Buenos Aires, Abeledo-Perrot, 1998.

Debate sobre *Los problemas del Derecho Administrativo en el Fin del Siglo XX*, libro colectivo del *XI Congreso Italo-Español de Profesores de Derecho Administrativo* celebrado en Barcelona-Girona, Barcelona, Centro de Estudios de Derecho, Economía y Ciencias Sociales, 1998.

Unos años decisivos, participación en el libro colectivo *Diez años de Cultura 1988-1998*, Madrid, Colegio Libre de Eméritos, 1998.

El valor normativo de la Constitución de 1978, en el libro colectivo *La Constitución Española de 1978. 20 años de democracia*, Congreso de los Diputados, Madrid, Centro de Estudios Políticos y Constitucionales, 1998.

El Derecho urbanístico español a la vista del Siglo XXI en el libro colectivo *Ordenamientos Urbanísticos. Valoración crítica y perspectivas de futuro*, Jornadas Internacionales de Derecho Urbanístico organizadas por la Universidad de Santiago de Compostela, Madrid, Marcial Pons, 1998.

Sobre la posibilidad de que las jurisdicciones nacionales adopten medidas cautelares positivas (y no sólo suspensiones) contra los actos de sus Administraciones respectivas dictados en ejecución de Reglamentos comunitarios cuya validez se cuestiona (Sentencia Atlanta del Tribunal de Justicia, de 9 de noviembre de 1995), en el libro colectivo *Scritti in onore di Serio Galeotti*, t. II, Università degli Studi di Roma "Tor Vergata", Milano, Giuffrè Editore, 1998.

El valor normativo de la Constitución Española de 1978, en el libro colectivo *Liber Amicorum* Héctor *Fix-Zamudio*, San José de Costa Rica, Secretaría de la Corte Interamericana de Derechos Humanos, 1998.

Les droits fondamentaux dans le traité d'Amsterdam, en el libro colectivo *Mélanges en Hommage à Louis Edmond Pettiti*, Bruxelles, 1998.

La doctrina de la democracia y el control judicial de la Administración, participación en las conferencias do *Foro Universitario*, en el V Centenario da Universidade de Santiago de Compostela, publicadas en 1999.

El Estado de las Autonomías en la Constitución Española, en el libro colectivo *20 años por la economía de mercado*, Madrid, Instituto de Estudios Económicos, 1999.

La inseguridad en el plano real, en el libro colectivo *Reflexiones sobre la Justicia en España*, Madrid, Fundación por la Modernización de España, 1999.

La Constitución de 1978 como norma jurídica, en el *Libro Homenaje a Jesús López Medel*, t. II, Madrid, Centro de Estudios Registrales del Colegio de Registradores de la Propiedad y Mercantiles de España, 1999.

El reconocimiento de los derechos sociales en la Comunidad Europea, en el libro colectivo *Las estructuras del bienestar en Europa*, dirigido por los profesores Santiago Muñoz Machado, José Luis García Delgado y Luis González Seara, Madrid, Civitas, 1999.

Ponencia sobre *Contencioso-administrativo objetivo y contencioso-administrativo subjetivo a finales del Siglo XX. Una visión histórica y comparatista*, incluido en el tema *El control de la Administración*, parte 2ª, *Técnicas, extensión y efectividad de los controles*, París, 1999. Bicentenario del Conseil d'État.

Le dénouement de l'affaire Factortame: la responsabilité civile du Royaume-Uni, en el libro colectivo *Mélanges en hommage à Michel Waelbroeck*, vol. I, Bruxelles, Bruylant, 1999.

Democracia y confianza pública. Una nota sobre los problemas de la democracia actual, en el libro colectivo *Mainly Human Rights. Studies in Honour of J.J. Cremona*, Malta, Fondation Internationale Malte, 1999.

Derechos de los operadores a la ocupación del dominio público, a ser beneficiarios en el procedimiento de expropiación forzosa y al establecimiento, a su favor, de servidumbres y de limitaciones a la propiedad (en colaboración con el Prof. D. Tomás de la Quadra-Salcedo y ambos como Coordinadores del libro), en el libro colectivo *Comentarios a la Ley General de Telecomunicaciones (Ley 11/1998, de 24 de abril)*, Madrid, Civitas, 1999.

La nulidad de los actos administrativos que sean constitutivos de delito ante la doctrina del Tribunal Constitucional sobre cuestiones prejudiciales administrativas apreciadas por los jueces penales. En particular, el caso de la prevaricación, en el libro colectivo *El Derecho Administrativo en el umbral del siglo XXI. Homenaje al Profesor Dr. D. Ramón Martín Mateo*, t. I, Valencia, Tirant lo blanch, 2000.

Participación española, en colaboración con el Prof. Ricardo Alonso García, en la obra colectiva dirigida por Jürgen Schwarze (Hrsg.): *Die Entstehung einer europäischen Verfassungsordnung. Das Ineinandergreifen von nationalem und europäischem Verfassungsrecht*, Nomos Verlagsgesellschaft, Baden-Baden, 2000.

El Derecho urbanístico español al comenzar el siglo XXI, en el libro colectivo

La carestía del suelo. Causas y soluciones, Madrid, La Ley, 2000.

El urbanismo como hecho y la formación de las técnicas urbanísticas, en el libro -junto a Luis Rosales, Francisco Ayala y Julio Caro Baroja-, *Cuatro lecciones magistrales*, Universidad Internacional Menéndez Pelayo, Santander, 2000.

Recordando a Jaime Guasp, en el libro colectivo *Jaime Guasp Delgado. Pensamiento y Figura*, Colección Maestros Complutenses de Derecho, Madrid, Servicio de Publicaciones de la Facultad de Derecho, 2000.

El valor normativo de la Constitución Española de 1978, en el libro colectivo *Constitución y Constitucionalismo hoy. Cincuentenario del Derecho Constitucional Comparado de Manuel García-Pelayo*, Caracas, Fundación Manuel García-Pelayo, 2000.

Contencioso-administrativo objetivo y contencioso-administrativo subjetivo a finales del siglo XX. Una visión histórica y comparatista, Ensayo en el libro colectivo *Pensamiento Constitucional*, año VII, núm. 7, Pontificia Universidad Católica del Perú, Fondo Editorial, 2000.

Sobre los proyectos institucionales anteriores al Tratado de Amsterdam: la regulación de las competencias de la Unión en el Proyecto de Constitución Europea, en el libro colectivo *La Unión Europea tras la reforma* (conferencias pronunciadas en la Cátedra Cantabria 1998), Universidad de Cantabria, Parlamento de Cantabria, 2000.

La ordenación jurídica, en el libro colectivo *25 años de reinado de Juan Carlos I*, Coordinado por Julián Marías, Fundes, Editorial Planeta, S. A., 2001.

La justicia administrativa en el cambio de siglo en el libro colectivo *Responsa iurisperitorum digesta*, vol. II, Salamanca, Aquilaguente, Ediciones Universidad de Salamanca, 2001.

Justicia constitucional en el libro colectivo *Temas básicos de derecho constitucional*, t. III, *Tribunal Constitucional y Derechos Fundamentales*, Madrid, Civitas, 2001.

Contencioso-administrativo objetivo y contencioso-administrativo subjetivo a finales del siglo XX. Una visión histórica y comparatista, colaboración en la obra *Tribunal Federal de Justicia Fiscal y Administrativa. A los LXV años de la Ley de Justicia Fiscal*, t. III, Tribunal Federal de Justicia Fiscal y Administrativa, México, 2001.

Perspectivas de las justicias administrativas nacionales en el ámbito de la Unión Europea en el libro colectivo *El Derecho en la Facultad. Cuarenta Años de la nueva Facultad de Derecho de Barcelona*, Universidad de Barcelona, Madrid, Marcial Pons, 2001.

El valor normativo de la Constitución de 1978, en el libro colectivo *La Constitución Española de 1978. 20 años de democracia* (Ciclo de conferencias pronunciadas en el Congreso de los Diputados en noviembre-diciembre de 1998), Madrid, Congreso de los Diputados, 2001.

La Convención Europea de Derechos Humanos, requisito previo moral y económico para la integración Europea, en el volumen *Derecho y Economía de la Integración a la luz de la Experiencia Europea*, México, D. F., Colegio de México, 2001.

Las consecuencias de una Sentencia constitucional errónea: la grave crisis del Derecho urbanístico español al comenzar el siglo, en el libro colectivo *La Democracia Constitucional. Estudios en Homenaje al Profesor Francisco Rubio Llorente*, Centro de Estudios Políticos y Constitucionales, Madrid, 2002, en prensa.

El principio de protección de la confianza legítima como supuesto título justificativo de la responsabilidad patrimonial del Estado Legislador, en el Libro Homenaje al

Prof. Dr. D. Sebastián Martín Retortillo, *Estudios de Derecho Público Económico*, Madrid, Civitas, Endesa, IberCaja, 2003.

El Derecho urbanístico español al comenzar el siglo XXI, en el libro colectivo *La carestía del Suelo. Causas y soluciones*, editado con ocasión del VIII Congreso Notarial, Consejo General del Notariado, 2003.

El sistema autonómico español: formación y balance, en el libro colectivo *Derecho Público de Cantabria (Estudios sobre el Estatuto y el Derecho de la Comunidad de Cantabria)*, editado por el Prof. Luis Martín Rebollo, Parlamento de Cantabria, 2003.

Discurso de investidura como Doctor honoris causa del Prof. Dr. D. Eduardo García de Enterría y Martínez Carande en la Universidad Carlos III (Curso 1993/1994) publicado en el libro colectivo *Diez años de autonomía universitaria y de libertad académica*, Servicio de Relaciones Institucionales de la Universidad Carlos III de Madrid, Boletín Oficial del Estado, 2003.

Le système juridictionnel communautaire après le traité de Nice, Mélanges en hommage à Jean Víctor Louis, vol. I, Institut d'Études Européennes, Éditions de l'Université Libre de Bruxelles, 2003.

La garantía constitucional del patrimonio de los ciudadanos: expropiación forzosa y responsabilidad patrimonial del Legislador en el Derecho Comparado, en el libro colectivo, *El Derecho público a comienzos del siglo XXI. Estudios en Homenaje al Profesor Allan R. Brewer Carías*, t. III, Instituto de Derecho Público-Universidad Central de Venezuela, Madrid, Civitas, 2003.

La Constitución, la Administración y la Jurisdicción Contencioso-Administrativa, en el libro colectivo *Constitución y Poder Judicial*, en el "XXV Aniversario de la Constitución de 1978", Centro de Documentación Judicial, Consejo General del Poder Judicial, 2003.

La organización administrativa y sus agentes: Revisión de estructuras, en el libro colectivo *Liber Amicorum. Economía, empresa y trabajo. Homenaje a Manuel Alonso Olea*, Madrid, Civitas, 2003.

El principio de "la responsabilidad de los poderes públicos" según el art. 9.3 de la Constitución y la responsabilidad patrimonial del Estado Legislador, en el libro colectivo *Estudios Jurídicos en Homenaje al Prof. Luis Díez-Picazo*, t. IV, 1ª ed., Madrid, Civitas, 2003.

La Constitución Española como pacto social, en el libro colectivo *Impresiones sobre la Constitución de 1978*, dirigido por Sabino Fernández Campo, Universidad Rey Juan Carlos, Madrid, Fundación ICO, 2004.

L'incompréhensible compétence de la juridiction administrative pour condamner le législateur, en el libro colectivo "Mélanges en l'honneur de Franck Moderne", *Mouvement du droit public. Du droit administratif au droit constitutionnel. Du droit français aux autres droits*, Paris, Dalloz, 2004.

La Constitución como norma jurídica, en el *Libro Homenaje a la Constitución. Lecciones magistrales en el Parlamento de Andalucía*, 1ª ed., Parlamento de Andalucía, 2004.

Artículo 60 bis. Medidas provisionales; Disposición Adicional Decimosexta.

Recursos en materia de contratos de las sociedades sujetas a esta Ley; y Ámbito de aplicación de la Ley (arts. 1 a 9, inclusive), estos tres artículos en el libro colectivo dirigido por Rafael Gómez-Ferrer Morant, *Comentario a la Ley de Contratos de las Administraciones Públicas*, 1ª ed., Madrid, Civitas, 1996; 2ª ed., 2004.

Sobre la responsabilidad patrimonial del Estado como autor de una Ley declarada inconstitucional, en el libro *Homenaje al Profesor Dr. Gonzalo Rodríguez Mourullo*, Madrid, Thomson-Civitas, 2005.

Sobre la responsabilidad patrimonial del Estado como autor de una Ley declarada inconstitucional, en el libro colectivo *Personalidad y capacidad jurídicas*, 74 contribuciones con motivo del XXV Aniversario de la Facultad de Derecho de Córdoba, coordinado por Rafael Casado Raigón e Ignacio Gallego Domínguez, t. I, Universidad de Córdoba, 2005.

El Tribunal de Justicia de las Comunidades Europeas constata y censura dos graves quiebras de nuestro Derecho Administrativo en materia de entes sujetos al Derecho Público y a medidas cautelares contencioso-administrativas. La Sentencia Comisión c. España, C-214/00, de 15 de mayo de 2003, en *Pacis Artes. Obra Homenaje al Profesor Julio D. González Campos*, t. I. *Derecho Internacional Público y Derecho Comunitario y de la Unión Europea*, UAM-EURO-LEX, 2005.

Problemas de ejecución de las Sentencias que declaran la inconstitucionalidad de una Ley en España. ¿Responsabilidad patrimonial del Estado?, en el libro colectivo *El Derecho Procesal Constitucional Peruano. Estudios en Homenaje a Domingo García Belaunde*, t. II, Lima, Grijley, 2005.

Inscripción registral y facultades de recuperación posesoria por la Administración, en el *Libro Homenaje al Profesor Manuel Amorós Guardiola*, Madrid, Centro de Estudios, Colegio de Registradores de la Propiedad y Mercantiles de España, 2006.

Presentación en el libro colectivo *En recuerdo de Federico Carlos Sáinz de Robles*, Madrid, Thomson-Civitas, 2006.

Reflexión sobre la constitucionalización de las medidas cautelares en el contencioso-administrativo, en el libro colectivo *Estudios de Derecho Constitucional y de Ciencia Política en Homenaje al Prof. Rodrigo Fernández Carvajal*, Universidad de Murcia, en prensa.

Los Fundamentos Constitucionales del Estado, en la obra colectiva sobre *Derecho Constitucional Europeo* dirigida por el profesor Rainer Arnold, Universidad de Regensburg, Alemania, en prensa.

Las transformaciones de la justicia administrativa desde sus orígenes y su definitivo perfeccionamiento como un sistema de justicia plenaria, en el Libro *Homenaje a Diogo de Figueiredo*, Brasil, 2006.

La inexistencia de jurisdicción en los Tribunales contencioso-administrativos para decidir acciones de condena contra el legislador, Libro *Homenaje al Prof. Fix Zamudio*, 2006.

El sistema descentralizador de las Comunidades Autónomas tras la Constitución de 1978, en el libro colectivo *Historia de España de Menéndez Pidal*, t. XLIII, 2007.

Le dialogue des jugues. Mélanges en l'honneur du président Bruno Genevois. Comité d'Honneur: Eduardo García de Enterría, Paris, Dalloz, 2009.

Una reflexión sobre la Autonomía Universitaria (es una revisión de estilo en 2009 del trabajo publicado en RAP sobre la autonomía universitaria), Libro *Homenaje al Prof. Óscar Navas*, México, D. F., 2009.

Libro Homenaje a Lorenzo Martín Retortillo. *De nuevo sobre las medidas cautelares en la jurisdicción contencioso-administrativa. La ineludible reforma legal.* Edición Gobierno de Aragón, Cortes de Aragón, El Justicia de Aragón, Caja Inmaculada, Ibercaja y Facultad de Derecho de la Universidad de Zaragoza, 2009.

Artículo "Del Gobierno y de la Administración" en el libro colectivo "Comentarios a la Constitución Española" XXX Aniversario, Madrid, Fundación Wolters Kluwer, 2009.

Prólogo en el libro *Federalismo y Constitucionalismo Provincial* de Antonio María Hernández, Buenos Aires, Abeledo-Perrot, 2010.

Libro Homenaje a Enrique Romero González. *La formación y el desarrollo en Europa de la Jurisdicción Contencioso-Administrativa. Su adquisición definitiva de un status de Jurisdicción plena y efectiva*, México, D. F., Editorial Porrúa-Universidad de Guadalajara, 2010.

Handbuch Ius Publicum Europaeum (t. III). *Staat, Verwaltung und Verwaltungsrecht: Spanien.* Eduardo García de Enterría/Ignacio borrajo Iniesta. C.F. Müller, Alemania, 2010.

La formación y el desarrollo en Europa de la jurisdicción contencioso-administrativa. Su adquisición definitiva de un status de jurisdicción plena y efectiva. "Libro Homenaje a la Escuela de Derecho de la Universidad de Valparaíso en el Centenario de su Fundación (1911-2011)", Edeval, Chile 2011.

E) *Participación en libros no colectivos:*

Discurso del profesor Eduardo García de Enterría, en el libro del Prof. Allan R. Brewer-Carías, *Constitución, Democracia y control del poder*, 1ª ed., Caracas, Universidad de Los Andes, Consejo de Publicaciones, Editorial Jurídica Venezolana, Centro Iberoamericano de Estudios Provinciales y Locales, 2004.

F) *Participación en libros y revistas no jurídicos:*

Mi vecindad con Juan Ramón, en el libro de Antonio Pau *Juan Ramón Jiménez, El poeta en el Jardín*, Madrid, Trotta, 2000.

Intelectual, músico, sacerdote, amigo fiel, en el Libro Homenaje a *Federico Sopeña y la España de su tiempo: 1939-1991*, impreso en el noveno aniversario de su fallecimiento, Madrid, Fundación Isaac Albéniz, 2000.

Cuatro Lecciones Magistrales (coautor junto a Luis Rosales, Francisco Ayala y Julio Caro Baroja, Santander, UIMP, 2000.

Liébana, tierra para volver. El otoño lebaniego, en el libro colectivo *Cantabria de par en par*, editado con la colaboración del Gobierno de Cantabria y la Consejería de Cultura, Turismo y Deporte, Librería Estvdio, 2002, 3ª ed., 2006.

Sobre los orígenes del nacional catolicismo, en el libro colectivo Homenaje a Julián Marías *Un siglo de España*, Fundes, Madrid, Alianza Editorial, 2002.

La humillación de los altivos, en la "Revista de Feria y Fiestas", Dos Hermanas, 2005.

Liébana y el año santo lebaniego, en la "Revista GEO", Madrid, 2005.

Prólogo en el libro colectivo *Liébana. Tierra de júbilo*, editado con la colaboración del Gobierno de Cantabria y la Consejería de Cultura, Turismo y Deporte, El Diario Montañés, Cantabria, 2006.

G) *Artículos en revistas:*

a) *Artículos publicados en la "Revista de Administración Pública".*

Riesgo y ventura y fuerza mayor en los contratos administrativos, núm. 2, mayo-agosto 1950, págs. 83 y ss.

XX Reunión de 1951 del Instituto Internacional de Ciencias Administrativas, núm. 5, mayo-agosto 1951, págs. 355 y ss.

Sobre un texto refundido de la legislación contencioso-administrativa, núm. 6, septiembre-diciembre 1951, págs. 279 y ss.

El servicio público de los transportes urbanos, núm. 10, enero-abril 1953, págs. 53 y ss.

Dos regulaciones orgánicas de la contratación administrativa, núm. 10, enero-abril 1953, págs. 241 y ss.

Sobre la naturaleza de la tasa y las tarifas de los servicios públicos, núm. 12, septiembre-diciembre 1953, págs. 129 y ss.

Sobre la imprescriptibilidad del dominio público, núm. 13, enero-abril 1954, págs. 11 y ss.

La configuración del recurso de lesividad, núm. 15, septiembre-diciembre 1954, págs. 109 y ss.

La actividad industrial y mercantil de los municipios, núm. 17, mayo-agosto 1955, págs. 87 y ss.

El problema de la caducidad de las concesiones de aguas públicas y las prácticas de las concesiones en cartera, núm. 17, mayo-agosto 1955, pág. 269 y ss.

La doctrina de los actos propios y el sistema de la lesividad, núm. 20, mayo-agosto 1956, págs. 69 y ss.

Aspectos de la administración consultiva, núm. 24, septiembre-diciembre 1957, págs. 163 y ss.

Observaciones sobre el fundamento de la inderogabilidad singular de los Reglamentos, núm. 27, septiembre-diciembre 1958, págs. 63 y ss.

Recurso contencioso directo contra disposiciones reglamentarias y recurso de reposición, núm. 29, mayo-agosto 1959, pág. 161 y ss.

La interdicción de la arbitrariedad en la potestad reglamentaria, núm. 30, septiembre-diciembre 1959, págs. 105 y ss.

Turgot y los orígenes del municipalismo moderno, núm. 33, septiembre-diciembre 1960, págs. 79 y ss.

In memoriam: Manuel Ballbé, núm. 36, septiembre-diciembre 1961, págs. 7 y ss.

La lucha contra las inmunidades del poder en el Derecho administrativo (poderes discrecionales, poderes de gobierno, poderes normativos), núm. 38, mayo-agosto 1962, págs. 159 y ss.

Seminario organizado por las Naciones Unidas en Estocolmo sobre los recursos judiciales o de otra índole contra el ejercicio abusivo del poder administrativo, núm. 39, septiembre-diciembre 1962, págs. 567 y ss.

Reflexiones sobre la Ley y los principios generales del Derecho en el Derecho Administrativo, núm. 40, enero-abril 1963, págs. 189 y ss.

Informe y anteproyecto de Ley sobre el Área Metropolitana de Madrid (en colaboración), núm. 41, mayo-agosto 1963, págs. 339 y ss.

La figura del contrato administrativo, núm. 41, mayo-agosto 1963, págs. 99 y ss.

El principio de la interpretación más favorable al derecho de los administrados al enjuiciamiento judicial de los actos administrativos, núm. 42, septiembre-diciembre 1963, págs. 267 y ss.

Estudio para el proyecto de Estatuto de Renfe, núm. 46, enero-abril 1965, págs. 431 y ss.

Sobre el silencio administrativo y recurso contencioso, núm. 47, mayo-agosto 1965, págs. 207 y ss.

Dictamen sobre legalidad de Ordenanzas sobre uso del suelo y edificación, núm. 50, mayo-agosto 1966, págs. 309 y ss.

In memoriam: J.A. Manzanedo Mateos, núm. 67, enero-abril 1972, págs. 7 y ss.

In memoriam: F.J. Conde, núm. 75, septiembre-diciembre 1974, págs. 3 y ss.

Expropiación forzosa y devaluación monetaria, núm. 80, mayo-agosto 1976, págs. 9 y ss.

Algunas reflexiones sobre el Derecho Administrativo norteamericano (A propósito de una nueva ordenación sistemática del mismo), núm. 85, enero-abril 1978, págs. 241 y ss.

Los principios de la organización del urbanismo, núm. 87, septiembre-diciembre 1978, págs. 301 y ss.

El ordenamiento estatal y los ordenamientos autonómicos: sistema de relaciones, núms. 100-102, vol. I, enero-diciembre 1983, págs. 213 y ss.

In memoriam: Luis Jordana de Pozas, núm. 103, enero-abril 1984, págs. 5 y ss.

Las Leyes del artículo 150.2 de la Constitución como instrumento de ampliación del ámbito competencial autonómico, núm. 116, mayo-agosto 1988, págs. 7 y ss.

La autonomía universitaria, núm. 117, septiembre-diciembre 1988, págs. 7 y ss.

Constitución, Fundaciones y Sociedad Civil, núm. 122, mayo-agosto 1990, págs. 235 y ss.

¿Es inconveniente o inútil la proclamación de la interdicción de la arbitrariedad como principio constitucional? Una nota, núm. 124, enero-abril 1991, págs. 211 y ss.

La aplicación de la "apariencia de buen derecho" como base de las medidas cautelares en el recurso directo contra Reglamentos, núm. 125, mayo-agosto 1991, págs. 411 y ss.

Presentación del libro "Estudios sobre la Constitución Española. Homenaje al Profesor Eduardo García de Enterría", 5 volúmenes, 1991, (Intervenciones de J.L. Yuste Grijalba, S. Martín.Retortillo Baquer, L. Lavilla Alsina, G. Villapalos y E. García de Enterría), núm. 125, mayo-agosto 1991, págs. 539 y ss.

Nuevas medidas cautelares "positivas": la imposición por vía cautelar a la Administración de la obligación de continuar un procedimiento, eliminando un obstáculo inicial sin apariencia de buen derecho (Auto de la Sala de lo Contencioso-Administrativo del Tribunal Superior de Justicia del País Vasco de 14 de octubre de 1991), núm. 126, septiembre-diciembre 1991, págs. 297 y ss.

El concepto de personalidad jurídica en el derecho público, núm. 129, septiembre-diciembre 1992, págs. 195 y ss.

Un punto de vista sobre la nueva Ley de Régimen Jurídico de las Administraciones Públicas y de Procedimiento Administrativo Común de 1992, núm. 130, enero-abril 1993.

Dictamen emitido a requerimiento de la Asociación Profesional de la Magistratura sobre posible inconstitucionalidad de los preceptos de la Ley Orgánica 16-1994, de 8 de noviembre, de reforma de la Ley Orgánica del Poder Judicial, que habilitan el desarrollo reglamentario de esta Ley, núm. 136, enero-abril 1995.

Las Cámaras de Comercio, Industria y Navegación ante el Derecho, núm. 139, enero-abril 1996.

Las expropiaciones legislativas desde la perspectiva constitucional. En particular, el caso de la Ley de Costas, núm. 141, septiembre-diciembre 1996.

Hacia una medida cautelar ordinaria de pago anticipado de deudas (référé-provision). A propósito del Auto del Presidente del Tribunal de Justicia de las Comunidades Europeas de 29 de enero de 1997 (asunto *Antonissen*), núm. 142, enero-abril, 1997.

El fin del caso Factortame. La responsabilidad patrimonial final del Reino Unido, núm. 145, enero-abril, 1998.

Para una historia interna de la "Revista de Administración Pública", en conmemoración del 50 Aniversario de la Revista, núm. 150, septiembre-diciembre, 1999.

Observaciones sobre la tutela cautelar en la nueva Ley de la Jurisdicción Contencioso-Administrativa de 1998. ¿Tienen efectiva potestad de acordar tutela cautelar las Salas de los Tribunales Superiores de Justicia y de la Audiencia Nacional?, núm. 151, enero-abril, 2000.

Contencioso-administrativo objetivo y contencioso-administrativo subjetivo a finales del siglo XX. Una visión histórica y comparatista, núm. 152, mayo-agosto, 2000.

Nota introductoria: En honor de Alejandro Nieto y *Sobre la ejecutoriedad inmediata de las medidas cautelares recurridas en casación. Una reflexión rectificativa*, núm. 153, septiembre-diciembre, 2000.

La Ley de Expropiación Forzosa de 1954, medio siglo después, núm. 156, septiembre-diciembre 2001.

El principio de protección de la confianza legítima como supuesto título justificativo de la responsabilidad patrimonial del Estado Legislador, núm. 159, septiembre-diciembre 2002.

In memoriam: Sebastián Martín-Retortillo Baquer, núm. 159, septiembre-diciembre 2002.

In memoriam. Manuel Alonso Olea, núm. 160, enero-abril, 2003.

In memoriam. Fernando Garrido Falla, núm. 161, 2003.

Presentación de *El nuevo Código portugués del proceso de los Tribunales administrativos*, núm. 162, septiembre-diciembre, 2003.

La Sentencia del Tribunal Europeo de Derechos Humanos de 28 de octubre de 2003, Stone C ourt Shipping S.A. c/ España, de 28 de octubre de 2003, y las prácticas judiciales españolas para inadmitir recursos. Una censura expresa a la doctrina del Tribunal Constitucional sobre el derecho a la tutela judicial efectiva. Necesidad de una rectificación radical de las posiciones restrictivas del Tribunal Constitucional y del Tribunal Supremo en cuanto al ámbito del derecho fundamental a la tutela judicial efectiva (dedicado al Prof. Rafael Entrena Cuesta), núm. 163, enero-abril, 2004.

Sobre la responsabilidad patrimonial del Estado como autor de una Ley declarada inconstitucional, núm. 166, enero-abril, 2005.

Memoria sobre la reconfiguración sustancial del sistema eléctrico español en 1951, núm. 171, septiembre-diciembre, 2006.

La formación y el desarrollo en Europa de la jurisdicción contencioso-administrativa. Su adquisición definitiva de un status de jurisdicción plena y efectiva, núm. 179, mayo-agosto, 2009.

b) *Artículos publicados en la "Revista Española de Derecho Administrativo"*

Actuación pública y actuación privada en el Derecho Urbanístico, núm. 1, abril-junio 1974.

Sobre los límites del poder de policía general y del poder reglamentario, núm. 5, abril-junio 1975.

Sobre los derechos públicos subjetivos, núm. 6, julio-septiembre 1975.

El problema jurídico de las sanciones administrativas, núm. 10, julio-septiembre 1976.

De nuevo sobre la depreciación de los justiprecios expropiatorios: la posibilidad de la "retasación interna" en el seno de un proceso abierto, sin retorno a la vía administrativa, núm. 15, octubre-diciembre 1977.

Profetismo y Derecho (*En recuerdo de Antonio Esteban Drake*), núm. 18, julio-septiembre 1978.

La actualización de las indemnizaciones reparatorias en materia de responsabilidad civil de la Administración y de expropiación forzosa: últimos desarrollos jurisprudenciales, núm. 21, abril-junio 1979.

Cuatro maestros de París, una época del Derecho Administrativo, núm. 26, julio-septiembre 1980.

La incidencia de la Constitución sobre la potestad sancionatoria de la Administración: dos importantes Sentencias del Tribunal Constitucional, núm. 29, abril-junio 1981.

La primacía normativa del Título VIII de la Constitución. Introducción al estudio del artículo 149 de la Constitución, núm. 33, abril-junio 1982.

Consideraciones sobre una nueva legislación del patrimonio artístico, histórico y cultural, núm. 39, octubre-diciembre 1983.

La interdicción del criterio interpretativo "contra cives", núm. 46, abril-junio 1985.

Sobre el principio de inembargabilidad, sus derogaciones y sus límites constitucionales y sobre la ejecución de sentencias condenatorias de la Administración, núm. 52, octubre-diciembre 1986.

La Ciudad Universitaria de Madrid y el Derecho, núm. 57, enero-marzo 1988.

La crisis del contencioso-administrativo francés: el fin de un paradigma, núm. 58, abril-junio 1988.

Los ciudadanos y la Administración: nuevas tendencias en Derecho español, núm. 59, julio-septiembre 1988.

La reacción del contencioso francés a la crisis del modelo: ejecución de sentencias y medidas cautelares positivas, núm. 60, octubre-diciembre 1988.

Un paso importante para el desarrollo de nuestra justicia constitucional: la doctrina prospectiva en la declaración de ineficacia de las Leyes inconstitucionales, núm. 61, enero-marzo 1989.

El problema de los poderes del juez nacional para suspender cautelarmente la ejecución de las Leyes nacionales en consideración al Derecho Comunitario Europeo. La Sentencia Inglesa "Regina v. Secretary of State for Transport, ex parte Factortame Limited and Others", 1989, y la negación general de medidas cautelares contra la Corona, núm. 63, julio-septiembre 1989.

Novedades sobre los procesos en el conflicto de pesca anglo-español. La suspensión cautelar por el Tribunal de Justicia de las Comunidades Europeas de la Ley inglesa de 1988 aparentemente contraria al Derecho Comunitario. Enseñanzas para nuestro sistema de medidas cautelares, sobre la primacía del Derecho Comunitario y respecto a la indemnizabilidad de los daños causados por infracción de éste, núm. 64, octubre-diciembre 1989.

La eliminación general de las normas reglamentarias nulas con ocasión de recursos contra sus actos de aplicación, núm. 66, abril-junio 1990.

La Sentencia Factortame (19 de junio de 1990) del Tribunal de Justicia de las Comunidades Europeas. La obligación del juez nacional de tutelar cautelarmente la eficacia del Derecho Comunitario aun a costa de su propio Derecho nacional. Transcendencia general de la Sentencia en el Derecho Comunitario y en el sistema español de medidas cautelares, núm. 67, julio-septiembre 1990.

La transformación del contencioso-administrativo francés: la reforma radical del sistema de ejecución de Sentencias, núm. 68, octubre-diciembre 1990.

La nueva doctrina del Tribunal Supremo sobre medidas cautelares: la recepción del principio del fumus boni iuris (Auto de 20 de diciembre de 1990) y su transcendencia general, núm. 69, enero-marzo 1991.

La consolidación del nuevo criterio jurisprudencial de la "apariencia de buen derecho" para el otorgamiento de medidas cautelares. Silencio administrativo y apariencia de abuso de la ejecutividad, núm. 70, abril-junio 1991.

Medidas cautelares positivas y disociadas en el tiempo: el Auto de 21 de marzo de 1991 de la Sala de lo Contencioso-Administrativo del Tribunal Superior de Justicia del País Vasco, núm. 71, julio-septiembre 1991.

Las medidas cautelares que puede adoptar el Juez nacional contra el Derecho Comunitario: la Sentencia Zuckerfabrik del Tribunal de Justicia de las Comunidades Europeas de 21 de febrero de 1991, núm. 72, octubre-diciembre 1991.

La Sentencia Factortame II del Tribunal de Justicia de las Comunidades Europeas, de 25 de julio de 1991, sobre el fondo de la compatibilidad con el Derecho Comunitario de la M erchant Shipping Act de 1988, inglesa, de reserva de pesca. Derecho estatal de abanderamiento de buques y libertad de establecimiento según el Derecho Comunitario, núm. 73, enero-marzo 1992.

Algunas reflexiones sobre el Proyecto de Ley de Régimen Jurídico de las Administraciones Públicas y del Procedimiento Administrativo Común, núm. 75, julio-septiembre 1992.

Reflexión sobre la constitucionalización de las medidas cautelares en el contencioso-administrativo, núm. 76, octubre-diciembre 1992.

La ampliación de la competencia de las jurisdicciones contencioso-administrativas nacionales por obra del Derecho Comunitario. Sentencia Borelli de 3 de diciembre de 1992 del Tribunal de Justicia y el artículo 5 CE, núm. 78, abril-junio 1993.

Constitucionalización definitiva de las medidas cautelares contencioso-administrativas y ampliación de su campo de aplicación (medidas positivas, y "jurisdicción plenaria" de los Tribunales Contencioso-Administrativos, no limitada al efecto revisor de actos previos. Dos Sentencias constitucionales, núm. 79, julio-septiembre 1993.

La problemática puesta en aplicación de la LRJ-PAC: el caso del Real Decreto 1398/1993, de 4 de agosto, que aprueba el Reglamento del procedimiento para el ejercicio de la potestad sancionadora. Nulidad radical del Reglamento y desintegración general del nuevo sistema legal, núm. 80, octubre-diciembre 1993.

El sistema autonómico quince años después, núm. 84, octubre-diciembre 1994.

Sobre la posibilidad de que las jurisdicciones nacionales adopten medidas cautelares positivas (y no sólo suspensiones) contra los actos de sus Administraciones respectivas dictados en ejecución de Reglamentos comunitarios cuya validez se cuestiona (Sentencia Atlanta del Tribunal de Justicia, de 9 de noviembre de 1995), núm. 88, octubre-diciembre 1995.

Una nota sobre el interés general como concepto jurídico indeterminado, núm. 89, enero-marzo 1996.

La democracia y el lugar de la Ley, núm. 92, octubre-diciembre 1996.

Aún sobre la reforma de la justicia administrativa y el "modelo constitucional".

Nota última, núm. 93, enero-marzo 1997.

Una reflexión sobre la supletoriedad del derecho del Estado respecto del de las Comunidades Autónomas (Sentencias constitucionales 118/1996, de 27 de junio, y 61/1997, de 20 de marzo), núm. 95, julio-septiembre 1997.

La nulidad de los actos administrativos que sean constitutivos de delito ante la doctrina del Tribunal Constitucional sobre cuestiones prejudiciales administrativas apreciadas por los jueces penales. En particular, el caso de la prevaricación, núm. 98, abril-junio, 1998.

El derecho urbanístico español a la vista del siglo XXI, núm. 99, julio-septiembre, 1998.

Introducción en *Comentarios a la Ley de la Jurisdicción Contencioso-Administrativa de 1998*, Edición especial del núm. 100, octubre-diciembre, 1998.

Perspectivas de las justicias administrativas nacionales en el ámbito de la Unión Europea, núm. 103, julio-septiembre, 1999.

La inexistencia de plazo para recurrir el silencio administrativo en vía contencioso-administrativa. Derogación del art. 46.1 LJ de 1998. Un Auto de la Sección 5ª de la Sala de lo Contencioso-Administrativo del Tribunal Superior de Justicia de Madrid de 25 de noviembre de 1999 (recurso 261/99), núm. 105, enero-marzo, 2000.

La definitiva erradicación de los actos de Gobierno en nuestro Derecho, núm.

106, abril-junio, 2000.

La Administración Pública y la Ley, núm. 108, octubre-diciembre, 2000.

Sobre la tutela cautelar en el proceso administrativo, núm. 115, julio-septiembre, 2002.

La inexistencia de jurisdicción en los tribunales contencioso-administrativos para decidir acciones de condena contra el legislador, núm. 117, enero-marzo, 2003.

El Tribunal de Justicia de las Comunidades Europeas constata y censura dos graves quiebras de nuestro Derecho Administrativo en materia de entes sujetos al Derecho Público y a medidas cautelares contencioso-administrativas. La Sentencia Comisión c. España, C-214/00, de 15 de mayo de 2003, núm. 119, julio-septiembre, 2003.

Una nueva Sentencia del Tribunal de Justicia de las Comunidades Europeas sobre la sumisión a las normas comunitarias sobre contratación pública de las sociedades mercantiles de titularidad de las Administraciones Públicas (Sentencia Comisión contra España, de 16 de octubre de 2003, C-283/00), núm. 120, octubre-diciembre, 2003.

Inscripción registral y facultades de recuperación posesoria por la Administración, núm. 129, enero-marzo, 2006.

c) *Artículos publicados en el "Anuario de Derecho Civil"*

La legalidad sobre Grandezas y títulos nobiliarios, t. I, fasc. 4º, 1948, págs. 1369 a 1382.

Potestad expropiatoria y garantía patrimonial en la nueva Ley de Expropiación Forzosa, en el t. VIII, fasc. 4º, 1954, págs. 1023 a 1167.

La Ley del Suelo y el futuro del urbanismo, en el t. XI, fasc. 2º, 1958, págs. 485 a 511.

Dictamen sobre Deslinde de montes, en el t. XII, fasc. 3º, 1959, págs. 1029 a 1068.

Las formas comunitarias de propiedad forestal y su posible proyección futura, en el t. XXIX, 1976, págs. 281 a 306.

La Constitución como norma jurídica, en el t. XXXII, fasc. 2º y 3º, 1979, págs. 291 a 341.

d) *Artículos en otras revistas.*

En "Revista de Educación": *Reflexiones sobre los estudios de Derecho*, núm. 5, 1952, págs. 143 a 149.

En "Revista de Estudios de la Vida Local" (Instituto de Estudios de Administración Local, Madrid): *La primera derogación importante de la Ley de Régimen Local*, núm. 68, 1953, págs. 161 a 169.

En "Revue Internationale des Sciences Administratives" (Bruselas): *La doctrine de la responsabilité civile de l'Administration dans le droit espagnol récent*, núm. 22.2, 1956, págs. 101 a 120.

En "Rivista trimestrale di Diritto Pubblico" (Milano): *Verso un concetto di diritto amministrativo come diritto statutario*, núm. x, 2-3, 1960, págs. 317 a 342.

En "Revista de Estudios de la Vida Local" (Madrid, Instituto de Estudios de Administración Local): *Los fundamentos ideológicos del sistema municipal francés*, núm. 117, 1961, págs. 231 a 331.

En "Revista de Derecho Notarial": *Dictamen sobre la oposición por un particular a la ocupación por otro de la calle con que linda un edificio del primero*, núm. 31, 1961, págs. 383 a 412.

En "El Consultor de los Ayuntamientos": *Encuesta sobre reforma de la Ley de Régimen Local*, 1961, págs. 1089 a 1092.

En "Revista del Instituto de Ciencias Sociales" (Barcelona): *El artículo 40, apartado b) de la Ley de la Jurisdicción Contencioso-Administrativa y la libertad de prensa*, núm. 2, 1963, págs. 177 a 181.

En "Revista Crítica de Derecho Inmobiliario": *Jubilación. Dictamen*, núm.

420-421, 1963, págs. 378 a 411.

En "Cuadernos para el Diálogo": *Problemas de la libertad religiosa*, núm. 4, enero 1964.

En "Revista de Derecho Administrativo y Fiscal": *La responsabilidad del Estado por comportamiento ilegal de sus órganos en Derecho Español*, en el núm. 7, enero-abril 1964.

En el "Annuaire International de la Fonction Publique 1974-1975" Institut International d'Administration Publique, París: *La fonction publique en Espagne* (Texto de la conferencia pronunciada en 1972 en la Universidad de París I, Panthéon-Sorbonne).

En "Revista de Derecho Público", de la Facultad de Ciencias Jurídicas Administrativas y Sociales de la Universidad de Chile: *El control de los poderes discrecionales de la Administración*, núm. 17, enero-junio 1975, pág. 81 a 97.

En "Revista de Derecho Urbanístico": *Régimen especial en materia de urbanismo de la provincia de Madrid*, en el núm. 47, 1976, págs. 3 a 26.

En "Revista Española de Derecho Constitucional": *La posición jurídica del Tribunal Constitucional en el sistema español: posibilidades y perspectivas*, núm. 1, enero-abril 1981.

En "Revista Española de Derecho Constitucional": *La significación de las competencias exclusivas del Estado en el sistema autonómico*, núm. 5, mayo-agosto 1982.

En "Revista de Derecho Político": *El Derecho Constitucional como Derecho*, UNED, núm. 15, Madrid, 1982.

En "Anuario de Derechos Humanos", Instituto de Derechos Humanos, Facultad de Derecho, Universidad Complutense: *La significación de las libertades públicas para el Derecho Administrativo*, Madrid, 1982.

En "Revista Española de Derecho Constitucional": *Principio de legalidad, Estado material de Derecho y facultades interpretativas y constructivas de la Jurisprudencia en la Constitución*, núm. 10, enero-abril 1984.

En "Revista de Direito Público" de São Paulo, Brasil: *Hermenéutica y Supremacía constitucional. El principio de la interpretación conforme a la Constitución de todo el Ordenamiento*, en el núm. 77, enero-marzo 1986, págs. 33 a 39.

En "Revista de Direito Público" de São Paulo, Brasil: *Constituição como norma*, en el núm. 78, abril-junio 1986, págs. 5 a 18.

En "Revue du Droit Public et des Sciences Administratives" del "Institut Belge des Sciences Administratives": *Les autonomies régionales dans la Constitution Espagnole*, T3/1986, págs. 169 a 186.

En "Revista de Derecho Público", Caracas (Venezuela): *Hacia una reconstrucción de la Justicia Administrativa. El problema de los derechos reaccionales y la subjetivización de los recursos llamados objetivos*, núm. 27, 1986.

En "Boletín del Ilustre Colegio de Abogados de Madrid": *El valor en Derecho español de la Jurisprudencia del Tribunal Europeo de Derechos Humanos*, núm. 1, enero-febrero 1987.

En "Documentación Administrativa" del Instituto Nacional de Administración Pública: *Los postulados constitucionales de la ejecución de las sentencias contencioso-administrativas*, núm. 209, enero-abril 1987.

En Revista "Cuenta y Razón": *Una nota sobre la Poesía de Jorge Luis Borges*, núm. 29, 1987.

En "Revista de Direito Público" de São Paulo, Brasil: *Tribunal Constitucional e Supremacia da Constituição*, en el núm. 83, julio-septiembre 1987, págs. 5 a 9.

En "Revista de Direito Público" de São Paulo, Brasil: *Controle de Constitucionalidade na Europa*, en el núm. 84, octubre-diciembre 1987, págs. 5 a 9.

En "Revista de Derecho Bancario y Bursátil": *Significado general del Anteproyecto (de Ley de Disciplina Bancaria)*, núm. 28, Madrid, 1987.

En "Saber Leer": *De Gaulle o la historia con nombres propios*, Fundación March, núm. 4, abril 1987.

En Revista "Cuenta y Razón": *Sobre el modelo autonómico español y sobre las actuales tendencias federalistas*, núm. 30, octubre 1987.

En "Saber Leer": *El debate sobre la independencia judicial*, Fundación March, núm. 13, marzo 1988.

En "Revista de la Facultad de Derecho de la Universidad Complutense": *Laudatio del Prof. Massimo Severo Giannini*. Discurso pronunciado con ocasión de su investidura como Doctor "honoris causa" por la Universidad Complutense de Madrid, 1988.

En "Revista de Direito Público" de São Paulo, Brasil: *O Principio de Legalidade na Constituição Espanhola*, en el núm. 86, abril-junio 1988, págs. 5 a 13.

En Revista "Cuenta y Razón": *Los orígenes del cristianismo en una novela de Anthony Burgess*, núm. 34, 1988.

En "Boletín del Ilustre Colegio de Abogados de Madrid": *418 Palabras que cambiaron el mundo*, núm. 3, mayo-junio 1988.

En "Gaceta Jurídica de la CEE": *La responsabilidad de la Administración española por daños causados por infracción del Derecho Comunitario*, núm. 60, febrero 1989.

En "Revista de Direito Público" de São Paulo, Brasil: *Los ciudadanos y la Administración: Nuevas tendencias en Derecho español*, en el núm. 89, enero-marzo 1989, págs. 5 a 23.

En "CISS, Noticias/CEE": *La reordenación del sistema jurisdiccional comunitario: La creación del Tribunal de Primera Instancia de las Comunidades Europeas*, núm. 50, marzo 1989.

En "Revista Española de Derecho Constitucional": *La Constitución y las autonomías territoriales*, núm. 25, enero-abril 1989.

En Revista "Cuenta y Razón": *La autonomía universitaria*, núms. 44-45, marzo-abril 1989.

En "Revista de Direito Público" de São Paulo, Brasil: *La reacción del contencioso francés a la crisis del modelo. Ejecución de Sentencias y medidas cautelares positivas*, en el núm. 90, abril-junio 1989.

En "Saber Leer": *Terminar la Revolución francesa*, Fundación Juan March, núm. 26, junio-julio 1989.

En "Revista de Direito Público" de São Paulo, Brasil: *La crisis del contencioso-administrativo francés: El fin de un paradigma*, en el núm. 91, julio-septiembre 1989.

En "Poder Judicial": *El principio de proporcionalidad en la extradición. Derecho a no ser extraditado, pena de muerte como pena o trato inhumano o degradante, control de la proporcionalidad de las decisiones gubernamentales sobre extradición y otras cuestiones sustanciales en la Sentencia Soering, de 7 de julio de 1989, del Tribunal Europeo de Derechos Humanos*, núm. 15, septiembre 1989.

En "Documentación Administrativa": *La jurisdicción contencioso-administrativa hoy*, núm. 220, octubre-diciembre 1989.

En "Revista de Direito Público", de São Paulo, Brasil: *Justicia constitucional: la doctrina prospectiva en la declaración de ineficacia de las Leyes inconstitucionales*, en el núm. 92, octubre-diciembre 1989.

En el "Boletín Informativo de la Fundación Juan March", núm. 199, el artículo (resumen de su curso profesado en dicha Fundación): *Revolución Francesa y Derecho*, abril 1990.

En "Revista de Instituciones Europeas": *La suspensión cautelar inmediata de una Ley nacional por el Tribunal de Justicia de las Comunidades Europeas* (*Auto de 28 de junio de 1990, C omisión c. Alemania*), núm. 3, vol. 17, Madrid, 1990.

En "Revista de Derecho Administrativo" (Ediciones Depalma, Buenos Aires): *Los ciudadanos y la administración: nuevas tendencias en derecho español*, núm. 4, mayo-agosto 1990.

En "Documentación Administrativa": *Las garantías de la expropiación según el Derecho Europeo*, núm. 222, abril-junio 1990.

En "La Ley": *El derecho administrativo en el siglo XXI*, artículo publicado con motivo del X Aniversario de "La Ley", Revista Jurídica Española de Doctrina, Jurisprudencia y Bibliografía, Madrid, octubre 1990.

En "Poder Judicial": *La lucha contra el abuso de los procesos: juicios provisionales y medidas cautelares*, núm. 20, diciembre 1990.

En "Revista Española de Derecho Constitucional": *La participación de las Comunidades Autónomas en la formación de las decisiones comunitarias*, núm. 33, septiembre-diciembre 1991.

En Revista "Cuenta y Razón": *España y Europa desde la especulación esencialista a la integración institucional*, núms. 61-62, noviembre-diciembre 1991.

En "Revista de Derecho Administrativo" (Ediciones Depalma, Buenos Aires): *Cuatro maestros de París, una época del derecho administrativo*, núms. 7-8, mayo-diciembre 1991.

En "Poder Judicial": *Sobre la legitimidad de las medidas cautelares utilizadas por la Comisión y el Tribunal Europeo de Derechos Humanos*, núm. 25, marzo 1992.

En "Revue Trimestrielle des Droits de l'Homme": *De la légitimité des mesures provisoires prises par la Commission et la Cour Européennes des Droits del'Homme. L'affaire Cruz Varas*, núm. 11, Bélgica, julio 1992.

En Revista "Cuenta y Razón": *La Unión Monetaria según Maastricht*, núms. 71-72, septiembre-octubre 1992.

En "Revista de Derechos y Libertades": *Los derechos fundamentales europeos según el Tratado de Maastricht sobre la Unión Europea*, núm. 1, 1993.

En "Otrosí", Revista del Colegio de Abogados de Madrid: *Nueva Ley de Régimen Jurídico de las Administraciones Públicas y de Procedimiento Administrativo*, Colegio de Abogados de Madrid, febrero 1993.

En Revista "Economist & Jurist": *Derecho al autogobierno, Autonomía, Constitución: Un paso capital*, marzo 1993.

En el "Anuario de Derecho Constitucional y Parlamentario": *La significación general del Convenio Europeo de Derechos Humanos*, núm. 5, Universidad de Murcia, 1993.

En los "Anales de la Real Academia de Jurisprudencia y Legislación", *La Unión Monetaria según el Tratado de Maastricht y su significado*, núm. 23, Madrid, 1993.

En "Yearbook of European Law": *The extension of the Jurisdiction of National Administrative Courts by Community Law: The Judgment of the Court of Justice in Borelli and Article 5 of the EC Treaty*, volumen 1993, Oxford University Press, septiembre-octubre 1994.

En "Revista de Instituciones Europeas": *Un paso capital en el Derecho Constitucional Británico: El poder de los jueces para enjuiciar en abstracto y con alcance general las Leyes del Parlamento por su contradicción con el Derecho Comunitario (Sentencia "Equal Opportunities Commission" de la Cámara de los Lores de 3 de marzo de 1994)*, Madrid, 1994.

En "Rivista di Diritto Europeo": *El proyecto de Constitución Europea*, Roma, núm. 4, 1994.

En "Revue Europeenne de Droit Public": *Hommage aux Professeurs Massimo Severo Giannini et Jean Rivero*, vol. 7, núm. 3, Esperia Publications Ltd, 1995.

En "Revista de Derecho Administrativo" (Ediciones Depalma, Buenos Aires): *Un paso capital en el derecho constitucional británico: el poder de los jueces para enjuiciar en abstracto y con alcance general las leyes del parlamento por su contradicción con el derecho comunitario* (*sentencia equal opportunities commission de la Cámara de los Lores del 3 de marzo de 1994*), núm. 18, enero-abril, 1995.

En "Revista Vasca de Administración Pública": *"Presentación"* en memoria de Pedro Mª Larumbe Biurrum, núm. 41, enero-abril, 1995.

En "Deliberación", Revista de la Asociación Profesional de la Magistratura: Reproducción del *Dictamen emitido a requerimiento de la Asociación Profesional de la Magistratura sobre posible inconstitucionalidad de los preceptos de la Ley Orgánica del Poder Judicial, que habilitan el desarrollo reglamentario de esta Ley*, núm. 12, 2º trimestre, 1995.

En "Otrosí", Revista del Colegio de Abogados de Madrid: *Requiem por un proyecto de Ley. Sobre la situación de la justicia administrativa y sobre su reforma*, Colegio de Abogados de Madrid, diciembre, 1995.

En "Revista Española de Derecho Constitucional": *El Proyecto de Constitución Europea*, núm. 45, septiembre-diciembre, 1995.

En "Anuario Jurídico de la Rioja": *La Unión Monetaria Europea según el Tratado de Maastricht*, núm. 1, Diputación General de La Rioja, Universidad de La Rioja, 1995.

En "Otrosí", Revista del Colegio de Abogados de Madrid: *Sobre la reforma de la jurisdicción contencioso-administrativa (Una réplica)*, junio, 1996.

En "Revista de Derecho Mercantil": *Acto de presentación de los "Estudios jurídicos en homenaje al profesor Aurelio Menéndez"*, núm. 221, julio-septiembre, 1996.

En Revista "Anales" de la Facultad de Ciencias Jurídicas y Sociales de la Universidad Nacional de La Plata (Argentina): *La Revolución francesa y la aparición de una nueva lengua de los derechos*, t. XXXII, 1996.

En Revista "Cahiers de droit européen": *Les droits fondamentaux et la révision du Traité sur l'Union* Européenne, núms. 5-6, 1996.

En "Revista de Derecho del Estado": *La sangre del espíritu*, núm. 1, Universidad Externado de Colombia, enero, 1997.

En "Boletín de Estudios y Documentación": *Por una Europa de los derechos cívicos y sociales*, en el núm. 6, "Tercer Sector Público como motores del modelo social europeo", Comité Español para el Bienestar Social, 1997.

En "Anuario de la Facultad de Derecho de la Universidad Autónoma de Madrid": *La democracia y el lugar de la Ley*, en el núm. 1, "La vinculación del juez a la Ley", págs. 79-95, Universidad Autónoma de Madrid y Boletín Oficial del Estado, 1997.

En Revista "Desenvolvimento": *El principio de la subsidiariedad en el ejercicio de los derechos sociales*, en el núm. 8, "Direitos Cívicos e Sociais e o Tratado da U.E.", "Instituto de Estudos para o Desenvolvimento", junio, 1997.

En "Otrosí", Revista del Colegio de Abogados de Madrid: *Economía y secularización de la política*, octubre, 1997.

En "Revista Española de Derecho Constitucional": *Los Fundamentos Constitucionales del Estado*, núm. 52, enero-abril, Madrid, 1998.

En la Revista "La Correspondencia, papeles de nuestro tiempo": *Madariaga y los Derechos Humanos* y *José Antonio García Díez*, estos dos artículos publicados en el núm. 2, segundo semestre, Fundación Salvador de Madariaga, Madrid, 1998.

En los "Anales" de la Real Academia de Jurisprudencia y Legislación: *Los pescadores españoles ante el derecho comunitario: el final del caso Factortame*, núm. 28, Madrid, 1998.

En la "Revista de Derecho Político": *El valor normativo de la Constitución Espa*ñola, UNED, núm. 44, Madrid, 1998.

En la "Revista Española de Derecho Constitucional": *La Sentencia Constitucional 118/1996, de 27 de junio, sobre la Ley de Ordenación de los Transportes Terrestres de 1987*, núm. 55, enero-abril, Madrid, 1999.

En la "Revista de Obras Públicas": *Universidad, SOS*, núm. 3.390, septiembre, Madrid, 1999.

En "Plúrima, Revista da Facultade de Direito da Universidade Federal Fluminense", vol. 3: *El Valor Normativo de la Constitución de 1978*, Coleção Acadêmica de Direito, vol. 10, Síntese Editora, Brasil, 1999.

En la "Rivista Trimestrale di Diritto Pubblico": *Perspectivas de las justicias administrativas nacionales en el ámbito de la Unión Europea*, núm. 1, Roma, 1999.

En el "Boletín de la Fundación Federico García Lorca": *Borges y Dios: Una confrontación memorable*, núm. 25, "Homenaje a Jorge Luis Borges en el primer aniversario de su fallecimiento", Madrid, 2000.

En el "Boletim da Facultade de Direito" de "Stvdia Ivridica 48": *La justicia administrativa en el cambio de siglo*, "Conferências na Facultade de Direito de Coimbra, 1999-2000", Universidade de Coimbra, Coimbra Editora, 2000.

En la "Revue Administrative" du Conseil d'État français: *Le contrôle de l'administration. Techniques,* étendue*, effectivité des contrôles. Contentieux administratif objectif et contentieux administratif subjectif à la fin du xx*[e] *siècle: Analyse historique et comparative*, 53e Année, Numéro spécial núm. 3, Presses Universitaires de France, Paris, 2000.

En la "Revista Justicia de Paz": *La lucha contra las Inmunidades del poder en el derecho administrativo (Poderes discrecionales, poderes de gobierno, poderes normativos)* y *La democracia y el lugar de la ley*, estos dos artículos publicados por la Corte Suprema de Justicia, núm. 9, año IV, vol. II, República de El Salvador, mayo-agosto, 2001.

En la "Revista mexicana de Derecho Público": *La justicia administrativa en el cambio de siglo*, núm. 1, México, 2001.

En la "Revista del Instituto Jalisciense de Investigaciones Jurídicas": *La justicia administrativa en el cambio de siglo*, núm. 1, año 1, julio-diciembre, 2001.

En la "Revista de Estudios de Derecho Público" (REDEp), *I.- Justicia administrativa en México y en Iberoamérica*, el artículo: *La justicia administrativa en el cambio de siglo*, núm. 1, Fundación Universitaria de Derecho, Administración y Política, S.C. (FUNDAp), Colegios de Secretarios de la Suprema Corte de Justicia de la Nación, A.C., Municipio de Colón, Querétaro, México, 2001.

En "La Revue Administrative": *Le contrôle de l'administration. Techniques,* étendue, *effectivité des contrôles. Contentieux administratif objectif et contentieux administratif subjectif à la fin du XXe siècle: Analyse historique et comparative,* en el "Deuxième Centenaire du Conseil d'État", vol. I, Presses Universitaires de France, Paris, 2001.

En la "Revue Juridique de l'entreprise publique", junto a M. Pascual Sala Atienza: État *de la transposition de la Directive 96/92/CE en Espagne,* Cahiers Juridiques de l'Électricité et du Gaz, 53e année, núm. 587, Paris, mai 2002.

En "Turia. Revista Cultural": *Mis deudas con Pedro Laín,* núm. 61, Teruel, junio, 2002.

En la "Revista" *Orígenes y Evolución de La Justicia Administrativa en Guanajuato: ("... se decidió imponer a los espacios de uso común, los nombres de notables juristas que han sido determinantes en la evolución del Derecho Administrativo: A la sala de sesiones plenarias, Eduardo García de Enterría..."),* Tribunal de lo Contencioso Administrativo del Estado de Guanajuato, 2002.

En el "Boletín de la Academia de Ciencias Políticas y Sociales (Ensayos de los Miembros correspondientes extranjeros)": *La democracia y el lugar de la ley,* núm. 140, año LXVIV, Caracas, Venezuela, julio-diciembre, 2002.

En la "Revista Jurídica de Cantabria", *La inexistencia de jurisdicción en los Tribunales Contencioso-Administrativos para decidir acciones de condena contra el Legislador,* núm. 1, año 2002, Gobierno de Cantabria, 2003.

En el "Boletín del Ilustre Colegio de Abogados de Madrid", *El principio de protección de la confianza legítima como supuesto título justificativo de la responsabilidad patrimonial del Estado Legislador,* núm. 24, enero 2003.

En la "Revista Española de Derecho Constitucional", *El principio de "la responsabilidad de los poderes públicos" según el art. 9.3 de la Constitución y la responsabilidad patrimonial del Estado Legislador,* núm. 67, 2003.

En "Derecho Administrativo" (Revista de Doctrina, Jurisprudencia, Legislación y Práctica): *El principio de protección de la confianza legítima como supuesto título justificativo de la responsabilidad patrimonial del Estado Legislador,* núm. 43, LexisNexis, Ediciones Depalma, Buenos Aires, 2003.

En "Anuario de la Facultad de Derecho de la Universidad Autónoma de Madrid": *Reflexiones sobre los estudios de Derecho,* en el núm. 6, "La enseñanza del Derecho", págs. 47-56, Universidad Autónoma de Madrid y Boletín Oficial del Estado, 2003.

En la "Revista de Estudios de la Administración Local" (REAL), *Intervención de Eduardo García de Enterría* en el núm. 291 *Homenaje a Sebastián Martín- Retortillo,* Instituto Nacional de Administración Pública (INAP), enero-abril, 2003.

En la Revista "Derecho Privado y Constitución"*: La inexistencia de jurisdicción en los Tribunales Contencioso-Administrativos para decidir acciones de condena contra el Legislador,* "Número monográfico sobre fuentes del Derecho en homenaje al Profesor Javier Salas Hernández", núm. 17, enero-diciembre, 2003.

En la Revista "Derecho Público de Cantabria"*: El sistema autonómico español: formación y balance,* Parlamento de Cantabria, 2003.

En la "Revista Valenciana d'Estudis Autonòmis": *El sistema autonómico español: formación y balance*, en el "XXV Aniversario de la Constitución Española, 1978-2003", editado por la Presidencia de la Generalitat Valenciana, 2003.

En la "Revista de Occidente": *Una Constitución entre dos siglos*, el artículo *El sistema autonómico español: formación y balance*, núm. 271, Fundación José Ortega y Gasset, diciembre, 2003.

En los "Anales" de la Real Academia de Jurisprudencia y Legislación: *El principio de protección de confianza legítima como supuesto título justificativo de la responsabilidad patrimonial del Estado legislador*, núm. 33, Madrid, 2003.

En la "Revista Peruana de Derecho Público": *La Constitución española de 1978 como pacto social y como norma jurídica*, e *Intervención del Profesor Eduardo García de Enterría* en la *Presentación del libro "El Derecho público a comienzos del siglo XXI". Homenaje al Profesor Allan R. Brewer-Carías*, año 4, núm. 7, Editora Jurídica Grijley, Lima, Perú, julio-diciembre 2003.

En la Revista "La Venia": *La Constitución de 1978 y la justicia administrativa*, núm. 1, Ilustre Colegio de Abogados de Oviedo, enero 2004.

En la Colección "Discentibus Auxilia" núm. 1 (*Lecciones de Derecho Procesal Administrativo*, vol. I, de D. Juan Carlos Galindo Vacha): "Sobre la protección de los derechos subjetivos de los administrados en Italia", tomado del libro de Eduardo García de Enterría, *Problemas del derecho público al comienzo de siglo*, Pontificia Universidad Javeriana, Facultad de Ciencias Jurídicas y Socioeconómicas, Bogotá, D. C., Colombia, 2004.

En "Foro Jurídico Pelayo" (Revista Jurídica): *"Opinión"* de Eduardo García- Enterría (Galardonado IV Edición), núm. 28, noviembre, 2004.

En la "Revista Europea de Derechos Fundamentales": *Discurso del Excmo. Sr. D. Eduardo García de Enterría con ocasión de la presentación de la obra "Comentarios a la Constitución Europea" el día 15 de febrero de 2005 en el Salón de Pasos Perdidos del Palacio del Senado*, núm. 4, 2º Semestre 2004.

En "Suplemento de Derecho Administrativo y Constitucional" (Foro de Córdoba): "*El principio de «la responsabilidad de los poderes públicos» según el art. 9.3 de la Constitución y la responsabilidad patrimonial del Estado legislador*, año V, núm. 13, Córdoba (Argentina), 2004.

En "Torre de los Lujanes" (Real Sociedad Económica Matritense de Amigos del País): *Sobre los límites Constitucionales a la reforma de los Estatutos de Autonomía*, núm. 55, febrero 2005.

En la "Revista Española de Derecho Europeo": *Locke y la Constitución Europea*, núm. 13, enero-marzo, 2005.

En la "Revista de Derecho Público": *Comentario* en Homenaje al núm. 100 de esta Revista, Caracas, 2005.

En "La Voz de Asturias": *No hace falta un cambio de estatutos*, entrevista publicada con motivo del "25 Aniversario de la Fundación Príncipe de Asturias 1981-2005", octubre 2005.

En "Revista Aragonesa de Administración Pública": *La responsabilidad patrimonial del Estado legislador en el Derecho español*, Cizur Menor (Navarra), Thomson-Civitas, 2005, 290 págs.

En "Revista Peruana de Derecho Público": *Un jurista del tiempo de los derechos (entrevista al Profesor Eduardo García de Enterría)* por Pedro P. Grández Castro, año 6, núm. 11, julio-diciembre, Lima, Grijley, 2005.

En la Revista "Droit Administratif": *La responsabilidad patrimonial del Estado legislador en derecho español*, núm. 2, LexisNexis, febrero 2006.

En la "Revista Aragonesa de Administración Pública: *Cincuentenario de un clásico de la historia de los dogmas jurídicos: "Dos estudios sobre la usucapión en Derecho Administrativo" de Eduardo García de Enterría* por A. Vergara Blanco, núm. 28, editado por la Diputación General de Aragón, junio, 2006.

En los "Anales" de la Real Academia de Jurisprudencia y Legislación: *Sobre la responsabilidad patrimonial del Estado como autor de una Ley declarada inconstitucional*, núm. 36, Madrid, 2006.

En "Cuadernos de Derecho Judicial", "Seguridad jurídica, legitimación y cosa juzgada", *Sobre la responsabilidad patrimonial del Estado como autor de una Ley declarada inconstitucional*, Centro de Documentación Judicial del Consejo General del Poder Judicial, 2006.

En "Foro de Córdoba", Publicación de doctrina y jurisprudencia núm. 119, Diciembre 2007: *Las transformaciones de la justicia administrativa: de excepción singular a la plenitud jurisdiccional. ¿Un cambio de paradigma?*

En Revista Internacional de Derecho Romano y Tradición Romanística "Seminarios Complutenses de Derecho Romano XX-XXI 2007-2008. Centenario del nacimiento de Ursicino Álvarez Suárez", 2008: *Sobre la formación del Derecho Administrativo Español Contemporáneo.*

En Revista de Derecho de Extremadura, núm. 3, Septiembre-Diciembre 2008: Entrevista a D. Eduardo García de Enterría por Daniel Sancho Jaraíz (septiembre 2008).

En "Revista Andaluza de Administración Pública", núm. 73, 2009, Enero-Abril: *La formación, el desarrollo y la transformación radical en Europa de la Jurisdicción contencioso-administrativa* (abril 2009).

En Revista "Judicatus", núm. 1, Julio 2009: *Una revisión crítica de la supuesta inmunidad jurisdiccional de las potestades discrecionales de la Administración* (julio 2009).

En los "Anales de la Real Academia de Jurisprudencia y Legislación", *La formación y el desarrollo en Europa de la jurisdicción contencioso-administrativa. Su adquisición definitiva de un status de jurisdicción plena y efectiva*, núm. 39, Madrid, 2009.

I) *Prólogos a obras de otros autores:*

Más de 80 prólogos a obras jurídicas (uno en una obra literaria), en su mayoría de discípulos suyos.

Epílogo al libro *Por palabra de honor. La entrada de España en el Consejo de Europa*, Embajador José Luis Messía, Madrid, 1995.

También figuran Prólogos y Estudios Preliminares de varias obras traducidas al castellano de otros idiomas: del libro alemán, Theodor Viehweg: *Tópica y Jurisprudencia*, Taurus, Madrid, 1964; reedición 1987; de obras inglesas, la que se cita en el apartado siguiente de B. Chapman, la de Bernard Schwartz: *Los diez mejores jueces de la historia norteamericana*, Madrid, Civitas, 1980; la de James

D. Mooney: *Principios de Organización*, Madrid, Instituto de Estudios Políticos, 1959; del italiano, la del Prof. L. Vandelli: *El ordenamiento español de las Comunidades Autónomas*, Madrid, 1982.

En fin, también Prólogos a obras editadas fuera de España, como la de Frank Moderne y Pierre Bon: *Les autonomies régionales dans la Constitution espagnole*, Económica, Collection Études Juridiques Comparatives, París, 1981, y la de Rodolfo E. Piza Rocafort: *Responsabilidad del Estado y Derechos Humanos. El aporte del Derecho Internacional y del Derecho de los Derechos Humanos*, San José de Costa Rica, Universidad Autónoma de Centroamérica, 1988.

J) *Ediciones y traducciones:*

En 1954, ed. con Prólogo de la obra de Alejandro Oliván: *De la Administración Pública con relación a España* ed. original de 1842), Madrid, Instituto de Estudios Políticos.

Traducción del inglés (con Amparo L. Velázquez) y Estudio Preliminar (*Prefectos y Gobernadores Civiles. El problema de la Administración periférica en España*), del libro de Brian Chapman: *Los Prefectos y la Francia provincial*, Madrid, Instituto de Estudios Políticos, 1959.

K) *Reseñas y notas críticas de libros:*

Un gran número, principalmente en "Revista de Administración Pública" (desde el núm. 1, 1950, a un libro de F. Garrido Falla, hasta el último, núm. 119, 1989, sobre la obra de Jürgen Schwarze: *Europäische Verwaltungsrecht*, 1989), "Revista Española de Derecho Administrativo", etc. No parece preciso enumerarlas todas.

Algunas de estas reseñas constituyen pequeños ensayos, como la aparecida en el núm. 105 de "Revista de Estudios Políticos" sobre el libro de Otto Bachof: *Grundgesetz und Richtermacht*, 1959, que determinó la ulterior traducción del libro (1963) y que ha sido señalada como el primer reflejo en la doctrina española de la doctrina constitucional alemana contemporánea.

Ñ) *Artículos literarios y varios:*

Varios, en "Cuenta y Razón", "Saber Leer", Libro Homenaje a Salvador de Madariaga (1986), diario "ABC" y otros, que no parece necesario especificar.

L) *Obras homenaje y artículos que se le han dedicado*

Contestación del Excmo. Sr. D. Luis Jordana de Pozas a su Discurso de ingreso en la Real Academia de Jurisprudencia y Legislación, *Legislación delegada y control judicial*, Madrid, 1970.

El número 84, extraordinario, de "Revista de Administración Pública", diciembre de 1977, 682 páginas, dedicado por sus discípulos con ocasión de su Doctorado "honoris causa" por la Universidad de París-Sorbona.

El número 58 de "Revista de Ciencias Jurídicas", de la Universidad de Costa Rica, Facultad de Derecho y Colegio de Abogados de Costa Rica, diciembre de 1987, con esta dedicatoria: "Este número está dedicado al Profesor español Catedrático Dr. Eduardo García de Enterría por su contribución al Derecho Público".

Una veintena de libros, generalmente de discípulos suyos (con alguna excepción, como las *Memorias* de Salvador de Madariaga, Madrid, Espasa Calpe, 1974), le están dedicados personalmente y una serie análoga de artículos de Revista.

Estudios sobre la Constitución Española. Homenaje al Profesor Eduardo García de Enterría, libro dirigido por S. Martín-Retortillo (de sus compañeros y discípulos con motivo de su jubilación universitaria), 111 autores, 5 volúmenes, 4.346 páginas, Madrid, Civitas, 1991.

Tratado de Libre Comercio, Mercosur y Comunidad Europea. Solución de controversias e interpretación uniforme, dedicado por su autor, Prof. Ricardo Alonso García, Ciencias Jurídicas, McGraw-Hill, Madrid, 1997.

Perspectivas de las medidas cautelares en el proceso contencioso-administrativo, dedicado por su autor, Prof. Juan Manuel Campo Cabal, Universidad Externado de Colombia, Universidad Europea de Madrid-CEES, 1997.

El vol. 13, núm. 1, spring/printemps 2001, de "Revue Europeenne de Droit Public" por los Profesores Guy Braibant, L. Vandelli y L. Martín Retortillo: *Laudatio du Professeur Eduardo García de Enterría*, Esperia Publications Ltd.

Derecho Urbanístico. Estatal y autonómico, libro colectivo coordinado por D. Tomás Quintana López, Valencia, Tirant lo blanch, 2001.

Lecciones sobre el acto administrativo, libro dedicado por el Prof. Raúl Bocanegra Sierra, 1ª ed., Madrid, Editorial Civitas, 2002; 2ª ed., 2004.

Nueva garantía constitucional. La responsabilidad patrimonial del Estado, libro dedicado por el Prof. Álvaro Castro Estrada, México, D. F., Editorial Porrúa, 2002.

El pensamiento burocrático, por el Prof. Alejandro Nieto García, Madrid, Colección Comares, 2003.

En octubre de 2003 la Facultad de Derecho de Florencia organizó en su honor un acto dentro del programa "I protagonisti della cultura giuridica europea", con intervenciones de profesores de tres países. Es el primer jurista español que ha recibido este homenaje y el primer administrativista de toda Europa. Con motivo de este acto, *Crónica del Acto de la Universidad de Florencia de reconocimiento de Eduardo García de Enterría como uno de los protagonistas de la cultura jurídica europea (25 de octubre 2003)*, por el Prof. Antonio Jiménez-Blanco Carrillo de Albornoz en "Administración de Andalucía", Revista Andaluza de Administración Pública, núm. 53, 2004. Instituto Andaluz de Administración Pública, Consejería de Justicia y Administración Pública, Universidad de Sevilla.

Uma avaliação das tendêcias contemporâneas do direito administrativo (Una evaluación de las tendencias contemporáneas del derecho administrativo), obra en homenaje a Eduardo García de Enterría, Anales del Seminario de Derecho Administrativo Brasil-España, Río de Janeiro, São Paulo, 2003.

En el núm. 193 de "Muface": *Homenaje en Italia al Profesor García de Enterría*, otorgado por el Comité Científico (formado por juristas de varios países), 2003.

Recensiones de los libros del Profesor Eduardo García de Enterría, realizado por los funcionarios de la Biblioteca del Instituto Nacional de Administración Pública y coordinado por Enrique Orduña Rebollo como Director de la misma, 2003.

Lecciones sobre el acto administrativo, libro dedicado por el Prof. Raúl Bocanegra Sierra, 2ª ed., Madrid, Civitas, 2004.

Convenio Europeo de Derechos Humanos. Comentario sistemático, libro colectivo dirigido por Iñaki Lasagabaster Herrarte, Civitas, 2004.

La prejudicialidad administrativa en el proceso penal, por Manuel Ballbé Mallol y Carlos Padrós Reig, Universitat Autònoma de Barcelona, Civitas, 2004.

La Constitución Europea. Texto antecedentes, explicaciones, por Ricardo Alonso García y Daniel Sarmiento, Madrid, Civitas, 2005.

Memoria de Pleitos, por Luis Díez-Picazo, Madrid, Civitas, 2005.

El declive de la seguridad jurídica en el ordenamiento plural, por José Bermejo Vera, 1ª ed., Madrid, Thomson-Civitas, 2005.

ÍNDICE GENERAL

PÁG.

Presentación VII
Semblanza del profesor Eduardo García de Enterría y Martínez-Carande XI
Publicaciones del profesor Eduardo García de Enterría XV

EL PENSAMIENTO DE GARCÍA DE ENTERRÍA

SOBRE LA INFLUENCIA DE GARCÍA DE ENTERRÍA EN VENEZUELA, LA NOCIÓN DE ACTO ADMINISTRATIVO Y EL ABUSO JURISPRUDENCIAL EN LA CITA DE SU OBRA

ALLAN R. BREWER-CARÍAS

1. La influencia de la doctrina española de derecho administrativo y en particular de la obra de Eduardo García de Enterría en América Latina 3
2. La relación de Eduardo García de Enterría con Venezuela 4
3. El vínculo inicial de los profesores de la Escuela de García de Enterría con Venezuela 5
4. La relación estrecha ente los profesores españoles y los profesores venezolanos de derecho administrativo 7
5. La Escuela de García de Enterría como escuela democrática del derecho administrativo 9
6. El pensamiento de García de Enterría reflejado en la jurisprudencia venezolana 11
7. La censura a los autores nacionales en la jurisprudencia y las citas indebidas de García de Enterría: un caso en materia de definición del acto administrativo 12
8. El concepto de acto administrativo en la obra de García de Enterría como los emanados exclusivamente de las Administraciones Públicas 14
9. Nuestra definición del acto administrativo, impropiamente atribuida en alguna sentencia a García de Enterría y Tomás-Ramón Fernández 16
10. Una nueva sentencia que atribuye a García de Enterría, erradamente, influencia en nuestra definición del acto administrativo 21

GARCÍA DE ENTERRÍA EN IBEROAMÉRICA. SUS TESIS MÁS RELEVANTES

Germán Cisneros Farías

PÁG.

1. Introducción 25
2. Argentina 26
   A) Agustín Gordillo 26
      a) El supremo principio de la racionalidad 26
      b) El principio de legalidad o el sometimiento de la administración a la ley 27
      c) El procedimiento administrativo no es una carrera de obstáculos 27
   B) Juan Carlos Cassagne 28
      a) La tutela judicial efectiva 28
      b) Nuevas tendencias en materia de legitimación 28
   C) Julio Rodolfo Comadira 29
      a) La extensión del concepto de acto, respecto de su unilateralidad, bilateralidad, alcance individual y general 29
      b) Los vicios en particular 29
   D) Miriam Mabel Ivanega 29
      a) Los principios del Estado de derecho 29
      b) La legalidad en la administración 30
      c) El derecho administrativo y las ciencias no jurídicas de la administración 30
      d) Competencia 30
      e) El régimen disciplinario en general 31
      f) Presupuestos de la responsabilidad patrimonial 31
      g) Las prácticas y el precedente administrativo 31
3. Colombia 31
   A) Libardo Rodríguez Rodríguez 31
      b) El principio de legalidad 32
      c) La noción de contrato administrativo 32
      d) Reflexiones y conclusiones de los principales rasgos de la jurisdicción administrativa y el derecho administrativo en Colombia 33
   B) Jaime Orlando Santofimio Gamboa 33
      a) La Constitución Política como fundamento del derecho administrativo 33
4. Costa Rica 34
   A) José Enrique Rojas Franco 34
      a) Periculum in mora 34
      b) Las medidas cautelares que puede adoptar el juez nacional 34
      c) Apariencia de buen derecho y suspensión de actos de carácter tributario 35
   B) Ernesto Jinesta Lobo 35

PÁG.

5. España ... 36
A) Santiago Muñoz Machado ... 36
a) El principio de legalidad como sometimiento de la administración a la ley ... 36
b) Las potestades administrativas ... 36
c) La formas de la actuación administrativa ... 37
d) El principio de la interdicción de la arbitrariedad ... 37
B) Luciano Parejo Alfonso ... 39
a) Prohibición absoluta e incondicionada de modos concretos de ejercicio ... 40
b) Prohibición relativa o con reserva de su alzamiento por la Administración Pública caso a caso ... 40
c) Libertad de desarrollo de la actividad privada o de ejercicio del derecho, con reserva de excepción de su prohibición por la Administración Pública caso a caso ... 40
6. México ... 40
A) Sergio Valls Hernández ... 40
B) Álvaro Castro Estrada ... 41
a) Actividad propiamente administrativa ... 41
b) Ordenamiento jurídico-administrativo y principios generales del derecho, como generadores del instituto de la responsabilidad patrimonial del estado ... 42
c) La verdadera transformación hacia un régimen de responsabilidad del estado en España se realiza en 1954 ... 42
d) Responsabilidad del Estado legislador; principio de protección de la confianza legítima ... 42
e) La lesión antijurídica ... 43
f) Causalidad jurídica y proceso selectivo de causas relevantes ... 43
7. Uruguay ... 43
A) Mariano R. Brito ... 43
a) El Estado de derecho en una perspectiva axiológica ... 43
b) Noción del principio de legalidad y del interés público en el derecho uruguayo ... 43
c) Una confusión que sobrevuela la línea dominante anunciada (sustitución del derecho público por el derecho privado) ... 44
d) El control jurisdiccional de la administración constituye piedra angular de la sujeción a la legalidad ... 44
e) La vinculación entre la discrecionalidad y los conceptos jurídicos indeterminados ... 44
f) Los límites y las posibilidades de los diferentes sistemas de la jurisdicción administrativa ... 45
g) Del mérito del acto ... 45
B) Juan Pablo Cajarville Peluffo ... 45
C) Felipe Rotondo Tornaría ... 46

PRÓLOGO AL LIBRO "CONFERENCIAS DE ARGENTINA" DE EDUARDO GARCÍA DE ENTERRÍA

AGUSTÍN GORDILLO

PÁG.

1. Los primeros homenajes ... 49
2. Escritor, pensador ... 50
3. La hermosa guerra ... 51
4. Humanista ... 52

EDUARDO GARCÍA DE ENTERRÍA Y LA RENOVACIÓN DEL DERECHO ADMINISTRATIVO

JOSÉ IGNACIO HERNÁNDEZ G.

1. Introducción ... 53
2. De la concepción estatista del derecho administrativo al derecho administrativo centrado en el ciudadano ... 54
   A) La concepción estatista del derecho administrativo y las situaciones subjetivas de los administrados ... 55
   B) El cambio de enfoque: la centralidad del ciudadano y sus derechos humanos ... 57
   C) El carácter vicarial de la administración pública como manifestación básica de la centralidad del ciudadano. La buena administración y la gobernanza democrática ... 60
3. Manifestaciones concretas de la centralidad del ciudadano en el derecho administrativo ... 66
   A) La centralidad del ciudadano y la interdicción de la arbitrariedad ... 66
   B) La centralidad del ciudadano y la integralidad patrimonial de la administración pública ... 67
   C) La centralidad del ciudadano y el procedimiento administrativo ... 68
   D) La centralidad del ciudadano y la motivación ... 68
   E) La centralidad del ciudadano y la actividad prestacional de la administración ... 69
   F) La justicia administrativa y la buena administración ... 71
4. Conclusiones ... 73

NOTAS PARA UNA BIOGRAFÍA JURÍDICA DE GARCÍA DE ENTERRÍA

ALEJANDRO NIETO

1. Propósito ... 77
2. Una opción abandonada: el primer Enterría como jurista de Estado ... 79
3. El Derecho administrativo como limitación del poder ... 80
4. El derecho como legitimación del poder ... 81

PÁG.

5. Una opción rechazada: la eficacia de la administración pública 82
6. El advenimiento del régimen constitucional 83
7. El efecto de los derechos territoriales 85
8. La irrupción del derecho europeo 85
9. La casuística y el principio de autoridad 86
10. Después del gran silencio 88
11. García de Enterría en la historia del pensamiento jurídico público 90

EN RECUERDO DE EDUARDO GARCÍA DE ENTERRÍA

JOSÉ RAMÓN PARADA

1. El maestro García de Enterría, su primera cátedra y el cambio de paradigma universitario 93
2. El maestro García de Enterría, último libro, última lección 106

APROXIMACIÓN AL ACTO ADMINISTRATIVO EN GARCÍA DE ENTERRÍA EN EL DERECHO COMPARADO

EFRAÍN PÉREZ

1. Introducción 115
2. Noción del acto administrativo en García de Enterría respecto de otros autores 116
   A) Acto administrativo: acto jurídico como expresión de funciones del Estado (acto normativo, acto jurisdiccional, acto subjetivo, acto condición —estos dos últimos formas típicas del acto administrativo— Duguit) 116
   B) Otra "dirección" 117
      a) Autotutela, paralelo, sentencia judicial (Mayer, Bocanegra) 117
      b) Decisión ejecutoria (Hauriou-Vedel) 118
      c) La autotutela no se necesita en todos los casos 119
3. Definición 119
4. Distinto de la potestad reglamentaria. No es una diferencia "cuantitativa" sino "de grado". "El reglamento crea o innova derecho objetivo, el acto lo aplica" 122
5. El acto administrativo y el negocio jurídico 123
   A) Ejercicio de potestad administrativa 123
   B) Autonomía de la voluntad 124
   C) La voluntad en el poder discrecional 129
6. La noción contemporánea de acto administrativo y la tendencia a desvincularlo como centro del contencioso-administrativo 130
   A) La evolución del concepto de "acto administrativo" hacia una figura de defensa de los derechos subjetivos constitucionales de los ciudadanos 134

LOS PRINCIPIOS GENERALES DEL DERECHO EN EL DERECHO ADMINISTRATIVO
(Reflexiones sobre el pensamiento de GARCÍA DE ENTERRÍA)

LIBARDO RODRÍGUEZ RODRÍGUEZ

PÁG.

1. Introducción 137
2. Los principios generales del derecho como categoría jurídica y su posición en el ordenamiento jurídico 139
   A) La concepción de los principios generales del derecho en las escuelas tradicionales 139
      a) Concepción de la institución en la escuela del derecho natural 139
      b) La concepción de la figura en la escuela positivista 142
      c) Recapitulación de las posiciones de las escuelas tradicionales 143
   B) La concepción de los principios generales del derecho en el "nuevo derecho" 144
3. Los principios generales del derecho y su relación con el derecho administrativo en el pensamiento de Eduardo García de Enterría 146
4. La importancia de los principios generales del derecho en el derecho administrativo y su relación con las demás fuentes de esta rama del derecho 150
5. Conclusiones 153

TEORÍA GENERAL DEL DERECHO ADMINISTRATIVO

REFLEXIONES PROVISORIAS SOBRE RETROACTIVIDAD DE LAS NORMAS JURÍDICAS

JUAN PABLO CAJARVILLE PELUFFO

1. Mutabilidad de las normas jurídicas 157
2. Mutabilidad de las normas y retroactividad 159
3. Doctrina clásica: retroactividad y derechos adquiridos 160
4. Doctrina clásica: retroactividad y situaciones jurídicas concretas 161
5. Crítica de la doctrina clásica 162
6. Retroactividad: concepción cronológica 167
7. La llamada "aplicación inmediata" de la nueva norma; distinción de la retroactividad 168
8. Interpretación de la dimensión temporal de la nueva norma 170
9. La eficacia de principio de la nueva norma 173
10. Análisis de la retroactividad 174
11. Eventos de producción dilatada en el tiempo 179

TRANSADMINISTRATIVISMO. UNA INTRODUCCIÓN

DIOGO DE FIGUEIREDO MOREIRA NETO

PÁG.

1. Definir la nomenclatura: ¿derecho administrativo global, mundial o derecho administrativo transnacional? 183
2. Asimetrías kratológicas como criterio para un concepto de transadministrativismo 186
   A) La transestatalidad 186
   B) El tema central de las asimetrías kratológicas, instrumento de las civilizaciones 187
   C) El universo del poder y sus leyes 189
3. El concepto de transadministrativismo 191
4. En conclusión 192

NEOCONSTITUCIONALISMO. PROYECCIONES EN EL DERECHO ADMINISTRATIVO URUGUAYO

AUGUSTO DURÁN MARTÍNEZ

1. Introducción 197
2. La Constitución en el neoconstitucionalismo 199
3. Situación de Uruguay 201
4. Presunción de constitucionalidad de las leyes 203
5. Confusión entre interés público e interés general 204
6. Papel del juez en el neoconstitucionalismo 212
7. Apreciaciones finales 216

L'IDENTITÉ DU DROIT ADMINISTRATIF FRANÇAIS

JACQUELINE MORAND-DEVILLER

1. Identité-singularité : l'autonomie du droit administratif français 222
2. Identité-identification : les critères de reconnaissance du droit administratif 225
3. Identité–globalité : pluralité et concordance 227
4. Identité-similarité : la « privatisation » du droit administratif 229
5. Identité-finalités : les mythes mobilisateurs 231

PRINCIPIOS CONSTITUCIONALES QUE GOBIERNAN LA ADMINISTRACIÓN PÚBLICA

JUAN CARLOS BENALCÁZAR GUERRÓN

1. Introducción 235
2. Sobre el Estado constitucional de derechos y justicia 236

PÁG.

3. La administración pública como servicio a la colectividad 238
4. Principio de subordinación de la administración pública al derecho 240
5. Reconocimiento y garantía de derechos 242
6. Principio de responsabilidad 244
7. Principios de eficacia y eficiencia 246
8. Principio de calidad 247
9. Ética y transparencia 247
10. Palabras finales 251

SOBRE EL CONCEPTO DEL INTERÉS GENERAL

JAIME RODRÍGUEZ-ARANA

1. Introducción 253
2. El interés público en sentido amplio 256
3. Dimensiones del interés general 257
4. Interés general y Constitución 263
5. El dinamismo del interés general 266
6. La centralidad del interés general para el derecho administrativo 269

ORGANIZACIÓN ADMINISTRATIVA

L'ACCENTRAMENTO E IL DIRITTO AMMINISTRATIVO.
DUE LETTERE DI TOCQUEVILLE AL NIPOTE HUBERT

SABINO CASSESE

1. L'unità del pensiero di Tocqueville 303
2. Due giudizi su Tocqueville 305
3. Due lettere di Tocqueville al nipote 306
4. I tre motivi dominanti delle lettere 309

LA POTESTAD DE ORGANIZACIÓN EN CHILE
(A propósito de la sentencia del Tribunal Constitucional
de 16 de enero de 2013, stc 2367-12-cpt)

CLAUDIO MORAGA KLENNER

1. Preliminar 313
2. Creación, establecimiento, funcionamiento y organización de los organismos públicos 316

PÁG.

3. Creación y organización de las entidades públicas. La Constitución de 1980: reparto de competencias en el nivel constitucional y el legal 319
A) El ámbito de las leyes orgánicas constitucionales 320
B) El ámbito de las leyes de quórum calificado 322
C) El ámbito de la ley parlamentaria simple 322
D) El ámbito de los decretos con fuerza de ley 323
4. La jurisprudencia constitucional: reserva legal absoluta en materia de estructuración de organizaciones administrativas 324
5. Una nueva interpretación de la Constitución de 1980: la reserva legal no absoluta en materia organizativa 326
6. Potestad organizatoria administrativa, posterior a la STC 2367-12-CPT 327
A) Concepto 327
B) Delimitación material 328
C) Disposiciones que reconocen la potestad organizatoria 329
D) Instrumentos y formas 329
E) Ámbito de acción 331
7. Conclusiones 333

IL FUTURO DELLE SPECIALITÀ REGIONALI

Giuseppe Franco Ferrari

1. Alcuni luoghi comuni sulla specialità regionale 335
2. La giurisprudenza della Corte costituzionale sulle Regioni speciali 338
3. Finanza pubblica e patto di stabilità (2011-2014) 345
4. Funzioni amministrative e conflitti di attribuzione (2011-2014) 348
5. Prospettive e rimedi 349

NUEVA ADMINISTRACIÓN DEL ESTADO CONTEMPORÁNEO

José René Olivos Campos

1. Introducción 353
2. Contexto de la nueva administración del Estado 354
3. Noción de la nueva administración del Estado 356
4. Dimensión de la nueva administración del Estado 357
A) La rendición de cuentas y la transparencia 358
B) La profesionalización del servicio público 361
C) La participación ciudadana en la acción del gobierno 362
D) La ética pública 364
5. Consideración 367

DAL "POUVOIR MUNICIPAL" ALL'AUTONOMIA TERRITORIALE

LUCIANO VANDELLI

PÁG.

1. Premessa: riflettendo sugli studi di Eduardo Garcia di Enterria 369
2. Rivoluzione francese e amministrazione territoriale 371
3. Il "pouvoir municipal" 375
4. Il principio di "libre administration" 377
5. Autonomia, concetto plurivalente 380
6. Configurazione dell'autonomia e crisi economica 387
7. Qualche considerazione 392

CONTRATACIÓN ADMINISTRATIVA

EL NUEVO ORDENAMIENTO DE LA COLABORACIÓN PÚBLICO-PRIVADA MEDIANTE CONCESIONES DE OBRA PÚBLICA EN CHILE
(Examen de las reformas introducidas por la ley núm. 20.410)

GLADYS CAMACHO CEPEDA

1. Introducción 397
2. Marco normativo 400
3. Concepto y características del contrato de concesión de obra pública 404
4. Los problemas más acusados en el modelo de concesiones chileno y las reformas legales introducidas 407
5. Reflexiones finales 415

LA POTESTAD DE INTERPRETACIÓN UNILATERAL DE LA ADMINISTRACIÓN PÚBLICA CONCEDENTE EN LA CONCESIÓN ADMINISTRATIVA

ANDRY MATILLA CORREA

1. Preliminar 419
2. La potestad de interpretación unilateral del concedente en la concesión administrativa 424
3. Sobre los límites de la potestad de interpretación unilateral del concedente en la concesión administrativa 438

RESPONSABILIDAD DEL ESTADO

O PRINCÍPIO DO ENRIQUECIMENTO SEM CAUSA EM DIREITO ADMINISTRATIVO

CELSO ANTÔNIO BANDEIRA DE MELLO

PÁG.

1. Apresentação 445
2. Principios da equidade e razoabilidade 446
3. Efeitos jurídicos dos atos inválidos, inexistentes, nulos ou anuláveis 446
4. Enriquecimento sem causa 448
5. Principios gerais de direito e sistema jurídico 448
6. Açao para indenizar 449
7. Enriquecimento sem causa em direito administrativo 451
8. Direito administrativo francês 452
9. Efeitos do enriquecimento 453
10. Igualdade na distribuiçao das cargas públicas 454
11. Principio retor na matéria 455
12. Boa-Fé 456
13. Actuaçao de má-fé 456
14. Conclução 457

CONVENCIONALIDAD Y RESPONSABILIDAD DEL ESTADO: DEL INDIVIDUALISMO CLÁSICO AL DERECHO DE VÍCTIMAS

JAIME ORLANDO SANTOFIMIO GAMBOA

1. Introducción. El Estado social de derecho y la ruptura del individualismo tradicional frente al hombre 459
2. La inevitable y sustancial relación de la cláusula constitucional de la responsabilidad del Estado con la Convención Americana de Derechos Humanos, el derecho internacional humanitario y el derecho de gentes 461
3. La responsabilidad del Estado y la convencionalidad 464
   A) La construcción normativa de la responsabilidad del Estado 472
   B) Elementos de la responsabilidad del Estado y el respeto de los patrones de la Convención Americana de Derechos Humanos, del Derecho Internacional Humanitario y del derecho de gentes 473
      a) Aproximación al daño antijurídico: concepto esencialmente casuístico o normativo 473
      b) La imputación: el juicio de imputación no se agota en el análisis de la causalidad, pero lo incluye 475

PÁG.

c) La afirmación del principio de imputabilidad y la imputación objetiva ... 481
d) De la reparación como derecho que se debe reconocer. De la indemnización a la afirmación del derecho a la reparación integral ... 487
4. Conclusiones ... 493

CONTENCIOSO ADMINISTRATIVO

REFORMA DO REGIME CONTENCIOSO ADMINISTRATIVO PORTUGUÊS

MÁRIO AROSO DE ALMEIDA

1. Notícia histórica ... 501
2. Tutela jurisdicional plena ... 502
3. Jurisdiçao administrativa ... 503
4. Actos administrativos e condenaçao da Administração Pública ... 505
5. Conteúdo da sentença condenátoria ... 506
6. Relações jurídico-administrativas paritárias ... 507
7. Dever de prestar um facto ... 510
8. Acção administrativa contra um particular ... 512
9. Procesos urgentes contra a Administraçao o contra particulares ... 513

L'EXERCICE DU POUVOIR JUDICIAIRE AU CANADA ET LE GOUVERNEMENT DES JUGES

ANDRÉ BRAËN

1. Introduction ... 517
2. Le contrôle de la constitutionnalité ... 520
3. Le contrôle de la légalité ... 524
4. Conclusion ... 530

LA LUCHA CONTRA LAS INMUNIDADES DEL PODER Y EL PRINCIPIO DE TUTELA JURISDICCIONAL EFECTIVA

CARLOS E. DELPIAZZO

1. Propósito ... 533
2. Afirmación de la responsabilidad estatal como principio ... 534
3. Exigencia de la tutela jurisdiccional efectiva ... 539
4. Independencia de la cuestion de los criterios de imputación ... 542
5. Conclusión ... 544

LA ACCIÓN PÚBLICA ELECTORAL EN COLOMBIA. ORÍGENES DE UNA INSTITUCIÓN CENTENARIA

AUGUSTO HERNÁNDEZ BECERRA

PÁG.

1. Introducción 547
2. Nacimiento de la acción pública electoral. Análisis de contexto 548
   A) Originalidad de la justicia contencioso-administrativa 548
   B) El control judicial de los actos del Estado como sistema 553
   C) El modelo colombiano de control judicial sobre los actos del Estado 555
   D) Nacimiento de la acción electoral 556
3. Jurisprudencia electoral. Primeras sentencias del Consejo de Estado 558
   A) La acción de nulidad electoral es pública y no admite desistimiento 558
   B) Independencia del poder electoral 560
   C) No toda irregularidad acarrea nulidad de la elección 560
   D) Caducidad de la acción electoral 562
   E) Actos de violencia contra los escrutadores 562
   F) Fraude electoral por exceso de votos 564
   G) Inhabilidad por ejercicio previo de un empleo revestido de autoridad 565
4. Comentario final 566

EL PROCESO ADMINISTRATIVO EN LA CONSTITUCIÓN DE REPÚBLICA DOMINICANA

VÍCTOR RAFAEL HERNÁNDEZ-MENDIBLE

1. Introducción 570
   A) Primeros contactos en América y España 570
   B) Tributo póstumo en la Universidad Complutense de Madrid 571
   C) El homenaje iberoamericano 572
2. Fundamentación de este estudio 572
3. Principios que fundamentan el Estado social y democrático de derecho 574
4. Derecho fundamental a la tutela judicial efectiva 581
   A) Derecho de acceso a la justicia 581
   B) Derecho a formular alegatos 582
   C) Derecho a presentar medios probatorios 583
   D) Derecho a solicitar medidas cautelares 584
   E) Derecho a una sentencia fundada en derecho 585
   F) Derecho a la ejecución del fallo 585
5. Derecho fundamental al debido proceso 587
   A) El derecho a la justicia accesible, oportuna y gratuita 587
      a) Acceso a la justicia 587
      b) El acceso oportuno 588
      c) El acceso gratuito 589
   B) Derecho a ser oído en un plazo razonable 589

PÁG.

C) Derecho a un tribunal competente, independiente e imparcial establecido en la ley 590
a) Competencia 591
b) Independencia 591
D) Derecho a la presunción de inocencia 592
E) Derecho a un juicio público, oral y contradictorio 592
a) Principio de publicidad 592
b) Principio de "oralidad" 593
c) Principio de contradicción 595
F) Garantía de la cosa juzgada 596
G) Derecho a no ser obligado a declarar contra sí mismo 597
H) Garantía de la reserva legal 597
I) Derecho al juez natural 598
a) El tribunal predeterminado por la ley 598
b) Tribunal previamente conocido 599
c) El juez idóneo 599
J) Derecho al proceso legalmente establecido 599
K) El derecho a la prueba lícita 600
L) Derecho al recurso 601
M) Garantía de prohibición de la reforma en perjuicio 602
N) Derecho a la asistencia jurídica 603
Ñ) Garantía de la nulidad de los actos jurídicos 603
6. Consideraciones finales 604

PRINCIPIO GENERAL DE LA JUSTICIABILIDAD PLENARIA Y UNIVERSAL DE LA CONDUCTA ADMINISTRATIVA

ERNESTO JINESTA LOBO

1. Introducción 607
2. Justicia administrativa 611
3. Posición en el Estado constitucional de derecho de la plena y universal justiciabilidad de la conducta administrativa: de principio general del derecho administrativo constitucional a derecho fundamental y humano 611
4. Superación de la justicia administrativa objetiva o revisora por una plenaria y universal 614
A) Vigencia del principio, independientemente del modelo nacional de justicia administrativa adoptado 614
B) La necesaria ampliación tipológica de las pretensiones deducibles 616
C) Agotamiento facultativo u optativo de la vía administrativa previa 618
D) El reto de una justicia administrativa más informal 620
E) Capacidad procesal y legitimación: una justicia administrativa más democrática y accesible 621
F) Medidas cautelares en la justicia administrativa 622

PÁG.

G) Tipología de sentencias en la justicia administrativa ... 624
H) Instrumentos para la ejecución de sentencias en la justicia administrativa... 625
5. Discrecionalidad administrativa y control por la justicia administrativa... 627
6. La cuestión del "acto político o de gobierno" ... 629
7. El control de constitucionalidad de la conducta administrativa por la justicia constitucional ... 630
A) El amparo y el control de la conducta administrativa ... 631
B) Cuestiones de constitucionalidad y control de la actuación administrativa... 632
8. Conclusión general ... 633

LOS RECURSOS DE URGENCIA EN EL PROCESO CONTENCIOSO-ADMINISTRATIVO FRANCÉS

FRANÇOIS JULIEN-LAFERRIÈRE

1. Características de la jurisdicción contencioso-administrativa francesa... 635
2. La lenta aparición de los procedimientos de urgencia ... 640
3. Los "référés" ... 643
A) La urgencia ... 645
B) La causa seria ... 647
4. Las reglas procesales de los "référés" ... 650
A) Presentación de la demanda ... 650
B) Formación de juicio no colegiada ... 651
C) Instrucción del sumario ... 652
D) La audiencia pública ... 652
E) Decisión del juez ... 653
a) Forma de la decisión ... 653
b) Contenido de la decisión ... 654
F) Vías de recurso ... 655
5. Conclusión ... 657

EL CONTROL DE LA DISCRECIONALIDAD

MARCO ANÍBAL MORALES TOBAR

1. Nota introductoria ... 659
2. El principio de legalidad y el régimen jurídico de las administraciones públicas ... 660
3. Administración pública–juridicidad, binomio inseparable ... 663
4. Las potestades de la administración: formas de atribución y clases ... 664
5. Potestades regladas y potestades discrecionales ... 669
6. El control de discrecionalidad. Los conceptos jurídicos indeterminados. La desviación del poder. El papel del poder jurisdiccional en el control de la discrecionalidad ... 671
7. Desviación del poder ... 672

PÁG.

8. Conceptos jurídicos indeterminados 674
9. El papel del poder jurisdiccional en el control de la discrecionalidad 680
10. A modo de conclusiones 681

LA PROTECCIÓN DE LOS DERECHOS HUMANOS EN LA LEY DE LA JURISDICCIÓN CONTENCIOSO ADMINISTRATIVA EN NICARAGUA

KARLOS NAVARRO MEDAL

1. Introducción 683
2. El derecho a la tutela judicial efectiva 685
3. Alcance del derecho a la tutela judicial efectiva 687
4. Obstáculos para acceder a la jurisdicción contencioso administrativa 688
   A) Carácter revisor del proceso contencioso administrativo 689
   B) Requisitos de admisibilidad de la pretensión procesal administrativa 691
      a) El agotamiento de la vía administrativa 691
      b) El silencio administrativo negativo y el positivo 698

LA NUEVA JURISDICCIÓN CONTENCIOSO-ADMINISTRATIVA EN COSTA RICA

ENRIQUE ROJAS FRANCO

1. Antecedentes 707
2. Innovaciones introducidas al proceso mediante el CPCA 708
   A) Control universal de la conducta subjetiva 709
   B) Materias excluidas del proceso 709
   C) Capacidad procesal 710
   D) Legitimación 710
   E) Medidas cautelares 711
   F) Economía procesal 713
   G) Oralidad 713
   H) Conciliación 714
   I) Recursos 715
   J) Derecho opcional para el agotamiento de la vía administrativa 718
3. Conclusiones 719

LE CONSEIL D'ETAT FRANÇAIS ET LE POLITIQUEMENT CORRECT

PIERRE SUBRA DE BIEUSSES

1. Le Conseil d'Etat et la mise en œuvre du droit communautaire 724
   A) Les motifs invoqués et la véritable préoccupation du juge 728
      a) Les motifs invoqués 728
      b) L'exacte portée de la décision 731

PÁG.

2. Le Conseil d'Etat et les rapports entre droit du travail et droit de la concurrence 734
A) Le droit de la concurrence source de légalité administrative 736
B) La conciliation des impératifs de la concurrence avec les objectifs d'ordre social 739
3. Le Conseil d'Etat et la gestion des services publics locaux 742
A) La convention litigieuse et la jurisprudence communautaire 745
a) De l'exploitation d'un même service 747
b) Des engagements de la commune contractante 748
B) La censure de la décision du premier juge par référence aux solutions du droit interne 749
a) De la référence aux articles L. 5221-2 du code général des collectivités territoriales 749
b) La convention litigieuse au regard de la jurisprudence sur « l'opérateur agissant sur un marché concurrentiel » 751

PER UNA REVISIONE DEI LIMITI DEL SINDACATO GIURISDIZIONALE NEI CONFRONTI DEI PROVVEDIMENTI AMMINISTRATIVI

ALDO TRAVI

1. Il sindacato giurisdizionale sull'amministrazione in uno degli ultimi scritti di Eduardo García de Enterría e le innovazioni sulla giustizia amministra tiva in Italia 755
2. L'esigenza e l'utilità di una riflessione sui margini attuali di autoritarietà dell'amministrazione 758
3. I limiti al sindacato giurisdizionale rispetto alle valutazioni tecniche dell'amministrazione 761
4. L'esigenza di una revisione di questi limiti 765
5. I limiti al sindacato giurisdizionale rispetto alla discrezionalità amministrativa 767
6. Le ragioni per una nozione più specifica di discrezionalità amministrativa e l'esigenza di estendere il sindacato giurisdizionale negli altri casi 769
7. La prospettiva di un 'nuovo paradigma' 772

OTROS TEMAS DE DERECHO ADMINISTRATIVO

EL SERVICIO PÚBLICO: SU METAMORFOSIS Y SUBSISTENCIA COMO INSTITUCIÓN JURÍDICA

JUAN CARLOS CASSAGNE

1. Preliminar 777
2. La ideología del servicio y el principio de subsidiariedad 779

PÁG.

3. Hacia una nueva concepción del servicio público ... 782
4. El correcto sentido que cabe asignarle a la "publicatio" ... 784
5. Principios de interpretación ... 789
6. Acerca de cómo evolucionó la concepción del servicio público en el derecho argentino. Recapitulación sobre la concepción actual ... 791
7. El servicio público en el marco del proceso de reforma del Estado y liberalización de la economía ... 794
8. Consideraciones finales ... 798

POTESTADES PÚBLICAS. REFLEXIONES ACERCA DE LAS POTESTADES SANCIONADORA Y DISCIPLINARIA

DRA. MIRIAM M. IVANEGA

1. Las potestades públicas ... 801
   A) Potestades innovativas y conservativas ... 804
   B) Potestad de supremacía general y de supremacía especial ... 804
   C) Potestad-poder y potestad funcional ... 804
   D) Potestades regladas y discrecionales ... 804
2. Potestad sancionadora ... 805
   A) El poder sancionador ... 805
   B) Poder de policía, policía administrativa y sanciones administrativas ... 806
   C) Potestad sancionadora y derecho penal ... 808
   D) Potestad sancionadora y disciplinaria ... 809
3. Principios del derecho sancionador y disciplinario ... 811
   A) El principio de legalidad ... 811
   B) La tipicidad ... 813
   C) Culpabilidad ... 815
   D) Proporcionalidad ... 816
   E) Presunción de inocencia ... 817

LA PRESENCIA DE LOS PADRES EN EL DERECHO A LA EDUCACIÓN

LORENZO MARTÍN-RETORTILLO BAQUER

1. Introducción ... 819
2. Breve excurso histórico: el ejemplo de la Constitución de Cádiz ... 820
3. Los nuevos tiempos: la educación como un derecho fundamental ... 823
4. Los sujetos de la relación educativa ... 825
5. En especial, la presencia de los padres en la relación educativa ... 826
6. Objeto y contenidos de la función educativa ... 830
7. Contenidos del derecho de los padres. Su reflejo en la jurisprudencia ... 834

PÁG.

8. Una perspectiva máxima sobre los derechos de los padres: el debate sobre la enseñanza en casa 850
9. Final 853

REFLEXIONES SOBRE LA NECESIDAD DE DEPURAR EL ESTATUS DE LA SANCIÓN ADMINISTRATIVA

LUCIANO PAREJO ALFONSO

1. Introducción 855
2. Excurso sobre la evolución de la relación del derecho administrativo y el penal y su estado actual 857
3. El necesario cuestionamiento de la sanción como manifestación de un inexistente "ius puniendi" del Estado. La reivindicación de la condición administrativa de la potestad sancionadora 862
4. Breves consideraciones finales sobre la tarea pendiente en la reconstrucción dogmática del régimen de la sanción administrativa 876

EL PENSAMIENTO
DE GARCÍA DE ENTERRÍA

SOBRE LA INFLUENCIA DE GARCÍA DE ENTERRÍA EN VENEZUELA, LA NOCIÓN DE ACTO ADMINISTRATIVO Y EL ABUSO JURISPRUDENCIAL EN LA CITA DE SU OBRA

ALLAN R. BREWER-CARÍAS*

Sumario: 1. La influencia de la doctrina española de derecho administrativo y en particular, de la obra de Eduardo García de Enterría en América Latina. 2. La relación de Eduardo García de Enterría con Venezuela. 3. El vínculo inicial de los profesores de la Escuela de García de Enterría con Venezuela. 4. La relación estrecha ente los profesores españoles y los profesores venezolanos de derecho administrativo. 5. La Escuela de García de Enterría como escuela democrática del derecho administrativo. 6. El pensamiento de García de Enterría reflejado en la jurisprudencia venezolana. 7. La censura a los autores nacionales en la jurisprudencia y las citas indebidas de García de Enterría: un caso en materia de definición del acto administrativo. 8. El concepto de acto administrativo en la obra de García de Enterría como los emanados exclusivamente de las Administraciones Públicas. 9. Nuestra definición del acto administrativo, impropiamente atribuida en alguna sentencia a García de Enterría y Tomás-Ramón Fernández. 10. Una nueva sentencia que atribuye a García de Enterría, erradamente, influencia en nuestra definición del acto administrativo.

1. LA INFLUENCIA DE LA DOCTRINA ESPAÑOLA DE DERECHO ADMINISTRATIVO Y EN PARTICULAR, DE LA OBRA DE EDUARDO GARCÍA DE ENTERRÍA EN AMÉRICA LATINA

Durante los últimos treinta años, en Venezuela, como en el resto de los países de América Latina, la influencia de la legislación y doctrina españolas de derecho administrativo ha sido determinante, habiendo sin duda contribuido de modo enorme a la formación y desarrollo de dicha disciplina.

Esa legislación y doctrina españolas contemporáneas suplantaron además, en gran medida, la importante influencia que antes habían tenido las doctrinas alemana, francesa e italiana; y el vehículo para ello fue la integración, a partir de 1950, de un formidable equipo de juristas que en el viejo Instituto de Estudios Políticos de Madrid participó en la redacción de las muy importan-

* Profesor de la Universidad Central de Venezuela.

tes leyes sobre el régimen jurídico de la administración y de procedimientos administrativos y en la fundación y dirección de la *Revista de Administración Púbica*, que pasó a ser la revista sobre derecho administrativo más importante de habla hispana y que tanta influencia tendría en el desarrollo legislativo y doctrinal de nuestros países.

Uno de los principales integrantes de ese equipo fue mi querido amigo EDUARDO GARCÍA DE ENTERRÍA, que a lo largo de los años, sin duda, al menos por lo que se refiere a América Latina, ha sido y es de los autores más citados en la materia. Por ello siempre le dije, como al igual le he insistido a todos los administrativistas españoles, sobre la necesidad que ellos tenían de mirar hacia América Latina, que es donde en definitiva más se los lee y se los consulta. Eduardo entendió este *desideratum*, y por ello desarrolló una especial relación con muchos de nuestros países, atendiendo invitaciones y participando en reuniones académicas e incluso divulgando la doctrina latinoamericana en España.

2. LA RELACIÓN DE EDUARDO GARCÍA DE ENTERRÍA CON VENEZUELA

Esa relación de GARCÍA DE ENTERRÍA con el mundo académico de Venezuela, por otra parte, en cierta forma comenzó hace cincuenta años, en los días de Pascua del año 1963, cuando yo estaba terminando de escribir mi tesis doctoral en París sobre *Las instituciones fundamentales del derecho administrativo y la jurisprudencia venezolanas*[1], e hice un viaje de vacaciones a Madrid, donde permanecí pocos días con mi familia.

Esos días fueron suficientes no solo para conocer esa espléndida ciudad, sino para que buscara y contactara a los profesores de derecho administrativo cuyos trabajos tanto había leído en la preparación de mi tesis, particularmente en sus artículos en la *Revista de Administración Publica*, que desde sus comienzos dirigió GARCÍA DE ENTERRÍA. Llamé particularmente a Eduardo, que estaba recién instalado en Madrid como catedrático en la Universidad Central, que es la actual Universidad Complutense, donde había llegado de Valladolid el año anterior, en 1962. Era la cátedra que habían ocupado los grandes profesores de la disciplina, entre ellos, MANUEL COLMEIRO, VICENTE SANTAMARÍA DE PAREDES, JOSÉ GASCÓN Y MARÍN y LUIS JORDANA DE POZAS, a quien ENTERRÍA sucedió.

Eduardo atendió mí llamada de inmediato, con su bonhomía de siempre, y no tuvo inconveniente alguno en recibir a un joven estudiante latinoamericano de posgrado, tres lustros menor que él, habiéndose entablado desde entonces la franca amistad que siempre hubo entre nosotros, que tanto aprecié. En aquella reunión fue donde seguramente Eduardo escuchó por primera vez hablar sobre la situación del derecho en Venezuela, país donde apenas estaba comenzando

[1] Publicada por la Universidad Central de Venezuela, Colección Tesis de Doctorado, Caracas, 1964.

el período democrático de gobierno que duró hasta 1999. Ese interés sobre el desarrollo democrático de nuestro país ya lo vislumbraba como forjador que fue de lo que León Cortiñas Peláez llamó "la escuela democrática del derecho administrativo" en España, que quince años después de nuestro primer encuentro, a partir de 1978, pudo sentar las bases para la progresiva democratización del Estado español.

Le hablé de mis investigaciones, sobre todo, de los avances jurisprudenciales que había descubierto y habían servido de base para la redacción de mi tesis doctoral, siendo el resultado de nuestra conversación —y debo decir que de allí comencé a aprender cómo se dirige una revista jurídica—, que me solicitara el envío de un trabajo para la *Revista de Administración Pública*, sobre uno de los temas que tenía redactados sobre el control judicial de la administración. Y efectivamente, al regresar a Caracas unos meses después, le envié un estudio que salió publicado en la *Revista de Administración Pública* núm. 43 de 1964, con unas "Consideraciones sobre la ilegalidad de los actos administrativos en el derecho venezolano". Ello lo recordaba Eduardo en 2008 al expresar en el acto de presentación de mi libro *La ciudad ordenada,* en Madrid: "Brewer es bastante más joven que los administrativistas españoles que en 1950 nos lanzamos a la magnífica aventura que ha sido la *Revista de Administración Pública*, pero ha estado directamente vinculado a nuestro grupo desde que comenzó a estudiar derecho administrativo. Así resulta de los índices de la propia revista, en la que comienza a publicar artículos hace ya más de 40 años, en el número 43, cuando tenía escasos 25 años, pasando a ser uno más entre los colaboradores habituales de la misma"[2].

Dicho trabajo fue además, sin duda, si no el primero, uno de los primeros trabajos de un profesor latinoamericano que apareció publicado en esa prestigiosa revista, habiendo el propio Eduardo materializado mi vínculo con ella, al haberme incorporado a su Consejo Asesor, del cual sigo siendo el único miembro hispanoamericano.

3. El vínculo inicial de los profesores de la Escuela de García de Enterría con Venezuela

A partir de aquel primer encuentro, durante los cincuenta años que transcurrieron nunca dejamos de estar en contacto. Cada vez que pasé por Madrid, por el motivo que fuera, lo visité, y por medio de él, desde aquellos mismos años sesenta, comencé a conocer y tratar personalmente a sus discípulos, todos amigos catedráticos de derecho administrativo, comenzando por los mayores:

[2] Véase Eduardo García de Enterría, "Palabras en el acto de presentación del libro *La ciudad Ordenada*, de Allan R. Brewer-Carias en la Real Academia de Legislación y Jurisprudencia de Madrid, 11 de junio de 2008", en *Revista de Derecho Público*, núm. 114, Caracas, 2008, pág. 273.

SEBASTIÁN MARÍN-RETORTILLO, LORENZO MARTÍN-RETORTILLO, ALEJANDRO NIETO, RAMÓN MARTÍN MATEO y RAMÓN PARADA VÁZQUEZ, y el primero de sus discípulos en la Licenciatura en Valladolid, TOMÁS RAMÓN FERNÁNDEZ, todos como Eduardo, amigos de Venezuela.

Por esa relación entre Eduardo y nuestro país, dos de esos primeros discípulos vinieron a vivir un tiempo entre nosotros. Primero, SEBASTIÁN MARTÍN RETORTILLO, que pasó con nosotros dos años, entre 1964 y 1965, como Director encargado del Instituto de Derecho Público de la Universidad Central de Venezuela durante el año sabático de nuestro director, el profesor ANTONIO MOLES CAUBET. El querido y recordado Chano organizó, con la participación de todos los investigadores del Instituto, un memorable seminario sobre expropiación, que luego me inspiró para la organización del trabajo del Instituto como director de la sección de Derecho Administrativo y luego como su director a partir de 1978, enfocado en temas monográficos.

Incluso, en 1965, con la colaboración del mismo SEBASTIÁN MARTÍN RETORTILLO, y de FRANCISCO RUBIO LLORENTE —otro destacado profesor español que estuvo mucho tiempo en el Instituto de Estudios Políticos—, participamos en la redacción de tres proyectos importantes de leyes a solicitud del Ministerio de Justicia de entonces, los cuales posteriormente retomé en el trabajo de la Comisión de Administración Pública que dirigí entre 1969 y 1972[3]. Esos textos, sobre los proyectos de Ley de Procedimientos Administrativos, de Ley de la Jurisdicción Contencioso-Administrativa y de Ley de la Jurisdicción Constitucional, en los cuales por supuesto había una buena carga de influencia española, sin duda sirvieron para la redacción de los textos de las leyes respectivas sobre esas materias que luego fueron sancionados[4].

Como el mayor de los discípulos de ENTERRÍA que era, MARTÍN-RETORTILLO fue, sin duda, después que regresó a España, un factor fundamental en la consolidación posterior de las relaciones de Venezuela con la escuela de ENTERRÍA. Incluso, años después, en los setenta, lo vinculé a los trabajos de la Comisión del Plan de Aprovechamiento de los Recursos Hidráulicos (Coplanarh), cuyo componente jurídico estaba bajo mi dirección en el Instituto de Derecho Público[5], donde colaboró con nosotros, entre otras cosas, en la elaboración del proyecto de la Ley de Aguas[6]. Luego estuvo en el primer gobierno de transición a la

[3] Véase Presidencia de la República, *Informe sobre la Reforma de la administración pública 1972*, vol. 2, Caracas, 1972.

[4] Ley Orgánica de la Corte Suprema de Justicia (1976), Ley Orgánica de Procedimientos Administrativos (1981); Ley de la Jurisdicción Contencioso-Administrativa (2010).

[5] Véase ALLAN R. BREWER-CARÍAS (Dir. y Ed.), *Bases para un estudio sobre el régimen legal de las aguas en Venezuela,* 6 vols. Caracas, Instituto de Derecho Público / Comisión Nacional de Recursos Hidráulicos, 1969-1970.

[6] Véase PEDRO PABLO AZPÚRUA, AURELIO USECHE, EDUARDO BUROZ, CECILIA SOSA, SEBASTIÁN MARTÍN RETORTILLO y ALLAN R. BREWER-CARÍAS, *Criterios y principios para un reordenamiento jurídico de las aguas*, CoplaGnarh, publicación especial, Caracas, agosto 1974.

democracia de España, como ministro a cargo de las Administraciones Públicas y de las Autonomías Territoriales.

De la misma escuela de ENTERRÍA, otro de sus primeros discípulos, que también vivió y trabajó en Venezuela, fue el profesor RAMÓN MARTÍN MATEO, que estuvo varios años de las décadas del sesenta y del setenta como director de un programa de Naciones Unidas para el Desarrollo en temas relacionados con la ordenación del territorio y el ambiente, conceptos que sin duda, contribuyó a difundir en el país[7]. MARTÍN MATEO fue otro factor de consolidación del vínculo de EDUARDO GARCÍA DE ENTERRÍA con nuestro país, aun cuando no desde Madrid, pues muy pronto iría a Alicante, donde incluso fue rector por muchos años.

Pero en contraste con muchos de sus discípulos que viajaron por toda América Latina, GARCÍA DE ENTERRÍA no era muy amigo de los viajes, y menos de los largos, como los que tenían como destino nuestro continente, que trataba de evitar. Por ello, comparado con la enorme influencia de su pensamiento jurídico *iuspublicista* en nuestros países, sin embargo no fueron muchos los países de América Latina que visitó. Aunque si fue a Venezuela, atendiendo la invitación que le hice desde el Instituto de Derecho Público, en noviembre de 1980, para participar en el importante y memorable Seminario Internacional sobre Derecho Urbanístico que organicé en Caracas, y en el cual participaron, además, sus más destacados discípulos, todos muy apreciados catedráticos, con lo cual se consolidaron los estudios de derecho urbanístico en nuestro país. Fueron a Caracas en aquella ocasión, además del mismo EDUARDO GARCÍA DE ENTERRÍA, RAMÓN MARTIN MATEO, LUIS COSCULLUELA MONTANER, LUCIANO PAREJO ALFONSO, JOSÉ RAMÓN PARADA VÁSQUEZ y TOMÁS-RAMÓN FERNÁNDEZ. En ese tiempo, además, Eduardo quedó formalmente vinculado a la academia de nuestro país, al haber sido elegido miembro correspondiente extranjero por España de la Academia de Ciencias Políticas y Sociales.

4. LA RELACIÓN ESTRECHA ENTE LOS PROFESORES ESPAÑOLES Y LOS PROFESORES VENEZOLANOS DE DERECHO ADMINISTRATIVO

Ya para esas fechas, una vez instaurada la democracia en España, allí se comenzaron a consolidar los cursos de posgrado en derecho administrativo y constitucional, los cuales comenzaron a competir con los más tradicionales que se daban en Francia, Italia o Alemania. Madrid comenzó a ser así el nuevo centro de atracción para nuestros jóvenes graduados a los efectos de seguir sus cursos de maestría y doctorado, para lo que, de nuevo, EDUARDO GARCÍA DE ENTERRÍA y todos los profesores de su escuela comenzaron a recibir y formar la pléyade de jóvenes profesores administrativistas que hoy tenemos y que son orgullo de Venezuela y de América Latina.

[7] Véase RAMÓN MARTÍN MATEO, *Ordenación del territorio. El sistema institucional*, Caracas, Editorial Jurídica Venezolana, 1980.

A todos los puse en contacto directo con GARCÍA DE ENTERRÍA y con los otros profesores españoles, en particular, más recientemente, con los que dirigieron el Departamento de Derecho Público de la Complutense, entre ellos LORENZO MARTÍN-RETORTILLO, que siempre los recibieron con toda amabilidad y atención. Igual hizo otro de sus discípulos, LUCIANO PAREJO ALFONSO, desde la Universidad Carlos III de Madrid. El fruto de esa relación no solo está en las excelentes tesis de grado que todos ellos prepararon y que se han publicado en el país, enriqueciendo nuestra bibliografía, sino en la formación que recibieron.

En ese contexto, el seminario de derecho administrativo que el profesor GARCÍA DE ENTERRÍA siempre dirigió en la Complutense, y que se reunía todos los miércoles a las 10:30 de la mañana, comenzó así a tener la presencia regular de muchos de los jóvenes estudiantes venezolanos, a quien Eduardo invitaba muy amablemente a asistir. Tuve incluso el privilegio de haber sido invitado por Eduardo para exponer en el seminario el 1º de abril de 2009, donde expuse sobre el tema "El juez constitucional al servicio del autoritarismo y la ilegítima mutación de la Constitución: el caso de la Sala Constitucional del Tribunal Supremo de Justicia de Venezuela (1999-2009)"[8].

Además, los profesores de su Escuela siguieron visitando a Venezuela para participar en diversos eventos, particularmente en los congresos o jornadas internacionales de derecho administrativo que organizamos en el Instituto de Derecho Público y que luego, durante los últimos veinte años, continuó organizando la Fundación de Estudios de Derecho Administrativo bajo la dirección de la profesora BELÉN RAMÍREZ. En ese marco, fueron a Caracas a participar en dichas Jornadas, entre 1995 y 2005, además de profesores de la talla de FERNANDO GARRIDO FALLA, JESÚS GONZÁLEZ PÉREZ, JAIME RODRÍGUEZ ARANA, ENRIC ARGULLOL I MURGADAS y MARTA FRANCH, los siguientes profesores de la escuela de Enterría, que indico por orden de comparecencia: LUCIANO PAREJO ALFONSO, JOSÉ RAMÓN PARADA VÁSQUEZ, JUAN SANTAMARÍA PASTOR, SEBASTIÁN MARTÍN RETORTILLO, RAFAEL GÓMEZ FERRER, ALEJANDRO NIETO, RAÚL BOCANEGRA SIERRA, TOMÁS-RAMÓN FERNÁNDEZ, TOMÁS DE LA CUADRA SALCEDO y SANTIAGO GONZÁLEZ VARAS[9].

Sin haber sido yo alumno directo de ENTERRÍA, sin embargo tuve el privilegio de pertenecer a su escuela por designación del propio Eduardo no solo por nuestra amistad personal desde 1963, sino además por haber sido alumno de su primer discípulo, SEBASTIÁN MARTÍN RETORTILLO en el seminario que dictó en el Instituto de Derecho Público en Caracas en 1965. Y fue quizás por ello que mi

[8] Véase ALLAN R. BREWER-CARÍAS, "El juez constitucional al servicio del autoritarismo y la ilegítima mutación de la Constitución: el caso de la Sala Constitucional del Tribunal Supremo de Justicia de Venezuela (1999-2009)", en *Revista de Administración Pública*, núm. 180, Madrid, 2009, págs. 383-418.

[9] En todos los libros de las Jornadas Internacionales de Derecho Administrativo Allan R. Brewer-Carías, organizadas por Funeda, se encuentran los trabajos de todos ellos.

asistencia regular a la reunión anual de los profesores de la escuela que siempre Eduardo impulsó comenzó precisamente en la reunión que organizó Martín Retortillo en Panticosa, en los Pirineos españoles, en junio de 1978. Desde entonces asistí regularmente a las reuniones anuales, habiendo sido la última en la cual estuvimos juntos la que se organizó en Zamora, en junio de 2011.

5. La Escuela de García de Enterría como escuela democrática del derecho administrativo

Podríamos pasar años estudiando el pensamiento de Eduardo García de Enterría, que moldeó las bases del derecho administrativo y constitucional contemporáneo en España y en Hispanoamérica, afincándose siempre en la historia; y de él, en cuanto al vínculo de García de Enterría con Venezuela, solo quisiera ahora mencionar su muy arraigado concepto democrático del derecho, que tanto estamos necesitando en estos tiempos, recurriendo solo a algunas frases de una de sus obras más queridas por él, y por todos los que nos hemos asomado a la historia del derecho público que tanto nos enseñó, que es su libro sobre la *Revolución francesa y administración contemporánea,* publicado en Madrid en 1972[10], el cual, por lo demás, fue el antecedente de su otra monumental obra: *La lengua de los derechos. La formación del derecho público europeo tras la Revolución francesa*, originada en su discurso de incorporación a la Real Academia de la Lengua en 1994[11].

Subrayó, de la primera obra, solo estas cuatro frases: "Todo el fin del Estado se concreta, pues, al derecho, y en un derecho cuyo objeto se reduce a asegurar la coexistencia de las libertades de los súbditos"[12]; "El derecho es, para esta vasta construcción política, pura y simplemente garantía de la libertad"[13]; "El Estado debe limitarse a dictar leyes generales con ese contenido característico de garantía y límite externo de la libertad"[14]; "El Estado ofrece, pues, un marco *puramente* formal dentro del cual la sociedad vive de su propio dinamismo espontáneo por la propia concurrencia indefinida de las libertades de sus miembros"[15].

Con releer estas frases queda claro el profundo arraigo liberal y democrático del derecho público en el pensamiento de García de Enterría, lo que nos permite comprender las expresiones de alarma que siempre manifestó frente

[10] Véase Eduardo García de Enterría, *Revolución francesa y administración contemporánea,* 5ª ed., Madrid, Civitas, 1998.

[11] Véase Eduardo García de Enterría, *La lengua de los derechos. La formación del derecho público europeo tras la Revolución francesa*, Madrid, Alianza Editorial, 1994.

[12] *Ibid.,* pág. 19.

[13] *Ibid.,* pág. 20.

[14] *Ibid.,* pág. 21.

[15] *Ibid.,* pág. 22.

al progresivo desmoronamiento del Estado de derecho y de la democracia en nuestro país en los últimos lustros, situación por la cual siempre se preocupó, expresando su apreciación en todas las ocasiones que tuvo.

Ello explica también la absoluta solidaridad que tuvo Eduardo para conmigo —y con ello, con los académicos venezolanos— frente a la persecución política de la que he sido objeto en mi país desde 2005. Apenas fui injustamente imputado en enero de dicho año de un delito que no cometí, como el de "conspirar para cambiar violentamente la Constitución", por haber dado una opinión jurídica como abogado sobre hechos que acaecieron tres años antes con motivo de la anunciada renuncia del presidente de la República (2002), GARCÍA DE ENTERRÍA enviaba un mensaje electrónico el 17 de marzo de 2005, con el siguiente texto:

"Me uno sin reservas y con toda resolución a la protesta por la injusta persecución de que está siendo objeto por parte de los poderes públicos de su país nuestro colega el profesor RANDOLPH BREWER CARÍAS, el formidable jurista venezolano, honra de todo el derecho público en lengua española, al que los juristas españoles profesamos la mayor y más sincera admiración y afecto".

Y concluía indicándome: "Puedes hacer el uso que proceda de esta resuelta toma de posición en la que represento a todos los *iuspublicistas* españoles".

Luego, el 12 de diciembre de 2006, cuando se arreció la persecución en mi contra, incluso cuando el Estado pretendió utilizar indebidamente canales internacionales en la persecución política, en una carta que me dirigió me anunciaba que el Seminario de Derecho Administrativo de la Complutense, que siempre dirigió, en la sesión de ese mismo día se había pronunciado "en el sentido de expresar su estimación y su apoyo resuelto al profesor ALLAN R. BREWER-CARÍAS, así como manifestar su rechazo total a la injusta persecución de que dicho profesor ha venido siendo objeto últimamente por las autoridades de su país".

Al día siguiente, 13 de diciembre de 2006, en una carta personal, me reiteró su posición expresándome:

"Muy de verdad me parece obligado en estos momentos manifestarte el gran aprecio y admiración que te tengo, también como amigo, como profesor y como político, y correlativamente el rechazo rotundo a la increíble y arbitraria persecución de que estás siendo objeto en estos momentos por parte de las autoridades políticas de tu país, reiterándote mi estima y afecto, con la vieja amistad renovada".

Por toda esa relación y solidaridad de GARCÍA DE ENTERRÍA conmigo y con nuestro país, el mismo día de su fallecimiento, el 16 de septiembre de 2013, les escribí a todos los profesores miembros de su escuela, para expresarles:

"No olvido, por supuesto, que entre los profesores españoles, quien primero se solidarizó con mi causa en contra del régimen autoritario de mi país, que ha desmantelado a la vista de todo el mundo el sistema democrático que existía, y que me persigue desde 2005, fue precisamente Eduardo, con las manifestaciones de solidaridad de 2005 y 2006 que les adjunto, y que siempre conservé.

"Ello, por supuesto, no se me olvida, pues muestran al Hombre Integral, amigo y solidario hasta el final, que fue nuestro querido Eduardo, de quien todos aprendimos y a quien todos lo quisimos".

6. El pensamiento de García de Enterría reflejado en la jurisprudencia venezolana

En todo caso, toda esa estrecha relación de Eduardo García de Enterría con Venezuela, como el mayor exponente del derecho público español contemporáneo, y que contribuimos a desarrollar, tuvo reflejos importantísimos en el desarrollo jurisprudencial del derecho constitucional y del derecho administrativo venezolanos, hasta el punto de que en las sentencias dictadas en las últimas décadas por la antigua Corte Suprema de Justicia o por el actual Tribunal Supremo de Justicia y por los demás tribunales de la jurisdicción contencioso-administrativa, cuando han resuelto temas de derecho administrativo o de derecho constitucional y han requerido acudir al apoyo doctrinal de primera línea, el autor extranjero más citado ha sido el profesor Eduardo García de Enterría, siendo sus criterios y opiniones el principal punto de referencia para la resolución de asuntos, sobre todo complejos.

En esa forma, entre sus obras más utilizadas en materias de derecho administrativo destacan su libro *La lucha contra las inmunidades del poder* (1959)[16], su antes mencionado libro *Revolución francesa y administración contemporánea* (1972)[17], y su *Curso de derecho administrativo,* escrito con el profesor Tomás-Ramón Fernández (1974)[18]; y en materias de derecho constitucional, su obra *La Constitución como norma y el Tribunal Constitucional* (1981)[19], aun cuando este último, más por lo que se refiere a la segunda parte del título sobre la jurisdicción constitucional que a la primera, pues en el ordenamiento constitucional de nuestros países latinoamericanos desde el siglo xix la Constitución tiene arraigo de norma, y no solo de programa, aunque haya sido violada por tantos regímenes autoritarios que hemos padecido.

Las citas a las obras de Eduardo en la jurisprudencia, por otra parte, paradójicamente comenzaron a abundar en la misma medida en la que los magistra-

[16] Véase Eduardo García de Enterría, *La lucha contra las inmunidades del poder en el derecho administrativo,* 3ª ed., Madrid, Civitas, 1983.

[17] Véase García de Enterría, *Revolución francesa y administración contemporánea, op. cit.*

[18] Véase Eduardo García de Enterría y Tomás-Ramón Fernández, *Derecho administrativo*, t. i, 15ª ed., Madrid, Civitas-Thomson Reuters, 2011.

[19] Véase Eduardo García de Enterría, *La Constitución como norma y el Tribunal Constitucional*, 4ª ed., Madrid, Civitas, 2000.

dos del Tribunal Supremo comenzaron a imponer censura a la cita de casi todos los autores nacionales, particularmente a partir de 1999, cuando materialmente dejaron de ser citados. Por ello, globalmente, si se leen las sentencias del Tribunal Supremo de los últimos lustros, parece que Venezuela fuera un desierto doctrinal o un país ágrafo en materia jurídica, pues muy excepcionalmente se fundamentan en algunas citas a obras de autores nacionales y en cambio abundan las citas de autores extranjeros para reafirmar o soportar lo que está dicho y escrito en el país.

Pero estoy seguro de que a pesar de ello, todos los autores nacionales olímpicamente ignorados tienen que sentirse más que bien servidos, al leer que a falta de las opiniones nacionales los tribunales hayan recurrido a las opiniones del maestro EDUARDO GARCÍA DE ENTERRÍA, de las cuales, por lo demás, todos los *iuspublicistas* en el país hemos aprendido.

7. LA CENSURA A LOS AUTORES NACIONALES EN LA JURISPRUDENCIA Y LAS CITAS INDEBIDAS DE GARCÍA DE ENTERRÍA: UN CASO EN MATERIA DE DEFINICIÓN DEL ACTO ADMINISTRATIVO

Sin embargo, una cosa es citar a un autor nacional o extranjero en una sentencia para reforzar un aspecto doctrinal específico necesario para decidir, y otra cosa es citarlo mal, poner en la pluma del autor citado cosas que no dijo, y peor aún, ponerlo a decir cosas dichas por un autor nacional pero que se atribuyen indebidamente al autor citado, o poner en la pluma de un autor citado tesis expuestas por un autor nacional contrarias a las defendidas por el aquel.

Y eso es lo que ha ocurrido en algunos casos con la obra de EDUARDO GARCÍA DE ENTERRÍA, la cual, por la mencionada censura impuesta respecto de autores nacionales, algunos jueces del contencioso-administrativo para no citarlos en sus sentencias, sin embargo, han copiado una doctrina nacional que les interesaba para apoyar su decisión, pero sin citar su autor, atribuyéndola indebidamente a la autoría de EDUARDO GARCÍA DE ENTERRÍA y TOMÁS-RAMÓN FERNÁNDEZ. Lo grave de esto, para el asombro de cualquier conocedor de la obra de GARCÍA DE ENTERRÍA, es que incluso ese uso abusivo de su nombre, poniendo en su pluma conceptos y argumentos que no expresó, ha sido de tal naturaleza que algunos tribunales los han puesto a decir cosas que nunca dijeron y sobre lo cual, incluso, escribieron en sentido contrario. Por asombroso que parezca, así ha ocurrido en Venezuela en los últimos años, en un sistema judicial lamentablemente sometido al poder político[20].

[20] Véase la reciente ponencia nacional enviada al Congreso de Viena de la Academia Internacional de Derecho Comparado: ALLAN R. BREWER-CARÍAS, "The government of judges and democracy. The tragic situation of the Venezuelan judiciary", en *Venezuela. Some current legal issues 2014, Venezuelan National Reports to the 19th International Congress of Comparative*

Como en mi carácter de director de la *Revista de Derecho Público*, desde su fundación en 1980, reviso, leo y resistematizo trimestralmente la recopilación de jurisprudencia constitucional y administrativa que se elabora para su publicación, fue asombroso leer en una sentencia de 1º de junio de 2000 (caso Julio Rico), emanada de la Corte Primera de lo Contencioso-Administrativo[21], que en ese momento era el tribunal de la jurisdicción contencioso-administrativo más importante antes de la Corte Suprema de Justicia, una cita doctrinal cuya autoría se atribuía a EDUARDO GARCÍA DE ENTERRÍA y a TOMÁS-RAMÓN FERNÁNDEZ, que yo nunca había leído y que la verdad es que ellos nunca habían escrito. Para encubrir la falta, en todo caso, en la sentencia, por supuesto, no se indicaron el título del libro de donde supuestamente se habría extraído la cita, ni se indicaron la fecha de la edición, ni la página respectiva, aun cuando era evidente que el lector debía presumir que provenía del libro *Derecho administrativo,* que era el único general de la autoría de ambos.

Al leer la sentencia, de entrada la cita copiada me causó extrañeza, lo que luego se convirtió en asombro múltiple: primero, porque el autor de la ponencia de la sentencia que fue dictada en una corte que tenía cinco magistrados era un "profesor de derecho administrativo", abogado Carlos Enrique Mouriño Vaquero, que debía conocer no solo la obra de GARCÍA DE ENTERRÍA que pretendidamente citaba, sin las más elementales técnicas de referencias bibliográficas; segundo, porque en mi caso, conociendo la obra de GARCÍA DE ENTERRÍA y TOMÁS RAMÓN FERNÁNDEZ, al leer la sentencia me resultaba imposible creer que su cita doctrinal fuera de la autoría de ellos, que en realidad habían escrito sobre el tema pero en otro sentido; y tercero, porque el texto citado, al releerlo una y otra vez, me resultaba tan, pero tan parecido a lo que yo había escrito sobre la materia unos años antes, que en realidad no era sino una copia textual de un párrafo de un trabajo mío escrito en una línea doctrinal muy distinta de la de la obra de Eduardo y Tomás Ramón en la materia.

Lo que pudo ser una complacencia y un honor, el hecho de que EDUARDO GARCÍA DE ENTERRÍA y TOMÁS RAMÓN FERNÁNDEZ "coincidieran" con mi tesis, sin yo siquiera haberme percatado de ello, de inmediato se desvaneció al comprobar que todo era una falsedad, pues por supuesto ellos nunca había escrito lo que se les atribuía, y la cita de mi trabajo, encubierta bajo el nombre de ellos, no era otra cosa que una manifestación más de la censura que ya se había impuesto, para no citarme a mí o a otros autores nacionales en apoyo de las sentencias de la Corte, para lo cual, citándome pusieron sin embargo como autores los nombres de mis amigos, lo que de por sí denota la importancia que han tenido en el país.

Law, International Academy of Comparative Law, Vienna, 20-26 July 2014, Caracas, Academia de Ciencias Políticas y Sociales, 2014, págs. 13-42.

[21] Véase en *Revista de Derecho Público*, núm. 82, Caracas, 2000, págs. 415-416.

8. El concepto de acto administrativo en la obra de García de Enterría como los emanados exclusivamente de las Administraciones Públicas

El caso decidido (caso Julio Rico), había comenzado mediante una acción contencioso-administrativa de nulidad intentada por el abogado Rico contra lo que calificaron como "acto administrativo" dictado por un juez de la jurisdicción ordinaria mediante el cual le había impuesto al accionante, en su carácter de abogado litigante en un proceso, una sanción disciplinaria. En el ordenamiento jurídico venezolano, conforme a la doctrina nacional y a la jurisprudencia administrativa, dicho acto dictado por un juez, sin duda, es un acto administrativo que como tal era recurrible ante la jurisdicción contencioso-administrativa, pues como siempre he sostenido, los actos administrativos no solo emanan, como bien señala la sentencia, "de los órganos de la administración pública, sino también de los demás órganos del Estado cuando los mismos [*sic*] actúan en función administrativa"[22].

Esa ha sido mi tesis de siempre, que ha moldeado la jurisprudencia venezolana en las últimas décadas[23], tesis que no ha sido aceptada por Eduardo García de Enterría y Tomás-Ramón Fernández, que, al contrario, más bien consideran "completamente vano intentar tipificar por este último rasero una supuesta «función administrativa» del Estado en sentido material"[24].

En efecto, al contrario de lo expresado en el mencionado párrafo de la sentencia de la Corte Primera de lo Contencioso-Administrativo, Eduardo García de Enterría y Tomás-Ramón Fernández, conforme a su conocida aproximación estatutaria del derecho administrativo, como "el derecho de la administración pública como persona jurídica" que "deja fuera de la misma [*sic*] a los órganos legislativos y judiciales"[25], consideran acto administrativo solo "la declaración de voluntad [...] realizada por la administración en ejercicio de una potestad administrativa distinta a la potestad reglamentaria"[26], agregando que como dicha declaración "debe proceder de una administración," ello precisamente excluye: "los actos jurídicos del administrado (que son también actos jurídicos regulados por el derecho administrativo, pero sometidos a otro régimen sustancialmente diferente), los supuestos actos materialmente administrativos

[22] Véase en *Revista de Derecho Público*, núm. 82, Caracas, 2000, págs. 415-416.

[23] Véase un resumen de ello en Allan R. Brewer-Carías, "El problema de la definición del acto administrativo", en *Libro Homenaje al Doctor Eloy Lares Martínez*, t. I, Caracas, Facultad de Ciencias Jurídicas y Políticas, Universidad Central de Venezuela, 1984, págs. 25-78. Ese texto se ha recogido en mi *Tratado de derecho administrativo. Derecho público en Iberoamérica,* t. III, Actos Administrativos, Madrid, Thompson-Aranzadi Civitas, 2013.

[24] Véase Eduardo García de Enterría y Tomás Ramón Fernández, *Derecho administrativo*, t. I, Madrid, Civitas Thompson Reuters, 2011, pág. 44.

[25] *Ibid.*, pág. 39.

[26] *Ibid.*, pág. 571.

dictados por órganos públicos no encuadrados en la administración (por órganos judiciales —en este sentido, la sentencia del Tribunal Constitucional 3-82, de 8 de febrero, insiste en la «calificación no solo material, sino subjetiva» del acto administrativo— o legislativos), así como los contratos o convenios en cuanto a que son fruto de varias voluntades y no solo de una administración"[27].

Así resulta claro que en la tesis de GARCÍA DE ENTERRÍA y TOMÁS-RAMÓN FERNÁNDEZ, el acto administrativo solo puede emanar de una "administración pública como persona jurídica", en ejercicio de la potestad administrativa, lo que excluye de la calificación como actos administrativos, por una parte, los actos reglamentarios dictados en ejercicio de la potestad reglamentaria, y por otra, los actos jurídicos dictados por los órganos judiciales o los órganos legislativos en ejercicio de la función administrativa. Este último concepto lo rechazan los autores para calificar como "actos administrativos" los emanados de lo que consideran "actividades materialmente «administrativas» cumplidas por los órganos públicos no integrados en la organización personificada que es la administración"[28]. Al referirse a esos actos dictados por los jueces o los órganos legislativos agregan, además, que "la función respectiva podrá ser calificada materialmente como administrativa, será o no equivalente o paralela a la que normalmente cumple la administración, pero es evidente que no se trata de actos sometidos al derecho administrativo[...]"[29].

Lo mismo argumentan GARCÍA DE ENTERRÍA y FERNÁNDEZ de los actos dictados por órganos constitucionales, con autonomía funcional, como el Consejo General del Poder Judicial o Defensor del Pueblo, considerando que "los actos que en ejercicio de estas funciones de apoyo se realizan no son propiamente actos administrativos, por cuanto no son imputables a la organización personificada que es la administración general del Estado, sino de órganos que se han configurado con una más o menos perfecta separación de la misma [*sic*]"[30]. Por ello, GARCÍA DE ENTERRÍA y FERNÁNDEZ insisten en su tesis afirmando: "Ya hemos precisado que el acto administrativo solo puede producirse por una administración pública en sentido formal y no por ningún órgano público que no esté integrado en una administración como persona (judiciales, legislativos), sea cual sea la materia de tales actos, ni por ningún particular [...]"[31].

[27] *Ibid.*, págs. 572 y 573.

[28] *Ibid.*, pág. 42.

[29] *Id.* Agregan respecto de "la actividad materialmente administrativa de los demás órga nos del Estado" que "al no ser referibles a la administración pública en cuanto persona es claro que no están sujetas al derecho administrativo las supuestas «funciones administrativas» que realizan los órganos o entidades situadas fuera de la misma [*sic*]. Así, por ejemplo, la actividad de jurisdicción voluntaria que realizan los jueces y tribunales, la policía de audiencias, los tratados internacionales, las pensiones extraordinarias concedidas por las cortes, etc". *Op. cit.*, págs. 50-51.

[30] *Ibid.*, pág. 43.

[31] *Ibid.*, pág. 575.

Es claro, por tanto, que en la tesis de EDUARDO GARCÍA DE ENTERRÍA y TOMÁS-RAMÓN FERNÁNDEZ, independientemente de la extensión en concreto que pueda producirse para asegurar el control judicial de ellos, los actos jurídicos dictados por los órganos del poder legislativo, del poder judicial y de los otros poderes u órganos constitucionales del Estado, dictados en ejercicio de la función administrativa, nunca serían actos administrativos.

9. NUESTRA DEFINICIÓN DEL ACTO ADMINISTRATIVO, IMPROPIAMENTE ATRIBUIDA EN ALGUNA SENTENCIA A GARCÍA DE ENTERRÍA Y TOMÁS-RAMÓN FERNÁNDEZ

Sin embargo, a pesar de la claridad de la tesis sostenida por GARCÍA DE ENTERRÍA y FERNÁNDEZ, en la sentencia citada de la Corte Primera de lo Contencioso-Administrativo de 2000, para justificar la decisión de controlar la ilegalidad de un acto jurídico dictado por un juez en materia disciplinaria, considerándolo un acto administrativo susceptible de impugnación ante la jurisdicción contencioso-administrativa por haber sido dictado en ejercicio de la función administrativa, la Corte consideró "oportuno citar el concepto de acto administrativo que plantean los autores EDUARDO GARCÍA DE ENTERRÍA y TOMÁS-RAMÓN FERNÁNDEZ", copiando en la sentencia como si fuera de ellos, el siguiente párrafo:

"Hemos definido el acto administrativo como toda manifestación de voluntad de carácter sublegal, realizada, primero por los órganos del poder ejecutivo, es decir, por la administración pública, actuando en *ejercicio* de la función administrativa, de la función legislativa [normativa] y de la función jurisdiccional; segundo, por los órganos del poder legislativo (de carácter sublegal) actuando en ejercicio de la función administrativa; y tercero *por los órganos del poder judicial actuando en ejercicio de la función* administrativa y de la función legislativa [normativa]. En todos estos casos, la declaración de voluntad constituye un acto administrativo cuando tiende a producir efectos jurídicos determinados, que pueden ser la creación, modificación o extinción de una situación jurídica individual o general o la aplicación, a un sujeto de derecho de una situación jurídica general" (bastardilla de la Corte)[32].

Cuando leí aquello, como seguramente le habrá ocurrido a más de alguno que haya leído dicha sentencia y mi propia obra, lo que primero me pregunté fue cómo podía ser posible, según el decir de la propia Corte Primera de lo Contencioso-Administrativo, que mis queridos amigos EDUARDO GARCÍA DE ENTERRÍA y TOMÁS-RAMÓN FERNÁNDEZ hubieran escrito exactamente lo mismo que yo, en los mismos términos, sin yo saberlo, y más bien en contra de lo que ellos han enseñado.

[32] Véase en *Revista de Derecho Público*, núm. 82, Caracas, 2000, págs. 415-416.

Pero como antes dije, por supuesto, no se trataba de cita alguna del pensamiento de ellos, que es diametralmente opuesto a lo allí expresado, sino de una cita de un trabajo mío, lo que si bien podía constituir para mí un honor, que mi pensamiento lo hubieran puesto en la pluma de ellos, para ellos era una falta inexcusable al ponerlos como autores de algo que no escribieron, y que más bien era contrario a lo que han sostenido en su obra.

La cita de la sentencia, en realidad, proviene de mi estudio sobre "El problema de la definición del acto administrativo" publicado en el *Libro Homenaje al doctor Eloy Lares Martínez* en 1984, que tiene el siguiente texto:

"En esta forma, hemos definido el acto administrativo como toda manifestación de voluntad de carácter sublegal, realizada, primero por los órganos del poder ejecutivo, es decir, por la administración pública, actuando en ejercicio de la función administrativa, de la función legislativa [normativa] y de la función jurisdiccional; segundo, por los órganos del poder legislativo (de carácter sublegal) actuando en ejercicio de la función administrativa; y tercero por los órganos del poder judicial actuando en ejercicio de la función administrativa y de la función legislativa [normativa]. En todos esos casos, la declaración de voluntad constituye un acto administrativo cuando tiende a producir efectos jurídicos determinados, que pueden ser la creación, modificación o extinción de una situación jurídica individual o general o la aplicación a un sujeto de derecho de una situación jurídica general"[33].

Como bien se sabe, para la definición del acto administrativo he partido siempre del análisis de los principios fundamentales del derecho público venezolano[34], en particular, de los siguientes:

Primero, del principio de la formación del derecho por grados, que determina al acto administrativo siempre con carácter sublegal. Dicho principio es "de particular interés para el derecho administrativo, dado que la actividad

[33] Véase "El problema de la definición del acto administrativo" en *Libro homenaje al doctor Eloy Lares Martínez*, t. I, Caracas, Facultad de Ciencias Jurídicas y Políticas, Universidad Central de Venezuela, 1984, págs. 25-78. Ese texto, por lo demás, se recogió en mi *Tratado de derecho administrativo. Derecho público en Iberoamérica, op. cit.*, y lo pueden leer en la página 143. En la precisión de la definición, la expresión de función "legislativa" la he sustituido por la más precisa de función "normativa". Véase ALLAN R. BREWER-CARÍAS, *Derecho administrativo*, t. I, Bogotá, Universidad Externado de Colombia, 2005, págs. 17-142; *Principios fundamentales del derecho público (constitucional y administrativo)*, Caracas, Editorial Jurídica Venezolana 2005; *Los principios fundamentales del derecho público*, San José Costa Rica, Investigaciones Jurídicas S. A., 2012.

[34] Un resumen de ellos lo he recogido en la parte que me corresponde del libro colectivo: JAIME VIDAL PERDOMO, EDUARDO ORTIZ ORTIZ, AGUSTÍN GORDILLO, ALLAN R. BREWER-CARÍAS, *La función administrativa y las funciones del Estado. Cuatro amigos, cuatro visiones sobre el derecho administrativo en América Latina*, Cuadernos de la Cátedra Allan R. Brewer-Carías de Derecho Administrativo, Caracas, Universidad Católica Andrés Bello-Editorial Jurídica Venezolana, 2014, pág. 185. En las citas siguientes recurrimos a lo expuesto en este último libro.

de la administración que por esencia regula, es siempre una actividad de carácter sublegal, es decir, de ejecución directa e inmediata de la legislación y sólo de ejecución indirecta y mediata de la Constitución"[35]. La conclusión de su aplicación es que "las actividades administrativas, por tanto y por esencia, constituyen actividades estatales que se realizan siempre en ejecución directa e inmediata de la legislación y por tanto, en ejecución indirecta y mediata de la Constitución; y precisamente por ello es que son esencialmente de carácter sublegal, aun cuando en un momento dado no se haya dictado la legislación correspondiente que las regule en concreto"[36]. De ello se deriva que "en particular para el derecho administrativo, los actos administrativos dictados en ejercicio de las diversas funciones del Estado son actos que por esencia tienen rango sublegal, por lo que, no hay ni puede haber actos administrativos que se dicten en ejecución directa e inmediata de la Constitución"[37].

Segundo, el principio de la separación orgánica de poderes y de la asignación de funciones propias pero no excluyentes de los órganos de los poderes del Estado, por lo que "la asignación de funciones propias a los órganos que ejercen los poderes públicos no implica que cada uno de los órganos del Estado siempre tenga el ejercicio exclusivo de alguna función estatal específica"[38]. En este contexto se distinguen cinco funciones del Estado que son "la acción que desarrollan los órganos estatales o la actividad que desempeñan como tarea que les es inherente, en el sentido [de] que solo en ejercicio del poder público pueden cumplirse"[39], las cuales son: la función normativa, es decir, la producción de normas jurídicas de validez general; la función política, manifestada en la conducción del gobierno en la sociedad; la función jurisdiccional, manifestada en actos de resolución de controversias entre partes; la función de control, manifestada cuando los órganos del Estado vigilan, supervisan y velan por la regularidad del ejercicio de otras actividades estatales o de las actividades de los administrados y particulares; y la función administrativa, por medio de la cual la administración entra en relación con los particulares, como sujeto de derecho, gestor del interés público[40].

[35] *Ibid.*, pág. 185.

[36] *Ibid.*, pág. 183.

[37] *Ibid.*, pág. 197.

[38] *Ibid.*, pág. 204. Ello, al decir del Tribunal Supremo de Justicia, implica que "la administración pública cuente con potestades normativas (*v. gr.* la potestad reglamentaria) y jurisdiccionales (*v. gr.* resolución de conflictos entre particulares) y los órganos deliberantes y judiciales cumplan ciertas funciones típicamente administrativas (*v. gr.* la organización interna de sus dependencias y la potestad disciplinaria respecto de sus funcionarios, entre otras)". Véase sent. 3098 de la Sala Constitucional (caso nulidad artículos Ley Orgánica de la Justicia de Paz) de 13-12-2004, en *Gaceta Oficial* núm. 38.120 de 02-02-2005.

[39] *Ibid.*, pág. 206.

[40] *Ibid.*, págs. 207-221.

Tercero, el principio del ejercicio interorgánico de las funciones del Estado, que implica que las funciones que se asignan como funciones propias a los diversos órganos de los poderes del Estado, sin embargo, no son ni exclusivas ni excluyentes, ya que las desarrollan también los demás poderes del Estado. Dicho principio "tiene especial importancia para el derecho administrativo, pues permite identificar a [*sic*] la función administrativa y su ejercicio por los diversos órganos del Estado"[41] de manera que "al igual que lo que sucede con la función normativa, política, jurisdiccional y de control, la función administrativa tampoco está atribuida con carácter de exclusividad a alguno de los órganos del poder público. Por ello, si bien la función administrativa puede considerarse como función propia de los órganos ejecutivos y electorales, concretizada básicamente a través [*sic*] de actos administrativos, ello no significa que la ejerzan con carácter exclusivo y excluyente. Al contrario, todos los otros órganos del Estado también ejercen la función administrativa: la Asamblea Nacional, al autorizar diversos actos de los órganos ejecutivos o al dictar actos relativos a su personal o servicios administrativos, realizan la función administrativa, y los órganos que ejercen el poder judicial o el poder ciudadano realizan la función administrativa, al dictar actos concernientes a la administración del personal o de los servicios de los órganos, o al imponer sanciones.

"En esta forma, la función administrativa, como actividad privativa e inherente del Estado mediante la cual sus órganos, en ejercicio del poder público, entran en relaciones jurídicas con los administrados, se puede realizar por los órganos administrativos, en ejercicio del poder ejecutivo nacional y del poder electoral; por la Asamblea Nacional, en ejercicio del poder legislativo; y por los tribunales de la República, en ejercicio del poder judicial. La función administrativa, por tanto, si bien es una «función propia» de los órganos ejecutivos y electorales, no es una función privativa y exclusiva de ellos, pues los otros órganos estatales también la ejercen dentro del ámbito de sus respectivas competencias constitucionales y legales. El acto administrativo, como concreción típica pero no única del ejercicio de la función administrativa, puede emanar de todos los órganos estatales en ejercicio del poder público, teniendo en todo taso carácter sublegal"[42].

Cuarto, el principio del carácter interfuncional de los actos estatales, lo que implica no solo que la separación orgánica de poderes no coincide con la distribución de funciones, sino que el ejercicio de una función del Estado por determinado órgano de él, tampoco conduce necesariamente a la emisión de determinados órganos estatales, es decir, tampoco hay coincidencia entre las funciones del Estado y los actos jurídicos que emanan de la voluntad estatal. Ello implica que "la función normativa la ejerce el Estado a través [*sic*] de sus órganos legislativos (Asamblea Nacional), de sus órganos ejecutivos (presidente

[41] *Ibid.*, pág. 205.
[42] *Op. cit.*, págs. 219-220.

de la República), de sus órganos judiciales (tribunales), de sus órganos de control (Consejo Moral Republicano, Defensoría del Pueblo, ministerio público, Contraloría General de la República) y de sus órganos electorales (Consejo Nacional Electoral)"; que "la función política, la ejerce el Estado a través [*sic*] de sus órganos legislativos (Asamblea Nacional y de sus órganos ejecutivos (presidente de la República)"; que "la función jurisdiccional la ejerce el Estado a través [*sic*] de sus órganos judiciales (Tribunal Supremo de Justicia), de sus órganos ejecutivos (administración pública) y de sus órganos electorales (Consejo Nacional Electoral)"; que "la función de control la ejerce el Estado a través [*sic*] de sus órganos legislativos (Asamblea Nacional), de sus órganos ejecutivos (administración pública), de sus órganos judiciales (tribunales), de sus órganos de control (Consejo Moral Republicano, Defensoría del Pueblo, ministerio público, Contraloría General de la República) y de sus órganos electorales (Consejo Nacional Electoral)", y que "la función administrativa la ejerce el Estado a través [*sic*] de sus órganos ejecutivos (administración pública), de sus órganos electorales (Consejo Nacional Electoral), de sus órganos legislativos (Asamblea Nacional), de sus órganos judiciales (Tribunal Supremo de Justicia y tribunales) y de sus órganos de control (Consejo Moral Republicano, Defensoría del Pueblo, ministerio público, Contraloría General de la República)"[43].

Por ello mi conclusión de que los actos administrativos "pueden emanar de la Asamblea Nacional, actuando [*sic*] en función administrativa y en función de control; de los tribunales, actuando [*sic*] en función normativa, en función de control y en función administrativa; de los órganos que ejercen el poder ejecutivo (administración pública central) cuando actúan en función normativa, en función jurisdiccional, en función de control y en función administrativa; de los órganos que ejercen el poder ciudadano actuando [*sic*] en función normativa, en función de control y en función administrativa; y de los órganos que ejercen el poder electoral actuando [*sic*] también en función normativa, en función de control y en función administrativa. Los actos administrativos en esta forma, y contrariamente a lo que sucede con las leyes, con los actos parlamentarios sin forma de ley, con los decretos-leyes, con los actos de gobierno y con las sentencias judiciales, no están reservados a determinados órganos del Estado, sino que pueden ser dictados por todos ellos y no solo en ejercicio de la función administrativa, sino de todas las otras funciones del Estado"[44].

Y quinto, como corolario de lo anterior, y en forma radicalmente distinta de la concepción estatutaria del derecho administrativo como derecho de la administración pública como persona jurídica en la tesis de EDUARDO GARCÍA DE ENTERRÍA y TOMÁS-RAMÓN FERNÁNDEZ, he sostenido el principio del "carácter interorgánico de la administración pública, en el sentido de que la Administración

[43] *Op. cit.*, págs. 228-230.
[44] *Op. cit.*, págs. 228-239.

Pública, como complejo orgánico, no solo está conformada por órganos que ejercen el poder ejecutivo, sino por órganos que ejercen los demás poderes del Estado"[45]. De lo cual resulta que "no toda «administración pública» del Estado es «administración pública central», en el sentido de que no solo los órganos que ejercen el poder ejecutivo en los tres niveles político-territoriales o los que gozan de autonomía fundamental en virtud de disposiciones constitucionales monopolizan, orgánicamente, a la administración pública del Estado"[46]; de lo que resulta que "la organización administrativa del Estado no se agota, por ejemplo a nivel [*sic*] nacional, en el ámbito de la «administración pública nacional central» que ejerce el poder ejecutivo, pues existen órganos administrativos que derivan de la separación orgánica de poderes que ha establecido la Constitución de 1999, regularizando así la existencia de órganos del Estado con autonomía funcional que en la Constitución de 1961 existían (Consejo de la Judicatura, Contraloría General de la República, Fiscalía General de la República) y que no encuadraban en la clásica trilogía de poderes: legislativos, ejecutivos y judiciales, ni dentro de los órganos que ejercían el poder legislativo, ni dentro de los órganos que ejercían el poder ejecutivo, ni dentro de los órganos que ejercían el poder judicial, y que sin embargo, formaban parte de la organización administrativa de la administración del Estado, y en general, de lo que siempre se ha conocido como administración pública nacional"[47].

En esa concepción, contrariamente a lo que sostienen GARCÍA DE ENTERRÍA y TOMÁS-RAMÓN FERNÁNDEZ, en Venezuela la administración pública o las administraciones públicas no son las que tienen personalidad jurídica, sino que esta la tienen los organismos políticos territoriales, que son la República en el nivel nacional, los estados en el nivel regional y los municipios en el nivel local, cada uno con sus órganos que conforman sus administraciones públicas, y las entidades no territoriales, como los institutos autónomos públicos y las empresas, fundaciones y sociedades del Estado[48].

10. UNA NUEVA SENTENCIA QUE ATRIBUYE A GARCÍA DE ENTERRÍA, ERRADAMENTE, INFLUENCIA EN NUESTRA DEFINICIÓN DEL ACTO ADMINISTRATIVO

De todo lo anterior resulta, por tanto, que en forma alguna puede atribuirse a EDUARDO GARCÍA DE ENTERRÍA una concepción de la administración pública

[45] *Op. cit.*, pág. 239.

[46] *Op. cit.*, pág. 240.

[47] *Op. cit.*, págs. 242-243.

[48] Véase ALLAN R. BREWER-CARÍAS, "Sobre la personalidad jurídica en el derecho administrativo", en *Ensayos de derecho público. En memoria de Maurice Hauriou* (Andry Matilla Correa, Jaime O. Santofinio Gamboa y Héctor Santaella Quintero, Coords.), Bogotá, Universidad Externado de Colombia, 2013, págs. 271-303.

como objeto del derecho administrativo radicalmente distinta de la que ha defendido y ponerlo a decir en una sentencia cosas que no ha escrito. Por lo demás, en cuanto a mi concepción sobre el mismo tema, ha sido progresivamente construida desde la redacción de mi antes indicada tesis doctoral sobre *Las instituciones fundamentales del derecho administrativo y la jurisprudencia venezolanas* de 1964, obviamente sin influencia alguna de la concepción estatutaria del derecho administrativo propugnada en España por EDUARDO GARCÍA DE ENTERRÍA tal como se expone en su *Derecho administrativo,* publicado junto con TOMÁS-RAMÓN FERNÁNDEZ.

Por ello, para concluir, no me queda más que ofrecerles excusas a los autores españoles, por el uso indebido del nombre de Eduardo y de Tomás Ramón, atribuyéndoles tesis y conceptos míos que ellos no han expuesto y que difieren radicalmente de su tesis, por lo que mal puede decirse incluso que las mías hayan estado influidas por ellos, como mal lo ha dicho algún juzgado de primera instancia en materia contencioso-administrativa del trabajo en 2006.

En efecto, con ocasión de decidir un recurso de nulidad por ilegalidad ejercido contra una "transacción y el acto administrativo de homologación", dictado por un tribunal de primera instancia en materia laboral en el estado Bolívar de Venezuela, el Tribunal Superior Segundo del Trabajo de la Circunscripción Judicial del estado de Bolívar a cargo del juez abogado José Gregorio Rengifo, en sentencia de 17 de octubre de 2006, a los efectos de declarar que carecía de competencia para decidir por tratarse el acto impugnado de "un verdadero acto jurisdiccional" con caracteres "totalmente ajenos a las características de un acto administrativo", luego de copiar aun cuando en forma incompleta la definición que he dado del acto administrativo, continuó señalando:

"Siguiendo al tratadista GARCÍA DE ENTERRÍA, señala el citado autor [BREWER-CARÍAS] que «la expresión acto administrativo identifica a los actos ejecutivos por excelencia como manifestaciones de voluntad de la administración de carácter sublegal, destinadas a producir efectos jurídicos». En esta definición, el elemento clave es la determinación que debe entenderse por 'administración', pues los actos administrativos en general se dictan por todos los órganos estatales y en ejercicio de todas las funciones estatales. Por tanto, su individualización, a pesar de su carácter sublegal, no puede estar fundamentada en la sola utilización del criterio orgánico, del criterio formal o criterio material, sino de la mezcla y combinación de ellos, pues de lo contrario quedarían fuera de caracterización, por ejemplo, los actos administrativos que dictan los funcionarios de los órganos legislativos o de los órganos judiciales. Por ello en nuestro ordenamiento constitucional, no puede sostenerse que los actos administrativos solo son aquellos que emanan de los órganos de la administración pública que ejerce el poder ejecutivo. Al contrario, como se dijo, los actos administrativos pueden emanar de los órganos legislativos actuando [*sic*] en función administrativa, de los tribunales, de los órganos del poder electoral y del poder ciudadano, actuando [*sic*] tanto en función normativa como en función administrativa. Los actos administrativos en esta forma, y contrariamente a lo que sucede con las leyes, los decretos de estado de excepción, los actos de gobierno y las sentencias judiciales, no están reservados a determinados órganos del Estado, sino que pueden ser dictados por todos ellos, y no solo en ejercicio de la función administrativa.

"En relación a [*sic*] los órganos del poder judicial, actuando [*sic*] en ejercicio de la función administrativa, la declaración de voluntad constituye un acto administrativo, cuando tiende a producir efectos jurídicos determinados, que pueden ser la creación, modificación o extinción de una situación jurídica individual o general o la aplicación, a un sujeto de derecho de una situación jurídica general. Es de esta manera como, entre las facultades administrativas que se atribuyen a los órganos del poder judicial, cuyos actos naturales son los jurisdiccionales, se encuentra por ejemplo dictar medidas disciplinarias, contra los abogados y procuradores que intervengan en las causas que ellos conocen, comportando tal medida disciplinaria una actividad administrativa del juez, dictada en aras de mantener el orden y el decoro en el tribunal o juzgado en el cual ejerce sus funciones. Considerando a [*sic*] los actos estatales dentro [*sic*] de una perspectiva general, entonces quedarían fuera de la clasificación como actos administrativos los actos cumplidos por los órganos del poder ejecutivo en función normativa con valor de ley y en función de gobierno (actos de gobierno) y que, por tanto son de rango legal; los actos cumplidos por los órganos del poder legislativo en función normativa (leyes), en función de gobierno (actos parlamentarios sin forma de ley) y en función administrativa de rango legal (leyes y actos parlamentarios sin forma de ley), y los actos cumplidos por los órganos del poder judicial, actuando [*sic*] en función jurisdiccional (sentencias, autos, etc.)"[49].

Aun cuando no citó el juez que dictó la sentencia, la fuente del trabajo del cual sacó la incompleta cita que hizo[50], lo que si es cierto es que lo que allí se expone no podía haber sido inspirado por EDUARDO GARCÍA DE ENTERRÍA, que como hemos visto ha planteado una aproximación al tema radicalmente distinta de la que he elaborado.

[49] Véase en *http://bolivar.tsj.gov.ve/DECISIONES/2006/NOVIEMBRE/1928-17-FP11-R-2006-000327-0040.HTML*

[50] La cita proviene de mi estudio "Los actos ejecutivos en la Constitución venezolana de 1999 y su control judicial", en *Acto administrativo y reglamento,* jornadas organizadas por la Universidad Austral, Facultad de Derecho, 30-31 mayo y 1º junio 2001, RAP, 2002, págs. 531-579; y del estudio "El régimen constitucional de los decretos leyes y de los actos de gobierno", en *Bases y principios del sistema constitucional venezolano* (ponencias del VII Congreso Venezolano de Derecho Constitucional realizado en San Cristóbal del 21 al 23 de noviembre de 2001), San Cristóbal, Asociación Venezolana de Derecho Constitucional, Universidad Católica del Táchira, 2002, págs. 25-74.

En todo caso, con las excusas que de nuevo hay que darles a los autores españoles por el uso indebido e indiscriminado del nombre de GARCÍA DE ENTERRÍA para apoyar sentencias, lo positivo que resulta de ello es que su nombre y doctrina, muy respetadas, tienen la autoridad propia de los grandes maestros que son suficiente para fundamentar decisiones judiciales sobre los asuntos más complejos, a pesar de que en la realidad EDUARDO GARCÍA DE ENTERRÍA no haya escrito lo que los jueces en los casos citados hubieran querido.

New York, julio de 2014

GARCÍA DE ENTERRÍA EN IBEROAMÉRICA. SUS TESIS MÁS RELEVANTES

GERMÁN CISNEROS FARÍAS*

Sumario: 1. Introducción. 2. Argentina. 3. Colombia. 4. Costa Rica. 5. España. 6. México. 7. Uruguay.

1. INTRODUCCIÓN

En mi calidad de profesor universitario mexicano, y en especial por pertenecer a la Universidad Autónoma de Nuevo León, me siento en la obligación moral de rendir Homenaje a Don EDUARDO GARCÍA DE ENTERRÍA, entre otros aspectos, por la distinción que le fue conferida al otorgársele el doctorado Honoris Causa por nuestra Máxima Casa de Estudios, en sesión celebrada el 11 de septiembre de 1987. Justo es recordar que la solicitud de tan alta condecoración fue presentada al Honorable Consejo Universitario, por el entonces Director de mi Facultad de Derecho, el Lic. Juan Francisco Rivera Bedoya.

Así, de esa manera, el nombre de EDUARDO GARCÍA DE ENTERRÍA y el de mi Facultad de Derecho de la Universidad Autónoma de Nuevo León, tuvieron —tienen aún—, lazos históricos de altísimo significado.

El ser y quehacer del tan connotado jurista español, desde entonces, nos resulta familiar. Conocemos su obra, vida y pensamiento. En ese contexto, tuve la oportunidad en 2008, en estancia de investigación en la Facultad de Derecho de la Universidad Complutense de Madrid bajo la tutela del Dr. Raúl Canosa Usera, de participar de manera continua, en el seminario de derecho administrativo que GARCÍA DE ENTERRÍA dirigía en y para los catedráticos de Derecho administrativo en tal institución; entonces fui testigo de la relevancia internacional de su pensamiento.

En este trabajo, me he dado a la tarea de escudriñar el efecto que han tenido sus tesis en la doctrina de Iberoamérica. Soy consciente de que estas cuartillas

* Doctor en derecho por la UNAM, miembro del sistema nacional de investigadores nivel II del CONACYT, miembro regular de la academia mexicana de ciencias, miembro del foro iberoamericano de derecho administrativo, miembro de la asociación internacional de derecho administrativo, profesor-investigador de la Universidad Autónoma de Nuevo León (UANL), profesor de derecho administrativo en la facultad de derecho y criminología de la UANL, coordinador del departamento de derecho administrativo comparado del centro de Investigación de tecnología jurídica y criminológica de la UANL.

constituyen tan solo una muestra de la trascendencia de su pensamiento en el universo de la academia mundial. El énfasis histórico que ahora presentamos se advierte en los libros, artículos, revistas de Argentina, Colombia, Costa Rica, España, México y Uruguay. Hay otros que pudieran ser incluidos, pero los ejemplos descritos constituyen solo una muestra.

En cada uno de los países que se mencionan a continuación haremos referencia a los autores más relevantes que han estudiado a las tesis de EDUARDO GARCÍA DE ENTERRÍA; los incisos que en cada uno de dichos aspectos se mencionan pretenden —de manera enunciativa—, comprender el contenido, énfasis o acento que las tesis de nuestro homenajeado expusieron en su tiempo sobre algún tema del Derecho administrativo en general.

El pensamiento, las ideas y tesis de EDUARDO GARCÍA DE ENTERRÍA no pueden captarse con facilidad, debido en gran medida a su extensa y prolífica producción. Sin embargo, de manera cuidadosa hemos pretendido, dar a conocer aquellas que en distintos lugares han trascendido en Iberoamérica.

2. ARGENTINA

Con carácter representativo, haremos mención de los trabajos presentados en libros y revistas especializadas, de los siguientes doctrinantes argentinos: AGUSTÍN GORDILLO, JULIO RODOLFO COMADIRA y MIRIAM MABEL IVANEGA; con el tema, y por voz nuestra o por el autor mismo, referiremos la tesis sobre la cual se hace énfasis, opinión, *stare decis* que constituye el cuerpo doctrinal aplicado al tema en cuestión. Esta metodología que seguiremos en todos lo casos.

A) *Agustín Gordillo*

a) *El supremo principio de la racionalidad.* En muchos casos, previsible pero irrazonablemente es cumplir "estrictamente" la norma escrita, aunque sea claramente injusta, ineficaz, arbitraria, desproporcionada, incausada, etc., sin siquiera buscar interpretarla para superar esos óbices a su validez constitucional y supraconstitucional. Ello constituye una defectuosa aplicación del orden jurídico, pues desconoce que los principios jurídicos jerárquicamente son superiores a las pequeñas normas o a su lectura por una administración pequeña y mezquina.

Pero una cosa es que el burócrata adquiera esa "racionalidad irracional" y otra que lo haga un órgano del derecho; si ocurre que para aquél "Lo importante pasa a ser la adhesión estrecha al reglamento", no puede sucederle lo mismo a este. El jurista no puede caer en la trampa burocrática de normas irracionales celosa y cumplidamente aplicadas, sin renunciar con ello a su calidad de hombre del derecho.

En cualquier caso, es claro que el jurista, juez, funcionario o tribunal administrativo, no necesita ni debe someterse ciegamente a la racionalidad irracional de la norma burocrática: él debe aplicar el supremo principio de derecho de la razonabilidad, por encima de toda norma que resulte arbitraria por excesiva o irreal[1].

b) *El principio de legalidad o el sometimiento de la administración a la ley*. El Congreso puede legislar sobre todas las actividades realizadas por el Poder Ejecutivo, sin más limitación que aquella que la ley establezca como regulación razonable.

Doctrina y jurisprudencia están contestes en que el Congreso no puede delegar en forma amplia sus facultades al Poder Ejecutivo, y que solo puede permitirle dictar ciertas normas dentro de un marco legal prefijado por el legislador[2].

La administración actúa siempre como persona de derecho público, sin contar con las supremacías y privilegios que antiguamente se le reconocían sin hesitación; el Estado es responsable si comete un daño, aun cuando actúa como persona de derecho público que es; necesita de un fundamento legal expreso para imponer sanciones; está sujeto en todos los casos al control judicial; también está obligado por los contratos que celebra, etc. Por ello, si bien el derecho administrativo gana en extensión, gana también cualitativamente al transformarse en un derecho más justo y razonable, menos arbitrario y autoritario; de ese modo la distancia con el derecho privado, en cierto modo, se ha acortado.

c) *El procedimiento administrativo no es una carrera de obstáculos.* Es principio universal en todo procedimiento administrativo, que el administrador tiene el deber de asegurar "más allá de las dificultades del índole formal, una decisión sobre el fondo de la cuestión objeto del procedimiento", de modo tal que el agente público interviniente colabore al progreso y conclusión del procedimiento y no a la inversa, pues "El procedimiento administrativo no ha sido ciertamente concebido por el legislador como una carrera de obstáculos cuya superación sea requisito necesario para la adopción de la resolución final"[3]. Es así el guardián y responsable del cumplimiento del principio *pro actione*,

[1] AGUSTÍN GORDILLO, *Tratado de derecho administrativo*, t. I, Buenos Aires, Fundación de Derecho Administrativo, 2003, págs. VI-38; GARCÍA DE ENTERRÍA, *Reflexiones sobre la ley y principios generales del derecho*, Madrid, Civitas, pág. 110.

[2] AGUSTÍN GORDILLO, *Tratado de derecho administrativo*, t. I, Buenos Aires, Fundación de Derecho Administrativo, 2003, págs. VII-31; GARCÍA DE ENTERRÍA, *Legislación delegada, potestad reglamentaria y control judicial*, pág. 123.

[3] AGUSTÍN GORDILLO, *Tratado de derecho administrativo*, t. I, Buenos Aires, Fundación de Derecho Administrativo, 2003, págs. VII-21.

conforme al cual debe asegurarse, por razones de interés público, el ejercicio del derecho de accionar y recurrir de los individuos.

B) *Juan Carlos Cassagne*

a) *La tutela judicial efectiva.* Resulta evidente que se trata de una garantía que armoniza de modo cabal con el reparto de funciones propio de la separación de poderes que ha instituido nuestra Constitución al prescribir positivamente el sistema judicialista (arts. 108, 109,116 y 117) en el cual los jueces son los órganos encargados de resolver los conflictos entre los particulares y el Estado.

En Argentina, antes de la moderna configuración del principio, un sector de la doctrina propició, una serie de posturas que afirmaban la plenitud de la jurisdicción frente a las interpretaciones restrictivas que, con fundamento en las antiguas concepciones del contencioso-administrativo francés y español, propugnaban la limitación de los poderes del juez sobre la base de la naturaleza esencialmente revisora que atribuían a esta clase de jurisdicción (concebida como una jurisdicción de excepción).

En la última década, algunos ordenamientos y jurisprudencia, en forma limitada, por cierto, han comenzado a transitar por el cambio correcto, y sin dejar de reconocer la influencia que ha tenido en esta evolución la obra de los juristas vernáculos, que actuaron como verdaderos pioneros en este campo para desterrar los ápices formales que caracterizaban el contencioso-administrativo de su época, no puede menos que señalarse la profunda gravitación que entre nosotros, ha alcanzado la doctrina española por conducto de EDUARDO GARCÍA DE ENTERRÍA, a partir de la fundación de la *Revista de Administración Pública* y de la publicación de las obras y trabajos científicos de sus juristas más eminentes, entre los que citamos a JESÚS GONZÁLEZ PÉREZ, TOMÁS-RAMÓN FERNÁNDEZ y MARTÍN-RETORTILLO BAQUER[4].

b) *Nuevas tendencias en materia de legitimación. Hacia una concepción amplia de la legitimación. Sus consecuencias sobre la doctrina del derecho subjetivo.* El centro de la teoría del derecho subjetivo ha pasado de la protección de los poderes jurídicos sustanciales y aun reaccionales a la tutela de las situaciones de ventaja, así como a la reparación de las lesiones provocadas por el Estado, en los derechos de las personas.

La tesis de los derechos reaccionales, elaborada en España por GARCÍA DE ENTERRÍA y FERNÁNDEZ, representó, en su momento, el embate más serio que se planteó frente a la noción clásica al postular, en definitiva, la unidad de la con-

[4] JUAN CARLOS CASSAGNE, "La justicia contencioso administrativa y la ampliación del bloque de legalidad (los nuevos derechos y la legitimación)", en *Derecho Administrativo Iberoamericano*, en la memoria del VIII Congreso Iberoamericano de Derecho Administrativo, vol. I, Editores Jaime Rodríguez-Arana Muñoz, *et al.*, Digital Publishing of Florida, 2009, págs. 5, 7 y 8.

cepción del derecho subjetivo, superando las antiguas fragmentaciones (derecho subjetivo, interés legítimo, interés personal y directo, derechos debilitados)[5].

C) *Julio Rodolfo Comadira*

a) *La extensión del concepto de acto, respecto de su unilateralidad, bilateralidad, alcance individual y general.* La doctrina ha elaborado distinciones que importan el cuestionamiento de la asimilación entre acto de alcance general y reglamento. Se ha propuesto, en ese sentido, conceptuar, con fundamento en distintos criterios de categorización, el acto como género comprensivo de dos especies: el acto general normativo (reglamento) y el acto general no normativo. Y desde otro punto de vista, García de Enterría ha diferenciado entre los actos normativos (reglamentos —generales o singulares—) y los no normativos —también generales o particulares—. Más recientemente se ha cuestionado en la doctrina española los criterios de distinción tradicionales. Sobre esta distinción, afirman Alfredo Gallego Anabitarte y Ángel Menéndez Rexach que la diferencia entre norma jurídica y *resolución* no se encuentra en el carácter abstracto y general de la norma, y concreto y singular de la resolución, sino en que la primera crea derecho, usualmente de forma general y abstracta, mientras que la segunda lo aplica[6].

b) *Los vicios en particular. Vicios en la finalidad.* El vicio en cuestión tiene su campo de despliegue, esencialmente, en la actividad discrecional, y ha sido, históricamente, como indica García de Enterría, el segundo proceso de reducción de dogma de la no revisión de la discrecionalidad, después del señalamiento de la existencia de elementos reglados en el acto discrecional[7].

D) *Miriam Mabel Ivanega*

a) *Los principios del Estado de derecho.* La *división de poderes* tal como se entiende en la actualidad tiene dos significados: por un lado representa un esfuerzo de racionalización de toda organización política estatal y, por otro, es una respuesta a la finalidad de evitar la concentración excesiva del poder en forma absoluta o personal. Este principio es una idea exacta del contenido del Estado desde un punto de vista sustancial[8].

[5] Juan Carlos Cassagne, "La justicia contencioso administrativa y la ampliación del bloque de legalidad (los nuevos derechos y la legitimación)", en *Derecho Administrativo Iberoamericano*, en la memoria del VIII Congreso Iberoamericano de Derecho Administrativo, vol. I, Editores Jaime Rodríguez-Arana Muñoz, *et al.*, Digital Publishing of Florida, 2009, págs. 13 y 14.

[6] Julio Rodolfo Comadira, *Procedimientos administrativos*, Buenos Aires, La Ley, 2003, págs. 190 y 193.

[7] Julio Rodolfo Comadira, *El acto administrativo*, Buenos Aires, La Ley, 2004, págs. 89, 125 y 126.

[8] Miriam Mabel Ivanega, *Instituciones de derecho administrativo*, Serie 12 Derecho Administrativo, Bogotá, Universidad Externado de Colombia, 2013, págs. 102 y 103.

La formulación del *imperio de la soberanía de la ley* es en realidad una transposición a la teoría social, del principio de la legalidad del universo sobre el que se desarrolla el pensamiento de Occidente desde el Renacimiento y que alcanza en la Física de Newton y en la Ilustración, su expresión definitiva[9].

b) L*a legalidad en la administración.* El principio de la legalidad de la Administración también se convirtió en un instrumento que se usó directamente en la lucha contra la estructura política del Estado absoluto: frente a un poder personal y arbitrario existe el ideal del gobierno por y en virtud de las leyes. Su aplicación garantiza que la acción de los poderes se desarrolle de acuerdo con el sistema diseñado por la Norma Fundamental, especialmente el reparto de competencias que esta establece entre el Poder Legislativo y el Ejecutivo; de ahí su estrecho vínculo con el principio de división de poderes[10].

De todo ello deviene que en el contenido actual del principio de legalidad la norma jurídica no es un límite externo de actuación de los poderes públicos —doctrina de la vinculación negativa de la Administración por la ley—, dado que en realidad es una condición o habilitación previa que el ordenamiento jurídico otorga a la actuación administrativa como doctrina de la vinculación positiva[11].

c) *El derecho administrativo y las ciencias no jurídicas de la administración.* El catedrático español García de Enterría analizó las implicaciones que la Revolución francesa tuvo sobre el nacimiento de la poderosa Administración contemporánea, considerando que ello permitió ir definiendo el contenido del Derecho administrativo al introducir una nueva estructura del Estado, síntesis de ideas, instituciones y filosofías de origen inglés, francés y austríaco.

Surgió así la identificación de la Administración pública con el Poder ejecutivo y del Derecho administrativo con el régimen jurídico especial de aquel poder. Los revolucionarios, al concebir un Estado nuevo, siguieron una interpretación claramente disiente de la ortodoxia doctrinal que representaban, lo cual, sumado a las circunstancias históricas de la Revolución y de los tiempos posteriores, permitió y determinó el fortalecimiento de una Administración sometida a una disciplina distinta[12].

d) *Competencia.* Si bien potestad y derecho subjetivo son especies del género poderes jurídicos, se diferencian en que este encuentra su origen en una relación jurídica concreta. Recae sobre un objeto especifico, determinado y consiste en una pretensión que se corresponde con un deber atribuible a un sujeto positivo, que es en este sentido un sujeto obligado; en cambio, la potestad no se genera en una relación jurídica, ni en pactos, negocios jurídicos, actos o

[9] Miriam Mabel Ivanega, *Instituciones de derecho administrativo*, Serie 12 Derecho Administrativo, Bogotá, Universidad Externado de Colombia, 2013, pág. 105.

[10] *Idem, ibidem*, pág. 106.

[11] *Idem, ibidem,* pág. 107.

[12] *Idem, ibidem,* pág. 180.

hechos singulares, ya que procede directamente del ordenamiento jurídico, es de carácter genérico y se refiere a un ámbito de actuación definido en grandes líneas[13].

e) *El régimen disciplinario en general.* Hoy se tiende a integrar estos poderes disciplinarios a los poderes sancionatorios generales, lo que explica que la única singularidad de las sanciones disciplinarias respecto de las demás sanciones administrativas en su relación con las penas judiciales, es la inaplicación del principio *non bis in idem,* esto es su compatibilidad con dichas penas[14].

f) *Presupuestos de la responsabilidad patrimonial.* La imputación es un fenómeno jurídico consistente en la atribución a un sujeto determinado del deber de reparar un daño, en base a la relación existente entre aquél y éste [...] la imputación de responsabilidad, en cuanto fenómeno jurídico, se produce automáticamente una vez que se prueba la relación de causalidad existente entre la actividad del sujeto productor del daño y el perjuicio producido[15].

g) *Las prácticas y el precedente administrativo.* El principio de igualdad de todas las personas ante la ley, conforme a la ciencia y el espíritu de la Constitución, implica el derecho a que no se establezcan privilegios que excluyan a unos de los que se conceden a otros en iguales circunstancias; de ahí que se deduzca que la verdadera igualdad consiste en aplicar en cada caso la ley según las diferencias que se presenten.

La validez de los precedentes encuentra sostén en esta garantía. Tiene sentido jurídico cuando estamos frente a situaciones de tratamiento igualitario de los ciudadanos, que en defensa de sus derechos, pueden hacer valer una conducta repetida de la Administración que los beneficia.

En tal sentido, parte de la doctrina española entiende que el precedente administrativo reiterado tiene un cierto valor vinculante para la Administración, de forma que apartarse de él en un caso concreto puede ser índice de un trato discriminatorio, de falta de buena fe o de actitud arbitraria[16].

3. Colombia

A) *Libardo Rodríguez Rodríguez*

a) *Clasificación de los actos de la administración, desde el punto de vista de la afectación de la esfera jurídica del destinatario del acto.* Los actos administrativos gravosos o limitativos, fueron propuestos por García de Enterría y aceptados en las leyes más recientes españolas. Son aquellos en virtud de los

[13] *Idem, ibidem,* págs. 264 y 265.
[14] *Idem, ibidem,* págs. 521 y 524.
[15] *Idem, ibidem,* 2013, págs. 560 y 561.
[16] *Idem, ibidem,* págs. 597, 601 y 602.

cuales el destinatario resulta desfavorecido por la restricción de su patrimonio jurídico previamente existente. Por ejemplo, el acto mediante el cual se revoca una licencia o permiso[17].

Esta distinción fue formulada, nos dice GARCÍA DE ENTERRÍA, originalmente por W. JELLINEK. Aquellos actos administrativos que tienen un destinatario externo pueden afectarlo de dos maneras diferentes: favoreciéndole, con la ampliación de su patrimonio jurídico, otorgándole o reconociéndole un derecho, una facultad, un plus de titularidad o de actuación, liberándole de una limitación, de un deber, de un gravamen, produciendo, pues, un resultado ventajoso para el destinatario; o bien, restringiendo su patrimonio jurídico, imponiéndole una obligación o una carga nueva, reduciendo, privando o extinguiendo algún derecho o facultad hasta entonces intactos. Los primeros son los actos favorables o ampliatorios de derechos y facultades; los segundos, actos de gravamen o limitativos. Las leyes más recientes adoptan ya la nomenclatura que aquí hemos propuesto[18].

b) *El principio de legalidad. Las fuentes de la legalidad y su jerarquía.* Dentro de cada escala es posible que la misma autoridad que dicta un acto general sea la encargada de su aplicación individual. En ese caso, aunque aparentemente los dos actos tengan la misma jerarquía por ser dictados por la misma autoridad, la realidad es que el acto individual es inferior al acto general en el cual se fundamenta. Se trata de la expresión práctica del principio general conocido como la inderogabilidad singular de los reglamentos[19].

c) *La noción de contrato administrativo.* Analizando las ideas expuestas por los principales autores y por la jurisprudencia, podemos decir que existen dos grandes criterios para distinguir los contratos administrativos: un criterio legal y un criterio jurisprudencial[20].

El régimen jurídico de los contratos administrativos no es, por tanto, unitario y puro, en opinión de GARCÍA DE ENTERRÍA, sino variable y mixto, lo que explica que el Derecho Administrativo y el Derecho Privado, se muestren mezclados en distintas porporciones.

La clasificación de un contrato de la Administración, como privado o administrativo, no tiene por sí misma, insiste GARCÍA DE ENTERRÍA, trascendencia decisiva en orden a determinar la regulación de fondo de unos y otros. En toda clase de contratos de la Administración es patente la mezcla del Derecho

[17] LIBARDO RODRÍGUEZ RODRÍGUEZ, *Derecho administrativo general y colombiano*, BoÇgotá, Editorial Temis, 2011, págs. 297 y 302.

[18] EDUARDO GARCÍA DE ENTERRÍA y TOMÁS-RAMÓN FERNÁNDEZ, *Curso de derecho administrativo*, t. I, 15ª ed., España, Thomson Reuters, 2011, pág. 597.

[19] LIBARDO RODRÍGUEZ RODRÍGUEZ, *Derecho administrativo general y colombiano*, Bogotá, Editorial Temis, 2011, págs. 304, 305 y 308.

[20] *Idem, ibidem,* pág. 433.

Administrativo y el Derecho Privado. Hay pues, que estar a las reglas específicas de cada contrato, porque esas reglas, y no una genética clasificación del contrato como administrativo o privado, son las que definen su concreto régimen jurídico[21].

d) *Reflexiones y conclusiones de los principales rasgos de la jurisdicción administrativa y el derecho administrativo en Colombia.* La diferencia más notable se encuentra en la ubicación de la jurisdicción administrativa dentro de la estructura del Estado. En efecto, en Francia, por razones históricas muy especiales, la jurisdicción administrativa nació como parte integrante de la administración y durante su evolución se ha considerado, por lo menos, orgánica y funcionalmente muy ligada a la misma administración[22].

Encontramos, por ello, preceptos explícitos a favor de la ejecutoriedad de los actos administrativos (las cláusulas intimatorias finales de las cédulas o rescriptos lo expresan con fórmulas de imperio: lo guardéis y cumpliréis y ejecutéis, dirigidas a todas autoridades bajo sanción penal; igualmente las previsiones o cartas de los órganos inferiores, que actúan un poder delegado del Rey; por ejemplo, respecto a las de los consejos Reales, Ley 1.a, Tít. XII, Líb. IV, Novísima), o de la acción de oficio, con el uso directo de coacción administrativa (por ejemplo, en materia de caminos, Ley 2.a, Tít. XXXV Líb.VII, de la Novísima Recopilación), incluso un sistema de conflictos o competencias entre diversas jurisdicciones (Ley 15, Tít. I, Líb. IV del mismo cuerpo legal: competencias entre los ministerios de Estado y del Despacho y las diversas jurisdicciones, sometidas a la soberana determinación del Monarca).

El fundamento de estas reglas parece obvio: Administración y Justicia son las dos emanaciones de un mismo sujeto, el Monarca: son manifestaciones del mismo poder, con idéntico rango y fuerza. No tendría sentido, por ello, que la Administración regia estuviese sometida a los tribunales regios como cualquier sujeto particular[23].

B) *Jaime Orlando Santofimio Gamboa*

a) *La Constitución Política como fundamento del derecho administrativo.* La Constitución es norma de normas. En todo caso de incompatibilidad entre la Constitución y la ley u otra norma jurídica, se aplicarán las disposiciones constitucionales.

[21] EDUARDO GARCÍA DE ENTERRÍA y TOMÁS-RAMÓN FERNÁNDEZ, *Curso de derecho administrativo*, t. I, 15ª ed., España, Editorial Thomson Reuters, 2011, pág. 733.

[22] LIBARDO RODRÍGUEZ RODRÍGUEZ, *Un siglo de jurisdicción administrativa y de derecho administrativo en Colombia*, Bogotá, Editorial Temis, 2013, págs. 171 y 207.

[23] EDUARDO GARCÍA DE ENTERRÍA y TOMÁS-RAMÓN FERNÁNDEZ, *Curso de derecho administrativo,* t. I, 15ª ed., España, Editorial Thomson Reuters, 2011, pág. 519.

Esta supremacía, en la pretensión de ser completa y verdaderamente integradora de un sistema normativo jurídico, implica su análisis desde dos perspectivas complementarias: la forma, que nos señala el texto constitucional como punto supremo de imputación y unos niveles inferiores o grados jerárquicos de producción normativa de manera tal que en cada uno de ellos se identifica un escalón en la cadena normativa del sistema; y por otra parte la materia, sustancial o de contenido, que nos enseña que la supremacía constitucional no se agota exclusivamente en la existencia de una pirámide de integración del sistema jurídico sino que va más allá; la Constitución determina el contenido de las normas producidas en los niveles inferiores. Mientras la supremacía formal indica un condicionamiento externo, el material nos ubica en las entrañas mismas de la norma en su espíritu. El elemento material condiciona en esta forma los procesos interpretativos e integradores del sistema normativo[24].

4. Costa Rica

A) *José Enrique Rojas Franco*

a) *Periculum in mora.* En el caso de la suspensión de la ejecución, basta un juicio de verosimilitud, dada la característica estructural de la provisionalidad, pues ella tiene un ciclo vital interino, hasta que en el proceso principal se dicta la sentencia de mérito. En virtud de su precariedad puede "fundarse en el pedestal poco reciente de una verdad también interina, que puede surgir de una simple valoración de verosimilitud.

García de Enterría dice: "[...] el «humo de buen derecho» consiste en una valoración anticipada de las posiciones de las partes, valoración *prima facie*, no completa, puesto que el proceso puede estar en sus inicios y no se han producido aun alegaciones de fondo ni prueba, valoraciones, por tanto, provisional que no prejuzga la que finalmente la sentencia de fondo ha de realizar determinadamente"[25].

b) *Las medidas cautelares que puede adoptar el juez nacional.* La tutela cautelar, como exigencia de la efectividad de la tutela judicial sobre el fondo, y en concreto, para evitar la frustración de ésta, ha de considerarse como una exigencia indeclinable. La justicia cautelar es hoy, para el Tribunal de Justicia, un componente esencial e indeclinable de la efectividad de cualquier justicia[26].

[24] Jaime Orlando Santofimio Gamboa, "Fundamentos Constitucionales de Derecho administrativo colombiano", en *El marco constitucional del Derecho Administrativo en Iberoamérica, memoria del V foro iberoamericano de Derecho Administrativo*, Coordinación de Javier Robalino, Quito, Universidad San Francisco de Quito, 2006, págs. 277 y 278

[25] José Enrique Rojas Franco, *La suspensión del acto administrativo en la vía administrativa y judicial*, 4ª ed., Costa Rica, Editorial Mundo Gráfico, 1999, págs. 110 y 112.

[26] *Idem, ibidem,* pág. 305.

c) *Apariencia de buen derecho y suspensión de actos de carácter tributario.* El Profesor GARCÍA DE ENTERRÍA, con fundamento en la doctrina comunitaria, propugna la adopción del criterio del *fumus boni iuris,* para otorgar la suspensión de los actos administrativos en el ordenamiento interno de nuestro país. De esta manera, se pueden flexibilizar los rígidos esquemas que brindan la suspensión de los actos administrativos contenidos en los artículos 122 de la Ley de Procedimientos Administrativos. Ambos preceptos en su tenor literal reducen los supuestos de suspensión a los daños de reparación imposible o difícil y la nulidad de pleno derecho[27].

B) *Ernesto Jinesta Lobo*

a) *Institucionalidad del agotamiento preceptivo: la necesidad del agotamiento facultativo.* El fundamento principal del agotamiento de la vía administrativa se encuentra en la potestad de auto-tutela que posee la Administración Pública. Tal privilegio le permite a la Administración Pública dirimir, sin intervención de un tercero imparcial e independiente, los conflictos de interés que surjan con los administradores.

La práctica demuestra que en la mayoría de las ocasiones el superior que revisa la legalidad y oportunidad de lo resuelto por el inferior no lo modifica, revoca o anula sino que, por el contrario, lo confirma o bien ratifica la persistencia en la omisión o en la actuación material lesiva para el administrado. De esa forma, el agotamiento perceptivo de la vía administrativa, como ha indicado alegóricamente GARCÍA DE ENTERRÍA al parafrasear a un famoso juez americano, es forzar al administrado a sacar agua de un pozo seco[28].

Por consiguiente, los límites jurídicos y meta-jurídicos de la discrecionalidad al formar parte del concepto de legalidad —por estar plenamente positivizados— implican que el juez contencioso-administrativo también debe controlar su transgresión. De esa forma, queda suficientemente demostrado que en nuestro ordenamiento jurídico resulta infundada la afirmación tajante y antojadiza según la cual en vía administrativa se revisa la legalidad y la oportunidad, y en sede jurisdiccional, sólo se fiscaliza la legalidad.

Estas consideraciones resultan extrapolables a todos aquellos ordenamientos jurídicos que admiten un control intenso de la discrecionalidad administrativa[29].

[27] *Idem, ibidem*, págs. 315 y 316.

[28] ERNESTO JINESTA LOBO, "Inconstitucionalidad del agotamiento preceptivo de la vía administrativa: la necesidad de su carácter facultativo", en *El derecho público* en Iberoamérica, t. II, Carlos Mario Molina y Libardo Rodríguez, Bogotá, Editorial Temis, 2010, págs. 422 y 423.

[29] *Idem, ibidem*, pág. 424.

5. España

A) *Santiago Muñoz Machado*

a) *El principio de legalidad como sometimiento de la administración a la ley.* El artículo 103.1 subordina a la legalidad toda actuación administrativa. Y el 117.1 somete a los jueces y tribunales al imperio de la ley.

De estas apelaciones constitucionales al principio de legalidad, la cuestión más debatida, desde el Derecho Administrativo, es la medida y el alcance del sometimiento de la Administración a la ley. En España la explicación más atendida y seguida de esta relación, es la que ha defendido Eduardo García de Enterría a lo largo de su extensa obra con muchísima firmeza. Para este autor, el principio de legalidad de la Administración significa no sólo que la Administración está sometida a la ley, sino que las potestades de actuación que puede utilizar la Administración para actuar le son siempre atribuidas de modo concreto y específico por la ley. Esta norma máxima habilita a la Administración, definiendo el ámbito en el que puede legítimamente desenvolverse. Fuera de la ley no existen potestades administrativas de ninguna clase. Ésta es la regla, sostenida con toda rotundidad y sin más excepciones que las indispensables para comprender algunas decisiones menores de carácter organizativo, cuando no afectan de ninguna manera a los derechos y libertades de los ciudadanos[30].

b) *Las potestades administrativas.* Ellas resultan vinculadas por el ordenamiento jurídico, de dos maneras, que actúan de modo complementario y acumulativo. Las propias administraciones públicas a las que el legislador, o la Constitución, en términos aún más imprecisos, le confía la atención de los intereses generales, dictan normas, establecen directrices o formulan planes o programas, en los que el contenido de aquellos intereses aparece mucho más especificado, y se concretan las competencias y potestades que es necesario actuar para satisfacerlos. Estas son operaciones de definición administrativa de los intereses generales y de auto atribución de las potestades precisas para atenderlos y adoptar las decisiones que convengan.

El derecho, en su conjunto, será no sólo un límite objetivo para el ejercicio de las potestades, sino que en ocasiones reclamará también que la propia Administración se autovincule y establezca los criterios y objetivos a que va a someter sus decisiones en el futuro.

Se deduce de lo anterior que la relación de la Administración con el ordenamiento jurídico no es uniforme por la sencilla razón de que aquél no tiene una formación plana, ni las normas y principios que lo integran tienen siempre la misma virtualidad para definir los intereses generales y las potestades de que

[30] Santiago Muñoz Machado, *Tratado de derecho administrativo y derecho público general*, t. II, Madrid, IUSTEL, 2011, pág. 732.

se dota a la Administración para obtenerlos. La respetada y brillante exposición que los profesores García de Enterría y Fernández hicieron de las potestades administrativas, que ha tenido decisiva influencia en una generación entera de juristas y, por supuesto, en la jurisprudencia dominante, incurre en el defecto principal de tratar de explicar la posición de la Administración por relación al ordenamiento en su conjunto, sin distinguir las normas que lo integran y su diferente posición constitucional[31].

c) *La formas de la actuación administrativa.* Las doctrinas matrices, de las que proceden los dogmas de que trataremos ahora, son solamente dos, una de raigambre caracterizadamente española y otra de origen italiano.

La primera fue establecida por la L. Jordana de Pozas en algunos ensayos elaborados cuando no se había agotado aún la mitad del siglo xx. Propuso Jordana la división de los modos de la actividad administrativa en tres categorías: policía, servicio público y fomento. La segunda es de origen italiano y su primera aplicación en España hay que atribuírsela a García de Enterría. En su sistematización del Derecho Administrativo, partió de la consideración de la crisis de alguna de las categorías utilizadas en la tripartición de Jordana (que, por cierto, se mantuvo en el patrimonio de la doctrina española sin ser utilizada por otros autores de nuestro entorno, quizá con la única excepción del de Benoit y Bourjol).

La exposición de García de Enterría siguió la de Santi Romano, seguramente por convicciones parejas a las que acaban de expresarse, y dividió toda la actuación de la Administración, en relación con los derechos, en dos grandes categorías: las actuaciones de ampliación de derechos y las de limitación.

La doctrina española se ha mantenido dentro de uno u otro de los esquemas que acaban de indicarse[32].

d) *El principio de la interdicción de la arbitrariedad.* El principio de interdicción de la arbitrariedad tiene, en nuestro ordenamiento jurídico, un origen doctrinal inequívoco. Procede, sin discusión posible, de un trabajo publicado en los años sesenta por García de Enterría que trataba precisamente de la interdicción de la arbitrariedad de los poderes públicos. Dicho principio fue recogido en el artículo 9.3 de la Constitución, también por la indiscutible iniciativa de otro administrativista, L. Martín-Retortillo, Senador, a la sazón, en las Cortes constituyentes.

Alguna doctrina ulterior (F. Rubio Llorente), ha puesto en duda, siguiendo criterios dogmáticos establecidos por autores alemanes a partir de Leibhold, que dicho principio aporte alguna especialidad en relación con el de igualdad, que también consagra el artículo 14 de la Constitución. Esta objeción ha sido contestada en términos concluyentes por el propio García de Enterría, y

[31] *Idem, ibidem*, págs. 852 y 853.

[32] *Idem, ibidem*, 2011, págs. 487, 488 y 489.

también por Fernández, aludiendo al refuerzo dogmático y práctico que el principio de interdicción de la arbitrariedad supone en relación con el principio de igualdad, al exigir de los poderes públicos un comportamiento que les impone no sólo conductas adecuadas a Derecho sino también la motivación de sus decisiones y la racionalidad de las opciones que les guían.

A partir de la consagración positiva de la interdicción de la arbitrariedad, el Tribunal Constitucional y el Tribunal Supremo han hecho uso de dicho principio general para aplicarlo al control de las decisiones de todos los poderes públicos[33].

e) *La irretroactividad de las disposiciones sancionadoras no favorables o restrictivas de los derechos individuales.* El artículo 9.3, establece la garantía constitucional de la irretroactividad de las disposiciones sancionadoras no favorables o restrictivas de los derechos individuales, y el artículo 25.1 establece que nadie puede ser condenado o sancionado por acciones u omisiones que en el momento de producirse no constituyan delito, falta o infracción administrativa según la legislación vigente.

Este segundo precepto, abarca todas las disposiciones de contenido punitivo, penales o administrativas, y entronca de modo muy fácil y directo con la tradición, que viene de las primeras constituciones dieciochescas, prohibitiva de la retroactividad en materia penal, de las leyes *ex post facto*. Esta retroactividad puede entenderse en términos absolutos y rígidos, respecto de cualquier reforma que afecte al núcleo esencial de la regulación. No parece que pueda extenderse también a modificaciones adjetivas, abarcantes, por ejemplo, de la disciplina interna de las organizaciones penitenciarias, el régimen de los antecedentes penales, y otras circunstancias de este carácter.

El artículo 9.3, por su parte, ha dado lugar a mayor perplejidad de la doctrina y de la jurisprudencia que, hasta el momento, no han acertado a perfilar exactamente su sentido. Nada más aprobarse la Constitución, se pusieron en circulación dos opiniones doctrinales relevantes y coherentemente construidas, una debida a López Menudo y otra a García de Enterría y Fernández Rodríguez.

La interpretación de otro inciso del artículo 9.3, disposiciones restrictivas de los derechos individuales, planteó a la doctrina, desde las primeras aplicaciones de la Constitución, serios problemas interpretativos. Sobre todo, para decidir si con la indicada expresión la Constitución se estaba refiriendo a la protección de los derechos adquiridos, incorporando de esta manera una doctrina ambigua pero bien conocida en la teoría general del Derecho Público desde hace muchos años, o tenía una significación distinta. En la categoría de los derechos individuales se pueden incluir toda clase de derechos que las normas reconocen a los ciudadanos, en la medida, al menos, que éstos hayan llegado a acceder a su disfrute y ejercicio, o, por el contrario, considerar que

[33] *Idem, ibidem*, pág. 76.

se trata de una categoría específica de derechos, los aludidos en el artículo 9.3, comprensiva únicamente de los denominados derechos fundamentales, que serían los enunciados en el artículo 14 y en la Sección 1ª del Capítulo II del Título I de la Constitución.

Por esta última línea se inclinó López Menudo. García de Enterría y Fernández Rodríguez, se apoyaron en la utilización por la Constitución de la expresión disposiciones, para sostener que la norma fundamental había tratado de ratificar una vieja y conocida doctrina que ha venido sosteniendo que mientras que las leyes pueden ser siempre retroactivas, si así lo disponen, de los reglamentos hay que predicar radicalmente su irretroactividad.

La tesis que reconduce la expresión disposiciones del artículo 9.3 de la Constitución española a la doctrina de la irretroactividad de los reglamentos, no ha tenido acogida relevante en la jurisprudencia constitucional, que siempre ha sostenido que de dicho precepto se puede deducir que existen circunstancias en las que la Constitución impide a las normas con rango de ley la retroactividad[34].

f) *La facultad de los jueces de inaplicar las leyes posteriores a la constitución que sean contrarias a los derechos fundamentales.* La Constitución española ha implantado un sistema de justicia constitucional concentrado.

Así como existe un monopolio de la función de exclusión de la ley, declarando su inconstitucionalidad, en modo alguno puede atribuirse al Tribunal Constitucional la exclusiva de interpretar las leyes (tiene atribuido el papel de intérprete supremo de la Constitución).

Por otro lado, existe una tendencia general, de la que luego trataremos, que abandera más abiertamente el Tribunal de Justicia de la Comunidad Europea pero que siguen también los tribunales constitucionales, a remitir a la justicia ordinaria la resolución del mayor número de asuntos que sea posible. En esta tesitura es lógico que el juez ordinario establezca interpretaciones de la ley conforme a la Constitución que permitan aplicarla al caso.

Con ello la función de la jurisdicción ordinaria como justicia constitucional se amplía. Incluso, en algunas hipótesis perfectamente definibles, podría evitarse que, en último término, el juez tuviera que plantear cuestiones de constitucionalidad. García de Enterría propuso reconocer a los jueces el poder de inaplicar directamente las leyes posteriores a la Constitución que fueran contrarias a los preceptos sobre derechos fundamentales contenidos en aquélla[35].

B) *Luciano Parejo Alfonso*

En nuestra doctrina, García de Enterría y Fernández han perfeccionado y generalizado la siguiente tipología de origen italiano, que intenta dar cuenta al menos de todas las limitaciones posibles al ejercicio de los derechos.

[34] *Idem, ibidem,* págs. 190, 191 y 192.
[35] *Idem, ibidem,* págs. 437, 445 y 446.

a) *Prohibición absoluta e incondicionada de modos concretos de ejercicio.* Este tipo de intervención administrativa puede comprender una amplia gama de incidencias (de diferente grado) en las situaciones privadas: desde limitaciones en sentido estricto, cuando la prohibición no es estructural y tendencialmente definitiva (así, las prohibiciones circunstanciales de permanencia, reunión o tránsito en determinados lugares por razón de orden público; de circulación a determinada velocidad por razón de la ordenación del tráfico; etc.), hasta verdaderas delimitaciones del contenido de los derechos, en otro caso (así, la interdicción de determinados usos o aprovechamientos de los terrenos por el planeamiento urbanístico o por instrumentos o medidas medioambientales, etc.).

b) *Prohibición relativa o con reserva de su alzamiento por la Administración Pública caso a caso.* Se da este supuesto cuando el desarrollo de actividades privadas en general o el ejercicio de determinadas facultades o derechos se condicionan a la previa comprobación (autorización, licencia) por la Administración Pública del cumplimiento de todos los requisitos legales, materiales y formales (así el permiso de conducción de vehículos, la licencia de construcción y la licencia de caza).

c) *Libertad de desarrollo de la actividad privada o de ejercicio del derecho, con reserva de excepción de su prohibición por la Administración Pública caso a caso.* Aquí la intervención administrativa se construye en términos contrarios al supuesto anterior: la actividad puede desplegarse o el ejercicio del derecho puede reproducirse sin mediar dicha intervención, pero quedan sujetos, mientras duren, a la posibilidad de que ésta se produzca, con el resultado eventual —caso de comprobarse infracción de los requisitos o límites legales— de una prohibición administrativa de su continuación[36].

6. México

A) *Sergio Valls Hernández*

a) *Teoría del administrado y de sus situaciones jurídicas.* En los últimos años, una forma de analizar esta situación desde un enfoque técnico ha sido lo que se ha llamado el *marketing* público que tiene la expresión jurídica en la preocupación que ha surgido entre los tratadistas respecto a los derechos del usuario frente al prestador del servicio a lo que Eduardo García de Enterría y Tomás-Ramón Fernández denominan *Teoría del administrado.*

Esta teoría parte del supuesto de que el individuo aislado, con sus propias fuerzas, es incapaz de dar satisfacción a las múltiples carencias, y de la impe-

[36] Luciano Parejo Alfonso, *Lecciones de derecho administrativo*, 5ª ed., Valencia, Tirant lo Blanch, 2012, pág. 298.

riosa necesidad de que los entes públicos las suplan y garanticen una asistencia vital efectiva capaz de asegurar su subsistencia a un nivel mínimo razonable[37].

La teoría mencionada, en opinión de GARCÍA DE ENTERRÍA y FERNÁNDEZ, es una vieja y respetable doctrina de servicio público que ha entrado en crisis en los últimos años a consecuencia de la progresiva expansión de las Comunidades Europeas, con la consiguiente integración en ellas de Estados con una tradición a la que esta idea del servicio público es ajena (aunque no lo sea, por supuesto, la necesidad de asegurar las bases de la existencia individual y colectiva a la que simplemente venían dando satisfacción por otros medios), y, sobre todo, de la progresiva implantación en todo el ámbito territorial que cubren de un mercado único basado en la libre competencia.

La nueva situación parece haberse estabilizado y cristalizado en una síntesis en la que el concepto orgánico de servicio público, entendido del modo antes expuesto, con su secuela de explotación en exclusiva, por la Administración o por sus concesionarios de bloques enteros de actividad, ha dejado paso al concepto funcional de *servicio universal*, como servicio de calidad a un precio asequible para otros, para cuya satisfacción efectiva basta con las leyes reguladoras de los sectores liberalizados que impongan a todos los operadores sin distinción unas concretas *obligaciones de servicio público* que la Administración, libre ya de responsabilidades prestacionales, se encargará de hacer cumplir utilizando cuando sea preciso sus poderes de inspección y control y, en último término, su potestad sancionadora y asegurando de este modo la infraestructura básica de la vida individual y colectiva en un contexto nuevo de libre competencia sin exclusivas, ni privilegios para nadie[38].

B) *Álvaro Castro Estrada*

a) *Actividad propiamente administrativa*. La situación en verdad no es difícil de esclarecer en forma definitiva, ya que como señalan, por otra parte, GARCÍA DE ENTERRÍA y TOMÁS-RAMÓN FERNÁNDEZ, siempre hay un núcleo de carácter público en toda actuación de la Administración regida por el Derecho Privado. Derivado de esta apreciación, dichos tratadistas proponen otro criterio general para saber cuándo la Administración Pública ha de someter sus actividades al Derecho Administrativo y cuando al Derecho Privado. La regla propuesta consiste en que "se han de aplicar las instituciones propias del Derecho Administrativo en los casos en que la Administración Pública realiza una «función típica» es decir; una actividad propiamente administrativa"[39].

[37] SERGIO VALLS HERNÁNDEZ y CARLOS MATUTE GONZÁLEZ, *Nuevo derecho administrativo*, México, Editorial Porrúa, 2011, págs. 473 y 474.

[38] EDUARDO GARCÍA DE ENTERRÍA y TOMÁS RAMÓN FERNÁNDEZ, *Curso de derecho administrativo*, t. II, Madrid, Editorial Aranzadi, 2011, pág. 71.

[39] ÁLVARO CASTRO ESTRADA, *Responsabilidad patrimonial del Estado*, México, Editorial Porrúa, 2006, pág. 11.

b) *Ordenamiento jurídico-administrativo y principios generales del derecho, como generadores del instituto de la responsabilidad patrimonial del estado.* Lo significativo de este enfoque estructural, también conocido como institucional, es que es eminentemente histórico y concreto. Es producto de la interacción social y no de una abstracción más o menos afortunada. Por ello se puede decir que tiene vida independiente, diversa de las propias normas, que son precisamente tales en tanto están integradas al ordenamiento jurídico. De esto se deduce la existencia de un conjunto de principios estructurales que permanecen a pesar de las mutaciones sociales que la realidad histórica presenta con no poca frecuencia. Así, como nos enseña GARCÍA DE ENTERRÍA: "las normas cambian, pero el ordenamiento jurídico permanece, en tanto permanecen sus principios"[40].

c) *La verdadera transformación hacia un régimen de responsabilidad del estado en España se realiza en 1954.* "Yo había participado en la comisión que redactó el Anteproyecto de la Ley de Expropiación en el Instituto de Estudios Políticos, y me correspondió en ella también haber puesto un cierto énfasis en los básicos artículos 1 y 121. En aquella Comisión que presidió el maestro JORDANA de Pozas... participamos todo el equipo, entonces juvenil y no muy numeroso, de la recién inaugurada *Revista de Administración Pública*. Nuestra propuesta, incluyendo el subrepticio artículo referente a «otros daños», fue aceptada en casi su integridad en el texto que finalmente pasó al Boletín Oficial del Estado.

"La peculiaridad quizá más notable de la nueva ley de expropiación forzosa es la extensión del sistema de garantía patrimonial de los administrados fuera del supuesto de expropiación propiamente tal, aplicándolo a cualquier daño patrimonial imputable a la Administración y no sólo al despojo expropiatorio. La Ley desborda así los límites reconocidos a la institución de la expropiación forzosa entrando a regular derivadamente el tema de la responsabilidad civil de la Administración[41].

d) *Responsabilidad del Estado legislador; principio de protección de la confianza legítima.* Con fundamento en dicho principio, ciertas modificaciones legislativas que tienen como propósito adecuarlas ulteriormente a las nuevas necesidades del interés público, obligan al Estado a dispensar su protección a los gobernados "en caso de alteración sensible de situaciones cuya durabilidad podía legítimamente confiarse a los afectados por la modificación legal, a quienes ha de proporcionar en todo caso, tiempo y medios para reequilibrar su posición o adaptarse a la nueva situación, lo que, dicho de otro modo, implica una condena de los cambios legislativos bruscos adoptados por sorpresa y sin las cautelas aludidas"[42].

[40] *Idem, ibidem*, págs. 14 y 15.
[41] *Idem, ibidem*, págs. 84 y 85.
[42] *Idem, ibidem*, pág. 124.

e) *La lesión antijurídica.* Bajo las premisas fundamentales de esta teoría, con insuperable capacidad de síntesis, GARCÍA DE ENTERRÍA y TOMÁS-RAMÓN FERNÁNDEZ, en su *Curso de derecho administrativo*, afirman: "La antijuridicidad susceptible de convertir el perjuicio económico en lesión indemnizable se predica, pues, del efecto de la acción administrativa (no de la actuación del agente de la Administración causante material del daño), a partir de un principio objetivo de garantía del patrimonio de los ciudadanos que despliega su operatividad postulando la cobertura del daño causado en tanto en cuanto no existan causas de justificación que legitimen como tal el perjuicio de que se trate"[43].

f) *Causalidad jurídica y proceso selectivo de causas relevantes.* "El concepto de lesión patrimonial se convierte de este modo en el basamento mismo del sistema, lo cual hace especialmente necesario caracterizarlo con toda precisión desde el punto de vista técnico-jurídico; nada perjudicaría tanto al progresivo sistema establecido en nuestro derecho (español) que interpretarlo como una fórmula inespecífica, que o bien pudiese justificar pretensión indemnizatoria, por absurda que fuese, o bien remitirse a valoraciones de equidad según libres estimulaciones de los aplicadores del Derecho en cada caso"[44].

7. URUGUAY

A) *Mariano R. Brito.*

a) *El Estado de derecho en una perspectiva axiológica.* Cuando nos planteamos tal investigación y reflexión no pretendemos desconocer el aporte de uno y otro orden de cosas, el ordenamiento normativo que trasunta seguridad jurídica, y el auditorio histórico que indica o muestra el consenso histórico, bien llamado uno de los valores centrales del ideario democrático[45].

b) *Noción del principio de legalidad y del interés público en el derecho uruguayo.* He aquí la concurrencia y penetración reciproca que apuntábamos al comienzo entre interés general y legalidad, ausente el conflicto estridente entre ambos. El primero manifiesta seguridad para el goce pleno de los derechos del hombre, y por tal camino concurre armónicamente con el principio de legalidad. Es que éste, antes que una simple exigencia a la Administración misma que pudiera derivar de su condición de organización burocrática y racionalizada, es también antes que eso una técnica de garantizar la libertad[46].

Puede decirse con GARCÍA DE ENTERRÍA y FERNÁNDEZ que la situación de poder (del Estado al respecto) está ensamblada en una situación de deber y

[43] *Idem, ibidem*, pág. 277.

[44] *Idem, ibidem*, pág. 262.

[45] MARIANO BRITO, *Derecho administrativo, su permanencia-contemporaneidad-prospectiva*, Universidad de Montevideo, 2004, págs. 251 y 252.

[46] *Idem, ibidem*, págs. 261 y 267.

ello en la medida en que el poder se otorga en consideración ya (no solo) de un interés propio de su titular, sino en atención al interés de otro sujeto o a un interés simple objetivo (funciones) de cuya efectiva satisfacción depende la legitimidad misma de su ejecución[47].

c) *Una confusión que sobrevuela la línea dominante anunciada (sustitución del derecho público por el derecho privado).* El Derecho Público del Estado democrático de derecho muestra un camino cierto frente a la postulada privatización de la Administración y de su régimen jurídico: la fuente de legitimación del Estado y de su administración no se halla exclusivamente en su origen (legalidad), más también en su finalidad. Y el ajuste o acercamiento a ella, depende de la vigencia de la confianza del pueblo (esta es justamente la esencia misma del sistema democrático)[48].

d) *El control jurisdiccional de la administración constituye piedra angular de la sujeción a la legalidad.* No menos relevante es el pensamiento de EDUARDO GARCÍA DE ENTERRÍA cuando dice: no hay derecho sin juez. El juez es pieza absolutamente esencial en toda la organización del Derecho y esto no es excepción en el Derecho Público cuando se trata de la observancia del Derecho por la Administración. El juez es la boca que pronuncia las palabras de la Ley, no en el sentido que MONTESQUIEU pensó, esto es, como limitado en su función a una función particularizadora, meramente automática, del texto literal de las leyes formales, sino en el más tradicional de *iuris dictio*, de decir Derecho cuando las partes de cualquier relación regida por éste discrepen sobre el alcance de su vinculación efectiva[49].

e) *La vinculación entre la discrecionalidad y los conceptos jurídicos indeterminados.* Sin embargo, no hay oposición porque —observa GARCÍA DE ENTERRÍA— la indeterminación lógica del enunciado no se traduce en una indeterminación absoluta de su aplicación, que permita cualquier interpretación y la contraria o una invocación meramente caprichosa capaz de legitimar cualquier solución. Por el contrario, resulta manifiesto que la utilización que la ley (el acto administrativo diremos para nuestro examen) hace de estos conceptos apunta inequívocamente a una realidad concreta, perfectamente indicada como determinable, pues por lo pronto proscribe absolutamente tomar en consideración el concepto contrario u opuesto. Es aquí, en este punto inequívoco y preciso, donde debe situarse la explicación de que los conceptos legales indeterminados postulan a una única solución justa. Y agrega: la "unidad de solución justa" no quiere decir que haya una sola conducta específica y singular que pueda merecer, entre las infinitas posibles, la calificación de actuación de buena fe, por ejemplo: quiere decir que una conducta o es de buena fe o no es de buena

[47] *Idem, ibidem,* pág. 271.
[48] *Idem, ibidem,* pág. 276.
[49] *Idem, ibidem,* pág. 350.

fe, y que por ello ha de utilizarse necesariamente, en la expresiva fórmula alemana, una apreciación por juicios disyuntivos. Y más adelante: no se trata, pues, de que el juez sustituya apodícticamente la estimación que ha hecho la Administración por la suya propia, sino de identificar si ésta ha transgredido los límites que la ley ha querido imponerle al establecer el concepto jurídico indeterminado de que se trata[50].

f) *Los límites y las posibilidades de los diferentes sistemas de la jurisdicción administrativa.* De ese adjetivado alguna vez "famoso carácter revisor del recurso contencioso administrativo", se ha dicho también que es "una herencia de una determinada concepción histórica de la justicia administrativa"

La ley de 27 de diciembre de 1956 mantenía la naturaleza revisora señalada, aunque habría de introducir aportes fundamentales innovadores, al punto que expresa García de Enterría: "ha sido absolutamente decisiva en la formalización de nuestro Derecho Administrativo. En la que crea la jurisdicción contenciosa-administrativa, la que cumple pasos decisivos en su especialización y la que abre los enormes ámbitos de protección que el recurso francés de exceso de poder había ya ganado definitivamente y que entre nosotros no había llegado a encarnar. Es pues, el verdadero origen de nuestro Derecho Administrativo moderno"[51].

g) *Del mérito del acto.* Se ve ya a esta altura, que la discrecionalidad —más que nota del acto así calificado— es atributo de la situación de libertad del administrador para seleccionar la conducta (acto o abstención en su caso) que concurra al fin de interés público. Pero el acto, una vez dictado, ya no es más opción o elección. La administración formuló su juicio de valor y eligió, y eligió para el fin[52].

B) *Juan Pablo Cajarville Peluffo*

a) *La prerrogativa de modificación unilateral de los contratos de la administración.* La doctrina incluye entre las llamadas prerrogativas de la administración contratante, la de modificar los contratos que ha celebrado, mediante razones de interés público. Así lo hacen, naturalmente, los autores que sostienen como principio general el de mutabilidad de los contratos de la Administración, pero también aquellos que no proclaman expresamente ese principio e incluso los que lo rechazan manteniendo para estos contratos el principio de inmutabilidad[53].

[50] *Idem, ibidem,* pág. 358.

[51] *Idem, ibidem,* págs. 370 y 371.

[52] *Idem, ibidem,* pág. 460.

[53] Juan Pablo Cajarville Peluffo, "Prerrogativas de la Administración en la actividad contractual", en *Congreso Internacional de Derecho Administrativo,* Memoria del X Foro Iberoamericano de Derecho Administrativo, El Salvador, Corte Suprema de Justicia, San Salvador, 2011, pág. 809.

b) *Los fines de un acto que disponga la modificación de un contrato.* Si el vicio consiste en la idoneidad del contenido originario del contrato para lograr el fin debido, las modificaciones a ese contenido deben tender a subsanar esa ineptitud para lograr la satisfacción de las necesidades de interés público a que el contrato está instrumentalmente destinado[54].

c) *Prerrogativa de la administración de interpretar sus propios contratos; relevancia de la conducta de los contrayentes.* La doctrina española, en aplicación de sucesivas normas que así lo previeron, incluye entre las "prerrogativas" de la Administración contratante, la de interpretar unilateralmente el contrato que ha celebrado. Frente a tal disposición expresa, doctrina y jurisprudencia le confieren su verdadero alcance: no se trata de que la Administración pueda decidir libremente sobre el alcance real de lo pactado, sino de "un simple privilegio procesal" antes de que el juez interprete el contrato en un eventual proceso posterior; privilegio que no se traduce en reglas especiales distintas de las que establece con carácter general el Código Civil, a las que debe ajustarse en todo caso la interpretación, puesto que no existe un cuerpo normativo alternativo para la contratación administrativa[55].

C) *Felipe Rotondo Tornaría*

a) *Poderes inherentes o implícitos.* Las reglas de derecho le asignan a los órganos poderes, facultades o atribuciones para cumplir los cometidos. Esos poderes se relacionan específicamente con las funciones del Estado como modos jurídicos de actuación; la doctrina uruguaya suele distinguir las funciones legislativa, administrativa y jurisdiccional, de las cuales emanan actos jurídicos con diverso valor y fuerza.

Tal asignación "no es más que una consecuencia del sentido general del principio, que requiere un otorgamiento positivo sin el cual la Administración no puede actuar; *lege silente,* la Administración carece de poderes. Ahora bien, esta exigencia debe ser matizada con la doctrina de los poderes inherentes o implícitos que, por excepción, puede inferirse por interpretación de las normas. La inherencia o la implicación han de deducirse, no de ninguna imagen ideal o abstracta de unos supuestos poderes «normales» administrativos, sino de otros poderes expresamente reconocidos por la ley y de la posición jurídica singular que esta construye, como poderes concomitantes de tales otros o de tal posición o, incluso, como filiales o derivados de los mismos (poderes incluidos en otros o derivados)"[56].

[54] *Idem, ibidem*, pág. 819.

[55] *Idem, ibidem*, pág. 828.

[56] Felipe Rotondo Tornaría, "Ambiente: Cometido del Estado y sus Poderes Jurídicos al respecto (con especial referencia al Derecho Uruguayo)", en *Derecho Administrativo Ibe-*

García de Enterría y Fernández, agregan que ese "proceso deductivo no legitima por sí mismo ninguna interpretación extensiva, y ni siquiera analógica, de la legalidad, como atributiva de poderes [...]".

Monterrey, Nuevo León, a 30 de mayo de 2014.

---

roamericano, memoria del IV Congreso Internacional de Derecho Administrativo, Mendoza, Editorial RAP, 2010, pág. 757.

PRÓLOGO AL LIBRO "CONFERENCIAS DE ARGENTINA"
de EDUARDO GARCÍA DE ENTERRÍA,
(Madrid, Civitas, 2002)

AGUSTÍN GORDILLO

1. LOS PRIMEROS HOMENAJES

En la década de los ochenta, un nutrido grupo de profesores iberoamericanos suscribimos una petición para que se diera el premio Príncipe de Asturias a don EDUARDO GARCÍA DE ENTERRÍA. Antes y después se sucedían y sucedieron por todo el mundo, como corresponde a su ecumenismo, las distinciones académicas, las *láureas*, los honores. *Más allá de las laudatios que serán y las que han sido*[1], *más allá de la pompa*[2], su fama y su prestigio no tienen fronteras, no tienen idiomas.

Ya no es la lengua castellana, es la lengua de los derechos. Sus auditorios se han multiplicado como los panes y los peces. No existe gran ocasión académica en el mundo desarrollado que no lo cuente como principal expositor. Ahí están los doscientos años del *Conseil d'État* para probarlo, las teleconferencias internacionales simultáneas a muchos países y academias.

En el alba de esta semana, hemos releído y escuchado con ensimismada unción su fervor de BORGES y nos aprestamos a dejarle, al caer la tarde, nuestro saludo final de este su Buenos Aires[3], en ésta su Facultad.

Sabemos, gracias a él mismo, cuál es su *numen*. Si nos dejamos llevar por la mente, hallamos casi de inmediato al *imperfecto bibliotecario*[4] Jorge en *El nombre de la rosa.* Con ese eco de mil libros y mil simbolismos, con el *orden del caos*[5], podemos encontrar el diapasón para intentar lo imposible, un nuevo homenaje al maestro. No un simple halago, sino la afectuosa reverencia, *l'affectueuse révérence*[6], de quienes se inclinan ante los grandes.

[1] Como parte del homenaje, se han tomado palabras y frases de la poesía de BORGES analizada por GARCÍA DE ENTERRÍA en su libro *Fervor de Borges*, Madrid, Trotta, 1999. Se señalarán aquí algunas, remitiendo a las páginas del mencionado libro en el que ellas son referidas y comentadas. La presente corresponde a las págs. 133, 135 y 143. También se han utilizado títulos de trabajos de GARCÍA DE ENTERRÍA y trozos de frases suyas que serán fácilmente identificables.

[2] *Op. cit.*, pág. 29.

[3] *Op. cit.*, pág. 107.

[4] *Op. cit.*, pág. 133.

[5] *Op. cit.*, págs. 94 y 132.

[6] GEORGES BRASSENS, en homenaje a su poeta preferido.

¡Cómo decir algo en su homenaje que no haya sido dicho y mejor! Don EDUARDO sigue ganándose siempre nuestro renovado afecto con esa simpatía, bonhomía, *savoir faire*, calidez y sencillez a la que no mancillan los elogios, por más merecidos que sean. Es que ese auténtico caballero, fino y austero, de mirada por momentos severa y por momentos plena de afecto, está mucho más allá de los elogios. A lo sumo, un reflejo de pícara ironía destella a veces en su mirada cuando un extraño verso[7] regresa a su memoria. No aceptaría *estratagemas, retruécanos y argucias, ni la veneración de las astucias, los execrables juegos*[8].

No necesita que lo defiendan de ser *el que ya ha sido, pues ya es otro*[9].

2. ESCRITOR, PENSADOR

Que es un gran jurista, un grande entre los grandes, no lo describe. Ha resuelto, hace tiempo, aplicarse *al otro enigma y a las otras leyes*[10]. Une lo profano del derecho con lo poético, las letras, las montañas, sus montañas[11], que pisa y camina *sin fatiga*[12], como fiel reflejo de su vida. La poesía de su espíritu, la galana prosa de sus libros y de su verbo lo sitúan en una categoría infrecuente en la historia del espíritu: un gran escritor, un gran pensador.

Hombre apasionado por la vida y las ideas, con una amplitud de inquietudes, de intereses, de experiencias vitales, que requerirían varias vidas para ser vividas.

En esa pasión, no hay *delirios ni alucinaciones*[13], sino un esfuerzo mantenido por la lucidez, por la clarividencia total sobre los grandes misterios del poder. Aunque lo embelesan, no son de él los tomos enigmáticos ni las *ediciones secretas*[14] o los *hermetismos*[15] que otros crean, sino la cristalina comprensión del maestro de maestros. Cuando habla o cuando escribe, no hay que preguntarse qué quiso decir, pues tiene el don de la claridad, ese don que no es fácil gracia del destino sino fruto del trabajo y la honradez, de la integridad intelectual y moral que se construye en cada acto de la vida.

Debe enseñar. Por ello escribe siempre. Como otro poeta, podría decir *J'écrit / Pour quoi? / Je ne sais pas / Parce qu'il faut*[16].

[7] *Op. cit.*, pág. 54.

[8] La principal referencia a este conjunto se encuentra en la obra citada, pág. 39.

[9] *Op. cit.*, págs. 58 y 76.

[10] *Op. cit.*, pags. 64, 71, 76, 102 y 128.

[11] Ver su libro *De montañas y hombres*, 2ª ed., Madrid, Espasa, 2001, colección Austral.

[12] BORGES poeta utiliza mucho el vocablo, pero como verbo, págs. 55, 73, 133, 139, 141.

[13] *Op. cit.*, págs. 134 y 139.

[14] *Op. cit.*, pág. 132.

[15] *Op. cit.*, págs. 132 y 133.

[16] PAUL VALÉRY.

3. La hermosa guerra[17]

Para ofrecerle el doctorado *honoris causa* de nuestra *alma mater*, mis colegas han elegido un hombre venido del confín de Buenos Aires, del asfalto, pues quizás pensaron que debíamos darle un sabor de barrio, un *Je ne sais quoi* porteño, a su último homenaje de esta semana. *Otra cosa no soy que esas imágenes*[18].

Desde este que es también su Buenos Aires, desde nuestros *oscuros callejones*, recordamos y homenajeamos con el corazón a pleno su desafío de todos los tiempos por la libertad y contra el poder. Decir de sus virtudes... no alcanzan las estrellas; o tal vez *sea que no hay otra virtud que ser valiente*[19].

En estas augustas paredes retumba quizás la voz de algún orillero que hace un siglo entonaba en Buenos Aires *Yo soy de un barrio malevo/ Donde relumbra el acero/ Lo que digo con el pico/ lo sostengo con el cuero*[20].

Por eso, *de este lado del ocaso*[21] es nuestro arquetipo. No los *arquetipos últimos*[22] que *el griego soñó del otro lado*[23], no del mundo mitológico de héroes y *demiurgos*[24], sino un arquetipo humano, con quien podemos debatir y disentir, como si fuéramos iguales. El amanecer arquetípico lo encontró, en la mitad del viejo siglo, atacando lo que otros, los que no piensan con el corazón, creían ser molinos de viento. No lo eran, bien lo demostró. Debieron finalmente ceder el paso a los nuevos tiempos, majestuosamente precedidos por don Eduardo.

Un maestro en el más pleno sentido de la palabra; su temprana autoridad moral y científica lo hizo polo de atracción de cuantos pensaron que debían también librar, como él y en la estela de su paso, la lucha contra las inmunidades del poder, por el orden que es producto del equilibrio social y de la justicia.

Tuvo siempre la visión del estratega, del estadista, del que sabe mirar lejos y ver siempre el bosque, no solamente los árboles. Por eso, aquellas luchas lo vieron siempre vencedor. Hace poco, ha librado la batalla de las medidas cautelares y ya está venciendo. Se decía, hace medio siglo, que su escuela era el Ministerio de la Oposición. Qué va, era y es la fuerza moral de un país, la institución *iure proprio*, la alternativa de poder genuino, no aquel que se ejerce en los pasillos y trastiendas, sino el que deviene en realidad a partir de la sola fuerza moral de quien lo transmite, lo irradia, lo dimana. No le hace falta ejercerlo, le es consustancial a su existencia como ser creador, como brújula, como inspiración creadora.

[17] *Op. cit.*, pág. 55.

[18] *Op. cit.*, págs. 20 y 47. El presente párrafo y el siguiente toman el Buenos Aires de Borges, *op. cit.*, págs. 117, 127, etc.

[19] *Op. cit.*, págs. 59, 71, 77, 81 y 91.

[20] Evaristo Carriego, a quien Borges solía recordar; *op. cit.*, pág. 90.

[21] *Op. cit.*, págs. 66, 140 y 143.

[22] *Op. cit.*, pág. 63.

[23] *Op. cit.*, págs. 63, 140 y 141.

[24] *Op. cit.*, pág. 130.

Libró la *hermosa guerra*[25]. Puso la intensa agudeza de su ingenio al servicio de las nobles causas. Ejemplarizó desde la Revolución francesa, desde la tópica, la justicia y no la norma transformada en burocracia. Nos deja su simiente intelectual y moral en todo el mundo, en los discípulos de su escuela y en los discípulos de sus discípulos: EDUARDO, *eres los otros. Su canon está cumplido*[26].

4. HUMANISTA

He admirado siempre su espíritu libertario y humanista. He tratado de seguir sus grandes ideas y las ideas de aquellos que han continuado sus pasos. Pasan los años y así como el mundo cambia y se renueva, así también don EDUARDO tiene siempre la aguda percepción creadora. Cada vez que lo he visto he aprendido. Cada vez que lo he leído, he reflexionado. Cada vez que hablé con él, he crecido como hombre de derecho, pero, por sobre todo, como persona humana.

EDUARDO, *no es polvo la palabra escrita por tu mano ni el verbo pronunciado por tu boca*[27]. *Tu verso incorruptible no morirá jamás*[28].

Solo una cosa no hay. Es el olvido[29].

[25] *Op. cit.*, pág. 55.
[26] *Op. cit.*, págs. 25, 42, 68, 69, 75 y 86.
[27] *Op. cit.*, pág. 42.
[28] *Op. cit.*, págs. 20, 47, 54, 61, 103, 104, 118, 199, etc.
[29] *Op. cit.*, págs. 56, 65 y 142.

EDUARDO GARCÍA DE ENTERRÍA Y LA RENOVACIÓN DEL DERECHO ADMINISTRATIVO

Reflexiones a partir de la Carta Iberoamericana de los Derechos y Deberes del Ciudadano en relación con la Administración Pública

José Ignacio Hernández G.*

Sumario: 1. Introducción. 2. De la concepción estatista del derecho administrativo al derecho administrativo centrado en el ciudadano. A) La concepción estatista del derecho administrativo y las situaciones subjetivas de los administrados. B) El cambio de enfoque: la centralidad del ciudadano y sus derechos humanos. C) El carácter vicarial de la administración pública como manifestación básica de la centralidad del ciudadano. La buena administración y la gobernanza democrática. 3. Manifestaciones concretas de la centralidad del ciudadano en el derecho administrativo. A) La centralidad del ciudadano y la interdicción de la arbitrariedad. B) La centralidad del ciudadano y la integralidad patrimonial de la administración pública. C) La centralidad del ciudadano y el procedimiento administrativo. D) La centralidad del ciudadano y la motivación. E) La centralidad del ciudadano y la actividad prestacional de la administración. F) La justicia administrativa y la buena administración. 4. Conclusiones.

1. Introducción

Quienes tuvimos ocasión de compartir las enseñanzas del profesor Eduardo García de Enterría pudimos comprobar dos de sus cualidades básicas: su inteligencia singular y su concepción ordenada y sistemática del derecho administrativo, centrada en la defensa del ciudadano y sus derechos fundamentales. Con la suerte de que tal sistema no solo se expuso en sus clases y, más recientemente, en su Seminario, sino que además quedó plasmado en una prolija obra escrita, con un uso excepcional del lenguaje.

Aun cuando la obra del profesor García de Enterría nos era familiar, entramos en contacto con él, personalmente, durante nuestra estancia doctoral

* Doctor en Derecho, Universidad Complutense de Madrid, Profesor de Derecho Administrativo en la Universidad Central de Venezuela y la Universidad Católica Andrés Bello, Director del Centro de Estudios de Derecho Público de la Universidad Monteávila.

en la Universidad Complutense de Madrid. Estancia que contó con la honra de tener, por director, a uno de los primeros discípulos del profesor García de Enterría: el profesor Sebastián Martín-Retortillo Baquer. Con ocasión de la redacción de la tesis y la firmeza de su director, leímos y releímos la obra del profesor García de Enterría, pero precisamente, de lo que —entendemos— es su eje, ya señalado: la defensa del ciudadano y sus derechos humanos. En no pocas ocasiones conversamos sobre diversas dudas con el propio profesor García de Enterría, siempre abierto a la conversación, en especial con los doctorandos latinoamericanos.

Con ocasión de ese encuentro comprobamos, por un lado, el profundo alcance que la obra del profesor García de Enterría ha tenido en el derecho administrativo latinoamericano y más en concreto, en la América española. Pero también comprobamos cuánto quedaba por hacer, todavía, en la redefinición de ese derecho administrativo para ajustarlo al sistema de garantías del ciudadano y sus derechos.

Por ello, como tema para el homenaje que merecidamente se ha organizado en su memoria, hemos decido abordar en este breve ensayo la influencia del profesor Eduardo García de Enterría en concreto en el derecho administrativo venezolano. Para tratar ello, este ensayo se divide en dos secciones. En la primera se exponen los grandes trazos de lo que, creo, es el aporte esencial de esa obra: la centralidad del ciudadano y sus derechos humanos, partiendo de la concepción del derecho administrativo como control de la administración. En la segunda se expondrán algunas manifestaciones concretas de esa influencia en distintas figuras de nuestro derecho administrativo. Ello permitirá comentar la reciente Carta Iberoamericana de los Derechos y Deberes del Ciudadano en relación con la Administración Pública[1], en la cual, innegablemente, la obra del profesor García de Enterría está presente[2].

2. De la concepción estatista del derecho administrativo al derecho administrativo centrado en el ciudadano

En esta primera sección abordamos lo que se denomina aquí "concepción estatista" del derecho administrativo. Sabido es que el derecho administrativo presupone la existencia de un Estado y que por ello es fundamentalmente un

[1] Aprobada por el Consejo Directivo del CLAD en reunión presencial-virtual celebrada en Caracas el 10 de octubre de 2013, en cumplimiento del mandato recibido por la XV Conferencia Iberoamericana de Ministras y Ministros de Administración Pública y Reforma del Estado. Adoptada por la XXIII Cumbre Iberoamericana de Jefes de Estado y de Gobierno en ciudad de Panamá (Panamá) el 18 y 19 de octubre de 2013.

[2] El tema impone, por ende, un límite en cuanto a las referencias bibliográficas, principalmente referidas algunos temas del derecho venezolano pero, sobre todo, a la obra del profesor García de Enterría.

derecho estatal. La expresión se emplea para significar cómo el derecho administrativo regula una parcela concreta de la actividad del Estado: aquella en la cual este entra en contacto directo con los ciudadanos[3].

Eduardo García de Enterría apuntó certeramente a este dato del derecho administrativo en una de sus piezas jurídicas más destacadas[4]. Así: "El ciudadano se enfrenta al poder primariamente en cuanto poder administrativo. Él le acompaña, como decían nuestros clásicos del siglo xix, desde la cuna a la sepultura".

Sobre esta idea volvió después Sebastián Martín-Retortillo Baquer para recalcar que el dato característico del derecho administrativo era su cercanía con el poder, de lo cual surgen tensiones y conflictos cuya resolución, ni más ni menos, se encomienda a esa disciplina[5].

Partiendo de esta idea básica, en esta sección se explora cómo esta característica derivó en el surgimiento de un derecho principalmente centrado en el Estado y en una protección jurídica muy precaria del ciudadano. Luego se explica cómo esa concepción varió al enfocarse el derecho administrativo en el ciudadano y sus derechos humanos, cambio en el cual Eduardo García de Enterría tuvo, como se ha dicho, un papel más que destacado.

A) *La concepción estatista del derecho administrativo y las situaciones subjetivas de los administrados*

El derecho administrativo en Venezuela, como en los países de la América española e incluso en España, acusó una influencia determinante del *régimen administrativo* francés[6]. De allí surgió la concepción de acuerdo con la cual,

[3] Este aspecto ha sido recalcado por Allan Brewer-Carias, *Derecho administrativo,* t. I, Bogotá-Caracas, Universidad Externado de Colombia-Universidad Central de Venezuela, 2005, pág. 185.

[4] Eduardo García de Enterría, *La lucha contra las inmunidades del poder,* Madrid, Cuadernos Civitas, 2004, pág. 14.

[5] *Instituciones de derecho administrativo,* Madrid, Civitas, 2007, págs. 37 y ss.

[6] Seguimos a Hauriou, que señala que si bien todo Estado de derecho desarrollado tiene derecho administrativo, no siempre tiene un régimen administrativo. Es decir, el régimen administrativo es una de las posibles formas en las cuales puede organizarse ese derecho administrativo. Se caracteriza, básicamente, por un conjunto de reglas especiales y autónomas, distintas del derecho civil y fundadas en privilegios y prerrogativas. Cfr.: Maurice Hauriou, *Précis de droit administratif et de droit public*, 12ª ed., Paris, Dalloz, 2002 (reproducción de la edición de 1933), págs. 1 y ss. La autonomía del régimen administrativo tiene un doble papel: en cuanto al régimen *sustantivo* y, también, en cuanto al régimen *adjetivo,* referido a reglas procesales y de competencia especiales para el control judicial. Incluso en Francia, sin embargo, tal autonomía no es absoluta. Cfr.: Charles Eisenmann, "Un dogme faux: l'autonomie du droit administratif", en *Perspectivas del derecho público en la segunda mitad del siglo* xx. *Homenaje al profesor Enrique Sayagués-Laso,* t. IV, Madrid, Instituto de Estudios de Administración Local, 1969, págs. 419 y ss. Aclaramos por último que los privilegios no solo le atribuyen poderes exorbitantes a la administración, sino que también le imponen limitaciones inexistentes en el derecho civil.

el derecho administrativo es un derecho especial y autónomo que a partir de privilegios y prerrogativas pone a la administración en una posición de supremacía frente a los ciudadanos, considerados en este plano "administrados". La formulación jurídica de esa superioridad fue una técnica que, como demostraron GARCÍA DE ENTERRÍA Y FERNÁNDEZ, tiene sus raíces en el absolutismo: la potestad de autotutela administrativa[7].

No exageramos al señalar que el centro de ese derecho administrativo estatista es la potestad de autotutela administrativa y su producto básico, el acto administrativo. No le faltó razón por ello a ALLAN R. BREWER-CARIAS cuando explicó que definir el derecho administrativo era, en buena parte, definir el acto administrativo[8].

Ahora bien, en este sistema el administrado no era un simple sujeto pasivo, pues en la relación de sujeción derivada de la potestad administrativa contaba con posiciones activas. A tal fin, el estudio se enfocaba en las llamadas "situaciones jurídico-subjetivas", fundadas en la dicotomía entre el derecho público subjetivo y el interés legítimo, personal y directo[9]. Mientras que la primera situación otorgaba una tutela reforzada, la segunda era más bien precaria. El origen de esa situación, como se sabe, deriva de la distinción italiana entre las normas de acción y las de relación, con el propósito de reconocer cierto grado de protección a los administrados situados en una especial situación de hecho frente a la actividad administrativa ilegal[10].

De todo ello resultó un sistema en el cual la condición de interesado valía principalmente para la legitimación activa, cumplido lo cual, el control de la administración discurría por cauces predominantemente objetivos. Además, la aplicación del principio de legalidad se enfocaba principalmente como un *principio de la administración* y por ello, con áreas inmunes —mayores o menores— en función de la necesaria protección del superior "interés público". A esto responde la tesis de los actos excluidos de control, como los actos políticos, de gobierno e incluso los discrecionales[11].

Cfr.: JEAN RIVERO, "¿Existe un criterio de derecho administrativo?", en *Páginas de derecho administrativo,* Bogotá, Temis, 2002, págs. 33 y ss. En todo ello nos ocupamos con extensión en JOSÉ IGNACIO HERNÁNDEZ G., *Introducción al concepto de derecho administrativo en Venezuela,* Caracas, Editorial Jurídica Venezolana, 2011, págs. 157 y ss.

[7] *Curso de derecho administrativo,* t. I, Madrid, Thomson Reuters-Civitas, 2013, págs. 535 y ss.

[8] *Tratado de derecho administrativo,* vol. III, Derecho Público Iberoamericano, Madrid, Thomson Reuters-Civitas, 2013, págs. 122 y ss.

[9] Esta explicación, de influencia italiana, es común en el derecho administrativo de la América española. Para el caso de Venezuela, entre otros muchos, véase a HENRIQUE IRIBARREN MONTEVERDE, *El principio del respeto a las situaciones jurídicas subjetivas en el derecho público Venezolano,* Caracas, Academia de Ciencias Políticas y Sociales, 2013, págs. 13 y ss.

[10] ENRICO GIUCCARDI, *La giustizia amministrativa,* Padova, Cedam, 1943, págs. 31 y ss.

[11] Que fue precisamente el tema central desarrollado por EDUARDO GARCÍA DE ENTERRÍA en *La lucha contra las inmunidades del poder, op. cit.*, págs. 15 y ss. La tesis de los "actos excluidos"

B) *El cambio de enfoque: la centralidad del ciudadano y sus derechos humanos*

Aun afirmando el principio de legalidad y el consecuente control judicial —predominantemente objetivo[12]— de la administración, dicha construcción teórica tiene lo que podríamos llamar un déficit democrático. La administración, unilateralmente, define el "interés público" mediante el ejercicio de la potestad, que le permite crear, extinguir y modificar situaciones jurídico-subjetivas, mediante el acto administrativo, que se presume válido y, como tal, debe ser cumplido, incluso coactivamente, por la administración[13]. El ciudadano no participa en ese proceso, salvo para ejercer su derecho a la defensa. Todo ello condiciona su papel a la sujeción propia del administrado. Aclaramos, nuevamente, que tal condición no solo le otorga situaciones pasivas sino también activas, pero siempre partiendo de la superioridad de la administración[14].

Ese derecho administrativo, centrado en la administración como poder del Estado, no era por ello esencialmente democrático. En realidad, ello es consecuencia de una circunstancia ya destacada: los orígenes no democráticos del derecho administrativo, especialmente en Francia, a consecuencia de lo que él llamo, felizmente, la disidencia revolucionaria[15].

---

no tuvo mayor relevancia en Venezuela, desde que la jurisprudencia se encargó de señalar, muy tempranamente, que incluso los actos discrecionales quedaban sujetos al principio de legalidad. Cfr.: ALLAN BREWER-CARIAS, *Las instituciones fundamentales del derecho administrativo y la jurisprudencia venezolana,* Caracas, Universidad Central de Venezuela, 1964, págs. 54 y ss.

[12] El carácter objetivo del proceso contencioso administrativo no depende de la limitación del proceso a la nulidad del acto, sino en la propia centralidad que ese acto ocupa. Incluso admitiéndose que el interesado puede solicitar, además de la nulidad, el restablecimiento de la situación jurídica infringida, el carácter objetivo se mantendrá en la medida en que el acto sea presupuesto procesal. En Venezuela, la influencia francesa determinó que, en efecto, el acto administrativo fuese el centro del proceso contencioso administrativo. Cfr.: DANIELA UROSA MAGGI, "Recursos contencioso-administrativos", en *El derecho administrativo venezolano en los umbrales del siglo* XXI, Caracas, Editorial Jurídica Venezolana-Universidad Monteávila, 2006, págs. 389 y ss.

[13] El principio de legalidad del acto administrativo y su carácter ejecutivo y ejecutorio es uno de los pilares tradicionales del derecho administrativo. Para el caso venezolano, entre otros, *vid.* JOSÉ ARAÚJO-JUÁREZ, *Derecho administrativo general. Acto y contrato administrativo,* Caracas, Paredes, 2011, págs. 79 y ss. Se explica allí: "entre las potestades de poder público que ostenta la administración pública y canaliza su ejercicio en los términos de la normativa en materia administrativa, cabe referir al principio de presunción de legitimidad".

[14] JESÚS CABALLERO, "La relación jurídica administrativa y las situaciones de los administrados", en *Revista de Derecho Administrativo*, núm. 6, Caracas, 1999, págs. 7 y ss. y HENRIQUE MEIER, "Aplicación de la teoría de la relación jurídica al estudio del derecho administrativo", *100 años de la enseñanza del derecho administrativo en Venezuela 1909-2009*, Caracas, Universidad Central de Venezuela, Centro de Estudios de Derecho Público de la Universidad Monteávila y Funeda, 2011, págs. 911 y ss.

[15] *Revolución francesa y administración contemporánea,* Madrid, Civitas, 1994, págs. 41 y ss.

Los cambios derivados de la segunda guerra mundial, con la internacionalización de los derechos humanos[16] modificará el panorama drásticamente. En cierto modo, este movimiento supuso una vuelta a la *fundamentación liberal* de la Revolución norteamericana, la francesa y la americana, entre los siglos XVIII y XIX, a saber, el reconocimiento de derechos naturales, inherentes al hombre, y cuya protección se necesitaba para combatir la arbitrariedad y despotismo. Es importante subrayar aquí cómo el artículo 3º de la Declaración de Virginia[17] expresamente reconoció la protección de esos derechos ante la mala administración (*mal administration*), concepto literalmente trasladado al artículo 191 de la Constitución de Venezuela, de 1811[18].

EDUARDO GARCÍA DE ENTERRÍA, en sus distintos trabajos sobre la Revolución francesa, subrayó este dato. El gobierno es, en cierta forma, un mal necesario, en tanto es una amenaza a los derechos inherentes al hombre y en especial, la libertad. De allí la insistencia en imponer el "reino de la ley", pero entendiendo a la ley como una ley de libertad, y a la libertad como un verdadero derecho subjetivo[19]. La idea básica está presente también en la fundamentación liberal de la Revolución de Norteamérica, mediante la idea del "gobierno de leyes, no de hombres", asumida igualmente en los primeros textos de derecho público venezolano del siglo XIX[20].

[16] PEDRO NIKKEN, *La protección internacional de los derechos humanos. Su desarrollo progresivo*, Madrid, Civitas, 1987, págs. 29 y ss.

[17] Dispone la sección 3: "That government is, or ought to be, instituted for the common benefit, protection, and security of the people, nation, or community; of all the various modes and forms of government, that is best which is capable of producing the greatest degree of happiness and safety and is most effectually secured against the danger of maladministration. And that, when any government shall be found inadequate or contrary to these purposes, a majority of the community has an indubitable, inalienable, and indefeasible right to reform, alter, or abolish it, in such manner as shall be judged most conducive to the public weal".

[18] "Los gobiernos se han constituido para la felicidad común, para la protección y seguridad de los pueblos que los componen y no para el beneficio, honor o privado interés de algún hombre, de alguna familia; o de alguna clase de hombres en particular, que solo son una parte de la comunidad. El mejor de todos los gobiernos será el que fuere más propio para producir la mayor suma de bien y de felicidad y estuviere más a cubierto del peligro de una mala administración [...]".

[19] *La lengua de los derechos. La formación del derecho público europeo tras la Revolución francesa,* Madrid, Civitas, 2001, págs. 49 y ss.

[20] La expresión fue empleada por JOHN ADAMS en el *Gazette* de Boston, bajo el seudónimo "Novanglus Papers" (núm. 7, de 1774). Al aludir al concepto de república, ADAMS acotó "they define a republic to be a government of laws, and not of men" (The works of John Adams, vol. IV, Boston, Charles Francis Adams, 1851, pág. 106). Aparece luego en el artículo XXX de la Sección de Declaración de Derechos de la Constitución de Massachusetts de 1780. En uno de los primeros textos de derecho público venezolano (FRANCISCO JAVIER YANES, *Manual político del venezolano,* Caracas, Academia Nacional de la Historia, 1950. Publicado originalmente en 1839), la frase se emplea para insistir en que toda la acción del gobierno debe orientarse por el sometimiento pleno a la ley, como mecanismo para proscribir la arbitrariedad.

La internacionalización de los derechos humanos estuvo acompañada también de la proliferación de la democracia en Europa, bajo la fórmula del Estado social y democrático de derecho, que puede encontrarse en la mayoría de las constituciones europeas de la segunda mitad del pasado siglo. De la conjunción de estos dos movimientos (internacionalización de los derechos humanos y de la democracia) derivó un importante cambio en el derecho administrativo, pues de un sistema centrado principalmente en el Estado se pasó a uno centrado en el ciudadano y los derechos humanos. Aun cuando ese cambio no fue absoluto ni uniforme en todos los sistemas, podemos encontrar un punto de conexión básico: la modificación de la teoría general de las situaciones subjetivas de los ciudadanos.

En efecto, correspondió a EDUARDO GARCÍA DE ENTERRÍA[21], en España, identificar ese cambio, al sostener que no puede haber contradicción entre el interés general y la libertad, pues tal interés general no es otra cosa que la suma de los derechos humanos del ciudadano.

Todo ciudadano, por serlo, es titular de derechos humanos frente a la administración, especialmente, en un sistema democrático. Y, casi sobra decirlo, los derechos humanos son derechos subjetivos. Por ello, de la concepción minusvalorada de administrado se pasó a la concepción reforzada de ciudadano. Según GARCÍA DE ENTERRÍA: "Ya hemos indicado que el administrado no es en el sistema jurídico actual un mero objeto del derecho administrativo, ni tampoco un término de referencia de simples posiciones pasivas (obediencia, deberes, obligaciones), que era como la teoría jurídica del absolutismo, poniendo siempre en primer término la eminencia del bien general sobre el bien particular o privado, consideraba su posición subjetiva ante el derecho público. Por el contrario, el administrado, sin perjuicio de resultar, en efecto, destinatario de situaciones jurídicas pasivas, es a la vez, como subrayó enérgicamente el pensamiento revolucionario, titular de situaciones jurídicas activas frente a la administración. Sin esta realidad, el derecho administrativo no existiría, pura y simplemente".

GARCÍA DE ENTERRÍA rescata, de esa manera, la relación entre el ciudadano y la libertad, en lo que toca a la administración: "Toda acción administrativa que fuerce a un ciudadano a soportar lo que la ley no autoriza o le impida hacer lo que la ley permite no solo es una acción ilegal, es una agresión a la libertad de dicho ciudadano. De este modo la oposición a un acto administrativo ilegal es, en último extremo, una defensa de la libertad de quien ha resultado injustamente afectado por dicho acto".

[21] La idea es previa la Constitución española de 1978. Cfr.: "Sobre los derechos públicos subjetivos", en *Revista Española de Derecho Administrativo*, núm. VI, Madrid, 1975, págs. 427-448.

Con la Constitución de 1978, García de Enterría reafirmará estas conclusiones[22]: "Toda la tradición era la de la superioridad de la administración por una razón posicional que derivaba en una suerte de superioridad cuantitativa, podemos decir: la administración sería el titular de un interés general, el ciudadano sería el titular de un interés particular. Lo general prima siempre sobre lo particular y lo particular cede siempre ante lo general. Pero antes que examinar la calidad de los intereses o la extensión general o particular del que el ciudadano intenta hacer valer habrá que examinar su posición jurídica como titular de derechos fundamentales, porque si resulta que es titular de derechos fundamentales, por más que con ellos se intenten hacer valer meros intereses particulares, la invocación ritual del interés general contrario no servirá absolutamente para nada, pues estos deberán ceder a la primacía de aquellos. Ha concluido, pues, la invocación ritual de los intereses generales como sinónimo de superiores [...]".

Esta nueva construcción permitió enfocar el derecho administrativo al respeto de los derechos humanos. La actividad administrativa, por ende, dejó de ser la acción orientada a la tutela concreta del "interés público" para pasar a concebirse como la acción orientada al servicio de los ciudadanos, es decir, orientada al servicio de los derechos humanos. Jaime Rodríguez-Arana Muñoz, recientemente, ha venido señalando que esa visión fuerza a un *nuevo* derecho administrativo, alejado de la visión unilateral del interés general y centrado en el servicio de los ciudadanos por medio de actuaciones democráticas[23].

C) *El carácter vicarial de la administración pública como manifestación básica de la centralidad del ciudadano. La buena administración y la gobernanza democrática*

De lo anterior surge el denominado *carácter vicarial* de la administración, cuya formulación teórica conecta directamente con la fundamentación liberal de las revoluciones de los siglos xviii y xix: la administración no fue instituida para servir al poder sino para servir a los ciudadanos. El planteamiento no se limita a recalcar el origen democrático del gobierno o su limitación en la ley, expresión de la voluntad general. El planteamiento, en realidad, va más allá, a fin de insistir en que el centro del derecho administrativo debe ser el servicio a los ciudadanos y a los derechos humanos. Por ello, toda la teoría montada sobre la base del privilegio y la prerrogativa pasa ahora por el tamiz de los derechos humanos.

[22] "Los ciudadanos y la administración: nuevas tendencias en derecho español", en *Revista Española de Derecho Administrativo,* núm. 59, Madrid, 1988, págs. 325 y ss.

[23] *Aproximación al derecho administrativo constitucional,* Caracas, Editorial Jurídica Venezolana, 2007, pág. 155. Del autor, véase también "Un nuevo derecho administrativo: el derecho del poder para la libertad", en *Revista de Derecho P*úblico, núm. 116, Caracas, 2008, págs. 7 y ss.

En España, esta visión fue plenamente asumida en el artículo 103.1 de la Constitución de 1978, norma que la Constitución venezolana asumió en el artículo 141. La administración *está al servicio de los ciudadanos,* lo cual pone al ciudadano —y sus derechos humanos— en el centro de todo el derecho administrativo.

Tal como ha puesto en evidencia CARLOS GARCÍA, al efectuar el estudio comparativo del artículo 103.1 de la Constitución de España y el artículo 141 de la de 1999, la propuesta que ante el pleno del Senado de las Cortes hizo LORENZO MARTÍN-RETORTILLO BAQUER bien resume los postulados que pueden derivarse del artículo 141[24]:

"[...] se propone una fórmula nueva, que dice así: «La administración, como organización de servicio a la comunidad y a los ciudadanos que la integran, lleva a ejecución la ley y presta y asegura los servicios públicos exigidos para el cumplimiento de los fines de esta Constitución que las leyes imponen bajo los principios de diligencia, acercamiento al administrado, imparcialidad, eficacia y sometimiento pleno a la ley y al Derecho».

"No entraré ahora en detalles sobre cuál es el alcance de cada uno de estos principios, pero sí diré que las notas más destacadas que caracterizan hoy día a la administración pública son el principio de legalidad rigurosamente entendido, el principio de la administración prestadora de servicios, el principio de sometimiento a la ley, pero también hay que considerar que la administración es un ente instrumental que está al servicio de la comunidad y de los ciudadanos, lo mismo que el planteamiento de sometimiento a la norma es llevar a ejecución la ley. Esta alusión a la diligencia, esta alusión a la imparcialidad, hacen que entendamos que la fórmula propuesta es una fórmula pensada, equilibrada, en la que nada sobra, pero que mantiene un cierto equilibrio con la idea esencial de que la administración pública es un ente al servicio de los ciudadanos".

La administración sirve a los ciudadanos con subordinación plena a la ley y al derecho, siempre con objetividad y como instrumento del gobierno. He aquí una sana regla constitucional que insiste en el carácter subordinado de la actuación de la administración, incluso, teleológicamente, lo cual proscribe la arbitrariedad en el actuar de la administración. Pues como resumió WADE, "el imperio de la ley es lo contrario al imperio de la arbitrariedad"[25].

Administración de carácter instrumental, fiduciaria o "típicamente servicial", como concluye SEBASTIÁN MARTÍN-RETORTILLO BAQUER[26]. Todo lo cual

[24] Cfr.: CARLOS GARCÍA SOTO, "El carácter servicial de la administración pública: el artículo 141 de la constitución", 2009, consultado en original. La cita de la intervención de MARTÍN-RETORTILLO BAQUER se ha tomado de *Cortes. Diario del Senado,* núm. 50, 1978, pág. 2352. Tomado de: *http://www.senado.es/legis0/publicaciones/pdf/S_1978_050.PDF* [consulta: 20.10.09].

[25] HENRY WILLIAM RAWSON WADE, "Derecho administrativo", en *Estudios de administración,* Madrid, Instituto de Estudios Políticos, 1971, pág. 11.

[26] *Instituciones de derecho administrativo, op. cit.,* págs. 88 y ss.

tiene, según este autor, consecuencias prácticas evidentes: "Idea de servicio que, sobre todo, configura una administración de marcado sentido instrumental para la consecución de unos fines constitucionalmente establecidos. Servicio que, además, debe ser objetivo, *a pesar* [*de*] *que la administración se encuentra dirigida por el gobierno,* como proclama el artículo 97 de la Constitución de 1978". Afirma el autor[27], sobre la base de esta aparente antinomia (¿cómo puede ser *objetiva* la administración que es *dirigida* por el gobierno *político*?): "La administración, que es dirigida por el gobierno, limita, sin embargo, debe limitar, su actuación, no al servicio de los fines políticos en sentido genérico, sino a servir con objetividad los intereses generales. Es lo que se ha calificado como la gran paradoja del sistema administrativo".

Hay, tras el artículo 103.1 citado, todo el bagaje relacionado con la relación entre *administración e interés general,* como pone en relieve ALEJANDRO NIETO[28], ha estado siempre presente en el derecho administrativo. Pero, más allá de este dato obvio, lo cierto es que la norma se esfuerza por asumir una visión servicial de administración como institución, oponiéndose así a la "apropiación del poder por parte de los burócratas", tal como el servicio de la administración al gobierno.

Una concreta manifestación de esta visión vicarial de administración, en Europa, es el progresivo surgimiento del derecho a la buena administración, así reconocido en el artículo 41 de la Carta de los Derechos Fundamentales de la Unión Europea. El origen de ese derecho lo encontramos en la jurisprudencia de la Unión Europea, que insistió en proscribir la "*mala administración*"[29], que como vimos, es un principio reconocido en la Revolución americana y en la primera Constitución escrita de la América española, la Constitución venezolana de 1811.

Posteriormente, el concepto ha evolucionado hasta convertirse en un derecho de contenido propio. Así, de acuerdo con el concepto de buena adminis-

[27] *Administración y Constitución,* Madrid, Instituto de Estudios de Administración Local, 1981, pág. 16.

[28] "La administración sirve con objetividad los intereses generales", en *Estudios sobre la Constitución española. Homenaje al Profesor Eduardo García de Enterría,* t. III, Madrid, Civitas, 1991, págs. 2185 y ss.

[29] El principio de buena Administración se ha aplicado *en* la administración de la Unión Europea, dejando su impronta también *sobre* las administraciones de los Estados miembros. Así lo acreditan, v. gr., el *Código Europeo de Buena Conducta Administrativa* y el Libro Blanco sobre la Reforma de la Comisión, de 2000. El principio surge en la propia jurisprudencia del entonces Tribunal de Justicia de las Comunidades Europeas (sent. de 8 de noviembre de 1983, caso NV IAZ International Belgium y otros contra Comisión de las Comunidades Europeas, asuntos acumulados 96-102, 104, 105, 108 y 110-82). Su recepción actual deriva del artículo 41 de la Carta de los Derechos Fundamentales de la Unión Europea. Véase en general a ELISABETTA LANZA, "The right to good administration in the European Union: roots, rations and enforcement in antitrust case-law", en *Teoria del Diritto e dello Stato 1-2-3*, Roma, Aracne, 2008, págs. 479 y ss.

tración, no es suficiente que esta cumpla con lo establecido en la ley: además, debe exigirse que adopte decisiones de calidad, todo lo cual supone ponderar todos los intereses en juego. Por ello, la actividad administrativa debe ser el resultado de la participación abierta y democrática de los ciudadanos, conforme al valor superior del pluralismo político[30].

Además, se ha sostenido que la promoción del desarrollo económico y social orientando a expandir las oportunidades de los ciudadanos presupone una administración, pero no *cualquier* administración: se precisa la buena administración, que como resume Rodríguez-Arana Muñoz, se oriente a la mejora continua de las condiciones de vida de los ciudadanos; en tal sentido, se vincula también con el buen gobierno[31].

De allí la conexión entre la buena administración y la buena gobernanza o gobernanza democrática. El Comité de Expertos en Administración Pública de la Organización de Naciones Unidas ha señalado que la gobernanza es el "proceso por el cual una sociedad se dirige, gobierna y gestiona a sí misma, es decir, en esencia, el proceso por el cual el gobierno, las empresas privadas, las organizaciones de la sociedad civil y los ciudadanos interactúan para definir, acordar y decidir sus objetivos comunes y las formas de organización, el tipo de recursos y el conjunto de actividades que resulten necesarios y adecuados para lograr satisfactoriamente los objetivos trazados"[32].

La gobernanza realza el carácter vicarial de administración pública, pues ella fomenta la participación ciudadana en la adopción de decisiones que respondan al consenso y no a la imposición autoritaria de la voluntad de la administración. Esta expresión, de nuevo cuño, resume en realidad —Sosa Wagner— una vieja aspiración: que la administración desarrolle procedimientos para garantizar la participación, la responsabilidad y la eficacia[33].

[30] Véase en general, Beatriz Tomás Mallén, *El derecho fundamental a la buena administración*, Madrid, INAP, 2005, y Joaquín Tornos Más, "El principio de buena administración o el intento de dotar de alma a la administración pública", en *Derechos fundamentales y otros estudios en homenaje al prof. Lorenzo Martín-Retortillo,* vol. i, *op. cit.*, págs. 629 y ss. Hay cierta discusión sobre si la buena administración es un derecho o un principio. Cfr.: Juan Antonio Carrillo Donaire, "Buena administración ¿un principio, un mandato o un derecho subjetivo?", en *Los principios jurídicos del derecho administrativo,* Madrid, La Ley, 2010, pág. 1137 y ss.

[31] Jaime Rodríguez-Arana Muñoz, "El derecho fundamental al buen gobierno y a la buena administración de instituciones públicas", en *Revista de Derecho Público,* núm. 113, Caracas, 2008, págs. 31 y ss. Del autor, también, *El ciudadano y el poder público. El principio y el derecho al buen gobierno y a la buena administración,* Madrid, Reus, 2012, págs. 112 y ss.

[32] *Gobernanza pública para obtener resultados: marco conceptual y operacional,* Nota de la Secretaría, Comité de Expertos en Administración Pública, Décimo período de sesiones, Nueva York, 4 a 8 de abril de 2011, párr. 9.

[33] Francisco Sosa Wagner, "Gobernanza, ¿trampa o adivinanza?", en *Derechos fundamentales y otros estudios en homenaje al prof. Lorenzo Martín-Retortillo,* vol. i, Zaragoza, Universidad de Zaragoza, 2008, págs. 643 y ss.

Este postulado de la buena administración, mediante la formulación de *principios generales* orientados a promover la gobernanza democrática, ha estado presente en el derecho administrativo global. Una de las más recientes manifestaciones la encontramos en los distintos documentos preparados por el Centro Latinoamericano de administración y Desarrollo (CLAD) sobre la idea de democratizar la actuación de la administración para promover un servicio efectivo a los derechos humanos[34].

Uno de los recientes instrumentos que resume esta visión de la administración es la Carta Iberoamericana de los Derechos y Deberes del Ciudadano en Relación con la Administración Pública, de 2013. El primer párrafo del preámbulo condensa, adecuadamente, la visión de la Carta: "El estado social y democrático de derecho otorga una posición jurídica a la persona, un estatus de ciudadano en sus relaciones con la administración pública. En efecto, ahora los ciudadanos ya no son sujetos inertes, simples receptores de bienes y servicios públicos; son protagonistas principales de los asuntos de interés general y disponen de una serie de derechos, siendo el fundamental el derecho a una buena administración pública, a una administración pública que promueva la dignidad humana y el respeto a la pluralidad cultural. En efecto, la administración pública, en sus diferentes dimensiones territoriales y funcionales, está al servicio de la persona atendiendo las necesidades públicas en forma continua y permanente con calidad y calidez".

La relación jurídico-administrativa no queda caracterizada ya por las "situaciones subjetivas" activas y pasivas de los administrados, frente a los privilegios y prerrogativas de la administración. Ahora, los ciudadanos ocupan el lugar central del derecho administrativo, pues su situación jurídica parte del reconocimiento de derechos humanos, incluso el derecho a la buena administración[35].

Esta idea, que la Carta resume a partir del acervo iberoamericano del derecho administrativo[36], se ve plasmada en un conjunto de principios y derechos que pivotan sobre el concepto de buena administración. El punto 25 de la Carta

[34] Antes nos hemos pronunciado sobre el papel del CLAD en estas reformas, en José Ignacio Hernández G., *Administración pública, desarrollo y libertad en Venezuela*, Caracas, Funeda, 2012, págs. 117 y ss.

[35] Sobresale la fundamentación liberal de la Carta, que conecta con los fundamentos de las revoluciones liberales de los siglos xviii y xix. Así, se afirma que "desde la centralidad del ser humano, principio y fin del Estado, el interés general debe estar administrado de tal forma que en su ejercicio las diferentes administraciones públicas hagan posible el libre y solidario desarrollo de cada persona en sociedad. Es decir, hace a la condición de la persona, es inherente al ser humano, que el gobierno y la administración del interés general se realice en forma que sobresalga la dignidad y todos los derechos fundamentales del ciudadano".

[36] Ciertamente la Carta no es un instrumento jurídicamente mandatorio. Pero su valor no es, por lo anterior, irrelevante. Por el contrario, el gran mérito de la Carta es que, insertándose plenamente en el derecho administrativo global, promueve una visión común del derecho administrativo en Iberoamérica. Esto se afirma, de una u otra manera, a lo largo de su preámbulo.

señala, al respecto, lo siguiente: "Los ciudadanos son titulares del derecho fundamental a la buena administración pública, que consiste en que los asuntos de naturaleza pública sean tratados con equidad, justicia, objetividad, imparcialidad, siendo resueltos en plazo razonable al servicio de la dignidad humana".

He aquí el cambio que décadas atrás señaló Eduardo García de Enterría. El derecho administrativo no debe encargarse solo de garantizar una legalidad objetiva, pues también debe atender a la tutela de los derechos subjetivos del ciudadano. Derechos que, en el panorama actual del derecho administrativo, se realzan en los derechos humanos y en la democracia, entendida como un sistema garantista de tales derechos[37].

Esta visión es, además, la que se ha venido sosteniendo desde el llamado derecho administrativo global. Recientemente Sabino Cassese ha señalado que el derecho administrativo global es, para el derecho administrativo, una de las grandes transformaciones y temas de estudio en la actualidad[38].El derecho administrativo global no solo estudia la actuación de las llamadas administraciones globales, sino que además analiza la influencia de ese *ordenamiento global* en el derecho administrativo local, influencia que se traduce en nuevas y refinadas técnicas de control sobre las administraciones nacionales, promoviendo así la gobernanza democrática[39].

Por ello al derecho administrativo global no le resulta importante definir la administración partiendo de "privilegios y prerrogativas". El enfoque es, en realidad, el contrario: cómo promover una actividad administrativa consistente con los derechos humanos. Esto ha derivado en la formulación de principios que, a partir de la idea de gobernanza democrática, postulan cambios importantes en el derecho administrativo nacional. En definitiva, el derecho administrativo global promueve un control más racional de la administración, enfocado en la necesidad de compatibilizar su actuación con la gobernanza democrática[40].

[37] Sobre la relación entre democracia, derechos humanos y derecho administrativo, puede verse el reciente trabajo de Allan Brewer-Carias, "Derecho administrativo y derecho a la democracia", 2008, consultado en original.

[38] Sabino Cassese, "What is global administrative and why study it?", en *RSCAS Policy Papers. Global administrative law: an Italian perspective,* Robert Schuman Centre for Advanced Studies, 2012, págs. 1 y ss.

[39] Sobre la incidencia del derecho administrativo global sobre la administración local, *vid.* Rudolf Dolzer, "The impact of international investment treaties on domestic administrative law", en *Journal of International Law and Politics,* vol. 37, núm. 4, Nueva York, 2006, págs. 953 y ss. Véase también Santiago Muñoz Rodríguez-Arana, "El derecho administrativo global: un derecho principal", en *Revista de Derecho Público*, núm. 120, Caracas, 2009, págs. 7 y ss.

[40] José Ignacio Hernández G., "El concepto de administración pública desde la buena gobernanza y el derecho administrativo global. Su impacto en los sistemas de derecho administrativo de la América española", en *Anuario de la Facultad de Derecho de la Universidad de La Coruña,* núm. 16, La Coruña, 2012, págs. 197 y ss.

3. Manifestaciones concretas de la centralidad del ciudadano en el derecho administrativo

Hemos apreciado, en sus trazos generales, el cambio de paradigma que supuso centrar el derecho administrativo en los ciudadanos y sus derechos humanos. Ahora corresponde llevar esas consideraciones generales a algunas de las aplicaciones prácticas que este nuevo paradigma presenta. Para ello, trataremos de partir de las principales ideas formuladas por Eduardo García de Enterría, con referencias al tratamiento que, a estos temas, contiene la Carta Iberoamericana de los Derechos y Deberes del Ciudadano en Relación con la Administración Pública.

A) *La centralidad del ciudadano y la interdicción de la arbitrariedad*

Al margen de cuál sea el modelo adoptado por el Estado para organizar su derecho administrativo, y dentro de las diferencias y matices que pueden encontrarse, podemos situar al menos un punto común en todos los sistemas de derecho administrativo: la interdicción a la arbitrariedad de la administración. Una idea cuyos orígenes, como antes veíamos, se conectan con las revoluciones liberales de los siglos XVII y XIX, una de cuyas máximas preocupaciones fue, precisamente, salvaguardar la libertad frente al ejercicio del poder abusivo, déspota o arbitrario.

La arbitrariedad no debe entenderse desde un sentido puramente objetivo, es decir, como la actividad o inactividad contraria a derecho. En realidad, la arbitrariedad solo puede definirse a partir de la libertad. Es arbitrario, así, todo acto que al margen de la ley viole la libertad. O en palabras de García de Enterría, el poder público ejercido "por la sola voluntad del agente o por su capricho", obviando "los valores superiores del ordenamiento jurídico", y entre ellos, la libertad[41].

La interdicción a la arbitrariedad es, por lo anterior, componente básico del derecho a la buena administración. A partir de la Declaración de Virginia se ha entendido que el ciudadano tiene un conjunto de derechos que lo protegen de la *mala administración* y por ende, de la administración arbitraria. Con esta perspectiva, la buena administración es la antítesis de la administración arbitraria, que es la *mala administración.* Por ello, en el punto 18 de la citada Carta se proclama que la administración pública debe "abstenerse de toda actuación arbitraria o que ocasione trato preferente por cualquier motivo".

De tal manera, desde la centralidad del ciudadano, la interdicción de la arbitrariedad pasa a ser el gran tema del derecho administrativo, cuyo propósito

[41] Eduardo García de Enterría, "¿Es inconveniente o inútil la proclamación de la interdicción de la arbitrariedad como principio constitucional?: una nota", en *Revista de Administración Pública,* núm. 124, Caracas, 1991, págs. 211 y ss.

básico es, de esa manera, la defensa de la libertad, entendida aquí como concreto y específico derecho público subjetivo[42].

B) *La centralidad del ciudadano y la integralidad patrimonial de la administración pública*

Otro ámbito en el cual ha cobrado fuerza la centralidad del ciudadano para el derecho administrativo es la construcción de la teoría general de la responsabilidad patrimonial de la administración pública. Eduardo García de Enterría propuso, en su momento, que toda esa teoría debería girar en torno al ciudadano, aquí considerado víctima, y en su derecho a ser indemnizado por toda lesión que no estuviera en el deber jurídico de soportar. Una propuesta que, como el propio García de Enterría reconoció, derivó en confusiones al considerarse que proponía un sistema objetivo de responsabilidad patrimonial, en el sentido de una responsabilidad en ausencia de culpa imputable a la administración[43].

Lo que quiere rescatarse de lo anterior es el principio afirmado por García de Enterría de acuerdo con el cual el sistema de responsabilidad patrimonial debe recaer en el concepto de lesión patrimonial, como todo daño que el ciudadano no está en el deber de tolerar y que constituye una privación singular a su propiedad[44]. Una conclusión tras la cual decanta la protección del derecho de propiedad privada y, por vía de consecuencia, la protección de la libertad general del ciudadano[45].

De allí que uno de los subderechos amparados en el derecho a la buena administración es, precisamente, el de la indemnización integral, como se reconoce en el punto 46 de la ya citada Carta. Esto ha permitido extender el concepto de expropiación, para aplicarlo incluso a las privaciones singulares de la propiedad derivadas de la actividad administrativa, y que no se exteriorizan formalmente mediante un acto expropiatorio[46].

[42] En su trabajo, ya citado, *La lucha contra las inmunidades del poder* (pág. 17), García de Enterría insiste en esta cardinal idea, que hoy tiene pleno valor.

[43] Véase el planteamiento original en Eduardo García de Enterría, *Los principios de la nueva Ley de Expropiación Forzosa,* Madrid, Civitas, 2006, págs. 147 y ss. En cuanto a la aclaratoria de su tesis original, véase el prólogo de García de Enterría al trabajo de Oriol Mir Puigpelat, *La responsabilidad patrimonial de la administración. Hacia un nuevo sistema,* Madrid, Civitas, 2002, págs. 19 y ss.

[44] *Los principios de la nueva Ley de Expropiación Forzosa, op.cit.*, pág. 165.

[45] Richard Pipes, *Propiedad y libertad,* Madrid, Fondo de Cultura Económica, 1999, pág. 14 y ss.

[46] Nos referimos a las medidas de efecto equivalente a la expropiación, expropiación indirecta o expropiación regulatoria. La figura es de amplio tratamiento en el derecho administrativo de Estados Unidos (Richard Epstein, *Takings. Private property and the power of Eminent Domain,* Harvard, Harvard College, 1994, págs. 35 y ss). En el derecho administrativo global, la figura es igualmente analizada, especialmente en el marco de las inversiones internacionales. Cfr.: Rudolf Dolzer, y Christoph Schreuer, *Principles of international investment law,* Oxford, Oxford University Press, 2008, págs. 89 y ss.

C) *La centralidad del ciudadano y el procedimiento administrativo*

Sabido es que en sus orígenes, el procedimiento administrativo fue analizado como suerte de apéndice del acto administrativo, para reforzar la idea francesa de acuerdo con la cual el control de legalidad se extendía incluso a los elementos formales del acto administrativo. Progresivamente esta visión se ha abandonado. En un primer cambio se otorgó al procedimiento administrativo sustantividad propia, en tanto cauce de garantía del derecho a la defensa. Más recientemente, el procedimiento administrativo ha sido redimensionado, para considerarlo un instrumento de canalización de la participación ciudadana[47].

Precisamente con esta última perspectiva la relación entre buena Administración y procedimiento se potencia. Como observa Ponce Solé, el procedimiento previo le permite a la administración conciliar todos los intereses en juego, a fin de adoptar decisiones de calidad, postulado básico de la buena administración[48].

La Carta, en tal sentido, reconoce que en el derecho administrativo iberoamericano pueden encontrarse "referencias expresas" a los deberes derivados de la buena administración, "aplicados a la relación con la administración pública en el marco del procedimiento administrativo"[49]. Aquí el procedimiento administrativo no es solo cauce formal del principio de legalidad y garantía del derecho a la defensa. Es además un instrumento al servicio de la buena administración.

D) *La centralidad del ciudadano y la motivación*

Una de las conquistas ya tradicionales del Derecho administrativo es la motivación del acto administrativo, cuya comprensión actual parte de reconocer su carácter instrumental respecto del control de la Administración, en especial en cuanto a la potestad discrecional. A ello se refirió Eduardo García de Enterría al señalar, como técnica de control de la discrecionalidad, el control de los hechos determinantes del acto, todo lo cual supone el control de la exteriorización de esos fundamentos, esto es, de la motivación del acto[50].

[47] Eduardo García de Enterría y Tomás-Ramón Fernández, *Curso de derecho administrativo*, t. II, Madrid, Civitas, 2013, págs. 458 y ss. En general, *vid.* Javier Barnes, "Reforma e innovación del procedimiento administrativo", en *La transformación del procedimiento administrativo,* Sevilla, Global Law Press, 2008, págs. 15 y ss. Hemos adoptado esta posición en José Ignacio Hernández G., *Lecciones de procedimiento administrativo,* Caracas, Funeda, 2011, págs. 27 y ss.

[48] Juli Ponce Solé, *Deber de buena administración y derecho al procedimiento administrativo,* Madrid, Lex Nova, 2001, págs. 214 y ss.

[49] En el punto 24 de la Carta se menciona que "las actuaciones administrativas se realizarán de acuerdo con las normas de procedimiento y competencia establecidas en los ordenamientos superiores de cada uno de los países miembros, con plena garantía de los derechos de representación, defensa y contradicción".

[50] García de Enterría, *La lucha contra las inmunidades del poder, op. cit.*, págs. 36 y ss.

Esta visión, plenamente válida, se ha a redimensionado al observarse que la motivación no es solo un instrumento para el control de la administración, sino un fin en sí mismo, en tanto la motivación promueve la gobernabilidad democrática en el marco de la rendición de cuentas o, como se le denomina en el derecho estadounidense, *accountability*. En palabras de JERRY MASHAW:

"[...] la visión que entiende a la motivación de las instituciones públicas como un derecho humano en una democracia, y como una parte del proyecto dinámico de desarrollo de la gobernanza democrática, sugiere que la administración motivada debe ser entendida como un objetivo y como un derecho"[51].

La visión de la motivación como derecho, en el marco de la buena administración, se reconoce en el punto 26 de la Carta: "Derecho a la motivación de las actuaciones administrativas: todas las actuaciones de la administración pública deberán estar amparadas en razonamientos inteligibles para todo ciudadano acreditándose la objetividad que preside su entero y completo quehacer".

La buena administración debe ser una administración motivada, pues en tanto Administración vicarial, ella obra con subordinación plena a la ley y al derecho, esto es, obra bajo la ley como regla de la "razón común". A su vez, la administración motivada es una exigencia del sistema democrático, en tanto la administración está llamada a procurar el consenso con los ciudadanos, para lo cual es indispensable expresar, objetiva y racionalmente, cuáles son los motivos de sus decisiones.

E) *La centralidad del ciudadano y la actividad prestacional de la administración*

Una de las manifestaciones concretas de la cláusula del Estado social y democrático de derecho sobre la administración ha sido la configuración de una *actividad prestacional* de la administración. Este concepto se benefició de los estudios realizados en su momento por FORSTHOFF[52], en los cuales, sin embargo, el talente democrático del derecho administrativo no estaba especialmente presente, al ponerse el acento en el deber de la administración de atender a la llamada procura existencial. Por ello preferimos la acotación formulada por

[51] "Reasoned administration: the European Union, the United States, and the Project of Democratic Governance", inicialmente publicado en *The George Washington Law Review*, vol. 76, 2007, pág. 99, y luego en *Faculty Scholarship Series*, de la Universidad de Yale, como *Paper 1179*, disponible en *http://digitalcommons.law.yale.edu/fss_papers/1179?utm_source=digitalcommons.law.yale.edu%2Ffss_papers%2F1179&utm_medium=PDF&utm_campaign=PDFCoverPages* [Consulta: 8.05.14].

[52] ERNST FORSTHOFF, *Sociedad industrial y administración pública,* Madrid, Estudios Administrativos, 1967, págs. 89 y ss.

WOLF: esa actividad prestacional debe respetar los principios de subsidiariedad y menor intervención[53].

Especialmente tras la segunda guerra mundial, como observó MANUEL GARCÍA PELAYO, esta actividad administrativa prestacional se amoldó, con no pocas contradicciones, a los cauces del Estado democrático de derecho[54]. Empero, por influjo de la doctrina francesa, pervivió una visión estatista al pretender englobar esa actividad en la conocida tesis del servicio público, que como observó agudamente DELVOLVÈ, terminó siendo un riesgo a la libertad[55].

Frente al concepto de servicio público, de gran arraigo en especial en Iberoamérica, la doctrina alemana propone prestar más atención a la actividad prestacional de la administración y a los correlativos derechos de los ciudadanos a acceder a tales prestaciones, incluso, demandando a la administración pública en los tribunales en caso de inactividad prestacional[56].

Un aspecto que siempre llama la atención a los estudiantes de derecho administrativo en Latinoamérica es la ausencia de un tema específico del servicio público como actividad administrativa en el *Curso* de GARCÍA DE ENTERRÍA y FERNÁNDEZ. La construcción dogmática que al respecto hacen los autores nos parece la más acertada: antes que insistir en una —casi imposible teoría— del servicio público, resulta más relevante replantear este tema partiendo de los derechos de los ciudadanos y su protección judicial[57].

Por ello es un equívoco suponer que la centralidad del ciudadano se opone a la actividad administrativa prestacional, considerando que esa centralidad debe entenderse únicamente en función de derechos de libertad. Esa visión reduciría el derecho administrativo, simplemente, al control de la libertad frente a la potestad administrativa, lo que no resulta posible ni justificado actualmente. GARCÍA DE ENTERRÍA y FERNÁNDEZ lo resumen muy bien: ya no basta con articular técnicas de control de la potestad en defensa de la libertad, pues es necesario, además, garantizar el adecuado ejercicio de la actividad prestacional de la administración[58].

[53] HANS-JULIUS WOLFF, "Fundamentos del derecho administrativo de prestaciones", en *Perspectivas del derecho público en la segunda mitad del siglo XX. Homenaje al profesor Enrique Sayagués-Laso,* t. V, Madrid, Instituto de Estudios de Administración Local, 1969, págs. 356 y ss.

[54] MANUEL GARCÍA-PELAYO, "Las transformaciones del Estado contemporáneo", en *Obras completas,* t. II, Madrid, Centro de Estudios Políticos y Constitucionales, 1991, págs. 1621 y ss.

[55] PIERRE DELVOLVÈ, "Services publics et libertés publiques", en *Revue Française de Droit Administratif,* núm. 4, Paris, 1985, págs. 1 y ss.

[56] HANS-JULIUS WOLFF, OTTO BACHOF y ROLF STOBER, *Direito administrativo,* vol. I, Porto, Fundaçao Calouste Gulbenkian, 2006, págs. 37 y ss.

[57] En el *Curso de derecho administrativo,* t. II, *op. cit.*, no hay propiamente un capítulo dedicado al estudio del servicio público. El tema se aborda en el capítulo XVI, en el "Derecho de los administrados a obtener prestaciones de los servicios públicos" (págs. 69 y ss.).

[58] *Curso de derecho administrativo,* t. II, *op. cit.*, págs. 70 y ss.

De allí que la buena administración se relaciona con esta actividad prestacional. La Carta, en sus consideraciones preliminares, subraya la impronta que en este sentido tiene la cláusula del Estado social, postulando en el punto 3, con evidente influjo de la Constitución española, el "principio promocional", el cual: "[...] se dirige a la creación de las condiciones necesarias para que la libertad y la igualdad de los ciudadanos iberoamericanos y de los grupos en que se integran sean reales y efectivas, removiendo los obstáculos que impidan su cumplimiento y fomentando la participación ciudadana a fin de que los ciudadanos contribuyan activamente a definir el interés general en un marco de potenciación de la dignidad humana".

La buena administración cumple aquí un papel fundamental, pues es un freno a los excesos de tal actividad prestacional, que en ausencia de efectivos controles, derivará inevitablemente en la patológica manifestación del Estado paternalista. De allí que el fin último de esa actividad prestacional, como apunta la Carta, debe ser la promoción de condiciones efectivas de libertad.

El Programa de Naciones Unidas para el Desarrollo (PNUD) ha venido insistiendo en esta idea, al postular que el desarrollo debe fundarse en el ciudadano. Es decir, la actividad prestacional de la administración debe tener como objetivo final promover la libertad y la iniciativa ciudadanas[59].

Por ello, la centralidad del ciudadano, respecto a la actividad prestacional de la administración, impone al menos dos exigencias básicas. Primero, garantizar, incluso mediante la protección judicial, el derecho de los ciudadanos a acceder a esas prestaciones. Lo segundo, garantizar que la actividad prestacional no socave los principios de menor intervención y subsidiariedad, en tanto ello lesionará la libertad general del ciudadano y, con ello, su dignidad[60].

Finalmente, la actividad prestacional de la administración, desde la buena administración, debe basarse en cauces de participación ciudadana, abiertos y democráticos, que permitan identificar con precisión las áreas de atención de tal actividad, conforme a los principios de menor intervención y subsidiariedad, límites fundamentales a tal actividad, como la doctrina alemana ha insistido.

F) *La justicia administrativa y la buena administración*

Una de las áreas en las cuales se aprecia, con mayor fuerza, el cambio de concepción al cual hemos venido haciendo referencia es en la justicia ad-

[59] Véase el informe *People centred-deveolpment,* PNUD, 2011, pág. 2. Allí se sostiene que "en el PNUD creemos que el «desarrollo humano» trata del aumento de las opciones de las personas para que puedan llevar vidas valiosas. El crecimiento económico es importante, pero solo es un medio para ampliar estas opciones. Una parte fundamental de ello es fomentar la capacidad humana y aumentar la cantidad de logros que las personas pueden alcanzar a lo largo de sus vidas. Tenemos la firme convicción de que el bienestar y la calidad de vida de las personas es la medida más importante para determinar si el «desarrollo» ha tenido éxito".

[60] *Vid.* Jesús González Pérez, *Administración pública y libertad,* México D. F., Universidad Nacional Autónoma de México, 2006, págs. 15 y ss.

ministrativa. El concepto estatista de administración y la predominancia del acto administrativo promovieron una justicia administrativa objetiva. Quiere insistirse en que tal condición se afirma, principalmente, en el sentido de que el fin principal de la justicia era garantizar la legalidad objetiva del acto administrativo y no la defensa de los derechos de los ciudadanos.

No negamos los avances que tal sistema supuso para perfeccionar el principio de legalidad de la administración, en especial mediante el desarrollo de los "motivos de impugnación" del acto administrativo. No obstante, el sistema, así configurado, suponía una protección jurídica minusvalorada.

Al centrar el derecho administrativo en el ciudadano, el proceso contencioso-administrativo pasa a ser un cauce de tutela judicial efectiva de los derechos del ciudadano ante la administración. Tal cambio, paulatinamente formado en las últimas décadas del pasado siglo, permitió el surgimiento de lo que EDUARDO GARCÍA DE ENTERRÍA denominó una *nueva justicia administrativa.* Es decir, una justicia centrada en la defensa efectiva de los derechos del ciudadano frente a la administración, y por ello, una justicia esencialmente subjetiva, no limitada al acto administrativo. Tal cambio, principalmente, derivó como consecuencia del efecto expansivo del derecho a la tutela judicial efectiva[61]. Un cambio cuyo punto de arranque es, precisamente, la centralidad de los derechos humanos, o como lo denominó GARCÍA DE ENTERRÍA, "el destacamiento resuelto de los derechos fundamentales"[62].

Se trata, no creo que se exagere, de un cambio de paradigma[63]: "El contencioso-administrativo, de ser un medio de orden público de protección de la legalidad de la administración, ha pasado a ser en este fin de siglo, en varios países de la Unión Europea y aun, con todas las prevenciones que se quieran, incoactivamente al menos, en Francia misma, país que forjó brillantemente el modelo, un sistema de tutela o protección de derechos e intereses legítimos de los ciudadanos".

La buena administración presupone, ciertamente, el control judicial mediante órganos autónomos e independientes, como garantía del principio de legalidad. Pero ello no es suficiente. Además, la justicia administrativa debe ser un cauce efectivo de defensa de los derechos del ciudadano frente a la actividad e inactividad administrativa. Por un lado, cauce de garantía de la libertad, frente a las intervenciones arbitrarias de la administración. Por el otro, cauce de defensa de los derechos prestacionales de la administración, muy en especial, frente a la inactividad administrativa prestacional.

[61] EDUARDO GARCÍA DE ENTERRÍA, *Hacia una nueva justicia administrativa,* Madrid, Civitas, 1992, págs. 59 y ss.

[62] *Hacia una nueva justicia administrativa, op. cit.*, pág. 47.

[63] EDUARDO GARCÍA DE ENTERRÍA, *Problemas del derecho público a comienzos de siglo,* Madrid, Civitas, 2001, pág. 85. Con mayor detalle, *vid. Las transformaciones de la justicia administrativa: de excepción singular a la plenitud jurisdiccional. ¿un cambio de paradigma?,* Madrid, Civitas, 2007, págs. 125 y ss.

Aun cuando esta arista procesal no está presente plenamente en la Carta —su contenido es sustantivo—, el derecho a la tutela judicial efectiva de los ciudadanos frente a la administración es, sin duda, garantía de la buena administración[64]. Los derechos derivados de la buena administración, y que exigen que la actividad administrativa se oriente al servicio objetivo a los ciudadanos, de poco valdrían si no fueran derechos justiciables. En realidad, la buena administración es aquella sujeta al riguroso control judicial, en la medida en que ello favorece al buen ejercicio de la actividad administrativa.

4. Conclusiones

Situar al ciudadano en el centro del derecho administrativo es, así, la propuesta fundamental de Eduardo García de Enterría en la renovación del derecho administrativo. Una propuesta que va más allá de reformar algunos aspectos de lo que aquí hemos denominado *sistema estatista de derecho administrativo.* No basta, de esa manera, con reforzar las técnicas de control objetivo de la legalidad de la administración. Es necesario repensar el sistema para suponer que su centro es el ciudadano y los derechos humanos, entre ellos y de manera preferente, la libertad.

Un planteamiento que, como lo estudió Eduardo García de Enterría, recurrió a los orígenes del derecho administrativo, a fin de deslastrar al derecho administrativo de ciertas concepciones cuando menos inapropiadas. La legalización del poder, en las revoluciones de los siglos xvii y xix, supuso someter a la administración a la ley, como garantía de defensa del ciudadano y su libertad general. En algún momento, quizás como producto del legiscentrismo francés, esa idea se desvió, y la ley, de ser un instrumento de garantía del ciudadano, pasó a ser el centro mismo de todo el sistema, mediante la formación de una administración concebida en una posición de supremacía y "titular" de privilegios y prerrogativas.

Volver a los orígenes del derecho administrativo para renovar al derecho administrativo. Tal es la síntesis de la obra literaria de García de Enterría, lo que lo llevó a insistir, incluso en pleno siglo xxi, en uno de los aportes esenciales del constitucionalismo estadounidense: la Constitución, toda, es norma vinculante, y por ende, el centro del sistema de derecho administrativo debe ser el ciudadano y sus derechos fundamentales[65].

Dentro de esta renovación se inserta el derecho a la buena administración. De acuerdo con la Carta: "La buena administración pública es, pues,

[64] De acuerdo con su punto 54, "el derecho fundamental de la persona a la buena administración pública y sus derechos componentes tendrán la protección administrativa y jurisdiccional de los derechos humanos previstos en los diferentes ordenamientos jurídicos".

[65] Véase, por ejemplo, su ponencia contenida en *Problemas del Derecho Público al comienzo de siglo, op. cit.*, págs. 87 y ss.

una obligación inherente a los poderes públicos en cuya virtud el quehacer público debe promover los derechos fundamentales de las personas fomentando la dignidad humana de forma que las actuaciones administrativas armonicen criterios de objetividad, imparcialidad, justicia y equidad, y sean prestadas en plazo razonable".

Esto evidencia además la conexión entre buena administración y democracia, entendiendo por tal un sistema en el cual las decisiones se toman en el marco del Estado de derecho a partir de la participación ciudadana, expresión de su libertad. Frente a la visión que reduce la participación ciudadana al *elector* en la elección del representante —es decir, del gobierno que dirige a la administración—, la carta entiende que el ciudadano, en tanto centro del sistema, debe ser también actor fundamental en el control de la administración: "En la medida [en] que la ciudadanía ponga en valor su condición central en el sistema público, más fácil será que pueda exigir un funcionamiento de calidad de las administraciones públicas. Si el ciudadano reclama ordinariamente, y de forma extraordinaria cuando sea menester, los derechos que se derivan del fundamental a una buena administración pública, el hábito de la rendición de cuentas y de la motivación de todas las decisiones de los poderes del Estado será una realidad".

El punto 1 de la Carta, al explicar cuál es su finalidad, resume la idea central de la siguiente manera: "La Carta de los Derechos y Deberes del Ciudadano en relación con la administración pública tiene como finalidad el reconocimiento del derecho fundamental de la persona a la buena administración pública y de sus derechos y deberes componentes. Así, los ciudadanos iberoamericanos podrán asumir una mayor conciencia de su posición central en el sistema administrativo y, de esta forma, poder exigir de las autoridades, funcionarios, agentes, servidores y demás personas al servicio de la administración pública, actuaciones caracterizadas siempre por el servicio objetivo al interés general y consecuente promoción de la dignidad humana".

Lo anterior engrana con los fundamentos del derecho administrativo global. Aun cuando puede entenderse que el surgimiento de esa disciplina es consecuencia de la globalización económica[66], es también cierto que tras el surgimiento del derecho administrativo global subyace la globalización, mundialización o internacionalización de los derechos humanos[67]. El fundamento y justificación de esta realidad es bien conocido: si los derechos humanos son inherentes al ciudadano, no solo su reconocimiento no depende del ordenamiento interno,

[66] Entre otros, *vid*. Jean-Bernard Auby, "Globalización y descentralización", en *Revista de Administración Pública*, núm. 156, Madrid, 2001, págs. 7 y ss.

[67] Carlos Ayala Corao, *Del diálogo jurisprudencial al control de la convencionalidad*, Caracas, Editorial Jurídica Venezolana, 2012, págs. 199 y ss.

sino que además, deben existir instancias internacionales —o globales— que permitan el control de esos derechos frente al Estado[68].

La centralidad del ciudadano en el derecho administrativo se invoca, de esa manera, incluso frente al derecho administrativo nacional, como se supone a partir del derecho administrativo global. Una solución particularmente útil cuando el ordenamiento interno —e incluso constitucional— se erige en un sistema opresor de libertades, como es el caso, singular por lo demás, de Venezuela en la actualidad.

En su estado actual, el derecho administrativo venezolano tiene dos características que deben subrayarse: 1) se han dictado leyes de opresión, que atribuyen a la administración amplios e ilimitados poderes, y 2) la justicia administrativa y constitucional no solo ha avalado la constitucionalidad de esas leyes, sino que en ocasiones ha llegado a establecer principios restrictivos de los derechos humanos, todo lo cual, como podrá entreverse, demuestra un cuando menos deteriorado principio de separación de poderes. De lo cual resulta, paradójicamente, que la justicia administrativa puede confirmar la legalidad del acto administrativo impugnado, en la medida en que el origen del problema es la ley o la interpretación de la Constitución realizada por los jueces[69].

La reacción natural de lo anterior fue la búsqueda, por el ciudadano, de medios de protección internacional de sus derechos humanos. Lo hizo por dos mecanismos. Primero, mediante la protección internacional de inversiones, con el acceso a mecanismos de arbitraje internacional previstos en diversos tratados bilaterales de inversiones, que hasta entonces poco uso habían tenido. Lo segundo, por medio de la protección de sus derechos humanos ante el sistema interamericano de derechos humanos.

El sistema nacional de derecho administrativo actuó como cabía esperar: negándoles toda validez y relevancia a esos mecanismos internacionales. Así, el Estado venezolano denunció el Convenio sobre Arreglo de Diferencias Relativas a Inversiones entre Estados y Nacionales de Otros Estados, que organiza al Centro Internacional de Arreglo de Diferencias Relativas a Inversiones (CIADI), con el evidente propósito de reducir el grado de protección que ese convenio ofrece en el marco de los mecanismos de solución de controversias con inversionistas extranjeros, incluso el arbitraje.

Además, de manera especial en lo que respecta al sistema interamericano, la Sala Constitucional del Tribunal Supremo de Justicia adoptó la insólita

[68] Pedro Nikken, *La protección internacional de los derechos humanos. Su desarrollo progresivo, op. cit.*, págs. 261 y ss.

[69] Véase, en cuanto a la progresiva transformación del derecho administrativo venezolano positivo en un derecho opresor, entre otros, el trabajo ya citado de Brewer-Carias "Derecho administrativo y derecho a la democracia". En cuanto a las "interpretaciones" constitucionales que, en el fondo, son mutaciones, véase del autor "¿Reforma constitucional o mutación constitucional?: la experiencia venezolana", 2014, consultado en original.

decisión de considerar que las sentencias de la Corte Interamericana de Derechos Humanos no eran de directa aplicación en Venezuela, al exigirse una especie de control interno de parte de la propia Sala. Luego, el Gobierno adoptó la decisión —inconstitucional— de denunciar la Convención Interamericana de Derechos Humanos[70].

El panorama del derecho administrativo venezolano actual lo resume muy bien ALLAN BREWER-CARIAS[71]: "Por tanto, si no hay posibilidad real y efectiva, conforme a las garantías del debido proceso, de enjuiciar a la administración pública, de exigirles responsabilidad a los funcionarios, de anular los actos administrativos ilegales, abusivos o arbitrarios, simplemente el derecho administrativo se nos convierte en un elenco formal de normas relativas a la administración, pero que no protegen al ciudadano".

EDUARDO GARCÍA DE ENTERRÍA, a quien lo unía una gran amistad por BREWER-CARIAS, llegó incluso a pronunciarse sobre esta situación, al aludir al "régimen autoritario de concentración del poder, centralizado (desmontando el federalismo tradicional) y militarista autoritario"[72]. Hoy más que nunca es necesario insistir por ello en la idea cardinal que hemos resumido en este ensayo: la administración está al servicio objetivo de los ciudadanos, lo cual convierte al ciudadano y sus derechos en el centro del sistema de derecho administrativo.

La Unión (Venezuela), febrero-mayo, 2014

[70] CARLOS AYALA CORAO, *Del diálogo jurisprudencial al control de la convencionalidad, op. cit.*, págs. 252 y ss.

[71] ALLAN BREWER-CARIAS, *Tratado de derecho administrativo,* vol. I, Derecho Público en Iberoamérica, Madrid, Civitas Thomson-Reuters, 2013, pág. 1093.

[72] "Palabras en el acto de presentación del libro *La ciudad ordenada* de ALLAN R. BREWER-CARIAS en la Real Academia de Legislación y Jurisprudencia de Madrid, 11 de junio 2008", tomado de *http://www.allanbrewercarias.com/Content/449725d9-f1cb-474b-8ab2-41efb849fec2/Content/Palabras%20Acto%20de%20presentaci%C3%B3n%20libro%20La%20Ciudad%20Ordenada%20Madrid..pdf* [consulta 08.05.14].

NOTAS PARA UNA BIOGRAFÍA JURÍDICA DE GARCÍA DE ENTERRÍA

ALEJANDRO NIETO*

Sumario: 1. Propósito. 2. Una opción abandonada: el primer Enterría como jurista de Estado. 3. El derecho administrativo como limitación del poder. 4. El derecho como legitimación del poder. 5. Una opción rechazada: la eficacia de la administración pública. 6. El advenimiento del régimen constitucional. 7. El efecto de los derechos territoriales. 8. La irrupción del derecho europeo. 9. Casuística y principio de autoridad. 9. Después del gran silencio. 11. García de Enterría en la historia del pensamiento jurídico.

> "Principios tenidos por invulnerables, inspiraciones vigentes durante siglos, a lo mejor se esquilman, se marchitan, se hacen vacíos, se angostan, hasta tal punto que la realidad viviente los hace estallar y los destruye. Entonces hay que tener el valor de reconocerlo así" (MANUEL AZAÑA en las Cortes el día 13 de octubre de 1931).

1. PROPÓSITO

Para calar hasta el fondo el alcance y significado de la obra de GARCÍA DE ENTERRÍA no basta con leer alguna de las incontables ediciones de sus libros más difundidos (el *Curso de derecho administrativo* y el *Código de las leyes administrativas*), puesto que estos dan una imagen estática y plana del personaje a la manera de una foto fija, pasando con ello por alto la profundidad y el dinamismo de toda su vida, que es la que explica la importancia de su producción global. En estas *Notas* se intenta esbozar lo que más puede interesar a los juristas de su vida, que fue singularmente intensa en lo privado y en lo público, en lo académico y en lo forense, en honores y responsabilidades. Tarea importante porque únicamente a lo largo de una vida puede entenderse una obra. De la misma manera que únicamente mediante sus contextos (sociales y culturales) puede entenderse y enjuiciarse una vida. El autor de estas notas ha tenido el privilegio de haber disfrutado durante más de cincuenta años el trato —primero discipular y luego amistoso— con el protagonista; aunque advierte de antemano

* Profesor emérito de la Universidad Complutense de Madrid.

que va a limitarse a trazar el perfil jurídico de su biografía, a sabiendas de que con esta restricción va a silenciar aspectos, no menos significativos, de su larga vida; en la confianza, sin embargo, de que otros admiradores los recogerán algún día con mejor pluma y más reposo.

En las siguientes líneas se irá viendo cómo el Maestro fue hijo de un momento crucial de la historia de España —el tardofranquismo—, cuyo comportamiento contribuyó a enderezar en los caminos del derecho, cómo su obra inspiró las orientaciones de la llamada transición y cómo, en fin, su influencia se ha prolongado en la madurez del constitucionalismo democrático.

En estos años la comunidad académica le atribuyó por unanimidad la condición de *primus inter pares* respetando su jerarquía científica hasta el punto de considerarlo el Maestro por antonomasia (con mayúscula bien ganada), mientras que en la sociedad y en la política, y por descontado en el foro, su voz acostumbraba ser decisiva y en todo caso respetada. Gracias a sus escritos el derecho administrativo español fue recibido en Europa y América. Gracias a su proverbial generosidad apenas tuvo enemigos ni émulos, aunque no le faltaran envidiosos, y el mayor de sus aciertos fue crear una escuela de discípulos, de cuyo número y calidad no se conoce igual en España desde los tiempos clásicos de la Escuela de Salamanca, y de escoger colaboradores de excelencia con los que estableció una relación de simbiosis, tan cordial como eficaz, como es el caso —por citar el ejemplo más insigne— de FERNÁNDEZ RODRÍGUEZ para el *Curso* y de JOSÉ ANTONIO ESCALANTE para el *Código*.

Las peripecias de una vida tan larga y tan rica han sido numerosas y variadas. A continuación van a relatarse, concretamente, dos opciones vitales —una abandonada y otra rechazada— que determinaron su trayectoria posterior; y va a aludirse también a los ejes de su pensamiento: el derecho como legitimador y como limitador del poder, incluido aquí el Estado de derecho con todos sus trabantes y corolarios, que se integraron inmediatamente en la doctrina y en el ordenamiento jurídico de España, de tal manera que puede decirse casi sin exageración que el derecho público español de medio siglo ha sido tributario directo y reflejo de la obra de GARCÍA DE ENTERRÍA. Luego se irá examinando la adaptación de su *sistema* originario a los sucesivos acontecimientos de la emergencia de una Constitución democrática y de las autonomías territoriales y a la irrupción del derecho europeo y en qué medida todo esto influyó en la metodología del Maestro.

La palabra *sistema* ha sido deliberadamente subrayada para poner de relieve que su ingente obra constituye un auténtico sistema. GARCÍA DE ENTERRÍA ha sido, en efecto, lo que JEAN RIVERO denominaba un *faiseur de systèmes*: uno de esos juristas excepcionales, que aparecen de tarde en tarde en la historia, capaces de "elevarse de lo concreto a lo abstracto, pasar de lo múltiple a lo uno y de traducir la pluralidad de las soluciones ofrecidas por la ley y la jurisprudencia a fórmulas que quitaesencian los aspectos fundamentales".

Ahora bien, la atenta sensibilidad del Maestro no le ha permitido permanecer estancada en un mismo lugar y su pensamiento ha evolucionado sin pausa, de tal manera que pueden detectarse tres fases sucesivas de su doctrina, que en este ensayo se pretenden identificar y describir utilizando la terminología numeral usual en estos casos, como cuando se habla del "primer IHERING" o del "segundo IHERING".

2. UNA OPCIÓN ABANDONADA: EL PRIMER ENTERRÍA COMO JURISTA DE ESTADO

La vida humana fluye resolviendo alternativas que sucesivamente se van presentando y que en el caso de GARCÍA DE ENTERRÍA fueron diversas, según correspondía a un momento histórico de transición política y científica. La función del derecho es ambigua, de tal suerte que abre tantas posibilidades a sus servidores que los obliga a escoger una vía concreta que de ordinario termina contraponiendo, cuando no enfrentando, a unos con otros.

Inicialmente el destino de GARCÍA DE ENTERRÍA estuvo dominado por el signo de jurista de Estado, simbolizado por su condición de letrado del Consejo de Estado, que lo invitaba a empapar jurídicamente toda la actividad pública introduciendo el derecho en las decisiones políticas, de acuerdo con la tradición de los primeros administrativistas españoles (JAVIER DE BURGOS, ALEJANDRO OLIVÁN, SILVELA) que se cuidó de recuperar. Con esta orientación, plasmada en unos ensayos académicos de originalidad sorprendente, llegó a Valladolid, donde sedujo a sus primeros discípulos —PARADA, NIETO— casi nada interesados entonces por la universidad y muy poco por el derecho que en ella habían aprendido, pues vivían ilusionados por una renovación, que consideraban indispensable, de la administración y de los funcionarios, que ahora veían factible con la perspectiva que les abría su maestro potenciada, además, por una curiosidad histórica totalmente nueva en la bibliografía usual del derecho administrativo.

El jurista de Estado no es quien defiende procesalmente al Estado de las agresiones de los particulares, sino el que estudia las difusas relaciones entre Estado y derecho y se preocupa de encauzar la actividad de aquel en los caminos señalados por este con el objetivo final de asegurar la paz pública, la eficacia de la administración y el establecimiento de una seguridad jurídica, que es el presupuesto condicionante de la justicia. CASTILLO DE BOBADILLA siempre ha sido para los administrativistas españoles el modelo de los juristas de Estado, y así es como vieron a GARCÍA DE ENTERRÍA los primeros que a él se acercaron. Todos con la ilusión de poner en pie a una administración anticuada, somnolienta y en ocasiones dañina.

Esta opción profesional y vital se quebró pronto, sin embargo, cuando GARCÍA DE ENTERRÍA cambió radicalmente de orientación y, abandonando su condición de jurista de Estado, se inclinó por el oficio de abogado prefiriendo defender al ciudadano de las agresiones del Estado a defender a este de las picardías de aquellos. Un objetivo tan digno como el anterior, pero que desconcertaría inevitablemente a sus seguidores de primera hora, a los que temperamentalmente lo que más importaba era apoyar a un Estado deteriorado en sus fundamentos e impotente en su actuación. Abogados abundan siempre; tanto como escasean los juristas de Estado. Porque solidarizarse con los ciudadanos es fácil y rentable; mientras que identificarse con el Estado y atender honradamente los intereses generales es arduo y escasamente gratificante, haciendo buena aquí la expresión popular de "ni agradecidos ni pagados". En la tradición universitaria española ha sido habitual que los profesores complementen sus actividades académicas con el ejercicio de la profesión de abogado, pero tampoco se ha considerado raro que algunos pongan sus conocimientos al servicio de la Administración Pública y en el marco histórico del tardofranquismo el Estado precisaba buenos juristas para desarrollar sus tendencias renovadoras. Para esto estaba ciertamente el Consejo de Estado, pero la colaboración de profesores universitarios habría sido utilísima, como se comprobó con las actitudes iniciales de VILLAR PALASÍ, GARCÍA TREVIJANO, CARRO, GÓMEZ ACEBO, SERRANO GUIRAO, LÓPEZ RODÓ y algunos otros que tanto elevaron la calidad de las organizaciones públicas y de las actividades administrativas. Este giro profesional y vital de los servidores públicos más cualificados alentó en aquellos años la esperanza de que gracias a ellos la administración terminaría familiarizándose con el uso del derecho y abandonaría poco a poco sus abusos. Pero aquella esperanza se agostó pronto, como acaba de verse con el caso de GARCÍA DE ENTERRÍA, que además, sirvió de ejemplo para su generación y las posteriores. Lo que significaba que el mejor maestro abandonaba definitivamente la causa del Estado para pasarse al bando de los ciudadanos, fueran avasallados o abusadores.

Con este cambio de actitud comenzaba GARCÍA DE ENTERRÍA una nueva etapa científica y vital (el "segundo ENTERRÍA") en la que había de consolidarse como el Maestro indiscutido del derecho español.

3. EL DERECHO ADMINISTRATIVO COMO LIMITACIÓN DEL PODER

Para un jurista sensible el derecho supone una limitación de la administración pública, un contrapeso del poder especialmente necesario en los regímenes dictatoriales porque en ellos es muy reducida la contención política. El derecho nunca podrá ciertamente sustituir a la política, pero su función se engrandece en la misma medida en que esta se empequeñece. Tal fue el objetivo permanente de la obra de GARCÍA DE ENTERRÍA, a cuyo efecto creó una serie de figuras y principios imaginativos y de enorme operatividad que transformaron el derecho administrativo español de la época hasta tal punto que pareció llenar el vacío que había dejado la ausencia del derecho constitucional. Tal es el mayor timbre de gloria del Maestro: haber construido en una dictadura —ya declinante, desde luego— un *sucedáneo* del derecho constitucional tan avanzado que cuando llegó la democracia pudo establecerse fácilmente una Constitución de esta naturaleza utilizando la plantilla del derecho administrativo vigente.

El derecho limita al Estado desde dentro o desde fuera. Desde dentro con mecanismos constitucionales bien probados desde los tiempos de Grocio y que desarrollaron luego con minuciosidad los autores iusnaturalistas como Althusio: una tarea que hoy sigue ocupando a los constitucionalistas y que García de Enterría abandonó cuando renunció a seguir siendo un jurista de Estado. Desde fuera de la administración la tarea limitadora se ejerce mediante el control judicial, al que dedicó toda su vida el Maestro alcanzando unas cotas de agudeza y refinamiento desconocidas hasta entonces. Nadie puede poner en duda, desde luego, la excelsitud de la función limitadora del derecho como freno de las tentaciones autoritarias del Estado y como contrapeso de los muchos disparates provocados, más que por la malicia, por la ignorancia de sus funcionarios. Pero también hay que pensar que si los buenos juristas estuvieran al servicio de la administración, y no en su contra, la actividad pública resultaría más ordenada sin necesidad de tantos controles externos.

4. El derecho como legitimación del poder

El derecho no solo limita al Estado, sino que también, y un tanto paradójicamente, lo legitima, puesto que un Estado sin derecho es una horda y el único vínculo tolerable que sujeta a los ciudadanos es la ley. La imaginación de los juristas con sensibilidad política encauzó esta situación elevando previamente a la categoría de dogma la fórmula decimonónica del Estado de derecho, que todavía se conserva literalmente en nuestra Constitución vigente como cifra del Estado español actual y que García de Enterría ha instalado como pilar de todo su sistema acentuando su elemento operativo más eficaz: el principio de la legalidad.

El Estado de derecho, cuya nebulosa tradicional se precisaba en la fórmula del principio de la legalidad, en la que se encarnaba la función legitimadora del poder por el derecho y, al tiempo, se le limitaba. El Estado se legitima desde el momento en que se acomoda al derecho, pero solo en la medida en que está de acuerdo con él. Una acomodación que se realiza en dos planos: los actos singulares de la administración están sometidos a las normas generales, y estas, distribuidas jerárquicamente, están sometidas unas a otras en razón de su rango, siendo la ley (a falta de Constitución) la norma suprema.

Constreñido el poder en esta pinza de limitaciones, los ciudadanos tienen amplias posibilidades de control de las actividades administrativas, que pueden ejercitar en el doble escalón del procedimiento administrativo y del proceso contencioso-administrativo, de añejos antecedentes pero que en estos años experimentaron un progreso espectacular.

Lo que, en cambio, distaba mucho de estar claro era la función legitimadora del derecho, habida cuenta de que se apoyaba en el principio nada firme de la supremacía absoluta de la ley. Porque en un régimen político en el que el jefe del Estado podía dictar su conveniencia leyes y reglamentos y en el que, además, las cortes de donde manaban ordinariamente las leyes eran hecho del dictador y de su gobierno, resultaba imposible separar por su naturaleza estos dos tipos de normas, pretendidamente tan distintos. El Estado de derecho y la supremacía de la ley solo tienen sentido en un régimen democrático con separación de Poderes y funciones, mas no en el régimen franquista en el que el derecho no pasa de ser una forma de burda autolegitimación totalmente arbitraria. En su consecuencia, la construcción jurídico-administrativa de García de Enterría se derrumbaba por su propia base y se convertía en una falacia política, aun reconociendo que resultaba enormemente útil para los ciudadanos pleiteantes dispuestos a aprovecharse del sucedáneo que tan inteligentemente se había puesto en sus manos. El Estado de derecho y el principio de legalidad, tal como los había elaborado el Maestro durante el franquismo, distaban mucho de ser convincentes, puesto que si bien funcionaba satisfactoriamente la rueda judicial del control, la vertiente legitimadora del derecho carecía de justificación y el sistema resultaba desequilibrado.

5. Una opción rechazada: la eficacia de la administración pública

A medida que pasaban los años se fue tomando conciencia de que era imposible mantener el régimen en los mismos términos en que se había establecido al finalizar la guerra civil. Por lo que se refiere al funcionamiento del aparato público, se impuso sin demasiadas dificultades, tal como acaba de verse, una variedad extrademocrática del Estado de derecho. Pero como esto no era suficiente, otros juristas pusieron el énfasis no tanto en el control legal de las actuaciones de la administración pública y de sus servidores, sino en su eficacia, que potenciaron mediante una reforma profunda de su estructura y actuación. Esta tendencia —que se rotuló significativamente "la reforma administrativa"— fue dirigida por otro profesor universitario, López Rodó, y también alcanzó en poco tiempo un progreso espectacular, aunque provocó un cisma académico tan innecesario como perjudicial. Porque es el caso que los cultivadores del derecho administrativo se escindieron en dos bandos empeñados en desconocerse recíprocamente en lugar de colaborar en un objetivo común. De esta forma los seguidores de García de Enterría —profesores, abogados y jueces, fundamentalmente—, obsesionados por el desarrollo del Estado de derecho y de sus consecuencias, dieron la espalda desdeñosamente a la eficacia administrativa y a su reforma, mientras que los seguidores de López Rodó —políticos y funcionarios de elite, en su mayoría— insistieron con la misma unilateralidad en la vertiente de la ciencia de la administración, de la que luego se denominaría modernización administrativa y al fin en las técnicas de la gobernanza.

Los resultados de este divorcio empecinado se conocen: una parte del derecho administrativo español se ha puesto al servicio de abogados especializados (y en parte también de jueces igualmente especializados), mientras que la otra es manejada por técnicos de la reforma administrativa y de la gobernanza política: dos grupos sociales que, cada vez más separados, siguen ignorándose y hasta han terminado perdiendo el recuerdo de su origen común. Los abogados que pleitean contra la administración tienden a paralizarla en beneficio de sus clientes, y los juristas que se preocupan de apuntalar las estructuras y actuaciones administrativas pierden de vista con frecuencia las exigencias del Estado de derecho. Sea como fuere, el hecho es que a los licenciados se les ofrece esta perniciosa y falsa alternativa y cada uno se decide por la opción que más le gusta. Ahora hemos visto que, cuando el Maestro se encontró en esta disyuntiva se inclinó resueltamente por una vía y no volvió a preocuparse de las posibilidades que abría la otra. Un ejemplo devastador que está contribuyendo a que el cisma se mantenga indefinidamente y con muy pocas esperanzas ya de reconciliación.

Una disociación que no se manifiesta únicamente en el comportamiento personal de sus agentes, sino que incide en el ámbito material, ya que por un lado se hipertrofian las garantías a costa de la eficacia administrativa, y por otro se potencia la eficacia del aparato público a costa de las garantías legales de los ciudadanos. Unas disfunciones que desde luego no se pueden estabilizar con la ayuda del principio de legalidad, que ya ha demostrado suficientemente que no está a la altura de las circunstancias actuales.

Hoy tiende a concebirse el derecho público como un mecanismo en el que con procedimientos exquisitos se ajustan las normas jurídicas y las doctrinas jurisprudenciales en decisiones de precisión casi matemática y en un ambiente de pretendida objetividad. Pero la realidad es muy otra, dado que por debajo de la frialdad de las normas laten corrientes apasionadas de temperatura volcánica: juristas de Estado frente a abogados de particulares, profesores centralistas frente a autonomías, teóricos frente a prácticos, garantías frente a eficacia. Un hervidero, en definitiva, de opiniones y prejuicios para los que las fórmulas del Estado de derecho y el principio de legalidad ya han perdido su magia inicial.

6. El advenimiento del régimen constitucional

Con lo dicho hemos repasado sumariamente la cara visible y positiva del pensamiento de García de Enterría —la idea del derecho como legitimador y limitador del poder y la afirmación del Estado de derecho y del principio de legalidad como sus instrumentos operativos— y también su cara oscura: la insensibilidad hacia la vertiente de la eficacia del derecho como regulador de la actividad pública. A continuación vamos a examinar la repercusión que sobre este esquema, de lógica formal impecable, ejercieron una serie de acontecimientos que se fueron produciendo con rapidez vertiginosa: la emergencia de un régimen democrático con todas sus consecuencias jurídicas y políticas y la irrupción del derecho europeo que se encabalgaba sobre la Constitución y se insertaba en el corazón del ordenamiento jurídico español.

El sistema jurídico público elaborado por García de Enterría era propio del tardofranquismo, en cuya época había aparecido, e implicaba, según se ha repetido, un utilísimo sucedáneo del mecanismo de legitimación-limitación del poder característico de los regímenes democráticos. Pues si esto era así, parecía evidente que con el advenimiento de la democracia, a la muerte de Franco, las cosas habían de cambiar necesariamente. Y, sin embargo, la transición fue en este punto excepcionalmente suave.

Los constitucionalistas —surgidos con muy pocas excepciones literalmente de la nada— aceptaron en bloque el sistema del Maestro y en un ejemplo de dócil recepción lo impusieron en el régimen democrático, borrando con ello el pecado original que líneas atrás se ha denunciado, puesto que a partir de ahora las leyes, aprobadas por los representantes del pueblo, tenían ya una naturaleza totalmente distinta de los reglamentos: lo que justificaba su jerarquía superior. En su consecuencia, el sistema de García de Enterría no tuvo que adaptarse a las nuevas circunstancias, dado que, por así decirlo, había sido la Constitución la que se había adaptado al sistema del Maestro. Para comprobarlo, basta comparar las ediciones de su *Curso* inmediatamente anterior y posterior a 1978.

Más todavía: el Maestro, siguiendo una doctrina europea que consideró más ajustada, impuso el dogma de que la Constitución de 1978 era una norma jurídica completa en detrimento de su alcance político y social, como había sostenido hacía años Lassalle y en España advirtió Nieto a tiempo pero sin éxito. Con lo cual, a la desmedida juridificación de la administración pública se añadió una desmedida juridificación de la vida constitucional, poniendo en manos de jueces y abogados cuestiones políticas (o sociales, económicas y aun religiosas) por naturaleza. Una desafortunada desviación que ha tarado luego, hasta extremos insostenibles, la normalidad constitucional del país. El imperialismo jurídico —y por ende judicial— nos ha pasado más tarde una factura, que ya no puede liquidarse ni en el terreno administrativo ni en el constitucional.

La Constitución de 1978, sacralizada en sus comienzos con la ingenua beatería del neófito, rueda hoy por los suelos y nadie está satisfecha con ella. Esto ya lo veníamos venir algunos desde hace tiempo, pero nadie quiso escuchar nuestras advertencias, sugestionados como estaban todos por su naturaleza normativa, que permitía a la doctrina y a los tribunales realizar toda clase de juegos formales sin atenerse a la realidad política y social que demandaban otras cosas. La Constitución y el Estado están enfermos de jurisdicismo, y lo que al principio se consideró un progreso democrático ha desembocado en un empacho de polémicas legales maltratadas por su correlativo exceso de informes abogaciles y sentencias de tribunales, que no se preocupan de la realidad ni quieren salir de los malabarismos, que permite, e incluso fomenta, un Estado de derecho mal entendido. De esta manera, un principio que permitió que la botadura y las primeras singladuras del Estado de derecho se realizasen con éxito total ha terminado, por culpa de su rigidez dogmática, ha terminado desviando peligrosamente su rumbo.

7. El efecto de los derechos territoriales

La Constitución de 1978 no solo impuso unas nuevas reglas de juego en el derecho público español, sino que además introdujo en la baraja una nueva carta, la de los ordenamientos de las comunidades autónomas, que tardó mucho en ser asimilada puesto que era difícil de encajar en una perspectiva meramente jurídico-formal, habida cuenta de que llevaba consigo un elemento rigurosamente político, como el de la autonomía, que los juristas con su característica miopía positivista formal no alcanzaban a ver. García de Enterría resolvió con soltura esta prueba, aunque como era de temer, al dejar fuera los aspectos políticos, no pudo atender otros aspectos que terminaron desbordando pronto las competencias jurisdiccionales de los tribunales contencioso-administrativos e incluso del Tribunal Constitucional. Tal es la servidumbre del positivismo jurídico y de las técnicas formales.

Mejor o peor, se "fue tirando" mientras se trataba de conflictos de competencias o de cuestiones económicas; pero cuando la política fue expandiéndose, se vio claro que el derecho y los tribunales, tal como se entendían, no podían dar una respuesta a tal desafío.

Esta fue la primera gran prueba de fuego que tuvo que soportar un sistema de coherencia formal impecable pero que ofrecía un flanco vulnerable a las presiones políticas. El Maestro fue consciente de la gravedad de la agresión, a la que respondió con firmeza al dirigir la elaboración de la Loapa y en sus reflexiones teóricas sobre las autonomías territoriales. A primera vista, por tanto, resistió airoso el envite; pero era evidente que el sistema había sido tocado en su punto más débil demostrando, una vez más (como ya se había visto con la Constitución de Weimar y con los sueños kelsenianos de Austria) la fragilidad de las constituciones jurídico-formales, no ya solo, y por descontado, ante la fuerza sino ante las argucias, solapadas o visibles, de la política. Y quien cierre los ojos para negarse a verlo, a la corta o a la larga, está condenado sin remedio.

8. La irrupción del derecho europeo

Cuando aún no se había terminado la digestión de las novedades introducidas por la Constitución y los derechos de las comunidades autónomas, he aquí que se produjo una nueva invasión procedente ahora de la Unión Europea, que el sistema establecido pudo asimilar con soltura, demostrando que tenía enormes posibilidades de adaptación, puesto que sus mecanismos formales permitían la integración automática de cuantos elementos nuevos se iban incorporando.

Los lectores del Maestro pudieron comprobar que en sus conferencias aparecían examinadas con profundidad las cuestiones más intrincadas del derecho europeo y que en las sucesivas ediciones del *Curso* se iban incorporando las innovaciones de este derecho con el mismo detalle y puntualidad que las procedentes de las cortes españolas y del Tribunal Constitucional.

Aunque parezca asombroso, el *Curso* publicado en la época franquista seguía siendo válido en lo sustancial cuarenta años después en un contexto y con unos contenidos materiales completamente distintos de los originarios. El Maestro parecía resistir impertérrito el paso del tiempo y demostraba seguir en condiciones de encabezar una generación tras otra de profesores y de que sus doctrinas continuaran siendo válidas y útiles en el foro. Algo singularmente sencillo para él, puesto que siempre había vivido atento al derecho extranjero —al europeo al principio y luego al estadounidense—, en Europa se había sentido como en su casa y los europeos lo habían tratado ininterrumpidamente —y no solo en el Tribunal de Estrasburgo— en pie de igualdad.

García de Enterría ha sido uno de los que más ha contribuido a la gran hazaña de lograr que el derecho de la Unión Europea se integrase con naturalidad en el derecho público español y no fuera considerado un simple "pegote" complementario, que será lo que se temía en un primer momento. O, por decirlo con otras palabras, que no se convirtiera en simple parcela propia del derecho internacional.

9. La casuística y el principio de autoridad

A fines del siglo pasado los observadores implicados en el proceso se percataron ya del gran riesgo que suponía la desmesurada extensión que había experimentado el derecho administrativo. Y de la misma manera que el Imperio romano no podía seguir gobernándose con la Constitución de la ciudad de Roma, ni el Imperio español con la estructura del reino de Castilla, ahora parecía imposible que una sociedad y una economía globalizadas pudieran ser atendidas por un derecho nacido en el surco de un régimen tan arcaico como el franquismo. Con toda evidencia no era un problema que pudiera arreglarse con parches y adaptaciones. En una perspectiva formal es claro que el sistema jurídico podía mantenerse indefinidamente y es de sobra sabido que los árboles no caen al morir: tal es lo que había sucedido, aunque casi nadie —por respeto, comodidad o interés— quisiera reconocerlo.

Sin perjuicio de la enorme capacidad de integración del sistema jurídico-público, resultaba ya notorio que la situación había cambiado tanto que los principios originarios se habían convertido en meras referencias simbólicas cada vez más alejadas de la realidad. ¿Qué quedaba en 2013 del Estado de derecho, del imperio de la ley, de la complitud del ordenamiento jurídico y de la inderogabilidad singular de los reglamentos? Muy poco y menos aún de la concepción estatutaria del derecho administrativo, en su día tan famosa. El dominio público y su eventual usucapión, las formalidades expropiatorias y las reglas de la responsabilidad objetiva eran pálidos reflejos, restos momificados de unas cuestiones en su tiempo vivas que apenas se conservaban con el respeto displicente a las reliquias del pasado, que nadie se molestaba en abandonar definitivamente pero que se iban arrinconando en los desvanes de los tratados académicos, aunque eventualmente se los sacase en alguna procesión ritual.

En terreno de la práctica cotidiana, el derecho se ha vuelto indominable, ya está por encima de las fuerzas de una persona y, al igual que la medicina, se ha deshumanizado en el sentido de que ha caído en manos de empresas. Ya no hay abogados famosos de sabiduría universal —como CORTINA, como OSSORIO y GALLARDO— ni profesores de ciencia exhaustiva; y en su lugar han aparecido los despachos internacionales y las cátedras fraccionadas en equipos: únicos instrumentos que permiten cultivar con solvencia las parcelas de un saber diseminado.

El destino ha querido que GARCÍA DE ENTERRÍA tuviera el melancólico honor de ser el último testigo de la hecatombe que ha cerrado una época, pero conservando hasta el final su condición humanística y universalista del derecho, si bien tuviera que cambiar sustancialmente su método de trabajo y en cierto sentido también su concepción del derecho administrativo. Porque para poder ser operativo y eficaz, para poder seguir dominando un mundo jurídico en expansión acelerada, tuvo que refugiarse en la casuística, en el análisis de los casos concretos y, renunciando a las ambiciosas formulaciones generales que caracterizaban su obra anterior, en lugar de abrir por su cuenta nuevos horizontes, prefirió limitarse a analizar el alcance de algunas sentencias relevantes. El derecho, por así decirlo, se escapó de las manos del profesor para pasar a las del juez. El derecho legislativo tradicional, que había atravesado una época gloriosa de derecho profesoral —a la sombra de genios constructores de sistemas como IHERING, HAURIOU o GARCÍA DE ENTERRÍA— ha terminado (provisionalmente) como un derecho judicial anónimo, que los informáticos conservan de manera museística, los profesores comentan y los prácticos manejan arbitrariamente. El derecho se monta exclusivamente —hoy y siempre— sobre el principio de la autoridad, pero las autoridades ya no son las mismas. Antes la decisión se basaba en la ley "porque así lo declara la norma"; luego, en la autoridad de un profesor ("porque así lo entiende GARCÍA DE ENTERRÍA"); hoy en la fuerza de un juez ("porque así se advierte en determinada sentencia"). Y ya no hay nada detrás. El jurista frena deliberadamente su raciocinio propio y se contenta con interpretar la sentencia —que es el verdadero y único derecho— renunciando mansamente a su vocación.

En las lecciones que el Maestro nos daba a Parada y a mí en los lejanos tiempos vallisoletanos nos decía que los buenos juristas podían cambiar el mundo; y en esta consigna estribaba su irresistible encanto y el afán que despertaba de aprender las técnicas que hicieran posible tal tarea. Hoy el jurista a lo único que aspira es a entender lo que dicen los jueces, oráculos del derecho, que nos habla por medio de ellos y solo de ellos. El jurista ya no vuela, ya no construye sistemas científicos, ya no estimula ni limita al poder, ya no defiende a los ciudadanos, sino que se ha convertido en un modesto secretario de actas de la jurisprudencia de los altos tribunales. A la vocación creativa e ilusionada ha sucedido la profesión minuciosa y rentable. Así son las cosas para decepción de IHERING, de HAURIOU y del primer GARCÍA DE ENTERRÍA.

10. DESPUÉS DEL GRAN SILENCIO

Al desaparecer el Maestro se produjo un gran silencio, y la comunidad jurídico-público española —y en parte también la hispanoamericana— se quedó desconcertada de pronto. ¿Qué pudo pasar después de la muerte de Felipe II o de Primo? ¿Qué arte puede haber después de Picasso? En algunas necrologías se percibe hasta la melancolía de una cierta orfandad.

Lo que indudablemente se ha producido es la pérdida de una referencia capital y el derecho administrativo parece haberse quedado sin guía y sin norte: de aquí el desconcierto. Lo cual es en verdad grave, mas no catastrófico ni mucho menos irreparable, y es lo que sucede inevitablemente tras la desaparición de los grandes capitanes. Necesario es contar con una referencia, pero hay que evitar que el respeto reverencial esterilice la imaginación y la creatividad de los que vienen detrás. La grandeza de un Maestro se mide por la originalidad de sus discípulos. La estatura de BARTOLO se acrecienta por la gigantesca elevación de su discípulo BALDO. El buen maestro no es el que impone su doctrina, sino el que enseña a pensar por su cuenta a sus alumnos. Cada jurista debe saber orientarse por sí mismo y no limitarse a seguir la bandada como las grullas, en la feliz expresión de CASTILLO DE BOBADILLA.

GARCÍA DE ENTERRÍA ya no está personalmente entre nosotros, y hay que aceptar que, sin perjuicio de su importancia, su obra escrita se hundirá tarde o temprano en el pasado. ¿Quién lee hoy a DOMAT, a POSADA HERRERA, a FEDERICO DE CASTRO, a FORSTHOFF? Pero lo que permanecerá por mucho tiempo será su espíritu y su ejemplo. El Maestro quiso —y en gran parte logró— que el derecho administrativo diese una respuesta, lo más justa y eficaz posible, a las necesidades de su tiempo, teniendo buen cuidado de adaptarse a las circunstancias. Una lección permanente. Ahora bien, como hoy han cambiado sustancialmente las circunstancias y las necesidades de su momento, la repuesta ha de ser distinta. El que se aferre literalmente a su obra será, por tanto, infiel a su espíritu y no habrá entendido el mensaje.

Lo primero que se impone, por tanto, es hacer un balance sincero de su obra: lo que significó en su tiempo y lo que todavía queda; lo que los tiempos se llevaron y lo que aún puede servirnos. El ferrocarril transformó a Europa, pero nadie piensa conservar las locomotoras de vapor. Hay que ser conscientes de que el Estado de derecho se ha vaciado, de que el imperio de la ley es un latiguillo retórico algo cursi, de que la separación de poderes es una farsa y de que la autoridad de los tribunales se ha arruinado y hundido por el exceso de su propio peso. Los procesos se eternizan, las sentencias no se ejecutan por desidia, las leyes no se obedecen con impunidad. Ha llegado la hora quevedesca de la fortuna y todos vemos que las cosas no son lo que parecen, aunque solo muy pocos se atrevan a reconocer que el rey desfila desnudo. En estas condiciones ya no nos vale el derecho administrativo heredado, que no es más que un solemne palacio de papel que urge quemar con una tea como la que usaba el Maestro a mediados del siglo pasado. O dejando a un lado fogosidades literarias, que hay que revisar y renovar a fondo.

Ya no es tiempo, concretamente, de conceptualizaciones exquisitas y mucho menos de sistemas ambiciosos. Es hora de despedirse de los prejuicios y de los dogmas heredados. Ha llegado el momento de mirar la realidad con los ojos limpios y de atenerse a ella aunque contradiga nuestras convicciones recibidas. Los bárbaros han invadido el viejo templo del derecho administrativo, derribado sus altares y ultrajado sus imágenes, descubriendo que debajo de las lucidas vestiduras no había más que un armazón de cañas y alambres: ídolos y en su caso becerros de oro. Ya no hay lugar para idolatrías y no existe otro dios que la realidad, patrón y referencia de todas las cosas. Y hasta los jueces caerán un día desde las altas peanas en que su soberbia propia y la beatería de sus comentadores los ha puesto.

Después del Maestro, cuando se rompa al fin el gran silencio, habrá que reconocer sinceramente que vivimos entre ruinas y dedicarse a reedificar un nuevo templo del derecho y de la justicia, pero ahora sin tanta ambición, pues sabemos de antemano que tampoco será eterno. *Glissez mortels, n'apuyez pas,* como nos advirtió SANTI ROMANO hace ya muchos años.

No sé cómo lo harán los futuros maestros. Desde mi punto de vista, el primer paso debiera ser cerrar la puerta al positivismo (sea legal o judicial) y a la pureza metodológica, liberándose definitivamente de la servidumbre, más bien papanata, de las doctrinas y cautelas que coronó KELSEN. El jurista no es un artista sino un artesano que trabaja con los pies hundidos en el fango de la realidad y que, sin necesidad de avergonzarse por ello, tiene las manos manchadas. Esto lo saben perfectamente los abogados y los jueces y además lo practican abiertamente. No hay necesidad, pues, de engañarse con hipocresías gazmoñas. En cuanto a los profesores, quienes con la pluma en la mano no quieren, o no saben, salirse de la pretendida pureza metodológica de las normas, doctrinas y sentencias, terminan inevitablemente escribiendo cuentos de hadas.

A la sombra del Maestro ya crecieron grandes juristas que, precisamente por serlo, supieron saltar por encima de las tapias del derecho estricto y pisar los caminos de la realidad. El singular atractivo de los libros de PARADA se encuentra en su decisión de fajarse con una realidad perversa y poner pasión en la lucha. Mientras que en el *Tratado* de GONZÁLEZ NAVARRO se ha dado acogida, sin falsos escrúpulos, a la filosofía y a la experiencia.

En definitiva —y parafraseando una vieja consigna—, desde ENTERRÍA, pero más allá de él; desde los dogmas y principios, pero más allá de ellos; desde el Estado de derecho, del principio de legalidad y de las leyes administrativas, pero mucho más allá. Soy un profesor del siglo XX quizás con mentalidad del XIX. Los juristas nacidos y formados en el siglo XX tienen que operar con mentalidad del siglo XXI y ser conscientes de que el derecho administrativo de hoy y del futuro tiene que salir de su encierro y, sin temor a mancharse, dar la mano a la política, a la sociología, a la economía y a la técnica (la lista queda abierta), porque es un simple instrumento, entre otros muchos y no el más importante, para afrentar cuestiones políticas y de todo orden.

El positivismo jurídico, tanto el legal como el judicial, es el paraíso de los abogados y de los jueces comodones y acomodaticios, pero no es sitio para la justicia ni para la vida social regular. La gran tarea de los administrativista que quieran seguir siendo fieles al maestro será la de recuperar la sociedad para el derecho o, lo que es igual, acercar el derecho a la realidad rompiendo el desafortunado maniqueísmo bipolar de un mundo jurídico y un mucho real, con el fin de crear un derecho al servicio de la realidad y no con el de esquilmarla. Un derecho ciertamente difícil de practicar, como lo era también en los tiempos del primer ENTERRÍA.

¿Qué vendrá ahora? A TOMÁS-RAMÓN FERNÁNDEZ RODRÍGUEZ, inseparable colaborador del Maestro durante tantos años, corresponde la grave responsabilidad de poner en su nueva vía el derecho recibido: algo que él puede hacer con sus extraordinarias dotes dialécticas de persuasión y su sensibilidad para buscar "la solución justa" dentro del laberinto legislativo y del caos de la práctica judicial.

Pero en cualquier caso no faltan otros discípulos más jóvenes que también están en condiciones de hacerlo y que incluso ya han empezado con paso firme. Basta leer el *Tratado* de SANTIAGO MUÑOZ MACHADO para comprender lo que se está diciendo. Porque este autor —que por descontado no está solo— ha sabido sacar al derecho público de la ciudadela en la que deliberadamente se había encerrado y de esta forma romper un aislamiento suicida para relacionarlo, en una fértil simbiosis, con la política, la economía y la técnica. El relato magistral continúa, pero es evidente que se está pasando de página.

11. GARCÍA DE ENTERRÍA EN LA HISTORIA DEL PENSAMIENTO JURÍDICO PÚBLICO

La supervivencia actual de la obra de GARCÍA DE ENTERRÍA —que durará todavía probablemente muchos años— no obsta, antes al contrario, para que ya tenga un lugar propio en la historia del pensamiento jurídico como una de sus alturas cimeras. La influencia de su *Curso* ha sido abrumadora en las últimas décadas en todos los países de habla española. Con él se han formado múltiples generaciones de universitarios y ha sido el libro de cabecera de los jueces de lo contencioso-administrativo e incluso de los magistrados del Tribunal Constitucional; sin contar con la enorme difusión de sus otras publicaciones y de la atracción que han ejercido sus innumerables conferencias. Ahora bien, con este personaje no debe hacerse nunca una referencia genérica, puesto que al repasar su vida nos encontramos con esos "tres ENTERRÍAS" a los que se ha venido aludiendo en las líneas anteriores.

El primer ENTERRÍA, el de su apasionada juventud, fue una fase creativa e imaginativa, apoyada en la historia, en la que se concebía el derecho administrativo como una energía social al servicio de la justicia y que encontró en los principios generales un instrumento superador del positivismo jurídico y de las normas autoritarias del franquismo. Invocando estos principios inspiradores de todo el ordenamiento jurídico y tomados de la historia y del derecho comparado, se posibilitaba el progreso jurídico liberando a la comunidad de las trabas de unas leyes obsoletas y de los abusos de unos poderes públicos arbitrarios.

El segundo ENTERRÍA, el de la opulenta madurez, fue el que creó el sistema que pronto se hizo famoso y que arrasó en la bibliografía. Un sistema de precisión técnica inigualable montado sobre el derecho vigente, es decir, con profesión explícita del positivismo normativo y que garantizaba la previsibilidad de los comportamientos públicos y privados, subrayando las garantías de los ciudadanos al tiempo que limitaba estrechamente al poder mediante una magnificación material y formal de los controles jurisdiccionales de la administración. En definitiva, un derecho público pensado en la estabilidad social, de naturaleza conservadora, por tanto, y de una armonía que podía calificarse de clásica, pero capaz de asimilar todas las novedades constitucionales y legales.

El tercer ENTERRÍA fue consecuencia de la degradación que había experimentado un sistema cuando padeció una implosión producida por la incontinencia legislativa, el desbordamiento judicial, la insolvencia técnica y, sobre todo, la resistencia de los elementos políticos, sociales y económicos a dejarse ahormar en unos cauces jurídicos estrictos. El exceso de juridificación de la vida social reventó las costuras del sistema clásico y el mundo jurídico fue aislándose cada vez de una realidad que se le escaba de las manos. Desde el punto de vista técnico, el positivismo normativo cedió el paso al positivismo judicial plasmado en la desviación constitucional que había terminado creando un auténtico Estado judicial.

Y es en este punto —tal como se ha explicado en el epígrafe anterior— cuando nos ha abandonado el Maestro. La historia ya no conocerá, pues, un "cuarto ENTERRÍA" sino que en este momento no cabe más que conjeturar el futuro "después del Maestro".

EN RECUERDO DE EDUARDO GARCÍA DE ENTERRÍA

José Ramón Parada *

Sumario: 1. El maestro García de Enterría, su primera cátedra y el cambio de paradigma universitario. 2. El maestro de Enterría, último libro, última lección.

1. El maestro García de Enterría, su primera cátedra y el cambio de paradigma universitario

El 21 de marzo de 1988, mi maestro, Eduardo García de Enterría, publicó en *ABC* (pág. 3) un artículo en memoria de Juan Antonio Arias Bonet, que había sido catedrático de Derecho Romano y coetáneo suyo en la Universidad de Valladolid. Un artículo especialmente emotivo por el que lo felicité y al tiempo le rogué que yo también desearía un elogio similar, aunque para ello tuviera que irme de este valle de lágrimas antes que él. Me contestó, recuerdo, que lo más previsible, por la ley de la vida, sería que fuese yo quien tuviera que hacer el suyo.

Y aquí estoy, en esta Facultad de Derecho de la Universidad Complutense, donde sirvió su cátedra de Derecho Administrativo durante tantos años, recordando su memoria, después de haberlo intentado sin éxito en la tercera de *ABC*, donde otro, más rápido, "desenfundó" su pluma antes que yo. Y, aquí me encuentro, digo, en busca del tiempo perdido, recordando aquella etapa, la más entrañable de mi vida universitaria, que fue, sin duda, la transcurrida a su lado en la Facultad de Derecho de la Universidad de Valladolid.

En aquel artículo de *ABC* el maestro escribía lo siguiente:

"Entonces era Valladolid un pequeño rincón, podríamos decir como el poema de Fernán González dice de Castilla. Valladolid era aún el pequeño pueblo que apenas permite recordar (la destrucción de sus barrios antiguos es uno de los asesinatos urbanos más graves que conozco) la gran ciudad industrial y comercial en que hoy se ha convertido. La Universidad era una delicia, la más grata de cuantas he vivido, la que aun alimenta la nostalgia de una vida universitaria colectiva que tan cruel defecto hace Madrid. Hay momentos de fulgor y de opacidad en las instituciones, obedientes a razones azarosas de muy

* Colaborador honorífico del Departamento de Derecho Administrativo de la UNED.

difícil identificación, pero puede decirse con seguridad que en aquellos años la Universidad de Valladolid estuvo en uno de sus mejores fastos.

"El rector que nos dio posesión, con diferencia de días, a Juan Antonio y a mí era don Ignacio Serrano, el gran civilista, cuya modestia bondad y generosidad, además de sabiduría, son legendarias. El decano era José Antonio Rubio Sacristán, brillante personalidad, un hervor de inteligencia, de lealtad y de simpatía. Era un orgullo y una alegría para nosotros, jóvenes catedráticos, que personas de tanta calidad humana y universitaria fuesen nuestros cuadros, nuestras autoridades académicas.

"Si la Universidad y sus cuadros eran tan gratos, la Facultad de Derecho lo era también en grado sumo. Pocas veces, si alguna, he convivido dentro de un colectivo de tanta calidad y de tanta simpatía personal. Allí estaban don Vicente Guilarte, los otros Guilarte, Alfonso y Vicente júnior; Emilio Gómez Orbaneja, don Teodoro González, José Girón Tena, Justino Duque, José Luis de los Mozos, Antonia Martín Descalzo, Ángel Torío, José María Rodríguez Devesa, Ángel Alle, Ángel Huarte, Javier Alonso Martín, Mariano Martín Granizo, más aún que no nombro por no abrumaros y que todos evocan recuerdos de amistad, de limpieza moral y de admiración".

Arañando en mi debilitada memoria, intentaré recordar el escenario físico en que el maestro desempeñó su cátedra en aquellos años (1957-1962), sus clases, sus alumnos, sus exámenes.

En dos históricos edificios pasaba el maestro su jornada: el de la Facultad, en la plaza de la Universidad, un edificio con fachada barroca de 1715, adherida al edificio construido en 1909 con dos claustros que todavía se conservan. En el claustro superior se albergaba la Facultad de Filosofía y Letras y en el inferior la Facultad de Derecho. Constaba esta de seis aulas que se abrían al claustro, y de una sala de profesores. No más allá, calculo, de mil metros cuadrados.

Además, los catedráticos de la Facultad de Derecho tenían un pie en el soberbio edificio renacentista del Colegio Mayor de Santa Cruz, fundado en 1483 por el cardenal Mendoza, que como digno hijo del marqués de Santillana, resumió en breves palabras en el acta fundacional la esencia de la mejor política para la concesión de becas: "Para aquellos que dotados de ingenio y ansia de saber no les acompaña la fortuna de su casa". En aquel edificio, en cuyo patio figura el víctor que nos recuerda que el maestro GARCÍA DE ENTERRÍA es Doctor Honoris Causa por la Universidad de Valladolid, disponían allí los catedráticos de la Facultad de Derecho de un modesto despacho o seminario, enrejado, con vistas al jardín del Colegio Mayor. Ni siquiera aquellos escasos treinta metros donde se situaba el seminario de Derecho Administrativo eran propios, sino compartidos con los titulares de Derecho Fiscal; en aquellos tiempos el profesor FUENTES QUINTANA, y, después, el profesor LUCAS VERDÚ.

La jornada discurría entre las dos clases en la Facultad, las breves tertulias en la sala de profesores entre clase y clase y el paseo, apenas trescientos metros, de la Facultad al Colegio de Santa Cruz y allí los libros y revistas del derecho administrativo, el estudio y el primer seminario que con tanto prestigio continuaría en Madrid.

Los alumnos oficiales oscilaban entre doscientos y trescientos. La asistencia a clases era voluntaria. El maestro nunca pasó lista ni creía que el aprendizaje del derecho pasara necesariamente por la asistencia a sus clases. En más de una ocasión me confesó que él, alumno que fue de las Facultades de Derecho en las Universidades de Madrid y Barcelona, todo lo había aprendido en los libros y que las únicas clases a las que recordaba hacer asistido fueron las del hipotecarista JERÓNIMO GONZÁLEZ. Sabemos, además, por propia confesión, que no descubrió el derecho administrativo en su paso por estas Facultades ni de los administrativistas de la generación anterior a la suya, sino en la preparación del temario de sus oposiciones al Consejo de Estado cuando consiguió hacerse con obras, que lo deslumbraron, de autores franceses, sus preferidos, HAURIOU, fundamentalmente, e italianas de SANTI ROMANO y ZANOBINI.

Además de los alumnos oficiales, eran también alumnos del maestro, en cuanto estudiaban por sus apuntes y eran por él oralmente examinados, los numerosos alumnos libres del extenso distrito universitario de la Universidad de Valladolid, que entonces comprendía las provincias de León, Burgos, Cantabria y el País Vasco en su totalidad. Los alumnos libres éramos, yo también lo fui durante buena parte en mi licenciatura, de distinto pelaje: estaban los libres oyentes que, con permiso del catedrático, asistían a las clases, los libres con dispensa que adelantaban cursos, los líbres-libres que solo venían a examinarse en los meses de junio y septiembre, y, en fin, los alumnos de la Universidad de Deusto, también alumnos libres, que habían sido previamente examinados por sus profesores y que para obtener el título oficial rendían examen, curso por curso, en nuestra Facultad. A ella acudían pastoreados por sus profesores y, concretamente, el profesor de Derecho Administrativo, el entrañable padre URRUTIA. Entre los que pasaron por aquellos rigurosos exámenes, yo sentado al lado del maestro en el estrado, recuerdo algunos que después fueron importantes personalidades en la banca, en las grandes empresas, en el gobierno nacional, alguno que otro *lehendakari*, y, muy especialmente el examen de JESÚS LEGUINA, que ya apuntaba maneras y que después sería uno de los más destacados discípulos del maestro, catedrático de Derecho Administrativo y magistrado del Tribunal Constitucional. Deusto era entonces una gran universidad y justamente su prestigio comenzó a declinar cuando disminuyó el nivel de exigencia al liberarse de rendir exámenes en la Facultad de Derecho de la Universidad de Valladolid.

Los jesuitas de Deusto fueron en aquellos tiempos los inventores de la doble titulación para algunos aventajados alumnos que, además del estudio de la carrera de derecho, cursaban en la comercial de la misma universidad otras asignaturas, como contabilidad y finanzas, y se denominaban abogados economistas. Un paso más, y al tiempo una degradación de aquel invento jesuítico del abogado economista, es la actual oferta en casi todas las universidades españolas de una doble titulación: en derecho y en administración de empresas en solo cinco años. Algunas universidades, en una lamentable competencia para captar más estudiantes, ofrecen ahora, por unos pocos créditos más, la propina de otra titulación, de licenciado o grado en ciencias políticas. ¡Tres grados o licenciaturas por el esfuerzo de una!

Permítanme aquí una pequeña digresión, una nota a pie de página para recordar que la enseñanza libre fue una gran aportación y, en mi opinión, un notable, desconocido y escasamente valorado precedente de la *e-learning* y otros modelos parecidos de educación a distancia o abiertas sin la exigencia, en algunas materias innecesaria, e, incluso perturbadora, de la imperiosa y, a veces infantil, enseñanza presencial: un modelo de enseñanza que del brazo de las nuevas tecnologías se está imponiendo ahora en las mejores universidades del mundo en paralelo a la universidad presencial, sobre lo que volveremos.

La implantación de la enseñanza libre en la universidad española, que también se extendió a la enseñanza media a cargo de los institutos, fue obra original del institucionalista Ruiz Zorrilla, que en la Exposición de Motivos del Real Decreto de 21 de octubre de 1868, distinguiendo entre la prestación educativa y el control de los conocimientos a efectos de la expedición de títulos profesionales, una indeclinable función del Estado, la defendía así:

"El Estado se encarga de enseñar a los que prefieren las lecciones de sus maestros; pero no hace obligatoria la asistencia de los alumnos a las clases ni pone obstáculos a la enseñanza de los particulares. Lejos de eso, abre las puertas de los establecimientos públicos a los que, teniendo ciertas condiciones, quieren hacer una prueba de sus fuerzas, dar a conocer sus aptitudes y contribuir a la propagación de los conocimientos útiles".

Para ello, decía, se reconoce a los discípulos de los profesores particulares, el derecho de obtener los títulos y grados de las instituciones oficiales, siempre que se sometan "a los mismos exámenes que sufren los que asisten a las lecciones públicas".

Así mismo, se proclamaba allí, rompiendo con la rigidez del curso por curso, que "la libertad de enseñanza exige también que la duración de los estudios no sea igual para capacidades desiguales", pues "el Estado no tiene derecho para compeler a un joven, rápido en sus concepciones, seguro en sus juicios y perseverante en el trabajo, a seguir el paso perezoso del que es tan tardo en concebir, como ligero en juzgar y no siente amor a la investigación de la verdad [...]. Estudie cada cual según su capacidad el número de asignaturas que sea proporcional a sus fuerzas, y mientras uno concluirá sus estudios en pocos años, sufrirá otro las consecuencias de su desaplicación o del desconocimiento de su falta de capacidad".

Si a aquella cifra de doscientos a trescientos, al menos, alumnos oficiales sumamos las diversas clases de alumnos libres, Deusto incluido, a los que el maestro enseñó, reitero, mediante los, ya entonces, famosos apuntes suyos y controlaba en exámenes orales, dio servicio presumiblemente a cerca de mil alumnos por cado uno de sus cursos, parte general y parte especial. En un rápido y aproximado cálculo, podemos afirmar que, en sus cinco años de permanencia en la Facultad de Derecho de Valladolid aprendieron de él unos diez mil estudiantes.

Con las matrículas de estos alumnos, de cuantía muy reducida, posiblemente se cubría con creces el coste del servicio que era, básicamente, el sueldo del catedrático, entonces muy modesto, de cuatro a cinco mil pesetas, más el estipendio, menos de una tercera parte del anterior, del profesor adjunto, que no era funcionario sino de libre nombramiento y remoción por el catedrático, y la propina, que yo mismo percibía como ayudante de clases prácticas, justamente quinientas pesetas al año.

El maestro daba todas las clases. No recuerdo que el profesor adjunto, ni yo mismo, que lo acompañaba y tomaba apuntes en todas ellas como un alumno más, aunque sentado a su lado en el estrado, lo hayamos sustituido en este cometido. Unas clases que preparaba concienzudamente y exponía, pausadamente, siguiendo un guion que había escrito con letra muy menuda en un pequeño papel a modo de chuleta.

Por las clases prácticas nunca mostró entusiasmo alguno. No recuerdo verlo interesado por el método del caso, ni por que los alumnos aprendieran a redactar instancias, recursos o demandas. Más bien pensaba que a la buena práctica se llega con naturalidad desde unos buenos conocimientos de las instituciones y del lenguaje jurídico y, justamente por ello, convirtió las sedicentes prácticas en vehículo de mayor preparación doctrinal para los alumnos aventajados, a los que se invitaba a leer y resumir monografías o artículos de revistas y, en particular, de la *Revista de Administración Pública*. Recuerdo que entre los que se beneficiaron de esa estrategia de señalar a los alumnos el verdadero camino de la excelencia se cuenta a TOMÁS-RAMÓN FERNÁNDEZ, que ya en su tercer curso descubrió la *Revista de Administración Pública* y que ahora dirige con notable acierto.

De lo dicho se desprende que poco o nada tiene que ver aquel escenario con el actual de la enseñanza universitaria, regida por el Plan Bolonia: un modelo de enseñanza en el cual las lecciones magistrales han sido proscritas y en que la asistencia a clase es prácticamente obligatoria en cuanto asegura en buena parte, sin exámenes finales rigurosos sobre la totalidad de la materia, el aprobado de la asignatura. Una forma de enseñar impuesto por la "tiranía" de los pedagogos y, por ello, lógicamente, lo más parecido a la de un parvulario.

Justamente una de las delicias universitarias de aquella época era la inexistencia de pedagogos, aunque en las escuelas de magisterio había algunos profesores de los futuros maestros nacionales a los que adiestraban en el modo de tratar y enseñar a los niños en las escuelas primarias. Después se pasó a crear cátedras de pedagogía en las Facultades de Filosofía y Letras, convertidas después en facultades de lo mismo, lo que convirtió a los pedagogos en dominadores inexcusables de la administración educativa. Desde esta imponen métodos inexorables y uniformes para cualquier tipo de enseñanza y tanto da que se trate de medicina, como derecho, química, ingeniería, metafísica o veterinaria; para ellos todo es lo mismo, sin que los especialistas o profesores de estas materias tengan ya nada que decir al respecto.

El fenómeno de la exorbitante dominación de los pedagogos en la enseñanza moderna no es solo español, pero aquí tuvo especial incidencia. Tengo para mí que su desmesurado crecimiento trae causa del aumento de su número mediante la conversión de numerosos frailes, monjas y sacerdotes secularizados, tras el Concilio Vaticano II y la crisis del nacionalcatolicismo, ideología vertebral del franquismo, en profesores universitarios de pedagogía mediante generosas convalidaciones de títulos.

De lo relatado por el maestro sobre su estancia en la Facultad de Derecho de Valladolid se desprende que estaba muy conforme con el modelo universitario vigente en España en sus años de estudiante y en sus primeros años de catedrático y que, pese a haber defendido la democracia, y mejor que nadie el Estado de derecho, nunca fue inquietado durante la dictadura en su libertad de cátedra. Un modelo de universidad centralista y afrancesado, dicho sea sin el menor sentido peyorativo por mi parte, y que los ministros de la dictadura de Franco no instauraron, pero que sí respetaron; como igualmente lo había hecho la República y antes la dictadura de Primo de Rivera y los gobiernos de la Restauración. Un modelo que seguía las pautas de la universidad francesa decimonónica y cuyas trazas diseñaron magistralmente el plan Pidal de 1845 y la Ley Moyano de 1857, al que se sumaron los vientos de libertad de enseñanza que supusieron las políticas de Ruiz Zorrilla y del general Serrano con el decreto ley de 29 de julio de 1874. Obviamente, nuestra universidad de entonces, aunque muy digna (en todo caso muy superior a las universidades latinoamericanas, cuyos alumnos porfiaban entonces para venir a las nuestras, lo que no ocurre ahora) no llegó a tener los niveles de excelencia de la universidad francesa con la que posiblemente no era del todo parangonable; tampoco lo eran otras instituciones que se importaron del país vecino en la construcción del Estado liberal del siglo XIX, siguiendo el sabio consejo de don José Posada Herrera, ilustre político y administrativista: "aquí cuando no copiamos a los franceses nos equivocamos". ¡Lástima no haberlo hecho al redactar la Constitución de 1978!

También sabemos, por lo que después diré, que el maestro enjuició muy negativamente las reformas llevadas a cabo por la Ley de Reforma Universitaria de 1983 y sucesivas normativas que posibilitaron cambios profundos y radicales y uno fundamental para quienes lo pilotaron: la conversión masiva, exactamente 10.500, de los profesores no numerarios, los PNN, en funcionarios mediante unas llamadas pruebas de idoneidad, que no eran tales pues los candidatos no comparecían ante los tribunales correspondientes y eran éstos, sin verles la cara, y solo ante la documentación por aquellos remitida, los que debían probar que no eran idóneos para el puesto y rechazarlos, o, como sucedió ante la dificultad de esa prueba diabólica, titularizarlos masivamente. Fue ese colectivo de profesores interinos, unidos bajo la bandera de eliminar el sistema de oposiciones a cátedras y acceder a ellas mediante un simple contrato laboral indefinido, el verdadero motor del cambio de modelo universitario, y no, ciertamente, una rebelión de los estudiantes, como sucedió en Francia y Latinoamérica, según referiré más adelante.

A esa masiva invasión de nuevos profesores titulares, algunos excelentes pero en buena parte ineptos, se sumó la cogestión en el gobierno de la universidad, abierta a los estudiantes y al personal de administración y servicios, el desmantelamiento pausado pero inexorable del sistema de oposiciones a cátedra, la falta de uniformidad de los estatutos que rigen las universidades, Facultades e, incluso, los departamentos y, lo que es más grave, de los planes de estudio, y, en definitiva, la conversión de un sistema universitario nacional y uniforme en toda España, en 81 universidades, distintas e incomunicadas entre sí, sin posibilidad real de traslados de estudiantes ni de profesores de unas a otras. Una universidad pueblerina por su ya insoportable endogamia, en que la atribución de méritos para el otorgamiento de sexenios de investigación o de acreditación para el acceso a titularidades o cátedras descansa ahora en la figura del evaluador anónimo. Una figura capital, injertada en los procedimientos de las agencias de evaluación, las Anecas, pues la hay nacional y ¡cómo no! también autonómicas. ¿Se imaginan un proceso penal, civil, laboral o contencioso-administrativo, o de un simple procedimiento administrativo, cuya resolución dependiera del dictamen de un perito anónimo? Pues justamente sobre esa figura del evaluador anónimo, con resonancias canónico-inquisitoriales, no reconocido, obviamente, en ninguna ley ni siquiera reglamento, que sepamos, descansa *in totum* esa supuesta evaluación, es decir, la atribución o el rechazo de los méritos de los profesores a los efectos de la selección y del progreso en su carrera.

Sobre este cambio del paradigma universitario, que tanto lo afectó, contamos con dos tempranas reflexiones del maestro GARCÍA DE ENTERRÍA, las dos de 1988:

Una de ellas está en esa citada tercera de ABC. Recordando su paso por la Universidad de Valladolid, escribe: "Hay momentos de fulgor y de opacidad en las instituciones, obedientes a razones azarosas de muy difícil identificación, pero puede decirse con seguridad que en aquellos años la Universidad de Valladolid estuvo en uno de sus mejores fastos.

"Fueron para mí cinco años de felicidad universitaria, a cuyo recuerdo vuelvo siempre para buscar apoyo cuando declina mi fe en este viejo y complicado armatroste en que entre unos y otros hemos convertido a la Universidad".

Más por menudo, su pensamiento sobre la nueva universidad participativa se recoge en la ponencia titulada "La autonomía universitaria", que presentó en el Simposio Internacional sobre L'Università nel Mondo Contemporaneo, celebrado en Bolonia en conmemoración del IX Centenario de su Universidad, en septiembre de 1988, texto que se publicaría en el número 117 de la *Revista de Administración Pública.*

El "contenido esencial" de la autonomía universitaria, explica, es el cumplimiento de una función crítica. Autonomía universitaria quiere decirbn "libertad de los docentes para poner en cuestión la ciencia recibida, para investigar nuevas fronteras de lo cognoscible, para transmitir versiones propias de la ciencia, no reproductivas de versiones establecidas".

La autonomía universitaria es, pues, en primer término, "libertad crítica y enseñante del docente, *sine qua non*, una autonomía que encarnó la universidad francesa anterior a la Ley de Orientación de 1968, que inició la serie de las reformas posteriores a la revolución estudiantil de ese año, autonomía real también presente en el modelo organizativo en las universidades de los países latinos que seguían un modelo análogo".

Apoya esa afirmación en tres argumentos:

Primero. "Los profesores estaban exentos del deber jerárquico en el ejercicio de sus funciones docentes e investigadoras".

Segundo. "Las reglas relativas a la selección del profesorado daban participación prevalente a la comunidad científica".

Tercero. "El desarrollo temprano de la idea de una libertad de cátedra en el siglo XIX excluyó la posibilidad de controles ideológicos del profesorado desde la política o desde concepciones religiosas o científicas determinadas".

Y concluye y reitera: "En el seno de aquella estructura administrativa burocratizada anidaba, pues, una real autonomía universitaria".

Más adelante se detiene en el delicado punto de la capacidad de las universidades para seleccionar su propio personal docente, algo, dice, que no corresponde a estas sino a "la propia comunidad científica", como venía siendo en la regulación de las oposiciones a cátedra, vigente en el antiguo modelo de la universidad española: "Solo la comunidad científica —afirma— es capaz de enjuiciar objetivamente a sus miembros, pues es solo en su seno donde la ciencia —que no es hoy nunca una actividad individual, como puede serlo la de un artista— se produce, se desarrolla y cambia —exigencia de cambio sin la cual no habría ciencia verdadera, como ya sabemos—, en ningún caso esa selección podrá ser determinada o condicionada por puros órganos políticos generales, de ministerio hacia arriba o hacia abajo, o por «participantes» sociales ajenos a la ciencia".

"La selección debe de atribuirse a esa comunidad científica como *corpus* que excede necesariamente de un cierto departamento o de una cierta persona. El intento de desautorizar ese procedimiento, que ha sido el tradicional de la universidad, con epítetos fáciles como los peyorativos de «cooptación elitista», «cacicatos» y análogos no suele ser sino un intento de esconder intereses mucho menos respetables que el de la ciencia".

Y concluye descalificando el nuevo modelo de universidad participativa: "El cambio de modelo es vivido de manera especialmente intensa por la mayor parte de las universidades europeas continentales, que han descubierto que no han ganado con la búsqueda de su sustrato real de autonomía en el principio participativo ni siquiera una mayor independencia real, sino en ocasiones lo contrario (rigideces, controles, burocratización, ejercitados, además, por quienes no tienen contacto con el «núcleo esencial» autonómico que ya hemos precisado, por quienes actúan intereses políticos o locales o personales tantas veces contradictorios con dicho núcleo).

"Un corporativismo ejercitado por quienes no son los miembros activos reales de la función corporativa típica conduce en la práctica a disfunciones graves.

"Entiendo que, aun tan temprano, el modelo participativo europeo pos 1968 ha demostrado graves inconvenientes y muy malos resultados, de modo que parece inexcusable que se abra un nuevo período de reforma de la reforma, si se quiere evitar una verdadera degradación sustantiva (la investigación de Daalder y Shils Universities, Politicians and Bureaucrates. Europe and the United States (Cambridge University Press, 1982) no conduce a otra conclusión".

A este impecable razonamiento me permito añadir que el origen del nuevo modelo de universidad que el maestro García de Enterría denunciaba tan explícitamente arranca, en mi opinión, del reconocimiento por la Constitución de 1978, algo inimaginable en las constituciones europeas, de autonomía política a la universidad, antes un servicio público perfectamente compatible, como él nos dice, con la libertad de cátedra. Y trae causa no solo de la revolución estudiantil de mayo de 1968, sino que tiene sus raíces mucho más atrás: en el asalto de los estudiantes de la de Córdoba (Argentina), del rectorado de su Universidad y del famoso "Manifiesto liminar de 1918", que a seguidas dirigieron "a los hombres libres de Suramérica", una soflama que hizo furor en todo el continente. Desde entonces, el reconocimiento explícito de la cogestión estudiantil, más la del personal de administración y servicios, sumado al de los profesores y la exención de todo control por el Estado, serán pauta común en los estatutos de las universidades públicas latinoamericanas. Para algunas de ellas, las más importantes, las llamadas universidades nacionales, como las de Uruguay y México, entre otras, dicha autonomía se regulará, y en los términos más enfáticos, en sus constituciones.

En aquel manifiesto liminar, los estudiantes cordobeses afirmaban ¡nada menos! que: "Como Hombres de una república libre, acabamos de romper la última cadena que en pleno siglo XX nos ataba a la antigua dominación monárquica y monástica.

"Nuestro régimen universitario —aún el más reciente— es anacrónico. Está fundado sobre una especie del derecho divino: el derecho divino del profesorado universitario. Se crea a sí mismo. En él nace y en él muere. Mantiene un alejamiento olímpico. La Federación Universitaria de Córdoba se alza para luchar contra este régimen y entiende que en ello le va la vida. Reclama un gobierno estrictamente" democrático y sostiene que el *demos* universitario, la soberanía, el derecho a darse el gobierno propio radica principalmente en los estudiantes [...].

"Por eso queremos arrancar de raíz en el organismo universitario el arcaico y bárbaro concepto de autoridad que en estas casas es un baluarte de absurda tiranía y solo sirve para proteger criminalmente la falsa-dignidad y la falsa-competencia.

"La juventud vive siempre en trance de heroísmo. Es desinteresada, es pura. No ha tenido tiempo aún de contaminarse. No se equivoca nunca en la elección de sus propios maestros. Ante los jóvenes no se hace mérito adulando o comprando. Hay que dejar que ellos mismos elijan sus maestros y directores, seguros de que el acierto ha de coronar sus determinaciones.

"En adelante solo podrán ser maestros en la futura república universitaria los verdaderos constructores de alma, los creadores de verdad, de belleza y de bien.

"La juventud ya no pide. Exige que se le reconozca el derecho a exteriorizar ese pensamiento propio de los cuerpos universitarios por medio de sus representantes. Está cansada de soportar a los tiranos. Si ha sido capaz de realizar una revolución en las conciencias, no puede desconocérsele la capacidad de intervenir en el gobierno de su propia casa".

Si algo se deduce con plena claridad de estos textos y de la circunstancia histórica que los alumbró es que la autonomía universitaria, entendida al gusto autogestionario latinoamericano, no se originó para garantizar la libertad de cátedra de los profesores, sino que justamente nació de todo lo contrario: una rebelión de los estudiantes argentinos contra la libertad de cátedra de sus maestros. En todo caso, esa rebelión estudiantil, que se anticipó medio siglo al mayo de 1968, tuvo importancia decisiva en la configuración moderna en las universidades públicas latinoamericanos, sobre todo en las que se llaman nacionales, que gozan así, como la nuestra, que de ellas lo tomó, de un blindaje constitucional.

En España es la influencia del modelo de universidad pública latinoamericano en mayor medida que el francés, resultante de la Ley Faure de Orientación Universitaria de 1968, en todo caso un modelo estatal y centralizado, el que explica nuestro sistema de enseñanza superior. Y es que a la atribución de autonomía política a la Universidad, al igual que en los descentralizados Estados latinoamericanos, se sumó el traspaso de la competencia sobre las universidades del Estado a las comunidades autónomas, que han dictado sus propias leyes universitarias y asumido la plenitud de las competencias de ejecución y gestión. Y todo ello bajo el insólito pretexto de garantizar una libertad de cátedra, que tampoco figura en las constituciones europeas y que ya estaba plenamente garantizada, incluso, potenciada, ya en la democracia, con una ilimitada libertad de expresión y de prensa, una justicia administrativa rigurosa y el recurso de amparo constitucional.

Para un administrativista a la antigua usanza, como es mi caso, resulta alarmante el proceso de burocratización cancerígena que ofrece el nuevo modelo. En aquellos tiempos del maestro GARCÍA DE ENTERRÍA en Valladolid, las doce universidades se gobernaban por un rector, un secretario general y los correspondientes decanos, sin más retribución para estos que el honor de haber sido elegidos y contar con la confianza de sus pares. Y todo el sistema dependía de una única dirección General de Universidades del Ministerio de Educación, que empleaba un puñado de funcionarios.

Sustituidos los principios de centralización y jerarquía por los de autonomía, coordinación y colaboración, contamos ahora en el aspecto central, después del traspaso de competencias a las comunidades autónomas, con los servicios de una secretaría de Estado o de una dirección general, tras los recortes, y según la Ley Orgánica 4ª de 2007 de Universidades, con una Conferencia General de Política Universitaria, un Consejo de Universidades, una Agencia Nacional de Evaluación y Acreditación, un Registro de Universidades y Títulos, sin que falte el consabido Observatorio, en este caso, de Becas y Ayudas al Estimulo. En cada comunidad autónoma, que se han dotado de leyes propias que invaden la competencia legislativa del Estado sin control alguno, y a imitación y semejanza del Estado, hay una dirección general dependiente de la Consejería de Educación, y como esta, al parecer, es incapaz de coordinar a las universidades de la propia comunidad, de un consejo universitario con esta finalidad y, ¡cómo no! las correspondientes agencias autonómicas de evaluación y acreditación.

Cada universidad se gobierna mediante una profusa administración colegiada: consejo social, claustro universitario, consejo de gobierno, juntas de escuela o de Facultad y consejos de departamento. Y por numerosos órganos unipersonales: rector, vicerrectores, decanos, vicedecanos, secretarios de facultad o escuela, directores y secretarios de departamento. Como estos cargos están dotados de una retribución específica, cuentan como mérito en la evaluación del profesorado y su renovación, un argumento fundamental en las elecciones universitarias, al modo del *spoil sistem,* su desmesurado crecimiento está resultando imparable.

Ante este panorama institucional en buena parte ya presente en 1988, ¿cómo extrañarse de que el maestro calificase entonces a la universidad de "viejo y complicado armatroste"? Acaso no sabemos desde la sociología de la burocracia, decía Max Weber, que en el mundo funcionarial y, por ende, corporativo, cuando, anómalamente, entra por la puerta la elección y destitución de los superiores por los inferiores, y en este caso además por los usuarios del servicio, la jerarquía, la consiguiente disciplina y la responsabilidad profesional salen por la ventana. Si la democracia consiste en que el pueblo soberano elige a sus representantes para que a su vez, gobiernen y se responsabilicen de los servicios públicos, y lo es la universidad pública, he aquí, justamente en ella, un caso en el que esto no ocurre y, por consiguiente, aunque plenamente constitucional, un agujero negro en nuestro sistema democrático y cuyo bastardo origen ya conocemos: la "heroica" rebelión de los estudiantes de la Universidad de Córdoba (Argentina), en 1918, y de los estudiantes parisinos medio siglo después contra, precisamente, la libertad de cátedra de sus maestros, convertida ahora en una coartada para burlar el régimen político representativo.

Si del cambio de las estructuras universitarias pasamos a considerar la evolución de los costes del nuevo sistema desde la masa salarial universitaria, y primer factor de su inasumible gasto, las cifras son abrumadoras. Según datos del Registro Central de Personal, el personal docente e investigador en el Sistema Público Universitario Español, en julio de 2013, y después de haber sido reducido en, aproximadamente, un diez por ciento por los recortes de los últimos años, se ha situado en 97.500 efectivos, a lo que hay que sumar el coste, amén del de funcionamiento e infraestructuras, el del personal de administración y servicios (PAS), que alcanza los 52.500 empleados públicos; lo que eleva a alrededor de 150.000 los efectivos de este gran ejército universitario. Un colosalismo que de por sí arroja ya serias dudas sobre su calidad y eficiencia. En definitiva, ya no solo estamos, como decía el maestro García de Enterría en 1988, ante un armatroste institucional, sino, además, ante una insoportable carga económica de muy difícil reducción ante el blindaje garantista de la función pública que protege al profesorado y al personal auxiliar.

Preso de desproporcionadas estructuras autogestionarias e inmerso en una burbuja económica, no es fácil que el sistema universitario camine hacia el desiderátum que tantos proponen: el arquetipo de la universidad americana, empresarial y competitiva y, fundamentalmente privada, sobre todo en sus niveles de excelencia. Una importación imposible, pues no son precisamente los alumnos, ni el personal de administración y servicios, ni siquiera los profesores, los que realmente gobiernan esas soñadas universidades, sino sus patronatos. Y en estos la voz cantante la llevan los generosos mecenas y *sponsor* que las financian en mayor medida que las tasas de las matrículas, en todo caso escandalosamente altas e inasumibles para el estudiante europeo. Pura fantasía es, en fin, hablar de competencia entre universidades públicas que disparan con "pólvora del rey" y que puede degenerar, como en parte ya ocurre para captar más estudiantes, en una rebaja de los niveles de rigor en los exámenes y en la dispensa de títulos profesionales.

Ante ese panorama no se avizora en el horizonte otra cosa que la continuidad de reformas de las reformas de la universidad, como ha ocurrido, ahora mismo en Francia, donde la Ley de Reforma Universitaria de Sarkozy de 2007 ha sido ya "contrarreformada", por la reciente ley de 2013 de la socialista ministra Fioraso. Y aquí también aconteció con la reforma de la ley socialista de 2007 que reforma la reforma de los populares de 2001, que a su vez reformó la LRU de 1982 socialista, la verdadera madre del modelo vigente.

Esto de dar vueltas, de manosear legislativamente el mismo despropósito, sucede al tiempo que con fuerza imparable desembarca, en Estados Unidos y en Europa, la gran revolución educativa que las prodigiosas tecnologías de nuestro tiempo han hecho posible. Me refiero a las MOOC, o Massive Open Online Courses, aparecidas en 2012, que se distinguen de las anteriores prácticas del *e-learning* por la importancia que se reconoce a las evaluaciones y a la posibilidad de actividades e interacción entre los propios alumnos, todo *on line*. El MIT, primero, después Stanford, como Yale y Harvard, fueron pioneros pero ahora se ha dado un paso más con la creación de las plataformas Open Coursera, Udacy, nacida en Silicon Waley, EdX, fundada por MIT y Harvard, que avalan este movimiento imparable. En Francia misma esta modalidad de la enseñanza, que anticiparon programas de "les Grans Ecoles" de ingeniería, se ha potenciado con el lanzamiento de la reciente plataforma "France université numerique" (FUN) que ofrece cursos gratuitos de *management*, derecho, relaciones internacionales, historia, ciencias, etcétera.

A este generoso sistema de enseñanza, fundamentalmente gratuita, le falta, sin embargo, en mi opinión, una pieza fundamental: tomar conciencia de que buena parte de los numerosos alumnos ya inscritos o que sueñan con ella pretenden, además de adquirir o mejorar conocimientos, que se les reconozcan y se le expidan, mediante las oportunas pruebas, los certificados o títulos profesionales que les permitirán progresar en sus vidas. Falta, pues, un paso más hacia el reconocimiento explícito del derecho de los que en cualquier edad o circunstancia tienen "dotes de ingenio y ansia de saber" a ser examinados y valorada su aptitud profesional al margen de si el aprendizaje se ha alcanzado mediante profesores particulares, en cursos *on line* o por propia cuenta y razón. Algo tan fácil ahora en que con un computador o una simple *tablet* se accede por Internet a esa fabulosa biblioteca que alberga una nube, allá en el cielo, donde todo saber se encuentra ya. Un derecho que, como dije, reconoció el decreto del liberal e institucionalista Ruiz Zorrilla en 1868 y que le permitió, un siglo después, al entonces joven catedrático GARCÍA DE ENTERRÍA examinar, y que se licenciaran, en mi opinión, más decentemente que ahora, miles de alumnos libres en la Facultad de Derecho de la Universidad de Valladolid.

Con estas reflexiones concluyo esta *lectio brevis*, que en nombre y presumiendo la venia del maestro GARCÍA DE ENTERRÍA —y aprovechando, nunca mejor dicho, que el Pisuerga pasa por Valladolid— me he permitido endosarles sobre su muy positiva valoración del modelo universitario bajo el que ganó y ejerció su primera cátedra y de su crítica a las reformas que acabaron con él. Y termino ya mi intervención en este acto en los términos en que él despedía en aquel artículo de *ABC* a su fallecido compañero JUAN ANTONIO ARIAS BONET: "Hoy sabemos ya, definitivamente, que EDUARDO GARCÍA DE ENTERRÍA ha sido uno de los universitarios más cabales de nuestra época, por el rigor, por el entusiasmo, por la finura, por la alegría que le habitó. Esa alegría, esa calidad no han podido perderse y quienes fuimos sus discípulos y tenemos siempre presente su recuerdo esperamos que algún día Dios nos hará reencontrarlo".

Pero mientras no nos topamos de nuevo con él —lo que yo, al menos, por si acaso, no descarto—, no estaría de más que leyéramos, otra vez con toda atención, al más grande estudioso del pasado y del presente de la administración española y pusiéramos en valor su pensamiento para mejorar en lo posible el funcionamiento de ese complicado armatroste en que, como dejo dicho, hemos convertido a la universidad, y me atrevo a añadir, al propio Estado español. Y es que dar utilidad a su esfuerzo, su obra, su pensamiento, es la única forma de sentirlo todavía vivo entre nosotros y el mayor elogio que podemos hacer en su memoria.

2. EL MAESTRO GARCÍA DE ENTERRÍA, ÚLTIMO LIBRO, ÚLTIMA LECCIÓN

Todos los que desde su fallecimiento han glosado la figura de este gran español que fue EDUARDO GARCÍA DE ENTERRÍA han exaltado al jurista que ha trascendido con su ingente obra nuestras fronteras. Un caso extraordinario, pues la ciencia jurídica española, desde los tiempos de los grandes juristas del siglo XVI, que sentaron las bases del derecho internacional (VICTORIA, DE SOTO, FRANCISCO SUÁREZ), no había tenido apenas eco en el panorama jurídico internacional. Nuestra pobre balanza jurídica con la ciencia europea remontó algo en nuestros días gracias a su esfuerzo y nos hizo ser reconocidos y valorados allí donde antes éramos desconocidos. Así lo percibimos en nuestras, gracias a él, cada vez más frecuentes relaciones con profesores europeos y latinoamericanos y, especialmente cuando, llenos de orgullo y emoción, asistimos a su investidura como Doctor *Honoris Causa* por la Sorbona y la Universidad de Bolonia.

Un gran jurista, desde luego, mas no al modo común de conocedor y exégeta del derecho positivo, de la jurisprudencia y la dogmática, sino al sentir romano en que tal condición se atribuía a aquellos que, además, tenían noticia de todas las cosas divinas y humanas. Y es que su insaciable ansia de saber y su infalible memoria lo llevaron a atesorar vastos conocimientos filosóficos, literarios, históricos y de sociología de las organizaciones, que le permitieron tratar las disputadas cuestiones de siempre desde variadas y novedosas perspectivas, en un lenguaje preciso y brillante, que venía cultivando desde su adolescencia en Llanes (Asturias). Allí fundó con cuatro amigos (como nos cuenta en un entrañable artículo recogido con otros en *Hamlet en Nueva York*, Madrid, La Esfera de los Libros, 2008), El Pentágono, un grupo para versificar y compartir lecturas; un anticipo del Club de los Poetas Muertos que relata la gran película de Peter Weir. De su gran talento y de su temprano cultivo de esa pasión poética y literaria le vino su brillante destreza narrativa, de la que dejó cumplido testimonio allí donde posó su pluma: en sus penetrantes ensayos sobre la poesía de Fray Luis de León, Quevedo, Luis Rosales, el teatro de Valle Inclán..., semblanzas de Ortega, Ramón Carande, Salvador de Madariaga, Joaquín Garriges... y, en fin, en su apostólico entusiasmo por Jorge Luis Borges, que plasmó en *Fervor de Borges* (Trotta, 1999), lo que, en definitiva, lo llevó a ocupar un más que merecido sillón en la Academia de la Lengua.

También es muy cierto que en la universidad española pocos lo superaron en generosidad docente, contándose por cientos los profesores de Derecho Público que en España y fuera de ella se reclaman sus discípulos. Sé mucho, y de primera mano, de su pasión por enseñar, ya que en la lotería de la vida me tocó en suerte el injustificado privilegio de haber sido su primer ayudante de cátedra (formalmente desde el 9-10-1959) y el primer colaborador de su despacho de abogado y, dada mi torpeza como escaso talento, aquel de sus discípulos en que invirtió más tiempo y paciencia para sacar adelante. En aquella condición, y durante doce años, en la Universidad de Valladolid primero y luego en la Complutense, disfruté y aprendí en todas sus clases, a las que lo acompañaba, primero en solitario y después junto con Lorenzo Martín-Retortillo. No solo en sus clases magistrales, sino también en su seminario, que dirigió durante medio siglo, el maestro alimentó las ansias de saber de quienes lo seguíamos. Con emoción recuerdo la modestia del primer escenario: un pequeño despacho, enrejado, que daba al jardín del histórico Colegio Mayor de Santa Cruz compartido con Derecho Fiscal, y donde por primera vez nos reunió a Alejandro Nieto y a mí con un señor de Palencia de cuyo nombre no puedo acordarme, pero sí de que para poder asistir tenía que coger un tren que salía de aquella ciudad a las seis de la mañana. ¡No olvidaré nunca el fervor con que comentábamos la recién estrenada Ley de Procedimiento Administrativo de 1958! Más que como discípulos, el maestro trataba como a hijos a quienes lo seguíamos, pues solo por estos somos capaces de dar batallas con el coraje y pasión con que él nos defendía. Así fue, entre otros, en mi caso con aquellas cartas contundentes de difícil respuesta, que todavía conservo y releo.

Como es conocido, otro gran amor suyo, además de Amparo, fue la montaña. Montañero impenitente, escaló cuando era joven los picos de Europa y toda su vida caminó por ellos, como por Gredos, semanalmente, y en los Alpes suizos en todas las vacaciones estivales que le conocí. A las montañas dedicó páginas emocionantes: las disputas sobre las alturas de los picos cántabros y astures (*La humillación de los altivos*) y el elogio al gran montañero inglés Mallory en su épica muerte a escasos metros de la cima del Everest, y, en fin, en su libro *Montañeros y montañas,* y siempre presentes en su vida Cantabria y Liébana y Potes, su cuna y su tumba. Magistralmente resumió la filosofía de los montañeros, la suya propia: "Desde hace ya mucho se ha pensado en las montañas como un campo de educación moral de los hombres, que encuentran en ellas un poder impávido y fuerte y, no obstante, acogedor y estimulante, y con las que a los montañeros nos gustaría fundirnos y ganar así su fortaleza. El montañero que lucha con ellas para coronarlas no busca, obviamente, humillarlas, sino probar su propio esfuerzo y acreditar su hermosa fraternidad con ellas. Cuando la montaña resiste al afán conquistador de los hombres, quienes sufren esa resistencia, tantas veces dolorosa y algunas veces trágica incluso, no extraen de la experiencia sino el afán de perfeccionar su esfuerzo o, en su caso, la no siempre dolorosa convicción de haber encontrado un límite absoluto a las propias capacidades también, paradójicamente, un nuevo beneficio moral".

Me atrevo a sugerir que, amante de las grandes perspectivas, el maestro abordaba, metodológicamente, las cuestiones institucionales desde lo más alto, con gran angular y profundidad de campo, que diría un fotógrafo. El angular lo llevaba a explorar y comparar con la nuestra el mismo problema en otros países y sistemas; la profundidad de campo era su insaciable curiosidad histórica sobre el origen y evolución de las instituciones que nos gobiernan y que estudió con profundo respeto de su pasado, invocando a EDMUND BURKE en sus conocidas *Reflexiones sobre la Revolución francesa*, al que gustaba citar literalmente: "Hemos consagrado al Estado, para evitar los males de la inconstancia y de la versatilidad, males mil veces peores que los de la obstinación y el prejuicio más ciego. Lo hemos consagrado para que ningún hombre se atreva a examinar sus defectos y sus corrupciones sin la necesaria circunspección, para que nadie piense en hacer reformas por medio de la subversión, para que nadie se acerque a los defectos del Estado, sino como se hace ante las heridas de un padre, con un miedo respetuoso y una solicitud temblorosa".

Pienso por ello que su vocación más profunda, que casaba con su espíritu ilustrado y pasión reformadora, fue, más que la dogmática jurídica y el oficio de abogado, el estudio del Estado. Desde luego, del Estado de derecho, al que dedicó sus mayores esfuerzos, pero desde la plena conciencia y responsabilidad, no tan común, de que este no es posible sin unas instituciones públicas sólidas a las que hay que atender prioritariamente, pues si estas no funcionan el esfuerzo por aquel es una farsa tan inútil como arar en el mar. En mayo de 1981, en su prólogo de *Revolución francesa y administración contemporánea*, muestra su añoranza por su primera inclinación intelectual: "Mucho tiempo he estado tentado por los estudios de historia de las ideas en cuanto se expresan en la historia institucional, lo que los alemanes llaman la *Dogmengeschichte* o historia de los dogmas jurídicos. Tengo esa ocupación por uno de los placeres intelectuales más refinados y gratificantes, pero es un hecho que al final mi especialización de jurista positivo, y no de historiador del derecho, ha concluido por desplazar a aquella inclinación. Quedan de ella algunos trabajos modestos, como estos que reúne este libro ordenados alrededor de la Revolución francesa. Se comprenderá que me sea grato retornar a ellos y añorar un trabajo intelectual que dejé interrumpido, pero con el que me siento espiritualmente identificado".

De su devoción y preocupación por el Estado español, de su patriotismo y espíritu de servicio, dio sobradas pruebas como letrado del Consejo de Estado, en su primera juventud, y en su cátedra después, y en sus numerosas publicaciones en defensa del Estado de derecho y la organización de los poderes públicos. Pero si sus trabajos para extender al límite la garantía judicial fueron recibidos con general aplauso y aprovechamiento en nuestro país y fuera de él, y se plasmaron en significativos reconocimientos y homenajes, no puede decirse lo mismo cuando entró en la gran cuestión que aquí, en España, nos divide y enfrenta desde el siglo XIX: centralismo o descentralización, el Estado centralista francés o el Estado federal alemán como modelos de nuestra organización política; algo, me atrevo a pensar, le gustaría recordáramos al hilo de sus preocupaciones y avatares, pues intuyo que los intelectuales comprometidos, como él ejemplarmente fue, prefieren que los honremos, más que derramando inútiles lágrimas o enumerando las distinciones y medallas que les colgaron del pecho, nunca tantas y tan merecidas, con el repaso de las experiencias y enseñanzas que nos legaron para el mejor gobierno de nuestras vidas; al fin y a la postre, y llegados al final, es, prestando de nuevo algún servicio, la única manera que tenemos de sobrevivir. ¡Hagamos, pues, con él otro seminario!

En sentir del maestro GARCÍA DE ENTERRÍA, la opción por el centralismo afrancesado que, ¡oh paradoja!, adoptaron de partida, mientras peleaban con el francés, los liberales desde la Constitución de Cádiz, elección tenazmente mantenida a lo largo del siglo XIX, pese a las crueles reacciones del carlismo y del cantonalismo federal de la Primera República, fue la mejor y la única técnicamente posible para poner en pie en España un Estado moderno. Su decidida puesta en valor del centralismo en nuestra historia es patente en sus reflexiones sobre la división de poderes y la Revolución francesa, los prefectos y la Francia provincial, la provincialización del régimen local, los orígenes del municipalismo y, en definitiva, en su visión sobre la génesis y los problemas de la administración española con la que tituló uno de sus libros más conocidos. Esta firme creencia la resumió en frase lapidaria en su prólogo del libro *La administración pública con relación a España,* de ALEJANDRO OLIVÁN: "precisamente gracias a la centralización que supuso el modelo administrativo que se impuso durante el siglo XIX ha sido posible plantearse actualmente un proceso descentralizador"; y también en su rotundo elogio a todos nuestros ancestros administrativistas de aquella primera generación, más afanados en poner en pie y mejorar las instituciones públicas, es decir, el Estado español, que en trabar con excesivos enredos garantistas su funcionamiento o en figurar y perorar en el teatro político:

"La conciencia de que trabajaban para algo permanente y objetivo les aleja desinteresadamente de la zona vivaz de la polémica política, cuando de las fuertes personalidades de muchos de ellos hubiese cabido esperar papeles más brillantes en el concierto colectivo. Extremando la idea, podría decirse de ellos con justicia, que tienen vocación de «servidores del rey», es decir, de una empresa y una institución objetiva que los transciende y no de románticas cabezas de ratón a que el juego democrático tentaba cada día".

Una toma de posición sobre la construcción del Estado español muy distinta de los políticos e intelectuales regeneracionistas que le imputaron, por centralista y afrancesado, las mayores culpas de los males de la patria y vieron en la descentralización política, que ya reclamaban los nacionalistas desde principios del pasado siglo y con iguales intenciones secesionistas de ahora, la gran carencia y la principal solución a nuestros problemas. Primero Maura, Canalejas y Dato, como Melquiades Álvarez y Ortega y Azaña desde el Partido Reformista y tantos otros, propusieron un "sano regionalismo": una generosa descentralización en la ingenua confianza de apagar con ella las pretensiones independentistas.

Llegada la transición democrática, el maestro GARCÍA DE ENTERRÍA no contempló el futuro del Estado español de igual manera que en su pasado centralista y tuvo también su momento descentralizador. En una serie de artículos en *El País* (21 al 26 de septiembre de 1976), que recogió en *Estudios sobre las autonomías territoriales* (Civitas, 1983), abogó, en principio, por un nuevo regionalismo orientado a la ordenación del territorio, a la política de desarrollo económico y a la superación del mando burocrático centralizado que habría encajado en el modelo francés de la regionalización económica: la instaurada tras el rotundo rechazo del pueblo francés a la descentralización política propuesta por el general De Gaulle en 1969 (regiones económicas, primero, bajo la forma de establecimientos públicos, ley 72-619, de 5 de julio de 1972, y, después, de colectividades territoriales, ley de 2 de marzo de 1982, y, por ende, sin poderes legislativos). Incluso, más lejos, y al hilo de los acontecimientos, apostó entonces por un modelo federal rigurosamente igualitario, pero sin privilegios forales ni fundamentos históricos o de presunta identidad cultural, como los pretendidos por los nacionalistas periféricos, decía, "de clara filiación romántica". Seguía así, sobre más modernos y sólidos fundamentos, los pasos de ORTEGA en la *Redención de las provincias*. Pero tengo para mí que ese salto cualitativo del más prudente regionalismo económico a la francesa a un federalismo a la alemana, más que por convicción federalista, lo veía como un mal menor, como una forma de poner coto al aquelarre de hidalguías identitarias y a la insaciable sed autonómica que por doquier se desató tras la muerte del dictador y que el maestro contempló con honda preocupación:

"Desde el momento mismo del cambio político se hizo visible la necesidad imperativa de una redistribución territorial del poder. El centralismo de estricta observancia hizo crisis definitiva con la desaparición del general, que hizo de dicho centralismo su medio predilecto de dominación. Catalanes y vascos desenfundan en el acto sus viejas reivindicaciones, esta vez con caracteres más agudos. A su imagen surgen por doquier exigencias análogas en los lugares del país aparentemente más tranquilos en este orden de cosas. Los partidos nacionales, aún débiles, lejos de intentar poner coto a esta eclosión de pretendidos particularismos, van a situar en la corriente, que juzgan imparable, sus propias turbinas políticas. El mismo poder ha de prefigurar la generalización autonomista para apaciguar y ordenar tanta iniciativa local, mediante el curioso sistema llamado de las preautonomías a partir de 1977. Los constituyentes no discuten un minuto siquiera la oportunidad de instaurar un sistema generalizado de autonomías territoriales, sino solo —y no mucho, por cierto, por el temor de agitar unas aguas aún desconocidas en su profundidad— cómo y en qué términos".

Pero no fue aquel modelo igualitario o federal estricto, simétrico, que, *in extremis*, el maestro García de Enterría defendió para frenar la avalancha descentralizadora, el que resultó del título VIII de la Constitución, pues "no es sentar plaza de original ni desvelar ningún secreto técnico afirmar que el título VIII de la Constitución, «De la organización territorial del Estado», es el más imperfecto de su texto y, por eso mismo, dada la trascendencia del tema que intenta regular, uno de los más preocupantes cuando se trata de articular su desarrollo. Políticos relevantes de partidos nacionales sostuvieron en el momento del referéndum constitucional, buscando atraerse los votos de las provincias con más conciencia y exigencia de autonomía, que esta «no tiene techo» en la Constitución, literalmente".

Pese a esa descalificación del título VIII de la Constitución y su "resuelta antivocación política", dejó de prestar su asistencia para racionalizar el modelo constitucional y presidió, a instancias del presidente del Gobierno, Calvo Sotelo, y del jefe de la oposición, Felipe González, la Comisión que preparó los pactos autonómicos de 1981 y la Ley Orgánica de Armonización del Proceso Autonómico. Una ley cuya anulación por el Tribunal Constitucional acató en positivo, pues "lo importante es haber remitido al fin la cuestión a una construcción jurídica que se debate sobre interpretaciones del texto constitucional y de los Estatutos y que se arbitra finalmente por el Tribunal Constitucional".

Otro que no fuera un tenaz montañero como él se habría quedado en ese acatamiento formal y, como tantos otros, en la denuncia académica y en el pronóstico fatalista (desgraciadamente, a punto de cumplirse), pues "ha sido tantas veces señalada la insuficiencia del título VIII de la Constitución que ir a buscar en él criterios y reglas jurídicas precisas puede parecer de antemano un trabajo perdido. Pero a este respecto, convendrá no anticipar antes del análisis los posibles resultados de este ni excusarlo con un desánimo previo". Por ello, porque el desaliento no era lo suyo y a pesar de sus pesares el maestro, en notable ejemplo de realismo posibilista, se arremangó dispuesto a domesticar el insólito modelo constitucional de distribución territorial del poder por medio del derecho, y ahí quedan los innumerables trabajos que, a trancas y barrancas, facilitaron el funcionamiento del sistema autonómico durante las últimas décadas, de cuya enumeración, por resultar excesivamente prolija, hago gracia.

Todavía, y al final de sus fuerzas, había de volver sobre la descentralización política y su aciago destino entre nosotros en su "Estudio preliminar y selección de textos" del libro *Azaña. Sobre la Autonomía política de Cataluña* (Tecnos, 2005). Un libro que presentó en el Senado, allí mismo donde había fundado la *Revista de Administración Pública* e inaugurado su primer seminario de Derecho Administrativo, en Madrid, y que continuaría en la Facultad de Derecho. Pues bien, en ese libro y en ese acto en el Senado comenzó recordando el inicio de la tragedia de aquel ingenuo descentralizador (al que en nuestros días trató de emular el presidente Rodríguez Zapatero con los resultados de todos conocidos) y que si en su discurso de Barcelona, el 17 de marzo de 1930, se creía más catalanista que nadie ("tenía yo, o creía tener, la comprensión del catalanismo. *¿Cómo percibir la diferencia? Está claro: antes comprendía el catalanismo.* Ahora, además de comprenderlo, siento el catalanismo [...] Yo concibo, pues, a España con una Cataluña gobernada por las instituciones que quiera darse mediante la manifestación libre de su propia voluntad. Unión libre de iguales con el mismo rango, para así vivir en paz, dentro del mundo hispánico que nos es común y que no es menospreciable [...] Y he de deciros también que si algún día dominara en Cataluña otra voluntad y resolviera ella remar sola en su navío, sería justo el permitirlo y nuestro deber consistiría en dejaros en paz, con el menor perjuicio posible para unos y para otros y desearos buena suerte, hasta que cicatrizada la herida pudiésemos establecer al menos relaciones de buenos vecinos. *¡No se dirá que no soy liberal!*"), en sus terminales escritos políticos, de 1939, sobre el desleal comportamiento de la Generalidad de Cataluña con la República ante la prueba del nueve de la guerra civil, conducta anticipada con la rebelión militar contra esta el 6 de octubre de 1934, confiesa su decepción y amargura con los nacionalistas y la propia descentralización política, patético final de Azaña que el maestro relata de forma insuperable:

"En ese momento Azaña cambia de manera clara de posición. El que había sido el autor casi a título personal del régimen autonómico de Cataluña, que él concibió, con especial y manifiesto entusiasmo, como una gran obra española, se encuentra ahora con que las autoridades autonómicas de Cataluña utilizan la tragedia de la guerra civil desde el primer momento para violar resueltamente sus límites constitucionales y legales en virtud de los cuales estaban gobernando, desconocer abiertamente las funciones y competencias del Estado dentro del sistema autonómico y operar como un verdadero Estado independiente. Esta deslealtad manifiesta y grave, que fue mantenida los tres años de la guerra civil, le hiere de manera directa y aguda y en ese momento cambia ostensiblemente, y resueltamente, de posición. [...] Esta manifiesta y casi cínica deslealtad le hirió profundamente y le llevó a rectificar su opinión sobre el régimen autonómico mismo y aun sobre los políticos catalanes, cuya excelente relación con él tanto le había satisfecho y tanto había valorado hasta entonces. Este ostensible cambio de posición, que tan profundamente debió dolerle, se fue motivando desde los orígenes mismos de la guerra civil ante hechos tan graves como la formación de un verdadero ejército catalán, exento de toda articulación, no ya dependencia, con el ejército de la República, la reivindicación inmediata de una insólita expansión territorial catalana sobre Aragón (formación por la Generalidad de un Consejo de Aragón, por ella sola formada y dominada) y otros históricos «Paisos Catalans», como el intento de conquista de las islas Baleares con un ejército naval y terrestre propio, en la desatinada —y catastrófica— expedición a Menorca del capitán Bayo del mismo año de 1936, pero se hizo definitivo ante el sistemático desconocimiento y violación de todos los límites constitucionales, legales y estatutarios de la autonomía, que se mantuvo hasta el momento en que el propio Azaña encomienda su rectificación resuelta al nuevo Gobierno Negrín, constituido el día 17 de mayo de 1937".

Así, tras esta última lección con claro mensaje —y utilizando como caso testigo, uno de sus métodos favoritos, la tragedia de Manuel Azaña con los nacionalistas— sobre el inútil y fatal destino en nuestro país de la descentralización política o de cualquier federalismo, a todas luces ingenuo y quimérico cuando se parte de la voceada e históricamente probada deslealtad a España y a su Estado de sus principales defensores y beneficiarios, nos ha dejado, con todos sus deberes hechos, EDUARDO GARCÍA DE ENTERRÍA, para tantos maestro y, para algunos, también padre. Un jurista excepcional y, a más, humanista, montañés y montañero y, sobre todo, un gran español y un buen hombre, un cristiano; una condición que dejó patente en sus estremecidos comentarios al poema *Cristo en la cruz,* de JORGE LUIS BORGES, y que me permito declamar por si acaso me oye: "[...] La negra barba pende sobre el pecho. El rostro no es el rostro de las láminas. Es áspero y judío. No lo veo y seguiré buscándolo hasta el día último de mis pasos por la Tierra [...]". Él lo buscó, y de seguro ya lo encontró, de la única manera que es posible: derrochando esfuerzo y generosidad a lo largo de toda su vida.

APROXIMACIÓN AL ACTO ADMINISTRATIVO EN GARCÍA DE ENTERRÍA EN EL DERECHO COMPARADO

Efraín Pérez

Sumario: 1. Introducción. 2. Noción del acto administrativo en García de Enterría respecto de otros autores. A) Acto administrativo: acto jurídico como expresión de funciones del Estado (acto normativo, acto jurisdiccional, acto subjetivo, acto condición —estos dos últimos formas típicas del acto administrativo— Duguit. B) Otra "dirección". a) Autotutela, paralelo, sentencia judicial (Mayer, Bocanegra). b) Decisión ejecutoria (Hauriou-Vedel). c) La autotutela no se necesita en todos los casos. 3. Definición. 4. Distinto de la potestad reglamentaria. No es una diferencia "cuantitativa" sino "de grado". "El reglamento crea o innova derecho objetivo, el acto lo aplica". 5. El acto administrativo y el negocio jurídico. A) Ejercicio de potestad administrativa. B) Autonomía de la voluntad. C) La voluntad en el poder discrecional. 6. La noción contemporánea de acto administrativo y la tendencia de desvincularlo como centro del contencioso-administrativo. A) La evolución del concepto de "acto administrativo" hacia una figura de defensa de los derechos subjetivos constitucionales de los ciudadanos.

1. Introducción

Escriche, en la primera mitad del siglo xix, ofrece su amplia definición de los "actos administrativos" del derecho español como "Las decisiones, providencias o hechos que cualquiera autoridad administrativa o agente del gobierno toma o ejecuta en desempeño de sus funciones. Los jueces no deben mezclarse de modo alguno en las operaciones de las autoridades administrativas, ni tomar conocimiento de sus actos, porque los poderes de la administración están separados y son independientes de los tribunales de justicia"[1].

Es una amplísima definición. Desde antes de esa época la noción de acto administrativo ha tenido manifestaciones diversas en las sucesivas expresio-

[1] *Diccionario razonado de legislación y jurisprudencia,* 2ª ed., Madrid, Imprenta del Colegio Nacional de Sordomudos, 1838, pág. 124. Esta definición se repite en las ediciones que se han podido consultar, de Eugenio Maillefert y Compañía, París, 1858, pág. 78; Garnier Hermanos, París, 1901 y en la publicada por Editorial Temis, Bogotá, 1977, que, sin citar el año, reproduce la "Edición notablemente corregida y aumentada, con nuevos artículos, notas y adiciones sobre el derecho americano por Juan B, Guim, Doctor de ambos derechos y abogado de los tribunales del reino de España".

nes doctrinales y jurisprudenciales de los países que acogieron el esquema del derecho administrativo.

Pero, básicamente, toda la evolución del concepto se relaciona con 1) su admisibilidad en el contencioso-administrativo y 2) el intento de establecer una definición más estricta.

Según LAUBADÈRE, no es cierto que una noción tan fundamental en derecho administrativo como es el acto administrativo tenga una definición única y cierta[2].

En esta breve exposición trataré sobre la concepción del maestro GARCÍA DE ENTERRÍA del acto administrativo en el derecho administrativo español y sus vinculaciones con la doctrina española y del resto de Europa, y algunos criterios expresados por autores de América del Sur.

En un esquema de la exposición de GARCÍA DE ENTERRÍA, presentaré sus criterios (1) respecto de otros autores, (2) ampliado en el tema de su relación con el negocio jurídico, para concluir con (3) algunas breves reflexiones sobre el acto administrativo actual.

2. NOCIÓN DEL ACTO ADMINISTRATIVO EN GARCÍA DE ENTERRÍA RESPECTO DE OTROS AUTORES

GARCÍA DE ENTERRÍA inicia su concepción del acto administrativo con el examen de las nociones existentes, que las expondré en el mismo orden constante en su *Curso de derecho administrativo*[3], conforme el cuadro esquemático que precede esta exposición.

A) *Acto administrativo: acto jurídico como expresión de funciones del Estado (acto normativo, acto jurisdiccional, acto subjetivo, acto condición —estos dos últimos formas típicas del acto administrativo— Duguit)*

GARCÍA DE ENTERRÍA contrasta este enfoque, que atribuye a cada función un acto específico, con el criterio que se encuentra en DUGUIT, seguido por JÈZE, que más bien hace un análisis abstracto de las diferentes clases de actos jurídicos que puede expedir el Estado, que los clasifica en: 1) acto normativo; 2) acto jurisdiccional; 3) acto subjetivo y 4) acto condición. Según esta escuela, los actos subjetivos y los actos condición serían los típicos actos administrativos, mientras el acto normativo correspondería a la función legislativa, y el acto jurisdiccional el típico de la función judicial, explica GARCÍA DE ENTERRÍA.

[2] ANDRÉ DE LAUBADÈRE, J. C. VENEZIA e YVES GAUDEMET, *Traité de droit administratif*, t. I., Paris, Librairie Générale de Droit et de Jurisprudence (LGDJ), 1992, pág. 511.

[3] EDUARDO GARCÍA DE ENTERRÍA y TOMÁS-RAMÓN FERNÁNDEZ, *Curso de derecho administrativo*, t. I, 16ª ed., Madrid, Civitas, Thompson Reuters, 2013.

B) *Otra "dirección"*

a) *Autotutela, paralelo, sentencia judicial (Mayer, Bocanegra).* "Otra segunda dirección pretende caracterizar el acto administrativo por las notas de autotutela que en sí contiene", continúa GARCÍA DE ENTERRÍA. La monografía de BOCANEGRA SIERRA sobre el acto administrativo sería inspirada, "con algún matiz", en la corriente iniciada por MAYER y los alemanes de identificar el acto administrativo de la función ejecutiva con la sentencia de la función judicial, "como acto que decide autoritariamente la situación jurídica del súbdito en un caso individual".

La otra corriente dentro de esta "segunda dirección" de *autotutela* sería, según GARCÍA DE ENTERRÍA, "la teorización de una «decisión ejecutoria» como el acto administrativo prototípico, que parte de HAURIOU y que se mantiene aún en la doctrina francesa", calificando "esas concepciones como notoriamente imprecisas"[4].

MAYER sustenta el criterio de que "[c]on la nueva estructura del poder público (el acto administrativo) llega a ser, súbitamente, un resultado de la separación de los poderes"[5]. Quizá con la finalidad de ilustrar este punto asimila el acto administrativo a la sentencia: "El acto administrativo representa para la administración el correlativo necesario de las sentencias de los tribunales; él es indispensable a fin de que la organización administrativa tenga igual valor desde el punto de vista jurídico. Por ello es que insistimos desde el principio, con gran energía, sobre el carácter equivalente del acto administrativo con relación a la sentencia"[6].

Es verdad, decía STASSINOPOULOS que "[e]l acto administrativo determina el derecho en el caso individual; ocurriendo lo mismo en la decisión jurisdiccional"; pero añadía la necesidad de distinguir en qué se diferenciaban ambas nociones. Así, acude a la divergencia entre la estricta sujeción del juez a la ley, en contraste con el poder discrecional de la autoridad administrativa. Estos conceptos del siglo XIX ya se habían atenuado en la época en que STASSINOPOULOS hacía estas comparaciones en la década del cincuenta del siglo XX. Pero hoy se encuentra abandonada definitivamente la noción de que el juez lo que hace es aplicar estrictamente la ley, especialmente con la comprobación de los amplios vacíos de esta. Por otra parte, el ámbito de la discrecionalidad de la administración se encuentra extremadamente restringido. En cambio, mantiene su validez la observación del autor citado de que la administración puede actuar de oficio, mientras que el juez solamente puede intervenir a petición de una de las partes; no obstante que, observa, frecuentemente la administración está prohibida de actuar por su cuenta. Para concluir, afirma que el verdadero

[4] GARCÍA DE ENTERRÍA, *op. cit.*, pág. 588.

[5] OTTO MAYER, *Derecho administrativo alemán*, t. I, Buenos Aires, Depalma, 1982, pág. 75.

[6] *Ibid.*

criterio de la distinción entre la sentencia y el acto administrativo es que "[L]a función ejecutiva, que se orienta a la satisfacción de las necesidades cotidianas del público, se manifiesta en el acto administrativo, que es una manifestación jurídica extremadamente elástica, revocable en principio y fácilmente adaptable a la función de la administración. [...] diferencia (entre el acto administrativo y la sentencia) que consiste esencialmente en el hecho [de] que solo la sentencia ostenta la fuerza de la cosa juzgada o fuerza de la verdad legal"[7].

b) *Decisión ejecutoria (Hauriou-Vedel).* Las "decisiones ejecutorias individuales" en Francia equivalen a nuestro acto administrativo, tal como se conceptúa el acto administrativo en la doctrina administrativa suramericana, especialmente la argentina.

A pesar de la tradición administrativista francesa, todavía se discuten las afinaciones del concepto del acto administrativo y de la "decisión ejecutoria". Según VEDEL: "Las ambigüedades de las decisiones ejecutorias o, más exactamente, de la expresión «decisiones ejecutorias» se deben por una parte a que es utilizado para designar objetos diferentes y, por otra parte, a que es utilizado como sinónimo de acto administrativo unilateral"[8].

Así, el término "ejecutorio" en Francia se aplica, sea al momento en que el acto entra en vigor —lo que incluye también los contratos—, cuanto "para calificar el acto, para identificar su naturaleza o, al menos, su carácter". VEDEL cita el famoso *Manual de derecho administrativo* de MAURICE HAURIOU, donde define la decisión ejecutoria como aquella que necesariamente establece la ejecución de oficio, y considera VEDEL que es una expresión sinónima de "actos administrativos unilaterales".

HAURIOU le atribuye a la administración la prerrogativa de "la acción de oficio" y el procedimiento por decisión ejecutoria[9], que son el fundamento de la denominada "autotutela" de la administración por la doctrina.

Pero a partir de la duodécima (y última) edición (1992) de su conocida obra, VEDEL modifica su criterio estableciendo una importante diferencia entre "decisión ejecutoria" y "acto administrativo unilateral". En efecto, señala, la diferencia estriba en que la decisión ejecutoria *modifica* una situación de derecho o de hecho anterior, lo que no ocurre con *todos*, sino con ciertos actos administrativos unilaterales, tal como se los concibe en Francia[10].

[7] MICHEL D. STASSINOPOULOS, *Traité des actes administratifs,* Athénes, Institut Français d'Athènes, 1954, pág. 74.

[8] GEORGES VEDEL y PIERRE DEVOLVÉ, *Droit administratif,* t. I, 12ª ed., actualizada, Paris, PUF, 1992, pág. 243.

[9] MAURICE HAURIOU, *Précis de droit administratif et de droit public,* 12ª ed., 1933, edición facsimilar, Paris, Dalloz, 2002, págs. 361 y ss.; 371 y ss.

[10] VEDEL, *op. cit.*, t. I, págs. 245, 246-248: "una decisión que no produce modificaciones de la situación de derecho o de hecho existente con anterioridad no constituye una decisión ejecutoria, sin negarle, no obstante, el carácter de acto administrativo unilateral" (pág. 246).

c) *La autotutela no se necesita en todos los casos.* Con referencia a la autotutela entre las características del acto administrativo, García de Enterría con razón señala que no tiene que expresarse en todos y cada uno de sus actos jurídicos (actos interadministrativos, actos subvencionales: "no en todas las ocasiones la administración necesita tutelar y proteger sus derechos o intereses frente a terceros")[11]. Quizá por esa razón, Vedel modificó su criterio y consideró *ejecutorios* solamente determinados "actos administrativos unilaterales" y no los demás de la administración.

Muñoz Machado va más allá en este tema, distinguiendo "como manifestaciones básicas de la autotutela administrativa una autotutela de carácter declarativo y otra ejecutiva"[12], y desestimando la validez de la *ejecución forzosa*, sostiene que esta debería deferirse al juez contencioso-administrativo, postulando: "El privilegio de la decisión ejecutoria es, en términos generales, compatible con la Constitución; el de la ejecución forzosa no siempre lo es"[13].

3. Definición

Modificación de la definición de Zanobini (Ranelletti): "Acto administrativo sería así la declaración de voluntad, de juicio, de conocimiento o de deseo realizada por la administración en ejercicio de una potestad administrativa distinta de la potestad reglamentaria". García de Enterría[14].

Ahora bien, Bocanegra Sierra también discute un concepto "amplio" a partir de la definición de García de Enterría y Fernández, modificada: "La declaración de voluntad, de juicio, de conocimiento o deseo, realizada por la administración en el ejercicio de una potestad distinta de la reglamentaria"[15].

[11] García de Enterría, *op. cit.*, pág. 588.

[12] Santiago Muñoz Machado, *Tratado de derecho administrativo y derecho público general,* t. i, primera parte, Madrid, Iustel, 2006, pág. 620.

[13] *Ibid.,* pág. 626.

[14] García de Enterría: "[...] la declaración de voluntad, de juicio, de conocimiento o de deseo realizada por la administración en ejercicio de una potestad administrativa distinta de la potestad reglamentaria". Los calificativos de la declaración, como "de voluntad, de juicio, etc.", manifiesta García de Enterría que la hace "sobre una formulación ya clásica de Zanobini", García de Enterría, *op. cit.,* t. i, pág. 591. A su vez, Zanobini atribuye la frase a Ranelletti: aunque "aceptando sustancialmente esta última definición, creemos oportuna una leve modificación", *Corso de diritto ammnistrativo,* Milano, Giuffrè, pág. 243. Similarmente, García-Trevijano Fos define el acto administrativo como "declaración unilateral de conocimiento, juicio o voluntad, emanada de una entidad administrativa actuando [*sic*] en su faceta de derecho público, bien tendente a constatar hechos, emitir opiniones, crear, modificar o extinguir relaciones jurídicas entre los administrados, o con la administración, bien con simples efectos dentro de la propia esfera administrativa", García-Trevijano Fos, *op. cit.,* págs. 96-97.

[15] Raúl Bocanegra Sierra, *Lecciones sobre el acto administrativo,* 4ª ed., Madrid, Civitas Thompson Reuters, 2012, pág. 45.

GORDILLO, en Argentina, manifiesta que "en un concepto *amplio* de acto administrativo estarían comprendidas las tres hipótesis (acto bilateral, acto unilateral general, acto unilateral individual), pero que en un concepto más restringido, que es el que adoptaremos [...], solo se tomarán en cuenta los actos *unilaterales e individuales*"[16].

Antes de la Revolución, afirma MAYER en *Derecho administrativo alemán,* la noción de acto administrativo era completamente desconocida. Pero se debería matizar esta última afirmación, puesto que sin duda existían actuaciones de las autoridades, pero en tanto no se sometían a un juzgamiento externo o interno de la administración pública, resultaba innecesario distinguirlas o identificarlas jurídicamente. Tal vez en este sentido afirma CARRÉ DE MALBERG que ROUSSEAU ya había dicho que el acto administrativo no era más que "una voluntad particular, un acto de magistratura, un decreto"[17].

En el afinamiento de la definición de acto administrativo se ha insistido en su alcance jurisdiccional. Así, afirma PARADA, siendo el acto administrativo todavía "básicamente una resolución enjuiciable, su concepto no debe comprender más que aquello que constituye objeto de impugnación ante la jurisdicción contencioso-administrativa, por lo que no sirve de mucho a estos efectos la definición ya clásica de ZANOBINI, muy difundida en la doctrina española"[18]. Como se ve, es un enfoque diferente formalmente de criterios, como el de BOCANEGRA, que propugnan una conceptualización del acto administrativo desvinculada de sus efectos jurisdiccionales.

En el derecho alemán, la ley correspondiente dispone: "Acto administrativo es toda disposición, resolución u otra medida de autoridad adoptada por un órgano administrativo y dirigida a la regulación de un caso particular en el ámbito del derecho público, con efectos inmediatos en el exterior (frente a terceros)". A partir de este precepto, BOCANEGRA avanza su propia definición "estricta": "Acto administrativo es toda decisión o resolución administrativa, de carácter regulador y con efectos externos, dictada por la administración en el ejercicio

[16] AGUSTÍN GORDILLO, *Tratado de derecho administrativo*, t. III, Fundación de Derecho Administrativo, Buenos Aires, 2011, págs. II-29.

[17] RAYMUND CARRÉ DE MALBERG, *Contribution à la théorie générale de l'État*, t. I, Paris, Sirey, 1920 (en edición facsimilar del CNRS), pág. 471. El párrafo completo del *Contrato social* de ROUSSEAU señala: "Por la misma razón que la soberanía es inalienable, ella es indivisible. Puesto que la voluntad es general o no es voluntad; es la del cuerpo popular, o solamente de una parte del pueblo. En el primer caso esta voluntad declarada es un acto de soberanía y crea la ley. En el segundo, no es más que una voluntad particular, o un acto de magistratura; a lo máximo es un decreto" (Libro II, cap. 2, "Que la soberanía es indivisible"), *Du contrat social ou principes du droit politique*, Paris, Bibliothèque Bordas, 1972, págs. 92-93 (trad. del autor). Recuérdese que ROUSSEAU publica la versión final del *Contrato social* en 1762, es decir, bastante antes de la Revolución francesa; de todas maneras, no utiliza el término "acto administrativo".

[18] RAMÓN PARADA, *Derecho administrativo,* t. I, Madrid, Marcial Pons, 2012, pág. 98.

de una potestad administrativa distinta de la reglamentaria"[19]. Esta definición se proyecta en la línea que propugna este autor español, de la desvinculación del concepto de acto administrativo de la justicialidad de las actuaciones de la administración. Es decir, no solamente los actos administrativos se consideran justiciables, sino cualquier actuación u omisión ilegal o ilegítima de las autoridades. Así, ya no sería necesario extender exageradamente la cobertura del acto administrativo para cubrir todas las eventualidades de lesiones de los derechos de los ciudadanos[20]. Esto se refleja en la nueva ley de la jurisdicción contencioso-administrativa de España y también en la reforma del artículo 38 de la Ley de Modernización del Ecuador, que considera justiciables en la jurisdicción contencioso-administrativa todos "los actos, contratos, hechos administrativos, reglamentos expedidos, suscritos o producidos" en el ejercicio de funciones administrativas, lo que se ha recogido en el Código Orgánico de la Función Judicial del Ecuador, que añade la "inactividad" de la administración entre las actividades justiciables en el contencioso-administrativo.

Hay que notar que la Ley de Modernización del Ecuador, desde comienzos de los años noventa del siglo XX, suprimió el requerimiento de agotar la vía administrativa y que en reforma posterior sometió a la jurisdicción contencioso- administrativa, además de los "actos administrativos", los "hechos" y "contratos" del Estado y su "inactividad".

1. "Declaración *intelectual*" y otros estados intelectuales: de juicio, deseo, conocimiento

2. Puede ser "declaración de voluntad"

GONZÁLEZ estima que "el término declaración es suficiente para indicar por sí solo ese conjunto de expresiones intelectuales"[21].

3. Tiene que ser de la administración. Unilateral

El concepto de unilateralidad supone que para la manifestación de la voluntad administrativa y la obligatoriedad del cumplimiento del acto respectivo basta el pronunciamiento del órgano competente, sin que se requiera la integración de la voluntad del receptor del acto, cuya aceptación o rechazo es indiferente para la validez del acto administrativo. Otra cosa distinta es que la unilateralidad del acto administrativo "no excluye [...] que la voluntad del administrado pueda jugar como presupuesto de existencia"[22].

[19] BOCANEGRA, *op. cit.,* pág. 35.

[20] "[...] parece inevitable, en la práctica, tener que partir de un concepto amplísimo de acto administrativo, estrictamente acomodado a aquellas necesidades del contencioso que permitan evitar situaciones de indefensión, con el concepto amplio que suele admitirse comúnmente en nuestra doctrina mayoritaria [...]" pág. 43.

[21] JESÚS GONZÁLEZ PÉREZ y FRANCISCO GONZÁLEZ NAVARRO, *Régimen jurídico de las administraciones públicas y procedimiento administrativo común,* Madrid, Civitas, 1993, pág. 683.

[22] GARCÍA DE ENTERRÍA, *op. cit.,* t. I, pág. 593.

4. Distinto de la potestad reglamentaria. No es una diferencia "cuantitativa" sino "de grado". "El reglamento crea o innova derecho objetivo, el acto lo aplica"

En España, señala García de Enterría, "el reglamento crea o innova derecho objetivo, el acto lo aplica"[23]. El derecho administrativo francés, en cambio, conserva la denominación de acto administrativo también para los reglamentos, que entran en la categoría de "actos administrativos unilaterales ejecutorios reglamentarios", para distinguirlos de los actos que afectan situaciones subjetivas individuales. Vedel manifiesta que "[e]l acto reglamentario es una variedad de acto administrativo[24].

Según Laubadère, por ejemplo, "[l]a distinción de actos reglamentarios e individuales, sin embargo, no es absoluta y su puesta en vigencia encuentra ciertas dificultades"[25]. Marienhoff en Argentina, considera que el acto administrativo también se puede dar en forma bilateral, a diferencia de la definición que se ha adelantado, que se limita a las declaraciones unilaterales. Así, según este autor y los que lo siguen, el contrato administrativo también sería un acto administrativo, pero de índole bilateral: "Todo contrato administrativo es, sustancial y esencialmente, un acto administrativo bilateral"[26].

Los españoles también incluyen en los actos administrativos aquellos actos llamados por el Estatuto ecuatoriano "simples actos de la administración", "actos interlocutorios" o "actos de trámite", así denominados por la misma legislación española y excluyen, como los italianos, los actos reglamentarios, sin que falten autores que consideran un sentido amplio de acto administrativo que "abarque [...] tanto al acto administrativo *general* como al *concreto*"[27]. Pero sobre esta posición, se pregunta García-Trevijano Fos, "¿es esto posible jurídicamente hablando?", y contesta: "A mi juicio, en absoluto. La mayoría [*sic*] de la doctrina se opone a esta asimilación" (de acto administrativo con acto normativo). Concluye afirmando que "todo acto normativo —y en este caso los reglamentos y actos asimilados— debe excluirse de una teoría general de los actos administrativos". Afirma que "la inclusión de los reglamentos entre los actos administrativos tiene su origen en el dogmatismo kelseniano trasladado al campo administrativo por Merkl"[28]. Los administrativistas argentinos, en general, estudian el reglamento a continuación del acto administrati-

[23] García de Enterría, *op. cit.,* t. i, pág. 595.

[24] Vedel, *op. cit.*, t. i, pág. 271: "L'acte reglamentaire n'est qu'une varieté d'acte administratif".

[25] Laubadère, Venezia y Gaudemet, *op. cit.*, t. i, pág. 520.

[26] Miguel Marienhoff, *Tratado de derecho administrativo,* t. iii-A, pág. 39.

[27] Garrido, *op. cit.,* vol. i, pág. 414. En igual sentido Rafael Entrena Cuesta, *Curso de derecho administrativo,* vol. i, t. i, Madrid, Tecnos, 2003, pág. 175.

[28] García-Trevijano Fos, *op. cit.,* págs. 26, 27 y 29.

vo, mientras en España, por ejemplo García de Enterría, lo estudian al principio, en el apartado sobre las fuentes del derecho administrativo.

Bocanegra coincide con García de Enterría en afirmar que "los actos administrativos deben ser consecuencia del ejercicio de una potestad administrativa distinta de la reglamentaria"[29].

En la actualidad, los administrativistas italianos subrayan el aspecto subjetivo de la "resolución" (*provvedimento*) en cuanto modifica o confirma la situación jurídica del ciudadano[30], excluyendo los actos normativos o reglamentos; mientras que incluyen en los actos (*atti*) administrativos tanto las "resoluciones" como los llamados en el Estatuto ecuatoriano *actos de simple administración*, es decir, los actos de mero trámite[31].

5. El acto administrativo y el negocio jurídico

A) *Ejercicio de potestad administrativa.*

García-Trevijano Fos desarrolla su conocido estudio sobre el acto administrativo en el marco de la teoría del acto jurídico y el negocio jurídico[32]. El enfoque del acto jurídico y del negocio jurídico del derecho privado, sustentados en la autonomía de la voluntad, que se origina en las construcciones teóricas de los romanistas alemanes del siglo xix (pandectistas) lo traslada García-Trevijano Fos al derecho público. Así, establece la ecuación siguiente: acto jurídico-negocio jurídico (derecho privado) = acto administrativo (derecho público).

Duguit, a comienzos del siglo xx, fue del mismo parecer; es decir, también identifica el acto jurídico del derecho privado con el acto jurídico —acto administrativo— del derecho público, pero por razones diferentes y, por tanto, con alcances distintos absolutamente. Hay que adelantar que la noción de acto jurídico del derecho francés difiere del acto jurídico y del negocio jurídico de los pandectistas alemanes, como se verá líneas abajo.

El derecho civil napoleónico, acogido por el Código surameriano de Bello[33], aplicado en varios países suramericanos, incluye la noción de "acto jurídico" en múltiples disposiciones.

En general, en el Código de Bello las reglas de los contratos civiles rigen, en lo aplicable, a los demás actos jurídicos. Muchos de los principios contractuales determinan normas generales, como por ejemplo, las condiciones para

[29] Bocanegra, *op. cit.,* pág. 42.

[30] Cf, Giannini, *op. cit.,* v. ii, pág. 236; Sandulli, *op. cit.,* t. i. pág. 611.

[31] Estatuto del Régimen Jurídico y Administrativo de la Función Ejecutiva, art. 70.

[32] García-Trevijano Fos, *op. cit.*, pág. 27.

[33] El Código de Bello se aplica sustancialmente en Chile, Colombia, Ecuador y Venezuela, con reformas.

que una persona se obligue a otra por "un acto o declaración de voluntad", o "los vicios del consentimiento"[34], que disponen normas para todos los actos jurídicos determinados por la voluntad y no solamente para los contratos[35].

Los pandectistas alemanes construyeron la teoría del negocio jurídico para establecer un esquema único común que abarque figuras diversas, que códigos como el de Napoleón y el de BELLO consideran separadamente, sea el contrato y el testamento o determinadas notificaciones y aceptaciones, por ejemplo. Según los pandectistas la diferencia entre el "acto jurídico" y el "negocio jurídico" es que el acto jurídico es una acción humana con un efecto previsto por la norma jurídica, mientras que "[e]n el negocio (jurídico) el autor o autores autorregulan sus propios intereses, establece o establecen una norma de conducta vinculante para su satisfacción"[36], o, como lo define DE CASTRO: "la declaración o acuerdo de voluntades con que los particulares se proponen conseguir un resultado, que el derecho estima digno de su especial tutela, sea en base solo a [*sic*] dicha declaración o acuerdo, sea completado con otros hechos o actos"[37].

B) *Autonomía de la voluntad*

Es el sustento de la doctrina de acto jurídico y del negocio jurídico. El dogma de la autonomía de la voluntad ha sufrido ofensivas diversas en los últimos cien años, principalmente por los detractores de la doctrina del derecho natural. KELSEN y en general las teorías positivistas y formalistas del derecho, por ejemplo, desestiman el valor que la voluntad por sí misma pueda tener para afectar en cualquier sentido las relaciones jurídicas. Solo la norma legal puede determinar que la voluntad humana incida de alguna manera en el mundo jurídico, afirman. Es decir, la voluntad tiene algún valor jurídico en cuanto el acto específico de voluntad es reconocido por la norma jurídica y esta le asigna algún efecto específico en el ordenamiento. KELSEN reconoce "el negocio jurídico como hecho productor de derecho". Pero contrasta el *deber* (*Sollen*) que establecen las partes contratantes, como "el sentido subjetivo del acto en que se da el negocio jurídico", y aclara que también existe una significación objetiva, según la cual "este acto es un hecho creador de normas jurídicas en tanto y en

[34] "Art. 1445.—Para que una persona se obligue a otra por un acto o declaración de voluntad es necesario"; "Art. 1451.—Los vicios de que puede adolecer el consentimiento son: error, fuerza y dolo". Más adelante señala: "Art. 1454.—El error de hecho vicia el consentimiento cuando recae sobre la especie de acto o contrato [...]—".

[35] FRANÇOIS TERRÉ, PHILIPPE SIMLER et IVES LAQUETTE, *Droit civil, Les obligations,* 5ª ed., Paris, Dalloz, 1993, págs. 39-40: "conviene transferir el acto jurídico unilateral al régimen jurídico del contrato. Esta transposición se acompaña, evidentemente, de adaptaciones provenientes de la especificad del acto administrativo unilateral".

[36] LUÍS DÍEZ-PICAZO y ANTONIO GULLÓN, *Instituciones de derecho civil,* t. I, vol. I, Introducción, Parte general, Derecho de la Persona, Madrid, Tecnos, 2000, pág. 306.

[37] FEDERICO DE CASTRO Y BRAVO, *El negocio jurídico*, Madrid, Civitas, 1997, pág. 34.

cuanto el orden jurídico otorgue a ese hecho esa calidad": "Al establecer el orden jurídico al negocio jurídico como un hecho productor de derecho, autoriza a los individuos sujetos al negocio a regular sus relaciones recíprocas, en el marco de las normas jurídicas general, producidas por vía de legislación o costumbre, por las normas que son producidas mediante el negocio jurídico"[38].

Tal posición pone a KELSEN en las antípodas del enfoque del negocio jurídico, puesto que despoja la autonomía de la voluntad de su potestad creadora particular de normas y derechos subjetivos. Cierto es que la doctrina del negocio jurídico lo que afirma es que se produce este cuando las partes quieren los resultados que la ley prevé para sus actos.

Pero el tema es que el formalismo jurídico despoja el orden jurídico de todo elemento "natural", incluso suprimiendo el concepto mismo de "persona natural" en cuanto este se opone tradicionalmente, en el análisis jurídico, a la noción de "persona jurídica". KELSEN menciona la antigua discusión acerca de las personas "reales", es decir, lo que se conoce en derecho como "persona natural", en su contraste con la "persona jurídica", que en un momento denominó "ficticia" o "artificial" la teoría sin duda, recuerda KELSEN, existen autores que se han esforzado por demostrar que la persona jurídica también es real, no ficticia. Pero, afirma, es un esfuerzo vano el emprender en tal demostración, porque definitivamente la persona jurídica es una creación del derecho, en tal sentido "artificial", pero también el concepto de la "persona natural" resulta artificial, puesto que sus derechos y atribuciones provienen exclusivamente del orden jurídico. Así, concluye: "Ser una persona o «tener personalidad jurídica» es idéntico a tener obligaciones jurídicas y derechos subjetivos"[39].

Este enfoque absolutamente formalista se ve flexibilizado en cierta forma por HART —otro positivista—, cuando este reconoce que "la institución moral de una promesa" subyace a las denominadas "reglas de cambio", las cuales "confieren potestad a los individuos para variar las posiciones iniciales que les asignan las reglas primarias"[40]. Además, HART distingue entre "las diversas reglas jurídicas que confieren potestades a los particulares", considerando "una clase adicional de normas que también confieren potestades jurídicas pero,

[38] HANS KELSEN, *Teoría pura del derecho,* 2ª ed., México, D. F., Porrúa, 1997, pág. 264. La versión francesa de EISSENMANN traduce el término *Rechtsgeschäft* por *acte juridique* aclarando que, en este contexto, *acto jurídico* "cubre solamente los actos jurídicos hechos por los particulares" es decir, "el negocio jurídico" de la doctrina alemana; explicación necesaria en la traducción al francés, en vista de que, como se ha visto, la doctrina jurídica francesa nunca acogió el concepto de *negocio jurídico* (*Rechtsgeschäft*) de los alemanes, Paris, Dalloz, 1962, pie de pág. 343.

[39] *Ibid.,* pág. 229.

[40] HERBERT HART, *El concepto de derecho,* trad. Genaro R. Carrió, Buenos Aires, Abeledo-Perrot, 1995, págs. 119-120. *The concept of law,* 2ª ed., Oxford, Clarendon Press, 1997, pág. 96.

[...] potestades públicas y oficiales y no de naturaleza privada"[41], que permite confirmar la percepción contemporánea sobre la diferente naturaleza del acto jurídico del derecho privado y del acto administrativo del derecho público.

HABERMAS ha intentado superar la perplejidad que causa la rigurosidad lógica de estas doctrinas frente a la comprobación práctica de los ciudadanos, que obedecen, en su globalidad, la ley y respetan el orden jurídico porque lo consideran en general "justo" y concordantes con su valoración ética propia, independientemente de las teorizaciones doctrinales y de la letra de la ley. La construcción de HABERMAS intenta combinar los aspectos positivistas de la ley con la realidad de su valoración ética de parte de los ciudadanos. No obstante, la suya es una construcción lógica *ex post,* puesto que se refiere a lo que debería ser *lógicamente,* pero nunca supera la explicación del *ser* actual que puede o no acatar el enfoque del *deber* considerado subjetivamente[42].

Pero "la estructura jurídica de la sociedad no es producto exclusivo de la potestad pública", sostiene con plena razón HERVADA. Este filósofo del derecho, cultor del *iusnaturalismo* contemporáneo, estima que "el ordenamiento jurídico aparece como un sistema de relaciones jurídicas reguladas por la norma. [...] Los *momentos* del ordenamiento [...] son múltiples [...]. Estos momentos son: la ley, el acto administrativo, la sentencia judicial y la actividad negocial"[43].

Así, la autonomía de la voluntad privada se considera un poder de naturaleza jurídica, capaz de causar *por sí misma* efectos jurídicos eficaces. Este poder creador de normas es un poder originario, mas no soberano, en cuanto se encuentra regulado por la ley, que impone requisitos determinados de capacidad y forma, y las condiciones de validez de los actos de la autonomía privada[44].

En todo caso, reconoce como otros "momentos del ordenamiento", *diferentes* de la actividad negocial: la ley, el acto administrativo y la sentencia judicial, instituciones que ostentan características que difieren del negocio jurídico, con el cual no se pueden identificar.

Sobre la vigencia de la construcción teórica del negocio jurídico del derecho privado, señalan DÍEZ-PICAZO y GULLÓN: "En Europa occidental, solo el Código Civil alemán, el portugués de 1966 y el de los Países Bajos de 1992 contienen preceptos que disciplinan de manera especial la declaración de voluntad, independiente de cómo se manifieste [...]. En los demás (códigos) que siguen fiel a su origen romano-francés, hay normas que regulan los contratos, los testamentos, los matrimonios, etc., pero no existen normas sobre el negocio jurídico, ni esta expresión es utilizada normalmente por el legislador"[45].

[41] *Ibid.,* pág. 36. En la edición inglesa: pág. 28.

[42] Cfr. *Facticidad y validez,* Madrid, Trotta, 1996.

[43] JAVIER HERVADA, *Cuatro lecciones de derecho natural, Parte especial,* 4ª ed., (Lección Tercera, Los actos jurídicos de la autonomía privada), Pamplona, Eunsa, 1998, pág. 98.

[44] *Ibid.,* pág. 99-100.

[45] DÍEZ-PICAZO y GULLÓN, *op. cit.,* pág. 303.

En el campo del proceso civil, ya a fines del siglo XIX, WACH afirma: "El concepto de proceso como negocio jurídico procesal es pues en sí mismo una contradicción"[46].

En Ecuador, la Corte Suprema resolvió: "El acto administrativo al expedirse, nacer o crearse ha de expresar una de las potestades previamente especificadas por el ordenamiento jurídico, entonces el acto no nacerá si no hay una norma específica que lo autorice y prevea, ya que el acto administrativo se diferencia sustancialmente del negocio jurídico privado por cuanto es esencialmente típico desde el punto de vista legal, nominado, no obedece a ningún genérico principio de autonomía de voluntad, sino exclusivamente a la previsión de la ley"[47].

En Suramérica, la figura del negocio jurídico se introdujo en el siglo XX en los códigos de Argentina, Brasil y Perú, todos ellos con directa influencia del Código Civil alemán.

Así, a pesar de ser la figura del negocio jurídico un enfoque teórico que no ha gravitado mayormente en la legislación de los demás países de Europa y América, se reconoce la utilidad que tiene esta construcción teórica para estudiar y comprender mejor el derecho civil, como aceptan los autores españoles citados.

En cambio, debe recordarse que los elementos constitutivos del negocio jurídico se recortan básicamente sobre la figura del contrato. De tal manera, este enfoque del "negocio jurídico" ofrece una aplicación práctica del enfoque prevaleciente en el derecho civil romano-napoleónico, según el cual los elementos de la figura contractual se aplican en lo que fuere procedente a todas las diferentes actividades sometidas al derecho civil. Además, como se anticipa líneas arriba, las nociones contractuales del derecho civil romano-napoleónico se aplican también indudablemente al derecho público, incluso el acto administrativo, y el contrato administrativo, especialmente en el tema de la formación de la voluntad y sus requisitos, como son la capacidad y competencia, objeto, causa, forma y formalidad, etc.

GARCÍA DE ENTERRÍA señala que la discrecionalidad administrativa, por otra parte, no equivale a una efectiva autonomía de la voluntad, en contra de lo que han expresado algunos partidarios del acto administrativo como negocio jurídico, ya que los llamados "actos discrecionales" son una "simple manifestación de una potestad construida y atribuida como tal por la ley, en la que existe necesariamente una pluralidad de elementos reglados", que expresan "la idea de un [...] deber funcional"[48]. En todo caso, hoy se niega la existencia de un

[46] ADOLF WACH, *Manual de derecho procesal civil* (1885), Buenos Aires, EJEA, 1977, pág. 29.

[47] R, núm. 407, C. S. de J., Sala de lo Contencioso Administrativo (112-02), Jaramillo - Ministro de Desarrollo Urbano y Vivienda, RO 50. 28 de marzo de 2003.

[48] GARCÍA DE ENTERRÍA, *op. cit.*, t. I, pág. 594.

pretendido "acto discrecional", puesto que todo acto tiene elementos reglados y discrecionales en proporciones diversas.

BOCANEGRA afirma que "si no existe (y no existe, desde luego), una voluntad administrativa autónoma, independiente de la ley, no es posible, en absoluto, en efecto, tomar en préstamo del derecho privado las referencias a una posible declaración de voluntad (o, por extensión, según a veces se hace, al negocio jurídico) como técnica jurídica para explicar la actuación administrativa en la producción de los actos administrativos"[49]. Por otra parte, cuando la doctrina se refiere a *voluntad,* "no es una voluntad encerrada en el interior del sujeto, sino una voluntad que se manifiesta o actúa. En otras palabras, el núcleo central [*sic*] del negocio jurídico está constituido por una declaración de voluntad o por un comportamiento que es valorado como tal"[50]. Esto ya lo había expresado KELSEN: "No es exacto decir a propósito de las normas en general, las normas jurídicas en particular, que ellas son «la voluntad» o «el mandato» (la orden) —del legislador o del Estado—, si por «voluntad» o «mandato» (u orden) se entiende el acto físico de la voluntad"[51].

Como es obvio, CARRÉ DE MALBERG —en contraste con DUGUIT— acepta la realidad de que los órganos del Estado expresan la voluntad de este en cumplimiento de la competencia otorgada en leyes y reglamentos, pero en virtud del ordenamiento jurídico estas manifestaciones se reputan provenientes del Estado y dotadas, por tanto, de la potestad estatal: "[L]as voluntades expresadas a nombre del Estado son únicamente voluntades de individuos; pero, desde el punto de vista jurídico, es perfectamente exacto hablar de una voluntad del Estado: porque en virtud de la organización jurídica de la nación, las voluntades enunciadas en ciertas condiciones por ciertos individuos que tienen para este efecto competencia constitucional se erigen en voluntad colectiva del Estado. Jurídicamente, entonces, el Estado se convierte en un ser susceptible de querer, aparece como el sujeto de la voluntad de la colectividad"[52].

De esta manera, CARRÉ DE MALBERG justifica su discrepancia con el criterio expresado por su contemporáneo DUGUIT, que se cita líneas arriba. En efecto, en opinión de DUGUIT, no había tal voluntad estatal, sino tan solo voluntades individuales, cuyos actos jurídicos no se diferenciaban en nada del acto jurídico de carácter privado.

En consecuencia, el jurista puede sentirse inclinado a encuadrar la actividad pública —y del acto administrativo en particular— en la noción de "acto

[49] BOCANEGRA, *op. cit.,* pág. 37. Cfr., también, pág. 50: "No existe en los actos administrativos una configuración creadora conforme a la voluntad del sujeto actuante, sino que esta viene ya predeterminada por la ley a [*sic*] aplicar en un caso concreto previsto en el supuesto de hecho de la norma".

[50] DÍEZ-PICAZO, *op. cit.,* pág. 307.

[51] KELSEN, *op. cit.,* pág. 14.

[52] CARRÉ DE MALBERG, *op. cit.,* t. I, pág. 28.

jurídico", incluso de "negocio jurídico", en vista de la comodidad que significa una figura omnipresente y habitual como es el acto jurídico en el derecho privado. No obstante, se recuerda que la figura del "acto jurídico" y del "negocio jurídico" de la pandectística alemana se sustenta en el dogma de la autonomía de la voluntad. En este punto, se visualiza un abismo entre el negocio jurídico y el acto administrativo. STASSINOPOULOS explica que "[l]a diferencia fundamental consiste en el hecho [de] que el acto administrativo es el ejercicio de la potestad pública, que le confiere un elemento que falta en el acto privado". Por su parte, el individuo cuenta con la autonomía de la voluntad, mientras que el órgano público "no puede querer más que lo que la ley le permite y en la medida en que la ley se lo permite", sostiene este autor, citando a MAYER. Así mismo, esta declaratoria individual comporta una autolimitación que se impone el mismo particular, que solo excepcionalmente determina una limitación de la voluntad de otras personas, en cambio que el acto administrativo sí crea obligaciones para terceros[53].

C) *La voluntad en el poder discrecional*

Después de una extensa revisión de autores de diversa nacionalidad, GARCÍA-TREVIJANO FOS descarta la mayoría de las identificaciones de acto administrativo con negocio jurídico y concluye que en derecho público solo existe *negocio jurídico* en el "acto administrativo discrecional"[54]. Así, examina las doctrinas alemana, italiana, francesa, hispanoamericana y anglosajona, impugnando la mayoría de los enfoques de equiparación del acto administrativo con el negocio jurídico. También analiza los criterios de los autores que niegan esta equiparación, destacándose entre otros FORTSHOFF entre los alemanes, GIANNINI entre los italianos y GARCÍA DE ENTERRÍA entre los españoles, que rechazan la posible relación entre negocio jurídico y acto administrativo[55].

GARRIDO FALLA estima que "el negocio jurídico es fundamentalmente la consecuencia de la función autonómica que el ordenamiento jurídico reconoce a los sujetos de derecho para generar las relaciones jurídicas ya disciplinadas en abstracto y en general por las normas vigentes. [...] No hay duda [de] que esta función autonómica está atribuida a la administración, señaladamente cuando actúa dentro del ámbito de lo discrecional"; y por lo tanto acoge la noción de "actos administrativos con categoría de negocios jurídicos", entre los que incluye las admisiones, los nombramientos, las concesiones, las autorizaciones, las aprobaciones, las dispensas, incluso "negocios jurídicos que restringen la esfera

[53] STASSINOPOULOS, *op. cit.,* págs. 33-34. Reconociendo desde luego que el Estado también adquiere determinadas obligaciones en ciertos actos administrativos.

[54] GARCÍA TREVIJANO FOS, *op. cit.,* "Habrá negocio jurídico en sentido estricto, cuando el *qué,* el *cuándo* y el *cómo* del acto sea discrecional [...] en sentido amplio, cuando solo alguno de aquellos momentos sea discrecional", pág. 67.

[55] *Ibid.,* pág. 70-96.

jurídica de los particulares": las órdenes, las expropiaciones, las requisas, los rescates, las revocaciones y las jubilaciones, además de los actos que imponen sanciones disciplinarias[56].

Pero la misma posibilidad de identificar el negocio jurídico con el "acto administrativo discrecional" implica aceptar el criterio de GARCÍA-TREVIJANO FOS, de que exista un verdadero paralelo entre la autonomía de la voluntad del derecho privado con la discrecionalidad del derecho público, lo que se objeta en la actualidad, por ejemplo, entre los italianos contemporáneos. Así, SANDULLI considera que "en el campo del acto administrativo [...] la acción administrativa se encuentra siempre condicionada —incluso cuando tiene carácter discrecional— a los fines institucionales"[57]. En sentido similar se pronuncia GIANNINI[58].

Se concluye sobre este tema con la diferenciación que hace CLAVERO ARÉVALO "entre la potestad discrecional de la administración y el principio de la autonomía de la voluntad. Este supone libertad de actuación en lo no prohibido por la ley; aquella supone libertad de actuación cuando la ley autoriza dicha libertad. La autonomía de la voluntad y la potestad discrecional suponen ambas el reconocimiento de un margen de libertad en el ordenamiento jurídico, pero mientras aquella se reconoce por vía general, salvo en los casos prohibidos, la potestad discrecional se va concediendo en forma dosificada para cada caso concreto"[59].

6. LA NOCIÓN CONTEMPORÁNEA DE ACTO ADMINISTRATIVO Y LA TENDENCIA A DESVINCULARLO COMO CENTRO DEL CONTENCIOSO-ADMINISTRATIVO

El acto administrativo ha recorrido un amplio derrotero en doscientos años de avatar. En efecto, se fija su nacimiento en los alrededores del año 1800 (años más, años menos), a pocos lustros de la Revolución francesa, con relieves muy diferentes de los actuales.

Pero hay que concordar con FERNÁNDEZ DE VELASCO en que "lo jurídicamente interesante no estriba en averiguar dónde aparece en primer término, sino cómo aparece y por qué"[60].

La noción de acto administrativo delimita en aquella época el ámbito vedado a las potestades legislativas y por tanto judiciales, frente al ejecutivo,

[56] FERNANDO GARRIDO FALLA, ALBERTO PALOMAR y HERMINIO LOSADA, *Tratado de derecho administrativo,* vol. I, Madrid, Tecnos, 2005, págs. 575-582.

[57] ALDO SANDULLI, *Manuale di diritto amministrativo,* t. I, Napoli, Jovene Editore, 1989, pág. 609.

[58] MASSIMO SEVERO GIANNINI, *Diritto amministrativo,* vol. II, Milano, Giuffrè Editore, 1993, pág. 239.

[59] MANUEL CLAVERO ARÉVALO, *Estudios de derecho administrativo,* Sevilla-Madrid, Instituto García Oviedo, Universidad de Sevilla-Civitas, 1992, págs. 73-74.

[60] RECAREDO FERNÁNDEZ DE VELASCO, *El acto administrativo,* Madrid, Editorial Revista de Derecho Privado, 1929, pág. 69.

dentro del concepto clásico de división de los poderes. El juzgamiento de estos "actos administrativos" de parte de los jueces ordinarios se habría interpretado como una intromisión inconveniente en los asuntos administrativos. Estos actos son juzgados solamente por el mismo ejecutivo, por medio de la jurisdicción contencioso-administrativa.

Según FERNÁNDEZ DE VELASCO, "la institución matriz productora del acto administrativo es el recurso contencioso-administrativo, así como, a su vez, el recurso contencioso-administrativo es una consecuencia de la separación de poderes"[61]. En la actual Francia todavía los actos administrativos son juzgados por una competencia administrativa, diferente de la judicial: el Consejo de Estado; una competencia que se llama "delegada", es decir, independiente de la administración pública, pero que forma parte de la función ejecutiva, para contrastarla con la competencia "retenida", como funcionó en la época temprana. Pero, la noción de acto administrativo surge como actividad no susceptible de examen por la jurisdicción común. Este autor considera que el acto administrativo se define como aquel "realizado por la administración y legalmente susceptible de ser impugnado por el recurso contencioso"[62].

El posterior desempeño del concepto del acto administrativo se encuentra determinado por la ampliación de su esfera: la regla de la "decision préalable": sin decisión previa no hay acción contenciosa[63], con referencia a la lógica ampliación de su órbita, que es el acto administrativo negativo presunto. Para evitar que el silencio del órgano público conduzca a la indefensión —por no tener sobre qué reclamar—, se configura ese silencio como un acto administrativo que presuntamente rechaza la petición del ciudadano, que lo habilita para impugnar ese acto administrativo negativo presunto en el contencioso-administrativo.

Ese acto administrativo presunto que nace históricamente como negativo se presenta hoy como acto administrativo presunto *positivo*, sin perjuicio de comprobar que a veces conviene más al ciudadano la aplicación de la negativa presunta[64].

Pero aún la discusión de la validez o legalidad de la actuación administrativa se centra sobre un "acto administrativo", y si este no existe, se necesita

[61] FERNÁNDEZ DE VELASCO, *op. cit.*, pág. 70.

[62] *Ibid.*, pág. 69.

[63] VEDEL, *ob. cit.*, págs. 151 y ss.

[64] Por lo menos en la Ley de Modernización del Ecuador. El art. 28 de la Ley transformó el efecto del silencio administrativo, cuando este se ha producido, en positivo, reformándolo del carácter negativo que establece el art. 31 de la Ley de la Jurisdicción Contencioso-Administrativa del Ecuador. Mas no es menos cierto que de acuerdo con esta última norma, cuando transcurrieren 30 días sin que la autoridad administrativa que pudo dejar sin efecto el acto lesivo no le haya dado solución, se entenderá que se ha producido una denegación a lo solicitado, normativa que evidentemente continúa vigente en los casos en los cuales, si bien no es posible aplicar la figura que da origen al silencio administrativo positivo, sin embargo no ha sido posible obtener, pese a la reclamación pertinente, la resolución favorable de la reclamación.

"producirlo", como observa BENALCÁZAR, que pone de ejemplo la reclamación de indemnizaciones del Estado, conforme el procedimiento establecido en el Estatuto del Régimen Jurídico y Administrativo de la Función Ejecutiva (Erjafe) del Ecuador[65]. La jurisprudencia de casación de la Sala Administrativa de la Corte Suprema del Ecuador corrige la confusión inicial sobre el requerimiento de la *décision préalable* de los franceses, es decir, el "acto administrativo previo", establecido en el Erjafe, con el requisito del agotamiento de la vía administrativa[66]. Posteriormente la jurisprudencia de casación en Ecuador estima que el requisito del *préalable* no equivale al requerimiento de agotar la vía administrativa sino a la necesidad de crear un acto impugnable[67].

Señala GARCÍA DE ENTERRÍA: "Históricamente, los vicios del acto administrativo han ido surgiendo al compás de la propia expansión del recurso contencioso-administrativo (el recurso de anulación o *pour excès* de *pouvoir* en Francia), como otras tantas *ouvertures* del mismo [*sic*]: incompetencia, vicio de forma, desviación de poder y, finalmente, violación de ley y de los derechos adquiridos. Este todavía es el planteamiento habitual del derecho francés"[68].

[65] JUAN CARLOS BENALCÁZAR GUERRÓN, "El derecho a la tutela judicial efectiva en los procesos que se siguen en contra de la administración pública: una visión crítica de la situación del ordenamiento jurídico vigente en el Ecuador", en *Temas constitucionales,* Revista del Tribunal Constitucional, año 1, núm. 2, junio, Quito, 2004, pág. 97.

[66] "[S]e casa la sentencia recurrida, porque no fue necesario el agotamiento de la vía administrativa para incoar la acción contencioso-administrativa, pues lo que se demanda es una indemnización, no por un acto, sino por un hecho causante de daños, y que, por tanto, procede la demanda relativa al pago de daños y perjuicios", res. 312-03, Sala de lo Contencioso Administrativo de la Corte Suprema de Justicia, Quito, 17 de diciembre del 2003; (172-02), Dr. José Alejandro Chong Qui Lang Long interpone recurso de casación contra sentencia del Tribunal Distrital núm. 2 de lo Contencioso-Administrativo de Guayaquil, en juicio contra del Gerente de la Corporación Aduanera Ecuatoriana, RO núm. 33514 de mayo de 2004.

[67] "[...] para que pueda iniciarse una acción contencioso-administrativa debe existir una manifestación de la voluntad de la administración que vulnere un derecho o interés directo del recurrente, situación que no ha ocurrido en el caso por lo que bien hizo el Tribunal «a quo» al desechar la acción por prematura [...] Su demanda no se rechaza por la falta de agotamiento de tal vía, como erradamente sostiene, sino por falta de acto administrativo impugnable como se dijo en líneas anteriores, R. núm. 407. Sala de lo Contencioso Administrativo, (112-02), Jaramillo-Ministro de Desarrollo Urbano y Vivienda, RO. 50, 28 de marzo de 2003,

"El hecho no siendo una relación jurídica, no puede merecer la calificación de legal o ilegal y por lo mismo, producido este, bien puede el afectado reclamar directamente a la administración por los efectos dañosos e injustos que tal hecho le ha producido. Esta situación jurídica es el objeto de la disposición de los artículos 130 y 131 del Estatuto del Régimen Jurídico Administrativo de la Función Ejecutiva que se encontraban vigentes a la fecha de la interposición de la demanda,- R. núm. 293. Sala de lo Contencioso Administrativo, Quito, a 19 de noviembre del 2003; (267-02), Neacato, en su calidad de mandataria de varios exservidores de la Empresa Nacional de Correos-Ministro de Obras Públicas y Comunicaciones y el Procurador General del Estado, RO núm. 319. 22 de Abril de 2004".

[68] GARCÍA DE ENTERRÍA, *op. cit.*

Es cierto que la delimitación del concepto de acto administrativo apoyado en criterios jurisdiccionales se concibe originalmente como mejor tutela de los derechos del ciudadano, pero desemboca en aporías que contradicen esos mismos designios.

Como explica este autor, la enumeración clásica de causales de impugnación del acto administrativo en la vía contencioso-administrativa en España respondía al esquema francés, calificado de "fundamento de división artificioso y falto de rigor lógico" desde 1956 en la ley jurisdiccional española, considerándose que "lo que importa es si existe infracción jurídica" estableciendo la ley de entonces el ilícito administrativo de forma general: "Cualquier infracción del ordenamiento jurídico, incluso la desviación de poder"[69].

Las agudas observaciones de MAIRAL develan las contradicciones que genera el rígido enfoque procesal del acto administrativo. Sus reglas de impugnación, con breves plazos de caducidad de la acción procesal disponible para el ciudadano, transforman cualquier "acto" —no necesariamente un acto administrativo— del órgano público prácticamente en cosa juzgada "judicial". Esto es tanto más clamoroso en cuanto convierte en acto firme y estable, incluso el acto nulo de pleno derecho, el acto *inexistente* y, peor aún, como señala MAIRAL, los que denomina "meros pronunciamientos administrativos", es decir, actuaciones del órgano administrativo sin competencia alguna, carentes de un sustento legal previo, que contradicen el principio constitucional según el cual a nadie se le puede impedir lo que la ley no prohíbe ni se le puede obligar a lo que no manda la ley. Estos actos, no obstante, gozan también de la presunción de legitimidad y de ejecutoriedad, además de su firmeza, si caducan los plazos de impugnación en vía judicial[70]. La Ley de la Jurisdicción Contencioso-Administrativa de Ecuador, establece el acto nulo administrativo como distinto del acto administrativo ilegal, sin más distinciones, pero el término de caducidad de noventa días corre igualmente para la impugnación de la nulidad del acto administrativo absolutamente nulo.

Para complementar el criterio de GORDILLO de que el concepto de acto administrativo no se debe construir exclusivamente alrededor del contencioso-administrativo, se puede afirmar que la importancia actual de la construcción del acto administrativo se relaciona con la efectividad del Estado de derecho. La doctrina del acto administrativo en la actualidad subraya el cumplimiento de los requisitos que suponen la seguridad jurídica y los derechos de los ciudadanos.

En el derecho público contemporáneo, la figura del acto administrativo es la medida de la corrección del desempeño de los órganos públicos juzgada

[69] *Ibid.*

[70] HÉCTOR A. MAIRAL, "Los meros procedimientos administrativos", en Juan Carlos Cassagne (Dir.), *Derecho administrativo, Obra colectiva en homenaje al profesor Miguel S. Marienhoff,* Buenos Aires, Abeledo-Perrot, 1998, págs. 650-661.

conforme a los cánones de los derechos humanos en el derecho internacional y dentro de los Estados de las normas constitucionales, legales e incluso éticas, centrados desde el punto de vista de los derechos de los ciudadanos en el Estado social de derecho y, con mayor razón, en el proclamado Estado constitucional de derechos y justicia de la constitución ecuatoriana de 2008.

En consecuencia, para reflejar tal enfoque, la jurisdicción contencioso-administrativa amplía el campo de su acción y también incluye no solo los actos administrativos, sino cualquier otra actividad o acción del ejecutivo o de los demás órganos públicos, cuando actúan en ejercicio de la función administrativa, incluso las llamadas vías de hecho, los hechos de la administración, sus omisiones y los contratos. Por lo menos tal es la profesada inclinación de la nueva ley española de la jurisdicción contencioso-administrativa. No obstante, su normativa no logra escaparse de la tradición más que bicentenaria de un contencioso que gira alrededor del "acto"[71].

A) *La evolución del concepto de "acto administrativo" hacia una figura de defensa de los derechos subjetivos constitucionales de los ciudadanos*

La concepción dogmática del acto administrativo en la doctrina administrativa contemporánea considera a esta figura jurídica una garantía de los derechos de los ciudadanos. Para plasmarse como tal, se exige en la formación, contenido y finalidad del acto administrativo: debido proceso, incluso motivación; garantía de los derechos humanos y correspondencia con las finalidades públicas, sin perjuicio del cumplimiento de su juridicidad, es decir, su concordancia con todo el ordenamiento jurídico y no solamente con la aplicación de los simples requisitos legales.

Hoy, la noción de acto administrativo lo posiciona como un concepto que permite la mejor defensa de los derechos del ciudadano: su existencia se justifica en cuanto configura el mejor cumplimiento de los requisitos que prevean los derechos de los ciudadanos. Cuando estos requisitos faltan o se menoscaban se podría presumir la lesión de los derechos del ciudadano. Esto fue reconocido por la Sala Administrativa de Casación de la Corte Suprema de Justicia de Ecuador[72].

[71] En tal sentido, véase el enfoque de la ley de la jurisdicción de lo contencioso-administrativo, conforme el comentario de GARRIDO FALLA, en el tercer tomo de su *Tratado de derecho administrativo,* "La Justicia Administrativa", Madrid, Tecnos, 2001.

[72] "[E]s evidente que la noción de acto administrativo está íntimamente relacionada con la sumisión de la administración pública a un determinado régimen de derecho, o dicho en otras palabras, al principio de legalidad, verdadera cláusula regia dentro de un Estado de derecho. Al respecto, cabe citar al tratadista español EDUARDO GARCÍA DE ENTERRÍA, quien manifiesta que: el acto administrativo nace como una expresión necesaria de una potestad que es lo que conecta el acto a la legalidad y lo funcionaliza de una manera peculiar en el seno de la misma [*sic*]".

COMADIRA considera que también en la actualidad "una función de la teoría del acto administrativo debe responder sustancialmente a dos objetivos básicos". El uno sería someter las actuaciones de la administración a un "régimen jurídico uniforme" —que es un criterio que le atribuye a CASSAGNE— y el otro objetivo, del propio COMADIRA, es "la necesidad de pensar, también, en la protección del interés público"[73].

(EDUARDO GARCÍA DE ENTERRÍA y TOMÁS RAMÓN FERNÁNDEZ, *Curso de derecho administrativo*, t. I, 8ª ed., Madrid, Civitas, 1997, pág. 539). "El acto administrativo, al expedirse, nacer o crearse, ha de expresar una de las potestades previamente especificadas por el ordenamiento jurídico; entonces el acto no nacerá si no hay una norma específica que lo autorice y prevea, ya que el acto administrativo se diferencia sustancialmente del negocio jurídico privado por cuanto es esencialmente típico desde el punto de vista legal, nominado, no obedece a ningún genérico principio de autonomía de voluntad, sino exclusivamente a la previsión de la ley". Res. 407, Sala de lo Contencioso-Administrativo de la Corte Suprema de Justicia, Quito (Ecuador), 25 de noviembre de 2002. (112-02): Jaramillo-Ministro de Desarrollo Urbano y Vivienda, Registro Oficial núm. 50, 28 de marzo de 2003.

[73] JULIO R. COMADIRA, *Derecho administrativo, acto administrativo, procedimiento administrativo, otros estudios*, Buenos Aires, LexisNexis-Abeledo-Perrot, 2003, pág. 4.

LOS PRINCIPIOS GENERALES DEL DERECHO EN EL DERECHO ADMINISTRATIVO

Reflexiones sobre el pensamiento de García de Enterría

Libardo Rodríguez Rodríguez*

Sumario: 1. Introducción. 2. Los principios generales del derecho como categoría jurídica y su posición en el ordenamiento jurídico. A) La concepción de los principios generales del derecho en las escuelas tradicionales. B) La concepción de los principios generales del derecho en el "nuevo derecho". 3. Los principios generales del derecho y su relación con el derecho administrativo en el pensamiento de Eduardo García de Enterría. 4. La importancia de los principios generales del derecho en el derecho administrativo y su relación con las demás fuentes de esta rama del derecho. 5. Conclusiones.

1. Introducción

Los principios generales del derecho constituyen una categoría jurídica fundamental dentro del estudio de la teoría general del derecho y, por lo mismo, los aplican, con diversas particularidades, todas las ramas del conocimiento jurídico. Se trata de una categoría general y fundamental para entender la complejidad de cualquier disciplina del derecho, incluido sin duda el derecho administrativo, rama en la cual los principios generales gozan de especial importancia.

En otras palabras: para entender correctamente una rama del derecho, como lo es el derecho administrativo, resulta muy importante el conocimiento de los principios generales del derecho y su aplicación concreta en la respectiva disciplina jurídica, en la medida en que dichos principios constituyen una categoría jurídica que siempre debe tenerse en cuenta dentro del universo de instituciones que hay que considerar en el estudio de esa disciplina.

* Por Libardo Rodríguez Rodríguez. Profesor de Derecho Administrativo. Exconsejero de Estado de Colombia. Presidente de la Asociación Internacional de Derecho Administrativo (AIDA). Miembro de la Asociación Iberoamericana de Derecho Administrativo; del Foro Iberoamericano de Derecho Administrativo, y de la Academia Internacional de Derecho Comparado.

Contribución para el libro homenaje al profesor Eduardo García de Enterría, publicado por la Asociación Internacional de Derecho Administrativo (AIDA), Editorial Temis, Editorial Jurídica Venezolana y Tirant lo blanch.

En buena parte de los sistemas de derecho existen normas que señalan expresamente que los principios generales del derecho son fuente del ordenamiento jurídico, o por lo menos su jurisprudencia así lo ha aceptado. Pero en otros ordenamientos jurídicos el contenido concreto del concepto mismo y el listado de principios generales del derecho no se encuentran desarrollados ni precisados sistemáticamente por la legislación ni por la jurisprudencia, por lo cual en esos casos es labor de la doctrina realizar dicho desarrollo y sistematización y aplicar dicho concepto a cada una de las ramas del derecho.

En esas circunstancias, como suele ocurrir con todos los temas propios de la teoría del derecho, la categoría de los principios generales ha sido objeto de múltiples controversias doctrinales, especialmente entre las corrientes iusnaturalistas y positivistas. Estas controversias se han visto acentuadas con las posiciones jurídicas planteadas por el llamado *nuevo derecho*, que corresponde a una línea contemporánea de pensamiento filosófico del derecho que pretende superar las construcciones teóricas tradicionales para formular una nueva idea del derecho, que constituya una especie de "tercera vía" o una alternativa entre el derecho natural y el positivismo[1].

En virtud de lo anterior, la visión tradicional de los principios generales del derecho, la cual no ha estado exenta de controversias entre los expositores de ese sistema tradicional, aparentemente aparece superada por una supuesta reformulación de parte del llamado *nuevo derecho*, que parece ser opuesta a esa visión tradicional. No obstante, como lo veremos, las diferencias realmente no son tan profundas y se trata simplemente de otra forma de presentar una categoría jurídica construida paulatinamente a lo largo de la historia.

Como es obvio, estas controversias entre los teóricos del derecho se han reflejado en la forma como la categoría de los principios generales se aplica en cada rama del conocimiento jurídico, entre ellas el derecho administrativo. Es decir, que dependiendo de la posición teórica que se adopte respecto de la institución, variará su aplicación en la respectiva disciplina jurídica.

En el análisis de los principios generales del derecho y su aplicación al derecho administrativo resulta muy importante el pensamiento de EDUARDO GARCÍA DE ENTERRÍA, que desde sus primeros escritos tuvo una especial preocupación por el papel que dichos principios tenían en la solución de los problemas propios del derecho administrativo, la cual será objeto de nuestra reflexión en este estudio.

Dentro del marco anterior, para hacer una reflexión sobre el pensamiento de GARCÍA DE ENTERRÍA respecto de los principios generales del derecho y su relación con el derecho administrativo, precisaremos, en primer lugar, los as-

[1] En punto la búsqueda de una "tercera vía" más allá del positivismo y el derecho natural, véase a ARTHUR KAUFMANN, *Filosofía del derecho*, traducción de la 2ª ed., Bogotá, Universidad Externado de Colombia, 1999, págs. 93 y ss.

pectos básicos de los principios generales del derecho como categoría jurídica y su posición en el ordenamiento jurídico; luego, haremos la presentación general de la posición del citado profesor respecto al concepto de los principios generales del derecho y su relación con el derecho administrativo y, finalmente, analizaremos su importancia en el derecho administrativo y su relación con las demás fuentes de esta rama del derecho.

2. Los principios generales del derecho como categoría jurídica y su posición en el ordenamiento jurídico

Como lo anunciamos en la introducción, dentro de la teoría general del derecho la categoría jurídica de los principios generales ha sido objeto de múltiples posiciones, controversiales entre sí, especialmente acentuadas esas controversias con las posiciones asumidas por los exponentes del llamado "nuevo derecho" o "tercera vía". Por tanto, para comprender la categoría jurídica en su complejidad, es necesario precisar las visiones planteadas por el iusnaturalismo y por el positivismo, como escuelas tradicionales del derecho, y la concepción que del concepto se plantea dentro del "nuevo derecho", escenarios dentro de los cuales encuadraremos el pensamiento de García de Enterría.

A) *La concepción de los principios generales del derecho en las escuelas tradicionales*

Desde el punto de vista de la teoría del derecho más tradicional, el concepto de principios generales lo han entendido de manera diferente las diversas corrientes del pensamiento jurídico. En efecto, uno es el concepto desarrollado por los iusnaturalistas y otro el expuesto por los positivistas, sin que ello signifique que los doctrinantes de una y otra corriente se encuentren completamente de acuerdo. Es decir, que aun dentro de las corrientes iusnaturalistas y positivistas existen controversias sobre la manera como deben entenderse y aplicarse los principios generales del derecho, controversias que por su elevado grado de detalle no se analizarán en este estudio, pues nuestro objetivo es simplemente lograr una aproximación general a los aspectos básicos de la categoría[2].

a) *Concepción de la institución en la escuela del derecho natural.* Los doctrinantes del iusnaturalismo han entendido los principios generales del derecho como aquellos principios universales que son válidos en todo tiempo y lugar. En este sentido, se ha sostenido lo siguiente: "Los principios generales

[2] Para una ilustración sistemática de las diversas corrientes doctrinales tradicionales en torno a los principios generales del derecho, véase Luis Prieto Sanchís *et al.*, *Lecciones de teoría del derecho*, Madrid, McGraw Hill, 1997, págs. 335 y ss.; Eduardo Ortíz Ortíz, *Tesis de derecho administrativo*, t. I, San José de Costa Rica, Stradtmann, 1998, págs. 282 y ss., y Marco Gerardo Monroy Cabra, *Introducción al derecho*, 15ª ed., Bogotá, Edit. Temis, 2010, págs. 343 y ss.

del derecho son aquellos juicios de valor, anteriores a la formulación de la norma positiva, que se refieren a la conducta de los hombres en su interferencia intersubjetiva, que fundamentan la creación normativa, legislativa o consuetudinaria. Como consecuencia de ello, sostenemos que tienen un doble papel, pues son el fundamento del derecho positivo y, además, fuente en sentido técnico, pues subsidiariamente en ellos deberá apoyarse el juez para resolver el caso ante falta de norma expresa, al comprobar la no aplicabilidad de las que integran el ordenamiento positivo, tanto cuando este lo remite a los «principios generales» como cuando guarda silencio sobre el problema"[3].

Para ilustrar esta posición, también puede citarse a FEDERICO DE CASTRO Y BRAVO, uno de los principales expositores de la concepción iusnaturalista de los principios generales del derecho, que se refiere a esta categoría jurídica en los siguientes términos: "Estos principios están fuera de la estricta subordinación jerárquica de las fuentes, ya que han de ser tenidos en cuenta antes, en y después de la ley y la costumbre. El juez tiene el deber de aplicar los principios escritos o no escritos que inspiran la total organización del Estado; estos principios son los que señalan los caracteres que la ley y la costumbre han de tener para ser válidos, los que imponen que la costumbre ha de ser racional y la ley sea conforme al derecho natural, los que por su carácter informador general indicarán cómo uno y otro han de ser atendidos"[4].

Ahora bien, según esta línea de pensamiento, los principios generales del derecho fundamentan toda disquisición jurídica y amparan los razonamientos jurídicos, aunque estos tomen como base preceptos de la ley o la costumbre. Por consiguiente, están presentes en todos los fallos, expresa o tácitamente[5], en ausencia de normas específicas se constituyen en una fuente autónoma, específica y subsidiaria, a la que acude el juez para pronunciarse sobre una situación en concreto[6].

El profesor GIORGIO DEL VECCHIO, máximo exponente de la visión iusnaturalista de la institución analizada, señala que uno de los métodos que pueden utilizarse para descubrir los principios generales del derecho, que como veremos corresponde en términos generales al utilizado por la doctrina positivista, "consistiría en ascender, por vía de abstracción, de las disposiciones particulares de la ley a determinaciones cada vez más amplias; continuando en esta

[3] JOSÉ MARÍA DÍAZ CONSUELO, *Los principios generales del derecho*, Buenos Aires, Plus Ultra, 1971, pág. 79. Esta posición es sostenida en Colombia por ARTURO VALENCIA ZEA y ÁLVARO ORTIZ MONSALVE, *Derecho civil*, t. I, Parte general y personas, 16ª ed., Bogotá, Edit. Temis, 2006, núm. 71.

[4] FEDERICO DE CASTRO Y BRAVO, *Derecho civil de España*, vol. 1, Parte general, Madrid, Reus, 1959, pág. 341.

[5] FELIPE CLEMENTE DE DIEGO, "Prólogo", en GIORGIO DEL VECCHIO, *Los principios generales del derecho*, Barcelona, Bosch Casa Editorial, 1971, pág. 7.

[6] LUCIANO PAREJO ALFONSO, *Lecciones de derecho administrativo*, 6ª ed., Valencia, Tirant lo Blanch, 2013, pág. 128.

«generalización creciente» hasta llegar a comprender en la esfera del derecho positivo el caso dudoso"[7]. No obstante, según DEL VECCHIO, los principios generales del derecho también pueden obtenerse directamente del derecho natural, esto es, sin que surjan directa o indirectamente del derecho positivo.

Según el iusnaturalismo son principios generales todos los que surgen del derecho natural, independientemente de que se encuentren o no reconocidos por el ordenamiento jurídico, de forma expresa o implícita, pues los autores de dicha corriente aceptan que muchas veces los ordenamientos jurídicos los reconocen explícitamente. Lo anterior quiere decir que en criterio de la escuela del derecho natural la categoría de los principios generales del derecho es más amplia que la del positivismo, de acuerdo con el concepto que analizaremos más adelante.

En consecuencia, debe señalarse que en la formulación iusnaturalista de la categoría se plantea si uno de los requisitos para aplicar los principios generales del derecho natural consiste en que no exista incongruencia o desarmonía entre estos y las normas jurídicas positivas. Al respecto, según un importante sector de la escuela iusnaturalista, los principios generales, al ser consecuencia de los valores superiores derivados del derecho natural, tienen tal trascendencia que en un caso concreto, en el cual una norma de derecho positivo pugne con un principio derivado del derecho natural, deberá prevalecer el principio general sobre la norma positiva.

No obstante, otro sector de la escuela iusnaturalista señala que a pesar de que los principios generales provengan de los valores superiores del derecho natural, su aplicación estará sometida a la idea de que dichos principios no pueden desconocer las normas positivas vigentes. Así, en opinión de DEL VECCHIO, las normas del ordenamiento jurídico deben ser acordes con los principios generales del derecho, lo cual no implica que el juez pueda desconocerlas, so pretexto de hacer valer los principios, pues esta situación supondría una violación de los principios de legalidad y de la seguridad jurídica. Específicamente ha dicho: "Tales principios, a pesar de tener un carácter ideal y absoluto, por consecuencia del cual superan virtualmente al sistema concreto de que forman parte, no pueden prevalecer *contra* las normas particulares que lo componen, ni destruirlas en ningún caso: pero tienen valor *sobre y dentro* de tales normas"[8].

Dentro de los principios generales del derecho que el profesor DEL VECCHIO formula como los que se identifican con el derecho natural, se encuentran los siguientes: a) el principio de soberanía de la ley; b) el principio de división de los poderes; c) el principio de igualdad de todos ante la ley, y d) el principio de personalidad jurídica de las personas ante la ley.

[7] GIORGIO DEL VECCHIO, *Los principios generales del derecho*, Barcelona, Bosch Casa Editorial, 1971, pág. 51.

[8] *Ibid.*, pág. 137.

Así mismo, se ha dicho que el concepto de "principio" encierra la idea de fuente del derecho y, por lo mismo, los principios generales del derecho son una fuente muy importante dentro de los ordenamientos jurídicos: tienen una función creadora, porque a partir de ellos se crean las normas jurídicas (el legislador se debe inspirar en ellos para cumplir con su labor creadora); una función interpretativa, porque ante la oscuridad de ciertos preceptos jurídicos, se debe acudir a ellos para esclarecer esos vacíos, y una función integradora, porque sirven para colmar las lagunas del ordenamiento, darle coherencia y unidad[9]. En cuanto a la función integradora, debe hacerse notar que para la doctrina iusnaturalista esta es la función más importante de los principios generales, pues mediante la concreción de ellos en casos concretos se logra la aplicación de los valores universales del derecho natural.

b) *La concepción de la figura en la escuela positivista.* Por su parte, los exponentes de la doctrina positivista han entendido los principios generales del derecho como los que históricamente y en forma circunstancial dentro de un ordenamiento jurídico determinado han inspirado u orientado una legislación determinada, es decir, los que se encuentran explícitos o implícitos dentro del contenido de ese ordenamiento jurídico. Es así como la doctrina ha señalado que: "Los principios generales del derecho equivalen a los principios que informan el derecho positivo y le sirven de fundamento. Estos principios se inducen, por vía de abstracción o de sucesivas generalizaciones, del propio derecho positivo, de sus reglas particulares, ya que son aquellos los que, anteriormente, han servido al legislador como criterio para establecer aquel derecho"[10].

A su vez, EDUARDO GARCÍA MÁYNEZ, uno de los grandes exponentes de la doctrina positivista, expresó: "Las únicas normas que el órgano jurisdiccional puede considerar aplicables a los casos concretos que debe resolver dentro de la esfera de su competencia, son las que encuentran en la norma suprema el fundamento último de su fuerza obligatoria o, para decirlo con otras palabras, las que los órganos creadores del derecho expresamente han formulado, sujetándose a las prescripciones de aquella ley, o las de algún modo implícitas en los preceptos vigentes. Sostener que, en ausencia de delegación, los principios generales del derecho pueden en todo caso ser aplicados, equivale, en nuestro sentir, a un desconocimiento de la exigencia lógica de la que anteriormente hablamos, y que está implícita en la idea de sistema, la de que el fundamento último de los preceptos de cada ordenamiento sea, además, único [...] Esta es, a nuestro modo de ver, la razón por la cual no puede admitirse que los princi-

[9] Véase a JUAN ALFONSO SANTAMARÍA PASTOR, *Principios de derecho administrativo*, 3ª ed., Madrid, Centro de Estudios Ramón Areces, 2001, págs. 163 y 164.

[10] JOAQUÍN ARCE Y FLÓREZ-VALDÉS, *Los principios generales del derecho y la formulación constitucional*, Madrid, Civitas, 1990, pág. 26. Esta posición la sostiene en Colombia MIGUEL BETANCUR REY, *Derecho privado: categorías básicas*, Bogotá, Universidad Nacional de Colombia, 1996, págs. 393 y ss.

pios que no pertenecen explícita o implícitamente al sistema de que es órgano el sujeto aplicador, puedan ser utilizados para colmar los vacíos de las fuentes formales"[11].

Como puede verse, la escuela positivista acepta la existencia de los principios generales del derecho, pero limita su reconocimiento al hecho de que se encuentren consagrados expresamente dentro del ordenamiento jurídico o que se deriven implícitamente del contexto general de las normas que integran ese ordenamiento positivo.

Frente a los demás aspectos de la categoría de los principios generales del derecho, la doctrina positivista se encuentra de acuerdo en que deben informar toda la aplicación concreta del derecho y en que tienen una función creadora, una interpretativa y una integradora. Sobre esta última función, la doctrina positivista es clara en expresar que la integración del derecho por medio de principios generales no puede producirse con fundamento en nociones que no se encuentren explícita o implícitamente consagradas en el ordenamiento jurídico positivo.

Además, la corriente positivista es enfática y unánime en señalar que los principios generales del derecho nunca pueden aplicarse desconociendo normas escritas; es decir, que las normas que se encuentran dentro del derecho positivo no pueden desconocerse bajo el argumento de dar aplicación a un principio general del derecho.

Por último, en cuanto a su posición dentro del ordenamiento jurídico, la doctrina positivista es expresa en señalar que dicha posición depende siempre de la forma como los principios generales del derecho se encuentren reconocidos dentro del respectivo ordenamiento jurídico, de tal manera que tendrán una posición constitucional o legal dependiendo de que se encuentren reconocidos en normas constitucionales o legales.

c) *Recapitulación de las posiciones de las escuelas tradicionales.* En suma, puede afirmarse que las posiciones de la escuela del derecho natural y la escuela positivista se diferencian en el origen mismo de los principios generales del derecho: según los iusnaturalistas, dichos principios surgen de los valores superiores y eternos del derecho natural, sin que importe que se encuentren consagrados explícita o implícitamente en el ordenamiento jurídico vigente; en cambio, en sentir de los positivistas, los principios generales son exclusivamente los consagrados en las normas que integran el ordenamiento positivo o que se deriven implícitamente del contexto general de esas normas. No obstante, también debe hacerse notar que dichas escuelas coinciden, en términos generales, en las características, funciones y forma de aplicación de dicha categoría jurídica.

[11] EDUARDO GARCÍA MÁYNEZ, *Introducción al estudio del derecho*, 19ª ed., México, D. F., Porrúa, 1989, págs. 66 y 67.

B) *La concepción de los principios generales del derecho en el "nuevo derecho"*

Como ya lo expresamos, el concepto "nuevo derecho" hace referencia, de manera general, a las corrientes más modernas de la teoría del derecho que buscan superar la dualidad entre el derecho natural y el positivismo, a fin de proponer una "tercera vía".

La posición asumida por la corriente que se conoce como "el nuevo derecho", que se encuentra en boga en muchos países, ha dado lugar a una nueva interpretación sobre el concepto y contenido de los principios generales del derecho y, por supuesto, sobre su posición dentro del ordenamiento jurídico.

Esta nueva formulación de la categoría jurídica de los principios generales del derecho se atribuye principalmente al autor alemán ROBERT ALEXY y al profesor estadounidense RONALD DWORKIN, que no obstante reconocen que no se trata de una teoría absolutamente innovadora, sino de una reformulación de una teoría tradicional que ha tenido una acogida importante[12].

Según lo expresan los autores citados, el ordenamiento jurídico se encuentra compuesto de normas igualmente jurídicas. A su vez, dentro del universo de normas jurídicas que componen el ordenamiento, es preciso distinguir la existencia de "principios" y de "reglas" como categorías jurídicas diferentes. Es decir, que según estos autores, el derecho moderno se encuentra compuesto de reglas y de principios, que son categorías jurídicas que tienen diferente contenido y efectos[13].

Los principios se encuentran mayoritariamente, aunque no de manera completa, en la Constitución Política, sin que ello signifique que no puedan aparecer en la forma de ley. A su vez, las reglas se encuentran predominantemente en las leyes, sin que ello signifique que dentro de la Constitución Política no puedan también encontrarse. Lo anterior implica que la búsqueda de los principios debe comenzar por la Constitución Política del respectivo Estado, pero no puede agotarse allí, sino que debe extenderse al examen sistemático de la legislación de las diversas áreas del conocimiento jurídico, de la cual también pueden extraerse principios.

[12] Véanse ROBERT ALEXY, *Teoría de los derechos fundamentales*, Madrid, Centro de Estudios Constitucionales, 1997, págs. 86 y ss.; *id., Tres escritos sobre los derechos fundamentales y la teoría de los principios*, Bogotá, Universidad Externado de Colombia, 2003, págs. 93 y ss., y RONALD DWORKIN, *Los derechos en serio*, Barcelona, Ariel, 1984, págs. 78 y ss.

[13] Exposiciones sistemáticas de la diversa doctrina que distingue entre los principios y las reglas, como especies de normas jurídicas, pueden verse, entre otros autores, en KAUFMANN, *Filosofía del derecho, op. cit.*, págs. 105 y ss.; en GUSTAVO ZAGREBELSKY, *El derecho dúctil*, Madrid, Trotta, 1995, págs. 109 y ss., y en RODOLFO ARANGO, *Derechos, constitucionalismo y democracia*, Bogotá, Universidad Externado de Colombia, 2004, págs. 237 y ss.

Dentro de ese contexto, según palabras de ROBERT ALEXY, los principios son "[...] normas que ordenan que algo se realice en la mayor medida posible, de acuerdo con las posibilidades fácticas y jurídicas. Como consecuencia, los principios son *mandatos de optimización*, que se caracterizan por el hecho de que pueden ser cumplidos en diferentes grados y de que la medida ordenada que debe cumplirse no solo depende de las posibilidades fácticas, sino también de las posibilidades jurídicas".

Por su parte, según el mismo autor, las reglas son

"[...] normas que siempre pueden ser cumplidas o incumplidas. Si una regla tiene validez, entonces está ordenado hacer exactamente lo que ella exige, ni más ni menos. De este modo, las reglas contienen determinaciones en el ámbito de lo fáctica y jurídicamente posible. Ellas son, por lo tanto, *mandatos definitivos*"[14].

En consecuencia, es evidente que la distinción entre reglas y principios es un asunto principalmente cualitativo y no simplemente de jerarquía. Los principios son normas que tienen un contenido un poco más general y pueden aplicarse a un mayor número de situaciones y no simplemente a la situación fáctica expresamente reglada, como ocurre con las reglas jurídicas.

Al respecto, debe hacerse notar que algunos autores y alguna jurisprudencia, como la colombiana, añaden los "valores" como un tercer tipo de norma jurídica. En este sentido, los valores hacen referencia a una clase especial de norma que contiene conceptos axiológicos que reflejan los ideales de una sociedad y que se encuentran normalmente en los preámbulos de las constituciones políticas[15]. No obstante, respecto de dichos "valores", la propia doctrina que los reconoce expresa que ellos no son más que una especie de principios, en la medida en que para tener eficacia jurídica deben concretarse en principios en los cuales quede explícito su contenido[16], por lo cual en este estudio nos limitaremos a hacer la distinción entre principios y reglas como los tipos principales de normas jurídicas que pueden existir dentro del ordenamiento jurídico.

Los principios, según la teoría del "nuevo derecho", tienen una función similar a la asignada en la teoría tradicional a los principios generales del dere-

[14] ROBERT ALEXY, *Tres escritos sobre los derechos fundamentales y la teoría de los principios*, Universidad Externado de Colombia, 2003, págs. 95 y 96.

[15] Sobre el tema de los valores, véase especialmente a DWORKIN, *Los derechos en serio*, *op. cit.*, págs. 61 y ss.

[16] Para diversas explicaciones sobre el alcance del concepto de "valores" dentro del ordenamiento jurídico, puede verse ANTONIO ENRIQUE PÉREZ LUÑO, *Derechos humanos, Estado de derecho y Constitución*, Madrid, Tecnos, 1995, págs. 286 y ss.; IVÁN VILA CASADO, *Fundamentos del derecho constitucional contemporáneo*, Bogotá, Legis Editores, 2007, págs. 226 y 277, y Corte Const. de Colombia, sents. T-406 de 1992, C-1292 de 2001 y C-1287 de 2001. Estas providencias y las demás citadas de la Corte Constitucional pueden consultarse en *www.corteconstitucional.gov.co*, salvo indicación diferente.

cho, como la de llenar lagunas y vacíos del ordenamiento jurídico, pero también apoyar la interpretación de las reglas jurídicas confusas. No obstante, la mayor utilidad que ofrecen los principios jurídicos en esta nueva concepción radica en el hecho de que con fundamento en ellos deben solucionarse los llamados "casos difíciles", es decir, aquellos casos concretos para los cuales no existen reglas claras que proporcionen una solución unívoca o, que existiendo reglas aplicables, son contradictorias entre sí.

La mayor importancia de la aplicación de los principios del derecho de parte de la nueva teoría jurídica se encuentra en el hecho de que, en la medida en que se trata de mandatos de optimización, su cumplimiento puede dar lugar a la inaplicación de una regla para el caso concreto, a fin de dar una mayor efectividad al principio, lo cual ha dado lugar a las más severas críticas a su formulación.

En este sentido, la pretendida reformulación de la categoría de los principios generales del derecho implica, de acuerdo con lo expresado, que se trata de una especie de normas jurídicas que en ocasiones prevalecen sobre las reglas jurídicas, y también informan su interpretación y aplicación. En efecto, de acuerdo con el "nuevo derecho", las normas jurídicas pueden ser reglas o principios, y estos, dada su generalidad y su posición dentro del ordenamiento jurídico, además de que sirven para interpretar las reglas, pueden permitir también su inaplicación en un caso concreto donde sea vulnerado el principio[17].

Como puede verse, en el fondo la reformulación de la categoría jurídica de los principios generales del derecho en el "nuevo derecho" no es muy diferente de la fórmula aplicada por la teoría jurídica tradicional. En efecto, la pretendida reformulación por la corriente del "nuevo derecho" también considera que los principios constituyen una fuente del derecho que afecta la creación, interpretación e integración de la totalidad del ordenamiento jurídico. Su más claro aporte se traduce en que especialmente permite solucionar los llamados "casos difíciles", esto es, los casos cuya solución no es sencilla con amparo en las reglas jurídicas vigentes, con la particularidad de que, con ella, es más clara la posibilidad de inaplicar las reglas para darles prelación a los principios.

3. Los principios generales del derecho y su relación con el derecho administrativo en el pensamiento de Eduardo García de Enterría

Como lo anunciamos en la introducción, desde sus primeras publicaciones en la famosa *Revista de Administración Pública*, el profesor Eduardo García de Enterría mostró especial interés en la forma como los principios generales del derecho, como categoría jurídica, se aplicaban a diversas instituciones

[17] Véase Zagrebelsky, *El derecho dúctil*, *op. cit.*, págs. 116 y ss.

del derecho administrativo, como la potestad reglamentaria[18] y los poderes discrecionales, de gobierno y normativos[19].

Sin embargo, es la memoria elaborada en 1961 con destino al concurso para acceder a la primera cátedra de derecho administrativo en la Universidad Central de Madrid (hoy Universidad Complutense), denominada "Reflexiones sobre la ley y los principios generales del derecho en el derecho administrativo", publicada posteriormente en la *Revista de Administración Pública*[20] y recogida en un libro publicado en 1984 que compiló diversos estudios del autor sobre la materia[21], donde se expone con mayor nitidez la posición del autor sobre la relación que existe entre la categoría de los principios generales del derecho y el derecho administrativo[22].

En la memoria de cátedra mencionada, el profesor EDUARDO GARCÍA DE ENTERRÍA fija su posición sobre el valor que tienen los principios generales del derecho en el ordenamiento jurídico y su importancia en el derecho administrativo, la cual puede resumirse así:

1) Se parte de que se necesita una revisión del positivismo legalista y del intento de reducir el derecho a un conjunto sistemático y cerrado de normas sin hacer referencia al valor de la justicia, que ha dominado la ciencia jurídica desde comienzos del siglo XIX, y para ello expresa que a) existen supuestos de hecho que no han sido previstos por el legislador y que es necesario darles solución, para lo cual aparecen, de manera principal, las llamadas fuentes formalmente subsidiarias del derecho que se aplican cuando no existen soluciones legales; b) la interpretación del derecho no se agota en la exégesis de las palabras de la ley, sino que es necesario que "el intérprete maneje datos y criterios prepositivos para poder descender al examen mismo de los elementos positivos", labor en la cual los principios generales del derecho van a ocupar un papel central; c) en toda labor de aplicación de la ley de parte del juez existe una actividad creadora

[18] EDUARDO GARCÍA DE ENTERRÍA, "La interdicción de la arbitrariedad en la potestad reglamentaria", en *Revista de Administración Pública*, núm. 30, Madrid, septiembre-diciembre de 1959, págs. 131 y ss.

[19] EDUARDO GARCÍA DE ENTERRÍA, "La lucha contra las inmunidades del poder en el derecho administrativo", en *Revista de Administración Pública*, núm. 38, Madrid, mayo-agosto de 1962, págs. 159 y ss.

[20] EDUARDO GARCÍA DE ENTERRÍA, "Reflexiones sobre la ley y los principios generales del derecho en el derecho administrativo", en *Revista de Administración Pública*, núm. 40, Madrid, enero- abril de 1963, págs. 189 y ss.

[21] EDUARDO GARCÍA DE ENTERRÍA, *Reflexiones sobre la ley y los principios generales del derecho*, Madrid, Civitas, 1984.

[22] Una presentación crítica del pensamiento de GARCÍA DE ENTERRÍA sobre los principios generales del derecho puede verse en GREGORIO PECES-BARBA MARTÍNEZ, "Reflexiones sobre la ley y los principios generales del derecho. Comentario al libro de Eduardo García de Enterría", en *Revista Española de Derecho Constitucional*, año 4, núm. 11, Madrid, mayo-agosto de 1984, págs. 249 y ss.

del derecho, haciendo de la jurisprudencia una verdadera fuente de derecho, en la cual los principios generales de este van a constituir el más importante instrumento para "dar sentido a las instituciones y articular estas en el sistema general del ordenamiento", y d) en las sociedades contemporáneas ya no se ve la ley como la expresión de la justicia y la libertad, sino que consideran que ella puede convertirse en una "amenaza a la libertad", lo cual exige una apelación constante a los principios generales del derecho.

En consecuencia, expresa que el pensamiento jurídico occidental ha comenzado a utilizar una visión no formal del derecho, la cual ha "encontrado en los principios generales del derecho, expresión desde luego de una justicia material, pero especificada técnicamente en función de los problemas jurídicos concretos", pues dichos principios son el mecanismo que permite la aplicación legal a situaciones específicas sin olvidar el valor de la justicia. En consecuencia, la "jurisprudencia principal", esto es, la jurisprudencia fundada en la aplicación de los principios generales del derecho, se abre camino como una de las fuentes más importantes del derecho.

2) Los anteriores criterios generales pueden perfectamente aplicarse al derecho administrativo, materia en la cual tienen mayor importancia que en otras ramas del conocimiento jurídico. En el derecho administrativo mayor producción normativa existe del legislador, especialmente de "legislación contingente y ocasional", y el campo donde pueden existir constantes cambios normativos que son fruto del ejercicio de la potestad normativa propia de la administración pública. En consecuencia, "ante este carácter de las reglas escritas del derecho administrativo no hay la menor posibilidad de una jurisprudencia y de una ciencia estrictamente exegéticas", por lo cual resulta indispensable un "esqueleto de principios generales capaz de insertar y articular en un sistema operante y fluido ese caótico y en perpetuo *fieri* agregado de normas", como es el derecho administrativo.

Además, la importancia de los principios generales en el derecho administrativo también radica en la "insuficiencia de la sumisión de la administración a la simple legalidad formal" a fin de lograr un efectivo control judicial de su actividad. De esta manera, lo principios van a prestar, por una parte, la función de "vitalización y articulación del complejo de disposiciones escritas" y, por otra, la de "su aplicación ponderada, allí donde estas disposiciones precisamente nada dicen".

Por último, la importancia de los principios generales en el derecho administrativo ha tenido corroboración en su realidad histórica, especialmente en Francia con ocasión de la labor del Consejo de Estado, pero que se ha extendido a otros países de Europa continental, aunque con una realidad distante de la francesa.

3) La anterior visión de los principios generales del derecho y del papel de la jurisprudencia ha motivado una reacción de los sistemas positivistas

fundada en el "principio de respeto a la ley, a la seguridad y a la certeza del derecho". Al respecto, sostiene que dichas críticas son aceptables únicamente si buscan que "la superación del positivismo de ningún modo puede implicar el abandono de la positividad del derecho", de tal manera que no se trata de olvidar el valor de la ley positiva, sino de recordar que el derecho excede a la ley.

4) Finalmente, expresa que el aporte del pensamiento tópico permite entender mejor el valor de los principios generales del derecho. En efecto, la tópica parte de la base de que la resolución del problema o del caso concreto es la misión fundamental del derecho, y esta es la labor propia del juez, de tal manera que debe desarrollarse una "jurisprudencia de problemas".

Con apoyo en la tópica como método jurídico, el derecho natural sufre un proceso de conversión jurídica, de tal manera que los preceptos absolutos que maneja se convierten en "criterios técnicos y tecnificables" y constituyen los llamados principios generales del derecho. Sin embargo, "no todos ellos son concreción de ese derecho natural o superior, sino que este solo informa una parte de ellos, siendo los otros expresión del orden político concreto, y otros, en fin, y no de los menos importantes, de carácter institucional o estrictamente técnico".

En suma, en sentir de EDUARDO GARCÍA DE ENTERRÍA, los principios generales del derecho constituyen "los valores materiales básicos de un ordenamiento jurídico, aquellos sobre los cuales se constituyen como tal las convicciones ético-jurídicas fundamentales de una comunidad". Es así como su propia denominación permite entender correctamente su concepto, en la medida en que

"[...] al decir que son «principios» se está precisando su carácter básico, en sentido ontológico, no solo lógico, como soportes primarios estructurales del sistema entero del ordenamiento, al que por ello prestan todo su sentido. Son «generales» por lo mismo, porque trascienden de un precepto concreto y organizan y dan vida a muchos y, a la vez, porque no deben confundirse con apreciaciones singulares y particulares que pudieran expresar la exigencia de una «justicia del caso concreto» y mucho menos con opiniones subjetivas del intérprete [...]. Pero son, finalmente, principios «del derecho», esto es, como ya hemos notado, fórmulas técnicas del mundo jurídico y no simples criterios morales o, menos aún, las famosas buenas intenciones o vagas o imprecisas directivas"[23].

Como puede verse, según GARCÍA DE ENTERRÍA los principios generales del derecho tienen origen en el derecho natural y en el derecho positivo, pues a veces provienen de los valores superiores que inspiran a los ordenamientos jurídicos, mientras que en otras ocasiones son el reflejo del orden político imperante. Sin embargo, en el pensamiento del citado profesor, más que el

[23] EDUARDO GARCÍA DE ENTERRÍA y TOMÁS-RAMÓN FERNÁNDEZ, *Curso de derecho administrativo*, t. I, 12ª ed., Bogotá-Lima, Edit. Temis y Palestra, 2008, pág. 59.

renovado interés por el derecho natural y la necesidad de superar el positivismo puramente legalista, la importancia de los principios generales del derecho se encuentra en que ellos constituirán la técnica esencial para la construcción de una jurisprudencia de principios, en la medida en que estructuran la totalidad del ordenamiento jurídico.

Precisamente en esa idea de la jurisprudencia de principios y de la importancia de las decisiones judiciales como fuente del derecho aparece un vínculo del pensamiento de García de Enterría con el "nuevo derecho". En efecto, como lo vimos, en opinión del citado profesor, los principios generales del derecho constituyen una de las herramientas más importantes para que la jurisprudencia pueda considerarse fuente del derecho, situación análoga a la función que los principios jurídicos prestan en la solución de los "casos difíciles" de parte de la jurisprudencia, la cual, tanto en el pensamiento de García de Enterría como en el "nuevo derecho", tiene un papel estelar en el sistema de fuentes del derecho, acercándolo a la visión que de los principios y valores con posterioridad han presentado Ronald Dworkin y Robert Alexi, especialmente el primero[24].

4. La importancia de los principios generales del derecho en el derecho administrativo y su relación con las demás fuentes de esta rama del derecho

De la misma manera como ocurre con todas las demás ramas del derecho, en el derecho administrativo no solo desde el punto de vista histórico, sino también en la actualidad, los principios generales del derecho constituyen una herramienta indispensable para solucionar los problemas jurídicos que surgen de la aplicación e interpretación del ordenamiento jurídico administrativo[25], aunque también tienen una función creadora, esto es, como fuente para la redacción de normas de derecho administrativo[26].

En una perspectiva histórica puede afirmarse que en el surgimiento del derecho administrativo francés, en ausencia de una reglamentación sistemática de las instituciones o sectores que integran el derecho administrativo, los principios generales del derecho tuvieron papel muy importante, pues su reconocimiento y aplicación a casos concretos le permitieron al juez administrativo construir con cierto dinamismo y ajustándose a las necesidades y realidades

[24] Sobre estas similitudes, véase Peces-Barba Martínez, "Reflexiones sobre la ley y los principios generales del derecho. Comentario al libro de Eduardo García de Enterría", cit., págs. 253 y 254.

[25] Véase Juan Carlos Cassagne, "Los principios generales del derecho en el derecho administrativo", en *Estudios de derecho público*, Buenos Aires, Depalma, 1995, págs. 1 y ss.

[26] En este sentido, véase a Jaime Rodríguez-Arana, *Aproximación al derecho administrativo constitucional*, México, D. F., Novum, 2011, págs. 169 y ss.

cambiantes de la actuación de la administración pública los límites de dichas actuaciones. Pero también han sido útiles para que la doctrina sistematice los diversos aspectos que integran la materia.

En cuanto a esta importancia histórica de los principios generales del derecho para el surgimiento y primeras etapas del derecho administrativo francés, resulta muy clara la posición expuesta por el jurista galo GASTON JÈZE, en el prefacio de la edición argentina de su obra, al señalar al respecto: "El derecho administrativo francés es una creación del Consejo de Estado, actuando [*sic*] como tribunal administrativo. En Francia no existe Código Administrativo. Los principios de este derecho han sido desarrollados paulatinamente por los numerosos fallos dictados con motivo de otros tantos litigios. No existen reglas rígidas como las insertas en los códigos. El Consejo de Estado va introduciendo reformas, a medida que se producen cambios en las condiciones generales, económicas y sociales. Así, el derecho administrativo francés evoluciona constantemente, y siempre se halla adaptado al medio"[27].

Esas razones históricas del carácter eminentemente jurisprudencial del derecho administrativo francés y su carácter no codificado, que explican la gran importancia de los principios generales del derecho en el derecho administrativo, conservan vigencia actualmente en la medida en que el derecho administrativo francés contemporáneo mantiene esas características generales[28].

Además de esas razones históricas, la distribución de competencias normativas entre el poder legislativo y el ejecutivo, consagrada en la Constitución francesa de 1958, ha hecho que los principios generales del derecho constituyan un importante instrumento de control de los reglamentos autónomos que profiere el ejecutivo y que no se encuentran sometidos a la ley, en cuanto el juicio de legalidad de dichos actos del ejecutivo no se hace únicamente respecto de la Constitución sino también de los principios generales del derecho[29].

En el derecho administrativo español, la importancia de los principios generales del derecho surge también con una perspectiva histórica, en tanto este derecho "no tiene su origen en una construcción legislativa, sino en una lenta e irregular elaboración jurisprudencial y doctrinal", de tal manera que "han sido los principios generales, más que las normas escritas, las paredes

[27] GASTON JÈZE, *Principios generales del derecho administrativo*, trad. de la 3ª ed. francesa, Buenos Aires, Ediciones Depalma, 1948, pág. XXVIII.

[28] Véase a GEORGES VEDEL, *Derecho administrativo*, trad. de la 6ª ed. francesa, Madrid, Biblioteca Jurídica Aguilar, 1981, págs. 229 y ss. Más recientemente, puede verse a JACQUELINE MORAND-DEVILLER, *Curso de derecho administrativo*, traducción de la 10ª ed. francesa, Bogotá, Universidad Externado de Colombia, 2010, págs. 295 y ss.

[29] Véase GUY BRAIBANT et BERNARD STIRN, *Le droit administratif français*, 6ª ed., Paris, Presses de Sciences Po et Dalloz, 2003, págs. 261 y ss., y a RENÉ CHAPUS, *Droit administratif général*, 8ª ed., Paris, Editions Montchrestien, 2001, págs. 111 y ss.

maestras en torno a las cuales se ha ido levantando el régimen jurídico de las administraciones públicas"[30].

Desde un punto de vista más contemporáneo, la importancia de los principios generales del derecho para el derecho administrativo español radica especialmente en que dicha categoría permite precisar la aplicación de leyes que se limitan a ordenar un fin político concreto, limitar la sobrevaloración de los intereses de la administración pública cuando esta produce normas jurídicas y realizar un control efectivo sobre el ejercicio de potestades administrativas discrecionales, lo cual refleja la importancia que ha tenido el pensamiento de GARCÍA DE ENTERRÍA en el desarrollo de ese derecho[31].

Por último, desde el punto de vista de la doctrina del derecho administrativo, la importancia de los principios generales del derecho se encuentra en que con fundamento en ellos pueden comprenderse mejor las diversas materias que integran esta rama del derecho. En efecto, tanto en la época en que el derecho administrativo era un derecho fundamentalmente pretoriano, como en la actualidad frente a la hiperinflación de producción normativa relacionada con la actividad de la administración pública, los principios generales del derecho han sido un instrumento para organizar y sistematizar el estudio de las materias que son objeto del derecho administrativo, sin que ello signifique que ese estudio deba apoyarse solo en los principios generales.

Esto es precisamente lo que pone de resalto la posición del profesor EDUARDO GARCÍA DE ENTERRÍA, que hemos analizado en el punto anterior. En efecto, si bien históricamente los principios generales del derecho, especialmente en el derecho francés, constituyeron la expresión esencial de un sistema nuevo de derecho construido a partir de la jurisprudencia, que vio en ellos el mecanismo de articulación y engranaje del sistema jurídico, actualmente, además de esa función de ser la esencia de los ordenamientos jurídicos, también prestan otras muy importantes funciones relacionadas con el quehacer de la administración pública en ejercicio de las funciones que contemporáneamente desarrolla. Lo anterior es cierto no solo para el derecho español objeto de análisis por el citado profesor, sino para otros derechos continentales como lo demuestra también GARCÍA DE ENTERRÍA en su memoria de cátedra. Con ello se supera la visión tradicional sobre las funciones de los principios generales del derecho, como son las de ser instrumentos de creación, interpretación e integración del derecho, que son uniformes para todas las ramas del conocimiento jurídico, y se logra concretar una visión propia de la utilidad de dichos principios en el derecho administrativo.

Es así como los principios generales del derecho o principios jurídicos, en la visión de GARCÍA DE ENTERRÍA, constituyen uno de los mecanismos que

[30] SANTAMARÍA PASTOR, *Principios de derecho administrativo*, *op. cit.*, págs. 164 y 165.

[31] Véase PAREJO ALFONSO, *Lecciones de derecho administrativo*, *op. cit.*, págs. 127 y 128.

más fácilmente permiten garantizar la sumisión de la administración pública a la legalidad y el ejercicio pleno del control judicial sobre sus actividades. En efecto, el citado profesor ha subrayado las utilidades específicas que tienen los principios generales del derecho en el derecho administrativo: como mecanismo para dar coherencia al cada día mayor número de normas de carácter administrativo, originadas en el legislador y en la propia administración pública y como referente especial para el control de actividades administrativas de connotación muy particular, como lo es el ejercicio de las potestades discrecionales. En suma, los principios generales del derecho, amén de las funciones generales que prestan para todo el ordenamiento y para todas las ramas del conocimiento jurídico, constituyen instrumentos especiales que tiene el derecho administrativo para hacer frente a sus problemas específicos no solo como fuentes del ordenamiento jurídico sino como instrumentos que el juez puede utilizar para llevar a cabo el control de las actividades administrativas.

Con todo, siempre permanecerá vigente el problema de saber con precisión cuáles son los principios generales del derecho y, especialmente, qué origen tienen, lo cual implica tomar partido por la posición del derecho natural, que es la que parece compartir con mayor énfasis el profesor García de Enterría, o reconocer que tienen origen exclusivo en el propio ordenamiento jurídico, como lo sostiene la corriente positivista y aún cierto sector del llamado "nuevo derecho" que encuentra el origen de los principios en las constituciones, problema cuya solución resulta indispensable tanto para el derecho administrativo como para cualquier otra rama del conocimiento jurídico y que dependerá, en buena medida, de la aplicación real que la jurisprudencia de cada ordenamiento jurídico haga de este concepto y de la aceptación de esa jurisprudencia por la comunidad.

5. Conclusiones

Como resultado de los análisis y comentarios expresados en las páginas anteriores, podemos extraer las siguientes conclusiones:

1) La categoría de los principios generales del derecho ha sido objeto de múltiples controversias doctrinales, especialmente entre las corrientes iusnaturalistas y positivistas, las cuales se han visto acentuadas con las posiciones jurídicas asumidas por el llamado "nuevo derecho".

2) Los doctrinantes del iusnaturalismo han entendido los principios generales del derecho como aquellos principios universales válidos en todo tiempo y lugar; mientras que la doctrina positivista ha entendido los principios generales del derecho como los que históricamente y en forma circunstancial dentro de un ordenamiento jurídico han inspirado u orientado una legislación determinada, es decir, los que se encuentran explícitos o implícitos dentro del contenido del respectivo ordenamiento jurídico.

3) En términos generales, el iusnaturalismo y el positivismo están de acuerdo en que los principios generales del derecho deben informar toda la aplicación concreta del derecho y tienen una función creadora, una función interpretativa y una integradora.

4) La doctrina del "nuevo derecho" ha considerado que las normas jurídicas están constituidas por los principios y las reglas. Aquellos son mandatos de optimización que se deben cumplir en la mayor medida posible, mientras que estas son mandatos definitivos que simplemente deben cumplirse.

5) Los principios generales del derecho, según la teoría del "nuevo derecho" tienen como funciones las de llenar lagunas y vacíos del ordenamiento jurídico, apoyar la interpretación de las reglas jurídicas confusas y ser la base para solucionar los "casos difíciles", permitiendo incluso dejar de aplicar reglas jurídicas.

6) La tendencia históricamente jurisprudencial del derecho administrativo comparado y su carácter no codificado fundamentan la importancia preeminente de los principios generales del derecho en el derecho administrativo, en cuanto ha sido labor de la jurisprudencia construir los principios jurídicos con apoyo en los cuales debe actuar la administración pública.

7) Además de las funciones creadora, interpretativa e integradora, contemporáneamente los principios generales del derecho son importantes para el derecho administrativo porque contribuyen de manera especial al control judicial de ciertas actividades de la administración pública, como las discrecionales, que carecen de referentes normativos claros, y porque apoyan la doctrina en el estudio de las materias que son objeto del derecho administrativo.

8) La importancia del pensamiento de García de Enterría no se limita a su contribución al concepto de principios generales del derecho, sino que se extiende a las funciones especiales que dicha figura presta para el derecho administrativo, como fuente del derecho, mecanismo para dar coherencia a la hiperinflación de normas de carácter administrativo e instrumento para llevar a cabo el control judicial de las actuaciones de la administración pública, las cuales han sido aceptadas por la doctrina comparada.

TEORÍA GENERAL
DEL DERECHO ADMINISTRATIVO

REFLEXIONES PROVISORIAS SOBRE RETROACTIVIDAD DE LAS NORMAS JURÍDICAS*

JUAN PABLO CAJARVILLE PELUFFO**

Sumario: 1. Mutabilidad de las normas jurídicas. 2. Mutabilidad de las normas y retroactividad. 3. Doctrina clásica: retroactividad y derechos adquiridos. 4. Doctrina clásica: retroactividad y situaciones jurídicas concretas. 5. Crítica de la doctrina clásica. 6. Retroactividad: concepción cronológica. 7. La llamada "aplicación inmediata" de la nueva norma; distinción de la retroactividad. 8. Interpretación de la dimensión temporal de la nueva norma. 9. La eficacia de principio de la nueva norma. 10. Análisis de la retroactividad. 11. Eventos de producción dilatada en el tiempo.

1. MUTABILIDAD DE LAS NORMAS JURÍDICAS

Toda norma jurídica debe adecuarse a las demás dotadas de superior eficacia formal, y por ende debe respetar los derechos reconocidos o consagrados por ellas. Las normas legales deben respetar las situaciones jurídicas, entre ellas la esencia de los derechos reconocidos constitucionalmente[1], y las reglamentarias deben hacerlo respecto a las que resultan de las constitucionales y legales, y también de normas reglamentarias de superior valor y fuerza[2].

* Todas las reflexiones deben ser y son por esencia provisorias. En este caso destaca especialmente ese carácter por la dificultad del tema. Temo que ese carácter provisorio pueda verse como diminutivo del homenaje que merece tan ilustre maestro. Si así fuera, le dedico con enorme gratitud todo el esfuerzo que me ha requerido su elaboración, que ciertamente no ha sido poco.

Queda excluida de estas reflexiones la retroactividad en materia penal, que se rige por normas especiales propias.

** Excatedrático y exdirector del Instituto de Derecho Administrativo de la Facultad de Derecho de la Universidad de la República (Uruguay).

[1] Sobre este tema puede verse: EDUARDO G. ESTEVA GALLICCHIO y MARTÍN RISSO FERRAND, "Control de la regularidad constitucional de las leyes que limitan o restringen derechos humanos en el derecho uruguayo", en *Revista de Derecho,* Universidad Católica del Uruguay, Montevideo, 2002, págs. 47 a 57 y 59 a 106; MARTÍN RISSO FERRAND, *Derecho constitucional*, t. I, Montevideo, FCU, 2005, págs. 456 a 459; CARLOS E. GUARIGLIA, *El conflicto entre los derechos fundamentales*, Montevideo, Amalio Fernández, 2007, págs. 253 a 272.

[2] JUAN PABLO, CAJARVILLE PELUFFO, "Relaciones entre la ley y el reglamento en el derecho uruguayo", en *Sobre derecho administrativo*, t. I, 3ª ed., Montevideo, 2012, págs. 468 a

Pero todas esas normas en principio no son inmutables. Todas pueden ser derogadas o modificadas por normas posteriores[3] de la misma o superior jerarquía normativa, por su mayor valor y fuerza o eficacia formal[4], que depende en principio en nuestro derecho del órgano que las dicte y del procedimiento que utilice para ello[5].

Nadie puede por ende invocar un derecho subjetivo al mantenimiento de determinado régimen legal[6], en tanto no se lesione el amparo que le otorguen normas constitucionales, ni al mantenimiento de un régimen reglamentario en tanto su modificación o derogación no implique violación de normas constitucionales o legales vigentes. Quien pretenda el no ejercicio de parte del órgano competente de su potestad de modificar o derogar una norma preexistente solo podrá encontrarse en una situación de interés legítimo en cuanto a esa pretensión[7].

---

473. El reglamento tiene la singularidad —frente a otras fuentes de derecho, como las constitucionales o legales— de que no tiene siempre la misma eficacia formal, porque ella depende de la naturaleza institucional y de la jerarquía orgánica del autor.

[3] GASTON JÈZE, *Principios generales del derecho administrativo*, t. I, Buenos Aires, Depalma, 1948, pág. 119; BERNARDO SUPERVIELLE, "De la derogación de las leyes y demás normas jurídicas", en *Estudios jurídicos en memoria de Juan José de Amézaga,* Montevideo, 1958, pág. 421. Al explicar las diferencias entre las reglas jurídicas y las morales, HART señala: "Es característico de un sistema jurídico el hecho de que pueden introducirse en él nuevas reglas, y modificarse o derogarse reglas anteriores, mediante sanción deliberada, aun cuando algunas normas puedan ser colocadas a cubierto de cambios por una Constitución escrita que limite la competencia de la legislatura suprema. Por contraste, las reglas o principios morales *no pueden* ser implantados, modificados o eliminados de esa manera". (HERBERT. L. A. HART, *El concepto de derecho,* 2ª ed., México, D. F., Editora Nacional, 1980, págs. 217-218. Bastardilla en el original).

[4] La posición de una norma en la escala jerárquica normativa se determina por su eficacia formal, también aludida como "valor y fuerza". Por "eficacia formal" de un acto jurídico o de la norma que incorpora al ordenamiento jurídico se entiende aquí su aptitud para crear situaciones jurídicas y para modificar o extinguir las creadas por otros actos, y también para resistir su modificación o extinción por otros actos, de donde además un particular régimen de impugnación con distintos efectos en uno u otro caso (CAJARVILLE PELUFFO, *Sobre derecho administrativo, op. cit.*, págs. 136 y 523-524, en esp. nota 53, y t. II, pág. 13; y bibliog. cit.).

[5] CAJARVILLE PELUFFO, "Apuntes sobre «funciones» y «cometidos» del Estado", en *Sobre derecho administrativo*, t. I, *op. cit.*, págs. 135 a 144.

[6] Cfr. Suprema Corte de Justicia, sent. 828-12, de 3.10.12 (fuente: CADE, banco de datos de jurisprudencia). El efecto derogatorio de las leyes sobre las anteriores que se le opongan está presupuesto en el actual art. 329 de la Constitución, que integra nuestra Carta con texto similar desde la fundacional de 1830. Puede verse sobre ese artículo el notable estudio de HORACIO CASSINELLI MUÑOZ, "Oposición superveniente: ¿derogación o inconstitucionalidad?", en *Derecho constitucional y administrativo. Estudios publicados, compilados por Carlos Sacchi,* Montevideo, La Ley, 2010, págs. 564-565; véase también pág. 629.

[7] CASSINELLI MUÑOZ, "El interés legítimo como situación jurídica garantida en la Constitución uruguaya", en *Derecho Constitucional y Administrativo..., op. cit.*, págs. 335-336 y "Los límites de los derechos humanos en la Constitución nacional", en *op. cit.*, págs. 888 a 890.

Por consiguiente, nuevas normas legales podrán modificar las situaciones jurídicas creadas por leyes anteriores, salvo que dichas situaciones estén amparadas por normas constitucionales, y nuevos reglamentos podrán modificar las situaciones jurídicas creadas por otros anteriores, salvo que dichas situaciones estén amparadas por normas constitucionales o legales, o eventualmente reglamentarias de superior eficacia formal que impidan su alteración reglamentaria.

2. Mutabilidad de las normas y retroactividad

Precisamente la posibilidad de que las normas que consagran o reconocen derechos puedan ser legítimamente modificadas o derogadas por normas posteriores plantea la ardua cuestión de la eficacia de esas normas en el tiempo.

No se trata de esclarecer si una nueva norma puede modificar o suprimir una situación jurídica consolidada por el amparo de otra con superior eficacia formal, sino de la posibilidad o imposibilidad de que una situación jurídica creada por una norma pueda ser después legítimamente modificada o suprimida por otra norma posterior de la misma jerarquía y por ende con igual eficacia formal.

La diferencia entre las dos cuestiones, frente a las cuales se suele invocar la existencia de "derechos adquiridos", es ostensible: es la misma que media entre la violación de una regla de derecho por un acto con inferior eficacia formal y por ende incapaz de modificarla o derogarla, y la legítima (o eventualmente ilegítima) modificación o derogación de una regla de derecho por otra posterior de similar valor y fuerza. Más resumidamente todavía: es la diferencia entre la violación y la legítima modificación de una regla de derecho.

El principio sobre la eficacia de las normas en el tiempo es el de la irretroactividad. Para las leyes, está establecido en una norma legal; el Código Civil dispone en el artículo 7º: "Las leyes no tienen efecto retroactivo"[8]. En cuanto a los reglamentos, a falta de norma expresa al respecto, el fundamento más invocado y sin duda el más fuerte de su irretroactividad radica en el principio de seguridad jurídica y en la invocación en su respaldo del artículo 7º de la Constitución[9]; ese principio se incorpora a nuestro ordenamiento con jerarquía

[8] Sobre la interpretación de este artículo: Lorenzo Carnelli, en nota a Pablo de María, *Obra jurídica*, Recopilación, notas y adiciones de Lorenzo Carnelli, vol. i, Montevideo, 1939, págs. 131 a 133, nota 4; Juan Andrés Ramírez, "La retroactividad de las leyes interpretativas", en *Anuario de Derecho Civil Uruguayo*, t. xv, Montevideo, 1985, págs. 68 a 75, y "La irretroactividad de la ley núm. 18.246 de unión concubinaria y su inaplicabilidad por analogía a los casos no comprendidos en la misma", en *Anuario de Derecho Civil Uruguayo*, t. xli, Montevideo, 2011, págs. 496-497.

[9] Enrique Sayagués Laso, *Tratado de derecho administrativo*, t. i, 7ª ed. actualizada por Daniel H. Martins, Montevideo, Fundación de Cultura Universitaria, 1998, parg. 72, pág. 112. Véase el excelente desarrollo de Constancio Levrero Bocage, "Los fundamentos del principio de no retroactividad de los actos administrativos", en *Estudios de derecho administrativo*, Cuadernos, Montevideo, Facultad de Derecho y Ciencias Sociales, 1968, págs. 272 a 287; cfr. jurisprudencia

legal[10], de manera que mediando habilitación legal, y solo en tal caso, la administración podrá dictar reglamentos con eficacia retroactiva. Entonces, tanto respecto de la ley como de los reglamentos, su aplicación retroactiva solo será legítima si existe para ello habilitación legislativa.

Pero establecido el principio de irretroactividad, se necesita precisar en qué circunstancias una norma incurriría en esa eficacia en principio vedada, ya sea porque así se disponga expresamente, o porque así se interprete o aplique[11]. Se sabe que el concepto de retroactividad y su configuración han merecido profusa consideración por los más distinguidos teóricos del derecho.

3. Doctrina clásica: retroactividad y derechos adquiridos

La doctrina que se considera clásica sobre el punto sostiene que una ley, o más genéricamente una norma o "regla de derecho", es retroactiva o se aplica retroactivamente cuando suprime o limita "derechos adquiridos"[12].

---

constante del Tribunal de lo contencioso-administrativo; que cita las más recientes: sents. 964 -11, de 22.11.11; 623-12, de 4.10.12; 102-13, de 28.2.13; 568-13, de 22.10.13; 619-13, de 22. 10.13; 696-13 de 12.11.13 (fuente: CADE, banco de datos de jurisprudencia). Cfr. Ramírez, "La irretroactividad de la ley núm. 18.246...", cit., págs. 496 a 498, y "Vigencia temporal del Código de la Niñez y la Adolescencia", en Instituto de Derecho Civil, *Reflexiones acerca del Código de la Niñez y la Adolescencia*, Montevideo, Fundación de Cultura Universitaria, 2006, págs. 18-19; cfr. Augusto Durán Martínez, "La cuestión de la retroactividad del acto administrativo", en *Casos de derecho administrativo*, vol. ii, Montevideo, 1999, págs. 39 a 55; el autor invoca reiteradamente el respeto de los "derechos adquiridos", argumento al que resulta plenamente aplicable lo expuesto *supra*, nota 10; mi opinión sobre su inclusión en el art. 166 del decreto 500-991, de 27.9.1991 (cit., págs. 48 a 50) puede verse en: Juan P. Cajarville Peluffo, *Recursos administrativos*, 4ª ed., Montevideo, Fundación de Cultura Universitaria, 2008, págs. 126 a 128.

[10] Cajarville Peluffo, "Reflexiones sobre los principios generales de derecho en la Constitución uruguaya", cit., págs. 528 a 533.

[11] Teóricamente deben distinguirse dos cuestiones que se engloban en este planteamiento: la legitimidad o ilegitimidad de que se dicte una norma que se atribuya a sí misma explícitamente eficacia retroactiva, y la legitimidad o ilegitimidad de interpretar o aplicar retroactivamente una norma que no la dispone expresamente. Pero no se olvide nunca que en nuestro derecho, como ya se señaló en el texto, la aplicación retroactiva tanto de una ley como de un reglamento solo será legítima si existe para ello habilitación legislativa.

[12] Sobre la teoría clásica de los "derechos adquiridos" pueden verse como obras introductorias: Enrique R. Aftalión / Fernando García Olano y José Vilanova, *Introducción al derecho*, Buenos Aires, Abeledo-Perrot, 1975, págs. 533 a 537; Eduardo García Máynez, *Introducción al estudio del derecho*, México, D. F., 1980, págs. 390 a 392; Eduardo Jiménez de Arechaga, *Introducción al derecho,* Montevideo,1996, págs. 136 a 138. Una extensa y detallada exposición crítica de las posiciones de "los subjetivistas", como se califica a quienes analizan la retroactividad acudiendo a la distinción entre "derechos adquiridos" y "meras expectativas", realiza Lorenzo Carnelli: "Los derechos adquiridos. Su fracaso como doctrina en la resolución de los problemas del derecho civil intertemporal", en de María, *Obra jurídica*, *op. cit.*, págs. 154 a 179.

Naturalmente, el punto de partida debe consistir en esclarecer el concepto de "derecho adquirido". Su definición clásica, expuesta por quienes sostienen su existencia como situación jurídica específica, consiste en considerar los "que estaban irrevocablemente conferidos y definitivamente adquiridos antes del hecho, el acto o la ley que se les quiere oponer", y con mayor frecuencia se los describe como "los que han entrado en nuestro dominio o patrimonio y en consecuencia forman parte de él y no pueden sernos arrebatados por aquel de quien los tenemos"[13].

Estas definiciones clásicas omiten la referencia al origen del referido "derecho adquirido", que como toda situación jurídica ha de tenerlo en una norma; incorporando en el concepto este factor, cabe decir que deberían considerarse "adquiridos", conforme a esta doctrina, los derechos definitiva e irrevocablemente conferidos e ingresados al patrimonio de su titular, en virtud del acaecimiento del acto o hecho abstractamente previsto en una norma como condición de su adquisición. En esta concepción, se aplicaría retroactivamente una norma que modificara o derogara una anterior si se afectara un derecho definitiva e irrevocablemente conferido e ingresado al patrimonio de su titular en virtud del acaecimiento del evento abstractamente previsto en aquella norma anterior como condición de la adquisición de dicho derecho.

4. Doctrina clásica: retroactividad y situaciones jurídicas concretas

Sin apartarse del ámbito conceptual de esta doctrina, algunos autores le han introducido matices que procuran evitar el reproche de pleonasmo (*infra*, parg. 5, letra a) y al mismo tiempo abarcar conceptualmente otras situaciones jurídicas.

El más notorio se funda en la distinción entre situaciones jurídicas abstractas y concretas: "entendemos por la noción de situación jurídica abstracta —afirma Bonnecase— la manera de ser eventual o teórica de cada uno con respecto a una ley determinada. Por el contrario, la situación jurídica concreta es una manera de ser positiva, derivada para una persona determinada de un acto jurídico o de un hecho jurídico, que pone en juego en favor o en contra de dicha persona una ley dada y por ese mismo hecho le confiere en forma efectiva las ventajas y las

[13] Este es el concepto de "derecho adquirido" que adopta Carlos E. Delpiazzo, en "Revocación del acto administrativo por razones de legitimidad y derechos adquiridos", en AA.VV., *Seguridad jurídica y derecho administrativo*, Montevideo, F. C. U., 2011, pág.17, y "Estabilidad del acto administrativo generador de derechos", en *El acto administrativo como fuente del derecho administrativo en Iberoamérica*, Actas del VIII Foro Iberoamericano de Derecho Administrativo, Panamá, 2009, pág. 757. Es también el que, más brevemente, adopta Augusto Durán Martínez, "La Administración ante el reglamento ilegal", en Carlos E. Delpiazzo (Coord.), *Estudios Jurídicos en homenaje al Prof. Mariano R. Brito*, Montevideo, F. C. U., 2008, pág. 723.

obligaciones inherentes al funcionamiento de esta ley"[14]. En otras palabras: las situaciones jurídicas abstractas resultan de normas que prevén la configuración de una situación jurídica en favor o a cargo de una persona no individualizada, cuando ocurra un hecho o un acto que no ha sucedido sino que se describe como una categoría; mientras las situaciones concretas se han perfeccionado en favor o a cargo de una persona ahora individualizada, precisamente por el acaecimiento del suceso previsto como su condición de perfeccionamiento por aquella norma.

Una nueva norma sería retroactiva o se aplicaría retroactivamente cuando lesionara o desconociera situaciones jurídicas concretas perfeccionadas conforme a la ley anterior; pero "*no será retroactiva* —concluye BONNECASE— *la ley que mantenga situaciones jurídicas concretas.* Además, existiendo una presunción en favor de la no retroactividad de las leyes, el juez, frente al silencio del legislador, deberá considerar que están regidas por la ley antigua las situaciones jurídicas concretas nacidas bajo el imperio y en virtud de esta ley"[15]. En cambio, no sería retroactiva una ley por modificar las situaciones jurídicas abstractas previstas en una ley anterior[16].

5. CRÍTICA DE LA DOCTRINA CLÁSICA

La doctrina clásica ha sido objeto de diversas críticas de distinto valor, consideradas separada y aisladamente, pero que en su conjunto han llevado a su general rechazo por la teoría jurídica actual más recibida.

Las críticas más relevantes a la doctrina clásica de los "derechos adquiridos" pueden esquematizarse así:

a) En primer lugar, se ha criticado el concepto mismo de "derecho adquirido", señalándose que contiene en sí un pleonasmo, una calificación redundante del sustantivo *derecho* utilizado en su significación subjetiva. Todo derecho en sentido subjetivo solo existe cuando se ha perfeccionado en favor de su titular, vale decir, cuando lo ha "adquirido" él, conforme a lo previsto por el derecho en sentido objetivo[17]. La imposibilidad de atribuir un contenido propio a ese

[14] JULIEN BONNECASE, *Introducción al estudio del derecho* (trad. de la 2ª ed. francesa, 1931), Bogotá, Edit. Temis, 1982, págs. 110-111; también págs. 55-56 y 76. Sobre esta distinción sostenida por BONNECASE: AFTALIÓN, GARCÍA OLANO y VILANOVA, *Introducción al derecho*, *op. cit.*, págs. 536-537; GARCÍA MÁYNEZ, *Introducción al estudio del Derecho*, *op. cit.*, págs. 396 a 399.

[15] BONNECASE, *op. cit.*, pág. 111; bastardilla en el original.

[16] Cfr. con el planteamiento de JÈZE, *op. cit.*, págs. 124 a 173: la ley puede modificar las situaciones jurídicas generales, sin que signifique retroactividad; pero admite que la nueva ley se aplicará a las situaciones preexistentes.

[17] JIMENEZ DE ARECHAGA, *op. cit.*, pág. 138. DABIN, uno de los autores que más extensa y profundamente ha bregado en defensa de la existencia del "derecho subjetivo", "en el sentido de una prerrogativa del sujeto, distinta de la norma", ha dicho a propósito de las divisiones

calificativo conduce a esta teoría en definitiva a un círculo vicioso: es retroactiva la ley nueva que afecta "derechos adquiridos", y son "derechos adquiridos" los que no pueden ser afectados por la nueva ley[18].

Corresponde, por consiguiente, en buena técnica jurídica, prescindir del calificativo superfluo y alegar simplemente la existencia de un derecho subjetivo cuando se ha configurado conforme a las normas vigentes una situación jurídica con sus características.

Por cierto, esa mera depuración terminológica no supera la dificultad sustancial, pues dicho concepto de *derecho*, en su sentido subjetivo, ha sido objeto de arduas y no concluidas discusiones a los más altos niveles de la filosofía y de la teoría general del derecho. Sin terciar por cierto en esas lucubraciones, porque sería ahora impertinente, y con mero ánimo descriptivo, a los efectos del razonamiento se adoptará la descripción de esa situación jurídica expuesta en otras oportunidades[19]: "La situación jurídica de derecho subjetivo se caracteriza, según opinión generalmente recibida, como aquella en que se encuentra un sujeto al cual las normas jurídicas aplicables habilitan a pretender de otro sujeto —en cuanto ahora interesa, de una entidad estatal— una determinada prestación, consistente en un comportamiento determinado, activo u omisivo, que le es favorable, y ese comportamiento está impuesto a ese otro sujeto por una regla de derecho, de manera que constituye para ese sujeto pasivo una obligación de hacer o de no hacer. De ello resulta que la satisfacción de la pretensión del titular del derecho subjetivo (en cuanto se actualice como tal pretensión) es jurídicamente necesaria, y el ordenamiento jurídico le proporciona los medios para obtener esa satisfacción mediante el ejercicio de acciones ante órganos jurisdiccionales, que impondrán al sujeto pasivo obligado, de ser necesario mediante la coacción, el comportamiento debido".

b) Atento a esa configuración de la situación jurídica subjetiva de *derecho*, debe reconocerse a la doctrina clásica que su existencia perfeccionada en un caso determinado puede obstar a la aplicación retroactiva de una norma. Solo hasta ahí llega el reconocimiento; pero esa circunstancia no demuestra que ese sea el criterio para definir la retroactividad, porque seguramente la misma razón que impide la aplicación retroactiva de la norma también obstará a su aplicación para el futuro.

---

entre "derechos simplemente *virtuales* y derechos *adquiridos*" y otras similares, que "carecen de toda significación", porque "no es lógico clasificar los derechos en derechos que existen y derechos que aún no existen, o que acaso puedan existir" (Jean Dabin, *El derecho subjetivo*, Granada, Comares, 2006, en esp. págs. 27 y 190).

[18] Así lo señaló, entre otros y con otros términos, Planiol, *Traité élémentaire de droit civil*, t. i, Paris, LGDJ, 1948, pág. 110, cit. por Aftalión, García Olano, y Vilanova, *op. cit.*, pág. 535 nota 53 y por Ramírez, "La irretroactividad de la ley núm. 18.246...", cit., pág. 499.

[19] Cajarville Peluffo, "Apuntes sobre el concepto...", cit., págs. 877-878.

En efecto, si en la hipótesis de que se trata se reconoce que una situación jurídica configurada en aplicación de determinada norma no puede ser modificada ni dejada sin efecto por norma posterior, esa pretensión choca de inmediato con la circunstancia, ya señalada (*supra*, núm. 1) y difícilmente discutible en principio, de que toda norma jurídica y por consiguiente sus efectos pueden ser modificados o dejados sin efecto por otra norma jurídica posterior de similar o mayor eficacia formal.

Siendo así, para reconocer que una norma jurídica no puede modificar otra anterior bajo cuya vigencia se ha perfeccionado un "derecho subjetivo", el análisis jurídico más detenido mostrará que en realidad no están en juego en esa cuestión solamente ambas normas de similar jerarquía; si así fuera, la eficacia jurídica de la posterior podría modificar o extinguir los efectos producidos por la anterior. Lo que en verdad ocurrirá en tales casos será que normas con superior eficacia formal que la de ambas limiten o prohíban directa o indirectamente la modificación de esa situación creada en aplicación de la primera norma[20]. Por consiguiente, será legítimo oponer a una nueva norma la existencia de un derecho (que si así se quiere, podrá pleonásticamente calificarse de "adquirido"), cuando el respeto a esa situación jurídica esté garantizado por norma constitucional[21];

[20] La cuestión es similar a la irrevocabilidad por razones de mérito del acto administrativo que ha creado un derecho subjetivo: la revocación del primer acto por el segundo sería violatoria de las "reglas de derecho" —*v. gr.*, constitucionales, legales o reglamentarias— que regulen la situación jurídica creada por el primero, consagrando absoluta o relativamente su estabilidad o inmutabilidad: Cajarville Peluffo, "*Cuestiones...*", cit., págs. 134 a 138; véase la copiosa doctrina cit. en nota 33, a la que es imprescindible agregar ahora a Felipe Rotondo, *Manual de derecho administrativo*, 7ª ed., Montevideo, Del Foro, 2009, pág. 371; y también, con explícita referencia a "derechos *adquiridos*": Carlos E. Delpiazzo, *Derecho administrativo general*, vol. i, Montevideo, A. M. F., 2011, pág. 312; y en la doctrina comparada más prestigiosa, Celso A. Bandeira de Mello, *Curso de direito administrativo*, 17ª ed., São Paulo, Malheiros, 2004, págs. 113 y 418-419, con respaldo en norma constitucional expresa.

[21] Esta es, nítida y explícitamente, la cuestión que considera Eduardo Soto Kloss, cuando señala: "Si tales actos administrativos [se refiere a los que 'se han conformado al ordenamiento constitucional y a la normación conforme a este'] han originado derechos para sus destinatarios, ellos ingresan a su patrimonio y, por lo tanto, forman parte de él, los han «adquirido»; desde que ingresan a su patrimonio existe sobre ellos un «derecho de propiedad», [...] adquiridos que sean por sus destinatarios, ellos gozan de «intangibilidad», ya que no cabe afectarlos pues constituyen propiedad de sus dueños, reconocida, garantizada y amparada por la propia Constitución (arts. 19, num. 24, y 20, inc. 1º)..." (Eduardo Soto Kloss, "Acerca de la obligatoriedad de los precedentes en la función administrativa chilena", en *Anuario de Derecho Administrativo*, t. vi, Montevideo, 1998, pág. 68). Por ende, la aplicación en nuestro derecho del criterio del autor requiere definir en cada caso si la situación creada por un acto administrativo constituye, conforme a nuestra Constitución, un derecho de propiedad amparado por ella.

Lo mismo cabe decir de la opinión de Mariano Brito, cuyo análisis de la sentencia de la Suprema Corte de Justicia anotada consiste en mostrar que la Resolución de la Intendencia Municipal de Montevideo impugnada ante el TCA, y los decretos departamentales con fuerza de ley en su jurisdicción en que aquella se funda, tachados de inconstitucionalidad, son violatorios de derechos "inherentes a la personalidad humana o se derivan de la forma republicana y se opondrá legítimamente esa situación subjetiva a un nuevo reglamento, si una norma constitucional o legal así lo garantiza[22].

Pero entonces, la prevalencia, por las vías que correspondan, de la norma de mayor jerarquía sobre las inferiores que le sean incompatibles[23] ocurrirá tanto hacia el pasado como hacia el futuro; si una norma posterior al perfeccionamiento de una situación jurídica no puede modificarla porque causaría agravio al derecho a ser protegido en el goce de la vida, honor, libertad, trabajo o propiedad tutelado constitucionalmente[24], tampoco podrá hacerlo una norma dictada con

---

de gobierno" y por ende del art. 72 de la Carta (MARIANO BRITO, "Los derechos adquiridos en la reciente jurisprudencia de la Suprema Corte de Justicia", en *Anales del Foro*, núms. 88-89, Montevideo, 1989, págs. 50 a 55). Otra vez, explícitamente, se trata del conflicto entre ciertos actos jurídicos y reglas de derecho de superior eficacia formal como son las constitucionales, y no de la modificación de reglas de derecho por otras de igual valor y fuerza.

Véase en el mismo sentido EDUARDO GARCÍA DE ENTERRÍA y TOMÁS RAMÓN FERNÁNDEZ, *Curso de derecho administrativo*, t. I, 11ª ed., Madrid, Civitas, 2002, págs. 91 a 95, sobre los "derechos adquiridos" y los principios de seguridad jurídica y su derivado de protección de la confianza legítima, como límites a la modificación normativa, fundado así mismo en definitiva en los principios constitucionales del art. 9º de la Constitución española.

También cuando se postula la estabilidad y consiguiente irrevocabilidad del acto administrativo, no por razones de mérito sino incluso por ilegitimidad, si ha creado derechos que se califican explícitamente como "adquiridos", se sustenta esa solución en la invocación del principio de seguridad jurídica recogido en los arts. 7º y 72 de la Constitución (DURÁN MARTÍNEZ, "Revocación del acto administrativo", y "Cosa juzgada administrativa", ambos en *Estudios de derecho administrativo*, Parte general, Montevideo, 1999, págs. 212 a 214 y 349 a 354, y "La administración ante el reglamento ilegal", cit., págs. 723 a 728; DELPIAZZO, "Revocación del acto administrativo...", cit., págs. 20 a 26 y "Estabilidad del acto administrativo generador de derechos", cit., págs. 757 a 765).

[22] Después de proporcionar un concepto de "derecho adquirido" que no escapa a la crítica de DABIN recogida *supra*, nota 17, LUIS LEGAZ Y LACAMBRA añade un factor generalmente no mencionado al menos expresamente por quienes sustentan esa teoría, pero que está en la propia razón de su invocación: "El derecho adquirido es la estabilización de esta situación, es decir, la permanencia de esa situación de subordinación potencial del orden jurídico a la voluntad de la persona". Sin embargo, añade de inmediato: "Esta situación es la individualización del derecho objetivo; si el derecho objetivo cambia, no hay ningún derecho previo que le [*sic*] ate"; y señala de inmediato: "Ninguna razón de tipo jurídico-lógico se opone a la alteración de tales situaciones", y: "Esta imposibilidad no es lógica, sino ética" (*Filosofía del derecho*, 4ª ed., Barcelona, Bosch Casa Editorial, 1972, pág. 648). Curiosamente, el ilustre jusfilósofo no tiene en cuenta en este punto y al llegar a esa conclusión, que como lo señaló HART en pasaje recogido *supra* nota 3, todos los órdenes jurídicos contemporáneos contienen normas con distinta eficacia formal, y que de esta circunstancia deriva que las situaciones jurídicas protegidas por alguna de ellas no puedan ser modificadas o suprimidas por otras inferiores.

[23] CAJARVILLE PELUFFO, "Supremacía constitucional e interpretación", cit., págs. 395 a 399 y 403-404.

[24] No se incluye en esta enumeración el derecho a ser protegido en el goce del derecho a la seguridad, tutelado como los enunciados por el art. 7º de la Constitución, porque ese es precisamente el eventualmente agraviado específicamente por el carácter retroactivo de una norma, si la retroactividad no está habilitada por ley formal y por razones de interés general.

anterioridad. Eso basta para demostrar que el criterio de la afectación de un derecho subjetivo no es hábil para definir la retroactividad ni para distinguir la norma retroactiva de la que no lo es.

La ya aludida sustitución de la referencia al "derecho adquirido" por la más genérica a las "situaciones jurídicas concretas" frente a las "abstractas" no hace sino reeditar la distinción entre el derecho subjetivo como una de las diversas situaciones jurídicas perfeccionadas conforme al derecho objetivo, por un lado, y el derecho objetivo en sí mismo como conjunto de normas, por el otro[25]. En cuanto a la cuestión considerada ahora, le es aplicable todo lo dicho sobre de teoría de los "derechos adquiridos".

c) La conclusión precedente avala la crítica que también se formula a esta doctrina clásica diciendo que, para explicar la retroactividad, sustituye esa cuestión por otra diferente.

El problema de la retroactividad, como su opuesto de la ultractividad de la norma anterior o el de la eficacia postergada de la nueva norma, tiene que ver con la eficacia formal de las normas en el tiempo y la relación entre las que se suceden temporalmente al regular el mismo supuesto de hecho o la misma categoría de supuestos. La teoría clásica sustituye esa cuestión por otra distinta: si una nueva ley puede o no desconocer o afectar un "derecho adquirido" o una "situación jurídica concreta" perfeccionada bajo una ley anterior; cuestión que no atiende a la eficacia temporal de las normas, sino a su contenido y a su jerarquía normativa, y es en verdad, según viene de verse, ajena a la eficacia de las normas en el tiempo[26]. Cualquiera sea la vigencia, retroactiva o no, de una norma, los límites a su contenido serán los mismos: los formales y sustanciales que le impongan las normas con superior eficacia formal.

d) Situada entonces la retroactividad en su verdadero ámbito, el de la eficacia de las normas en el tiempo, se señala que la doctrina clásica, expresa o implícitamente, necesariamente construye una noción jurídica del tiempo que se aparta de la noción común, propia de la experiencia vivencial y de las ciencias del mundo natural[27].

En esta noción natural del tiempo siempre es posible distinguir el pasado del futuro; en cambio, supone la teoría clásica, en el tiempo jurídico no sería siempre posible establecer tal división radical, y se funda tal supuesta imposibilidad en la existencia de situaciones jurídicas intertemporales, que se dilatan en el tiempo, que no podrían por esa razón situarse distintamente en el pasado o en el futuro respecto a la nueva norma.

[25] GARCÍA MÁYNEZ, *Introducción al estudio del derecho*, *op. cit.*, pág. 398.

[26] JIMÉNEZ DE ARECHAGA, *op. cit.*, págs. 138-139; LEVRERO BOCAGE, "Los fundamentos del principio de no retroactividad de los actos administrativos", cit., págs. 260-261.

[27] JIMENEZ DE ARECHAGA, *op. cit.*, pág. 136.

La crítica de la doctrina clásica señala que la noción del tiempo es necesariamente única, y debe aplicarla también el derecho; conforme a esta noción común del tiempo, deben distinguirse acontecimientos y efectos de los cronológicamente anteriores y otros posteriores a la nueva norma[28]. La cuestión de la retroactividad atañe a la eficacia de la nueva norma sobre los acontecimientos o sus efectos anteriores a ella; y la de la ultractividad, por el contrario, a la eficacia de la norma anterior sobre los acontecimientos posteriores a la nueva norma, o a la eficacia de aquella norma anterior sobre los efectos posteriores a la nueva norma de los acontecimientos anteriores a ella.

6. Retroactividad: concepción cronológica

A partir de estas críticas se construyen las denominadas teorías "objetivistas", o también "cronológicas" o "temporales", que tienden a "investigar si el hecho objeto de la controversia [extendiendo luego el examen a sus consecuencias] se ha realizado o no bajo la ley antigua"; se manifiestan entonces como rechazo a las que procuran la solución apelando a la distinción entre "derechos adquiridos" y "meras expectativas", pero representan realmente un retorno (así se señala) a un criterio rector con raíces que "se encuentran mucho más atrás en el tiempo"[29].

Acerca de los supuestos conceptuales de la crítica a la doctrina clásica, tanto los actos o hechos configurantes del supuesto normativo como sus consecuencias jurídicas serán pasibles de situarse en el tiempo como anteriores o posteriores a la nueva norma de que se trate. Cuando el supuesto y las consecuencias, previstos abstractamente en la nueva norma, hayan ocurrido en los hechos con anterioridad a ella, continuarán rigiéndose por la norma anterior, y la aplicación a ellos de la nueva configuraría su *retroactividad.* A la inversa, cuando el supuesto y las consecuencias previstos en la nueva norma ocurran con posterioridad a su perfeccionamiento, se regirán por ella, y la aplicación de la norma anterior configuraría su *ultractividad* y consiguiente postergación de la eficacia de la nueva norma.

Pero puede ocurrir que un acontecimiento encartable en el supuesto de la nueva norma haya ocurrido con anterioridad a ella y sus consecuencias vengan a producirse después de su perfeccionamiento; según la doctrina clásica, esas consecuencias se regirían por la norma antigua, en atención a los "derechos adquiridos". La crítica a esa doctrina señala que es necesario en tal caso considerar la eventual eficacia de esa nueva norma sobre las consecuencias de los

[28] *Ibid.*, págs. 138-139.

[29] Ramírez, "La retroactividad de las leyes interpretativas", cit., págs. 69 a 71 y 73-74. Carnelli también expone extensa y detalladamente las posiciones de "los objetivistas", a las que adhiere, en loc. cit., págs. 180 a 205.

supuestos ocurridos con anterioridad que sean posteriores a ella. Entonces, se postula distinguir la retroactividad de la nueva norma, de su eficacia inmediata sobre los efectos posteriores de los acontecimientos anteriores a su vigencia[30].

7. La llamada "aplicación inmediata" de la nueva norma; distinción de la retroactividad

Se atribuye a Roubier[31], en el ámbito de las llamadas doctrinas objetivas, el mérito de haber distinguido *efecto retroactivo* de *efecto inmediato* de una norma, distinción que constituye el punto de partida de su concepción[32]. La norma es retroactiva cuando se aplica a hechos consumados (*facta prætaerita*); si se aplica a situaciones en curso (*facta pendentia*), hay que distinguir la parte de estas anterior al cambio de legislación, que no puede ser anulada sin retroactividad, de la subsiguiente, para la cual la nueva ley tendría nada más que un efecto *inmediato*; finalmente, en cuanto a los hechos futuros (*facta futura*), no puede haber, naturalmente, retroactividad.

[30] Aftalión, García Olano y Vilanova, *op. cit.*, pág. 535.

[31] Paul Roubier, *Les conflicts de lois dans le temps*, Paris, Sirey, 1929, cit. indirecta de Aftalión, García Olano y Vilanova, *op. cit.*, pág. 529, nota 33; se sigue aquí la exposición de su doctrina que presenta Carnelli, "Los derechos adquiridos", cit., págs. 196 a 203. Sobre la distinción entre retroactividad y aplicación inmediata de la ley, cfr.: Aftalión, García Olano y Vilanova, *op. cit.*, págs. 527 a 529, 535, 537 y 539; Jiménez de Arechaga, *op. cit.*, pág. 141; Levrero Bocage, "Los fundamentos del principio de no retroactividad de los actos administrativos", cit., págs. 254-255. Cfr. Suprema Corte de Justicia, sent. de 15.8.980, en L.J.U., t. 81, caso 9355, págs. 285-286; sent. 38, de 21.2.994, en *Anuario de Derecho Civil Uruguayo*, t. xxv, cit., pág. 368. En sentido similar, pueden verse las reflexiones de Werner Goldschmidt sobre la alteración por el derecho del resultado presente del pasado, en *Introducción al derecho*, Buenos Aires, 1960, págs. 160-161. García Máynez, *op. cit.*, págs. 392 a 394, comparte la distinción entre retroactividad y aplicación inmediata, pero no es coherente al considerar todas sus consecuencias; véase *infra* nota 42.

[32] Escribe Roubier: "Cuando la nueva ley remonta, en sus efectos, más allá del día de su promulgación, incide sobre el campo de acción natural de la antigua ley. Es lo que se llama *retroactividad,* porque la ley retorna sobre el pasado (*retro agere*). Pero hay hechos jurídicos que no se configuran en un solo momento, sino que por el contrario se desarrollan a lo largo de un cierto período de tiempo [*sic*] Supongamos que uno de esos hechos se encuentre en curso de realización el día en que surge la nueva ley: esta no podrá aplicarse sin retroactividad a los efectos jurídicos ya producidos, modificarlos o suprimirlos; pero en cuanto a aquellos efectos que aún no han tenido lugar al día de la promulgación de la nueva ley, la cuestión de saber si los mismos [*sic*] se rigen por aquella o de si la ley antigua sobrevive a su derogación no es un problema de retroactividad". Si la nueva norma "se aplica, a partir de su promulgación, a todos los efectos que se produzcan en el futuro, ya sea que provengan de relaciones jurídicas preexistentes o a producirse", la ley tendrá "efecto inmediato". Por el contrario, si ella "permite que la ley anterior se aplique a todos los efectos jurídicos futuros de hechos anteriores a la promulgación de aquella", estaremos frente a una "supervivencia de la ley antigua" (Paul Roubier, *Le droit transitoire*, Paris, Dalloz, 1960, págs. 9 a 11, transcripción de Levrero Bocage, "Los fundamentos del principio de no retroactividad de los actos administrativos", cit., pág. 255.

Estando prohibido, como principio general, el efecto retroactivo de la ley, en su ejecución habrá que definir la retroactividad para denegar todo lo que represente dicho carácter, salvo cláusula legal expresa que la autorice. En cambio, el *efecto inmediato* constituye el derecho común. En una situación no constituida (*facta pendentia*) la nueva ley también tendrá efecto inmediato, salvo únicamente en las partes anteriores, a las que no podrá aplicarse sin retroactividad. En algunas materias, no obstante, como los contratos en formación, quedan excluidos los dos efectos, imperando como norma la ley antigua.

¿Cuál es, entonces, el criterio para distinguir *retroactividad* de *efecto inmediato*? Las normas configuran *situaciones jurídicas* en favor o en contra de ciertas personas, que en cuanto al tiempo pueden ser pasadas, presentes o futuras. Pero esas situaciones pueden no realizarse en un momento determinado, sino requerir un proceso que se desarrolla en el tiempo durante el cual la ley puede afectar ese desenvolvimiento. Si rige sobre las partes anteriores ya constituidas, tendrá efecto *retroactivo*; si en cambio solo afecta las subsiguientes, no tendrá más que efecto *inmediato*.

Para establecer tal distinción, todavía hay que hacer otro distingo en dicho proceso de formación: la fase dinámica, que corresponde al momento en que se constituye (y al momento en que se extingue) esa situación; y la fase estática, que corresponde al momento en que esta situación produce sus efectos. Así, el desenvolvimiento de la situación comprende tres momentos: su constitución, sus efectos y su extinción. Una ley que tenga por objeto reglamentar las condiciones de constitución o de extinción (fase dinámica) no puede referirse a los hechos que la anteceden sin ser retroactiva. En cuanto a los efectos (fase estática) de esa situación anterior a la vigencia de la ley nueva[33], pertenecen al régimen anterior y no podría dicha ley tocarlos sin incurrir en retroactividad.

Por otra parte, la constitución o extinción de las mismas situaciones (fase dinámica) pueden producirse en un solo momento (p. ej., los derechos de sucesión, que se abre con la muerte del causante), o en un período, ya sea un estado de hecho continuo (p. ej., prescripción adquisitiva) o una sucesión de elementos distintos (sucesión testamentaria, que requiere testamento válido y fallecimiento del testador). Con respecto a la ley, esos modos de constitución o extinción pueden encontrarse en tres situaciones: a) no han comenzado durante la ley antigua; b) se realizaron plenamente bajo la ley antigua; o c) se hallan en vías de constituirse o extinguirse cuando aparece la ley que modifica las condiciones para ello. En la primera hipótesis no hay conflicto ni dificultades; en la segunda, la ley nueva no puede atacar situaciones anteriores, ya constituidas o extinguidas, sin retroactividad; y en la tercera, según ROUBIER, no es-

[33] Del contexto siguiente resulta que la anterioridad a la vigencia de la nueva ley se refiere aquí tanto a la constitución como a los efectos, ya producidos, de la situación jurídica de que se trata; Cfr. la exposición de la doctrina de ROUBIER que hace GARCÍA MÁYNEZ, *op. cit.*, pág. 393.

tando constituida ni extinguida una situación, la ley nueva puede modificar las condiciones relativas a su formación o cesación, sin incurrir en retroactividad, teniendo solamente efecto *inmediato*. Pero en este último caso, puede ocurrir que se hayan constituido uno o más elementos que tengan un valor particular con respecto a la constitución jurídica en formación, y la ley nueva no los comprendería sin retroactividad, en cuanto a las condiciones de validez y a los efectos ya producidos. "En presencia de una situación jurídica en vía de constitución o de extinción —concluye ROUBIER—, las leyes que gobiernan la constitución o extinción de una situación jurídica no pueden, sin retroactividad, afectar los elementos ya existentes, que forman (u obstruyen) dicha constitución y dicha extinción, mientras tengan un valor propio, y deben respetar este valor jurídico, ya se trate de sus condiciones de validez o de los efectos jurídicos que hubieran producido". En todos los otros casos, la ley que se aplique a una situación en curso no será retroactiva, así abarque los elementos constitutivos, siempre que no se hayan reunido todavía, aunque imponga nuevas condiciones, y aunque modifique o haga desaparecer en el futuro los efectos jurídicos que no resulten de elementos con "valor propio".

En cuanto a las leyes relativas a los efectos de una situación jurídica, según ROUBIER, deben determinarse conforme a la ley en vigencia cuando se produjeron. Pero cuando los efectos se engendran durante cierto lapso, hay que deslindar los producidos bajo la primera ley, sobre los cuales no podrá irse sin retroactividad, y los efectos que emergen después que aparece la nueva ley, que pueden ser regidos por esta sin retroactividad.

Pero hay leyes que crean un nuevo tipo de situación, o suprimen una existente. Las que crean situaciones de nuevo tipo deben asimilarse a las relativas a la constitución de una situación jurídica; y las que suprimen una situación jurídica pueden tener en vista el medio para llegar a dicha situación, y son asimilables a las que gobiernan la constitución de una situación jurídica; o por el contrario, tener en vista los efectos y el contenido jurídico de la situación, y entonces son asimilables a las que gobiernan los efectos de una situación jurídica.

8. INTERPRETACIÓN DE LA DIMENSIÓN TEMPORAL DE LA NUEVA NORMA

El anterior planteamiento de las diversas doctrinas elaboradas sobre el tema ha mostrado que la cuestión de la retroactividad consiste siempre en la aplicación de una norma y su relación con la que hasta entonces regulaba su supuesto o sus consecuencias; norma anterior que siempre existirá, aun cuando se trate de un acontecimiento hasta entonces jurídicamente indiferente, sometido residualmente al principio de libertad.

Siendo así, como siempre que se trate de la aplicación de una norma jurídica, la cuestión será de interpretación de esa norma en concreto, sin que quepan en principio soluciones *a priori* invariables[34]. Entonces, la eficacia de la nueva norma en el tiempo y su relación con los acontecimientos y sus efectos pasados y futuros debe analizarse a partir de su adecuada interpretación, poniendo claro el contenido del supuesto y de la consecuencia a él imputada[35]. El supuesto normativo consistirá en un acontecimiento —acto o hecho— que la norma describe, al cual imputa una consecuencia jurídica que así mismo describe.

Además de esa descripción fáctica, que configura su dimensión material o sustancial, y de la determinación expresa o implícita de sus dimensiones subjetiva y espacial, ningún supuesto normativo carece, expresa o implícitamente, de dimensión temporal[36]; necesariamente comprende los sucesos que describe objetivamente ocurridos dentro de cierto lapso, en principio determinado o determinable en cuanto a su comienzo, pero que puede ser más o menos indeterminado en cuanto a su terminación, porque puede estar precisado desde un principio o quedar librado a su eventual modificación o derogación.

Las normas jurídicas se aplican entonces a los hechos comprendidos en la descripción de su supuesto normativo ocurridos en el lapso de su *vigencia*; entendiendo aquí por "vigencia" del supuesto de una norma, precisamente, la dimensión temporal del supuesto normativo, vale decir, el lapso o período en que debe ocurrir el acontecimiento a que la norma se refiere, para que le sea imputable la consecuencia dispuesta por ella[37]. Esclarecido en ambos aspectos,

[34] Véase JUAN PABLO CAJARVILLE PELUFFO, "Cometidos ¿y monopolios? de Antel", en *Revista de Derecho Público*, núm. 42, Montevideo, 2012, pág. 13, y opiniones de BERNARDO SUPERVIELLE y HORACIO CASSINELLI MUÑOZ sobre otra cuestión más específica de interpretación, también de relación entre normas sucesivas.

[35] Punto de partida de esa interpretación de la nueva norma consistirá en esclarecer su relación con la anterior aplicable al caso; deberá tenerse en cuenta si la nueva norma contiene una regulación general sobre su materia que sustituye totalmente otra anterior, o si la relación entre ellas es la de general-especial o especial-especial (SUPERVIELLE, "De la derogación...", cit., págs. 482 a 491). También deberá establecerse si la nueva norma sustituye el supuesto de la primera, por ejemplo agregando un nuevo requisito para que se produzca la consecuencia imputada no modificada, o si en verdad está creando un nuevo supuesto al que se imputa una consecuencia, similar o no a la de la norma anterior. Desde otro punto de vista, si la nueva norma se refiere a la consecuencia imputada, podría ocurrir que sustituyera la anterior o añadiera una nueva. Se tendrá en cuenta además, en otro plano, el diverso criterio aplicable a la derogación tácita por norma de superior o de igual eficacia formal, según lo ha esclarecido CASSINELLI MUÑOZ (CAJARVILLE PELUFFO, "Reflexiones sobre los principios...", cit., pág. 538 y doct. cit.). Estos son algunos ejemplos de puntos que hay que interpretar, muchos de ellos comunes a la interpretación de la relación entre normas y no específicos del problema considerado en el texto.

[36] HANS KELSEN, *Teoría pura del derecho,* trad. Roberto J. Vernengo, México, D. F., UNAM, 1979, págs. 26 a 28; *id., Teoría general del derecho y del Estado,* trad. Eduardo García Máynez, México, D. F., UNAM, 1979, págs. 49-50.

[37] Sobre el concepto de "vigencia" expuesto en el texto: JUAN PABLO CAJARVILLE PELUFFO, "Sobre la suspensión jurisdiccional de los efectos del acto administrativo", en *Sobre derecho administrativo*, t. II, *op. cit*., págs. 723-724 y doct. cit. Este concepto de "vigencia" se inspira en el de H. CASSINELLI MUÑOZ, que escribe: "Entendemos por vigencia de una norma, la exten-

fáctico y temporal, el contenido de la nueva norma quedará precisado el momento relevante para su aplicación: aquel en que su supuesto normativo se configura; y podrá determinarse entonces su relación cronológica —anterior o posterior— con el perfeccionamiento (o con el momento de comienzo de la vigencia, cuando difiere del perfeccionamiento) de la nueva norma.

También la consecuencia imputada deberá situarse en el tiempo[38]. Ese tiempo de vigencia de la consecuencia[39], dimensión temporal de la consecuencia imputada por la norma[40], admite diversas configuraciones; puede imputarse por la norma como contemporánea o inmediata a la ocurrencia del supuesto, o anticiparse o diferirse en el tiempo, y esa consecuencia, en cuanto a su contenido, puede ser de cumplimiento instantáneo o extenderse durante cierto lapso, o bien consistir en prestaciones (acciones u omisiones) reiteradas en el tiempo.

Ahora bien, el supuesto de la nueva norma puede ser o no ser a su vez la consecuencia imputada a su propio supuesto por otra norma anterior[41]; y cuando lo sea, puede referirse al acaecimiento o perfeccionamiento en sí mismo de la consecuencia imputada por la norma anterior, o a su devengamiento, exigibilidad o posibilidad de ejercicio, o aun a su efectivo cumplimiento en la realidad[42].

---

sión temporal de la categoría sobre que la norma dispone. La disposición de la norma se aplica pues a los hechos ocurridos durante su vigencia". ("Oposición superveniente: ¿derogación o inconstitucionalidad?", cit., pág. 550). Recoge este concepto de "vigencia": RISSO FERRAND, *Derecho constitucional*, t. I, *op. cit.*, págs. 49 y 129. La diversidad terminológica de los autores es inagotable; RAFAEL HERNÁNDEZ MARÍN utiliza, para un concepto similar al expuesto, la denominación "intervalo de subsunción": "El IS de un enunciado E es, por tanto, el intervalo de tiempo durante el cual ha de tener lugar un acontecimiento para que este sea regulado por el enunciado" (*Introducción a la teoría de la norma jurídica*, 2ª ed., Madrid, Marcial Pons, 2002, pág. 432).

[38] KELSEN, *Teoría pura del derecho*, *op. cit.*, pág. 27.

[39] HERNÁNDEZ MARÍN utiliza la denominación "tiempo de efecto" de un enunciado jurídico: "intervalo de referencia de la consecuencia de ese enunciado", el "momento o intervalo temporal al que se refiere la consecuencia del enunciado" (*op. cit.*, pág. 434). Puede ser anterior o posterior al perfeccionamiento de la norma (*op. cit.*, pág. 525; véase *infra*, nota 53).

[40] En su elogiable empeño por atribuir denominaciones a los distintos conceptos que utiliza, a HERNÁNDEZ MARÍN le ha sobrado nada menos que el término "vigencia", de inmemorial y generalizado empleo tanto por el derecho positivo como por la ciencia que lo estudia, pero para el cual no ha encontrado significado útil (véase *op. cit.*, págs. 501 y ss., en esp. la conclusión de pág. 508). Es verdad, claro está, que como ocurre con tantas otras, esta palabra designa en los distintos autores diferentes conceptos; de ahí la necesidad de definir su empleo. Por eso, con todo el respeto debido a tan meticuloso y profundo iusfilósofo, prefiero seguir utilizando "vigencia" para referir a la dimensión temporal tanto del supuesto como de la consecuencia de una norma, en lugar de las denominaciones propuestas por este autor: "intervalo de subsunción" y "tiempo del efecto".

[41] Piénsese en una norma cuyo supuesto consista en la existencia de situaciones jurídicas creadas conforme a otras anteriores; *v. gr.*, existencia de deudas de determinado origen.

[42] Cfr. Trib. de Apel. en lo Civil de 4º Tno., sent. de 29.3.89, en *L.J.U.*, t. 101, caso 11.529, pág. 258. La omisión de estos necesarios deslindes es flagrante en la crítica que GARCÍA MÁYNEZ formula a la tesis de ROUBIER en *Introducción al estudio del derecho*, *op. cit.*, págs. 395-396,

Además, el supuesto de una norma puede volver a serlo de otra posterior que modifica su consecuencia[43], o un acontecimiento hasta entonces jurídicamente indiferente puede devenir en supuesto de una norma que le imputa una consecuencia. Todas estas variables son relevantes al momento de esclarecer tanto el supuesto como las consecuencias imputadas por la nueva norma y su relación con la anterior.

Debe observarse el distinto papel que desempeña la vigencia respecto a los hechos a que se refiere, según se trate de la vigencia del supuesto o de la consecuencia; en el primer caso, el momento de configuración fáctica del supuesto en el lapso de su vigencia determina la aplicación de esa norma; en el segundo, la vigencia de la consecuencia dispuesta por la norma determina su posición, que debe ser en el tiempo.

En todo caso, tanto los actos o hechos configurantes del supuesto normativo como sus consecuencias jurídicas serán necesariamente pasibles de situarse en el tiempo como anteriores o posteriores al perfeccionamiento (o al comienzo de su vigencia, cuando difiere del perfeccionamiento) de la nueva norma de que se trate.

9. La eficacia de principio de la nueva norma

En principio, todas las "reglas de derecho" deben aplicarse desde su perfeccionamiento[44], y desde entonces rigen todos los hechos y actos comprendidos en su supuesto normativo, tanto en su descripción fáctica como en su dimensión temporal, y las consecuencias que se le imputan. Salvo disposición en contrario, entonces, la vigencia del supuesto de una norma comienza con su

---

cuando solo considera entre las "consecuencias de derecho" el nacimiento de los derechos y obligaciones conforme a la ley anterior, y niega relevancia a la posibilidad jurídica de su ejercicio o a su realización efectiva; siendo que, precisamente, estas últimas pueden constituir los supuestos normativos de lo dispuesto por la nueva ley.

[43] El tenor literal de la nueva norma, sin variar su sustancia, puede ser diverso; puede sustituirse explícitamente la norma anterior, reiterando su supuesto pero modificando la consecuencia, o bien, describir en el nuevo supuesto la consecuencia imputada por la norma anterior (especificando el supuesto al que entonces se imputó, o sin hacerlo, con lo cual sin duda su alcance variaría), e imputarle una consecuencia distinta de la que imputaba la primera norma. Seguramente habría que agregar "etc."

[44] Se trata de lo que Cassinelli Muñoz denomina "eficacia material de una norma", que no debe confundirse con su efectividad sociológica. "Eficacia material [...] es la posibilidad jurídica de que, habiéndose producido un hecho de la categoría, se cumpla con la disposición. El cumplimiento efectivo de una norma supone que se haya producido un hecho de la categoría prevista durante su vigencia, y que además la norma sea actualmente eficaz. Obviamente, la eficacia material no puede ser anterior al perfeccionamiento del acto jurídico que da origen a la norma; la vigencia, en cambio, puede ser anterior". ("Oposición superveniente: ¿derogación o inconstitucionalidad?", cit., pág. 551). Siempre me ha parecido más gráfico explicar este concepto denominándolo "aplicabilidad" de la norma.

perfeccionamiento[45], que a su vez determina su incorporación al ordenamiento jurídico o adquisición de *positividad* o *juridicidad*[46].

Cuando se trate de eventos que, aunque adecuados a la definición abstracta del supuesto fáctico de la nueva norma, hayan ocurrido con anterioridad a su perfeccionamiento (o al comienzo de su vigencia en su caso), tanto el supuesto en sí mismo como sus consecuencias que hubieran ocurrido totalmente también con anterioridad a dicho perfeccionamiento estarán fuera de la dimensión temporal de principio del supuesto de la nueva norma, y continuarán rigiéndose por la norma anterior que les fuera aplicable. A la inversa, aquellos eventos constitutivos del supuesto de la norma posterior que se produzcan con posterioridad al perfeccionamiento (o al comienzo de la vigencia en su caso) de dicha norma, y sus consecuencias posteriores, se regirán por ella.

10. ANÁLISIS DE LA RETROACTIVIDAD

Si la vigencia del supuesto de la nueva norma establece expresamente un momento inicial anterior al perfeccionamiento del acto creador de dicha norma, o así se aplica[47], o si esa norma imputa a su supuesto (cualquiera sea su posición

[45] Sobre el concepto de "norma" y su relación con el acto creador: CAJARVILLE PELUFFO, "Sobre actos administrativos", cit., pág. 43 y doct. cit.

Dejo de lado, tratándose de leyes formales, la clásica cuestión sobre si la promulgación comprende o no la publicación (que si la respuesta fuera afirmativa, integraría el perfeccionamiento del acto creador de la norma), y doy por supuesto el régimen de entrada en vigencia establecido para ellas como principio por el art. 1º del Código Civil. Como se sabe, aquella ardua cuestión y el mentado régimen de entrada en vigencia no se plantean en los mismos términos respecto de los reglamentos.

[46] Utilizo estos términos con el significado que les atribuye CASSINELLI MUÑOZ: "positividad" como "incorporación formal a un orden jurídico", y "juridicidad" como "la calidad de jurídico, es decir, jurídicamente relevante, y no la calidad de arreglado a derecho, que se llama «legitimidad»". ("Oposición superveniente: ¿derogación o inconstitucionalidad", cit., págs. 544-545, notas 9 y 11). El autor agrega que el concepto que llama "positividad" es "designado por los traductores al español de las obras de KELSEN con el vocablo «validez» pero no hemos querido usar esa palabra porque puede confundirse con la validez en sentido técnico" (loc. cit., nota 9). En este sentido de pertenencia al derecho utiliza HERNÁNDEZ MARÍN la palabra "validez"; véase *infra* la nota 53.

[47] Sobre el concepto de "retroactividad" expuesto en el texto: CAJARVILLE PELUFFO, "Sobre la suspensión jurisdiccional de los efectos del acto administrativo", cit., págs. 723-724 y doct. cit. Este concepto se inspira en el de "vigencia" de CASSINELLI MUÑOZ, ya citado en nota 36. HERNÁNDEZ MARÍN entiende que "la retroactividad de un enunciado jurídico consiste en *la referencia que un enunciado jurídico hace al tiempo anterior al inicio de su IV*" (*Introducción a la teoría de la norma jurídica, op. cit.*, pág. 523, bastardilla en el original), agregando "como formulación a veces más útil: un enunciado jurídico retroactivo es aquel en el que el día inicial de su IS [intervalo de subsunción] es anterior al día inicial de su IV" (*op. cit.*, pág. 524, aunque vale aclarar que esta formulación más útil está restringida a lo que el autor denomina "enunciados jurídicos retroactivos"; véase nota siguiente. Cfr. también pág. 517). Puesto que

en el tiempo) una consecuencia que sitúa en el tiempo con anterioridad a tal perfeccionamiento, o así se aplica, en ambos casos esa norma es retroactiva o se aplica retroactivamente[48]. Sin olvidar, como ya se ha recomendado (*supra*, núm. 2), que esta aplicación retroactiva solo será legítima en nuestro derecho si existe para ello habilitación legal[49].

Por supuesto, todo ello ocurrirá de hecho a partir del perfeccionamiento de la nueva norma, pues lo ocurrido de hecho en el pasado es inmodificable; pero a partir de dicho perfeccionamiento todo deberá ocurrir *como si* las consecuencias del hecho hubieran sido en el pasado las dispuestas por la nueva norma[50].

Pero como ya se señaló, puede ocurrir que un acontecimiento encartable en el supuesto de la nueva norma haya ocurrido con anterioridad a su perfeccionamiento, pero sus consecuencias estén previstas en la norma aplicable[51] para producirse, total o parcialmente, después del perfeccionamiento de la norma sobreviniente, ya sea en el acaecimiento o perfeccionamiento en sí mismo de la consecuencia imputada, o en su devengamiento, exigibilidad o posibilidad de ejercicio, o aun en su efectivo cumplimiento en la realidad. Se plantea así la cuestión de lo que se consideran situaciones en curso, y señala la doctrina la

---

con IV alude a lo que denomina "intervalo de validez", que consiste en el "tiempo durante el cual un enunciado pertenece al derecho, o es jurídico" (*op. cit.*, pág. 442), otra vez el concepto del autor coincide, con otras palabras, con lo sostenido en el texto, porque la incorporación al ordenamiento jurídico o adquisición de juridicidad de un enunciado ocurre con lo que en el texto denomino "perfeccionamiento" del acto jurídico que crea la norma (CAJARVILLE PELUFFO, "Sobre actos administrativos", cit., págs. 43-44).

[48] Este es el concepto de retroactividad de KELSEN, *Teoría pura del derecho*, *op. cit.*, págs. 26-27, y *Teoría general del derecho y del Estado*, *op. cit.*, págs. 50 a 52. HERNÁNDEZ MARÍN reserva distintas denominaciones a una y otra hipótesis de retroactividad: denomina "«enunciados jurídicos retroactivos» a aquellos enunciados jurídicos que se refieren al pasado en su suposición; y «enunciados jurídicos con efectos retroactivos» a aquellos enunciados jurídicos que se refieren al pasado en su consecuencia" (*op. cit.*, pág. 523).

[49] La afirmación del texto se aplica a toda modificación dispuesta por normas infraconstitucionales. Pero no faltan ejemplos en nuestro derecho de normas expresamente retroactivas incluso en el ámbito constitucional, en los dos casos distinguidos en el texto; la Disp. Trans. y Esp. V)**, agregada por la reforma constitucional de 27 de noviembre de 1994, establece una vigencia retroactiva (así la califica) "a partir del 1º de octubre de 1992", tanto para su supuesto ("toda modificación de seguridad social, seguros sociales, o previsión social [art. 67] que se contenga en leyes presupuestales o de rendición de cuentas"), como para su consecuencia (que inicialmente califica de "inconstitucionalidad", pero que luego distingue de tal concepto que resulta de las normas permanentes, arts. 256 y ss., para configurar una verdadera nulidad, declarable de oficio: "Dichas normas dejarán de producir efecto para todos los casos, y con retroactividad a su vigencia").

[50] JÈZE, *op. cit.*, págs. 115 a 118; LEVRERO BOCAGE, "Los fundamentos del principio de no retroactividad de los actos administrativo", cit., págs. 254-255; CAJARVILLE PELUFFO, "Cuestiones sobre la «revocación» o «reforma» de los actos administrativos", cit., pág. 124 y doct. cit.

[51] Las consecuencias pueden estar previstas en la norma anterior, que en ese aspecto no haya sido modificada, o pueden estarlo también en la nueva norma, que ha modificado ambos aspectos, supuesto normativo y consecuencia imputada.

necesidad de considerar la eventual eficacia de esa nueva norma sobre las consecuencias posteriores a su perfeccionamiento de los supuestos ocurridos con anterioridad, que la doctrina procura solucionar mediante el llamado "principio de aplicación inmediata" de la nueva norma.

Como se señaló en los dos parágrafos precedentes, la nueva norma modificativa de la anterior, debidamente interpretada, puede modificar o sustituir el supuesto normativo de la precedente, sin hacerlo sobre las consecuencias imputadas, puede a la inversa modificar las consecuencias sin alterar el supuesto, o puede incidir sobre ambos aspectos, en cuyo caso los efectos de ambas modificaciones se acumularían.

Si la nueva norma modifica *sin retroactividad* el supuesto de la anterior sin alterar las consecuencias imputadas, estas se imputarán en lo sucesivo a acontecimientos que revistan las características previstas en dicha nueva norma posterior, ocurridos a partir del perfeccionamiento de dicha norma, que en principio significará el comienzo de la vigencia de dicho supuesto; y no ya a los adecuados al supuesto de la norma anterior, cuya vigencia ha sido modificada recortándola. Si en cambio la modificación del supuesto por la nueva norma fuera *retroactiva*, las consecuencias no modificadas se imputarán a sucesos adecuados al nuevo supuesto, aunque no lo fueran al anterior, ocurridos a partir del comienzo de la vigencia del supuesto de la nueva norma, anterior a su perfeccionamiento; y la cesación de la imputación de la consecuencia al supuesto originario recaerá sobre sucesos no adecuados al nuevo supuesto ocurridos a partir del comienzo de la vigencia retroactiva del supuesto de la nueva norma, puesto que a partir de ese momento el supuesto originario deja de serlo de las consecuencias imputadas. En ambos casos, sea o no retroactiva la nueva norma, el principio aplicable es el mismo: la nueva norma se aplica a los sucesos descritos en el supuesto de que ocurran en el lapso de su vigencia; ninguna solución especial ha requerido la relación cronológica, anterioridad, simultaneidad o posterioridad, entre el perfeccionamiento de la nueva norma y el comienzo de la vigencia de su supuesto, ni por ende la circunstancia de que la modificación haya sido o no retroactiva.

Si la nueva norma, sin alterar el supuesto, modifica *sin retroactividad* las consecuencias imputadas por la norma precedente, las consecuencias de hechos o actos anteriores constitutivas del supuesto aún no producidas cuando la nueva norma se perfecciona son futuras respecto a ella, ingresan en el lapso de vigencia de las nuevas consecuencias cuyo comienzo en principio coincidirá con dicho perfeccionamiento, y por ende, salvo disposición en contrario, deben regirse por esa norma nueva. Si en cambio la nueva norma fuera *retroactiva*, se imputarán las consecuencias en ella previstas a sucesos (anteriores o posteriores a su perfeccionamiento) constitutivos del supuesto no modificado *como si* hubieran ocurrido (las consecuencias) en el tiempo de la vigencia retroactiva de dichas nuevas consecuencias, y cesarán las consecuencias previstas en la norma anterior posteriores al comienzo de dicha vigencia. Si el suceso era con anterioridad jurídicamente indiferente y la nueva norma retroactiva le imputa una consecuencia, habrá dejado de serlo y producirá las consecuencias que le imputa esa norma posterior con la vigencia determinada por la nueva norma retroactiva. En ambos casos, sea o no retroactiva la nueva norma, el principio aplicable es el mismo: la nueva norma se aplica a las consecuencias que se imputen en el lapso de su vigencia; ninguna solución especial ha requerido la relación cronológica, anterioridad, simultaneidad o posterioridad, entre el perfeccionamiento de la nueva norma y el comienzo de la vigencia de su consecuencia, ni por ende la circunstancia de que la modificación haya sido o no retroactiva.

No cabe entonces configurar, en cuanto a la retroactividad, tres categorías de normas regidas por principios propios de cada una: a) *retroactivas*, que vuelven sobre los efectos ya cumplidos bajo la ley anterior; b) de *aplicación inmediata*, que rigen los efectos posteriores a su sanción, derivados de una relación jurídica constituida con anterioridad; y c) de *aplicación diferida*, que rigen solo las relaciones jurídicas constituidas con posterioridad a su sanción, dejando que los efectos de las relaciones anteriores se rijan por la norma anterior[52]. En todo caso, cualquiera sea la norma, el supuesto o la consecuencia, o ambos, se aplican en el lapso de vigencia que respectivamente establezca la propia norma, expresa o implícitamente.

Esa conclusión, no puede sorprender, porque el perfeccionamiento de la nueva norma y la vigencia de su supuesto y de su consecuencia son variables independientes[53] que pueden modificarse con recíproca indiferencia[54].

[52] Esa tripartición la enuncian Aftalión, García Olano y Vilanova, *op. cit.*, pág. 528, exponiendo la doctrina de Roubier. Cfr. Levrero Bocage, "Los fundamentos del principio de no retroactividad de los actos administrativos", cit., pág. 255; véase *supra*, nota 31.

[53] Cfr. utilizando por supuesto sus propias denominaciones de conceptos similares: Hernández Marín, *Introducción a la teoría de la norma jurídica*, *op. cit.*, págs. 494 a 497.

[54] Siempre que exista la posibilidad de imputar en el presente a un suceso del pasado adecuado al supuesto de la nueva norma, la consecuencia que determine la norma aplicable al respecto, vale decir, siempre que esa imputación de la consecuencia al supuesto no haya devenido lógica o fácticamente imposible, y que en ese presente la nueva norma sea aplicable o materialmente eficaz. Si la posibilidad de esa coincidencia cronológica no existiera, la nueva norma resultaría inaplicable; véase *supra*, nota 44. A propósito de la necesidad de tal coincidencia cronológica, pero saliendo de la hipótesis de retroactividad y planteando por el contrario la consagración de una vigencia futura de la consecuencia, si la norma que la consagrara hubiera sido derogada antes de la fecha de comienzo de la vigencia en ella establecida, esa norma no podría aplicarse, porque la norma derogatoria habría suprimido el lapso de vigencia consagrado en la derogada antes que comenzara a transcurrir; salvo por supuesto que la norma derogatoria hiciera alguna salvedad en contrario. En contra: Hernández Marín, *op. cit.*, págs. 495-496 y 521-522, entiende que el IS ("intervalo de subsunción") de un enunciado jurídico puede extenderse más allá, e incluso puede comenzar posteriormente, a la finalización de su IV ("intervalo de validez", tiempo de pertenencia al ordenamiento jurídico; *op. cit.*, pág. 442, *supra,* nota 47), que finaliza con la derogación o anulación (*op. cit.*, pág. 448). Me resulta difícil comprender como puede sostenerse que un enunciado pueda imputar una consecuencia a un supuesto cuando ha

La relación cronológica entre el perfeccionamiento de la nueva norma y la vigencia de su supuesto y de su consecuencia son en cambio relevantes para determinar la existencia o inexistencia de retroactividad: el comienzo de la vigencia, tanto del supuesto como de la consecuencia, en un momento anterior al perfeccionamiento de la norma respectiva, configura la retroactividad, y su ilegitimidad si no existe para ello habilitación legislativa. En cambio, la continuidad de la eficacia de la norma anterior sobre las consecuencias posteriores al perfeccionamiento de la nueva norma que modifica ya sea el supuesto o las consecuencias de la anterior constituiría ultractividad de aquella norma anterior y postergación de la eficacia de la nueva.

La norma retroactiva, cualquiera sea su contenido, opera siempre, directa o indirectamente, sobre las consecuencias imputadas. Por supuesto, opera directamente sobre las consecuencias cuando son ellas el objeto de la modificación impuesta por la norma posterior. No puede, como queda dicho, modificar hechos del pasado; solo puede modificar la descripción de los que incluye en el supuesto comprendidos en su vigencia retroactiva. Con lo que excluye de las consecuencias los sucesos pasados ocurridos en el mismo lapso no adecuados a la nueva descripción, e incluye en dichas consecuencias los ocurridos en igual lapso que no cabían en la anterior pero sí en la nueva, operando por ende, en ambos casos, indirectamente sobre las consecuencias. En todo caso, dichas consecuencias se considerarán en el presente, a partir del perfeccionamiento de la norma modificativa, como si hubieran sido las que resultaran de la nueva norma.

Suele decirse que la aplicación de la nueva norma desde su perfeccionamiento en el lapso de vigencia, tanto del supuesto como de la consecuencia, corresponde cuando se trata de normas de orden público[55], como las de organi-

---

dejado de pertenecer al ordenamiento jurídico; el autor lo explica cómo un caso de ultractividad (págs. 537 a 540), pero es difícil concebir la actividad, obviamente jurídica, de un enunciado que ni siquiera es jurídico. Tanto es así, que el autor admite descartar el IS de un enunciado que comprendería el caso planteado porque ha dejado de ser jurídico, ya que su IV finalizó por derogación por otro enunciado posterior, con lo cual el precedente viene a ser semejante a "un enunciado de contenido opuesto formulado por un particular y, por ello, no jurídico" (*op. cit.*, pág. 547; *ídem,* en págs. 548 a 552, para el "tiempo del efecto"). Por tanto, prefiero la concepción que acepto, siguiendo a CASSINELLI MUÑOZ: la derogación no suprime la pertenencia de la norma derogada al ordenamiento, sino que pone fin a su vigencia (entendida como *supra*, nota 37); por consiguiente, no hace desaparecer la norma derogada del conjunto de las eficaces, pues seguirá siendo aplicable, posteriormente a la derogación, a los supuestos configurados durante su vigencia ("Oposición superveniente: ¿derogación o inconstitucionalidad?", cit., págs. 560 y 562-563). Más incomprensible si cabe, resulta entender, con el autor comentado, que un enunciado pueda imputar una consecuencia a un supuesto, o mantener su actividad, cuando su IV (en la terminología de dicho autor) ha finalizado porque el enunciado ha sido *anulado*.

[55] CARNELLI, en nota a DE MARÍA, *Obra jurídica...*, *op. cit.*, pág. 130, nota 3: "a las leyes de orden público no es posible oponerles barreras de derechos adquiridos o hechos consumados". SUPERVIELLE, "De la derogación...", cit., págs. 493-494; AFTALIÓN, GARCÍA OLANO y VILANOVA, *op. cit.*, págs. 531 a 533.

zación administrativa y las estatutarias que rigen derechos, a deberes y garantías de los funcionarios; en realidad, esa solución no es otra cosa que la aplicación en el caso del principio general[56], que reitera una vez más la necesidad de habilitación legislativa para su legitimidad retroactiva.

Pero las normas anteriores determinadas por las partes en una relación contractual en ejercicio de la autonomía de la voluntad[57] o las determinadas discrecionalmente por la administración en un ámbito de opción conferido por la norma anterior que subsiste bajo la nueva norma no se modifican; aunque puedan serlo, en el primer caso por acuerdo de partes, y en el último por el órgano competente que ejerce esa discrecionalidad, y salvo siempre, por supuesto, incompatibilidad con nueva norma de orden público. No se trata de una excepción al principio general; en tales casos, las normas, anterior y sobrevenida, que confieren un margen de opción, ya sea a la autonomía de la voluntad o a la discrecionalidad administrativa, en realidad no han determinado el supuesto o la consecuencia, o ambos, sino que han dejado su determinación a los respectivos sujetos actuantes, en el margen de opción que les han conferido[58].

11. Eventos de producción dilatada en el tiempo

Hasta aquí se ha dado por sentado que tanto el supuesto como la consecuencia de una norma son eventos que se producen en un momento determinado, y se analizó la relación cronológica de ese momento —anterioridad, simultaneidad o posterioridad— respecto de aquel en que se perfecciona, o en su caso entra en vigencia, la norma que a ellos se refiere. Pero determinados supuestos y también determinadas consecuencias se gestan o se cumplen con cierto desarrollo en el tiempo, ya se trate de su configuración durante un lapso o de prestaciones reiteradas, u otras modalidades que impidan su ubicación cronológica instantánea. Puede ocurrir que la nueva norma modificativa de

[56] Así lo ha consignado la Suprema Corte de Justicia, respecto de las leyes, pero sentando un principio aplicable como tal a toda "regla de derecho": "En principio las leyes, todas las leyes, rigen desde su sanción. La regla es que la nueva ley se aplique inmediatamente a todos los actos o situaciones jurídicas incluso a los efectos sucesivos que se sigan produciendo. O, lo que es lo mismo, a los efectos posteriores a su sanción aunque sean derivados de una relación jurídica constituida con anterioridad" (sent. 38, de 21.2.994, en *Anuario de Derecho Civil Uruguayo*, t. XXV, cit., pág. 368; reiterada en sent. de 16.5.994, en *L.J.U.*, t. 112, caso 12.844, pág. 18. En el mismo sentido, Suprema Corte de Justicia, sent. de 15.8.980, en *L.J.U.*, t. 81, caso 9355, págs. 286-287; cfr. Trib. de Apel. en lo Civil de 4º Tno., sent. de 29.3.89, en *L.J.U.*, t. 101, caso 11.529, pág. 258).

[57] Ripert et Boulanger, t. I, núm. 266, cit. por *Supervielle*, "De la derogación...", cit., pág. 493 nota 80; Colin y Capitant, *Curso elemental de derecho civil*, cit. por Carnelli, "Los derechos adquiridos. Su fracaso...", cit., pág. 186-187; Aftalión, García Olano y Vilanova, *op. cit.*, págs. 537 a 543; Roubier, cit. por Ramírez, "La irretroactividad de la ley núm. 18.246", cit., pág. 499.

[58] Cajarville Peluffo, "Sobre actos administrativos", cit., págs. 28 a 31.

otra anterior aplicable entre en vigencia, *con retroactividad o sin ella*, durante el desarrollo en el tiempo del evento a que la norma anterior atribuía el carácter de supuesto o en su caso de consecuencia.

Tratándose de la modificación del supuesto, no habiéndose configurado completamente en vigencia de la primera norma, esta no podrá aplicarse desde el momento en que comience la vigencia de la norma modificativa, y no cabrá imputación alguna de la consecuencia en aplicación de la norma anterior. Si algunos aspectos del supuesto, comunes a los de ambas normas, se hubieran cumplido bajo la vigencia de la norma anterior, que habría dejado de regirlo, estarían fuera de la vigencia de la nueva norma que ahora lo rige; si se admitieran en la configuración del supuesto de la nueva norma, esta tendría eficacia retroactiva, cuya legitimidad requeriría norma legal expresa. Para que no exista retroactividad, como debe ser en principio, el supuesto debe configurarse totalmente bajo la vigencia de la misma norma. Aquí también deberá afinarse la interpretación. Ciertos supuestos, aunque requieran el transcurso del tiempo, se consuman en determinado momento (ejemplo típico: el cumplimiento de un plazo de prescripción); si las normas, como en ese caso, no se refirieran al transcurso del lapso en sí mismo sino a su consumación como cumplimiento, este será el momento relevante para la aplicación de una u otra norma. En otros casos, frecuentes en el ámbito del derecho administrativo, pero de los cuales se invocan también ejemplos de derecho privado, el cumplimiento del supuesto de una norma requiere el desenvolvimiento de determinado procedimiento[59], integrado mediante una concatenación de actos jurídicos y de operaciones materiales, que se van perfeccionando sucesivamente y produciendo sus propios efectos[60], algunos con relevancia meramente interna al propio procedimiento pero otros incluso con relevancia externa[61]; y finalmente, de la terminación del procedimiento resultará su propia eficacia, que no será la mera acumulación de los efectos propios de sus componentes. Cuando el supuesto de una norma al que se imputa determinada consecuencia consiste precisamente en los efectos finales de un procedimiento, la validez y eficacia de todos y cada uno de sus actos componentes y de la propia terminación del procedimiento se juzgará conforme a la norma vigente al tiempo en que cada uno se perfeccione[62].

[59] Sobre el procedimiento administrativo: Juan P. Cajarville Peluffo, "Introducción al procedimiento administrativo uruguayo", y "Procedimiento administrativo común", en *Sobre Derecho Administrativo,* t. II, *op. cit.*, págs. 166 y 235, respect. También el texto podría referirse de un complejo de acontecimientos que la norma encadene como necesarios para el perfeccionamiento de su supuesto, aunque formalmente no puedan considerarse un procedimiento; por ejemplo, determinado número de accidentes en cierto lapso.

[60] Como ejemplo, puede verse: Cajarville Peluffo, "Sobre contratación de la administración", en *Sobre derecho administrativo*, t. II, *op. cit.*, págs. 348 a 354.

[61] Cajarville Peluffo, *Procedimiento administrativo*, 1ª ed., 1992, 2ª ed., 1997, págs. 57 y 62, y *Recursos administrativos*, 4ª ed., Montevideo, F. C. U., 2008, págs. 132-133 y 151 a 155.

[62] En mi opinión, así debe interpretarse la referencia de Roubier (*supra*, parg. 11) a elementos que tengan "un valor propio", que debe respetarse cuando se trata de "una situación

Otros problemas suscita la modificación de las consecuencias imputadas al supuesto ya perfeccionado, cuando esas consecuencias se encuentran en vía de cumplimiento al perfeccionarse la norma que las modifica. En principio, las consecuencias imputadas aún no consumadas ingresan en la vigencia de la nueva norma modificativa de las consecuencias, y a partir del momento de comienzo de esa vigencia cesará la aplicación de las consecuencias imputadas por la norma modificada y se imputarán las de la modificativa. Esa solución será claramente aplicable cuando las consecuencias sean de similar índole, cuantificables y cronológicamente ubicables (*v. gr.*: prestaciones monetarias periódicas). No lo será si las consecuencias imputadas por una y otra norma son de distinta naturaleza; por ejemplo, si se sustituye una suspensión de actividades que ha transcurrido parcialmente por una multa; la suspensión no podrá continuar una vez perfeccionada la nueva norma, pero tampoco podrá aplicarse totalmente la multa que imputa la nueva norma vigente sin violar el principio *non bis in idem*. Como este, otros principios generales sustanciales deberán aplicarse para solucionar los casos que se presenten; no porque los criterios meramente cronológicos sean insuficientes para solucionar los problemas de la aplicación de las normas en el tiempo, sino precisamente porque esos principios y demás normas sustanciales deben aplicarse, cualquiera sea la vigencia, retroactiva o no, de la norma de que se trate.

jurídica en vía de constitución o extinción" (transcripción de ROUBIER por CARNELLI, "Los derechos adquiridos...", cit., pág. 200). El "valor propio" sería el de un acto, integrante de un procedimiento en trámite, que se ha perfeccionado y por ende produce los efectos que le son propios, internos o externos respecto al propio procedimiento.

TRANSADMINISTRATIVISMO. UNA INTRODUCCIÓN

DIOGO DE FIGUEIREDO MOREIRA NETO*

Sumario: 1. Definir la nomenclatura: ¿derecho administrativo global, derecho administrativo mundial o derecho administrativo transnacional? 2. Asimetrías kratológicas [relativas a la Ciencia del Poder] como criterio para un concepto de transadministrativismo. A) La transestatalidad. B) El tema central de las asimetrías kratológicas, instrumento de las civilizaciones. C) El universo del poder y sus respectivas leyes.3. El concepto de transadministrativismo. 4. Conclusión.

1. DEFINIR LA NOMENCLATURA: ¿DERECHO ADMINISTRATIVO GLOBAL, MUNDIAL O DERECHO ADMINISTRATIVO TRANSNACIONAL?

Dos denominaciones para un mismo fenómeno: el hecho de existir un derecho administrativo desacoplado del Estado. Ambas propuestas han sido aceptadas, aunque sea de toda conveniencia unificar la nomenclatura y adoptar motivadamente una de ellas.

Las propuestas más antiguas sugieren el empleo de la expresión *derecho administrativo global*, como lo prefieren los autores de lengua inglesa (*global administrative law*), o de *derecho administrativo mundial*, connotándolas directamente al fenómeno más inclusivo de la *globalización* o *mundialización* en curso.

Más recientemente, ha recibido aceptación la expresión *derecho administrativo transnacional*, en la cual el énfasis se disloca de la globalización para la desconexión de esta nueva disciplina administrativa en cuanto al Estado y, por esta razón, más sucintamente denominada *transadministrativismo*, expresión acuñada en paralelo con la línea doctrinal heterorreflexiva del *transconstitucionalismo*, entendida como la disciplina constitucional más allá del Estado[1].

* Profesor titular de Derecho Administrativo en la Universidad de Cândido Mendes.

[1] BRUCE ACKERMAN, "The rise of world constitutionalism", en *Virginia Law Review*, vol. 83, 1997/1999; GOMES CANOTILHO, *«Brancosos» e Interconstitucionalidade. Itinerários dos Discursos sobre a Historicidade Constitucional*, 2ª ed., Almedina, Coimbra, 2008; ANDREAS, FISCHER-LESCANO y MARCELO, NEVES, *Transconstitucionalismo*, São Paulo, Livraria Martins Fontes, 2009, VITOR SOLIANO, "Transconstitucionalismo, interconstitucionalidade e heterorreflexividade: alternativas possíveis para a proteção dos direitos humanos na relação entre ordens jurídico-

Por tanto, cumple examinar las denominaciones en referencia con sus respectivos fundamentos con el propósito de sustentar la designación que se adoptó en este ensayo. Con este fin, se recogieron algunos interesantes subsidios en la entrevista dirigida por la profesora CLÉMENTINE BORIES, la "Maître de Conférences de la Université de Paris Ouest Nanterre La Défense" con dos ilustres monografistas del tema: ALLAIN PELLET, de esta misma universidad, y BENEDICT KINGSBURY, de la New York University School of Law, en el coloquio bilingüe que se desarrolló sobre el tema[2].

En punto a la designación más antigua, *derecho administrativo global*, sobre ella despunta la duda sobre la adjetivación: ¿*global* o *mundial*? ¿Cuál sería la más propia? La preferencia sería la voz *global*, considerándose el uso corriente tanto de la expresión *globalización*, como prefieren los autores estadounidenses, como de la, casi sinónima, *mundialización*, más utilizada por autores europeos continentales.

Aunque aceptadas como equivalentes, hay diferencias sutiles en lo que concierne al aspecto histórico de los términos, globalización y mundialización. *Mundialización* es la expresión más antigua, habiendo surgido connotada a la aspiración kantiana de un Estado mundial y, complementariamente, a la emergencia de una ciudadanía mundial, tendencia adoptada en distintos escritos y movimientos que se sucedieron, tales como, en el campo del derecho internacional público, en la obra de G. CLARK y L. B. SOHN[3], conexa a los de los seguidores del cosmopolitismo filosófico de IMMANUEL KANT[4], a los del monismo internacional sociológico de GEORGES SCELLE[5] y a los del concepto político de democracia internacional de NORBERTO BOBBIO[6], y que se sustentan en la idea del paulatino acercamiento de las sociedades humanas, que evidenciaría esa tendencia a la formación de un Estado mundial.

---

constitucionais distintas–primeiras incursões", em *Revista do Curso de Direito,* UNIFACS, núm. 144, 2012; GÜNTHER, TEUBNER, *Regime-Kollisionen:Zur Fragmentierung des globalen Rechts*, Francfort del Main, Suhrkamp Verlag, 2006; íd., "Self-Constitutionalization of Transnational Corporations? On linkage of «Private» and «Public» Corporate Codes of Conduct", en *Indiana Journal of Global Legal Studies*, vol. 17, 2010.

[2] Publicada bajo el título "Views on the Development of a Global Administrative Law", en el compilado bilingüe *Un droit administratif global-A global administrative law*, dirigido por Clémentine Bories, Paris, Editions A. Pedone, 2012, págs. 11 a 23.

[3] G. CLARK y LOUIS B. SOHN, *World peace through world law*, Cambridge, Massachusetts, Cambridge University Press, 1958.

[4] IMMANUEL KANT, *A paz perpétua e outros opúsculos* (Artur Morão trad.) Lisboa, Ediciones 70, 2004 (*Textos Filosóficos*). La tesis central de esta obra, escrita en 1795, reposa en la idea de que la gran misión jurídica de la humanidad consiste en institucionalizar un gobierno *mundial*, habiendo servido de base para el proyecto de una república mundial, elaborado por el filósofo alemán contemporáneo OTFRIED HÖFFE.

[5] GEORGES SCELLE, *Manuel de droit international public*, Paris, Domat, 1948.

[6] NORBERTO BOBBIO, *O futuro da democracia - Uma defesa das regras do jogo,* São Paulo-Rio de Janeiro, Editora Paz e Terra, 1986.

Pero, distintamente, la expresión *globalización* no suscita una aspiración iuspolítica monista, sino que, simplemente, reconociendo las tendencias a la multiplicación y a la disminución de poder de los Estados nación, con el consecuente abatimiento de las fronteras políticas y el encogimiento del planeta como efecto de la revolución de las comunicaciones, visualiza la progresiva intensificación de toda suerte de relaciones entre los pueblos —especialmente las económicas y las sociales— que pasan, así, a interconectarse por *nuevos vínculos jurídicos*, de distinta naturaleza, además de los tradicionales vínculos jurídicos con sus características *estatales*.

Las nuevas formas de integración surgen como resultado del surgimiento del fenómeno observado por H. M. Mc Luhan[7], que lo bautizó *aldea global*, a partir la notable expansión de la tecnología de la comunicación, con una difusión casi ilimitada, redibujando un mundo sin fronteras.

Así, en síntesis, pasando al plan estrictamente jurídico, mientras que en la idea central de *mundialización* existe una aspiración ideal a la *unificación del orden jurídico*, en la de *globalización*, al revés, se describe una situación real, que es la *proliferación planetaria de órdenes jurídicas* de todo tipo: estatales, infraestatales, interestatales, sobreestatales y, más recientemente, la que aquí se estudia, las *transestatales*.

Como se observa, con el concepto de *derecho administrativo global* existe la pretensión de abarcar la totalidad de estas expresiones, involucrando, por tanto, al conjunto de los órdenes jurídicos en vigor, sin que importe cómo se articulan, que reflejan el resultado del ejercicio normativo de todos los *centros de poder capaces de administrar intereses de naturaleza colectiva* que están en actividad, lo que no implica el abandono del *centro de poder estatal* como la primordial referencia normativa.

Luego de ese género amplísimo, el del *derecho administrativo global*, el *derecho administrativo transestatal,* el *transadministrativismo,* es especie, ya que se refiere exclusivamente al producto normativo de estos *centros de poder transestatales*: que se originan de necesidades ordinativas de las distintas sociedades, que los Estados no proveen ni nacional ni internacionalmente.

Surge y se desarrolla preocupantemente en el mundo contemporáneo un *déficit de la soberanía estatal*, como precisamente la identificó J. Bartelson en su *Crítica del Estado*[8], ya que, como ficción jurídica que es, en verdad la soberanía apenas refleja históricamente el poder real de las distintas naciones, que son cada vez menos aptas para reglar eficientemente estas multifacéticas relaciones económicas y sociales que permanentemente exigen de ellos la indispensable *seguridad jurídica*.

[7] Herbert Marshall McLuhan, *Os meios de comunicação como extensão do homem*, (Décio Pignatari, trad.), 9ª ed., São Paulo, Cultrix, 1998.

[8] Jens Bartelson, *The critique of the State,* Cambridge, Cambridge University Press, 2001, págs. 154 y ss.

Como, no obstante, ese déficit es real, exigiendo que se lo satisfaga en las relaciones que se traban entre pueblos cada vez más conscientes e interactuantes, y que por eso reclaman ordenamientos capaces de proporcionar seguridad jurídica a sus múltiples relaciones, las sociedades, independientemente de los Estados y de sus respectivas soberanías, para atender estas demandas pasan a crear *nuevos centros de poder* más allá de los afectos a los Estados nación; por tanto, no más nacionales, ni internacionales, ni supernacionales, sino transnacionales.

Se llega así a un punto de este ensayo en el que podemos intentar establecer bases teóricas seguras para un concepto del *transnacionalismo* aplicado al derecho administrativo.

2. Asimetrías kratológicas como criterio para un concepto de transadministrativismo

A) *La transestatalidad*

El Renacimiento, con el retorno de la concentración del poder de creación de la norma legal en los gobiernos de los Estados independientes, elevó la *estatalidad* a la categoría de principal referencia de los sistemas jurídicos desde entonces.

Así es como el concepto de *validez* esencial a la norma jurídica, se volvió una consecuencia de la preexistencia de un Estado legislador, actuando en casi todos los campos de las relaciones humanas y extendiendo la estatalidad al plan internacional mediante consensos negociados que, a su vez, conferían validez a las normas así producidas.

La característica común a estas normas estatales, tanto nacionales como internacionales, es, entonces, su *validez territorial*, pues solo producen efectos en territorios determinados.

Entre tanto, esta limitación no se ciñe apenas a este aspecto territorial, sino que también abarca lo material, visto que el ritmo de la civilización va imponiendo la necesidad de ordenar un número cada vez mayor y cada vez más tipos de relaciones que se entablan entre las personas.

Así que lo que se nota es un dislocamiento de contingencia de esta histórica referencia estatal, después que va dejando de atender a la realidad de la incesante multiplicación de las demandas de juridicidad; es un cambio en el enfoque justificativo de la validez de las normas jurídicas.

Por tanto, no solo son válidas las normas jurídicas producidas por *centros de poder estatal*, sino que lo son, igualmente, las que dimanan de cualquier otro *centro de poder* instituido, operando y produciendo efectos reales independientemente de los límites territoriales estatales.

Una relevante característica de estos nuevos *centros de poder* está en su formación *espontánea*, es decir, que la *imponibilidad* de sus normas no resulta de la existencia de una o de varias entidades provistas de soberanía que la garantizan, sino que depende apenas de la existencia de *consenso* instituidor de las partes interesadas, con la finalidad de dar existencia a un nuevo ordenamiento que venga dotado de las reglas específicas de que necesiten los que a ellas recurran[9].

Esta *normativa* más allá del Estado *nación* es, por eso, el gran tema en desarrollo que se presenta en este siglo para el derecho administrativo, pues distintamente de los más de doscientos ordenamientos de derecho constitucional, civil, penal, procesal y de las demás ramas y subramas puramente estatales —limitadas geográficamente, incluso en sus ramas internacionales—, presenta la peculiaridad de ser, en el conjunto de sus manifestaciones actualmente existentes y posibles de existir, la novedad de constituir un ordenamiento dúctil, flexible y desburocratizado que nos reserva el futuro, como anticipación del título de la obra pionera de SABINO CASSESE *Más allá del Estado*[10].

Para entender el proceso de validación de esta normativa transnacional, hay que hacer una digresión sobre el fenómeno antropológico que se presenta con las *asimetrías kratológicas*, que constituyen las verdaderas fuentes de poder en las sociedades humanas.

B) *El tema central de las asimetrías kratológicas, instrumento de las civilizaciones*

El *poder* es el fenómeno humano relacional por excelencia. Como ya se expuso en monografía publicada hace más de dos décadas[11], el poder tiene la antigüedad del hombre y siempre ejerció seducción, cuando no asombro y miedo; por eso se le considera, junto con el amor, "*uno de los más antiguos fenómenos de las emociones humanas*"[12].

No obstante esta antigüedad, solamente a fines del siglo XIX el tema se empezó a estudiar sistemáticamente a partir de la obra de LUDWIG VON GUMPLOWICZ[13], así puedan encontrarse referencias en MAQUIAVELO, HOBBES y LOCKE,

[9] Como excepciones que confirman la regla del consenso, existen mecanismos indirectos de imposición de normas originariamente consensuales, como el Acuerdo de Basilea, que prevé su adhesión como condición para recibir préstamos en instituciones como el Banco Mundial. Tal práctica, que afecta básicamente a países en desarrollo, mereció la crítica de autores como MICHAEL BARR y GEOFFREY P. MILLER y ANNE-MARIE SLAUGHTER, citados por PATRICIA BAPTISTA y LEONARDO COELHO (*Direito internacional dos investimentos*), Río de Janeiro, Renovar, 2014, págs. 801-820) que en ella vieron lo que se denominó "imperialismo regulatorio".

[10] SABINO CASSESE, *Oltre lo Stato,* Roma-Bari, Editori Laterza, 2006.

[11] DIOGO DE FIGUEIREDO MOREIRA NETO, *Teoria do poder,* São Paulo, Editora Revista dos Tribunais, 1992.

[12] ADOLF A. BERLE, *Power*, Nueva York, Harcourt, Brace & World Inc., 1969.

[13] LUDWIG VON GUMPLOWICZ, *Die Sociologische Staatsidee*, 1882.

pues en la Antigüedad y en el Medioevo el poder permaneció como un tema tabú, generalmente connotado a mitos, religiones o artes mágicas.

Aun así, la kratología, como ciencia del poder, solo se vino a desarrollar en los dos últimos siglos, para definirla como una *voluntad* provista de *capacidad* de producir los *resultados* deseados, y así considerarse una constante en las relaciones humanas, que se genera a partir de *diferenciales* posibles, como de la intensidad de la *voluntad* o de la determinación y de la *capacidad* de producir efectos deseados, sea por un individuo, sea por grupos, como un fenómeno relacional caracterizador de *asimetrías kratológicas*, que están en la génesis del poder.

La rica bibliografía enfoca estas asimetrías kratológicas bajo distintos abordajes disciplinarios: en la filosofía, en la antropología, en la sociología, en la economía y en la psicología, y más particularmente, en las tres disciplinas que la tratan destacadamente —en la política, en la estrategia y en el derecho—, que por eso se clasifican como ciencias del poder.

En el abordaje filosófico se subraya la fundamentación ética del empleo del poder a partir de premisas axiológicas tales como el primado de la persona humana y, como corolarios, el respeto de su dignidad, su libertad y la igualdad.

En el campo antropológico se estudian las asimetrías naturales del hombre, físicas y mentales, sea individualmente, o en grupo.

En el ámbito sociológico importan las asimetrías kratológicas en la perspectiva de diferentes contextos sociales: cómo surgen, se desarrollan e interactúan.

En el aspecto económico, destacan las asimetrías en el campo de las riquezas, por tanto, cómo se generan y cuáles son sus consecuencias.

En el abordaje psicológico interesan las asimetrías volitivas y el papel de la determinación de cada individuo o grupo en la génesis y en el desarrollo del poder.

Ya en cuanto a las ciencias del poder, por tanto, en el aspecto político se examinan el origen y el desarrollo histórico de todas estas caleidoscópicas asimetrías, cuya diversidad responde a todo tipo de regímenes de mando históricamente ya practicados, desde los patriarcales y místicos de la Antigüedad a los hoy constitucionalizados.

En el ámbito estratégico, lo que importa es el manejo de las asimetrías en las confrontaciones de poder, especialmente en su expresión colectiva.

Finalmente, en el campo jurídico, el que más cercanamente interesa a esta exposición, importa la disciplina incidente sobre el manejo de las asimetrías de mayor relevancia, de modo a garantizar, aunque sin eliminarlas, una convivencia social pacífica, productiva y segura.

Por consiguiente, las *asimetrías kratológicas* son los elementos dinámicos de la convivencia humana, que deben protegerse jurídicamente en razón de los beneficios que producen, pero simultáneamente deben controlarse para no generar distorsiones que puedan conducir al abuso, al arbitrio y a la injusticia entre personas o grupos de personas.

Así, los beneficios naturales del poder solo serán plenamente constructivos si son *contenidos* y *limitados* por normas de conducta consensualmente asumidas, formalmente adoptadas e institucionalmente impuestas a todos; es decir, con esto, *el derecho es la condición kratológica del surgimiento y desarrollo de las civilizaciones.*

C) *El universo del poder y sus leyes*

El poder es, por ende, generador de conductas humanas, siempre en respuesta a impulsos de la voluntad, con intenciones y consecuencias que tanto pueden ser benéficas como maléficas, y constructivas o destructivas; de ahí la importancia de la existencia de *leyes* que ayuden a comprenderlo, orienten su empleo en cuanto a sus fines y posibiliten contenerlo en sus excesos para la composición pacífica de las miríadas de tipos de conflictos que perturben la paz[14], siempre con el alto propósito civilizatorio de salvaguardar *valores* consensualmente considerados en las más distintas culturas, de necesaria preservación.

Pues como el propio poder está sujeto no apenas a las circunstancias en que se da su empleo, sino a intrínsecos condicionamientos propios de su naturaleza, esta necesaria imposición de límites y contenciones de todo orden a su actuación no puede dispensar un satisfactorio conocimiento de las contingencias naturales que lo rigen, que son las *leyes del poder*.

El entendimiento de cómo actúan estas *leyes del poder* se encesita para que las *asimetrías kratológicas*, en todas las proteicas formas posibles de expresión de *energía* social[15], se compensen por la imposición correctiva de *simetrías de derecho*; es la respuesta que nos remonta al constante fenómeno histórico de la doma del poder mediante la *creación de normas jurídicas para las relaciones humanas*.

En esta línea, hace casi un siglo, desde 1918, con la obra pionera de Benjamin Kidd[16], monografista de la kratología moderna, se han formulado propuestas de *leyes del poder*, y le correspondió a Adolf A. Berle[17], cincuenta

[14] "El conflicto debe entenderse en su plenitud conceptual sociológica e involucrar todas las formas de enfrentamiento de intereses: espirituales y materiales, racionales o afectivos, sociales o económicos; como también en su diversidad dimensional: individuales o colectivos, grupales o nacionales, etc. En este sentido amplio se puede deducir la función social del conflicto así como su patología, cuando no se administra correctamente" (Lewis A. Coser, *The functions of social conflict*, London, Routledge & Kegan Paul, 1956).

[15] Al caracterizar el poder como la *energía social*, Bertrand Russell abrió el camino para la investigación de las leyes que lo rigen (*Power. A new social analysis*, New York, Routledge, 1938, *passim*).

[16] Benjamin Kidd, *The science of power,* New York-London, G. P. Putnam's Sons, 1918.

[17] A. Berle, *Op. cit.*

años después, en el prefacio de su propio libro, presentar una lista de cinco de ellas, de "leyes naturales del poder".

Con el tiempo esta relación se dilató y en 1992, en monografía intitulada *Teoría del poder*[18], el autor de este ensayo propuso y justificó la existencia de diez leyes, así entonces clasificadas: cinco como *leyes de la orgánica del poder* —ley de la universalidad, de la pluralidad, de la interdependencia, de la integración y de la neutralidad— y cinco, como *leyes de la actuación del poder* —ley de la conservación, de la expansión, de la relatividad, de la eficacia y de la defrontación (o enfrentación)—.

Son *leyes de la orgánica del poder*:

1) *Ley de la universalidad.* El poder está en toda parte en la sociedad, participa en todas las relaciones y les impone sus propias leyes.

2) *Ley de la pluralidad.* Las concentraciones de poder, institucionalizadas o no, conviven en todos los niveles de expresión, interactuando y fecundándose recíprocamente.

3) *Ley de la interdependencia.* Las expresiones de poder son interdependientes; ninguna es autosuficiente o hegemónica en la vida de la sociedad.

4) *Ley de la integración.* La eficacia del poder aumenta en la proporción en que el desarrolla su vocación natural de integración y organización de sus propios elementos, unificando el consenso sobre los objetivos y aprestando los medios materiales e inmateriales disponibles para alcanzarlos.

5) *Ley de la neutralidad.* El poder, en sí mismo, no es ni bueno ni malo, dependiendo del empleo que se le dé.

En cuanto a las *leyes de la actuación del poder*, así se pueden enunciar:

1) *Ley de la conservación del poder.* El poder cambia de aspecto, pero no de naturaleza.

2) *Ley de la expansión del poder.* Todo poder tiende a expandirse hasta que sea impedido por otro.

3) *Ley de la relatividad.* Cualquier expresión de poder, individual o de grupo, sea en su actuación interna o externa, inmediata o diferida, próxima o remota, solo puede considerarse relativamente al objeto que se proponga alcanzar o al antagonismo que deba por tanto superar.

4) *Ley de la eficacia.* El poder es función de su propia eficacia.

5) *Ley de la defrontación.* El poder que se expande enfrentará a otro.

De este conjunto de leyes se extrae la conclusión de que *de la naturaleza del poder surge el enfrentamiento*[19], en cualquier ámbito o situación en que tenga aplicación, reconociéndose el normal surgimiento de *relaciones de antagonismo*.

[18] MOREIRA NETO, *op. cit.*, págs. 173 a 182.
[19] MOREIRA NETO, *op. cit.*, pág. 182.

Pero, del mismo modo, se observa que también *es de la naturaleza del poder el acrecerse*, siempre que se presente la oportunidad, lo que da motivo, también de modo normal, a la producción de *relaciones de cooperación*.

Siendo esta una doble alternativa de cerrarse una relación —la de *antagonismo* y la de *cooperación*—, se observa que todas las asimetrías de poder teóricamente posibles, podrán tanto producir enfrentamientos como generar asociaciones de todo tipo, lo que bien revela su ductilidad y sus extraordinarias posibilidades de, alternativamente, originar la institución de *reglas de composición de conflictos, como de asociación cooperativa*, lo que lleva a concluir, en síntesis, que *es de la naturaleza del poder un continuado desdoblamiento en forma de reglas aplicables y distintas y siempre nuevas modalidades de asimetrías kratológicas*.

3. El concepto de transadministrativismo

Históricamente, las normas de composición de asimetrías surgieron, inicialmente, en la forma de leyes, religiosas o legas, originadas de consensos formados en el grupo; pero en la medida en que una autoridad revestida de poder sobre el grupo ganaba mayor *autonomía decisoria*, las normas pasaron a dictarse a partir de consensos hipotéticos, generados con una ficción de legitimidad, pero que, con el pasar del tiempo, apenas reflejaban la expresión dominante de las asimetrías religiosas o políticas que se formaban en él.

Con la aparición del Estado moderno, con su protagonismo en la producción de normas que a su vez generaron *nuevas asimetrías de naturaleza política*, como las que se dieron entre las sociedades y sus respectivos gobiernos, que de a poco se volvieron imperativas e incontrastables, se caracterizó el largo período de los absolutismos.

Era, entonces, necesario imponer *límites y condicionamientos* a estas inmensas asimetrías formadas entre gobiernos absolutos, por una parte, y sociedades subyugadas, por la otra, *definiéndolos jurídicamente*, dando así surgimiento a un sistema de normas diferenciado, hasta entonces prácticamente inexistente, y no más referido apenas a las relaciones entre los gobernados, sino que entre estos y el Estado, orientado por el concepto en formación del *interés público*, lo cuál marco la aparición de un *derecho público*.

Pero las asimetrías desarrolladas entre grupos y, después, entre naciones —como productoras de conflictos y de alianzas— también evolucionaron con el desarrollo del Estado moderno, ganando un reglamento diferenciado a partir de pactos asociativos generados por consensos entre los gobiernos, dando origen, por tanto, a otro nuevo sistema de normas diferenciado entre Estados: un *derecho internacional público*.

Pero este proceso, inevitablemente, proseguiría con la expansión de los campos de asimetrías en el contexto hegemónico de los Estados nacionales, dando origen al desarrollo de nuevas y complejas *asimetrías extraestatales* que pasaron así a coexistir con las tradicionales, las intra- e interestatales, producidas en la modernidad.

Con esto, al lado de los múltiples derechos nacionales, internos y del derecho internacional, externo, despuntaba una nueva modalidad con *naturaleza extraestatal* —un *derecho transnacional*— dirigido hacia la composición de conflictos y la generación de consensos normativos en una copia de recientes y diversificadísimas asimetrías, que se producían con el surgimiento de centenas de *nuevos centros de poder no estatales* que se instituían por voluntad de las partes, interesadas en reglar conflictos existentes o potenciales en un sinnúmero de campos específicos de las actividades humanas, insuficientemente regulados, más allá de las fronteras políticas trazadas en el ecúmeno.

Como estos *centros de poder no estatales* disponen, casi en su totalidad, de relaciones administrativas, su actuación debe dirigirse al aseguramiento de la preponderancia de un *interés general* que ha de satisfacerse sobre eventuales *intereses singulares* discordantes. Así, el nuevo campo abierto del jurismo es una *rama transnacional* del derecho administrativo, esto es, un *derecho administrativo transnacional* destinado a desarrollar el campo de una nueva visión científica y de una nueva técnica de control del poder: el *transadministrativismo*.

Así, en síntesis, *el transadministrativismo surge como la disciplina jurídica de las relaciones asimétricas de poder, que normalmente se institucionaliza por consenso fuera del Estado y más allá de él.*

4. En conclusión

Esta aparición de una nueva rama, como expone Clémentine Bories[20], fue inevitable, pues, como cada sociedad tiene su derecho (recordando a Ulpiano: *ubi homo, ibi societas; ubi societas, ibi jus*), esta rama está para reflejar las percepciones y las aspiraciones de cada una y, al final, de todas las sociedades y sus fracciones, intemporalmente, de modo que "frente a una realidad jurídica compuesta y por veces, difícilmente perceptible, el derecho de los fenómenos administrativos que se producen más allá de la esfera estatal no cesa de presentarse y analizarse bajo [*sic*] prismas diferentes".

Parece incontrovertible que la bien lanzada observación de Marcelo Neves[21], para el vecino campo jurídico del *transconstitucionalismo,* sobre el cual en forma pionera discurre —de que la postmodernidad está diluyendo al

[20] Clémentine Bories, *Un droit administratif global. A global administrative law,* Paris, A. Pedone, 2012, pág. 25.

[21] Cf., *passim,* en la erudita monografía de Marcelo Neves, *Transconstitucionalismo*, São Paulo, Wmf Martins Fontes, 2009, un importante estudio sobre los efectos jurídicos transnacionales del fenómeno de la globalización.

constitucionalismo en su estructura confinada a un Estado soberano— igualmente se aplica al *transadministrativismo*.

En efecto, SABINO CASSESE[22] ya observaba que "el constitucionalismo nacional sufre limitaciones o desvíos cuando cambian algunas de sus condiciones", alineando tres de ellas: 1) los tratados internacionales, con un derecho más elevado; 2) cuando existe aceptación automática de normas internacionales; y 3) la que deriva de la difusión de instrumentos de garantía establecidos en el denominado *espacio público no estatal* o área ultra- *o transestatal.*

Ahora, si estas limitaciones ya son de tal modo reconocidas en el Derecho constitucional, una rama jurídica por definición atinente al ordenamiento aplicable a todas las relaciones que asumen estatuto jurídico en el espacio donde tienen vigencia, con mucha más razón y amplitud —no solo ellas, sino muchas otras más— lo serán en las específicas *relaciones jurídicas administrativas globalizadas* que ocurren en este e*spacio público ultraestatal* en el cual pasa a tener vigencia un complejo *ordenamiento transadministrativo* en el que se aplican principios y reglas de un *derecho administrativo transnacional.*

En suma: donde existan relaciones en que algún *interés de naturaleza pública* esté en juego *fuera de la órbita jurídica de los Estados*, estas podrán ser objeto de la creación de una norma ultraestatal multipolar, puesta a cargo de un *centro de poder* políticamente independiente, instituido consensualmente por los propios interesados en regularlo.

Tales *centros de poder*, con sus respectivas órdenes normativas, se multiplican cada año, en mucho excediendo el número, ya hoy impresionante, de 7.306[23] organizaciones ultraestatales en actividad en 2005, tal como menciona SABINO CASSESE[24] en su obra pionera, lo que representa una cifra incomparablemente mayor que la del número de Estados soberanos, con sus respectivos ordenamientos jurídicos, en la época de 191, correspondiente al número de Estados entonces afiliados a la ONU.

[22] SABINO CASSESE, *Oltre lo Stato,* Roma-Bari, Editori Laterza, 2006, págs. 183 y ss.

[23] Los datos se tomaron del *Yearbook of International Organizations* de 2005. La edición 2011-2012, con seis volúmenes, eleva esta cifra a aproximadamente sesenta y cuatro mil organizaciones transnacionales, casi el décuplo de aquel número en siete años (una publicación de la Union of International Associations (UIA), un instituto de investigaciones y centro de documentación basado en Bruselas (Bélgica), fundado hace más de cien años por HENRI LA FONTAINE (Premio Nobel de la Paz de 1913) y Paul Otlet, fundador de lo que hoy se denomina *ciencia de la información*. Es una organización apolítica, independiente, no gubernamental y sin fines lucrativos, pionera en la investigación y en la información organizada relativa a organizaciones internacionales y extranacionales desde 1907. Mayores informaciones en el sitio: *http://www.uia.org*).

[24] Los estudios sobre el fenómeno del transconsitucionalismo y del transadministrativismo los comenzó SABINO CASSESE, con la publicación de la primera obra de una trilogía sobre el tema: *La crisi dello Stato*, en 2002; *Lo spazio giuridico globale*, en 2003 y *Oltre lo Stato*, en 2006, todos de Editora Laterza (Roma-Bari).

El tema también suscitó el interés pionero de profesores estadounidenses —BENEDICT KINGSBURY, NICO KRISCH y RICHARD STEWART—, que desarrollaron un proyecto de investigación sobre *derecho administrativo global* en la Universidad de Nueva York, del cual resultó un trabajo inicial en 2004, publicado con el título de *La emergencia de un derecho administrativo global*[25].

Este estudio examina los sistemas que rigen los cuerpos administrativos privados que actúan en un "*espacio administrativo multifacético distinto de los dominios del derecho internacional público* y *del derecho administrativo nacional*"[26].

A estas importantes obras precursoras siguieron innumerables trabajos, de diferentes autores y de distintas fuentes académicas, que registran la apertura de una nueva rama disciplinaria dirigida hacia el futuro, que, para los referidos autores estadounidenses, "probablemente, tanto profundizará una teoría democrática transnacional y global, como hará desafiadores planteos sobre su aplicación en estructuras administrativas específicas y para todo el proyecto del derecho administrativo global"[27].

Perspicazmente, SABINO CASSESE[28] observó el rápido desarrollo (*Un sviluppo* rápido...) de esta naciente disciplina, con la propuesta de seguir analizando los nuevos ordenamientos y contestar a la siguiente cuestión: ¿en qué medida los Estados son aun protagonistas del orden jurídico global?

Se subraya, como signo auspicioso de la milenaria evolución del derecho, que las tendencias examinadas en este ensayo respaldan la *revalorización del consenso normativo*, que se viene formando, con creciente intensidad, por medio de vínculos horizontales, tanto entre individuos como, principalmente, entre organizaciones privadas, creando centros de poder independientes y así, reduciendo la influencia decisoria del Estado en un sinnúmero de relaciones sociales y económicas[29].

Como ese retorno del *consenso*, prestigioso y reapreciado, devuelve la producción del derecho a sus prístinos orígenes romanistas, como legítimo producto de las sociedades, aliviándolas de la plétora impositiva de la legislatura

[25] BENEDICT KINGSBURY, NICO KRISCH, y RICHARD STEWART, *The emergence of global Administrative Law,* IILJ Working Paper, 2044/1 (Global Administrative Series) (www.iilj.org).

[26] *The Emergence of Global Administrative Law, op. cit.,* pág. 48.

[27] Todo el párrafo en el original: "*Work on the normative issues is likely both to deepen transnational and global democratic theory and to raise challenging questions about its application to specific administrative structures and to the whole project of global administrative Law*" *The emergence of global administrative law, op. cit.,* pág. 48.

[28] SABINO CASSESE, *Oltre lo Stato, op. cit.*, pág. 7.

[29] *Vide* MARTINA CONTICELLI, "Presentación", en la *Rivista Trimestrale di Diritto Pubblico–Diritto e Ammistrazione Nello Spazio Giuridico Globale*, núm. 2, Milano, 2006, pág. 14. En la nota 22, en la misma página y en el mismo sentido, cita la autora los trabajos de M. R. FERRARESE y A.-M. SLAUGHTER.

imperial típica de los Estados de la modernidad, se observa la erosión de su absoluta unilateralidad, supremacía y monopolio de la legislatura.

Como se puede concluir, el *transnacionalismo* realmente merece estudiarse atentamente y orientarse adecuadamente hoy, para que su construcción doctrinaria en el mañana pueda aprovechar al máximo los avances científicos ya alcanzados por el derecho en general y por el derecho administrativo en particular, y para que prosiga en la democrática y auténtica vía del progreso ético de la humanidad.

Teresópolis, verano de 2014.

NEOCONSTITUCIONALISMO. PROYECCIONES EN EL DERECHO ADMINISTRATIVO URUGUAYO

AUGUSTO DURÁN MARTÍNEZ*

Sumario: 1. Introducción. 2. La Constitución en el neoconstitucionalismo. 3. Situación de Uruguay. 4. Presunción de constitucionalidad de las leyes. 5. Confusión entre interés público e interés general. 6. Papel del juez en el neoconstitucionalismo. 7. Apreciaciones finales.

1. INTRODUCCIÓN

1. El derecho actual se nos muestra muy diferente del que hemos conocido pocos años atrás.

Lo curioso es que ese cambio se produce aunque los textos constitucionales sean básicamente los mismos[1]. Y lo curioso es, también, que cuando el derecho positivo recoge algo de ese cambio, esas nuevas normas tienen con frecuencia grandes dificultades para pasar del período oficial a la realidad cotidiana, puesto que necesitan tiempo para, por razones culturales, ser asimiladas por la sociedad y lograr así una efectiva operatividad[2].

Estamos en un momento de cambio y de un cambio que cuesta asumir.

* Catedrático de Derecho Administrativo en la Facultad de Derecho de la Universidad de la República y en la Facultad de Derecho de la Universidad Católica del Uruguay. Catedrático de Procesos Constitucionales en la Facultad de Derecho del Instituto Universitario CLAEH. Catedrático de Derecho Público en el Instituto Universitario Politécnico del Uruguay. Director del Departamento de Derecho Administrativo y decano emérito de la Facultad de Derecho de la Universidad Católica del Uruguay. Miembro del Instituto de Derecho Administrativo de la Facultad de Derecho de la Universidad de la República. Miembro de la Asociación Argentina de Derecho Administrativo, de la Asociación de Derecho Público del Mercosur y del Foro Iberoamericano de Derecho Administrativo. Profesor visitante de la Facultad de Derecho de la Universidad Nacional de Córdoba. Director de Estudios de Derecho Administrativo de *La Ley* Uruguay.

[1] MARTÍN RISSO FERRAND, *Algunas garantías básicas de los derechos humanos*, F. C. U., Montevideo, 2008, pág. 13.

[2] LUIS MARTÍN REBOLLO, *Leyes administrativas*, 19ª ed., Pamplona, Thomson Reuters-Aranzadi, 2013, págs. 16 y ss.

2. Si tuviese que elegir un nombre para ese cambio optaría por *neoconstitucionalismo*.

3. Por cierto que no hay unanimidad en cuanto a esta terminología. Hay otras denominaciones propuestas pero la adopto, y sin ninguna connotación valorativa, ante la evidencia de que mayoritariamente se ha impuesto.

También debo advertir que dentro del neoconstitucionalismo existen corrientes muy diversas no todas compatibles, por lo que no hay una visión uniforme del mundo del derecho[3]. Pero hay algo en común que permite emparentar las distintas tendencias. Ese algo en común es esa reacción frente al positivismo legalista provocada en buena medida por la horrenda violación de derechos humanos ocurrida durante la segunda guerra mundial. Es que si el derecho es solo norma creada por la sola voluntad del hombre, sin ninguna relación con la ética, ningún derecho humano queda garantizado.

4. El neoconstitucionalimso aparece como un movimiento europeo que comienza a mediados del siglo XX a partir de las constituciones de Italia de 1947 y, sobre todo, de la alemana de 1949.

Estas constituciones crearon tribunales constitucionales que elaboraron una jurisprudencia con un efecto notable en la doctrina y derecho positivo posterior.

Esa jurisprudencia, doctrina y derecho positivo influirán en las constituciones de Portugal de 1976 y de España de 1978, que a su vez crearán tribunales constitucionales cuya jurisprudencia condicionará la doctrina y normativa infravalente posterior.

Ese cambio producido en la cultura jurídica de la Península Ibérica influirá notablemente, como es lógico, en América Latina, después de la década del ochenta del siglo pasado.

5. En general se sostiene, y creo que es así, que este nuevo derecho se caracteriza por: a) una conexión entre el derecho y la moral; b) la distinción entre reglas y principios (en nuestro país, según la terminología del art. 23, lit. a) del decreto ley 15524 de 9 de enero de 1984, entre normas y principios); c) por el empleo de la ponderación, sin perjuicio, claro está, de la subsunción[4].

Eso hace que el derecho sea más difícil que en la época en que el positivismo legalista reinaba como monarca absoluto.

[3] AUGUSTO DURÁN MARTÍNEZ, "En torno al neoconstitucionalismo", en *Neoconsitucionalismo y derecho administrativo*, Montevideo-Buenos Aires, La Ley, 2012, págs. 3 y ss.

[4] LUIGI FERRAJOLI, "Constitucionalismo principialista y constitucionalismo garantista", en AA.VV., *Un debate sobre el constitucionalismo*, Madrid, Doxa-Marcial Pons, 2012, pág. 24; JOSEP AGUILÓ REGLA, "El constitucionalismo imposible de Luigi Ferrajoli", en AA.VV., *Un debate sobre...*, págs. 51 y ss.; MANUEL ATIENZA, "Dos versiones sobre el constitucionalismo", en AA.VV., *Un debate sobre...*, *op. cit.*, págs. 69 y ss.; MAURO BARBERIS, "Ferrajoli, o el neoconstitucionalismo no tomado en serio", en *op. cit.*, *Un debate sobre...*, *op. cit.*, págs. 85 y ss.

2. La Constitución en el neoconstitucionalismo

1. En general, en el mundo occidental existieron dos concepciones de Constitución, la de Estados Unidos y la emergente de la Revolución francesa.

La de Estados Unidos concibe la Constitución como regla de juego de la competencia social y política, como pacto de mínimos que permite asegurar la autonomía de los individuos como sujetos privados y como agentes políticos para que sean ellos, en un marco democrático y relativamente igualitario, quienes desarrollen libremente su plan de vida personal y adopten en lo fundamental las decisiones colectivas pertinentes en cada momento histórico, con su consiguiente garantía jurisdiccional. La emergente de la Revolución francesa concibe la Constitución como la encarnación de un proyecto político y social. La Constitución no se limita a fijar las reglas de juego, sino que pretende participar en las futuras decisiones colectivas adoptadas por los representantes del pueblo encarnados en el Parlamento[5].

Mientras que la Constitución derivada de la Revolución francesa no es verdaderamente una norma jurídica sino un conjunto de directivas filosóficas y políticas dirigidas al poder legislativo que, en definitiva, por medio de la ley creará la norma jurídica aplicable a la sociedad, la Constitución, en la visión estadounidense es verdadera norma jurídica de aplicación directa a la sociedad.

2. El neoconstitucionalismo reúne elementos de esas dos visiones o tradiciones.

De la primera se recoge la idea de que la Constitución es verdadera norma jurídica, de aplicación directa a la sociedad y para asegurar su supremacía normativa se concibe el control jurisdiccional de constitucionalidad de la ley. De la segunda tradición se hereda un ambicioso programa normativo que va mucho más allá de lo que exigiría la mera organización del poder mediante el establecimiento de las reglas de juego. En pocas palabras, el resultado puede resumirse así: una Constitución transformadora que pretende condicionar de modo importante las decisiones de la mayoría, pero cuyo protagonismo fundamental no corresponde al legislador, sino a los jueces[6].

3. Las nuevas constituciones se cargan de valores, de principios, elaboran un catálogo de derechos y, en virtud de su superior fuerza normativa, impregnan todo el ordenamiento jurídico. Se produce lo que se ha llamado la constitucionalización del ordenamiento jurídico.

Guastini entiende por *constitucionalización del ordenamiento jurídico* "un proceso de transformación de un ordenamiento al término del cual el ordenamiento en cuestión resulta totalmente «impregnado» por las normas constitu-

[5] Luis Prieto Sanchís, *Derechos fundamentales. Neoconstitucionalismo y ponderación judicial*, Lima, Palestra Editores, 2012, pág. 11; Durán Martínez, *op. cit.*, pág. 7.

[6] Luis Prieto Sanchís, *op. cit.*, pág. 11.

cionales. Un ordenamiento jurídico constitucionalizado se caracteriza por una Constitución extremadamente invasora, entrometida (*pervasiva, invadente*), capaz de condicionar tanto la legislación como la jurisprudencia y el estilo doctrinal, la acción de los actores políticos, así como las relaciones sociales"[7].

4. Por eso esta visión del derecho crea un nuevo modelo de Estado que suele llamarse Estado constitucional, por oposición al Estado legislativo, que tenía en la ley el acto jurídico de mayor valor y fuerza que imperó en la Europa continental hasta la mitad del siglo XX y, en algunos países, hasta más adelante.

5. La importancia de las nuevas constituciones y del nuevo modelo de Estado radica en que se fundan en la centralidad de la persona humana. El 1er artículo de la Constitución alemana comienza diciendo: "La dignidad humana es intangible", con lo cual los derechos humanos pasan a regular con singular fuerza y rango máximo.

6. Pero esto es así, como lúcidamente lo señaló GONZÁLEZ PÉREZ, no porque lo diga una Constitución, un Parlamento o una convención, sino porque esa dignidad es innata a la naturaleza humana[8], con lo cual esos derechos son suprapositivos[9].

Por eso, con el tiempo, la noción de Constitución apareció como insuficiente y se comenzó a hablar de bloque de constitucionalidad o de bloque de derechos humanos o, simplemente, de bloque de derechos.

7. El origen de la expresión *bloque de constitucionalidad* se encuentra en Francia[10].

No hay coincidencia doctrinaria en cuanto al contenido de este bloque.

LARRIEUX expresó que nuestra Suprema Corte de Justicia acepta "el llamado bloque de derechos integrado por aquellos asegurados en el texto formal de la Carta, los contenidos en las convenciones de derecho internacional y los que se deducen de principios y valores inherentes a la persona, sin perder su naturaleza jurídica o fuente normativa y sobre los cuales el intérprete debe preferir la que mejor protege"[11].

[7] RICARDO GUASTINI, "La «constitucionalización» del ordenamiento jurídico: el caso italiano", en MIGUEL CARBONELL, *Neoconstitucionalismo(s)*, México, D. F., Madrid, Universidad Nacional Autónoma de México-Trotta, 2006, pág. 49.

[8] JESÚS GONZÁLEZ PÉREZ, "La dignidad de la persona y el derecho administrativo", en *II Congresso Ibero-americano de Direito Administrativo*, Curitiba, Juruá Editores, 2007, pág. 6.

[9] DURÁN MARTÍNEZ, *op. cit.*, págs. 39 y ss.

[10] CARLOS GUARIGLIA, "Presunción de constitucionalidad de las leyes", en *La Ley*, Montevideo-Buenos Aires, 2009, pág. 195.

[11] JORGE TOMÁS LARRIEUX, "Caso Gelman vs. Uruguay. Justicia transicional, Carta Interamericana de Derechos Humanos y el control de convencionalidad", en *La Justicia Uruguaya*, año LXXIV, t. 147, marzo 2013, págs. J. Com.21.

Entiendo por *bloque de constitucionalidad* el conjunto de reglas de derecho incluidas en la Constitución y los derechos humanos reconocidos o no por la Carta, contenidos o no en las convenciones internacionales[12].

La expresión *bloque de constitucionalidad* es pasible de crítica, ya que puede dar a entender que con ella los derechos humanos se "constitucionalizan", es decir, disminuyen de valor y fuerza.

No es la idea. Los derechos humanos son supraconstitucionales. Por tal razón, hasta la propia Constitución puede ser objeto de medición ante ellos.

Pero acepto esa terminología porque las leyes violatorias de derechos humanos pueden desaplicarse por medio del procedimiento previsto para controlar jurisdiccionalmente la constitucionalidad de las leyes. Y prefiero esta terminología a la de *bloque de derechos* porque incluyo en ese bloque a toda la Constitución, incluso las reglas que no se refieren a derechos humanos.

8. La aparición del neoconstitucionalismo hizo que, a los ojos de los europeos, la Constitución aumentara su valor al pasar a ser norma jurídica y la de mayor valor y fuerza. La aparición de la noción de bloque de constitucionalidad, al menos en mi concepto, hizo que la Constitución disminuyera de valor y fuerza al reconocerse el supravalor de los derechos humanos, con lo que la Constitución pasa a ser también objeto de medición ante ellos.

3. Situación de Uruguay

1. A esta altura, no pocos uruguayos, o latinoamericanos en general, deben estar bastante perplejos por lo que estoy diciendo. Es que en América Latina en general y, concretamente en Uruguay hemos aceptado el concepto de Constitución de Estados Unidos. En consecuencia, y por referir únicamente al caso oriental, desde 1830 sabemos que la Constitución es norma jurídica genuina y, además, que es la norma jurídica de mayor valor y fuerza y se aplica directamente a la sociedad sin la intermediación de la ley u otro acto jurídico.

De manera que, ese aspecto, uno de los más importantes del neoconstitucionalismo, es nuevo para los europeos pero no para nosotros.

2. Ahora bien, debemos recordar que el artículo 7[13] de nuestra Constitución proviene de la de 1830, que, además, acogió expresamente varios derechos fundamentales; el actual artículo 72[14] proviene de la Constitución de 1918;

[12] Augusto Durán Martínez, "La jurisprudencia de la Corte Interamericana de Derechos Humanos en la perspectiva del derecho administrativo. Especial referencia al caso Gelman Vs. Uruguay", en *Neoconstitucionalismo, op, cit.*, pág. 845.

[13] Art. 7º.—"Los habitantes de la República tienen derecho a ser protegidos en el goce de su vida, honor, libertad, seguridad, trabajo y propiedad. Nadie puede ser privado de estos derechos sino conforme a las leyes que se establecieren por razones de interés general".

[14] Art. 72.—"La enumeración de derechos, deberes y garantías hechas por la Constitución no excluye los otros que son inherentes a la personalidad humana o se derivan de la forma republicana de gobierno".

la Constitución de 1934 recogió una serie de derechos de la llamada segunda generación; la de 1952, con su fórmula "el funcionario existe para la función y no la función para el funcionario"[15], partió de la dimensión ética de la función pública, al prever la nulidad de un acto administrativo por razones de buena administración[16] partió de la naturaleza servicial de la administración y al establecer que los funcionarios están al servicio de la nación y no de una fracción política[17], prioriza el interés general sobre el sectorial.

No está de más, así mismo, tener en cuenta que en la década del cincuenta del siglo pasado, de la mano de ARTURO ENRIQUE SAMPAY[18], HÉCTOR BARBÉ PÉREZ[19] y ALBERTO RAMÓN REAL[20] conocimos el valor de los principios generales del derecho, y en la siguiente década la ley, al definir la regla de derecho distinguió, entre ellas, los principios y las normas con lo que, naturalmente aprendimos a razonar con apoyo en la ponderación y no solo en la subsunción.

3. Lo expuesto revela que desde siempre tuvimos todo para actuar como un verdadero Estado constitucional en el sentido actual del término.

Pero esto no ocurrió. Fuimos incoherentes. Pensamos como Estados Unidos pero actuamos a la francesa. Teníamos un Estado constitucional pero funcionó como un Estado legislativo.

El neoconstitucionalismo tiene así la gran virtud de mostrarnos esa incoherencia a fin de poder superarla y llevarnos a actuar como pensamos, sin perjuicio de otras novedades propias del mundo moderno, como es esa interpenetración existente entre el derecho internacional y el derecho interno que se hace cada vez más evidente.

[15] Art. 59.—"La ley establecerá el Estatuto del Funcionario sobre la base fundamental de que el funcionario existe para la función y no la función para el funcionario".

[16] Art. 311.—"Cuando el Tribunal de lo Contencioso Administrativo declare la nulidad del acto administrativo impugnado por causar lesión a un derecho subjetivo del demandante, la decisión tendrá efecto únicamente en el proceso en que se dicte.

"Cuando la decisión declare la nulidad del acto en interés de la regla de derecho o de la buena administración, producirá efectos generales y absolutos".

[17] Art. 58.—"Los funcionarios están al servicio de la nación y no de una fracción política. En los lugares y las horas de trabajo, queda prohibida toda actividad ajena a la función, reputándose ilícita la dirigida a fines de proselitismo de cualquier especie".

[18] ARTURO SAMPAY, *La declaración de inconstitucionalidad en el derecho uruguayo*, Montevideo, Medina, 1957, págs. 26 y ss.

[19] HÉCTOR BARBÉ PÉREZ, "Los principios generales de derecho como fuente de derecho administrativo en el derecho positivo uruguayo", en AA. VV., *Estudios jurídicos en memoria de Juan José de Amézaga*, Montevideo, Biblioteca de Publicaciones Oficiales de la Facultad de Derecho y Ciencias Sociales de la Universidad de la República, 1958, págs. 35 y ss.

[20] ALBERTO REAL, "Los principios generales de derecho en la Constitución uruguaya. Vigencia de la estructura iusnaturalista", en *Revista de derecho Público y Privado*, t. XL, núm. 328, abril de 1958.

4. Me referiré someramente primero a algunas de esas incoherencias o anomalías del funcionamiento de nuestro sistema, para luego mencionar algunas de esas novedades señaladas.

4. Presunción de constitucionalidad de las leyes

1. La primera incoherencia que deseo indicar es la relativa a la presunción de constitucionalidad de las leyes.

2. El neoconstitucionalismo nos enseñó el concepto de interpretación según la Constitución[21], ahora, con mayor precisión, de interpretación conforme al bloque de constitucionalidad[22].

3. Los términos jurídicos a menudo son polisémicos, admiten diversos sentidos. Por tanto, si la Constitución o, mejor aún, el bloque de constitucionalidad tiene una posición preeminente en el ordenamiento jurídico, toda la normativa infravalente debe interpretarse y aplicarse con la perspectiva de ese bloque. Eso hace que de dos interpretaciones posibles, una constitucional y otra inconstitucional, se deba optar por la que más se ajuste a la Constitución o, mejor dicho, al bloque de constitucionalidad.

García de Enterría y Fernández, entre las consecuencias del principio analizado, señalaban: "La interpretación conforme a la Constitución de toda y cualquier norma del ordenamiento tiene una correlación lógica en la prohibición, que hay que estimar implícita, de cualquier construcción interpretativa o dogmática que concluya en un resultado directa o indirectamente contradictorio con los valores constitucionales"[23].

En eso consiste la interpretación conforme.

Por supuesto que si hay un solo sentido posible y ese sentido hace que la ley sea incompatible con la Constitución, no se puede distorsionar ese sentido; la ley será lisa y llanamente inconstitucional. Pero, reitero, si hay más de un sentido razonablemente posible, uno inconstitucional y otro constitucional, hay que estar a este último. La interpretación conforme procura ajustar la ley a la Constitución.

4. La presunción de constitucionalidad de las leyes produce, en cambio, el efecto inverso. En efecto, si el juez constitucional parte de la base de que las leyes son constitucionales, invierte la carga de la prueba y lo que hace, en los hechos, es acomodar la Constitución a la ley. El juez constitucional, que debe ser el supremo guardián de la Constitución, se convierte así en el guardián de la ley, desnaturalizando por completo su función.

[21] Eduardo García De Enterría y Tomás-Ramón Fernández, *Curso de derecho administrativo*, t. i, 4ª ed., Madrid, Civitas, 1983, págs. 126 y ss.; Durán Martínez, "En torno al...", cit., págs. 14 y ss.

[22] Durán Martínez, "La jurisprudencia de la Corte Interamericana...", cit., pág. 844.

[23] García de Enterría y Fernández, *op. cit.*, págs. 131 y ss.

Esto es particularmente grave en situaciones en que por existir mayoría absoluta el legislador se siente tentado a afectar el núcleo duro de los derechos humanos imponiendo su voluntad por la sola fuerza de los votos, sin advertir que los derechos humanos, por ser tales, son contramayoritarios.

El juez constitucional o el de derechos humanos, por naturaleza, es contramayoritario, por lo que solo con desconocimiento de su función puede afirmar la presunción de constitucionalidad de la ley.

La más actual doctrina nacional rechaza la presunción de constitucionalidad de las leyes[24]. Y no solo este rechazo se produce en la doctrina nacional; con particular énfasis CASSAGNE expresó que "la constitucionalización del ordenamiento supone como principal efecto el desplazamiento, como dogma absoluto, de la presunción de constitucionalidad de las leyes"[25].

Lamentablemente nuestra Suprema Corte de Justicia sigue afirmando que las leyes se presumen constitucionales, lo que supone un grave obstáculo para la operatividad de un verdadero Estado constitucional.

5. CONFUSIÓN ENTRE INTERÉS PÚBLICO E INTERÉS GENERAL

1. Otro aspecto que me interesa subrayar es la confusión que se produce a menudo entre interés público e interés general.

2. El artículo 7º de la Constitución, después de declarar el derecho a la protección en el goce de la vida, honor, libertad, seguridad, trabajo y propiedad, admite la privación de esos derechos solo por ley dictada por razones de interés general.

Por su parte, el acápite del artículo 2º del decreto núm. 500/991, de 27 de septiembre de 1991, tomando la fórmula del artículo 103.1 de la Constitución española, impulsada por el profesor JOSÉ LUIS MEILÁN GIL, expresó que la administración debía servir con objetividad los intereses generales, con lo que, además de implicar un hondo contenido ético, pone de manifiesto la naturaleza instrumental y servicial de la administración.

[24] JUAN PABLO CAJARVILLE PELUFFO, "Supremacía constitucional e interpretación", en *Sobre derecho administrativo,* t. I, Montevideo, F.C.U., 2007, págs. 273 y ss.; AGUSTO, DURÁN MARTÍNEZ, "En torno a...", cit., págs. 15 y ss.; DURÁN MARTÍNEZ, "Otra vez sobre la inexistente presunción de legitimidad del acto administrativo", en, *Neoconstitucionalismo y..., op. cit.*, pág. 428; DURÁN MARTÍNEZ, "Prólogo", en GUARIGLIA, *op. cit.*, pág. XV; GUARIGLIA, *op. cit.,* págs. 220 y ss.; HÉCTOR GROS ESPIELL, "En torno a algunos temas de interpretación constitucional", en *Revista Jurídica*, Uruguay, La Ley, marzo 2009, año II, núm. 3, págs. 267 y ss.; DANIEL y HUGO MARTINS, "El mito de la presunción de constitucionalidad de las leyes", en M. BLENGIO VALDÉS y CAGNONI (Dirs.), *Estudios constitucionales en honor a Héctor Gros Espiell*, Montevideo, Buenos Aires, La Ley, 2011, págs. 201 y ss.

[25] JUAN CARLOS CASSAGNE, "Neoconstitucionalismo y acto administrativo", en *Estudios de derecho administrativo*, *La Ley*, Uruguay, núm. 7, 2013, pág. 24.

El interés general es, límite y motor del poder público. Este se encuentra al servicio de aquel; no es su dueño ni lo puede inventar. Interés general es un concepto jurídico indeterminado, existe o no. Si no existe, la ley que se dicta con su invocación es inconstitucional y así debe ser declarada por la Suprema Corte de Justicia, y el acto administrativo fundado en un interés general que no es tal debe ser anulado por el Tribunal de lo Contencioso Administrativo en caso de impugnación.

3. A veces se utilizan los términos interés general e interés público como sinónimos, otras veces se distinguen y otras veces se utiliza el término interés público con diversos sentidos. Por eso es necesario ser muy precisos al respecto para evitar confusiones.

4. En lo personal prefiero distinguir interés público de interés general.

El *interés privado* se relaciona con la dimensión individual de todo ser humano que lo hace ser único y diferente de sus semejantes y por eso es valioso y digno de tutela. Y también se relaciona con su dimensión social que nos hace integrar una comunidad natural, como lo es la familia, base de la sociedad y de esas otras comunidades intermedias que trascienden la familia pero que son de alguna manera de nuestro dominio particular, no necesariamente en exclusividad pero sin llegar a ser público.

El *interés público* se relaciona con nuestra dimensión social en un aspecto que implica lo político pero también, aun sin hacerlo así, trasciende de lo meramente privado al ocupar un espacio que necesariamente es genéricamente compartido por requerirlo el adecuado desarrollo de la personalidad.

Interés privado e *interés público* operan en espacios distintos y, aunque por momentos tengan contornos difusos, no se confunden pero tampoco se contradicen, pues se relacionan con las diversas dimensiones de la naturaleza humana que, como se ha visto, son inescindibles.

Precisamente, esa unidad de la naturaleza humana se contempla con el interés general que incluye el interés privado y el público.

Es de interés general la adecuada satisfacción del interés privado y del interés público, lo que se logra con la creación de la situación de hecho necesaria para el desarrollo de la persona humana. En otras palabras: es de interés general la configuración del bien común.

Otros autores distinguen el interés público primario de los intereses públicos secundarios[26].

El interés público primario es el interés de la colectividad en conjunto. Los secundarios son los que las entidades públicas tienen como cualquier persona, independientemente de su calidad de servidor de los intereses de la

[26] Renato Alessi, *Instituciones de derecho administrativo*, t. i, Barcelona, Bosch Casa Editorial, 1970, págs. 184 y ss.; Celso Antonio Bandeira de Mello, *Curso de direito administrativo*, 30ª ed., São Paulo, Malheiros Editores, 2013, pág. 102.

colectividad[27]. Persiguen un interés público secundario las entidades estatales, en la condición indicada, y también los partidos políticos, los sindicatos, las asociaciones profesionales o cámaras empresariales, entre otros.

Los intereses secundarios no son atendibles, sino en cuanto coinciden con el primario[28].

Lo que llamo interés general coincide bastante con lo que ALESSI y BANDEIRA DE MELLO llaman interés público primario, y lo que llamo interés público coincide bastante con lo que los referidos maestros llamaron interés público secundario.

Si he prohijado esta terminología es porque nuestra Constitución adopta la de interés general, a los efectos de habilitar a la ley para limitar derechos fundamentales (arts. 7º y 36, entre otros).

Además, al tomar la expresión de nuestra Constitución no tengo necesidad de distinguir interés público primario de interés público secundario; reservo el término interés público para lo que ALESSI y BANDEIRA DE MELLO llaman interés público secundario.

5. Como consecuencia de la relación existente entre la moral y el derecho, la Constitución presenta artículos de contenido ético. Pero además aparecieron convenciones internacionales tendentes, entre otras cosas, a combatir la corrupción, como la Convención de las Naciones Unidas contra la Corrupción (CNUCC), suscrita en Mérida, del 9 al 11 de diciembre de 2003, ratificada por ley 18.056, de 20 de noviembre de 2006, y la Convención Interamericana contra la Corrupción (CICC), adoptada en Caracas el 29 de marzo de 1996, ratificada por nuestro país por la ley 17.008, de 25 de setiembre de 1998[29], y a partir de ella se dictaron leyes en ejecución de esta Convención, entre las que sobresale la 17.060, de 23 de diciembre de 1998.

También se han dictado normas infralegislativas, entre las que subrayo el decreto 206 de 11 de junio de 2002 (Código de Ética del Regulador) y el decreto 30 de 23 de enero de 2003 (Normas de Conducta en la Función Pública).

De esa normativa interesa subrayar ahora el artículo 9º del citado decreto 30, que establece:

"(*Interés público*). En el ejercicio de sus funciones, el funcionario público debe actuar en todo momento en consideración del interés público, conforme con las normas dictadas por los órganos competentes, de acuerdo con las reglas

[27] C. A. BANDEIRA DE MELLO, *op. cit.*, pág. 102.

[28] C. A. BANDEIRA DE MELLO, *op. cit.*, pág. 102.

[29] Ver AUGUSTO DURÁN MARTÍNEZ, "Corrupción de derechos humanos. Aspectos de derecho administrativo (Convención Interamericana Contra la Corrupción)", en *Estudios sobre derechos humanos*, Montevideo, Universidad Católica del Uruguay-Ingranusi, 1999, págs. 120 y ss.; *Íd.*, "Derechos humanos y corrupción administrativa", en *Estudios de derecho público*, vol. I, Montevideo, 2004, págs. 327 y ss.; *Íd.*, "Corrupción. Mecanismos sociales y jurídicos para su control", en *Estudios de derecho público*, vol. II, Montevideo, 2008, págs. 89 y ss.

expresadas en la Constitución (Const. Pol., art. 82, incs. 1º y 2º) "El interés público se expresa, entre otras manifestaciones, en la satisfacción de necesidades colectivas de manera regular y continua, en la buena fe en el ejercicio del poder, en la imparcialidad de las decisiones adoptadas, en el desempeño de las atribuciones y obligaciones funcionales, en la rectitud de su ejercicio y en la idónea administración de los recursos públicos (ley 17.060, art. 20). La satisfacción de necesidades colectivas debe ser compatible con la protección de los derechos individuales, los inherentes a la personalidad humana o los que se deriven de la forma republicana de gobierno (Const. Pol., arts. 7º y 72)".

De su lectura se extrae sin dificultad que se refiere al interés público primario, al decir de BANDEIRA DE MELLO o, en mi concepción, al interés general.

Pero, conviene recordar la ley 18.786, de 19 de julio de 2011, que fija el marco regulatorio de los contratos de participación público-privada, cuyo artículo 4, literal B), al enunciar el principio de protección del interés público, establece: "Todo proyecto de participación público-privada deberá procurar el beneficio público, respetando el interés general, y adoptar los mecanismos de participación y control que serán de aplicación durante toda la vigencia del contrato".

Véase que este texto distingue el interés público del interés general y correctamente subordina aquel a este.

A mayor abundamiento, conviene recordar el artículo 8º del ya citado decreto 30.

"(*Preeminencia del interés funcional*). La conducta funcional se desarrollará sobre la base fundamental de que el funcionario existe para la función y no la función para el funcionario (art. 59 de la Constitución de la República)".

Este artículo recoge la fórmula del artículo 59 de la Constitución de la República.

No es esta una fórmula vacía. Por el contrario, revela que la ética de la función pública tiene su eje en la idea de servicio[30]. Es que la administración debe servir con objetividad los intereses generales, como se ha dicho.

El funcionario y las entidades públicas en general, pues, deben seguir el interés público secundario, pero en la medida en que se ajusta al primario; en otros términos: deben seguir el interés público en la medida en que se ajustan al interés general. Si siguen el interés público secundario en desmedro del primario o interés general, incurren en improbidad y, a mi juicio, en corrupción, puesto que procuran la satisfacción de un interés sectorial a costa del interés general y, a menudo, con el empleo de recursos públicos.

[30] CARLOS E. DELPIAZZO, "De la ética individual a la ética pública", en J. RODRÍGUEZ-ARANA MUÑOZ / J. BELARMINO JAIME / SENDIN GARCÍA / MEJÍA y CARDOZA AYALA (Coords.) *Congreso Internacional de Derecho Administrativo,* San Salvador, Corte Suprema de Justicia de El Salvador, 2011, pág. 791.

6. Todas estas normas se encuentran perfectamente en la línea del neoconstitucionalismo. El problema no radica en ellas. El problema radica en su desconocimiento por confundir el interés público secundario con el primario o interés general. Este es uno de los casos en que las normas están, pero no son operativas.

A continuación mencionaré algunos ejemplos.

7. La toma de conciencia de la naturaleza instrumental del Estado y de la administración hizo cambiar la perspectiva del derecho administrativo. De un derecho centrado en la administración que heredamos de la visión autoritaria de la Revolución francesa, lo que aumentó con el Estado de bienestar, se pasó a otro centrado en los intereses colectivos. De un derecho de la administración y para ella se pasó a un derecho de y para esta gente[31].

Cambió por eso la concepción del servicio público. De servicios prestados con fundamento en la *publicatio* y la exclusividad regalista, se pasa a servicios prestados con apoyo en el derecho de la competencia; más que de servicio público, se habla de servicio al público y comienza a acuñarse una nueva terminología: servicios de interés económico general[32]. Se toma conciencia de los derechos de usuarios, que comienzan a observarse en la perspectiva de los derechos humanos.

Para asegurar ese derecho de la competencia y, en definitiva, el derecho de los usuarios, comienzan a aparecer las llamadas autoridades reguladoras independientes o unidades reguladoras. En nuestro país, por ejemplo, la Unidad Reguladora de Servicios de Comunicaciones, (Ursec), creada por el artículo 70 de la ley 17.296 de 21 de febrero de 2001 y la Unidad Reguladora de Servicios de Energía y Agua (Ursea), creada por la ley 17.598 de 13 de septiembre de 2002[33].

Esa legislación procuró acercarse a la tendencia de los nuevos tiempos. Pero luego, con la ley 18.719 de 27 de diciembre de 2010 (arts. 117 a 119 y 142 a 147 y 418), el sistema se desnaturalizó al privilegiar la incidencia del poder

[31] Augusto Durán Martínez, "Reflexiones sobre la definición de derecho administrativo", en *Estudios de derecho administrativo*, Montevideo, La Ley, 2013, núm. 7, págs. 126 y ss.

En esa línea, Bacellar Filho indicó que la noción de interés público desempeñaba un papel central en la teoría del derecho administrativo y, así mismo, subrayó que la actividad de la administración se orientaba a la consecución del interés público primario. Ver Romeu Felipe Bacellar Filho, *Direito Administrativo e o novo* Código Civil, Belo Horizonte, Editora Fórum, 2007, pág. 250.

[32] Augusto Durán Martínez, "Derechos de los usuarios de los servicios de interés económico general desde la perspectiva de los derechos humanos", en *Neoconstitucionalismo y...*, *op. cit.*, págs. 221 y ss.

[33] Augusto Durán Martínez, "Papel del Estado en el siglo xxi. Prestación de servicios públicos, explotación de actividades económicas y actividad regulatoria", en *Estudios de derecho público*, vol. ii, págs. 53 y ss.

político, como muy bien lo demostró FERRÉS RUBIO,[34] y se volvió a poner el acento en la administración y no en el usuario.

8. En reiteradas oportunidades he sostenido que como consecuencia de las leyes que se han dictado sobre el derecho de la competencia, ley 17.243 de 29 de junio de 2000 (arts. 13 a 15), sustituidos por la ley 18.159 de 20 de julio de 2007, quedaban tácitamente derogadas las leyes anteriores que creaban monopolios estatales. Entre otras cosas desaparecían el monopolio de combustibles estatuido en favor de Ancap y el monopolio en determinado sector de las telecomunicaciones estatuido en su momento en favor de Antel[35].

Sin embargo, en los hechos esos monopolios siguieron aplicándose. La consecuencia de esto es que Uruguay tiene el combustible más caro de la región y un atraso tecnológico en las telecomunicaciones que no existiría si realmente se aplicase en serio el derecho de la competencia legalmente previsto.

Sin duda la realidad fáctica favorece al interés público secundario, de Ancap y Antel, pero no al interés público primario o interés general. Esto nos afecta la calidad de vida de cada uno de nosotros, es decir, del derecho a vivir, tan bien explicado por GROS ESPIELL[36], en beneficio de determinados organismos; mejor dicho, de determinados funcionarios y determinados sindicatos.

No obstante, no se nota una reacción importante sobre el tema. Se piensa que las entidades son de todos. No se advierte que, tal como suceden las cosas, son de todos a la hora de la siembra, pero no a la hora de la distribución de la cosecha, que se efectúa entre pocos.

9. Quiero referirme ahora a un curioso cambio legislativo.

Por tradición se exceptuaron de la licitación pública las contrataciones del Estado con otras entidades estatales o con personas públicas no estatales. Tal exclusión se explicaba en función del modelo vigente en su época.

Pero cuando la visión del Derecho cambió y se impuso por ley el derecho de la competencia, la contratación directa en esos casos perdió sentido. Por eso, en virtud de esa legislación sostuve su derogación[37]. Es que en un mercado

[34] RODRIGO FERRÉS RUBIO, "Modificaciones al régimen jurídico de las unidades reguladoras: Ursea y Ursec. Su desnaturalización jurídica", en *Estudios Jurídicos*, núm. II, Universidad Católica del Uruguay, Facultad de Derecho, 2013, págs. 97 y ss.

[35] AUGUSTO DURÁN MARTÍNEZ, "Monopolios estatales y derecho a la competencia", en Íd., *Estudios de derecho público*, vol. I, *op. cit.*, págs. 101 y ss.; Íd., "Los servicios públicos y los derechos de los usuarios. Tendencias actuales en el Uruguay", en *Estudios de derecho público...*, *op. cit.*, vol. II, págs. 31 y ss. y 39 y ss.; íd., "Nuevas formas de relacionamiento público-privado en el cumplimiento de los cometidos del Estado", en *Neoconstitucionalismo y...*, *op. cit.*, págs. 722 y ss.

[36] HECTOR GROS ESPIELL, "La complementarité entre les notions de droit à droit de vivre", en *Actes du simposium sur Le droit a la vie. Quarante ans après l'adaptation de la declaration universelle des droits d l'homme: evolution conceptuelle, normative et jurisprudentielle*, CID, Génova, 1992, pág. 5.

[37] AUGSTO DURÁN MARTÍNEZ, "La contratación directa entre entidades públicas como excepción a la licitación pública", en *Estudios de derecho público…*, *op. cit.*, vol. II, págs. 183 y ss.

pequeño como el nuestro, en determinado sector el poder de compra del Estado es desnivelante. Los operadores no pueden operar en condiciones igualitarias y, por ende, no es posible un genuino derecho de la competencia.

Pongamos un ejemplo: supongamos que el Ministerio del Interior o de Defensa Nacional o de Salud Pública quiere asegurar su flota automotriz. Si debe proceder a una licitación pública se garantiza un verdadero mercado de seguros en el que todas las compañías aseguradoras pueden desarrollarse y competir por hacer la oferta que mejor convenga a la administración y, en definitiva, a la población en general, es decir, no solo al interés público secundario de la entidad contratante, sino también del interés público primario. Por el contrario, si acudimos a una contratación directa con el Banco de Seguros del estado no solo se perjudica el interés público secundario de la entidad contratante, sino también el interés público primario, el destinatario final de la actividad estatal. Y todo ello en beneficio exclusivo, en el ejemplo, del interés público secundario del Banco de Seguros del Estado, es decir, de un interés sectorial.

Por supuesto que mis ideas no tuvieron la menor receptividad en la práctica administrativa, sin perjuicio de recibir algunas adhesiones doctrinarias.

Pero luego ocurrió un sutil cambio legislativo en la redacción del entonces artículo 33, numeral 3, literal a) del TOCAF (Texto ordenado de contabilidad y administración financiera).

Este literal excluía de la licitación pública las contrataciones celebradas "entre organismos o dependencias del Estado, o con personas públicas no estatales". Pero el artículo 506 de la ley 18362, de 6 de octubre de 2008, dio nueva redacción a este literal a). En lo que interesa a estos efectos, subrayo la supresión de la *coma* y de la conjunción *o* que figuraba luego de la palabra Estado, con lo cual la exclusión de la licitación quedaba reducida a contrataciones celebradas "entre organismos o dependencias del Estado con personas públicas no estatales [...]".

El nuevo texto recibía así, en buena medida, mi opinión.

Cuando llamé la atención sobre la nueva redacción[38], la reacción de la administración fue la siguiente: "Esto no puede ser, se dijo, esto es un error del legislador; sigamos aplicando el texto en la redacción anterior". Y así se aplicó la norma.

Cuando mi interpretación comenzó a difundirse, en el TOCAF-2012 se volvió, en esencia, a la vieja redacción (art. 33, lit. C, num. 1), con lo cual se restableció legalmente la excepción de la licitación pública cuando el contrato se celebra entre entidades estatales.

[38] Augusto Durán Martínez, "El derecho de la competencia y la causal de excepción de la licitación pública fundada en la condición de la naturaleza estatal del cocontratante", en *Neoconstitucionalismo y..., op. cit.*, págs. 510 y ss.

Es este un ejemplo en el que el interés público secundario prevaleció sobre el público primario, primero para no aplicar la ley y, luego, para modificarla. Queda claro así que en esto el Estado y, en concreto, la administración, no sirve con objetividad los intereses generales.

10. Menciono ahora dos hechos muy rápidamente. Son muy recientes y de amplia difusión en los medios de prensa.

Uno de ellos es la aprobación de la ley llamada de responsabilidad penal empresarial a impulso de un sindicato, votada pese a las advertencias de su inconstitucionalidad efectuadas incluso por algunos legisladores que votaron por ella[39]. El otro se refiere a un mensaje electrónico que partió del Ministerio de Salud Pública a varios de sus jerarcas, a los efectos de alentarlos a actuar para preparar el triunfo electoral del partido de gobierno[40]. Es decir, promueven el empleo de los recursos estatales en beneficio de un partido político. Da la sensación de que se ha leído el artículo 59 de la Constitución al revés: "Los funcionarios están al servicio de la fracción política del gobierno y no de la nación".

Estos ejemplos demuestran que, tomando una distinción de AGUILÓ, tenemos una Constitución, pero no vivimos en ella[41].

11. Quiero acudir ahora a un ejemplo de enmienda constitucional. Me refiero a la llamada reforma del agua, que dio contenido al artículo 47 de la Constitución.

Todos sabemos que esa enmienda fue promovida por el sindicato de OSE (Obras Sanitarias del Estado) con el objetivo de evitar las concesiones a particulares en materia de servicio público de suministro de agua potable y saneamiento, en particular en el departamento de Maldonado, lo que efectivamente se logró.

La concesión es un instrumento que no es bueno o malo en sí. Será bueno o malo según como se utilice. Y malo es prohibirla *a priori*, puesto que impide su utilización, aun cuando realmente sea el instrumento adecuado.

En caso del saneamiento suele llegar a ser un instrumento muy útil, puesto que descarga del Estado la realización de cuantiosas inversiones que puede destinar a otros cometidos.

Los que tuvieron la oportunidad de concurrir a Maldonado en el verano de 2013 habrán advertido que sus costas, de Portezuelo a José Ignacio, estaban convertidas en una verdadera cloaca. Este año mejoraron, pero no lo suficiente. Y la situación se puede agravar si pasa la crisis existente, vuelven los turistas

[39] Diario *El País*, 18 de marzo de 2014, págs. A1 y A5; Diario *El País*, 19 de marzo de 2014, págs. A1, A5, A6 y A7.

[40] Diario *El País*, 19 de marzo de 2014, pág. A8.

[41] JOSEP AGUILÓ, *La Constitución del Estado constitucional*, Palestra-Edit. Temis, Lima Bogotá, 2004, pág. 42.

argentinos que este año no vinieron y retoma el ritmo de la industria de la construcción, bastante afectada en la zona.

¿Qué está en juego aquí? Lo que está en juego es el derecho al desarrollo sostenible, hoy día reconocido como derecho humano[42].

De manera que si el tema no se soluciona o se agrava, y afecta al desarrollo sostenible, la cuestión puede llegar hasta la Corte Interamericana de Derechos Humanos.

No olvidemos que en la nueva concepción del derecho, hasta la propia Constitución es objeto de medición ante la cúspide del bloque de constitucionalidad. Precisamente por ello la Corte Interamericana de Derechos Humanos condenó a Chile en esa oportunidad a cambiar su Constitución[43], cosa que el condenado efectivamente hizo.

Nuestro constituyente en esta enmienda del artículo 47 olvida que los derechos humanos son contramayoritarios y su núcleo duro no puede desconocerse ni siquiera por la Constitución.

12. Hemos visto ejemplos en que nuestra normativa adoptó correctamente las tendencias jurídicas más actuales, pero no se aplican. Otros en que se han dictado leyes en claro desconocimiento de esas directrices y, por último, una reforma constitucional que puede afectar derechos humanos.

Tenemos todo para un pleno Estado constitucional, pero que no es operativo. Y esto, en buena medida, porque se confunden los intereses públicos secundarios con el primario o el interés general.

6. Papel del juez en el neoconstitucionalismo

1. El último punto que deseo abordar es el del papel del juez.

2. Cea Egaña consideró la protección judicial de la dignidad de la persona humana y de los derechos fundamentales frente a la ley, a los demás actos del Estado y también de cara a los particulares, como la conquista más importante del neoconstitucionalismo[44].

3. Esto realza la función del juez, sobre todo el juez de derechos humanos.

En el plano interno, la Suprema Corte de Justicia es nuestro juez constitucional, pero también nuestro supremo juez de derechos humanos; en el

[42] Augusto Durán Martínez, "Desarrollo sostenible y derecho administrativo", en *Interesse Público*. Revista Bimestral de Direito Público, núm. 80, Belo Horizonte, 2013, págs. 197 y ss.

[43] Eduardo Esteva Gallicchio, "El control de convencionalidad en el ámbito de los contratos administrativos", en *Estudios de derecho administrativo*, núm. 8, Montevideo, La Ley, 2013, pág. 728.

[44] José Luis Cea Egaña, "Legitimación de la democracia por el nuevo constitucionalismo", en *Estudios Jurídicos*, núm. 4, Facultad de Derecho de la Universidad Católica del Uruguay, 2007, pág. 29.

continental, el juez supremo de derechos humanos es la Corte Interamericana de Derechos Humanos.

4. En este punto es donde cobra especial relevancia la interpenetración existente entre el derecho interno y el internacional. Los derechos humanos se desarrollan primero en el plano interno, pasan al internacional y desde allí se proyectan con particular fuerza sobre los ordenamientos internos. De ahí la importancia que tiene en este momento la Corte Interamericana.

5. La Corte Interamericana de Derechos Humanos ha producido una jurisprudencia de singular valía que ha provocado cambios muy positivos en el continente en lo que refiere a los derechos internos en general y, obviamente, también en el derecho administrativo.

En este aspecto me parece necesario llamar la atención sobre lo que se ha denominado el control de convencionalidad.

Este control que pretende imponer la Corte presenta un aspecto compartible y otro, a mi juicio, objetable.

6. El aspecto compartible es el relativo a quién debe efectuar ese control. La Corte entiende que ese control debe ser ejercido por todos los órganos y autoridades de un Estado parte de la Convención Interamericana de Derechos Humanos, y no solo por los órganos que ejercen función jurisdiccional (sent. de 30 de noviembre de 2012, en caso Masacre de Santo Domingo vs. Colombia)[45].

En consecuencia, ese control no solo lo deben hacer quiénes ejercen función jurisdiccional, sino también quienes ejercen función administrativa, legislativa o constituyente. Por tanto, ninguna función del Estado puede ejercerse en contravención de los derechos humanos.

7. El aspecto objetable de la posición de la Corte Interamericana de Derechos Humanos es el relativo a lo que se debe tener en cuenta al efectuarse ese control.

La Corte estima que debe tenerse en cuenta la Convención Americana sobre Derechos Humanos. Esto es perfectamente compartible. Es más, no solo debe tenerse en cuenta esa Convención, sino todos los tratados internacionales sobre derechos humanos; y agrego, todos los derechos humanos, aun sin tratado. Pero también estima que debe tenerse en cuenta la doctrina de sus fallos, por ser esta Corte el último intérprete de la Convención, con lo que le asigna a su jurisprudencia fuerza vinculante[46].

Con gran precisión, Ferrer Mac-Gregor explicó: "[...]

3.3. Eficacia de la sentencia interamericana como "cosa juzgada" (*res iudicata*) con efectos *inter partes* y como "norma convencional interpretada" (*res interpretata*) con efectos *erga omnes*.

[45] Esteva Gallicchio, "El control de convencionalidad...", cit., pág. 739.

[46] *Ibid*, pág. 736.

"31. La sentencia interamericana, en tanto adquiere la autoridad de cosa juzgada internacional, despliega los contenidos y efectos de la sentencia en dos dimensiones: a) de manera subjetiva y directa hacia las partes en la controversia internacional; y b) de manera objetiva e indirecta hacia todos los Estados parte en la Convención Americana.

"32. En el primer supuesto se produce una eficacia *inter partes*, que consiste en la obligación del Estado de cumplir con todo lo establecido en la sentencia interamericana de manera pronta, íntegra y efectiva. Existe una vinculación total y absoluta de los contenidos y efectos del fallo, que se deriva como obligación de los artículos 67 y 68.1 de la Convención Americana.

"33. En el segundo se produce una eficacia *erga omnes* hacia todos los Estados parte de la Convención, en la medida en que todas las autoridades nacionales quedan vinculados a la efectividad convencional y, consecuentemente, al criterio interpretativo establecido por la Corte IDH, en tanto estándar mínimo de efectividad de la norma convencional, derivada de la obligación de los Estados de respeto, garantía y adecuación (normativa e interpretativa) que establecen los artículos 1º y 2º de la Convención Americana; y de ahí la lógica de que la sentencia sea notificada no solo «a las partes en el caso», sino también «transmitido a los Estados partes en la Convención» en términos del artículo 69 del Pacto de San José"[47].

Este último aspecto no es compartible.

La Corte Interamericana es un órgano creado. Recibe su competencia del acto creador o de otros del mismo valor y fuerza que el acto creador. No puede, sin norma habilitante, ampliar de oficio su competencia.

La Corte es creada por la Convención Americana sobre Derechos Humanos, también llamada Pacto de San José de Costa Rica, ratificada por nuestro país por la ley 15.737, de 8 de marzo de 1985, y recibe su competencia de la propia Convención.

Conforme al artículo 68.1 del Pacto, los efectos de la sentencia comprometen únicamente al Estado parte del caso. Y de la comunicación del fallo a los demás Estados parte de la Convención, prevista en el artículo 69, no se deduce que las sentencias tengan fuerza obligatoria, también, respecto de los Estados que no fueron parte en el proceso. De manera que una sentencia que condena a un Estado no afecta a otro. Por esa razón, no se puede decir que la doctrina inspiradora del fallo resulta vinculante para los demás Estados. La

[47] EDUARDO FERRER MAC-GREROR, "Eficacia de la sentencia interamericana y la cosa juzgada internacional: vinculación directa hacia las partes (*res iudicata*) e indirecta hacia los Estados parte de la Convención Americana (*res interpretata*). (Sobre el cumplimiento del caso Gelman vs. Uruguay)", en *Anuario de Derecho Constitucional Latinoamericano, 19º año, Separata Anuario 2013*, Montevideo, Universidad del Rosario-Konrad Adenauer Stiftung, 2013, pág. 617.

Convención no ha concebido un sistema de jurisprudencia, fuente formal de derecho, como el británico, ni un régimen de *stare decisis,* como en Estados Unidos. Si la Convención o sus protocolos no le han asignado a la jurisprudencia fuerza vinculante, no lo puede hacer la Corte[48].

Bien expresa SAGÜÉS que el talón de Aquiles de este aspecto de la doctrina del control de convencionalidad propiciado por la Corte Interamericana de Derechos Humanos es que todos los Estados adscritos al sistema pueden verse vinculados por una jurisprudencia de la Corte "vertida en un procedimiento en que no fueron parte, y por tanto, donde tampoco fueron oídos. Es decir, que resultan encadenados por una tesis jurisdiccional sobre la que no tuvieron oportunidad de exponer sus puntos de vista, omisión que no coincidiría mucho con las reglas habituales del debido proceso"[49].

Nuestra Suprema Corte de Justicia, con acierto, en sentencia 20, de 23 de febrero de 2013, rechazó esa errónea pretensión de la Corte Interamericana de Derechos Humanos de atribuir fuerza vinculante a su jurisprudencia[50].

El hecho de que la doctrina inspiradora del fallo no tenga fuerza vinculante respecto de los Estados que no fueron parte en el proceso no quiere decir que no sea importante. Por el contrario, estimo que la jurisprudencia de la Corte es muy importante porque ha contribuido a crear una cultura de derechos humanos. Ha tenido una notable labor docente que nos ha permitido ver derechos humanos allí donde no los veíamos, por la imperfección del conocimiento humano. Y en esos casos aparece un efecto vinculante, pero no porque lo diga la Corte, sino porque estamos en presencia de derechos humanos que no conocíamos, pero que conocimos gracias a la labor de la Corte. Dicho de otro modo: la fuerza jurídica viene del derecho humano que la Corte ayudó a descubrir. Pero la Corte no puede crear derechos humanos donde no los hay. La Corte no puede actuar de manera arbitraria.

La fuerza vinculante de la jurisprudencia de la Corte Interamericana de Derechos Humanos convierte a esa Corte en el supremo legislador continental o, más aún, en el hacedor del bloque de constitucionalidad. Eso configura un atentado a la independencia de la función jurisdiccional, que es clave para una efectiva vigencia del Estado constitucional de derecho.

Los jueces nacionales, en sus respectivas causas, deberán tener presente la jurisprudencia de la Corte Interamericana. Podrán aplicarla si la comparten, pero no deberán hacerlo si discrepan de ella. Deberán tener en cuenta los derechos humanos de las víctimas y de los presuntos violadores, efectuando una adecuada ponderación, en forma razonable y atendiendo las particularidades

[48] DURÁN MARTÍNEZ, "La jurisprudencia de la Corte Interamericana...", cit., pág. 847.

[49] Citado por LARRIEUX, "Caso GELMAN VS. URUGUAY. Justicia transicional...", cit., pág. J. Com. 26.

[50] *La Justicia Uruguaya*, año LXXIV, t. 147, marzo 2013, Caso 16474, págs. J 56 y ss.

locales a efectos de evitar, al decir de LARRIEUX, autismos normativos o internacionalismos salvajes[51].

8. El aspecto compartible del control de convencionalidad es en extremo valioso, pues se convierte en instrumento fundamental para construir un sistema efectivamente centrado en la dignidad de la persona humana. Posibilita hacer realidad la nueva visión del derecho al hacernos aplicar bien las normas que ya tenemos y provocar la modificación de las que resulten incompatibles con el bloque de constitucionalidad.

Pero el otro aspecto del control de convencionalidad es profundamente negativo. No solo porque facilita la ideologización del sistema jurídico, riesgo que puede darse en el marco del neoconstitucionalismo y contra el cual nos advirtió lúcidamente CASSAGNE[52], sino también, porque en lugar de erigir al juez en *guardián del derecho*, lo erige en *señor del derecho,* como lo fue en otros tiempos el legislador, lo que por cierto es mucho peor.

7. APRECIACIONES FINALES

1. En suma, buena parte del neoconstitucionalismo no es novedoso pero ha tenido la virtud de recordarnos la esencia del derecho, la finalidad del Estado y mostrarnos lo mal que ejecutamos nuestro propio pensamiento.

2. Lo realmente novedoso es el papel prominente que pasa a tener el juez, especialmente el de derechos humanos.

Eso en realidad estaba en potencia en la naturaleza humana y por ende, en la esencia del derecho. Pero el neoconstitucionalismo lo puso en acto.

Esto que, según se ha dicho, es su mayor conquista, encierra un gran peligro con la pretensión de la Corte Interamericana de Derechos Humanos de asignar a su jurisprudencia fuerza vinculante. En efecto, eso erige al juez de derechos humanos en *señor del derecho*, posibilita una ideologización indebida del sistema jurídico y atenta contra la independencia de la función judicial, lo que afecta al propio Estado constitucional.

3. Esto nos muestra que, como toda obra humana, el neoconstitucionalismo presenta imperfecciones: junto con aspectos muy positivos aparecen falencias importantes. En consecuencia, no debemos recoger todo, sino saber distinguir el trigo de la cizaña. Afortunadamente es mucho el trigo, pero es preciso evitar que se cuele alguna cizaña.

BIBLIOGRAFÍA

AGUILÓ, JOSEP: *La Constitución del Estado constitucional*, Palestra-Edit. Temis, Lima, Bogotá, 2004.

[51] LARRIEUX, "Caso GELMAN VS. URUGUAY. Justicia transicional...", cit., pág. J. Com., pág. 34.
[52] CASSAGNE, "Neoconstitucionalismo y acto...", cit., págs. 42 y ss.

AGUILÓ REGLA, J.: "El constitucionalismo imposible de Luigi Ferrajoli", en FERRAJOLI, LUIGI: *y otros. Un debate sobre el constitucionalismo*, Madrid, Doxa-Marcial Pons, 2012.

ALESSI, RENATO: *Instituciones de derecho administrativo*, t. I, Barcelona, Bosch, 1970.

ATIENZA, MANUEL: "Dos versiones sobre el constitucionalismo", en FERRAJOLI, LUIGI y otros. *Un debate sobre el constitucionalismo*, Madrid, Doxa-Marcial Pons, 2012.

BACELLAR FILHO, ROMEU FELIPE: *Direito administrativo e o novo Código Civil*, Belo Horizonte, Editora Fórum, 2007.

BANDEIRA DE MELLO, CELSO ANTONIO: *Curso de direito administrativo*, 30ª ed., Malheiros Editores, São Paulo, 2013.

BARBÉ PÉREZ, HÉCTOR: "Los principios generales de derecho como fuente de derecho administrativo en el derecho positivo uruguayo", en AA. VV., *Estudios jurídicos en memoria de Juan José de Amézaga*, Montevideo, Biblioteca de Publicaciones Oficiales de la Facultad de Derecho y Ciencias Sociales de la Universidad de la República, 1958.

BARBERIS, MAURO: "Ferrajoli, o el neoconstitucionalismo no tomado en serio", en FERRAJOLI, LUIGI y otros, *Un debate sobre el constitucionalismo*, Madrid, Doxa,-Marcial Pons, 2012.

CAJARVILLE PELUFFO, JUAN PABLO: "Supremacía constitucional e interpretación", en *Sobre derecho administrativo*, t. I, Montevideo, F.C.U, 2007.

CASSAGNE, JUAN CARLOS: "Neoconstitucionalismo y acto administrativo", en *Estudios de derecho administrativo,* núm. 7, Montevideo, La Ley, 2013.

CEA EGAÑA, JOSÉ LUIS: "Legitimación de la democracia por el nuevo constitucionalismo", en *Estudios Jurídicos*, núm. 4, Facultad de Derecho de la Universidad Católica del Uruguay, 2007.

DELPIAZZO, CARLOS E.: "De la ética individual a la ética pública", en JAIME RODRÍGUEZ-ARANA MUÑOZ / JOSÉ BELARMINO JAIME / MIGUEL ÁNGEL SENDIN GARCÍA / HENRY ALEXANDER MEJÍA / M. A. CARDOZA AYALA (Coords.) *Congreso Internacional de Derecho Administrativo,* San Salvador, Corte Suprema de Justicia de El Salvador, 2011.

Diario *El País*, 18 de marzo de 2014.

—: 19 de marzo de 2014.

—: 19 de marzo de 2014.

DURÁN MARTÍNEZ, AUGUSTO: "Corrupción de derechos humanos. Aspectos de derecho administrativo (Convención Interamericana Contra la Corrupción)", en *Estudios sobre derechos humanos*, Montevideo, Universidad Católica del Uruguay, Ingranusi, 1999.

—: "Derechos humanos y corrupción administrativa", en *Estudios de derecho público*, vol. I, Montevideo, 2004.

—: "Monopolios estatales y derecho a la competencia", en *Estudios de derecho público*, vol. I, Montevideo, 2004.

—: "Corrupción. Mecanismos sociales y jurídicos para su control", en *Estudios de derecho público*, vol. II, Montevideo, 2008.

—:"Los servicios públicos y los derechos de los usuarios. Tendencias actuales en el Uruguay", en *Estudios de derecho público*, vol. II, Montevideo, 2008.

—: "Papel del Estado en el siglo XXI. Prestación de servicios públicos, explotación de actividades económicas y actividad regulatoria", en *Estudios de derecho público*, vol. II, Montevideo, 2008.

—: "La contratación directa entre entidades públicas como excepción a la licitación pública", en *Estudios de derecho público*, vol. II, Montevideo, 2008.

—: "Prólogo", en GUARIGLIA, CARLOS: *Presunción de constitucionalidad de las leyes*, Montevideo-Buenos Aires, La Ley, 2009.

—: "Derechos de los usuarios de los servicios de interés económico general desde la perspectiva de los derechos humanos", en *Neoconstitucionalismo y derecho administrativo*, Montevideo-Buenos Aires, *La Ley*, 2012.

—: "El derecho de la competencia y la causal de excepción de la licitación pública fundada en la condición de la naturaleza estatal del cocontratante", en *Neoconstitucionalismo y derecho administrativo*, Montevideo-Buenos Aires, La Ley, 2012.

—: "En torno al neoconstitucionalismo", en *Neoconsitucionalismo y derecho administrativo*, Montevideo-Buenos Aires, La Ley, 2012.

—: "La jurisprudencia de la Corte Interamericana de Derechos Humanos en la perspectiva del derecho administrativo. Especial referencia al caso GELMAN VS. URUGUAY", en *Neoconstitucionalismo y derecho administrativo*, Montevideo-Buenos Aires, La Ley, 2012.

—: "Nuevas formas de relacionamiento público-privado en el cumplimiento de los cometidos del Estado", en *Neoconstitucionalismo y derecho administrativo*, Montevideo-Buenos Aires, La Ley, 2012.

—: "Otra vez sobre la inexistente presunción de legitimidad del acto administrativo", en *Neoconstitucionalismo y derecho administrativo*, Montevideo-Buenos Aires, La Ley 2012.

—: "Desarrollo sostenible y derecho administrativo", en *Interesse Público*. Revista Bimestral de Direito Público, núm. 80, Belo Horizonte, 2013.

—: "Reflexiones sobre la definición de derecho administrativo", en *Estudios de derecho administrativo*, núm. 7, Montevideo, La Ley, 2013.

ESTEVA GALLICCHIO, EDUARDO: "El control de convencionalidad en el ámbito de los contratos administrativos", en *Estudios de derecho administrativo*, núm. 8, Montevideo, La Ley, 2013.

FERRAJOLI, LUIGI: "Constitucionalismo principialista y constitucionalismo garantista", en FERRAJOLI, LUIGI y otros, *Un debate sobre el constitucionalismo*, Madrid, Doxa-Marcial Pons, 2012.

FERRER MAC-GREROR, EDUARDO: "Eficacia de la sentencia interamericana y la cosa juzgada internacional: vinculación directa hacia las partes (*res iudicata*) e indirecta hacia los Estados parte de la Convención Americana (*res interpretata*). (Sobre el cumplimiento del caso Gelman vs. Uruguay)", en *Anuario de Derecho Constitucional Latinoamericano, 19º año, Separata Anuario 2013*, Montevideo, Universidad del Rosario-Konrad Adenauer Stiftung, 2013.

Ferrés Rubio, Rodrigo: "Modificaciones al régimen jurídico de las unidades reguladoras: Ursea y Ursec. Su desnaturalización jurídica", en *Estudios Jurídicos*, núm. 11, Montevideo, Universidad Católica del Uruguay, Facultad de Derecho, 2013.

García de Enterría, Eduardo y Fernández, Tomás-Ramón: *Curso de derecho administrativo*, t. i, 4ª ed., Madrid, Civitas, 1983.

González Pérez, Jesús: *La dignidad de la persona y el derecho administrativo*, II Congresso Iberoamericano de Direito Administrativo, Curitiba, Juruá Editores, 2007.

Gros Espiell, Héctor: "La complementarité entre les notions de droit à droit de vivre", en *Actes du simposium sur Le droit a la vie. Quarante ans après l'adaptation de la declaration universelle des droits d l'homme: evolution conceptuelle, normative et jurisprudentielle*, CID, Genóva, 1992.

—: "En torno a algunos temas de interpretación constitucional", en *Revista Jurídica*, año ii, núm. 3, Montevideo, La Ley, 2009.

Guariglia, Carlos: *Presunción de constitucionalidad de las leyes*, Montevideo-Buenos Aires, La Ley, 2009.

Guastini, Ricardo: "La «constitucionalización» del ordenamiento jurídico: el caso italiano", en Miguel Carbonell: *Neoconstitucionalismo(s)*, Universidad Nacional Autónoma de México-Trotta, México, D. F., Madrid, 2006.

La Justicia Uruguaya, año lxxiv, t. 147, Caso 16474, 2013.

Larrieux, Jorge Tomás: "Caso Gelman Vs. Uruguay. Justicia transicional, Carta Interamericana de Derechos Humanos y el control de convencionalidad", en *La Justicia Uruguaya*, año lxxiv, t. 147, 2013.

Martín Rebollo, Luis: *Leyes administrativas*, 19ª ed., Pamplona, Thomson Reuter-Aranzadi., 2013.

Martins, Daniel: "El mito de la presunción de constitucionalidad de las leyes", en Blengio Valdes, Mariana y Cagnoni, José Anibal (Dirs.): *Estudios constitucionales en honor a Héctor Gros Espiell*, Montevideo-Buenos Aires, La Ley, 2011.

Prieto Sanchís, Luis: *Derechos fundamentales, Neoconstitucionalismo y ponderación judicial*, Lima, Palestra Editores, 2012.

Real, Alberto Ramón: "Los principios generales de derecho en la Constitución uruguaya. Vigencia de la estructura iusnaturalista", en *Revista de Derecho Público y Privado*, t. xl, núm. 328, 1958.

Risso Ferrand, Martín: *Algunas garantías básicas de los derechos humanos*, Montevideo, F.C.U., 2008.

Sampay, Arturo Enrique: *La declaración de inconstitucionalidad en el derecho uruguayo*, Montevideo, Medina, 1957.

L'IDENTITÉ DU DROIT ADMINISTRATIF FRANÇAIS

JACQUELINE MORAND-DEVILLER*

Sommaire: 1. Identité-singularité : l'autonomie du droit administratif français. 2. Identité-identification :les critères de reconnaissance du droit administratif. 3. Identité –globalité : pluralité et concordance. 4. Identité-similarité : la « privatisation » du droit administratif. 5. Identité -finalités : les mythes mobilisateurs.

• Le droit administratif français jouit d'une réputation de *singularité* qui doit beaucoup à son caractère largement prétorien, du moins jusqu'à ces dernières années. Cette singularité est étroitement liée à celle d'une institution puissante : le Conseil d'Etat, à la fois conseiller du gouvernement et juridiction suprême. Une évolution se constate depuis quelques années qui tend à réduire cette singularité sans la faire disparaître. Différents phénomènes ont conjugué leurs effets pour donner un nouveau visage à ce droit et à son autonomie, mutations intervenues en quelques décennies. Pour rendre hommage au maître EDUARDO GARCÍA DE ENTERRÍA on a choisi d'ordonner quelques brèves réflexions sur ces évolutions autour d'un concept protéiforme qui intéresse l'ensemble des sciences sociales et physiques : *l'identité*. Les philosophes la définissent comme un sentiment d'harmonie, d'unité et de continuité construit à partir de divergences et de conflits et, en effet, il apparait que l'identité est toujours contextuelle et relationnelle, le soi ne se conçoit qu'en relation avec non soi, l'altérité est le fondement même de l'identité. Traduit en poésie c'est le fameux « *Je est un Autre* » d'ARTHUR RIMBAUD.

• L'identité du droit administratif français ne peut ainsi s'analyser qu'en fonction de l' « autre droit », c'est-à-dire le droit privé qui demeure le droit commun. Il convient de mettre en valeur ce qui est singulier ou similaire, et de distinguer entre l'*ipse* et l'*idem*. Traduit en poésie, on dira que le droit administratif par rapport au droit privé n'est « *ni tout à fait le même, ni tout à fait un autre* » (PAUL VERLAINE). Le droit administratif français connaît des identités plurielles et des crises d'identité et l'on tentera de résumer les origines, la relativité et les raisons de la survie de cette autonomie.

• La distanciation du droit administratif français par rapport au droit commun s'explique par des circonstances historiques et politiques qu'il conviendra de présenter d'abord (I) avant de rappeler comment les critères

* Professeur émérite de l'Université de Paris I (Panthéon-Sorbonne).

d'identification ont ensuite été construits (II). On traitera ensuite des rapprochements entre les deux droits et entre les deux ordres de juridiction. La similarité avec le droit privé s'est renforcée au point que l'on parle désormais de la « privatisation du droit administratif » tout en ajoutant pour faire bonne mesure que l'on constate parallèlement une « publicisation du droit privé » (III). Et, bien évidemment le droit administratif n' a pas manqué d'être influencé par la globalisation et la mondialisation qui l'obligent à se soumettre aux exigences de la constitutionnalisation et de la conventionnalisation et à rechercher la concordance avec les autres droits, notamment européens (IV). L'évolution conduirait-elle inéluctablement à une intégration dans le droit commun ? Il ne saurait en être question car le droit public ne peut échapper à un environnement particulier, celui de ses finalités d'intérêt général et de service public (V) d'autant plus précieuses à préserver qu'elles sont menacées par les finalités du marché et de la compétitivité économique, elles-mêmes respectables, mais qui ont sérieusement besoin de contre poids.

1. Identité-singularité : l'autonomie du droit administratif français

• Cette autonomie a des *origines fort anciennes* marquées d'une part par l'hostilité des Révolutionnaires de 1789 à l'égard des juridictions de droit commun, d'autre part par la création, quelques années plus tard, par Napoléon d'une institution singulière : le *Conseil d'Etat* qui cumule deux fonctions prestigieuses : conseiller du gouvernement et juridiction suprême du contentieux administratif. Le lien entre droit administratif autonome et juridiction administrative spécialisée est si intense que, à l'image de l'œuf et de la poule, il est difficile de savoir qui est à l'origine de l'autre. Traiter de l'identité du droit administratif français impose de traiter d'abord de son modèle singulier de juridiction spécialisée à l'origine de ce droit.

Trois caractères sont la marque du modèle français de juridiction : l'existence d'une *juridiction spécialisée* dans le contentieux administratif, le rattachement organique de cette juridiction à l'*exécutif* et non à l'ordre judiciaire; la dualité de ses attributions à la fois *contentieuses* et *consultatives.*

• L'existence d'une juridiction spécialisée n'est pas une nécessité comme le prouve la présence d'autres systèmes avec deux modèles principaux, le système anglo-saxon *moniste* d'unité de juridiction où, sauf exception, les mêmes tribunaux traitent des procès civils et administratifs, quitte à organiser en leur sein des chambres spécialisées et le système *mixte* avec une juridiction administrative spécialisée mais au sein de l'organisation judiciaire de droit commun, l'ensemble étant coiffé par une Cour suprême unique. En Europe les deux modèles les plus représentatifs sont le système français, largement imité, et le système mixte.

• L'apparition, en France, d'un juge administratif autonome est la conséquence d'une lente évolution historique, et d'une méfiance à l'égard des hauts magistrats de l'Ancien Régime, « noblesse de robe » puissante et conservatrice, hostile aux autorités et idées nouvelles. Cette suspicion à l'égard des juges s'accompagnait dans l'esprit des Révolutionnaires de 1789, d'une vénération à l'égard de la loi, expression de la souveraineté nationale, ferveur qui s'étendait aux institutions chargées de son exécution. Juger l'administration, estimait-on, c'est aussi administrer, c'est s'immiscer dans les fonctions d'autorité réservées aux représentants de la Nation et un texte fondamental toujours en vigueur : la *loi des 16-24 août 1790* étend le principe de la séparation des pouvoirs à la séparation des autorités administratives et judiciaires *: c'est la peur du gouvernement des juges*, alors que l'Angleterre, qui a aboli les juridictions d'exception après la Révolution de 1688, cherche à assurer l'indépendance du juge vis-à-vis de l'administration : *c'est la peur de la toute-puissance de l'exécutif.*

• A l'heure actuelle, les différences sont moindres, l'Angleterre a créé de nombreuses juridictions spécialisées dans les procès avec l'administration et le radicalisme du professeur Dicey, qui, en 1885, refusait de traduire en anglais l'expression « droit administratif » et critiquait violemment le Conseil manqué de se « publiciser » et que l'Union européenne, dans sa marche vers un *fédéralisme juridique* contribue à un rapprochement continu entre les deux systèmes.

• La singularité du système français a pour principale explication la singularité de cette institution prestigieuse qu'est le *Conseil d'Etat*. Héritier du Conseil du Roi, il a été créé par l'article 52 de la Constitution de l'an VIII (1799), la Cour de cassation a été créée en 1790. D'emblée une triple mission *législative, administrative et contentieuse* lui est assignée : *législative*, car il prépare les projets de loi; *administrative*, car il est étroitement associé à la préparation des décrets et conseille le gouvernement sur les problèmes d'administration générale. Quant à ses fonctions *juridictionnelles*, elles seront longtemps « retenues » par le pouvoir exécutif, la décision revenant au ministre-juge, même si, en pratique, une commission du contentieux, au sein du Conseil d'Etat préparait les décisions le plus souvent suivies par le ministre.

• Il faut attendre un siècle pour que la *loi du 24 mai 1872* donne au Conseil d'État le pouvoir de juger souverainement et de manière indépendante « au nom du peuple français », sans que ses arrêts aient à être soumis au chef de l'État. La loi met aussi en place le Tribunal des conflits pour trancher les conflits de compétence entre les deux ordres de juridictions. C'est « L'*âge d'or* » du droit administratif qui est alors essentiellement prétorien. Et, sans faire preuve d'immodestie, on doit reconnaitre que la patiente construction à laquelle s'est livré le Conseil d'Etat français tout au long du XXème siècle est à l'origine d'une créativité —il préfère parler de « révélation »— remarquable.

• La doctrine emboîte le pas et à la fin du XIXème siècle, les premiers enseignements de droit administratif *stricto sensu* font l'objet d'un enseignement spécifique, distinct du droit public général qui était enseigné dès le début du siècle dans les Universités italiennes et françaises. Les premiers professeurs de droit administratif sont des conseillers d'Etat qui justifient leur jurisprudence mais très vite le relais sera pris par les universitaires, plus libres et plus critiques dont les plus célèbres restent MAURICE HAURIOU et LÉON DUGUIT, les maîtres des Ecoles de Toulouse et Bordeaux.

• On observera que l'autonomie du juge administratif est restée longtemps fragile. L'existence du Conseil d'Etat aurait pu être remise en cause par une loi et, alors que l'autorité judiciaire était constitutionnalisée depuis longtemps, il faudra attendre deux siècles pour que l'autonomie du juge administratif soit consacrée par deux importantes décisions du Conseil constitutionnel en 1980 et 1987 : consécration de l'*indépendance des juridictions administratives* et du caractère spécifique de leurs fonctions et *constitutionnalisation du recours en excès de pouvoir*. La possibilité est laissée à la loi de transférer au juge judiciaire le plein contentieux ce qui n'a jamais encore été sérieusement envisagé en France.

• La singularité du Conseil d'Etat tient aussi à l'importance de son rôle de *conseiller*, qui lui est reconnu dès la constitution napoléonienne de l'an VIII. Il intervient soit de manière obligatoire (sur les projets de loi, d'ordonnance, de nombreux décrets), soit facultativement (consulté par le gouvernement et même le Parlement depuis la révision constitutionnelle du 23 juillet 2008). Certains avis sur des « questions de droit nouvelles », dits *avis contentieux*, lui sont demandés par les juridictions des premiers degrés, tribunaux administratifs et cours administratives d'appel. En fin, depuis quelques années, le rôle de conseiller de la Haute Juridiction s'est renforcé dans l'appréciation de la constitutionnalité et dans l'appréciation de la conventionnalité qui s'est considérablement développée avec l'importance du droit européen parmi les sources du droit.

• Au total, 2 000 à 2 500 avis sont rendus chaque année. Le gouvernement attend de cet examen de la conformité de ses textes au droit une sécurité juridique. Et ce contrôle peut aller jusqu'à l'examen de l'*opportunité*, le raisonnable au-delà du rationnel, sans aller jusqu'à l'opportunité politique. La prudence du Conseil d'État, qui se défie des modes et de l'éphémère, s'observe dans sa fonction de conseil comme dans sa fonction contentieuse et, en pratique, la majorité des avis sont suivis par le gouvernement, par respect pour l'autorité du Conseil et par crainte d'une éventuelle annulation au contentieux (éventuelle seulement, car dans ses arrêts le Conseil n'est pas lié par l'avis qu'il a précédemment rendu).

• La singularité du droit administratif français ne peut se comprendre sans tenir compte de cette *dualité de fonctions*. Le Conseil d'Etat français est proche de l'administration tout en étant son juge. Ses membres, qui n'ont pas la qualité de magistrats, ne sont pas recrutés parmi les juristes confirmés, à la différence de la plupart des membres des autres cours suprêmes. Par ailleurs, une grande partie est recrutée au « tour extérieur » à la suite d'une nomination politique. Cette présence de conseillers venus d'horizons divers et ayant une expérience de la vie active est présentée comme offrant l'avantage d'une connaissance « de l'intérieur » de l'administration qui leur permettrait de rendre une justice plus adaptée aux réalités. Pour faire taire les critiques sur les risques d'interférence entre les deux fonctions, garantir l'impartialité de l'office du juge et les conditions du procès équitable auquel la Cour européenne des droits de l'homme (CEDH) est particulièrement attachée (voir les observations critiques sur dans l'arrêt CEDH de 1995 « *Procola c/Luxembourg* », en 1995) des réformes de structure et procédure sont récemment intervenues.

• Le Conseil d'Etat a toujours survécu aux évolutions politiques et aux « crises » qui l'ont troublé (la plus récente fut la mauvaise humeur du Général de Gaulle irrité contre une décision de la Haute juridiction, la célèbre affaire « *Canal* »). Il n'a jamais été suspect de complaisance envers l'administration et il réussit à établir un équilibre entre les exigences de l'intérêt général et la défense des droits fondamentaux. Outre ses talents de prudence et de neutralité, la qualité et l'intelligence de son travail de juge aussi bien que de conseiller, c'est sa faculté à épouser, parfois à précéder, les évolutions en cours, qui assurent son autorité. Mais le monopole dont il jouissait est de plus en plus ébranlé par la *concurrence avec d'autres juges*. Comme il sera dit plus loin, le droit administratif français est beaucoup moins qu'avant un droit prétorien, construit par le seul Conseil d'Etat. Ses sources sont de plus en plus textuelles et d'autres juridictions suprêmes : conseil constitutionnel, Cour européenne des droits de l'homme et Cour de justice de l'Union européenne se mêlent aussi de garantir les droits des citoyens à l'encontre de l'administration.

Cette évolution ne semble cependant pas avoir atteint l'identification du droit administratif qui reste marquée par la prédominance des deux critères traditionnels : la puissance publique et le service public qui lui aussi se singularise étant souvent présenté comme un « service public à la française ».

2. Identité-identification : les critères de reconnaissance du droit administratif

Lorsque le Conseil d'Etat conquiert à la fin du XIXème siècle son autonomie la question restait posée de la délimitation d'*un domaine de compétence d'où serait exclu le juge judiciaire.* Arbitre des compétences, le Tribunal des conflits jouera un rôle essentiel pour dégager des critères d'identification du droit administratif.

• Apparu le premier, le *critère de la puissance publique* fut présenté comme justifiant les prérogatives exorbitantes données à l'administration pour faire triompher l'ordre public et l'intérêt général sur les intérêts particuliers. C'est en quelque sorte un critère des moyens. Certes, les prérogatives dont dispose l'administration sont liées à la « *puissance publique* » et à l'« *exorbitance* », et ces termes ont de quoi effrayer, allant jusqu›à évoquer la force plus que le droit.

Mais d›une part, on assiste depuis quelques années à la montée en puissance des droits des administrés « citoyens » et aux garanties dont ils disposent contre les excès de l'administration, d'autre part, il ne faut pas oublier que l'autorité de la règle, nécessaire à la cohésion des sociétés, a pour but ultime l'égale protection des garanties individuelles. Les privilèges des personnes publiques sont aussi des privilèges pour le citoyen, à condition, bien entendu, que l'administration n'en abuse pas.

• Le *critère du service public* est lié à une conception ample des missions de l'administration qui, au-delà du maintien de l'ordre public, doit organiser la vie économique, sociale, culturelle, en fournissant et gérant les biens et services utiles à la collectivité. Fonction plus stimulante et plus généreuse que celle du commandement, elle *légitime* mieux l'action de l'État, la rend plus acceptable. En France, le « service public » s'est d'abord conjugué *au singulier* C'est un concept fédérateur qui ramène à l'unité un certain nombre de principes autour d'une mission de *solidarité sociale*. Son succès s'explique par sa dimension mythique : légitimation du rôle de l›État et des collectivités locales et générosité de cette fonction sociale qui est ennoblit l'ensemble des missions de l'Etat. La doctrine juridique rejoint les idéologies solidaristes et corporatistes et, au début du xxème siècle, l'« *Ecole du service public* », autour de Léon Duguit, connaît un grand rayonnement.

• Cet essor rapide et envahissant a une autre explication, liée au rôle déterminant d'identification et de légitimation du droit administratif. Accueillante, la notion de service public fut pour le juge administratif « opérationnelle ». Comme sa définition : « une activité d'intérêt général » est imprécise, cette amplitude et cette maléabilité, vont permettre au Conseil d'Etat d'étendre habilement son champ de compétence et le domaine du droit administratif. Les premiers « grands arrêts », dont le célèbre arrêt « *Blanco* », en 1873, font du service public la « pierre angulaire du droit administratif » et auront une large postérité. La service public devient à la fois une finalité, une institution et une activité. Cet amalgame est aussi une des spécificités du droit français.

• Le service public à la française connaît sa première crise *dans la seconde partie du xxème siècle, Le succès est devenu excès, la prolifération désordonnée, l'entrée en force de la privatisation : services publics industriels et commerciaux (SPIC) ainsi que le développement des missions de service public confiées à des organismes privés, brouillent son image. Des trois critères de reconnaissance : mission d'intérêt général (critère finaliste), assurée par une personne publique (critère organique), soumise à un régime juridique particulier (critère matériel), seul subsiste le premier.* Le label « service public » accordé par le juge à partir d'un « *faisceau d'indices* » reste subjectif, se fondant sur les « intentions » de l'administration centrale ou locale de créer un tel service. Eternel conflit entre essence et existence, deux conceptions doctrinales s'affrontent, l'une défendant une *conception objective* selon laquelle le service public, reflet de la

« conscience et la solidarité sociale » ne se décrète pas mais se constate, l'autre plus réaliste défendant une *conception subjective* selon laquelle les services publics se créent et disparaissent de par la volonté du législateur. C'est cette dernière qui alors l'emporte car les services publics, conjugués désormais au pluriel, ne cessent de se multiplier et parfois disparaître dans un certain désordre.

• Un autre aspect de la crise est la critique concernant l'inefficacité de la gestion du fait des lourdeurs bureaucratiques, des rentes de situation, d'absence de responsabilisation. Après la seconde guerre mondiale, on parle de « déclin », *« démembrement »*. Mais le Conseil d'Etat affirme son attachement au concept traditionnel et dans de « grands arrêts » en 1955-1956 continue à faire du service public l'élément majeur de reconnaissance des travaux publics, de la domanialité publique, des contrats administratifs. Mais la querelle reprend, encouragée par la situation monopolistique de grands secteurs nationalisés et certains vont jusqu'à accuser le service public d'être « l'ennemi des libertés publiques ». Par ailleurs, l'enchevêtrement des structures et des normes de droit public et privé fait perdre au concept son unité et sa lisibilité et une remise en ordre s'impose. Elle ne pouvait venir que de l'extérieur : ce seront les exigences de l'Union européenne.

• La « révolution » juridique apportée par les contraintes communautaires a permis de mettre fin aux excès. Le droit français s'est adapté aux qualifications données par l'Union aux services publics désormais conjugués *au pluriel* : services d'intérêt économique général, services d'intérêt général, services sociaux d'intérêt général, services non économiques d'intérêt général, services universels. La jurisprudence se prononce librement sur l'existence d'une « activité de nature économique », sur les compensations financières liées aux obligations de SP, dans un souci de cohérence avec la jurisprudence de la Cour de justice de l'Union européenne (CJUE). Mais ces nouvelles catégories n'ont pas bouleversé les conceptions traditionnelles sur le service public

• On assiste aujourd'hui à un bon équilibre entre les deux critères d'identification du droit administratif qui l'un et l'autre ont su s'adapter et s'assouplir. À y regarder de près les prérogatives de puissance publique trouvent leur justification dans l'accomplissement des missions de service public. Elles ont une exigence commune avec le SP : la poursuite de l'intérêt général et lui seul.

3. Identité–globalité : pluralité et concordance

• Le droit administratif contemporain et son autonomie sont affectés par un phénomène de fragmentation et de dispersion des sources du droit La France, comme la plupart des pays, souffre d'une *inflation législative et règlementaire* croissante, phénomène récurrent qui s'est accéléré ces dernières années. A cette croissance des textes s'ajoute la médiocrité de leur rédaction qui ne parvient pas à échapper aux longueurs, complexités et obscurités, dérive qui pose le problème de la sécurité juridique et de l'égal accès au droit. Les principes *d'accessibilité et d'intelligibilité du droit* se sont vus reconnaitre une valeur constitutionnelle mais leur respect est difficilement assuré.

• Par ailleurs, la *légalité internationale* a pris une place croissante au sein du droit administratif français, tout particulièrement le *droit communautaire* (les 27 pays membres de l'Union européenne) et le *droit européen* (les 45 pays membres du Conseil de l'Europe). Les traités ayant une force supérieure à la loi, le juge administratif contrôle la *conformité de la loi aux conventions internationales* afin d'en tirer les conséquences quant à la légalité de l'acte administratif. Le Conseil d'Etat et la Cour de cassation jouent donc un rôle déterminant pour rappeler au gouvernement et au Parlement leurs obligations à l'égard droit international et communautaire et l'un des grands problèmes actuellement est de mettre de l'ordre dans l'inflation des acteurs et des normes Il y a désormais trop de niveaux de textes, trop de prescripteurs, trop de juges et le droit administratif, sans perdre son identité, connaît de plus en plus le *métissage,* c'est-à-dire une cohabitation, si non une fusion avec les autres droits, enrichissement, certes, mais complexité. Le cours de droit administratif général ne s'enseigne plus de la même manière qu'il y a une vingtaine d'années et le devoir de le rendre accessible et intelligible est de plus en plus difficile à remplir.

• Il en est de même avec l'importance nouvelle du *contrôle de constitutionnalité* : la globalisation est alors nationale. Norme suprême, la *Constitution* s'impose de manière immédiate aux autorités administratives comme au législateur. En conséquence, s'il se refuse à contrôler la conformité d'une loi à la Constitution, examen réservé au Conseil constitutionnel, le juge administratif censure les actes administratifs pris en méconnaissance d'une règle constitutionnelle dont il apprécie la portée. Ce contrôle doit s'exercer en concordance avec celui exercé par la Cour de cassation et par le Conseil constitutionnel dont le rôle s'est considérablement accru depuis l'introduction, en 2008, de la *question prioritaire de constitutionnalité*. Ici encore le système français s'illustre par sa singularité car si, tardivement, la France s'est enfin décidé à introduire un *contrôle a posteriori* elle n'a pas été jusqu'à instaurer une exception d'illégalité comme c'est le cas dans la plupart des pays. Une procédure originale permet d'établir une collaboration entre les trois juridictions suprêmes, la question de constitutionnalité n'étant transmise au Conseil constitutionnel qu'après un « *filtrage* » par la Cour de cassation ou le Conseil d'Etat qui, seuls, ont compétence pour renvoyer ou non l'affaire au Conseil constitutionnel.

• Un phénomène se constate désormais, la nécessité *d'harmoniser les jurisprudences* de juridictions qui, si elles sont *suprêmes*, ne sont *pas souveraines* chacune d'entre elle gardant sa liberté d'interprétation. Il y a autorité de la *chose jugée* mais pas de la *chose interprétée*. En France, la dualité Conseil d'Etat - Cour de cassation, s'accompagne désormais d'une confrontation avec d'autres juridictions suprêmes, le Conseil Constitutionnel d'une part et, d'autre part, les juges européens : Cour de justice des communautés européennes (qui siège à Luxembourg) et Cour européenne des droits de l'homme (qui siège à Strasbourg) ainsi que, de manière plus exceptionnelle, les juridictions internationales. L' «*office du juge*» étant d'assurer l'équité et la sécurité juridique, il doit maîtriser les risques de divergences entre les jurisprudences. Mais ce « chœur à plusieurs voix » peut devenir une force créatrice. Les situations de concurrence sont stimulantes pour les progrès du droit, et avec le temps, les conflits juridiques, entre des spécialistes généralement savants et courtois, s'apaisent et l'on parvient à une harmonisation et à l'unification enrichie des apports des uns et des autres.

4. Identité-similarité : la « privatisation » du droit administratif

• Le rapprochement du droit administratif avec le droit commun n'est pas un phénomène nouveau. De tout temps, les personnes privées ont été *associées,* surtout dans le domaine économique, aux missions d'intérêt général mais selon des proportions variables, la part de la privatisation s'accentuant dans les périodes de libéralisme économique, ce qui est le cas actuellement. Le développement du droit public économique, que les Facultés de droit baptisent désormais d'un affichage à la mode : « droit public des affaires », l'évolution du droit des contrats administratifs, la politique de valorisation économique des propriétés publiques dans leur ensemble conduisent à emprunter au droit privé ses techniques manageriales de gestion « performante ».

• Une manifestation de cette « privatisation » s'observe avec l'importance prise par le contrat dans le droit administratif français. Le *phénomène de contractualisation* est un des aspects les plus significatifs du post-modernisme juridique. Instrument du droit privé, le contrat est devenu un symbole que le droit public s'est approprié. Ce libre accord de volontés est présumé apte à régler harmonieusement les rapports économiques, sociaux et politiques : contrat social de Rousseau, pacte fédératif de Proudhon, économies concertées et partenariales. La *bonne gouvernance* se détournerait des décisions autoritaires pour développer des relations consensuelles, une adhésion volontaire née de la négociation. Elle choisirait, lorsque cela est possible, le « faire faire » plutôt que le faire, ce qui favoriserait le « mieux faire » sans verser dans le « laisser faire ».

• Le recours au contrat ne cesse de se développer dans les secteurs les plus divers, certains traditionnels : marchés publics et délégation de service public, contrats d'occupation du domaine public, contrats de recrutement des agents publics, certains plus nouveaux : contrats de partenariat public-privé, contrats dans les relations du travail, dans l'action sanitaire, dans l'action sociale, dans le domaine économique et fiscal en matière éducative et plus récemment en matière d'environnement. Ils interviennent le plus souvent entre l'administration et des personnes privées mais les *contrats entre personnes publiques* se sont aussi beaucoup développés : contrats entre l'État et les collectivités territoriales (contrats de ville, contrats locaux de sécurité et de prévention de la délinquance, contrats de pays) et gamme de plus en plus large de contrats entre les collectivités territoriales, ce qui constitue un écheveau de conventions parfois difficile à démêler. Le « tout contrat » est perçu comme une manière consensuelle et partenariale d'administrer et d'améliorer les relations avec les citoyens et entre les personnes publiques elles-mêmes. Les relations sont consenties plus que prescrites. Elles se nouent en réseaux plus que de manière pyramidale. C'est une approche pluraliste et consensuelle de l'action publique qui se manifeste par l'externalisation, la régulation et la négociation.

• Un autre pas vers la « privatisation » est la remise en cause du caractère « objectif » du droit et du contentieux administratif. On constate que la différence entre le contentieux de l'excès de pouvoir et le plein contentieux tend à s'affaiblir et, par ailleurs, le contentieux de la légalité n'apparait plus seulement comme un procès fait à un acte, mais cherche à prendre en compte les *droits subjectifs des requérants*. L'exécution de la décision de justice doit garantir efficacement leurs droits et d'importantes réformes sont intervenues en ce sens : *avant* la décision de justice, il s'agit du développement des mesures d'urgence (référés), *après*, il s'agit de la modulation de ses effets et de l'injonction faite à l'administration pour son exécution.

• Les rapprochements entre droit administratif et droit privé se renforcent donc ces dernières années et contribuent non à une unification mais au contraire au maintien du dualisme marqué par une volonté de *cohabitation pacifique*. La rivalité devient une saine et féconde émulation et on constate avec soulagement que les deux camps cherchent à enterrer la hache de guerre afin de répondre aux exigences réalistes de l'« *office du juge* ». Ainsi observe-t-on le souci de simplifier les règles du procès en raréfiant les renvois préjudiciels d›un ordre de juridiction à l›autre, hors le cas de complexité particulière; ainsi voit-on croître, à dose encore homéopathique, l'application du droit administratif par le juge judiciaire et celle du droit privé par le juge administratif; ainsi voit-on, sans blessure d'amour-propre, des emprunts réciproques de principes, comme celui de loyauté, principe de droit privé, qui rejoint la bonne foi en matière de contrat; ainsi voit-on le Tribunal des conflits créer des *blocs de compétence* soit judiciaires, soit administratifs, pour traiter de sujets sensibles et éviter que les procès s'éternisent.

• Le terme de « métissage » convient assez bien à cette fécondation réciproque, ces sangs mêlés entre les deux droits. Les domaines nouveaux tels que le droit de la concurrence, celui des nouvelles technologies, de la bioéthique, de la protection de l'environnement ne peuvent se passer de cette double approche, Le libéralisme a envahi la sphère publique au nom d'un post-modernisme qui a mis fin aux anciens excès d'une administration et d'un droit public trop autoritaire et rigide. Mais les temps ne sont-ils pas venus d'un *post-post modernisme* susceptible de contrecarrer les excès d'un libéralisme trop marqué par les lois du marché et de l'utilitarisme, les temps ne sont-ils pas venus de revenir à ce qui a fait la grandeur du droit administratif : de grand mythes mobilisateurs qui doivent continuer à l'inspirer et le grandir.

5. Identité-finalités : les mythes mobilisateurs

• C'est par son habileté à s'adapter au mouvement de la vie en société que le droit administratif conserve son efficacité. C'est par sa capacité à maintenir les grands idéaux de l'intérêt général et du service public qu'il préservera son identité. Les mutations de la fin du XXème siècle ont été décrites par les administrativistes comme une période de post-modernisme. Le XXIème siècle connaît déjà un *post-post-modernisme* dont les caractéristiques seraient, en réaction contre les excès de la période précédente, une nouvelle approche plus souple de la normativité, une nouvelle manière d'administrer par la régulation, une nouvelle manière de concevoir les relations sociales en humanisant le consensualisme (sécheresse du contrat) par le convivialisme (éthique de la convivialité) et une nouvelle manière de concevoir les droits en les liant à des devoirs. L'obligation et la contrainte se transformeraient en un consentement volontaire à assumer ses responsabilités. Dans le face-à-face entre l'administration et les administrés, la première ne concevrait ses prérogatives que liées à son devoir de rendre des comptes et les seconds, devenus pleinement citoyens, ne sépareraient pas leurs droits de leurs devoirs envers la chose publique.

• Le droit administratif s'accommode sans difficulté de l'apparition de nouvelles normes ayant perdu leur caractère impératif traditionnel au profit d'un caractère prescriptif souple. Il s'agit de recommandations, d'orientations qui ne sont pas sans portée juridique mais qui échappent à la règlementation rigide, parfois si paralysante qu'elle favorise les dérogations. La principale vertu du « *soft law* » est d'obliger à fixer des objectifs c'est-à-dire à dégager l'essentiel des finalités poursuivies contraignant l'administration à les respecter dans un rapport de *compatibilité* plus que de conformité. Les *directives*, qui fixent des obligations de résultat mais laissent une certaine liberté quant aux moyens pour y parvenir, occupent une place importante tant au niveau européen qu'au niveau national. La France, après quelques résistances, se montre désormais docile pour transposer dans les délais les directives européennes c'est-à-dire pour prendre les lois ou décrets fixant les modalités de leur application. Tous les domaines de l'action administrative sont touchés par cette *normativité incitative* notamment l'urbanisme et de l'environnement.

• Cette souplesse se retrouve dans la manière de concevoir l'action administrative. La *régulation* semble à beaucoup la méthode idéale de bonne gouvernance et d'administration performante. Elle aurait vocation à remplacer la réglementation rigide et autoritaire. C'est une méthode bien adaptée à la gestion de secteurs complexe de la vie économique : énergie, marchés financiers, informatique, concurrence...et des *autorités administratives indépendantes*, dotées d'un pouvoir réglementaire et de sanction assurent cette régulation, appliquant, selon les cas, des règles de droit public ou de droit privé. Cela ne nuit en rien à l'exigence et aux mérites de la règle unificatrice et ordonnatrice pas plus qu'au rôle du juge administratif ou judiciaire qui a le dernier mot.

• L'identité du droit administratif français, son autonomie restent donc tout aussi fortes que par le passé mais avec un nouveau visage qui affecte ses deux critères de reconnaissance. La puissance publique, suspectée de conduire à l'impuissance publique du fait de son « exorbitance » et de son autoritarisme, a été forcée de s'adapter aux droits nouveaux à l'information, la concertation et la participation, une trilogie aux éléments indissociables. Cette revendication des administrés à ne plus être seulement des *objets* de l'action administratives mais des *sujets* à part entière, des *citoyens*, a pour conséquence l'essor d'une forme originale de démocratie : la *démocratie participative*, dite aussi *démocratie délibérative*. De grands progrès ont été réalisés en ce qui concerne le droit des citoyens à obtenir, de l'administration –et sans avoir à les demander –des informations sur les décisions qui les concernent. La confortable tradition du secret est ébranlée et la *communication des documents administratifs* est devenue un droit qu'une autorité administrative indépendante, la Commission d'accès aux documents administratifs (CADA) se charge de faire respecter. Le *droit à la transparence et à l'information* des citoyens a même été constitutionnalisé en matière d'environnement (article 7 de la *Charte de l'environnement* qui fait partie du Préambule de la Constitution).

• Le second degré de la démocratie participative est celui de la concertation c'est à dire l'organisation facultative ou obligatoire d'un *débat ouvert aux citoyens*, avant la prise de décision. La concertation s'ouvre largement à la société civile et dispose d'une grande liberté dans son organisation. Elle se distingue de la *consultation* qui est limitée à un groupe restreint d'experts, de professionnels ou de groupements d'intérêts, et qui fait actuellement l'objet de critiques du fait du nombre excessif de conseils et de l'enchevêtrement de leurs avis.

La *participation* est le degré supérieur de l'administration délibérative car elle impose de mettre en place des procédures permettant la *prise en compte effective* par les autorités publiques des critiques et propositions faites au cours de la concertation. Sa progression est lente mais les avancées, encore modestes, sont prometteuses. Un texte important qui ne concerne que le droit de l'environnement, la *Convention d'Aarhus*, signée le 25 juin 1998 au Danemark impose aux Etats de promouvoir «la participation effective du public à un stade approprié —et tant que les options sont encore ouvertes— durant la période d'élaboration des dispositions réglementaires et autres règles juridiquement contraignantes». L'article 7 de la Charte française a constitutionnalisé ce principe.

La puissance publique s'est ainsi humanisée, l'ouverture et le dialogue avec les citoyens sont perçus comme nécessaires à une meilleure prise de décision. Transparence, procédures contradictoires, effectivité des normes et élargissement des liens entre illégalité et responsabilité ont changé son visage. Mais la finalité d'ordre public reste omniprésente d'autant plus que l'éparpillement des sources du droit, leur enchevêtrement et leur instabilité requièrent une mise en ordre qui ne peut être assurée que par la règlementation unificatrice et sanctionnatrice.

• Quant au service public « à la française » c'est-à-dire mis au singulier et considéré comme une éthique d'intérêt général, il continue de jouer un rôle important dans l'identification du droit administratif. Si l'Union européenne a enrichi la théorie du service public en l'ouvrant à l'utilitarisme et aux droits concrets, le droit communautaire s'oriente de plus en plus vers les valeurs objectives et globalisantes du « service public à la française ». Des rapprochements se constatent. Il en est ainsi du traité d'Amsterdam (art. 14) lorsqu'il met considère le service public comme un acteur majeur de la *cohésion sociale*, une « valeur essentielle de l'Union ». L'expression « service public » au singulier ne paraît plus effrayer les institutions européennes, comme l'expression « *obligations de service public* » et lorsqu'il s'agit du service universel ce sont alors les « *lois du service public* » : principe de continuité, d'égalité et d'adaptabilité, auxquelles le droit français est très attaché, que l'on retrouve. Le « service public à la française », débarrassé de ses excès, fruit d'une patiente et intelligente construction juridique, avec ses « lois », ses exigences éthiques, sa finalité solidariste, paraît répondre aux attentes de notre époque. Pourquoi supprimer cet illustre vieillard resté si jeune et mobilisateur ?

• Toutes les administrations du monde se trouvent aujourd'hui confrontées à la nécessité de concilier deux mouvements contraires : la globalisation et la mondialisation des problèmes d'une part, la multiplicité et la dispersion des centres de pouvoirs et d'information d'autre part. Les vieux principes de verticalité et de hiérarchie dans l'organisation des pouvoirs sont complétés par ceux d'horizontalité et de réseaux. La pyramide de KELSEN est toujours debout mais, tel le géant Gulliver, elle est enserrée dans une infinité de connexions complexes. Le droit administratif français se trouve dans une phase de profonde mutation. L'une des plus intéressantes est la nouvelle approche de l'engagement civique qui met sur un pied d'égalité *les droits et les* devoirs et promeut une nouvelle approche de la responsabilité. Promu citoyen, l'administré s'il a de nouveaux droits a aussi de nouveaux devoirs. La « bonne administration » exige certes de bons administrateurs mais aussi et surtout de bons citoyens.

• Un nouveau principe légitimerait les sources du droit, celui de *solidarité*. Ici et là de par le monde, des économistes, des philosophes s'interrogent sur la nécessité de rompre avec l'omniprésence de l'idéologie marchande afin de promouvoir d'autres valeurs, sociales, humaines, culturelles. Ils mettent en cause le précepte selon lequel la « main invisible du marché » (ADAM SMITH) suffit à tout. D'autres indicateurs de croissance que celui du PIB sont étudiés et l'on va jusqu'à étudier la gratuité comme une richesse. Les juristes sont trop absents de ces débats qui les concernent pourtant directement car c'est au droit d'offrir les nouveaux outils susceptibles de faire progresser cette démarche de générosité. L'identité du droit administratif, dans tous les pays du monde doit être préservée dans la mesure où elle continuera à représenter et défendre les grands mythes mobilisateurs du Bien commun et de la Solidaritéen majuscules, mis au service de l'homme et des sociétés pacifiées, un message que le maître EDUARDO GARCÍA DE ENTERRÍA nous a laissé.

PRINCIPIOS CONSTITUCIONALES QUE GOBIERNAN LA ADMINISTRACIÓN PÚBLICA

JUAN CARLOS BENALCÁZAR GUERRÓN*

Sumario: 1. Introducción. 2. Sobre el Estado Constitucional de Derechos y Justicia. 3. La Administración Pública como servicio a la colectividad. 4. Principio de subordinación de la Administración Pública al Derecho. 5. Reconocimiento de derechos. 6. Principio de responsabilidad. 7. Principios de eficacia y eficiencia. 8. Principio de calidad. 9. Ética y transparencia. 10. Palabras finales.

1. INTRODUCCIÓN

El profesor EDUARDO GARCÍA DE ENTERRÍA, a quien rendimos un merecido homenaje con este sencillo aporte, fue uno de los más preclaros juristas españoles del siglo XX. Su abundante producción bibliográfica y su exquisita doctrina plasmada en la Constitución española de 1978 hacen del venerable académico un referente indispensable e ineludible para el estudio del derecho público, tanto en la cátedra como en la investigación, y no únicamente en su España natal, sino también en Latinoamérica.

Una de las más importantes contribuciones de GARCÍA DE ENTERRÍA a la ciencia del derecho son, sin duda, sus estudios sobre el carácter normativo de la Constitución, la cual ha dejado de ser un simple documento declamatorio y retórico para convertirse en un conjunto de preceptos supremos que se ponen en los cimientos del orden jurídico y de la estructura del Estado. La Constitución, en efecto, cumple el especial y destacado papel de *constituir* y *fundar*, y por ende, de referirse en primer lugar a las *causas del Estado*. De ahí que fluya como conclusión necesaria la supremacía constitucional frente a las demás normas del ordenamiento.

A propósito de la celebración que brindamos al ilustre jurista español, nos ha parecido conveniente reflexionar sobre los principios constitucionales que gobiernan la administración pública, con el convencimiento de que se trata de verdaderos postulados obligatorios que regulan la conducta de la autoridad y que racionalizan y moralizan el ejercicio del poder. Este trabajo tiene por referen-

* Tratadista y profesor universitario.

cia la Constitución ecuatoriana de 2008, pero ello no quiere decir que los principios a los que nos referiremos no tengan acogida en las constituciones de cualquier país democrático, pues se trata de valores jurídicos de común aceptación.

Esperamos que nuestra contribución esté a la altura del homenajeado, a quien reconocemos su excelsa valía académica, la solidez de su doctrina y la calidad humana que lo caracterizaron.

2. Sobre el Estado constitucional de derechos y justicia

La Constitución ecuatoriana de 2008 trae consigo una interesante denominación cuando dice, *ab initio*, que Ecuador es un "Estado constitucional de derechos y justicia". La frase, en efecto, parece innovadora y transformadora, propia de un cambio de conceptuación sobre el orden jurídico y el papel del Estado.

No obstante, en nuestro criterio, el llamado "Estado constitucional de derechos y justicia" no deja de adoptar los principios fundamentales del Estado de derecho que constan en varias de las constituciones ecuatorianas —muy particularmente en la de 1998—, pero expresa de modo muy especial, por una parte, la calidad de norma jurídica que tienen los principios y valores declarados en la Constitución, y por otra, la dignidad humana como elemento que limita y dirige la actuación de la autoridad pública.

Sobre el primer aspecto apuntado, nótese que durante mucho tiempo, a lo largo del siglo XIX y buena parte del XX, la doctrina consideró a la Constitución un mero catálogo programático que debía encontrar su realización en lo que dispusiese la ley. Así mismo, los derechos declarados en la Constitución se consideraban puras afirmaciones cuya eficacia también dependía de lo que estableciesen las disposiciones legales[1].

Como hemos indicado en otro lugar, en esta última conceptuación de los derechos constitucionales influyeron decisivamente teorías estrechas e inadecuadas que pretendían explicar al derecho subjetivo[2].

[1] Sobre estas ideas, véase Eduardo García de Enterría y Tomás-Ramón Fernández, *Curso de derecho administrativo*, 12ª ed., Madrid, Thomson-Civitas, 2004, págs. 100-113; Jörg Polakiewicz, "El proceso histórico de la implantación de los derechos fundamentales en Alemania", en SchÖnbohm, Horst (Ed.), *Derechos humanos, Estado de derecho, desarrollo social en Latinoamérica y Alemania*, Caracas, Fundación Konrad Adenauer-CIEDLA-Panapo, 1994.

[2] Véase, Juan Carlos Benalcázar Guerrón, *Derecho procesal administrativo ecuatoriano*, Quito, Andrade & Asociados Fondo Editorial, 2007, págs. 283-304. Dichas teorías utilizan elementos que no permiten describir adecuadamente el derecho subjetivo, como son la voluntad, el interés jurídicamente protegido o una mixtura de ambos caracteres. Por el contrario, como señala Dabin, el derecho subjetivo constituye, ante todo, un haber de la persona que la habilita a adoptar diversidad de comportamientos, según el bien o valor que subyace en el derecho. Al respecto, véase, Jean Dabin, *El derecho subjetivo,* trad. Francisco Javier Osset, Madrid, Editorial Revista de Derecho Privado, 1955.

Hoy, la noción de Estado constitucional —además de significar un postulado general de proscripción de la arbitrariedad en el ejercicio de la autoridad y del poder público, propio de un Estado de Derecho— también expresa que la Constitución es una norma jurídica, y como tal, es obligatoria para los jueces, que en su labor de juzgar y hacer ejecutar lo juzgado tienen el deber ineludible de acatar y aplicar los preceptos constitucionales. Pero, además, no se trata de cualquier norma jurídica, sino de una que tiene los atributos de suprema y condicionante de la validez de las demás disposiciones del ordenamiento jurídico[3]. Estos caracteres, además de lo que se dispone en los artículos de la Constitución ecuatoriana que se refieren a la supremacía (arts. 424 a 428), también son fundamento de todo el sistema de control constitucional y de garantías que incluye el texto supremo.

En lo que se refiere a la dignidad humana como elemento que limita y dirige la actuación de la autoridad pública, la expresión "Estado de derechos y justicia" invoca decisivamente los bienes y valores propios de la naturaleza de la persona y que deben representarse como ley esencial del Estado. Además de ello, la expresión constitucional en comento no se limita a la sola enunciación de derechos, sino que evoca los principios que deben guiar la conducta de la autoridad pública, precisamente, porque la justicia es una virtud; hábito de la voluntad que mueve a adecuar el comportamiento propio a los títulos del otro, a lo que le corresponde o se le debe a este, en suma, a su derecho: *constans et perpetua voluntas ius suum cuique tribuere*.

A partir de la fórmula constitucional "Estado de derechos y justicia", la Constitución de 2008 recoge los fundamentos del respeto de la dignidad humana que ya traía la Constitución de 1998, a saber:

a) Que el máximo deber del Estado consiste en respetar y hacer respetar los derechos fundamentales, lo cual se traduce en un concepto marcadamente humanista: el bien de la persona es el fin del Estado, de tal modo que desaparece aquella nebulosa idea del "interés general", que a conveniencia y con mucha relatividad invocan los políticos según las eventualidades de tiempo y lugar, para dar paso a una noción de interés general precisada en las exigencias de la persona y de la buena vida humana. A estos derechos se debe acomodar necesariamente la actividad de la autoridad pública, en general, y la de la administración pública, en particular.

b) Que los derechos no constituyen una concesión graciosa del Constituyente, sino que tienen su fundamento en la naturaleza humana. Aquí debe encontrarse la base del principio de aplicabilidad y exigibilidad directa de los derechos, de la cláusula *numerus apertus* o de enunciación no exhaustiva, y sobre todo, del postulado que propugna que la dignidad de la persona es el criterio infalible para definir, reconocer y descubrir los derechos.

[3] Cfr. García de Enterría y Fernández, *op. cit.*, pág. 102.

c) Que los derechos obligan a toda autoridad pública, precisamente, porque la persona es la causa material y eficiente del Estado.

Si bien la Constitución de 2008 pone el acento en los aspectos indicados, la cláusula del "Estado constitucional de derechos y justicia" no es para nada incompatible con los postulados del Estado de derecho. Todo lo contrario, en cuanto estos se sintetizan en la proscripción de la arbitrariedad y en el respeto de los derechos de las personas[4], las definiciones constitucionales son plena afirmación del Estado de derecho.

3. La administración pública como servicio a la colectividad

La administración pública, en un sentido objetivo o funcional, consiste en aquella actividad de la autoridad que se dirige a la promoción de los fines públicos, a la gestión con mira a los resultados, a la satisfacción de necesidades colectivas y al servicio al conglomerado humano[5]. Esto distingue a la función administrativa de las otras funciones estatales, en virtud de su propósito, técnica y método propio, que se diseña en torno a una la *realización inmediata y práctica* de los objetivos públicos[6]. En un sentido subjetivo u orgánico, la administración pública constituye aquella organización a la cual el ordenamiento jurídico, a partir de la Constitución, atribuye la función de administrar, dentro de los esquemas de la distribución de las competencias estatales.

Como podrá observarse en estas definiciones, la noción de administración pública necesariamente lleva implícita una *idea de servicio*, propiamente, pues se trata de una *gestión* de la autoridad que se dirige a la *atención y realización inmediata y práctica del bien común*, esto es, del fin del Estado. En efecto, el artículo 227 de la Constitución de la República del Ecuador establece que la

[4] Cfr. Consuelo Sarría, "Control judicial de la administración pública", en *Justicia administrativa*, Tucumán, Ediciones Unsta, 1981, pág. 18; Pascual Sala Sánchez, "La cláusula del Estado social y democrático de derecho y el control jurisdiccional de la actividad administrativa", en *Constitución y control de la actividad administrativa*, Madrid, Consejo General del Poder Judicial, 2004, pág. 297.

[5] Cfr. Ramón Martín Mateo, *Manual de derecho administrativo*, 21ª ed., Madrid, Trivium, 2002, págs. 25-28 y 65-67.

[6] Guido Zanobini, *Curso de derecho administrativo* (trad. de la 5ª ed. italiana de Héctor Masnatta), t. i., Buenos Aires, Arayú, 1954, pág. 22.

La función de legislar atiende al bien común mediante la procura del orden y de la paz, esto es, por medio del dictado de preceptos jurídicos que disciplinan la conducta humana en la convivencia social. Por su parte, la función jurisdiccional se dirige a la aplicación del derecho para la resolución de los conflictos que se presentan en la convivencia humana. Como señala el autor citado, "[...] mientras que con las funciones legislativa y jurisdiccional el Estado establece y hace observar el derecho que regla la conducta de los demás sujetos en lo tocante a determinados intereses sociales, con la función administrativa el Estado mismo se hace sujeto de actividad y obra con medios propios para conseguir aquellos fines que juzga reservados a su acción directa". *Ibid.*, págs. 21-23.

administración pública constituye un servicio a la colectividad, lo cual se aplica tanto a la función administrativa como a la organización que la realiza. Por su parte, el número 11 del artículo 83 constitucional dispone que ese servicio es un deber de quienes ejercen funciones públicas.

La idea de servicio a la colectividad debe entenderse, necesaria e ineludiblemente, en la perspectiva del bien común, es decir, del fin del Estado. Así las cosas cabe señalar que solo comprendiendo el bien común como el propio de la sociedad política y que se define a partir de las exigencias que impone la dignidad del ser humano, se podrán evitar tergiversaciones propias de las conveniencias políticas, mucho más aún cuando están condimentadas por el autoritarismo de ciertos gobiernos, de la volatilidad de algunas ideologías, o lo que es peor, del nefasto *marketing* político de las campañas electorales y electoreras que únicamente buscan satisfacer la codicia de poder de algunos.

Es importante reiterar que la noción de bien común tiene *rostro humano*, que se establece a partir de la consideración de las necesidades y requerimientos naturales de las personas. Además, hay que tener muy presente que la Constitución ecuatoriana define como el mayor deber del Estado el respetar y hacer respetar los derechos humanos que reconoce, de tal modo que el Estado se ha constituido cabalmente en un medio y no en un fin[7]. En tal virtud, aquella nebulosa idea de "interés público" —que nadie sabía en qué consistía o dónde estaba— y que se invocaba muy frecuentemente para justificar cualquier actuación de gobernantes y funcionarios tiene ahora, por el contrario, un referente preciso en los requerimientos de la vida buena del elemento humano que configura al Estado, pues la persona constituye la causa material y eficiente de toda sociedad política. En otros términos, el bien común —fin del Estado— o el interés general no se expresan en lo que conviene, en un momento o circunstancia determinados, al aparato político, a la burocracia o al gobierno de turno, sino que se fundamentan en la atención a las exigencias y necesidades de las personas, jurídicamente expresadas en los derechos que les reconoce u otorga el ordenamiento jurídico.

La idea de servicio a la colectividad —que se traduce en la atención al bien común y al contenido profundamente humano que este encierra— trae consigo una serie de postulados éticos lamentablemente olvidados por la clase política y por algún gobierno marcado por la soberbia. Lo propio y definitorio de una administración pública democrática es el *servicio* y ello implica el ejercicio de recias virtudes morales: justicia, humildad, generosidad, laboriosidad, prudencia y honradez, entre otras muchas.

[7] Constitución de la República del Ecuador: "Art. 3º.—Son deberes primordiales del Estado:

"1. Garantizar sin discriminación alguna el efectivo goce de los derechos establecidos en la Constitución y en los instrumentos internacionales, en particular la educación, la salud, la alimentación, la seguridad social y el agua para sus habitantes".

Por último, hay que subrayar que el servicio a la colectividad exige la preparación y capacitación del personal administrativo y un sistema idóneo y transparente de selección y de promoción. En pocas palabras, el servidor público debe estudiar y trabajar *por los demás*. Esta es, la mayor carencia de la administración pública ecuatoriana, que se repleta de servidores públicos mediocres, vagos, egoístas, preocupados solamente de sus intereses y aspiraciones. Este servidor público notablemente deficiente tiene como cómplice al político corrupto que está movido por el afán de cumplir con sus compromisos, antes que por el servicio a la colectividad. De ahí que nada convenga a este armatoste perverso y enfermo un sistema de carrera administrativa que parta de los méritos y que fundado en ellos promocione a los mejores servidores públicos. Sin duda, el perjudicado es el ciudadano y el bien común.

4. Principio de subordinación de la administración pública al derecho

Una primera expresión de este principio puede encontrarse en el artículo 226 de la Constitución de la República:

"Art. 226.—Las instituciones del Estado, sus organismos, dependencias, las servidoras o servidores públicos y las personas que actúen en virtud de una potestad estatal ejercerán solamente las competencias y facultades que les sean atribuidas en la Constitución y la ley. Tendrán el deber de coordinar acciones para el cumplimiento de sus fines y hacer efectivo el goce y ejercicio de los derechos reconocidos en la Constitución".

Según lo que establece la norma transcrita, puede afirmarse que la autoridad administrativa no puede actuar arbitrariamente, sino de conformidad con las atribuciones que prevén la Constitución y las leyes. En suma, la actuación administrativa debe ser expresión cabal obediencia a las normas jurídicas.

No obstante, consideramos que la cláusula de "Estado constitucional de derechos y justicia" permite afirmar que el principio de subordinación al derecho significa algo más profundo: que la autoridad administrativa se sujeta a *reglas jurídicas de conducta,* para lograr de ella un *comportamiento racional y honrado*, no solo conforme con la pura letra de la ley, sino, aún más, según los dictámenes de los valores superiores del ordenamiento jurídico.

En efecto, la subordinación al derecho, además de implicar la subordinación a las normas positivas vigentes, se traduce también en el acatamiento de principios de legitimidad, esto es, de valores que trascienden la pura legalidad y que permiten apreciar las actuaciones de la administración pública según criterios más permanentes y estables de justicia, equidad, rectitud y probidad[8].

[8] Sobre estos criterios, véase Juan Carlos Benalcázar Guerrón, "La legitimidad como criterio de juridicidad en las actuaciones de la administración pública", en *AIDA Ópera Prima de derecho administrativo*, México, D. F., Opus núm. 8, julio-diciembre de 2010, págs. 11-48.

El fundamento de la subordinación de la autoridad pública al derecho se encuentra en la existencia de límites objetivos que provienen de la consideración de la naturaleza del Estado y de su fin, como señala JULIO TOBAR DONOSO. En efecto, explica el nombrado autor que si el Estado se conforma de seres humanos —que son la materia de la cual se hace al tiempo que el principio que lo origina, pues la sociabilidad brota de la propia naturaleza del hombre—, no puede atentar contra el mismo principio de su existencia. Así, el respeto de los derechos y la observancia de la moral, cuyos principios y reglas se deducen de la misma naturaleza humana y de su bien, son las primeras normas del obrar estatal. Los derechos subjetivos limitan el poder del Estado, pues significan aquellos medios indispensables para que la persona pueda lograr, por su propia labor, su perfección integral, al tiempo que traducen la libertad y autonomía propias del ser humano. Pero dichos derechos no son absolutos, ni tampoco lo es la libertad humana; deben acoplarse a la razón y al bien común, por lo que el mismo poder del Estado, *prudente y racionalmente ejercido*, tiene la prerrogativa de regularlos y limitarlos.

Ahora bien, como explica TOBAR DONOSO, el fin que busca la sociedad política, como ser temporal, es el bien común de la misma dimensión; por tanto, no le competen asuntos relacionados con el bien común trascendente, de índole espiritual y eterna. Así mismo, siendo su fin de carácter público, no tiene competencia para inmiscuirse directamente en asuntos privados de sus miembros, tales como elección de vocación o las relaciones familiares. La misión subsidiaria del Estado, por último, determina los márgenes de su acción, pues no se trata de ahogar la iniciativa particular en un totalitarismo violador de la libertad, sino de complementar dicha iniciativa cuando es insuficiente e impotente para satisfacer las necesidades apremiantes de la vida social[9].

Como afirma DABIN, el conjunto de todos estos límites objetivos se deduce de la naturaleza del Estado y configura el derecho al que está sujeto y del que no puede apartarse sin renunciar a su ley constitutiva y esencial. Derecho que, tanto en su fondo como en su forma, no es el que rige las relaciones interindividuales, sino el derecho propio del cuerpo y de la institución estatal, es decir, el derecho público o político. "No se trata, en efecto, de someter al Estado a una norma exterior «apolítica», sin relación con la materia misma a la que debe dedicar sus esfuerzos, sino a una norma directamente basada en las exigencias funcionales de lo político y que lo regula según su principio propio. De este modo, no solo se concilia muy bien la soberanía estatal con la sumisión del Estado a un derecho objetivo, de naturaleza propiamente política, sino que no se comprende ni concibe sino mediante esta sumisión: el concepto de una soberanía absoluta del Estado o de sus órganos, haciendo abstracción del fin

[9] JULIO TOBAR DONOSO, *Elementos de ciencia política*, 4ª ed., Quito, Pontificia Universidad Católica del Ecuador, 1981, págs. 300-301.

propio del Estado, destruye la idea misma de la agrupación estatal. Por alto que sea un poder, aunque sea soberano, permanece, por su naturaleza de poder, encadenado a su función, dominado por su fin. O, si no, deja de ser un poder de derecho para degenerar en un puro fenómeno de fuerza"[10].

5. Reconocimiento y garantía de derechos

Entre el Estado y los individuos existe alteridad y, por consiguiente, es posible hablar de la existencia de derechos subjetivos que se ostentan frente a la autoridad pública y de la correlativa obligación de esta de acomodar su conducta a los títulos y dignidad del titular[11].

Los derechos de las personas tienen por objeto una determinada conducta de la autoridad pública como un deber jurídico frente al titular[12], y también expresan la participación del ciudadano en los asuntos públicos dentro de un régimen democrático. Se ostentan frente al Estado y demás órganos del poder público, de manera que constituyen "lo suyo"[13] del individuo respecto del sujeto público gravado con la obligación de acomodar su conducta a lo que es del particular. Los derechos constituyen un límite infranqueable al poder del Estado y reflejan una exigencia directa hacia su obrar. Así mismo, presuponen la calidad de sujeto de derecho que ostenta el ser estatal, su sumisión al orden jurídico y la responsabilidad que rodea su acción.

[10] Jean Dabin, *Doctrina general del Estado*, trad. Héctor González Uribe y Jesús Toral Moreno, México, D. F., Instituto de Investigaciones Jurídicas de la Universidad Nacional Autónoma de México, D. F., 2003, págs. 135-136.

[11] La existencia de alteridad entre el Estado y los individuos parte de la consideración de que aquel no constituye un todo sustancial que absorba a los individuos y los haga desaparecer, sino que se trata de un *ser de relación* y *de orden*. La persona, por su parte, no se ordena al Estado en todo su ser y en todo lo suyo, sino en lo que es propio de la vida en colectividad. Como subraya Javier Hervada, "La persona, si bien tiene la facultad de comunicación, de relación con el otro, de tener con él cosas comunes, es, en su ser radical, *incomunicable*, es decir, se trata de un ser *sui iuris*, incapaz de pertenecer a otro. Esta incapacidad no es un defecto sino una perfección: se trata de aquella tan elevada forma de ser, por la cual el ser se posee a sí mismo y es plenamente él, con un ser y una existencia irrepetibles e incomunicables. En la colectividad la persona es parte, ya que, en virtud de su capacidad de comunicación, hace común con los demás unas finalidades, unos bienes, unas actividades; pero lo es solo limitadamente, porque sigue siendo *otro*, con una esfera de dominio sobre sí, que de ningún modo se hace colectivo". Javier Hervada, *Introducción crítica al derecho natural*, 4ª ed., Pamplona, Eunsa, 1986, pág. 56.

[12] *Cfr.* Carlos García Oviedo y Enrique Martínez Useros, *Derecho administrativo*, 9ª ed., Madrid, EISA, 1968, pág. 174.

[13] La sugestiva expresión "lo suyo" con la que calificamos a los derechos proviene de la fórmula de la justicia: *constans et perpetua voluntas ius suum cuique tribuere*, dar a cada uno lo suyo, su derecho. El derecho es, ante todo, un *haber* de la persona, algo que le *corresponde* en justicia, que le *pertenece y se le atribuye*. Tal haber —que no se entiende en el exclusivo ámbito de lo material— implica una obligación del otro de acomodar su conducta a lo que corresponde al derechohabiente.

En la Constitución de 2008 se aprecia un largo catálogo de derechos, enumerados de modo no exhaustivo, y el establecimiento de principios de respeto que definen el carácter superior y esencial de tales atributos de la persona humana. En primer término, ya se subrayó, al decir la Constitución que el mayor deber del Estado consiste en respetar y hacer respetar los derechos humanos que garantiza (arts. 3.1 y 11.9) define claramente cuáles deben ser los cometidos públicos, que se definen, no según el criterio de la autoridad, sino en virtud de las exigencias de la dignidad humana, que jurídicamente se expresan en los dichos derechos.

Ahora bien, como consecuencia de la definición de "Estado constitucional de derechos y justicia", se pueden apreciar en el artículo 11 unos firmes postulados de respeto y garantía que exceden a la sola proclamación y que llegan a la eficacia plena, a la aplicabilidad directa e inmediata de las exigencias de los derechos constitucionales, ante cualquier autoridad, sin restricción alguna y sin posibilidad de renuncia o menoscabo.

Por último, las garantías jurisdiccionales que establece la Constitución —acción de protección, *habeas data, habeas corpus*, etc.— tienen por objetivo tutelar los derechos en casos de violación, supuestamente, de modo rápido y sencillo.

En este punto, la práctica ha superado a la teoría, de tal manera que en Ecuador no es posible apreciar un cabal funcionamiento de dichas garantías. Sin perjuicio de lo que el ejercicio profesional puede poner en evidencia, basta con observar las *válvulas de escape* que afectan a las vías procesales de tutela, que están dadas por el excesivo reglamentarismo y las trabas que contiene la Ley Orgánica de Garantías Jurisdiccionales y Control Constitucional.

Un ejemplo claro y manifiesto es la acción de protección, que cualquier abogado en libre ejercicio la considera inútil, dada la muy extraña actitud de los jueces de rechazarla por cualquier motivo y en casi la generalidad de los casos. En efecto, la más grande vía de escape para la efectividad de la acción de protección se encuentra en los artículos 40 y 42 de la ley citada, sobre todo en aquello de que es requisito de procedencia el no existir otra vía de protección adecuada y eficaz[14].

[14] Ley Orgánica de Garantías Jurisdiccionales y Control Constitucional:

"Art. 40.—La acción de protección se podrá presentar cuando concurran los siguientes requisitos:

[...]

"3. Inexistencia de otro mecanismo de defensa judicial adecuado y eficaz para proteger el derecho violado".

"Art. 42.—*Improcedencia de la acción.*—La acción de protección de derechos no procede:

[...]

"4. Cuando el acto administrativo pueda ser impugnado en la vía judicial, salvo que se demuestre que la vía no fuere adecuada ni eficaz".

Este vedamiento, casi absoluto y negatorio de la tutela de derechos mediante la acción de protección, permite que los jueces consideren todos los casos susceptibles de ser conocidos y resueltos mediante el proceso contencioso-administrativo. A su vez, este proceso adolece de una desesperante lentitud que hace completamente ilusorio el control y la defensa de los derechos. El resultado de todo este mamotreto pesado e inútil, sin descontar el menoscabo de los derechos de las personas, es la impunidad de la autoridad administrativa, que tiene en las omisiones y defectos del sistema judicial los mejores aliados para cometer a capricho muchas arbitrariedades e insolencias.

6. Principio de responsabilidad

La personalidad moral del Estado —ser distinto de la mera agrupación de sus miembros— implica, desde el punto de vista jurídico, su calidad de sujeto de derecho, es decir, su capacidad de adquirir derechos y contraer obligaciones e intervenir en una diversidad de relaciones jurídicas. Ahora bien, al ser el Estado sujeto de derecho y al comprobar que su obrar se enmarca en normas y principios de derecho, surge como consecuencia necesaria un principio de responsabilidad jurídica. El Estado es un ser jurídicamente responsable, y "responsable es el que tiene que [...] dar cuenta de su comportamiento: de sus acciones y omisiones.

"Se responde, en derecho, cuando un sujeto es imputable y existe alguna causa de imputabilidad. Ser imputable, a su vez, significa ser sujeto al cual se puede atribuir las consecuencias jurídicas de una acción u omisión[15].

La responsabilidad pública es conclusión necesaria de la subordinación del Estado al Derecho y de su deber de respetar y promover los derechos de los ciudadanos. Esta responsabilidad se manifiesta *en la posibilidad de una valoración y evaluación jurídica de los resultados de la acción estatal y en la cualidad que permite que el Estado asuma las consecuencias de su obrar, toda vez que una persona sufra un daño o perjuicio en cualquiera de sus derechos por causa de dicha acción.* Como tal, la responsabilidad jurídica pública no se limita a lo patrimonial, ni se traduce exclusivamente en una técnica de reparación económica[16], sino que mucho más aún, es *presupuesto* de todas las

[15] Juan Larrea Holguín, *Derecho civil del Ecuador*, 4ª ed., t. I, Quito, Corporación de Estudios y Publicaciones, 1985, pág. 298.

[16] En muchos textos de derecho administrativo, al tratar sobre el tema de la responsabilidad pública, es frecuente referirse exclusivamente a un régimen jurídico y técnica que se diseña en torno al derecho de indemnización del ciudadano por acto u omisión de la autoridad pública. Pero como se pone de manifiesto, la responsabilidad pública no se concreta en dicho régimen jurídico o técnica, sino que constituye, en un sentido más amplio, *un principio del Estado de Derecho*, derivado de la subordinación al juridicidad y la existencia de derechos subjetivos, y que se traduce, en términos generales, *en la posibilidad de valorar jurídicamente la actuación estatal.*

instituciones de garantía, a saber, acción de protección, proceso contencioso-administrativo, recursos y reclamaciones administrativas, sistema de defensoría del pueblo; en suma, todo lo que abarca la denominada justicia administrativa.

Tal como hemos perfilado el principio de responsabilidad pública, es preciso aclarar que se guía por el postulado *neminen laedere*, es decir, opera sin que exista un vínculo contractual o convencional. Por ello se habla de "responsabilidad extracontractual" del Estado y se perfila un régimen jurídico propio, diferente del que rige en la contratación.

Por otra parte, la responsabilidad del Estado, dada la naturaleza misma del organismo a la cual se aplica y la de su actividad, *se sujeta a las normas y principios del derecho público*. Como ya indicamos, el Estado se somete a unos límites objetivos, que configuran el derecho al que está subordinado; derecho que se basa en las exigencias funcionales de lo político y que lo regula según su principio propio. Por ello, como indica GORDILLO: "Se llama, todavía, «responsabilidad civil del Estado». Pero ello es un eufemismo, porque ni se trata de la clásica «responsabilidad» del derecho privado, ni es tampoco «civil» en el sentido de regirse por las normas de dicho código. Estas normas son invocadas, pero con una constante modificación en atención a los principios del derecho público, lo que hace ya inexacto hablar, en rigor, de «responsabilidad civil». A lo sumo podría llamársela así para señalar que es un tipo de responsabilidad que se traduce en una reparación pecuniaria. Esto es, en una indemnización de los daños y perjuicios ocasionados por la acción estatal"[17].

La tipología de la responsabilidad del Estado es múltiple en su especie, ya puede traducirse en una indemnización, ya puede ser la resultante de la declaración de nulidad de un acto o de su inconformidad con la ley; pero siempre será jurídica en su género y adecuada al carácter público de las relaciones jurídicas a las cuales se aplica[18]. Este régimen jurídico de la responsabilidad pública determina, como propias y particulares, sus características de *objetiva y directa*, que si bien destacan al estudiar el específico tema de la responsabilidad patrimonial para perfilar su régimen jurídico propio y acorde con la técnica indemnizatoria, son propias del concepto genérico de responsabilidad pública.

Pero la responsabilidad pública funciona como principio que da sustento a todo el sistema procesal de garantías (contencioso-administrativo, de tutela de derechos constitucionales, etc.), ya que únicamente sobre la base de un Estado susceptible de responder por sus actos se puede pretender que se lleve a juicio y eventualmente se le imponga una sentencia favorable al administrado.

[17] AGUSTÍN GORDILLO, *Tratado de derecho administrativo: la defensa del usuario y del administrado*, 1ª ed. colombiana, Bogotá, Fundación de Derecho Administrativo-Biblioteca Jurídica Diké, 1998, pág. XVII-23.

[18] Cfr. JOSÉ ROBERTO DROMI, *Derecho subjetivo y responsabilidad pública*, Bogotá, Edit. Temis, 1980, pág. 16.

7. Principios de eficacia y eficiencia

En Ecuador, como sucede en otros países, se observa cada vez más la exigencia de un Estado que, a más de fundamentarse en el principio de juridicidad y encontrar su causa final en el servicio a la persona humana —respetando, protegiendo y promoviendo sus derechos fundamentales, sirviéndose de su finalidad instrumental en la promoción del bien común— tenga la debida capacidad de respuesta a un problema social cada vez más complejo. El ideal que refleja la doctrina contemporánea es un Estado social de derecho que obtenga *resultados*, en el sentido de que sea *eficaz y eficiente*, lo cual debe traducirse en decisiones que, además de idóneas en la solución de las necesidades públicas, se adopten al menor costo posible. Tal ideal, sin embargo, no postula el solo fortalecimiento de la organización del Estado, sino que debe ser reflejo del respeto mismo de los derechos fundamentales, esto es, de la plena efectividad de sus contenidos e implicaciones.

La eficiencia, como manifiesta Sthepen Robbens, es una parte central de la administración. "Se refiere a la relación entre esfuerzos y resultados. Si obtienes más producto de un esfuerzo determinado, habrás incrementado la eficiencia. Así mismo, si puedes obtener el mismo resultado con menos esfuerzo, habrás incrementado la eficiencia. Considerado que los administradores trabajan con insumos que son escasos (dinero, gente, equipo), les interesa usar los recursos de manera eficiente. La administración, por tanto, se preocupa por minimizar los costos de los recursos"[19].

No obstante, el autor citado señala que no basta con ser eficiente, sino que también la administración debe completar actividades, es decir, debe tender a la eficacia, a la efectividad y al logro de las metas de la organización[20].

También se entiende por eficacia, además del concepto de realización de actividades y metas, el saber elegir objetivos apropiados. Como explican Wankel y Stoner[21], "El gerente eficaz es aquel que selecciona las cosas correctas para realizarlas. Un gerente que seleccione un objetivo inapropiado (producir exclusivamente automóviles grandes cuando la demanda de automóviles pequeños es enorme) será ineficaz. Ese gerente será ineficaz aun cuando produzca los automóviles grandes con la máxima eficiencia. La falta de eficacia no puede ser compensada con la eficiencia, por grande que sea esta".

En el ámbito público, como ya se advirtió, la eficacia y la eficiencia se miden por la realización y plena vigencia de los bienes y valores humanos que jurídicamente se expresan en los derechos fundamentales.

[19] Sthepen Robbens, *Administración: teoría y práctica* (Martha Beatriz Martínez Mendoza y Erick Alcántara Gómez, Trads.), México, D. F., Prentice Hall, 1987, pág. 5.

[20] *Ibid.*

[21] Charles Wankel y James Stoner, *Administración*, 3ª ed., trad. Rosa María Rosas Sánchez, Naucalpan de Juárez, Prentice Hall,1989, pág. 794.

8. Principio de calidad

La calidad, como indica Daniel Márquez Gómez, tiene una diversidad de significados y en ella se encuentran involucrados, en cierta medida, los valores y la apreciación subjetiva del consumidor o usuario. El autor citado señala que la calidad se predica de un bien o servicio en la medida en que satisfaga la necesidad de quien los adquiere o utiliza. "En este sentido, para efectos prácticos, la calidad debe ser entendida no como la ausencia de errores o fallos en los productos o servicios, sino como todos aquellos esfuerzos que se realizan día a día en la empresa para lograr que el producto o servicio que se entrega a los clientes sea el que realmente la gente quiere. Lo que confirma la tesis del amplio margen de subjetividad que se esconde detrás de la palabra «calidad»"[22].

En nuestra opinión, puede llegarse a una idea más precisa y acabada de la noción de calidad aplicada a la administración pública, si se parte de las necesidades de la vida humana en sociedad y de los fines y cometidos públicos que se emprenden para lograr el bienestar integral de las personas.

En este sentido, consideramos que una administración pública de calidad debe caracterizarse por la suma de varias cualidades: la continua búsqueda de la aptitud y capacidad de los servidores públicos, la oportunidad y bondad de las soluciones que se adoptan para los problemas y exigencias sociales de un momento y lugar, el correcto uso de los recursos públicos, la legalidad de las medidas que se adoptan para satisfacer los requerimientos sociales y el respeto y promoción de los derechos humanos.

9. Ética y transparencia

La ética puede definirse, en palabras de Jaime Rodríguez-Arana Muñoz, como "[...] ese conjunto de principios y normas morales que regulan las actividades humanas de acuerdo con la recta razón, de tal manera que es la primera entre todas las ciencias prácticas. Más que como una reglamentación, debe entenderse como la fuente de las cualidades, la disposición al hábito moral y la adecuación personal al ideal humano"[23].

En el ámbito de lo público, la ética norma la conducta humana en aquel espacio de convivencia que constituye el Estado, y en cuanto este persigue un

[22] Daniel Márquez Gómez, *Calidad en la administración pública*. La aplicación de las normas de la International Organization for Standarization (ISO) a la administración pública, México, D. F., Fondo Editorial Jurídico, 2007, págs. 21-24.

[23] Jaime Rodríguez-Arana Muñoz, "La ética en la administración pública", en Jorge Fernández Ruiz (Coord.), *Derecho administrativo*, Memoria del Congreso Internacional de Culturas y Sistemas Jurídicos Comparados, México, D. F., Instituto de Investigaciones Jurídicas de la Universidad Nacional Autónoma de México, 2005, págs. 529-530.

fin: el bien común[24]. Justamente, la vida en una sociedad políticamente organizada y la consecución del fin que esta busca exige un orden y son propicios para la práctica de valores y virtudes morales que alimentan decisivamente la realización del "conjunto de condiciones sociales que permiten a las personas el desarrollo expedito y pleno de su propia perfección"[25].

En lo que se refiere a la administración pública —como señala RODRÍGUEZ-ARANA—, esta debe distinguirse por la observancia de la legalidad, la labor eficaz y eficiente, y sobre todo, por el afán de servicio al ciudadano y al interés colectivo, pero todo ello con fundamento en un postulado más profundo: hacer posible que la *calidad* y la *transparencia* sean connaturales en la actuación de la administración y de todos sus agentes[26]. Bien indica el autor citado que la administración pública debe ser transparente en su servicio a los ciudadanos —que son los que justifican su existencia— y que el concepto de transparencia no se opone a la eficacia, sino que es guía de la debida racionalización de los procedimientos administrativos y de los resultados que se exigen a la administración pública. Sin vincular transparencia y eficacia, una reforma administrativa se quedaría en lo puramente formal[27].

A estas ideas debe añadirse que el respeto de los postulados del Estado de derecho, y sobre todo, de los derechos fundamentales del ciudadano, constituyen pilares del comportamiento ético de la autoridad pública[28].

Los principios del Estado de derecho se pueden resumir en el respeto de la dignidad humana y la sumisión de la autoridad a los principios y normas que configuran el orden jurídico[29]. De ninguna manera puede ser conforme a la

[24] Como afirma RODRÍGUEZ LUÑO, la ética es una sola ciencia, "[...] porque estudia todos los ámbitos donde interviene la libertad humana bajo unos mismos principios fundamentales. Los criterios morales son válidos para los distintos aspectos de la vida humana: personal, familiar, social, etc.". No obstante, el mismo autor indica que para efectos prácticos, aunque estén íntimamente relacionadas, puede distinguirse una moral general de una moral especial o social. La primera "[...] estudia los principios básicos que determinan la moralidad de los actos humanos: el fin último, la ley moral, la conciencia, las virtudes, etc.", mientras que la segunda "[...] aplica esos principios a la vida del hombre en sociedad. Sus temas principales son: la familia, el bien común de la sociedad, la autoridad y el gobierno, las leyes civiles, la ordenación moral de la economía, etc.". Cfr., ÁNGEL RODRÍGUEZ LUÑO, *Ética*, 5ª ed., Pamplona, Ediciones Universidad de Navarra, 1991, págs. 21-22.

[25] S. S. Juan XXXIII, *Encíclica Mater et Magistra*, en *http://www.vatican.va /holy_father/john_xxiii/encyclicals/documents/hf_j-xxiii_enc_15051961_mater_sp.html.*

[26] Cfr., RODRÍGUEZ-ARANA MUÑOZ, *op. cit.*, págs. 538-539.

[27] *Ibid.*, pág. 539.

[28] Sobre las implicaciones éticas del Estado de derecho, véase GERARD ROBBERS, "El Estado de derecho y sus bases éticas", en Josef Thesing (Comp.), *Estado de derecho y democracia*, Buenos Aires, Konrad Adenauer Stiftung-Ciedla, 1999.

[29] Cfr. CONSUELO SARRÍA, "Control judicial de la administración pública", cit., pág. 18. PASCUAL SALA SÁNCHEZ, "La cláusula del estado social y democrático de derecho y el control jurisdiccional de la actividad administrativa", cit., pág. 297.

ética la conducta arbitraria de la autoridad o el atentado contra las bases de la institucionalidad democrática, vicios que pueden expresarse de muchas maneras: acaparamiento del poder público, influencia indebida sobre los jueces, trabas al acceso a la información y atentados contra la libertad de prensa, irresponsabilidad en el ejercicio de las funciones, violación manifiesta de la ley con cobijo en excusas pueriles o convenencieras, decisiones inmotivadas y arbitrarias, excesiva demora de los procedimientos administrativos, ataques violentos a quienes discrepan y abuso del dinero público, entre otros comportamientos. Detrás de la crisis de la democracia se esconde, sin ningún género de duda, una profunda crisis moral, pues hay un alejamiento de los valores y virtudes que se exigen a toda autoridad pública: moderación, honradez, tolerancia, veracidad, prudencia, humildad, generosidad y justicia.

Evidentemente, la crisis democrática —a cuyas manifestaciones antiéticas ya nos referimos— es el caldo de cultivo para conductas que vulneran los derechos fundamentales y dan lugar a más demostraciones de inmoralidad. Malignamente interconectados, la arbitrariedad y el autoritarismo propician el menoscabo de la dignidad humana y provocan conductas totalmente contrarias a la ética pública, esta vez expresadas en el atentado contra los bienes naturales de la persona. En estos contextos, a pesar de existir reconocimiento formal de los derechos y hasta mecanismos procesales de protección, la arbitrariedad y el autoritarismo los convierten en ilusiones por falta de eficacia.

La convivencia en la sociedad política y la realización del bien común, como es obvio, también exigen comportamientos éticos en el ciudadano. JULIO RODOLFO COMADIRA advierte que todos los que se relacionan con la autoridad pública deben estar dispuestos a compartir las exigencias propias del comportamiento virtuoso, pues de lo contrario, la ética pública no pasará de ser un objetivo aparente, corroído por el cinismo: "La corrupción legislativa, judicial o administrativa, es difícilmente concebible sin la colaboración activa del ciudadano; y, como reverso de la misma medalla, la ética solo es posible cuando los protagonistas de la relación Estado-particular comportan la convicción de su valor.

"La comunidad no debería, pues, observar a [*sic*] la ética pública como algo solo referido a los funcionarios estatales; antes bien, debería plasmar, incluso normativamente, la exigibilidad de aquella a quienes por cualquier motivo entablen vínculos con el Estado.

"Es claro, de todos modos, que este planteamiento supone una reflexión profunda de la comunidad sobre sí misma. E implica, además, una concepción

---

Como en otro lugar he tenido la oportunidad de exponer, los principios fundamentales que delinean al Estado de derecho son la legitimación democrática de la autoridad pública, la subordinación al ordenamiento jurídico, la responsabilidad pública, la división de funciones y el respeto y garantía de los derechos de la persona y del ciudadano. Cfr. BENALCÁZAR GUERRÓN, *op. cit.*

unitaria de la ética, porque, a mi juicio, no es posible separar la ética pública de la privada. La necesidad de lograr coherencia entre las dimensiones formal y real de la democracia y del derecho [...] solo se puede generar a partir de la coherencia axiológica de la vida de los propios ciudadanos.

"[...] la conducta virtuosa no se puede lucir en la función pública si antes no está vigente en la propia convivencia ciudadana. La internalización de una mentalidad transgresora es vivida en muchas ocasiones como un signo vernáculo de vivacidad e, incluso, de brillo personal, sin advertirse que tal comportamiento degrada individualmente a quien lo practica y, a la vez, se proyecta socialmente como un disvalor comunitario, el cual, en una retroalimentación perversa, gravita sobre la conciencia individual neutralizándola o deformándola. El *plus* de calidad humana exigible al funcionario supone, por eso, una previa transformación en los propios niveles de la ética individual y comunitaria"[30].

De estas reflexiones puede subrayarse la conceptuación unitaria de la ética y la necesidad de una coherencia axiológica en todos los ámbitos de la vida humana. En efecto, la ética es *una* y los principios morales son válidos para todas las esferas donde actúa la persona y se manifiesta su libertad, de tal modo que únicamente para efectos prácticos se distingue una ética general y una especial o social[31].

En Ecuador, los deberes fundamentales del ciudadano se establecen en el artículo 83 de la Constitución, norma que es expresión de valores éticos, como son la obediencia a las disposiciones legítimas de la autoridad, el acatamiento del orden jurídico, el respeto de los derechos fundamentales, la honradez en la vida pública y privada y la en el ejercicio de la profesión u oficio, la colaboración para la satisfacción de las necesidades públicas, la solidaridad, la tolerancia y la justicia[32].

[30] JULIO RODOLFO COMADIRA, "Ética pública", en JORGE FERNÁNDEZ RUIZ, *Derecho administrativo. Memoria del Congreso Internacional de Culturas y Sistemas Jurídicos Comparados*, México, D. F., Instituto de Investigaciones Jurídicas de la Universidad Nacional Autónoma de México, 2005, pág. 371.

[31] Cfr. RODRÍGUEZ LUÑO, *op. cit.*, págs. 21-22.

[32] Constitución de la República del Ecuador: "Art. 83.—Son deberes y responsabilidades de las ecuatorianas y los ecuatorianos [*sic*], sin perjuicio de otros previstos en la Constitución y la ley:

"1) Acatar y cumplir la Constitución, la ley y las decisiones legítimas de autoridad competente.

"2) *Ama killa, ama llulla, ama shwa*. No ser ocioso, no mentir, no robar.

"3) Defender la integridad territorial del Ecuador y sus recursos naturales.

"4) Colaborar en el mantenimiento de la paz y de la seguridad.

"5) Respetar los derechos humanos y luchar por su cumplimiento.

"6) Respetar los derechos de la naturaleza, preservar un ambiente sano y utilizar los recursos naturales de modo racional, sustentable y sostenible.

10. Palabras finales

Si se pudiese resumir en pocas palabras el contenido de la Constitución, en cuanto norma suprema que gobierna a la administración pública, se podría afirmar que es expresión de respeto de la dignidad humana e institucionalidad democrática.

Así pues, debe señalarse que, según los postulados constitucionales, la administración pública no es un organismo a quien la persona debe sumisión o una estructura que se regocija en el ejercicio del poder, sino una *institución de servicio* que debe actuar con justicia, racionalidad, prudencia, eficacia y eficiencia.

Estos patrones definen una conducta profundamente ética que debe plasmarse en todos los ámbitos que implica la labor de administrar y que definen su misión: servir implica un comportamiento de respeto del orden jurídico y de los derechos humanos, de cumplimiento celoso del deber y de honradez en el manejo de los recursos públicos.

Este es el reto que la Constitución le impone a la administración pública, un reto que en el caso del Ecuador está muy lejos de emprenderse.

"7) Promover el bien común y anteponer el interés general al interés particular, conforme al buen vivir.

"8) Administrar honradamente y con apego irrestricto a la ley el patrimonio público, y denunciar y combatir los actos de corrupción.

"9) Practicar la justicia y la solidaridad en el ejercicio de sus derechos y en el disfrute de bienes y servicios.

"10) Promover la unidad y la igualdad en la diversidad y en las relaciones interculturales.

"11) Asumir las funciones públicas como un servicio a la colectividad y rendir cuentas a la sociedad y a la autoridad, de acuerdo con la ley.

"12) Ejercer la profesión u oficio con sujeción a la ética.

"13) Conservar el patrimonio cultural y natural del país, y cuidar y mantener los bienes públicos.

"14) Respetar y reconocer las diferencias étnicas, nacionales, sociales, generacionales, de género y la orientación e identidad sexual.

"15) Cooperar con el Estado y la comunidad en la seguridad social, y pagar los tributos establecidos por la ley.

"16) Asistir, alimentar, educar y cuidar a las hijas e hijos [*sic*]. Este deber es corresponsabilidad de madres y padres en igual proporción, y corresponderá también a las hijas e hijos [*sic*] cuando las madres y padres [*sic*] lo necesiten.

"17) Participar en la vida política, cívica y comunitaria del país, de manera honesta y transparente".

SOBRE EL CONCEPTO DEL INTERÉS GENERAL

JAIME RODRÍGUEZ-ARANA*

Sumario: 1. Introducción. 2. El interés público en sentido amplio. 3. Dimensiones del interés general. 4. Interés general y Constitución. 5. El dinamismo del interés general. 6. La centralidad del interés general para el derecho administrativo. 7. Bibliografía.

1. INTRODUCCIÓN

La Asociación Internacional de Derecho Administrativo, bajo la presidencia del profesor LIBARDO RODRÍGUEZ, ha tenido el acierto de promover este merecido homenaje que la comunidad internacional de juristas del derecho administrativo tributamos al profesor EDUARDO GARCÍA DE ENTERRÍA, maestro universal del derecho a quien generaciones de profesores reconocemos, sobre todo los españoles, como uno de los grandes de la disciplina.

Tratando acerca del interés general, siempre me ha parecido de clarividente y pionero un trabajo del profesor GARCÍA DE ENTERRÍA de 1981 sobre la significación de las libertades públicas en el derecho administrativo, en el que afirmaba que el interés general se encontraba precisamente en la promoción de los derechos fundamentales. Está aproximación doctrinal, que goza del respaldo de la jurisprudencia del Tribunal Constitucional, permite, sobre todo en el derecho comunitario europeo, que auténticas contradicciones conceptuales como la del servicio público y los derechos fundamentales se salven en un nuevo derecho administrativo con el cual este entendimiento del interés general está ayudando a superar estas confrontaciones dialécticas a partir del equilibrio metodológico, el pensamiento abierto y la proyección de la idea democrática, cada vez con más intensidad, sobre las potestades administrativas. Lo que está ocurriendo es bien sencillo y consecuencia lógica de nuevos tiempos que requieren nuevas mentalidades, pues como sentenció VON IHERING, el gran problema de las reformas administrativas se haya en la inercia y en la resistencia a los cambios que habita en la mentalidad de los dirigentes de la cosa pública.

* Catedrático-director del grupo de investigación de derecho público global, presidente del foro iberoamericano de derecho administrativo.

Un estudio sobre el concepto del interés general merece un somero análisis acerca de su significado. No es infrecuente que el término que se asocie al derecho administrativo como concepto clave sea el de interés público. Sin embargo, he preferido referirme en este trabajo al concepto de interés general porque si bien en el pasado fue el interés público el término elegido para fundar el sentido de la actuación de la administración pública, en el marco del Estado social y democrático de derecho el interés a que debe someterse la administración es el de la comunidad, el de la sociedad, el del conjunto, no el de la propia institución administración pública o el de sus agentes, sino el de todos los ciudadanos. El principio de participación y el de centralidad del ser humano me parece que reclaman un entendimiento más amplio y abierto que el estricto y riguroso de interés público.

En realidad, no solo en el lenguaje coloquial, también en el académico, ambos conceptos se identifican. Sin embargo, debemos matizar porque existe un concepto amplio de interés público, que sería el interés general, y un concepto estricto, reducido a los estrechos límites de lo organizativo. La perspectiva amplia de interés público ha sido calificada de distintas formas con el fin de llamar la atención acerca de su centralidad en orden a definir el derecho administrativo mismo. El profesor HACHEM las ha resumido así: noción madre, clave de bóveda, alma, corazón, piedra angular o alfa y omega del derecho administrativo.

El profesor DURÁN ha señalado con acierto que siendo el interés privado y el público conceptos distintos, en modo alguno se contradicen u oponen. Más bien, cada uno desde su ámbito cumple su finalidad propia, y en la medida en que se concilien o complementen la convivencia es más armoniosa. El interés general sería según DURÁN el conjunto del interés privado y del interés público y equivaldría a la noción de bien común que no es, ni más ni menos, entonces, que el correlato metafísico del concepto de interés general, que es la noción propia con la que trabaja el jurista del derecho administrativo en el Estado social y democrático de derecho.

La abstracción de las denominaciones que la doctrina ha realizado del interés público en sentido amplio demuestra la dificultad de proceder a una definición concreta y precisa, lo que no quiere decir que esta tarea sea imposible o que tal concepto no disponga de relevancia jurídica. La tiene, y como veremos, mucha. Tanta que conforma el mismo núcleo con el que se debe entender la esencia del derecho administrativo moderno.

El interés general en el Estado social y democrático de derecho tiene un significado que ayuda a comprender su alcance y funcionalidad en el sistema entero del derecho administrativo. Entre sus características se encuentran la participación, la transparencia o la publicidad, entre otras. Desde este punto de vista, me parece que la proyección de los valores democráticos sobre el derecho administrativo obliga a replantear instituciones y categorías propias de una rama del derecho público que ha estado demasiado tiempo vinculada, apegada a una dimensión unilateral y estática del mismo interés general, que debe sustituirse por una versión más participativa, más transparente y, por ello, más fácil de controlar especialmente por el juez administrativo.

El profesor MUÑOZ nos ha enseñado que este concepto, a pesar de su difícil definición, tiene proyección concreta. Unas veces, porque está previsto en la ley. Por ejemplo, cuando se permite rescatar una concesión administrativa por razones de interés público o cuando la norma prevé que un contrato público pueda resolverlo unilateralmente la administración pública cuando concurra causa suficiente de interés público. Pero también, aunque no esté previsto en el ordenamiento jurídico, si admitimos que el juez administrativo puede controlar los fines de la actuación administrativa, podrá, en efecto, analizar en derecho, en el caso concreto, si la potestad administrativa es adecuada al interés general que debe fundar la misma actuación administrativa, una actuación que no puede ampararse en una pretendida intangibilidad absoluta del mérito del acto administrativo.

Como razona BEBENDI, en el Estado de derecho no es posible excluir de control jurídico los actos administrativos amparados en esta categoría jurídica en abstracto. Más bien, lo que hace el juez es controlar por los medios que le proporciona el derecho si la actuación administrativa en concreto es razonable, es adecuada, es proporcional y se enmarca en el interés general específico en el que se opera la potestad administrativa. Si estamos en el marco de la educación, de la sanidad, de la industria, de la cultura o de cualquier otro sector supraindividual atribuido, en su normación, a la administración pública, la racionalidad de la actuación, de acuerdo con los criterios de la lógica y de la motivación, permitirá conocer en concreto la expresión del interés general que justifica la actuación puntual de la propia administración en un caso concreto.

El interés general ínsito en toda actuación administrativa no es una ideología. No puede serlo en el Estado de derecho, en el que la administración obra en virtud de normas, de disposiciones generales que traducen, que deben proyectar, cada vez con mayor grado de concreción, mediante poderes, intereses generales a la realidad. En el derecho administrativo constitucional, en el derecho administrativo del Estado social y democrático de Derecho, el interés general no puede ser, de ninguna manera, un concepto abstracto, intelectual, con el que se justifique cualquier tipo de actuación administrativa. En otras palabras: la simple apelación genérica al interés general no legitima la actuación administrativa. Esta precisa, para actuar en el marco del Estado social y democrático de derecho, una razonable proyección concreta sobre la realidad en virtud de normas que le permiten laborar a la administración pública.

Tal como afirma NIETO, la ideología del interés público, en sentido amplio apuntamos, cuando asume la funcionalidad democrática, le da contenido y misión inequívocamente de esta naturaleza a la actuación administrativa. De esta manera, el quehacer administrativo encuentra precisamente su límite y su fundamento en el interés general, que se convierte, bien por expresa atribución normativa, bien por su incardinación en los principios generales del derecho administrativo, en la clave de bóveda de esta rama del derecho público.

2. El interés público en sentido amplio

Sin embargo, cuando el interés general, el interés público en sentido amplio, no se ajusta a la esencia democrática, desconociendo los derechos fundamentales, y entre ellos el derecho a la tutela judicial efectiva sobre todo, entonces algunos dogmas que acompañan al acto administrativo —ejecutividad y ejecutoriedad, v. gr.— asumen un valor absoluto que lamina la posición jurídica del ciudadano, convirtiéndolo en mero receptor de bienes y servicios públicos sin más. Por el contrario, cuando la dignidad del ser humano ocupa el centro del derecho administrativo, entonces el acto administrativo pierde ese carácter mítico y el esquema originario de exorbitancia se torna, es lógico, como régimen de servicio objetivo en un interés general que reside precisamente en la promoción de los derechos e intereses legítimos de los ciudadanos.

Uno de los profesores que mejor ha tratado esta cuestión es, sin duda alguna, Bandeira de Mello, maestro brasileño de derecho administrativo que viene defendiendo, desde los años sesenta del siglo pasado, el principio de supremacía del interés público a partir de los datos del ordenamiento jurídico brasileño. Este jurista iberoamericano, de renombre internacional, entiende, con toda razón, que el interés público no es un concepto autónomo, que tenga existencia aislada e independiente de las personas. No es, no puede ser de ninguna de las maneras, un concepto inmanente, subsistente por sí mismo. Nace y se desarrolla en el marco de un derecho administrativo de inequívoco sabor democrático en el que, por supuesto, el titular del poder público, sea legislativo, ejecutivo o judicial, es el pueblo, la ciudadanía en conjunto e individualmente considerada. Por ello, el concepto del interés público, en sentido amplio, se relaciona con los derechos de los ciudadanos, con los intereses supraindividuales de los individuos, señala Bandeira de Mello. Ahora bien, el interés público así considerado constituye una de las posibles formas de manifestación de estos intereses. Más en concreto, si reconocemos que existe una dimensión personal de estos intereses expresada mediante las conveniencias exclusivamente personales del individuo, es obvio que esta no responde al concepto del que aquí tratamos de interés público en sentido amplio o interés general. Más bien, como señala el profesor Bandeira de Mello, se trata de la dimensión pública de esos intereses ciudadanos. Es decir, en esta perspectiva, el interés de los ciudadanos como miembros de la colectividad, como integrantes del cuerpo social conforma el concepto del interés general, que por tanto se refiere a la cobertura de las necesidades colectivas de los ciudadanos, entre las cuales las más relevantes son, sin duda, la educación o la sanidad.

El interés público en sentido amplio tiene una obvia vinculación a las personas consideradas, eso sí, como integrantes de la sociedad. Desde este punto de vista el interés general puede considerarse el interés social en la medida en que descansa sobre los intereses de las personas como componentes básicos de la sociedad. No es un concepto abstracto, genérico, el que aquí se plantea, sino un concepto que referido a la comunidad está incardinado en los intereses de las personas que componen el cuerpo social precisamente como integrantes de la sociedad. Como afirma BANDEIRA DE MELLO, refiriéndose al interés público en sentido amplio, este surge como algo en que cada componente de la sociedad reconoce e identifica su propio querer y su propia valoración positiva.

Con esta perspectiva, el maestro brasileño define el interés público como el interés resultante del conjunto de intereses que los individuos personalmente tienen cuando son considerados miembros de la sociedad. Es decir, el interés general, el interés público en sentido amplio, el interés de los ciudadanos en su dimensión pública, está incardinado en la propia existencia de las personas, eso sí, como integrantes de la sociedad. Por eso, la administración pública, cuando sirve objetivamente el interés general, debe tener presente los intereses de las personas en su dimensión social, debe atender a las necesidades colectivas de las personas, debe, en una palabra, evitar esas abstracciones a que nos tiene tan acostumbrados cuando se pretende usar unilateralmente lo que solo se pueda utilizar multilateralmente. Partiendo de la doctrina italiana, BANDEIRA DE MELLO distingue, también, en el marco del interés del aparato estatal, en el ámbito del interés del Estado, una dimensión particular y una dimensión pública que conviene tener en cuenta para mejor entender el concepto de interés general del que partimos en este estudio. Así, de acuerdo con las posiciones mantenidas por ALESSI, CARNELUTTI y PICARDI, la administración ordinariamente hace prevalecer su voluntad, que es la voluntad del conjunto, de todos y cada uno de los ciudadanos, sobre la de los individuos particularmente considerados. Es decir, la voluntad de la persona jurídica administración es preferente sobre la de los ciudadanos y puede imponerse de acuerdo con las reglas de la autotutela declarativa y ejecutiva, pero solo en el caso de que esa voluntad administrativa esté perfectamente motivada, asentada sobre la realidad y goce del respaldo del ordenamiento jurídico.

3. DIMENSIONES DEL INTERÉS GENERAL

La prevalencia del interés general sobre el individual solo se produce cuando sea causa del ordenamiento jurídico, del derecho objetivo, sostiene BANDEIRA DE MELLO; es decir, cuando media atribución explícita o implícita del ordenamiento jurídico. Escribo *ordenamiento jurídico* y no *norma jurídica legislativa*, porque la administración, a mi juicio, está vinculada por la ley y por el derecho. Así, de esta manera, se evita la tiranía de la norma escrita y se da entrada a los principios generales del derecho, que en materia de derecho administrativo son tan importantes que, por su concurso, es posible devolver al interés general defectuosamente concretado, por ejemplo por su ausencia de relación con los derechos de las personas, esa dimensión humana que tanto precisa para ser lo que debe ser: el derecho que regula racionalmente los asuntos generales con arreglo a la justicia.

El interés general, pues, ha de estar definido en el ordenamiento jurídico. No es una abstracción, una especulación, una filigrana intelectual. Es también, sobre la base de los valores del Estado social y democrático de derecho, algo concreto, materializado, puntualizado, encarnado en la realidad; además, debe ser racional, objetivo, susceptible de motivación o argumentación a partir de los criterios de la lógica.

La doctrina italiana también distingue entre interés colectivo primario e intereses secundarios (ALESSI). En el primer caso, el interés así referido se extiende al complejo de intereses individuales prevalentes en determinada organización jurídica de la colectividad, constituyendo la expresión unitaria de una multiplicidad de intereses coincidentes. En palabras de BASSI, ese interés primario es el patrón fundamental al que la administración está obligada a referir sus decisiones y poderes. Es el interés público en sentido amplio, el interés general del que tratamos en este estudio. En cambio, el interés de un individuo de la colectividad o el del aparato administrativo en sí mismo son secundarios. En otras palabras: el interés particular de una persona física o el interés de la administración como persona jurídica, que son intereses secundarios, pueden coincidir, o no, con el interés colectivo primario, con el interés general, con el interés público en sentido amplio.

El interés general, con una aproximación democrática, es el interés de las personas como miembros de la sociedad en que el funcionamiento de la administración pública repercuta en la mejora de las condiciones de vida de los ciudadanos fortaleciendo los valores superiores del Estado social y democrático de derecho. Por eso, nada más alejado al interés general que esas versiones unilaterales, estáticas, profundamente ideológicas, que confunden el aparato público con una organización al servicio en cada momento de los que mandan, del gobierno de turno.

Por ejemplo, ahora que estamos en una aguda y dolorosa crisis económica y financiera que afecta a Europa especialmente y a Estados Unidos de América, los gobiernos ponen en marcha, por medio de la administración pública, medidas para intentar sanear unas cuentas públicas maltrechas, al borde de la bancarrota. En este sentido, algunas decisiones para aliviar el elevado déficit público que aqueja a no pocos países consistentes en elevar los impuestos son, sin duda, eficaces, pero profundamente desvinculadas del interés general. En estos casos, es posible alcanzar el interés público secundario, pues el Ministerio de Hacienda cumple los objetivos de reducción del déficit, pero no cabe duda alguna, al menos para quien escribe, de que subir los impuestos a la población cuando se reducen los salarios del sector público y se congelan, con tendencia a la baja, las pensiones públicas, empeora sustancialmente las condiciones de vida de los ciudadanos lesionando, y no poco, el interés público primario o interés público amplio que denominamos en este trabajo interés general.

El profesor BANDEIRA DE MELLO subraya, y esto es relevante, que el interés público no es algo etéreo, intangible o abstracto. A mi juicio debe estar concretado en la norma y en el derecho, en la ley y en el resto del ordenamiento jurídico. Si admitiéramos una concepción abstracta y genérica de interés general, estaríamos amparando actuaciones administrativas irracionales y arbitrarias, profundamente ilegales por una poderosa razón: porque cuando no es menester concretar el interés general al que ha de servir objetivamente la administración, esta vuelve sobre sus fueros perdidos y recupera el halo de abstracción e infinitud, de ilimitación y opacidad, que tenía en el antiguo régimen.

Es decir, el interés general debe estar concretado, detallado, puntualizado en el ordenamiento jurídico, en la mayoría de los casos en una norma jurídica con fuerza de ley. La idea, básica y central, de que el interés general en un Estado social y democrático de derecho se proyecta sobre la mejora de las condiciones de vida de los ciudadanos en lo que se refiere a las necesidades colectivas, exige que en cada caso la actuación administrativa explicite, en concreto, cómo mediante actos y normas, poderes, es posible proceder a esa esencial tarea de desarrollo y facilitación de la libertad solidaria de los ciudadanos.

Es la Constitución, como fuente de las fuentes y como norma de las normas, el lugar en el que encontramos los valores y principios que han de presidir el desarrollo del interés general en el Estado social y democrático de derecho. Los valores superiores del ordenamiento, los principios del preámbulo de la Carta Magna y, en especial, los derechos fundamentales de la persona y los principios rectores de la política social y económica, conforman, para el caso español, las partes de la Constitución directamente vinculadas a la promoción y realización del interés general. De manera especial, el artículo 9.2 ordena a los poderes públicos crear las condiciones para que la libertad y la igualdad de los individuos y grupos sean reales y efectivas removiendo los obstáculos que impidan su efectividad. La administración pública, pues, debe promover, facilitar, hacer posible que cada persona se desarrolle libre y solidariamente removiendo los obstáculos que lo impidan.

La administración pública, bien lo sabemos, no dispone de libertad. Son las normas jurídicas las que le atribuyen los poderes y, en su virtud, dictan actos y realizan funciones de interés general. En este marco, el principio de juridicidad nos ayuda a comprender mejor la forma en la que la norma de atribución ha de perfilar, con el mayor detalle posible, el interés general que debe servir objetivamente la administración pública en cada caso. Si la norma es parca o confusa, los principios de racionalidad, objetividad, proscripción de la arbitrariedad, seguridad jurídica o confianza legítima, entre otros, permitirán a la propia administración pública cumplir su tarea o, corresponde, ser controlada jurídicamente por los tribunales de justicia. En todo caso, cuando la administración opera en virtud de poderes discrecionales, el grado en que se debe concretar y justificar el interés general está en proporción a la intensidad de la discrecionalidad atribuida por la norma a la administración pública.

El interés general, por tanto, está previsto en la Constitución y contemplado, para el derecho administrativo —de otra manera no podría ser—, en los principios del Estado de derecho. Procedimentalmente, el interés general ha de ser satisfecho por la administración mediante normas, poderes y actuaciones que operan en el marco del principio de juridicidad, de la separación de los poderes y del reconocimiento de los derechos fundamentales de la persona. Es este el campo de juego en el que debe moverse la administración para que en todo su quehacer brille con luz propia el interés general que en cada caso haya de satisfacer.

El profesor BANDEIRA DE MELLO entiende que existe una noción categórica general de lo que se debe entender por interés público aplicable a cualquier sistema jurídico-político al margen de consideraciones contingentes o variables. Opina que es posible encontrar un núcleo objetivo, universal, de lo que es el interés público, de lo que es el interés general tal como aquí lo denominamos. A partir de ese núcleo, el interés general se encarna, por así decir, en la realidad por medio del ordenamiento jurídico: leyes, normas y actos, fundamentalmente. No es que existan dos aproximaciones paralelas al interés general, una genérica, con pretensión de validez universal, derivada del Estado de derecho e integrada esencialmente en la Constitución, y otra concreta, puntual, expresada mediante normas y actos. Ambas aproximaciones han de entenderse con el pensamiento compatible y complementario. Así, para considerar jurídicamente si el interés general concreto se enmarca en el Estado de derecho, en la Constitución, habrá que echar mano de la concepción genérica, que no es un cheque en blanco. Consiste, como comentamos, en una noción enraizada sustancialmente en el conjunto de valores superiores del ordenamiento, en las bases del Estado social y democrático de derecho, muy especialmente en lo que se refiere a la centralidad de los derechos fundamentales de la persona y a los principios de la política social y económica, al menos en lo que se refiere a esta Constitución analizada según el derecho español.

En realidad, si analizamos esta cuestión, como apunta el profesor HACHEM, con la perspectiva, por ejemplo, de la anulación de un acto administrativo por haberse dictado de acuerdo con una finalidad diversa de la prevista en la norma (al interés público en sentido amplio inherente a la norma) y de la legitimidad jurídica para la revocación de una licitación por existir razones concretas de interés público que justifican dicha anulación, nos encontramos ante un dilema de no difícil solución. No es que estemos ante dos expresiones distintas de comprender el derecho administrativo. Estamos ante una forma de entenderlo que ciertamente bascula sobre el concepto del interés general, un interés general con dos diferentes representaciones que están indisolublemente unidas: la general, en cuanto que el acto ha de expresar los valores del ordenamiento jurídico, y la concreta, que de forma inescindible con la general, proyecta esa dimensión genérica sobre la realidad, sobre un supuesto concreto de la realidad administrativa.

Esta explicación sale al paso de la perspectiva esquizofrénica de entender el interés público en sentido amplio y en sentido estricto como dos realidades distintas y separables. Según el pensamiento compatible y complementario es posible encontrar una argumentación que salve la aparente contradicción que en muchas ocasiones la doctrina ha encontrado entre estas dos manifestaciones del interés público, del interés general como aquí lo entendemos. Podría hasta afirmarse que son las dos caras de una misma moneda: una en abstracto, que precisamente para ser válida en el Estado de derecho, debe materializarse en la realidad, en el caso concreto, en el que, obviamente, habrá de orientarse hacia la mejora de las condiciones de vida de los ciudadanos. La otra, la perspectiva concreta, insisto, es la forma que adopta la dimensión abstracta, principal, del interés general.

La institución de la desviación de poder, que se aplica cuando las potestades administrativas se ejercen para fines distintos de los previstos en el ordenamiento jurídico, aunque se refiere al interés general abstracto, al que habita en la norma jurídica, que trae causa de la Constitución o de una ley, es obvio que debe proyectarse sobre intereses públicos concretos, específicos, materializables, que de una u otra forma afecten favorablemente a la mejora de las condiciones vitales de los ciudadanos. ¿Es qué la potestad administrativa, establecida en una norma, de la que procede un acto administrativo, puede operar legítimamente al margen del interés general concreto si este no es más, ni menos, que la proyección de los valores superiores del ordenamiento, de los postulados del Estado social y democrático de derecho a la realidad? Truchet, en su trabajo sobre las funciones de la noción del interés general en la jurisprudencia del Consejo de Estado, tercia en esta cuestión y afirma que el interés general concreto, el interés público cualificado que dirá la doctrina italiana, es una condición para el ejercicio de una potestad administrativa. Es decir, el interés general opera como límite jurídico del ejercicio de las funciones administrativas. Para ello, para que el interés general abstracto proyectado en el caso concreto (interés general concreto) sea efectivamente límite de la actuación administrativa es menester que en el acto en que se materializa la potestad la motivación sea adecuada. De lo contrario, hasta podrá ser un acto ilegal, graduándose su gravedad en función de la indefensión en que pueda quedar el destinatario de dicho acto. Por tanto, el interés general, en su doble condición, habilita al quehacer administrativo y, en sentido contrario, prohíbe ciertas actuaciones contrarias a los valores superiores del ordenamiento y a los postulados del Estado social y democrático de derecho.

En estas páginas, cuando nos referimos sin más al interés general estamos pensando en el interés social, en el bienestar de todos y cada uno de los ciudadanos, que tiene obviamente proyecciones concretas y que en modo alguno subsiste en sí mismo. Insisto, el interés general finalmente no es más que la proyección de los valores superiores del ordenamiento y los postulados del Estado social y democrático de derecho aplicados a las necesidades colectivas de los ciudadanos, a la mejora de sus condiciones de vida.

La distinción entre las dos dimensiones del interés general es útil a efectos pedagógicos y sistemáticos, pues permite comprender mejor el alcance, sentido y funcionalidad de este concepto capital para la misma definición y entendimiento del derecho administrativo. Sin embargo, si pretendemos determinar el concepto capital de nuestra disciplina, mejor sería, me parece, hablar de un interés general con dos dimensiones, inescindibles e inseparables, a saber: una teórica, abstracta, genérica, en cuanto presupuesto de validez de cualquier norma o principio de derecho público, y otra concreta, en cuanto que toda materialización y pura ejecución de las normas jurídicas administrativas debe orientarse a satisfacer necesidades colectivas que mejoren las condiciones de vida de los ciudadanos, tanto en lo que se refiere al fomento, a la policía o al servicio público.

El interés general, pues, es un concepto compuesto de dos aspectos, uno teórico o amplio y otro concreto, que están perfectamente imbricados y relacionados entre sí. Ese contexto de integración entre estas dos dimensiones debe responder a la propia realización del quehacer administrativo, que requiere una norma y un acto. Sin norma no hay acto. Sin poder establecido en la norma la administración no puede actuar. La norma se funda en el interés general en sentido amplio y el acto descansa siempre en un interés general concreto.

Desde un punto de vista amplio, el interés general se refiere a los valores del Estado social y democrático de derecho, a los fines del mismo Estado, fines que son garantizados por el propio Estado mediante normas que se concretan en actos. Normas y actos que posibilitan la actuación de la administración para promover el ejercicio de los derechos por los ciudadanos, por un lado, y por otro, para remover los obstáculos que impidan su realización.

Esta doble naturaleza del interés general demuestra hasta qué punto el derecho administrativo es una rama del derecho. Como sector del derecho está sometido a los fines del propio Estado que hoy, no son más, ni menos, que los del Estado social y democrático de derecho, que conforman, según hemos comentado, la esencia del interés general en su primera y más amplia dimensión, que es compartida por todo el derecho en su conjunto. Sin embargo, la concreción, la puntualización, la materialización del interés general en la realidad es propia, característica, inherente al derecho administrativo en la medida en que es un derecho que regula poderes públicos para la realización de las libertades y derechos ciudadanos. Poderes públicos concretos, desarrollados y ejecutados por actos administrativos que en su confección deben aplicar el interés general en sentido amplio, que debe proyectarse a un espacio administrativo determinado en la norma, a un supuesto concreto.

4. Interés general y Constitución

El interés general en sentido amplio, el que es común a todas las ramas del derecho, se define en la Constitución. Empieza a descender en las normas y se concreta a la realidad, se materializa en las personas fundamentalmente por medio del acto administrativo. Así, podemos incluso establecer un interés general amplio de dos intensidades: el del ordenamiento del Estado social y democrático de derecho y el de la ley o la norma, aplicación de los valores del Estado social y democrático de derecho a determinado sector de actividad administrativa. El concreto, el específico, el proyectado sobre la realidad cotidiana, es el que lleva inscrito el acto administrativo, que de ninguna manera, insisto, es autónomo o subsistente, sino que deriva de la dimensión amplia incardinado en la Constitución y en las normas.

Con esta perspectiva podemos señalar que en el acto administrativo debe estar perfectamente establecida, de manera congruente, la forma en que el interés general amplio desciende a la realidad. Esta cuestión, trascendente y fundamental, atiende a la motivación, a la argumentación conducente a explicarle al destinatario de la actuación las razones en virtud de las cuales se dicta tal acto administrativo. Como es lógico, cuanto más amplio sea el poder administrativo, mayor será la propia motivación.

La Constitución portuguesa, como afirma Freitas do Amaral, sigue un concepto amplio. En concreto, el artículo 266.1 de la Carta Magna lusa dispone que la administración pública persigue el interés público en el respeto de los derechos e intereses legalmente protegidos de los ciudadanos. Tal como afirma nuestro colega de Lisboa, en este precepto se sienta el principio de persecución del interés público. Principio que en el derecho español, a partir del artículo 103 de nuestra Constitución, se puede enunciar como el principio de servicio objetivo al interés general. Aunque las expresiones *interés general* e *interés público* no son iguales, es lo cierto que el ordenamiento las utiliza la mayoría de las veces de forma sinónima. Este es, desde luego, uno de esos casos.

La letra de la Constitución portuguesa lleva a Freitas do Amaral a afirmar categóricamente que el interés público es el principio motor de la administración pública porque esta debe actuar para alcanzar el interés público, que es su único fin. El interés general, pues, en su doble dimensión, según nuestra opinión, es principio y fin. Principio dinámico, por supuesto. Pero principio, de manera que lo que precede, lo que explica, lo que justifica, lo que motiva, el quehacer público es el interés general en su doble vertiente. Pero no solo, si seguimos a Freitas do Amaral, es principio; también es fin. Y si es principio y fin es la clave, la espina dorsal, del mismo derecho administrativo.

Pensando en esta doble funcionalidad del interés general, como principio y único fin del quehacer administrativo en el marco del Estado social y democrático de derecho, podemos, con apoyo en la Constitución española, afirmar que se debe realizar en clave de servicio objetivo. Servicio porque el aparato administrativo está a disposición de la comunidad en la medida en que es de titularidad ciudadana, pues el soberano es el pueblo, no el administrador o el gestor de los intereses de los habitantes en su conjunto, que no es, ni más ni menos, como diría García de Enterria, que un profesional encargado de atender intereses de la comunidad. Y objetivo, porque el ejercicio de poderes y potestades administrativas solo cabe en el marco de la razón, una razón que debe ser profundamente humana por exigencias de los postulados del Estado social y democrático de derecho.

El interés general es principio dinámico. En efecto, el conjunto de los lineamientos y directivas del Estado social y democrático de derecho conforma el presupuesto de actuación de la administración. En sí mismos, unos y otras tienen sentido si se proyectan sobre la vida pública, sobre el quehacer de los poderes públicos y también, y como consecuencia, sobre las necesidades públicas de los ciudadanos. Por tanto, en la actuación de la administración siempre debiera encontrarse alguna relación, más o menos explícita a estos criterios y directivas, puesto que constituyen el fundamento de la actividad.

El interés general, en palabras de Freitas do Amaral, es, además, y sobre todo, fin único de la administración. Fin que debe motivarse, que debe argumentarse para que sea legítimo en un Estado de derecho, pues de lo contrario supondría regresar al Estado autoritario, aquel en el que los fundamentos del poder residían en puro arbitrio y capricho del gobernante. El control jurídico de los fines a que se somete la administración conforma, junto al control de la legalidad administrativa y la potestad reglamentaria, el objeto de la función judicial en cuanto a la administración pública en España. En efecto, en nuestro país, con el artículo 106 de la Constitución en la mano, el juez o tribunal puede controlar jurídicamente la legalidad de las actuaciones y normas administrativas y los fines, que no pueden sino ser de interés general, a que se someten.

Interesante es también el comentario del profesor Freitas do Amaral sobre la relación interés público y ciudadanos. En su opinión, de acuerdo con la dicción de la Constitución lusa, resulta que esa persecución del interés público que caracteriza la actuación administrativa comprende el respeto de los derechos e intereses legalmente protegidos de los ciudadanos. Es decir, el interés general en sentido amplio, como no puede ser de otra manera, pues la protección de los derechos e intereses legítimos forman parte integrante de los postulados del Estado social y democrático de derecho, asume la tarea de promoción de los derechos e intereses legítimos de los ciudadanos. Como recalca atinadamente el profesor Hachem comentando esta opinión de Freitas do Amaral, resulta que tal argumentación nos lleva a considerar que hay una intensa semejanza entre el interés público en sentido amplio y la juridicidad administrativa. No solo hay una obvia semejanza. Hasta podría decirse, sin exageración alguna, que el interés general tal —y se formula en este trabajo— forma parte sustancial y medular de la misma juridicidad administrativa, que como bien sabemos, es el primero de los principios del Estado de derecho.

En la Constitución española la expresión *interés general* del artículo 103 puede entenderse como interés público en sentido primario y originario. Como ha señalado el profesor Meilán Gil, en el proceso de elaboración de este precepto, inicialmente redactado por nuestro maestro, aparecía el término *intereses colectivos*, quizás a causa de su punto de vista sobre el proceso de la definición del derecho administrativo, monografía escrita en 1968, en la que subrayó la primacía de los allí denominados intereses colectivos. Lo cierto, sin embargo, es que, como él mismo relata, a su paso por el Senado se sustituyó por *intereses generales* explicándose en la enmienda correspondiente que con tal expresión se incluirían no solamente los intereses colectivos, sino también los intereses perfectamente individualizados, como son los de la salud o la educación, entre otros, cuya salvaguarda se le encomienda al interés general o público. Entonces, afirma Nieto, para evitar una cacofonía entre administración pública e interés público o intereses públicos, finalmente el precepto quedó como está: "La administración pública sirve con objetividad intereses generales [...] ".

Una glosa de este precepto de la Constitución española permite hacer varias reflexiones. El constituyente parece que maneja el concepto de interés público como interés general en su doble conformación, tal como aquí hemos tenido ocasión de exponer. Es decir, hay una referencia al concepto de interés colectivo, de la comunidad en general y de los colectivos que la componen en particular, pero también, como reconoce la propia enmienda de sustitución, el concepto atiende a intereses generales concretos: sanidad o educación, por ejemplo, que son a los que se referirán las normas administrativas que sirven de soporte y cobertura a la actuación administrativa cotidiana.

El profesor Meilán parece entender esa dimensión amplia del interés general como conformidad a la legalidad, al derecho, del quehacer administrativo. Es decir, conformidad a la juridicidad administrativa, concepto base del Estado de derecho que atiende a una concepción más abierta de legalidad y superadora de una visión unilateral que impediría el juego de otras fuentes y principios del derecho. Desde este punto de vista la administración pública debe actuar de acuerdo con el ordenamiento jurídico. Que esto es así en el derecho administrativo lo demuestra, sin que se requieran mayores explicaciones, la letra del mismo artículo 103 cuando establece que la administración actúa con sometimiento pleno a la ley y al derecho. He aquí la expresión más clara del sentido y funcionalidad del concepto del interés general en sentido amplio.

5. El dinamismo del interés general

Otra discusión interesante acerca de la naturaleza del interés general se refiere a su carácter estático o dinámico. Para quien escribe esta polémica carece de sentido, pues entiende el derecho administrativo como un sistema dinámico, ya que las categorías, conceptos e instituciones de nuestra disciplina están en permanente transformación al servicio de la mejora de las condiciones de vida de las personas. Por ejemplo, la categoría del servicio público, tal como se fundó en Francia en los años en que escribía Duguit, ha cambiado en su proyección sobre las actividades económicas alumbrándose un concepto nuevo: servicio de interés general, al que nos referiremos en un epígrafe especial más adelante. No pasa nada, es la prueba de que el derecho administrativo cambia, eso sí, al servicio objetivo del interés general. Mientras sigamos en el modelo del Estados social y democrático de derecho, dicho interés adquiere sentido y justificación en la medida en que promueve los derechos de los ciudadanos y mayores cotas de calidad de vida para todos ellos.

La cuestión del dinamismo del concepto del interés general y su transformación según las condiciones del tiempo y lugar y según el modelo de Estado en que nos encontramos debe estudiarse con cierto detenimiento. El profesor Bassi señala que en todo caso lo esencial será la elección del interés general que realice el legislador a partir de los presupuestos constitucionales, que luego desciende al nivel infralegal de las normas y de los actos administrativos como pura y mera ejecución. En este sentido es claro que los intereses generales cambian en cada momento. Sin embargo, esa relatividad, que también se predica de todo el derecho administrativo en su conjunto, tiene un límite, un valladar: los postulados del Estado social y democrático de derecho. En otras palabras el principio de juridicidad, la separación de los poderes, el reconocimiento de los derechos fundamentales de la persona y los principios rectores de la política social y económica serán el marco en el que el legislador haga su elección. En este sentido el profesor Cleve ha señalado que la Constitución, que es la norma en la que se definen los valores del Estado social y democrático de derecho, al proclamar los objetivos y principios fundamentales del Estado, reconocer los derechos fundamentales de la persona y determinar los programas generales de acción del poder público, establece claramente qué intereses deben considerarse generales.

Es decir, en la Constitución y en los principios básicos del Estado de derecho encontramos definidos con carácter amplio aquellos intereses generales que ha de regular en cada momento el gobierno de turno, que podrá, en el marco de la Constitución y respetando sus principios esenciales, ordenarlos y gestionarlos de acuerdo con los programas políticos elegidos periódicamente por la población. De esta manera, el derecho administrativo adquiere pleno sentido como derecho constitucional concretado, materializado.

En el caso español la Constitución es bien clara: manda a los poderes públicos que promuevan las condiciones para que la libertad y la igualdad de las personas y grupos en que se integran sean reales y efectivas removiendo los obstáculos (art. 9.2). Además, el artículo 10.1, dispone que los derechos fundamentales son la base del orden político y la paz social y ordena a la administración, en el artículo 53.3, que tenga en cuenta en su quehacer los principios rectores de la política social y económica. De esta manera, el texto constitucional, al proclamar los valores del Estado social y democrático de derecho, conforma el haz de criterios que han de inspirar el interés general en su versión amplia posibilitando que sea el ámbito de lo concreto donde se proyecten sobre la realidad en función del resultado de las preferencias ciudadanas realizadas periódicamente en las elecciones políticas.

Es decir, el dinamismo se predica en sí mismo del interés general concreto, que es el que define el legislador, y a partir de él, la norma y su ejecución por antonomasia, que es el acto administrativo. En el marco básico los postulados del Estado social y democrático de derecho conforman el marco en el que pueden y deben operar los intereses generales concretos, que son la expresión puntual de la proyección de dichos postulados sobre sectores específicos de la realidad administrativa.

El problema de la deslegalización en ciertos ámbitos de la actuación administrativa se resuelve acudiendo a la matriz básica de los postulados del Estado social y democrático de derecho. Por eso, en estos casos, como muy bien señala el profesor Hachem siguiendo al profesor Nieto, no se le entrega a la administración un cheque en blanco para que haga lo que quiera. Primero, porque la administración en el Estado de derecho no es libre, sino que actúa en función del principio de juridicidad y del sometimiento a los fines de interés general. Y segundo, porque los valores del Estado social y democrático de derecho no son elementos retóricos y decorativos. Deben inspirar e impregnar el ordenamiento jurídico en su conjunto y, por eso, vinculan positiva y negativamente a la administración pública en su quehacer y actividad.

El interés general concreto, a partir de esta posición, siempre debe estar conectado al interés general en sentido amplio, tal como ya hemos señalado y recalcamos ahora. En realidad esto es así porque no es que existan dos versiones diferenciadas del interés general, sino que este se define y existe con dos caras distintas: una amplia y otra concreta. Se trata de dos caras de una misma moneda. Dos expresiones de un mismo concepto que trae causa, como presupuesto, de la Constitución y que se proyecta, mediante ella, en la legislación ordinaria hasta alcanzar su mayor grado de concreción en los actos administrativos que son pura ejecución, pura materialidad derivada de la norma.

Esta cuestión ha sido explicada entre nosotros por el profesor SAINZ MORENO, que afirma que es al legislador a quien compete determinar el interés general que debe prevalecer en cada momento histórico. El Parlamento, en efecto, como centro de la discusión pública, como expresión de la razón, es el ámbito propicio para definir los intereses generales concretos, es el espacio por antonomasia para la materialización de los intereses generales. El espacio de la legalidad, como indica el profesor BRITO, ha de discurrir, pues, en perfecta armonía con el concepto de interés general, que traducirá a la realidad, por medio de las normas y actos administrativos, el concepto cardinal del derecho administrativo.

En este proceso de acercamiento del interés general primario a la realidad debemos tener presente que la fijación primaria de la esencia del interés general corresponde al bloque de la constitucionalidad. Por eso, BACELLAR y CLEVE señalan que el papel confiado a la administración pública para establecer la formación reglamentaria del interés general tiene naturaleza secundaria, subordinada a la Constitución y a las leyes. Por eso serán nulas de pleno derecho las normas y actos administrativas que contraríen o desconozcan los mandatos inscritos en el bloque de constitucionalidad, por invadir o lesionar ese núcleo primario que solo a la Constitución y a la ley, en su desarrollo, compete.

Los actos administrativos no son fuentes del derecho administrativo. Son pura ejecución, mera proyección de la norma a la realidad. No pueden, de ninguna de las maneras, crear derechos y obligaciones, modificarlos o extinguirlos, porque no tienen naturaleza de ordenamiento, característica que si tienen las normas, por supuesto las que tienen fuerza de ley y también las puramente administrativas. Por tanto, también desde la centralidad del interés general como concepto cardinal del derecho administrativo se ve la radical diferencia entre acto y norma. Es decir, la determinación concreta del interés general es propia del espacio de la deliberación pública, del Parlamento, que se traduce al mundo de la administración en virtud de la norma de desarrollo. Y, al espacio de la realidad cotidiana llega por medio de los actos que, insisto, son pura materialidad, pura ejecución de normas. Por ello, en modo alguno el acto administrativo puede determinar el interés general *per se*. Su función, y no es poco, es trasladar el interés general concreto a la realidad de la forma más justificada, más motivada posible en función, claro está, de la naturaleza propia de cada acto. Como señala BASSI, siendo la determinación del interés general de competencia de un órgano dotado de función normativa, es cierto que su identificación en el mundo de los hechos es tarea que debe realizar la propia administración pública.

Desde este punto de vista se comprende mejor la función que la Constitución española le atribuye a la administración pública de servicio objetivo al interés general. La administración, en su actuación ordinaria, no determina el interés general, que es tarea propia del órgano de la representación política por excelencia: el Parlamento. La administración, con su potestad normativa, lo que puede hacer, lo que debe hacer, es, en el marco de la ley, completar ese interés general de relevancia legal que solo al legislador compete. La administración sirve al interés general. Es su grandeza y su servidumbre. Por eso, de acuerdo con estas argumentaciones, la traducción al mundo de lo real, de lo fáctico, de los hechos cotidianos, del interés general es la gran función que solo a la administración corresponde. Sirve al interés general. Trabaja en el marco del interés general. En el interés general el acto administrativo encuentra su fundamento y su límite.

La potestad normativa es una función normativa secundaria. La primaria está en la Constitución y en las leyes. Las normas administrativas solo secundariamente determinan intereses generales concretos porque solo pueden completar la determinación del legislador. No tienen capacidad de innovar, de crear intereses generales concretos. Si el legislador guarda silencio o no actúa, todo lo más que pueden hacer, ante la omisión de un deber de legislar del Parlamento que puede lesionar derechos e intereses legítimos de personas, es sencillamente normar en el marco del interés general primario.

6. La centralidad del interés general para el derecho administrativo

La centralidad del interés público, del interés general en nuestra comprensión, lleva a Escola a replantear la definición del derecho administrativo que, ahora, al bascular sobre este concepto, es, según sus palabras, el complejo de principios y normas de derecho público interno que regula organización y funcionamiento de la administración pública, directa o indirecta, las relaciones de esta con los administrados y la de los distintos órganos entre sí, a fin de que se logren y satisfagan las finalidades de interés público hacia las que debe tender toda la actividad de la administración pública. Es una definición, desde luego, completa y a la altura del tiempo en el que estamos, aunque reduce el derecho administrativo a un fenómeno interno, sin referirse a algo que hoy es una realidad que demanda la juridificación máxima: la globalización. Atina Escola cuando habla de normas y principios porque la administración está sometida, efectivamente, como reconoce la propia Constitución española, a la ley y al derecho. Regula efectivamente las relaciones entre ciudadanos y poder público y entre los diferentes organismos entre sí. Eso sí, en ambos casos, garantizando que se logren las finalidades de interés general ínsitas en los valores del Estado social y democrático de derecho en el quehacer sectorial administrativo.

La centralidad del interés general en el proceso de la definición del derecho administrativo subraya, pues, el elemento teleológico, finalista, de la administración y pone en primer plano la cuestión, ya aludida, del control jurídico de los fines a los que está sometida la actuación pública como parte integrante de la función que corresponde, al menos en el ordenamiento jurídico español, a la jurisdicción contencioso-administrativa. Con esta perspectiva, toda la actividad administrativa (policía, fomento y servicio público esencialmente) se justifican y se explican en la medida en que, efectivamente, sirvan objetivamente al interés general. En el caso del fomento y el servicio público se comprende con facilidad que esto sea así. Pero incluso en el caso de la policía administrativa, de acuerdo con el espíritu y la letra del artículo 104 de nuestra Constitución de 1978, la función de limitación y restricción de derechos y libertades, cuando se produce, se orienta a un mejor y más completo ejercicio de los derechos y libertades por la mayoría de los ciudadanos. En palabras de ESCOLA, cuando el derecho administrativo limita y constriñe, lo hace para asegurar y posibilitar el interés propio de cada uno de nosotros, como individuos y como componentes de una comunidad, y sirve para fundar un sistema protector de nuestras libertades y derechos contra los posibles avances injustificados de un poder público concebido para preservarlos, no para desconocerlos. En términos del artículo 9.2 de la Constitución española, los poderes públicos deben promover los derechos y libertades y remover los obstáculos que impidan su realización efectiva. Es decir, la administración existe y se justifica en el Estado social y democrático de derecho como una organización profesional de servicio objetivo al interés general, no de lesión, laminación o conculcación de derechos o posiciones jurídicas de ciudadanos que no comulgan o comparten los objetivos políticos del gobierno de turno.

Esta visión del derecho administrativo sólidamente afincada en el interés general permite, incluso, recuperar la primacía del ser humano y de sus derechos inalienables como tarea esencial de la administración pública. En efecto, colocando en el centro del derecho administrativo los valores del Estado social y democrático de derecho que pivotan sobre la capitalidad del ser humano, el destino del derecho administrativo hacia la libertad solidaria es, además de una tendencia irrenunciable, una exigencia ciudadana que debe tener consecuencias jurídicas concretas, por ejemplo, en cuanto a la calidad, universalidad y asequibilidad de los bienes y servicios de responsabilidad pública.

El poder público, desde la capitalidad del interés general, se dirige, pues, a promover las libertades de los ciudadanos en cuanto miembros de la comunidad y a remover los obstáculos que impidan su realización efectiva. En esta perspectiva, como bien apunta ESCOLA, poco a poco se van eliminando los resabios y reminiscencias de una versión del derecho administrativo deudor de posiciones privatistas poco acordes con el primado del interés general. Por ejemplo, la noción de la responsabilidad extracontractual de la administración pública no se puede hacer pivotar únicamente sobre el hecho de que haya un patrimonio que no tenga la obligación jurídica de soportar determinado daño. Del mismo modo, la suspensión del acto administrativo tampoco se puede construir exclusivamente sobre los daños causados por la ejecución del acto. En ambos casos, la consideración fundamental del interés general aconseja soluciones distintas, más equilibradas, más razonables, en las que el juez o tribunal administrativo en última instancia, como señala el artículo 106 de la Constitución española, puede y debe controlar jurídicamente el sometimiento de toda actividad administrativa a los fines de interés general que fundan el entero quehacer del aparato público.

El derecho administrativo, como todo sector del ordenamiento jurídico, es una ciencia social que se aplica y se proyecta sobre la realidad en su devenir histórico con arreglo a patrones de justicia. Por tanto, desde que se toma conciencia de las necesidades colectivas, desde que los seres humanos nos hemos organizado de algún modo para ordenar lo común de acuerdo con las exigencias de la justicia, nos tropezamos con alguna suerte de derecho administrativo o organización administrativa, por incipiente que estos sean. Para solicitar del poder constituido alguna ayuda, para emprender determinadas actividades consideradas congruentes con el interés general, para reclamar ante alguna decisión de la autoridad que pensamos que es injusta, para edificar en un solar de nuestra propiedad o para tantas cosas en las que está presente el poder público, nos encontramos con la administración pública en una forma más o menos desarrollada, más o menos tecnificada.

Una pregunta que suele formularse en ocasiones se refiere a si existió lo común, lo colectivo, el interés general en definitiva o la organización pública que va a gestionar dicho interés supraindividual. Es una cuestión de relevancia para definir el derecho administrativo, para inclinarse por cuál sea el criterio central al comprender la esencia de esta rama del derecho público. En la perspectiva histórica parece de interés adelantar, ya que en nuestra opinión existe la organización administrativa porque es menester que se atiendan ordenadamente, jurídicamente, con arreglo a criterios de justicia, los intereses comunes, generales, aquellos asuntos que trascienden la dimensión personal, puramente individual, por ser comunes al conjunto del pueblo. Precisamente porque se necesita una gestión razonable de estas cuestiones que afectan la vida colectiva de los ciudadanos, tales como la educación, la cultura, la industria, la defensa, la hacienda general, entre otras, desde que tenemos noticia de las primeras civilizaciones que poblaron la Tierra encontramos, así sea incipientemente, organizaciones públicas, bajo las más diversas formas, encargadas de la gestión de esos asuntos comunes. Aparecen también, desde el principio, una serie de poderes y potestades que exceden del marco común, necesarios para administrar esos intereses generales con eficacia.

Por tanto, si las necesidades colectivas son previas, como parece, a la existencia misma de la administración pública, entonces algún papel fundamental han de tener dichos intereses en el proceso de la definición del derecho administrativo. Cuestión que planea, por obvias razones, el problema del origen histórico del derecho administrativo. Tema en el que concurren, como suele acontecer tantas veces, dos posiciones bien distintas. Según un sector, el derecho administrativo es una consecuencia de la Revolución francesa, de la necesidad que surge entonces de limitar, racionalizar y embridar el poder absoluto del rey. Y, de acuerdo con otro sector doctrinal, la historia del derecho administrativo se encuentra ligada a la historia de lo público, de lo común, de lo colectivo en cada país, en cada tradición, en cada cultura jurídica nacional. Pues bien, la polémica sobre esta cuestión no es más que una representación de la discusión entre perspectiva subjetiva u objetiva como criterios definidores del derecho administrativo.

En otros términos, si lo decisivo es la persona jurídica y se conviene en afirmar que la administración pública en sentido estricto, como creación de la burocracia, es consecuencia de la Revolución francesa, entonces dataremos el origen de esta rama del derecho público en 1789. Si en sentido contrario acordamos que hay derecho administrativo, más o menos elaborado, más o menos desarrollado, desde que se percibe lo común como algo que debe gestionarse con arreglo a la justicia para el bienestar general de los habitantes, entonces el origen histórico del derecho administrativo es un asunto muy, muy antiguo. Por ello, estas dos orientaciones doctrinales desembocaron en la disyuntiva: o derecho administrativo inexistente (antes de 1789) o derecho administrativo desconocido, que formuló GIANNINI décadas atrás.

Como se sabe, desde hace muchos años es realmente alucinante la sucesión de teorías que han intentado encontrar una solución al problema de la definición del derecho administrativo. Cada autor ha ofrecido sus puntos de vista, a veces diferentes, a veces similares, sobre la esencia del derecho administrativo.

El recorrido por las diferentes teorías y aproximaciones expresa a las claras el carácter no suficientemente satisfactorio de dicho empeño. Puede decirse que los intentos que hemos conocido no son inútiles, ni tampoco obedecen, en la mayoría de los casos, a originalidades sin fundamento. Se trata de una colección de esfuerzos encaminados a la búsqueda de la piedra filosofal, si es que existe, que permita explicar el sentido y la funcionalidad del derecho administrativo. La tarea, abordada desde esta premisa, claro que es difícil y complicada. Primero, porque, en efecto, el modelo de Estado de cada momento tiene una importancia decisiva en orden al entendimiento de nuestra disciplina. Y, segundo, porque las categorías y las instituciones del derecho administrativo no son fijas y estáticas; cambian, se transforman, adquieren nuevos colores, nuevos tonos. Hoy, por ejemplo, el marco constitucional nos ofrece los principios y patrones que, proyectados sobre el entero sistema del derecho administrativo, dibujan un panorama de conceptos e instituciones vinculados al servicio objetivo al interés general y a la garantía y promoción de los derechos de los ciudadanos, algo impensable desde los postulados netamente autoritarios desde los que emerge a la superficie el moderno derecho administrativo, por más que nos pese reconocerlo.

En los ensayos de definición pueden encontrarse diferentes perspectivas y aproximaciones, todas ellas interesantes, todas ellas representativas, de esta tarea que todavía pervive entre nosotros. Algunas demuestran una ingenua confianza en la fuerza dogmática de las definiciones y otras son más matizadas y cautelosas. Existen también actitudes de evasión o marcadamente pragmáticas, como las sostenidas por quienes piensan que solo negativamente puede entenderse la administración o por quienes son partidarios únicamente de una descripción, renunciando a una verdadera definición. No se trata, por otra parte, de posturas que se suceden disciplinadamente al mismo tiempo; se produce más bien un movimiento pendular que responde a circunstancias históricas y personales. No falta en esta sucesión de aproximaciones una radical que postula la disolución pura y simple del derecho administrativo; se trata con ello de romper abruptamente con el pasado para hacer nacer de las cenizas una nueva ciencia en la que el derecho administrativo no tenga el monopolio de la consideración científica de la administración (NASS), algo hoy en cierta medida real, puesto que la multidisciplinariedad y la diversidad de enfoques desde los que enfrentarse a la administración pública constituyen hoy, en unos países más que en otros, la prueba de la perspectiva abierta y plural desde la que se debe estudiar y comprender la administración pública moderna. Por eso, los postulados del pensamiento abierto, plural, dinámico y complementario nos ayudan a entrever nuevos planos y nuevos contornos que ayudan a comprender el sentido y el alcance de la administración pública y de una de sus dimensiones más relevantes, no la única, el derecho administrativo.

La originalidad de estos esfuerzos definitorios se pone de relieve en el intento de construir el derecho administrativo en torno a una noción única, una noción clave. La historia de las distintas soluciones propuestas, por ejemplo, en el derecho francés —forma de exteriorización de los actos, servicio público, poder público, interés público— y sobre todo el alargamiento progresivo de su contenido hasta límites que rebasan la propia naturaleza del concepto, revela que el camino es complejo (PETOT). En este planteamiento laten los problemas de la construcción científica del derecho administrativo abordados únicamente con la perspectiva de la elección del juez competente. Sin embargo, la gran virtualidad de situar el centro de la construcción del derecho administrativo en el interés general es que este concepto acoge y asume, es lógico, tras lo que ya hemos comentado, a las demás nociones consideradas en algún momento piedras angulares de nuestra disciplina.

La dificultad primera para la definición del derecho administrativo, según MEILÁN GIL, proviene de la naturaleza esencialmente dinámica de su contenido. Esta naturaleza movediza, esencialmente mudable, le viene al derecho administrativo, en buena parte, de su vinculación a la política, de su deambular en el mundo de la oportunidad y de la conveniencia (WEIL). Por eso, la historia del derecho administrativo podría verse como una búsqueda incesante de títulos que justifiquen la intervención de quienes en cada momento son los responsables del poder político, o, también, como el resultado de una serie de tensiones en torno al poder. El derecho administrativo adquiere así cierto carácter de compromiso, presente en las propias entrañas del derecho y que para el derecho administrativo se manifiesta especialmente en su configuración moderna, tras la Revolución francesa.

En la década del ochenta del siglo pasado, empezó a utilizar la doctrina un término bien expresivo de un fenómeno que ciertamente había producido confusión y no poca inquietud en cuantos se dedican al estudio de nuestra disciplina: la huida del derecho administrativo. Expresión, me parece, con la que se pretendía, y todavía se pretende hoy, llamar la atención sobre la pérdida de influencia del derecho administrativo como ordenamiento matriz a partir del cual debía regirse jurídicamente toda actuación del aparato público, sea cual fuese su caracterización normativa. En el fondo, se añora la posición del derecho administrativo como derecho único sobre el que debe girar el régimen jurídico de la administración pública, olvidando, con más o menos intensidad, que existe un núcleo de principios constitucionales vinculados a las actividades administrativas y a los fondos públicos vinculados al interés general, que con su manto trascienden la naturaleza del derecho de que se trate en cada caso.

La caracterización del derecho administrativo con la perspectiva constitucional, al menos en España, trae consigo el replanteamiento de dogmas y criterios que han rendido grandes servicios a la causa y que, por tanto, deben sustituirse de manera serena y moderada por los principios que presiden el nuevo Estado social y democrático de derecho, por cierto muy diferente en su configuración, y en su presentación, del principio del nacimiento del Estado Providencia y al de las primeras nociones sobre la conformación y dirección de las tareas sociales como esencial función de competencia del Estado. Hoy, en mi opinión, la garantía del interés general es la principal tarea del Estado y, por ello, el derecho administrativo ha de tener presente esta realidad y adecuarse, institucionalmente, a los nuevos tiempos, pues de lo contrario perderá la ocasión de cumplir la función que lo justifica, cual es la mejor ordenación y gestión de la actividad pública con arreglo a la justicia.

Tradicionalmente, cuando nos hemos enfrentado con el arduo problema de seleccionar una perspectiva central sobre la cual montar todo el derecho administrativo, hemos acudido a la aproximación subjetiva, objetiva o mixta. Hoy me parece que situarse en la perspectiva del interés general ayuda a la comprensión de un sector del derecho público que trasciende sus fronteras naturales y que se proyecta sobre otras realidades, años ha vedadas al derecho administrativo, precisamente por la estrechez de miras que surge del pensamiento único, cerrado o estático. En todo caso, en el concepto de interés general que aquí se plantea puede encontrarse, desde luego, una noción que explica el sentido, naturaleza y funcionalidad del derecho administrativo del Estado social y democrático de derecho.

Parece también fuera de dudas que el derecho administrativo del siglo XXI es distinto del derecho del siglo pasado, en la medida en que el sustrato político y social que le sirve de base es muy distinto, como también es distinto el modelo de Estado actual. El derecho constitucional pasa, el derecho administrativo permanece, es una manida y reiterada frase acuñada según parece por OTTO MAYER que nos ayuda a entender que las instituciones típicas de la función administrativa, de una u otra forma, son permanentes, pudiendo variar obviamente la intensidad de la presencia de los poderes públicos de acuerdo con el modelo político del Estado en cada momento. Claro está, cuando me refiero al Estado, me refiero también, *mutatis mutandis*, a los diferentes entidades territoriales que disponen de autonomía para la gestión de sus intereses: comunidades autónomas y sectores locales en España, pues en ambos casos estamos en presencia de organismos públicos de inequívoca naturaleza estatal.

El entendimiento que tengamos del concepto del interés general a partir de la Constitución de 1978 va a ser capital para caracterizar el denominado derecho administrativo constitucional, que en dos palabras aparece vinculado al servicio objetivo, al interés y a la promoción de los derechos fundamentales de la persona. Quizás la perspectiva iluminista del interés general, de fuerte sabor revolucionario y que, en definitiva, vino a consagrar la hegemonía de la entonces clase social emergente que dirigió con mano de hierro la burocracia, hoy ya no es compatible con un sistema sustancialmente democrático en el que la administración pública, y quien la compone, lejos de plantear grandes o pequeñas batallas por afianzar su *statu quo*, debe estar plena y exclusivamente a disposición de los ciudadanos, pues no otra es la justificación constitucional de la existencia de la entera administración pública. En esta línea, el derecho administrativo constitucional plantea la necesidad de releer y repensar dogmas y principios considerados hasta no hace mucho como las señas de identidad de una rama del derecho que se configuraba esencialmente a partir del régimen de exorbitancia de la posición jurídica de la administración como correlato necesario de su papel de gestor, nada más y nada menos, que del interés general. Insisto, no se trata de arrumbar elementos esenciales del derecho administrativo, sino repensarlos a la luz del ordenamiento constitucional. Es el caso, por ejemplo, de la ejecutividad del acto, que no puede entenderse como categoría absoluta sino en el marco del principio de tutela judicial efectiva, como consecuencia de los postulados de un pensamiento compatible y complementario que facilita esta tarea.

Es decir, lo que está cambiando es, insisto, el papel del interés general que, desde los postulados del pensamiento abierto, plural, dinámico y complementario, aconseja el trabajo, ya iniciado hace algunos años entre nosotros, de adecuar las instituciones al modelo del Estado social y democrático de derecho que proclama nuestra Constitución de 1978. Tarea que se debe acometer sin prejuicios ni nostálgicos intentos de conservar radicalmente conceptos y categorías que hoy encajan mal con los criterios constitucionales. No se trata, de ninguna manera, de una sustitución *in toto* de un cuerpo de instituciones, conceptos y categorías, por otro; no, se trata de estar pendientes de la realidad social y constitucional para detectar los nuevos aires que han de alumbrar los nuevos conceptos, categorías e instituciones con que el derecho administrativo, desde este punto de vista, se nos presenta, ahora en una nueva versión más en consonancia con lo que son los elementos centrales del Estado social y democrático de derecho. Ello no quiere decir que estemos asistiendo al entierro de las instituciones clásicas del derecho administrativo. Más bien, hemos de afirmar que el nuevo derecho administrativo está demostrando que la tarea que tiene encomendada de garantizar y asegurar los derechos de los ciudadanos requiere una suerte de presencia pública, quizás mayor en intensidad que en extensión, que hace buena aquella feliz definición realizada por GONZÁLEZ NAVARRO del derecho administrativo como el derecho del poder para la libertad. Concepto muy en consonancia con el entendimiento del interés general en el Estado social y democrático de derecho.

Junto a la metodología que nos proporciona el acercamiento a las ciencias sociales desde los postulados del pensamiento abierto, plural, dinámico y complementario, es menester trabajar en el marco constitucional para extraer toda la fuerza, que no es poca, que la Norma Fundamental encierra para configurar un derecho administrativo más democrático en el que el servicio objetivo al interés general ayude a redefinir todos los privilegios y prerrogativas que no se compadecen con la existencia de una auténtica administración pública cada vez más consciente de su posición institucional en el sistema democrático.

De un tiempo a esta parte observamos notables cambios en lo que se refiere al entendimiento del interés general en el sistema democrático. Quizá, porque según transcurre el tiempo, la captura de este concepto por la entonces emergente burguesía —finales del siglo XVIII— que encontró en la burocracia un lugar bajo el sol desde el cual ejercer su poder, lógicamente ha ido dando lugar a nuevos enfoque más abiertos, más plurales y más acordes con el sentido de una administración pública que, como señala el artículo 103 de nuestra Constitución, "sirve con objetividad los intereses generales". Es decir, si en la democracia los agentes públicos son titulares de funciones de la colectividad y esta está llamada a participar en la determinación, seguimiento y evaluación de los asuntos públicos, la necesaria esfera de autonomía de la que debe gozar la propia administración ha de estar empapada de esta lógica de servicio permanente a los intereses generales. Y estos, a su vez, deben abrirse, tal y como ha establecido el Tribunal Constitucional, en sentencia de 7 de febrero de 1984, a los diversos interlocutores sociales, en un ejercicio continuo de diálogo, lo cual, lejos de echar por tierra las manifestaciones unilaterales de la actividad administrativa, plantea el desafío de construir las instituciones, las categorías y los conceptos de nuestra disciplina desde nuevos enfoques bien alejados del autoritarismo y el control del aparato administrativo por los que mandan en cada momento. No es una tarea sencilla porque la historia nos demuestra que la tensión que el poder político introduce en el funcionamiento administrativo a veces socava la necesaria neutralidad e imparcialidad de la administración en general y de los funcionarios en particular.

Hoy, sin embargo, la aguda crisis general que asola a occidente está demostrando que es posible, y de qué manera, que los intereses generales puedan volver a estar a merced de intereses de determinados grupos, empeñados en sacar partido, y beneficio, a un sistema de mercado montado sobre el lucro en el que el poder político, demasiado dependiente de los poderes financieros, ha terminado claudicando y dando paso a cierta unilateralidad en la regulación de los mercados. Es decir, volvemos a las andadas por no saber, por no querer, poner el interés general en el lugar que le corresponde, como piedra angular de la regulación que debe efectuar el poder público, siempre con el objetivo de la mejora de las condiciones de vida de todos los ciudadanos, no de un grupo, por importante o relevante que sea.

Instituciones señeras del derecho administrativo como las potestades de que goza la administración para cumplir con eficacia su labor constitucional de servir con objetividad los intereses generales (ejecutividad, ejecutoriedad, *potestas variandi*, responsabilidad patrimonial, potestad sancionadora...) requieren nuevos planteamientos, pues evidentemente nacieron en contextos históricos muy distintos y en sistemas políticos también bastante diferentes. Y, parece obvio, la potestad de autotutela de la administración no puede operar de la misma manera que en el siglo XIX por la sencilla razón de que el sistema democrático actual parece querer que el ciudadano, el administrado, ocupe una posición central y, por tanto, la promoción y defensa de sus derechos fundamentales no es algo que tenga que tolerar la administración sino, más bien, hacer posible y facilitar.

En la perspectiva cerrada de un interés general que es objeto de conocimiento, y casi del dominio de la burocracia, llegamos, por aplicación del pensamiento abierto, plural, dinámico y complementario, a otra manera de acercarse a lo común, a lo público, a lo general, en la que se parte del presupuesto de que siendo las instituciones públicas de la ciudadanía, los asuntos públicos deben gestionarse teniendo presente en cada momento la vitalidad de la realidad que emerge de las aportaciones ciudadanas. Por ello, vivimos en un tiempo de exaltación de la participación, quizás más como postulado que como realidad, a juzgar por las consecuencias que ha traído consigo un Estado de bienestar estático que se agotó en sí mismo y que dejó a tantos millones de ciudadanos desconcertados al entrar en crisis el fabuloso montaje de una intervención pública que no dudó, en muchos casos, en formalizar alianzas más o menos sutiles, tanto con el poder financiero como con el político y el mediático.

Hace algunos años, cuando me enfrentaba al problema de la definición del derecho administrativo al calor de las diferentes y variadas teorías que el tiempo ha permitido, lejos de entrar en el debate sobre cuál de las posiciones mayoritarias era la fetén, se me ocurrió que quizás el elemento clave para la definición podría encontrarse en el marco de lo que debía entenderse en cada momento por interés general. Más que en la presencia de la administración pública, para mí lo verdaderamente determinante del derecho administrativo es la existencia de un interés general que regular en el marco del modelo de Estado en vigor. Ahora, en el llamado Estado social dinámico o Estado de bienestar dinámico, como me gusta caracterizar el Estado social actual, es precisamente la idea del interés general, desde los postulados del pensamiento abierto, plural, dinámico y compatible, la matriz desde la cual se pueden entender los profundos cambios que se están operando en el seno del derecho administrativo moderno como puede ser el alumbramiento del concepto del servicio de interés general o la reconsideración de la autotutela y ejecutividad administrativa.

Hasta no hace mucho tiempo, bien lo sabemos, y algunos bien lo experimentaron, la sociología administrativa relataba con todo lujo de detalles las diferentes fórmulas de apropiación administrativa que distinguía tantas veces el intento centenario de la burocracia por controlar los resortes del poder. Afortunadamente, aquellas quejas y lamentos que traslucían algunas novelas de Pío Baroja sobre la actuación de funcionarios que disfrutaban vejando y humillando a los administrados desde su posición oficial, hoy es agua pasada. Por fortuna las cosas han cambiado y mucho, y en términos generales para bien. Siendo esto así, insisto, todavía quedan aspectos en los que seguir trabajando para que la ciudadanía pueda afirmar sin titubeos que la administración ha asumido su papel de organización al servicio y disposición del pueblo. Y, para ello, quienes hemos dedicado años de nuestra vida profesional a la administración sabemos que es menester seguir trabajando para que siga creciendo la sensibilidad del aparato público en general, y la de cada servidor público en particular, en cuanto a los derechos y libertades de los ciudadanos. Hoy el interés general mucho tiene que ver, con incrustar en el alma de las instituciones, categorías y conceptos del derecho administrativo, en un contexto de equilibrio poder-libertad que vaya abandonando la idea de que la explicación del entero derecho administrativo bascula únicamente sobre la persona jurídica de la administración y sus potestades, privilegios y prerrogativas.

El marco en el que debe explicarse el derecho administrativo español se encuentra en la Constitución de 1978. El derecho constitucional pasa, el derecho administrativo permanece, sentenció con perspicacia Otto Mayer, tal y como hemos recordado. Como señaló el juez Werner en esta línea, el derecho administrativo es el derecho constitucional concretado.

Una vez superadas las lógicas polémicas iniciales que se produjeron entre nosotros tras la aprobación de la Constitución entre el derecho administrativo y el constitucional, debe reconocerse que las líneas maestras sobre las que debe pivotar el derecho administrativo actual se encuentran en el conjunto de criterios, patrones, vectores y principios reconocidos en nuestra Constitución y que integran el marco del Estado social y democrático de derecho. Un modelo de Estado en el interés general, con su núcleo irreductible, indisponible, es, desde luego, fermento y causa del quehacer de la administración pública.

En el caso que nos ocupa, me parece menester analizar, siquiera sea brevemente, los artículos 9º, 10, 24, 31, 97 y 103 de la vigente Constitución ya que, junto al artículo 53.2, son los preceptos en los que encontramos un conjunto de principios y criterios que, procedentes de la matriz del Estado social y democrático de derecho, nos ayudan a reconstruir las categorías, conceptos e instituciones deudores de otros tiempos y de otros sistemas políticos de acuerdo con el marco constitucional actual. El estado actual de la bibliografía española de derecho administrativo demuestra hasta qué punto, y con qué vitalidad, disponemos ya de un sinfín de estudios e investigaciones sobre la adecuación a la Constitución de las principales instituciones que han vertebrado nuestra disciplina, que a las claras demuestra cómo la doctrina tiene bien presente esta tarea.

Entre estos preceptos, como ya hemos indicado, ocupa un lugar destacado el artículo 103 que, en mi opinión, debe interpretarse de acuerdo con todos los artículos de nuestra Carta Magna que establecen determinadas funciones propias de los poderes públicos en un Estado social y democrático de derecho, como suelo apostillar, dinámico. Dicho artículo, como bien sabemos, dispone, en el primer párrafo: "La administración pública sirve con objetividad los intereses generales y actúa de acuerdo con los principios de eficacia, jerarquía, descentralización, desconcentración y coordinación, con sometimiento pleno a la ley y al derecho".

La administración pública (la estatal, la autonómica o la local, porque se usa deliberadamente el singular para referirse a todas), sirve con objetividad el interés general. Me parece que es difícil haber elegido mejor la caracterización de la función administrativa en el Estado social y democrático de derecho. Primero, porque la expresión *servicio* indica certeramente el sentido y alcance del papel de la administración en cuanto a la ciudadanía. En sentido contrario, bien se puede afirmar que la administración en una democracia no es, ni mucho menos, ni la dueña del interés general, ni la dueña de los procedimientos, ni la dueña de las instituciones públicas. Esta, debe estar, a disposición de la mejor gestión de lo común, de lo de todos.

Segundo, porque la instauración del sistema constitucional en las democracias supone un paso relevante en orden al necesario proceso de objetivación del poder que supone la victoria del Estado liberal de derecho sobre el antiguo régimen. La referencia, pues, a la objetividad es capital. Tiene dos dimensiones, según la apliquemos a la organización administrativa en general o a los empleados públicos. En todo caso, lo que me interesa subrayar es que se pretende eliminar del ejercicio del poder público toda reminiscencia de arbitrariedad, de abuso; en definitiva, de ejercicio ilimitado y absoluto del poder. Por eso, este debe ser una función pública de servicio a la comunidad, en la que hay evidentes límites. Claro que al ser hombres y mujeres los titulares del poder, las grandezas y servidumbres de la condición humana según la categoría moral de quien lo ejerza, arrojarán distintas posibilidades. Ahora bien, la objetividad entraña, como hábito fundamental, la motivación de la actuación administrativa, impidiendo la existencia de espacios de oscuridad o de impunidad, áreas en las que normalmente florece la arbitrariedad, sorprendentemente *in crescendo*, a juzgar por las estadísticas de actuaciones administrativas merecedoras de tal calificación por los tribunales de justicia.

Y, en tercer lugar, la referencia central al interés general me parece que ofrece una pista muy pero que muy clara sobre cuál puede ser el elemento clave para caracterizar la administración pública hoy y, en el mismo sentido, el derecho administrativo. Entiendo que la tarea de servicio objetivo a los intereses generales es precisamente la justificación esgrimida para comprender los cambios que se están produciendo, pues no parece compatible la función constitucional por excelencia de la administración pública actual con los privilegios y prerrogativas de una administración autoritaria que vivía en un contexto de unilateralidad y de, escrito en castellano castizo, "ordeno y mando". Por eso, el entendimiento abierto, plural, dinámico y compatible del interés general está ayudando sobremanera a construir nuevos espacios de equilibrio sobre los que hacer descansar este nuevo derecho administrativo.

Pero, no podemos dejar sin considerar, tratándose del artículo 103 de nuestra Constitución, que la administración está sometida a la ley y al derecho. La llegada del Estado liberal, como sabemos, supone la victoria del principio de juridicidad y la muerte del capricho y la ilimitación como fundamentos de un puro poder de dominio que caracterizaba la actuación del rey. El poder, ahora, no es absoluto, está limitado y sea cual fuese la versión del principio de legalidad que sigamos, lo cierto es que la administración debe actuar en el marco de la ley. Además, con buen criterio se consagra el principio de sometimiento total de la actividad administrativa y, también, de proyección de todo el ordenamiento en sentido amplio sobre dicha actuación administrativa. Esto quiere decir, que junto a las leyes, también los jueces, al analizar la adecuación a derecho o no de la actividad administrativa, pueden echar mano de otras fuentes del derecho que, como los principios generales, han ocupado, como sabemos, un lugar destacado por derecho propio en la propia historia del derecho administrativo, porque el principio de legalidad debemos entenderlo como sujeción y sometimiento de toda la actividad de administración al ordenamiento jurídico en su conjunto.

En efecto, la alusión al derecho en este precepto de la Constitución hemos de interpretarla en el sentido de que el ordenamiento a que puede someterse la administración es el público o el privado. En realidad, y en principio, no pasa nada porque la administración pueda actuar en cada caso de acuerdo con el ordenamiento que mejor le permita conseguir sus objetivos constitucionales. En unos casos será el derecho administrativo, el laboral o el civil o mercantil. Eso sí, hay un límite que no se puede sobrepasar sea cual fuese el derecho elegido. No es otro que el del pleno respeto al fundamento de lo público que siempre está insito en la utilización de fondos de tal naturaleza para cualesquiera actividades de interés general. Por eso, aunque nos encontremos en el reino del derecho privado, la sociedad pública u órgano instrumental de que se trate debe cumplir con los principios de mérito y capacidad para la selección y promoción de su personal y con los principios de publicidad y concurrencia para la contratación. He aquí, de nuevo, otra consecuencia no menor de la centralidad del interés en el funcionamiento de la administración y en su sometimiento al principio de juridicidad.

Por tanto, la pretendida huida del derecho administrativo al derecho privado no es tal. En todo caso, la necesidad de servir objetivamente los intereses generales también se puede hacer en otros contextos normativos, siempre que la administración justifique racionalmente por qué en determinados casos acude al ordenamiento privado. La realidad, sin embargo, ha demostrado hasta la saciedad que lo que ha ocurrido, y no pocas veces, es que la administración ha actuado pura y simplemente al margen del derecho.

El artículo 103 de la Constitución debe ser el precepto de cabecera que propicie los cambios que todavía hoy espera la administración pública. Cuestión que, en España, aún precisa nuevos impulsos, pues a pesar de que todos los gobiernos han intentado mejorar el funcionamiento del aparato administrativo, la realidad, mal que nos pese, nos enseña que todavía la opinión de la ciudadnía en cuanto a la administración pública dista de ser la que cabía esperar del marco constitucional y del tiempo transcurrido desde 1978.

La idea de servicio tiene mucho que ver, me parece, con la crisis fenomenológica de este concepto en un mundo en el que prima ordinariamente el éxito económico, la visualización del poder y el consumo impulsivo, que trae consigo esta especie de dictadura de la tecnoestructura desde la que se aspira a manejar como marionetas a los ciudadanos. Hoy, estar al servicio de los ciudadanos parece tantas veces algo cándido, ingenuo, angelical, propio de otro mundo, que no reporta utilidad y que, por ello, es un mal que hay que soportar lo mejor que se pueda. La solución del problema, insisto, es de dimensión cultural y política: poner en el corazón del orden económico y social la dignidad igual de todos los seres humanos y sus derechos inalienables. Promover el valor del servicio público como algo positivo, incardinado en el progreso de un país, como algo que merece la pena, como algo que dignifica a quien lo practica... constituyen reflexiones que se deben transmitir desde la educación en todos los ámbitos. Si estas ideas no se comparten, no solo en la teoría, por más normas, estructuras y funcionarios que pongamos en danza, estaremos perdiendo el tiempo derrochando el dinero del común. Así está aconteciendo en esta aguda crisis económica y financiera, también de valores, que estamos sufriendo en este tiempo. De ahí que este criterio constitucional que define la posición institucional de la administración pública sea central en la reforma y modernización permanente de la administración pública.

La objetividad de ese servicio, ya lo hemos señalado, es otra nota constitucional de gran alcance que nos ayuda a encontrar un patrón al cual acudir para evaluar la temperatura constitucional de las reformas emprendidas y, sobre todo, el quehacer de la administración pública en su conjunto. La objetividad supone, en alguna medida, la ejecución del poder con arreglo a determinados criterios encaminados a que resplandezca siempre el interés general, no el personal, de grupo o de facción. Lo cual, a pesar del tiempo transcurrido desde la Constitución de 1978, no podemos decir que se encuentre en una situación óptima, pues todos los gobiernos han intentado, unos más que otros, abrir los espacios de la discrecionalidad y reducir las áreas de control, por la sencilla razón de que erróneamente se piensa tantas veces que la acción de gobierno, para ser eficaz, si se libera de cuantos más controles, mejor. Es más, existe una tendencia general a que el gobierno vaya creando, poco a poco, estructuras y organismos paralelos a los de la administración clásica con la finalidad de asegurarse el control de las decisiones que adoptan. En el fondo, en estos planteamientos late un principio de desconfianza ante la administración pública que, en los países que gozan de cuerpos profesionales de servidores públicos, carece de toda lógica y justificación.

Con todo, no se puede olvidar que las reformas administrativas deben inscribirse en un contexto en el que la percepción ciudadana y, lo que es más importante, la realidad, trasluzcan el seguimiento, siempre y en todo caso, del interés general como tarea esencial de la administración pública, valga la redundancia, en general, y de sus agentes, en particular. Pero interés general no entendido en las versiones unilaterales y cerradas de antaño sino desde la consideración de que el principal interés general en un Estado social y democrático dinámico reside en la promoción y efectividad del ejercicio de las libertades solidarias de parte de todos los ciudadanos, especialmente los más desfavorecidos. El aseguramiento y la garantía de que tales derechos se van a poder realizar en este marco ayuda sobremanera a calibrar el sentido y alcance del concepto del interés general en el nuevo derecho administrativo.

Siendo, como es, el interés general el elemento clave para explicar la funcionalidad de la administración pública en el Estado social y democrático de derecho, interesa ahora llamar la atención sobre la proyección que la propia Constitución atribuye a los poderes públicos en esta consideración.

Si leemos con detenimiento nuestra Carta Magna desde el principio hasta el final, encontraremos una serie de tareas que la Constitución encomienda a los poderes públicos y que se encuentran perfectamente expresadas en su preámbulo cuando se señala que la nación española proclama su voluntad de "proteger a todos los españoles y pueblos de España en el ejercicio de los derechos humanos, sus culturas y tradiciones, lenguas e instituciones". Más adelante, el artículo 9.2 dispone que los poderes públicos deben remover los obstáculos que impidan el ejercicio de la libertad y la igualdad promoviendo dichos valores constitucionales. En materia de derechos fundamentales, también la Constitución, como lógica consecuencia de lo dispuesto en el artículo 10 de la Carta Magna, atribuye a los poderes públicos su aseguramiento, reconocimiento, garantía y protección. En el mismo sentido, por lo que se refiere a los principios rectores de la política económica y social, la Constitución utiliza prácticamente las mismas expresiones.

Estos datos de la Constitución nos permiten pensar que, en efecto, el derecho administrativo en cuanto ordenamiento regulador del régimen de los poderes públicos tiene como espina dorsal la contemplación jurídica del poder para las libertades.

Esta función de garantía de los derechos y libertades define muy bien el sentido constitucional del derecho administrativo y trae consigo una manera especial de entender el ejercicio de los poderes en el Estado social y democrático de derecho. La garantía de los derechos, lejos de patrocinar versiones reduccionistas del interés general, tiene la virtualidad de situar en el mismo plano el poder y la libertad, o si se quiere, la libertad y solidaridad como dos caras de una misma moneda. No es que obviamente sean conceptos idénticos. No. Son conceptos diversos, sí, pero complementarios. Es más, en el Estado social y democrático de derecho son conceptos que deben plasmarse en la planta y esencia de todas y cada una de las instituciones, conceptos y categorías del derecho administrativo.

Por ejemplo, en materia de derechos fundamentales el artículo 27.3 dispone que "los poderes públicos garantizarán el derecho que asiste a los padres para que sus hijos reciban la formación religiosa y moral que esté de acuerdo con sus propias convicciones". Precepto que expresa la dimensión de la libertad educativa proyectada sobre los padres, sus titulares. Garantizar el ejercicio de un derecho fundamental, siguiendo el artículo 9.2 de la Carta Magna, implica una disposición activa de los poderes públicos a facilitar la libertad. Es decir, se trata de que la administración establezca las condiciones necesarias para que esta libertad de los padres se pueda realizar con la mayor amplitud posible, lo que contrasta, y no poco, con la actividad de cierta tecnoestructura que todavía piensa que el interés general es suyo, encomendando el ejercicio de dicha libertad a órganos administrativos. Promover, proteger, facilitar, garantizar o asegurar las libertades constituye, pues, la esencia de la tarea de los poderes públicos en un Estado social y democrático de derecho. Por ello la actuación administrativa de los poderes públicos debe estar presidida por estos criterios.

Más intensa, todavía, es la tarea de garantía y aseguramiento de los principios rectores de la política económica y social. En este sentido, el artículo 39 de la Constitución española señala en el párrafo primero que los poderes públicos aseguran la protección social, económica y jurídica de la familia. Es decir, el conjunto de los valores y principios rectores de la política social y económica, entre los que se encuentra la familia, deben ser garantizados por los poderes públicos, de ordinario mediante la actividad legislativa y, sobre todo, desde la función administrativa. Protección de la familia, promoción de las condiciones favorables para el progreso social y económico y para una distribución de la renta regional y personal más equitativa (art. 40). Garantía de un sistema público de seguridad social (art. 41), protección de la salud (art. 43), derecho al ambiente (art. 45), derecho a la vivienda (art. 47). En estos supuestos se vislumbra una considerable tarea de los poderes públicos por asegurar, garantizar, proteger y promover estos principios, lo que, pensando en el derecho administrativo, supone un protagonismo de nuestra disciplina en la perspectiva del Derecho del poder para la libertad, insospechado años atrás.

El artículo 53 de la Constitución dispone: "El reconocimiento, el respeto y la protección de los principios reconocidos en el capítulo tercero (de los principios rectores de la política social y económica) informarán la legislación positiva, la práctica judicial y la actuación de los poderes públicos". Pienso que para un profesor de derecho administrativo no debe pasar inadvertido que dicho precepto está recogido bajo la rúbrica de la protección de los derechos fundamentales, lo cual nos permite señalar que en la tarea de promoción, aseguramiento y garantía de los principios rectores de la política social y económica, los derechos fundamentales tienen especial funcionalidad. Es decir, la acción de los poderes públicos en estas materias debe orientarse a que se ejerzan en las mejores condiciones posibles todos los derechos fundamentales de los españoles.

Esta reflexión empalma perfectamente con el sentido y alcance del interés general en el Estado social y democrático de derecho, en la medida en que, como ya señalé, hoy el interés general tiene mucho que ver con los derechos fundamentales de las personas. En efecto, el Tribunal Constitucional no ha dudado en reconocer "el destacado interés general que concurre en la protección de los derechos fundamentales" (sent. de 16 de octubre de 1984), por lo que, lógicamente, la acción netamente administrativa de los poderes públicos debe orientarse a que precisamente los derechos fundamentales, los derechos de los ciudadanos en general, podríamos escribir, resplandezcan en la realidad, en la cotidianeidad del quehacer administrativo. En este sentido, parte muy considerable del derecho administrativo que denomino constitucional debe estar abierto a proyectar toda la fuerza jurídica de los derechos fundamentales sobre el entero sistema del derecho administrativo: sobre todos y cada uno de los conceptos, instituciones y categorías que lo conforman. Obviamente, la tarea comenzó al tiempo de la promulgación de la Constitución, pero todavía queda un largo trecho para que, en efecto, las potestades públicas se operen con esta perspectiva. Ciertamente, las normas jurídicas son muy importantes para luchar por un derecho administrativo a la altura de los tiempos, pero no lo son todo: es menester que en el ejercicio ordinario de las potestades, quienes son sus titulares estén embebidos de esta lógica constitucional, pues, de lo contrario, se puede vivir en un sistema formal en el que, en realidad, pervivan hábitos y costumbres propios del pensamiento único y unilateral aplicado al interés general.

En este contexto, se entiende perfectamente que el ya citado artículo 9.2 de la Constitución implique no solo el reconocimiento de la libertad e igualdad de las personas o de los grupos en que se integran, sino que, y esto es lo relevante en este momento, dicho precepto demanda de los poderes públicos la tarea de facilitar el ejercicio de las libertades removiendo los obstáculos que impidan su realización efectiva, lo que poco tiene que ver con una administración que se permite, nada más y nada menos, interferir en el ejercicio de determinadas libertades públicas y derechos fundamentales

En efecto, el citado artículo 9.2 establece, como ya hemos señalado, el principio promocional de los poderes públicos. Principio que tiene una dimensión positiva y otra negativa. La negativa se refiere a la remoción de obstáculos que dificulten el ejercicio de la libertad y la igualdad por los ciudadanos individualmente considerados o en los grupos en que se integren. Y la positiva alude a "promover las condiciones para que la libertad y la igualdad del individuo y de los grupos en que se integra sean reales y efectivas".

Ambas dimensiones, la positiva y la negativa, tienen tanta trascendencia que, en alguna medida, puede decirse que ayudan a entender el sentido del nuevo derecho administrativo que la propia realidad nos exige. Primero, porque el precepto le encomienda a la administración pública establecer las condiciones que hagan posible la libertad y la igualdad, comprometiéndose en la promoción de dichos valores constitucionales. Y, segundo, porque el precepto establece un límite a la acción de los poderes públicos en cuanto manda a la administración impedir u obstaculizar a las personas y grupos en que se integren el ejercicio de la libertad y la igualdad. En otras palabras: el derecho administrativo constitucional debe, mediante sus fuentes, facilitar el ejercicio de los derechos fundamentales, singularmente la libertad y la igualdad. A la misma conclusión llegaremos a partir del artículo 53.3 de la Constitución, tal como, en algún sentido, se ha comentado ya.

En el artículo 10.1 de la Carta encontramos una declaración en la que el constituyente señala, con solemnidad, cuáles son los fundamentos del orden político y la paz social, conceptos obviamente vinculados a lo que puede entenderse por interés general constitucional: la dignidad de la persona, los derechos inviolables que le son inherentes, el libre desarrollo de la personalidad, el respeto de la ley y de los derechos de los demás. Por tanto, en otra perspectiva, resulta que efectivamente la dignidad de la persona, el libre desarrollo de la personalidad y los derechos fundamentales se nos presentan en el centro del interés general y, por ello, deben considerarse componentes esenciales de un derecho administrativo concebido como derecho del poder público para la libertad de los ciudadanos. De esta manera puede comprenderse mejor el alcance de la jurisprudencia constitucional citada así como algunas afirmaciones de la doctrina científica que no han dudado en destacar el interés general existente en la promoción y defensa de los derechos fundamentales de la persona.

El artículo 24.1 de la Constitución española es, probablemente, uno de los preceptos que más incidencia ha tenido y está teniendo en la transformación del derecho administrativo actual. Esto es así porque un derecho administrativo montado sobre una versión absoluta de la autotutela administrativa necesariamente choca, y a veces frontalmente, con una disposición que reza: "Todas las personas tienen derecho a obtener la tutela efectiva de los jueces y tribunales en el ejercicio de sus derechos e intereses legítimos, sin que, en ningún caso, pueda producirse indefensión". Los términos del artículo son bien claros y requieren la revisión de algunos dogmas del derecho administrativo en que se confiere a la propia administración pública la condición simultánea de juez y parte. Ahora, la tutela más importante está radicada en los tribunales y, por otra parte, la prohibición de la indefensión nos plantea no pocos problemas con interpretaciones unilaterales de la ejecutividad y ejecutoriedad administrativa. De ahí, por ejemplo, el efecto de este precepto en la construcción de una justicia cautelar que sitúe en un contexto de equilibrio estos principios.

El artículo 31.2 dispone: "El gasto público realizará una asignación equitativa de los recursos públicos y su programación y ejecución responderán a los criterios de eficiencia y economía". Traigo a colación este precepto porque desde el punto de vista jurídico establece algunos criterios constitucionales que están muy conectados con el funcionamiento de la Administración pública, y por ello, del derecho administrativo. La equidad en la asignación del gasto público trae consigo muy importantes consideraciones en toda la teoría de la planificación económica y, por ello, en las políticas públicas económicas y presupuestarias. En el mismo sentido, los criterios de eficiencia y economía ayudan a entender el significado de determinadas políticas públicas instrumentadas por medio del derecho administrativo que desconocen el contenido general de estos principios o patrones constitucionales.

Por su parte, el artículo 53.3 de la Constitución, referido como corolario necesario de la cláusula del Estado social de derecho, dispone, en sede de garantías de libertades y derechos fundamentales, que los principios rectores de la política social y económica "informarán la legislación positiva, la práctica judicial y la actuación de los poderes públicos". Es decir, los poderes públicos, además de estar vinculados por los derechos fundamentales (CE, art. 53.1) deben tener presente en su actuación los principios rectores señalados en los artículos 39 a 52 de la Constitución. El interés general, pues, tiene papel central en la conformación del derecho administrativo constitucional.

La sucesión de las distintas aproximaciones que han buscado la noción clave del derecho administrativo —subjetivas, objetivas o mixtas—, por unas u otras razones no ha podido erigirse en piedra angular del derecho administrativo. El interés general, en cambio, puede decirse que las engloba, pues hace referencia a la administración pública, institución por excelencia dedicada a la preservación del interés general, y también obviamente a la función administrativa u objeto principal del poder público, y a las diferentes combinaciones de unas y otras propuestas de definición. SAYAGUÉS LASO afirmaba que la función administrativa consistía en la realización concreta de los cometidos materiales que requerían una ejecución material, y MARIENHOFF señaló atinadamente que esta tarea era básicamente de satisfacción de las necesidades de la comunidad y de los individuos que la componían. He aquí, pues, la indisoluble integración que debe producirse en el seno del interés general: necesidades comunes y de las personas en cuanto integrantes del cuerpo social.

ESCOLA nos ha recordado que desde el punto de vista etimológico, administrar hace referencia al manejo, gobierno o dirección de un interés encaminado a un fin. Toda administración está vinculada a fines. Se administra *para*. Si este pensamiento lo trasladamos al derecho administrativo, más propiamente a la administración pública, entonces su actividad se orienta a la satisfacción de fines de interés general, a la consecución de los fines del Estado. Es decir, la administración está vinculada por el interés general. En concreto, es el servicio objetivo al interés general, como señala la Constitución española, el objeto esencial de la administración pública. Las exigencias del interés general según ESCOLA se derivan de las normas jurídicas, leyes y normas administrativos, fundamentalmente. Pero también de principios y criterios propios del Estado social y democrático de derecho, como pueden ser el principio de racionalidad, de interdicción de la arbitrariedad, de confianza legítima o, entre otros, de seguridad jurídica.

La desviación de poder es la institución del derecho administrativo que garantiza que el quehacer administrativo discurra siempre por los derroteros del interés general. En caso de que los derechos de los ciudadanos deban ser sacrificados en aras del interés general, caso de la expropiación forzosa, por ejemplo, ESCOLA recuerda que tal operación es posible con la condición de que los particulares en estos casos reciban la correspondiente indemnización de manera que se garantice el principio de equilibrio patrimonial. La preferencia o supremacía del interés general sobre el particular se justifica por razones de preservación de necesidades colectivas y tiene, como veremos, algunos límites que condicionan su proyección sobre la realidad.

Cuando ESCOLA trata de la actividad administrativa la califica con las siguientes propiedades. Es una función del Estado, es concreta, procura la satisfacción directa de las necesidades de la colectividad y, con ello, las de las personas que la componen, está bajo la égida del orden jurídico, es una actividad práctica y continuada, subordinada y esencialmente teleológica. Es decir, está ordenada *per se* a alcanzar una finalidad y un objetivo: el interés general, que ESCOLA denomina *fin superior del Estado*.

El interés general está ínsito en la misma actividad administrativa, porque es su causa y su fin. La administración existe y se justifica constitucionalmente en la medida en que su actuación se ordena al servicio objetivo al interés general. Un interés general que tiene una dimensión amplia y un aspecto concreto armoniosamente sincronizados. ESCOLA subraya más la dimensión concreta al caracterizar ese quehacer del Estado como una actividad práctica, continuada, sometida al ordenamiento jurídico en su conjunto, subordinada al poder ejecutivo y esencialmente destinada al interés general. La dimensión teleológica, finalista, del derecho administrativo, al menos en el marco del Estado social y democrático de derecho, asume así un liderazgo en el que la dimensión objetiva, subjetiva y mixta tienen su papel y su influencia.

El interés público según ESCOLA es un elemento constitutivo de la noción de administración pública. Las necesidades y fines a esta se ordena están conectados, es obvio, a la satisfacción del interés general. En cambio, cuando el interés general no es causa y fin de la actividad administrativa, tal quehacer está carente de legitimidad, es inconveniente, y los poderes y potestades que se ejercen de esta forma son ilícitos y lesionan gravemente el interés general. ESCOLA señala atinadamente, en este sentido, que la sociedad, la comunidad, la colectividad, no existen para el Estado o para la administración pública. Más bien, aquel y esta existen y tienen su razón de ser en la medida en que con ellos se mejoran permanentemente las condiciones de vida de los ciudadanos. La persona, el ciudadano, no existe para la administración. Esta existe y se justifica constitucionalmente en la medida en que con su actividad se mejoran las condiciones de vida de los habitantes, de forma que puedan ejercer la libertad solidariamente. Los poderes y potestades están destinados al bienestar general de todos los ciudadanos, concepto que como recuerda ESCOLA, lleva implícito el bienestar de cada uno de nosotros, nuestra real y efectiva felicidad y realización como individuos y que en opinión de este profesor argentino, no puede existir sin unión nacional, sin justicia, sin paz interior y sin el imperio del derecho. No es, ni mucho menos, una fórmula vacía que se baste por sí misma, sino condición que nos asegura los beneficios de la libertad y que mediante ella nos permite alcanzar nuestra plena perfección.

En fin, la cuestión del interés general en el Estado social y democrático, como ahora analizaremos, es que su definición y aplicación de parte del Estado, si no cuentan con la participación ciudadana, pueden ir poco a poco horadando la iniciativa y la responsabilidad de las personas hasta convertirlas en marionetas a merced de los que mandan. Es célebre, en este sentido, como recuerda Escola, la paradoja de Ripert cuando señala, nada menos que en 1949, que el ser humano permanece doblegado para ser protegido y sueña sin cesar con la desobediencia, que podría ser más conveniente que la servidumbre. Este es el gran drama de nuestro tiempo que la crisis económica y financiera ha venido a agudizar: muchos ciudadanos buscan sin cesar el cobijo del Estado sin caer en la cuenta de que, realmente, el grado de dependencia en que se van a encontrar será creciente. El interés general rectamente entendido en el marco del Estado social y democrático de derecho, sin embargo, no postula, ni mucho menos, que la intervención del Estado facilite ese grado de servidumbre. Por el contrario, la acción pública debe dirigirse a fomentar la libertad solidaria de los ciudadanos. Es verdad, quién podrá negarlo, el Estado tiene una finalidad que cumplir. Pero el modo en que satisface y sirve objetivamente al interés general no lo legitima ni lo habilita a enjaular cada vez más a los ciudadanos, hasta convertirlos en sujetos inertes, meros recipiendarios de bienes y servicios públicos. La acción del Estado más bien debe orientarse a incentivar, facilitar, promover, hacer posible que cada ser humano se desarrolle en libertad solidaria según su proyecto vital.

BIBLIOGRAFÍA

Alcubilla: *Diccionario de la administración española*, Madrid, 1917.

Alessi, Renato: *Principi di diritto amministrativo,* t. i, Milano, I soggeti attivi e l'esplicazione della funzione amministrativa, 1978.

—: *Principi di diritto amministrativo*, Milano, Giuffrè, 1966.

Alexy, Robert: *Teoría de los derechos fundamentales,* Madrid, Centros de Estudios Políticos y Constitucionales, 2007.

Amaral, Diogo Freitas do: *Curso de direito administrativo*, v. ii, Coimbra, 2001.

Bacellar Filho, Romeu Felipe: "A noção jurídica de interesse público no Direito Administrativo brasileiro" (D. Wunder Hachem, coord.) en *Direito Administrativo e Interesse Público: Estudos em homenagem ao Professor Celso Antônio Bandeira de Mello*, Belo Horizonte, 2010.

—: "Dignidade da pessoa humana, garantia dos direitos fundamentais, direito civil, direitos humanos e tratados internacionais" (F. Motta, org.), en *Direito Público Atual: estudos em homenagem ao Professor Nélson Figueiredo*, Belo Horizonte, 2008.

—: "A jurisdição administrativa no direito comparado: confrontações entre o sistema francês e o brasileiro", en *Reflexões sobre Direito Administrativo*, 2009.

—: "Ética pública e Estado Democrático de Direito", en *Revista Iberoamericana de Derecho Público y Administrativo*, núm. 3, 2003.

BARROSO, LUIS ROBERTO: "Prefácio: O Estado contemporâneo, os direitos fundamentais e a redefinição da supremacia do interesse público", en *Interesses públicos versus interesses privados: desconstruindo o princípio de supremacia do interesse público* (D. Sarmento, org.), 3ª ed., Rio de Janeiro, Lúmen Juris, 2010.

BASSI: "Brevi note sulla nozione di interesse pubblico", en *Studi in onore di Feliciano Benvenuti,* vol. I, Modena, 1996.

BAZÁN, VÍCTOR (Coord.): *Defensa de la Constitución: garantismo y controles. Libro en reconocimiento al Doctor Germán J. Bidart Campos*, Buenos Aires, Ediar, 2003.

BINENBO, J. M. G.: "Da supremacia do interesse público ao dever de proporcionalidade: um novo paradigma para o Direito Administrativo", en *Interesses públicos versus interesses privados: desconstruindo o princípio de supremacia do interesse público* (D. I Sarmento, org.), 3ª ed., Rio de Janeiro, Lúmen Juris, 2010.

BODENHEIMER, EDGAR: "Prolegômenos de uma teoria do interêsse público", en *O interesse público,* (C. J. Friedrich, org.), Rio de Janeiro, 1967.

BOLGÁR, VERA: "L'intérêt général dans la théorie et dans la pratique", en *Revue Internationale de Droit Comparé*, vol. 17, núm. 2, 1965.

BRITO, MARIANO: "Principio de legalidad e interés público en el derecho positivo uruguayo", en *Derecho Administrativo: su permanencia, contemporaneidad, prospectiva*, Montevideo, 2004.

CAMMEO, FEDERICO: *Comentario alla legge sulla Giustizia Amministrativa*, Milano, 1943.

CASSESE, SABINO: "Le droit puissant et unique de la société. Paradossi del diritto amministrativo", en *Rivista Trimestrale di Diritto pubblico*, núm. 4, Milano, 2000.

—: *Las bases del derecho administrativo,* Madrid, Instituto Nacional de Administración pública, 1994.

CASSINELLI, C. W.: "O interêsse publico na ética política", en *O interesse público*, Rio de Janeiro, 1967.

CASTELLA ANDREU, JOSEP MARIA: *Transformaciones de la estrutura del poder estatal en el marco de la globalización. Apuntes para un debate*, Zaragoza, Fundación Manuel Giménez Abad, 2013.

CHAPUS, RENÉ: "Le service public et la puissance publique", en *Revue du Droit Public et de la Science Politique en France et à l'étranger*, vol. 84, núms.1-3, Paris, 1968.

CHEVALLIER, JEAN-JACQUES: "L'intérêt général dans l'Administration française", en *Revue Internationale des Sciences Administratives*, vol. 41, núm. 4, Bruylant, 1975.

—: "Le concept d'intérêt en science administrative" vol. 1, 1990.

—: "Reflexions sur l'idéologie de l'intérêt généra", en *Variations autour de l'idéologie de l'intérêt général,* vol. 1, Centre Universitaire de Recherches Administratives et Politiques de Picardie, 1978.

CLAMOUR, GUYLAIN: *Intérêt général et concurrence: essai sur la pérennité du droit public en économie de marché*, Paris, Dalloz, 2006.

Clèmerson, Merlin Clève: "A eficácia dos direitos fundamentais sociais", en *Crítica Jurídica: Revista Latinoamericana de Política, Filosofia y Derecho*, vol. 22, jul./dic. 2003.

Colmeiro, Manuel: *Derecho administrativo español,* t. ii, Madrid y Santiago, Impr. de Hilario Martínez, 1850.

Comadira, Julio / Ivanega, Miriam (Coords.): *Derecho administrativo, Libro en homenaje al Profesor Doctor Julio Rodolfo Comadira*, Buenos Aires, Ad-Hoc, 2009.

Consejo de Estado de Francia: *Rapport de 1999 sobre El interés general.*

Cores, Carlos Andrés de / Cal, Juan Manuel: "El concepto de interés público y su incidencia en la contratación administrativa", en *Revista de Derecho*, núm. 11, 2007.

Correa Fontecilla, J.: "Algunas consideraciones sobre el interés público en la política y el derecho", en *Revista Española de Control Externo*, núm. 24, 2006.

Costaldello, A. C.: "A supremacia do interesse público e a cidade: a aproximação essencial para a efetividade dos direitos fundamentais", en *Direito Administrativo e Interesse Público: Estudos em homenagem ao Professor Celso Antônio Bandeira de Mello* (Coords. R. F. Bacellar Filho, D. W. Hachem), Belo Horizonte, 2010.

D'Argenio, I.: "La ideología estatal del interés general en el Derecho administrativo", *Derecho Administrativo, Revista de Doctrina, Jurisprudencia, Legislación y Práctica*, núm. 59, 2007.

Dahrendorf, Ralf: *Sociedad y libertad*, Madrid, Tecnos, 1971.

Deswarte, M. P.: "Intérêt général, bien commun", en *Revue du Droit Public et de la Science Politique en France et à l'étranger*, núm. 5, 1988.

Di Pietro, Mª S. Z.: "O princípio da supremacia do interesse público", en *Interesse Público,* núm. 56, 2009.

Di Pietro, Mª S. Z. y Ribeiro, C. V. A. (Coords.): *Supremacia do interesse público e outros temas relevantes do Direito Administrativo*, São Paulo, Atlas, 2010.

Diez Moreno, F.: *El Estado social,* Madrid, Centro de Estudios Constitucionales, 2004.

Doehring, Karl: "Socialzstaat Rechtsstaat und Freinheitlich-Demokratische Grundorduung", en *El Estado social*, Madrid, 1987.

Duguit, Léon: *Les transformations du droit public,* Paris, Armand Colin, 1913.

Dupuis, G. / Guédon, M. J. / Chrétien, P.: *Droit administratif,* 10ª ed., Paris, 2007.

Durán Martínez, Augusto: "Derechos prestacionales e interés público", en *Direito Administrativo e Integração Regional: Anais do V Congresso de Direito Público do Mercosul e do X Congresso Paranaense de Direito Administrativo* (R. Bacellar Filho y G. A. Pazinato da Silva, Coords.), Belo Horizonte, 2010.

Eisenmann, Charles: *Cours de droit administratif,* t. i, Paris, 1962.

Escola, Héctor J.: *El interés público como fundamento del derecho administrativo,* Buenos Aires, Edic. Depalma, 1989.

Esser, Josep: *Grundsatz und Norm in der richterlichen Fortbildung des Privatrechts,* Tübingen, 1956.

ESTORNINHO, M. J.: *A fuga para o Direito Privado: contributo para o estudo da actividade de direito privado da Administração Pública*, 2ª reimp., Coimbra, 2009.

FERNÁNDEZ RUIZ, JORGE (Coord.): *Derecho administrativo: memorias del Congreso Internacional de Culturas y Sistemas Jurídicos Comparados,* México, D. F., 2005.

FERRARI, R. M. N.: "A constitucionalização do Direito Administrativo e as políticas públicas", en *A&C. Revista de Direito Administrativo & Constitucional,* núm. 40, Edição Especial de 10 anos, 2010.

—: "Reserva do possível, direitos fundamentais sociais e a supremacia do interesse público", en *Direito Administrativo e Interesse Público: Estudos em homenagem ao Professor Celso Antônio Bandeira de Mello* (R. F. Bacellar Filho y D. W. Hachem, Coords.), Belo Horizonte, 2010.

FINGER, AUGUST C.: "O princípio da boa-fé e a supremacia do interesse público – Fundamentos da estabilidade do ato administrativo", en *Direito Administrativo e Interesse Público: Estudos em homenagem ao Professor Celso Antônio Bandeira de Mello* (R. F. Bacellar Filho y D. W. Hachem, Coords.), Belo Horizonte, 2010.

FIORAVANTI, MAURIZIO: *Los derechos fundamentales: apuntes de historia de las constituciones*, 5ª ed., Madrid, Trotta, 2007.

FLEINER, THOMAS: *Instituciones de derecho administrativo*, Madrid, 1933.

FOLIGNO, DARÍO: *L'attivita amministrativa*, Milano, 1906.

FRANCH I. SAGUER, M.: "El interés público: la ética pública del derecho administrativo" en, *Derecho administrativo: Memorias del Congreso Internacional de Culturas y Sistemas Jurídicos Comparados* (J. Fernández Ruiz, Coord.), México, D. F., 2005.

FREIRE, A. L.: "A crise financeira e o papel do Estado: uma análise jurídica a partir do princípio da supremacia do interesse público sobre o privado e do serviço público", en *A&C. Revista de Direito Administrativo & Constitucional*, núm. 39, 2010.

FREITAS, J.: *A interpretação sistemática do Direito,* 5ª ed., São Paulo, 2010.

FRIEDRICH, C. J. (Org.): *O interesse público*, Río de Janeiro, 1967.

FROTA, H. A. DA: "O princípio da supremacia do interesse público sobre o privado no direito positivo comparado: expressão do interesse geral da sociedade e da soberania popular", en *Revista de Direito Administrativo*, núm. 239, 2005.

GABARDO, E.: *Interesse público e subsidiariedade: o Estado e a sociedade civil para além do bem e do mal*, Belo Horizonte, 2009.

GABARDO, E. y HACHEM, D. W.: "O suposto caráter autoritário da supremacia do interesse público e das origens do Direito Administrativo – uma crítica da crítica", en *Direito Administrativo e Interesse Público: Estudos em homenagem ao Professor Celso Antônio Bandeira de Mello* (R. F. BACELLAR FILHO y D. W. HACHEM, Coords.), Belo Horizonte, 2010.

GALEANO, J. J.: "El principio de juridicidad. Noción, fundamento y caracteres. Su recepción en la jurisprudencia administrativa y judicial, en *derecho administrativo: libro en homenaje al Profesor Doctor Julio Rodolfo Comadira* y, Coords., Buenos Aires, 2009.

García de Enterría, Eduardo: *Democracia, jueces y control de la administración,* 5ª ed., Madrid, Civitas, 2005.

—: *La lucha contra las inmunidades del poder en el derecho administrativo*, Madrid, Civitas, 1983.

—: "Una nota sobre el interés general como concepto jurídico indeterminado", en *Revista Española de Derecho Administrativo*, núm. 89, 1996.

García Torres, J. y Jiménez Blanco, A.: *Derechos fundamentales y relaciones entre particulares*, Madrid, 1986.

Garrido Falla, Fernando: "Sobre el derecho administrativo y sus ideas cardinales", en *Revista de Administración Pública*, núm. 7, 1952.

Gautier, Paul: "Quelques considérations sur l'intérêt privé et l'intérêt public dans un ordre juridique sans maître", en *Droit et intérêt,* vol. III (P. Gérard, F. Ost y M. van de Kerchove, Dirs.) Bruxelles, 1990.

Gérard, P. / Ost, F. y Van De Kerchove, M. (Dirs.): *Droit et intérêt,* vol. I, Bruxelles, 1990.

Giannini, Massimo Severo: *Derecho administrativo,* vol. I, Madrid, Instituto Nacional de Administración Pública, 1991.

Goane, R. M: "Estado, bien común e interés público", en *El derecho administrativo argentino hoy,* Buenos Aires, 1996.

González Borges, A.: "Interesse público: um conceito a determinar", en *Revista de Direito Administrativo*, núm. 205, 1996.

—: "Supremacia do interesse público: desconstrução ou reconstrução?", en *Interesse Público*, núm. 37, 2006.

González Pérez, Jesús: *La dignidad de la persona*, Madrid, Civitas, 1986.

—: "La suspensión de ejecución del acto objeto de recurso contencioso-administrativo", en *Revista Española de Derecho Administrativo*, núm. 5, 1975.

Gordillo, Agustín: *Tratado de derecho administrativo*, t. I, Parte general, 7ª ed., Belo Horizonte, 2003.

Guarino, Giuseppe: *Atti e potere amministrativo*, Milano, 1944.

Guiddens, Anthony: *Un mundo desbocado,* México, D. F., 2000.

Gutiérrez Colantuono, P. A. l.: "El derecho administrativo argentino y su desafío frente al régimen americano de derechos humanos", en *Derecho Administrativo Iberoamericano*: *100 autores en homenaje al posgrado de Derecho Administrativo de la Universidad Católica Andrés Bello,* t. I, Caracas, Universidad Católica Andrés Bello, 2007.

Hachem, D. W.: "A dupla nocao juridical de interesse public em Direito Administrativo", en *Revista de Direito Administrativo & Constitucion*al, núm. 11, Belo Horizonte, 2011.

—: "A necessidade de defesa técnica no processo administrativo disciplinar e a inconstitucionalidade da Súmula Vinculante", núm. 5 do STF, en *A&C. Revista de Direito Administrativo & Constitucional*, núm. 39, 2010.

HAURIOU, MAURICE: *Notes d'arrêts sur décisions du Conseil d'État et du Tribunal des conflits*, t. I, Paris, 1929.

—: *Precis de Droit Administratif*, 9ª ed., Paris, 1919.

Informe Beveridge, Londres, 1942.

IVANEGA, M.: "Derecho administrativo y régimen exorbitante de derecho privado", en *Derecho administrativo*: *Libro en homenaje al Profesor Doctor Julio Rodolfo Comadira* (J. P. Comadira, Coord.), Buenos Aires, 2009.

JÈZE, GASTON: *Principios generales del derecho administrativo,* Libro II, La noción de servicio público. Los agentes de la Administración Pública, Buenos Aires, Edic. Depalma, 1949.

JUSTEN FILHO, M.: "Conceito de interesse público e a «personalização» do Direito Administrativo", en *Revista Trimestral de Direito Público*, núm. 26, 1999.

LAUBADÈRE, ANDRÉ DE: "Domanialité publique, propieté administrative et afectation", en *Revue de Droit Public*, 1950.

LIMA, G. de A.: "Teoria da supremacia do interesse público: crise, contradições e incompatibilidade de seus fundamentos com a Constituição Federal", en *A&C. Revista de Direito Administrativo & Constitucional*, núm. 36, 2009.

LINOTTE, D.: *Recherches sur la notion d'intérêt général en Droit administratif français,* Burdeux, 1975.

LOPEZ RODÓ, LAUREANO: *El patrimonio nacional*, Madrid, Consejo Superior de Investigaciones Científicas, 1954.

LUHMANN, NIKLAS: *Teoría política en el Estado de bienestar*, Madrid, Alianza, 2002.

MAIA, C. S. B.: "A (im)pertinência do princípio da supremacia do interesse público sobre o particular no contexto do Estado Democrático de Direito", en *Fórum Administrativo. Direito Público*, núm. 103, 2009.

MARTÍNEZ LÓPEZ MUÑIZ, JOSÉ LUIS: *Derecho público* y *derecho privado, disyuntiva determinante para el Estado de derecho*, Valladolid, 2009.

MARTINS-COSTA, J. (Org.): *A reconstrução do direito privado: reflexos dos princípios, diretrizes e direitos fundamentais constitucionais no direito privado*, São Paulo, 2002.

MATHIEU, B.: "Débats", en *Intérêt général, norme constitutionelle* (M. Verpeaux, Dir.), Paris, 2007.

—: "Propos introductifs", *Intérêt général, norme constitutionelle* (M. Verpeaux, Dir.), Paris, 2007.

MATHIEU, B. y VERPEAUX, M. (Dirs.): *Intérêt général, norme constitutionelle,* Paris, 2007.

MATTARELLA, G: "L'etica publica e i codice dei Condotte" en *Lavaro i Diritto*, 1994.

MAURELA: "L'Execution d'office des mesures de police administrative en Puissance Publique on Impuissance publique", en *AJDA*, 2001.

MEDAUAR, ODETE: *Direito administrativo moderno,* São Paulo, 2007.

MEILÁN GIL, JOSÉ LUIS: "Intereses generales e interés público desde la perspectiva del derecho público español", en *A&C. Revista de Direito Administrativo & Constitucional*, núm. 40, 2010.

—: *El proceso de la definición del derecho administrativo*, Madrid, Instituto Nacional de la Administración Pública, 1967.

—: "O interesse público e o Direito Administrativo global", en *Direito Administrativo e Integração Regional: Anais do V Congresso de Direito Público do Mercosul e do X Congresso Paranaense de Direito Administrativo* (R. F. Bacellar Filho y G. A. P. da Silva, Coords.), Belo Horizonte, 2010.

MELLO, CELSO ANTONIO BANDEIRA DE: "A noção jurídica de interesse público", en *Grandes Temas de Direito Administrativo,* São Paulo, 2009.

—: "A supremacia do interesse público", en *XI Congresso Paranaense de Direito Administrativo. Conferência de encerramento proferida em 27.08.2010.*, Curitiba, Instituto Paranaense de Direito Administrativo, 2010.

—: "Proteção jurisdicional dos interesses legítimos no direito brasileiro", en *Revista de Direito Administrativo*, núm. 176, 1989.

—: *Curso de Direito Administrativo,* São Paulo, 2010.

MERLAND, G.: "L'intérêt général dans la jurisprudence du Conseil Constitutionnel", en *Intérêt général, norme constitutionelle* (B. Mathieu y M. Verpeaux, Dirs.), Paris, 2007.

MESSNER, J.: *Ética social, política y económica a la luz del derecho natural,* Madrid, Rialp, 1967.

MONTALVÁN, JUAN MANUEL: *Examen histórico de la legislación española*, Madrid, 1845.

MORAES, M. C. B. DE: "O conceito de dignidade humana: substrato axiológico e conteúdo normativo", em *Constituição, Direitos Fundamentais e Direito Privado* (I. W. Sarlet, Org.), Porto Alegre, 2003.

MORENA, L. DE LA: "Derecho administrativo e interés público: correlaciones básicas", en *Revista de Administración Pública*, núms. 100-102, 1983.

MOTTA, F.: "O paradigma da legalidade e o Direito Administrativo", en *Supremacia do interesse público e outros temas relevantes do Direito Administrativo* (M. S. Z. Di Pietro y C. V. A. Ribeiro, Coords.), São Paulo, 2010.

MUÑOZ, GENARO. A.: "El interés público es como el amor", en *Direito Administrativo e Interesse Público*: *Estudos em homenagem ao Professor Celso Antônio Bandeira de Mello* y, Coords., Belo Horizonte, 2010.

NIETO, ALEJANDRO: "La vocación del derecho administrativo de nuestro tiempo", en *Revista de Administración Pública*, núm. 76, Madrid, 1975.

—: "La administración sirve con objetividad los intereses generales", en *Estudios sobre la Constitución española*: *homenaje al profesor Eduardo García de Enterría,* vol. III (S. Martín-Retortillo Baquer, Coord.), Madrid, 1991.

NINO, CARLOS SANITAGO: *Ética y derechos humanos,* 2ª ed., Buenos Aires, 2007.

NOVAIS, J. R.: *Contributo para uma teoria do Estado de direito: do Estado de direito liberal ao Estado social e democrático de direito*, Coimbra, 1987.

—: *As restrições aos direitos fundamentais não expressamente autorizadas pela Constituição*, Coimbra, 2003.

OSÓRIO, F. M.: "Existe uma supremacia do interesse público sobre o privado no Direito Administrativo brasileiro?", en *Revista de Direito Administrativo*, núm. 220, 2000.

OST, F.: "Entre droit et non-droit: l'intérêt. Essai sur les fonctions qu'exerce la notion d'intérêt en droit privé", en *Droit et intérêt,* vol. II, (P. G. F. Ost y M. van de Kerchove, Dirs.), Bruxelles, 1990.

OTERO, P.: *Legalidade e Administração Pública: o sentido da vinculação administrativa à juridicidade*, Coimbra, 2003.

PAILLET, M.: *La faute du service public en droit administratif français,* Paris, 1980.

PEDRON, F. Q.: "O dogma da supremacia do interesse público e seu abrandamento pela jurisprudência do Supremo Tribunal Federal através da técnica da ponderação de princípios", en *A&C. Revista de Direito Administrativo & Constitucional*, núm. 33, 2008.

PÉREZ LUÑO, ANTONIO: *Los derechos fundamentales*, Madrid, Tecnos,1986.

—: *Derechos humanos, Estado de derecho y Constitución,* 9ª ed., Madrid, Tecnos, 2005.

PONCE, JULIO (Coord.): *Derecho administrativo global, organización, procedimiento, control judicial*, Madrid, Marcial Pons, 2010.

POSADA, A.: *Tratado de derecho administrativo*, Madrid, 1923.

PRESUTTI, E.: *Instituzione de Diritto Amministrativo Italiano*, Roma, 1918.

RAMOS, D. M. DE O.: "Princípios da Administração Pública: a supremacia do interesse público sobre o interesse particular", en *Gênesis: Revista de Direito Administrativo Aplicado*, núm. 10, 1996.

RANGEON, F., *L'idéologie de l'intérêt général,* Paris, 1986.

REY, A.: "El interés general. Argumento para limitar derechos individuales", en *Revista de Derecho*, núm. 13, 2008.

RIBEIRO, C. V. A.: "Interesse público: um conceito jurídico determinável", en *Supremacia do interesse público e outros temas relevantes do Direito Administrativo* (M. S. Z. Di Pietro, Coord.), São Paulo, 2010.

RIVERO YSERN, JOSÉ LUIS: *El deslinde administrativo*, Sevilla, 1967.

—: *La interpretación del contrato administrativo,* Sevilla, Universidad de Sevilla, 1971.

—: "El contrato administrativo ante las jurisdicciones contencioso-administrativa y Civil", en *Revista de Administración Pública,* núm. 67.

RIVERO, JEAN: "Existe-t-il un critère du droit administratif?", en *Revue du Droit Public et de la Science Politique en France et à l'étranger*, vol. 69, núm. 2, Paris, 1953.

ROCHA, C. L. A.: "O princípio da dignidade da pessoa humana e a exclusão sócial", en *Interesse Público*, núm. 4, 1999.

RODRÍGUEZ DE SANTIAGO, JOSÉ MARÍA.: *La administración del Estado social,* Madrid, Marcial Pons, 2007.

RODRÍGUEZ MUÑOZ, J. M.: "De la noción de interés general como faro y guía de la administración, y como proemio a la Sección «Cuestiones de la acción pública en Extremadura» de esta revista", en *Revista de Derecho de Extremadura,* núm. 6, 2009.

RODRÍGUEZ-ARANA MUÑOZ, JAIME: *La dimensión ética de la función pública*, Madrid, Instituto Nacional de la Administración Pública, 2013.

—: Ética *institucional. Mercado versus función pública*, Madrid, Dykinson, 1996.

—: "El concepto del derecho administrativo y el proyecto de Constitución europea", en *A&C. Revista de Direito Administrativo e Constitucional,* núm. 23, 2006.

—: "El interés general como categoría central de la actuación de las administraciones públicas", en *Direito Administrativo e Integração Regional: Anais do V Congresso de Direito Público do Mercosul e do X Congresso Paranaense de Direito Administrativo* (R. F. Bacellar Filho y G. A. P. da Silva, Coords.), Belo Horizonte, 2010.

—: "La vuelta al derecho administrativo (a vueltas con lo privado y lo público)", en *A&C. Revista de Direito Administrativo e Constitucional,* núm. 20, 2005.

—: "Las medidas cautelares en la jurisdicción contenciosa-administrativa en España", en *Estudios en homenaje a Don Jorge Fernández Ruiz. Derecho procesal* (D. Cienfuegos Salgado y M. A. López Olvera, Coords.), México, D. F..

—: *Interés general, derecho administrativo y Estado de bienestar*, Madrid, 2012.

—: *Reforma administrativa y nuevas políticas públicas*, Caracas, 2005.

—: "El marco constitucional del derecho administrativo español (el derecho administrativo constitucional)", en *A&C. Revista de Direito Administrativo e Constitucional*, núm. 29, 2007.

—: *La dimensión ética,* Madrid, Dykinson, 2001.

—: *La suspensión del acto administrativo (en vía de recurso)*, Madrid, Montecorvo, 1986.

—: *Derecho administrativo español,* t. I, *Introducción al derecho administrativo constitucional*, La Coruña, 2008.

ROMANO, SALVATORE: *Diritto Constituzionale*, Padova, 1926.

ROZAS VALDÉS, J. M.: *Hacia la codificación del derecho a la buena administración pública*, Junta de Castilla y León, 2008.

SAINT-BONNET, F.: "L'intérêt général dans l'ancien droit constitutionelle", en *Intérêt général, norme constitutionelle* (B. Mathieu y M. Verpeaux, Dirs.), Paris, 2007.

SAINZ MORENO, FERNANDO: "Reducción de la discrecionalidad: el interés público como concepto jurídico", en *Revista Española de Derecho Administrativo*, núm. 8, 1976.

—: "Sobre el interés público y la legalidad administrativa", en *Revista de Administración Pública*, núm. 82, 1977.

—: *Conceptos jurídicos, interpretación y discrecionalidad administrativa*, Madrid, 1976.

SALOMONI, J.: "Interés público y emergencia", en *Actualidad en el Derecho Público*, núm. 1, 2002.

—: "Impacto de los tratados de derechos humanos sobre el derecho administrativo argentino", en *Ordenamientos internacionales y ordenamientos administrativos nacionales: jerarquía, impacto y derechos humanos* (J. L. Salomoni; R. F. Bacellar Filho y D. J. Sesín, Orgs.), Buenos Aires, 2006.

SANDULLI, ALDO: "Note sul potere amministrativo de occasiones", en *Rivista Trimestrale di Diritto Pubblico*, 1964.

SANTIAGO, A.: *Bien común y derecho constitucional: el personalismo solidario como techo ideológico del sistema político*, Buenos Aires, 2002.

SARLET, I.: *Dignidade da pessoa humana e direitos fundamentais na Constituição Federal de 1988,* 4ª ed., Porto Alegre, 2006.

SARMENTO, D.: *Direitos fundamentais e relações privadas,* Rio de Janeiro, 2004.

—: "Interesses públicos *vs.*interesses privados na perspectiva da teoria e da filosofia constitucional", en *Interesses públicos* versus *interesses privados:* desconstruindo o princípio de supremacia do interesse público, 3ª ed., Rio de Janeiro, 2010.

—: (Org.) *Interesses públicos versus interesses privados: desconstruindo o princípio de supremacia do interesse* público, Rio de Janeiro, Lumen Juris, 2005.

SCHIER, A. DA C. R.: "O princípio da supremacia do interesse público sobre o privado e o direito de greve de servidores públicos", en *Direito Administrativo e Interesse Público: Estudos em homenagem ao Professor Celso Antônio Bandeira de Mello* (R. F. Bacellar Filho y D. W. Hachem, Coords.), Belo Horizonte, 2010.

SCHIER, P. R.: "Ensaio sobre a supremacia do interesse público sobre o privado e o regime jurídico dos direitos fundamentais", en *Interesses públicos versus interesses privados:* desconstruindo o princípio de supremacia do interesse público, 3ª ed., Rio de Janeiro, 2010.

SCHOETTL, J. E.: "Débats", en *Intérêt général, norme constitutionelle* (B. Mathieu y M. Verpeaux, Dirs.), Paris, 2007.

SERRANO, M. C.: "La defensa de la Constitución y las exigencias del bien común", en *Defensa de la Constitución: garantismo y controles. Libro en reconocimiento al Doctor Germán J. Bidart Campos*, (V. Bazán, Coord.), Buenos Aires, 2003.

SESÍN, J. D.: *Administración pública. Actividad reglada, discrecional y técnica: nuevos mecanismos de control judicial,* 2ª ed., Buenos Aires, 2004.

SILVA, JOSÉ ALFONSO DA: *Curso de Direito Constitucional Positivo*, 32ª ed., São Paulo, 2009.

—: *Direitos fundamentais: conteúdo essencial, restrições e eficácia*, São Paulo, 2009.

SIMON, D.: "L'intérêt général vu par les droits européens", en *Intérêt général, norme constitutionelle* (B. Mathieu y M. i Verpeaux, Dirs.), Paris, 2007.

SOARES, R. E.: *Interesse público, legalidade e mérito*, Coimbra, 1955.

SUNDFELD, C. A.: "Interesse público em sentido mínimo e em sentido forte: o problema da vigilância epidemológica frente aos direitos constitucionais", en *Interesse Público*, núm. 28, 2004.

THIRIEZ, F.: "L'Irruption du juge penal dans le paisaje administratif", en *AJDA*, 1999.

THIRY, B.: "The general interest: architecture and dinamics", en *Annals of Public and Cooperative*, 1997.

TRUCHET, D.: *Les fonctions de la notion d'intérêt général dans la jurisprudence du Conseil d'État,* Paris, 1977.

URSI, R.: "Daño a la imagen de la administración y responsabilidad de los funcionarios públicos", en *Revista Aragonesa de Administración Pública*, núm. 19, 2001.

VEDEL, GEORGES: *Derecho administrativo*, 6ª ed. francesa, Madrid, Aguilar, 1980.

—: *Droit administratif*, 5ème ed., Paris,1973.

VELARDE FUERTES, J.: *Lecturas de economía española*, Madrid, 1961.

VIEIRA DE ANDRADE, J. C.: *Os direitos fundamentais na Constituição Portuguesa de 1976,* 3ª ed., Coimbra, 2004.

WALINE, MARCEL: *Éléments de droit administratif*, Paris, 1946.

ZAGREBELSKY, GUSTAVO: *El derecho dúctil*, Madrid, Trotta, 2007.

ZANCANER, W.: "Prefácio. Homenagem ao Pensamento Jurídico de Celso Antônio", en *Direito Administrativo e Interesse Público: Estudos em homenagem ao Professor Celso Antônio Bandeira de Mello* (R. F. Bacellar Filho y D. W. Hachem, Coords.), Belo Horizonte, 2010.

ORGANIZACIÓN ADMINISTRATIVA

L'ACCENTRAMENTO E IL DIRITTO AMMINISTRATIVO. DUE LETTERE DI TOCQUEVILLE AL NIPOTE HUBERT[1]

SABINO CASSESE

Riassunto: 1. L'unità del pensiero di Tocqueville. 2. Due giudizi su Tocqueville. 3. Due lettere di Tocqueville al nipote. 4. I tre motivi dominanti delle lettere.

1. L'UNITÀ DEL PENSIERO DI TOCQUEVILLE

L'oggetto di questa riflessione è l'unità del pensiero di TOCQUEVILLE. Ma vorrei riflettere su TOCQUEVILLE e sui suoi contributi allo studio dell'accentramento e del diritto amministrativo in un modo diverso dal solito. Descrivendo la sua vita, esaminando come lavorava e cosa lo interessava, facendo notare come si interrogava sui temi che l'hanno appassionato per tutta la vita e come si esprimeva sul modo in cui studiarli, ascoltando quel che scriveva nella corrispondenza familiare, leggendo quel che di lui si è scritto, da parte dei suoi contemporanei e da parte dei suoi ammiratori successivi.

Il motivo di questa scelta è che TOCQUEVILLE, come il suo connazionale Montaigne, è stato un uomo pieno di dubbi, che si interroga, procede per tentativi. Penetrare nella "cucina" della sua mente, nella sua vita, assistere alle sue scelte e ai modi come ci arrivava, assume una particolare importanza.

L'ordine dell'esposizione sarà il seguente: prima cercherò di spiegare chi era TOCQUEVILLE e che cosa ha fatto; poi come egli è stato giudicato, da contemporanei e da posteri; successivamente, in quale fase della sua vita si trovava nel 1853, mentre scriveva la sua opera sull'Antico Regime e la Rivoluzione e quando redasse le due lettere sulle quali vorrei attirare l'attenzione del lettore; infine, quale è stato il filo (unitario) del suo pensiero sullo Stato, la democrazia, la continuità tra passato e presente, le rivoluzioni. Dunque, per riprendere un linguaggio cinematografico, alternerò campi lunghi con primi piani.

TOCQUEVILLE è divenuto famoso per molti motivi: indagatore e teorico della democrazia moderna, ha individuato subito il pericolo che essa corre,

[1] Ho scelto questo tema e questo modo di trattarlo per onorare e ricordare Eduardo Garcia de Enterria, i suoi interessi per il diritto, la storia, la letteratura, e il premio Alexis de Tocqueville che gli fu conferito nel novembre 1999 dall'"European Institute for Public Administration" di Maastricht.

quello del dispotismo della maggioranza; storico dell'Antico regime e della Rivoluzione, ha per primo notato gli elementi di continuità che legano l'uno all'altra; come fondatore della moderna scienza politica, ci ha lasciato un'opera modello di ricerca sul campo; come storico, è riuscito a trarre dallo studio minuzioso delle carte di archivio il movimento delle grandi idee della Rivoluzione; con sguardo profetico, ha previsto lo scoppio della rivoluzione del 1848, che abbatterà in Francia la Monarchia di Luglio e porterà alla Seconda Repubblica, e, scrivendo nel 1835, ha preconizzato che vi sarebbero stati due grandi popoli destinati a tenere nelle loro mani i destini del mondo, quello americano e quello russo, l'uno fondato sull'individuo e sulla libertà, l'altro sulla società e la servitù.

Quale è stata la vita di TOCQUEVILLE[2]? Ha studiato diritto alla Sorbona, ma si è anche interessato, da giovane universitario, alla storia, seguendo il corso di Guizot. Dal 1827 al 1832, è stato magistrato (ma ha trascorso circa un anno, nel 1831, in America, formalmente per svolgere studi sul sistema penitenziario, di fatto per raccogliere dati e osservazioni sulla prima democrazia moderna). Dal 1839 al 1848 (sotto la "Monarchie de Juillet" e Louis Philippe d'Orléans), per 10 anni, è stato in Parlamento (nei "Souvenirs" scrive: "io ho passato dieci anni della mia vita in compagnia di grandissimi spiriti, che si agitavano di continuo senza scaldarsi, e che usavano tutta la loro perspicacia per scoprire soggetti di grave dissenso senza trovarne"[3]; e, poi, "provavo una specie di istintiva ripugnanza nel ricordare il miserabile mondo parlamentare cui avevo per dieci anni partecipato ed in seno al quale avevo visto germogliare la rivoluzione"[4]), poi, con la II Repubblica, è stato membro della Commissione costituente e per cinque mesi, nel 1849, ministro degli affari esteri. Nel 1841 è stato eletto all'Accademia di Francia. Nel 1851, dopo il colpo di Stato di Luigi Napoleone e l'inizio del Secondo Impero, si è ritirato a vita privata.

Aveva solo 25 anni quando fece il suo viaggio in America, 30 quando scrisse un libro che lo rese immediatamente famoso in Francia, Inghilterra e America, 34 quando divenne deputato.

Come politico, è stato un perdente. Come studioso, ha avuto, sia nel corso della sua vita, ma specialmente dopo (salvo l'eclisse del 1860 – 1930), una fortuna straordinaria. Forse per questo, consolandosi, osservava a Nassau Senior negli anni '50, che i politici fanno grandi sforzi e finiscono per avere poca influenza, mentre, invece, gli scrittori sono capaci di lasciare tracce indelebili, come quelle lasciate da VOLTAIRE e da ROUSSEAU (noi possiamo aggiungere, anche Tocqueville stesso).

[2] Su cui A. Jardin, *Alexis de Tocqueville 1805 – 1859*, Paris, Hachette, 1984.

[3] A. TOCQUEVILLE, *Souvenirs*, trad it. *Ricordi*, in *Scritti politici*, a cura di N. Matteucci, vol. I, Torino, Utet, 1969, p. 305.

[4] *Op. cit.*, p. 366.

2. Due giudizi su Tocqueville

Leggiamo quel che scrivono di Tocqueville, a distanza di quasi un secolo l'uno dall'altro, due osservatori particolari, il grande critico letterario francese Charles-Augustin Sainte-Beuve (1804 – 1869) e il famoso giurista e politologo tedesco Carl Schmitt (1886 – 1985). Il primo, contemporaneo di Tocqueville, ma su opposte sponde, avendo aderito al Secondo Impero, scrive nel 1860, un anno dopo la morte dell'autore, e nel 1868. Il secondo scrive negli anni immediatamente successivi al secondo conflitto mondiale, dopo essere stato incarcerato per aver collaborato con Hitler.

Sainte-Beuve scrive di Tocqueville nel 1860: "La complessità, che è l'essenza stessa di questo spirito distinto, è anche il marchio della sua opera [....]. Pur appartenendo all'Antico Regime per i suoi natali come per i gusti fini e delicati, egli aderisce ai principi dell'89 [quelli della Rivoluzione]. Uomo dell'89, egli è però così gelosamente attaccato alla libertà che sta in guardia e nutre sospetti contro l'eguaglianza: di quest'ultima egli è un consigliere così ombroso che in certi momenti lo si direbbe un suo avversario. Al tempo stesso, preoccupato delle classi povere e lavoratrici più di quanto fosse consueto nelle file degli uomini di stato e dei politici istituzionali, ha dei presentimenti sul futuro della società che lo portano a prevedere delle trasformazioni radicali, che egli giudica possibili e forse legittime"[5].

Più tardi, nel 1868, paragonando Tocqueville a Royer-Collard (la persona più rappresentativa tra i "doctrinaires"), scrive: "come uomo, Tocqueville era più debole, meno risoluto; la sua costituzione fisica lo rivelava assai bene; la natura [....] non lo aveva predisposto ad esercitare una grande autorità effettiva e presente, a prevalere imponendosi alle Assemblee; non risaltava come l'altro: non si faceva ascoltare. Possedeva le qualità intempestive, quelle che lo scrittore conserva e dispiega nei suoi libri"[6].

Schmitt scriverà nel 1945 – 1947: "Egli è un moralista nel solco della tradizione francese, come Montesquieu, e al tempo stesso un pittore nel senso della concezione francese di *peinture*. Il suo sguardo è mite e chiaro e sempre un poco triste"[7].

Insomma, Tocqueville è considerato dai contemporanei e dai posteri uomo pieno di dubbi, che si interroga, incerto nell'azione, che non si impone, ma penetrante e lucidissimo delle analisi e nelle previsioni, scrittore, più che politico.

[5] C. A. Sainte-Beuve, *Ritratto di Tocqueville*, Pisa, Edizioni della Normale, 2013, p. 36.

[6] C. A. Sainte-Beuve, *op. cit.*, p. 89.

[7] C. Schmitt, *Ex captivitate salus. Esperienze degli anni 1945 – 1947*, Milano, Adelphi, 1987, p. 29 – 30.

3. Due lettere di Tocqueville al nipote

Torno a un primo piano. Nel 1853, i medici consigliano a Tocqueville di trasferirsi in un posto più adatto alla sua salute del castello di Tocqueville (Normandia) ed egli, grazie all'aiuto del suo amico Beaumont, affitta una villa a Saint-Cyr-sur-Loire, alle porte di Tour, al centro di una tenuta di cinque ettari. Qui egli, per un anno, può stare lontano da Parigi, nel frattempo trasformata del Barone Haussmann, per ordine di Napoleone III, viene curato dal celebre medico Bretonneau e può lavorare negli archivi, allora tenuti nella Prefettura, cercandovi e trovando "l'enchaînement des idées que je cherchais". Inizia così a scrivere la sua seconda opera famosa, *L'Ancien Régime et la Revolution*.

Il noto economista e politico inglese Nassau Senior, che lo va a trovare a Saint-Cyr, ci descrive, nei suoi diari, la giornata di Tocqueville, secondo una routine inflessibile: 5.30-9.30, lavoro; 10 colazione, seguita da mezz'ora di passeggiata; di nuovo lavoro fino alle 2 pomeridiane, in particolare su testi tedeschi; due ore di passeggiata; letture serali, ad alta voce, alla moglie; alle 10 a letto.

Tocqueville non aveva figli, ma era molto legato al nipote Hubert, figlio del fratello Edouard. Questi era nato nel 1832 e morirà nel 1864, a soli 32 anni. Tocqueville rimproverava al nipote di essere troppo serio, troppo perbene, troppo poco mondano. Pur sentendo di far parte di un mondo che scompariva, cercava di trasmettergli le tradizioni familiari, voleva che entrasse in magistratura o in diplomazia. Sperava che continuasse la tradizione dei nobili dell'Ovest, di vivere in simbiosi con i propri contadini, nei propri possedimenti.

Nel 1854, Tocqueville scrisse due lettere al nipote, due lettere importanti perché l'autore gli dà consigli sulla professione da scegliere, vi parla del suo lavoro sulla Rivoluzione francese ed espone le sue tesi sull'Antico Regime, sull'accentramento e sul diritto amministrativo. Leggiamo queste lettere o, meglio alcuni brani delle lettere, tenendo presente che chi scrive ha 49 anni, mentre il destinatario delle lettere ha 22 anni. Che le due lettere sono state scritte tre anni dopo l'inizio del Secondo Impero, che Tocqueville osteggiò. Che sono lettere della maturità, del periodo nel quale l'autore era alla ricerca di una "libertà moderata e ragionevole". Sono lettere che si trovano ora pubblicate nella "Correspondance familiale", edita da Gallimard nell'"opera omnia" ancora in corso di completamento, e mai tradotte in italiano[8].

Saint-Cyr, 15 febbraio 1854

Mio caro amico,

Già da molto tempo volevo rispondere alla tua lettera e non ne trovavo il tempo. Lo faccio oggi, brevemente. Prima di tutto ti dico che sono stato molto lieto della tua lettera. Tu mi spieghi con grande chiarezza le tue ragioni,

[8] Da A. de Tocqueville, *Correspondance familiale*, *Oeuvres completes*, t. XIV, Paris, Gallimard, 1998, p. 313 – 317.

e i sentimenti che esprimi mi fanno piacere. Conserva sempre questo modo di pensare e di sentire risoluto e indipendente, che è adatto alla tua posizione, alla tua famiglia, al nome che porti; sarebbe per me una grande tristezza vederti contaminato dal modo di pensare fiacco e volgare della maggioranza dei giovani, su questi argomenti.

Continua a dispiacermi che il tuo gusto e la natura delle tue facoltà non ti orientino verso la magistratura. E' l'unico campo in cui si può essere indipendenti, sempre che lo si voglia. Le tue osservazioni sulla compiacenza di molti magistrati sono fin troppo vere; tuttavia in loro queste debolezze sono volontarie; e la differenza sta lì. Esse sono dovute alla debolezza del loro carattere, e non alle necessità della loro posizione; poiché, anche se in questi tempi nulla è assolutamente saldo, tuttavia si può dire che se qualcosa lo rimane ancora è lo scranno del giudice.

In quanto al Consiglio di Stato tu osservi che apre la strada a due carriere, e che una delle due permette di essere molto più indipendenti rispetto all'altra; ti do ragione. Nella prima si può riuscire a rimanere onesti e indipendenti, per quanto non sia facile, se si vuole far carriera. Nell'altra questo è *impossibile*; ecco la differenza. [....]

Ti invito dunque a valutare ancora bene ciò che intendi fare. Ma se sceglierai il diritto amministrativo, almeno fai molta attenzione a questo; non vi è nessuna materia che comporti più del diritto amministrativo il rischio di restringere e deviare la mente, se non si fa attenzione. Tutti gli autori che hanno trattato questa materia, anche i più celebri, sono stati o sono ancora delle menti poco elevate, che non hanno saputo giudicare autonomamente il valore e la validità delle norme che insegnavano, né hanno saputo scorgere, al di là della materia che stavano commentando, la scienza più generale e più grande che insegna quali sono le condizioni per far prosperare le società. Vi sono tra loro degli abili commentatori, dei giuristi di qualità, dei notevoli scrittori; ma non c'è neanche un pubblicista.

Sono tutti *infatuati* della loro materia, e si sono immaginati che non vi sia nulla di più perfetto a questo mondo. Evita un simile errore. La centralizzazione amministrativa, di cui il diritto amministrativo ha come oggetto di insegnare le norme, è sicuramente una macchina costruita solidamente e si può provare ammirazione per essa, se la si vuole considerare unicamente dal punto di vista della facilità che dà ai governi di arrivare dappertutto, di condurre e di dominare tutti gli uomini e tutte le questioni. E' una macchina per governare fatta molto bene, ma inadatta a produrre la sicurezza, la libertà, le virtù pubbliche che determinano la prosperità dagli imperi e la loro grandezza. E' soprattutto essa la causa delle nostre continue rivoluzioni, delle nostre usanze servili, dell'impossibilità di fondare una libertà moderata e ragionevole in cui abbiamo sempre vissuto; è a causa sua che le province vivono in quella sorta d'imbastardimento intellettuale in cui sono cadute e che fa sì che da loro ogni movimento sia come impedito.

Potrei scrivere un libro su questo argomento; e, quando vorrai, ne potremo parlare a lungo. Ciò che ti voglio raccomandare oggi è di studiare il diritto amministrativo preservando accuratamente il tuo spirito dall'infatuazione e dai pregiudizi di ogni genere, che saturano le menti dei commentatori di questo ramo del diritto e di quelli che lo applicano. E' necessario, mentre si studia questo ramo del diritto, valutarlo, vedere al di sopra e dentro di esso ciò che gli manca, e alla fine considerare la centralizzazione come una macchina ammirevolmente congegnata nell'interesse dei governanti ma sempre difettosa e spesso detestabile, se la si osserva dal punto di vista dell'interesse generale, che è in ultima analisi, l'unico da considerare quando si valutano le istituzioni umane.

Saint Cyr, 7 marzo 1854

Mio caro amico,

[....] Il lavoro, di cui gentilmente mi chiedi notizie, prosegue ma lentamente e non riesco a vederne la conclusione, nemmeno in lontananza. Soltanto la sua forma e i suoi limiti nella mia mente diventano più precisi, e tutta la prima parte, cioè la metà di un volume, spero sarà terminata quando lascerò questo eremo [...]. Si tratta, come già sai, di un libro sulla Rivoluzione francese. Non è un libro di storia, e nemmeno una serie di osservazioni filosofiche, è un misto tra le due cose. Io la seguo, attraverso le sue fasi successive, a partire dall'inizio fino alla caduta dell'Impero[9].

Cerco di cogliere, in ogni epoca, la caratteristica peculiare del momento, ciò che lo ha provocato, ciò che successe dopo, e così guido il lettore attraverso tutti questi avvenimenti eterogenei, senza fargli perdere la strada, rivolgendo l'attenzione al movimento generale degli avvenimenti più che ai dettagli specifici. Il soggetto di per sé stesso è vastissimo. Ma il libro che lo tratta può essere un grande libro solo per merito dello scrittore. Tutto qui. Il che sarebbe sufficiente a distogliere da una tale impresa, se si avesse qualcos'altro da fare. Ho dedicato tutto quest'anno a fare ciò che non era mai stato fatto, a studiare l'Ancien Régime, ed a sapere ciò che perfino i contemporanei dell'Ancien Régime ignoravano: come si gestivano in quell'epoca gli affari; quali erano le usanze politiche, le norme... Credo di avere scoperto, con questi studi, molti fatti e molte considerazioni nuovi, che spiegano non solo perché questa grande rivoluzione è avvenuta in Francia, e perché essa ha avuto le caratteristiche che abbiamo visto; ma anche perché sono accaduti molti degli avvenimenti che noi crediamo nuovi e da cui derivano una quantità di abitudini, di opinioni e

[9] Questo progetto iniziale venne poi rimaneggiato e al momento della morte di TOCQUEVILLE solamente nove capitoli erano stati abbozzati, e più o meno approfonditi; sette sulle origini dirette della Rivoluzione, e due sull'ascesa di Napoleone.

di tendenze che noi crediamo nuovi ma che hanno la loro origine nel governo dell'Ancien Régime.

E' questa prima parte che sarà terminata, lo ripeto, quando me ne andrò da qui. E, se così sarà, non avrò sprecato il mio tempo. Perché ho dovuto dedicarmi ad un lavoro di preparazione enorme e fatto quasi sempre alla cieca. [....]

4. I TRE MOTIVI DOMINANTI DELLE LETTERE

Tre sono i motivi dominanti di queste due lettere. Il primo è quello del ruolo della magistratura, un ruolo importante, già svolto da TOCQUEVILLE stesso, che secondo lui si addice a un giovane di famiglia aristocratica. Da notare che TOCQUEVILLE assimila alla magistratura il Consiglio di Stato, in anni nei quali quest'organo amministrava ancora una "justice rétenue" (solo nel 1872 comincerà ad amministrare una "justice deleguée"). Ma distingue i consiglieri di Stato – quasi giudici dai consiglieri di Stato – amministratori.

Il secondo motivo è quello dello Stato – macchina e quello connesso dell'accentramento. Qui TOCQUEVILLE sottolinea l'aspetto originario dello Stato come "macchina dell'obbedienza", che si impone ai cittadini.

Il terzo motivo è quello della ricerca dell'origine dello "State – building", che egli trova nell' "Ancien Régime", con cui la rivoluzione si pone in relazione più di continuità che di rottura.

Ritorno a un campo lungo. Risaliamo dalle lettere ai lavori principali di TOCQUEVILLE. Questi ha scritto due opere fondamentali, *La Démocratie en Amerique* (la "prima" Democrazia nel 1835, la "seconda" nel 1840) e *L'Ancien Régime et la Révolution* (1856). Ha poi lasciato degli importanti *Souvenirs*, scritti nel 1850 (questo libro è una autentica galleria di ritratti dei maggiori personaggi del 1848 francese, ritratti pieni di finezza psicologica e giudizi taglienti) e una ricchissima corrispondenza, che andrebbe tutta riscoperta.

Dunque, le sue opere fondamentali sono state pubblicate a distanza di circa venti anni l'una dall'altra. Hanno ad oggetto due paesi diversi, America e Francia, una "state-less society" e una società "étatiste". Sono scritte con due metodi diversi, l'uno che diremmo sociologico–politologico, attraverso interviste, colloqui, esame di giornali e documenti, l'altro storico, attraverso lo studio di carte d'archivio.

Eppure, nonostante tanta distanza, tra le due opere c'è una unità. Il tema centrale di ambedue è la libertà nelle società democratiche. TOCQUEVILLE è un giurista (ha studiato diritto ed è stato magistrato), ma nello stesso tempo un uomo attento alla politica, per cui al centro dei suoi interessi sono le istituzioni e la società. TOCQUEVILLE è un liberale che esamina con ammirazione e sospetto la democrazia, consapevole che può condurre alle libertà democratiche oppure alla tirannide democratica. In TOCQUEVILLE c'è unità di metodo e unità tematica.

TOCQUEVILLE è convinto che —come scrive della prefazione alla "Démocratie"— "è necessaria una scienza politica nuova per un mondo completamente rinnovato". Rovescia, quindi, rispetto a MONTESQUIEU, il punto di vista: non parte dai principi, per deduzione, interroga la realtà, empiricamente, ricostruendo la concatenazione dei dati e delle idee[10]. Nei *Souvenirs* scrive: "Io [....] odio i sistemi assoluti che fanno dipendere tutti gli avvenimenti della storia da grandi cause prime [...]. Io credo [....] che molti fatti storici importanti non potrebbero essere spiegati se non con circostanze accidentali, e che molti altri restano inesplicabili, e finalmente che il caso o non piuttosto il groviglio delle cause secondarie [...] entra per la maggior parte in tutto ciò che noi vediamo sul teatro del mondo; credo però che il caso non faccia nulla che non sia preparato già da prima. I fatti anteriori, la natura delle istituzioni, gli atteggiamenti spirituali, il costume, sono i materiali con i quali il caso produce l'inaspettato che ci meraviglia e ci spaventa"[11]. L'ambizione di TOCQUEVILLE, insomma, non è di partire dalle grandi idee, ma di muovere dalle cause secondarie; non di ricostruire narrativamente, ma di comprendere filosoficamente.

Inoltre, TOCQUEVILLE pensa comparativamente: "chi abbia veduto e studiato solo la Francia, non intenderà mai nulla della Rivoluzione francese", scrive nelle prime pagine de *L'Ancien Régime et la Révolution*[12]. Per questo esamina le istituzioni e i costumi di paesi diversissimi come Inghilterra, America, India, Germania, Algeria, Francia. Rompe, quindi, l'eurocentrismo della cultura.

L'unità tematica. Che cosa dell'America colpisce TOCQUEVILLE? L'assenza di una gerarchia aristocratica. Il suffragio quasi universale e, quindi, la sovranità popolare. La partecipazione di tutti al potere locale: il comune viene prima della contea, la contea prima dello Stato, lo Stato prima dell'Unione. Dunque, il potere non è centralizzato, è amministrato in sede locale, senza un diritto amministrativo, né controlli centrali. Il posto riservato alle corti: quello giudiziario è il primo potere dello Stato. Non c'è, come in Francia, la garanzia dei funzionari prevista dall'art. 75 della Anno VIII. Associazioni, partiti e stampa sono liberi.

Che cosa preoccupa TOCQUEVILLE? Che l'eguaglianza prevalga sulla libertà, dando luogo alla tirannide della maggioranza, intollerante rispetto alle minoranze. Il "potere immenso e tutelare" del dispotismo statale è in agguato e può essere bilanciato solo dalla società civile organizzata, dalle associazioni garanti dei dissidenti, dal decentramento, dalla legge, dai giuristi, dalla religione.

Quali sono, invece, le principali conclusioni dell'analisi tocquevilliana della evoluzione della società francese? Tra Antico Regime e rivoluzione c'è continuità. Questa è segnata dall'accentramento, introdotto dai re e accelerato dalla rivoluzione. I re avevano sottratto all'aristocrazia locale tutti i propri poteri,

[10] N. MATTEUCCI, *Alexis de Tocqueville. Tre esercizi di lettura*, Bologna, Il Mulino, 1990, p. 28 – 29.

[11] A. DE TOCQUEVILLE, *Souvenirs* cit, p. 352.

[12] *L'Ancien Régime et la Révolution*, trad. it., in *Scritti politici,* cit., p. 624.

attirandola a Parigi. La nobiltà locale aveva cessato di vivere nei propri territori, godendo di privilegi nei confronti dei contadini divenuti piccoli proprietari, che quindi li subivano malvolentieri. Il potere centrale era esercitato dagli Intendenti, con tribunali eccezionali, come il Consiglio di Stato, e funzionari pubblici scelti sulla base del merito nella borghesia, ma non all'altezza del personale fornito dall'aristocrazia. L'insofferenza verso questo assetto aveva fatto sì che la rivoluzione, matura anche in altri paesi, scoppiasse per prima in Francia. Qui diritti e privilegi entrarono in conflitto: i contadini dovevano pagare le tasse a nobili assenti e senza poteri, forti soltanto dei fasti del passato. Poi, il potere passò dal re al popolo, ma le istituzioni rimasero sostanzialmente immutate, sotto la pressione della ricerca dell'eguaglianza. L'obiettivo divenne quello di "vivre egaux sous un maître". Il prefetto si sostituì all'intendente ed estese i suoi poteri su tutta la vita locale, dalla nomina degli insegnanti alle elezioni dei rappresentanti politici.

Anche da questo sommario esame si comprende quali siano per TOCQUEVILLE le due forze in conflitto, libertà ed eguaglianza. Nella tensione tra queste egli riassume i caratteri dei due paesi e dello sviluppo dei sistemi politici. Al centro della sua analisi c'è un solo problema, quello dell'equilibrio tra libertà e democrazia. Egli osserva con interesse e partecipazione il bisogno crescente di eguaglianza. Nota che questa porta a sempre maggiore centralizzazione e uniformità. Vede nel diritto amministrativo lo strumento caratteristico dell'accentramento. Teme che ne possano discendere limitazioni alla libertà, che le minoranze possano essere oppresse. Va alla ricerca dei modi in cui la libertà, specialmente quella delle minoranze, possano difendersi. Qui sta l'insegnamento di TOCQUEVILLE.

LA POTESTAD DE ORGANIZACIÓN EN CHILE
(a propósito de la sentencia del Tribunal Constitucional de 16 de enero de 2013, stc 2367-12-CPT)

CLAUDIO MORAGA KLENNER*

Sumario: 1. Preliminar. 2. Creación, establecimiento, funcionamiento y organización de los organismos públicos. 3. Creación y organización de las entidades públicas. La Constitución de 1980: reparto de competencias en el nivel constitucional y el legal. A) El ámbito de las leyes orgánicas constitucionales. B) El ámbito de las leyes de quórum calificado. C) El ámbito de la ley parlamentaria simple. D) El ámbito de los decretos con fuerza de ley. 4. La jurisprudencia constitucional: reserva legal absoluta en materia de estructuración de organizaciones administrativas. 5. Una nueva interpretación de la Constitución de 1980: la reserva legal no absoluta en materia organizativa. 6. Potestad organizatoria administrativa, posterior a la STC 2367-12-CPT. A) Concepto. B) Delimitación material. C) Disposiciones que reconocen la potestad organizatoria. D) Instrumentos y formas. E) Ámbito de acción. 7. Conclusiones.

1. PRELIMINAR

La doctrina nacional ha explicado siempre unas mismas potestades de la administración: *v. gr.*, la potestad de mando, la reglamentaria, la ejecutiva y la sancionadora. En ello se ha limitado a enumerar, clasificar y describir, sin embargo, "un escueto listado"[1] de potestades, dentro del cual rara vez se incluye la *organizatoria*.

Como se sabe, los órganos públicos gozan de una posición de supremacía respecto de los particulares, lo que viene dado por las potestades que les han conferido la Constitución Política de la República o las leyes, en cuanto todas ellas son atribuciones que con su ejercicio persiguen la satisfacción de una necesidad colectiva o la consecución de un específico interés general (tienen, por tanto, un carácter instrumental), potestades públicas que muy excepcio-

* Prof. Asociado Facultad de Derecho, Universidad de Chile.

[1] SANDRA ÁLVAREZ TORRES, "Las potestades administrativas en la doctrina chilena: 1833-2009", en *Derecho administrativo. 150 años de doctrina* (Rolando Pantoja Bauzá, Coord.), Santiago, Editorial Jurídica de Chile, 2009, pág. 168.

nalmente el ordenamiento jurídico reconoce a las personas particulares[2]. En efecto, solamente los organismos descritos en el artículo 1º, inciso 2º de la ley número 18.575, Orgánica Constitucional de Bases Generales de la Administración del Estado (LOCBGAE) titularizan legítimamente potestades públicas (art. 6º).

Las potestades administrativas son, en su esencia, facultades o poderes de actuación o de decisión que se imponen a los órganos administrativos, en calidad de deberes. Constituyen *poderes-funciones* en cuanto preexisten y se ejercen para la consecución de finalidades de interés general, específicamente establecidas por la Constitución Política o por o las leyes[3].

Hoy día las potestades públicas, si bien en ellas sigue pesando sobremanera la idea de que sirven para ejercer un poder monopolizado por organismos públicos, deben entenderse en perspectivas diversas. Primero, como instrumentos que le permiten a la administración cumplir el mandato constitucional de ser servicial a las personas: usuarios y beneficiarios de servicios públicos, ciudadanos, pasajeros, pacientes, educandos. Segundo, que el despliegue de actividades administrativas debe preocuparse, además, del correcto y adecuado uso de los recursos puestos a su disposición, de manera que con ellos se alcancen las metas preestablecidas y se satisfaga a la colectividad. Sucede que las potestades administrativas ya no se ejecutan fundadas solamente en el criterio formalista de un poder público que insta por los intereses generales, sino con apoyo en la posibilidad cierta de que por su intermedio se puedan reconocer, proteger y realizar los derechos e intereses legítimos de las personas y que ello ocurra de un modo eficiente, eficaz y con calidad. En definitiva, hay que entender las potestades administrativas, en la actualidad, como insertadas —de hecho y de derecho— en un ordenamiento iusadministrativo sensible con la realidad social y que regula una actividad administrativa a la que se le exige alcanzar metas y objetivos, cuidando los recursos y medios que se le entregan a la administración (sin arriesgar su agotamiento presupuestario) y sin sacrificar en ello la libertad y derechos de las personas[4].

En este escenario, los jerarcas administrativos siempre han ejercido una función de dirección (*potestad de dirección*) independiente de la función de cumplimiento de los fines legales de la entidad administrativa, que no solo ejerce el jerarca máximo, sino también con más o menos limitaciones, las demás jefaturas de las unidades internas. Por lo mismo, la *potestad de dirección* se asienta en el principio o base administrativa de la *jerarquía*. En particular, se

[2] Cfr. ROLANDO PANTOJA BAUZÁ, *Derecho administrativo*, t. I., Clasicismo y Modernidad, Santiago, Editorial Jurídica de Chile, 1994, pág. 150.

[3] JUAN MIGUEL DE LA CUÉTARA, *Las potestades administrativas*, Madrid, Tecnos, 1986, pág. 48.

[4] Cfr. JAIME RODRÍGUEZ-ARANA, "Un nuevo derecho administrativo: el derecho del poder para la libertad", en *Revista de Derecho Administrativo*, núm. 2, Madrid, 2006, pág. 101.

trata de la facultad que le permite al jefe (1) fijar, en el marco de las funciones legalmente asignadas, los objetivos concretos que persigue la organización; (2) planificar y asegurar el trabajo, las tareas y los cometidos de manera que no existan conflictos o distracciones internas o externas; (3) controlar el funcionamiento ordenado y permanente de la organización administrativa a su cargo, con especial cuidado de que los funcionarios y trabajadores públicos den cumplimiento fiel y esmerado de sus obligaciones; (4) sancionar al personal administrativo que incurra en infracciones funcionarias y (5) disponer en alguna medida sobre el diseño y estructuración de la organización administrativa. El sistema administrativo chileno, según daremos cuenta más adelante, supone que estas atribuciones sean necesarias para que los jefes administrativos puedan cumplir objetiva, legal, eficiente, eficaz y oportunamente las tareas de gobierno y administrativas encomendadas, además de las metas, planes y programas preestablecidos; llevando adelante una eficiente, idónea y proba gestión de los recursos públicos.

Son expresiones del *poder de dirección* los poderes de mando, de control y fiscalización, disciplinario y también el organizatorio[5]. El *poder de mando* señala, ENRIQUE SILVA CIMMA, le permite al jerarca impartir órdenes a sus subalternos, y es su lógica contrapartida, la obligación que tienen los funcionarios públicos de obedecer (reflexivamente) las órdenes e instrucciones que reciban[6]. Es que el efecto de una *orden* dada por el jefe, en ejercicio de su función, es la obligación del destinatario de obedecer[7]. Por ello, se trata de una potestad regulada en el Estatuto Administrativo (ley 18.834) en su expresión de obligación del funcionario de obedecer al superior[8]. La *potestad de control o fiscalización*, en la órbita local de la administración, puede entenderse como un control interno que despliegan los jerarcas con sus propios medios para velar que las actuaciones de la organización se adecuen al ordenamiento jurídico y a las condiciones de funcionamiento que hubiere establecido la ley y la propia dirección superior. La *potestad disciplinaria,* regulada por el Estatuto Administrativo, es una modelación especial de la *potestad sancionadora* o *punitiva* de la administración, que le permite "al jerarca aplicar sanciones al subordinado que desobedece sus órdenes o infringe normas jurídicas"[9], en la instrucción previa de la correspondiente investigación sumaria o sumario administrativo.

[5] Cfr. MATTHIAS JESTAEDT, "Grundbegriffe des Verwaltungsorganisationsrechts", en *Grundlage des Verwaltungsrechts*, Wolfgang Hoffmann-Riem *et al.* (Coords), München, C. H. Beck, 2006, pág. 937.

[6] ENRIQUE SILVA CIMMA, *Derecho administrativo chileno y comparado*, t. I, Introducción y Fuentes, Santiago, Editorial Jurídica de Chile, 1996, pág. 32.

[7] OTTO MAYER *Deutsches Verwaltungsrecht,* t. II, versión sin cambios de la 3ª edición de 1924, Berlin, General Books, 2004, pág. 183.

[8] ROLANDO PANTOJA BAUZÁ, "La organización de la administración del Estado (2) (121-161)", en *Revista de Gobierno y Administración del Estado* (núm. 87, 2000), pág. 139.

[9] SILVA CIMMA, *op. cit.*, pág. 32.

Por último, la *potestad organizatoria* o, también, *potestad de organización*, que se la reconoce como titularizada tanto por órganos legisladores como por organismos oficiales o administrativos, ha sido definida por HARTMUT MAURER como la facultad de erigir, modificar y extinguir organizaciones administrativas. Erigir abarca no solo la creación del organismo administrativo o de una autoridad, sino también su configuración organizativa, a lo menos en sus aspectos básicos, y en la determinación de sus atribuciones[10]. En Chile, ENRIQUE RAJEVIC MOSLER afirma que ella "permite crear, modificar y extinguir organismos para cumplir la función administrativa y, además, organizarlos y configurarlos, esto es, definir y modificar su estructura interna"[11].

2. CREACIÓN, ESTABLECIMIENTO, FUNCIONAMIENTO Y ORGANIZACIÓN DE LOS ORGANISMOS PÚBLICOS.

La administración del Estado de Chile, tras su independencia, fue bastante sencilla: centrada en el poder que representa el presidente de la república, actuando conjuntamente con las municipalidades y unos establecimientos públicos[12] (entidades financiadas y vigiladas por el Estado —Const. de 1833, art. 82, num. 21—, tales como hospitales, hospicios y casas de maternidad y de huérfanos). En el presidente se radicaban las secretarías de Estado (ministerios) y a cada una de ellas se les asignaban reparticiones o unidades internas que tomaban el nombre de departamentos[13]. En esa época, la administración, no conociéndose aun los servicios públicos[14], estaba constituida por cargos o empleos públicos fiscales, cuya existencia, financiamiento y atribuciones establecía la ley[15]. En los ministerios también se fueron creando secciones diversas destinadas a facilitar el despacho de las distintas tareas asignadas, que tomaron el nombre de *oficina, dirección, inspección y superintendencia*[16]. Con todo, ni la Constitución ni las leyes dispusieron acerca de cómo debían organizarse

[10] HARTMUT MAURER, *Allgemeines Verwaltungsrecht*, 18ª ed., München, Beck, 2011, pág. 552.

[11] ENRIQUE RAJEVIC MOSLER, "La potestad organizatoria en el derecho chileno: teoría y práctica", en *Estudios sobre la Ley Orgánica Constitucional de Bases Generales de la Administración del Estado. Actas de Terceras Jornadas de Derecho Administrativo,* Antofagasta, Universidad de Antofagasta, 2008, pág. 173.

[12] ROLANDO PANTOJA BAUZÁ, *La organización administrativa del Estado*, Santiago, Editorial Jurídica de Chile, 1998, pág. 18.

[13] *Idem.*

[14] Solamente a partir de mediados del siglo XIX se comienza a establecer verdaderos organismos y reparticiones que se modelan como organizaciones que tienen un jefe superior, dotados de un personal y bienes necesarios para el cumplimiento de sus fines. *Ibid.*, pág. 29.

[15] *Ibid.*, pág. 27.

[16] NATALIA MUÑOZ CHIU, "La organización administrativa del Estado: 1859-2009", en *Derecho administrativo..., op. cit.*, pág. 276.

internamente los ministerios y las demás entidades administrativas, por lo que bien puede afirmarse que se trataba de una *administración improvisada*[17].

Ya desde la Constitución de 1833, el número de los ministerios y sus respectivos departamentos estaba determinado por ley. Sin embargo, esta idea no fue inmediatamente extrapolable a órganos administrativos dependientes de los ministerios. Ante la ausencia de normativa constitucional referida a ellos, algunos fueron simple creación de la potestad reglamentaria del presidente de la república[18]. Con la Constitución de 1925, el panorama no cambió sustancialmente, de momento que se repetían las mismas disposiciones de la Carta de 1833 (arts. 43, num. 1; 44, 2 y 10 y 73). Sin embargo, durante la vigencia de esa Constitución —señala el Tribunal Constitucional en STC2367-12-CPT— se sucedieron dos eventos de trascendencia que demarcarían el campo de ulterior acción legislativa y oficial: 1) en 1927 se dictó el decreto con fuerza de ley 7912, que "organiza las secretarias del Estado", cuyo artículo 18 prescribió: "Los ministerios dictarán los decretos correspondientes de organización o reorganización de los servicios que de ellos dependan, de acuerdo con las disposiciones del presente decreto", y 2) con la reforma constitucional de 1943 (ley 7727) se le incorporó un inciso 3º al artículo 45, que le otorgó iniciativa exclusiva al presidente de la república para proponer proyectos de ley que crearen nuevos servicios públicos. Bien se apreciará que la reforma constitucional no desacreditaba la potestad reglamentaria otorgada por el decreto con fuerza de ley núm. 7912 a los ministros: mientras que la reserva legal comprendía la *creación* de organismos administrativos, la potestad reglamentaria imperaba en cuestiones organizativas de entidades que ya tenían existencia legal.

No obstante, en vigencia de la Constitución de 1925 se arfirmó la idea de que todo lo concerniente a los servicios públicos, incluso su creación, atribuciones, funcionamiento y organización, estaba (o debía estar) reservado exclusivamente a la ley[19]. Esa ley debía ser permanente y abarcar la definición de las funciones de la organización y las atribuciones que se confieren a sus distintos órganos; debía, además, establecer la división o estructura interna y disponer de recursos materiales, personales y dinerarios. Con ello se entendió que los organismos y órganos administrativos no podían crearse mediante acuerdos ni

[17] Este concepto de "administración improvisada" lo utiliza el maestro GARCÍA DE ENTERRÍA para contrastar la administración española —que enjuicia como carente de una raíz histórica profunda— con la alemana y la francesa, una derivada de la cameralística, y la otra tributaria del colbertismo y del monarca absoluto. EDUARDO GARCÍA DE ENTERRÍA, *La Administración española*, Madrid, Instituto de Estudios Políticos, 1961, págs. 201 y ss.

[18] PANTOJA BAUZÁ, *op. cit.*, págs. 33 y ss.

[19] Cfr. GUILLERMO VARAS CONTRERAS, *Derecho administrativo*, Santiago, Nascimiento, 1940, págs. 393 y ss.; HUGO CALDERA DELGADO, *Tratado de derecho administrativo*, t. I, Santiago, Ediciones Parlamento, 2001, págs. 259 y 275; EDUARDO SOTO KLOSS, *Derecho administrativo. Temas fundamentales*, Santiago, Abeledo-Perrot, 2009, pág. 123; ENRIQUE SILVA CIMMA, *Derecho administrativo chileno y comparado*, t. II, El servicio público, Santiago, Editorial Jurídica de Chile, 1995, pág. 79.

actos reglamentarios[20], ni tendría competencia el jefe de servicio para disponer de sus estructuras, divisiones, departamentos y demás oficinas, ni para asignarles funciones[21]. Solamente hacían excepción de lo anterior los órganos consultivos o asesores que se forman al alero de un órgano administrativo, pero a los que no se les confiere atribuciones públicas de ninguna especie (son *apéndices, no operacionales* de los órganos decisorios). En estos casos se aceptaba antes, y se acepta hoy, la vía decretal o reglamentaria del presidente de la república (GUILLERMO VARAS en 1940[22] y ENRIQUE SILVA CIMMA en 1995[23]). En otras palabras: la idea central podía resumirse así: toda organización administrativa que ejerce poder público debe tener un origen en la ley, la cual establece sus órganos, le fija su función y otorga atribuciones; las jefaturas administrativas, por tanto, no ostentan *potestad organizatoria* de ninguna especie concurrente con la ley. Pero tratándose de organizaciones que solamente prestan funciones de asesoría mas no tienen poder público, ellas pueden tener su origen en una decisión del jerarca administrativo.

Esta tesis ha persistido durante la vigencia de la actual Constitución de 1980, liderada por gran parte de la doctrina y la jurisprudencia del Tribunal Constitucional. Curiosamente, sin embargo, el legislador, en ocasiones, y la Contraloría General de la República, en otras, no han seguido de forma constante el principio explicado. Tampoco lo ha hecho la jurisprudencia judicial. ENRIQUE RAJEVIC MOSLER, en 2008, subrayó la existencia de una variada legislación sobre ministerios y servicios públicos en la que el legislador no dispuso acerca de la estructura interna de ellos o, en su defecto, en la que expresamente atribuyó facultades a los ministros o jefes de servicios para establecer o regular la respectiva organización interna (v. gr., Ministerio de Vivienda y Urbanismo, Ministerio Secretaría General de la Presidencia, Dirección Nacional del Servicio Civil, Dirección de Compras y Contratación Pública, Servicio Médico Legal, municipalidades)[24]. Por el lado de la Contraloría General de la República, sus dictámenes han reconocido una potestad organizatoria en manos de los jerarcas administrativos, con ejercicio limitado, evidentemente, por las disposiciones de la LOCBGAE, y tratándose de municipalidades, por la ley 18.695 Orgánica Constitucional de Municipalidades (LOCM)[25]. Incluso cabe señalar una sentencia de la Corte de Apelaciones de Santiago (causa Vega Morales, Jeanette c/ Consejo para la Transparencia, de 17 de enero de 2011, *rol* 5955-09), que reconoce como integrando la organización del Ministerio de Salud, específicamente de la Subsecretaría respectiva, a la Comisión Nacional del Síndrome de

[20] SILVA CIMMA, *op. cit.*, pág. 74.

[21] *Idem.*

[22] VARAS CONTRERAS, *op. cit.*, pág. 290.

[23] SILVA CIMMA, *op. cit.*, pág. 78.

[24] RAJEVIC MOSLER, *op. cit.*, págs. 177 y ss.

[25] *Ibid.*, págs. 187 y ss.

Inmunodeficiencia Adquirida, órgano asesor creado por decreto 6 de 1990, y que declara que cada organismo de la administración puede diseñar su estructura administrativa concediendo a cada una de sus partes, departamentos o secciones, las facultades que correspondan por ley y que el órgano estime convenientes para el mejor desarrollo de la función administrativa (consid. 8º).

3. Creación y organización de las entidades públicas. La Constitución de 1980: reparto de competencias en el nivel constitucional y el legal

Los organismos públicos son creación del derecho, es decir, no preexisten al Estado o a la Constitución[26]. La ley, cuando los crea y organiza, les da no solo capacidad de actuar sino que les confiere legitimidad existencial y funcional. Por lo mismo, no es de extrañar que la Constitución se pueda encargar también de estas tareas, es decir, de diseñar la estructura básica del Estado, de la cual la administración forma parte. Se trata de lo que Eduardo García de Enterría denomina la "eficacia organizatoria inmediata de la Constitución"[27].

En la Constitución chilena son muchas las disposiciones que de algún modo regulan la administración pública, sea en la perspectiva de un fenómeno general, o que dicen relación con organizaciones administrativas, en particular[28]. Con todo, esas normas constitucionales son difusas y carecen de una sistematicidad que facilite la comprensión organizativa de las distintas administraciones[29]. Por un lado, la Constitución ha creado algunos órganos autónomos de naturaleza administrativa, *v. gr,* la Contraloría General de la República (art. 98), el Banco Central (art. 108) los gobiernos regionales (art. 111) y las municipalidades (art. 118). Por otro lado, ha establecido que tratándose de los ministerios, son materias de ley su número, organización y el orden de precedencia

[26] Cfr. Thomas Gross, "Die Verwaltungsorganisation als Teil organisierter Staatlichkeit", en *Grundlage des Verwaltungsrechts*, Wolfgang Hoffmann-Riem *et al.* (Coords.), München, 2006, pág. 843.

[27] Eduardo García de Enterría, *La Constitución como norma y el Tribunal Constitucional,* Madrid, Thomson-Civitas, 1994, pág. 79.

[28] Las disposiciones básicamente son los arts. 3º sobre descentralización y desconcentración; 19, núm. 21, sobre las empresas públicas creadas por ley; 24, sobre la posición del presidente de la república en cuanto jefe de Estado; 33, sobre número y organización de los ministerios; 38, inc. 1º, sobre el legislador orgánico constitucional de bases de la administración del Estado; 63 y 65, inc. 4º, num. 2, sobre la iniciativa legal exclusiva del presidente de la república para crear nuevos servicios públicos; 98 a 100, sobre la Contraloría General de la República; 101 a 105, sobre las fuerzas armadas, de orden y seguridad pública; 106 y 107, sobre Consejo de Seguridad Nacional; 108 y 109, sobre Banco Central; 110 a 126 bis, sobre gobierno y administración interior del Estado (gobierno y administración regional y provincial, administración comunal y territorios especiales).

[29] Cfr. Soto Kloss, *op. cit.*, pág. 117.

de los ministros titulares (art. 33, inc. 2º)[30]. En tercer lugar, le ha otorgado al legislador un dominio propio en lo organizativo mediante distintas vías:

A) *El ámbito de las leyes orgánicas constitucionales*[31]

La Constitución ha dispuesto que por leyes orgánicas constitucionales se regule específicamente acerca de la organización básica de los órganos de la administración (art. 38), de la Contraloría General de la República (art. 99) del Banco Central (art. 108) y de los concejos municipales (art. 119, inc. 3º). La LOCBGAE le dio cumplimiento al encargo constitucional de determinar "la organización básica de la administración pública" y la organización de los distintos ministerios (arts. 38, inc. 2º, y 33, inc. 2º, constitucionales) y lo hizo por medio de mandatos básicos o esenciales que circunscribieron de modo efectivo el campo de acción de la ley común[32]. Ella impuso, en efecto y por de pronto, un orden claro sobre la función que desempeñan los ministerios, por oposición a la función de los servicios públicos e hizo de guía respecto del contenido normativo de las demás leyes comunes que regulan el funcionamiento de la administración del Estado y la estructura y organización de los organismos que la integran[33], desde el momento en que el artículo 21 dispuso que la organización básica de los organismos de la administración era la establecida en el título II de la ley (Normas Especiales, párr. 1º de la organización y funcionamiento). En dicho título II son disposiciones organizacionales los artículos 23, 24, 26, 27, 28, 29, 31 y 32. De entre ellas, sobresale el artículo 24, que dispone que en cada ministerio haya una o más subsecretarías, cuyos jefes superiores serán los subsecretarios, con carácter de colaboradores inmediatos de los ministros y a quienes corresponde coordinar la acción de los órganos y servicios públicos del sector, actuar como ministros de fe, *ejercer la administración interna* del ministerio y cumplir las demás funciones que les señale la ley; el artículo 26, que autoriza a los ministerios, con las excepciones que establezca la ley, desconcentrarse territorialmente mediante secretarías regionales ministeriales; el artículo 27, que establece la *estructura tipo* de los ministerios: en la orga-

[30] La organización básica de los ministerios está establecida en la LOCBGAE. Por su parte, el número de ministerios y el orden de precedencia ministerial está fijado en el art. 1º del decreto con fuerza de ley núm. 7912, del Ministerio del Interior, de 1927, Ley Orgánica de Ministerios, y es el siguiente: 1) Interior y Seguridad Pública; 2) Relaciones Exteriores; 3) Defensa Nacional; 4) Hacienda; 5) Secretaría General de la Presidencia de la República; 6) Secretaría General de Gobierno; 7) Economía, Fomento y Turismo; 8) Planificación; 9) Educación; 10) Justicia; 11) Trabajo y Previsión Social; 12) Obras Públicas; 13) Salud; 14) Vivienda y Urbanismo; 15) Agricultura; 16) Minería; 17) Transportes y Telecomunicaciones; 18, Bienes Nacionales; 19) Energía y 20) Medio Ambiente.

[31] Leyes que requieren para su aprobación, modificación o derogación, las cuatro séptimas partes de los diputados y senadores en ejercicio (CPR, art. 66, inc. 2º).

[32] *Historia de la ley núm. 18575*, págs. 157-308.

[33] *Historia de la ley núm. 18575*, págs. 47-308.

nización de estos, además de las subsecretarías y de las secretarías regionales ministeriales, podrán existir solo los niveles jerárquicos de División, Departamento, Sección y oficina, considerando la importancia relativa y el volumen de trabajo que signifique la respectiva función. Sin embargo, en circunstancias excepcionales la ley podrá establecer niveles jerárquicos distintos o adicionales, y denominaciones diferentes[34].

Por el lado de los servicios públicos, existe una delimitación competencial entre la LOCBGAE y la ley común: la primera regula la estructura y los elementos fundamentales que inciden en la actuación de las entidades administrativas; para la ley ordinaria, a su turno, queda el trabajo de ocuparse en detalle de cada servicio público en particular. En este sentido, el artículo 28 fija la labor de los servicios públicos (satisfacer necesidades colectivas, de manera regular y continua y aplicar las políticas, planes y programas del gobierno). El artículo 29 reconoce y caracteriza los servicios públicos centralizados y descentralizados (nacionales y regionales). El artículo 31 dispone que tengan un jefe superior, denominado director, lo que no obsta que la ley pueda en casos excepcionales otorgar a los jefes superiores una denominación distinta y establecer consejos y órganos colegiados. Esta disposición también confiere a los directores la facultad de *dirigir, organizar y administrar* el correspondiente servicio; controlar y velar por sus objetivos; responder de su gestión y desempeñar las demás funciones que la ley les asigne. Y el artículo 32 establece la *estructura tipo* de los servicios públicos[35]: la organización interna de los servicios públicos que se creen para desarrollar su actividad en todo o parte de una región podrá considerar solamente los niveles de dirección, departamento, subdepartamento, sección y oficina; que para la creación de los niveles jerárquicos se considerará la importancia relativa y el volumen de trabajo que signifi-

[34] En el Informe de la IV Comisión Legislativa de la Junta de Gobierno a la propia Junta de Gobierno se explica respecto de esta disposición (en el proyecto correspondía al art. 25): "La Comisión Conjunta estimó conveniente, con el propósito de lograr una uniformidad orgánica en la estructura básica de los ministerios, incluir esta disposición que señala que en la organización de las secretarías de Estado, además de las secretarías regionales ministeriales, podrán existir solo los niveles jerárquicos de división, departamento, sección y oficina. Esta norma, en consecuencia, viene a satisfacer una antigua aspiración de la administración del Estado de contar con un instrumento jurídico adecuado para evitar la proliferación inorgánica y arbitraria de unidades, con denominaciones diversas, en las estructuras de los distintos ministerios. Así mismo, se dejó establecido que para la creación de los niveles antes señalados se considerará la importancia relativa y el volumen de trabajo que signifique la respectiva función. Estos parámetros tienen por objeto evitar la injustificada creación de estas unidades administrativas, de manera que exista una cierta uniformidad en los ministerios". En historia de la ley núm. 18.575, cit., págs. 169-308.

[35] Esta disposición se incorporó en el proyecto de la LOCBGAE solo en el Informe de la IV Comisión Legislativa de la Junta de Gobierno a la propia Junta de Gobierno, teniendo presente las mismas consideraciones que se habían hecho en ese documento sobre el art. 25 (hoy 27). En *Historia de la ley 18.575*, cit., págs. 171-308.

quen las respectivas funciones y el ámbito territorial en que actuará el servicio; que las instituciones de educación superior de carácter estatal podrán, además, establecer en su organización facultades, escuelas, institutos, centros de estudios y otras estructuras necesarias para el cumplimiento de sus fines específicos; y que no obstante lo señalado, en circunstancias excepcionales la ley podrá establecer niveles jerárquicos distintos o adicionales, y denominaciones diferentes.

B) *El ámbito de las leyes de quórum calificado*[36]

Este tipo de leyes se encargan de crear, erigir, organizar, modificar y extinguir el Consejo Nacional de Televisión (Const. Pol., art. 19, num. 12, inc. 6º) y los organismos del Estado que desarrollan actividades empresariales, conocidas como las *empresas públicas creadas por ley.* No obstante que el artículo 19 numeral 21, de la Constitución establece que por regla general las actividades empresariales del Estado deben sujetarse a la misma ley común aplicable a los particulares, no es óbice para que esas empresas se someten excepcionalmente al derecho administrativo (legalidad, probidad, responsabilidad, descentralización) y, en particular, en lo que concierne a su organización y funcionamiento a las disposiciones de una ley de quórum calificado[37] (por lo que no se aplica a esas empresas el art. 32 LOCBGAE).

C) *El ámbito de la ley parlamentaria simple*[38]

La Constitución Política autoriza que por ley simple, de iniciativa exclusiva del presidente de la república (art. 65, inc. 4º, num. 2), se creen y determinen las funciones o atribuciones de los servicios públicos, es decir, de otras entidades administrativas que no adoptan la forma de ministerios. Conviene señalar que aquella disposición constitucional no le entrega expresamente al mandatario la facultad de incorporar en sus proyectos de ley lo concerniente a la *estructuración orgánica* de los servicios públicos que pretende crear, lo que se explicaría porque el marco básico de él ya está establecido en las normas supletorias del artículo 32 LOCBGAE. Por esta razón, ha dicho el Tribunal Constitucional, la doctrina incurrió en la confusión de entender que el proceso de *organización* de un servicio público formaba parte del de su propia *creación*, con lo que se afirmó que la ley fuera siempre llamada a regular ambas

[36] Leyes que para su aprobación, modificación o derogación requieren la mayoría absoluta de los diputados y senadores en ejercicio.

[37] *Historia de la ley núm. 18.575,* págs. 50-308.

[38] Leyes que para su aprobación, modificación o derogación requieren la mayoría de los miembros presentes de cada cámara o con las mayorías aplicables según los arts. 68 y ss., es decir, quórum especiales para proyectos desechados en general por la cámara de origen, acuerdos de comisiones mixtas e insistencias de las cámaras frente al veto presidencial, entre otros.

cuestiones, sin dejar espacios a disposiciones o medidas del gobierno o de la administración (STC 2367-12-CPT, consid. 28º).

D) *El ámbito de los decretos con fuerza de ley*

Los decretos con fuerza de ley son leyes que dicta exclusivamente uno de los tres órganos colegisladores (el presidente de la república), con la autorización del Congreso[39]. En efecto, el artículo 64, inciso 1º y 2º, de la Constitución, permite que el Congreso autorice al presidente de la república para dictar disposiciones con fuerza de ley durante un plazo no superior a un año sobre cualquier materia que corresponda al dominio de la ley. En ejercicio de esta atribución legislativa, el presidente puede crear, modificar y organizar entidades públicas, siempre que no sean de aquellas que la Constitución expresamente le veda: la Contraloría General de la República, el Consejo Nacional de Televisión, los órganos autónomos constitucionales de naturaleza administrativa (*v. gr.*, gobiernos regionales, municipalidades, Banco Central) y los demás que deban ser constituidas por leyes orgánicas constitucionales o de quórum calificado (Const. Pol., art. 64, incs. 2º y 3º). En otras palabras: el campo de acción de los decretos con fuerza de ley se identifica con el de la ley parlamentaria simple.

En ninguno de los casos señalados la Constitución ha pretendido excluir la colaboración de las potestades normativas del presidente de la república y de las potestades de los demás jerarcas administrativos, a causa de una consideración técnico-constitucional: la ley simple que crea una nueva entidad (ministerio o servicio público) no puede agotar el fenómeno sobre el que decide, ya que el artículo 63, numeral 20, limita el campo de acción de la ley a normas de carácter general y obligatorias que estatuyan las bases de un ordenamiento jurídico (por transitividad se aplica igual regla a los decretos con fuerza de ley). De esto deriva que los detalles regulatorios deben ser objeto de la potestad reglamentaria de ejecución de ley, en manos del presidente de la república (Const. Pol., art. 32, num. 6). La LOCBGAE, por su parte, también deja espacios a la colaboración del reglamento, pues se trata de una *ley de bases* (STC 325 de 2001) y porque sus disposiciones, si bien uniforman las estructuras internas de las entidades, que deben estar siempre presentes, no dejan de ser una estructuración básica sujeta a reglas de flexibilidad, de momento que cabe la posibilidad de establecer niveles jerárquicos distintos o adicionales y denominaciones diferentes para las distintas unidades (STC 2367-12-CPT, consid. 54).

En el proceso de creación constitucional-legal de los órganos públicos existen cuestiones que son por esencia de competencia del constituyente-legislador. Tales son: 1) la decisión de establecer la nueva entidad (lo que incluye darle

[39] Con detalle, CLAUDIO MORAGA KLENNER, "La potestad normativa del presidente de la república: los decretos con fuerza de ley", en *Revista de Derecho Público*, vol. 70, Santiago, 2008.

nombre y domicilio), 2) la función que se le asigna, 3) los órganos que manifestarán la voluntad orgánica, 4) las atribuciones públicas con que se le dota y 5) los recursos dispuestos para ella. Tratándose de la creación de ministerios se suma como sexto componente esencial la estructuración formal interna de la entidad (organización), de momento que el artículo 33 constitucional ordena que la ley los *organice*, pero solamente en sus bases esenciales. En todos los demás casos, esto es, de creación de servicios públicos, la organización no pasa de ser un elemento de la naturaleza, puesto que al presidente de la república le basta, en ejercicio de su iniciativa exclusiva legal, disponer solamente de su *establecimiento*, sus *funciones* y *atribuciones* (al tenor del art. 65, inc. 4º, num. 2). De igual modo, los artículos 27 y 32 LOCBGAE, que establecen las estructuras tipo de los ministerios y servicios públicos, respectivamente, son disposiciones supletorias del legislador y no van más allá de hacer uniforme una estructuración interna, de corte formal, pero que no regulan acerca de la división temática de las funciones y actividades que despliega la entidad.

4. La jurisprudencia constitucional: reserva legal absoluta en materia de estructuración de organizaciones administrativas

La justicia constitucional siguió un camino distinto porque negó la facultad de las autoridades del gobierno y administrativas de ejercer una *potestad organizatoria,* al considerar que esta era propiamente una materia reservada a la decisión legislativa.

En 2001 correspondió al Tribunal Constitucional pronunciarse preventivamente sobre la constitucionalidad del proyecto de Ley del Deporte. En esa ocasión, la magistratura declaró que, por virtud de los artículos constitucionales 60 numeral 14 (hoy 63, num. 14) y 62, inciso 4º, numeral 2º (hoy 65, inc. 4º, num. 2), era inconstitucional otorgarle al director nacional del Instituto Nacional de Deportes de Chile las atribuciones para "establecer la organización interna del servicio" y de "asignarle funciones al personal del servicio". En este sentido, el tribunal señaló que tanto la estructura interna de un servicio público y las atribuciones de sus cargos o empleos solo podían crearse por ley, a iniciativa exclusiva del presidente de la república, lo que excluye la posibilidad de que ellas sean establecidas por la autoridad superior de un servicio (STC 319 de 2001, consid. 13). En otras palabras: el Tribunal Constitucional afirmó una reserva legal estricta o absoluta en esas materias y, de paso, negó la existencia de alguna suerte de potestad administrativa organizativa.

Poco después se confirmaría igual jurisprudencia. Al Tribunal Constitucional tocó conocer sobre la constitucionalidad del proyecto de ley que creó el Servicio Nacional del Adulto Mayor (STC 358 de 2002). Este proyecto le otorgaba al jefe del servicio atribuciones para establecer la organización del servicio y sus modificaciones, con la sola limitación de sujetarse a la planta de personal y a las dotaciones máximas que le fueran fijadas, para asignarle funciones al personal del servicio y "ejercer las demás facultades que sean necesarias para la buena marcha del servicio". El Tribunal consideró que estas atribuciones daban pie para que el director del servicio pudiera "estructurar y dar forma a este nuevo servicio público" (consid. 10), lo que era inconstitucional. Las palabras del Tribunal fueron: "12) [...] la estructura interna de un servicio público, como también las atribuciones de su director y del personal, solo pueden crearse por ley, a iniciativa exclusiva del presidente de la república, lo que excluye la posibilidad de que ellas sean establecidas por la autoridad superior de un servicio, o que, en el caso de esta última, pueda ejercer facultades indeterminadas" (consid. 12).

Tres años más tarde llegó el turno del control preventivo de constitucionalidad del proyecto de ley que modificó la ley 19.175 sobre a la estructura y funciones de los gobiernos regionales. Esta ley establecía que el intendente —jefe del gobierno regional— propusiera al consejo regional la organización interna del servicio administrativo del gobierno regional, lo que debía realizarse con sujeción a la planta y dotación máxima que legalmente se le hubiera fijado. La disposición señalaba que las unidades que al efecto se establecieren deberían comprender las áreas de administración, finanzas y control de gestión, pero que también podía una misma unidad atender diversas funciones. Nuevamente el Tribunal Constitucional reafirmó su doctrina sobre la reserva legal aplicada al problema de la organización y funciones de la administración: si es la propia Constitución la que determina las materias que son de reserva legal, pretender alterar esa competencia estableciendo que el consejo regional disponga, a proposición del intendente, en aquello que es propio de la ley, es contrario a la Carta Fundamental (STC 443 de 2005, consid. 25).

En conclusión: en la jurisprudencia más antigua del Tribunal Constitucional era contrario a la Constitución que el legislador facultare a una autoridad administrativa para regular la organización interna del organismo a su cargo. En estas circunstancias, la justicia constitucional no le reconoció aptitud a la potestad reglamentaria del presidente para dictar disposiciones sobre organización ni aceptó que existiera algún tipo de *autoadministración* en manos de los jefes de servicio. Afortunadamente, esa tesis estaba llamada a ser superada por la fuerza de los hechos. En los últimos trece años el Tribunal Constitucional había ido aceptando la colaboración reglamentaria en diversas materias y áreas, por ejemplo derecho de propiedad (STC 370 de 2003), sanciones penales y administrativas (STC 468 de 2006 y 480 de 2006), asuntos fiscales (STC 718 de 2007, 759 de 2007, 773 de 2007, 1234 de 2008) y subvención educacional (STC 771 de 2007), lo que hacía injustificable que no se reconociera ese dominio reglamentario a una materia de menor sensibilidad —la organización administrativa—, ya que por su propia naturaleza esta no está destinada a afectar el ejercicio de derechos y libertades fundamentales.

5. Una nueva interpretación de la Constitución de 1980: la reserva legal no absoluta en materia organizativa

El 16 de enero de 2013, la magistratura constitucional se pronunció respecto al proyecto de ley que crea el Ministerio del Deporte (ley 20686, publicada en el *Diario Oficial* de 28 de agosto de 2013). Esta vez la causa fue motivada por un requerimiento de inconstitucionalidad respecto de su artículo 3º que es del siguiente tenor:

"La Organización del Ministerio será la siguiente:

"1. El Ministro del Deporte.

"2. La Subsecretaría del Deporte.

"*Un reglamento determinará la distribución temática en las divisiones del Ministerio*, de conformidad a lo señalado en la ley núm. 18575, Orgánica Constitucional de Bases Generales de la Administración del Estado [...]

"En la Organización del Ministerio del Deporte no tendrá aplicación lo dispuesto en el artículo 26 de la ley núm. 18575 [...]".

En esta ocasión la sentencia del tribunal (STC 2367-12-CPT) dio la espalda a sus anteriores pronunciamientos, porque acepta desde ahora que autoridades administrativas colaboren en materia de organización. Dos de las razones del Tribunal Constitucional para cambiar su jurisprudencia nos parecen de la máxima relevancia: 1) una mirada más atenta a la legislación administrativa y 2) la necesidad de interpretar la legislación administrativa conforme a una nueva perspectiva, la de los resultados.

1. El Tribunal Constitucional declara que el ordenamiento iusadministrativo reconoce la *potestad organizatoria*. De partida, y como ya hemos señalado, la LOCBGAE es una *ley de bases* que no tiene por objetivo regular al detalle la organización de la administración del Estado. En este sentido, y como sucede con cualquier ley, estableció el Tribunal, pueden requerir pormenorizaciones o detalles por medio de normas sublegales (consid. 26). Además, existen disposiciones en aquel cuerpo normativo que entregan a los jerarcas administrativos un explícito poder organizativo: artículos 24 y 31 (consid. 38). Lo propio ocurre en la LOCM (arts. 17, 18, 30 y 31) y en la LOCGAR (art. 27). En otras palabras: ni la Constitución ni la legislación orgánica constitucional habían vedado a los jerarcas administrativos ejercer una *potestad organizatoria*; todo lo contrario, la habían regulado y puesto a disposición de ellos.

2. Se hace ver, también, que mucha de la legislación dictada entre 1990 y 2010[40], con centro de gravedad en el tema de la reforma del Estado, obliga a "reinterpretar la organización administrativa desde la óptica [*sic*] de los

[40] Se puede consultar sobre el proceso de modernización de la administración a Claudio Orrego Larraín, "La modernización de la gestión pública en Chile: avances y desafíos", en *Revista de Gobierno y Administración del Estado*, núm. 104, Santiago, 2002.

resultados" (consid. 40), porque en algunas de esas leyes se han establecido, por ejemplo, asignaciones de modernización (ley núm. 19.553), la celebración de convenios de gestión que deben suscribir los altos directivos públicos (ley núm. 19.882), la supervisión de cumplimiento de objetivos y metas (ley núm. 19.646) y la evaluación de los resultados de ciertos programas presupuestarios (decr. ley núm. 1263), todas las cuales, evidentemente, se aprobaron para servir como facilitadores del mejoramiento de calidad de los bienes y servicios que producen y prestan las administraciones. A estos cuerpos legales, por cierto, se le une la LOCBGAE, que con mucha antelación y orientada por el mismo objetivo, ya había *desacoplado*[41] las funciones de decisión política y normativa de las funciones de prestación de servicios y de cumplimiento de planes y programas, diferenciando precisamente las tareas que corresponden a los ministerios de las de los servicios públicos. Toda esa legislación especial obliga a un nuevo entendimiento de los ejes gravitacionales que afectan a las administraciones: si la administración está obligada a permanecer centrada en el cumplimiento de sus funciones (porque así lo exige la ley), es necesario que quien dirija disponga la forma más adecuada de ordenar los recursos con que se cuente, dentro de los cuales la estructura interna es uno más.

6. Potestad organizatoria administrativa, posterior a la STC 2367-12-CPT

La sentencia del Tribunal Constitucional invita a definir la *potestad organizatoria*, con fundamento en la realidad administrativa actual del país, que pasa por aceptar de antemano que tanto participa el legislador como el gobierno-administración en el proceso general de dirección de la administración y que en una parte se lleva a cabo mediante la órbita de lo organizativo.

A) *Concepto*

La *potestad organizatoria* es un concepto general que manifiesta ejercicio de poder público, normativo y de dirección, de parte del poder legislativo y del gobierno-administración, cuyo objetivo es crear, modificar o extinguir organismos públicos, determinar su función, sus fines, su nombre y domicilio y la estructuración interna básica, además de establecer los órganos que lo representan y sus atribuciones. Una modalidad de ella, la *potestad organizatoria* de la administración, que deriva de la *potestad de dirección* y se ejercita mediante regulación sublegal, es la atribución que el ordenamiento jurídico (normas positivas, principios generales del derecho[42] y los propios del derecho

[41] David Osborne y Peter Plastrik, *Herramientas para transformar gobierno*, Barcelona, Paidós, 2003, pág. 120.

[42] Principios, que hace más de cincuenta años, afirmaba el profesor García de Enterría, eran directamente vinculantes cada vez que ejerciera poder discrecional. Eduardo García de

público y jurisprudencia oficial de la CGR) entrega al presidente de la república y a ciertas otras autoridades administrativas para intervenir en el diseño y estructuración de las organizaciones públicas, en el ámbito interno o nacional, tanto en su proceso de instalación como durante la vida de aquellas. El jefe de servicio ostenta tal poder, al constituir el órgano principal de la entidad, y lo hará de modo exclusivo (regla general) o, en otros casos, concurrentemente con órganos colegiados que tienen competencia resolutiva y que se insertan en la misma entidad (*v. gr.*, los concejos en las municipalidades o los consejos regionales en los gobiernos regionales).

Por lo que se ve, esta es una potestad de ejercicio permanente, causado pues acompaña procesos de desarrollo organizativos, que son continuos. En este mismo sentido, García de Enterría, al tratar sobre la *organización y sus agentes,* señalaba hace ya mucho tiempo que "la innovación organizativa, la revisión constante de estructuras [...] es [...] la única garantía de una cierta y relativa continuidad, el único medio de vencer lo que desde ahora podemos dar por establecido que el primero y el más grave de los fenómenos patológicos de las organizaciones humanas, la anquilosis institucional"[43].

Sobre la finalidad de este poder organizativo, la Contraloría entiende que es el mejoramiento de la labor de la entidad en virtud de consideraciones de bien común: es lograr eficiencia en el cumplimiento de unas funciones que benefician a toda la comunidad (D.CGR 54685 de 2013) y es racionalizar la gestión de una organización ya constituida, para la adecuación de políticas, normas, planes y programas que les corresponde ejecutar (*id.*).

B) *Delimitación material*

El Tribunal Constitucional distingue organizar de crear una nueva entidad. *Crear* es el proceso en su totalidad, y *organizar* es solamente una arista específica de la creación. *Crear* un nuevo organismo significa definir funciones y atribuciones, establecer los órganos y el régimen de recursos humanos, de bienes y presupuestario. Por lo mismo, *organizar* no tiene relación con las funciones, las atribuciones, los procedimientos, el presupuesto ni con las plantas y el estatuto de personal y con su régimen de remuneraciones. *Crear* solamente dice relación con la estructura interna, con las unidades que tiene y con su jerarquía, con la forma en que se ordenan y se relacionan (consid. 30, STC 2367-12-CPT). La *potestad organizatoria*, así entendida, no le permite a la autoridad administrativa crear nuevas entidades ni tampoco modificarlas

---

Enterría "La Lucha contra las inmunidades del poder en el Derecho Administrativo (Poderes discrecionales, poderes de gobierno, poderes normativos)" en *http://www.cepc.gob.es/gl/publicacións/revistas/revistas-electronicas?IDR=1&IDN=38&IDA=22227*, consultado el 27 de mayo de 2014, págs. 176 y ss.

[43] García de Enterría, *op. cit.*, págs. 176 y ss.

o extinguirlas. Esta es, por el contrario, una materia reservada a la decisión legislativa. Solo excepcionalmente, y como ya hemos repetido, el presidente de la república y los jefes superiores de servicios pueden establecer instancias meramente consultivas o asesoras dentro de la entidad, que no hubieren estado consultadas en la ley respectiva[44].

C) *Disposiciones que reconocen la potestad organizatoria*

La potestad organizatoria del presidente de la república tiene base constitucional. *En la Historia de la ley núm. 18.575*[45] se dejó constancia que como órgano superior de la Administración del Estado, y al tenor del artículo 24 constitucional, aquel ejerce las potestades de mando, normativa, sancionadora, de nombramiento y remoción de autoridades y funcionarios y, en general, tiene el poder para realizar todos los actos indispensables para el cumplimiento de sus cometidos. Tiene, además, los *poderes de dirección* y control sobre la acción de los órganos y funcionarios que le están subordinados. Tratándose de las demás autoridades administrativas, la *potestad organizatoria* tiene base legal. En el orden de los ministerios, corresponde a los subsecretarios (la segunda autoridad jerárquica) "ejercer la administración interna del ministerio" (LOCBGAE, art. 24). En el nivel regional, el intendente tiene la facultad de proponer al consejo regional *la organización de los servicios administrativos del gobierno regional*, de acuerdo con las normas básicas sobre organización establecidas en su ley orgánica constitucional (LOCGAR, art. 27). En lo local, el alcalde tiene facultades para *refundir en una sola unidad dos o más funciones genéricas*, cuando las necesidades y características de la comuna respectiva así lo requieran (art. 17); dos o más municipalidades pueden *compartir una misma unidad administrativa* (art. 18); el alcalde puede, con acuerdo del Concejo, *crear el cargo de administrador municipal* (art. 30); y la *organización interna del municipio*, y las funciones específicas que se asignen a una unidad respectiva, pueden ser *reguladas mediante un reglamento municipal* dictado por el alcalde con acuerdo del Concejo (art. 31).

D) *Instrumentos y formas*

En parte importante, el instrumento de que se vale la administración para proceder, dentro de los márgenes legales, a su *autoorganización* o *autoorde-*

[44] La circunstancia de que se permita al jerarca crear órganos colegiados consultivos o asesores (no tradicionales, porque no titularizan poder público ni se sujetan perentoriamente a las formas propias iusadministrativas) es, también, en cierto modo, un ejemplo de potenciación de su potestad organizatoria, desde el momento que dicho cuerpo asesor puede asumir funciones de asistencia técnica o consejería para la propia organización interna.

[45] *Historia de la ley núm. 18.575*, págs. 30-308.

nación interna[46], es la potestad normativa que, en su expresión de reglamentaria (Const. Pol., art. 32 núm. 6) se titulariza por el presidente, y su ejercicio se lleva a cabo mediante reglamentos (llamados por la doctrina *reglamentos internos*[47]), pero, también, mediante la dictación de decretos y la expedición de instrucciones. El presidente dispone de diferentes instrumentos jurídicos con los que puede regular temas organizativas de una manera general y abstracta o específica y concreta. No actúa a este efecto, sin embargo, por medio de decretos con fuerza de ley, puesto que estas son leyes (si bien no parlamentarias) y, por tanto, el ejercicio del poder público, en este caso, es de naturaleza legislativa, que no administrativa. El orden constitucional le reconoce al jefe de Estado dos tipos de potestades reglamentarias: la de ejecución de ley y la autónoma. Con la primera, como su nombre lo indica, se ejecuta una ley previa; con la segunda se regulan materias que la Constitución no ha reservado expresamente a la ley, lo que hace que el reglamento autónomo se sitúe en una posición paralela a la ley de momento; además los campos competenciales de ambos son distintos, por lo que no se superponen ni se subordinan, ni dependen entre sí[48]. Por ejemplo, si, por un lado, el artículo 3º de la ley 20.686, que crea el Ministerio del Deporte, invita a actuar a la *potestad reglamentaria de ejecución* de ley en lo que concierne a la distribución temática de las divisiones de aquel ministerio, por otro lado, la creación de órganos colegiados de carácter asesor, no previstos en la ley, es producto normalmente del ejercicio de la *potestad reglamentaria autónoma*.

No es indispensable que la ley convoque expresamente al reglamento en la regulación de la organización de una entidad pública, por dos razones. Primera, la ley que crea una entidad no es de aquellas que limitan el ejercicio de derechos fundamentales y, por tanto, no es necesario que la ley determine y especifique el ámbito de acción del reglamento que la ejecute (STC 235 de 1996). Y segunda, porque la potestad reglamentaria del presidente de la república tiene su reconocimiento en la Constitución, para cuyo ejercicio no se requiere una expresa remisión normativa de la ley[49].

El caso de los servicios centralizados y descentralizados es distinto. Aquí, la potestad normativa con que los dota la ley es limitada por el ámbito específico de la propia competencia de cada cual. Tratándose de los servicios centralizados, esa potestad normativa se extiende muchas veces no más allá

[46] JORGE BERMÚDEZ SOTO, *Derecho administrativo general*, 2ª ed., Santiago, Abeledo-Perrot, 2011, pág. 320.

[47] EDUARDO CORDERO QUINZACARA, *La potestad reglamentaria en el derecho público chileno*, Valparaíso, Universidad Católica de Valparaíso, 1995, pág. 109.

[48] Cfr. HUGO CALDERA DELGADO, *Tratado de derecho administrativo*, t. II, Santiago, Ediciones Parlamento, 2001, pág. 226.

[49] CLAUDIO MORAGA KLENNER, *La actividad formal de la administración del Estado*, Santiago, 2010, págs. 52 y ss.

de la facultad de dictar normas internas e instrucciones que tiendan al buen funcionamiento de la institución[50].

Los jefes de servicio actúan mediante *resoluciones administrativas*, que pueden contener tanto normas generales y abstractas como especiales y concretas. Excepcionalmente, la LOCM ha precisado que las municipalidades cuentan con un instrumento específico al respecto, los *reglamentos municipales*, definidos por el artículo 12 como "normas generales obligatorias y permanentes, relativas a materias de orden interno de la municipalidad". Lo propio ocurre en la LOCGAR, cuyos artículos 27, 36 y 37, inciso 4º, hacen concluir que el ejercicio de la potestad organizatoria de los servicios administrativos del gobierno regional y del funcionamiento del consejo regional se lleva a cabo por medio de *reglamentos*.

En lo que concierne a las formas, es de connotar que las medidas (actos administrativos, D.CGR 39.653 de 2006) que dictan los jerarcas administrativos en materia organizativa son "exentas". Esto quiere decir que no deben sujetarse al trámite previo de control de legalidad que realiza la CGR mediante el procedimiento de *toma de razón*. Hacen excepción de lo dicho todos los casos en que el propio presidente de la república actúe valiéndose de un reglamento o simple decreto, de momento que dicho control especial se hace obligatorio (res. 1600, de 2008, de CGR).

En cuanto a su publicidad, finalmente, por tratarse de decisiones administrativas que interesan a un número indeterminado de personas, deben publicarse en el *Diario Oficial* [D.CGR 39653 de 2006, que aplica la letra b), art. 46, ley 19.880, de 2003, que establece bases de los procedimientos administrativos que rigen los actos de los órganos de la administración del Estado].

E) *Ámbito de acción*

Señala la nueva jurisprudencia constitucional, que la ley, frecuentemente "orienta pero no predetermina la organización" (consid. 58 STC 2367-12-CPT): el legislador puede señalar cuáles serán las unidades internas de una nueva entidad o, por el contrario, abstenerse de hacerlo porque entonces operan las disposiciones supletorias de la LOCBGAE. También puede el legislador abstenerse de determinar las áreas temáticas que deben abordar las distintas divisiones de un ministerio o los departamentos de un servicio público, y las tareas de los demás niveles organizativos. En cualquiera de estos ejemplos queda cierto campo de acción a la *potestad organizatoria* en el nivel administrativo.

[50] Cfr. "Informe de la Comisión Asesora de S. E. al presidente de la república recaído en el anteproyecto de Ley Orgánica Constitucional, que determina la organización básica de la administración pública y garantiza la carrera funcionaria y los principios en que debe fundarse, 30 de noviembre de 1983", en *Revista de Gobierno y Administración del Estado,* núm. 81, 2000, pág. 17.

Esta tiene un núcleo discrecional limitado evidentemente por la ley, pero, además, por el *principio de la adecuada funcionalidad de las estructuras orgánicas*. El marco legal se integra por la propia ley que crea la entidad —que debe disponer sobre los elementos esenciales de la regulación (STC 370 de 2003)—, por las *ideas base* de la LOCBGAE y por las regulaciones legales que se dicten en lo relativo a las plantas de personal (consid. 60 STC 2367-12-CPT), pues debe existir una perfecta armonía entre las distintas unidades organizativas y el personal con que se cuenta para dirigir y cumplir las tareas asignadas cada una de ellas[51]. Por su parte, el *principio de la adecuada funcionalidad de las estructuras orgánicas* señala que las estructuras internas de una entidad deben ser necesarias e idóneas para el cumplimiento de sus fines, de lo que resulta que las decisiones organizatorias, en su esencia, deben permitir la asunción de las tareas y cometidos administrativos; ser facilitadoras del procesamiento de la información y del cumplimiento de los plazos en que deben sustanciarse los procedimientos y ejecutarse las decisiones, sin afectar la manera que tienen esas estructuras para legitimarse en la perspectiva interna y la externa[52]. En otras palabras: regular correctamente la organización debe llevar a obtener cierto comportamiento sistémico y estratégico de la entidad que le permita aunar fines y propósitos y estabilidad con capacidad para innovar o mejorar[53].

Con lo anterior, es posible afirmar, a modo simplemente ilustrativo:

• Que la potestad organizatoria debe ejercerse congruentemente con la jerarquización de la estructuración interna de la entidad, impuesta por los artículos 27 y 32 LOCBGAE.

• Que ese poder debe ejercerse considerando las tareas o funciones que desempeñará la entidad, conforme lo ha dispuesto la ley: deben existir unidades que se encarguen de resolver y gestionar los asuntos locales (personal, presupuesto, administración de dinero, archivos, biblioteca, mantenimiento de infraestructura, contrataciones y suministros, etc.), junto a otras unidades que se concentran en las tareas productivas (*outputs*) y otras en el control.

• Que la potestad se debe ejercer de modo congruente con las plantas de personal que haya dispuesto la ley parlamentaria o el presidente de la república por medio de un decreto con fuerza de ley (consid. 59 STC 2367-12-CPT), porque el número de unidades organizativas que actúan dentro de la entidad depende directamente de las plantas de personal: más en particular, la cantidad de directivos que se disponga en la planta respectiva darán el número de divisiones (tratándose de ministerios) o de departamentos (tratándose de servicios públicos) que deberán formarse (consid. 57 STC 2367-12-CPT).

[51] Cfr. Luciano Parejo Alfonso, *Organización y poder de organización en el Estado*, Santiago, Universidad de Chile, 2009, pág. 42.

[52] Cfr. Hans J. Wolff *et al.*, *Verwaltungsrecht* ii, München, Beck, 2010, 1995, pág. 341.

[53] Cfr. Werner Thieme, *Verwaltungslehre*, 4ª ed., 1984, pág. 144.

• Que si la ley no ha determinado las áreas temáticas de las unidades internas, la potestad organizatoria puede agruparlas como estime conveniente, en las unidades divisionales que se establezcan (consid. 58 STC 2367-12-CPT).

• Que la *potestad organizatoria* puede dar denominaciones a las divisiones y repartir entre ellas las funciones y atribuciones de la entidad, respetando las funciones y atribuciones propias de los órganos formales que la representan (consid. 60 STC 2367-12-CPT).

Que el jerarca puede, en ejercicio de esta potestad, establecer y cerrar oficinas y lugar de las instalaciones de la entidad.

En sentido contrario, quedan ciertas condiciones o variables sobre las que no puede disponer la potestad organizatoria:

• En el proceso de instalación y funcionamiento de la entidad pública, en las cuestiones que la CPR ha reservado exclusivamente a la ley.

• No debe disponer de una estructuración interna del órgano distinta de la que se haya establecido en la ley o, en su efecto, diferente de la que resulta de las disposiciones organizativas supletorias de los artículos 27 y 32 LOCBGAE (consid. 56 STC 2367-12-CPT). Por ejemplo, no podría dar la denominación de "subdepartamento" a una dependencia interna de un ministerio, porque los departamentos no están comprendidos en el artículo 27 LOCBGAE (D.CGR 39.653 de 2006).

• No debe crear niveles jerárquicos distintos o cambiar las denominaciones con las que la ley designa las dependencias internas que resulten del proceso organizativo (consid. 55 STC 2367-12-CPT). En este sentido, por ejemplo, no es procedente, ni está conforme a derecho, asignar a una unidad interna el nombre de "tribunal", pues se trata de unidades que cumplen funciones administrativas, no jurisdiccionales (D.CGR 39653 de 2006);

• No debe eliminar unidades o reparticiones expresamente incluidas en la ley respectiva o, supletoriamente, en la LOCBGAE (D.CGR 54685 de 2013).

• No debe definir funciones o atribuciones de los órganos de la entidad.

• No debe crear órganos decisionales distintos de los que se hayan consultado en la ley. Por ejemplo, el jerarca no puede crear órganos desconcentrados, de momento que ello es un asunto reservado a la decisión legislativa (art. 33 LOCBGAE) (consid. 52 STC 2367-12-CPT).

• No debe regular el régimen del personal (*v. gr.,* derechos, obligaciones, remuneraciones, cesaciones o término de relación laboral), ni puede crear empleos o fijar sus remuneraciones (consid. 60 STC 2367-12-CPT).

7. Conclusiones

La función organizatoria administrativa hace las veces de un proceso de *desconcentración interna o local,* que posibilita la asignación material y espacial de funciones entre las distintas unidades de una entidad[54]. Su expresión operacional es la *potestad organizatoria*, que en manos de los jerarcas administrativos se ejerce mediante reglamentos, resoluciones e instrucciones.

A partir del año 2013, la doctrina, la jurisprudencia administrativa y la constitucional chilenas quedaron alineadas en torno a la concepción de una *potestad organizatoria* en manos de los jerarcas administrativos, derivable inmediata y expresamente del ordenamiento iusadministrativo. La antigua e inadecuada manera del Tribunal Constitucional de interpretar el ordenamiento constitucional y administrativo cedió a su propia expresión literal y a la nueva realidad de que las administraciones cumplen sus funciones y se someten a exigencias de productividad de los procedimientos y satisfacción de los destinatarios que requieren una mirada moderna y flexible sobre lo organizativo.

Desde ese momento sería posible afirmar que en Chile existe un *derecho de la organización* integral, compuesto de disposiciones constitucionales, legales y decretales, además de los principios generales del derecho. Si durante el momento de la creación y configuración básica de la entidad (funciones, atribuciones, fines, órganos) impera el dominio constitucional y legal (*potestad instituendi*), tratándose de los procesos de organización y puesta en marcha o funcionamiento, es posible dar cabida a la potestad normativa de las autoridades oficiales y administrativas. Como las estructuras generales de las entidades públicas se prevén en la ley, al tenor de dicha legislación, a los jerarcas administrativos les corresponde organizarlas de un modo que armonicen con los sistemas de niveles jerárquicos, concilien la normativa de plantas de personal que esté vigente y respeten las funciones y atribuciones asignadas.

Una negación de la potestad organizatoria en el nivel administrativo es un verdadero contrasentido, de momento que el sistema exige que el jefe gestione la entidad a su cargo, bajo su propia responsabilidad. Ello, además, provocaría parálisis, ya que la abstención del jefe administrativo de proceder a su ejercicio podría dejar abierta la puerta para que terceros (internos o externos) buscaran organizar la entidad de un modo informal, y según sus propios intereses personales, afectando su actividad, transparencia y productividad[55].

[54] Cic. Gross, *op. cit.*, pág. 872.

[55] Cfr. Thieme, *op. cit.*, págs. 147, 148 y 150.

IL FUTURO DELLE SPECIALITÀ REGIONALI

GIUSEPPE FRANCO FERRARI

Riassunto: 1. Alcuni luoghi comuni sulla specialità regionale. 2. La giurisprudenza della Corte costituzionale sulle Regioni speciali: A) Potestà legislativa e suoi limiti (2003-2010); B) Segue: 2011-2014. 3. Finanza pubblica e patto di stabilità (2011-2014). 4. Funzione amministrative e conflitti di attribuzione (2011-2014). 5. Prospettive e rimedi.

1. ALCUNI LUOGHI COMUNI SULLA SPECIALITÀ REGIONALE

Di crisi delle autonomie speciali[1], o almeno di appannamento[2], si è parlato ciclicamente, non sempre a proposito.

Una prima volta dopo l'entrata in vigore del d.P.R. 616/1977, che adottava per le materie oggetto di trasferimento di funzioni amministrative alle Regioni ordinarie definizioni organiche e compatte, facendo sembrare arcaiche ed obsolete le funzioni delle Regioni ad autonomia speciale, e rendendo necessaria quella che fu definita la "rincorsa" sul piano funzionale delle seconde dietro le prime[3]. Un fenomeno analogo non si era invece verificato dopo l'emanazione dei decreti di primo trasferimento del gennaio 1972, per la ben nota tecnica di ritaglio che ne aveva caratterizzato l'impostazione[4].

Una seconda volta dopo le riforme amministrative dette "Bassanini" del 1997/98, che, valorizzando al massimo le autonomie locali e utilizzandole come terminali devolutivi a scavalco e talora a danno delle Regioni ordinarie, avevano inevitabilmente accentuato la divaricazione tra l'autonomia comune e quella speciale[5].

[1] Parla ancora di crisi di identità P. GIANGASPERO, *Le Regioni speciali dieci anni dopo la riforma del Titolo V*, Le Regioni, 2011, 765 ss.

[2] G. SILVESTRI, *Le Regioni speciali tra limiti di modello e limiti di sistema*, Le Regioni, 2004, 1199 ss.

[3] Cfr. D. BORGONOVO RE, *Le autonomie locali nel quadro della specialità regionale: fragilità di un modello*, Le Regioni, 2002, 174 ss.

[4] V. ad es. F. BASSANINI, I decreti di trasferimento delle funzioni amministrative alle Regioni nel quadro delle autonomie regionali, in P. Calandra (a cura di), Il trasferimento delle funzioni statali alle Regioni, Roma, 1972, 42 ss.

[5] Cfr. ad es. G. MOR, *Introduzione, Le autonomie speciali alla ricerca di un'identità*, Bologna, 1988, 1 ss.

La revisione del Titolo V, oltre a dare fondamento costituzionale alle riforme operate a Costituzione invariata, ha ulteriormente ampliato lo iato tra le due forme del regionalismo sotto tutti i profili corrispondenti agli artt. 117, 118 e 119 Cost. Sul piano legislativo, sia per la tecnica di riparto materiale utilizzata che per l'indubbio scatto in avanti delle Regioni ordinarie, arricchite funzionalmente, alleggerite di vincoli, liberate dai controlli preventivi sull'attività legislativa. Sul piano amministrativo per l'applicazione del principio di sussidiarietà come ascensore della mobilità delle funzioni, da molti giudicato addirittura prevalente sul riparto di competenze legislative o comunque suscettibile di condizionarlo. Sul piano della finanza infrastatale, perché il più articolato disposto del nuovo art.119, inattuato per quasi un decennio, presupponeva dinamiche redistributive tra i tre livelli di governo che per andare a regime richiedevano il coinvolgimento sistematico dell'istanza regionale in quanto inserita in circuiti standardizzati, incompatibili con discipline anomale a garanzia costituzionale. Su questo versante, infatti, quando finalmente l'entrata in vigore della l.42/2009 ha dato inizio al meccanismo a cascata di messa in opera del cd. Federalismo fiscale, le Regioni speciali ne sono state espressamente eccettuate[6], anche se per esse è stato previsto un percorso alternativo per il conseguimento dell'obiettivo di perequazione e solidarietà e di quello di assolvimento degli obblighi di natura comunitaria e in particolare di quello di osservanza del patto di stabilità e sviluppo.

In tutte e tre le vicende ora accennate, le autonomie speciali si sono trovate, per periodi più o meno lunghi, ad inseguire quelle ordinarie, nel tentativo di recuperare lo spazio di ritardo e se possibile di giungere al ripristino del contenuto della specialità. Questo percorso è stato compiuto, nelle prime due occasioni, in parte minore attraverso la giurisprudenza costituzionale ed in parte prevalente per via di adeguamenti statutari e/o delle norme di attuazione.

Nella terza circostanza, tuttora in corso, il recupero di terreno e la riaffermazione del primato della specialità hanno incontrato difficoltà molto maggiori, per il concorso di diversi fattori sfavorevoli. Da un lato, la congiuntura finanziaria ed economica globale e nazionale ha creato condizioni di estrema scarsità di risorse, acutizzando i problemi di equa distribuzione delle stesse. Alla medesima matrice si ricollega la sensibilizzazione populistica dell'opinione pubblica, sollecitata da una letteratura politologico-giornalistica orientata a mettere demagogicamente in luce non tanto le punte di qualità ed efficienza della specialità, quanto la dimensione del privilegio e quella dello spreco[7] e nelle migliore delle

[6] Art. 27.

[7] Cfr. ad es. il recente volume di P. De Robertis, *La casta a statuto speciale*, Conti, privilegi e sprechi delle Regioni autonome, Soveria Mannelli, 2013, che raccoglie e sistematizza dati peraltro non nuovi sul terreno delle entrate, delle spese e degli sprechi, presentando il quadro di insieme come uno dei maggiori scandali italiani.

ipotesi sottolinea le asimmetrie[8]. Su di un altro versante, l'attuazione pur solo iniziale del cd. federalismo fiscale ha consentito di approcciare con una capacità di definizione molto superiore a quella possibile in passato la tematica del costo unitario dei servizi e delle funzioni ai livelli comunale e provinciale nei contesti di autonomia ordinaria, come pure della sanità regionale, mentre il governo locale nelle Regioni speciali è rimasto in una sorta di cono d'ombra non censito, la cui scarsa penetrabilità ha contribuito a consolidare il disfavore mediatico verso sistemi ritenuti privilegiati. Da ultimo, ma non ultimo, la giurisprudenza costituzionale dell'ultimo decennio, a differenza di quella dell'ultimo quarto del secolo scorso, non ha certo agevolato la conservazione o il ripristino delle garanzie della specialità, optando anzi, con un reasoning non sempre univoco e lineare, per soluzioni di fatto appiattenti e uniformanti, attraverso una molteplicità di percorsi interpretativi convergenti verso un risultato comune. E' probabile che questo approccio o insieme di approcci non sia stato almeno inizialmente motivato da ostilità preconcetta o da insofferenza per la specialità nel contesto dell'emergenza finanziaria, ma piuttosto che la soluzione delle problematiche destate dal nuovo titolo V per le Regioni di diritto comune abbia imposto equilibri Stato/Regioni ordinarie strutturati in modo tale da non adattarsi facilmente o addirittura da non tollerare adattamenti a situazioni strutturalmente diverse. In particolare, la definizione dell'assetto delle materie dei commi secondo, terzo e quarto dell'art.117 e la ricerca di strumenti sostitutivi dell'interesse nazionale o almeno del suo storico inverarsi nella potestà di indirizzo e coordinamento possono avere fondato penetranti ingerenze statali in ambiti a prima vista riservati alle competenze regionali. Una volta consolidato il nuovo quadro dei rapporti tra Stato e Regioni comuni, può essere riuscito ostico riaprire spazi adeguati alle autonomie differenziate, nonostante gli specifici vincoli costituzionali. In pratica, però, il risultato finale è comunque lo stesso che se la sensibilità verso queste ultime si fosse pregiudizialmente attenuata, e contrastare una lettura del genere è tutt'altro che agevole.

Al di là dei luoghi comuni, non è comunque facile individuare soluzioni efficaci per rimediare al trend obiettivamente sfavorevole ed invertire la tendenza. La maggior parte delle condizioni economiche e politiche sono radicalmente cambiate rispetto alle vicende analoghe del passato. Il case law della giurisprudenza costituzionale dimostra attitudini molto meno compattamente favorevoli alla salvaguardia della specialità. Le tecniche di recupero del passato potrebbero quindi essere insufficienti. Per converso, come ha scritto BARTOLE[9], è più difficile di questi tempi rintracciare una dottrina della specialità a cui rifarsi nel ritessere una trama resistente e capace di sostenerne la vitalità, e in

[8] Come fa anche qualche pubblicista: cfr. ad es. M. SALERNO, *Autonomia finanziaria regionale e vincoli europei di bilancio*, Napoli, 2013, 149 ss.

[9] S. BARTOLE, *Esiste oggi una dottrina delle autonomie regionali e provinciali speciali?*, Le Regioni, 2010, 863 ss.

particolare di siffatta compattezza e stabilità argomentativa non sembra essere in possesso la Corte costituzionale.

2. La giurisprudenza della Corte costituzionale sulle Regioni speciali

Tuttavia, l'analisi del dato giurisprudenziale è imprescindibile per rintracciare qualche filo da utilizzare per la ricostruzione del tessuto connettivo della specialità. L'attenzione dottrinale non è mancata ed ha segnalato varie tematiche rilevanti, anche se l'organicità degli indirizzi lascia molto a desiderare e la casistica fatica a lasciarsi ridurre ad unità, ed anzi spesso sembra essere la stessa Corte a rifuggire la sistematica ed a rifugiarsi in pronunce frammentarie, circoscritte, artigianalmente confezionate su micro-funzioni e non riconducibili a logiche d'insieme.

2.1. Sia ricerche sistematiche che commenti ed annotazioni di singole decisioni costituzionali hanno da tempo evidenziato molte delle principali problematiche insorte nella sfera competenziale delle autonomie speciali dopo la revisione del Titolo V.

In primo luogo, è stato verificato che, nel primo decennio dopo la riforma, nella legislazione regionale differenziata il ricorso all'art.10 della l. cost. 3/2001 come strumento di adeguamento automatico della lista di materie e del contenuto di alcune di esse è stato sporadico, limitato per lo più ai primi anni dopo il 2001, circoscritto in prevalenza alla Valle d'Aosta e più limitatamente alla Sardegna, alla Provincia di Trento esclusivamente con riferimento alle autonomie locali, totalmente assente nella Provincia di Bolzano; invocato, nel ristretto numero di leggi in cui ricorre, esclusivamente a titolo di supporto integrativo di competenze esistenti, in prevalenza primarie, e non per inaugurarne di nuove, forse con lo scopo di fare venire meno i limiti pacificamente esistenti in precedenza[10], al di là della nota posizione della Corte[11] sul tema, in sostanza come clausola di stile[12]. E' ovvio invece che le difese regionali nei giudizi di costituzionalità, tanto promossi in via principale dal Governo quanto attivati in via incidentale, ricorrano con frequenza quasi sistematica all'art. 10, utilizzandolo come barriera argomentativa integrativa a sostegno della legittimità delle disposizioni contestate, al di là dell'assenza in esse di espliciti richiami, ma non è certo l'uso di tattiche difensive a poter provare il convinto utilizzo della

[10] Come aveva proposto A. Anzon, *Il difficile avvio della giurisprudenza costituzionale del nuovo Titolo V della Costituzione*, Giur. cost., 2003, 1149 ss.

[11] Cfr. le sentenze 274/2003, 236/2004 e numerose altre negli anni successivi.

[12] V. soprattutto I. Ruggiu, *Le "nuove" materie spettanti alle Regioni speciali in virtù dell'art.10. legge costituzionale 3/2001*, in Le Regioni, 2011, 775 e in R. Bin, L. Coen (a cura di), l'impatto del Titolo V sulle Regioni speciali. Profili operativi, Udine, 2011.

clausola di aggiornamento espansivo dei cataloghi statutari né tanto meno la rinuncia al consueto, benché ormai meno soddisfacente, baluardo dello statuto.

La Corte, tuttavia, in una casistica tutt'altro che organica, in alcuni filoni della sua giurisprudenza ha considerato Titolo V e statuti speciali separati ed incomunicanti; in molti altri ha però ammesso l'equivalenza e la fungibilità di ambiti concorrenti o residuali indicati nell'art.117 per le Regioni ordinarie o comunque ricavabili da esso con altre competenze concorrenti e persino primarie a menzione statutaria, utilizzando così l'art.10, forse inconsciamente almeno all'inizio, non nella naturale funzione di adattamento meccanico del catalogo dei settori materiali e della portata di ciascuno al favor specialitatis, ma in quella esattamente inversa di operare una omologazione che non solo pretermette il dato storico appiattendo le differenziazioni in nome dell'interesse nazionale, specie in epoca emergenziale, ma anche di sottoporre le vecchie competenze statutarie a nuovi pregnanti limiti.

Le diverse casistiche derivanti dalla comparazione degli ambiti di competenza alla stregua del primo e del secondo metodo sono state già ampiamente analizzate[13], almeno con riferimento al primo decennio del nuovo regionalismo. Tali disamine, pur nella eterogeneità e non piena coerenza dei materiali, consentono di ricavare alcune conclusioni sulla prassi giurisprudenziale.

Anzi tutto, in almeno alcune materie i limiti verticali imposti dagli statuti a competenze esclusive possono essere equivalenti o almeno molto simili a quelli orizzontali derivanti da esigenze unitarie espresse mediante altre materie dell'elenco del secondo comma dell'art.117 e condizionanti competenze residuali o concorrenti delle Regioni ordinarie; questi stessi limiti orizzontali sono agevolmente suscettibili di applicazione anche alle autonomie speciali nelle loro potestà primarie, che quindi si prestano ad essere incise sia dagli uni che dagli altri, con il risultato che talune censure dei ricorsi statali possono persino venire assorbite, bastando a sanzionare il legislatore regionale l'impiego di uno solo dei limiti possibili, con priorità per quello statutario dei principi di riforma economico-sociale, anche se in teoria le norme fondamentali di riforma non portano all'esproprio dell'intera competenza primaria, mentre il bilanciamento con una materia-limite può condurre alla prevalenza totale della seconda; l'omogeneizzazione e addirittura l'interscambiabilità di limiti orizzontali ex art.117 e verticali ex statuto talora contribuisce a rendere oscuro il criterio di scelta del giudice costituzionale; preliminare al raffronto tra materie statutarie e materie a disciplina costituzionale generale è la riconduzione o sussunzione dell'attività oggetto di contestazione ad una materia, ed a questo fine la ricostruzione storico-normativa viene preferenzialmente usata per le Regioni ordinarie,

[13] Cfr. soprattutto, S. Parisi, *La potestà primaria alla deriva? Spunti ricostruttivi per ripensare un luogo comune*, Le Regioni, 2011, 821 e S. Parisi, *Competenza residuale e "neutralizzazione" del Titolo V*, in *Scritti in onore di Michele Scudiero*, Napoli, 2008, III, 1597 ss.

mentre per le specialità prevale il criterio teleologico, benché i risultati siano in misura largamente prevalente centralistici, al punto che si può dubitare se il metodo di sussunzione sia prescelto in funzione del risultato; tuttavia, per le autonomie differenziate non vi è dubbio che le modalità storiche di esercizio di una funzione, con interventi legislativi e persino in via amministrativa, possa fungere da schermo protettivo contro interferenze statali.

2.2. Da ultimo, nel quinquennio più recente, le Regioni speciali e le Province autonome non sono praticamente mai riuscite ad ottenere dalla Corte la tutela della propria sfera di competenze, sia che si trattasse di ambiti di legislazione primaria sia di quella concorrente, affermata su base statutaria o più raramente sul fondamento dell'art.117 terzo comma o dell'art.10 l.cost.3.

Forse l'unico successo della specialità è rappresentato dalla sentenza 109/2011[14], in cui la Provincia di Trento invoca la potestà esclusiva di cui all'art.8, primo comma, n.13 dello statuto regionale in materia di opere di prevenzione e pronto soccorso per calamità pubbliche, per contestare l'invasività delle disposizioni urgenti per fronteggiare lo stato di emergenza rifiuti in Campania e per l'avvio della fase post-emergenziale in Abruzzo (art.17, commi 1 e 2 del d.l. 195/2009, convertito in l.26/2010), nella parte in cui contemplava la nomina di un commissario straordinario solo sentiti Presidenti di Regioni o Province autonome. Nella specie la Corte valorizza l'esistenza sin dal 2006 di un piano generale per l'utilizzazione delle acque pubbliche, ai sensi dell'art.14, terzo comma, dello statuto, disciplinato peraltro anche dal d.P.R. 381/1974 che già prevedeva espressamente l'esercizio di tutte le funzioni pubbliche in materia di urbanistica, acque pubbliche, opere idrauliche, opere di prevenzione e pronto soccorso per calamità pubbliche e lavori pubblici di interesse provinciale, nelle forme degli artt. 8. 9 e 16 dello statuto. Sembra che le competenze primarie si giovino qui dell'usbergo di discipline statali anteriori a quella contestata e contenenti espressi riconoscimenti di competenza, già esercitata dalla Provincia, nonché criteri procedurali. E' insomma uno spesso strato protettivo di disposizioni statali a ergersi a tutela delle attribuzioni esclusive.

Da questa decisione in poi si inanella infatti una lunga serie di soccombenze delle autonomie speciali, in cui le competenze primarie non fungono da scudo sufficiente a resistere a forze unificanti diversamente atteggiate. Ad esempio, la quasi contestuale sentenza 112/2011[15] rigetta il tentativo della Provincia di Bolzano di azionare la potestà esclusiva dell'art.8 n.14 dello statuto in tema di miniere, acque minerali e termali, cave e torbiere per lamentare l'incostituzionalità della recente disciplina statale delle risorse geotermiche (l. 23 luglio 2009, n.99 e d.lgs. 11 febbraio 2010, n.22). La Corte, dopo avere ricordato la specificità del plesso normativo statale formatosi in precedenza, tra il 1986 e il

[14] Sent. 1 aprile 2011, n. 109, Giur. cost. 2011, 1486.
[15] Sentenza 7 aprile 2011, n.112, Giur. cost. 2011, 1509.

d.lgs.112/1998, accoglie bensì la censura provinciale concernente la titolarità delle risorse stesse ma respinge quelle relative alla gestione di esse utilizzando sia i principi di riforma economico-sociale sia la trasversalità della protezione ambientale. Analogamente, la sentenza 114/2011[16] accoglie la contestazione statale del regime degli appalti adottato dal Friuli-Venezia Giulia comportante l'applicazione automatica dell'esclusione delle offerte anomale al metodo del prezzo più basso, rilevando sia la violazione di principi di riforma economico-sociale ricavati dal codice statale degli appalti sia le competenze statali di cui all'art.117 lett. e ed l, relativi a concorrenza ed ordinamento civile, ritenuti prevalenti sulla competenza primaria dell'art. 4, n.9 dello statuto in materia di opere pubbliche.

Ancora, la 164/2012[17] rigetta la contestazione della Valle d'Aosta contro la trasformazione statale della DIA in SCIA fondata sulla rivendicazione di competenze residuali in tema di industria, commercio ed artigianato ex art.117, quarto comma, trasposto nell'ordinamento regionale mediante la clausola di favore dell'art. 10. E sullo stesso oggetto la 203/2012[18] respinge la rivendicazione, da parte della Provincia di Trento, di competenze primarie fondate sull'art. 8, nn. 1, 9, 14 e 20 e sulle norme di attuazione del 1992 "o comunque per violazione" degli artt. 117-120 del rinnovato Titolo V, ad opera delle misure di stabilizzazione finanziaria e competitività economica (d.l.78/2010, convertito in l. 122/2010). In entrambi i casi la Corte oppone alle pretese autonomistiche la materia non-materia della determinazione dei livelli essenziali delle prestazioni, non diversamente da quanto già stabilito per le Regioni ordinarie[19].

La decisione 278/2012[20] cancella le difformità di durata del periodo di caccia e di modalità di esercizio di essa introdotte dalla Provincia di Bolzano sulla base delle competenze primarie in materia di caccia e pesca, parchi e protezione di flora e fauna (art. 8, nn.15 e 16), utilizzando, come proposto dalla difesa erariale, la trasversalità e primazia del concetto di ambiente, costituente valore primario ed assoluto, con conseguente "prevalenza ...assegnata alla legislazione statale rispetto a quella dettata dalle Regioni o dalle Province autonome".

La 299/2012[21] respinge le censure di Friuli, Sardegna e Sicilia, oltre che di un gruppo di Regioni ordinarie, contro il d.l.201/2011, convertito in l. 214/2011 "salva-Italia", sotto il profilo della piena liberalizzazione delle attività commerciali in termini di orari e giornate di apertura, utilizzando la trasversalità del valore della concorrenza ex art.117, secondo comma, lett. e, anche in presenza

[16] Sentenza 7 aprile 2011, n. 114, Giur. cost. 2011, 1565.

[17] Sentenza 27 giugno 2012, n. 164, Giur. cost., 2012, 2233.

[18] Sentenza 20 luglio 2012, n.203, Giur. cost., 2012, 2966.

[19] Sentenze 282/2002 e 322/2009.

[20] Sentenza 12 dicembre 2012, n. 278, Giur. cost., 2012, 4411.

[21] Sentenza 19 dicembre 2012, n.299, Giur. cost., 2012, 4654, con nota di V. Onida, Quando la Corte smentisce se stessa, ivi, 4699 ss.

di una deregolazione pressoché totale, tale da svuotare la materia di qualsiasi contenuto, in pratica senza distinguere tra le competenze delle Regioni ordinarie e quelle statutarie primarie delle speciali. Non troppo diversamente la sentenza 38/2013[22] accoglie il ricorso del Governo contro la Provincia di Bolzano sulla disciplina dell'apertura di punti vendita per il commercio al dettaglio nelle zone produttive, scegliendo, tra motivi di impugnazione assortiti, inclusivi sia dell'art.117 che delle competenze concorrente sul commercio (art.9, n.3) ed esclusiva sull'urbanistica (art.8, n.5), l'argomento ormai onnicomprensivo della prevalenza della concorrenza su qualsiasi materia statutaria.

La decisione 145/2013[23] respinge il ricorso statale contro la disciplina della Provincia di Trento in materia di cave sotto il profilo dell'eccesso di proroghe alla coltivazione e della presunta sottrazione degli impianti più risalenti alle valutazioni di impatto ambientale. L'impugnazione era stata proposta utilizzando sia la norma statutaria (art.8, primo comma, n. 14) che contempla la potestà primaria sia l'art.117, secondo comma, lett. s. Il rigetto si fonda peraltro sull'erronea interpretazione statale delle norme contestate ed in particolare, in fatto, sull'assenza di cave mai sottoposte a VIA. Tuttavia la motivazione inizia dalla perentoria affermazione che "non [è] in discussione che la potestà legislativa primaria in materia di miniere comprese le acque minerali e termali, cave e torbiere....trovi un limite nella competenza affidata in via esclusiva allo Stato, ai sensi dell'art.117, secondo comma, lett. s, Cost., di disciplinare l'ambiente nella sua interezza, in quanto entità organica, che inerisce ad un interesse pubblico di valore costituzionale primario ed assoluto..."[24].

Infine, la sentenza 28/2014[25] affronta il tema della disciplina statale in tema di concessioni idroelettriche introdotta dal d.l.83/2012 "Misure urgenti per la crescita", censurata da entrambe le Province autonome. I due ricorsi azionavano tanto le competenze statutarie primarie e le relative norme di attuazione del 1977 quanto gli artt. 116 e 117, secondo comma, della Costituzione attraverso l'art.10. La Corte richiama prima i limiti alla potestà legislativa provinciale consistenti nel rispetto degli obblighi derivanti da diritto comunitario e rispetto degli accordi internazionali, ai sensi dell'art.117, primo comma, e dei principi fondamentali delle leggi dello Stato, ma fonda la decisione sulla competenza statale a tutelare la concorrenza ed a stabilire i principi fondamentali della produzione, del trasporto e della distribuzione generale dell'energia.

In conclusione, nell'ultimo quinquennio le tendenze processuali e giurisprudenziali del decennio precedente che potevano avere connotazioni di pregiudizio per le autonomie speciali si sono venute accentuando. Che alcune ricadute sfavorevoli di scelte metodologiche anche a prima vista favorevoli

[22] Sentenza 15 marzo 2013, n. 38, Giur. cost. 2013, 671.

[23] Sentenza 20 giugno 2013, n.145, Giur. cost., 2013, 2205.

[24] Punto 2.1. del Considerato in diritto.

[25] Sentenza 25 febbraio 2014, n.28.

fossero deliberatamente contemplate in funzione, appunto, degli effetti, poteva essere inizialmente un sospetto, mentre ora è divenuta una certezza.

Le impugnazioni statali utilizzano sempre più frequentemente come motivi di ricorso il secondo ed il terzo comma dell'art. 117, anche quando le norme regionali contestate siano riconducibili a competenze statutarie primarie, mentre la violazione di queste ultime viene allegata solo residualmente. Le stesse impugnazioni delle autonomie speciali ricorrono con crescente assiduità all'invocazione dell'art. 117 ed anche dell'art. 119, assistiti dalla clausola di favore del'art. 10 della l.cost. 3/2001.

La Corte, per converso, si rivolge ormai con totale disinvoltura alle materie trasversali, a quelle obiettivo, alle materie-non materie ed a quelle valore, per impiegarle come limiti alla potestà statutaria primaria in funzione unificante. Questo progressivo trend verso il bilanciamento con esito sfavorevole alle autonomie differenziate tende a sboccare in una omogeneizzazione sia di potestà concorrenti ed esclusive sia di autonomie ordinarie e speciali, non solo quando i ricorsi dei due tipi di Regioni vengono riuniti e decisi insieme ma anche in presenza di sole impugnazioni delle Regioni speciali o delle Province autonome. L'utilizzo di concorrenza[26], ambiente, livelli essenziali delle prestazioni, ordine pubblico e sicurezza pubblica[27] e persino ordinamento civile dello Stato è sistematico, al punto da avere reso quasi marginale quello dei principi di riforma economico-sociale. E ciò nonostante che la Corte stessa abbia inizialmente suggerito[28] che nel mutato ordine dei rapporti tra legislazione statale e legislazione regionale la potestà legislativa statale richieda un preciso titolo di legittimazione[29]. La capacità di resistenza di testi normativi delle autonomie speciali impugnati od anche contestati in via incidentale è dunque fortemente attenuata, ed è rafforzata solo in casi in cui gli stessi interventi legislativi siano radicati nel tempo e subiscano minori adeguamenti.

Da un lato, dunque, l'art.10 della l.cost. 3/2001 subisce così una sorta di torsione o eterogenesi dei fini, costituendo una valvola a doppio senso, non tanto capace di estendere la potestà regionale o provinciale a settori nuovi ovvero a segmenti o frazioni di funzioni non contemplate nei testi statutari, ma

[26] Su cui da ultimo C. PINELLI, *La tutela della concorrenza come principio e come materia. La giurisprudenza costituzionale 2004-2013,* Rivista AIC, 2013, soprattutto 5 ss.

[27] Su queste ultime il processo di compressione si era invero già concluso intorno al 2006: cfr. P. BONETTI, *La giurisprudenza costituzionale sulla materia "sicurezza" conferma la penetrazione statale nelle materie di potestà legislativa regionale*, Le Regioni, 2007, 124 ss., che cita in grande prevalenza casi concernenti le autonomie speciali.

[28] Sentenza 13 gennaio 2004 n.1, Giur. cost. 2004, 1 ss.

[29] D'altronde la letteratura sulle interferenze tra competenze e sulla regolazione degli intrecci tra di esse, nonché sullo svuotamento di alcune è ormai enorme: v. ad es. R. BIN, *Alla ricerca della materia perduta*, Le Regioni, 2008, 398 ss.; E. BUOSO, *Concorso di competenze, clausole di prevalenza e competenze prevalenti*, Le Regioni, 2008, 61 ss.; R. BIN, *Lavori pubblici: quanto "intangibili" sono le materie enumerate negli Statuti speciali?*, Le Regioni, 2010, 1118 ss.

piuttosto da canale passivo di entrata nella sfera autonomistica delle attribuzioni statali, ad inclusione di quelle anomale, idonee a fungere da limitazione. Tale uso non corrisponde al senso genetico della formula: una volta scontato che l'esito dell'applicazione dell'art. 10 diviene sfavorevole in ragione dei limiti che esso introduce, magari nonostante la maggiore latitudine o densità della materia rispetto al dato statutario, si domanda se la torsione non divenga un rovesciamento dell'impostazione dell'istituto[30]. Sul piano sistematico, è certo importante il principio di "non frammentazione degli istituti"[31] o di "unitarietà"[32], ma la coerenza di sistema non può andare a scapito delle risultanze concrete dell'interpretazione, anzi semmai deve orientare quest'ultima in senso operativo. In altre parole, non corrisponde ad alcuna logica di esegesi orientata verso la pratica di valutare in astratto la estensione di una materia secondo entrambi i binari possibili, effettuare la scelta e scoprire solo a posteriori che i limiti, orizzontali più spesso che verticali, applicabili alla definizione prescelta sono più restrittivi di quelli imposti dalla soluzione opposta. Da altro punto di vista, non può più parlarsi di porosità tra i due elenchi, generale ex art. 117 e statutario, pur tendenzialmente costituenti binari distinti, ma di completa permeabilità.

Specularmente, leggi statali attaccate in via principale da Regioni speciali o Province autonome tendono a cadere esclusivamente quando si tratti di disposizioni che contraddicano plessi normativi consolidati o prescindano dai più elementari adempimenti procedurali in termini di leale collaborazione. E' cessato infine il fenomeno del riconoscimento di materie nuove alle autonomie differenziate a partire dalla residualità dell'art. 117, quarto comma, o anche dai settori di potestà concorrente del terzo comma, sempre con il favore dell'art.10; lo stesso può dirsi del consolidamento o adeguamento ampliativo di competenze statutarie sempre grazie alla clausola di favore. E' conclusa anche, o ridotta a casi del tutto eccezionali, l'applicazione del principio "in dubio pro statuto"[33]. Evidentemente nel ciclo precedente si sono esauriti gli spazi disponibili, o forse Regioni speciali e Province autonome hanno ripiegato su un approccio più difensivo, anche in ragione della linea assunta dalla giurisprudenza costituzionale.

[30] In una diversa accezione parla di inversione dell'onere della prova O. Chessa, La specialità regionale tra leggi di revisione della Costituzione e altre leggi costituzionali, Le Regioni, 2009, 297 ss. Già nei primi tempi del nuovo ciclo di regionalismo G. Silvestri parlava di abrogazione tacita e indeterminata di norme di rango costituzionale (*Le Regioni speciali tra limiti di modello e limiti di sistema*, Le Regioni, 2004, 1119 ss.), mentre altri (E. Gianfrancesco, *L'art.10 della legge costituzionale n.3 del 2001*, Giur. cost., 2002, 3312 ss.) preferiva riferirsi ad una sorta di non applicazione.

[31] Così S. Parisi, *La potestà primaria alla deriva?*, cit., 826 ss.

[32] Così S. Pajno, *La sostituzione tra gli enti territoriali nel sistema costituzionale italiano*, Palermo, 2007, 238 ss.

[33] Nel testo si utilizza per comodità lo schema di I. Ruggiu, Le "nuove" materie spettanti alle Regioni speciali, cit., 785-793.

3. Finanza pubblica e patto di stabilità (2011-2014)

Sul terreno della finanza pubblica lo schiacciamento dell'autonomia speciale negli anni più recenti è andato persino oltre quello relativo alle materie non finanziarie, specialmente dopo che la successione di misure concernenti l'osservanza del patto di stabilità e sviluppo, il rilancio dell'economia e l'omogeneizzazione della contabilità è venuta accentuando la pressione su Regioni ed enti locali. Le Regioni speciali e le Province autonome hanno bensì spuntato qualche successo nei ricorsi in via principale, ma solo in casi limite. La capacità del metodo pattizio di opporre barriera all'interventismo statale è stata messa a dura prova, e talvolta ha ceduto alle ragioni dell'emergenza, capaci persino di trasformare prescrizioni pacificamente di estremo dettaglio in strumenti capaci comunque di "realizzare in concreto le finalità del coordinamento finanziario[34].

Il punto di partenza di questo filone giurisprudenziale è probabilmente la sentenza 182/2011[35], che, pur concernendo una Regione ordinaria, statuisce nel senso della possibilità di estrapolare per via induttiva da disposizioni puntuali di legge statale principi fondamentali del coordinamento finanziario valorizzando l'elemento teleologico delle misure limitative dell'autonomia finanziaria. Tale affermazione viene poi temperata nella 205/2011, di poco successiva[36] e sempre riguardante Regioni ordinarie, nella quale la Corte concilia il senso complessivo della manovra con il vaglio analitico di singole disposizioni[37].

Facendo applicazione di questo metodo, poi, la sentenza 139/2012 respinge il ricorso della Valle d'Aosta, insieme a quelli di altre Regioni ordinarie, promosso contro il decreto di stabilizzazione e competitività 78/2010 in base agli artt. 117 e 119 Cost., sull'assunto che la disciplina statale non intenda porre l'osservanza puntuale di precetti puntuali ma solo riduzioni di spese globali costituenti principio fondamentale di coordinamento della finanza pubblica le cui ricadute costituiscono meri dati di fatto[38]. La quasi coeva sentenza 151/2012[39],

[34] Sentenza 13 febbraio 2014, n. 23, par. 8 del Considerato in diritto.

[35] Sentenza 10 giugno 2011, n. 182, Giur. cost., 2011, 2344 ss., con nota di A. Brancasi, La Corte considera rilevante (ma non troppo) la dimensione funzionale delle misure di coordinamento della finanza pubblica.

[36] Sentenza 13 luglio 2011, n. 215, Giur. cost., 2011, 2828.

[37] Massima ripetuta, ad esempio, anche nella decisione n. 13 luglio 2011, n.207, Giur. cost., 2011, 2739.

[38] Sentenza 4 giugno 2012, n. 139, Giur. cost., 2012, 1891. Sulla nozione di principio fondamentale del coordinamento finanziario, sulla legittimità di norme statali di autoqualificazione in tal senso, la giurisprudenza costituzionale è abbondante ed evolutiva, dalla 353/2004, alla 289/2008, alla 139/2009 e alla 207/2009. Cfr. la sintesi di A. Brancasi, *Coordinamento finanziario ed autoqualificazione di principi fondamentali*, Giur. cost., 2009, 4534 ss. Condivisibile il suo giudizio per cui anche in quest'ambito la Corte si sarebbe concessa una "progressiva deriva di segno statalista". Dello stesso autore v. già Continua l'inarrestabile cammino verso una concezione statalista del coordinamento finanziario, Giur. cost., 2008, 1235 ss.

[39] Sentenza 14 giugno 2012, n. 151, Giur. cost., 2012, 2080.

tenendo conto dell'entrata in vigore della l.220/2010 che definisce le modalità del concorso della Valle d'Aosta all'assolvimento degli obblighi finanziari imposti dall'Unione Europea e dal coordinamento della finanza pubblica, esclude l'applicabilità diretta di altre misure previste dallo stesso d.l.78/2010 per le annualità successive al 2010, mentre per quella del 2010 rigetta il ricorso regionale in quanto indirizzato contro un principio fondamentale del coordinamento finanziario: in altre parole, la barriera difensiva del metodo pattizio di controllo della spesa applicato alle autonomie speciali sembra reggere almeno nel senso dell'applicazione mediata e negoziata di misure di contenimento; le censure regionali erano state proposte in base al Titolo V ma anche alla disposizione statutaria (art.3, primo comma, lett. f), ormai meno ampia di quella generale e tale da transitare dal carattere suppletivo alla facoltà di legiferare direttamente in osservanza dei principi della materia. Quando poi altre disposizioni delle stesse misure urgenti vengono contestate dalla Provincia di Trento sotto il profilo dell'introduzione della segnalazione certificata di inizio attività (SCIA) per violazione di norme statutarie o comunque del Titolo V attraverso la clausola di favore, la Corte preferisce dichiarare prevalente la competenza esclusiva statale sui livelli essenziali, più forte anche sull'autonomia speciale[40].

Dopo di ciò, le plurime impugnative da parte di istanze di autonomia speciale del d.l. 78 e delle misure consimili hanno dato esiti alterni. Ad esempio, la sentenza 178/2012[41], affrontando la questione della legittimità costituzionale del d.lgs 118/2011 sulla armonizzazione dei sistemi contabili e degli schemi di bilancio, respinge i ricorsi delle Regioni speciali e delle Province autonome sull'assunto che tale disciplina non sia direttamente applicabile in assenza della apposita procedura pattizia, come pure le disposizioni sulla contabilità sanitaria censurate dalla Provincia di Bolzano, mentre esclude che il mancato raggiungimento dell'accordo nel termine di sei mesi possa impedire l'applicazione della normativa contestata. La sentenza 215/2012[42], su ricorso di varie Regioni ordinarie e della Valle d'Aosta, dichiara infondate le questioni proposte contro le disposizioni relative ai cd. costi della politica in quanto costituenti principio fondamentale del coordinamento finanziario, ribadisce che a partire dal 2011 l'intervenuta intesa pattizia, in attuazione dell'avvio del federalismo fiscale, con la modifica dell'art.50 dello Statuto, consente di chiamare la Regione solo agli impegni accettati consensualmente, mentre quanto al 2010 di fronte al principio fondamentale della finanza pubblica cedono sia l'art.3 dello Statuto che gli artt.117 e 119, applicabili grazie alla clausola di maggior favore. La 3/2013 accoglie il ricorso statale contro la legge finanziaria del Friuli per violazione di principi fondamentali della finanza pubblica ricavati dal d.l.78/2009 in materia di stabilizzazione del personale e utilizzo di graduatorie, sulla sola base

[40] Sentenza 20 luglio 2012, n. 203, Giur. cost., 2012, 2966.
[41] Sentenza 11 luglio 2012, n. 178, Giur. cost., 2012, 2627.
[42] Sentenza 30 luglio 2012, n. 215, Giur. cost., 2012, 3109.

dell'art. 117, terzo comma, oltre che degli artt. 3 e 97[43]. La 36/2013[44] accoglie censure statali contro disposizioni della Sardegna concernenti la liquidazione delle prestazioni pensionistiche dei propri dipendenti per violazione di principi fondamentali della finanza pubblica. La 221/2013[45] invalida la disciplina della provincia di Bolzano portante riduzioni di spesa della stessa natura di quelle prescritte dal d.l.78/2010 ma di entità inferiore a quanto previsto, sull'assunto della prevalenza del principio di coordinamento della finanza pubblica, senza che si possa opporre l'art. 79 dello Statuto, che si applicherebbe solo al profilo del patto di stabilità: lettura questa estremamente restrittiva, se non contraria allo stesso dato testuale. Quando poi Friuli e Sardegna, insieme a varie Regioni ordinarie, contestano le Disposizioni urgenti per la revisione della spesa pubblica di cui al d.l. 95/2012 per violazione degli artt. 4 e 54 dello Statuto della prima in materia di ordinamento degli uffici e degli artt.3 e 7 di quello della seconda, oltre che dell'art. 117, quarto comma inclusivo della potestà residuale sull'organizzazione degli uffici e dell'art. 119, la Corte adotta una sorta di decisione interpretativa di rigetto, allegando che in base all'art. 24 bis del d.l., inserito dalla legge di conversione, le discipline contestate sono applicabili alle Regioni speciali solo salva la garanzia del rispetto degli Statuti speciali e l'osservanza dei percorsi procedurali per la loro motivazione[46]. Viene invece accolto dalla 263/2013[47] il ricorso delle due Province autonome contro le misure urgenti per la crescita (d.l.83/2012), nella parte in cui pretendono di imporre direttamente la gratuità degli incarichi nelle comunità di valle, censurate dalle ricorrenti per l'eccessivo dettaglio, utilizzando invece l'art. 79 dello Statuto e l'assenza di apposita concertazione. Quando sono invece Friuli e Sardegna a contestare le disposizioni urgenti sulla finanza degli enti locali (d.l.174/2012) quanto ai cd. costi della politica, lamentando l'eccessivo dettaglio della disciplina adottata, la risposta della Corte è negativa, in quanto in assenza di modificazione statutaria la difesa rappresentata dall'art. 27 della l. 42/2009 consiste in mera norma primaria, pur prevedendo una sorta di riserva di competenza alle norme di attuazione degli statuti: pertanto anche norme di dettaglio possono, in presenza di un contesto di grave crisi economica, discostarsi dal modello della concertazione, non costituzionalmente necessitata in assenza di norma statutaria, specie quando si ispirino a criteri premiali e sanzionatori, conformi allo spirito complessivo della l.42 e non configuranti obblighi pieni[48]. Le pronunce sul ricorso della

[43] Sentenza 18 gennaio 2013, n.3, Giur. cost., 2013, 107, su cui Q. Camerlengo, *La legge finanziaria friulana per il 2012 davanti alla Corte costituzionale: stabilizzazione del personale, rispetto del patto di stabilità interno, finanza locale*, Le Regioni, 2013, 614 ss. Ma v. già la sentenza 23 febbraio 2012, n. 30, Giur. cost., 2012, 341, concernente la Sardegna.

[44] Sentenza 15 febbraio 2013, n. 26, Giur. cost., 2013, 402.

[45] Sentenza 19 luglio 2013, n. 221, Giur. cost., 2013.

[46] Sentenza 24 luglio 2013,n. 236, Giur. cost., 2013.

[47] Sentenza 13 novembre 2013 n. 263, Giur. cost., 2013.

[48] Sentenza 13 febbraio 2014, n. 23.

Provincia di Bolzano[49] relative a disposizioni del d.l.78/2010, in cui viene opposto allo Stato l'art.79 dello Statuto, non sono ancora state pubblicate.

Non si può ovviamente dimenticare che le autonomie speciali hanno ottenuto da pronunce della Corte sia la facoltà di istituire tributi propri, in contrasto con il blocco per le Regioni ordinarie, in attesa della disciplina statale di coordinamento della finanza pubblica e del sistema tributario[50], sia il potere di intervenire sui tributi statali devoluti o compartecipati[51]. Nondimeno, la pressione sulla spesa a partire dal 2008 e in particolare dopo il 2010 si è accentuata al punto di mettere a rischio la dimensione finanziaria dell'autonomia differenziata, con particolare riguardo all'efficienza del metodo pattizio come strumento di condivisione degli obiettivi del coordinamento della finanza pubblica.

4. Funzione amministrative e conflitti di attribuzione (2011-2014)

Più problematico è ricostruire un quadro organico della giurisprudenza costituzionale sulle funzioni amministrative nel rapporto tra Stato ed autonomie differenziate, per una pluralità di motivi. Anzi tutto perché le dinamiche dell'art.118 possono bensì determinare chiamate in sussidiarietà, ma non dovrebbero avere ricadute sulle Regioni speciali e le Province autonome, in cui la disciplina statutaria costituisce schermo protettivo adeguato verso interferenze statali, d'altronde improbabili ove non entri in gioco la competenza di organi periferici dello Stato. In secondo luogo, i conflitti di attribuzione hanno in linea di principio oggetti molto diversi, sia per materia che per natura dell'atto contestato, dando così luogo ad una rilevante frammentazione del case-law.

Se tuttavia ci si accontenta del dato statistico, anche in questo ambito si registra una soverchiante prevalenza di successi statali, quale che sia la parte ricorrente. In alcuni casi, si tratta di ricorsi ad alta atipicità, come quelli proposti dalla Provincia di Bolzano contro il sequestro di documentazione di spesa e di registri da parte della procura erariale[52], dichiarato inammissibile in quanto strumento improprio di censura dei modi di esercizio della funzione giurisdizionale, ovvero contro l'approvazione del programma di lavoro ed analisi della locale sezione di controllo della Corte regionale dei conti, ritenuto infondato in ragione della tutela dell'unità economica e delle esigenze della finanza pubblica[53]. In altri, è stata la natura dell'atto, una e-mail intesa a sancire l'obbligo

[49] Nrg.99/2010, deciso nelle udienze del 25 febbraio e 14 marzo 2014.

[50] Cfr. infatti le sentenze 26 gennaio 2004, n. 37, Giur. cost., 2004, 517, e 15 aprile 2008, n. 102, Giur. cost., 2008, 1194.

[51] Sentenza 15 dicembre 2010, n. 357, Giur. cost., 2010, 5018.

[52] Sentenza 28 ottobre 2013, n. 252, Giur. cost., 2013.

[53] Sentenza 5 aprile 2013, n. 60, Giur. cost., 2013, 917. Da ultimo poi il tentativo della Provincia di sottrarsi al controllo contabile mediante la disciplina della legge di bilancio del 2013 è stato frustato dalla sentenza 10 marzo 2014, n. 60.

della Provincia autonoma di comunicare i dati sul patrimonio, a provocare la statuizione di inammissibilità per la natura chiarificatoria e non imperativa, oltre che per la provenienza da organo statale non idoneo a rappresentare esternamente lo Stato[54]. Alquanto inusuale anche il gravame proposto dalla Sardegna contro la nota della Ragioneria generale dello Stato recante invito a rivedere la proposta di accordo sulle modalità attuative del patto di stabilità, attaccata per violazione di varie disposizioni statutarie e del principio di leale collaborazione, ma anche per contrasto con il Titolo V: la Corte ha ritenuto che lo Stato non intendesse sottrarsi al confronto o imporre preclusivamente il raggiungimento del consenso in forme predeterminate[55]. Infrequente anche l'impugnativa proposta dal Friuli contro il verbale dell'Ufficio elettorale centrale che assegnava alla circoscrizione regionale della Camera dei deputati dodici anziché tredici seggi, dichiarato inammissibile per il carattere vincolato di tale atto ai sensi di legge[56].

Tra i ricorsi più tradizionali, almeno alcuni conflitti meritano citazione. Anzi tutto, quello deciso con sentenza 207/2012[57] con cui il procedimento semplificato di autorizzazione paesaggistica introdotto con regolamento e impugnato dalla Provincia di Trento viene ricondotto, oltre i limiti statutari, ai livelli essenziali di assistenza; quello promosso dalla Provincia di Bolzano contro un decreto di riconoscimento di titolo di maestro di sci conseguito all'estero, in cui la Corte aggira il problema della sussistenza di una competenza statutaria primaria (artt.8, n.1, 16 e 20) affermando il difetto di lesività, non essendo stata richiesta l'iscrizione nell'albo provinciale[58]; quello attivato dalla Provincia di Bolzano contro il d.P.C.M. di acquisizione al bilancio statale di parte dei fondi per la promozione di aree territoriali svantaggiate confinanti con le Regioni speciali, giudicato infondato sia in base all'art.119 Cost. sia alle norme statutarie revisionate dopo il c.d. Accordo di Milano[59]; infine, quello instaurato dalla Sicilia contro il decreto ministeriale di determinazione del maggior gettito della tassa automobilistica da riservare allo Stato con detrazione del minor gettito arretrato da riconoscere alle autonomie speciali, risolto anch'esso con l'inammissibilità per mancata impugnazione di atti normativi anteriori[60].

5. Prospettive e rimedi

Il quadro qui sinteticamente ricostruito, che peraltro riproduce e conferma percezioni assai diffuse nella dottrina, attesta un'involuzione giurisprudenziale di

[54] Sentenza 22 dicembre 2011, n. 340, Giur. cost., 2011, 4664.
[55] Sentenza 10 maggio 2012, n. 118, Giur. cost., 2012, 1712.
[56] Sentenza 10 marzo 2014, n. 41.
[57] Sentenza 24 luglio 2012, n. 207, Giur. cost., 2012, 3017.
[58] Sentenza 26 ottobre 2012, n. 238, Giur. cost., 2012, 3570.
[59] Sentenza 16 aprile 2013, n. 71, Giur. cost., 2013, 1068.
[60] Sentenza 20 giugno 2013, n. 144, Giur. cost., 2013, 2197.

segno largamente negativo per le autonomie speciali. Nelle precedenti occasioni, in cui gli scatti in avanti del regionalismo avevano via via premiato l'autonomia regionale di diritto comune e costretto quella speciale ad un faticoso ma alla fine riuscito recupero, il sistema complessivo era sempre riuscito a riassestarsi su equilibri differenziati, tutto sommato rispettosi del dato di partenza. Dopo il 2001 non si è manifestata analoga capacità di recupero. Sul piano delle competenze, la giurisprudenza costituzionale ha imboccato percorsi interpretativi nel complesso indirizzati verso l'omogeneizzazione della legislazione e dei suoi limiti costituzionali. Sul piano della finanza, si è pure assistito ad una riduzione della differenziazione, a cui del pari hanno contribuito le sentenze della Corte: in più la crisi economico-finanziaria e la parziale attuazione del cd. federalismo fiscale hanno disposto l'opinione pubblica verso un atteggiamento demagogicamente ostile, che ha smarrito il valore degli antefatti storici e tende a percepire le differenze come privilegi ormai privi di fondamento logico, nonostante la presenza nel Titolo V di una disposizione quale il rinnovato art. 116[61].

A quasi quindici anni di distanza dalla revisione costituzionale è quindi lecito interrogarsi sulla possibilità di invertire questo insieme di tendenze e ristabilire condizioni di differenziazione munite di adeguata salvaguardia e al tempo stesso accettabili da una larga parte dell'opinione pubblica.

Qualche percorso in questa direzione è stato già individuato in sede dottrinale. Altri sono forse confusamente avvertiti e meriterebbero approfondimenti e sviluppi, sul piano concettuale come su quello operativo.

Una prima linea strategica dovrebbe consistere nel rafforzamento delle garanzie statutarie. Ad esso si è pensato in specie nei primi anni successivi alla revisione costituzionale del 2001[62]. In quella fase si era giustamente pensato ad adeguamenti non meramente formali, ma ad integrazioni materiali del contenuto statutario che permettessero di superare la clausola dell'art.10 e di riespandere la specialità nel nuovo contesto costituzionale, ricercando delicati equilibri tra unità e autonomia, tra uniformità e diversificazione, nel rispetto di incomprimibili principi di regime; si era altresì riflettuto sulla possibilità di ricavare nuovi spazi per le potestà integrative-attuative dentro gli ambiti del secondo comma dell'art. 117, nonché di trasformazione di materie concorrenti

[61] Sul quale v. ancora R. Bin, *"Regionalismo differenziato" e utilizzazione dell'art.116, terzo comma, Cost.*. Alcune tesi per aprire il dibattito, Le istituzioni del federalismo, 2008, 9 ss.

[62] Infatti la letteratura pubblicistica sul tema si localizza quasi tutta intorno agli anni 2003-2005, per poi cessare quasi del tutto: cfr. ad es. A. Ruggeri, *Forma e sostanza dell'"adeguamento" degli statuti speciali alla riforma costituzionale del Titolo V* (notazioni preliminari di ordine metodico-ricostruttivo), Le Regioni, 2003, 357 ss. e G. M. Salerno, *Gli statuti speciali dopo la revisione del Titolo V: aspettative di riforma e vincoli costituzionali*, Federalismi.it, n. 12/2004; S. Pajno, G. Verde, *Gli Statuti-leggi costituzionali delle Regioni speciali*, in P. Caretti (a cura di), *Osservatorio delle fonti 2005*, Torino, 2006. Ma, per quanto solo per i profili sistematici, v. ancora S. Pajno, *La revisione degli Statuti speciali nel sistema delle fonti*, Le Regioni, 2007, 747 ss.

in esclusive; si era disquisito sulla revisione come atto, istantaneo ed organico, ovvero dinamico e progressivo, tradizionale o pattizio; si era persino discusso di ampliamento della materia statutaria fino ad includere diritti fondamentali.

Oggi, tuttavia, essa non è facilmente percorribile in una fase della vita politico-istituzionale italiana in cui l'apertura di tavoli di livello costituzionale è suscettibile di sviluppi imprevedibili, al di là della complessità del procedimento necessario. In subordine, è dunque consigliabile la via del rafforzamento delle norme di attuazione, in termini sia quantitativi che qualitativi, per consolidare le materie e le funzioni della sfera legislativa, definirle nella maniera più organica e precisa, anche in funzione integrativa dello statuto, essendo pacificamente ammesso il loro uso praeter legem. Il metodo pattizio che presiede alla loro elaborazione avrebbe il vantaggio di ridurre la conflittualità e di legittimare la difesa delle prerogative regionali[63]. Certo non è pensabile che si ottenga per questa via di blindare in termini assoluti la potestà legislativa regionale. Né vale il richiamo alle esperienze spagnola e britannica, essendo la prima avvezza dall'origine alla differenziazione a geometria variabile e la seconda congegnata secondo criteri pragmatici, nei quali non trova posto alcuna tutela giurisdizionale. Tuttavia, l'esperienza giudiziale insegna che, persino negli ultimi difficili anni, la Corte fatica a superare, quando si affaccia prepotente la spinta di un'esigenza uniformante, le barriere costituite in primo luogo da norme di attuazione consolidate e contenenti definizioni organiche delle materie ed eventualmente elenchi anche solo esemplificativi di funzioni ed in secondo luogo strati di legislazione o persino di prassi amministrative direttamente pertinenti.

Un'altra linea di difesa e recupero, tanto sul fronte della dimostrazione di un'adeguata partecipazione allo sforzo di perequazione e solidarietà, oltre che di razionalizzazione, imposto dall'art. 119, quanto sul versante dell'opinione pubblica e della necessità di rimuovere l'ingenerosa immagine di privilegi e sprechi, dovrebbe essere rappresentata dalla prova, in molti contesti non difficile, dell'efficienza delle amministrazioni speciali. Sinora, per effetto dell'art. 27 della l. 42/2009, le autonomie differenziate sono rimaste estranee al circuito principale di attuazione del federalismo fiscale[64], proprio nel momento in

[63] Cfr. ad es. P. Giangaspero, I decreti di attuazione dello statuto speciale tra garanzia della specialità regionale ed esigenze di tutela del ruolo costituzionale degli enti locali dopo la riforma del Titolo V Parte II della Costituzione, www.Regione.fvg.it; S. Parisi, *La potestà primaria alla deriva?*, cit. 874 ss.

[64] Cfr. ad es. V. Nicotra, F. Pizzetti, S. Scozzese (a cura di), *Il federalismo fiscale*, Roma, 2009, ed in specie G. De Martin, G. Rivosecchi, *Coordinamento della finanza pubblica e autonomie speciali alla luce della l. n. 42 del 2009*, 335 ss.; A. Lucarelli, Il federalismo fiscale tra processi attuativi e principi costituzionali, Napoli, 2010; G. F. Ferrari (a cura di), *Federalismo, sistema fiscale, autonomie. Modelli giuridici comparati*, Roma, 2010; J. Woelk (a cura di), *Federalismo fiscale tra differenziazione e solidarietà. Profili giuridici italiani e comparati*, Bolzano, 2010; F. Palermo, M. Nicolini, *Federalismo fiscale in Europa. Esperienze straniere e spunti per il caso italiano*, Napoli, 2012; G. G. Carboni, *Federalismo fiscale comparato*, Napoli, 2013; S. Gambino (a cura di), Il federalismo fiscale in Europa, Milano, 2014.

cui –come è stato rilevato[65] - l'attenzione della dottrina si è spostata dai profili istituzionali delle forme di governo composte a quelli finanziari. In particolare, la determinazione dei costi standard dei servizi e delle funzioni[66] e dei relativi fabbisogni, vera e propria unità di conto per la misurazione del lavoro degli enti locali, dei criteri di spesa e della successiva perequazione[67], ha lasciato fuori il governo locale delle Regioni speciali e delle Provincie autonome, pur essendo individuato anche per esse un percorso particolare verso il superamento della spesa storica, peraltro rispettato solo dalle autonomie speciali alpine. Sarebbe invece opportuno che studi analoghi a quelli realizzati su scala nazionale veissero eseguiti anche nei contesti di autonomia differenziata. La verifica di efficienza amministrativa respinge le censure di spesa improvvida o esagerata, legittima l'investimento in servizi sofisticati, svuota di fondamento percezioni superficialmente ostili dell'opinione pubblica generale e della stampa in particolare, dimostra l'infondatezza dell'accusa di vivere al di sopra delle proprie possibilità[68]. In termini più tecnici, la trasparenza della spesa unitaria consente di dare evidenza ai fattori che condizionano l'aggregato: latitudine delle competenze, peso del dato geotopografico, peculiare rapporto tra la finanza regionale o provinciale e quella locale[69], peraltro tutti menzionati dall'art. 27, comma 2, della l.42. Ad una operazione di analisi dei costi e dei fabbisogni standard non dovrebbe ostare in alcun modo la natura bilaterale dei meccanismi di revisione degli assetti finanziari globali[70], pur perseguita secondo modelli diversi, definiti "alpino" e "insulare".

[65] Da F. Palermo, *Comparare il federalismo fiscale: cosa, come, perché*, in F. Palermo, M. Nicolini (a cura di), *Federalismo fiscale in Europa*, cit., 2 ss.

[66] V. IFEL, Rapporto sui fabbisogni standard: Metodologia di stima e determinazione dei costi standard della polizia locale, Roma, 2013.

[67] Cfr. da ultimo G. F. Ferrari, *Trasparenza e costi standard*, Atti del Convegno annuale degli amministrativisti, Milano, 2014, 351 ss.

[68] Come sostiene ad es. G. Macciotta, Le Regioni che vivono al di sopra delle proprie possibilità, Nelmerito.com, luglio 2008.

[69] Come rileva R. Louvin, Le storie diverse del federalismo fiscale all'italiana, in S. Gambino, Il federalismo fiscale in Europa, Cit., 177 ss. e particolarmente 179-80.

[70] Puntualmente descritta ancora da R. Louvin, Le storie diverse del federalismo fiscale, cit., 183-9. V. in particolare G. Postal, Il concorso delle autonomie speciali agli obiettivi di finanza pubblica: il Trentino-Südtirol: dalle norme di attuazione statutaria del 1992 all'accordo di Milano, Le Regioni, 2011, 937 ss.

NUEVA ADMINISTRACIÓN DEL ESTADO CONTEMPORÁNEO

José René Olivos Campos*

Sumario: 1. Introducción. 2. Contexto de la nueva administración del Estado. 3. Noción de la nueva administración del Estado. 4. Dimensión de la nueva administración del Estado. A) La rendición de cuentas y transparencia. B) La profesionalización del servicio público. C) La participación ciudadana en la acción del gobierno. D) La ética pública. 5. Consideración. 6. Fuentes de información.

1. Introducción

Este estudio tiene por objeto poner de relieve la administración estatal en una nueva visión para gobernar en la democracia, orientada fundamentalmente en la rendición de cuentas y la transparencia, la profesionalización de la función pública, la participación ciudadana y la ética pública.

Estos aspectos resultan relevantes al instaurar mejoras institucionales de la acción del gobierno democrático, que modifica la visión del intervencionismo improductivo, la planeación incumplida y los procesos del redimensionamiento de la administración estatal, generada por la fusión, privatización, liquidación y extinción de entidades paraestatales, y de racionalidad presupuestaria, que han producido deterioros sociales e institucionales.

La reconstrucción de la naturaleza de la administración del Estado contemporáneo en el ejercicio del gobierno democrático se enlaza con la capacidad de resolver problemas cada vez más complejos ante la diversidad de actores económicos, políticos, sociales y culturales que participan con distintos intereses y pretensiones que apuntan en distintas direcciones, que requieren arreglos institucionales para que no conduzcan a la inestabilidad e incertidumbre.

Por ello el gobierno democrático necesita probar la capacidad de gestión esperada, que otorgue resultados sociales y productivos, que mejore la calidad de vida a niveles adecuados frente a la brecha que existe entre la pobreza y la riqueza, con altos índices de inseguridad pública y desempleo.

* Profesor investigador titular C de la Universidad Michoacana de San Nicolás de Hidalgo; investigador nacional nivel II del Sistema Nacional de Investigadores; presidente de la Asociación Mexicana de Derecho Administrativo.

En las presentes condiciones la nueva administración estatal constituye asunto crucial que requiere la democracia gubernativa que permita cumplir las responsabilidades públicas, en la legalidad y con eficacia operativa para aumentar la capacidad de respuesta a las exigencias sociales insatisfechas y frente a los nuevos requerimientos públicos.

2. Contexto de la nueva administración del Estado

La administración del Estado experimenta transformaciones para el logro y la mejora de la calidad de vida de la sociedad contemporánea, en los nuevos escenarios en que se intensifican la optimización del libre mercado, los bloques comerciales y financieros, la interdependencia mundial y la democratización del poder.

Diversas experiencias muestran el impulso de nuevas formas administrativas estaduales, que incorporan nuevos arreglos institucionales mediante la adopción de procesos que conducen a decisiones incluyentes y consensos. Ante las situaciones críticas y el periclitar del intervencionismo, la planificación estatal presenta demoras o incumplimiento de políticas, objetivos o metas para atender las necesidades sociales y económicas en condiciones de incertidumbre económica y astringencia de los recursos públicos.

La reconstrucción de la administración estatal constituye un asunto de importancia estratégica para la acción del gobierno democrático, como la participación ciudadana en la consulta de los planes y programas del gobierno, en la cogestión de servicios y obras públicas y en la iniciativa popular para la regulación de la vida social, los códigos éticos que rigen las conductas de los servidores públicos, la transparencias de los asuntos públicos, la rendición de cuentas de las autoridades y la profesionalización de la función pública para contar con servidores públicos calificados y aptos en el desempeño de su responsabilidades.

Esta tendencia es un nuevo enfoque de la administración estatal, con el que se construyen nuevos procesos, estructuras y formas de organización para responder a la magnitud de los problemas públicos, que se producen por la democratización del poder, por la necesidad de dar continuidad a los programas de gobierno y por extender la participación ciudadana y de organizaciones de la sociedad civil en las acciones del gobierno.

La nueva administración estatal es observable en diversos gobiernos nacionales y surge de la dirección oficial. Esta actuación se advierte en países como Australia, Italia, Holanda, Japón y Nueva Zelanda, entre otros. También la nueva administración estatal se ha aceptado como un medio para el mejoramiento de la función pública en las instituciones de los 29 países que integran la Organización para la Cooperación y el Desarrollo Económico, la cual formula estudios y recomendaciones para mejorar el desempeño de las instituciones de los gobiernos que son miembros de dicho organismo[1].

Esto manifiesta cómo la nueva administración estatal se inscribe en una tendencia mundial que busca alternativas que respondan a que la actuación realizada sea con nuevas estrategias, perspectivas y métodos que fortalezcan la capacidad del gobierno para obtener resultados observables en favor de la sociedad. En contraste con la época en que se consideró la importancia de la magnitud de la gestión racional de la planeación y de la gestión intervencionista del Estado para conducir el desarrollo y que llevó a la reforma incremental y burocrática, fundada en una concepción jerárquica, vertical y centralizada de las organizaciones públicas para atender las exigencias, cuyos rendimientos decrecientes, sociales y productivos se expresaron por la crisis fiscal y financiera, por la inflación con recesión, por la excesiva regulación jurídica, la protección de los mercados nacionales y por los deterioros del bienestar social.

Son aspectos que producen la crisis irreversible del Estado centralizador, planificador e intervencionista, generada por las insuficiencias de los procesos que pretendían significar racionalidad administrativa y universalidad de consensos, por los efectos perniciosos de la gestión intervencionista y por la improductividad de las estructuras burocráticas centralizadas para satisfacer los diversos requerimientos de la sociedad. Así mismo, constituyó una crisis de la administración estatal, que tuvo saldos negativos y expectativas incumplidas, lo que condujo a evaluar el sistema de la administración pública y los resultados logrados.

La nueva administración estatal se vincula para dar respuestas al reconocimiento y al ejercicio de los derechos humanos en su sentido amplio, a la magnitud de los problemas de atraso y marginación social y deterioros institucionales.

Es una nueva administración estatal que se enfoca más de cerca a los resultados en función de eficacia y calidad de servicio; al reemplazo de las estructuras organizativas centralizadas con un ambiente de la descentralización, de funciones especializadas (electoral, monetaria, rendición de cuentas, de transparencia), el cual prevé un espacio de participación ciudadana, de grupos sociales y organizaciones no gubernamentales, para colaborar, cooperar y hacerse cargo en la prestación de servicios públicos, y evaluar su desempeño y los costos–beneficios[2]; a la simplificación de los procesos del gobierno con ayuda de la tecnología y a la innovación de los instrumentos jurídicos centrados en la gestión, cuya regulación se apoya en resultados, como la de mejorar

[1] Cfr: Ministerio de Administraciones Públicas, *Las transformación de la gestión pública. Las reformas en los países de la OCDE*, Madrid, Ministerio de Administraciones Públicas, Secretaría General Técnica y Ministerio de la Presidencia, 1997.

[2] David Shand, "La nueva gestión pública: retos y temas en una perspectiva internacional", en *Ensayos sobre la Nueva Administración Pública, Revista de Administración Pública*, México, D. F., núm. 91, 1996, págs. 82 y 83.

la eficacia de la aplicación de normas reduciendo su costo (como las medidas para estimular a asalariados o consumidores).

Esto da lugar a una nueva configuración de la administración estatal, con procesos que actualizan su relación con la sociedad, con el entorno social, con consensos, con la participación, sin apegarse a usar los mismos instrumentos jurídicos y procesos de la administración tradicional, a fin de lograr ampliar la cobertura y calidad de los satisfactores de una sociedad plural, participativa, competitiva y democratizada.

3. Noción de la nueva administración del Estado

La nueva administración del Estado se puede entender como medio institucional a fin de responder a las necesidades y demandas de la sociedad, con lo que trata de autentificar la acción del gobierno democrático en atención al desarrollo y bienestar social. Esto implica que la administración estatal reconozca las exigencias, revise sus atribuciones y competencias, sus funciones, órganos, aptitudes, potencialidades y capacidad para determinar el rumbo que debe seguir que hagan factible la administración de los asuntos públicos.

En consecuencia, la nueva administración del Estado es el medio para adecuarse a las exigencias de la sociedad que es mutable, dinámica y en constante cambio.

La nueva administración pública se constituye en el medio que el Estado moderno puede llevar a efecto para que sus estructuras y funciones administrativas no se anquilosen e impidan precipitar los cambios económicos, sociales, políticos, jurídicos y culturales que la sociedad requiere, porque sus capacidades y competencias resultan ineficaces, al no responder o no lograr resolver la magnitud de los problemas que se actualizan en el mundo cambiante.

La misión de la nueva administración pública es mejorar la calidad de vida de la sociedad, por lo que debe conjugar el instrumental normativo, organización, funciones, recursos y capacidades para estar en aptitud de enfrentar los retos y las exigencias de las transformaciones de la sociedad, y a la par, el Estado contemporáneo debe generar los cambios para estar acorde a las mutaciones y no ser rebasado por la realidad cambiante. Por lo que la reforma del Estado y la nueva de la administración deben realizarse simultáneamente para que sean exitosos los cambios que la sociedad requiera.

La nueva administración del Estado como estructura de poder, que opera en la sociedad y en las pautas del cambio, debe establecer sus competencias, alcances y limitaciones apegadas a las leyes, para que logre llevar a efecto su desenvolvimiento como entidad que tiene capacidades para realizar acciones y tomar decisiones. A su vez, las leyes deben establecer los mandatos a que debe restringirse y someterse la administración estatal, para que no se desborde en sus decisiones y acciones de forma arbitraria e irresponsable o incurra en el libre albedrio en sus actos que afecte los derechos civiles, políticos y sociales, y el interés público de la sociedad.

De este modo, la nueva administración estatal es reacomodar, realinear y reorientar las decisiones, las normas legales y las acciones para asegurar que las instituciones administrativas del Estado sean más efectivas que las anteriores o las que estuvieron vigentes.

La nueva administración estatal alude a dar nueva forma a lo que existe o tiene vigencia, que se constituye: por las leyes que determinan los órganos, competencias y funciones; por el poder que estos tienen y están en posibilidad de desplegar; por la toma de decisiones, y por las acciones.

Entonces, los cambios que se produzcan en tales aspectos señalados por la nueva administración estatal, deben tener por fundamento a la ley, las ventajas, restricciones y costos cuyo referente y sustento de vincularse en la mejora de la calidad de vida de la sociedad.

Con esta lógica, no se pueden comprender como nueva administración estatal los cambios que favorezcan con sus decisiones y acciones a los grupos, camarillas u operadores políticos y administradores que obtienen ventajas, beneficios o privilegios personales y para el grupo, lo que devendría en detrimento del cambio de la institucionalidad de la administración estatal que se necesita para la mejora de la sociedad. Esto sería contrario a los fines, propósitos, principios jurídicos, a la calidad, al desempeño y a la eficacia de la administración estatal, que pudiera rendir como detonante de la vida pública.

La nueva administración estatal apunta a considerar, para el cambio, los elementos de los tiempos, circunstancias históricas, sociales, ámbitos de realización, factores de resistencia y de apoyo, oportunidad, cooperación, colaboración, estrategias, objetivos, metas, recursos y normas que debe articular y conjugar para impulsar las modificaciones pertinentes y atender los problemas administrativos de la sociedad, con eficacia y eficiencia, con respeto y garante de los derechos humanos para su ejercicio partiendo de libertades personales y colectivas, de participación en la acción pública y para conocer y opinar sobre los resultados de la administración.

4. Dimensión de la nueva administración del Estado

La formación de la nueva administración estatal, que considera la estrategia de la calidad institucional y democrática, ha implicado realizar acciones que reconstruyen la naturaleza de la administración, en las que se conjugan la: 1) la rendición de cuentas y la transparencia; 2) la profesionalización del servicio público; 3) la participación ciudadana en las acciones del gobierno y 4) la ética pública. Cada uno de estos ámbitos comprende los siguientes aspectos.

A) *La rendición de cuentas y la transparencia*

Constituyen contenidos públicos de los gobiernos para gobernar democráticamente, ante los atropellos de derechos, arbitrariedades, corrupción que realizan los servidores públicos, las relaciones de complicidad entre funcionarios, políticos y empresarios que se producen, la instauración de la cleptocracia, la impunidad y los privilegios, que han provocado crisis fiscales, colapsos de la economía nacional, pillaje y saqueo del erario, lo que ha tenido por sustento el secreto[3] y la opacidad[4] de los asuntos públicos como formas de dominación en el ejercicio del poder político y administrativo.

En la sociedad contemporánea, los deterioros institucionales y en la vida pública generada por el gobierno y la administración estatal, resultan evidentes con los altos índices de corrupción[5] en los gobiernos.

Al respecto, la organización Transparencia Internacional por medio del Índice de Percepciones de la Corrupción, ha establecido que "el abuso de poder, los acuerdos clandestinos y el soborno continúan devastando a las sociedades en todo el mundo. Más de dos tercios de los 177 países incluidos en el índice de 2013 obtuvieron una puntuación inferior a 50, en una escala de 0 (percep-

[3] MAX WEBER estableció que en la actividad del gobierno y la administración el secreto era un medio de dominación, constituido por el saber especializado de determinadas materias, con lo que ocultaba sus intenciones el cuerpo burocrático, en la misma proporción en que aumentaba la burocratización. Con lo que existía el proceso incremental de dominación, que a medida que aumentaba la burocracia mayor sería el nivel de ocultar el desempeño de la función administrativa. MAX WEBER, *Economía y sociedad,* 2ª ed., 12ª reimp., México, D. F., Fondo de Cultura Económica, 1990, pág. 745.

[4] Por *opacidad* se entiende el no dar a conocer al público los actos o el desempeño en el ejercicio de los recursos, la gestión y funciones públicas de los agentes del gobierno y de la administración pública o cuando se dan a conocer datos que no resultan fidedignos de su actuación, decisiones o resultado.

[5] La *corrupción* es el uso de recursos públicos (legales, políticos o económicos) para obtener ganancias privadas. Existen tres formas básicas de corrupción: 1) el desvío de recursos públicos bajo el control de funcionarios del gobierno para su beneficio directo (o el de familiares o amigos). En la raíz de esta forma de corrupción se encuentra la capacidad discrecional de los funcionarios para otorgar exenciones selectivas, para priorizar la entrega de bienes o servicios públicos o para determinar en favor o en contra de una parte en la aplicación de leyes y regulaciones. 2) La corrupción administrativa, que se refiere a la imposición intencional de distorsiones en la adopción prescrita de las leyes existentes, las normas, los trámites públicos y las regulaciones para dar ventajas (o exentar de costos) a actores públicos o privados como resultado de pagos o incentivos ilícitos o no transparentes para funcionarios. 3) La "captura" del Estado, que describe las acciones que toman individuos, grupos o empresas para influir en el proceso de formación de las leyes, las regulaciones, los decretos y las políticas públicas (es decir, las reglas básicas del juego) para su propio beneficio por medio de la provisión de pagos o incentivos ilícitos a funcionarios públicos. El Estado también puede verse "capturado" para servir los intereses privados de un líder o grupo que da forma al marco legal para asegurar su control sobre recursos políticos y económicos clave. WORD BANK, *Anticorruption in transition: a contribution to the policy debate*, 2000.

ción de altos niveles de corrupción) a 100 (percepción de muy bajos niveles de corrupción)". "El Índice demuestra que todos los países se enfrentan todavía a la amenaza de corrupción en todos los niveles de gobierno, desde el otorgamiento de permisos locales hasta la adopción de normas y reglamentaciones"[6].

La corrupción en el gobierno tiene como corolario la corresponsabilidad de determinados sectores sociales, cuando los intereses oligárquicos empresariales, sindicales y de los partidos políticos obtienen ventajas y privilegios. Son ejemplos ilustrativos, con efecto mundial, los casos siguientes:

1) El de la compañía Enron en Estados Unidos de Norteamérica, cuya quiebra en 2001, con activos de 62 billones de dólares, tenía vínculos con numerosos políticos del gobierno federal, en el Congreso, las cortes de justicia estatales, las legislaturas y burócratas de todo nivel, cuyos efectos incluyeron a Wall Street con pérdidas millonarias.

2) La quiebra de la empresa de lácteos Parmalat, de Italia, en 2003, con una gran red de complicidades políticas y la maraña especulativa financiera que permitieron que ocurriera el fraude ante la falta de transparencia, al ocultar, el grupo Parmalat y admitir depósitos inexistentes y deudas ocultas por al menos diez mil millones de euros.

3) Los escándalos financieros relacionados con el Partido de la Democracia Cristiana en Alemania, que había gobernado la República Federal Alemana de 1982 a 1998, proporcionó información incorrecta sobre sus finanzas, contrariamente a los requerimientos constitucionales y a la Ley de Partidos, que regula el financiamiento de partidos, cuyo líder había administrado personalmente cuentas bancarias no reportadas por un monto de doce millones de marcos, las cuales incluían donaciones por casi un millón de dólares, que presuntamente le había entregado un vendedor de armas. Esto demostró que las democracias consolidadas tampoco están exentas de estas cuestiones.

4) El contrabando de armas a Ecuador y Croacia de parte del gobierno de la Argentina en los años noventa, que se consideró una operación desarrollada fundamentalmente por políticos, militares y empresarios dudosos.

5) Los casos de Pemexgate y Amigos de Fox en México, en que se destinaron recursos públicos y de particulares a las campañas de los candidatos presidenciales, indebidamente que desembocaron en multas de mil millones de pesos al PRI, y 545 millones a los partidos de la coalición Alianza por el Cambio, conformada por el partido Acción Nacional y el partido Verde Ecologista de México, que había llevado a la presidencia al titular del ejecutivo en el año 2000[7].

[6] *http://www.transparency.org/news/pressrelease/indice_de_percepcion_de_la_corrupcion_la_corrupcion_en_el_mundo_durante_201*

[7] Cfr. Pedro Salazar Ugarte (Coord.), *El poder de la transparencia. Nuevas derrotas a la opacidad,* México, D. F., UNAM-IFAI, 2008.

De este modo se verifica cómo nuestra deformidad y descomposición social no solo se le atribuyen al gobierno y a la administración; también son endosables y corresponsables determinados sectores, organizaciones o grupos sociales que operan y actúan en complicidad con gobernantes y administradores, que aseguran la dominación, la dirección, la administración y el ejercicio del poder a cambio de dejar hacer o dejar pasar las atrocidades, trastornos y fallas de la sociedad.

Ante tales situaciones descritas, la rendición de cuentas y la transparencia apuntan a generar una perspectiva para lograr responsabilidades de los sujetos obligados, para combatir la corrupción y fortalecer la vida institucional democrática.

Entendemos la rendición de cuentas, cuando los servidores públicos deben informar, reportar, explicar, justificar, fundar, motivar y responsabilizarse de sus acciones y actos ante otro agente del gobierno o de la administración pública, en todos sus aspectos, en el régimen jurídico que prescribe las obligaciones y que deben cumplir los servidores públicos en su desempeño gubernamental o administrativo. En tanto comprendemos transparencia como todo sujeto obligado al escrutinio público que prevén los ordenamientos jurídicos, que debe proporcionar, suministrar y dar visibilidad a la información que tenga, de forma fidedigna, veraz y oportuna a toda persona, lo cual el Estado debe garantizar y fincar responsabilidades ante el incumplimiento.

Los procesos, procedimientos y mecanismos para la rendición de cuentas y la transparencia se han estructurado con normas jurídicas, órganos de gobierno e instancias administrativas de control, fiscalización, vigilancia, revisión y sanción, que son componentes cruciales para el comportamiento legal y responsable de los servidores públicos en el desempeño de sus funciones, y para el enlace y la comunicación que favorece a los ciudadanos a acceder al conocimiento del cometido de la función pública abierta y sometida al escrutinio público, con lo que la administración de los asuntos comunes se asegure conforme a los mandatos constitucionales y legales.

Las instancias, procesos, procedimientos y legislación para rendir cuentas y la transparencia se han diversificado y extendido en los distintos países. Entre ellos se considera la presentación anual del informe que el titular del ejecutivo rinde ante el poder legislativo sobre el estado de la administración pública, la presentación y aprobación anual de la ley de ingresos y el presupuesto de egresos, la revisión de la cuenta pública, el juicio político y el control externo de la administración pública que se encomienda a organismos fiscalizadores especializados que dependen generalmente del poder legislativo. Por ejemplo, en Argentina el poder legislativo examina el desempeño de la gestión pública apoyado en el dictamen de la Auditoria General de la Nación, que es el órgano de control externo del sector público nacional. En Brasil, el Congreso Nacional ejerce el control externo con el auxilio del Tribunal de

Cuentas de la Unión. En Costa Rica lo realiza el control externo la Asamblea Legislativa, la cual se auxilia de la Contraloría General de la República. En México el órgano de control externo es la Auditoria Superior de la Federación. En España la fiscalización externa se lleva a cabo con el Tribunal de Cuentas. En Francia se establece el Tribunal de Cuentas, que asiste al Parlamento y al Gobierno en el control de la ejecución de las leyes financieras[8]. También se han creado órganos autónomos, como el Ombudsman en Polonia, Filipinas, Corea del Sur y Hungría; una comisión nacional contra la corrupción en Tailandia; una comisión independiente contra la corrupción en Australia; un protector público en Sudáfrica y un inspector general de Gobierno en Uganda; el "ministerio público" en Brasil; la Contraloría en Chile; la Defensoría del Pueblo en Perú[9]; La Comisión Nacional de Derechos Humanos, la reciente creación del Instituto Nacional Electoral, la Comisión Nacional Anticorrupción y el Instituto Federal de Acceso a la Información y Protección de Datos Personales en México. Estos son algunos de los ejemplos institucionales en la rendición de cuentas y la transparencia en que se inscriben los Estados contemporáneos.

Los procesos de cambio que realizan los países en materia de rendición de cuentas y la transparencia que se dan en cada contexto nacional son distintos, con cierta similitud o contrastantes, pero sin duda ofrecen experiencias de la nueva administración estatal, que pueden ser útiles para construir paradigmas, que sin repetirlos acríticamente nos conduzcan a asegurar el buen desempeño del gobierno democrático.

B) *La profesionalización del servicio público*

El ejercicio del gobierno democrático apto comprende la profesionalización del servicio público como una de sus capacidades para gobernar, para lograr la satisfacción que demandan la sociedad y la ciudadanía.

La profesionalización del servicio público considera a la regulación jurídica para garantizar que las respuestas gubernamentales se apeguen al Estado constitucional y legal, con lo que el servicio público profesional es el medio que permite obtener la legalidad y legitimidad del gobierno y de la administración, cuando cumple responsablemente las obligaciones legalmente establecidas para atender el interés público de la sociedad y de los particulares. No es servicio público profesional cuando existe la coalición de los cuerpos burocráticos profesionales que se coaliguen para asumir medidas contrarias a las leyes o para dar dirección opuesta a los fines públicos.

[8] Daniel Márquez, *Función jurídica de control de la administración pública*, México, D. F., UNAM, 2005, págs. 204 y ss.

[9] John Ackerman, *Estructura institucional para la rendición de cuentas: Lecciones internacionales y reformas futuras,* México, D. F., Auditoria Superior de la Federación, 2006, pág. 8.

El servicio público profesional alude a mejorar las instituciones en los procesos de cambio, que se sustenta en el aseguramiento de las capacidades profesionales, que sirvan para la definición de políticas, la toma decisiones, la fijación de compromisos y se cumplan los programas en los tiempos establecidos y apegados a las leyes, en tanto sean en favor de la sociedad para que mejoren los niveles de bienestar social, crecimiento económico y desarrollo.

En los tiempos presentes, la profesionalización de la función pública se ha ampliado en los distintos países. Por ejemplo, en América Latina se realizaron modificaciones jurídicas e institucionales que instauraron la profesionalización de los segmentos directivos: en Perú se expidió el decreto 1023, que dio origen a Servir como rectora del servicio civil, y mediante el decreto legislativo 1024 se creó el Cuerpo de Gerentes Públicos; en Chile se publicó la Ley del Nuevo Trato Laboral, que crea la Dirección Nacional del Servicio Civil, dependiente del Ministerio de Hacienda; en México se sustentó el desarrollo del servicio profesional de carrera en la administración pública centralizada del ejecutivo federal, con la Ley del Servicio Profesional de Carrera en la Administración Pública Federal, publicada en el 2003, y en Argentina se creó el Cuerpo de Administradores Gubernamentales de 1984, inspirada en la experiencia francesa de la Ecole National d'Administration. Además, otros países adoptaron la New Zealand Public Service Chief Executive Competency Profile en Nueva Zelanda y el Senior Executive Leadership Capability Framework en Australia, países que han sido pioneros en la adopción de medidas dirigidas a fortalecer las capacidades de profesionalización.

C) *La participación ciudadana en la acción del gobierno*

El ejercicio de gobierno democrático, que apunta al reconocimiento de atributos normativos de las personas en la actuación pública, los faculta para participar en las decisiones y en el obrar del gobierno, lo que da cauce a nuevas instituciones jurídicas democráticas (*i. e.*, referendo, plebiscito, iniciativa popular, revocación de mandato, el presupuesto participativo, en la cogestión y coejecución de obras públicas), que en otro tiempo no se dieron en la sociedad en un sentido moderno.

Las formas de participación democrática en los nuevos espacios públicos para gobernar son un factor que incide de manera fundamental en el comportamiento de las esferas jurídico-atributivas de las personas y en la acción estatal para la realización del desarrollo y el bienestar social. Es también el cumplimiento de funciones gubernamentales en el régimen jurídico constitucional y de los tratados internacionales en materia de los derechos humanos para participar en las decisiones del Gobierno y de los asuntos públicos. Esta es una las vertientes que apunta hacia la redistribución del poder estatal en términos más democráticos, con la participación amplia, que reivindica la naturaleza republicana, que resulta crucial en el comportamiento de la esfera de la administración de los asuntos públicos.

En el redimensionamiento del Estado contemporáneo podemos decir que devino la realización de funciones públicas con organizaciones y operadores no gubernamentales, privados o sociales, lucrativos o no, de forma contratada, concesionada, compartida y cooperativa. Así mismo, se ha puesto el acento en la participación ciudadana y comunitaria en la acción pública, sustentada en los derechos reconocidos por los ordenamientos jurídicos, que fue admitida por el Gobierno ante la exigencia de la sociedad civil para participar en la vida pública y para elevar su capacidad para dar respuesta a la gran cantidad de problemas nacionales y locales, lo que fue impulsado desde los organismos internacionales como el Banco Mundial y la Organización de las Naciones Unidas, entre otros, y que los Estados han adoptado al ratificar los tratados internacionales, como la Convención Americana sobre Derechos Humanos, que en el artículo 23 establece que los ciudadanos gozarán de los derechos de "participar en la dirección de los asuntos públicos, directamente o por medio de representantes libremente elegidos".

Los fundamentos jurídicos internos e internacionales sirvieron de base para que las personas por sí mismas, mediante sus organizaciones sociales, privadas y no oficiales se constituyeran en sujetos de la administración pública para participar en distintos asuntos públicos, en la cogestión, coejecución, cooperación y colaboración en los diversos ámbitos del Gobierno nacional, subnacional y local, en distinto grado, magnitud y período para la realización de funciones, obras o servicios públicos.

Al respecto, resultan ilustrativas las formas participación ciudadana que se han generado en los países de América Latina como una manifestación del ejercicio del gobierno democrático que se observa en diversos países, que se sitúa en el ámbito local y nacional. Países como Bolivia (publicó la ley de participación popular), Nicaragua (publicó la ley núm. 475, de participación ciudadana), Guatemala (publicó la ley de consejos de desarrollo) y Perú (publicó la ley de los derechos de participación y control ciudadano), han expedido leyes de participación ciudadana nacional que resultaron ser incentivos que operar la partición ciudadana de carácter local, subnacional y nacional[10]. En Argentina, Brasil, Chile y México, se tienen casos de participación ciudadana a escala local y municipal en los cuales no se establecieron dispositivos legales nacionales, sino solo en el ámbito local con carácter menos nacional, pero que produjeron mecanismos de participación en la gobernación democrática.

[10] BENJAMÍN GOLDFRANK, "Los procesos de «presupuesto participativo» en América Latina: éxito, fracaso y cambio", en *Revista de Ciencia Política*, vol. 26, núm. 2, Santiago, 2006, págs. 4 y ss.

D) *La ética pública*

En la formación de la ética pública los gobiernos democráticos se vinculan con los actores que tienen también un papel de participación en el desarrollo y representan un papel conductor en su constitución, que orienten a la sociedad por valores morales humanos universales y compartidos, que comprendan la dignidad y los derechos humanos, la justicia, la equidad social, la transparencia y la responsabilidad en la actuación pública, la honradez y la lealtad institucional.

Así pues, la injusticia, la pobreza, la corrupción, la negligencia, las dilaciones, la impunidad, la exclusión social y la segregación son amorales, pues quebrantan los valores de la ética pública, porque niegan los derechos humanos, contravienen al bienestar individual y colectivo, crean insolvencia pública y atentan contra los bienes jurídicos que el Estado tutela.

En este escenario, los Estados nacionales ceden lugar al paradigma de la ética pública para sortear el ritmo de cambio, que oscila a producir una mejor actitud y a la formación de una conciencia moral pública como una respuesta para atender a los requerimientos de una actuación pública responsable, transparente y apegada a principios públicos, lo cual se expresa en dos vertientes: la primera apunta al combate a la corrupción en las instituciones oficiales y, la segunda, para que se impulse el desarrollo integral y sustentable con valores que respeten la calidad de vida. Ambos aspectos convergen en una dimensión global e interdependiente.

En la vertiente del combate a la corrupción, distintos gobiernos manifiestan la preocupación para obtener, con el sentido ético, una nueva concepción de los asuntos oficiales sustentada en los valores morales para la vida en sociedad y para lograr el buen funcionamiento del Gobierno, lo que se observa por la presencia de códigos de ética pública que prescriben reglas como factor primordial de la función pública, con las que se pretenden regular determinadas conductas que afectan el patrimonio de los recursos públicos y el buen desempeño de las instituciones públicas.

En la nueva realidad de la sociedad moderna, la corrupción se configura en la apertura de mercados nacionales; con frecuencia aumentan las posibilidades de desvío de recursos públicos; en la amenaza de "fraudes cibernéticos" en los mercados financieros internacionales; en los procesos de redimensionamiento de la administración, que ofrece oportunidades para que los servidores públicos cometan peculado e incluso obtengan un beneficio directo en la asignación y adquisición de empresas a precios por debajo del mercado utilizando a un tercero[11].

[11] MIGUEL ÁNGEL VALVERDE LOYA, "La corrupción y el entorno internacional", en *Ponencia al VII Congreso Internacional del CLAD sobre Reforma del Estado y la Administración Pública*, Lisboa, 8 al 11 de octubre, 2002, pág. 4.

De este modo, los códigos de ética pública que establecen los gobiernos democráticos se inscriben como una forma de combatir la corrupción y evitarla, lo cual es asunto prioritario para el desarrollo institucional del Gobierno, que es observable en la percepción de las agencias oficiales y organismos multilaterales, que comprenden la corrupción como situación crítica y amenaza a las "instituciones públicas democráticas, que permiten la influencia de intereses impropios en el uso de recursos públicos y poder, minando la confianza de los ciudadanos en las actividades legítimas del Estado"[12].

Esta preocupación se ha patentizado con los resultados empíricos que el Banco Mundial ha realizado con gran número de países, al considerar los indicadores de desarrollo institucional, el grado de corrupción, la presencia y fiabilidad de mecanismos de solución de controversias, incluido el poder judicial, lo cual evidencia una correlación positiva de estos indicadores; sobre todo subrayan avances poco significativos para las regiones de América Latina y África[13].

La Cumbre Mundial sobre Desarrollo Social convocada por la ONU, que se dio cita en Copenhague en 1995, constituyó implícitamente una reunión con una agenda ética, frente a la magnitud de la pobreza mundial que se vincula claramente con los valores actuales de igualdad y justicia social, que plantean superar la exclusión y marginación social sustentada en las condiciones de vida de tres mil millones de personas situadas por debajo de la media mundial de la pobreza, al ganar menos de dos dólares diarios; mil trescientos millones de individuos que obtienen menos de un dólar; 828 millones de personas tienen hambre crónica y dos mil millones deficiencias de micronutrientes básicos; y ocho millones, a causa de la exclusión social, mueren anualmente por causas perfectamente evitables, mientras que el 20 % más rico de la población mundial es dueño del 86 % del producto interno bruto y recibe el 68 % del flujo de la inversión extranjera[14].

La región latinoamericana y del Caribe, en 1995, se inscribe en dicha realidad mundial, al tener 196 millones de personas en condiciones de pobreza; de estas, 94 millones vivían en pobreza extrema sin trabajo o con empleo de bajísima productividad y grandes sectores de campesinos e indígenas subsistían en condiciones de marginación. Esta situación de pobreza aumentó para el año 2000, a 224 millones de personas; así mismo incrementó la discriminación

[12] Organización para la Cooperación y el Desarrollo Económico, *Public sector corruption. an international survey of prevention measures*, Paris, OCDE, 1999, pág. 11.

[13] Banco Mundial, citado por Joan Prast i Català, "Instituciones y desarrollo en América Latina. ¿Un rol para la ética?", en Bernardo Kliksberg, (Coord.), Ética y desarrollo; la relación marginada, Buenos Aires, El Ateneo, 2002, págs. 318 y 319.

[14] Las cifras citadas se toman de Bernardo Kliksberg, "El judaísmo frente a la exclusión social", en Bernardo Kliksberg (Coord.), *Ética y desarrollo; la relación marginada*, París, OCDE, 1999, pág. 188.

étnica, la mayor parte del empleo se ha generado en el sector informal y en varios países son inferiores a los de la década anterior[15].

Esto expresa los imperativos éticos de dignidad, igualdad, respeto de la calidad de vida, derechos humanos y solidaridad humanitaria, y la inmoralidad sustentada en el contraste de la opulencia e indigencia mundial. No obstante, estos imperativos morales supuestamente compartidos a escala planetaria se patentizan en un ideal ante la realidad de exclusión y marginación social, lo que socava el sentido de una moral única y universal, objetivamente válida para todos frente a desigualdades y falta de oportunidades.

Ante esta situación descrita, la dirección oficial apunta a generar una perspectiva ética pública para lograr consensos y responsabilidades de las instituciones públicas, es decir, mayor conciencia moral mediante códigos de ética pública que se aceptan como un medio para el mejoramiento de la función pública en las instituciones oficiales de los distintos países, como los que integran la Organización para la Cooperación y el Desarrollo Económico.

Los códigos de ética existen en varios países como Australia, Estados Unidos de América, Canadá, Reino Unido, Portugal, Nueva Zelanda, Países Bajos, Noruega y México, entre otros.

Además se han instaurado organismo de coordinación ética en varios países. Por ejemplo, en Estados Unidos se cuenta con la Oficina Ética, la Comisión Independiente Contra la Corrupción en Australia, el Comité de Normas de Vida Pública en el Reino Unido, el Consejo Asesor de Gestión en Australia, la Comisión de Servicio del Estado de Nueva Zelanda y el Ministerio de Administraciones en Noruega[16].

En los Estados Unidos de América, los ordenamientos se caracterizan por lo detallado de los asuntos regulados, que imponen sanciones generalmente pecuniarias a los funcionarios que están obligados a observar en todos los organismos federales. En los países de Latinoamérica, los códigos de este tipo son escasos, y las reglas de ética se encuentran en las constituciones, en las leyes secundarias o en los reglamentos de los órganos administrativos[17], que resultan generalmente referentes para los servidores públicos, que determinan si aceptan el comportamiento previsto en dichos códigos, sin que se les apliquen sanciones por su inobservancia.

[15] PATRICIO AYLWIN, "Los desafíos éticos de América Latina y del mundo en desarrollo", en Bernardo Kliksberg (Coord.), *op. cit.,* págs. 101 y 102.

[16] CARLOS F. QUINTANA ROLDAN, "Ética pública, la inserción de sus principios en el derecho", en Jorge Fernández Ruiz, (Coord.), *Derecho administrativo*, México, D. F., UNAM, 2005, pág. 513.

[17] MARINA RAMÍREZ ALTAMIRANO, "Ética parlamentaria en Costa Rica", en *Revista Parlamentaria,* vol. 7, núm. 3, San José, diciembre de 1999.

5. Consideración

La nueva administración estatal se debe entender como el ejercicio democrático comprometido con los fines públicos del Estado, de servicio público, de garantía de los derechos humanos, del respeto y apego a la legalidad, de una administración de calidad que tenga por fundamento el ejercicio democrático, que se inscribe en los procesos de cambio y en la necesidad de impulsar nuevos principios, normas y valores que vigoricen a las instituciones del gobierno democrático.

La nueva administración involucra la rendición de cuentas, la transparencia, la profesionalización de la función pública, la participación ciudadana y la ética pública en la solución de los problemas públicos. Esto alude a que habrán de conjugarse los esfuerzos, tiempos, recursos y decisiones tanto de los particulares, de los ciudadanos, de las organizaciones no gubernamentales y de la sociedad civil, y las del gobierno, a fin de responder a las necesidades en un ejercicio democrático participativo que eleve los niveles de desarrollo, bienestar y crecimiento.

BIBLIOGRAFÍA

Ackerman, John: *Estructura institucional para la rendición de cuentas: lecciones internacionales y reformas futuras,* México, D. F., Auditoria Superior de la Federación, 2006.

Banco Mundial, citado por Prast i Català, Joan: "Instituciones y desarrollo en América Latina. ¿Un rol para la ética?", en Kliksberg, Bernardo (Coord.), *Ética y desarrollo; la relación marginada*, Buenos Aires, El Ateneo, 2002.

Goldfrank, Benjamín: "Los procesos de «presupuesto participativo» en América Latina: éxito, fracaso y cambio", en *Revista de Ciencia Política*, vol. 26, núm. 2, Santiago, 2006.

Kliksberg, Bernardo (coord.): *Ética y desarrollo; la relación marginada*, París, OCDE, 1999.

Márquez Daniel: *Función jurídica de control de la administración pública*, México, D. F., UNAM, 2005.

Ministerio de Administraciones Públicas, *Las transformación de la gestión pública. Las reformas en los países de la OCDE*, Madrid, Ministerio de Administraciones Públicas-Secretaría General Técnica - Ministerio de la Presidencia, 1997.

Organización para la Cooperación y el Desarrollo Económico, *Public Sector Corruption. An International Survey of Prevention Measures*, París, OCDE, 1999.

Quintana Roldán, Carlos F.: "Ética pública, la inserción de sus principios en el derecho", en Fernández Ruiz, Jorge (Coord.), *Derecho administrativo*, México, D. F., UNAM, 2005.

RAMÍREZ ALTAMIRANO, MARINA: «Ética parlamentaria en Costa Rica», en *Revista Parlamentaria,* vol. 7, núm. 3, San José, diciembre de 1999.

SALAZAR UGARTE, PEDRO (Coord.): *El poder de la transparencia. Nuevas derrotas a la opacidad,* México, D. F., UNAM, IFAI, 2008.

SHAND, DAVID: "La nueva gestión pública: retos y temas en una perspectiva internacional", en *Ensayos sobre la Nueva Administración Pública, Revista de Administración Pública*, núm. 91, México, D. F., 1996.

VALVERDE LOYA, MIGUEL ÁNGEL: "La corrupción y el entorno internacional", en *Ponencia al VII Congreso Internacional del CLAD sobre Reforma del Estado y la Administración Pública*, Lisboa, 8 al 11 de octubre, 2002.

WEBER, MAX: *Economía y sociedad,* 2ª ed., 12ª reimp., México, D. F., Fondo de Cultura Económica, 1990.

WORD BANK: *Anticorruption in transition: a contribution to the policy debate*, 2000.

Página electrónica:

http://www.transparency.org/news/pressrelease/indice_de_percepcion_de_la_corrupcion_la_corrupcion_en_el_mundo_durante_201.

DAL "POUVOIR MUNICIPAL" ALL'AUTONOMIA TERRITORIALE

Luciano Vandelli*

Riassunto: 1. Premessa: riflettendo sugli studi di Eduardo Garcia di Enterria. 2. Rivoluzione francese e amministrazione territoriale. 3. Il pouvoir municipal. 4. Il principio di "libre administration". 5. Autonomia, concetto plurivalente. 6. Configurazione dell'autonomia e crisi economica. 7. Qualche considerazione

1. Premessa: riflettendo sugli studi di Eduardo Garcia di Enterria

La modernità tende all'usura delle parole. Tende a banalizzarle, tende a confonderle, a svilirne il significato.

Eppure le parole esprimono idee, concetti, valori. Incorporano il senso profondo di una civiltà. Ne rappresentano i pilastri fondanti; ne interpretano l'evoluzione.

Così è per la nostra civiltà giuridica.

Pochi furono affascinati dal ruolo determinante che parole fondamentali hanno svolto nel diritto e, particolarmente, nel diritto pubblico, come Eduardo Garcia de Enterria.

E pochi, come Enterria, ne hanno esplorato, con ampiezza di riferimenti culturali e acutezza di interpretazione, le origini e il senso sostanziale; sino a ricostruire compiutamente un intero sistema, il sistema della lingua della libertà, de "*La lengua de los derechos*" (2001). Studio fondamentale, nella produzione della maturità del Maestro; che trae occasione dal significativo ingresso —quale primo e, a lungo, unico giurista[1]— nella *Real Academia de la Lengua espanola*.

In questo studio, si tratta in particolare, come precisa il sottotitolo, de *La formación del Derecho público tras la Revolución francesa*: rivoluzione da cui —nelle intersezioni con i frutti della quasi coeve vicende americane— scaturiscono i principi e i dogmi che conformano tuttora le istituzioni che ci governano e le relazioni dei cittadini con il potere pubblico. In un processo che, ad oltre due secoli di distanza, continua a dimostrare una straordinaria vitalità:

* Profesor universitario.

[1] In epoca recente, nell'Accademia è entrato S. Munoz Machado.

"se abre así [con la Revolución francesa] una época en la historia humana, que aun, puede decirse con el mayor rigor, continúa en su fase expansiva, tanto geográfica como respecto a la profundización de sus postulatos básicos"[2].

Certo, i tempi di adeguamento e di attuazione dei valori sono stati tutt'altro che rapidi e lineari; ma l'evoluzione riprova —nel pensiero di Enterria— come quelle concezioni siano destinate ad un "triunfo definitivo e indiscutido".

Così, la storia del nostro sistema giuridico e istituzionale si radica saldamente in quella mitica notte del 4 agosto 1789 in cui si proclamò la soppressione totale dei privilegi e il principio di eguaglianza di tutti i cittadini. Aprendo una lotta serrata e una "ruptura, cambio o vuelco completo": cambiano le concezioni e cambiano le parole, il loro significato si presenta come strumento politico diretto, la rivoluzione diviene (anche) "una revolución linguística", la lettura storica diviene lettura semiotica[3].

Cambiano le categorie: "la armazón jurídica forjada en medio de la catástrofe, en el cráter mismo del volcan revolucionario, fue creada en todas sus piezas para un uso totalmente inédito. Al calor de las urgencias políticas se reinventaron también las categorias de los juristas"[4].

E in questo quadro, si innesta la grande opera codificatrice di Napoleone, uno dei "grandes legisladores de la historia del mundo. El imperio jurídico creado por Napoleón, tanto por la poblacion que abarca como por su extensión territorial, supera en mucho al creado por Justiniano"[5].

Tutti questi elementi valgono pienamente per l'amministrazione e, in particolare, per l'amministrazione territoriale.

Questioni cui il Maestro, dopo aver approfondito particolarmente, nei primi anni di ricerca, tematiche relative alla proprietà, ai beni pubblici, ai contratti e alle concessioni, si dedica con attenzione a partire dagli anni '60; quando, nella sua produzione scientifica, emergono i temi degli assetti e dell'evoluzione dell'amministrazione spagnola, che proseguiranno nelle fasi successive concentrandosi particolarmente sulle origini del modello amministrativo francese.

Realizzando studi illuminanti, che si inseriscono pienamente nel suo percorso attraverso le immunità del potere, la protezione dei diritti dell'uomo, e quindi la Costituzione (nei suoi aspetti rigorosamente normativi), i principi generali dei diritto, i vari aspetti dello Stato delle autonomie, il controllo giurisdizionale dell'amministrazione e il ruolo dei giudici nel perseguimento della certezza del diritto, sino, appunto, agli studi sulla lingua del diritto.

[2] E. García de Enterría, *La lengua de los derechos*, 2ª ed., Madrid, Civitas, 2001, p. 12.

[3] Cfr. i riferimenti a R. Balibar, Ph. Roger ed altri, in *La lengua de los derechos*, cit., specialmente p. 29 e segg.

[4] E. Guibert-Sledziewski, *Raison politique et dynamique des lois dans la Déclaration*", in Droits, 1989, num. 8, p. 33.

[5] Così, il romanista Koschaker, cit. da Enterría, in *La lengua de los derechos*, cit., p. 154.

Questo percorso e la impressionante produzione che ne è scaturita —mai limitata ad argomenti consueti né attestata su prospettive convenzionali— sono stati sempre ispirati, del resto, a valori e sensibilità fondamentali: in un costante impegno per l'affermazione dello Stato di diritto, e l'avversione per ogni aspetto del potere che comporti irresponsabilità, prevaricazione, arbitrarietà; in una incessante "*lucha*" contro le immunità del potere, in una "*batalla*" per l'efficacia del controllo giurisdizionale e per l'effettività della responsabilizzazione dell'amministrazione (per riprendere parole che marcano suoi importanti studi)[6]; in un netto contrasto, in particolare, alla consolidata teoria dell'esonero degli "atti politici" dal sindacato giurisdizionale, così come alle tendenze a restringere la portata delle misure cautelari, oppure a sottrarre a sindacato giurisdizionale concetti giuridici indeterminati, incluso quello di "interesse nazionale"[7]; in una appassionata attenzione ai valori etici sostanziali, al cui servizio si pone la Costituzione, non come mero programma per il futuro, ma quale vera e propria norma giuridica suprema e parametro di legittimità per ogni altro normativo[8]; in una convinzione autonomistica, espressa in termini netti già in anni di dominante centralismo franchista, riferita certamente agli assetti territoriali nell'ambito dell'unità dello Stato, ma anche alla concezione delle autonomie culturali e, particolarmente, dell'autonomia universitaria; in una accorta percezione dei valori europei[9] e nella attenta curiosità nei confronti delle esperienze istituzionali degli altri Paesi, osservate e analizzate in termini sempre penetranti; in una dotta considerazione dei profili storici, nella piena comprensione del fluire delle logiche istituzionali[10], alla ricerca delle ragioni profonde degli assetti delle istituzioni[11].

2. Rivoluzione francese e amministrazione territoriale

In questo contesto, e in questo percorso, si inseriscono i saggi raccolti nel volume *Revolución francesa y administración contemporánea* (Madrid, 1972; ma gli studi originari risalgono all'inizio degli anni '60).

Saggi in cui emerge con nettezza la profondità e l'importanza storica del cambiamento che nasce e si diffonde dalla Francia tra la fine del XVIII seco-

[6] *La lucha contra las inmunidades del poder* (1974); *La batalla por las medidas cautelares* (1992).

[7] Cfr., tra i numerosi studi su questi versanti: *Legislación delegada, potestad reglamentaria y control judicial* (1970); *Democracia, jueces, y control de la administration* (1995); *Justicia y seguridad juridica en tiempo de leyes desbocadas* (1999).

[8] V., anzitutto, *La Constitución como norma y el Tribunal Constitucional* (1981).

[9] Cfr., in particolare: *Tratado de Derecho comunitario europeo* (1986).

[10] V. ad esempio, fra i tanti, lo studio su *La Administración española* (1961, prima edizione, seguita da molte altre).

[11] Cfr. *Turgot y los origenes del municipalismo moderno* (1960).

lo e gli inizi del XIX: con una nuova struttura sociale che comporta, insieme all'affermazione della divisione dei poteri e del principio di legalità, un pieno superamento dei modelli amministrativi dominanti nell'Antico Regime, per affermare un diverso e rafforzato ruolo di una amministrazione pubblica ormai retta (e limitata) da un proprio Diritto, vero e proprio "monumento giuridico" della Rivoluzione.

In pochi anni, tra la fine del XVIII e l'inizio del XIX secolo, la Francia muta concezioni e costumi, politica ed economia, Stato e società. La tempesta del 1789 travolge l'Antico Regime, prima di entrare in convulsioni incontenibili. Fino a quando non arriverà Napoleone, a trasformare il "*tourbillon révolutionnaire*" in un "*mécanisme régulier*".

Al centro di questo "meccanismo regolare" si pone la burocrazia, ormai professionalizzata, borghese, stabile al di là del mutare dei regimi politici. Se esiste una data di nascita dell'amministrazione moderna, si può identificare con l'8 piovoso dell'anno VIII (1800), quando Bonaparte firma la legge che istituisce i prefetti e le prefetture: collocandoli come snodo centrale di una formidabile "catena di esecuzione, che discende senza interruzione dal ministro all'amministrato e trasmette la legge e gli ordini del governo fino alle ultime ramificazioni dell'ordine sociale"; e tutto ciò —afferma con orgoglio di scienziato il Ministro dell'interno di Napoleone, il fisico Chaptal— "con la rapidità del fluido elettrico"[12].

Un sistema che si diffonde con rapidità nel mondo, per colonizzazione amministrativa o per spontanea imitazione, e che sarà apprezzato anche dai sovrani della Restaurazione, ben disposti a conservare persino la gran parte dei funzionari già in carica sotto Napoleone, competenti e attrezzati a gestire le esigenze del nuovo secolo. "*Les Bourbons* —commenterà sarcasticamente Fouché— *se sont couchés dans le lit de Napoléon*".

I nuovi assetti si sono rapidamente consolidati: la Rivoluzione ha generato quel "mondo di carta" di cui proprio rivoluzionari come Saint-Just avevano intravisto la nascita, con grande preoccupazione.

Così, a conquistare l'Europa non sarà la *Grande Armée*, non saranno i rutilanti cavalleggeri, i temibili dragoni, o gli instancabili *grognards* della fanteria, le cui gloriose vittorie si riveleranno estremamente effimere; ma sarà un esercito in grisaglia, formato da uditori del Consiglio di Stato, referendari della Corte dei conti, sottoprefetti e soprannumerari dei ministeri. Un esercito che, presto, arriverà a 40.000 impiegati[13].

[12] Così si esprime, in un celebre passo, la relazione di Chaptal alla legge 28 piovoso anno VIII, in *Archives parlamentaires,* 2^ serie, 1800, I, p. 230.

[13] ...come attesta – riferendosi al 1824 - BALZAC, in *Les employés*, cap.x, "senza calcolare, naturalmente, i salariati, perché un cantoniere, uno spazzino o una sigaraia non sono degli impiegati".

Ed è in questo quadro che si colloca l'attenzione per la formazione del municipalismo moderno, a partire da quella "*Mémoire sur les municipalités*" del 1775, in cui il ministro di Luigi XVI Turgot, nel suo impari e frustrato sforzo di riformare le istituzioni *dell'Ancien Régime*[14], delineava concezioni e assetti totalmente nuovi per il *pouvoir municipal*.

Un concetto cui poi avrebbe fatto esplicito riferimento il Decreto adottato dall'Assemblea costituente il 14 dicembre del 1789; ove viene sancito come potere dotato di funzioni "proprie" per intrinseca natura, e ben distinte da quelle che possano essere invece essere affidate alle municipalità per interessi propri dell'amministrazione generale dello Stato: *"Les corps municipaux* —afferma l'art. 49 del Decreto— *auront deux espèces de fonctions à remplir, les unes propres au pouvoir municipal, les autres propres à l'Administration générale de l'Etat et déléguées par elle aux municipalités"*.

Ebbene, il potere municipale si configura così come "poder originario y exclusivo del Municipio, del que este es titular propio en cuanto tal, sin necesidad de legitimarse en una atribución por el Estado. Se alude así indudablemente al carácter «natural» del Municipio (una clara herencia del «iusnaturalismo» fisiocratico) en cuanto que se trata de una comunidad que antes de cualquier regulación estatal cuenta ya con su propria titularidad de poder".

In questi termini, spiega il concetto precisamente Enterria[15]; segnalando anche le tensioni e le contraddizioni che una concezione di questo tipo comporta, nell'ispirarsi ad una idea del Municipio come fenomeno associativo, basato su una convivenza di comunità che converge in alcuni "affari comuni", peculiari ed esclusivi. Un'idea difficilmente compatibile con il dogma della sovranità della *volonté générale*, tendenzialmente opposto al riconoscimento di poteri propri, con l'idea di una totale statalizzazione del Diritto, e alle tendenze alla centralizzazione dell'amministrazione.

Questi affari comuni rivestono peraltro un carattere essenzialmente privatistico, "quasi-familiare", estranei in quanto tali agli interessi della comunità politica. Gli esempi che si portano sono significativi, e riguardano qualunque situazione ove sia presente un certo numero di abitazioni vicine; dove comunque emerge un nucleo di interessi comuni "*de sureté, de commodité, de salubrité,*

[14] Anne-Robert-Jacques Turgot (1727- 1781), economista e politico, rivestì importanti incarichi sotto il regno di Luigi XVI (ivi compreso quello di controllore generale delle finanze), tentando riforme che tentavano di affermare la libertà del lavoro e sopprimere la corvée, di tagliare le spese superflue dello Stato, di abolire le corporazioni, di contrastare i privilegi dell'aristocrazia e del clero, sollevando resistenze e opposizioni che portarono, nel 1776, alla sua destituzione e alla revoca di tutti i provvedimenti che aveva adottato. Nella stesura del *Mémoire*, del resto, ebbe un ruolo determinante un altro economista, Pierre-Samuel Dupont de Nemours (1739-1817), fisiocrate seguace delle teorie di Quesnay.

[15] *Revolución francesa y administración contemporánea*, cit., pág. 134 ss.

souvent de proprieté". L'amministrazione del patrimonio municipale viene concepito, in questo contesto, come patrimonio comune dei residenti[16].

Le conseguenze di questa concezione sono molteplici: tra l'altro, gli agenti municipali si configurano come "mandatari" dei cittadini piuttosto che come agenti pubblici; gli atti municipali tendono a presentarsi essenzialmente come atti civili piuttosto che come atti amministrativi; i tribunali ordinari —incompetenti in relazione agli atti delle amministrazioni statali— ben possono sindacare gli atti municipali, ecc.

Eppure, questa concezione del Municipio come soggetto associativo di carattere privato "se funcionaliza políticamente, en un sentido análogo a lo que ocurre con la libertad privada: sin perjuicio de que el contenido de la libertad sea precisamente «privado», su respeto hace de ella una verdadera libertad «política», por lo mismo que se impone al Estado y que él ampara; del mismo modo el *pouvoir municipal* ... accede al nivel político al imponerse al Estado el formal respeto de su existencia y de su ámbito propios"[17] .

Questa esigenza di rispetto, da parte dei poteri statali, diviene un elemento essenziale del municipalismo; e il carattere privato del Municipio diviene fattore primario e fondamento per poter riconoscergli autonomia.

Il *pouvoir municipal* si distingue nettamente dai poteri statali; e giunge a sfuggire alla stessa tripartizione dei poteri, tendendo a configurarsi —particolarmente nella ricostruzione di BENJAMIN CONSTANT— come un vero e proprio quarto *potere*. E se nei *Principes de politique* del 1815, CONSTANT, contrapponendolo all'accentramento napoleonico, ne fa un elemento basilare delle impostazioni liberali sotto la Restaurazione, nel *Cours de politique constitutionnelle* (1818-1820) lo eleva a vero e proprio potere costituzionale (accanto al potere reale, all'esecutivo, al rappresentativo, al giudiziario); in una visione non distante da quella dell'opera *Du pouvoir municipale et de la police intérieure des communes* (1822), dove HENRION DE PANSEY scrive:

"*Au dessous des pouvoirs, legislatif, esecutif et judiciaire, il en est un quatrième qui, tout à la fois public et privé, réunit l'autorité du magistrate t celle du père de famille, c'est le pouvoir municipal, établi par tous et dans l'intéret de tous est l'ouvrage de ceux auquels il commande...par consequent, se refuser a ce qu'il présent, ce serait se nuire à soi mème...faire ce qu'il ordonne, c'est obéir à sa propre volonté*"[18].

[16] V. i passi di ROYER COLLARD e di HERION DE PANSEY citati da GARCÍA DE ENTERRÍA in *Revolución francesa*, cit., pags. 138-139.

[17] *Revolución francesa*, cit., pág. 136. Le funzioni del *pouvoir municipal* saranno in seguito definite in termini restrittivi nella legislazione napoleonica (legge 28 piovoso dell'anno VIII, 1800, art. 15).

[18] Da L. PAREJO, *La autonomia local*, in *Revista de Estudios de la Administracion Local y Autonomica*, 1986, n. 229, pág. 17.

Vent'anni dopo, del resto, TOCQUEVILLE, nella *Démocratie en Amérique*, esalterà precisamente il potere locale come un fondamento della nuova democrazia[19].

D'altronde, la visione delle collettività territoriali come espressione di un potere diverso da quelli statali sarà ricorrente nella evoluzione della elaborazione scientifica francese; e un secolo più tardi, HAURIOU, nei *Principes de droit public* del 1916, configura la *décentralisation* come un fenomeno di bilanciamento dei poteri dello Stato e di ampliamento della libertà del popolo, con valenze propriamente democratiche.

Impostazioni di questo tipo troveranno echi anche nei lavori preparatori della Costituzione del 1946; nel corso dei quali il *pouvoir local* venne evocato come fattore che si pone alla "à la base du pouvoir politique démocratique", escludendo che la sovranità popolare possa "*s'exercer dans le cadre seul de la nation*"; e significativamente venne richiamata, precisamente nei rapporti tra poteri nazionali e poteri locali, la filosofia dei *checks and balances*[20].

Del resto, queste visioni sembrano riflettersi nella formula - assai diffusa, particolarmente nella fase attuale – di "*démocratie locale*": formula che, se in generale può essere definita semplicemente come "*la démocratie, qualifiée par le cadre ou le niveau de l'organisation administrative auquel elle s'exerce*"[21], è tuttavia prevalentemente riferita alla serie di strumenti e procedimenti volti specificamente a sviluppare la consultazione e la partecipazione dei cittadini alle scelte e alle attività locali.

Su un piano legislativo, l'espressione compare in Francia nella legge 6 febbraio 1992, il cui titolo II —intitolato appunto "*De la démocratie locale*"— è volto precisamente a garantire il "*droit des habitants de la commune à etre informés et à etre consultés*"[22].

3. IL "POUVOIR MUNICIPAL"

Nella esperienza sviluppata negli anni della Rivoluzione, il meccanismo delineato dal decreto del 1789 non funzionò: l'attuazione municipale di compiti statali portò ad una frammentazione di atteggiamenti e iniziative, in una dissoluzione dello Stato in 40.000 repubbliche sovrane[23], in una incontrollabile anarchia amministrativa.

Significativamente, la Costituzione del 1791 intese riaffermare la vigilanza e l'autorità del Re nei confronti degli amministratori degli enti locali, prevedendo

[19] Su questi profili, sia consentito rinviare a L. VANDELLI, *El poder local. Su origen en la Francia revolucionaria y su futuro en la Europa de las regiones*, Madrid, MAP, 1992, pag. 42 segg.

[20] V. i riferimenti ai lavori costituenti del 1946 in G. Protière, *Le pouvoir local*, cit., pag. 5-6.

[21] G. MARCOU, *La démocratie locale en France: aspects juridiques*, in CURAPP-CRAPS, *La démocratie locale. Représentation, participation et espace public*, Paris, PUF, 1999, pag. 21.

[22] G. MARCOU, *La démocratie locale*, cit.

[23] ...per usare una espressione di Gierke, cit. da Enterria, Revolucion francesa, cit., pag. 109.

poteri di annullamento degli atti e interventi di sostituzione e scioglimento dei confronti degli organi; poteri rafforzati, nel periodo giacobino, dalla Costituzione dell'anno II, che riservava al Comitato di salute pubblica robusti poteri di *surveillance*[24].

Nella evoluzione napoleonica, la formula usata dal Decreto del 1789, nel distinguere le funzioni "proprie" del *pouvoir municipal* da quelle "delegate" dall'Amministrazione dello Stato e, dunque, esercitate dai Municipi nell'interesse generale, diverrà un fattore importante per attrarre questi ultimi nell'orbita statale, attraverso la formidabile connessione che lega il Governo centrale (Ministro dell'interno) al nuovo, importante istituto del prefetto e questo alla figura (ad esso gerarchicamente subordinata) del sindaco-agente dello Stato.

L'unione personale, in capo allo stesso sindaco, della duplice veste di capo dell'amministrazione municipale e, appunto, di agente dello Stato, consente di coinvolgere la formidabile capillare rete articolata in migliaia di amministrazioni municipali tenendo ben distinti il *pouvoir municipal* e le funzioni che gli sono proprie, dall'esecuzione della legge come attuazione della volontà generale, essenzialmente propria, invece, dell'Amministrazione dello Stato. E consente, quanto meno per lunghe fasi, una centralizzazione basata su una robusta rete gerarchica, mentre le popolazioni locali sono emarginate dalla gestione delle funzioni e dei servizi davvero rilevanti per le comunità: "il *maire* agente del governo —scrive CORMENIN— ha assorbito nei nostri 36.000 comuni rurali il *maire* agente del Comune"[25].

D'altronde, il *pouvoir municipal* nel 1789 è proclamato come potere generalizzato, esteso a tutti i borghi, villaggi, parrocchie che esistano nel territorio dello Stato, secondo regole e istituzioni rigorosamente uniformi; un uniformismo che intende contrapporsi nella maniera più radicale alla miriade di privilegi e di statuti singolari che avevano caratterizzato i governi dei territori sotto *l'Ancien Régime.*

Nelle ispirazioni fondamentali, al di là delle formulazioni normative, il concetto di *pouvoir municipal* continua ad oscillare tra tendenze "naturalistiche" di matrice sociologica e storicistica, che ne sottolineano il radicamento e, in certo modo, la genesi nello specifico aggregato di popolazione locale, e tendenze "positiviste", che ne traggono il fondamento nell'ordinamento dello Stato. Visione, quest'ultima, che sarebbe corroborata dal riferimento al popolo, inteso nella sua unità, come titolare della sovranità; con esclusione —precisa l'art. 3 della Costituzione della V Repubblica del 1958— che qualsiasi parte del popolo stesso possa attribuirsene l'esercizio. Affermazione che, secondo la giurisprudenza del *Conseil constitutionnel*[26], esclude ogni ammissibilità di

[24] GARCÍA DE ENTERRIA, *Revolucion francesa*, cit., pag. 111-112.

[25] Cit. GARCÍA DE ENTERRIA, *Revolucion francesa*, cit., pag. 119.

[26] Conseil constitutionnel, n. 91-290 DC, 9 maggio 1991, Statut de la Corse.

configurare altri popoli che possano presentarsi come suoi componenti parziali e che, implicitamente, sembra ridimensionare sensibilmente le prospettazioni a tendenza naturalistica.

Prospettazioni di questo tipo, d'altronde, se potevano trovare argomenti in riferimento alle collettività municipali, vanno via via stemperandosi quando, dal livello di prima prossimità, si passa a livelli dotati di una tradizione storica e di un radicamento sociale assai più flebili, come avviene per i dipartimenti e —particolarmente, ma non soltanto, in Francia— per le regioni[27].

In ogni caso, nella terminologia usata nel dibattito così come nelle norme, il livello comunale tende ad essere collocato in un contesto che comprende gli altri livelli territoriali; e dal "*pouvoir municipal*" si passa, diffusamente, a fare riferimento ad una generica categoria del "*pouvoir local*" o, al plurale, dei "*pouvoirs locaux*". In qualche caso, come nella Costituzione belga del 1831, si giunge ad affiancare al *pouvoir municipal* il *pouvoir provincial*; ma la distanza storica tra i due livelli risulta ovunque evidente[28].

Si noti, d'altronde, che riflessi "naturalistici" compaiono nelle Costituzioni del dopoguerra: come in quella italiana del 1947, ove l'art. 5 afferma che "la Repubblica, una e indivisibile, riconosce e promuove le autonomie locali". Un *riconoscimento* di realtà comunque preesistenti che già si ritrovava nella Carta francese della IV Repubblica, dell'anno precedente ("*la République française, une et indivisible, reconnait l'existence des collectivités territoriales*"), ma non ripreso nella vigente Costituzione del 1958, che sembra nettamente ispirarsi, all'opposto, ad una visione delle collettività territoriali come soggetti esistenti se e nella misura in cui l'ordinamento statale le prevede e le disciplina[29].

4. Il principio di "libre administration"

Nascono in questi termini concetti destinati a divenire centrali nel sistema territoriale e nel dibattito; anche se la stessa dottrina francese raramente affronta

[27] Merita ricordare che la definizione delle circoscrizioni regionali è da tempo in discussione in Francia e che, di recente (il 26 giugno 2014), il Governo Valls ha presentato un disegno di legge tendente ad un ridisegno territoriale che riduce il numero delle regioni da 22 a 14.

[28] Cfr. G. Marcou, *La démocratie locale*, cit., pag. 24-25; ove rileva che "*l'evolution n'a pas fait disparaitre la distinction politique et fontionnelle entre la commune et le département comme le montre le fait que le département s'est identifié après l'An VIII et jusqu'à nos jours avec l'institution du préfet, tandis que la commune s'est rapidement incarnée dans un maire élu*". E successivamente: "*en introduisant l'election du maire et en donnant à la commune une compétence générale, pour la gestion des affaires locales, la III République a restauré l'ancienne distinction révolutionnaire entre la commune, qui nait des "realtions locales" entre les citoyens, et le département, circonsription formée pour les besoins de l'administration intérieure et du pouvoir central*".

[29] G. Protière, *Le pouvoir local, expression de la puissance de l'Etat?*, in *Le pouvoir local*, Lyon, 2008, pag. 2-3.

il tema della definizione della nozione di *pouvoir local*: "*on doit certainement ce constat de carence tout autant au règne des aspects institutionnels sur le contentieux constitutionnel des collectivités locales ...qu'à l'évidente difficulté d'associer ce pouvoir local à des mécanismes juridiques certains qui l'identifieraient*"[30]

In realtà, il dibattito sembra piuttosto essersi concentrato su nozioni come quella di *décentralisation*[31] o, piuttosto, di *libre administration*.

In effetti, se il *pouvoir local* non trova spazio nelle Costituzioni francesi successive al secondo dopoguerra, e se il termine *décentralisation* —insieme a quello di *subsidiarité*— è stato inserito soltanto con la modifica costituzionale del 2003, è precisamente al concetto di *libre administration* che hanno fatto riferimento i testi costituzionali francesi del dopoguerra; fornendo alla giurisprudenza, oltre che alla dottrina, una base importante per una nuova elaborazione.

Così, comparso nella Costituzione del 1946, il principio di *libre administration* è sancito in quella del 1958; ove l'art. 72 afferma che le collettività territoriali "*dans les conditions prévues par la loi, s'administrent librement par des conseils élus*", mentre l'art. 34 precisa che "*la loi détermine les principes fondamentaux de la libre administration des collectivités locales, de leurs compétences et de leurs ressources*".

Rispetto al concetto di "*pouvoir local*", quello di "*libre administration*" sembra contenere sfumature riduttive; il *pouvoir* era stato riferito da MAURICE HAURIOU al "*gouvernement d'un groupe humain par la création continue de l'ordre et du droit*", mentre qui non si allude ad un fenomeno di "*gouvernement*" ma semplicemente di amministrazione, di applicazione di norme di un diritto dettate da altri. Un potere, in questo senso "secondario", sempre più nettamente distinto (e distante) da quello dello Stato; chiamato, precisamente in base a quanto previsto dall'art. 72, ad adottare leggi senza le quali la *libre administration* non può esercitarsi[32].

[30] B. FAURE, *Existe-t-il un pouvoir local en droit constitutionnel français?*, in *Revue du Droit Public et de la Scence Politique en France et à l'étranger*, 1996, n.6, pag. 1540.

[31] J.-M. PONTIER, *L'Etat et les collectivités locales*, Paris, L.G.D.J., 1978; J. BÉNOIT, *Théorie juridique de la decentralization administrative en France,* Paris, 1990. Sui rapporti tra la nozione di *libertés locales* e *décentralisation,* cfr. G. MARCOU, *La démocratie*, cit., pag. 25, che contesta gli autori che hanno contrapposto i due concetti, ritenendo che il secondo avrebbe ridotto le collettività locali a semplici enti amministrativi, sottomessi alla pesante tutela dello Stato. Al contrario, i due concetti, secondo MARCOU, possono essere assimilati, seondo l'impostazione recepita da dalla legge 2 marzo 1982 sulla decentralizzazione, che si intitolava appunto: "*Loi sur les droits et libertés des communes, des départements et des régions*".

[32] G. PROTIÈRE, *Le pouvoir local*, cit., pag. 1-4; ove, tra l'altro, si segnala qualche sentenza in cui il giudice amministrativo ha ritenuto che la stessa legge statale non sia sufficiente a giustificare una attività locale, laddove questa legge contenga disposizioni generali e imprecise che implicano il previo intervento del regolamento statale: cfr. Conseil d'Etat, 20 marzo 1992, Préfet du Calvados.

In sostanza —ha affermato MICHEL TROPER— "*libre administration est un terme vague et vide, privé de référence, dont la fonction est de transposer à niveau administratif l'idéologie politique de la démocratie représentative*"[33]. Al fondo, non si tratta che della libertà —per usare la semplice definizione di GÉRARD MARCOU— "*reconnue à une communauté dans la gestion des affaires locales*"[34] o, in altri termini, di una autonomia (meramente) amministrativa[35].

Per altro verso, il concetto di "*libre administration*" può considerarsi come sinonimo di espressioni quali "*liberté communale*", "*liberté des collectivités locales*", "*libertés locales*"[36]; rappresentando una forma di garanzia e, al tempo stesso, come una forma di separazione verticale di poteri [37].

Del resto, il concetto di *libre administration* —come sfera di libertà riconosciuta e garantita costituzionalmente, anche nei confronti del legislatore— tende a distinguersi nettamente da quello di "*décentralisation*", che fa riferimento piuttosto a forme di delega dallo Stato, come un'azione amministrativa volta semplicemente a consentire all'ente dotato di primazia di ricorrere a soggetti dotati di personalità giuridica, in definitiva "*une concession émanant de la collectivité superieure*"[38]. In altri termini, la formula costituzionale alluderebbe, nuovamente, a quella concezione della collettività locale come "*societé de citoyens*" che certamente si ricollega ad impostazioni risalenti alla tradizione rivoluzionaria; il titolare della *libre administration,* anzi, non sarebbe tanto l'ente locale, come persona giuridica, quanto piuttosto il gruppo umano insediato su un territorio, preesistente allo stesso riconoscimento da parte dello Stato[39].

Spesso considerato quale un principio programmatico, l'affermazione costituzionale della *libre administration* non manca tuttavia di contenuti precisi.

Anzitutto, nel configurare una riserva di legge, l'art. 34 pone le collettività territoriali al riparo da ingerenze da parte di regolamenti emanati dal Governo[40];

[33] M. TROPER, *Libre administration et théorie générale du droit. Le concept de libe administration*. J. MOREAU, G. DARCY, *La libre administration des collectivités locales. Réflexion sur la décéntralisation*, Paris, Economica, 1984, pag. 62.

[34] G. MARCOU, *La démocratie locale*, cit., pag. 23.

[35] M.-C. DINTINELLE, *La notion de collectivité territoriale*, in Institut français des sciences administratives, *Le cadre constitutionnel de la décentralisation et des statuts d'autonomie: aspects récents*, in Cahiers administratifs et politistes du Ponent, 2005, n. 12, pag. 56 ss.

[36] V., anche per riferimenti, L. FAVOREU, A. ROUX, *La libre administration des collectivités territoriales est-elle une liberté fondamentale?*, in Cahiers du Conseil constitutionnel, n. 12, Le droit constitutionnel des collectivités territoriales, mai 2002, pag. 3. In generale, sul concetto e sulla sua storia, v. F. BURDEAU, *Liberté, libertés locales chéries*, Paris, 1983.

[37] Così, M. VERPEAUX, *Commentaire à l'arret du Conseil d'Etat 18 janvier 2001*, in *Revue Francaise de Droit Adiministratif*, 2001, n. 8, pag. 684.

[38] CARRÉ DE MALBERG, *Contribution à la théorie générale de l'Etat*, Paris, Sirey, 1920, p. 170.

[39] L. FAVOREU, A. ROUX, *La libre administration*, cit., pag. 3, con rinvio a tesi di C. BACOYANNIS; sottolineando, peraltro, come questa libertà "naturale", inscritta nella storia, si applica senza dubbio ai Comuni, mentre difficilmente può riferirsi agli altri enti territoriali.

[40] Cfr. la sentenza 29 aprile 1981, Ordre des architectes, in AJDA, 1981, pag. 429; ove il Conseil d'Etat —come rilevano L. FAVOREU e A. ROUX, nello studio citato— cancella anche la

ma consente anche un controllo sulle scelte del legislatore stesso, le cui norme possono essere sindacate dal *Conseil constitutionnel*, caso per caso (sentenza 23 maggio 1979, Territoire de Nouvelle Calédonie).

Del resto, il principio comporta conseguenze sul piano istituzionale (a partire dalla garanzia di consigli eletti con suffragio "politico"), sul piano funzionale (come la garanzia che il funzionamento dei consigli locali non sia sottratto alla disciplina di regolamenti stabiliti dai consigli stessi, o che gli organi locali non vengano privati di "attribuzioni effettive", privandoli della possibilità gestire un adeguato ambito di competenze) e sul piano finanziario (in rapporto al quale il Consiglio costituzionale —pur mostrando cautela nel trarne concrete conseguenze— ha affermato il principio secondo cui le riduzioni delle risorse attribuite alle collettività territoriali non può impedire l'esercizio della *libre administration*)[41].

In questi termini, il principio tende ad assumere una pluralità (potenzialmente estesa) di valenze e di profili; e tende complessivamente a garantire alle collettività territoriali una adeguata sfera di poteri discrezionali nel gestire gli affari di proprio interesse.

Pur con la originaria delimitazione sopra accennata, per vari aspetti, il principio di *libre administration* viene così ad accostarsi e, in certa misura, a sovrapporsi al principio di "autonomia", così come sancito in diversi ordinamenti e, come vedremo, nella Carta europea dell'autonomia locale.

5. Autonomia, concetto plurivalente

In effetti, è il concetto di "autonomia" che si presenta dominante nel dibattito e negli stessi testi fondamentali contemporanei; con valenze, in realtà, assai varie e versatili.

La considerazione risulta evidente se si considerano i diversi casi in cui le Costituzioni ne fanno uso: riferendolo ad istituzioni e fenomeni diversi e distanti, dalla Magistratura (ordine "autonomo e indipendente da ogni altro potere", in base all'art.104 della Costituzione italiana; mentre la Costituzione portoghese, nell'art. 219, riferisce l'autonomia al pubblico ministero) alle Università e alla ricerca scientifica (v., ad esempio, art. 27.10 della Costituzione spagnola; art. 33 della Costituzione italiana; art. 78 della Costituzione portoghese): evocando —e lasciando aperta— un'ampia gamma di implicazioni e di contenuti, estesa ad un certo grado autogoverno così come ad un incomprimibile nucleo di garanzia nei confronti di ingerenze altrui e cogliendo, dunque, in termini generici caratteri che alludono, per un verso, a contenuti propri dell'ordinamento del soggetto cui

distinzione, che parrebbe desumersi dalla lettera della Costituzione, tra "principi fondamentali" ed altre regole.

[41] V. i vari esempi richiamati da L. Favoreu e A. Roux, *op. cit.*, pag. 4-5.

l'autonomia viene riferita (vale a dire ai poteri, alle forme di espressione degli organi, ai modi di strutturarsi, ecc.) e, per l'altro, ad aspetti di relazione che assicurano una sfera di libera determinazione rispetto a poteri di altre istituzioni, a partire dallo Stato e, particolarmente, dal suo esecutivo.

Del resto, neppure circoscrivere l'indagine al solo ambito degli enti territoriali, sembra risolutivo, per dare univocità al concetto. Così, ad esempio, se si fa riferimento alla cultura giuridica italiana, risulta evidente come gli stessi autori classici, da SANTI ROMANO[42] a GIANNINI[43] lo abbiano analizzato e interpretato secondo un'ampia varietà di chiavi di lettura, di profili, di elementi di volta in volta evidenziati: sino a negare che al vocabolo "autonomia" corrisponda, in molte evenienze, ad un "valore giuridico precisabile"[44], e comunque ad indurre a scetticismo su ogni eventuale ricerca che tendesse a basare su un solo indicatore una definizione di "autonomia" o, neppure, di "autonomia territoriale".

Certamente, il delimitare il campo di indagine ai soli enti per cui il territorio costituisce un fattore costitutivo o, secondo altre versioni, un presupposto per la stessa personalità giuridica[45], con implicazione di valori comuni che trascendono gli aspetti giuridici[46], ridimensiona significativamente la genericità e la vaghezza degli elementi. E certamente, il concetto individua e delimita un peculiare radicamento dell'ente nella comunità locale[47], ricollega l'amministra-

[42] ...che non a caso apre la voce "*Autonomia*", in *Frammenti di un dizionario giuridico* (Ristampa, Milano, Giuffré, 1983, p.14), sottolineando la varietà di significati della parola, in diritto.

[43] M. S. GIANNINI, *Autonomia*, in *Enc. Dir.*, vol. IV, p. 356. Cfr., dello stesso Autore, *Autonomia (saggio sui concetti di autonomia)*, in *Riv. trim. dir. pubbl.*, 1951, p. 851 ss.

[44] Così, M. S. GIANNINI, voce *Autonomia*, loc. cit., che osserva come il termine abbia "quasi sempre un valore comune, non giuridico".

[45] R. ALESSI, *Intorno alla nozione di ente territoriale*, in *Riv. trim. dir. pubbl.*, 1960, p. 304 ss. Nell'ambito dell'ampia letteratura sul rapporto tra ente e territorio, cfr. anche L. PALADIN, *Il territorio degli enti autonomi,* ivi, 1961, p. 607 ss. e G. MIELE, *Il comune e il suo territorio*, in *Il Cons. Stato*, 1964, II, p. 154 ss., ove l'A. ricostruisce il "diritto" del comune sul suo territorio non come posizione riconosciuta all'ente nel suo interesse in quanto persona giuridica, ma nell'interesse della collettività. Cfr., su questi aspetti, G. BERTI, *Amministrazione comunale e provinciale*, Padova, Cedam, 1994, passim.

[46] Cfr. ancora M. S. GIANNINI, voce *Autonomia*, cit., p. 356. Sotto questo profilo, anche alle autonomie territoriali può essere riferito quell'elemento psicologico collettivo proprio delle formazioni sociali, consistente nella consapevolezza dei componenti di farne parte: cfr. U. DE SIERVO, *Il pluralismo sociale dalla Costituzione repubblicana ad oggi: presupposti teorici e soluzioni nella Costituzione italiana,* in AA. VV., *Il pluralismo sociale nello Stato democratico,* Milano, 1960, p.72 ss., nonché A. PUBUSA, *Sovranità popolare ed estinzione dello Stato,* in *Presente e futuro,* n. 11, Cagliari, 2001, p.149 ss., che sottolinea come oggetto dell'art. 5 siano "le comunità locali quali entità di fatto naturalmente formatesi ed esistenti sul territorio della Repubblica".

[47] ...al punto da potersi configurare Regioni, Province e Comuni "come forme organizzative delle autonomie locali intese come le collettività che a questi enti sottostanno": così, ampiamente, F. PIZZETTI, *Il sistema costituzionale delle autonomie*, p. 296 ss. A proposito della "opzione comunitaria", v. anche G. DE MARTIN, *L'amministrazione locale nel sistema delle*

zione alle aspirazioni, ai sentimenti ed alle idee della relativa collettività, che "si amministra da sé", gestendo realmente i propri interessi[48] o, secondo altra prospettazione, sottolinea un marcato carattere strumentale del primo rispetto alla seconda[49], fino ad una sovrapposizione o integrazione tra i due concetti; tuttavia lascia ancora aperta una gamma di profili che non è agevole ricondurre ad una compatta unitarietà.

Del resto, all'attività degli enti (ed alle condizioni in cui essa deve svolgersi), fa riferimento primariamente la definizione di autonomia sancita dalla Carta europea dell'autonomia locale[50].

Ove, l'articolo 3, intitolato, appunto, "concetto di autonomia locale", si apre affermando che "per autonomia locale si intende il diritto e la capacità effettiva per le collettività locali di regolare e gestire, nell'ambito della legge, sotto la propria responsabilità ed a vantaggio delle rispettive popolazioni, una parte importante degli affari pubblici". Il concetto è ripreso, con diverse formule, all'interno dei vari ordinamenti statali: cfr., ad esempio, in Spagna, le affermazioni del Tribunale costituzionale secondo cui l'autonomia locale "implica il diritto della comunità locale di partecipare, attraverso i propri organi di governo e di amministrazione, negli affari che le riguardino, graduando l'intensità di tale partecipazione in funzione della relazione esistente tra interessi locali e sovra-locali in tali affari o materie (sent. n. 240 del 2006; n. 84 del 1982; n. 170 del 1989); questa autonomia non avrebbe alcun significato se gli organi rappresentativi della comunità locale non disponessero dei poteri necessari per il suo esercizio (sent. n. 46 del 1992).

Dunque, l'autonomia implica un nucleo significativo di poteri, esercitati a titolo proprio; mentre ne esulano le forme di esercizio a titolo di delegazione,

---

autonomie, Milano, Giuffrè, 1984, pp. 62-63; G. Berti, *Commento all'art.5*, in *Commentario della Costituzione* dir. da G. Branca, Bologna, Zanichelli; nonché, più recentemente, anche per ulteriori riferimenti, G. Meloni, *L'amministrazione locale come amministrazione generale*, Roma, Luiss University Press, 2005, spec. p. 13 ss.; C. Di Marco, *Democrazia, autonomie locali e partecipazione fra diritto, società e nuovi scenari transnazionali*, Padova, Cedam, 2011, passim. Si ricordi anche la configurazione delineata dalla Corte costituzionale nella nota sent. n. 301 del 2003 sulle fondazioni bancarie: ove si fa riferimento ad una rappresentanza di di enti, pubblici e privati, "espressivi delle realtà locali". Significativamente, del resto, in alcuni Paesi, a partire dalla Francia, non si parla di "enti", ma di "collettività" territoriali o locali.

[48] Così, richiamandosi a Borsi e Trentin, si esprime G. Palma, *Indirizzo politico statale e autonomia comunale. Tratti di una parabola concettuale*, Napoli, Novene, 1982, p. 110 ss.

[49] Questo carattere strumentale rispetto alla comunità è sottolineato particolarmente da R. Bifulco, *Art. 5*, in *Commento alla Costituzione*, a cura di R. Bifulco, A. Celotto, M. Olivetti, Torino, 2006, p. 144. Per una ricostruzione recente della vasta letteratura, sul tema, con particolare riferimento al legame tra libertà individuali, autonomia delle collettività locali e democrazia, cfr. C. Di Marco, *Democrazia, autonomie locali e partecipazione tra diritto, società e nuovi scenari transnazionali*, Padova, Cedam, 2009, p. 48 ss.

[50] Cfr. gli Autori cit. nella nota n. 53, nonché G. C. De Martin, *Carta europea delle autonomie locali e limiti dell'ordinamento italiano*, in *Riv. trim. dir. pubbl.*, 1988, n. 2.

conosciute con varie modulazioni dagli ordinamenti dei diversi Paesi europei, quali i "servizi di competenza statale" e, particolarmente, le attività affidate al sindaco in veste di "agente dello Stato".

Vi rientrano pienamente, all'opposto, anzitutto i poteri normativi (di regolazione). Poteri, questi ultimi, che in varia forma sono oggi direttamente ed esplicitamente garantiti dalla Costituzione, in Paesi come l'Italia (sia sul piano statutario, sia su quello regolamentare: cfr. artt. 114 e 117)[51]. E che hanno trovato, anche nelle tendenze recenti dell'ordinamento, ambiti di particolare valorizzazione: sino alla disciplina adottata per le Città metropolitane, che affida agli statuti le opzioni di fondo sugli assetti di governo, dalla eventuale scomposizione del Comune capoluogo a diverse alternative sulle forme di elezione, in via diretta o ad opera di sindaci e consiglieri comunali (legge n.56 del 2014).

Per altro verso, l'autonomia comporta funzioni di gestione: rilevanti per quantità e qualità, con riconoscimento di piena responsabilità, garanzia di effettività, finalizzazione agli interessi della popolazione amministrata. D'altronde, dopo aver sottolineato l'importanza e l'ampiezza dei compiti che debbono essere riconosciuti alle autonomie territoriali, la Carta europea aggiunge comunque che "le collettività locali hanno, nel quadro della legge, ogni facoltà di esercitare la loro iniziativa per ogni iniziativa per qualsiasi questione che non sia esclusa dalla loro competenza o attribuita ad altra autorità" (art. 4, secondo comma).

Questa conferma esplicita non ha tuttavia impedito che, precisamente in epoca recente, in qualche Paese si riaprisse il dibattito sul carattere imprescindibile, per il concetto stesso di autonomia, del riconoscimento di questa competenza generale.

Un dibattito di questo tipo ha riguardato, in particolare, la Francia. Dove, in un contesto di contrasto alle duplicazioni e alle sovrapposizioni di competenze e attività tra livelli amministrativi (nel dibattito francese, le c. d. "*millefeuilles*" o —più italianamente— le "*lasagnes*" amministrative), si è discussa espressamente la proposta di abolire la clausola di competenza generale[52]. Clausola, in effetti, soppressa —a partire dal 2015— per i dipartimenti e le regioni dalla l. 16 dicembre 2010, n. 1563 (art. 73). Non senza ripensamenti, che ora trovano espressione nella *Loi de modernisation de l'action publique territoriale et*

[51] Derivando direttamente dalla Costituzione stessa, diviene impropria, o quanto meno superflua, la loro inclusione nell'elenco delle funzioni fondamentali degli enti locali stabilito dalla legislazione ordinaria in base all'art.117, secondo comma, lett. p): cfr., F. MERLONI, *Il destino dell'ordinamento degli enti locali nel nuovo titolo V della Costituzione*, in Regioni, 2002, p. 422. La previsione del potere normativo compare, invece, nell'elenco di funzioni fondamentali previsto dal disegno di legge sulla "Carta delle autonomie" attualmente in discussione al Senato.

[52] Sul recente dibattito francese in materia di *compétence générale*, v. M. VERPEAUX, *Quelle répartition des compétences entre les différentes collectivités*, in *Les collectivités territoriales: trente ans de décentralisation*, Cahiers français, n. 362, mai- juin, 2011.

d'affirmation des métropoles, approvata il 27 gennaio 2014; ove si prevede il ripristino della clausola, dato che, al fine di "*maintenir les capacités d'action de chaque catégorie de collectivités territoriale au bénéfice de l'ensemble des citoyens*"[53]. Analogo dibattito, del resto, si è aperto recentemente in Spagna, in occasione della elaborazione della "ley de racionalización y sostenibilidad de la administración local"[54], che tende, quanto meno a delimitare le competenze ulteriori rispetto a quelle espressamente attribuite dalla legge (competencias propias) ed a quelle delegate; stabilendo per l'esercizio di tali competenze ulteriori specifici vincoli finanziari e procedurali[55].

D'altronde, può essere significativa la circostanza che il riconoscimento di competenze generali, nel perseguimento degli interessi della collettività locale, trovi ora nuove affermazioni in ambiti a ben diversa tradizione giuridica, come la Gran Bretagna. Ove le posizioni recentemente adottate dalla Coalizione di governo promuovono, nel quadro di un complessivo rafforzamento del governo locale, "*a power of General Competence that allows local councils to do anything not expressly prohibed in law*"[56].

In Italia, come è noto, il ruolo di rappresentanza generale degli interessi della collettività e, in concreto, la facoltà degli enti locali di operare per il perseguimento di tali interessi —nello svolgimento di funzioni "libere"— al di

[53] "*En outre* —continua l'*exposition des motifs* al progetto— *la suppression de la clause de compétence générale des départements et des régions n'est pas déterminante pour la clarification de l'action publique locale*".

[54] Approvato dal Consiglio dei Ministri il 18 febbraio 2013, ed attualmente al parere del Consiglio di Stato.

[55] In base al progetto, all'art.7 della *Ley de bases del régimen local*, ove si richiamano le competenze proprie e le competenze delegate degli enti locali, si inserisce un nuovo comma secondo cui: "*solo podrán las entidades locales ejercer competencias no previstas en la ley así como desarrollar actividades económicas cuando no se ponga en riesgo financiero la realización de las competencias propias, no haya duplicidades con las competencias autonómicas, y se garantice la sostenibilidad financiera de las nuevas competencias o actividades económicas, respetando en todo caso el principio de eficiencia y el resto de los requierimentos de la legislación de estabilidad presupuestaria y sostenibilidad financiera. A estos efectos será necesario el informe previo de la Comunidad autonóma en el que se señale la inexistencia de duplicidades y del Interventor de la entidad local sobre la sostenibilidad financiera de las nuevas competencias* ". Cfr. M. Almeida, *La reforma de la planta, organización, articulación y estructura competencial de la administración local*, relazione presentata al Congreso Asociacion Espanola de los Profesores de Derecho Administrativo, 8 febbraio 2013, in *www.aepda.es*.

[56] V. il documento H. M. Government, *The Coalition: together in the national interest. Mid-Term Review*, dicembre 2012, in www.Astrid-online.it/Rassegna. Sul General Power of Competence nell'attuale contesto dell'ordinamento e del dibattito nel Regno Unito, cfr., anche per ulteriori riferimenti, C. Staite,S. Rogers, *The World will be Your Oyster? Reflections on the Localism Act 2011*, University of Birmingham. Institute of Local Government Studies, march 2012, chapter five; N. Keohane, *Going Nuclear? A general power of competence and what it could mean for local communities*, New Local Government Network, in www.nlgn.org.uk.

là delle materie ad essi espressamente attribuite[57], sono tradizionalmente riconosciuti da dottrina e giurisprudenza come elementi intrinsecamente connessi al loro carattere esponenziale e all' esercizio della loro autonomia politica[58]. E in varie fasi storiche, sono risultate determinanti per consentire ai Comuni di rispondere all'evoluzione (talora rapida e tumultuosa) delle esigenze della società: si pensi particolarmente all'espansione dei servizi pubblici locali, agli interventi a favore delle attività produttive, alle iniziative culturali e, in epoca recente, allo sviluppo dell'impegno degli enti locali nella costruzione e gestione di aeroporti, interporti, fiere, reti informatiche, ecc.

Nel sistema ora vigente, dopo la riforma costituzionale del 2001, è la Costituzione stessa (art. 118) a prevedere, per Comuni, Province, Città metropolitane, la titolarità, da un lato, di funzioni proprie e, dall'altro, di funzioni conferite dalle leggi (statali o regionali, secondo le rispettive competenze): identificando, dunque, funzioni che non richiedono alcuna previa attribuzione da parte della legge. Funzioni che, dunque, a mio avviso, altro non sono che quelle che interpretano il ruolo esponenziale (oggi valorizzato e rafforzato) degli enti locali, consentendo di operare per la generalità degli interessi sociali ed economici e territoriali della collettività. In questi termini —in realtà tutt'altro che pacifici— la competenza generale delle autonomie locali trova riconoscimento direttamente nella Costituzione. La quale, sulla base di un principio di effettività, esclude ogni ipotesi di un'autonomia intesa come semplice sfera di garanzia da intromissioni altrui ma vuota di contenuti e di poteri, e include, dunque, anche una dotazione dei necessari strumenti e mezzi (secondo quanto dispone, esplicitamente, in riferimento alle risorse finanziarie e patrimoniali, l'art. 119 Cost.).

La connotazione degli enti territoriali come enti a fini generali trova, del resto, precise conferme nella giurisprudenza amministrativa; che anche di recente, in riferimento alla importante questione della capacità degli enti pubblici di costituire società, ha avuto occasione di distinguere nettamente la capacità riconosciuta a tali soggetti rispetto ad altri, come le università, cui certamente è conferita una autonomia, ma di carattere "monofunzionale"[59].

In questi termini, il concetto di autonomia, nella forte capacità espansiva dimostrata nell'evoluzione storica e normativa assume un marcato carattere plurivalente.

[57] ... senza passare – come si esprime, riprendendo Berti, G. Palma, in *Indirizzo politico statale e autonomia comunale*, I, Napoli, Novene, 1982, p. 110-111 – attraverso il "prisma raggelante" della "precostituita volontà legislativa".

[58] V., sulla configurazione della competenza generale degli enti territoriali e sui relativi aspetti problematici, l'attenta ricostruzione di G. Meloni, *L'amministrazione locale come amministrazione generale*, cit.

[59] Cfr. Cons. Stato, ad. plen., 3 giugno 2011, n.10.

E, anche su questi aspetti, gli studi di EDUARDO GARCIA DE ENTERRIA[60] risultano illuminanti, per cogliere la pluralità di valori e di significati sostanziali che si riconducono all'espressione.

Così, se il richiamo al concetto di "autonomia" od anche di "autonomia territoriale" risulta eccessivamente ampio, indefinito e, tutto sommato, generico, per cogliere le concrete valenze del principio —come sancito dalla Carta europea dell'autonomia locale e da diverse Costituzioni[61]— e la varietà dei contenuti che al concetto di autonomia si ricollegano, significativamente si può far riferimento ai numerosi aggettivi che vengono tradizionalmente usati per qualificare il sostantivo: alludendo, di volta in volta, ad un'autonomia "politica", "organizzativa", "normativa" (a sua volta, articolata in "statutaria", "regolamentare" e —per quanto concerne istituzioni come i Laender tedeschi o austriaci, le Regioni italiane o belghe, le Comunità autonome spagnole— "legislativa"), "amministrativa", "tributaria", "finanziaria", ecc.

In questa complessità, la variegata pluralità di prerogative, di caratteristiche e di garanzie che sono implicite nel concetto di autonomia può essere ricomposta in relazione ad alcuni profili, ad ambiti che possono rivelarsi particolarmente significativi: a) sul versante dell'*organizzazione*, considerando anzitutto il legame tra la composizione degli organi di governo e la collettività insediata sul territorio, ma anche la possibilità di scelta nella modulazione dei propri apparati amministrativi; b) sul versante dell'*attività*, in riferimento al riconoscimento di un nucleo di funzioni, amministrative e normative, legato alla rappresentanza (della generalità) degli interessi di tale collettività, disponendo anche delle risorse necessarie per il loro espletamento; c) sul versante delle *relazioni* e delle *garanzie*, un ambito di protezione nei confronti degli interventi —di carattere amministrativo, ma anche legislativo— di altri livelli istituzionali.

[60] Cfr., anzitutto, i saggi raccolti nel volume *Estudios sobre autonomías territoriales*, Madrid, Civitas, 1985; saggi cui poi ne seguiranno altri, quali: *La revisión del sistema de autonomías territoriales*, Madrid, Civitas, 1985. D'altronde, è cospicua la dottrina spagnola che, in seguito, svilupperà studi sul concetto di autonomia: v., fra i tanti, L. PAREJO, *Garantía institucional y autonomías locales*, Madrid, IEAL, 1981; Id., *La autonomía local*, cit.; A. FANLO, *Fundamentos constitucionales de la autonomía local,* Madrid, Centro de Estudios Constitucionales, 1990; S. MUÑOZ MACHADO, *La organización territorial del Estado*, in *Tratado de Derecho administrativo y Derecho público general*, Madrid, Iustel, 2009, spec. pag 127 segg. e 923 segg.Cfr. anche i vari saggi pubblicati nel volume IV degli *Estudios sobre la Constitución española. Homenaje al profesor Eduardo Garcia de Enterria*, a cura di S. Martin Retortillo, Madrid, Civitas, 1991, spec. pag. 3185 segg.

[61] Cfr., tra le varie, la Costituzione italiana; il cui art. 5 è collocato emblematicamente fra i principi fondamentali destinati a caratterizzare l'intera nuova Costituzione, quale disposizione-guida che ne orienta la lettura: cfr. C. MORTATI, *Istituzioni di diritto pubblico*, p. 158. L'art. 5, secondo ESPOSITO, comporta che "lo Stato, da meccanismo mosso dal centro, si muti in organismo vivente composto di parti viventi, nel quale alla molteplicità degli organi corrisponda molteplicità di vita e di centro di azione" (in La Costituzione italiana, p. 68 ss.). G. BERTI, in *Art. 5*, in *Commentario della Costituzione* diretto da G. BRANCA, p. 276 ss., osserva, tra l'altro, che con l'art. 5 l'autonomia diventa "espressione di un modo di essere della Repubblica".

Su tutti questi versanti, del resto, in questa fase, diffusamente vanno concentrandosi attriti e tensioni, producendo mutamenti che meritano una attenta considerazione, anche e particolarmente in relazione alla loro compatibilità rispetto ai contenuti indefettibili e irrinunciabili insiti, appunto, nel principio di autonomia —così come sancito nei vari ordinamenti— e in relazione a prospettive di evoluzione che sembrano delineare nuovi equilibri e nuove dinamiche dei sistemi territoriali.

6. Configurazione dell'autonomia e crisi economica

Nel periodo attuale, in effetti, su questi equilibri e queste dinamiche incidono profondamente tendenze che vanno contrassegnando questa complessa fase storica.

Una fase segnata da una profonda ed estesa crisi economica e (anche e particolarmente, ma non esclusivamente, per effetto di questa) da una sempre più penetrante serie di condizionamenti esterni che incidono sugli Stati stessi: stretti sempre più —come annotava una decina di anni fa, interrogandosi sul ruolo dello Stato nel terzo millennio, Joseph Stiglitz— "*on one side, by the forces of global economics and, on the other side, by the political demands for devolution of power*"[62].

Denunciando, d'altronde, l'emergere di fenomeni di sostituzione delle "vecchie dittature delle élite nazionali con le nuove dittature della finanza internazionale", lo stesso Stiglitz rilevava come i Paesi, per ottenere prestiti dai mercati o dal Fondo Monetario Internazionale, debbano adeguarsi alle condizioni richieste, sostanzialmente rinunciando ad una parte della loro sovranità[63].

Da allora, in realtà, le varie forme di condizionamento delle scelte interne ai singoli Stati si sono dilatate in misura imponente: creando una fitta rete di regole di diritto internazionale e sopranazionale; di natura pubblicistica e di

[62] J. Stiglitz, *Globalization and the economic role of the state in the new millennium, in Industrial and Corporate Change,* 2003, vol. 12, number 1, p.3 ss. Cfr., del medesimo Autore, le considerazioni sviluppate in *La globalizzazione e I suoi oppositori*, Torino, Einaudi, 2002, p. 250 ss.; ove, tra l'altro, si denunciano le "nuove dittature della finanza internazionale".

[63] ...una sovranità che nel contesto attuale richiede una complessiva ridefinizione, secondo la sollecitazione avanzata da J. B. Auby (*La globalisation, le droit et l'Etat,* Paris, 2010, 2 ed., LGDJ, spec. p. 143 ss.). Cfr., nell'ambito di un dibattito assai ampio e complesso, gli studi di S. Cassese (tra gli altri: *Oltre lo Stato*, Roma-Bari, 2006, Laterza; *Globalizzazione del diritto*, in *XXI secolo, Enc. It.*, Roma, 2009, p. 7 ss.; *Nel labirinto delle globalizzazioni*, in *Riv. trim. dir. pubbl.*, 2007, p. 921 ss.), di G. della Cananea (v., anche per riferimenti, *Al di là dei confini statuali. Principi generali del diritto pubblico globale*, Bologna, Mulino, 2009). Significativamente, del resto, si è parlato di una "sovranità cooperativa", concepita "*moins comme une sphère d'autonomie, exclusive des autres institutions, que comme une capacité d'agir sur la scène internazionale, incluant un devoir positif de coopérer en apportant une contribution active au développement de la communauté internazionale*": così, recentemente, Y. Aquila, *Un nouvel Etat*, in *Eurepean Review of Public Law*, 2011, vol.23, p. 33.

natura privatistica; sul piano globale e, soprattutto, a livello europeo. Dove le posizioni espresse si sono presentate, nella fase recente, alquanto restie a mantenere tradizionali atteggiamenti di neutrale indifferenza agli assetti interni a singoli Stati. Di questo mutato atteggiamento —particolarmente evidente nei documenti che si riferiscono all'area europea meridionale maggiormente esposta al rischio finanziario— costituiscono significativa espressione le posizioni assunte nell'ambito della Banca Centrale Europea, il cui Consiglio direttivo ha ripetutamente rivolto precise raccomandazioni ad una serie di Paesi, a partire da Grecia, Portogallo, Italia, su questi temi. Sino a sollecitare, ad esempio all'Italia, "un forte impegno ad abolire o a fondere alcuni strati amministrativi intermedi (come le province)[64]". Questione, questa, ripresa in più occasioni ed in diverse sedi; ancora per sottolineare che "accorpare le province sarebbe l'unica vera misura di taglio dei costi della politica"[65].

Così, se gli Stati nazionali si presentavano stretti tra il martello di pressioni internazionali e l'incudine di sistemi autonomistici interni, oggi sembra emergere la sensazione che il martello internazionale sia divenuto un maglio assai pesante, mentre l'incudine pare presentare un grado di durezza ben inferiore a quanto si potesse presumere.

In questi termini, interrogarsi oggi sui caratteri che vanno assumendo le autonomie, nel quadro delle nuove tendenze, riveste valenze di grande rilievo, per cogliere l'andamento di fenomeni più complessivi, e mutazioni che investono aspetti fondamentali dello Stato, dalla sua collocazione nei confronti dei poteri esterni agli assetti territoriali interni.

Del resto, che i mutamenti degli scenari economici e, in primo luogo, le grandi crisi generino cambiamenti sulle istituzioni territoriali e sui rapporti tra centro e periferia corrisponde ad esperienze consolidate. Non a caso, il precedente più rilevante e più richiamato, la Grande Depressione seguita al crollo di Wall Street nel 1929 e il *New Deal*, hanno dato luogo ad approfondite analisi, precisamente sulle conseguenze derivate dalla crisi sugli equilibri e sulle dinamiche del federalismo americano. Dinamiche mutate, tra l'altro, con l'affermarsi di una rilevante attività cooperativa intergovernamentale, accompagnata da tendenze, per un verso, alla centralizzazione fiscale e, per l'altro, al decentramento amministrativo. Con effetti sull'evoluzione del sistema che si sarebbero rivelati stabili e, in misura significativa, sostanzialmente irreversibili.[66]

[64] Cfr., in particolare, l'orientamento assunto il 4 agosto 2011 —comunicato al Governo il giorno successivo con lettera firmata dal Presidente Jean-Claude Trichet e dal suo successore Mario Draghi— in cui, ricollegandosi agli impegni assunti dal vertice dei capi di Stato e di governo dell'area euro, il Consiglio indica alcune misure essenziali per assicurare la sostenibilità della finanza pubblica (da adottarsi – si precisa – con decreto legge, seguito da "ratifica" parlamentare entro la fine di settembre).

[65] Raccomandazione adottata dal *monitoring team* della BCE il 29 aprile 2012.

[66] Per questi aspetti, v., anche per riferimenti, J. J. Wallis, W. E. Oates, *The Impact of the New Deal on American Federalism*, in *The Great Depression and the American Economy in*

Nel caso della crisi emersa negli ultimi anni, le misure adottate dagli Stati maggiormente interessati si sono mosse in buona misura su un piano finanziario: riducendo i fondi da trasferire, aumentando (direttamente o indirettamente) il carico fiscale, stabilendo soglie alla spesa pubblica. Ma in larga misura, gli interventi di questo tipo sono stati affiancati da azioni che incidono in termini strutturali sulle organizzazioni pubbliche, tendendo a ridimensionare, accorpare, sopprimere organi ed enti. Spesso determinando influenze e conseguenze in una prospettiva ben più ampia e durevole di quanto non giustificherebbero le finalità di contrastare una crisi che si auspica temporanea[67].

In questo contesto, assumono un valore particolare gli orientamenti dei giudici costituzionali volti a delimitare gli spazi di intervento da parte dello Stato nei confronti delle autonomie. Così, in particolare, la Corte costituzionale italiana ha affermato che le misure di contenimento della spesa "possono considerarsi rispettosi dell'autonomia delle Regioni e degli Enti locali quando stabiliscono un limite complessivo, che lascia agli enti stessi ampia libertà di allocazione delle risorse fra i diversi ambiti e obbiettivi di spesa" (sent. 182 del 2011, 297 del 2009, ecc.). In questo senso, il contenimento della spesa va riportato a indicatori, da considerare secondo criteri di adeguatezza "in ragione delle caratteristiche di ciascun territorio regionale, secondo una valutazione operata, in piena autonomia, da ogni Regione" (cfr. anche la sent. n. 237 del

---

the Twentieth Century, a cura di M. D. Bordo, C. Gordin, E. N.White, University of Chicago Press, 1998, pp.155 ss. Su un piano generale di analisi dell'impatto della crisi del '29 sulla evoluzione delle istituzioni, cfr. ora gli studi contenuti in G. Napolitano (a cura), *Uscire dalla crisi. Politiche pubbliche e trasformazioni istituzionali*, Bologna, Mulino, 2012, spec. pp.18 ss, 75 ss., 158 ss., 199 ss. 297 ss. 348 ss.; nonché le considerazioni dello stesso Napolitano in *Crisi economica e ruolo del diritto amministrativo*, relazione al XIX Congreso italo-espanol de profesores de Derecho administrativo, *Crisis económica y crisis del Estado del bienestar. El papel del Derecho administrativo,* Madrid, 18-20 ottobre 2012.

[67] Sulle misure adottate nel contesto della crisi e sul loro impatto nei confronti delle autonomie, cfr. —con posizioni variamente critiche—, G. Falcon, *La crisi e l'ordinamento costituzionale*, in *Le Regioni*, 2012, n.1-2, p. 9 ss.; R. Bin, *Ricchi solo di idee sbagliate: i costi dell'antipolitica*, ivi, 2012, p. 447 ss.; F. Merloni, *Il sistema amministrativo italiano, le regioni e la crisi finanziaria*, ivi 2011, p. 599 ss.; S. Mangiameli, *Il sistema territoriale e la legislazione della crisi,* relazione al Convegno "Le autonomie della Repubblica, la realizzazione completa", Roma, 11 giugno 2012; G. Gardini, *Le autonomie ai tempi della crisi*, in *Istituzioni del federalismo*, 2011, p. 457 ss.: C. Tubertini, *La razionalizzazione del sistema locale in Italia: verso quale modello?*, ivi, 2012, p. 695 ss.; L. Vandelli, *Crisi economica e trasformazioni del governo locale*, in *Il libro dell'anno del Diritto 2012*, Roma, Treccani, p. 309 ss.; Id., La reforma de los entes locales en Italia en el contexto del crisis economica, in J. R. Fuentes, J. Gifreu, L. Casado (a cura), *Estructuras administrativas y racionalización del gasto público*, Madrid, INAP, 2012, p. 257 ss.; P. Barrera, *Gli enti locali nella morsa della crisi: molte preoccupazioni e qualche idea*, in *Astrid Rassegna*, 26 marzo 2012, n. 155; A. M. Baroni, *La democrazia locale ai tempi della crisi economica*, in *Le autonomie in cammino. Scritti dedicati a Gian Candido De Martin*, Padova, Cedam, 2012, p. 51 ss.

2009); sì che la disciplina statale, ove abbia un contenuto autoapplicativo e non lasci alle regioni "uno spazio aperto all'esercizio dell'autonomia, ... non può essere ritenuta di principio, a prescindere dall'auto-qualificazione operata dal legislatore" (sent. 182 del 2011, 159 del 2008, 237 del 2009).

Così, nemmeno l'emergenza economica può giustificare indebite compressioni dell'autonomia costituzionalmente garantita; come ha affermato con nettezza, ancora, la Corte costituzionale italiana in occasione del sindacato sulle misure anticrisi adottate nel 2011, in una sentenza (n. 151 del 2012) in cui —pur giudicando non fondate le questioni specificamente sollevate— ha respinto la tesi avanzata dallo Stato, secondo cui le norme impugnate avrebbero trovato giustificazione nell'esigenza di far fronte con urgenza ad una gravissima crisi finanziaria che mette in pericolo la stessa *salus rei publicae*. All'opposto, la Corte con nettezza ha escluso che la gravità della situazione consenta allo Stato di derogare alle regole costituzionali di riparto delle competenze legislative tra Stato e Regioni; negando, dunque, che il principio *salus rei publicae suprema lex esto* possa essere invocato al fine di sospendere le garanzie costituzionali di autonomia degli enti territoriali stabilite dalla Costituzione. Lo Stato, pertanto, deve affrontare l'emergenza finanziaria predisponendo rimedi che siano consentiti dall'ordinamento costituzionale.

Del resto, non soltanto in Italia alla crisi si sono collegate le più varie misure tendenti a circoscrivere e ridurre i costi dell'organizzazione e del funzionamento delle pubbliche amministrazioni a partire, precisamente, dalle autonomie. Diffusamente, si è verificata, pur con varietà di forme, la maggior centralizzazione dei meccanismi di controllo dei flussi finanziari e l'autonomia di spesa e di entrata degli enti sub-statali connessa al rafforzamento del carattere vincolante, nell'ambito dell'Unione europea, del patto di stabilità[68]; ma certamente i parallelismi non si limitano a questo.

E se pressoché generalizzati sono stati gli interventi volti ridurre il numero dei dipendenti delle amministrazioni locali ed i relativi trattamenti economici, a razionalizzare e sostanzialmente a ridimensionare le strutture di prestazione dei servizi (particolarmente nell'ambito dell'istruzione, della sanità, dei servizi sociali), ad introdurre forme di outsourcing e di partnership tra pubblico e privato, a stabilire meccanismi di controllo dei costi e di trasparenza[69],

[68] Il patto di stabilità e crescita è stato definito, nel 1997, con un accordo tra i Paesi membri dell'Unione europea, al fine di sottoporre a controllo le rispettive politiche di bilancio, mantenendo e rafforzando il percorso di integrazione monetaria avviato nel 1992 con il Trattato di Maastricht.

[69] Così, il personale dipendente dalle amministrazioni locali risulta diminuito, ad esempio, di 6.600 unità, negli ultimi tre anni, in Irlanda del 2.6 % e in Albania del 3% in un solo anno. Per una panoramica delle misure adottate nei vari Paesi, v. K. Davey (ed.), *Local Goverment in critical times: Policy for Crisis, Recovery and a Sustainable Future*, Council of Europe, 2011, p. 67 ss. Cfr. L. Cosculluela, L. Medina (a cura), *Crisis economica y reforma del regimen local,*

diffusamente si sono avviati processi di fusione e di associazione tra Comuni. Così, al fine di diminuire i costi generali di amministrazione, di utilizzare meglio le risorse professionali, di realizzare economie di scala, riforme importanti sono state attuate, ad esempio, in Danimarca, dove nel 2008 il numero dei municipi è stato ridimensionato da 271 a 98; nei Paesi Bassi, nei quali la diminuzione è stata da 647 a 430; in Finlandia, ove tale numero è passato da 447 a 348; in Georgia, che ha sostituito a 985 municipi, per lo più corrispondenti a piccoli villaggi, 64 distretti di ampie dimensioni; in Lituania, che ha seguito una politica analoga. Su questa strada, si sono collocate con particolare decisione le politiche dei Paesi maggiormente colpiti dalla crisi: l'Irlanda, con una riduzione da 7.200 a 76; la Lettonia, da 500 a 118; la Grecia, da 1.034 a 325[70].

In forte incremento risultano, poi, le forme di collaborazione, secondo le più varie modalità. Certamente, ovunque in sviluppo significativo si presenta, anzitutto, la formazione di società intercomunali, in particolare nell'ambito della gestione delle infrastrutture e dei servizi ambientali (a partire da acque, energia, rifiuti); ma estesa pare anche l'utilizzazione di forme congiunte di pianificazione e progettazione, o di impiego comune di risorse professionali e strumentali necessarie per le attività delle amministrazioni (in ambiti quali la riscossione tributi, la gestione della contabilità, i controlli interni, l'informatica, ecc.), o di gestione dei servizi sociali e scolastici. In vari casi, del resto, queste modalità di cooperazione risultano accettabili anche da parte di enti decisamente restii a forme di fusione (come in Olanda, Irlanda o in Spagna; Paese, quest'ultimo, dove soltanto nell'ultimo anno si registrano 780 nuovi accordi intercomunali)[71]. Su un robusto e incisivo sistema di cooperazione intercomunale, del resto, puntano da tempo, come è noto, le riforme attuate in Francia[72].

Madrid, Civitas, 2012; *Le istituzioni del federalismo*, numero speciale su *La razionalizzazione del sistema locale in Italia e in Europa*, 2012, n. 3.

[70] V. K. Davey, *op. cit.*, pp. 68-69; che osserva, tra l'altro: *"there is no evidence that it saves money overall. Quite apart from the one-off costs of re-organisation, there is a tendency for merged authorities to adopt the most expensive habits of their individual forerunners"*. Cfr. l'ampia serie di dati riportati da S. Bolgherini e P. Messina, *Oltre le province. Enti intermedi in Italia e in Europa*, Padova, PUP, 2014, pag. 14. Sul caso greco, v. Ch. Akrivopoulou, G. Dimitropulos, S. Koutznatzis, *The "Kallicratis Program": the influence of International and European Policies on the Reforms of Greek Local Government,* in *Le istituzioni del federalismo*, 2012, n. 3, p. 653 ss. In relazione al Portogallo, cfr. P. Cruz e Silva, *La riforma del potere locale in Portogallo*, ivi, p. 639 ss.

[71] K. Davey, *op. cit.*, p. 69. In relazione al sistema spagnolo, cfr. M. Almeida, *La cooperación entre Municipios: una posible alternativa a la reordinación de la planta local en España*, in *Le istituzioni del federalismo,* 2012, n. 3, p. 599 ss.; L. Cosculluela, L. Medina (a cura), *Crisis económica y reforma del régimen local, cit.;* M. Castellanos, *Las entidades locales en momento de crisis,* in T. Font, A. Galán, *Anuario del gobierno local 2010,* Barcelona-Madrid, Fundación Democrazia y Gobierno Local, 2011, p.319 ss.

[72] V., da ultimo, A. Boyer, *La cooperation intercommunale en France*, in *Le istituzioni del federalismo,* 2012, n. 3, p. 583 ss.

7. Qualche considerazione

Così, termini come "*pouvoir municipal*", "*libre administration*" e —con particolare forza, nel contesto recente— "*autonomia*" segnano la storia dei sistemi territoriali, delle concezioni che li hanno ispirati, del ruolo che hanno svolto nel contesto istituzionale, politico, sociale, economico e culturale. Sviluppandosi su vari piani, dando luogo a diverse interpretazioni e applicazioni, modulandosi in funzione del contesto (temporale e geografico) in cui si sono trovati, di volta in volta, ad operare; ma complessivamente marcando i tratti di una evoluzione, certamente complessa e travagliata, ma fondamentale per la vita delle collettività.

Termini che, peraltro, hanno svolto una funzione importante non soltanto —per tornare alla riflessione di Enterria— su un piano meramente "constatativo", vale a dire descrittivo di ciò che esiste, ma anche, e fortemente, "performativo": causando, in forza della sola enunciazione, l'avveramento o l'esistenza di ciò che si afferma[73]: parole e atti divengono la stessa cosa: "ciò che la parola dice, al tempo stesso lo produce"[74], e la lingua opera come "strumento della evoluzione politica e sociale"[75].

Del resto, questi termini evocano profili di diritto naturale: ben marcati alle origini, alla fine del XVIII secolo, ma ancora ben leggibili in Costituzioni contemporanee (a partire, come si è visto, dall'affermazione contenuta nella Costituzione italiana, secondo cui la Repubblica emblematicamente "riconosce" le autonomie locali).

Così, con tutto il loro carico di significati e valori, le concezioni legate all'autonomia hanno attraversato le epoche; sino ad una contemporaneità problematicamente condizionata da elementi di crisi di ordine economico, anzitutto, ma non di rado anche sociale, politico, istituzionale.

E in questo contesto, l'autonomia si trova spesso messa a dura prova, nel susseguirsi di misure di straordinario rilievo, che vanno profilando – talora in maniera convulsa – mutamenti assai incisivi negli assetti organizzativi e funzionali, oltre che finanziari, delle istituzioni locali. Certamente, gli interventi adottati o proposti nelle fasi recenti, hanno posto in evidenza nuove questioni sull'autonomia: sollevando dubbi in ordine alla compatibilità di un'ampia serie di profili concreti, ma soprattutto inducendo a riflettere sulle esigenze di rilettura del concetto di autonomia, alla luce dell'evoluzione degli ordinamenti.

[73] E. García de Enterría, *La lengua de los derechos*, cit., pág. 32, riprendendo J. Austin, *Performative utterances*, in *Philosophical papers*, Oxford, 1961, pag. 238 segg.

[74] In questi termini si esprime J. Michelet nel suo classico *Histoire de la Révolution française*, ripreso da García de Enterria, in *La lengua de los derechos*, cit., pág. 33.

[75] K. M. Baker, Inventing the French Revolution. Essays on French political culture in the Eighteenth Century, Cambridge, 1990, citato da García de Enterria, *op. cit.*, pagg. 41-42.

Nella fase attuale, questa rilettura sembra fortemente condizionata dall'emergere e dal consolidarsi di elementi di collaborazione e cooperazione, tra i vari livelli territoriali[76]; e tende a nuovi equilibri di sistema: per ridefinire in termini adeguati non solo i complessi contenuti e confini del nucleo incomprimibile dell'autonomia, ma anche e particolarmente, in ciascun Paese, i bilanciamenti tra centro e periferia, tra politiche nazionali e opzioni dei singoli territori, tra ruolo degli organi statali e funzioni spettanti ai livelli regionali e locali.

In questo quadro, è possibile cogliere il senso profondo delle tendenze e delle tensioni che intersecano i modi di essere e di operare dei vari livelli, in una prospettiva di *autonomia cooperativa*[77]: espressione, questa, certamente non nuova, ma che nelle mutazioni del contesto attuale può assumere valenze inedite, sulla base di una impostazione dinamica e innovativa.

Le implicazioni di questa chiave di lettura possono essere assai varie. Possono concernere, certamente, gli assetti di governo degli enti; ma riguardano anche il conseguimento del punto di equilibrio tra tutela dell'autonomia politico-amministrativa e garanzia degli ambiti di necessaria imparzialità, nella individuazione delle responsabilità, nella attribuzione dei compiti di gestione, nella messa in opera degli strumenti interni di verifica dell'azione amministrativa. E, particolarmente, nella realizzazione di un efficace ma rispettoso sistema di controlli incentrato su una collocazione indipendente dei controllori.

In queste prospettive, i contenuti dell'autonomia dipenderanno in concreto anche dal versante della partecipazione degli enti territoriali alle decisioni riservate allo Stato (e particolarmente al Governo), ma anche nei confronti del ruolo esercitato, in relazione alle questioni locali, dai livelli regionali; secondo logiche di partecipazione e di coinvolgimento che richiedono di essere considerate ormai in una prospettiva più ampia e organica, quali elementi per una ristrutturazione complessiva del sistema, secondo un "principio di coinvolgimento" delle autonomie locali nelle determinazioni di competenza di livelli superiori che riguardano il loro ordinamento[78].

[76] In Italia, la giurisprudenza della Corte costituzionale ha compiuto un'ampia e cospicua elaborazione in materia di "leale collaborazione" tra Stato e autonomie territoriali. Del resto, ancor prima che questo principio venisse introdotto esplicitamente nel testo della Costituzione (art. 120, come modificato nel 2001), da tempo la giurisprudenza costituzionale ne aveva individuato il fondamento nei principi di autonomia e di unità della Repubblica, sanciti dall'art. 5 Cost. (sent. n. 35 del 1972, n. 19 del 1977, n. 242 del 1997), ma anche nel principio di buon andamento dell'amministrazione di cui all'art. 97 (sent. n. 214 del 1988; n. 139 del 1990): cfr. C. Pinelli, *Articolo 5*, in *Commentario della Costituzione*, diretto da G. Branca, Bologna, 1994, p. 127 ss.

[77] ... aggettivo che, come si è accennato (nota n. 3), non manca di utilizzazioni in riferimento alla stessa sovranità. Si ricordi, del resto, che secondo autorevole dottrina, l'autonomia si configura come "faccia interna" della stessa sovranità statale: cfr. G. Berti, *Art. 5*, cit., p. 286.

[78] Cfr. ancora la sent. n. 229 del 2001 della Corte costituzionale italiana, e la nota curata da C. Mainardis, Quale spazio per la leale collaborazione fra Regioni ed enti locali? in Le Regioni, 2002, p. 150 ss.

In questo senso, è possibile delineare un cambiamento profondo in grado di tendere a superare storici limiti, difetti e rigidità degli assetti tradizionali: basati sulla stratificazione di enti pubblici reciprocamente separati, sulla sovrapposizione di classi politiche distinte, sulla frammentazione delle competenze; generando duplicazioni e potenziali conflittualità che si sono rivelate fortemente pregiudizievoli per la funzionalità dell'insieme.

A questo sistema per separati livelli di governo —in uno schema istituzionale a *millefeuille*, secondo la metafora francese— può ora sostituirsi una nuova *governance* integrata, rendendo finalmente possibile una nuova connessione di ruoli e competenze, in grado di saldare i flussi di decisione e di attività. E in questo contesto —superando gli elementi di competitività e di separatezza— può divenire realistica un'effettiva attuazione del criterio di sussidiarietà, sancito ormai solennemente nei rapporti tra Unione europea e Stati membri, ma diffusamente recepito, nell'ambito dei singoli Paesi, nei rapporti tra livello statale e livelli territoriali[79]; e può presentarsi praticabile una complessiva opera di razionalizzazione e semplificazione delle funzioni —senza opposizioni e resistenze di ogni livello a puntigliosa tutela della propria sfera di competenze— in una nuova logica di sistema, secondo un disegno articolato in più soggetti, ma al tempo stesso unitario e coeso.

In una chiave di questo tipo, rinnovandosi, nelle concezioni così come nelle modalità operative, l'autonomia può superare le difficoltà in cui si trova; uscendo dalle complessità e dalle rigidità stratificate nel tempo e dalle instabilità delle emergenze: per riconquistare pienamente quel legame con la propria comunità, quella capacità di esprimerne le esigenze, che ne costituiscono il valore e il fondamento.

[79] Si veda, in particolare, l'art. 118 della Costituzione italiana; secondo cui le funzioni amministrative sono attribuite primariamente ai comuni, salvo che —in base appunto al principio di sussidiarietà, oltre che di differenziazione e adeguatezza— non siano conferite ai livelli superiori.

CONTRATACIÓN ADMINISTRATIVA

EL NUEVO ORDENAMIENTO DE LA COLABORACIÓN PÚBLICO-PRIVADA MEDIANTE CONCESIONES DE OBRA PÚBLICA EN CHILE.

(Examen de las reformas introducidas por la ley núm. 20.410)

Gladys Camacho Cepeda*

Sumario: 1. Introducción. 2. Marco normativo. 3. Concepto y características del contrato de concesión de obra pública. 4. Los problemas más acusados en el modelo de concesiones chileno y las reformas legales introducidas. 5. Reflexiones finales. 6. Bibliografía.

1. Introducción

No resulta fácil despedir a uno de los grandes maestros del derecho público universal, en especial si se trata de quien como don Eduardo García de Enterría Martínez-Carande ha irradiado tanta luz en esta farragosa disciplina, mostrándonos que ella puede ser verdaderamente una rama del derecho apasionante y de gran importancia porque su aplicación incide directamente en los derechos e intereses de los ciudadanos, el control del poder público y, en consecuencia, el aseguramiento del Estado democrático de derecho. Su perspectiva amplia y cuidadosamente informada, en privilegio del enfoque del derecho comparado le permitió dirigir un radical cambio en la doctrina dominante subrayando la protección de los derechos de las personas, batalla que no se termina, como bien sabemos, de este lado y del otro del Atlántico. De ahí que, en especial, Latinoamérica sea un área donde lo conocemos, estudiamos y seguimos no solo directamente en sus obras, sino también mediante las diversas

* Profesora asociada de derecho administrativo y responsable de la Cátedra OCDE-Ministerio de Relaciones Exteriores "Probidad y transparencia públicas"; coordinadora del área de Derecho Administrativo del Departamento de Derecho Público de la Facultad de Derecho de la Universidad de Chile; doctora en derecho de la Universidad Carlos III de Madrid y magíster en Administración Pública de la Universidad de Alcalá (Madrid) y el Instituto Nacional de Administración Pública (España); miembro fundador de la Asociación Internacional de Derecho Administrativo (AIDA) con sede en México D. F. y del Instituto Chileno de Derecho Administrativo (ICHDA); miembro asociado y vocal de la Junta Directiva del Foro Internacional de Derecho Administrativo (FIDA).

generaciones a la que pertenecen sus numerosos discípulos, junto a los que ha liderado la renovación de nuestra disciplina.

Su actividad intelectual fue muy fecunda y abarcó los diversos institutos de nuestra ciencia, por lo que la materia con la que contribuyo al libro homenaje al maestro de maestros fue una de las que él desarrolló con magistralidad. Desde los comienzos de la *Revista de Administración Pública*, a la que convirtió en un recurso clásico de obligada consulta, se hizo cargo de los problemas jurídicos acuciantes que caracterizaban la materia contractual en el ámbito público[1]; por eso es un privilegio la oportunidad de participar en este esfuerzo colectivo que nos hermana en pos de rendir merecido homenaje a tan destacada figura del derecho público contemporáneo.

La figura jurídica del contrato administrativo ha sido reconocida como un *concepto polémico* (GARCÍA DE ENTERRÍA) por presentarse en algunos casos como una peculiaridad de algunos sistemas positivos como por el rechazo de que ha sido objeto en otros. En Chile no estamos exentos de esta polémica; sin ir muy lejos, nuestra más autorizada doctrina sostiene que el ordenamiento jurídico chileno no ha incorporado la institución del contrato administrativo del modo como sucede en Francia y en España[2]. Con todo, no podemos prescindir de la figura contractual regulada por el derecho público si intentamos explicar el éxito en la renovación y acrecentamiento de las infraestructuras necesarias para impulsar el desarrollo económico que el país ha alcanzado.

Con el retorno a la democracia en los años noventa el presidente Patricio Aylwin tomó una decisión pública que desde entonces han sostenido en el tiempo los gobiernos que le han sucedido; esto es, afrontar por medio del instrumento de las concesiones de obras públicas el reto de superar el déficit en infraestructura del país, que comprometía el desarrollo económico y la búsqueda de una exitosa inserción en los mercados internacionales, apelando a la inversión privada nacional y extranjera, objetivos por demás conseguidos de acuerdo con los resultados macroeconómicos que exhibe el país[3].

[1] *Vid.* EDUARDO GARCÍA DE ENTERRÍA, "Riesgo y ventura y fuerza mayor en el contrato administrativo", en *R.A.P.*, núm. 2, 1950, págs. 83-108; "Dos regulaciones orgánicas de la contratación administrativa", en *R.A.P.,* núm. 10, págs. 241-282, y "La figura del contrato administrativo", en *R.A.P.,* núm. 41, 1963, págs. 99-130.

[2] *Vid.* R. PANTOJA BAUZÁ, "La contratación administrativa", en *Apuntes de Clase*, Santiago, Facultad de Derecho Universidad de Chile, 2005.

[3] La técnica de la concesión de obras públicas no era desconocida antes de la última década del siglo XX; sin embargo, en los gobiernos democráticos liderados por los partidos de la concertación cobra una significación sin parangón. En esta técnica se ocupaba a principios del siglo pasado, AMUNÁTEGUI (1907: 432), en cuya opinión el sistema de concesión de obras públicas "es apropiado para asegurar el interés más general, porque es lógico suponer que la obra sea bien ejecutada; ya que así conviene al empresario i por parte del Estado habrá un desembolso relativamente pequeño. El campo —sin embargo, concluye el profesor de la Casa de Bello— en que puede desarrollarse este sistema es reducido entre nosotros". Por su parte, IRIBARREN (1936: 87) define la concesión como "la autorización que la Administración confiere a un individuo o empresa para que ejecute una obra pública, reservándole durante cierto tiempo

La experiencia chilena sobre concesiones de obras públicas es paradigmática por el éxito obtenido. De ello da cuenta la amplia renovación de las infraestructuras viales y aeroportuarias, que se extiende a la construcción de hospitales y cárceles. En el período 1993-2009 se presentaron 61 proyectos y la inversión asociada ascendió a más de USD 11.000 millones[4], lo que explica la gran modernización en la red vial longitudinal y transversal a lo largo del país que esta actividad ha implicado. Además, la asociación público-privada en materia de contratación pública vinculada a las concesiones de obras públicas se ha consolidado como una de las más representativas de la actuación mancomunada del sector público y el privado[5].

Sin embargo, el voluntarismo inicial que llevó a la utilización de este instrumento mediante un amplio programa de obras públicas no dio paso a la formulación de la política pública correspondiente[6], que estuviera acompañada

---

la explotación de la misma, con el objeto de que pueda resarcirse de los gastos y obtener una justa ganancia. Transcurrido el plazo, la obra se incorpora al haber del Estado". En el mismo sentido Jara Cristi (1948: 110) señala que en virtud de la concesión de obras públicas "un tercero se obliga a realizar por su cuenta una obra pública, a riesgo y ventura, a cambio de la autorización que la administración le otorga para explotarla una vez realizada, durante un plazo que le permita resarcirse del capital invertido y obtener una utilidad equitativa, debiendo pasar la obra a poder definitivo del Estado, una vez vencido dicho plazo". Igualmente, subraya que "el Estado mantiene una tutela al respecto y ejercita todas las facultades necesarias al uso conveniente de la obra de parte del concesionario". Por su parte, Aylwin (1952: 230) enfoca la disparidad existente entre las dos figuras contractuales cercanas del siguiente modo: "Lo esencial en la concesión de obra pública es «la construcción de la obra», la ejecución de una obra destinada al servicio público. Esto la diferencia de la concesión de servicio público, en la cual lo esencial es «la gestión del servicio público». Más contemporáneamente (2009), de acuerdo con la experiencia reciente subraya el papel cada vez más activo que se ha dado a los particulares, en especial como colaboradores en la gestión administrativa del Estado: "No puede silenciarse el avance extraordinario que ha experimentado el país por la aplicación de los contratos de concesiones de obras públicas. El sistema de concesiones de obras públicas fue establecido por el D. F. L. núm. 164 de 1991, cuyo texto refundido se fijó por el Decreto de Obras Públicas núm. 900 de 31 de octubre de 1996". En la misma línea, Silva (1995: 224) señala: "Lo fundamental en la concesión de obra pública es, pues, la ejecución o construcción de la misma [*sic*] siendo su explotación solo un procedimiento para remunerar al particular o sociedad que se encarga de construirla".

[4] *Vid*. Gatica (2010).

[5] Moraga (2010b: 721-722) plantea que la asociación en materia de contratación pública en la actualidad no es la prioritaria, pues se adscribe a la opinión de que la asociación público-privada no solo es un medio especial de emprender acciones de relevancia social o económica, sino que también se desarrolla en el ámbito normativo, de tal manera que la actividad normativa, especialmente del Gobierno, es producto de la unión de intereses públicos y privados, pues estos últimos participan del proceso formativo de las normas (reglamentarias).

[6] Entendiendo que la política pública supone el diseño, gestión y evaluación de un curso de acción oficial desplegado en torno a un objetivo de interés general, la crisis del sistema evidenciado por el caso MOP-GATE —originado durante el gobierno del presidente Lagos (2000-2006)— puso de manifiesto la falta de una adecuada regulación de las fórmulas de colaboración público-privada que estimuló ampliamente el ministro de Obras Públicas de la época, comprometiendo los principios de derecho público que rigen el buen gobierno de la nación. Para

de la debida regulación de este tipo de actuación administrativa. Lo señalado tuvo su manifestación más severa en el caso MOP-GATE, que dio a lugar a sendas denuncias y procesamientos criminales de autoridades del más alto nivel de la época que propiciaron la alarma pública y puso en evidencia la necesidad de una reforma sustantiva que asegurara mecanismos de mayor transparencia y una efectiva competencia en la adjudicación de las obras. Con ello se comprometió la eficiencia económica del instrumento, todo lo cual generó el contexto propicio para una revisión del sistema de colaboración público-privada vinculada a las obras públicas.

2. Marco normativo

La concesión de obra pública surge en Chile en el primer tercio del siglo xx[7], pero no es sino hasta la última década de esta centuria que se hizo uso del sistema concesional de obras públicas, para llamar a interesarse a importantes empresas nacionales y extranjeras, desarrollando un ambicioso y exitoso programa de construcciones.

No hay duda de que la técnica administrativa de concesionar una obra pública se enmarca en el diseño económico que la Constitución Política establece[8]. Así, las opciones de nuestro constituyente, que se traducen en directrices que sustentan una economía que se apoya en la libre competencia y el incentivo a la iniciativa privada acompasada por un Estado servicial, han sido claves para el éxito económico que el país exhibe. De este modo, el artículo 1º, inciso 3º, de la Constitución Política, que dispone *in totum* al Estado como una estructura servicial cuyo fin es la promoción del bien común; el artículo 19, numeral 21, de la Constitución que reconoce el derecho a desarrollar cualquier actividad

---

una definición de política pública, *vid.* Lahera (2004:8), que hace referencia a los requisitos que reúne una política pública de excelencia, que define como "cursos de acción y flujos de información relacionados con un objetivo público definido en forma democrática; los que son desarrollados por el sector público y, frecuentemente, con la participación de la comunidad y el sector privado. Una política pública de calidad incluirá orientaciones o contenidos, instrumentos o mecanismos, definiciones o modificaciones institucionales, y la previsión de sus resultados".

[7] Como señala Silva (1995: 225), las primeras normas dictadas para construir obras públicas mediante concesión datan de principios del siglo xx, refiriéndose a la ley 4621, de 24 de julio de 1929, que "facultó al presidente de la República para conceder permisos a particulares para construir puentes sobre corrientes nacionales de uso público y cobrar una tasa o tarifa por el uso de los mismos [*sic*], subordinando, naturalmente, estas construcciones a la supervigilancia de los Servicios Técnicos del Estado".

[8] Moraga (2010b: 723) observa que "son escasos los marcos jurídicos que se ha dado Chile reconociendo institucionalmente el fenómeno de las «asociaciones público-privadas», es decir, de áreas en las que se integran formalmente esfuerzos o capitales y gestiones públicas y privadas. Probablemente, en la actualidad, los más representativos son los marcos legales de concesiones de obras públicas (con resultados profundos y concretos) y de financiamiento urbano compartido (de menor antigüedad y de maduración de proyectos)".

económica que no sea contraria a la moral, al orden público o a la seguridad nacional, y el artículo 19, numeral 22, que proscribe toda discriminación arbitraria en el trato que deben dar el Estado y sus organismos en materia económica, son todas directrices generales que, en particular, informan la contratación pública como instrumento de la actuación económica de los órganos del Estado.

Los citados preceptos integran lo que se reconoce como Constitución económica y constituyen las previsiones generales que condicionan el ordenamiento económico. Son estas disposiciones las que permiten afirmar que la Constitución económica que se contiene en la Carta Magna vigente tiene como presupuesto un sistema de mercado en el que la libre competencia se convierte en un valor central que hay que proteger y propugnar. Ello resulta positivo si tenemos en cuenta que la libre competencia efectiva propicia que la asignación eficiente de recursos escasos sea lo que caracterice al sistema. Por un lado, la Constitución, en el artículo 19, numeral 22, garantiza a los particulares ser tratados por igual por el Estado y sus organismos, proscribiendo discriminaciones arbitrarias en materia económica. Esta previsión constitucional permite identificar uno de los fundamentos para instituir al sistema concursal como regla básica de la contratación administrativa. No hay que olvidar que el Estado y sus organismos constituyen importantes demandantes de bienes y servicios en la economía, tanto que su consumo es una variable macroeconómica determinante del gasto público[9]. Percibido como cliente, el Estado es uno de los consumidores más relevantes de la economía, pues su demanda tiene la virtud de ser un gran acicate para activar diversos sectores económicos. De ahí el interés de los particulares por lograr un acceso igualitario a la contratación pública, la cual constituye un medio por el cual se involucran importantes recursos económicos, que por su particularidad de ser públicos no pueden gestionarse caprichosamente sino con objetividad e imparcialidad.

Ahora bien, el principio de servicialidad[10] que instituye al Estado como una organización vicarial para alcanzar el bien común (Const., art. 1º) contiene

[9] Como ya se ha señalado, en el período comprendido entre 1993-2009 la inversión vinculada a la contratación de concesiones de obras públicas ascendió a más de USD 11.000 millones. *Vid.* Gatica (2010: 5). Mientras que por su parte el monto transado por medio del sistema de contratación de compra o mercado público ha ido permanentemente en ascenso y ha pasado de USD 1.038 millones en 2003 a proyectarse en torno a los USD 10.100 millones en 2013, siendo previsible que continúe aumentando (Pinedo: 2013:10).

[10] Prefiero la calificación del Estado atendiendo a su naturaleza servicial y no apelar a un supuesto principio de subsidiariedad. Del primero existe texto expreso, mientras que del segundo, si bien se puede encontrar su enunciación en las discusiones de la Comisión Encargada de la Redacción de la Nueva Constitución, instituida en el gobierno militar, finalmente, no fue recogido en ningún precepto de la Carta Magna, siendo invocado en la actualidad sobre todo desde una posición ideológica que reclama un Estado limitado, lo que en mi concepto es una situación que se ha venido revirtiendo en la práctica, proceso que ciertamente ha contribuido

un mandato implícito de ser eficaz y eficiente en el empleo de los recursos públicos, lo que es reforzado para la administración pública en la LOCBGAE. Igualmente, la probidad, transparencia y publicidad estatuidas como bases de la institucionalidad (recogidos en el nuevo art. 8º Const.) obligan a que la gestión de los recursos públicos se haga de modo escrutable para que se pueda enjuiciar el método que se ha empleado en la administración de ellos, lo que también remite a apreciar la eficacia y eficiencia de la administración de los recursos públicos. Por último, el carácter servicial del Estado también se manifiesta en la preponderancia de actuaciones no autoritarias que buscan la colaboración de los privados convocándolos a la realización de una actividad económica rentable —tomando los resguardos para la debida protección del interés público— que se expresa, entre otros, en la contratación pública, ámbito en el cual el Estado tiene limitado el uso de facultades exorbitantes o de privilegios. Las "concesiones de servicios públicos y de obras públicas —afirma MORAGA (2010a: 280)— han significado crear o, incluso, remozar antiguas legislaciones que por décadas estuvieron en desuso, de manera de transformar dichos marcos jurídicos en verdaderos instrumentos de promoción de inversiones de privados".

Con rango legal, el deber de servicialidad se traspone para la administración del Estado (LOCBGAE; art. 3º) obligándola a actuar con eficacia en sus cometidos y con eficiencia en la gestión de los recursos públicos, porque ello es exigencia del interés general (art. 53 *ibid.*). Esta previsión exige a los órganos de la administración del Estado adoptar los medios idóneos para decidir y garantizar la integridad ética y profesional en la administración de los recursos, lo que es directa consecuencia de la observancia del principio de probidad administrativa.

En consonancia con las directrices constitucionales la LOCBGAE establece en el artículo 9º la única normativa básica que rige de forma general la contratación administrativa, es decir, la referida a los principios generales de la contratación administrativa de libre concurrencia de los oferentes y de igualdad de aquellos ante las bases administrativas, ambas prescripciones referidas al procedimiento concursal de la contratación[11].

A diferencia de lo que sucedió en los países donde surgió la institución del contrato administrativo, lo que caracteriza este instituto en nuestro ámbito no es la jurisdicción a la cual están sometidos, pues estos contratos están su-

a plantear la necesidad de una reforma sustancial de la Constitución. Lo que sí ha variado sustancialmente son las formas de intervención del Estado, acentuándose su naturaleza reguladora por sobre su papel de agente productivo.

[11] Según ARÓSTICA (2012: 345-347), esta norma del artículo 9º LOCBGAE es un postulado básico imperativo y tiene singular importancia, pues señala las únicas tres formas que puede adoptar la administración para dirimir con quién va a contratar: la propuesta pública, la licitación privada y el trato directo. Además, este precepto tiene como verdadero propósito no solo mencionar las fórmulas de contratación, sino establecer una prelación entre ellas y que "en esa secuencia, antepuso y privilegió el sistema de propuesta pública".

jetos a soluciones arbitrales y en su defecto a los tribunales ordinarios, ya que en Chile se carece de una jurisdicción contencioso-administrativa relacionada con esta materia. Lo señalado es sin menoscabo de reconocer que en el último tiempo se han establecido diversos órganos especializados para la resolución de conflictos contencioso-administrativos que ejercen jurisdicción en materias acotadas por el legislador[12].

En el plano legal y reglamentario el marco normativo regulador del contrato de concesión de obras públicas se encuentra integrado por las siguientes normas jurídicas:

1. Ley 18.575, Orgánica Constitucional de Bases Generales de la Administración del Estado, que establece los principios de actuación de la administración del Estado y en especial el de libre concurrencia e igualdad ante las bases de los proponentes.

2. Decreto con Fuerza de Ley MOP 850, de 12 de septiembre de 1997 (D. O. 2502.1998), fija el texto refundido, coordinado y sistematizado de la ley 15.840, de 1964 y del D. F. L. 206, de 1960.

3. Decreto Supremo 900, de 31 de octubre de 1996 (D. O. 31.10.1996), fija texto refundido, coordinado y sistematizado del D. F. L. MOP 164, de 1991, Ley de Concesiones de Obras Públicas[13].

4. Decreto Supremo MOP 956, de 6 de octubre de 1997 (D. O. 20.03.1999), reglamento del D. F. L. MOP 164, de 1991, modificado por las leyes 19.252 de 1993 y 19.460 de 1996.

Particular mención merece la ley 20.410 (D. O. 20.01.2010), que reforma el decreto 900/MOP o Ley de Concesiones, pues introdujo modificaciones, a las que nos referiremos al detalle más adelante. Si bien estas modificaciones regirán para los nuevos adjudicatarios, de acuerdo con el artículo 1º transitorio, las modificaciones introducidas por la ley 20.410 no serán aplicables respecto de los contratos de concesión adjudicados con anterioridad, salvo que los concesionarios hayan optado por aplicar estas normas en un plazo de tres meses desde su entrada en vigencia, situación que se desconoce haya ocurrido.

[12] De ello son ejemplo, el Tribunal de la Contratación, creado por la ley 19.886 de 2003 en materia de contratación de suministros; el Panel Eléctrico, creado por la ley núm. 19.940 de 2004 para conflictos en materia de aplicación de la legislación eléctrica, y el Consejo para la Transparencia, creado por la ley 20.285 de 2009 para resolver los conflictos en materia de acceso a la información pública, entre otros.

[13] Moraga (2010b: 726-727) plantea que el decreto 900/MOP constituyó una legislación muy exitosa que propició el desarrollo de infraestructura pública porque es una legislación pragmática y protectora de los intereses y derechos de los inversionistas privados, nacionales o extranjeros. En su opinión, esta legislación tuvo tres virtudes: 1) fue "lo suficientemente genérica y breve", lo que permitió amplia discrecionalidad a la administración para la definición de los contratos; 2) "lo suficientemente pragmática como para incorporar instituciones novedosas que dieran confianza a los inversionistas privados"; y 3) "lo suficientemente mesurada como para disponer mecanismos ágiles y expeditos de resolución de controversias".

Junto a este marco normativo de carácter general al que se adicionan las respectivas bases de licitación de cada contrato particular, es necesario mencionar:

• La ley 19.886, Ley de Bases sobre Contratos Administrativos de Suministro y Prestación de Servicios, texto que por expresa referencia del artículo 3º, letra e), extiende a los contratos de concesión de obra pública exclusivamente la aplicación de su capítulo v, referido al Tribunal de la Contratación Pública, y dispone el carácter supletorio de todas las disposiciones de ese cuerpo legal[14].

• El conjunto de normas de derecho privado a las que hay que acudir en defecto de las normas de derecho público, en la medida en que sea necesario para completar la regulación del contrato de concesión de obra pública. Esta prescripción está contenida en el artículo 1º de la Ley de Compras Públicas, 19.886[15].

3. Concepto y características del contrato de concesión de obra pública

Señala el artículo 39 del D. F. L. MOP 164, de 1991, Ley de Concesiones de Obras Públicas[16], que se "entenderá por obra pública fiscal a cualquier bien inmueble construido, reparado o conservado a cambio de la concesión temporal de su explotación o sobre bienes nacionales de uso público o fiscales destinados al desarrollo de áreas de servicio, a la provisión de equipamiento o a la prestación de servicios asociados".

[14] El citado precepto legal a la letra dispone: "Art. 3º.—Quedan excluidos de la aplicación de la presente ley: [...] e) Los contratos relacionados con la ejecución y concesión de obras públicas.

"Así mismo, quedan excluidos de la aplicación de esta ley los contratos de obra que celebren los servicios de vivienda y urbanización para el cumplimiento de sus fines, como así mismo los contratos destinados a la ejecución, operación y mantención de obras urbanas, con participación de terceros, que suscriban de conformidad a la ley núm. 19865 que aprueba el Sistema de Financiamiento Urbano Compartido.

"No obstante las exclusiones de que se da cuenta en esta letra, a las contrataciones a que ellos se refieren se les aplicará la normativa contenida en el Capítulo v de esta ley, como, así mismo, el resto de sus disposiciones en forma supletoria".

[15] La norma citada a la letra preceptúa: "Art. 1º.— Los contratos que celebre la administración del Estado, a título oneroso, para el suministro de bienes muebles, y de los servicios que se requieran para el desarrollo de sus funciones, se ajustarán a las normas y principios del presente cuerpo legal y de su reglamentación. Supletoriamente, se les aplicarán las normas de derecho público y, en defecto de aquellas, las normas del derecho privado.

"Para los efectos de esta ley, se entenderán por administración del Estado los órganos y servicios indicados en el artículo 1º de la ley 18575, salvo las empresas públicas creadas por ley y demás casos que señale la ley".

[16] Texto refundido, coordinado y sistematizado de este texto legal fue fijado por el D. S. MOP núm. 900, de 31 de octubre de 1996 (D. O. 18.12.1996).

Concretamente la ley configura el tipo contractual de la concesión de obra pública asociando dos actividades diferenciadas y que en algunos sistemas no es indispensable que estén mancomunadas, esto es, la realización de la obra pública y la gestión o prestación del servicio público. Así, la concesión de obra pública constituye una actividad cuyo atractivo reposa en la explotación económica de la obra pública de parte del concesionario que ejecuta la edificación. En definitiva, la característica definidora de este tipo de contrato es la vinculación imprescindible entre la construcción y la explotación de la obra pública.

Usando la terminología anglosajona, las concesiones de obras públicas viales en Chile han respondido al modelo de contrato BOT (*build, operate and transfer*), significando con ello que una empresa privada financia y construye el proyecto de infraestructura y luego cobra por el uso del servicio (lo opera) durante un período prolongado. Cuando finaliza la concesión, la infraestructura se le transfiere al Estado[17].

Ahora bien, junto a lo ya señalado, la ley 20.410 de 2010 incluyó en la definición del contrato de concesión de obra pública la provisión de equipamiento o la prestación de servicios asociados, permitiendo que la concesión se realice sobre la base de proyectos complejos.

Sobre la naturaleza pública del contrato de concesión de obra pública es necesario expresar la particular regulación que recae sobre esta materia, pues la institución del contrato administrativo en nuestro ordenamiento jurídico no se puede caracterizar del mismo modo que en el ámbito galo, donde la posición de privilegios de la administración imprimió la noción de rasgos caracterizadores exorbitantes e identificó en ellos lo elementos diferenciadores del correspondiente instituto reconocido en el derecho común[18]. Más aún, con la

[17] Engel *et al.* (2008: 4).

[18] Sobre la admisibilidad del contrato administrativo como institución hay diversas opiniones: "Cabe reiterar —subraya Silva (1995: 24)— que personalmente no concebimos la existencia de los contratos administrativos (de suministro, de obra pública, etc.), porque, a nuestra manera de ver, tal noción ha querido simplemente trasplantar principios del derecho común al derecho administrativo. No hay, pensamos, en la administración igualdad contractual ni autonomía de la voluntad, principios estos esenciales de los contratos del derecho común". Más adelante, asumiendo la realidad de actos de colaboración de los privados, Silva concluye que "la constatación de estos elementos: capacidad del Estado, formalidad de que se revisten estos actos y objeto y fin que se persigue con su realización, nos permite afirmar que en nuestro país existen actos administrativos que constituyen lo que la doctrina denomina «contratos administrativos», que quedan regulados por normas particularísimas de Derecho público La verdad es, a nuestro juicio, que si algo hubiera de criticarse a este respecto, es el nombre absolutamente inadecuado de contratos administrativos que la doctrina ha asignado a estas actuaciones". En otra frontera Soto (1978:575) admite el instituto contractual como instrumento de intercambio de bienes asociado a la idea de justicia porque el Estado no puede sino relacionarse conforme al derecho y el objeto de este es lo justo, empleando la técnica unilateral (de imposición) o bien la técnica contractual (de concertación). "Yo diría —afirma Soto— que el verdadero aporte

redefinición del Estado que subraya su servicialidad y mitiga fuertemente sus privilegios de soberanía, la contratación administrativa se imprime —cuando el legislador así lo determina— de aspectos regulados con el objetivo de garantizar el respeto de los principios que informan la actuación pública para una buena administración. De tal modo que la institución contrato administrativo en nuestro ordenamiento jurídico se refiere a las previsiones que el legislador adopta para suplir la inexistencia de autonomía de la voluntad en la administración[19], y para acotar la supuesta libertad de contratación de la administración que "existe" o más bien se admite en cuanto esta puede celebrar una variedad de pactos que no están establecidos taxativamente ni regulados en toda su extensión, pues la opción del legislador en materia contractual es regular los tipos importantes de contratación y dentro de ellos, los aspectos más relevantes que le interesa cautelar.

De este modo, en algunos contratos administrativos, a causa del interés público implícito en ellos —al igual que en algunos contratos del ámbito privado como los bancarios y el *franchising*, entre otros—, el legislador establece ciertas previsiones para que dichas actividades se realicen con los resguardos correspondientes para el adecuado cumplimiento del principio de legalidad, el buen funcionamiento del sistema económico y la confianza de los agentes que intervienen. Si en ciertos contratos se reconocen algunos "privilegios" para la parte pública interviniente se debe a que en esa concreta relación el interés general que ella actualiza requiere dicha previsión especial. En otros casos, la regulación del contrato administrativo se orienta, especialmente, a establecer el *iter* o los procedimientos que debe cumplir la organización pública contratante para que su actuación sea legítima y con arreglo al principio de legalidad, v. gr. bases administrativas, licitación pública como fórmula general para la contratación, tipos de garantías, etcétera. De tal modo, establecida una regulación en materia de contratación, las prescripciones que la conforman se

---

de esta nuestra disciplina en este campo es el hacernos ver un retorno a la idea originaria de contrato, en cuanto intercambio de bienes basado en lo justo, y que se manifiesta en toda la vida del contrato [...] Sea que utilice la una, sea que utilice la otra, el Estado siempre está actuando para conseguir el bien común [...]Si utiliza la técnica contractual, el contrato que celebre estará igualmente marcado por esa finalidad pública del interés colectivo, del bien común, pero no por eso dejará de ser contrato, es decir, intercambio de bienes, intercambio de prestaciones, acordado voluntariamente por ambas partes y sobre bases de justicia".

[19] En este punto se acoge la teoría de los profesores Villar (1987: 59-60), en cuanto a que en el ámbito administrativo no es posible asimilar el acto administrativo (y derivado de ello, se entiende que tampoco el contrato administrativo) a un negocio jurídico, pues ello haría derivar consecuencias jurídicas que no pueden aceptarse en el derecho público porque el negocio jurídico se vincula a la autonomía de la voluntad como fuente generadora de efectos jurídicos. De tal modo que, como indican los citados autores, en el ámbito del derecho administrativo no es propio hablar de la existencia de una autonomía de voluntad tal como la dogmática civil ha construido este concepto.

tornan vinculantes y constituyen los patrones para fiscalizar la correcta actuación de la administración y su ajuste adecuado a lo dispuesto en las leyes como expresión de la voluntad general, manifestada mediante el Congreso.

Dicho esto, la nota que podría permitirnos calificar los contratos como administrativos y en el caso concreto, el contrato de concesión de obra pública como contrato administrativo es la regulación especial de derecho público que se le aplica.

Mas lo propuesto tropieza con la interpretación tanto de los tribunales ordinarios como de la Contraloría General de la República, pues en este punto tanto la jurisprudencia judicial como la administrativa coinciden y reiteradamente interpretan los contratos públicos en concordancia con las teorías civilistas que lo configuran como un libre acuerdo de voluntades, generador de derechos y obligaciones entre las partes. De ello se desprende que para los órganos encargados del control jurídico (en sede administrativa y judicial) lo determinante en materia contractual pública es el contenido del contrato y no la institución de derecho público debidamente regulada. Como consecuencia, las supuestas prerrogativas o posición de supremacía de la administración solo son reconocidas y validadas por la jurisprudencia si han sido pactadas o contenidas en el contrato y no por estar emanadas del régimen al que ellos están sometidos, lo cual se ha expresado en que algunos de los problemas presentados en la ejecución de los contratos de concesión de obra pública no puedan solucionarse interpretando la regulación legal, sino que lo preponderante es la letra del contrato.

4. Los problemas más acusados en el modelo de concesiones chileno y las reformas legales introducidas

Se señalan como ventajas del sistema concesional una serie de postulados, entre los cuales se sostiene que permite captar inversiones de modo que el Estado puede redestinar sus recursos, redirigirlos a inversión social; con ello, el mecanismo permite capear las estrecheces presupuestarias que normalmente acusan las administraciones públicas, más aún en períodos de crisis económicas. Por otro lado, en el caso chileno se acepta que con el retorno a la democracia este ha sido un mecanismo necesario por las condiciones materiales y con las capacidades técnicas con las que el Ministerio de Obras Públicas contaba al comienzo de la década del noventa, "*el problema* —señalan Engel *et al.* (2008: 2)— era la falta de capacidad técnica, humana y tecnológica necesaria para ejecutar los proyectos en plazos breves bajo un Ministerio que, durante la década de los ochenta, casi no había construido nuevos proyectos de infraestructura carretera. Las concesiones fueron una innovación ingeniosa que permitió construir rápidamente una serie de obras de alta rentabilidad social". Uno de los objetivos del primer gobierno democrático, junto a la consolidación democrática y lograr una mejor equidad social, fue impulsar el desarrollo económico, lo que hacía indispensable contar con una poderosa red de comunicaciones como complemento indispensable a la política comercial orientada hacia el exterior. En conexión con el propósito señalado, las concesiones han sido exitosas permitiendo dotar de la infraestructura vial y aeroportuaria necesaria para impulsar la inserción económica internacional del país, superando la precaria situación en materia de infraestructuras que le limitaba el crecimiento[20].

Si bien la financiación privada que implica este contrato administrativo permite diluir el gasto público necesario para habilitar las infraestructuras requeridas en varias décadas, eliminando la presión ejercida por las exigencias del equilibrio presupuestario, no debe dejar de atenderse si, finalmente, el resultado en la práctica ha causado un endeudamiento excesivo que traspasa el gobierno que adquiere el compromiso restringiendo, por consiguiente, la capacidad de los gobiernos en el futuro. Otro elemento que se advierte, es que este endeudamiento no pasa por las instancias democráticas del Congreso resultando ser además caro, todo lo cual afecta el interés fiscal[21]. De acuerdo con Engel *et al.*, la experiencia chilena de concesiones de obras públicas no se justifica en "una falta de recursos, ya que durante los últimos 15 años, el Estado podría haber financiado las inversiones en infraestructura pública con recursos fiscales", sino sobre todo en la falta de competencias de los órganos públicos para llevar adelante con eficacia en tiempos razonables este tipo de proyectos complejos.

No obstante la común calificación del mecanismo de concesiones como exitoso, la experiencia de los más de tres lustros que cumplió el sistema de concesiones evidenció varias imperfecciones que suscitaron cuestionamientos a la legitimidad del instrumento y propiciaron un clima político favorable a la revisión y consiguiente introducción de correcciones de parte del legislador en 2010. Algunos de los atributos que servían de justificación al uso de este instrumento distaban mucho de cumplirse. Así, si bien se admite que la concesión de obra pública es una actividad que debe configurarse como atractiva para los inversores privados, pues de lo contrario no podría captar el interés de estos, ello no debe ser equivalente a que sea una actividad liberada de todo riesgo económico. El Estado se preocupa de distribuir equilibradamente los riesgos de la actividad (sobre todo porque se trata de una inversión "hundida"), pero

[20] Bitrán y Villena (2010:181) sostienen: "En 1995 el Ministerio de Obras Públicas (MOP) cuantificó en USD 1.500 millones por año las pérdidas económicas causadas por una infraestructura inadecuada, principalmente por los cuellos de botella que se generaban en una economía que crecía 7 % anualmente. El MOP estimó que para sostener dicha tasa de crecimiento del PIB, la inversión requerida en infraestructura de transportes debía alcanzar a [*sic*] más de USD 11.000 millones entre 1996 y 2006".

[21] Las renegociaciones bilaterales en materia de concesiones han propiciado el adelantamiento de gastos, endeudando a gobiernos futuros; así, dos tercios de los desembolsos comprometidos (un 65 % del total renegociado) deberán ser pagados por cuenta de los gobiernos que vendrán. *Vid.* ENGEL *et al.* (2008: 4).

no puede garantizar su rentabilidad a todo evento, pues estaría configurando una situación privilegiada del concesionario. Igualmente, esta herramienta como parte de la política económica debe buscar la eficiencia de los recursos públicos, en razón de lo cual es fundamental asegurar *ex ante* la competencia entre los oferentes. Sin embargo, proyectos defectuosamente formulados han dado origen a una temprana revisión de ellos tan solo poco después de ser adjudicados, originando sustanciales modificaciones y ampliaciones[22]. Esta circunstancia no solo ha supuesto un gran número de costosas renegociaciones que han comprometido la eficiencia económica del instrumento, sino que también ha limitado la competencia en la adjudicación y originado ganancias extraordinarias de los concesionarios, que han obtenido rentabilidades por encima del mercado; así, "la inversión más atractiva es, por cierto, aquella que se decide por negociación, como adición a una concesión existente" (Bitrán y Villena 2010: 194)[23]. Todo ello genera riesgos de "captura empresarial" del Ministerio y de la política, sobre todo si la línea que diferencia los negocios y el financiamiento de esta es difusa, como lo evidenció el caso MOP-Gate.

Una forma de evaluar la funcionalidad del sistema es mediante la observación del cómo opera este con respecto a los riesgos propios asociados. La diferencia entre la rentabilidad esperada del proyecto y la rentabilidad real constituye un aspecto crítico que incide sustancialmente en el atractivo del negocio. A este respecto podemos reproducir el listado de riesgos que identifica de manera indicativa Blazevic (2008: 14), en cuanto a los proyectos viales haciendo al mismo tiempo las indicaciones que nos parecen oportunas:

[22] El estudio de Engel *et al.* (2008:1-2) subraya enfáticamente: "Nuestro análisis es concluyente en determinar que las negociaciones son frecuentes y que representan montos considerables. En promedio, cada concesión ha sido renegociada 3 veces, y el monto total de las transferencias hacia los concesionarios es de UF 70,3 millones (2.810 millones de dólares). El 83 % de este monto corresponde a negociaciones bilaterales entre el MOP y la concesionaria, mientras que el 17 % restante resultó de un proceso de conciliación o arbitraje. Si se considera que el presupuesto original de las 47 obras concesionadas y no extinguidas era de UF 211,6 millones (8.460 millones de dólares), se concluye que un 25 % de los $11.270 millones de dólares invertido en infraestructura mediante el sistema de concesiones fue agregado después de la adjudicación del proyecto sin un proceso de licitación competitiva".

[23] La experiencia reciente en el ámbito internacional nos ratifica estos reparos. Es incierta la terminación de la ampliación del canal de Panamá por el consorcio Grupo Unidos por el Canal (GUPC) encabezado por, la empresa española Sacyr junto a la empresa italiana Impregilo. GUPC ha anunciado la suspensión de la construcción si la Autoridad del Canal (ACP) no reconoce un sobrecosto por 1.600 millones de dólares, exigencia que ha sido, hasta la fecha en que se redacta este artículo, rechazada por la ACP, por considerarlo una "presión" inaceptable, exigiendo que cualquier renegociación se realice en el marco de lo que estipula el contrato. Dada la relevancia de este asunto y su incidencia en la imagen de las empresas españolas e italianas, este conflicto ha sido materia tratada entre los jefes de gobiernos de ambos países, señores Rajoy y Letta. *Vid.* EFE (2014a, b y c).

• Riesgos del concesionario durante la etapa de construcción de obras, asociados a la expropiación de la propiedad para su ejecución y a riesgos propios de su construcción. Si bien en el caso chileno el Estado asume las expropiaciones y la ley estipula que todos los desembolsos, gastos o expensas que se originen con motivo de los actos (expropiatorios) o contratos (adquisiciones) necesarios para la construcción de las obras serán de cuenta del concesionario (Ley de Concesiones, art. 15, inc. 2º), este ha sido uno de los aspectos por los cuales el MOP ha sido condenado a indemnizar y, en otros casos, ha llegado a acuerdos conciliatorios, por los mayores costos causados por expropiaciones que han impedido la entrega oportuna de terrenos[24].

• Riesgos del concesionario durante la etapa de la explotación de la obra, relacionados con la rentabilidad de la concesión. La lógica natural de la concesión como actividad económica es que el adjudicatario de ella sea el que los asuma, aunque en los hechos este riesgo está mediatizado, pues prevalece el espíritu de garantizar la rentabilidad del negocio al concesionario y financista. El contrato de concesión se dota de cláusulas que reducen el riesgo de la demanda otorgándole una garantía de ingreso mínimo (IMG) que se paga con cargo al presupuesto del MOP en caso de que las expectativas no se cumplan, lo cual no está debidamente compensado en la eventualidad de que se superen ampliamente los cálculos de la demanda prevista, situación que le proporciona ganancias extraordinarias al concesionario.

• Riesgo de extinción de la concesión. Está bastante acotado (Ley de Concesiones, art. 27), Fundamentalmente se limita al incumplimiento grave de las obligaciones del concesionario y deberá ser declarado por la Comisión Arbitral a solicitud del MOP.

• Riesgos de conflicto, para lo cual se establece un mecanismo de conciliación y de arbitraje alternativo a la justicia ordinaria.

• Riesgo de cambio en las reglas de juego. Está limitado por los principios de seguridad jurídica y de confianza legítima que harían actuar la teoría de la

[24] Ejemplos de ello han sido las sentencias de las Comisiones Arbitrales en el caso de las reclamaciones de las concesionarias de las autopistas Santiago-San Antonio y Talca-Chillán. En el primer caso, en sentencia de 12 de abril de 2001, la concesionaria obtuvo la condena al MOP para el pago de 35.000 unidades de fomento, apelando a la teoría de la imprevisión, atendiendo que este era el monto que equivalía al 20 % del mayor valor derivado de las expropiaciones, lo que superaba "cualquier cálculo que pudiera haberse hecho a la época de la licitación, a esta suma se debe adicionar la compensación que también obtuvo la concesionaria por costos financieros generados por los pagos en exceso de las expropiaciones, ascendente a 5.824 unidades de fomento y 4.000 unidades de fomento adicionales correspondientes a los costos incurridos por la concesionaria para apoyar los trámites y procedimientos de expropiaciones, entre otros En el caso del reclamo de la concesionaria de la autopista Talca-Chillán, esta obtuvo que la respectiva comisión arbitral condenase al MOP para que le compense por el equivalente a 20.574 unidades de fomento, considerando una tasa de actualización de 9,5 % anual, entre el 1º de marzo de 1996 y el día del pago efectivo". *Vid.* Cámara de Comercio de Santiago (2012).

imprevisión, lo que causa eventuales indemnizaciones de parte del Estado. La teoría de la impresivisón ha sido generalmente invocada en las reclamaciones de las concesionarias ante las comisiones arbitrales.

Frente a estos problemas, la reforma de 2010 introducida por la ley 20410 ha dado lugar a cambios sustanciales en el sistema de concesiones, aunque no todo lo profundos como proponían voces autorizadas en la materia[25]. Con todo, han sido importantes los cambios que han operado y es predecible que ello mejorará sustancialmente la transparencia de estos procesos, caracterizados por su gran opacidad.

En el cuadro 1 se resumen sintéticamente los principales cambios que la ley 20410 realizó con objeto de actualizar el sistema de concesiones a la situación actual, buscando superar las deficiencias de la regulación, con el fin de lograr un marco que favorezca la estructuración de proyectos, contratos y esquemas de distribución de riesgos más adecuados.

Cuadro 1. *Institucionalidad del sistema de concesiones de obra pública, reformada por ley 20.410*

Ámbito de Intervención	Órgano	Producto
Nivel estratégico / planificación	Consejo de Concesiones	Informa, teniendo en cuenta la planificación urbana y la evaluación social que en ambos casos corresponda, sobre: 1) tipo de infraestructura que se desarrollará al amparo de la ley, 2) los proyectos y 3) las modalidades de régimen concesional.
Formulación de criterios	Consejo de Concesiones	Informa preceptivamente antes de: 1) la declaración de interés público de proyectos de iniciativa privada; 2) determina si un proyecto de iniciativa privada puede ejecutarse con un mecanismo distinto del de concesiones; 3) que se establezca la excepción del art. 19, inc. 5°; 4) que se contraten nuevas inversiones y obras en condiciones excepcionales del art. 20 bis; 5) establecer modalidad del régimen concesional de los proyectos que se someterán a licitación pública considerando evaluación social.

[25] *Vid.* Bitrán y Villena (2010), Engel *et. al*, (2008); y Blazevic (2008).

Formulación de criterios	Consejo de Concesiones	Informa facultativamente sobre procedencia de: 1) volver a licitar concesión una vez vencido su plazo; 2) modificar características de las obras (art. 19); 3) modificar características de las obras y servicios contratados (art. 20) refiriéndose al costo de las ampliaciones y compensaciones; 4) realizar una nueva licitación (y sus condiciones) de un proyecto concesionado terminado por incumplimiento grave; 5) poner término anticipado a la concesión (art. 28, ter); 6) otras que el ministro OP le solicite.
Discrepancias de caracteres técnico y económico	Panel técnico	El panel opera en la etapa de ejecución del contrato de concesión y no ejerce jurisdicción. Emite recomendación técnica fundada sobre: 1) evaluación técnica y económica de las inversiones realizadas por el concesionario, estado de avance, costos y plazos, conforme a los niveles de servicios y estándares técnicos establecidos; 2) costos adicionales y sus causas económicas, técnicas o de gestión, o de otros hechos que afecten el normal desarrollo de las obras; 3) definición si el valor de inversiones ha sobrepasado límites establecidos (arts. 19, 20 y 28, ter); 4) definición de efectos económicos sobre la concesión que tendrían obras adicionales; 5) determinación técnica de la tasa de descuento, riesgo del negocio, costos financieros y demás factores económicos necesarios para calcular compensaciones económicas al concesionario cuando procedan; 6) otras discrepancias técnicas o económicas de las partes del contrato de concesión.
Solución de controversias	Comisión arbitral	Tiene facultades de árbitro en cuanto al procedimiento y para apreciar la prueba conforme a las reglas de la sana crítica. La sentencia la pronunciará con arreglo a derecho y será fundada. La sentencia definitiva no será susceptible de recurso alguno. El Ministerio solo puede recurrir a la comisión con posteridad a la puesta en servicio a la concesión.

Solución de controversias	Corte de Apelaciones	Conocerá de las controversias con motivo de la interpretación o aplicación del contrato de concesión. Al Ministerio solo le está habilitado recurrir a la Corte en caso de que la controversia se produzca antes de la puesta en servicio de la concesión. El concesionario puede elegir si acude a la Corte o a la comisión arbitral.

Fuente: elaboración propia según el texto de la ley 20410.

Entre las reformas introducidas cabe destacar que el Consejo de Concesiones (Ley de Concesiones, art. 1º bis) es en un órgano que puede fortalecer el sistema de concesiones de obras públicas dotándolo de mayor objetividad, dada su composición eminentemente técnica, lo que redundará en la recuperación de las confianzas sobre el instituto. Sin embargo, dado que el Consejo no logró configurarse como el proyecto de ley proponía[26], no se materializó la oportunidad de que este integrara una visión multisectorial del más alto nivel, lo cual aseguraría una política de mayor coherencia y armonía en materia de desarrollo de infraestructuras[27].

Una de las innovaciones más saludadas ha sido la introducción de la figura de los *Dispute Boards* por medio del Panel Técnico (art. 36, *ibid.*), que actúa a solicitud de cualquiera de las partes en caso de que se produzcan discrepancias de carácter técnico o económico. Si bien este no ejercerá jurisdicción y solo emitirá una recomendación técnica[28] que no es vinculante, esta deberá ser debidamente fundada y pronunciada en un plazo razonable de 30 días corridos. Por ello la recomendación tiene la virtud de ser un pronunciamiento de un órgano integrado por profesionales de destacada trayectoria, que son seleccionados mediante Sistema de Alta Dirección Pública. Este nuevo instituto tiene la virtud de viabilizar una rápida y oportuna solución de divergencias en una etapa prearbitral, lo que no presenta los inconvenientes propios de los arbitrajes coadyuvando a la solución de problemas que requieren inmediata atención. "Los Dispute Boards —observa Figueroa (2010:12)— resultan especialmente útiles tratándose de contratos de construcción a mediano o largo plazo, ya que

[26] El proyecto de ley enviado por la presidenta del Gobierno incluía este consejo como un órgano integrado por autoridades del más alto nivel, es decir, por los ministros de Obras Públicas; Hacienda; Economía, Fomento y Reconstrucción, y Planificación.

[27] Moraga (2010b: 731), no obstante las bondades que se le atribuyen al Consejo de Concesiones, también plantea la duda de "si lo que se busca no es más que diluir eventuales responsabilidades políticas y gubernamentales, entre un grupo de profesores y académicos".

[28] Por lo que en este punto se refiere, el panel técnico que la ley 20410 ha instituido responde a la tipología de *Dispute Review Board* (DRB) como se denominan en el ámbito anglosajón; así, estos se caracterizan porque solo emiten recomendaciones. *Vid.* Figueroa (2010: 12).

permiten resolver los conflictos en forma oportuna durante el desarrollo de las obras, sin necesidad de extinguir el vínculo contractual ni de paralizar los proyectos más allá del breve tiempo que el panel de expertos necesita para emitir un pronunciamiento". A estas virtudes se añade que este tipo de paneles de expertos pueden convocarse tantas veces como sea necesario para ilustrar en materia de desavenencias de carácter técnico o económico.

De acuerdo con lo establecido por el legislador, el panel técnico se pronunciará, entre otras importantes materias, sobre:

• La evaluación técnica y económica de las inversiones realizadas por el concesionario, de su estado de avance, de sus costos y plazos, conforme a los niveles de servicios y estándares técnicos establecidos para la respectiva concesión;

• La determinación técnica y económica de la existencia de costos adicionales y sus causas económicas, técnicas o de gestión, o de otros hechos o circunstancias que afecten o puedan afectar el normal desarrollo de las obras durante la etapa de construcción. Lo señalado abre la posibilidad de que este se pronuncie sobre si las causas de los sobrecostos se deben a ineficiencias del propio concesionario o a decisiones u órdenes impartidas por la administración;

• La definición de que el valor de las inversiones haya sobrepasado alguno de los límites establecidos en los artículos 19, 20 y ter, lo cual ha sido una infracción constante durante la etapa previa a la reforma y que ha evadido la competencia en la adjudicación de las obras complementarias o adicionales que solicitaba el Estado;

• La determinación técnica de la tasa de descuento, riesgo del negocio, costos financieros y demás factores económicos que se necesite establecer para calcular las compensaciones económicas correspondientes al concesionario, en caso de terminación anticipada del contrato de concesión, de realización de obras adicionales o de cualquier otro evento que disponga la ley que requiera esos cálculos;

• Las demás discrepancias técnicas o económicas que las partes de un contrato de concesión tengan entre sí con motivo de la ejecución del contrato o de la aplicación técnica o económica de la normativa aplicable a dicho contrato.

En punto de la reforma del mecanismo de solución de las controversias que se produzcan con motivo de la interpretación del contrato de concesión, se reconfiguran las reglas para la decisión de la Comisión Arbitral. A esta se le reconoce mayor flexibilidad en materia procesal, en la cual puede actuar como árbitro en lo relacionado con la prueba, procediendo con arreglo a la sana crítica y apreciar en conciencia, mientras que en la materia de fondo su pronunciamiento debe ser con arreglo a derecho. La sentencia que dicte esta comisión deberá ser fundada y enunciar las consideraciones de hecho, técnicas y económicas sobre cuya base se haya pronunciado, no siendo susceptible de recurso alguno. Esta omisión deberá tener como un antecedente preceptivo el pronunciamiento del panel técnico.

Ahora bien, la ley 20410 también añade algunos elementos que perfeccionan el sistema de concesiones sustancialmente:

• Introduce cambios que aseguran un resultado adecuado en la provisión del servicio a lo largo del tiempo de vigencia de la concesión. De este modo, obliga a incorporar en los términos de la concesión el señalamiento de compromisos explícitos de niveles de servicios, más que un compromiso de cumplir con especificaciones técnicas, lo que permite que el concesionario tenga incentivos para incorporar las innovaciones tecnológicas que le den mayor eficiencia económica. En consecuencia, la ley obliga al concesionario a conservar la infraestructura y de ese modo evitar que se deteriore el servicio con el tiempo en la fase de explotación, salvo caso fortuito o fuerza mayor.

• Incorpora instrumentos que aseguran la cobertura de daños durante la construcción y explotación de la concesión, estableciendo que el concesionario responde de todo daño a terceros con motivo de la ejecución de la obra, salvo que el MOP haya dado instrucciones o el contratista haya obedecido a medidas impuestas tras la adjudicación. Al respecto, el concesionario está obligado a contratar y mantener vigentes seguros de responsabilidad civil por daños a terceros, por ejemplo catástrofes (terremotos) que puedan ocurrir durante el período de vigencia de la concesión.

• Finalmente, se observa que el legislador ha limitado las hipótesis en las cuales el concesionario tiene derecho a una compensación económica por concepto de inversiones no previstas, estableciéndose el límite del 15 % como monto máximo de inversión que el concesionario podrá estar obligado a realizar por modificaciones a las características de las obras y servicios indicados por el MOP. Así mismo, este solo podrá modificar las obras con el fundamento de mejorar los estándares técnicos y los niveles de servicio señalados en las bases.

5. Reflexiones finales

Con la ley 20.410 se han introducido relevantes reformas orientadas a garantizar mayor transparencia y objetividad en las decisiones relacionadas con la materia de concesiones, la que, como se ha señalado, involucra un importante volumen de recursos económicos, todo lo cual lo torna en un objetivo bastante vulnerable frente a actos de corrupción que además pueden desvirtuar su eficiencia económica.

Sin embargo, entre las modificaciones que aún se echan de menos está la introducción de mecanismos de participación de los agentes que hasta ahora están ausentes en este esquema y en los cuales descansa la viabilidad del sistema, esto es, los usuarios de los servicios que hasta ahora no tienen cabida para expresar las mejoras que con la perspectiva de sus intereses deben introducirse.

Con todo, si bien la introducción de la figura de los *Dispute Boards* resulta muy auspiciosa, es necesario plantearse la necesidad de que la solución judicial a las controversias sea otorgada por un tribunal especializado en la materia y no se dejen en manos de diversas comisiones arbitrales, las cuales funcionan para el caso concreto, pero no velan por la coherencia de todo el sistema de solución de controversias en materia de concesiones, fijando criterios y estándares de interpretación de la ley y los respectivos contratos. Ello apela a la consagración de una vía contencioso-administrativa para la solución oportuna de conflictos con la administración del Estado. Esta jurisdicción constituye una deuda pendiente que al siglo XXI resulta difícil de explicar su inexistencia.

BIBLIOGRAFÍA

AMUNÁTEGUI RIVERA, JOSÉ DOMINGO: *Tratado Jeneral de Derecho Administrativo Aplicado a la Lejislación de Chile*, Santiago de Chile, Imprenta Litografía y Encuadernación Barcelona, 1907.

ARÓSTICA MALDONADO: "Cómo y con quién contrata la administración", en AA. VV., *La Contraloría General de la República y el Estado de derecho. 75 años de vida institucional (1927-2002)*, Santiago de Chile, Contraloría General de la República, 2012.

AYLWIN AZOCAR, PATRICIO: *Manual de derecho administrativo. Parte general*, Santiago de Chile, Editorial Jurídica de Chile, 1952.

— "Evolución y progreso del régimen jurídico de la administración del Estado de Chile", en AA. VV., *Derecho administrativo: 150 años de doctrina*, Santiago, Editorial Jurídica de Chile, 2009.

Biblioteca del congreso nacional de chile: *Historia de la Ley núm. 20410, Modifica la Ley de Concesiones de Obras Públicas y otras normas que indica.*

BITRÁN, E. y VILLENA, M.: "El nuevo desafío de las concesiones de obras públicas en Chile. Hacia una mayor eficiencia y desarrollo institucional", en *Estudios Públicos,* núm. 117, CEP-Chile, Santiago, 2010.

BLAZEVIC QUIROZ, H. N.: *Análisis crítico de la política de concesiones viales en Chile: balance y aprendizajes. Estudio de Caso,* núm. 102, Memoria para optar el grado de Magíster de Gestión y Políticas Públicas (MGPP), Santiago de Chile Facultad de Ciencias Físicas y Matemáticas, Universidad de Chile, 2008.

Cámara de Comercio de Santiago: *Resolución de controversias. Ley de Concesiones de Obras Públicas,* 2012, disponible en *http://www.camsantiago.cl/articulos_*

online/35_Resolucion%20Controversias%20Ley%20Concesiones%20Obras%20 Publicas.doc. (Consulta: 30 septiembre 2013).

CASSAGNE, J. C.: "Sobre los contratos de asociación pública privada (PPP) en Argentina", en *Revista Iberoamericana de Derecho Administrativo y Regulación Económica,* LXV-169, disponible en *www.ijeditores.com.ar/articulos.php?idarticulo=62169&print=1* (consulta: 25.9.2012).

CHAPARRO NAVARRETE, P.: "Acerca de los «Dispute Boards» de la Cámara de Comercio Internacionacional", en *Gaceta Jurídica,* núm. 317, 2006.

EFE: "Autoridad del Canal de Panamá rechaza presiones de Sacyr y lo llama a respetar contrato", 1º enero 2014, Disponible en EMOL: *http://www.emol.com/noticias/internacional/2014/01/01/637548/autoridad-del-canal-de-panama-rechaza-las-presiones-del-consorcio-de-sacyr.html* [consulta: 27 de enero de 2014].

—: "Anuncian la suspensión de las labores de ampliación del canal de Panamá", 1º enero 2014, disponible en EMOL: *http://www.emol.com/noticias/internacional/2014/01/01/637538/suspenden-labores-de-ampliacion-del-canal-de-panama.html* (consulta: 27 de enero de 2014).

—: "Rajoy y primer ministro italiano evaluarán coyuntura económica y futuro del canal de Panamá". 26 de enero 2014, disponible en EMOL: *http://www.emol.com/noticias/economia/2014/01/26/641592/rajoy-y-primer-ministro-italiano-evaluaran-coyuntura-economica-y-futuro-del-canal-de-panama.html* (consulta: 27 de enero de 2014).

ENGEL, E. / FISCHER, R. / GALETOVIC, A. y HERMOSILLA, M.: *Renegociación de concesiones en Chile,* Santiago, CEP, 2008. Disponible en *http://ciperchile.cl/wp-content/uploads/renegociaciones-de-contratos.pdf"(consulta* 24 de septiembre de 2012).

FIGUEROA VALDÉS, J. E.: "Los *Disputes Boards* o paneles técnicos en los Contratos Internacionales de Construcción", en *Gaceta Jurídica,* núm. 364, 2010.

GATICA SOTOMAYOR, M.: *Evolución del sistema de concesiones, coordinación de concesiones de obras* públicas, Santiago, Gobierno de Chile, 2010.

IRIBARREN, J. A.: *Lecciones de derecho administrativo*. Apuntes de clase, Santiago de Chile, Nascimento, 1936.

JARA CRISTI, M.: *Manual de derecho administrativo*, Santiago de Chile Editorial Jurídica de Chile, 1948.

LAHERA P. E.: *Política y políticas públicas*, Serie Políticas Sociales, núm. 95, CEPAL.

MORAGA KLENNER, C: "La actividad formal de la administración del Estado", en AA. VV., *Tratado de derecho administrativo* (coord.: Rolando Pantoja Bauzá), t. VII, Santiago, Abeledo Perrot-Legal Publishing, 2010.

—: "Asociación público-privada en la contratación administrativa chilena (la reforma a la Ley de Concesiones de Obras Públicas)", en AA. VV., *Modernizando el Estado para un país mejor*. Ponencias al IV Congreso de Derecho Administrativo, Asociación Peruana de Derecho Administrativo, Lima, Palestra Editores, 2010.

PINEDO BANDERAS, R.: *Cuenta Pública 10 Años Dirección Chilecompra. Modernizando el Estato*, 2013, disponible en *http://www.chilecompra.cl/index.php?option=com_content&view=article&id=1579&Itemid=1090* (consulta: 24.01.2013).

Silva Cimma, E.: *Derecho administrativo chileno y comparado*, t. v, Actos, Contratos y Bienes, Santiago, Editorial Jurídica de Chile, 1995.

Soto Kloss, E.: "La contratación administrativa: Un retorno a las fuentes clásicas del contrato", en *Revista de Administración Pública*, núm. 86, 1978.

Villar Palasí, J. L. y Villar Ezcurra, J. L.: *Principios de derecho administrativo*, 2ª ed., t. ii, Madrid, Universidad Complutense, 1987.

LA POTESTAD DE INTERPRETACIÓN UNILATERAL DE LA ADMINISTRACIÓN PÚBLICA CONCEDENTE EN LA CONCESIÓN ADMINISTRATIVA

ANDRY MATILLA CORREA*

Sumario: 1. Preliminar. 2. La potestad de interpretación unilateral del concedente en la concesión administrativa. 3. Sobre los límites de la potestad de interpretación unilateral del concedente en la concesión administrativa.

> "El principio de legalidad de la Administración [...] se expresa en un mecanismo técnico preciso: la legalidad atribuye potestades a la administración, precisamente. La legalidad otorga facultades de actuación, definiendo cuidadosamente sus límites, apodera, habilita a la administración para su acción confiriéndola al efecto poderes jurídicos. Toda acción administrativa se nos presenta así como ejercicio de un poder atribuido previamente por la ley y por ella delimitado y construido. Sin una atribución legal previa de potestades, la administración no puede actuar, simplemente".
>
> EDUARDO GARCÍA DE ENTERRÍA, *Curso de derecho administrativo* (en coautoría con TOMÁS-RAMÓN FERNÁNDEZ), t. I, 15ª ed., 2011.

1. PRELIMINAR

La concesión administrativa puede definirse como "el acto bilateral de carácter jurídico-administrativo por el que la administración pública confiere a determinada persona, temporalmente, el ejercicio de cierta actividad administrativa que tiene como objeto la gestión de un servicio público, la realización de una obra pública o la explotación de un bien de dominio público"; o, lo que es igual, "el título jurídico-administrativo por el que la administración pública habilita a determinada persona, temporalmente, para el ejercicio de cierta actividad administrativa que tiene como objeto la gestión de un servicio

* Doctor en Ciencias Jurídicas. Profesor titular de Derecho Administrativo de la Facultad de Derecho de la Universidad de La Habana.

público, la realización de una obra pública o la explotación de un bien de dominio público"[1].

Las características que esta figura presenta como institución jurídico-administrativa pueden obtenerse de su dinámica funcional y estructural propia. De esa forma, podemos recoger como tales las siguientes: a) se otorga en función del interés público; b) es un acto sometido al régimen jurídico-administrativo; c) es un acto bilateral (ello está determinado porque genera derechos y obligaciones mutuos entre las partes intervinientes; porque requiere el consentimiento de ambas partes para que el acto pueda producir los efectos previstos y porque la voluntad del concedente y del concesionario intervienen, en la medida correspondiente, en el fondo del acto, en su sustanciación, por lo que adquieren un carácter constitutivo ante dicho acto); d) es un acto formal; e) tiene carácter *intuitu personae*; f) la administración pública ostenta un conjunto de potestades jurídicas de ejercicio unilateral en el contenido de la relación concesional; g) origina derechos para el concesionario (carácter constitutivo); h) se otorga con carácter temporal; i) genera una extensión de los efectos jurídicos a terceros; j) la actividad administrativa objeto de la concesión corre, en principio, por cuenta y riesgo del concesionario (principio de riesgo y ventura); k) la concesión administrativa tiene siempre un trasfondo económico-político[2].

Por la concesión administrativa se crea una relación jurídica administrativa, un vínculo bilateral, entre las partes, originario para ambas de derechos y obligaciones. Sin embargo, si se pretende ver que el contenido de dicha relación se circunscribe solo a esos derechos y obligaciones que en virtud del nexo concesional concreto se generan, se estaría adoptando una posición restrictiva de ese contenido que impediría apreciar, en su exacta dimensión, su conformación real.

En efecto, no puede pasarse por alto que la administración pública, en el ejercicio de la función administrativa, actúa, básicamente, a partir de un conjunto de poderes jurídicos —concreción específica y parcial del poder del Estado— otorgado por el ordenamiento jurídico, que le permiten cumplir sus fines. Esas potestades[3] son, en su cualidad, distintas de los derechos subjeti-

[1] Nuestras consideraciones sobre la definición de la *concesión administrativa* las hemos desarrollado en el trabajo: "Base conceptual de la concesión administrativa", en *Revista Brasileira de Direito Administrativo e Regulatório*, núm. 3, São Paulo, 2011, págs. 13 y ss.

[2] Una explicación de estas características puede encontrarse en nuestro trabajo: "Base conceptual de la concesión administrativa", cit., págs. 13 y ss.

[3] Santi Romano (*Corso di diritto amministrativo*, 3ª ed., Padova, Cedam, 1937, pág. 139) exponía: "«Potere giuridico», in senso ampio, è ogni potere de azione («potestas» o «facultas agendi») attribuito ad una persona dall'ordinamento giuridico, in ordine a beni o interessi da questo protetti [...]".

vos que la administración pública puede tener como sujeto de una relación concreta[4].

Según razonaba el maestro García de Enterría: "[...] la potestad no se genera en relación jurídica alguna, ni en pactos, negocios jurídicos o actos o hechos singulares, sino que procede directamente del ordenamiento. En segundo término, no recae sobre ningún objeto específico y determinado, sino que tiene un carácter genérico y se refiere a un ámbito de actuación definido en grandes líneas o direcciones genéricas. No consiste en una pretensión particular, sino en la posibilidad abstracta de producir efectos jurídicos, de donde eventualmente pueden surgir, como una simple consecuencia de su ejercicio, relaciones jurídicas particulares. En fin, a la potestad no corresponde ningún deber, positivo o negativo, sino una simple sujeción o sometimiento de otros sujetos (nominalmente de un círculo de sujetos) a soportar sobre su esfera jurídica los eventuales efectos derivados del ejercicio de la potestad; esa sujeción puede ser para esos sujetos ventajosa (si del ejercicio de la potestad deriva para ellos un beneficio), o desventajosa (si de la potestad surge para ellos un gravamen; sería la sujeción *stricto sensu* o por excelencia), o indiferente (si no llega a afectar a su esfera jurídica), pero en ningún caso implicará un deber o una obligación, los cuales podrán surgir eventualmente de la relación jurídica que el ejercicio de la potestad es capaz de crear, pero no del simple sometimiento a la potestad misma. No hay, por ello, frente a la potestad un sujeto obligado, sino una «situación pasiva de inercia» (Giannini), que implica un sometimiento a los efectos que la potestad puede crear en su ejercicio, la inexcusabilidad de

[4] En este sentido Santi Romano (*Corso..., op. cit.*, pág. 140) resumía: "[...] potestà o poteri in senso stretto sono i poteri con cui la capacità giuridica si svolge e si qualifica in una sua direzione o aspetto generico; diritto sono i poteri che si svolgono in un particolare e concreto rapporto giuridico". Seguidamente (*Corso..., op. cit.*, págs. 140 y ss.), el italiano precisaba con más detenimiento las diferencias entre *potestad* y *derecho*. Tal como advirtió Eduardo García de Enterría: "El concepto de potestad se perfila a través [*sic*] de su contraste dialéctico con el de derecho subjetivo. Ambas figuras son especies del género poderes jurídicos, en sentido amplio, esto es, facultades de querer y de obrar conferidas por el ordenamiento a los sujetos. A partir de este núcleo común, todas las demás notas son diferenciales entre la potestad y el derecho subjetivo. Así, el derecho subjetivo se caracteriza por tener su origen en una relación jurídica concreta, recaer sobre un objeto específico y determinado, consistir en una pretensión concreta y corresponder con un deber atribuible a un sujeto pasivo, que es, en este sentido, un sujeto obligado. Pensemos, por ejemplo, en el derecho del contratante: surge de una particular relación jurídica contractual, creada por un pacto, recae sobre la prestación obligacional específica y concreta definida por el contrato, consiste en una pretensión hacia el cumplimiento de dicha prestación, corresponde con el deber correlativo del deudor, sujeto obligado. Pues bien, ninguna de estas notas convienen a la potestad, que más que bien se caracterizaría por oposición a las mismas". Ver: Eduardo García de Enterría y Tomás-Ramón Fernández, *Curso de derecho administrativo*, t. I, 15ª ed., Cizur Menor, Civitas-Thomson Reuters-Aranzadi, 2011, págs. 465 y 466.

soportar que tales efectos se produzcan y que eventualmente afecten a la esfera jurídica del sometido"[5].

La existencia de las potestades jurídico-administrativas se caracteriza, entre otras notas, por su configuración como poderes jurídicos de actuación genérica y por su ejercicio unilateral de parte de la administración pública. Y su integración en el contenido de la función administrativa como medio de garantizar la consecución de la finalidad que esa función involucra (la satisfacción de las necesidades comunes) es una muestra o elemento de expresión "exorbitante del régimen común o del derecho civil" —régimen que normalmente se aplica al resto de los sujetos que se vinculan jurídicamente en su actividad, persiguiendo sus propios intereses como individuos—, que caracteriza a la función administrativa y que viene determinado (ese régimen de exorbitancia) por la finalidad que persigue esa función.

Por su emanación del ordenamiento jurídico y su planteamiento genérico, las potestades jurídicas administrativas no dependen, en su existencia y procedencia, de su reconocimiento en la letra de un acto de carácter específico —de la voluntad de las partes intervinientes—, sino que ese acto en cuestión lo que vendría es a concretar sobre un supuesto determinado (el de ese acto) y para ese caso, el contenido y ejercicio de la potestad de que se trate. En este sentido, la doctrina más autorizada[6] señala que toda potestad reviste los caracteres de inalienable, intransmisible, irrenunciable e imprescriptible.

Estas anotaciones básicas relativas a las potestades jurídicas de la administración pública nos sirven para llevarlas al plano específico de las concesiones administrativas y vincularlas a ellas en el ámbito propio del contenido de la relación concesional.

El marco regulador de la concesión administrativa, como nexo jurídico, se compone del propio acto concesional, por la normativa relativa específicamente a él y la que se refiere al objeto que se concede. A ese planteamiento de base se sumará otra afirmación, también de base: lo que ocurre entre las partes intervinientes en la concesión administrativa es una transferencia temporal y parcial del concedente al concesionario del ejercicio de una actividad cuya titularidad pertenece a la administración pública, que tiene por objeto la gestión de un servicio público, la realización de una obra pública o la explotación de un bien de dominio público; la finalidad que se persigue con esa transferencia consiste en procurar, por esa vía, la satisfacción de los intereses colectivos que con ella se relacionan (finalidad genérica que está presente y marca toda la actividad administrativa), y donde lo concedido no pierde su carácter público, ni el concedente pierde la titularidad del objeto dado en concesión. En resumidas

[5] García de Enterría y Fernández, *op. cit.*, pág. 466.

[6] Por todos, Romano, *op. cit.*, pág. 144, y García de Enterría y Fernández, *op. cit.*, págs. 465 y ss.

La potestad de interpretación unilateral de la concesión administrativa le permite a la administración pública contar con un importante instrumento de acción inicial e inmediata frente a este tipo de controversias con el concesionario y responder ante ellas de manera tal que no afecte la continuidad en la realización del objeto de la concesión, ni se afecte, por esa vía, el interés general que se manifiesta en la relación concesional. Gracias a dicha potestad, la administración pública puede conjurar una posible paralización de la ejecución de lo concedido —que de seguro podría acontecer si, de no existir este poder en manos de la administración pública, hubiera que concurrir directamente a un proceso judicial en el cuál, mientras no se pronunciara el juez solucionando definitivamente la cuestión, se estableciera la suspensión de la realización de lo concedido—, evitando así la consiguiente afectación negativa que al interés público ocasionaría esa paralización —especialmente en lo que a servicio público se refiere—, y garantizar la continuidad de aquella como forma para alcanzar el interés que anima la vigencia de la concesión administrativa. Este poder de interpretación es, ante todo, una garantía para mantener la continuidad de la actividad que desempeña el concesionario, y sirve así a la salvaguarda del interés colectivo, que tiene en esa continuidad un presupuesto básico para alcanzar su satisfacción.

Georges Péquignot explicaba sobre la interpretación en la contratación administrativa: "En réalité, et souvent malgré les apparences, la Conseil d'Etat ne fait jamais abstraction de ce que le contrat administratif est unilatéralement rédigé par l'Administration et que seule y apparaît la volonté administrative. Les règles d'interprétation formulées par Saleilles à propos du contrat d'adhésion, que nous nous sommes plu à citer tout au long, s'appliquent ici rigoureusement. Ce n'est pas une moyenne entre deux volontés que le juge doit rechercher. Ce n'est pas un complexe de volontés qu'il doit établir. C'est une volonté unique qu'il découvre et qu'il peut prétendre interpréter"[8].

[8] Georges Péquignot, *Théorie générale du contrat administratif*, Paris, Éditions A. Pédone, 1945, pág. 270. En alegaciones del español Gaspar Ariño Ortiz ("El contenido de la relación contractual: sus principios informadores", en *Documentación Administrativa*, núm. 121, Madrid, enero-febrero 1968, pág. 47) en su momento: "[...] Y es justamente porque la administración ostenta la titularidad privativa de ese interés general, por lo que se le concede en la ley «la facultad de interpretar los contratos en que intervenga y resolver las dudas que ofrezca su cumplimiento» (art. 16 LCE), pues se presupone que su interpretación será siempre la auténtica, la acorde con la finalidad que ella misma perseguía en el contrato". En la propia España no se ha dejado de subrayar la jurisprudencia, en cuanto a lo que ella ha señalado como fundamento de la potestad de interpretación de la administración pública en los contratos administrativos. Luis Cosculluela Montaner (*Manual de derecho administrativo*, t. I, 23ª ed., Navarra, Thomson-Civitas Aranzadi, Cizur Menor, 2012, pág. 414) recogía: "La jurisprudencia ha establecido como fundamento de esta potestad, además de la reiterada finalidad de defensa del interés público, la razón de ser la administración la redactora de los pliegos de condiciones que conforman el contenido de las cláusulas contractuales quien mejor las conoce, y puede, por tanto, establecer cuál es el sentido que mejor se orienta a la satisfacción de aquel interés

La potestad de interpretación a la que nos referimos es expresión del principio de autotutela que informa el actuar de la administración pública, y la concreción de su ejercicio se realiza mediante actos administrativos que, impregnados de la fuerza de ese principio (privilegio de decisión ejecutoria), resultan de obligatorio cumplimiento para el concesionario y tendrán todo el respaldo jurídico que un acto de esa naturaleza implica. Al igual que el resto de los poderes jurídicos, esta potestad integra el conjunto de elementos determinantes de la posición jurídicamente superior que tiene la administración pública concedente en el vínculo concesional.

Si bien es cierto que la administración pública goza de este poder de interpretación en el seno de la concesión administrativa, también es una realidad la circunstancia de que no se entiende en el sentido de que su ejercicio, por sí mismo, comporta, o pretende comportar, un pronunciamiento que establezca definitivamente la interpretación de las disposiciones objeto de desacuerdo entre el concedente y el concesionario. De ahí que se haya catalogado como que es un poder que está desprovisto de todo contenido material o sustancial[9] o como que es un poder de naturaleza meramente provisional[10].

público (STS de 29.02.1984). [...]". PARADA (*Derecho administrativo*, t. I, *op. cit.*, págs. 306 y 307) exponía al respecto: "[...] No obstante una jurisprudencia poco reflexiva no lo reconoce de esta manera. Por el contrario, invierte a favor de la administración la regla de que la parte que ha redactado una cláusula del contrato no puede beneficiarse de la oscuridad de la misma [*sic*] (C. C. art. 1288), afirmando justamente al revés: «que la potestad interpretativa de la administración puede servir para conocer la auténtica voluntad de lo convenido, de difícil intelección en caso contrario, por las siguientes razones: 1) las cláusulas contractuales están redactadas unilateralmente por la propia administración y, por tanto, es ella quien mejor está dotada para conocer su verdadero sentido; 2) las mismas [*sic*] contienen diversas expresiones que, por su indeterminación, nadie mejor que ella pueda conocer la finalidad con que han sido empleadas; [...]» (sents. de 22 de febrero de 1982, 24 y 29 de febrero de 1984 y 13 de julio de 1985). La sentencia de 9 de diciembre de 1976, en la misma línea, afirma que «mientras no se demuestre lo contrario, debe pensarse en la presunción de que quien mejor conoce el sentido de las cláusulas contractuales es la parte que ha procedido por sí misma a su redacción». [...]". Ver también, en el mismo sentido de los dos autores anteriores, a otro español, JUAN FRANCISCO MESTRE DELGADO, "La posición singular de la administración en la contratación administrativa y las garantías del contratista según la jurisprudencia contencioso-administrativa reciente", en *Revista Española de Derecho Administrativo*, núm. 47, Madrid, julio-septiembre, 1985, pág. 427.

[9] GARCÍA DE ENTERRÍA y FERNÁNDEZ, *op. cit.*, pág. 768; PARADA, *op. cit.*, pág. 306.

[10] JUAN ALFONSO SANTAMARÍA PASTOR, *Principios de derecho administrativo general*, t. II, 2ª ed., Madrid, Iustel-Portal Derecho, 2009, pág. 227. JOSÉ LUIS VILLAR PALASÍ y JOSÉ LUIS VILLAR EZCURRA (*Principios de derecho administrativo*, t. II, Actos, Recursos, Jurisdicción Contencioso-Administrativa, 3ª ed., Madrid, Universidad de Madrid, Facultad de Derecho, Sección de Publicaciones, 1993, pág. 116) escribían: "[...] Ahora bien, el privilegio de interpretación unilateral de los contratos no es tal, o mejor decir, no es más que una consecuencia prácticamente obligada del principio general que exige la existencia de una decisión previa (la denominada «décision préalable» por la doctrina francesa) como requisito para acudir a los tribunales de la jurisdicción contencioso-administrativa". Agregando seguidamente (págs. 116 y 117): "Dicho de otra forma, la interpretación del contrato se traduce en la aparición de un acto administrativo. Este acto

En el sentir de EDUARDO GARCÍA DE ENTERRÍA, a propósito de la contratación administrativa: "La prerrogativa de interpretación unilateral de los contratos administrativos así justificada carece, por lo tanto, de todo contenido material o sustantivo. No se trata de que la administración pueda decidir libremente sobre el alcance real de lo pactado, sino de asegurar una decisión que provisionalmente permita continuar la obra, el servicio o suministro contratados sin interrupciones perjudiciales para el interés general. La facultad interpretativa que se reconoce a la administración no tiene otro alcance ni se traduce en reglas especiales distintas de las que establecen con carácter general los artículos 1281 y siguientes C. C., a los que debe ajustarse su ejercicio [...], sin perder de vista, naturalmente, el interés público que el contrato pone en juego. Por lo demás, era facultad interpretativa está sometida a reglas estrictas en garantía de su objetividad [...]"[11].

Así las cosas, la potestad de interpretación unilateral de la concesión provee a la administración pública de un recurso para evadir inicialmente un posible obstáculo —la interrupción de la continuidad en la realización del objeto de la concesión por razones de controversias de interpretación entre ella y el concesionario—, que, de acontecer, repercutiría negativamente en el interés público que se busca satisfacer en la concesión. Pero solo es eso, un remedio provisional para dar una respuesta en primera instancia a un problema de interpretación sin detener la marcha de la actividad a la que se refiere y no la imposición de una solución de carácter definitivo e inatacable jurisdiccionalmente, que resuelva en firme ese conflicto. El hecho de que se deje a salvo el derecho del concesionario a recurrir ante un juez las consecuencias que originen los actos emanados de esa potestad de interpretación unilateral es la clara evidencia de que funciona como una vía inicial o provisional de solución para evitar males mayores y no como una vía de resolución final de aquellas controversias[12]. Y

---

administrativo constituye, a su vez, el presupuesto necesario para que el contratista particular pueda impugnar la decisión de la administración respecto de un contrato determinado y de ahí que la interpretación unilateral se manifieste como un privilegio y al tiempo como cauce para poder acudir a la fiscalización judicial del contrato [...]". Para finalizar diciendo (pág. 117): "[...] Como para que el recurso pueda ser interpuesto es necesario que la administración se haya pronunciado previamente al respecto, la interpretación que interesa, en primer lugar, conocer (es decir, la interpretación relevante) es la de la propia administración. El privilegio de interpretación unilateral se traduce, pues, en una *carga de la prueba* similar a la que existe frente a cualquier acto de la administración (ya que incumbe al contratista particular probar que no es cierta o que es ilegal la interpretación que haya podido dar la administración). Consiguientemente, y hasta que no [*sic*] exista resolución o sentencia firme al respecto, el contratista particular habrá de estar y pasar por la interpretación del contrato que haya verificado la administración".

[11] GARCÍA DE ENTERRÍA y FERNÁNDEZ, *op. cit.*, pág. 768.

[12] Según MARCELLO CAETANO (*Tratado elemental de derecho administrativo. Teoría general*, traducción y notas de Laureano López Rodó, Santiago de Compostela, Librería y Editorial Sucesores de "Galí", 1946, págs. 378 y 379), "[...] debe advertirse la particularidad de que la administración no puede interpretar específicamente los contratos administrativos

no podría de ser de otra forma, pues la configuración de la interpretación que realiza el concedente como una interpretación definitiva e inatacable ante un juez resultaría una desprotección grosera de los derechos adquiridos por el concesionario, un espaldarazo al proceder autoritario y la vulneración del más elemental presupuesto para impartir justicia: el de no otorgarle la condición de juez que decidirá finalmente un conflicto a una de las partes involucradas en él como interesada.

La interpretación que de la letra de la concesión administrativa puede hacer la administración pública es un procedimiento de inteligencia que, dentro de los marcos que fija la legislación reguladora de la concesión y el acto concesional, busca determinar el sentido y alcance de las disposiciones contenidas en dicho acto, sobre las que recae el desacuerdo de las partes intervinientes en la relación, con la premisa de hacerlo de la manera más favorable y conveniente al interés público. A partir de esa idea esencial, pueden señalarse tres elementos básicos que constituyen importantes determinantes de una consecuente realización de ese procedimiento de inteligencia: que lo dispuesto en la concesión administrativa existe como una unidad, atender a la voluntad de las partes expresada en la letra del acto concesional y defender el interés público al que la existencia de la concesión administrativa responde.

El ejercicio de la potestad interpretativa por la administración pública tiene como centro, de ordinario, una cláusula o aspecto específico del contenido de la concesión. Esta precisión hace que no deba olvidarse que dicho aspecto es una parte que integra ese todo que es la concesión y que tributa a la existencia y funcionamiento como unidad de ella. Por tanto, tal cláusula o disposición solo encuentra y adquiere su sentido dentro de la consideración global y unitaria de aquella. En consecuencia, para poder aclarar en su real dimensión la disposición concesional objeto de la controversia interpretativa, el órgano administrativo que la interpreta debe apreciar en esa acción todos los elementos que dentro de la letra de la concesión y su marco regulador se engranan con ella, pues resulta, en su conjunto, un cuerpo estructural y funcionalmente unitario, orgánico y armónico[13]; o se corre el riesgo de generar un pronunciamiento descontextua-

mediante actos definitivos y ejecutivos"; el portugués agregaba a renglón seguido: "Aparte de la interpretación implícita en todo acto de ejecución o de aplicación de un contrato, la administración no puede definir con fuerza obligatoria el sentido de una cláusula dudosa. No solo se halla en juego el interés público, sino también el interés particular del otro contratante y ambos son interdependientes. Por eso la ley reserva a los tribunales administrativos la competencia para fijar de un modo genérico y obligatorio, mediante un acto jurisdiccional, la interpretación de las cláusulas contractuales".

[13] Refería Miguel S. Marienhoff (*Tratado de derecho administrativo*, t. III-B, Contratos administrativos. De los contratos en particular, 3ª ed., actualizada, Buenos Aires, Abeledo-Perrot, 1983, pág. 645) como una de las reglas especiales de interpretación de las concesiones: "[...] c) la interpretación de la concesión debe obtenerse haciendo concurrir a la solución todas las cláusulas que se encuentren vinculadas entre sí [...]". Ver, además: Eleuterio Delgado Martín,

lizado, con una visión perspectivamente parcial, y que, por ello, no responda a las exigencias que impulsan ese actuar esclarecedor.

Lo dicho puede reconducirse y concentrarse entonces en una formulación compactada, que podría perfectamente considerarse pauta interpretativa de la concesión y que puede plantearse como el *principio de unidad del contenido o del clausulado de la concesión administrativa* o como el *principio de solidaridad del contenido o del clausulado de la concesión administrativa.* Esta última formulación que reflejamos de ese principio no resulta de nosotros más que un ejercicio de apoyatura, de variación y de extensión en su alcance y operatividad, del *principe de la solidarité de toutes les clauses de la concession*, enunciado al parecer por GASTÓN JÈZE en un comentario al *arrêt Ville de Toulon*, de 10 de abril de 1935, del Consejo de Estado francés[14]. Este principio se expuso como solución en las conclusiones a dicho *arrêt* realizadas por el comisario de gobierno Andrieux, en lo que respecta específicamente a las condiciones de aplicación de la teoría de la imprevisión en la concesión de servicio público[15].

La concesión administrativa, en su esencia y naturaleza, es un acto bilateral —dejamos a un lado el complejo tema de su naturaleza jurídica[16]—, no solo porque sus efectos se extienden tanto al concedente como al concesionario, sino porque las voluntades de ambos participan con carácter constitutivo en la formación del acto en cuestión —si bien en dimensiones, alcance e intensidades diferentes—, y se requiere el consentimiento de esos dos sujetos para que

---

Contratos administrativos o de obras y servicios públicos con una colección de disposiciones del ramo de hacienda, Madrid, Tipográfica de Manuel Ginés Hernández, 1883, pág. 93; ÁLEX VARELA CABALLERO, *Curso de derecho administrativo*, t. I, Valparaíso, Edeval, 1968, pág. 119; MARÍA GABRIELA ÁBALOS, "La concesión de servicio público", en AA. VV., Ismael Farrando (h.), Patricia R. Martínez (Dirs.), *Manual de derecho administrativo*, reimp. de la 1ª ed., Buenos Aires, Depalma, 2000, pág. 463.

[14] GASTÓN JÈZE, "Comentario al *arrêt Ville de Toulon*, de fecha 10 de abril de 1935, del Consejo de Estado francés", en *Revue de Droit Public et de la Science Politique en France et a l'étranger*, t. cinquante-deuxième, año XLII, Paris, 1935, págs. 788 y 789.

[15] Al respecto pueden verse las conclusiones de ANDRIEUX en el aludido *arrêt*, reproducidas en la *Revue de Droit Public...*, citada en la nota anterior, págs. 789 y 790.

[16] Hemos expuesto y desarrollado algunas ideas sobre la naturaleza jurídica de la concesión administrativa de nuestra autoría en trabajos como: *Introducción al régimen jurídico de las concesiones administrativas en Cuba*, La Habana, Universidad de La Habana, Centro de Estudios de Administración Pública, Editorial Universitaria, 2009; "La teoría de Léon Duguit sobre la naturaleza jurídica de la concesión administrativa (La teoría de la convención de carácter complejo)", en ANDRY MATILLA CORREA, JOSÉ LUIS PRADO MAILLARD y GERARDO LUIS RODRÍGUEZ LOZANO (Coords.), *Ensayos de derecho público en conmemoración del sesquicentenario del natalicio de León Duguit*, Monterrey, Nuevo León (México), Lazcano Garza Editores, 2011; "Maurice Hauriou y la naturaleza jurídica de la concesión administrativa: la teoría de la doble naturaleza o doble aspecto", en ANDRY MATILLA CORREA, JAIME ORLANDO SANTOFIMIO GAMBOA y HÉCTOR SANTAELLA QUINTERO (Coords.), *Ensayos de derecho público. En memoria de Maurice Hauriou*, Bogotá, Universidad Externado de Colombia, 2013.

pueda surtir efectos. Sobre la base de esa afirmación, mientras el interés público no justifique una actuación en contrario, la administración pública, en sus poderes de actuación unilateral en el seno de la concesión, deberá respetar y hacer valer la bilateralidad que caracteriza al acto concesional y apoyarse en esa bilateralidad como una determinante en las acciones que hay que emprender que tengan repercusión dentro de la relación jurídica que la concesión crea. Para el caso que nos ocupa, ello puede traducirse en que si la interpretación del aspecto controversial en uno u otro sentido no afecta en nada al interés general que subyace en la concesión administrativa, esta debe realizarse considerando la intención de las voluntades de ambas partes manifestada en su momento[17], teniendo en cuenta el balance de intereses puestos en juego en aquella. Por otro lado, si esa interpretación pudiera afectar el interés público, y no fuera posible considerar las voluntades originariamente manifestadas, entonces la consideración de esa bilateralidad, al menos formalmente, podría apreciarse en el establecimiento como imperativo de que la administración pública, antes de adoptar una solución, debe escuchar al concesionario previamente, dándole la posibilidad de exponerle sus alegaciones al respecto.

Sin duda, la determinante fundamental que debe informar en primer lugar cualquier pronunciamiento interpretativo que realice la administración pública sobre el contenido de la concesión administrativa, es la salvaguarda del interés público. Ello no es más que una especificación, en el plano de esta interpretación, del *principio del interés público* que debe operar en cada una de las acciones que el concedente lleva a cabo en el seno de la relación concesional, en virtud de las potestades y derechos que ese sujeto ostenta en ella. En otras palabras, que el ejercicio de la potestad de interpretación unilateral de la concesión administrativa por la administración debe realizarse atendiendo primeramente a las necesidades que devela el interés público al que ella responde en su existencia. De este planteamiento se desgajan varias consecuencias que deben necesariamente observarse para que la interpretación de las cláusulas de la concesión administrativa pueda cumplir en verdad la finalidad que en última instancia la marca.

[17] Según ENRIQUE SAYAGUÉS LASO (*Tratado de derecho administrativo,* t. II, Montevideo, 1959, págs. 25 y 26): "Cuando las cláusulas de la concesión tienen un texto claro, es lógico reconocerles el alcance que de ellas fluye naturalmente, máxime si la interpretación admitida es concordante con el interés público para satisfacer el cual se otorgó, la concesión y los hechos posteriores de las partes que la confirman, [...]". Según JUAN CARLOS CASSAGNE ("La sustantividad del contrato administrativo y sus principales consecuencias jurídicas.", en *Estudios de derecho público*, Buenos Aires, Depalma, 1995, pág. 127): "[...] es evidente que cuando la interpretación no afecta a la causa final o finalidad del contrato administrativo sino al particular contratista (*v. gr.*, prestaciones pecuniarias a cargo de la administración), el interés público no juega como criterio interpretativo, debiendo acudirse a las normas de la legislación civil o comercial".

En primer lugar, y a partir del hecho de que las concesiones administrativas son, de ordinario, vínculos jurídicos de larga duración, esa interpretación debe tomar en cuenta la necesidad de adaptar la actividad objeto de la concesión y su ejecución —en especial en materia de servicio público— a las nuevas exigencias que la vida en colectivo va imponiendo en su desarrollo, como vía de mantener la correlación entre la actualidad y vigencia de la concesión administrativa y las necesidades colectivas que con ella se satisfacen. La consideración de ese elemento fue lo que le hizo concluir a GEORGES PÉQUIGNOT[18] —a tenor de los contratos administrativos— que la voluntad de la administración pública debe interpretarse en función de su objeto, que es el servicio público, lo que la hace una voluntad actual y no una voluntad pasada[19].

En palabras de PÉQUIGNOT: "La volonté administrative, ainsi interprétée en fonction de son but de service public, but variable essentiellement, est donc une volonté actuelle et non une volonté passée. Saisi d'un litige relatif à un contrat de droit privé, le juge a pour mission de la faire appliquer sans le modifier le moins du monde et pour cela, si c'est nécessaire, de l'interpréter en recherchant, indépendamment des circonstances qui ont pu varier depuis lors, quelle a été la volonté des parties au moment de la conclusion du contrat. Le juge su contrat de droit privé est strictement lié par lui"[20].

[18] PÉQUIGNOT, *Théorie générale du contrat administratif*, *op. cit.*, pág. 272.

[19] Sin embargo, no puede decirse que esa fuera la solución predominante en el siglo XIX, en lo que atañe a la contratación administrativa. Así, un autor español como ELEUTERIO DELGADO MARTÍN (*Contratos administrativos...*, *op. cit.*, pág. 95) recogía en ese tiempo: "Siendo lo pactado y convenido la ley del contrato, es regla de recta interpretación cuando sobre la verdadera inteligencia se suscitan dudas para fijar, sin género alguno de incertidumbre, las obligaciones recíprocas de los contratantes que se atienda más que á la aceptación de las palabras á su espíritu, dándoles el sentido que los mismos [*sic*] quisieron que tuviesen conforme á su intención y al objeto que propusieron, según así está resuelto por varias sentencias del Tribunal Supremo. (S de 15 de diciembre de 1872)".

[20] PÉQUIGNOT, *op. cit.*, pág. 272. El argentino MIGUEL ÁNGEL BERÇAITZ (*Teoría general de los contratos administrativos*, Buenos Aires, Depalma, 1952, pág. 249) seguía a PÉQUIGNOT cuando exponía: "En los contratos de derecho privado, el juez debe ante todo, y por sobre todas las cosas, interpretar cuál ha sido la voluntad de las partes en el momento de celebrar convenio. Es, pues, una interpretación que mira a lo pasado"; en el párrafo siguiente continuaba: "En los contratos administrativos, el juez debe ante todo, y por sobre todas las cosas, interpretar cuáles con las necesidades actuales de la colectividad y cuál su compatibilidad con los términos del contrato. Es, pues, una interpretación que mira a lo presente". Para decir además: "Como dice, PÉQUIGNOT, la voluntad administrativa debe interpretarse en función del objeto que es el servicio público, objeto esencialmente variable: es, por consiguiente, una «voluntad actual» y no una «voluntad pasada». Escribía ENRIQUE SAYAGUÉS LASO (*Tratado de derecho administrativo,* t. II, *op. cit.*, pág. 26): "[...] Pero aun siendo claro el texto, cabe una interpretación flexible cuando el resultado a que se llegaría con su aplicación literal fuese abiertamente contrario al interés público, por haber cambiado la situación de hecho que existía al tiempo del otorgamiento de la concesión". Varios años antes, RECAREDO FERNÁNDEZ DE VELASCO (*Los contratos administrativos*, Madrid, Editorial Revista de Derecho Privado, 1927, pág. 193) enseñaba sobre la in-

El francés acotaba seguidamente: "Le but de service public est, au contraire, quelque chose de concret et de présent [...]"[21].

Todo ello quiere decir que si se plantea la interpretación de alguna cláusula de la concesión, esta deberá realizarse teniendo en miras directas las exigencias que señala la satisfacción del interés público en el momento en que se realiza dicha interpretación y la proyección futura que puede develar el desenvolvimiento de lo concedido; y no debe sustraerse de las circunstancias actuales y futuras de la concesión e ir a buscar el sentido de la cláusula objeto de la interpretación al momento en que se manifestó originalmente la voluntad de la administración pública y suponerlo solo sobre la base de la situación que en ese instante determinó esa voluntad[22].

Esa regla de fondo permite que la interpretación de la concesión administrativa no se divorcie de las circunstancias fácticas reales que su ejecución vive y que le marcan el desarrollo futuro. Y hace de esa interpretación un instrumento de adecuación de la realización de lo concedido a las necesidades que el

---

terpretación de los contratos administrativos: "En un campo muy distinto se mueve el derecho público. Se parte de un supuesto objetivo: el servicio público. En todo contrato administrativo se descubre como voluntad de las partes, puesto que si no hay voluntad no hay contrato, cuantos actos sean necesarios, en el momento oportuno y en la forma adecuada, para atender al funcionamiento del servicio público. Lo que este exija, eso fue lo que las partes quisieron, en tanto no implique contradicción para lo contratado. De esta forma, y por razones de principio, la voluntad efectiva, la declaración, expresa o tácitamente, se han de entender reducidas a la idea del servicio público. Como este no puede plegarse a la voluntad de las partes, se impone la consecuencia de que las partes se hayan de plegar a las exigencias del servicio". Ver, entre otros, lo que también han planteado: CHARLES BERNIER, "Des pouvoirs de l'administration sur les concession de travaux publics", en *Revue de Droit Public et de la Science politique en France et a l'etranger*, tome 44ème, año XXXIV, Paris, Marcel Giard Libraire-Éditeur, 1927, pág. 480; FERNANDO ALBI, voz "Contratos administrativos", en *Nueva enciclopedia jurídica*, t. V, Barcelona, Francisco Seix Editor, 1953, pág. 451; JOSÉ ANTONIO GARCÍA-TREVIJANO FOS, "Principios sobre los contratos de la administración con especial referencia a la esfera local", en *Revista de Estudios de la Vida Local*, año XV, núm. 87, Madrid, mayo-junio, 1956, pág. 332; ALLAN-RANDOLPH BREWER CARIAS, *Instituciones fundamentales del derecho administrativo y la jurisprudencia venezolana*, Caracas, Universidad Central de Venezuela, 1964, págs. 194 y 203; BLAISE KNAPP, *Précis de droit administratif*, Bâle y Francfort del Main, Editions Helbing & Lichtenhahn, 1980, pág. 170; JORGE SARMIENTO GARCÍA, *Concesión de servicios públicos*, 2ª ed., Buenos Aires, Ediciones Ciudad Argentina, 1999, pág. 216.

[21] PÉQUIGNOT, *op. cit.*, pág. 272.

[22] En opinión de JUAN CARLOS CASSAGNE (*El contrato administrativo*, 2ª ed., con la colaboración de ESTELA B. SACRISTÁN, Buenos Aires, Abeledo-Perrot-LexisNexis Argentina, 2005, págs. 216 y 217): "Ni los contratos de concesión ni los denominados de licencia constituyen acuerdos fijos e inmutables, ya que su mutabilidad consensuada configura un contrato en marcha, que contiene una suerte de vínculo asociativo destinado a la satisfacción de necesidades de la sociedad. A la concesión de servicios públicos no se le pueden aplicar sin más las reglas que rigen en los contratos de obra pública ni en los de suministro, donde el intercambio de prestaciones se perfila nítidamente al momento del nacimiento del vínculo contractual".

interés público impone y que no pueden pasarse por alto, pues de lo contrario la concesión misma se convertiría en un obstáculo o valladar para alcanzar ese interés, algo que atenta contra la propia justificación existencial de dicha figura jurídica administrativa.

En la doctrina, en especial la francesa, se señalan los *arrêts* del Consejo de Estado francés Commune de Maronne, de 22 de junio de 1900, y, fundamentalmente, Compagnie de Gaz de Deville-les-Rouen, de 10 de enero de 1902, este último con conclusiones del comisario Romieu, como los precursores de esa solución en materia de concesiones de servicio público —y de contratos administrativos—, más ajustada a los principios del derecho administrativo[23], rompiendo con una línea anterior que se manifestó en sentido contrario, en tanto que seguía los principios de interpretación de los contratos de derecho privado, y que se expresó en los *arrêts* Compagnie de Gaz de Saint Etienne v. ville de Saint Etienne y Compagnie d'Éclairage Électrique de Montluçon v. ville de Montluçon et Compagnie de Gaz, del Consejo de Estado francés, de 26 de diciembre de 1891, con conclusiones del comisario Valabrégue[24].

En definitiva, lo dicho aquí puede compendiarse en lo que se ha dado en llamar *principio de flexibilidad* en la interpretación de la concesión administrativa. JUAN CARLOS CASSAGNE razonaba en los siguientes términos:

[23] Veasé, por ejemplo, MAURICE HAURIOU, *Précis de droit administratif et de droit public*, 11ème édition, Paris, Société Anonyme du Recueil Sirey, 1927, pág. 762, y *Précis élémentaire de droit administratif*, Paris, Société Anonyme de Recueil Sirey, 1925, págs. 378 y 379; GASTÓN JÈZE, *Principios generales del derecho administrativo,* t. III, El funcionamiento de los servicios públicos, traducción de la 3ª ed. francesa por Julio N. San Millán Almagro, Buenos Aires, Depalma, 1949, pág. 413; MARCEL WALINE, *Manuel elémentaire de droit administratif*, Paris, Librairie du Recueil Sirey, 1936, pág. 412; PÉQUIGNOT, *op. cit.*, págs. 272 y ss.; MARCEAU LONG, PROSPER WEIL y GUY BRAIBANT, *Les grands arrêts de la jurisprudence administrative*, 7ª ed., Éditions Sirey, 1978, págs. 38 y ss.; FRANÇOIS BURDEAU, *Historie du droit administratif*, Paris, Presses Universitaires de France, 1995, pág. 285; DIDIER LINOTTE y RAPHAËL ROMI, *Services publics et droit public économique*, 5ª ed., Paris, Litec Groupe LexisNexis, 2003, pág. 331; BERÇAITZ, *Teoría general de los contratos administrativos*, *op. cit.*, págs. 249 y ss.

[24] En un texto de finales del siglo XIX, AA.VV., *Pandectes français. Nouveau répertoire de doctrine, de législation et de jurisprudence*, tome 19ème, Librairie Maresq Ainé, Chevalier-Maresq et Cie Éditeurs, Paris, Librairie Plon, E. Plon, Nourrit et Cie Imprimeurs, 1895, en la voz "Concession administrative", esp. núm. 199, pág. 693, se recogía: "La interpretación de los actos de concesión está regida por las reglas del derecho civil [...]". Ver al respecto: MAURICE HAURIOU, *Précis de droit administratif et de droit public*, *op. cit.*, págs. 761 y 762, y *Précis élémentaire de droit administratif*, *op. cit.*, pág. 379; JÉZE, *Principios generales del derecho administrativo,* t. III, *op. cit.*, págs. 411 y 412; PÉQUIGNOT, *op. cit.*, págs. 272 y 273; PAUL DUEZ, y GUY DEBEYRE, *Traité de droit administratif*, Paris, Librairie Dalloz, 1952, págs. 562 y 563; FRANÇOIS BURDEAU, *Historie du droit administratif*, *op. cit.* pág. 285. En el siglo XIX español encontramos también autores como DELGADO MARTÍN (*Contratos administrativos..., op. cit.*, pág. 94) que, en sede de contratación administrativa, explicaba que "[...] para la inteligencia de los contratos debe estarse á los términos en que se hallan redactados, sin extenderlos á cosas que no se hayan estipulado expresamente".

"[...] el principio de la flexibilidad en la interpretación de los pliegos y cláusulas contractuales hace posible ajustar la concesión a la idea de servicio introduciendo, de común acuerdo con el concesionario, todas las modificaciones que demanden el cambio de circunstancias y el interés público, representado en este caso por el objetivo de alcanzar la máxima eficiencia y calidad de las prestaciones [...]. Es, precisamente, en este marco, donde se desenvuelve la protección del usuario, concepto que no se ciñe al usuario actual y determinado, sino también, fundamentalmente, al usuario futuro y potencial y aun, en aquellas concesiones con determinados plazos de vigencia, a las generaciones futuras. En otras palabras, debe atenerse a las inversiones destinadas a la satisfacción de las necesidades del usuario intergeneracional, tal que el usuario actual no satisfaga sus intereses en desmedro del usuario futuro. La mayor protección consiste en exigir el cumplimiento de la inversiones acordadas, velando por el señalado interés presente y futuro"[25].

En segundo lugar, si la interpretación debe atender a la defensa del interés público, esa regla se traduce en que el pronunciamiento interpretativo de la administración pública debe resolverse favorablemente a este interés. Según Ariño Ortiz: "El fin del contrato (la prestación de interés general que constituye la finalidad específica del órgano que lo concierta) constituye un *principio autónomo de interpretación* del mismo [*sic*] más que la intención presunta, subjetiva, de las partes, en el contrato administrativo la interpretación finalista prevalece sobre la interpretación voluntarista al modo civil [...]"[26].

De ahí que se sostenga que en caso de duda o controversia entre concedente y concesionario, si se pone en juego directamente la afectación del interés público, la solución por adoptar debe beneficiar a la administración pública[27] (que gestiona dicho interés); o, lo que es lo mismo, debe realizarse en contra del concesionario[28].

[25] Cassagne, *El contrato administrativo*, *op. cit.*, pág. 217.

[26] Ariño Ortiz, "El contenido de la relación contractual...", *op. cit.*, págs. 46 y 47.

[27] Ver, por ejemplo, los planteamientos al efecto de autores como: Gastón Jèze, *Principios generales del derecho administrativo,* t. v, Teoría general de los contratos de la administración, Segunda parte, traducción de la 3ª ed., francesa por Julio N. San Millán Almagro, Buenos Aires, Depalma, 1950, págs. 4 y 5; Péquignot, *op. cit.*, pág. 271; Fernández de Velasco, *op. cit.*, pág. 194; Rodolfo Piccirilli, *El privilegio en las concesiones de servicios públicos*, Buenos Aires, Librería Jurídica Valerio Abeledo Editor, 1936, pág. 23; Albi, "Contratos administrativos", cit., pág. 451; Sayagués Laso, *Tratado de derecho administrativo,* t. ii, *op. cit.*, pág. 27; Varela Caballero, *Curso de derecho administrativo*, t. i, *op. cit.,* pág. 191; Hely Lopes Meirelles, *Direito administrativo brasileiro*, 28ª ed., São Paulo, Malheiros Editores, 2003, pág. 212; Sarmiento García, *op. cit.*, pág. 216.

[28] Rafael Bielsa, "El interés financiero del concedente y el régimen jurídico de aprobación de tarifas de servicios públicos", en *Estudios de derecho público*, t. ii, Derecho Fiscal, Buenos Aires, Depalma, 1951, pág. 395; Berçaitz, *op. cit.*, pág. 251; Sayagués Laso, *op. cit.*, pág. 27; Oswaldo Aranha Bandeira de Mello, "Aspectos da regulamentação dos serviços públicos", en *Direito. Doutrina, Legislação e Jurisprudência*, año iii, vol. xvii, Rio de Janeiro, sept. oct.

Por ejemplo, señalaba GASTÓN JÈZE: "Sin embargo, la obligación del cocontratante, en el caso del contrato administrativo, es más estricta. La idea en que se funda el artículo 1162 del Código Civil, en lo referente a los contratos de derecho privado, no se aplica en la misma forma cuando se trata de contratos administrativos. En derecho privado, «en la duda, la convención se interpreta entre aquel que ha estipulado y a favor de aquel que ha contraído la obligación». En derecho público solo debe aplicarse esta idea combinándola con otra e incluso subordinándola a esta otra noción: en la duda, la convención se interpreta en el sentido más favorable al funcionamiento continuo y regular del servicio público. Las cláusulas de los contratos administrativos se estipulan teniendo en cuenta el interés general del buen funcionamiento del servicio"[29].

Por su parte, según GEORGES PÉQUIGNOT:

"[...] la prééminence du but poursuivi par l'Administration conduit a donner au contrat, en tout état de cause, une interprétation favorable à l'Administration. Certains auteurs ont qualifié cette règle de «principe de la bonne administration». L'intérêt privé ne peut faire échec à l'intérêt public et le contrat ne peut constituer un obstacle infranchissable à la satisfaction des besoins publics"[30].

Las afirmaciones anteriores son una muestra del pensamiento y soluciones en función de las garantías jurídicas que se constituyen para la defensa del interés público y de la superioridad jurídica de este sobre el interés individual dentro de la relación concesional, que lleva al primero a prevalecer sobre el segundo cuando el bien de la colectividad así lo requiera. Lo que puede tenerse, además, como la consecuencia lógica de la finalidad que está llamada a cumplir la concesión administrativa: si ese acto existe primariamente para beneficio de la colectividad, de él no pueden extraerse efectos que vayan en contra de esa colectividad.

Ahora bien, a pesar de lo dicho, de acuerdo con ciertas transformaciones objetivas e ideológicas que han ido ocurriendo en el espacio de ordenación *iuspúblico* desde finales del siglo pasado en algunos ordenamientos jurídicos, se han flexibilizado planteamientos como los anteriores. Tal como han dado cuenta algunos autores, en torno a la realidad más actual que en las últimas décadas ha involucrado fenómenos como la contratación del sector público, los servicios públicos y de sus técnicas de gestión indirectas (donde la concesión es la expresión históricamente típica),

"[...], surgen nuevos principios y criterios de interpretación, tales como:

1942, págs. 105 y 106; MARIENHOFF, *Tratado de derecho administrativo*, t. III-B, *op. cit.*, pág. 645; AGUSTÍN GORDILLO, "La interpretación restrictiva de concesiones y privilegios", en *Después de la reforma del Estado*, 2ª ed., Buenos Aires, Fundación de Derecho Administrativo, 1998, pág. III-15; ÁBALOS, "La concesión de servicio público", *op. cit.*, pág. 463.

[29] JÈZE, *Principios generales del derecho administrativo*, t. V, *op. cit.*, págs. 4 y 5.

[30] PÉQUIGNOT, *op. cit.*, pág. 271.

"1) el de subsistencia de la gestión privada (que constituye un derivado del principio de subsidiariedad) [...];

"2) el de flexibilidad interpretativa a favor de la estabilidad de la concesión y su finalidad específica (incluyendo el equilibrio económico de la concesión), habida cuenta el carácter de contrato en marcha, donde el intercambio prestacional o se produce ni se refleja al momento de celebrarse el contrato, hallándose involucradas, por lo general, relaciones contractuales destinadas a perdurar por una considerable cantidad de años, tal que resulta arduo prever *ab initio* todas las contingencias futuras, a lo que se suma el hecho de que, con el devenir, las expectativas de los cocontratantes pueden verse afectadas por medidas de índole general o sectorial dañosas a la estabilidad o perdurabilidad de las obligaciones y derechos originariamente acordados;

[...]"[31].

En tercer lugar, la actuación de la administración pública en pos del interés público determina que las disposiciones que limiten ese actuar en el marco de la concesión administrativa deben interpretarse restrictivamente[32]. El acto de concesión no puede ser una vía por la que la administración pública renuncie a las funciones que le son inherentes, o los enajene, pues eso sería ir contra su razón existencial y contra la esencia de las funciones públicas que ella realiza; sería permitir y legitimar que se pudiera desentender del interés público que debe garantizar. Tampoco las cláusulas contenidas en la concesión administrativa pueden representar un impedimento para que la administración pública reaccione a una situación en la que peligre la consecución del interés público; la concesión no puede atar del todo las manos de dicho órgano al tiempo de actuar cuando esté amenazado el referido interés.

Escribía PÉQUIGNOT: "L'Administration qui apparaît ainsi seule dans le contrat, y figure avec les règles qui lui sont propres. Il s'ensuit que toute stipulation qui lie la compétence des agents publics (et toutes les stipulations contractuelles s'analysent ainsi dans un certaine mesure) doit s'interpréter restrictivement. L'Administration a une mission à accomplir. Pour ce faire, elle a reçu une compétence qui ne lui appartient pas et qu'elle ne peut aliéner. Tout particulier qui contracte avec elle doit le savoir"[33].

Y más adelante, acotaba:

[31] CASSAGNE, *El contrato administrativo*, *op. cit.*, págs. 186 y 187. También, con apoyo en las ideas de CASSAGNE: GUILLERMO E. FANELLI EVANS, "El ius variandi en los contratos administrativos", en AA. VV., *El derecho argentino hoy*, Jornadas sobre Derecho Administrativo, División Estudios Administrativos, Buenos Aires, Editorial Ciencias de la Administración, 1996, pág. 197.

[32] Ver lo que se acoge, *v. gr.*, en PÉQUIGNOT, *op. cit.*, págs. 271 y 273, y en AA. VV., *Régimen jurídico de la concesión de servicio público. IVª Conferencia Nacional de Abogados. Despacho y Exposición de motivos*, Buenos Aires, Talleres de "Artes Gráficas", 1936, cap. II, ap. 13, pág. 37.

[33] PÈQUIGNOT, *op. cit.*, pág. 270.

"[...] *la prééminence du but poursuivi par l'Administration conduit à donner au contrat, en tout état de cause, une interprétation favorable à l'Administration. Certains auteurs ont qualifié cette règle de «principe de la bonne administration». L'intérêt privé ne peut faire échec à l'intérêt public et le contrat ne peut constituer un obstacle infranchissable à la satisfaction des besoins public*"[34].

Todo lo anterior lleva a que debe aceptarse la interpretación del contenido de la concesión administrativa bajo la premisa de que ante la oscuridad o imprecisión de una cláusula, esta no debe resolverse limitando o restringiendo el poder de intervención de la administración pública sobre la concesión, sino que debe entenderse que solo procederá en este tema lo que expresamente se haya establecido en el cuerpo de la concesión y no extender el beneficio de lo implícito en perjuicio del campo de acción de la administración pública concedente. Debe suponerse que en todo momento queda a salvo el poder de la administración para garantizar y propiciar el mejoramiento de la realización de la actividad concedida y su adaptación a las nuevas necesidades que el desarrollo de la comunidad vaya revelando —sobre todo si se trata del servicio público—, y de recuperar la ejecución directa de ella, siempre que el interés general así lo exija. En caso de disposiciones expresas en contrario en la letra de la concesión sobre esto último, la lectura que debe dársele no es en su literalidad, sino que proveen de un criterio distinto en cuanto a otras circunstancias al momento de valorar las consecuencias que en el patrimonio del concesionario producirían esas acciones si procederan a pesar de esas disposiciones.

Lo dicho en el párrafo anterior trasunta otra consecuencia para el supuesto en que específicamente existan privilegios en la concesión (exclusividad, monopolio), y que fue sentada, especialmente, por la jurisprudencia francesa, fundamentalmente por el mencionado *arrêt* Compagnie de Gaz de Deville-les-Rouen, del Consejo de Estado francés, de 10 de enero de 1902, con

[34] PÈQUIGNOT, *op. cit.*, pág. 271. La Cuarta Conferencia Nacional de Abogados, realizada en Tucumán en 1936 (AA. VV., *Régimen jurídico de la concesión de servicio público...*, *op. cit.*, págs. 43 y 44) se pronunció entonces de la siguiente forma: "Es nula la delegación directa o indirecta que el concesionario haga de sus facultades como tal, especialmente las de contralor del servicio, la de no declarar la caducidad en casos de incumplimiento de la obligación de prestar el servicio, la de percibir tasas no autorizadas, la de someter a arbitrajes, la determinación de la clase u objeto del servicio público, la de no rever tarifas y la de preferencia en los nuevos períodos de explotación". Según LOPES MEIRELLES (*Direito administrativo brasileiro, op. cit.*, pág. 213): "Enquanto nos ajustes privados a liberdade contractual é ampla, sendo permitido a qualquer dos contratantes renunciar direitos e assumir as obrigaçoẽs que lhe aprouver, nos contratos administrativos uma das partes —a Administração— está sempre vinculada ao interesse público e não pode abrir mão de sus direitos e poderes por mera liberalidade para com a outra parte. Assim, qualquer cláusula que contrarie o interesse público ou consubstancie renúncia a direitos o poderes da Administração debe ser considerada como não escrita, salvo se autorizada por lei".

conclusiones del comisario Romieu y nota de Maurice Hauriou. A partir de ese fallo se comienza a generalizar la aceptación por la teoría y la práctica administrativas de que la interpretación de los privilegios en la concesión administrativa debe tener carácter restrictivo[35]. Lo que quiere decir entonces que los privilegios no pueden considerarse presentes implícitamente o de pleno derecho en una concesión administrativa; antes bien, deben reflejarse expresamente en ella. Y toda duda sobre un privilegio del concesionario en la concesión administrativa debe resolverse en sentido contrario a este. Ese planteamiento resulta perfectamente entendible si se parte de la propia esencia excluyente y excepcional de estos privilegios y de lo que ellos representan para el concesionario, para la administración pública y para la colectividad, en cuanto a la ejecución de lo concedido, su prestación restrictiva por el concesionario y las implicaciones que eso trae aparejado.

3. Sobre los límites de la potestad de interpretación unilateral del concedente en la concesión administrativa

Ahora bien, como toda potestad administrativa, la de interpretación unilateral de la concesión administrativa no es de ejercicio ilimitado, sino que encuentra importantes límites que se erigen en garantías de su adecuada realización; de que no se desnaturalice en su esencia y que en verdad cumpla la finalidad existencial para la cual se hace presente en los marcos de la relación concesional.

[35] Maurice Hauriou concluía (*Précis de droit administratif et de droit public*, *op. cit.*, pág. 761): "Les engagements des communes de ne pas favoriser d'entreprise concurrente doivent être interprétés restrictivement" (Las obligaciones de los municipios de no favorecer a empresas competidoras deben interpretarse restrictivamente). También en sus *Précis élémentaires de droit administratif*, *op. cit.*, pág. 379. Gastón, Jéze, *Principios generales del derecho administrativo,* t. iii, *op. cit.*, pág. 402; Waline, *Manuel élémentaire de droit administratif*, *op. cit.*, págs. 412 y 413; Péquignot, *op. cit.,* págs. 273 y ss.; Duez, y Debeyre, *op. cit.,* págs. 562 y 563; Long, Weil y Braibant, *op. cit.,* págs. 38 y ss.; Fritz Fleiner, *Instituciones de derecho administrativo*, 8ª ed., Barcelona-Madrid-Buenos Aires, Labor, 1933, pág. 279; Recaredo Fernández de Velasco, "Teoría jurídica de las concesiones administrativas", en *Revista de Derecho Privado*, núm. 53, febrero, y núm. 54, marzo, t. v (enero-diciembre 1918), Madrid, 1918, pág. 66, y *Los contratos administrativos*, *op. cit.*, pág. 196; Bielsa, "El interés financiero del concedente...", *op. cit.*, pág. 395; Piccirilli, *El privilegio en las concesiones de servicios públicos*, *op. cit.*, págs. 173 y ss.; Berçaitz, *Teoría general de los contratos administrativos*, *op. cit.*, págs. 250 y 251; Sayagués Laso, *Tratado de derecho administrativo,* t. ii, *op. cit.*, pág. 27; Marienhoff, *Tratado de derecho administrativo*, t. iii-B, *op. cit.*, pág. 622; Bandeira de Mello, "Aspectos da reglamentacão de serviços públicos", cit., pág. 105; Lopes Meirelles, *Direito administrativo brasileiro*, *op. cit.*, pág. 213; Varela Caballero, *Curso de derecho administrativo*, t. i, *op. cit.*, pág. 191; Gordillo, "La interpretación restrictiva de concesiones y privilegios", *op. cit.*, págs. iii-11 y ss., y su *Tratado...*, t. i, *op. cit.*, pág. xi-20; Cassagne, *El contrato administrativo*, *op. cit.*, pág. 198; Ábalos, "La concesión de servicio público", cit., pág. 463; Sarmiento García, *Concesión de servicios públicos*, *op. cit.*, págs. 215 y 216.

El límite fundamental que tiene esta potestad es el propio interés público, por lo que, según hemos visto, la administración pública no puede adoptar una interpretación de lo dispuesto en la concesión administrativa que lleve aparejada una consecuencia negativa para ese interés; o lo que es lo mismo, no puede aceptar el sentido y alcance de lo estipulado en el acto de concesión en una solución que potencie el interés del concesionario frente al público y se traduzca en un sacrificio del segundo frente al primero. La interpretación por la administración pública del contenido de la concesión administrativa no solo viene determinada por el interés público, sino que solo en los marcos de dicho interés —y no fuera de ellos— esa acción interpretativa adquiere su verdadero sentido, validez y su realización consecuente.

Otro límite de este poder de interpretación unilateral de la concesión administrativa está dado por las normas positivas reguladoras de él y los principios jurídicos informantes de ese orden positivo. Como ocurre en otras potestades administrativas, también el deber de respetar el principio de legalidad en el ejercicio de la potestad de interpretación unilateral de la concesión es un límite esencial para su realización. Ello quiere decir que la administración pública está obligada a observar las reglas que el propio ordenamiento jurídico prevé para la ejecución de la interpretación de estos actos, y con ello a observar los principios generales que conforman dicho ordenamiento, y que se manifiestan en tales reglas. En ese proceso de inteligencia desempeñan un papel relevante principios como el de interés público, buena fe, equidad y objetividad, entre otros.

La bilateralidad del acto de concesión y los derechos patrimoniales del concesionario operan igualmente como límites que la administración pública no puede vulnerar al interpretar la concesión administrativa. Una primera implicación de este postulado es que, mientras el interés público no lo exija, la administración pública, en su poder de interpretación unilateral, no debe derivar consecuencias que afecten perjudicialmente el interés económico del concesionario, simplemente porque aquí no hay causa jurídica lícita que justifique una acción de este tipo[36]. Así mismo, la administración pública tampoco debe, mediante esta potestad, alterar de forma unilateral y directa las condiciones económicas de la relación, imponiendo nuevas obligaciones al concesionario que no se encuentran dentro del perímetro que impone la apreciación y operación del interés público en los marcos de la concesión.

[36] Sobre la base de la interpretación en la contratación administrativa, y como apreciación general, CASSAGNE (*El contrato administrativo*, *op. cit.*, pág. 44) razonaba: "En cualquier caso, es evidente que cuando la interpretación no afecta a la causa final o finalidad del contrato sino al particular contratista (*v. gr.*, prestaciones pecuniarias a cargo de la administración), el interés público no juega como criterio interpretativo, debiendo acudirse a las normas de la legislación civil o comercial".

El suizo BLAISE KNAPP opinaba que "[...] la sauvegarde de l'intérêt public et de la loi n'autorise pas à imposer, par la seule interprétation, à l'administré, des obligations qu'il ne pouvait ni ne devait prévoir lors de la conclusion du contrat, sur la base de ses connaissances réelles ou présumées des règles applicables et de l'intérêt public en cause [...]"[37].

Por su lado, JORGE SARMIENTO GARCÍA, a tenor de los principios de hermenéutica de la concesión de servicio público, concluía que "[...] a') La interpretación en modo alguno puede significar desvirtuar el contrato, haciendo decir a las partes algo que jamás pensaron"[38].

Pero si de la interpretación de la concesión se derivaran consecuencias que, en función del interés público repercutieran alterando la ecuación financiera de la relación, entonces la administración pública estará obligada a restituir el equilibrio de esa ecuación, tomando en cuenta esas nuevas circunstancias que repercutieron en ella (principio del mantenimiento o inalterabilidad de la ecuación financiera de la concesión). Nuevamente nos encontramos con la idea de que esgrimiendo el interés público no se pueden imponer sacrificios totales de contenido económico a una persona —en este caso que nos ocupa, el concesionario—. Debe considerarse que la relación concesional no es, en principio, una lucha de contrarios irreconciliables que intentan, a toda costa, hacer prevalecer el interés que representan en menoscabo del otro. Si se parte de esa errónea premisa se está desnaturalizando la propia esencia de la concesión administrativa, y resultaría también desnaturalizada toda acción unilateral que del contenido de ella pueda derivarse. La relación concesional es, ente todo, un vínculo de colaboración entre personas con intereses cualitativamente opuestos, pero confluentes; y es esa colaboración la que permitirá la adecuada satisfacción de los intereses de ambos y que la relación en cuestión cumpla su finalidad existencial.

El portugués MARCELLO CAETANO reflejaba entre los principios relativos a la interpretación de los contratos administrativos, que "[...], ha de considerarse la posición del interés privado del contratista. Si la administración asoció a su actividad a otra persona fue porque le pareció útil aprovechar el interés de esta persona como instrumento para la realización de los fines públicos. De este modo, aunque el contratista sea siempre un servidor del interés público, su interés privado debe respetarse en la medida impuesta por las cláusulas del contrato y exigida para la realización integral de los fines administrativos, según la lógica de la libre vinculación contractual".

Seguidamente, CAETANO añadía: "No puede desconocerse en el contrato el interés privado del contratista porque ello sería contrario al espíritu del vínculo contractual y supondría un olvido de que el interés del particular sirve

[37] KNAPP, *Précis de droit administratif, op. cit.*, pág. 171.

[38] SARMIENTO GARCÍA, *Concesión de servicios públicos*, *op. cit.*, pág. 214.

de incentivo a la eficacia de la actividad que, mediante el contrato, quiso utilizar la administración en su propio beneficio y que es preciso mantener, puesto que se ha reconocido que de ello se derivan recíprocas ventajas".

Para también decir: "La *reciprocidad de intereses* es, pues, posible en el contrato administrativo siempre y cuando a un mayor interés privado corresponda un acrecentamiento del interés público. Claro está que si el beneficio privado se consiguiera a costa del interés público, la interpretación del contrato estaría en notoria contradicción con su espíritu. Pero tampoco sería correcta la interpretación según la cual se procura realizar el interés público sin atender al mínimo de satisfacción del interés privado que debe presumirse reconocido siempre en el contrato incluso cuando no figure en sus cláusulas"[39].

Respetar los intereses de las partes en la concesión administrativa, en la medida de la valía real de uno respecto al otro, y de las garantías de ellos es lo que le propiciará a la administración pública una consecuente interpretación de su contenido cuando se imponga la necesidad de esa acción. Al fin y al cabo la institución concesional no es más que una vía para satisfacer el interés público valiéndose de la satisfacción de un interés privado.

[39] CAETANO, *Tratado elemental de derecho administrativo*, *op. cit.*, págs. 377 y 378.

RESPONSABILIDAD DEL ESTADO

O PRINCÍPIO DO ENRIQUECIMENTO SEM CAUSA EM DIREITO ADMINISTRATIVO

CELSO ANTÔNIO BANDEIRA DE MELLO

Resumo: 1. Apresentação. 2. Principios da equidade e razoabilidade. 3. Efeitos jurídicos dos atos inválidos, inexistentes, nulos ou anuláveis. 4. Enriquecimento sem causa. 5. Principios gerais de direito e sistema jurídico. 6. Açao para indenizar. 7. Enriquecimento sem causa em direito administrativo. 8. Direito administrativo francês. 9. Efeitos do enriquecimento. 10. Igualdade na distribuiçao das cargas públicas. 11. Principio retor na matéria. 13. Actuaçao de má-fé. 14. Condução.

1. APRESENTAÇÃO

Inúmeras vezes relações jurídico-administrativas, sobreposse contratuais, são ulteriormente proclamadas como nulas e, em tais casos, a Administração normalmente entende que, dado o vício que as enfermava, delas não poderia resultar comprometimento algum do Poder Público, uma vez que "o ato nulo não produz efeitos".

Assim, esforçada em tal pressuposto, pretende que sua contraparte nada tem a receber por aquilo que realizou, tenha ou não efetuado despesas, incorrido em gastos e mesmo cumprido prestações das quais a Administração usufruiu ou usufruiu e persiste usufruindo, como ocorre nas hipóteses em que o contratado efetuou obra em proveito do Poder Público.

Trata-se, pois, de saber se o Direito sufraga dito resultado. Ou seja: importa determinar se a ordem jurídica considera como normal e desejável que, *vindo a ser considerada inválida dada relação comutativa*, a parte que já efetuou suas prestações deva, por força disto, ficar a descoberto nas despesas realizadas, entendendo-se, assim, que o aumento do patrimônio do beneficiado pela prestação alheia é um incremento justo, merecendo ser resguardado pelo sistema normativo e, correlatamente, que o empobrecimento sofrido pelo adimplente é —também ele— justo, motivo pelo qual não deve ser remediado pelo sistema normativo, mas, inversamente, cumpre que seja avalizado pelo Direito.

* Professor emérito da Pontifícia Universidade Católica de São Paulo.

2. PRINCIPIOS DA EQUIDADE E RAZOABILIDADE

Ao lume de noções jurídicas correntes, em face do princípio da equidade ou mesmo do simples princípio da razoabilidade —que há de presidir qualquer critério interpretativo— parece difícil sufragar a intelecção de que, em todo e qualquer caso e independentemente das circunstâncias engendradoras do vício que enferma a relação, caiba à contraparte da Administração arcar com os custos que ela lhe causou e que, inversamente, esta última deva absorver as vantagens que captou sem indenizar o onerado. Mesmo a um primeiro súbito de vista, tão desatado entendimento apresenta-se como visivelmente chocante, repugnando ao próprio senso comum e a um mínimo de sensibilidade jurídica ou a rudimentos de ética social.

De fato, não é aceitável, em boa razão, que o engajamento de dois sujeitos, em relação reputada inválida —se a invalidade proclamada foi fruto da ação conjunta destas partes contrapostas— deva receber do Direito um beneplácito acobertador dos efeitos benéficos que o vínculo invalidado fez surdir para uma parte e a confirmação dos efeitos detrimentosos que gerou para a outra.

3. EFEITOS JURÍDICOS DOS ATOS INVÁLIDOS, INEXISTENTES, NULOS OU ANULÁVEIS

É que, como em obra teórica o dissemos:

"Os atos inválidos, inexistentes, nulos ou anuláveis, não *deveriam* ser produzidos. Por isto não *deveriam* produzir efeitos. Mas o fato é que são editados atos inválidos (inexistentes, nulos e anuláveis) e que *produzem* efeitos jurídicos. Podem produzí-los, até mesmo *per omnia secula,* se o vício não for descoberto ou se ninguém os impugnar.

"É errado, portanto, dizer-se que os atos nulos não produzem efeitos. Aliás, ninguém cogitaria da anulação deles ou de declará-los nulos se não fora para fulminar os efeitos que já produziram ou que podem ainda vir a produzir. De resto, os atos *nulos* e os *anuláveis,* mesmo depois de invalidados, produzem uma série de efeitos. Assim, por exemplo, respeitam-se os efeitos que atingiram terceiros de boa-fé. É o que sucede quanto aos atos praticados pelo chamado "funcionário de fato", ou seja, aquele que foi irregularmente preposto em cargo público.

"Além disto, se o ato nulo ou anulável produziu relação jurídica da qual resultaram prestações do administrado (pense-se em certos casos de permissão de uso de bem público ou de prestação de serviço público) e o administrado não concorreu para o vício do ato, estando de boa-fé, a invalidação do ato não pode resultar em locupletamento da Administração à custa do administrado e causar-lhe um dano injusto em relação a efeitos patrimoniais passados.

"Na invalidação de atos administrativos há que distinguir duas situações;

"(a) casos em que a invalidação do ato ocorre *antes de o administrado incorrer em despesas* suscitadas seja pelo ato viciado, seja por atos administrativos precedentes que o condicionaram (ou condicionaram a relação fulminada). Nestas hipóteses não se propõe qualquer problema patrimonial que despertasse questão sobre dano indenizável.

"(b) casos em que a invalidação infirma ato ou relação jurídica quando o administrado, na conformidade deles, *já desenvolveu atividade dispendiosa,* seja para engajar-se em vínculo com o Poder Público em atendimento à convocação por ele feita, seja por ter efetuado prestação em favor da Administração ou de terceiro.

"Em hipóteses desta ordem, *se o administrado estava de boa fé e não concorreu para o vício do ato fulminado,* evidentemente a invalidação não lhe poderia causar um dano injusto e muito menos seria tolerável que propiciasse, eventualmente, um enriquecimento sem causa para a Administração. Assim, tanto devem ser indenizadas as despesas destarte efetuadas, como, a *fortiori,* hão de ser respeitados os efeitos patrimoniais passados atinentes à relação atingida. Segue-se, também que, se o administrado está a descoberto em relação a pagamentos que a Administração ainda não lhe efetuou, mas que correspondiam a prestações por ele já consumadas, a Administração não poderia eximir-se de acobertá-las, indenizando-o por elas.

"Com efeito, se o ato administrativo era inválido, isto significa que a Administração ao praticá-lo, feriu a ordem jurídica. Assim, ao invalidar o ato, estará, *ipso facto,* proclamando que fora autora de uma violação da ordem jurídica. Seria iníquo que o agente violador do Direito, confessando-se tal, se livrasse de quaisquer ônus que decorreriam do ato e lançasse sobre as costas alheias todas as conseqüências patrimoniais gravosas que daí decorreriam, locupletando-se, ainda, à custa de quem, não tendo concorrido para o vício, haja procedido de boa-fé . Acresce que, notoriamente, os atos administrativos, gozam de *presunção de legitimidade.* Donde, quem atuou arrimado neles, salvo se estava de má-fé (*vício que se pode provar, mas não pressupor liminarmente*), tem o direito de esperar que tais atos se revistam de um mínimo de seriedade. Este mínimo consiste em não serem causas potenciais de fraude ao patrimônio de quem neles confiou - como, de resto, teria de confiar.

"Aliás, a solução que se vem de apontar nada mais representa senão uma aplicação concreta do disposto no art. 37, § 6º, da Constituição, na qual o princípio da responsabilidade do Estado está consagrado de maneira ampla e generosa, de sorte a abranger tanto responsabilidade por atos ilícitos quanto por atos lícitos (*como o seria correta fulminação de atos inválidos*)[1].

Em outro trecho da mesma obra, ao tratarmos do tema licitação, tornamos a focalizar o assunto nos seguintes termos:

[1] *Curso de direito administrativo*, Malheiros Editores, 8ª ed., 1996, págs. 286-287 - todos os grifos, salvo o penúltimo, são do original.

"Conforme deixamos anotado no capítulo próprio (Cap. VII, nº 167), ao proceder à invalidação a Administração estará, *ipso facto,* proclamando em abertas e publicadas que, em momento anterior, afrontou o Direito. Seria absurdo que o violador do Direito, justamente ao se auto-acusar ou ao se reconhecer procedentemente acusado de transgressor do Direito —condição para invalidação do ato— lançasse sobre ombros alheios gravames patrimoniais decorrentes de ato seu. Já se a invalidação é decretada pelo Judiciário, a inculca de infrator da ordem jurídica ainda é mais significativa, pois terá provindo do Poder supremamente qualificado para a dicção do Direito no caso concreto.

Acresce que, dada a presunção de legitimidade dos atos administrativos, os administrados que atuaram em sua conformidade nada mais fizeram senão arrimar-se em um esteio pressupostamente sério e sólido. Seria descabido, então, que sofressem prejuízos exatamente por agirem segundo o que deles se esperava" (págs. 347-348).

Assim, ressalvados os casos em que o administrado atuou dolosamente, com *má-fé,* de maneira a iludir a Administração induzindo-a à suposição de que estava a compor ato juridicamente liso e concorrendo dessarte para que se produzisse ato viciado ou, daquel' outros em que —ainda pior— *se concertou com agentes administrativos* para, em atuação conjunta, fraudarem o Direito, não se pode admitir que a invalidação acarrete um enriquecimento do Poder Público e um empobrecimento do administrado.

4. Enriquecimento sem causa

Com efeito, precisamente para evitar situações nas quais um dado sujeito vem a obter um locupletamento à custa do patrimônio alheio, sem que exista um suporte jurídico prestante para respaldar tal efeito é que, universalmente, se acolhe o princípio jurídico segundo o qual *tem-se de proscrever o enriquecimento sem causa* e, conseqüentemente, desabona-se interpretação que favoreça este resultado injusto, abominado pela consciência dos povos.

Cumpre, portanto, de um lado, verificar o que é e como se caracteriza o enriquecimento sem causa, examinando seu cabimento e aplicação no âmbito do direito administrativo.

5. Principios gerais de direito e sistema jurídico

Enriquecimento sem causa é o incremento do patrimônio de alguém em detrimento do patrimônio de outrém, sem que, para supeditar tal evento, exista uma causa juridicamente idônea. É perfeitamente assente que sua proscrição constitui-se em um *princípio geral do direito.*

No preciso dizer de Eduardo García de Enterria:

"[...] los principios generales del Derecho son una condensación de los grandes valores jurídicos materiales que constituyen el *substractum* del Ordenamiento y de la experiencia reiterada de la vida jurídica. No consisten, pues, en una abstracta e indeterminada invocación de la justicia o de la consciencia moral o de la discreción del juez, sino, más bien, en la expresión de una justicia material especificada técnicamente en función de los problemas jurídicos concretos *y objetivada en la lógica misma de las instituciones*"[2].

Sublinhe-se que os princípios gerais de direito estão *subjacentes* ao sistema jurídico-positivo, não porém, como um dado externo, mas como uma inerência da construção em que se corporifica o ordenamento, porquanto seus diversos institutos jurídicos, quando menos considerados em sua complexidade íntegra, traem, nas respectivas composturas, ora mais ora menos visivelmente, a absorção dos valores que se expressam nos sobreditos princípios.

Igualmente felizes são as averbações de O. A. BANDEIRA DE MELLO ao anotar que tais princípios "se infiltram no ordenamento jurídico de dado momento histórico" ou que traduzem "o mínimo de moralidade que circunda o preceito legal, latente na fórmula escrita ou costumeira" e ao ressaltar que são "as teses jurídicas genéricas que informam o ordenamento jurídico-positivo do Estado", conquanto não se achem expressadas em texto legal específico. No exemplário de tais princípios gerais, o autor menciona, entre outros, o de que ninguem deve ser punido sem ser ouvido, *o do enriquecimento sem causa*, o de que ninguém pode se beneficiar da própria malícia etc.[3].

6. AÇAO PARA INDENIZAR

Uma vez que o enriquecimento sem causa é um princípio geral de direito —e não apenas princípio alocado em um de seus braços: público ou privado— evidentemente também se aplica ao direito administrativo.

Em obras gerais atinentes a este ramo jurídico, é comum a anotação de que o enriquecimento sem causa é inadmissível e que, em favor do empobrecido, cabe ação para indenizar-se. Sem embargo, muitas vezes —como ocorreu na Itália— toma-se por estribo regra extraída do direito civil. Assim, "exempli gratia", para referir uns poucos autores, ALDO SANDULLI, registra que em qualquer caso no qual "um particular haja, com sacrifício próprio, cumprido por conta da Administração uma obra ou atividade vantajosa para esta última e como tal reconhecida por ela mesma (*actio de in rem verso* —consentida pelos arts. 2041-2042 do Código Civil— a quem haja com sacrifício próprio proporcionado a outrém um enriquecimento sem causa) vem geralmente reconhecida como

[2] *Curso de derecho administrativo*, obra conjunta com TOMÁS-RAMÓN FERNÁNDEZ, vol. I, pág. 400, Madrid, Civitas, 1981, reimpressão da 3a ed. Grifos nossos.

[3] *Princípios Gerais de Direito Administrativo*, vol. I, pas. 406-407, Ed. Forense, 2ª ed., 1979.

admissível contra a Administração apenas nos casos em que ela própria haja —ainda que implicitamente— reconhecido a utilidade da obra [...]"[4].

Os Conselheiros de Estado GUIDO LANDI e GIUSEPPE POTENZA, referindo também o art. 2041 do Código Civil italiano, igualmente ensinam que se alguém se enriquece sem uma causa jurídica justa em prejuízo de outra pessoa cabe a ação em prol desta última para indenizar-se da correlativa diminuição patrimonial dentro dos limites do enriquecimento produzido. Anotam seu cabimento contra a Administração quando esta reconheça, seja explícita, seja implicitamente - pelo desfrute da atividade ou pela incorporação do produto dela, ou por havê-la utilizado nos próprios fins, a utilidade do trabalho ou da obra efetuada por outrém, com seu sacrifício em prol dela. Indica que são freqüentes as aplicações de enriquecimento sem causa e, traz como exemplo, não só, mas também, *o de obra demandada a um particular sem obediência às formas prescritas*[5]. M. S. GIANINNI também faz expressa referência à aplicação do princípio do enriquecimento sem causa ao direito administrativo[6].

Judiciosamente, entretanto, GUIDO FALZONE, depois de mencionar também o art. 2041 do Código Civil italiano, que embasa a *actio de in rem verso* nos casos de enriquecimento sem causa, bem como sua aplicabilidade contra a Administração Pública e a resposta positiva que lhe dá "a generalidade dos autores", observa, com inquestionável acerto, que a citada regra do Código Civil *não se constitui em um princípio a ser analogicamente aplicado ao direito público, mas que se trata de "um princípio geral do nosso ordenamento jurídico e que, como tal, deve aplicar-se perante todos os sujeitos dele, independentemente da natureza jurídica deles*"[7].

De resto, como já registrava ZANOBINI, ainda em 1936:

"[...] largamente admitida, a *actio de in rem verso,* ou seja a ação de enriquecimento indevido, cuja base promana do princípio romano: «nemo locupletari potest cum aliena jactura». Tal ação é pertinente a qualquer que, como titular de um círculo abstrato de atribuições públicas (*ufficio*) ou como sujeito estranho à administração, com próprio sacrifício, haja cumprido obra positivamente vantajosa para uma administração pública. A diferença da ação de enriquecimento indébito daquel'outra que emerge da gestão de negócios é evidente: esta pressupõe apenas a gestão utilmente empreendida e prescinde do efeito realmente útil alcançado; esta baseia-se unicamente sobre tal efeito. Ou seja, sobre um enriquecimento em proveito de uma administração, efetuado a dano do outro sujeito. Além disto, a jurisprudência, tendo em conta que o juízo sobre a vantagem pública importa uma apreciação técnica e discricionária,

[4] *Manuale di Diritto Amministrativo*, 6ª ed., pág. 100, Padova, Cedam, 1960.
[5] *Manuale di Diritto Amministrativo*, pág. 198, Milano, Giuffrè, 1963.
[6] *Istituzioni di Diritto Amministrativo*, págs. 516-517, Milano, Giuffrè, 1981.
[7] *Le obligazione dello Stato*, pág. 154, Milano, Giuffrè, 1960.

que só a administração pode expender, subordina a admissibilidade da ação ao reconhecimento da utilidade da obra por parte da própria administração"[8].

Ao enunciar princípios gerais *de direito administrativo*, o eminente mestre coimbrão AFONSO RODRIGUES QUEIRÓ, refere o princípio do "*não locupletamento à custa alheia*"[9].

7. ENRIQUECIMENTO SEM CAUSA EM DIREITO ADMINISTRATIVO

Ainda que não seja o caso de prosseguir desfiando referências ou transcrições de lições correntes a este respeito, posto que são generalizadas em todos os países, para não deixar sem menção ensinamentos provindos da pátria do direito administrativo, isto é, da França, tomemos alguns exemplos do que ali se fixou ao respeito.

WALINE, ao examinar a figura dos "quase-contratos", observa, corretamente que:

"O fundamento da obrigação quase-contratual é a preocupação com a justiça comutativa, ou, mais precisamente, o desejo de restabelecer o equilíbrio entre dois patrimônios, dos quais um se enriqueceu enquanto que outro empobreceu, sem que nenhuma causa jurídica válida pudesse justificar estes dois fenômenos correlativos.

"Enunciar esta proposição é indicar, bem por isto, que o caso típico de obrigação quase-contratual é a que nasce do enriquecimento sem causa..."[10].

Páginas adiante, o autor, após examinar determinadas figuras habitualmente inclusas no âmbito dos quase-contratos (caso da gestão de negócios, do funcionário de fato), anota que existem situações : "que se pode hesitar em qualificar como gestões de negócios, mas que, todavia, são quase-contratuais. São, mais freqüentemente, contratos «ausentes» (manqués), irregulares ou prolongados além de seu termo".

Em relação a elas, então, menciona numerosas decisões jurisdicionais em que se reconhece o correspondente direito do administrado ser indenizado pelo valor do que fez, inclusive em hipótese na qual, sem nenhum contrato, executou obras em proveito da Administração, que , tendo ciência disto, não se lhe opôs[11].

Na 2ª edição do reputadíssimo *Traité des contracts administratifs*[12] de autoria de ANDRÉ DE LAUBADÈRE, FRANK MODERNE e PIERRE DEVOLVÉ (e cuja 1ª ed. é obra exclusiva do primeiro destes autores), em capítulo da lavra de LAUBADÈRE, o enriquecimento sem causa é mencionado no âmbito dos chamados quase-contratos. Assim:

[8] *Corso di Diritto Amministrativo*, vol. I, págs. 271-272, Milano, Giuffrè Editore, 1936.
[9] *Lições de Direito Administrativo*, vol. I, pág. 310, Coimbra, 1976.
[10] *Droit administratif*, pág. 632, Paris, Sirey, 9ª ed., 1963.
[11] *Op. cit.*, pág. 636.
[12] *Traité des contracts administratifs,* Paris, LGDF, 1983.

"Entre os fatos constitutivos dos quase-contratos compreende-se habitualmente, em direito civil, a repetição do indébito, a gestão de negócios e o enriquecimento sem causa. Esta distinção encontra-se em direito administrativo, mas nele só a teoria do enriquecimento sem causa foi objeto de um desenvolvimento significativo"[13].

O eminente administrativista, citando literalmente ODENT, registra que o enriquecimento sem causa o qual dá lugar à ação *de in rem verso* em proveito do *empobrecido*, constitui "um «princípio geral de direito, aplicável sem texto ao direito administrativo" (*op. e oc. cits.*)

Em seguida declina as condições de sua aplicação, reportando-se a numerosas decisões do Conselho de Estado, a saber: que (a) o réu haja efetivamente se enriquecido, que haja extraído proveito do comportamento do empobrecido; (b) que a tal enriquecimento corresponda um empobrecimento do autor da ação, estabelecendo-se de maneira certa a relação entre estes fenômenos; (c) que o enriquecimento e o correlativo empobrecimento haja sido sem causa, pois se existir um título jurídico justificativo do enriquecimento descaberá a ação e (d) que a ação de enriquecimento sem causa apresente um caráter subsidiário, ou seja, que o autor careça de outra via própria para fundamentar sua pretensão[14]. E mais além, precisa que as obras efetuadas *devam ter sido úteis à Administração* e que hajam sido efetuadas *com seu assentimento, ainda que tácito*[15].

8. DIREITO ADMINISTRATIVO FRANCÊS

Sobre o tema do enriquecimento sem causa em direito administrativo francês é sabidamente preciosa a monografia de GABRIEL BAYLE. Em seu excelente estudo, no qual examina minuciosamente a jurisprudência do Conselho de Estado, o autor registra que, antes mesmo da adoção do princípio pela jurisprudência civil, antes da Corte de Cassação consagrá-la na famosa decisão Boudier (1892), o Conselho de Estado, implicitamente, reconheceu : "que o direito à indenização do quase-contratante da administração poderia fundar-se sobre o princípio geral de direito de que "«ninguém pode enriquecer-se à custa de outrém», uma vez preenchidas as condições particulares de sua operatividade. Estas condições são em número de tres: é preciso que haja assentimento da coletividade pública enriquecida, utilidade geral da despesa feita pela pessoa empobrecida e proveito extraído sem causa jurídica pela administração. Quando estas tres condições estejam preenchidas, deve ser possível ligar a teoria administrativa ao princípio geral de que a administração não deve se enriquecer sem fundamento jurídico à custa de particulares".

[13] Vol. I, pág. 31.
[14] Págs. 34 e 35.
[15] *Op. cit.*, págs. 515.

O autor aponta, então, como inaugural, o aresto Lemaire do Conselho de Estado (1890)[16] mas seu reconhecimento na qualidade de princípio geral só ocorreria em 1961, segundo ensina RENÉ CHAPUS[17].

Em relação às sobreditas condições que o monografista examina com cuidadosa minúcia, no que concerne ao "assentimento" da Administração, indica que, malgrado sua ressonância jurídica, é uma pura noção "de fato", tal como a de "urgência" ou de "necessidade"[18] e que pode manifestar-se de diferentes modos, seja em modalidades internas, seja em modalidades externas à vontade administrativa. Como modalidades internas, menciona as formas explícita, tácita ou presumida[19]. Após referir que a manifestação "pode provir também da vontade deliberada de se aproveitar de um trabalho fornecido pelo empobrecido", menciona ainda a hipótese, reconhecida pelo Conselho de Estado, como dando margem à ação de enriquecimento sem causa, em que "o assentimento simplesmente presumido da administração seja suficiente para estabelecer o liame de fato necessário para por em causa a responsabilidade quase-contratual. É o que ocorre quando ela decide não se opor à oferta de colaboração da contraparte, seja tendo sido «preliminarmente informada» do cumprimento das prestações e «longe de proibí-las» empenha-se em «controlar-lhe a execução», seja por «havê-las mesmo acompanhado» «não se tendo oposto à execução», seja, enfim, porque as operações foram efetuadas, sob seu controle e fiscalização ao mesmo tempo"[20].

9. EFEITOS DO ENRIQUECIMENTO

O autor é explícito em indicar que *o enriquecimento sem causa tem lugar mesmo em hipótese no qual o contrato não é apenas nulo, mas inexistente* "do que resulta que a noção de enriquecimento sem causa pode comparecer onde tenha havido de fato execução de um contrato que em direito não existe"[21]. Acrescenta, ainda, sempre com amparo em jurisprudência, que o consentimento de fato pode ser extraído simplesmente do que denomina assentimento manifestado por elementos externos à vontade administrativa (em oposição aos que dantes foram mencionados e que lhe mereceram a categorização de internos à vontade administrativa), arrolando como tais, a urgência, a necessidade ou o caráter indispensável das prestações, os quais fazem presumir o consentimento administrativo (*idem ibidem*). Em resumo anota que a Administração "que se aproveita do enriquecimento sem causa, aceita beneficiar-se disto. É nesta

[16] *L'enrichissement sans cause en droit administratif*, pág. 23, Paris, LGDJ, 1973.
[17] *Droit administratif*, vol. I, 6ème éd., Paris, Montchrestien, 1992, págs. 891-892.
[18] *Op. cit.* págs. 123-124.
[19] Pág. 125.
[20] Pág. 126.
[21] Pág. 128.

aceitação ou intenção que reside em definitivo a originalidade do quase-contrato de enriquecimento sem causa"[22] e conclui, a final, que : "A administração que aceita implicitamente beneficiar-se de uma prestação ou de um trabalho fornecido, deve em troca pagar o devido ao particular ; ela não pode, invocando sua própria irregularidade ou o fato de que haja dado seu assentimento à irregularidade cometida, conservar consigo o que não lhe pertence senão como contrapartida de uma remuneração"[23].

10. Igualdade na distribuiçao das cargas públicas

No Brasil, Lucia Valle Figueiredo e Sérgio Ferraz, em monografia sobre *Dispensa de Licitação*, ao estudarem hipóteses em que um particular desenvolve atividade de proveito coletivo sem que hajam sido cumpridas as formalidades pre-contratuais ou contratuais anotam que: "[...] o problema só adquire relevância se presentes os seguintes dados: a) enriquecimento ou proveito para a coletividade; b) empobrecimento ou depreciação patrimonial para o prestador de serviços; c) relação de nexo entre um e outro dos fenômenos acima apontado; d) ausência de causa para a concretização dos aludidos fenômenos"[24].

Expõem que se a Administração não se opôs a tal atividade e, dessarte, consentiu tacitamente em sua realização, *ficará obrigada a indenizar seu autor*, se impossível ou inconveniente a restauração ao *statu quo ante*[25]. Após examinarem o tema do enriquecimento sem causa e do quase- contrato, fazendo ampla menção à citada obra de Gabriel Bayle, reputam, entretanto, que a solução adequada, no Brasil, é a da responsabilidade do Estado, com base na correspondente previsão constitucional. É que, de acordo com tais autores:

"Na realidade, o princípio jurídico, que o tema coloca em pauta, é o da igualdade na distribuição das cargas públicas. Aquele que presta um serviço à coletividade fará, nas circunstâncias a que em seguida nos dedicaremos, jus à reparação, *mesmo sem regularidade formal da relação jurídica,* porque, em virtude da ação ou omissão do Estado, restou desprivilegiado frente aos demais administrados, quanto à repartição das cargas públicas genéricas. E essa situação, no direito brasileiro, se soluciona com remissão ao art. 37, § 6º, da Constituição Federal"[26].

De seu turno, o prestigioso Hely Lopes Meirelles, ensina:

"Todavia, *mesmo no caso de contrato nulo ou de inexistência de contrato,* pode tornar-se devido o pagamento dos trabalhos realizados para a Adminis-

[22] Pág. 130.
[23] Pág. 197.
[24] *Dispensa de Licitação*, págs. 95-96, Malheiros Editores, 3ª ed., São Paulo, Revista dos Tribunais, 1980.
[25] *Op. cit.,* págs. 95 a 102, notadamente 101-102.
[26] *Op. cit.*, pág. 100.

tração ou dos fornecimentos a ela feitos, *não com fundamento em obrigação contratual*, ausente na espécie, mas sim no dever moral de indenizar o benefício auferido pelo estado, que não pode tirar proveito da atividade particular sem o correspondente pagamento"[27].

Em abono desta assertiva, o autor cita os julgados, do TJRJ "in" RF 153/305; do TJSP "in" RT 141/686, 185/720, 188/631, 242/184 e do 1º TASP Civil "in" RT 272/513.

Relembre-se que o direito constitucional brasileiro expressamente incorpora a moralidade administrativa como princípios a que estão sujeitos a Administração Direta, Indireta ou Fundacional de quaisquer dos Poderes da União, Estados, Distrito Federal e Municípios (art. 37, "caput").

11. Principio retor na matéria

De todo modo, como se vê, por um ou outro fundamento, o certo é que não se pode admitir que a Administração se locuplete à custa alheia e, segundo no parece, *o enriquecimento sem causa* —que é um princípio geral do Direito —supedaneia, em casos que tais, o direito do particular indenizar-se pela atividade que proveitosamente dispensou em prol da Administração, ainda que a relação jurídica se haja travado irregularmente ou mesmo ao arrepio de qualquer formalidade, desde que o Poder Público haja assentido nela, ainda que de forma implícita ou tácita, inclusive a ser depreendida do mero fato de havê-la boamente incorporado em seu proveito, salvo se a relação irrompe de atos de inquestionável má-fe, reconhecível no comportamento das partes ou mesmo simplesmente do empobrecido.

Tem-se, portanto, que a *regra geral*, que o *princípio retor na matéria*, evidentemente é —e não pode deixar de ser— o da radical vedação ao enriquecimento sem causa. Logo, para ser excepcionado, demanda o concurso de sólidas razões em contrário, quais sejam: a prova, a demonstração robusta e substanciosa de que o empobrecido obrou com *má-fé, concorrendo, deliberada e maliciosamente* para a produção de ato viciado do qual esperava captar vantagem indevida. É que, em tal caso, haverá assumido o risco consciente de vir a sofrer prejuízos, se surpreendida a manobra ilegítima em que incorreu. Fora daí, entretanto, seria iníquo sonegar-lhe a recomposição do desgaste patrimonial decorrente de relação jurídica travada com o patrocínio do Poder Público, sob a égide de sua autoridade jurídica, mas ao depois considerada inválida.

Firmados estes pontos, impende, ainda, tecer algumas considerações, conquanto muito breves, sobre o tema da boa-fé.

[27] *Direito Administrativo Brasileiro*, pág. 192, 10ª ed., São Paulo, Revista dos Tribunais, 1984.

12. Boa-Fé

Anote-se, liminarmente, que boa-fé —noção acolhida pelo Direito e, dessarte, juridicizada— é conceito capturável no âmbito da moral e não no confronto da conduta questionada com o ordenamento jurídico positivo. Fácil é percebê-lo.

Existem comportamentos de boa-fé que, nada obstante, constituem-se em condutas injurídicas. Sirva de exemplo, a a ocupação de imóvel por quem, erroneamente, suponha-se proprietário dele ou imagine tratar-se de bem derelicto. O mesmo dir-se-á da posse e subseqüente investidura como servidor público, de candidato concursado, que, em detrimento de outrém, foi chamado fora da ordem de classificação, mas ignorava tal circunstância invalidante de sua nomeação.

Inversamente, existe comportamento de má-fé, que, todavia, não é sancionado pelo Direito, ou seja, não se constitui em procedimento ilícito. É o que ocorre quando alguém se recusa a pagar dívida de jogo, inobstante comprometido com a contraparte, a qual se fiara em sua palavra de que, se perdesse, saldaria o correspondente débito.

13. Actuaçao de má-fé

O que é, pois, agir de boa-fé ?

É agir sem malícia, sem *intenção* de fraudar a outrém. É atuar na suposição de que a conduta tomada é correta, é permitida ou devida nas circunstâncias em que ocorre. É, então, o oposto da atuação de má-fé, a qual se caracteriza como o comportamento *consciente e deliberado* produzido com o intento de captar uma vantagem indevida (que pode ou não ser ilícita) ou de causar a alguém um detrimento, um gravame, um prejuízo, injustos.

No comportamento do *administrado* em relação à Administração, sua má-fé tanto pode derivar de uma conduta autônoma, nos termos indicados, quanto de um *conluio com agentes públicos, tendo em vista o alcance de objetivos vedados pela lei.*

Esta última hipótese —a do conluio— é, certamente, da máxima gravidade. Donde, quando menos em hipóteses deste jaez, uma vez demonstrada a ocorrência de tal vício, seria de todo em todo inaceitável que o administrado pudesse, em nome do princípio do enriquecimento sem causa, eximir-se ao peso dos dispêndios não acobertados em que haja incorrido. É que, na referida hipótese —ter-se concertado de má-fé com agentes do Poder Público— seria compreensível o entendimento de que assumiu a correlata álea inerente à mencionada conduta viciosa, isto é, o risco de ser colhido pelo reconhecimento do dolo e apanhado antes de captar qualquer proveito ou até mesmo do ressarcimento das despesas até então efetuadas sob a capa do negócio censurável.

Sem embargo, é certo que nesta matéria deve-se agir com cautela para prevenir injustiças e suposições sempre fáceis, imaginosas ou levianas. Assim, só se deve dar por ocorrida a hipótese ante *demonstrações substanciosas da existência de conluio*, pena de encampar juizos precipitados dos quais resultariam soluções ensejadoras de enriquecimento injusto de uma parte em detrimento de outra; isto é, do Poder Público, em agravo do administrado.

14. Conclução

Acresce que, esteja ou não em pauta, a suposição de conluio, o certo é que dolo, má-fé, à toda evidência, não se presumem. Bem o disse Carlos Maximiliano, o príncipe de nossos mestres de exegese:

"O dolo não se presume: na dúvida, prefere-se a exegese que o exclui.

"Todas as presunções militam a favor de uma conduta honesta e justa; só em face de *indícios decisivos, bem fundadas conjeturas,* se admite haver alguém agido com propósitos cavilosos, intúitos contrários ao Direito, ou à Moral"[28].

Deveras, não se toma como premissa corrente, o patológico, o anômalo. Por isto, a má-fé, para ser admitida como existente, demanda que dela se faça prova substante ou, quando menos, que se possa depreeendê-la de indícios veementes, de elementos que precedendo ou circundando o ato (ou a relação jurídica), concorram de modo robusto para levar a uma convicção sólida de que a parte ou as partes agiram maliciosamente, animados por intúito vicioso.

É certo, ademais, que diversos fatores e de variada ordem, inclusive relacionados com o comportamento pregresso das partes, se adicionam aos elementos extraídos diretamente da compostura do ato e seu entorno, interferindo para fortalecer ou infirmar eventual suspeita de má-fé. Assim, "exempli gratia", sua correção habitual ou, inversamente, seus antecedentes desfavoráveis, concorrerão para orientar a intelecção do exegeta em relação ao caso *sub examine.* De outra parte, a grandeza das vantagens que a parte auferirá, contrastados com a extensão dos prejuízos a que ficará exposto, se surpreendida a eventual malícia, hão se ser tomados em conta, para sopesar-se a plausibilidade desta possível ocorrência. É bem de ver que nenhum destes aspectos têm força decisiva, pois são dados exteriores à questão central posta em pauta. De outro lado, sua importância na avaliação global dela irá variar em função da tipicidade maior ou menor com que se apresentem. Sem embargo, não podem ser postergados, pois concorrerão utilmente para um juízo mais completo e equilibrado.

Assim, inexistindo transparente expressão de má-fé por parte do administrado, não se poderá concluir que este concorreu para o ato viciado mediante

[28] *Hermenêutica e aplicação do direito* - Ed. Da Livraria do Globo, 2ª ed., 1933, pág. 282 - grifos não são do original.

procedimento malicioso, senão quando a articulação dos vários elementos a que se aludiu obrigue o pensamento a direcionar-se e a residir neste termo, não sendo suficientes para estabelecê-lo meras presunções, simples suspeitas, desvalidas de amparo fático ou desprovidas de consistência psicológica. É que, a ser de outro modo, instalar-se-ia a insegurança, a suspicácia, a fragilidade dos liames constituídos sob a égide do Poder Público.

CONVENCIONALIDAD Y RESPONSABILIDAD DEL ESTADO: DEL INDIVIDUALISMO CLÁSICO AL DERECHO DE VÍCTIMAS

JAIME ORLANDO SANTOFIMIO GAMBOA*

Sumario. 1. Introducción. El Estado Social de Derecho y la ruptura del individualismo tradicional frente al hombre (como víctima en el régimen de responsabilidad). Afirmación del principio pro homine. 2. La inevitable y sustancial relación de la cláusula constitucional de la responsabilidad del Estado con la Convención Americana de Derechos humanos, el Derecho Internacional Humanitario y el derecho de gentes. 3. La responsabilidad del Estado y la convencionalidad. A) La construcción normativa de la responsabilidad del Estado. B) Elementos de la responsabilidad del Estado y el respeto a los parámetros de la Convención Americana de Derechos Humanos, del Derecho Internacional Humanitario y del derecho de gentes. a) Aproximación al daño antijurídico: concepto esencialmente casuístico o normativo. b) La imputación: el juicio de imputación no se agota en el análisis de la causalidad, pero lo incluye. c) La afirmación del principio de imputabilidad y la imputación objetiva. d) De la reparación como derecho a reconocer. De la indemnización a la afirmación del derecho a la reparación integral. 4. Conclusiones.

1. INTRODUCCIÓN. EL ESTADO SOCIAL DE DERECHO Y LA RUPTURA DEL INDIVIDUALISMO TRADICIONAL FRENTE AL HOMBRE

1) La cláusula constitucional de la responsabilidad del Estado consagrada constitucionalmente desde 1991 en Colombia viene a reflejar la consolidación del modelo de Estado social de derecho y la superación de la idea de la irresponsabilidad de la administración pública. Se trata de afirmar los presupuestos

* Abogado de la Universidad Externado de Colombia, especializado en derecho administrativo en esta misma *alma mater*. Especialista en administración pública del Instituto Brasileiro de Administración Municipal. Master en Gobierno de la Universidad Externado de Colombia. Doctor en Derecho, Universidad Carlos III, Madrid. Profesor de la cátedra de Derecho Administrativo General en la Universidad Externado de Colombia. Exdirector del Departamento de Derecho Administrativo de la Universidad Externado de Colombia. Magistrado del Consejo de Estado de la República de Colombia.

en los que se sustenta el Estado moderno, en el que la primacía no se agota respecto de los derechos, bienes e intereses consagrados en las cartas constitucionales, sino que se desdobla de tal manera que implica, también, su reconocimiento, medidas y objeto de protección por las normas de derecho internacional de los derechos humanos, del derecho internacional humanitario y del derecho de gentes, con lo que el ámbito de indagación de la responsabilidad se ha venido ampliando de tal manera que se construya un régimen de responsabilidad de víctima[1].

2) Lo anterior no debe extrañar a nadie, ya que la responsabilidad como instituto aflora, frente al ejercicio del poder de la administración pública, "durante la denominada etapa del Estado policía (*Polizeistaat*) cuando aparece el reconocimiento de ciertas especies de indemnización debidas a los particulares como consecuencia del ejercicio del poder"[2]. Por el contrario, cuando se llega al modelo del Estado social de derecho, la premisa nos lleva a la construcción de los clásicos alemanes administrativistas según la cual la administración pública ya no está llamada a "no" reprimir o limitar las libertades, sino a procurar la eficaz, efectiva y proporcional protección, a lograr el cumplimiento de obligaciones positivas en las cuales la víctima no es un simple destinatario de la protección sino referente para su eficaz ejercicio.

3) Es necesario comprender el régimen de responsabilidad fundado en la víctima de acuerdo con la perspectiva del Estado social y democrático de derecho, entendido en su concepción material[3] y sustentado en la idea indiscutible de la consolidación de una sociedad justa y equitativa con sujeción al ordenamiento jurídico[4], en la que el derecho y los principios generales, al igual que los valores inspiradores del ordenamiento, se articulan en precisos conceptos ideológicos al servicio de las finalidades estatales y las necesidades o intereses generales, para lo cual el mismo Estado de derecho desarrolla, consecuen-

[1] Naciones Unidas, Asamblea General, res. 60-147, aprobada el 16 de diciembre de 2005, *Principios y directrices básicos sobre el derecho de las víctimas de violaciones manifiestas de las normas internacionales de derechos humanos y de violaciones graves del derecho internacional humanitario a interponer recursos y obtener reparaciones*: "[...] *Afirmando* la importancia de abordar la cuestión del derecho a interponer recursos y obtener reparaciones de las víctimas de violaciones manifiestas de las normas internacionales de derechos humanos y de violaciones graves del derecho internacional humanitario de manera sistemática y exhaustiva a nivel nacional e internacional".

[2] Fernando Garrido Falla, "La constitucionalización de la responsabilidad patrimonial del Estado", en *Revista de Administración Pública,* núm. 119, Madrid, mayo-agosto, 1989, pág. 8. "En la base de la teoría estaba la consideración de que muchas actuaciones del poder no se diferenciaban en absoluto de las que hubiese podido realizar un particular".

[3] Manuel García Pelayo, *Derecho constitucional comparado*, Madrid, Alianza Editorial, 1984, pág. 159.

[4] Otfried Höffe, *Justiça Política, Fundamentação de uma filosofía crítica do Direito e do Estado*, São Paulo, Martins Fontes, pág. 27.

temente, un complejo pero fortificado sistema de controles que permiten que los reales propósitos de la institucionalización del poder se hagan efectivos sustancialmente.

4) Desde su formulación, el Estado de derecho, en cuanto fenómeno contradictorio del absolutismo, la tiranía y la arbitrariedad[5], predica como regla impulsora de su funcionamiento la de los "pesos y contrapesos" para el ejercicio del poder. En este sentido, y en la evolución posterior del concepto, se puede afirmar que en todo Estado social y democrático, si realmente pretende ser calificado como de derecho, el control de la actividad pública jamás podrá circunscribirse a las simples formas o superficialidades de las normas jurídicas. Debe ir más allá, profundizando las razones de existencia de la organización política y social, caracterizándose como un sistema que se expande como malla protectora y garantizadora de la estabilidad, seguridad y justicia, en cuanto a los derechos e intereses no solo subjetivos, sino también, y de manera primordial, de los colectivos, en cuanto que evita los desvíos y desmanes a los propósitos y finalidades estatales de quienes han asumido las responsabilidades públicas, fijando el posicionamiento objetivo del ordenamiento jurídico y propiciando las reparaciones y restablecimientos a las víctimas que hubieren podido resultar lesionadas con los abusos del poder, pero sobre todo reorientando las instituciones por los senderos materiales de las finalidades propias del interés general y del bien común, pero especialmente sustentándose en la inescindible, intensa y constante interacción entre el ordenamiento jurídico interno y el derecho convencional.

2. La inevitable y sustancial relación de la cláusula constitucional de la responsabilidad del Estado con la Convención Americana de Derechos Humanos, el derecho internacional humanitario y el derecho de gentes

5) En el moderno derecho administrativo y en la construcción de la responsabilidad extracontractual del Estado lo relevante es la "víctima" y no la actividad del Estado, pues prima la tutela de la dignidad humana y el respeto de los derechos constitucionalmente reconocidos y de los derechos humanos. Su fundamento se encuentra en la interpretación sistemática de la Carta Política[6] y del derecho convencional, que por virtud del bloque ampliado de constitucionalidad exige del juez administrativo observar y sustentar el juicio de responsabilidad en los instrumentos jurídicos internacionales (tratados, convenios, acuer-

[5] Eduardo García de Enterría, *La lucha contra las inmunidades del poder en el derecho administrativo*, Madrid, Civitas, 1983, págs. 11 y ss.

[6] Del preámbulo, y de los artículos 1º, 2º, 4º, 13 a 29, 90, 93 y 94.

dos, etc.) de protección de los derechos humanos[7], del derecho internacional humanitario y del derecho de gentes[8], bien sea que se encuentren incorporados

[7] Al analizar el caso Cabrera García y Montiel contra México de la Corte Interamericana de Derechos Humanos, FERRER MAC-GREGOR consideró: "La actuación de los órganos nacionales (incluidos los jueces), además de aplicar la normatividad que los rige en sede doméstica, tienen [*sic*], la obligación de seguir los lineamientos y pautas de aquellos pactos internacionales que el Estado, en uso de su soberanía, reconoció expresamente y cuyo compromiso internacional asumió. A su vez, la jurisdicción internacional debe valorar la legalidad de la detención a la luz de la normatividad interna, debido a que la propia Convención Americana remite a la legislación nacional para poder examinar la convencionalidad de los actos de las autoridades nacionales, ya que el artículo 7.2 del Pacto de San José remite a las «constituciones políticas de los Estados partes o por las leyes dictadas conforme a ellas» para poder resolver sobre la legalidad de la detención como parámetro de convencionalidad. Los jueces nacionales, por otra parte, deben cumplir con los demás supuestos previstos en el propio artículo 7º para no violentar el derecho convencional a la libertad personal, debiendo atender de igual forma a la interpretación que la Corte IDH ha realizado de los supuestos previstos en dicho numeral". EDUARDO FERRER MAC-GREGOR, "Reflexiones sobre el control difuso de convencionalidad a la luz del caso Cabrera García y Montiel Flores vs. México", en *Boletín Mexicano de Derecho Comparado*, núm. 131, México, 2011, pág. 920. La Corte Interamericana de Derechos Humanos en el caso Almonacid Arellano contra Chile argumentó: "[...] 124. La Corte es consciente [de] que los jueces y tribunales internos están sujetos al imperio de la ley y, por ello, están obligados a aplicar las disposiciones vigentes en el ordenamiento jurídico. Pero cuando un Estado ha ratificado un tratado internacional como la Convención Americana, sus jueces, como parte del aparato del Estado, también están sometidos a ella, lo que les obliga a velar por que los efectos de las disposiciones de la Convención no se vean mermadas por la aplicación de leyes contrarias a su objeto y fin, y que desde un inicio carecen de efectos jurídicos. En otras palabras, el poder judicial debe ejercer una especie de «control de convencionalidad» entre las normas jurídicas internas que aplican en los casos concretos y la Convención Americana sobre Derechos Humanos. En esta tarea, el poder judicial debe tener en cuenta no solamente el tratado, sino también la interpretación que del mismo ha hecho la Corte Interamericana, intérprete última de la Convención Americana". Caso Almonacid Arellano vs. Chile. Excepciones Preliminares, Fondo, Reparaciones y Costas. Sentencia de 26 de septiembre de 2006, serie C, núm. 154, párrs. 123 a 125. En tanto que en el caso Cabrera García y Montiel contra México, la Corte Interamericana consideró: "Este Tribunal ha establecido en su jurisprudencia que es consciente [de] que las autoridades internas están sujetas al imperio de la ley y, por ello, están obligadas a aplicar las disposiciones vigentes en el ordenamiento jurídico. Pero cuando un Estado es parte de un tratado internacional como la Convención Americana, todos sus órganos, incluidos sus jueces, también están sometidos a aquel, lo cual les [*sic*] obliga a velar por que los efectos de las disposiciones de la Convención no se vean mermados por la aplicación de normas contrarias a su objeto y fin. Los jueces y órganos vinculados a la administración de justicia en todos los niveles están en la obligación de ejercer *ex officio* un «control de convencionalidad» entre las normas internas y la Convención Americana, evidentemente en el marco de sus respectivas competencias y de las regulaciones procesales correspondientes. En esta tarea, los jueces y órganos judiciales vinculados a la administración de justicia deben tener en cuenta no solamente el tratado, sino también la interpretación que del mismo [*sic*] ha hecho la Corte Interamericana, intérprete última de la Convención Americana". Corte Interamericana de Derechos Humanos, caso Cabrera García y Montiel Flores vs. México. Excepciones Preliminares, Fondo, Reparaciones y Costas. Sentencia de 26 de noviembre de 2010, párrs. 12 a 22.

[8] GEORG JELLINEK, *Teoría general del Estado*, 2ª ed., Buenos Aires, Albatros, 1954, pág. 280: "La comprensión del Estado, puesto que se basa modernamente en el estudio de sus relaciones

por ley al ordenamiento jurídico nacional o que su aplicación proceda con efecto directo atendiendo a su carácter de *ius cogens*[9].

6) Esta visión, en la que el ordenamiento jurídico colombiano (y su jurisprudencia contencioso-administrativa) está en vías de consolidarse, responde al respeto de la cláusula del Estado social y democrático de derecho y al principio *pro homine*[10], que tanto se promueve en los sistemas internacionales de

---

con el Derecho, exige para que sea completa el estudio de las mismas [*sic*] con la rama más joven del orden jurídico, constituida por el derecho internacional". Naciones Unidas, Asamblea General, res. 60-147, aprobada el 16 de diciembre de 2005, *Principios y directrices básicos sobre el derecho de las víctimas de violaciones manifiestas de las normas internacionales de derechos humanos y de violaciones graves del derecho internacional humanitario a interponer recursos y obtener reparaciones*: "[...] I. Obligación de respetar, asegurar que se respeten y aplicar las normas internacionales de derechos humanos y el derecho internacional humanitario. 1) La obligación de respetar, asegurar que se respeten y aplicar las normas de derechos humanos y el derecho internacional humanitario según lo previsto en los respectivos ordenamientos jurídicos dimana de: a) los tratados en los que un Estado sea parte; b) el derecho internacional consuetudinario; c) el derecho interno de cada Estado. 2) Si no lo han hecho ya, los Estados se asegurarán, según requiere el derecho internacional, de que su derecho interno sea compatible con sus obligaciones jurídicas internacionales del modo siguiente: a) incorporando las normas internacionales de derechos humanos y el derecho internacional humanitario a su derecho interno o aplicándolas de otro modo en su ordenamiento jurídico interno; b) adoptando procedimientos legislativos y administrativos apropiados y eficaces y otras medidas apropiadas que den un acceso equitativo, efectivo y rápido a la justicia; c) disponiendo para las víctimas los recursos suficientes, eficaces, rápidos y apropiados que se definen más abajo, incluida la reparación; d) asegurando que su derecho interno proporcione como mínimo el mismo grado de protección a las víctimas que el que imponen sus obligaciones internacionales".

[9] ALFRED VERDROSS, *Derecho internacional público*, 5ª ed., 3ª reimp., Madrid, Aguilar, 1973, pág. 80 y ss. ALFONSO GÓMEZ-ROBLEDO y JORGE WITKER, *Diccionario de derecho internacional*, México, D. F., Porrúa-UNAM, 2001, págs. 201 y 252. "La noción de *ius cogens* designa, en derecho internacional [...], las reglas de carácter imperativo (no dispositivas), las cuales no pueden ser derogadas por acuerdo particular entre los sujetos de derecho, bajo pena de nulidad absoluta [...]. Se llaman de orden público internacional aquellas normas y principios generales de un sistema jurídico determinado que constituyen su fundamento estructural y, por esta razón, no pueden ser reemplazados ni sustituidos sin que el sistema pierda sus características definitorias". THOMAS BUERGENTHAL, E. NORRIS y DINAH SHELTON, *La protección de los derechos humanos en las Américas*, Madrid, Instituto Interamericano de Derechos Humanos, 1994, pág. 94. "El concepto de *ius cogens* se deriva de una «orden superior» de normas legales establecidas en tiempos antiguos y que no pueden ser contravenidas por las leyes del hombre o de las naciones. Las normas de *ius cogens* han sido descritas por los publicistas como las que abarcan el «orden público internacional»".

[10] Corte Const., sent. T-191 de 2009. También: Corte Const., sents. C-177 de 2001, C-148 de 2005 y C-376 de 2010. En la jurisprudencia constitucional colombiana dicho principio se entiende como aquel que "impone aquella interpretación de las normas jurídicas que sea más favorable al hombre y sus derechos, esto es, la prevalencia de aquella interpretación que propenda por [*sic*] el respeto de la dignidad humana y consecuentemente por [*sic*] la protección, garantía y promoción de los derechos humanos y de los derechos fundamentales consagrados a nivel [*sic*] constitucional. Este principio se deriva de los artículos 1º y 2º Superiores, en cuanto en ellos se consagra el respeto por la dignidad humana como fundamento del Estado social de derecho,

protección de los derechos humanos[11], por lo que es importante presentar una delimitación básica de la convencionalidad.

3. La responsabilidad del Estado y la convencionalidad

7) La construcción del régimen de responsabilidad del Estado en la actualidad recibe todo el influjo de la denominada "convencionalidad", como mecanismo tanto de integración como de concreción y garantía de los derechos de los administrados. Lo anterior implica que en el desarrollo de dicho régimen de responsabilidad las "fronteras" de su fundamentación no quedan solo limitadas al contexto del ordenamiento jurídico interno, sino que encuentran sus bases en el respeto de las garantías y derechos reconocidos en el ordenamiento jurídico internacional para la protección de los derechos humanos, en el de la protección del derecho internacional humanitario y en el propio derecho de gentes, lo que se traduce en la necesaria interacción entre las construcciones normativas y jurisprudenciales de cada uno de estos órdenes.

8) Pero ¿qué es el control de convencionalidad obligatorio y oficioso[12]? Se entiende como el juicio de revisión de la adecuación del ordenamiento interno

---

y como fin esencial del Estado la garantía de los principios, derechos y deberes consagrados en la Constitución, así como la finalidad de las autoridades de la República en la protección de todas las personas en su vida, honra, bienes y demás derechos y libertades".

[11] Corte Interamericana de Derechos Humanos, Opinión Consultiva OC-5-85 "La colegiación obligatoria de periodistas (arts. 13 y 29, Convención Americana de Derechos Humanos", del 13 de noviembre de 1985. Serie A. núm. 5, párr. 46. Principio que "impone que siempre habrá de preferirse la hermenéutica que resulte menos restrictiva de los derechos establecidos en ellos".

[12] Fundamentado en los arts. 8.1 y 25 de la Convención Americana de Derechos Humanos: "8.1. Toda persona tiene derecho a ser oída, con las debidas garantías y dentro de un plazo razonable, por un juez o tribunal competente, independiente e imparcial, establecido con anterioridad por la ley, en la sustanciación de cualquier acusación penal formulada contra ella, o para la determinación de sus derechos y obligaciones de orden civil, laboral, fiscal o de cual quier otro carácter" y 25 "1. Toda persona tiene derecho a un recurso sencillo y rápido o a cualquier otro recurso efectivo ante los jueces o tribunales competentes, que la ampare contra actos que violen sus derechos fundamentales reconocidos por la Constitución, la ley o la presente convención, aun cuando tal violación sea cometida por personas que actúen en ejercicio de sus funciones oficiales. 2) Los Estados partes se comprometen: a) a garantizar que la autoridad competente prevista por el sistema legal del Estado decidirá sobre los derechos de toda persona que interponga tal recurso; b) a desarrollar las posibilidades de recurso judicial, y c) a garantizar el cumplimiento, por las autoridades competentes, de toda decisión en que se haya estimado procedente el recurso". Puede verse: Allan R. Brewer-Carias y Jaime Orlando Santofimio Gamboa, *Control de convencionalidad y responsabilidad del Estado*, Bogotá, Universidad Externado de Colombia, 2013. Es preciso subrayar que la caracterización del control de convencionalidad como un deber oficioso al cual debe proceder el juez es una cuestión que se dejó clara desde la sentencia de 24 de noviembre de 2006 en el caso Trabajadores Cesados del Congreso (Aguado Alfaro y otros) vs. Perú.

según los postulados convencionales, a cargo de las autoridades públicas en general y de los jueces ordinarios en particular, a fin de velar por la regularidad y armonía de las normas del derecho interno frente a las disposiciones de la Convención Americana de Derechos Humanos al momento de su aplicación, acatando la interpretación que de las primeras ha efectuado la Corte Interamericana. No es más que un instrumento para garantizar la efectividad de las disposiciones convencionales en el marco de las decisiones judiciales ordinarias[13] y en general de todos los órganos que integran los Estados parte de la Convención[14]. Esto lleva a que a más de las normas internas se precisa que

[13] Esta doctrina surgió en los casos Almonacid Arellano vs Chile, sentencia de 26 de septiembre de 2006, en la cual se dijo: "La Corte es consciente [de] que los jueces y tribunales internos están sujetos al imperio de la ley y, por ello, están obligados a aplicar las disposiciones vigentes en el ordenamiento jurídico. Pero cuando un Estado ha ratificado un tratado internacional como la Convención Americana, sus jueces, como parte del aparato del Estado, también están sometidos a ella, lo que les [*sic*] obliga a velar porque [*sic*] los efectos de las disposiciones de la Convención no se vean mermadas por la aplicación de leyes contrarias a su objeto y fin, y que desde un inicio carecen de efectos jurídicos. El poder judicial debe ejercer una especie de «control de convencionalidad» entre las normas jurídicas internas que aplican en los casos concretos y la Convención Americana sobre Derechos Humanos. En esta tarea, el poder judicial debe tener en cuenta no solamente el tratado, sino también la interpretación que del mismo [*sic*] ha hecho la Corte Interamericana, intérprete última de la Convención Americana" y Trabajadores Cesados del Congreso (Aguado Alfaro y otros) vs Perú de 24 de noviembre de 2006, apuntándose en esta decisión lo siguiente: "Cuando un Estado ha ratificado un tratado internacional como la Convención Americana, sus jueces también están sometidos a ella, lo que les [*sic*] obliga a velar porque [*sic*] el efecto útil de la Convención no se vea mermado o anulado por la aplicación de leyes contrarias a sus disposiciones, objeto y fin. En otras palabras, los órganos del poder judicial deben ejercer no sólo un control de constitucionalidad, sino también «de convencionalidad» *ex officio* entre las normas internas y la Convención Americana, evidentemente en el marco de sus respectivas competencias y de las regulaciones procesales correspondientes. Esta función no debe quedar limitada exclusivamente por las manifestaciones o actos de los accionantes en cada caso concreto, aunque tampoco implica que ese control deba ejercerse siempre, sin considerar otros presupuestos formales y materiales de admisibilidad y procedencia de ese tipo de acciones".

[14] En la sentencia dictada por la Corte IDH en el caso Gelman vs Uruguay de 24 de febrero de 2011, se señaló que tal control correspondía a "todos sus órganos"; claro está que se pone acento en la labor del poder judicial en ello, mas es claro que no es la única autoridad sobre la cual reside tal obligación. "Cuando un Estado es parte de un tratado internacional como la Convención Americana, todos sus órganos, incluidos sus jueces, están sometidos a aquel, lo cual les [*sic*] obliga a velar por que los efectos de las disposiciones de la Convención no se vean mermados por la aplicación de normas contrarias a su objeto y fin, por lo que los jueces y órganos vinculados a la administración de justicia en todos los niveles están en la obligación de ejercer *ex officio* un «control de convencionalidad» entre las normas internas y la Convención Americana, evidentemente en el marco de sus respectivas competencias y de las regulaciones procesales correspondientes [,] y en esta tarea, deben tener en cuenta no solamente el tratado, sino también la interpretación que del mismo [*sic*] ha hecho la Corte Interamericana, intérprete última de la Convención Americana". En este mismo fallo la Corte consideró la conexión entre el control de convencionalidad y la legitimidad democrática de las actuaciones de un Estado al estar sujeto a las interpretaciones que la Corte hace del desarrollo y alcance de los derechos

al momento de su interpretación y aplicación, el funcionario judicial no solo debe remitirse a ellas, sino que en su razonamiento debe acudir a las normas constitucionales y de orden supraconstitucional, fundándose principalmente en la Convención Americana de Derechos Humanos y la doctrina desarrollada a partir de ella por la Corte Interamericana de Derechos Humanos, reconociendo, en todo caso, las distintas formas en que este control se puede manifestar. Esto depende de la situación concreta en la que se encuentre el Estado al que pertenece la autoridad obligada a aplicar el control respecto del sistema interamericano de derechos humanos; en otras palabras, se diferencia si el Estado ha sido parte o no en la controversia que llevó a la adopción de un fallo de la Corte Interamericana de Derechos Humanos: "De tal manera, es posible observar dos manifestaciones distintas de esa obligación de los Estados de ejercer el control de convencionalidad, dependiendo de si la sentencia ha sido dictada en un caso en el cual el Estado ha sido parte o no. Lo anterior debido a que a que la norma convencional interpretada y aplicada adquiere distinta vinculación dependiendo si el Estado fue parte material o no en el proceso internacional.

"En relación con la primera manifestación, cuando existe una sentencia internacional dictada con carácter de cosa juzgada respecto de un Estado que ha sido parte en el caso sometido a la jurisdicción de la Corte Interamericana, todos sus órganos, incluidos sus jueces y órganos vinculados a la administración de justicia, también están sometidos al tratado y a la sentencia de este tribunal, lo cual les obliga a velar para que los efectos de las disposiciones de la Convención y, consecuentemente, las decisiones de la Corte Interamericana, no se vean mermados por la aplicación de normas contrarias a su objeto y fin o por decisiones judiciales o administrativas que hagan ilusorio el cumplimiento total o parcial de la sentencia. Es decir, en este supuesto, se está en presencia de cosa juzgada internacional, en razón de lo cual el Estado está obligado a cumplir y aplicar la sentencia [...].

"Respecto de la segunda manifestación del control de convencionalidad, en situaciones y casos en que el Estado concernido no ha sido parte en el proceso internacional en que fue establecida determinada jurisprudencia, por el

---

humanos contenidos en la Convención. La Corte señala esta idea de la siguiente manera: "La legitimación democrática de determinados hechos o actos en una sociedad está limitada por las normas y obligaciones internacionales de protección de los derechos humanos reconocidos en tratados como la Convención Americana, de modo que la existencia de un verdadero régimen democrático está determinada por sus características tanto formales como sustanciales, por lo que, particularmente en casos de graves violaciones a [*sic*] las normas del derecho internacional de los derechos, la protección de los derechos humanos constituye un límite infranqueable a la regla de mayorías, es decir, a la esfera de lo «susceptible de ser decidido» por parte de las mayorías en instancias democráticas, en las cuales también debe primar un «control de convencionalidad» (*supra,* párr. 193), que es función y tarea de cualquier autoridad pública y no solo del poder judicial".

solo hecho de ser parte en la Convención Americana, todas sus autoridades públicas y todos sus órganos, incluidas las instancias democráticas[15], jueces y demás órganos vinculados a la administración de justicia en todos los niveles, están obligados por el tratado, por lo cual deben ejercer, en el marco de sus respectivas competencias y de las regulaciones procesales correspondientes, un control de convencionalidad tanto en la emisión y aplicación de normas, en cuanto a su validez y compatibilidad con la Convención, como en la determinación, juzgamiento y resolución de situaciones particulares y casos concretos, teniendo en cuenta el propio tratado y, según corresponda, los precedentes o lineamientos jurisprudenciales de la Corte Interamericana"[16].

[15] Al respecto, la Corte señaló en el caso Gelman: "La legitimación democrática de determinados hechos o actos en una sociedad está limitada por las normas y obligaciones internacionales de protección de los derechos humanos reconocidos en tratados como la Convención Americana, de modo que la existencia de un verdadero régimen democrático está determinada por sus características tanto formales como sustanciales, por lo que, particularmente en casos de graves violaciones a [*sic*] las normas del derecho internacional de los derechos, la protección de los derechos humanos constituye un límite infranqueable a la regla de mayorías, es decir, a la esfera de lo «susceptible de ser decidido» por parte de las mayorías en instancias democráticas, en las cuales también debe primar un control de convencionalidad, que es función y tarea de cualquier autoridad pública y no solo del poder judicial. En este sentido, la Suprema Corte de Justicia ha ejercido, en el caso Nibia Sabalsagaray Curutchet, un adecuado control de convencionalidad respecto de la Ley de Caducidad, al establecer, *inter alia*, que «el límite de la decisión de la mayoría reside, esencialmente, en dos cosas: la tutela de los derechos fundamentales (los primeros, entre todos, son el derecho a la vida y a la libertad personal, y no hay voluntad de la mayoría, ni interés general ni bien común o público en aras de los cuales puedan ser sacrificados) y la sujeción de los poderes públicos a la ley». Otros tribunales nacionales se han ido también a los límites de la democracia en relación con la protección de derechos fundamentales". Caso Gelman vs. Uruguay, párr. 239.

[16] La eficacia interpretativa del tratado internacional se observa también en la práctica de autoridades y tribunales nacionales en el Sistema Europeo de Derechos Humanos. Al respecto, véase Asamblea Parlamentaria del Consejo de Europa, resolución 1226 de 28 de septiembre de 2000 "Execution of judgments of the European Court of Human Rights": "[...] 3) El principio de solidaridad implica que la jurisprudencia de la Corte [Europea de Derechos Humanos] forma parte de la Convención, extendiendo así la fuerza legalmente vinculante de la Convención *erga omnes* (a todas las otras partes). Esto significa que los Estados parte no solo deben ejecutar las sentencias de la Corte pronunciadas en casos en que son parte, sino también deben tomar en consideración las posibles implicaciones que las sentencias pronunciadas en otros casos puedan tener en sus propios ordenamientos jurídicos y prácticas legales". ("3) The principle of solidarity implies that the case-law of the Court forms part of the Convention, thus extending the legally binding force of the Convention erga omnes (to all the other parties). This means that the states parties not only have to execute the judgments of the Court pronounced in cases to which they are party, but also have to take into consideration the possible implications which judgments pronounced in other cases may have for their own legal system and legal practice"). *http://assembly.coe.int/ASP/Doc/XrefViewPDF.asp?FileID=16834&Language=EN*

Corte Interamericana de Derechos Humanos, sent. 24 de febrero de 2011, caso Gelman Vs. Uruguay.

Lo anterior, en razón a que es común sostener que el juez administrativo no es un mero ejecutor formal de las normas legales, sino que en consideración al papel funcional que desempeña dentro del Estado social de derecho, es su obligación, antes que nada, ser garante de la corrección constitucional en la interpretación y aplicación de las normas legales, al igual que ejercer, *ex officio*, el control de convencionalidad que se le impone en razón a la fuerza vinculante de los tratados de derechos humanos y su doctrina.

La convencionalidad es una manifestación de lo que se ha dado en denominar "la constitucionalización del derecho internacional". Concebido, con mayor precisión, como el "control difuso de convencionalidad", cuyo destinatario en todo juez nacional consiste en el deber de estos "en realizar un examen de compatibilidad entre las disposiciones y actos internos que tiene que aplicar a un caso concreto, con los tratados internacionales y la jurisprudencia de la Corte Interamericana de Derechos Humanos"[17]. Si bien como construcción jurídica el control de convencionalidad se hace radicar en su origen en la sentencia del "caso Almonacid Arellano y otros vs. Chile"[18], lo cierto es que desde antes del 2002[19], e incluso en la jurisprudencia de los años noventa de la Corte Interamericana de Derechos, ya se vislumbraban ciertos elementos de este control de convencionalidad.

Se trata, además, de un control que está dirigido a todos los poderes públicos del Estado[20], aunque en su formulación inicial señalaba que solo tenía a los jueces como aquellos que debían ejercerlo. Sin perjuicio de lo anterior, nótese

[17] Eduardo Ferrer Macgregor, "El control difuso de convencionalidad en el Estado constitucional", en [http://biblio.juridicas.unam.mx/libros/6/2873/9.pdf; consultado 9 de febrero de 2014]: "Lo anterior implica reconocer la fuerza normativa de tipo convencional, que se extiende a los criterios jurisprudenciales emitidos por el órgano internacional que los interpreta. Este nuevo tipo de control no tiene sustento en la CADH, sino que deriva de la evolución jurisprudencial de la Corte Interamericana de Derechos Humanos".

[18] Corte Interamericana de Derechos Humanos, caso Almonacid Arellano y otros vs. Chile, sentencia de 26 de septiembre de 2006.

[19] Néstor Pedro Sagüés, "El control de convencionalidad en el sistema interamericano, y sus anticipos en el ámbito de los derechos económico-sociales, concordancias y diferencias con el sistema europeo", en [*http://biblio.juridicas.unam.mx/libros/7/3063/16.pdf*, consultado el 9 de febrero de 2014]: "[...] El control de convencionalidad que deben realizar en el sistema del Pacto de San José de Costa Rica los jueces nacionales parte de una serie de votos singulares del juez de la Corte Interamericana Sergio García Ramírez, v. gr., en los casos Myrna Mack Chang (25 de noviembre de 2003, considerando 27) y Tibi (7 de septiembre de 2004, considerandos 3 y 4)".

[20] Corte Interamericana de Derechos Humanos, caso Almonacid Arellano y otros vs. Chile, sent. de 26 de septiembre de 2006, párr. 123: "El cumplimiento por parte de agentes o funcionarios del Estado de una ley violatoria de la Convención produce responsabilidad internacional del Estado, y es un principio básico del derecho de la responsabilidad internacional del Estado, recogido en el derecho internacional de los derechos humanos, en el sentido de que todo Estado es internacionalmente responsable por actos u omisiones de cualesquiera de sus

que en el caso Almonacid Arellano y otros vs. Chile, la Corte Interamericana proyecta el control de convencionalidad, llegándose a afirmar que representa una obligación del poder judicial, ya que "cuando el legislativo falla en su tarea de suprimir y/o [*sic*] no adoptar leyes contrarias a la Convención Americana, el judicial permanece vinculado al deber de garantía establecido en el artículo 1.1 de la misma [*sic*][21] y, consecuentemente, debe abstenerse de aplicar cualquier normativa contraria a ella"[22].

Lo anterior indica, claramente, que el juez nacional no solo está llamado a aplicar y respetar su propio ordenamiento jurídico, sino que debe proyectarse sobre este una "interpretación convencional", de manera que pueda comprobar si son o no "compatibles" o se corresponden con los mínimos consagrados en la Convención Americana de Derechos Humanos y en otros tratados y normas de derecho internacional de los derechos humanos y de derecho internacional humanitario[23]. En esencia, dicho control de convencionalidad, a la cabeza de los jueces nacionales, lo comprende la Corte Interamericana de Derechos Humanos de la siguiente manera:

"[...] La Corte es consciente [de] que los jueces y tribunales internos están sujetos al imperio de la ley y, por ello, están obligados a aplicar las disposiciones vigentes en el ordenamiento jurídico. Pero cuando un Estado ha ratificado un tratado internacional como la Convención Americana, sus jueces, como parte del aparato del Estado, también están sometidos a ella, lo que les obliga a velar por que los efectos de las disposiciones de la Convención no se vean mermadas por la aplicación de leyes contrarias a su objeto y fin, y que desde un inicio carecen de efectos jurídicos. En otras palabras, el poder judicial debe ejercer

---

poderes u órganos en violación de los derechos internacionales consagrados, según el artículo 1.1 de la Convención Americana".

21 Miguel Carbonell, "Introducción general al control de convencionalidad", en [*http://biblio.juridicas.unam.mx/libros/7/3271/11.pdf*; consultado el 9 de febrero de 2014]: "[...] El control de convencionalidad es consecuencia directa del deber de los Estados de tomar todas las medidas que sean necesarias para que los tratados internacionales que han firmado se apliquen cabalmente".

22 Corte Interamericana de Derechos Humanos, caso Almonacid Arellano y otros vs. Chile, sent. de 26 de septiembre de 2006, párr. 123.

23 Eduardo Ferrer Macgregor, "Interpretación conforme y control difuso de convencionalidad. El nuevo paradigma para el juez mexicano", en [*http://biblio.juridicas.unam.mx/libros/7/3033/14.pdf*; consultado el 9 de febrero de 2014]: "[...] Se trata de un estándar «mínimo» creado por dicho tribunal internacional, para que en todo caso sea aplicado el *corpus iuris* interamericano y su jurisprudencia en los Estados nacionales que han suscrito o se han adherido a la CADH y con mayor intensidad a los que han reconocido la competencia contenciosa de la Corte IDH; estándar que, como veremos más adelante, las propias constituciones o la jurisprudencia nacional pueden válidamente ampliar, para que también formen parte del «bloque de constitucionalidad-convencionalidad» otros tratados, declaraciones e instrumentos internacionales, así como informes, recomendaciones, observaciones generales y demás resoluciones de los organismos y tribunales internacionales".

una especie de «control de convencionalidad» entre las normas jurídicas internas que aplican en los casos concretos y la Convención Americana de Derechos Humanos. En esta tarea, el poder judicial debe tener en cuenta no solamente el tratado, sino también la interpretación que del mismo [*sic*] ha hecho la Corte Interamericana, intérprete última de la Convención Americana"[24].

Una vez surgido este mecanismo, la jurisprudencia de la Corte Interamericana de Derechos Humanos lo fue matizando. En ese sentido, en el "caso Trabajadores Cesados del Congreso [Aguado Alfaro y otros] vs. Perú[25], se agregó que dicho control de convencionalidad procede *ex officio* pero «en el marco de sus respectivas competencias y de las regulaciones competentes». Así mismo, se consideró como función que "no debe quedar limitada exclusivamente por las manifestaciones o actos de los accionantes en cada caso concreto, aunque tampoco implica que ese control deba ejercerse siempre, sin considerar otros presupuestos formales y materiales de admisibilidad y procedencia de ese tipo de acciones"[26].

Si bien en su configuración inicial el control de convencionalidad puede reducirse a la confrontación de las normas internas con la Convención Americana de Derechos Humanos, en su voto razonado el juez García Ramirez, a la sentencia del caso Trabajadores cesados del Congreso [Aguado Alfaro y otros] vs. Perú, consideró que debía proceder dicho control respecto a "todo el *corpus iuris* convencional de los derechos humanos"[27].

[24] Corte Interamericana de Derechos Humanos, caso Almonacid Arellano y otros vs. Chile, sent.de 26 de septiembre de 2006, párr. 124. FERRER MACGREGOR, "El control difuso de convencionalidad en el Estado constitucional", cit.: en opinión de FERRER MACGREGOR: "Si observamos los alcances del «control difuso de convencionalidad», podemos advertir que en realidad no es algo nuevo. Se trata de una especie de «bloque de constitucionalidad» derivado de una constitucionalización del derecho internacional, sea por las reformas que las propias constituciones nacionales [*sic*] han venido realizando o a través [*sic*] de los avances de la jurisprudencia constitucional que la ha aceptado. La novedad es que la obligación de aplicar la CADH y la jurisprudencia convencional proviene directamente de la jurisprudencia de la Corte Interamericana como un «deber» de todos los jueces nacionales; de tal manera que ese imperativo representa un «bloque de convencionalidad» para establecer «estándares» en el continente o, cuando menos, en los países que han aceptado la jurisdicción de dicho tribunal internacional".

[25] Corte Interamericana de Derechos Humanos, caso Trabajadores Cesados del Congreso [Aguado Alfaro y otros] vs. Perú, sent. de 24 de noviembre de 2006.

[26] *Idem,* párr. 128.

[27] En la jurisprudencia de la Corte Interamericana de Derechos Humanos el control de convencionalidad se viene consolidando como puede verse: a) caso La Cantuta vs. Perú, sent. de 29 de noviembre de 2006, en la cual el control implicó determinar que las leyes de autoamnistía eran incompatibles con la Convención (párr. 173); b) caso Boyce y otros vs. Barbados, sent. de 20 de noviembre de 2007, en la que encontró incompatible la "cláusula de exclusión" consagrada en el artículo 26 de la Constitutión de Barbados, que impedía la impugnación de leyes vigentes, previas a la Constitución (párr. 78); c) caso Heliodoro Portugal vs. Panamá, sent. de 12 de agosto de 2008, en la que sostuvo que "cada juzgador debe velar por el efecto útil de los instrumentos internacionales, de manera que no quede mermado o anulado por la aplicación

El control de convencionalidad como construcción jurídica no se agota en el ámbito del derecho interamericano de los derechos humanos, sino que ha tenido cabida cuestionada en el derecho comunitario europeo, en el que se planteó la denominada doctrina Simmenthal. Se trata del caso Administration des Finances Italiennes c. Simmenthal, sentencia del 9 de marzo de 1978 del Tribunal de Justicia de las Comunidades Europeas, en el que consideró: "[...] El juez nacional encargado de aplicar, en el marco de su competencia, las disposiciones del derecho comunitario, está obligado a garantizar la plena eficacia de dichas normas dejando, si procede, inaplicarlas, por su propia iniciativa, cualesquiera disposiciones contrarias de la legislación nacional, aunque sean posteriores, sin que esté obligado a solicitar o a esperar la derogación previa de estas por vía legislativa o por cualquier otro procedimiento constitucional"[28].

En el derecho europeo de los derechos humanos se encuentra que la Corte Europea de Derechos Humanos ha venido aplicando el control de convencionalidad, operándolo tanto frente a constituciones como respecto de leyes de los Estados miembro de la Convención Europea de Derechos Humanos. En ese sentido se pueden citar los siguientes casos: a) Partie communiste unifié de Turquie, sentencia de 20 de noviembre de 1998; b) caso Zielinski et Pradal et Gonzalez et autres, sentencia de 28 de octubre de 1999[29]; c) caso Open Door y Dublin Well Woman[30].

Como puede observarse, el control de convencionalidad no es una construcción jurídica aislada, marginal o reducida al ámbito del derecho interamericano de los derechos humanos. Por el contrario, en otros sistemas de derechos humanos, como el europeo, o en un sistema de derecho comunitario, también ha operado desde hace más de tres décadas, lo que implica que su maduración está llamada a producirse en el marco del juez nacional colombiano.

---

de normas o prácticas internas contrarias al objeto y fin del instrumento internacional o del estándar internacional de protección de los derechos humanos" (párr. 180); d) las resoluciones de supervisión de 9 de mayo de 2008 en los casos Fermín Ramírez y Raxcacó Reyes vs. Guatemala, el control se dirigió a la exigencia al Congreso y al judicial de no ejecutar a ningún condenado hasta que se adoptara un decreto que consagrara el indulto; e) caso Radilla Pacheco vs. México, sent. de 23 de noviembre de 2009, en la que el control se centra en las interpretaciones constitucionales y legislativas relacionadas con los criterios de competencia material y personal de la jurisdicción militar, que deben estar conformes con los principios de la jurisprudencia interamericana de derechos humanos, llegando, incluso, a exigir a los jueces nacionales dejar de aplicar una norma del Código de Justicia Militar.

[28] Tribunal de Justicia de las Comunidades Europeas, caso Administration des finannces italinennes c. Simmenthal, sent. de 9 de marzo de 1978, en Francisco Fernández Segado, *La justicia constitucional. Una visión de derecho comparado*, Madrid, Dykinson, 2009, pág.1207.

[29] Puede verse en Frédéric Sudre, *Droit européen et international des droits de l'homme*, 8ª ed., Paris, PUF, 2006, págs. 191-192.

[30] Puede verse Carlos Ruiz Miguel, *La ejecución de las sentencias del Tribunal Europeo de Derechos Humanos*, Madrid, Tecnos, 1997, pág. 42.

Con fundamento en las nuevas dimensiones que ofrece la convencionalidad, cabe, por tanto, examinar el régimen de responsabilidad del Estado[31].

A) *La construcción normativa de la responsabilidad del Estado*

La constitucionalización de la responsabilidad del Estado no puede comprenderse equivocadamente como la consagración de un régimen objetivo, ni le permite al juez administrativo deformarle el alcance. Esto ha llevado a que cierto sector de la doctrina sostenga que la configuración de un régimen subjetivo de la responsabilidad se puso en peligro con la consagración de una cláusula constitucional de responsabilidad como la del artículo 90, sin reparar que el constituyente procura delimitar los elementos esenciales para que pueda establecerse la responsabilidad del Estado, que son dos: daño antijurídico e imputación. La Sección Tercera del Consejo de Estado, argumentó que conforme a lo establecido en el artículo 90 de la Carta Política, "los elementos indispensables para imputar la responsabilidad al Estado son: a) el daño antijurídico y b) la imputabilidad del Estado"[32]. Es, pues —siguiendo la jurisprudencia contencioso administrativa—, "menester, que además de constatar [*sic*] la antijuridicidad del [daño], el juzgador elabore un juicio de imputabilidad que le permita encontrar un título jurídico distinto de la simple causalidad material que legitime la decisión; vale decir, «la imputatio iuris» además de la «imputatio facti»"[33]. A su vez, en la jurisprudencia constitucional se sostiene que "el artículo de la Carta señala que para que el Estado deba responder, basta que exista un daño antijurídico que sea imputable a una autoridad pública. Por ello, como lo ha reiterado esta Corte, esta responsabilidad se configura siempre y cuando: 1) ocurra un daño antijurídico o lesión, 2) este sea imputable a la acción u omisión de un ente público"[34].

La responsabilidad del Estado como construcción jurídica tiene su sustento en su formulación constitucional, su concreción legal y su desdoblamiento o desarrollo jurisprudencial, sin desconocer que siempre debe integrar las exigencias derivadas del derecho convencional, especialmente del derecho internacional de los derechos humanos, del derecho internacional humanitario y del derecho de gentes.

Revisadas las anteriores cuestiones, debe ahora estudiarse cuáles son los elementos para la estructuración de la responsabilidad del Estado.

[31] Corte Const., sents. C-619 de 2002 y C-918 de 2002.

[32] C. de E., Sección Tercera, sentencia de 21 de octubre de 1999, exp. 10948-11643.

[33] C. de E., Sección Tercera, sent. de 13 de julio de 1993.

[34] Corte Const., sents. C-619 de 2002 y C-918 de 2002.

B) *Elementos de la responsabilidad del Estado y el respeto de los patrones de la Convención Americana de Derechos Humanos, del Derecho Internacional Humanitario y del derecho de gentes*

a) *Aproximación al daño antijurídico: concepto esencialmente casuístico o normativo.* El daño antijurídico comprendido a partir de la dogmática jurídica de la responsabilidad civil extracontractual[35] y del Estado impone considerar dos componentes: a) el alcance del daño como entidad jurídica, esto es, "el menoscabo que a consecuencia de un acaecimiento o evento determinado sufre una persona, ya en sus bienes vitales o naturales, ya en su propiedad o en su patrimonio"[36] o la "lesión de un interés o con la alteración *in peius* del bien idóneo para satisfacer aquel o con la pérdida o disponibilidad o del goce de un bien que lo demás permanece inalterado, como ocurre en supuestos de sustracción de la posesión de una cosa"[37] y, b) aquello que derivado de la actividad, omisión o de la inactividad de la administración pública no sea soportable 1) bien porque es contrario a la Carta Política, a una norma legal o al derecho convencional, o 2) porque sea "irrazonable"[38], en clave de los derechos e intereses constitucionalmente reconocidos, y 3) porque no encuentra sustento en la prevalencia, respeto o consideración del interés general[39].

[35] "[...] el perjudicado a consecuencia del funcionamiento de un servicio público debe soportar el daño, siempre que resulte (contrario a la letra o al espíritu de una norma legal o) simplemente irrazonable, conforme a la propia lógica de la responsabilidad patrimonial, que sea la Administración la que tenga que soportarlo". FERNANDO PANTALEÓN, "Cómo repensar la responsabilidad civil extracontractual (también de las administraciones públicas)", en *AFDUAM*, núm. 4, 2000, pág. 185. MARTÍN REBOLLO se pregunta: "¿Cuándo un daño es antijurídico? Se suele responder a esta pregunta diciendo que se trata de un daño que el particular no está obligado a soportar por no existir causas legales de justificación en el productor del mismo [*sic*], esto es, en las administraciones públicas, que impongan la obligación de tolerarlo. Si existe tal obligación el daño, aunque económicamente real, no podrá ser tachado de daño antijurídico. Esto es, no cabrá hablar, pues, de lesión", LUIS MARTÍN REBOLLO, "La responsabilidad patrimonial de la administración pública en España: situación actual y nuevas perspectivas", en RAFAEL BADELL MADRID (Coord.), *Congreso Internacional de Derecho Administrativo* (en Homenaje al prof. LUIS H. FARÍAS MATA), Caracas, Universidad Católica Andrés Bello, 2006, págs. 278 y 279.

[36] KARL LARENZ, *Derecho de obligaciones*, citado en LUIS DÍEZ-PICAZO, *Fundamentos de derecho civil patrimonial. La responsabilidad civil extracontractual,* t. V, Navarra, Thomson-Civitas, 2011, pág. 329.

[37] RENATO SCOGNAMIGLIO, *Novissimo digesto italiano*, citado en DÍEZ-PICAZO, *op. cit.*, pág. 329.

[38] "[...] que lo razonable, en buena lógica de responsabilidad extracontractual, para las administraciones públicas nunca puede ser hacerlas más responsables de lo que sea razonable para los entes jurídico-privados que desarrollan en su propio interés actividades análogas". FERNANDO PANTALEÓN, "Cómo repensar la responsabilidad civil extracontractual (también de las administraciones públicas)", cit., pág.186.

[39] JAIME ORLANDO SANTOFIMIO GAMBOA, "La cláusula constitucional de la responsabilidad del Estado: estructura, régimen y principio de convencionalidad como pilares en su construcción", próximo a publicarse.

En cuanto al daño antijurídico, la jurisprudencia constitucional señala que la "antijuridicidad del perjuicio no depende de la licitud o ilicitud de la conducta desplegada por la administración, sino de la no soportabilidad del daño por parte de la víctima"[40]. Así pues, y siguiendo la jurisprudencia constitucional, se ha señalado que "esta acepción del daño antijurídico como fundamento del deber de reparación estatal armoniza plenamente con los principios y valores propios del Estado social de derecho debido a que al Estado corresponde la salvaguarda de los derechos y libertades de los administrados frente a la propia administración"[41], cuya dimensión no se agota solo en su consagración constitucional, sino también en su desdoblamiento convencional. Así mismo, se considera que el "artículo 90 de la Carta, atendiendo las construcciones jurisprudenciales, le dio un nuevo enfoque normativo a la responsabilidad patrimonial del Estado desplazando su fundamento desde la falla del servicio hasta el daño antijurídico. Ello implica la ampliación del espacio en el que puede declararse la responsabilidad patrimonial del Estado, pues el punto de partida para la determinación de esa responsabilidad ya no está determinado por la irregular actuación estatal —bien sea por la no prestación del servicio, por la prestación irregular o por la prestación tardía—, sino por la producción de un daño antijurídico que la víctima no está en el deber de soportar, independientemente de la regularidad o irregularidad de esa actuación"[42].

De igual manera, la jurisprudencia constitucional considera que el daño antijurídico se encuadra en los "principios consagrados en la Constitución, tales como la solidaridad (art. 1º) y la igualdad (art. 13), y en la garantía integral del patrimonio de los ciudadanos, prevista por los artículos 2º y 58 de la Constitución"[43], en las exigencias convencionales de protección de los dere-

[40] Corte Const., sent. C-254 de 2003.

[41] Corte Const., sent. C-333 de 1996.

[42] Corte Const., sent. C-285 de 2002. Debe advertirse que una vez revisada la doctrina de la responsabilidad civil extracontractual pueden encontrarse posturas según las cuales "debe rechazarse que el supuesto de hecho de las normas sobre responsabilidad civil extracontractual requiera un elemento de antijuricidad [*sic*]". FERNANDO PANTALEÓN, "Cómo repensar la responsabilidad civil extracontractual (también de las administraciones públicas, cit., pág. 168.

[43] Corte Const., sents. C-333 de 1996 y C-832 de 2001. A lo que se agrega: "El artículo 90 de la Constitución Política le suministró un nuevo panorama normativo a la responsabilidad patrimonial del Estado. En primer lugar porque reguló expresamente una temática que entre nosotros por mucho tiempo estuvo supeditada a la labor hermenéutica de los jueces y que solo tardíamente había sido regulada por la ley. Y en segundo lugar, porque al ligar la responsabilidad estatal a los fundamentos de la organización política por la que optó el constituyente de 1991, amplió expresamente el ámbito de la responsabilidad estatal haciendo que ella desbordara el límite de la falla del servicio y se enmarcara en el más amplio espacio del daño antijurídico". Corte Const., sents. C-285 de 2002 y C-918 de 2002. Sin embargo, cabe advertir, apoyados en la doctrina iuscivilista, que "no puede confundirse la antijuridicidad en materia de daños con lesiones de derechos subjetivos y, menos todavía, una concepción que los constriña, al modo alemán, a los derechos subjetivos absolutos, entendiendo por tales los derechos de la

chos humanos (Convención Americana de Derechos Humanos, arts. 1.1, 2º a 8º, 25, y 63.1), en el derecho internacional humanitario (normas de protección de los hechos de guerra no convencional, contra actos de tortura, de desaparición forzada, etc.) y del derecho de gentes (principios y reglas de protección como los afirmados en Nüremberg).

Debe quedar claro que es un concepto constante en la jurisprudencia del Consejo Estado, que debe ser objeto de adecuación y actualización según los principios del Estado social de derecho, ya que como lo señala el precedente jurisprudencial, un "Estado social de derecho y solidario y respetuoso de la dignidad de la persona humana no puede causar daños antijurídicos y no indemnizarlos"[44]. Dicho daño tiene como características que sea cierto, presente o futuro, determinado o determinable[45], anormal[46] y que se trate de una situación jurídicamente protegida[47].

Pero no siendo suficiente con la valoración del daño antijurídico, cabe examinar el segundo elemento: la imputación, con el objetivo de determinar su alcance y el debate que suscita doctrinalmente y jurisprudencialmente.

b) *La imputación: el juicio de imputación no se agota en el análisis de la causalidad, pero lo incluye.* En cuanto a la imputación, se deben analizar dos esferas: a) el ámbito fáctico y b) la imputación jurídica[48], en la que se debe determinar la atribución conforme a un deber jurídico (que opera conforme a los distintos títulos de imputación consolidados en el precedente de la Sala: falla o falta en la prestación del servicio —simple, presunta y probada—; daño especial —desequilibrio de las cargas públicas, daño anormal—; riesgo excepcional). Además, resulta relevante tener en cuenta los aspectos de la teoría de la imputación objetiva de la responsabilidad patrimonial del Estado. Precisamente, en la jurisprudencia constitucional se sostiene que la "superioridad jerárquica

personalidad y la integridad física, el honor, la intimidad y la propia imagen y los derechos sobre las cosas, es decir, propiedad y derechos reales". Luis Díez-Picazo, *Fundamentos del derecho civil patrimonial. La responsabilidad civil extracontractual,* Navarra, Aranzadi, 2011, pág. 297. Cabe afirmar que en la doctrina del derecho civil se advierte que "la antijuridicidad del daño no se produce porque exista violación de deberes jurídicos", definiéndose como "violación de una norma especial o de la más genérica alterum *non laedere*". Díez-Picazo, *op. cit.*, pág. 298.

[44] C. de E., Sección Tercera, sent. de 9 de febrero de 1995, exp. 9550: "Para eludir el cumplimiento de sus deberes jurídicos no puede exigirle al juez que, como no le alcanzan sus recursos fiscales, no le condene por ejemplo, por los atentados de la fuerza pública, contra la dignidad de la persona humana".

[45] C. de E., Sección Tercera, sent. de 19 de mayo de 2005, exp. 2001-01541 AG.

[46] C. de E., Sección Tercera, sent. de 14 de septiembre de 2000, expediente 12166: "por haber excedido los inconvenientes inherentes al funcionamiento del servicio".

[47] C. de E., Sección Tercera, sent. de 2 de junio de 2005, exp. 1999-02382 AG.

[48] Sánchez Morón, *Derecho administrativo. Parte general*, *op. cit.*, pág. 927: "La imputación depende, pues, tanto de elementos subjetivos como objetivos".

de las normas constitucionales impide al legislador diseñar un sistema de responsabilidad subjetiva para el resarcimiento de los daños antijurídicos que son producto de tales relaciones sustanciales o materiales que se dan entre los entes [*sic*] públicos y los administrados. La responsabilidad objetiva en el terreno de esas relaciones sustanciales es un imperativo constitucional, no solo por la norma expresa que así lo define, sino también porque los principios y valores que fundamentan la construcción del Estado según la cláusula social así lo exigen"[49].

Cuando se habla del ámbito fáctico se hace referencia al análisis que en la perspectiva de la causalidad cabe hacer dentro del juicio de imputación, procurando determinar el alcance de la relación de causalidad, las eximentes que pueden operar y la concurrencia causal que puede afectar este momento de estudio de la imputación.

En su definición básica, la causalidad se entiende como el vínculo, nexo, o ligamen que une la causa a un efecto, "siguiendo el principio [de] que todo tiene una causa y que, en las mismas condiciones, las mismas causas producen los mismos efectos"[50].

Luego, la causalidad entraña necesariamente la "apreciación humana", que la infunde de su carácter subjetivo, exigiéndose a la víctima la carga de probar que el perjuicio causado es consecuencia directa o indirecta de un hecho dañoso. La causalidad no puede satanizarse como propia de la concepción primitiva, o como elemento ajeno al derecho y propio a las ciencias naturales. El propio KELSEN, al revisar los postulados de HUME, señaló que este "separó

[49] Corte Const., sent. C-043 de 2004.

[50] MARYSE DEGUERGUE, "Causalité et imputabilité", en *Juris-Classeur*, núm. 5, fase. 830, 31 janvier 2000, págs. 2 y 3. "El causalismo es el método filosófico-científico que procura el conocimiento de las cosas (o el de las verdades) a través [*sic*] del estudio y análisis de sus causas. Sostiene la existencia de cadenas de relaciones causales (causa-efecto) que permiten, mediante la observación de ellas, una explicación de todo lo que puede explicarse. Determinar la o las causas de uno o varios sucesos constituye la tarea de aprehensión cognoscitiva del fenómeno causal. La formulación de la teoría de la determinación causal: «nada puede existir ni dejar de existir sin causa», o, en otros términos, «todo efecto es generado por una causa», debe ser entendida como método de conocimiento humano, ya que como doctrina explicativa del mundo de la naturaleza y de sus mutaciones conlleva necesariamente el reconocimiento de un primer fenómeno incausado, un comienzo no causado pero que es la causa del todo, o bien a una infinita regresión de causas y efectos". ISIDORO H. GOLDENBERG, *La relación de causalidad en la responsabilidad civil,* 1ª reimp., Buenos Aires, Depalma, 2011, págs. 2 y 3. La doctrina del derecho de la responsabilidad señala que el "[...] carácter parcial y selectivo de la causalidad jurídica, que es en cierta medida ficticia, impone una relación directa e inmediata, [FRANCOIS P. BENOÎT, "Essai sur les conditions de la responsabilité en droit public et privé (problèmes de causalité et d'imputabilité)", en *Juris-Classeur Public*, núm. 19, I, 1351, 1957, pág. 20] de causa a efecto entre el hecho generador de un daño y aquel, que los jueces traducen simplemente por la exigencia de un «nexo directo de causalidad» entre ellos, necesario para determinar la obligación de reparar a cargo del autor".

el problema de la causalidad en componentes ontológicos y epistemológicos afirmando que en la naturaleza no hay causalidad en el sentido de una conexión necesaria, sino solo una sucesión regular de los hechos"[51]. Lo anterior no quiere decir que este sea el único criterio en el que se erige la causalidad, sino que en la búsqueda de una ley general de causalidad, como lo recoge Kelsen, se llega a comprender que cuando "causas similares producen necesariamente efectos similares, es meramente un hábito del pensamiento que, originado en la observación de sucesiones regulares de los hechos, se torna una firme convicción"[52].

De ahí, pues, que el propio Kant no excluye la causalidad, sino que la entiende integrada en un proceso complejo, ya que "la mera observación de la realidad no podía establecer la necesidad de una conexión entre dos hechos, como causa y efecto"[53], constituyéndose la causalidad "en una noción innata, una categoría *a priori*, una forma inevitable y necesaria de la cognición mediante la cual coordinamos mentalmente el material empírico de la percepción sensorial"[54].

Dicho lo anterior, se entiende que la causalidad sigue siendo elemento que presente en el juicio de imputación exige al juez la necesaria percepción y aprehensión de la realidad, permitiendo que la imputación se realice fundada en ella misma y no en simples conjeturas o suposiciones mentales desconectadas de las propias circunstancias de tiempo, modo y lugar que desencadenaron la producción del daño antijurídico[55].

[51] Hans Kelsen, *Sociedad y naturaleza,* Madrid, 1948, pág. 384. "El método de la dogmática jurídica no es el de la explicación causal, sino el de la comprensión del sentido, ya que solo así puede ser entendida una estructura de sentido como lo es un sistema jurídico. Quien se acerca, en cambio, a un sistema jurídico con el método positivista de la observación de los hechos y de su conexión causal, verá cómo el objeto de su estudio se le escapa de entre las manos, y cómo en lugar del derecho le aparecerá el «mecanismo jurídico», es decir, el acontecer externo y visible que tiene lugar en la realización del derecho". Hans Welzel, *Introducción a la filosofía del derecho. Derecho natural y justicia material,* Madrid, Aguilar, 1977, pág. 193.

[52] Kelsen, *op. cit.*, pág. 384.

[53] Kelsen, *op. cit.*, pág. 384.

[54] *Ibid.*

[55] "El concepto de causa y el de causalidad se utilizan en materia de responsabilidad civil, para tratar, básicamente, de dar respuesta a dos tipos de problemas: el primero es encontrar alguna razón por la cual se pongan a cargo de esta, haciéndola responsable, las consecuencias indemnizatorias [...] en segundo lugar, se trata de relacionar, a la inversa de lo que hacíamos anteriormente, al daño con la persona, pues el precepto, remarcando el uso de la palabra *causa,* dice que se indemniza «el daño causado»". Díez-Picazo, *Fundamentos del derecho civil patrimonial…, op. cit.*, pág. 357. C. de E., Sección Tercera, sent. de 7 de diciembre de 2005, exp. 14065. Precisamente, la jurisprudencia de la Sección Tercera del Consejo de Estado define la imputación como "[...] la atribución jurídica del daño, fundada en la prueba del vínculo existente entre el daño antijurídico y la acción u omisión del ente demandado". Sin duda, la Sección Tercera del Consejo de Estado comprende que esa atribución no puede resultar de presupuestos mentales, o de creación ajena a la realidad, sino que es esta y sus especiales circunstancias las que ofrecen el material suficiente para establecer la relación entre el daño antijurídico probado y

Sin oponerse a la imputación, la irregularidad de la conducta conforme a un deber jurídico exige evidenciar un elemento causal que permita determinar si se desarrolló dentro de los cauces exigidos, en la relación trabada entre el fundamento objetivo del deber y la acción u omisión concreta que se exige[56].

Luego, la sucesión causal seguirá presente cuando el daño se irroga con la ejecución de la carga pública, que debe observarse en función de la realidad, de manera que el nexo causal permita concretar dicha imputación fáctica, o, por el contrario, se llegue a determinar la existencia de una eximente de responsabilidad de manera plena o concurrente[57].

Por tanto, no se puede plantear que la distinción entre causalidad e imputación se agota en el objeto que le es propio a aquella, esto es, de las ciencias naturales, y el de esta el derecho, porque la racionalidad exige que se parta de una sucesión de hechos respecto de los cuales opera el pensamiento para permitir que aplicando las reglas de cognición y de coordinación se pueda alcanzar una percepción o convicción sensorial, de la que se infiere el juicio o valoración jurídica del daño (atribución), o del hecho objeto del juicio de responsabilidad.

Así mismo, más que un dualismo entre orden causal y sociedad (como se plantearía en palabras de WEBER), lo que se ha producido en el tiempo es un proceso de decantación de la relación entre causalidad e imputación, el cual tiene una serie de hitos que se han de subrayar: a) la "idea de la necesidad objetiva de la conexión causal", fruto del espíritu del derecho consuetudinario, y que

---

la acción u omisión del Estado, o de la entidad pública demandada". C. de E., Sección Tercera, sent. de 22 de abril de 2004, exp. 15088. Concepto en el que se sostiene la Sección Tercera del Consejo de Estado, cuando advierte "que para imputar conducta irregular a la administración es presupuesto necesario que se predique de la demandada, una conducta que jurídicamente se derive de la existencia de un deber jurídico que permita evidenciar el comportamiento irregular, por acción o por omisión. El elemento de la imputabilidad en este punto es un presupuesto de la conducta irregular, de la actividad que desarrolló a quien se demanda, por acción o por omisión; nótese que el artículo 90 de la Carta Política condiciona en forma estricta la responsabilidad patrimonial del Estado al daño antijurídico que le «sea imputable, causados por la acción o la omisión de las autoridades públicas». Y sobre estos dos puntos, responsabilidad e imputabilidad".

[56] C. de E., Sección Tercera, sent. de 28 de abril de 2010, exp. 17992. En la jurisprudencia de la Sección Tercera se ratifica que "[...] en tanto la administración pública imponga el deber de prestar el servicio militar, debe garantizar la integridad psicofísica del soldado en la medida en la cual se trata de una persona que se encuentra sometida a su custodia y cuidado, pues en determinadas situaciones lo pone en una posición de riesgo, lo cual, en términos de imputabilidad, significa que debe responder por los daños que le sean irrogados en relación con la ejecución de la carga pública".

[57] DÍEZ-PICAZO, *Fundamentos del derecho civil patrimonial..., op. cit.*, pág. 357: "Es notorio que el problema causal se plantea de manera especialmente aguda cuando se reconoce o se puede establecer que, como es normal en la vida social, todo hecho, y, por consiguiente, también los hechos dañosos, son consecuencia de la concurrencia de una extraordinaria pluralidad de circunstancias a las que a veces se denomina «concausas» o «causas adicionales»".

se corrige planteando que su fundamento está en el "principio de retribución"; b) la tendencia hacia el principio de equivalencia, partiendo de la base de que el efecto no debe ser igual a la causa, de tal manera que haría falta establecer un método en el que la proporcionalidad se ofreciera como determinante; c) la delimitación de la arbitrariedad que opera frente al *continuum* que supone la sucesión de hechos, porque no pueden descartarse como cadena hipotética sucesos que afectan la determinación del efecto, pues "un análisis realista muestra que cada efecto es no solo el fin de una cadena de causas, sino también el comienzo de una nueva cadena y, a la vez, el punto de intersección de un infinito número de cadenas"[58]. En últimas, lo que se quiere es separarse del principio de retribución; d) la sucesión temporal causa y efecto, que ha llevado a superar la primitiva concepción de la concatenación de hechos en un orden irreversible, a plantear como alternativa la elección entre posibilidades, donde el progreso del conocimiento, de la ciencia y de la técnica permiten una evolución dinámica de ellas; e) la probabilidad estadística, tendencia que vino a propiciar un golpe fundamental en la ley de causalidad, y se abre paso el criterio de la predictibilidad, de manera que se establece como regla la "conexión probable".

Fruto de ese proceso en la relación causalidad-imputación está la formulación de las fases de la imputación que LARENZ señaló: "La imputación se produce en tres fases. En la primera se toma en cuenta un comportamiento corporal de la persona como acto [...] pues responsabilidad presupone [...] el poder de actuar sobre otro y, por ello, la posibilidad de una conducción de acontecer mediante la voluntad y de un control mediante la conciencia [...] En la segunda fase se trata de la imputación de la responsabilidad por las consecuencias ulteriores del acto [...] hasta qué punto se le puede imputar como «autor» la cadena causal puesta en marcha por la acción que con base en numerosos factores que inciden en ella puede producirnos unos efectos completamente distintos de los que el agente había previsto y de los que en otro lugar hubiera podido prever. Los criterios que por lo general se utilizan para llevar a cabo esta imputación «objetiva» son: la general idoneidad de la acción para la producción de un resultado semejante (teoría de la adecuación); el aumento del riesgo de producción de resultados reprobados por el ordenamiento jurídico precisamente por este acto [...] desde hace mucho tiempo se admite la simple conexión causal, que puede llegar hasta el infinito, no basta para cargarlo todo [...] La tercera fase de la imputación [...] es la imputación de la culpabilidad"[59].

Luego, la relación causalidad-imputación, lejos de excluirse, permite armonizarlas, incluso en la propia tesis de la imputación objetiva[60], o en la de

[58] KELSEN, *op. cit.*, pág. 390.

[59] KARL LARENZ, *Derecho justo. Fundamentos de ética jurídica,* 1ª reimp., Madrid, Civitas, 1990, págs. 107-108.

[60] "En el derecho español, la distinción entre causalidad e imputación objetiva fue aceptada por un buen número de sentencias de la Sala Segunda del Tribunal Supremo. La sentencia

la imputación del riesgo, donde el factor causal presta utilidad al momento de determinar si la lesión o daño se causó o si cabe extraer una eximente que rompe la conexión o relación de causalidad.

De ahí que proceder solo a un estudio de imputación jurídica puede en ocasiones hacer inmodificable la estructura de la responsabilidad extracontractual, ya que se limita la posibilidad de evaluar la cadena causal, de escrutar las variantes. No de otra manera el artículo 90 de la Carta Política estaría orientado a establecer el daño antijurídico y la imputación, entendida como una atribución normativa del hecho, pero no solo en la perspectiva del resultado, sino que se orientaría más, como ocurre en el derecho español, hacia la determinación de la lesión del patrimonio, sin que importe la conducta, comportamiento, actividad o función desplegada, ni su licitud o ilicitud.

De lo anterior se desprende la necesidad de advertir que no se le puede imponer al juez una postura reduccionista, de manera que en virtud de la imputación como elemento determinante estaría llamado a comprobar el daño antijurídico y la posibilidad de imputarlo, porque sería posible que la labor probatoria se recondujera más a un debate mecánico, y sin posibilidades de argumentación jurídica, y en el cual entraría a ponerse en cuestión el principio de proporcionalidad, rayando en la idea asistencialista o de aseguramiento universal en la que no puede caer una institución como la responsabilidad extracontractual del Estado.

Teniendo en cuenta la praxis contenciosa del juicio de responsabilidad y las dificultades que la causalidad como presupuesto de la responsabilidad ha ofrecido (y superada la tendencia a aplicar la teoría de la equivalencia de condiciones), se viene abriendo camino la tesis de la imputación objetiva[61], que

---

de 5 de abril de 1983, con referencia a la de 20 de mayo de 1981, dice: «La sentencia de la Sala Segunda del Tribunal Supremo de 20 de mayo de 1981 ya ha distinguido, con la precisión posible dentro de la difícil doctrina de la causalidad, entre relación causal e imputación objetiva, como categorías independientes y sucesivas, y que para la responsabilidad penal no basta con la constancia de la relación causal —a [*sic*] determinar según el criterio de la equivalencia de condiciones— sino que además se precisa la imputación objetiva del resultado, para lo que se requiere la adecuación de la causa para producir aquel, como consecuencia lógica y natural de aquella. Es decir [...] que la imputación objetiva se sitúa en un momento anterior a la llamada imputación subjetiva. La concurrencia o no de la causalidad es algo empíricamente constatable, a [*sic*] determinar según los métodos de las ciencias naturales, y esta es la base de la teoría de la equivalencia de condiciones. Pero otra cosa distinta es que para el injusto típico se requiera además la concurrencia de una categoría puramente normativa [...] Como criterios de imputación objetiva del resultado pueden señalarse (como más frecuente) el de la adecuación, pero también pueden existir otros, como el de la relevancia, el de la realización del peligro inherente a la acción base, o los de incremento o disminución del riesgo, o el del fin de protección de la norma»". Citada en Díez-Picazo, *Fundamentos del derecho civil patrimonial..., op. cit.*, pág. 371.

[61] "Para Roxin, un resultado causado por un agente solo se le puede imputar a este si su conducta ha creado un peligro para el bien jurídico no cubierto por un riesgo permitido y ese

debe ser moderada para que la posición del Estado no termine convirtiéndolo en asegurador universal, y en revertir la idea de daño antijurídico e imputación como sustento, para aceptar que la atribución jurídica nos lleva al debate inicial subjetivo, porque solo determinando la posición y el deber jurídico podría deducirse la responsabilidad[62], lo que puede plantear que no estemos lejos de un escenario como el mencionado.

Sin duda el ámbito fáctico es esencial, y no cabe cuestionarlo, pero tampoco comprender que es el escenario que agota el juicio de imputación; por el contrario, debe integrarse al análisis de la atribución jurídica, en donde por virtud del principio de imputabilidad adquiere mayor relevancia la cláusula constitucional de la responsabilidad del Estado.

De ahí, pues, que se deba potenciar el juicio de imputación, y no la simple subsunción, pensando que el régimen se dirige a definir la responsabilidad para la protección de la víctima y no para la gestación de debates dogmáticos.

c) *La afirmación del principio de imputabilidad y la imputación objetiva.* En la actualidad todo régimen de responsabilidad patrimonial del Estado exige la afirmación del principio de imputabilidad[63], según el cual la indemni-

---

peligro se ha realizado o materializado en el caso concreto. Si el resultado se presenta como realización de un peligro creado por el autor, tal resultado es por lo general imputable. Aunque excepcionalmente puede excluirse la imputación, si el alcance es de tipo penal, sobre lo que Roxin especula, no abarcaba la evitación de tales peligros y sus repercusiones [...]. Para Jakobs, las garantías normativas que el derecho establece no tienen como contenido el que todos intenten evitar todos los daños posibles, porque si así fuese, se produciría una paralización inmediata de la vida social. Las mentadas garantías normativas adscriben a determinadas personas, que en un contexto de interacción social ocupan determinadas posiciones, unos ciertos cometidos, que pueden ser calificados como estándares o roles [*sic*]. Solo de este modo se posibilita la orientación social sin conocer las características individuales de las personas que actúan y se hacen posibles contactos anónimos en que no es necesario averiguar el perfil individual de la persona que tenemos enfrente, porque podemos considerarla solo como portadora de un rol [*sic*]. Así, los seres humanos se encuentran en un mundo social en función de portadores de un rol [*sic*] o, dicho de otro modo, como personas que han de administrar un determinado segmento del acontecer social conforme a un determinado estándar. De este modo, el objetivo es imputar las desviaciones respecto de las expectativas que suscita el portador del rol [*sic*]. Como toda defraudación de expectativas, en toda lesión o en todo daño pueden participar, además de la víctima y el pretendido autor, terceras personas. La labor consiste en determinar a quien (sic) competía el acontecer relevante, es decir, quien [*sic*] quebrantó su rol [*sic*] administrándolo de modo deficiente". Díez-Picazo, *Fundamentos del derecho civil patrimonial... op. cit.*, págs. 367 y 368.

[62] Carlos Suárez Gonzalez y Manuel Cancio Meliá, "Estudio preliminar", en Günther Jakobs, *La imputación objetiva en el derecho penal*, citado en Díez-Picazo, *Fundamentos del derecho civil patrimonial..., op. cit.*, pág. 367. "[...] se ha dicho que la teoría de la imputación objetiva tiene el cometido de fijar criterios normativos por los cuales un resultado —en el que reside la lesión de un bien jurídico— es atribuible a un comportamiento".

[63] Immanuel Kant, *La metafísica de las costumbres,* Madrid, Alianza, 1989, pág. 35. En los términos de Kant, dicha imputación se entiende: "Imputación (*imputatio*) en sentido moral

zación del daño antijurídico cabe achacarla al Estado cuando haya el sustento fáctico y la atribución jurídica[64]. Debe quedar claro que el derecho no puede apartarse de las "estructuras reales si quiere tener alguna eficacia sobre las mismas [*sic*]"[65].

En cuanto a esto, cabe precisar que la tendencia de la responsabilidad del Estado en la actualidad está marcada por la imputación objetiva que "parte de los límites de lo previsible por una persona prudente a la hora de adoptar las decisiones"[66]. Siendo esto así, la imputación objetiva implica la "atribución", lo que denota en lenguaje filosófico-jurídico una prescripción, más que una descripción. Luego, la contribución que nos ofrece la imputación objetiva, cuando hay lugar a su aplicación, es la de rechazar la simple averiguación descriptiva, instrumental y empírica de "cuando un resultado lesivo es verdaderamente obra del autor de una determinada conducta"[67].

---

es el juicio por medio del cual alguien es considerado como autor (*causa libera*) de una acción, que entonces se llama acto (*factum*) y está sometida a leyes; si el juicio lleva consigo a la vez las consecuencias jurídicas del acto, es una imputación judicial (*imputatio iudiciaria*); en caso contrario, solo una imputación dictaminadora (*imputatio diiudicatoria*)". Corte Const., sent. C-254 de 2003. En nuestro precedente jurisprudencial constitucional se sostiene: "La jurisprudencia nacional ha recabado en ello al sentar la tesis de que la base de la responsabilidad patrimonial del Estado la constituye la imputabilidad del daño. En efecto, con fundamento en la jurisprudencia del Consejo de Estado, la Corte Constitucional ha sostenido que la responsabilidad patrimonial del Estado y de las demás personas jurídicas públicas se deriva de la imputabilidad del perjuicio a una de ellas, lo cual impide extenderla a la conducta de los particulares o a las acciones u omisiones que tengan lugar por fuera del ámbito de la administración pública".

[64] El "otro principio de responsabilidad patrimonial del Estado es el de imputabilidad. De conformidad con este, la indemnización del daño antijurídico le corresponde al Estado cuando exista título jurídico de atribución, es decir, cuando de la voluntad del constituyente o del legislador pueda deducirse que la acción u omisión de una autoridad pública compromete al Estado con sus resultados". Corte Const., sent. C-254 de 2003.

[65] "Tenía razón WELZEL al considerar que el derecho debe respetar estructuras antropológicas como la capacidad de anticipación mental de objetivos cuando se dirige al hombre mediante normas. Desde luego, si el ser humano no tuviera capacidad de adoptar o dejar de adoptar decisiones teniendo en cuenta motivos normativos, sería inútil tratar de influir en el comportamiento humano mediante normas prohibitivas o preceptivas". SANTIAGO MIR PUIG, "Significado y alcance de la imputación objetiva en el derecho penal", en *Revista Electrónica de Ciencia Penal y Criminología*, 05-05-2003 [*http://criminet.urg.es/recpc*], págs. 6 y 7.

[66] "El derecho se dirige a hombre y no a adivinos. Declarar típica toda acción que produzca un resultado dañoso, aun cuando este fuese imprevisible, significaría que la ley no tiene en cuenta para nada la naturaleza de sus destinatarios; pues una característica del hombre es precisamente la de que no puede prever más que muy limitadamente las consecuencias condicionadas por sus actos. Vincular un juicio de valor negativo (el de antijuridicidad) a la producción de un resultado que el hombre prudente no puede prever sería desconocer la naturaleza de las cosas (más concretamente): la naturaleza del hombre". ENRIQUE GIMBERNAT ORDEIG, *Delitos cualificados por el resultado y relación de causalidad,* Madrid, Editorial Universitaria Ramón Areces, 1990, págs. 77 y ss.

[67] MIR PUIG, "Significado y alcance de la imputación objetiva en el derecho penal", *cit.*, pág. 7.

Esto, sin duda, es un aporte que se representa en lo considerado por LARENZ, según el cual había necesidad de "excluir del concepto de acción sus efectos imprevisibles, por entender que estos no pueden considerarse obra del autor de la acción, sino obra del azar"[68]. Con lo anterior se logra superar, definitivamente, en el juicio de responsabilidad, la aplicación tanto de la teoría de la equivalencia de condiciones, como de la causalidad adecuada, ofreciéndose como un correctivo de la causalidad, en el que será determinante la magnitud del riesgo y su carácter permisible o no[69]. Es más, se sostiene doctrinalmente "que la responsabilidad objetiva puede llegar a tener, en algunos casos, mayor eficacia preventiva que la responsabilidad por culpa. ¿Por qué? Porque la responsabilidad objetiva, aunque no altere la diligencia adoptada en el ejercicio de la actividad (no afecte a la calidad de la actividad), sí incide en el nivel de la actividad (incide en la cantidad de actividad) del sujeto productor de daños, estimulando un menor volumen de actividad (el nivel óptimo) y, con ello, la causación de un número menor de daños"[70].

Dicha tendencia marcó la jurisprudencia constitucional, pero ampliando la consideración de la imputación (en la perspectiva de la imputación objetiva) a la posición de garante donde el principio de proporcionalidad[71] se necesita

[68] KARL LARENZ,"Hegelszurechnungslehre", en MIR PUIG, "Significado y alcance de la imputación objetiva en el derecho penal", cit., pág. 7.

[69] GÜNTHER JAKOBS, *La imputación objetiva en el derecho penal,* Bogotá, Universidad Externado, 1994. Sin embargo, como lo sostiene el precedente de la Sala: "De conformidad con lo dispuesto por el artículo 90 de la Constitución Política, el Estado tiene el deber de responder patrimonialmente por los daños antijurídicos que le sean imputables, causados por la acción u omisión de las autoridades públicas, norma que le sirve de fundamento al artículo 86 del Código Contencioso Administrativo [...], No obstante que la norma constitucional hace énfasis en la existencia del daño antijurídico como fuente del derecho a obtener la reparación de perjuicios siempre que el mismo [*sic*] le sea imputable a una entidad estatal, dejando de lado el análisis de la conducta productora del hecho dañoso y su calificación como culposa o no, ello no significa que la responsabilidad patrimonial del Estado se haya tornado objetiva en términos absolutos, puesto que subsisten los diferentes regímenes de imputación de responsabilidad al Estado que de tiempo atrás han elaborado tanto la doctrina como la jurisprudencia. Sección Tercera, sent. de 24 de febrero de 2005, exp. 14170.

[70] ORIOL MIR PUIGPELAT, *La responsabilidad patrimonial de la administración. Hacia un nuevo sistema*, Madrid, Civitas, 2002, pág. 171.

[71] "El principio de proporcionalidad se compone de tres subprincipios: el principio de idoneidad, el de necesidad y el de proporcionalidad en sentido estricto. Estos principios expresan la idea de *optimización* [...] En tanto que exigencias de optimización, los principios son normas que requieren que algo sea realizado en la mayor medida de lo posible, dadas sus posibilidades normativas y fácticas. Los principios de idoneidad y de necesidad se refieren a la optimización relativa a lo que es fácticamente posible por lo que expresan la idea de optimalidad de Pareto. El tercer subprincipio, el de proporcionalidad en sentido estricto, se refiere a la optimización respecto de las posibilidades normativas. Las posibilidades normativas vienen definidas, fundamentalmente, por la concurrencia de otros principios; de modo que el tercer subprincipio podría formularse mediante la siguiente regla: cuanto mayor sea el grado de la no satisfacción o

para considerar si cabía la adopción de medidas razonables para prevenir la producción del daño antijurídico, y así se motivara el juicio de imputación. Dicho juicio, en este marco, obedece sin lugar a dudas a un ejercicio de la ponderación[72] que el juez está llamado a aplicar, de tal manera que se aplique como máxima que "cuanto mayor sea el grado de la no satisfacción o del detrimento de un principio, mayor debe ser la importancia de satisfacción del otro"[73].

En una teoría de la imputación objetiva construida sobre las posiciones de garante, predicable tanto de los delitos de acción como de omisión, la forma de realización externa de la conducta, es decir, determinar si un comportamiento se realizó mediante un curso causal dañoso o mediante la abstención de una acción salvadora pierde toda relevancia porque lo importante no es la configuración fáctica del hecho, sino la demostración de si una persona ha cumplido con los deberes que surgen de su posición de garante[74].

Dicha formulación no debe suponer, se subraya, una aplicación absoluta o ilimitada de la teoría de la imputación objetiva que lleve a un desbordamiento de los supuestos que pueden ser objeto de la acción de reparación directa, ni a convertir la responsabilidad extracontractual del Estado en herramienta de aseguramiento universal[75], teniendo en cuenta que el riesgo, o su creación, no

---

del detrimento de un principio, mayor debe ser la importancia de satisfacción del otro. Esta regla puede denominarse *ley de la ponderación* (bastardilla fuera de texto). ROBERT ALEXY, "Teoría del discurso y derechos constitucionales", en RODOLFO VÁSQUEZ y RUTH ZIMMERLING (Coords.), Cátedra Ernesto Garzón Valdés, México, 2005, pág. 62.

[72] "La ley de la ponderación pone de manifiesto que la ponderación puede fraccionarse en tres pasos. El primero consiste en establecer el grado de insatisfacción o de detrimento del primer principio; el segundo consiste en establecer la importancia de la satisfacción del segundo principio, que compite con el primero y, finalmente, el tercer paso consiste en determinar si, por su importancia, la satisfacción del segundo principio justifica la no satisfacción del primero". ROBERT ALEXY, "Teoría del discurso y derechos constitucionales" en RODOLFO VÁSQUEZ y RUTH ZIMMERLING (Coords.), Cátedra Ernesto Garzón Valdés, *op. cit.,* pág. 64.

[73] ALEXY,"Teoría del discurso y derechos constitucionales", cit., pág. 62. Sin embargo, se advierte que HABERMAS ha planteado objeciones a la ponderación: "[...] la aproximación de la ponderación priva de su poder normativo a los derechos constitucionales. Mediante la ponderación los derechos son degradados a nivel de los objetivos, de las políticas y de los valores; y de este modo pierden la «estricta prioridad» característica de los «puntos de vista normativos»". JÜRGEN HABERMAS, *Between facts and norms* (William Rehg, trad.), Cambridge, MIT Press, 1999, pág. 259. A lo que agrega: "[...] no hay criterios racionales para la ponderación: y porque para ello faltan criterios racionales, la ponderación se efectúa de forma arbitraria o irreflexiva, según estándares y jerarquías a los que está acostumbrado". Para concluir que "La decisión de un tribunal es en sí misma un juicio de valor que refleja, de manera más o menos adecuada, una forma de vida que se articula en el marco de un orden de valores concreto. Pero este juicio ya no se relaciona con las alternativas de una decisión correcta o incorrecta". JÜRGEN HABERMAS, "Reply to Symposium Participants", en MICHEL ROSENFEL y ANDREW ARATO, *Habermas on law and democracy,* Los Angeles, Berkeley, 1998, pág. 430.

[74] Corte Const., sent. SU-1184 de 2001.

[75] "La profesora BELADIEZ comparte sin reservas la preocupación por los excesos que desfiguran la institución, admite que con alguna frecuencia se producen «resultados des-

debe llevar a "una responsabilidad objetiva global de la administración, puesto que no puede considerarse [...] que su actuación [de la administración pública] sea siempre fuente de riesgos especiales"[76], y que además debe obedecer a la cláusula del Estado social de derecho[77].

Debe, sin duda, plantearse un juicio de imputación en el que demostrado el daño antijurídico, deba analizarse la atribución fáctica y jurídica en tres escenarios: peligro, amenaza y daño. En concreto, la atribución jurídica debe exigir la motivación razonada, sin fijar un solo título de imputación en el que deba encuadrarse la responsabilidad extracontractual del Estado[78], sino que cabe hacer el proceso de examinar si procede encuadrar en la falla en el servicio sustentada en la vulneración de deberes normativos[79], que en muchas ocasiones no se

---

proporcionados e injustos» para la administración e insiste en advertir que la responsabilidad objetiva no es un seguro universal que cubra todos los daños que se produzcan con ocasión de las múltiples y heterogéneas actividades que la administración lleva cotidianamente a cabo para satisfacer los intereses generales". JESÚS LEGUINA VILLA, "Prólogo", en MARGARITA BELADIEZ ROJO, *Responsabilidad e imputación de daños por el funcionamiento de los servicios públicos. Con particular referencia a los daños que ocasiona la ejecución de un contrato administrativo,* Madrid, Tecnos, 1997, pág. 23.

[76] MIR PUIGPELAT, *op. cit.*, pág. 204.

[77] "[...] el tema de la responsabilidad patrimonial de las administraciones públicas ha sido abordado tradicionalmente desde la óptica [*sic*] de las garantías individuales. Se trata de una institución que protege al individuo frente a los daños causados por las administraciones públicas como consecuencia de la amplia actividad que estas desarrollan. Pero, desde [*sic*] la perspectiva de la posición de la administración, la responsabilidad está en el mismo centro de su concepción constitucional como derivación de la cláusula del Estado social de derecho; derivación que, en hipótesis extrema, puede conllevar que los límites del sistema resarcitorio público estén condicionados por los propios límites del llamado Estado social de derecho". LUIS MARTÍN REBOLLO, "Ayer y hoy de la responsabilidad patrimonial de la administración: un balance y tres reflexiones", en *Revista de Administración Pública,* núm. 150, 1999, cit., pág. 308.

[78] C. de E., Sección Tercera, sents. de 19 de abril de 2012, exp. 21515, y de 23 de agosto de 2012, exp. 23492.

[79] MERKL señaló: "El hombre jurídicamente puede hacer todo lo que no le sea prohibido expresamente por el derecho; el órgano, en fin de cuentas, el Estado, puede hacer solamente aquello que expresamente el derecho le permite, esto es, lo que cae dentro de su competencia. En este aspecto el derecho administrativo se presenta como una suma de preceptos jurídicos que hacen posible que determinadas actividades humanas se atribuyan a los órganos administrativos y, en último extremo, al estado administrador u otros complejos orgánicos, como puntos finales de la atribución. El derecho administrativo no es solo la *conditio sine qua non*, sino condijo *per quam* de la administración". ADOLFO MERKL, Teoría general del derecho administrativo, México, D. F., Edinal, 1975, pág. 211. Según MARTÍN REBOLLO: "Un sistema de responsabilidad muy amplio presupone un estándar medio alto de calidad de los servicios. Y si eso no es así en la realidad puede ocurrir que el propio sistema de responsabilidad acabe siendo irreal porque no se aplique con todas sus consecuencias o se diluya en condenas a ojo, sin reglas fijas o casi con el único criterio de que las solicitudes indemnizatorias no «parezcan» excesivamente arbitrarias o desproporcionadas. Aunque, claro está, lo que sea proporcionado o no, en ausencia de referentes externos sobre cómo debe ser y actuar la administración, acaba siendo también una decisión subjetiva. De ahí la conveniencia de la existencia de parámetros normativos que señalen cuál es

reducen al ámbito negativo, sino que se expresan como deberes positivos en los que la procura o tutela eficaz de los derechos, bienes e intereses jurídicos es lo esencial para que se cumpla con la cláusula del Estado social y democrático de derecho; en caso de no poder hacer su encuadramiento en la falla en el servicio, cabe examinar si procede en el daño especial, sustentado en la argumentación razonada de cómo (probatoriamente) se produjo la ruptura en el equilibrio de las cargas públicas, o finalmente si encuadra en el riesgo excepcional. De acuerdo con la jurisprudencia de la Sala Plena de la Sección Tercera "[...] en lo que se refiere al derecho de daños, el modelo de responsabilidad estatal que adoptó la Constitución de 1991 no privilegió ningún régimen en particular, sino que dejó en manos del juez definir, frente a cada caso en concreto, la construcción de una motivación que consulte las razones tanto fácticas como jurídicas que den sustento a la decisión que habrá que adoptar. Por ello, la jurisdicción de lo contencioso-administrativo ha dado cabida a la utilización de diversos «títulos de imputación» para la solución de los casos propuestos a su consideración, sin que esa circunstancia pueda entenderse como la existencia de un mandato que imponga la obligación al juez de utilizar frente a determinadas situaciones fácticas —a manera de recetario— un específico título de imputación"[80].

Cabe precisar que la tendencia de la responsabilidad del Estado en la actualidad está marcada por la imputación objetiva, que "parte de los límites de lo previsible por una persona prudente a la hora de adoptar las decisiones". Siendo esto así, la imputación objetiva implica la "atribución", lo que denota en lenguaje filosófico-jurídico una prescripción, más que una descripción. Luego, la contribución que nos ofrece la imputación objetiva, cuando hay lugar a su aplicación, es la de rechazar la simple averiguación descriptiva, instrumental y empírica de "cuando un resultado lesivo es verdaderamente obra del autor de una determinada conducta"[81].

---

el nivel, la pauta o la cota de calidad de los servicios, es decir, el elemento comparativo y de cotejo sobre cómo debe ser la administración". Martín Rebollo, "Ayer y hoy de la responsabilidad patrimonial de la administración: un balance y tres reflexiones", cit., pág. 311.

[80] "En consecuencia, el uso de tales títulos por parte del juez debe hallarse en consonancia con la realidad probatoria que se le ponga de presente en cada evento, de manera que la solución obtenida consulte realmente los principios constitucionales que rigen la materia de la responsabilidad extracontractual del Estado". Sección Tercera, sents. de 19 de abril de 2012, exp. 21515, C. P. Hernán Andrade Rincón, y de 23 de agosto de 2012, exp. 24392, C. P. Hernán Andrade Rincón.

[81] En una teoría de la imputación objetiva construida sobre las posiciones de garante, predicable tanto de los delitos de acción como de omisión, la forma de realización externa de la conducta, es decir, determinar si un comportamiento se realizó mediante un curso causal dañoso o mediante la abstención de una acción salvadora, pierde toda relevancia porque lo importante no es la configuración fáctica del hecho, sino la demostración de que una persona haya cumplido los deberes que surgen de su posición de garante.

La afirmación de la imputación objetiva en la construcción del régimen de responsabilidad del Estado permite la afirmación de los principios de eficacia y de optimización de la actividad administrativa, así como se sustenta en la procura del cumplimiento de obligaciones positivas del Estado, que por su posición, por los medios disponibles razonable y ponderadamente y por su vocación garantista encuadra convencional (el Estado de procurar la protección de los derechos humanos como premisa, Convención Americana de Derechos Humanos, art. 1.1) y constitucionalmente.

Ahora bien, debe considerarse que la responsabilidad extracontractual no puede reducirse a su consideración como herramienta destinada solamente a la reparación, sino que debe contribuir con un efecto preventivo[82] que permita la mejora o la optimización en la prestación, realización o ejecución de la actividad administrativa globalmente considerada[83]. En otras palabras, y siguiendo la doctrina, el "contencioso-administrativo y la responsabilidad patrimonial juegan [*sic*] así ese papel de control y garantía, pero, al mismo tiempo, coadyuvan a la eficacia porque enseñan, en primer lugar, a cómo no se debe actuar si se quieren conseguir tales o cuales objetivos e influyen o deberían influir en el modo de actuación futuro que evite el daño y, en consecuencia, el tener que pagar una indemnización"[84].

Finalmente, debo abordar la reparación como elemento incuestionable de un régimen de responsabilidad del Estado de víctima.

d) *De la reparación como derecho que se debe reconocer. De la indemnización a la afirmación del derecho a la reparación integral.* La reparación como elemento de la estructuración de la responsabilidad del Estado se reconoce, bien como derecho, bien como principio o como simple interés jurídico. En el marco del Estado social de derecho, debe comprenderse que la reparación es un derecho que tiene en su contenido no solo el resarcimiento económico, sino que debe procurar dejar indemne a la víctima, especialmente cuando se trata del restablecimiento de la afectación de los derechos o bienes jurídicos afectados con ocasión del daño antijurídico y su materialización en perjuicios. Dicha tendencia indica, sin lugar a dudas, que no puede reducirse su contenido a un valor económico, sino que cabe expresarlo en todas aquellas medidas u

[82] "En consecuencia, la función de la responsabilidad extracontractual no puede ser ni única ni primariamente indemnizatoria. Tiene que ser, ante todo, preventiva o disuasoria, o se trataría de una institución socialmente absurda: ineficiente". FERNANDO PANTALEÓN, "Cómo repensar la responsabilidad civil extracontractual (también de las administraciones públicas)", cit., pág. 174.

[83] "La responsabilidad, pues [...] apunta al corazón mismo de las dimensiones del Estado, a las pautas de calidad en la prestación de los servicios, a las exigencias del buen funcionamiento". MARTÍN REBOLLO, "La responsabilidad patrimonial de las entidades locales...", cit., págs. 48 y 49.

[84] *Ibid.*, pág. 46.

obligaciones de hacer que permitan restablecer, o, en otras palabras, dotar de las mínimas condiciones para un ejercicio pleno y eficaz de los derechos, como puede ser a la vida, a la integridad persona, a la propiedad, al honor, a la honra.

Se trata de la afirmación de una dimensión de la reparación fundada en el principio *pro homine*, en el que la víctima no puede simplemente ser compensada económicamente, sino que tiene que tratarse de recomponer o crear las condiciones mínimas para un ejercicio eficaz de los derechos que por conexidad, o de manera directa, resultan vulnerados, ya que una simple cuantificación económica puede desvirtuar la naturaleza misma de la reparación y de su integralidad.

La reparación integral representada en el resarcimiento y el restablecimiento económico y de los derechos vulnerados tiene no solo sustento en la Carta Política, sino que debe apoyarse en el alcance que se le ha dado en el artículo 63.1 de la Convención Americana de Derechos Humanos, que procura la realización eficaz de la denominada *restitutio in integrum.*

La reparación de las víctimas no es una construcción reciente. Su configuración temprana invitaba al restablecimiento de las cosas al estado anterior a la producción del daño. La lógica que imperaba se centraba en dejar indemne en función de las propiedades, características y condiciones de los bienes objeto del daño antijurídico producido[85]. Dicha formulación en el curso del tiempo se orientó, jurisprudencial y doctrinariamente, al reconocimiento de la compensación económica por la afectación en el patrimonio[86], en una perspectiva simplemente económica, desprovisto de cualquier otra dimensión[87].

[85] ARTURO ALESSANDRI RODRÍGUEZ, *De la responsabilidad extracontractual en el derecho civil*, Santiago de Chile, Editorial Jurídica de Chile, 2010, págs. 533 y 534: "[...] Reparar un daño es hacerlo cesar, restablecer el estado de cosas existente al tiempo del delito o cuasidelito y que de este destruyó. De ahí que, en principio, la reparación debe ser en *especie*; pero ello no obsta a que pueda hacerse en *equivalente*. Es en *especie* cuando consiste en la ejecución de actos o en la adopción de medidas que hagan desaparecer el daño en sí mismo, siempre que esos actos o medidas no sean la mera cesación del estado de cosas ilícito creado por el delito o cuasidelito. Si estas medidas consisten en la mera cesación de este estado, no hay propiamente reparación; esta solo es tal cuando se refiere a un daño distinto de la simple alteración del orden jurídico producido por el hecho ilícito [...] La reparación es en *equivalente* cuanto ante la imposibilidad de hacer desaparecer el daño, solo procura a la víctima una compensación del mismo [*sic*], como el pago de una cantidad de dinero por la pérdida de un brazo o de un ojo".

[86] "Toda la cuestión de la reparación del daño, es decir, de la concesión a la víctima de una compensación del perjuicio que ha sufrido, está dominado por la regla [de] que esta compensación debe ser equivalente al daño, que por ella el perjuicio, tal como ha sido reconocido, debe ser enteramente reparado". RENÉ CHAPUS, *Responsabilité publique et responsabilité privée. Les influences des jurisprudences administrative et judiciare*, Paris, LGDJ, 1954, págs. 491 y 492.

[87] JULES COLEMAN, *Riesgos y daños*, Madrid, Marcial Pons, 2010, págs. 293 y 294: "Los fundamentos de la compensación especifican las condiciones que deben cumplirse para que esté justificada la pretensión de una persona de recibir una indemnización [...] En el derecho

Un concepto allende lo jurídico de profundo carácter político y sociológico[88], consecuencia de la consolidación de la verdad y la justicia en tema de las víctimas de violaciones de los derechos humanos. En este sentido es mucho y materialmente más que un simple concepto indemnizatorio; involucra ideas de reconstrucción y reivindicación del ser humano en la sociedad. Luego el concepto de reparación implica cargas de individualismo pero también de responsabilidades colectivas. En una perspectiva estrictamente jurídica, *es un derecho de toda víctima* sustentado en las ideas de verdad y de justicia.

La anterior configuración encuentra, en la actualidad, que debe ajustarse no solo a las realidades sociales, sino que está llamada a responder por la doble naturaleza de la reparación como principio y como derecho. Como principio, de tal manera que oriente al sistema jurídico hacia la protección no solo de la esencia individualista de cada sujeto[89], sino que se proyecte a la defensa eficaz de sus derechos, donde no sea suficiente solo reparar la esfera personal de la víctima, sino que deba operarse en los contornos de su comunidad[90], de sociedad y del tejido que cabe restablecer para lograr una justicia distributiva[91]. De ahí, pues, que se afirme que la reparación como principio constitucional

---

de daños, la víctima solo tiene derecho a la reparación si el agente dañador es susceptible de que se le asigne responsabilidad; y si la víctima tiene derecho a la reparación, sus pretensiones serán contra el agente dañador. El derecho de daños satisface las pretensiones legítimas de las víctimas imponiendo los costes sobre sus respectivos agentes dañadores".

[88] NÉSTOR P. SAGÜÉS, "Notas sobre la dimensión constitucional del derecho a la reparación", en JOSÉ LUIS DE LOS MOZOS y CARLOS A. SOTO COAGUILA (Dirs.), *Responsabilidad civil. Derecho de daños. Teoría general de la responsabilidad civil*, t. VI, Lima, Grijley, 2006, pág. 529: "[...] el derecho a la reparación y su consecuente derecho al resarcimiento pueden tener alcances bastante diferentes según la sintonía ideológica con que sean aplicados. Ante un acto lesivo, la correlativa indemnización puede resultar más o menos acentuada en función del ritmo ideológico que maneje el operador constitucional. Basta recordar, como botón de muestra, que mientras la justicia «liberal» procura presentarse como justicia neutral, la justicia «social» no adopta la misma pose, ya que se confiesa justicia protectora de los más débiles".

[89] Visión individualista que queda comprendida en la jurisprudencia: Corte Const., sent. C-163 de 2000: considera: "[...] el operador jurídico deberá propender porque [*sic*] la reparación sea integral, es decir [,] que cubra los daños materiales y morales causados", especialmente cuando se trata de los daños ocasionados por la comisión de un hecho punible.

[90] Corte Const., sent. T-853 de 2011: "[...] En el plano comunitario, también las víctimas colectivas de violaciones de sus derechos humanos o de delitos por parte de grupos armados al margen de la ley tienen derecho a una reparación colectiva que exige por parte del Estado la implementación de medidas económicas y simbólicas de «satisfacción colectiva», «garantías de no repetición», y acciones orientadas a la «reconstrucción psicosocial» de las poblaciones afectadas por la violencia". Puede verse también: Corte Const., sents. C-575 de 2006 y C-1199 de 2008.

[91] JOHN RAWLS, *Teoría de la justicia*, 7ª reimp., 2ª ed., México, D. F., Fondo de Cultura Económica, 2010, págs. 24 y 25: "[...] la idea directriz es que los principios de la justicia para la estructura básica de la sociedad son el objeto del acuerdo original. Son los principios que las personas libres y racionales interesadas en promover sus propios intereses aceptarían en una posición inicial de igualdad como definitorios de los términos fundamentales de su asociación".

debe buscar la integralidad[92], lo que no se aleja de los postulados originarios (derecho romano y civil clásicos) en los que se afirmaba la exigencia de "dejar indemne" a la víctima, pero dentro del contexto del Estado social de derecho, y atendiendo a las particularidades que debe ofrecer dicho principio en un ámbito de conflicto armado, o de perturbación permanente de derechos, libertades e intereses, como en el que se encuentra Colombia desde hace décadas.

Ahora bien, como derecho, la reparación se construye reconociendo que en su contenido se ven implicados otros derechos de esencia fundamental: vida, integridad personal, libre desarrollo de la personalidad, información, expresión, acceso a la administración de justicia, etc., y es evolutivo histórica y socialmente[93]. Sin embargo, su consideración como derecho es ambigua, y en ocasiones se reduce a determinados casos. La Corte Constitucional, en la sentencia T-821 de 2007[94], afirma la existencia del "derecho a la reparación integral del daño causado", siempre que el sujeto (o sujetos) haya (n) sido objeto o sometidos a violaciones de los derechos humanos[95] (para el caso en concreto, al desplazamiento forzado). A lo que agrega que la "indemnización de daños es solo uno de los elementos de la reparación a la víctima y que el restablecimiento de sus derechos supone más que la mera indemnización"[96], por lo que la lectura de la reparación como derecho no puede quedar limitada al sistema jurídico colombiano, sino que exige que se tengan en cuenta los instrumentos convencionales de los que se desprenden profundos elementos que completan las dos dimensiones del contenido de este derecho: material e integral[97].

[92] Corte Const., sent. C-454 de 2006: "[...] La integralidad de la reparación comporta la adopción de todas las medidas necesarias tendentes a hacer desaparecer los efectos de las violaciones cometidas y a devolver a la víctima al estado en que se encontraba antes de la violación". Puede verse también: Corte Const., sent. C-775 de 2003.

[93] Rafael de Asís, *Sobre el concepto y el fundamento de los derechos: una aproximación dualista*, Madrid, Instituto de Derechos Humanos Bartolomé de las Casas Universidad Carlos III de Madrid-Dykinson, 2001, pág. 25: "[...] Los derechos se conciben como instrumentos jurídicos relacionados con una determinada idea de derecho y con una función específica, que evolucionan en la historia".

[94] Corte Const., sents. T-821 de 2007 y T-085 de 2009; salvamento de voto del Dr. Juan Carlos Henao a la sentencia C-931 de 2009.

[95] Corte Const., sent. T-853 de 2011: "[...] toda violación de un derecho humano da lugar a un derecho de la víctima o sus derechohabientes a obtener reparación, el cual implica el deber del Estado de reparar y el derecho de dirigirse contra el autor".

[96] Corte Const., sent. C-916 de 2002.

[97] Geneviève Viney, *Tratado de derecho civil. Introducción a la responsabilidad*, 1ª reimp., Bogotá, Universidad Externado de Colombia, 2010, pág. 83: "[...] A favor de la responsabilidad se ha hecho valer esencialmente el principio llamado de «la reparación integral», que parece efectivamente más favorable a las víctimas que el régimen de los diferentes sistemas de seguridad social, o aun que el seguro directo cuando está sometido a un tope. Sin embargo, esta ventaja no debe ser sobrestimada. En primer lugar, el susodicho carácter «integral» de la reparación concedida sobre el fundamento de las reglas de la responsabilidad civil se revela ampliamente ilusorio por el hecho de la imposibilidad de suministrar una reparación adecuada a ciertos

En ese contexto, para determinar el contenido "integral" de la reparación de las víctimas debe tenerse en cuenta: 1) el artículo XVIII de la Declaración Americana de los Derechos del Hombre[98], según el cual "toda persona puede ocurrir a los tribunales para hacer valer sus derechos. Así mismo debe disponer de un procedimiento sencillo y breve por el cual la justicia lo ampare contra actos de la autoridad que violen, en perjuicio suyo, alguno de los derechos fundamentales consagrados constitucionalmente"; 2) el artículo 8º de la Declaración Universal de Derechos Humanos[99], según el cual "toda persona tiene derecho a un recurso efectivo, ante los tribunales nacionales competentes, que la ampare contra actos que violen sus derechos fundamentales reconocidos por la Constitución o por la ley"; 3) el artículo 14 de la Convención contra la Tortura y otros Tratos o Penas, Crueles, Inhumanas y Degradantes[100] estableció como obligación de los Estados que en su legislación deberían garantizar a la víctima la reparación de todos los daños ocasionados; y, 4) la resolución[101] de la Asamblea General de Naciones Unidas 60-147, de 16 de diciembre de 2005, con la que se establecieron los "principios y directrices básicos sobre el derecho de las víctimas de violaciones manifiestas de las normas internacionales de derechos humanos y de violaciones graves del derecho internacional humanitario a interponer recurso y obtener reparaciones", en el IX principio consagra variados criterios: a) con la "reparación adecuada, efectiva y rápida" se promueve "la justicia, remediando las violaciones manifiestas de las normas internacionales de derechos humanos o las violaciones graves del derecho internacional humanitario"; b) la reparación "ha de ser proporcional a la gravedad de las violaciones y al daño sufrido"; c) la reparación por acciones u omisiones atribuibles al Estado constitutivas de violaciones de los derechos humanos y del derecho internacional humanitario tiene como fundamento normativo el derecho interno y las "obli-

---

daños, en particular a aquellos que nacen de un atentado a la integridad corporal o a algunos atributos morales de la personalidad. De [*sic*] otra parte, se admite en derecho positivo que el principio de la «reparación integral» no es de la esencia de la responsabilidad, de tal suerte que puede, en algunos casos, ser descartado por cláusulas limitativas o cláusulas penales aceptadas antes de que sobrevenga el daño, y que continuamente es también descartado en realidad por transacciones ocurridas después de este".

[98] OAS, res. XXX, aprobada en la Novena Conferencia Internacional Americana en 1948, OEA-Ser.I.V-IL82.doc.6 rev 1, 1992, pág. 17.

[99] Asamblea General de Naciones Unidas, res. AG. 217 A (III). ONU. Doc. A-810, 1948, pág. 71.

[100] Asamblea de las Naciones Unidas, res. 39-46, de 10 de diciembre de 1984.

[101] Corte Const., salvamento de voto de los magistrados Juan Carlos Henao y Luis Ernesto Vargas a la sentencia C-931 de 2009: "[...] Aunque este tipo de resoluciones, en principio, no tienen un carácter estrictamente vinculante, de acuerdo a [*sic*] la jurisprudencia de esta corporación, constituyen un criterio hermenéutico relevante a la hora de adoptar decisiones". En cuanto al carácter normativo o la vocación de integración de este tipo de fuentes del derecho internacional, puede verse: Corte Const., sents. C-010 de 2000, T-1391 de 2001, C-004 de 2003, C-067 de 2003, T-453 de 2005 y C-355 de 2006.

gaciones jurídicas internacionales"; d) además de la reparación en el contexto de la responsabilidad, todo Estado se compromete a "establecer programas naciones de reparación" y de asistencia a las víctimas; e) deben existir en cada derecho interno mecanismos eficaces para la ejecución de las sentencias que imponen reparaciones de daños; la reparación cuando está comprometida la violación de derechos humanos y del derecho internacional humanitario debe ser "plena y efectiva", para lo que se debe contar con todas y cada una de las siguientes modalidades: restitución[102], indemnización[103], rehabilitación[104], satisfacción[105] y garantías de no repetición[106].

[102] "[...] 19. La restitución, siempre que se sea posible, ha de devolver a la víctima a la situación anterior a la violación manifiesta de las normas internacionales de derechos humanos o la violación grave del derecho internacional humanitario. La restitución comprende, según corresponda, el restablecimiento de la libertad, el disfrute de los derechos humanos, la identidad, la vida familiar y la ciudadanía, el regreso a su lugar de residencia, la reintegración en su empleo y la devolución de sus bienes".

[103] "[...] 20. La indemnización ha de concederse, de forma apropiada y proporcional a la gravedad de la violación y a las circunstancias de cada caso, por todos los perjuicios económicamente evaluables que sean consecuencia de violaciones manifiestas de las normas internacionales de derechos humanos o de violaciones del derecho internacional humanitario, tales como los siguientes: a) el daño físico o mental; b) la pérdida de oportunidades, en particular las de empleo, educación y prestaciones sociales; c) los daños materiales y la pérdida de ingresos, incluido el lucro cesante; d) los perjuicios morales; e) los gastos de asistencia jurídica o de expertos, medicamentos y servicios médicos y servicios psicológicos y sociales".

[104] "[...] 21. La rehabilitación ha de incluir la atención médica y psicológica, así como servicios jurídicos y sociales". Corte Const., sent. C-1199 de 2008: Las medidas de rehabilitación definidas como "acciones tendentes a la recuperación de las víctimas que sufren traumas físicos y sicológicos como consecuencia del delito".

[105] "[...] 22 La satisfacción ha de incluir, cuando sea pertinente y procedente, la totalidad o parte de las medidas siguientes: a) medidas eficaces para conseguir que no continúen las violaciones; b) la verificación de los hechos y la revelación pública y completa de la verdad, en la medida en que esa revelación no provoque más daños o amenace la seguridad y los intereses de la víctima, de sus familiares, de los testigos o de personas que han intervenido para ayudar a la víctima o impedir que se produzcan nuevas violaciones; c) la búsqueda de las personas desaparecidas, de las identidades de los niños secuestrados y de los cadáveres de las personas asesinadas, y la ayuda para recuperarlos, identificarlos y volver a inhumarlos según el deseo explícito o presunto de la víctima o las prácticas culturales de su familia y comunidad; d) una declaración oficial o decisión judicial que restablezca la dignidad, la reputación y los derechos de la víctima y de las personas estrechamente vinculadas a ella; e) una disculpa pública que incluya el reconocimiento de los hechos y la aceptación de responsabilidades; f) la aplicación de sanciones judiciales o administrativas a los responsables de las violaciones; g) conmemoraciones y homenajes a las víctimas; h) la inclusión de una exposición precisa de las violaciones ocurridas en la enseñanza de las normas internacionales de derechos humanos y del derecho internacional humanitario, así como en el material didáctico a todos los niveles".

[106] "[...] 23. Las garantías de no repetición han de incluir, según proceda, la totalidad o parte de las medidas siguientes, que también contribuirán a la prevención: a) el ejercicio de un control efectivo por las autoridades civiles sobre las fuerzas armadas y de seguridad; b) la garantía de que todos los procedimientos civiles y militares se ajustan a las normas internacionales

La reparación en el moderno derecho de daños no se sustenta solo en el perjuicio, sino en la víctima, de tal manera que su concepción inicial de dejar "indemne" a la persona se actualiza y armoniza con la garantía de los derechos y libertades[107], como respuesta a la profunda influencia constitucional y convencional. Se procura, por tanto, lograr la verdadera *restituio in integrum*, en la cual no solo la equivalencia económica sea relevante, sino que el resarcimiento y el restablecimiento eficaz de los derechos pueda concretarse, ya que de no lograrse, el mensaje que sería que la reparación como elemento del régimen de responsabilidad solo tiene contenido pecuniario, vaciado de todo alcance garantista.

4. Conclusiones

El régimen de responsabilidad del Estado se configura constitucional y convencionalmente para proteger no solo los intereses de los administrados que padecen o sufren un daño antijurídico imputable al Estado, sino para procurar que la responsabilidad como régimen en el que se despliega la acción pueda tener un efecto preventivo. En otras palabras: el régimen de responsabilidad del Estado no se puede convertir en un instrumento de corrección de los defectos,

---

relativas a las garantías procesales, la equidad y la imparcialidad; c) el fortalecimiento de la independencia del poder judicial; d) la protección de los profesionales del derecho, la salud y la asistencia sanitaria, la información y otros sectores conexos, así como de los defensores de los derechos humanos; e) la educación, de modo prioritario y permanente, de todos los sectores de la sociedad respecto de los derechos humanos y del derecho internacional humanitario y la capacitación en esta materia de los funcionarios encargados de hacer cumplir la ley, así como de las fuerzas armadas y de seguridad; f) la promoción de la observancia de los código de conducta y de las normas éticas, en particular las normas internacionales, por los funcionarios públicos, inclusive el personal de las fuerzas de seguridad, los establecimientos penitenciarios, los medios de información, el personal de servicios médicos, psicológicos, sociales y de las fuerzas armadas, además del personal de empresas comerciales; g) la promoción de mecanismos destinados a prevenir, vigilar y resolver los conflictos sociales; h) la revisión y reforma de las leyes que contribuyan a las violaciones manifiestas de las normas internacionales de derechos humanos y a las violaciones graves del derecho humanitario o las permitan".

[107] Naciones Unidas, Asamblea General, res. 60-147, aprobada el 16 de diciembre de 2005, *Principios y directrices básicos sobre el derecho de las víctimas de violaciones manifiestas de las normas internacionales de derechos humanos y de violaciones graves del derecho internacional humanitario a interponer recursos y obtener reparaciones*: "[...] VI. Tratamiento de las víctimas [...] 10) Las víctimas deben ser tratadas con humanidad y respeto de su dignidad y sus derechos humanos, y han de adoptarse las medidas apropiadas para garantizar su seguridad, su bienestar físico y psicológico y su intimidad, así como los de sus familias. El Estado debe velar por que, en la medida de lo posible, su derecho interno disponga que las víctimas de violencia o traumas gocen de una consideración y atención especiales para que los procedimientos jurídicos y administrativos destinados a hacer [*sic*] justicia y conceder una reparación no den lugar a un nuevo trauma".

deficiencias y debilidades de la administración pública, sino en herramienta para propender la protección eficaz de los derechos e intereses de los administrados y a la optimización del servicio o actividad administrativa en toda su extensión.

Si esto es así, el despliegue que el juez administrativo le da al régimen de responsabilidad del Estado no puede orientarse solo con fundamento en los límites constitucionales, en el cual se afirma la existencia de dos elementos para estructurar el "juicio de responsabilidad", daño antijurídico e imputación, sino que debe sustentarse en la convencionalidad de que opera para la garantía reforzada de los derechos de la víctima.

Así las cosas, la reparación de las víctimas no se limita a ser un elemento más de consideración del juez administrativo en el régimen de responsabilidad del Estado, sino que es una poderosa herramienta con la que puede aportarse para la reconstrucción del tejido social, para la reconciliación de los ciudadanos, para allanar la verdad, la justicia y la reparación plena y para construir los escenarios de eficacia de los derechos que convencional y constitucionalmente toda persona tiene garantizados, si lo que se quiere es responder a la cláusula de Estado democrático y social de derecho[108], como es mi convencimiento.

BIBLIOGRAFÍA

ALESSANDRI RODRÍGUEZ, ARTURO: *De la responsabilidad extracontractual en el derecho civil*, Santiago de Chile, Editorial Jurídica de Chile, 2010.

ALEXY, ROBERT: "Teoría del discurso y derechos constitucionales", en VÁSQUEZ, RODOLFO y ZIMMERLING, RUTH (Coords.): Cátedra Ernesto Garzón Valdés, México, 2005.

ASÍS, RAFAEL DE: *Sobre el concepto y el fundamento de los derechos: una aproximación dualista*, Madrid, Instituto de Derechos Humanos Bartolomé de las Casas Universidad Carlos III de Madrid-Dykinson, 2001.

[108] EBERHARD SCHMIDT-ASSMANN, *La teoría general del derecho administrativo como sistema. Objeto y fundamentos de la construcción sistemática*, Madrid, Marcial Pons, 2003, pág. 172: "[...] «El Estado social de derecho es un Estado social que se realiza con arreglo a los procedimientos, las formas y con los límites del Estado de derecho, y un Estado de derecho que está abierto para ser colmado y puesto al servicio de metas sociales». La relación entre el Derecho y el carácter social del Estado es, por lo tanto, principalmente una relación de medio a fin. No obstante, el derecho también tiene sus propios fines materiales de garantía frente a las demandas de lo social. Por un lado, el derecho también tiene que proteger a quienes han de asumir las cargas de las actividades sociales; puede beneficiarnos de las mismas [*sic*]. Con independencia de ello, el derecho tiene que garantizar la autorresponsabilidad del destinatario de las prestaciones del Estado social, es decir, la protección de la distancia del individuo frente [*sic*] a la administración social y la protección frente [*sic*] a los «riesgos estructurales de abuso» de los sistemas de prestación del Estado social".

BELADIEZ ROJO, MARGARITA: *Responsabilidad e imputación de daños por el funcionamiento de los servicios públicos. Con particular referencia a los daños que ocasiona la ejecución de un contrato administrativo,* Madrid, Tecnos, 1997.

BENOÎT, FRANCOIS P.: "Essai sur les conditions de la responsabilité en droit public et privé (problèmes de causalité et d'imputabilité)", en *Juris-Classeur Public*, 1957.

BREWER-CARÍAS, ALLAN R. y SANTOFIMIO GAMBOA, JAIME ORLANDO: *Control de convencionalidad y responsabilidad del Estado*, Bogotá, Universidad Externado de Colombia, 2013.

BUERGENTHAL, THOMAS / NORRIS, E y SHELTON, DINAH: *La protección de los derechos humanos en las Américas*, Madrid, Instituto Interamericano de Derechos Humanos, 1994.

CARBONELL, MIGUEL: "Introducción general al control de convencionalidad", en [*http://biblio.juridicas.unam.mx/libros/7/3271/11.pdf* (consultado el 9 de febrero de 2014)].

CHAPUS, RENÉ: *Responsabilité publique et responsabilité privée. Les influences des jurisprudences administrative et judiciare*, Paris, LGDJ, 1954.

COLEMAN, JULES: *Riesgos y daños*, Madrid, Marcial Pons, 2010.

DEGUERGUE, MARYSE: "Causalité et imputabilité", en *Juris-Classeur*, núm. 5, fase 830, 31 janvier, 2000.

DÍEZ PICAZO, LUIS: *Fundamentos de derecho civil patrimonial. La responsabilidad civil extracontractual,* t. V, Navarra, Thomson-Civitas, 2011.

FERNÁNDEZ SEGADO, FRANCISCO: *La justicia constitucional. Una visión de derecho comparado*, Madrid, Dykinson, 2009.

FERRER MAC-GREGOR, EDUARDO: "Reflexiones sobre el control difuso de convencionalidad a la luz del caso Cabrera García y Montiel Flores vs. México", en *Boletín Mexicano de Derecho Comparado*, núm. 131, 2011.

—: "El control difuso de convencionalidad en el Estado constitucional", en [*http://biblio.juridicas.unam.mx/libros/6/2873/9.pdf* (consultado 9 de febrero de 2014)].

—: Interpretación conforme y control difuso de convencionalidad. El nuevo paradigma para el juez mexicano", en [*http://biblio.juridicas.unam.mx/libros/7/3033/14.pdf* (consultado el 9 de febrero de 2014)].

GARCÍA DE ENTERRÍA, EDUARDO: *La lucha contra las inmunidades del poder en el derecho administrativo*, Madrid, Civitas, 1983.

GARCÍA PELAYO, MANUEL: *Derecho constitucional comparado*, Madrid, Alianza Editorial, 1984.

GARRIDO FALLA, FERNANDO: "La constitucionalización de la responsabilidad patrimonial del Estado", en *Revista de Administración Pública,* núm. 119, mayo-agosto, 1989.

GIMBERNAT ORDEIG, ENRIQUE: *Delitos cualificados por el resultado y relación de causalidad,* Madrid, 1990.

GOLDENBERG, ISIDORO H.: *La relación de causalidad en la responsabilidad civil,* 1ª reimp., Buenos Aires, Depalma, 2011.

GOMEZ-ROBLEDO, ALFONSO y WITKER, JORGE: *Diccionario de derecho internacional*, México, D. F., Porrúa-UNAM, 2001.

HABERMAS, JÜRGEN: *Between facts and norms* (William Rehg, trad.), Cambridge, MIT Press, 1999.

—: "Reply to Symposium Participants", en ROSENFELD, MICHEL y ARATO, ANDREW, *Habermas on law and democracy,* Los Angeles, Berkeley, 1998.

HÖFFE, OTFRIED: *Justiça Política, Fundamentação de uma filosofía crítica do Direito e do Estado*, São Paulo, Martins Fontes, 2006.

JAKOBS, GÜNTHER: *La imputación objetiva en el derecho penal,* Bogotá, Universidad Externado, 1994.

JELLINEK, GEORG: *Teoría general del Estado*, 2ª ed., Buenos Aires, Albatros, 1954.

KANT, IMMANUEL: *La metafísica de las costumbres,* Madrid, Alianza Editorial, 1989.

KELSEN, HANS: *Sociedad y naturaleza,* Madrid, 1948.

LARENZ, KARL: *Derecho justo. Fundamentos de ética jurídica,* Madrid, Civitas, 1990.

MARTÍN REBOLLO, LUIS: "La responsabilidad patrimonial de la administración pública en España: situación actual y nuevas perspectivas", en BADELL MADRID, RAFAEL (Coord.): *Congreso Internacional de Derecho Administrativo (en homenaje al prof. Luis H. Farias Mata),* Caracas, Universidad Católica Andrés Bello, 2006.

—: "Ayer y hoy de la responsabilidad patrimonial de la administración: un balance y tres reflexiones", en *Revista de Administración Pública,* núm. 150, 1999.

MERKL, ADOLFO: *Teoría general del derecho administrativo,* México, D. F., Edinal, 1975.

MIR PUIG, SANTIAGO: "Significado y alcance de la imputación objetiva en el derecho penal", en *Revista Electrónica de Ciencia Penal y Criminología*, 05-05-2003 ([*http://criminet.urg.es/recpc*]).

PANTALEÓN, FERNANDO: "Cómo repensar la responsabilidad civil extracontractual (también de las administraciones públicas)", en *AFDUAM*, núm. 4, 2000.

RAWLS, JOHN: *Teoría de la justicia*, 2ª ed., México, D. F., Fondo de Cultura Económica, 2010.

RUIZ MIGUEL, CARLOS: *La ejecución de las sentencias del Tribunal Europeo de Derechos Humanos*, Madrid, Tecnos, 1997.

SAGÜÉS, NÉSTOR PEDRO: "El control de convencionalidad en el sistema interamericano, y sus anticipos en el ámbito de los derechos económico-sociales, concordancias y diferencias con el sistema europeo", en *http://biblio.juridicas.unam.mx/libros/7/3063/16.pdf* (consultado el 9 de febrero de 2014).

—: "Notas sobre la dimensión constitucional del derecho a la reparación", en JOSÉ LUIS DE LOS MOZOS y CARLOS A. SOTO COAGUILA (Dirs.): *Responsabilidad civil. Derecho de daños. Teoría general de la responsabilidad civil*, t. IV, Lima, Grijley, 2006.

SÁNCHEZ MORÓN, MIGUEL: *Derecho administrativo. Parte general*, Madrid, Tecnos, 2006.

SANTOFIMIO GAMBOA, JAIME ORLANDO: "La cláusula constitucional de la responsabilidad del Estado: estructura, régimen y principio de convencionalidad como pilares en su construcción", próximo a publicación.

SCHMIDT-ASSMANN, EBERHARD: *La teoría general del derecho administrativo como sistema. Objeto y fundamentos de la construcción sistemática*, Madrid, Marcial Pons, 2003.

SUDRE, FRÉDÉRIC: *Droit européen et international des droits de l'homme*, 8ª ed., Paris, PUF, 2006.

VERDROSS, ALFRED: *Derecho internacional público*, 5ª ed., Madrid, Aguilar, 1973.

VINEY, GENEVIÈVE: *Tratado de derecho civil. Introducción a la responsabilidad*, Bogotá, Universidad Externado de Colombia, 2010.

WELZEL, HANS: *Introducción a la filosofía del derecho. Derecho natural y justicia material,* Madrid, Aguilar, 1977.

CONTENCIOSO ADMINISTRATIVO

REFORMA DO REGIME CONTENCIOSO ADMINISTRATIVO PORTUGUÊS

Mário Aroso de Almeida*

Resumo: 1. Notícia histórica. 2. Tutela jurisdicional plena. 3. Jurisdiçao administrativa. 4. Actos administrativos e condenaçao da Administração Pública. 5. Conteúdo da sentença condenátoria. 6. Relações jurídico-administrativas paritárias. 7. Dever de prestar um facto. 8. Acção administrativa contra um particular. 9. Procesos urgentes contra a Administraçao o contra particulares.

1. Notícia histórica

A justiça administrativa portuguesa foi objecto, no ano de 2002, de uma importante reforma, que entrou em vigor há precisamente dez anos. Neste momento, está a ser comemorado o décimo aniversário da reforma e, também, a ser preparada a revisão das leis que a introduziram[1].

Sempre atento às novidades relevantes para a evolução do Direito Administrativo, não apenas em Espanha, mas no Direito comparado, Eduardo García de Enterría apercebeu-se, de imediato, da importância desta reforma, dela dando eco nas páginas da *Revista de Administración Pública*. Para o efeito, o nosso Homenageado apressou-se, na imediata sequência da publicação da reforma e ainda antes da sua entrada em vigor, em fazer publicar na mencionada revista a tradução em castelhano do novo Código de Processo nos Tribunais Administrativos português, com uma excelente apresentação de sua autoria[2].

Nessa apresentação, afirma o extraordinário Mestre:

* Professor da Faculdade de Direito da Universidade Católica Portuguesa. O Autor é consultor do Ministério da Justiça, no âmbito do seu Gabinete de Política Legislativa e Planeamento, tendo elaborado as propostas de Lei que o Governo apresentou ao Parlamento em Julho de 2001 e que conduziram à aprovação, em Dezembro de 2001, do atual3w regime do contencioso administrativo português.

[1] Trata-se da Lei nº 13/2002, de 19 de Fevereiro, que aprovou o Estatuto dos Tribunais Administrativos e Fiscais (ETAF), e da Lei nº 15/2002, de 22 de Fevereiro, que aprovou o Código de Processo nos Tribunais Administrativos (CPTA). O CPTA foi, entretanto, alterado pela Lei nº 4-A/2003, de 19 de Fevereiro, tendo o ETAF sido, entretanto, objeto de múltiplas alterações pontuais ao longo destes dez anos.

[2] Cfr. "El nuevo código portugués del proceso en los tribunales administrativos", in *Revista de Administración Pública,* n.º 162, Madrid, 2003, pp. 421 segs.

"El nuevo texto viene a hacer praticamente tabla rasa de todos los precedentes del sistema portugués de justicia administrativa y establece, con encomiable esfuerzo y con una seguridad técnica verdaderamente notable, todo un régimen contencioso-administrativo plenario y nuevo, que ha pasado a ser en este momento uno de los más avanzados y perfilados de todo el continente europeo"[3].

No momento em que se comemora o décimo aniversário da reforma empreendida e em que para ela se perspectivam caminhos de futuro, pareceu-nos oportuno dar conta, nesta ocasião, dos traços identitários essenciais de um regime que, embora considerado por García de Enterría como "una referencia obligada en el panorama europeo de la justicia administrativa", continua a ser pouco conhecido fora de Portugal. O texto em castelhano do Código de Processo português pode ser, entretanto, consultado no nº 162 (Setembro/Dezembro de 2003) da *Revista de Administración Pública,* do *Centro de Estudios Políticos e Constitucionales* de Espanha, em excelente tradução de *Pablo Menéndez* e *Patricia Valcárcel,* da Universidade de Vigo.

2. Tutela jurisdicional plena

Um dos aspectos que Eduardo García de Enterría assinala como mais relevantes e distintivos do regime do Código de Processo nos Tribunais Administrativos português diz respeito à consagração inequívoca do direito a uma tutela jurisdicional plena e sem lacunas perante a Administração Pública.

Neste sentido, escreve o nosso Homenageado:

"Aquí es digno de notarse el desarrollo que al principio constitucional de tutela judicial efectiva se formula en el arículo 2º, en el que se especifican todas las pretensiones que, ejemplificativamente, sin excluir la possibilidad de cualquier otra que pueda resultar oportuna en circunstancias específicas, los ciudadanos pueden dirigir a los Tribunales administrativos. [...] No es en absoluto ociosa la formulación de ese elenco de posibilidades de tutela judicial; por ejemplo, aparece justificado el derecho a obtener una declaración de abstención forzosa de la Administración si existe la amenaza de una lesión futura, lo cual no es algo obvio en la tradición del proceso contencioso-administrativo como un proceso al acto. Nos parece, pues, excelente que el enunciado de todo ese contenido posible de la pretensión de los recurrentes se presente como meras especificaciones posibles, entre otras muchas, del básico derecho a la tutela judicial efectiva, de rango constitucional tanto en Portugal como en España"[4].

[3] Cfr. Eduardo García de Enterría, *Presentación*, in "El nuevo código portugués del proceso en los tribunales administrativos", p. 422.

[4] Cfr. García de Enterría, *op. loc. últs. cits.*

Este é, na verdade, um traço distintivo de grande alcance do regime do processo administrativo português, no qual, por isso, centraremos a nossa atenção neste escrito, em razão dos limites impostos quanto à sua extensão.

3. Jurisdiçao administrativa

Cumpre começar por notar que a apreciação dos litígios em matéria administrativa é atribuída, em Portugal, a uma ordem de tribunais especializados, que constituem a jurisdição administrativa e cujo órgão de cúpula é o Supremo Tribunal Administrativo. Trata-se de verdadeiros tribunais, que a Constituição da República Portuguesa (CRP) integra no Poder Judicial (cfr. artigos 209º e segs.), dotados de juízes de carreira, como tal submetidos ao mesmo estatuto dos juízes que exercem funções nos tribunais judiciais. Mas trata-se de tribunais que integram uma jurisdição separada. Olhando para os modelos de organização judiciária existentes na Europa, pode, assim, dizer-se que o sistema português está estruturado segundo um modelo do tipo daquele que existe na Alemanha, embora não existam em Portugal tantas jurisdições separadas como aquelas que existem na Alemanha[5].

Embora especializados na apreciação de litígios de natureza jurídico-administrativa, os tribunais administrativos são, pois, tribunais como os outros. Por isso, a eles se impõe, como aos demais tribunais, o imperativo constitucional de proporcionar uma tutela jurisdicional plena e efectiva a quem se lhes dirige em busca de protecção (cfr. artigos 20º e 268º da CRP).

O conteúdo deste imperativo é, por isso, naturalmente assumido logo no artigo 2º do CPTA[6], que se reveste da maior importância para a compreensão das opções do Código no que se refere à configuração da tutela contenciosa que é proporcionada pelos tribunais administrativos. Com efeito, a exemplo do que sucede com o artigo 2º do Código de Processo Civil, o artigo 2º consagra o princípio de que toda a situação jurídica sustentada em normas ou princípios de Direito Administrativo encontra na lei o meio adequado à sua actuação perante os tribunais administrativos. E o elenco meramente exemplificativo de tipos de pretensões que se encontra enunciado no artigo 2º, nº 2, permite verificar que, de facto, todo o tipo de pretensões pode ser deduzido perante os tribunais administrativos[7].

[5] Sobre este ponto, cfr., por todos, Mário Aroso de Almeida, Anotação ao artigo 212º, in Jorge Miranda/Rui Medeiros, *Constituição Portuguesa Anotada,* tomo III, Coimbra, 2007, pp. 142 segs.

[6] Todos os artigos que, a partir de agora, venham a ser citados sem outra indicação pertencem ao CPTA.

[7] Em termos gerais, cfr., por todos, Mário Aroso de Almeida, *Manual de Processo Administrativo,* Coimbra, 2010, pp. 68 segs.; Mário Aroso de Almeida/Carlos Fernandes Cadilha, *Comentário ao Código de Processo nos Tribunais Administrativos,* 3ª ed., Coimbra, 2010, pp.

Em correspondência com isto, o artigo 3º acrescenta, entretanto, que os tribunais administrativos podem proferir todo o tipo de pronúncias perante a Administração Pública, sem outras limitações para além daquelas que resultem do respeito pelos limites decorrentes da existência de poderes discricionários, nos domínios reservados à formulação de juízos de conveniência ou de oportunidade por parte da Administração[8].

Com a reforma de 2002, a jurisdição administrativa portuguesa deixou, assim, de ser, como sucedia no regime anterior, uma jurisdição de poderes limitados, a cujos juízes não era reconhecida a possibilidade de proferir pronúncias de condenação da Administração à prática de atos jurídicos de autoridade (regulamentos ou atos administrativos).

Com efeito, a tutela jurisdicional administrativa só é efectiva se for capaz de proporcionar a obtenção de sentenças de condenação, sempre que seja essa a providência que melhor corresponde à configuração concreta da situação em juízo. Por conseguinte, a Administração tanto pode ser condenada ao pagamento de indemnizações, no âmbito de acções de responsabilidade civil, como também pode ser condenada, em termos gerais, sempre que esteja constituída em deveres jurídicos, que tanto podem ter por objeto a prática ou omissão de actos jurídicos, como a realização de prestações materiais.

A isto acresce que o CPTA admite a cumulação, no mesmo processo, de diferentes pretensões conexionadas entre si. É o que claramente resulta do artigo 4º, que veio introduzir um princípio de livre cumulabilidade de pedidos, permitindo que, no mesmo processo, sejam cumulados diferentes pedidos, desde que entre eles exista uma conexão que justifique a cumulação. Este é um aspecto da maior importância, na medida em que implica que os diferentes tipos de pretensões não tenham de ser artificialmente associados a meios processuais distintos e separados entre si, como sucedia na vigência do regime anterior. Todo o tipo de pretensões pode ser, pois, deduzido perante os tribunais administrativos, e pode ser deduzido de modo indiferenciado, no âmbito de uma única ação, submetida a um único modelo de tramitação, desde que exista a necessária conexão entre as pretensões deduzidas[9].

Como refere o artigo 3º, nº 2, os tribunais administrativos, quando condenem a Administração, podem fixar o prazo dentro do qual os deveres impostos devem ser cumpridos e, quando tal se justifique para assegurar o respectivo cumprimento, também têm o poder de impor *directamente aos titulares dos órgãos responsáveis* uma *sanção pecuniária compulsória* (*astreinte*), isto é, o dever de pagar uma quantia em dinheiro por cada dia de atraso em relação ao prazo fixado para o cumprimento (a este último respeito, cfr. artigo 169º).

---

28 segs.; José Carlos Vieira de Andrade, *A Justiça Administrativa,* 12ª ed., Coimbra, 2012, pp. 145 segs.

[8] Cfr, ainda Aroso de Almeida/Fernandes Cadilha, *op. cit.*, pp. 34 segs.

[9] Cfr, ainda Aroso de Almeida/Fernandes Cadilha, *op. cit.*, pp. 38 segs.

4. Actos administrativos e condenaçao da Administração Pública

De entre os aspectos inovadores do CPTA, merece referência, pela sua importância, a introdução da possibilidade, anteriormente inexistente no sistema português, da condenação da Administração Pública à prática de actos administrativos[10].

Como estabelece o artigo 66º, nº 2, nos processos de condenação à prática de actos administrativos, "ainda que a prática do acto devido tenha sido expressamente recusada, o objecto do processo é a pretensão do interessado e não o acto de indeferimento, cuja eliminação da ordem jurídica resulta directamente da pronúncia condenatória". Isto significa que, mesmo quando confrontado com um acto administrativo de indeferimento (porventura, de recusa da própria apreciação de um requerimento), o autor não é forçado a discutir em juízo o acto de recusa, por estrita referência aos termos em que ele se possa ter baseado, como sucedia no âmbito do regime anterior, mas tem a possibilidade de fazer valer a situação subjectiva de conteúdo pretensivo de que alega ser titular, pedindo o seu cabal reconhecimento. Esta é uma transformação profunda em relação ao tradicional recurso de anulação de actos (expressos ou tácitos) de indeferimento, em que o objecto do processo se definia por referência ao acto impugnado e era, portanto, logo à partida, pré-determinado pela Administração.

Assim, se, num caso concreto, a recusa se tiver (infundadamente) baseado na falta do preenchimento de um requisito prévio, sem que, portanto, a Administração tenha sequer chegado a apreciar o mérito da pretensão do requerente, a circunstância de estarmos perante um processo de condenação, dotado de um objecto alargado, permite que a questão prévia em que o acto de indeferimento se tinha baseado seja ultrapassada e, por via disso, que a discussão em juízo se centre na questão de fundo, que aquele acto nem sequer tinha considerado. Outra consequência de o objecto do processo ser definido deste modo é a de que ele não cristaliza no tempo, por referência ao momento em que o eventual acto de indeferimento tenha sido praticado, sendo, por isso, de reconhecer a relevância das eventuais superveniências que forem juridicamente atendíveis, do ponto de vista do direito material aplicável.

Outra consequência ainda projecta-se no plano da prova. Como o interessado faz valer em juízo a posição subjectiva de conteúdo pretensivo de que é titular, é natural que sobre ele recaia o ónus de demonstrar o bem fundado da sua pretensão, o preenchimento dos respectivos elementos constitutivos, ao que a Administração caberá contrapor a demonstração dos eventuais factos impeditivos ou extintivos que lhe possam ser oponíveis. No momento em que

[10] Em geral sobre o tema, cfr., por todos, Aroso de Almeida, *op. cit.*, pp. 87 segs.; Aroso de Almeida / Fernandes Cadilha, *op. cit.*, pp. 436 segs.; Vieira de Andrade, *op. cit.*, pp. 203 segs., com outras referências.

venha a ser proferida, a sentença definirá a posição do interessado e os termos da conduta a adoptar pelas partes, com o alcance de precludir a possibilidade de a Administração ainda vir depois a invocar novos argumentos em novo acto de indeferimento, subsequente ao trânsito em julgado da sentença.

A condenação à prática de actos administrativos tanto poderá concretizar-se, entretanto, numa condenação ao cumprimento do puro dever de decidir, no exercício de poderes discricionários; como na condenação à prática de um acto com um determinado conteúdo; como ainda na determinação das vinculações a observar na prática do acto administrativo. Tudo dependerá do quadro normativo aplicável e das concretas circunstâncias de facto que vierem a ser apuradas em juízo.

Do artigo 71º resulta, entretanto, que, mesmo quando não esteja em causa a emissão de um acto de conteúdo vinculado, porque do quadro normativo abstracto genericamente aplicável resulta que a emissão do acto pretendido envolve a formulação de valorações de conteúdo discricionário, o tribunal deve determinar o conteúdo do acto a praticar sempre que a apreciação do caso concreto permita identificar apenas uma solução como legalmente possível, por se verificar que, nas concretas circunstâncias do caso, o exercício do poder discricionário se esgotou: são as situações que os alemães qualificam como de *redução da discricionariedade a zero*. Nos demais casos, o tribunal deve pelo menos "explicitar as vinculações a observar pela Administração na emissão do acto devido"[11].

5. Conteúdo da sentença condenátoria

O CPTA prevê, entretanto, que, em caso de incumprimento de sentença que tenha condenado uma autoridade administrativa à prática de um acto administrativo de conteúdo estritamente vinculado, o beneficiário da sentença pode intentar um processo executivo dirigido a obter do tribunal a emissão de sentença que produza os efeitos daquele acto (cfr. artigos 164º, nº 4, alínea c), e 167º, nº 6). Há, nesse caso, lugar a uma *execução* específica, pela qual o próprio tribunal se substitui à Administração no cumprimento do dever, emitindo o necessário título substitutivo.

Esta solução compreende-se na seguinte perspectiva[12].

[11] Mais não se trata do que de transpor soluções consagradas pela lei e pela jurisprudência alemãs, no âmbito da *Verpflichtungsklage:* a propósito, cfr., por todos, Schmitt Glaeser, *Verwaltungsprozeßrecht,* 14ª ed., Stuttgart/Munique/Hannover, 1997, p. 193; W. R. Schenke, *Verwaltungsprozeßrecht,* 6ª ed., Heidelberg, 1998, p. 261; Kopp/Schenke, *Verwaltungsgerichts ordnung,* 11ª ed., Munique, 1998, pp. 298-299.

[12] Para mais desenvolvimentos, cfr. Mário Aroso de Almeida, "O acto administrativo e as formas do processo no novo Código de Processo nos Tribunais Administrativos", in Sainz

Quando o quadro normativo reserva para a Administração o poder de definição primária em determinada matéria através da prática de actos administrativos, o Código parte, em termos gerais, do pressuposto de que a Administração beneficia de uma *reserva de competência* pela qual a ela cumpre introduzir a definição primária do Direito na matéria em causa. Quem for titular de um direito ou interesse legalmente protegido de conteúdo pretensivo, dirigido à emissão do acto em causa, não pode, por isso, pedir, *ab initio,* ao tribunal que se substitua à Administração na prática do acto devido, mas apenas que o tribunal imponha à Administração o dever de praticar esse acto, em toda a extensão em que as vinculações normativas o permitam (cfr. artigo 71º). Condenando à prática do acto, o tribunal proporcionará tutela judicial efectiva no plano declarativo.

É, pois, já num segundo momento, em que o direito do interessado à emissão do acto vinculado foi formalmente reconhecido pela sentença de condenação, sem que a sentença tenha sido cumprida, que o CPTA assume ser da natureza da sentença condenatória, enquanto título executivo, habilitar o seu titular a exigir a adopção da providência apta a proporcionar-lhe o resultado a que tem direito — no caso, a emissão de sentença que produza os efeitos do acto vinculado que a Administração tinha sido condenada a emitir e não emitiu. Repare-se que a Administração não deixa, deste modo, de ser titular, no plano substantivo, do seu poder reservado de definição primária sobre a matéria. Apenas sucede que, no caso concreto, tendo sido judicialmente condenada a exercê-lo, não o fez. Passa-se, por isso, à fase executiva e é nesse contexto que, ao emitir a sentença destinada a substituir o acto ilegalmente omitido, o tribunal é chamado a proceder à *execução específica* do direito do exequente — com o que se limita a proporcionar-lhe a tutela judicial efectiva a que ele tem direito, facultando-lhe a prestação de conteúdo jurídico a que a entidade executada estava obrigada.

6. Relações jurídico-administrativas paritárias

A acção administrativa pode ser, entretanto, utilizada para dirimir litígios emergentes de *relações jurídico-administrativas paritárias*. Utilizamos esta expressão para designar o universo das relações jurídicas que, sendo embora reguladas por normas de Direito Administrativo, não envolvem o exercício de poderes de autoridade por parte da Administração, na medida em que as referidas normas não conferem tais poderes aos órgãos administrativos envolvidos nessas relações jurídicas.

É o que desde logo sucede, a título paradigmático, no âmbito do clássico contencioso das acções de responsabilidade civil[13], assim como no âmbito das

Moreno / Colaço Antunes (org.), *O acto no contencioso administrativo,* Coimbra, 2005, pp. 143 segs.

[13] Cfr., por todos, Sérvulo Correia, "A efectivação processual da responsabilidade civil extracontratual da Administração por actos de gestão pública", in *La responsabilidad patri-*

acções sobre questões de interpretação, validade ou execução de contratos — embora, neste último caso, apenas na medida em que não se trate de fiscalizar a legalidade de actos administrativos praticados no exercício dos poderes de autoridade de que o contraente público é titular no âmbito da relação contratual.

Mas é também o que sucede quando se façam valer outros tipos de pretensões, igualmente dirigidas ao *reconhecimento de direitos ou interesses legítimos,* no âmbito de relações jurídicas administrativas (cfr. artigo 37.º, n.º 2).

Estas pretensões podem dirigir-se à obtenção de pronúncias meramente declarativas ou de simples apreciação, que tenham por objecto o reconhecimento de situações jurídicas subjectivas, de qualidades ou do preenchimento de condições. São estas as pretensões que o artigo 39.º tem primacialmente em vista, quando exige explicitamente um interesse processual específico nesses casos, que se pode concretizar na existência de uma situação de incerteza, na conveniência em pôr cobro a afirmações ilegítimas por parte da Administração ou mesmo na necessidade de evitar condutas lesivas da sua parte.

Mas também podem visar a obtenção da imposição de deveres de abstenção e, em particular, da condenação da Administração a abster-se de adoptar condutas ou praticar actos administrativos lesivos. Neste último sentido, o CPTA introduziu, com efeito, com carácter inovatório, a previsão da possibilidade da condenação da Administração à não emissão de actos administrativos. Este tipo de previsão, a que, como vimos, EDUARDO GARCÍA DE ENTERRÍA faz referência específica na sua apresentação, corresponde à *pretensão dirigida à omissão de perturbações ilegais* (*vorbeugende Unterlassungsklage*), jurisprudencialmente admitida no direito alemão[14]. E permite que a acção administrativa não funcione apenas como um instrumento de *tutela reactiva,* perante condutas alegadamente ilegais que se tenham efectivado, mas também como um instrumento de *tutela inibitória,* apto a proteger a integridade dos direitos absolutos e de personalidade individuais contra a ameaça de agressões ilegítimas por parte da Administração.

A consagração da possibilidade da dedução deste tipo de pretensão radica no princípio constitucional da tutela jurisdicional efectiva, devendo ser, por isso, objecto de uma interpretação que lhe permita funcionar como uma *válvula de segurança* do sistema de tutela jurisdicional, nas situações em que a utilização dos mecanismos impugnatórios tradicionais, assentes numa lógica de tutela exclusivamente reactiva, não se mostre apta a proporcionar uma tutela jurisdicional efectiva.

Em nossa opinião, tal consagração não implica, pois, o abandono do modelo de *tutela reactiva,* que o CPTA, aliás, consagra, atribuindo prioridade à

---

monial de los poderes públicos — Colóquio Hispano-Luso de Profesores de Derecho Administrativo, Madrid, 1999, pp. 269 segs.

[14] Cfr., por todos, FRIEDHELM HUFEN, *Verwaltungsprozeßrecht,* 4.ª ed., Munique, 2000, pp. 331-332; CARL-HERMAN ULE, *Verwaltungs Archiv,* vol. 65 (1974), pp. 291 segs.

tradicional via da impugnação de actos administrativos de conteúdo positivo, complementada pela ampla previsão de instrumentos de tutela cautelar, a começar pela suspensão da eficácia dos actos impugnados. Tal como sucede no Direito alemão, deve, pois, aceitar-se que a via normal de tutela dos particulares perante o exercício dos poderes da Administração é a via reactiva, da impugnação dos actos administrativos, e não a via preventiva, dirigida a atalhar, *a priori,* ao próprio exercício desses poderes, através da condenação da Administração a nem sequer emitir um acto administrativo. É, na verdade, essa a solução que melhor se compagina com o reconhecimento, claramente subjacente ao sistema jurídico-constitucional, da necessidade de, à partida, proporcionar à Administração os meios necessários à mais eficaz prossecução dos interesses públicos colocados a seu cargo. Cumpre ter, na verdade, presente que o acto administrativo é um instrumento que o direito substantivo coloca à disposição da Administração porque o legislador considera indispensável à mais eficaz prossecução dos interesses públicos que a Administração disponha, em múltiplos domínios, da possibilidade de definir o Direito através da emissão de declarações jurídicas capazes de se projectarem unilateralmente na esfera jurídica dos seus destinatários independentemente da vontade destes, de produzirem de imediato os efeitos jurídicos a que se dirigem e de, por regra, se consolidarem na ordem jurídica se não forem impugnadas dentro de prazos relativamente curtos. E é neste quadro de ideias que se inscreve e compreende o regime da impugnação dos actos administrativos ilegais, tal como o CPTA o estabelece.

Do que se trata é, em todo o caso, de assumir que a via reactiva deve ceder a prioridade à via preventiva quando o princípio da tutela jurisdicional efectiva o exija — isto é, quando, nas circunstâncias do caso concreto, exista uma situação de carência de tutela que justifique a intervenção preventiva do tribunal, por se dever considerar que a via impugnatória não se mostra capaz de assegurar ao interessado uma tutela jurisdicional efectiva. Como tem sido defendido na doutrina alemã, a condenação da Administração a não praticar um acto administrativo deve, assim, depender da invocação, por parte do autor, de um *interesse processual qualificado*[15].

É, assim, perante cada caso concreto, e com a abertura de espírito necessária à adequada concretização do princípio da tutela jurisdicional efectiva, que ao julgador caberá identificar as situações de ameaça da prática de um acto administrativo lesivo que não se compadecem com uma tutela meramente reactiva, pela via impugnatória.

Pela nossa parte, limitamo-nos, por conseguinte, a admitir, a título meramente exemplificativo, que o referido interesse qualificado tenderá a existir em situações em que o acto em perspectiva seja de molde a causar, logo que praticado, danos irreversíveis, que uma eventual reacção apenas *a posteriori*, pela via da impugnação, ainda que acompanhada do eventual recurso à tutela

[15] Cfr., por exemplo, Schmitt Glaeser, *op. cit.,* p. 198; F. Hufen, *op. cit.,* pp. 335-336.

cautelar, só dificilmente se apresente capaz de prevenir ou remover completamente. Isto pode suceder com actos administrativos cujos efeitos, por natureza, se esgotem num prazo curto ou em relação aos quais exista o risco, ou a certeza, de que serão objecto de execução material imediata — seja porque isso desde logo resulta do próprio tipo legal do acto (pense-se em actos cuja própria regulação normativa os associa à operação material pela qual são executados, em termos de se dever mesmo, em certos casos, considerar que a lei configura o acto como uma manifestação que está ínsita na operação de execução), quer porque, embora isso não resulte do tipo legal, se procede normalmente à execução imediata desse tipo de actos por razões de urgência ou há razões objectivas para acreditar que assim sucederá no caso concreto em presença.

A condenação da Administração a não praticar um acto administrativo também deve poder ter lugar quando a Administração tenha manifestado a intenção de praticar um acto administrativo, mas protele a concretização desse propósito, sem desencadear um procedimento, ou sem lhe dar seguimento, nem assumir que desistiu da ideia. Se, neste tipo de situação, a intenção em causa for ilegal e a sua concretização for lesiva da esfera jurídica do interessado, deve ser-lhe reconhecida a possibilidade de agir pela via contenciosa para pôr cobro à situação de incerteza em que se encontra[16].

7. Dever de prestar um facto

A acção administrativa também pode ser utilizada quando se pretenda a condenação da Administração ao cumprimento de deveres de prestar que não envolvam a emissão de um acto administrativo. Essas pretensões podem ser dirigidas à condenação da Administração ao pagamento de quantias, à entrega de coisas ou à prestação de factos. Está em causa a satisfação de pretensões que não se dirigem à prática de um acto administrativo, mas directamente ao cumprimento, por parte da Administração, de um dever de prestar um facto, uma coisa ou uma quantia.

Ao autonomizar este tipo de situações, cumpre referir que o CPTA trilha uma senda que não se encontra em ordenamentos jurídicos como o francês e na qual se afigura da maior importância insistir, porque cria condições para a relativização do papel que ao acto administrativo deve corresponder no âmbito da própria dogmática do direito administrativo. Referimo-nos à assunção de que nem todas as pronúncias emitidas por órgãos da Administração devem ser qualificadas como actos administrativos, pelo que nem todas as pretensões que os particulares apresentam à Administração se dirigem à emissão de actos administrativos contra cuja recusa se justifique a imposição do pesado ónus de

[16] Cfr., por todos, Schenke, *op. cit.*, pp. 108-109.

reagir, dentro de prazos curtos, sob pena de consolidação – pelo que se impõe distinguir, no plano substantivo, entre os domínios em que a Administração dispõe de poderes de autoridade, porque a lei lhe confere o poder de definir unilateralmente o Direito e, portanto, estabelece, em seu favor, uma reserva de definição jurídica primária que se exprime na prática de actos administrativos, e aqueles em que a Administração não dispõe desses poderes.

O aprofundamento deste caminho permitirá reforçar a tutela dos cidadãos perante os poderes públicos, não só nos domínios em que eles apenas pretendam que a Administração se abstenha de condutas que possam por em causa as situações jurídicas de que já sejam titulares, mas também em domínios em que sejam titulares de pretensões dirigidas à realização de prestações por parte da Administração, porventura fundadas em preceitos constitucionais directamente aplicáveis. Com efeito, o entendimento segundo o qual só devem ser admitidas em juízo as pretensões individuais que anteriormente tenham sido deduzidas perante a Administração através da apresentação de um requerimento dirigido à emissão de um acto administrativo condiciona o acesso à justiça à observância do prazo de reacção contra os eventuais actos negativos (cfr. artigo 69º, nº 2). Pelo contrário, a dedução de pedidos de condenação a prestações de facto, de coisas ou de quantias que não envolvam a emissão de qualquer acto administrativo (cfr. artigo 37º, nº 2) apenas depende da observância do prazo de prescrição do correspondente direito (cfr. artigo 41º, nº 1).

Acrescente-se que, a nosso ver, as pretensões deste tipo não estão condenadas a intervir apenas em situações residuais em que a lei expressamente recuse à Administração o poder de definir unilateralmente o Direito. Pelo contrário, a Administração só tem o poder de praticar actos administrativos quando isso configure a expressão normal de um poder próprio de definição jurídica, formalmente inscrito nas competências do órgão ou, pelo menos, no âmbito das atribuições da entidade a que o órgão pertence[17].

O CPTA lança, assim, à jurisprudência e à doutrina o desafio de identificarem os tipos de situações em que os particulares não se apresentam perante a Administração como titulares de pretensões dirigidas ao exercício de poderes de definição jurídica, através da prática de actos administrativos, mas como titulares do direito à realização de prestações materiais que a Administração deve realizar, sem dispor do poder de as recusar através de uma pronúncia passível de ser qualificada como um acto administrativo de indeferimento. Nesta perspectiva, não deverão, pois, ser qualificados como actos administrativos, não só as actuações materiais de gestão pública da Administração (operações jurídicas ou actos reais em sentido próprio), mas também todas as pronúncias jurídicas que ela emita fora do exercício de um poder de definição jurídica unilateral.

[17] Para maiores desenvolvimentos quanto a este ponto, cfr. Mário Aroso de Almeida, *Anulação de actos administrativos e relações jurídicas emergentes*, Coimbra, 2002, pp. 89 segs.

Recorrendo à casuística produzida, no direito alemão, a propósito da questão da delimitação recíproca do âmbito de aplicação da *Verpflichtungsklage* e da *allgemeine Leistungsklage,* poderá, assim, dizer-se que se enquadram aqui todos os actos e operações que se consubstanciem em prestações a particulares — como o pagamento de vencimentos ou remunerações, pensões ou benefícios da segurança social previamente atribuídos pela lei ou por acto administrativo, a prestação de cuidados de saúde ou de educação legalmente devidos, etc. — assim como todas as pronúncias que, mesmo sendo declarações jurídicas, não tenham a capacidade de definir unilateralmente a situação do destinatário[18].

8. Acção administrativa contra um particular

O artigo 37º, nº 3, permite que a acção administrativa possa ser utilizada por um particular para demandar, perante os tribunais administrativos, outro particular, nomeadamente um concessionário, que esteja a violar normas de direito administrativo ou obrigações jurídico-administrativas contratualmente assumidas, ou que dê indícios de as poder vir a violar, pedindo que ele seja condenado a adoptar ou a abster-se de certo comportamento, por forma a assegurar o cumprimento das normas ou obrigações em causa. Pressuposto para a utilização desta via é que o interessado tenha previamente solicitado às autoridades competentes que adoptassem as medidas adequadas, sem que estas o tenham feito.

Esta solução, inovadora, reveste-se de particular interesse, designadamente em domínios tão relevantes como o das infracções por privados à legislação em matéria urbanística e ambiental. Com efeito, é geralmente reconhecido que o Direito Administrativo é o ramo que, por natureza, está melhor posicionado para introduzir, na ordem jurídica substantiva, as regras necessárias para conciliar o desenvolvimento económico com os imperativos do ordenamento equilibrado do território e do respeito pelo ambiente. E, na verdade, não cessam de se multiplicar as normas de Direito Administrativo dirigidas a disciplinar as actividades privadas potencialmente lesivas, estabelecendo os mecanismos adequados de controlo público dessas actividades, tanto no momento do seu eventual licenciamento, como no da fiscalização dos moldes em que se desenvolve o respectivo exercício.

É assim que as mais relevantes actividades privadas potencialmente lesivas em matéria urbanística e ambiental são hoje reguladas pelo Direito Administrativo. De um modo geral, as normas de direito administrativo têm,

[18] Cfr., por exemplo, Hartmut Maurer, *Allgemeines Verwaltungsrecht,* 11ª ed., Munique, 1997, p. 178; Klaus Obermayer, *VwVfG,* 3ª edição, Neuwield/Frankfurt, 1999, pp. 743-745; Walter Schmidt, *Einführung in die Probleme des Verwaltungsrechts,* Munique, 1982, pp. 24-25.

pois, em grande medida, particulares por destinatários. Podem, por isso, eclodir litígios jurídico-administrativos entre privados. E um dos domínios em que isso tende a suceder com maior frequência é, precisamente, o das agressões em matéria urbanística e ambiental. Pode, por isso, dizer-se que são de direito administrativo grande parte das relações jurídicas litigiosas que se constituem quando a actividade desenvolvida por um particular lesa outro no seu direito a viver num ambiente de vida humano, sadio e ecologicamente equilibrado. É, na verdade, o que sucede sempre que a actividade do lesante se encontre regulada por normas de Direito Administrativo e a lesão que, no desenvolvimento dessa actividade, ele cause às condições ambientais do lesado resulte especificamente da infracção dessas normas.

É a este tipo de situações — da maior relevância, como se vê — que o regime do artigo 37º, nº 3, procura dar resposta. Sempre que a actividade lesiva dos direitos de outrem que é desenvolvida por um privado em violação de normas de Direito Administrativo tenha sido desencadeada sem a necessária autorização administrativa, ou se concretize em desconformidade com a autorização que foi atribuída, a Administração tem o dever de intervir para pôr cobro à situação. Os eventuais lesados têm, por isso, o direito de exigir essa intervenção e, se ela for omitida, o direito de exigir do próprio lesante, pela via judicial, que ponha termo à sua actividade lesiva. Como envolve violação de normas de Direito Administrativo, a questão tem natureza jurídico-administrativa, pelo que pode e deve ser colocada, por um particular contra o outro, perante os tribunais administrativos.

9. Procesos urgentes contra a Administraçao o contra particulares

Para além do que acaba de ser exposto, cumpre, por último, dar conta de que o CPTA faz corresponder certos tipos específicos de pretensões a *processos urgentes*, de modo a promover a obtenção com maior celeridade de uma decisão de mérito sobre as pretensões em causa — pretensões que, dependendo dos casos, tanto podem ser dirigidas contra a Administração, como contra particulares, e tanto podem ter por objecto a impugnação de actos administrativos, como a condenação à adopção ou abstenção de condutas ou à prática de actos administrativos[19].

De entre esses tipos de pretensões, revestem-se de maior interesse, para o objecto da presente exposição, as *intimações*, que são *processos urgentes de*

[19] Em termos gerais sobre os processos declarativos urgentes do contencioso administrativo português, cfr., por todos, Isabel Celeste Fonseca, *Dos novos processos urgentes no contencioso administrativo (função e estrutura)*, Lisboa, 2004; Mário Aroso de Almeida, *Manual de Processo Administrativo*, pp. 407 segs.; Aroso De Almeida / Fernandes Cadilha, *op. cit.*, pp. 645 segs.; Vieira de Andrade, *op. cit.*, pp. 223 segs.

imposição e tanto se podem dirigir à obtenção de sentenças que imponham a adopção de *simples actuações* ou *actos reais,* como da prática de actos administrativos.

O primeiro dos processos de intimação previstos no CPTA tem por objecto a prestação de informações, consulta de processos ou passagem de certidões (artigos 104º e seguintes). É a via específica através da qual podem ser exercidos os direitos fundamentais à informação procedimental e de acesso aos arquivos e registos administrativos. O campo de intervenção deste processo especial, de tramitação muito simples e, por isso, breve, estende-se à tutela do direito à informação que assiste aos interessados em procedimentos administrativos em curso (consagrado no artigo 268º, nº 1, da CRP e nos artigos 82º a 84º do Código do Procedimento Administrativo) e do direito de qualquer cidadão de acesso aos documentos depositados nos arquivos da Administração Pública (o princípio do arquivo aberto, consagrado no artigo 268º, nº 2, da CRP e na Lei de Acesso aos Documentos Administrativos: Lei nº 65/93, de 26 de Agosto, na redacção que lhe foi dada pelas Leis nº 8/95, de 29 de Março, nº 94/99, de 16 de Julho, e nº 19/2006, de 12 de julho).

Esta intimação pode ser, entretanto, utilizada como um meio acessório, quando tal seja necessário para obter elementos destinados a instruir pretensões a deduzir pela via administrativa ou pela via contenciosa (cfr. artigos 104º e 106º). A sua utilização suspende, nesse caso, os prazos de impugnação que estejam em curso.

Merece, entretanto, destaque, no âmbito dos processos de intimação, a intimação para protecção de direitos, liberdades e garantias, que pode ser requerida quando a célere emissão de uma decisão de mérito que imponha a adopção de uma conduta, positiva ou negativa, se revele indispensável para assegurar o exercício, em tempo útil, de um direito, liberdade ou garantia, por não ser possível ou suficiente, nas circunstâncias do caso, o decretamento provisório de uma providência cautelar. Trata-se de um instrumento que se procurou desenhar com uma grande elasticidade, que o juiz deve dosear em função da intensidade da urgência, e que tanto pode seguir os termos da acção administrativa especial, com os prazos reduzidos a metade, como, em situações de especial urgência, pode conduzir a uma tomada de decisão em 48 horas, mediante audição oral das partes.

Como resulta do artigo 109º, este meio processual estabelece uma relação de subsidiariedade em relação à tutela cautelar. O CPTA parte, na verdade, do princípio de que normal e desejável é que os processos se desenrolem nos moldes considerados mais adequados ao cabal esclarecimento das questões, o que exige tempo, o tempo necessário à produção da prova e ao exercício do contraditório entre as partes. Não é, por isso, aconselhável abusar dos processos urgentes, em que a celeridade é necessariamente obtida através do sacrifício, em maior ou menor grau, de outros valores, que, quando ponderosas razões de urgência não o exijam, não devem ser sacrificados. administrativos. Por isso, atribui prioridade aos processos não urgentes, devidamente complementados por um sistema eficaz de atribuição de providências cautelares, efectivamente apto a evitar a constituição de situações irreversíveis ou a emergência de danos de difícil reparação. E reserva a intimação para protecção de direitos, liberdades e garantias para as situações de verdadeira urgência, em que exista um constrangimento temporal que não se compadeça com a adopção de uma providência cautelar, de alcance meramente provisório, mas exija a obtenção de uma pronúncia definitiva sobre o mérito da causa.

Basta pensar na situação paradigmática da proibição da realização de uma manifestação por ocasião da realização, em data próxima, da visita de Estado de uma personalidade estrangeira. Numa situação deste tipo, não faz sentido a concessão de uma providência cautelar de suspensão do acto de proibição, porque tal providência teria consequências irreversíveis: na verdade, a manifestação não pode ser realizada a título precário e provisório, sem prejuízo da decisão a proferir mais tarde, no âmbito de um processo principal, de impugnação do acto de proibição. Se a realização da manifestação fosse permitida a título cautelar, estar-se-ia, na verdade, a atribuir, a título definitivo, em sede cautelar, a utilidade pretendida no processo principal, com o que se esvaziaria este processo do seu sentido útil: uma vez realizada a manifestação, o processo principal ficaria, com efeito, automaticamente desprovido de utilidade. O que, em situações deste tipo, a racionalidade do sistema exige é a possibilidade de obter, em tempo útil e, por isso, com carácter de urgência, uma decisão definitiva sobre o mérito da causa. É o que é possível obter com a intimação para protecção de direitos, liberdades e garantias.

Note-se, entretanto, que o processo de intimação para protecção de direitos, liberdades e garantias tanto pode ser dirigido contra a Administração, como contra particulares, sobrepondo-se, assim, tanto ao âmbito de aplicação da acção administrativa comum (nas várias hipóteses atrás identificadas por referência ao artigo 37º, nºs 2 e 3), como da acção administrativa especial (como vimos, de impugnação de actos ou normas, ou de condenação à respectiva emissão).

Do ponto de vista da tramitação, nas "situações de especial urgência, em que a petição permita reconhecer a possibilidade de lesão iminente e irreversível do direito, liberdade ou garantia", a que se refere o artigo 111º, o juiz pode optar pela "realização, no prazo de quarenta e oito horas, de uma audiência oral, no termo da qual decidirá de imediato".

Em qualquer dos casos, o juiz, na decisão que dê provimento ao processo, "determina o comportamento concreto a que o destinatário é intimado e, sendo caso disso, o prazo para o cumprimento e o responsável pelo mesmo", podendo impor, desde logo, uma sanção pecuniária compulsória para o caso do incumprimento da intimação (artigo 110º, nºs 4 e 5).

De salientar que, quando esteja em causa a obtenção "de um acto administrativo estritamente vinculado, designadamente de execução de um acto administrativo já praticado, o tribunal emite sentença que produza os efeitos do acto devido" (artigo 109º, nº 3). Este ponto deve ser assinalado porque traduz o único desvio — justificado pela urgência e pelo facto de estar em causa a protecção de direitos fundamentais — ao princípio assumido pelo CPTA e atrás enunciado, de que o direito a uma tutela jurisdicional efectiva perante a Administração Pública não é incompatível com o respeito, em sede declarativa, pela reserva de competência que a lei atribui às autoridades administrativas sempre que lhes confere o poder de dizerem unilateralmente o Direito do caso concreto através da emissão de actos administrativos. Princípio do qual, como vimos, decorre a regra de que só em sede executiva, após se ter gerado uma situação de incumprimento de sentença condenatória previamente proferida, podem os tribunais administrativos ser chamados a substituir-se à Administração na emissão de sentenças dirigidas a substituir a prática de actos administrativos de conteúdo vinculado.

L'EXERCICE DU POUVOIR JUDICIAIRE AU CANADA ET LE GOUVERNEMENT DES JUGES

ANDRÉ BRAËN*

Sommaire: 1. Introduction. 2. Le contrôle de la constitutionnalité. 3. Le contrôle de la légalité. 4. Conclusion.

1. INTRODUCTION

1. Le Canada est un État fédéral où la souveraineté législative est partagée entre d'une part, le Parlement canadien et d'autre part, l'Assemblée législative de chacune des dix provinces actuelles. Il n'existe aucune subordination entre le législateur fédéral et celui d'une province et en droit constitutionnel canadien, chacun est souverain dans les champs de compétence qui lui sont assignés, généralement de manière exclusive, par la constitution[1]. La seule limite à ce principe de la souveraineté parlementaire réside dans le respect des textes constitutionnels[2]. L'exercice du pouvoir exécutif suivant celui du pouvoir législatif, chaque gouvernement, fédéral et provincial, a mis en place sa propre administration publique pour veiller à l'application de ses lois et de ses politiques.

2. Quant au système judiciaire canadien, celui-ci a largement emprunté au modèle britannique et son organisation y est relativement simple et intégrée. Ainsi, il y a dans chaque province du Canada, un tribunal de première instance, dont la compétence est la règle[3] et dénommée selon la province Cour supérieure,

* Avocat et professeur titulaire à l'Université d'Ottawa

[1] *Hodge c. The Queen*, (1883-84) 9 A.C. 117, *Bonanza Creek Gold Mining c. The King*, (1916) A.C. 566.

[2] En Angleterre où il n'y a pas de constitution formelle, le Parlement est souverain et il ne connaît pas d'organe qui lui est supérieur et la loi est suprême. Au Canada où ce principe s'est transposé, celui-ci, même s'il possède la même signification, est évidemment limité par la constitution et en particulier par la *Charte canadienne des droits et libertés* qui y est enchâssée. Voir : HENRI BRUN, GUY TREMBLAY et EUGÉNIE BROUILLET, *Droit constitutionnel*, 5ème éd., Éditions Yvon Blais, 2008, Cowansville, pág. 615-656 et PETER W. HOGG, *Constitutional Law of Canada*, Student Edition, Thomson-Carswell, Toronto, 2006, págs. 299-313.

[3] Voir : LUC HUPPÉ, *Histoire des institutions judiciaires du Canada*, Wilson&Lafleur, Montréal, 2007.

Cour du Banc de la Reine ou Cour suprême[4]. Composé d'un seul juge, c'est le tribunal judiciaire de droit commun. La fonction est prestigieuse et occupe peu de titulaires, tous issus du barreau d'une province[5]. En termes d'hiérarchie, on retrouve dans chaque province une cour d'appel chapeautant le tribunal de première instance et plusieurs tribunaux judiciaires inférieurs qui agissent en matière civile ou criminelle[6]. L'intégration caractérise le modèle judiciaire canadien. En effet, il n'existe pas de juridiction proprement administrative chargée de solutionner les litiges opposant les citoyens à l'État. Certes, il existe bien de nombreux tribunaux administratifs, comme par exemple le Tribunal administratif du Québec[7], mais ceux-ci font simplement partie de l'administration publique et sont eux-mêmes sujets, comme on le verra, au contrôle judiciaire exercé par le tribunal de première instance ou cour supérieure.

3. Ce sont les provinces qui ont, en vertu de la constitution, le pouvoir d'organiser leur système judiciaire[8] et comme on le voit, le même modèle a prévalu. Si la province organise son système judiciaire, ce sont les autorités fédérales qui en vertu de la constitution nomment les juges des cours supérieures et d'appel érigées par les provinces alors que les autorités provinciales nomment les juges des tribunaux inférieurs[9]. La constitution reconnaît aussi une compétence exceptionnelle dans le domaine de l'organisation judiciaire, en faveur du Parlement canadien lequel peut établir des tribunaux pour une meilleure application des lois fédérales et aussi une cour générale d'appel pour l'ensemble du pays[10]. La Cour suprême du Canada composée de 9 juges, dont 3 du Québec pour assurer une présence civiliste[11], a donc été établie en 1875 pour jouer ce rôle[12].

4. Dans une démocratie de type parlementaire comme celle prévalant au Canada, la théorie de la séparation des pouvoirs trouve une application fort nuancée, surtout dans le cas, fréquent, où un parti politique, fédéral ou provincial,

[4] Au Québec et en Ontario, le tribunal est appelé « Cour supérieure »; en Colombie-Britannique, en Nouvelle-Écosse, à l'Île-du-Prince-Édouard et à Terre-Neuve, il s'appelle « Cour suprême » tandis qu'au Nouveau-Brunswick, en Alberta, en Saskatchewan et au Manitoba, il est appelé « Cour du Banc de la Reine ».

[5] Voir à ce sujet ANDRÉ BRAËN, *Collégialité et juge unique*, 2011, 41 R.G.D. 295.

[6] Comme par exemple la Cour du Québec dans la province de Québec.

[7] Créé par la *Loi sur la justice administrative*, L.R.Q., c. J-3, art. 14. La notion de « tribunal administratif» est une notion juridique extensible et elle englobe tout décideur administratif exerçant des pouvoirs attribués par la loi et soumis au pouvoir de contrôle et de surveillance d'une cour supérieure (voir *infra*).

[8] La *Loi constitutionnelle de 1867*, art. 92(14) prévoit qu'une province peut adopter des lois relatives à l'administration de la justice, y compris la création, le maintien et l'organisation des tribunaux tant de juridiction civile que criminelle.

[9] *Loi constitutionnelle de 1867*, art. 96 et 92(14).

[10] *Ibid.*, art. 101.

[11] *Loi sur la Cour suprême*, L.R.C. 1985, c.S-26, art. 6 et 6.1.

[12] *Ibid.*

remporte la majorité des sièges à la chambre élective; alors, non seulement il formera le gouvernement mais il contrôlera de plus la chambre. Dans le système canadien, le pouvoir exécutif domine même s'il est soumis à la règle du gouvernement responsable[13]. Mais c'est dans le statut reconnu aux tribunaux judiciaires que la séparation des pouvoirs prend tout son sens. Au Canada, la justice n'est pas seulement un service public et le pouvoir judiciaire a été appelé lui-même à définir les éléments de son indépendance, un attribut qu'il a jugé enchâssé dans la constitution canadienne[14]. L'indépendance judiciaire a été définie comme renvoyant non seulement à un état d'esprit dans ses relations avec autrui mais aussi à une relation particulière avec l'organe exécutif et qui repose sur des garanties objectives. Celles-ci sont l'inamovibilité du juge, sa sécurité financière et l'autonomie institutionnelle du tribunal[15]. Aujourd'hui, le pouvoir judiciaire constitue un véritable contrepoids à cette alliance parlement-gouvernement.

5. En vertu du principe de la légalité, le tribunal de première instance intervient en matière administrative puisqu'il possède le pouvoir de déclarer invalide une décision de l'administration, y compris une décision du gouvernement lui-même. Il exerce par là son pouvoir de contrôle et de surveillance comme le lui permet la constitution[16]. Le même tribunal est aussi le gardien de la constitution et à ce titre, il intervient en dernière instance pour vérifier la validité d'une loi et d'en prononcer l'inconstitutionnalité. Depuis l'adoption d'une charte constitutionnelle de droits et libertés fondamentaux, l'intervention judiciaire est beaucoup plus présente dans la vie canadienne. On peut donc légitimement se demander si le pouvoir judiciaire au Canada n'est pas appelé, dans une certaine mesure, à se substituer au pouvoir politique et s'il a les mo-

[13] Le principe signifie que le gouvernement doit jouir de la confiance des parlementaires dans l'exercice de ses pouvoirs. En cas contraire, il est tenu de démissionner. C'est là une convention constitutionnelle au Canada.

[14] H. Brun, G. Tremblay et E. Brouillet, *supra*, note 2, págs. 797-819. Dans *Colombie-Britannique c. Imperial Tobacco Canada Ltée.* (2005) 2 R.C.S. 473, le juge Major de la Cour suprême du Canada écrit (au par.45) que « l'indépendance judiciaire consiste essentiellement en la liberté « de rendre des décisions que seules les exigences du droit et de la justice inspirent » (...). Elle requiert que les juges soient libres d'agir « sans ingérence indue de la part de quelque entité », c'est-à-dire que les pouvoirs exécutifs et législatifs du gouvernement ne doivent pas « empiéter sur les pouvoirs et les fonctions du tribunal » ». Voir aussi *R. c. Valente*, (1985) 2 R.C.S. 673.

[15] Le juge est nommé par le gouvernement et il jouit de l'inamovibilité, c'est-à-dire qu'il reste en poste jusqu'à l'âge de la retraite. Une procédure de destitution des juges nommés par les autorités fédérales existe dans la constitution canadienne, mais elle n'a jamais été engagée, les juges incriminés ayant alors choisi de démissionner. Voir la *Loi constitutionnelle de 1867*, art.99. Un processus similaire existe pour les juges provinciaux.

[16] En général, voir Patrice Garant, *Droit administratif*, 6ème éd., Montréal, Éditions Yvon Blais Inc., 2010.

yens de ce faire. Voyons ce qu'il en est d'abord en ce qui concerne le contrôle de la constitutionnalité puis celui de la légalité administrative ou exécutive.

2. Le Contrôle de la constitutionnalité

6. La fédération canadienne a été établie en 1867 au moyen de l'adoption par le Parlement britannique du *British North America Act*[17]. C'est ce texte qui organise l'État canadien et qui répartit la compétence législative entre le Parlement du Canada et l'Assemblée législative d'une province. La *Loi constitutionnelle de 1982* contient quant à elle une *Charte des droits et libertés*[18] et rend inopérante toute règle de droit qui est incompatible avec la constitution du Canada[19]. C'est donc à la fois sous l'angle du partage des pouvoirs dans le cadre fédéral canadien et celui de la protection des droits fondamentaux que s'examine principalement en droit canadien la question de la constitutionnalité d'une mesure législative fédérale ou provinciale.

7. Si la *Loi constitutionnelle de 1867* établit une fédération de provinces connue sous le nom de Canada, elle ne contient toutefois aucune disposition qui traite du rôle d'arbitre en cas de conflit entre une ou des provinces et l'État fédéral ou encore, lorsque s'élève un doute quant à la validité d'un texte de loi. Il n'y a pas au Canada de cour constitutionnelle à proprement parler et ce sont les tribunaux ordinaires de première instance qui historiquement ont assumé ce rôle[20]. Ce contrôle comporte un caractère inéluctable puisque les législateurs au Canada ne peuvent s'y soustraire ni faire disparaître le droit d'action servant à sanctionner l'inconstitutionnalité d'une loi[21]. C'est une contrôle qui est diffus puisqu'il est exercé tant par les cours supérieures que les différentes cours

[17] Maintenant la *Loi constitutionnelle de 1867.*

[18] *Canada Act 1982*, U.K., 1982, c.11, annexe B maintenant la *Loi constitutionnelle de 1982*, partie 1.

[19] *Loi constitutionnelle de 1982*, art. 52.

[20] À l'époque de la création de la fédération canadienne, les cours de justice des différentes provinces se sont approprié le pouvoir de vérifier si un texte de loi adopté soit par le Parlement canadien soit par la Législature d'une province, entrait ou non en conflit avec une législation impériale dont la *Loi constitutionnelle de 1867.* Comme les tribunaux des États-Unis l'avaient fait dès le début du XIXème siècle en s'appuyant sur la suprématie des textes constitutionnels américains par rapport à la loi ordinaire, les tribunaux canadiens ont aussi confirmé en ce faisant l'autorité supra législative de la *Loi constitutionnelle de 1867.* Créée en 1875, la Cour suprême du Canada conserva la même approche. Voir André Braën, *Le contrôle de la constitutionnalité des lois au Canada* in « La saisine du juge constitutionnel/Aspects de droit comparé », (F. Delpérée, dir.), Bruxelles, Bruylant, 1998, p.117-126.

[21] *Operation Dismantle c. La Reine*, (1985) 1 R.C.S. 441, *R c. M*orales, (1992) 3 R.C.S. 711 et *MacMillan Bloedel Ltd. c. Simpson,* (1995) 4 R.C.S. 725. Voir aussi l'art. 52 de la *Loi constitutionnelle de 1982.*

d'appel des provinces, n'importe où au Canada. Mais dans la mesure où la Cour suprême du Canada est saisie d'un appel, elle joue donc un rôle uniformisateur dans ce domaine et ses décisions connaissent un champ d'application national.

8. Donc, la cour supérieure ou le tribunal de première instance de chaque province[22] est le gardien de la constitution et il lui revient de vérifier la validité d'une loi lorsqu'il est saisi de cette question et d'en prononcer, s'il y a lieu, l'invalidité. Si une loi est ainsi déclarée inconstitutionnelle, elle ne s'appliquera plus en droit. Le contrôle *a priori* de la constitutionnalité d'un projet de loi reste exceptionnel même si la législation le permet. Par exemple, la *Loi sur la Cour suprême du Canada*[23] autorise ce tribunal à formuler des avis sur les questions de droit ou de fait qui lui sont référées expressément par le gouvernement fédéral. En soi, le tribunal est appelé à donner son avis sur une question et en principe, ne s'agissant pas d'une véritable décision, il n'est pas contraignant. Mais on imagine facilement, compte tenu de la fonction qui lui est dévolue, tout le poids que peut revêtir cet avis du tribunal. Par exemple, le gouvernement fédéral a récemment demandé à la cour son avis relativement à un projet de loi modifiant les conditions inscrites dans la *Loi constitutionnelle de 1867* pour être nommé sénateur et instaurant un régime d'élection consultative. Le gouvernement prétendait de plus pouvoir procéder unilatéralement et sans le concours des provinces pour effectuer ces modifications. La Cour suprême fut d'avis que de telles modifications constituaient une modification de la constitution canadienne et requerrait donc la participation des provinces[24]. De la même façon, le gouvernement canadien avait demandé à la Cour suprême si un juge provenant de la Cour fédérale d'appel pouvait légalement être nommé juge à la Cour suprême pour remplir l'un des trois postes réservés au Québec. La Cour suprême répondit par la négative[25]. Dans chacune des provinces, la législation permet aussi au gouvernement d'une province de saisir sa propre cour d'appel de questions de droit[26]. La procédure est similaire et peut porter autant sur un texte de loi fédéral que provincial. Évidemment, la Cour suprême du Canada pourra être saisie de la question en tant que tribunal ultime d'appel.

9. C'est plutôt *a posteriori* que la constitutionnalité d'une loi au Canada fait l'objet d'un contrôle judiciaire par une cour supérieure devant qui un litige de nature constitutionnelle a été soulevé. En effet, la constitutionnalité d'une

[22] Les deux Cours fédérales du Canada (Cour fédérale et Cour d'appel fédérale) possèdent aussi ce pouvoir. Elles ont été créées par le Parlement du Canada pour une meilleure application des lois fédérales et elles sont chargées d'assurer le contrôle judiciaire des décisions de l'administration fédérale. Voir la *Loi sur les Cours fédérales*, L.R.C. 1985, c.F-7, arts.18 et 28.

[23] *Supra*, note 11, art. 53.

[24] *Renvoi relatif à la réforme du Sénat*, 2014 CSC 32.

[25] *Renvoi relatif à la Loi sur la Cour suprême, art. 5 et 6*, 2014 CSC 21

[26] Par exemple et pour la province de Québec, voir la *Loi sur les renvois à la Cour d'appel*, L.R.Q., c.R-23, art.1 lequel prévoit que le gouvernement québécois peut soumettre pour audition et examen toute question quelconque qu'il juge à propos.

loi se présume en droit canadien et c'est à la partie qui en attaque la validité que revient le fardeau de l'établir[27]. Les tribunaux, même s'ils peuvent d'office soulever toute question de droit, ne se saisissent pas d'eux-mêmes d'une question constitutionnelle. La retenue judiciaire caractérise leur démarche dans ce domaine. Le caractère contradictoire de la procédure judiciaire est fortement ancré dans le système judiciaire canadien et ce sont les parties qui, étant libres de plaider leur cause comme elles l'entendent, doivent soulever la question constitutionnelle qui peut, dans un litige, n'être qu'une question parmi d'autres.

10. Il n'existe pas de recours spécifique devant être utilisé lorsque la validité constitutionnelle d'une loi est mise en cause. Cette question se soulève d'une façon principale au moyen de tout recours (déclaration, injonction, recours extraordinaire...) que le droit ordinaire met à la disposition des justiciables ou encore, elle peut être soulevée de manière incidente comme par exemple en défense au moment d'une poursuite. Lorsque la Cour suprême du Canada est saisie de cette question, les règles de pratique obligent les parties à procéder à la formulation de la question constitutionnelle et en à aviser le Procureur général du Canada ainsi que celui de chaque province[28]. Au Québec, la partie qui désire contester la constitutionnalité d'une loi doit en donner avis au Procureur général[29].

11. L'individu qui requiert l'assistance du pouvoir judiciaire doit démontrer au tribunal qu'il possède l'intérêt suffisant pour ce faire. En effet, une action en justice n'est recevable que si le demandeur démontre la suffisance de son intérêt. L'intérêt dont il est question doit être direct, personnel, distinct de l'intérêt du public en général. C'est la règle classique[30] en droit judiciaire et elle s'applique également aux cas de contestation reliée à la constitutionnelle d'une loi. Le Procureur général du Canada ou d'une province qui initie une contestation de ce genre ou qui intervient à titre de représentant de l'État, fédéral ou provincial, dont la loi est attaquée possède évidemment l'intérêt requis pour ce faire. Le citoyen ordinaire quant à lui peut aussi entreprendre un litige constitutionnel devant un tribunal canadien mais il doit démontrer la suffisance de son intérêt à ce faire. Pour établir l'intérêt qu'un individu possède pour agir à titre de demandeur dans une poursuite visant à faire déclarer qu'une loi est inconstitutionnelle, certains critères doivent être respectés selon la jurisprudence qui a voulu dans ce domaine éviter toute avalanche de demandes, écarter les litiges non nécessaires et aussi, placer des balises pour encadrer l'exercice de la discrétion judiciaire dans ce domaine. À cet égard, l'individu devra démontrer qu'il est directement touché par la loi contestée ou en cas contraire, (a) qu'il

[27] *Severn c. La Reine*, (1878) 2 R.C.S. 70, *Hewson c. Ontario Power Co.*, (1905) 36 R.C.S. 596 et *Renvoi sur les droits linguistiques au Manitoba*, (1985) 1 R.C.S. 721.

[28] *Règles de la Cour suprême du Canada*, DORS/2002-156, règles 60-61.

[29] *Code de procédure civile*, arts. 95-98.

[30] Par exemple, voir l'art. 55 du *Code de procédure civile*.

a un intérêt véritable à faire vérifier la validité de la loi contestée, (b) que la question posée au tribunal n'est pas purement théorique et (c), qu'il n'y a pas d'autre moyen de procéder à cette vérification que de soumettre la question au tribunal saisi[31]. Lorsque c'est la *Charte canadienne des droits et libertés* qui est invoquée au soutien de l'invalidité d'une loi, celle-ci prévoit qu'une personne dont les droits garantis par la dite charte ont été violés possède le droit de s'adresser à tout tribunal compétent pour obtenir une réparation que ce tribunal juge juste et appropriée compte tenu des circonstances. Ici, le droit au recours est un droit constitutionnel[32].

12. Au plan de la sanction en cas d'inconstitutionnalité d'une disposition législative, la *Loi constitutionnelle de 1982* rend inopérante toute règle de droit incompatible avec la constitution du Canada[33]. Le caractère inopérant s'entend ici de l'invalidité. Par exemple, la Cour suprême du Canada a déclaré en 1985 toutes les lois unilingues anglaises adoptées depuis 1890 par la Législature de la province du Manitoba parce que leur processus d'adoption, d'impression et de publication n'avait pas respecté la prescription au bilinguisme imposée par la *Loi de 1870 sur le Manitoba*, un texte constitutionnel[34]. Mais parce que l'application de la règle de la primauté du droit (« *rule of law* ») suppose l'existence d'un système juridique valide et efficace, le tribunal a néanmoins déclaré temporairement valide cette législation jusqu'à l'expiration du délai nécessaire pour traduire, adopter de nouveau, imprimer et publier ces lois en français et en anglais[35]. Par ailleurs et plutôt qu'être invalidée, la loi pourra simplement être jugée inapplicable à certaines personnes ou à certaines entreprises lorsque c'est le partage des pouvoirs qui est en cause. Par exemple, on déclarera que telle loi fédérale n'est pas applicable à une catégorie de travailleurs compte tenu de la compétence provinciale dans ce domaine et vice versa[36]. Finalement, une loi pourra être simplement déclarée inopérante compte tenu de l'incompatibilité opérationnelle entre une loi fédérale et une loi provinciale[37]. Dans la mesure du possible, seules les dispositions d'une loi qui sont jugées incompatibles avec la constitution sont rendues inopérantes et non la loi dans son entier à moins que ces dispositions soient jugées essentielles à une application efficace de la dite loi. S'il s'agit d'un recours fondé sur l'article 24 de la *Charte canadienne des droits et libertés*, le tribunal saisi a le choix de décréter toute réparation qu'il estime appropriée compte tenu des circonstances.

[31] *Borowski c. Canada (P.G.),* (1989) 1 R.C.S. 342; *Nova Scotia Board of Censors c. McNeil*, (1978) 2 R.C.S. 662 et *Thorson c. P.G. Canada*, (1975) 1 R.C.S. 138.

[32] *Charte canadienne des droits et libertés*, art.24.

[33] Art.52.

[34] Art. 23. Cet article est similaire à l'art.133 de la *Loi constitutionnelle de 1867* qui impose un processus similaire au Parlement du Canada ainsi qu'à la Législature du Québec.

[35] *Renvoi sur les droits linguistiques au Manitoba, supra*, note 27.

[36] Par exemple, voir *Clark c. Compagnie des chemins de fer nationaux du Canada*, (1988) 2 R.C.S. 680

[37] Par exemple, voir *Multiple Access Ltd. c. McCutcheon*, (1982) 2 R.C.S. 161.

13. Au Canada, les cours supérieures et les tribunaux d'appel veillent donc à l'application des textes constitutionnels et en sanctionnent l'inobservance. Ils sont aussi les arbitres du fédéralisme en cas de conflit entre les autorités fédérales et celles des provinces[38]. Depuis l'adoption de la *Charte canadienne des droits et libertés* en 1982, on imagine facilement que la question constitutionnelle est soulevée très fréquemment devant les tribunaux puisque celle-ci assure une protection constitutionnelle aux droits et libertés fondamentaux et aussi aux droits à l'égalité et à certains droits linguistiques. Dans son travail d'interprétation et d'application de ces droits, les tribunaux doivent identifier leur contenu exact, en préciser la portée et veiller à leur sanction en cas de violation. Le juge est d'abord un juge de droit. Mais un certain activisme de sa part lui permet de faire appel s'il y a lieu à des considérations personnelles dans son travail d'interprétation[39]. La *Charte canadienne* lui en donne l'occasion puisqu'elle précise que les droits garantis peuvent être limités « par une règle de droit, dans des limites qui soient raisonnables et dont la justification puisse se démontrer dans le cadre d'une société juste et démocratique »[40]. Le juge devient ici un juge des valeurs quoique le plus haut tribunal veille à encadrer l'intervention judiciaire[41]. Enfin, il faut ajouter que l'article 35 de la *Loi constitutionnelle de 1982* reconnaît et confirme les droits existants, ancestraux ou issus de traités, des peuples autochtones mais sans en définir le contenu, laissant aux tribunaux le soin d'y procéder[42]. Les tribunaux ont maintenant le pouvoir d'élever au rang de règles supra législatives certaines normes et ce rôle peut donc créer un réel contrepoids aux visées du législateur. C'est la théorie de la séparation des pouvoirs qui s'en trouve ébranlée.

3. Le contrôle de la légalité

14. Un citoyen qui n'est pas satisfait d'une décision rendue par l'administration peut toujours exercer s'il y a lieu les recours en révision ou en appel

[38] Dans la mesure où ce sont les autorités fédérales qui nomment les juges des cours supérieures, certains soulèvent, au plan des apparences, la question de l'impartialité qui doit caractériser le rôle d'arbitre dans un conflit qui opposent ces autorités aux provinces. Voir Eugénie Brouillet, *Le rôle de la Cour suprême dans l'évolution du fédéralisme canadien,* (2011) 41 R.G.D. 5.

[39] Sur la question de l'activisme judiciaire on pourra consulter Michael Kirby, *Judicial Activism*, London, Sweet and Maxwell, 2004 et Ron Hirschl, *The Origins and Consequences of the New Constitutionalism,* Harvard University Press, Cambridge and London, 2010.

[40] Les provinces canadiennes ont aussi adopté des chartes protégeant les droits fondamentaux et leur assurant une prééminence sur toutes autres dispositions de lois provinciales. Par exemple, voir la *Charte québécoise des droits et des libertés de la personne*, L.R.Q., c.C-12, art. 52.

[41] La Cour suprême du Canada reste l'acteur ultime dans ce domaine et ses interventions peuvent varier entre la stricte retenue judiciaire ou encore un certain degré d'activisme. Voir H. Brun, G. Tremblay et E. Brouillet, *Droit constitutionnel, supra*, note 2, págs. 770-776.

[42] On pourra consulter sur ce sujet Sébastien Grammond, *Aménager la coexistence, les peuples autochtones et le droit canadien,* Éditions Yvon Blais Inc., Cowansville, 2003.

que la loi met à sa disposition. Au Canada, le tribunal de première instance (ou cour supérieure) peut aussi intervenir à titre de gardien de la légalité. C'est ainsi que le citoyen pourra s'adresser au tribunal pour lui demander de vérifier la légalité, et non pas l'opportunité, d'une décision prise par l'administration. Il s'agit ici d'une décision ou d'un acte ou omission accompli par le gouvernement lui-même, fédéral ou provincial, ou par le plus modeste fonctionnaire d'une municipalité. En fait, tout individu ou organisme exerçant ou prétendant exercer des pouvoirs délégués par la loi, ce qui inclut les tribunaux administratifs, peut être l'objet du pouvoir de contrôle et de surveillance d'une cour supérieure (ou des Cours fédérales s'il s'agit de l'administration fédérale[43]).

15. Le pouvoir de contrôle et de surveillance d'une cour supérieure tire son fondement d'un principe non écrit du droit constitutionnel canadien : le principe de la légalité (ou *rule of law*). Brièvement, ce principe signifie que le gouvernement ou pouvoir exécutif n'est pas au-dessus du droit et que ses pouvoirs sont nécessairement limités. En droit britannique et canadien, le monarque (ou l'État) ne possède aucun pouvoir arbitraire; il ne peut exercer que les pouvoirs que la loi ou le droit[44] lui attribue. Ce principe signifie également que le monarque et son administration sont assujettis aux tribunaux ordinaires de droit commun dont le rôle est d'appliquer le droit. Le principe de la légalité crée donc une hiérarchie entre les trois pouvoirs traditionnels exercés par l'État démocratique en assujettissant le pouvoir exécutif d'abord au législateur (qui lui délègue des pouvoirs) puis aux tribunaux ordinaires (chargés d'appliquer le droit).

16. L'objet du principe de la légalité vise évidemment à mieux protéger les droits et libertés de l'individu parce que l'assujettissement de l'État à la règle de droit les met à l'abri de l'arbitraire ou du caprice du monarque[45]. Mais cette règle fondamentale connaît des atténuations importantes. Ainsi, le législateur lui-même peut trahir l'objet de la règle de droit en conférant à l'État ou à son administration des pouvoirs vraiment exorbitants. Par exemple et sous prétexte de lutter contre la criminalité, le Parlement canadien a modifié son *Code criminel*[46] pour autoriser les policiers à commettre en toute impunité les actes criminels nécessaires selon eux pour combattre le crime organisé. De même et depuis les attentats terroristes de 2001, la législation sur l'immigration[47] a

[43] Voir *supra*, note 22.

[44] Le mot « droit » signifie ici la *common law*. Pour une analyse du principe, voir H. BRUN, G. TREMBLAY et E. BROUILLET, *op. cit., supra*, note 2, p.679-751. Voir aussi le *Renvoi relatif à la sécession du Québec*, (1998) 2 R.C.S. 217.

[45] Voir JOSEPH RAZ, *The Rule of Law and its Virtue*, (1977) L.Q.R. 195, LUC TREMBLAY, *The Rule of Law, Justice and Interpretation*, Montréal, McGill-Queens University Press, 1997, DANIEL MOCKLE, *L'État de droit et la théorie de la rule of law*, (1994) 35 C.de D. 823.

[46] L.R.C., 1985, c.C-46, art.25.1.

[47] *Loi sur l'immigration et la protection des réfugiés*, L.C., 2001, c.27 et amendements, arts. 77-85.

été modifiée pour autoriser le ministre fédéral de l'immigration à émettre des certificats de sécurité. Ces certificats permettent aux autorités d'arrêter et de détenir sans procès des individus, non-citoyens canadiens mais se trouvant en sol canadien, jugés dangereux pour la sécurité nationale. Ces individus sont détenus au bon plaisir des autorités sans être directement informés des motifs de leur arrestation[48]. Selon certains[49], il faudrait distinguer entre la règle de droit (*rule of law*) et la règle du droit (*rule of the law*). Dans la mesure où de telles normes, même si elles paraissent exceptionnellement dures, sont prescrites par un texte de loi dûment adopté par les parlementaires, les tribunaux n'ont pas d'autres choix que de les appliquer. C'est évidemment une vision qui est aux antipodes des garanties véritables que la règle de droit est censée offrir aux citoyens et un État démocratique doit veiller à ce que la loi de la majorité n'entrave pas les droits fondamentaux et ceux des minorités.

17. S'il est réconfortant d'affirmer qu'au Canada, l'État peut être traduit devant les tribunaux, il faut savoir que l'accès à ces tribunaux est souvent problématique. Non seulement les délais sont longs mais de plus, les coûts associés aux recours judiciaires sont prohibitifs et hors de portée du citoyen ordinaire. Finalement et compte tenu de la nature même de l'État (ou du monarque), la *common law*, c'est-à-dire les tribunaux eux-mêmes, lui a aménagé un ensemble de privilèges appelés « prérogatives de la Couronne » qui ont pour résultat ultime de favoriser l'administration publique et de la placer dans une position très avantageuse par rapport à celle du citoyen. Par exemple, une prérogative veut que l'État ne soit pas responsable des dommages causés par ses actions mêmes fautives[50] ou encore, qu'une loi adoptée par les parlementaires ne s'applique pas au gouvernement[51]. La loi peut toutefois modifier et même faire disparaître ces avantages confirmant en cela les principes de la souveraineté parlementaire et de la suprématie de la loi[52].

[48] Dans *Charkaoui c. Canada (Citoyenneté et Immigration),* (2007) 1 R.C.S. 350, la Cour suprême du Canada a jugé que la législation d'alors violait le droit d'un individu à un procès juste et équitable. Compte tenu des modifications apportées à la loi par le Parlement et des exigences de la sécurité nationale, la cour a finalement validé le processus actuel d'arrestation et de détention dans *Canada (Citoyenneté et Immigration) c. Harkat,* 2014 CSC 37.

[49] Par exemple, voir WARREN J. NEWMAN, *The Principles of the Rule of Law and Parliamentary Sovereignty in Constitutional Theory and Litigation,* 2005, 16 National Journal of Constitutional Law, 175.

[50] *"The King can do no wrong"*. Ce privilège a évidemment été aboli, mais pas nécessairement de manière complète, par le législateur. Par exemple, voir la *Loi sur la responsabilité civile de l'État et le contentieux administratif,* L.R.C., 1985, c.C-50 en ce qui concerne l'État fédéral et le *Code civil du Québec*, art.1376 concernant l'État québécois.

[51] C'est là un principe d'interprétation législative bien souvent adopté par le législateur. Par exemple, au niveau fédéral, la *Loi sur l'interprétation*, L.R.C., 1985, c.I-21, art.17, précise que « sauf indication contraire y figurant, nul texte ne lie sa Majesté ni n'a d'effet sur ses droits et prérogatives ». Au Québec, la *Loi d'interprétation*, L.R.Q., c-I-16, art.42, est au même effet.

[52] Dans le respect évidemment du cadre constitutionnel.

18. Le contrôle de la légalité d'un acte ou d'une décision administrative permet à la cour supérieure de vérifier si l'administration avait le pouvoir de prendre cette décision ou d'accomplir un acte et si dans l'affirmative, de vérifier si ce pouvoir a été exercé conformément à la loi et au droit. Les tribunaux ont jugé que ce pouvoir de contrôle était enchâssé dans la constitution[53] et qu'un législateur ne pouvait l'écarter[54]. Le gouvernement lui-même dans l'exécution de ses tâches ne peut y échapper[55]. Ce contrôle s'appuie sur des règles qui émanent essentiellement de la *common law*. C'est ainsi que la notion d' « *ultra vires* » renferme tous les motifs permettant à une cour supérieure soit d'invalider une décision au motif qu'elle est illégale, soit d'interdire à l'administration de prendre illégalement une décision ou encore, d'obliger l'administration à accomplir un acte qu'elle refuse illégalement de poser[56].

19. On peut regrouper en trois catégories principales les motifs qui permettent ainsi à une cour supérieure d'intervenir dans un litige administratif en exerçant son pouvoir de contrôle et de surveillance[57]. En premier lieu, plusieurs règles se rattachent au décideur administratif et à sa compétence. A-t'il exercé lui-même son pouvoir ou l'a-t'il exercé sous la dictée d'un tiers? A-t'il sous-délégué l'exercice de son pouvoir à un tiers? Si le décideur est un organisme administratif, ce dernier était-il constitué de la manière prévue par la loi? Les membres qui le constituaient possédaient-ils la qualité pour ce faire?[58]

20. La seconde catégorie de motifs donnant ouverture au pouvoir de contrôle et de surveillance d'une cour supérieure a trait au respect des procédures prescrites par la loi ou la *common law*. Quelle est la sanction judiciaire si l'administration ne respecte pas une procédure prescrite dans la loi?[59] Si la loi est silencieuse à cet égard, la *common law* peut exiger quant à elle que l'administration respecte quand même les règles formulées par l'équité procédurale ou par la justice naturelle et qui sont essentiellement au nombre de deux : *Nemo judex in causa sua*... ou le droit de l'administré à une décision impartiale de la part de l'administration[60] et *Audi alteram partem* ou le droit de l'administré

[53] *Loi constitutionnelle de 1867*, art. 96.

[54] *Farrel c. Workmen's Compensation Board*, (1962) R.C.S. 48, *Exécuteurs testamentaires de la succession de Woodward c. Ministre des Finances,* (1973) R.C.S. 1230 et *Association des employés de radio et de télévision c. Radio-Canada*, (1975) 1 R.C.S. 118.

[55] *Inuit Tapirisat c. P. G. Canada*, (1980) 2 R.C.S. 735.

[56] Pour une analyse, voir Patrice Garant, *Droit administratif, op.cit., supra*, note 16 et Denis Lemieux et Pierre Issalys, *L'action gouvernementale*, 3ème éd., Cowansville, Éditions Yvon Blais, 2009.

[57] *Ibid.*

[58] *Ibid.*

[59] La sanction peut être prévue dans la loi elle-même. En cas de silence, la jurisprudence distingue entre une procédure considérée comme étant impérative et dont le non-respect est sanctionné par la nullité et une procédure jugée simplement indicative.

[60] L'obligation d'impartialité qui s'impose au décideur administratif revêt une composante personnelle (en ce que le décideur doit au plan des apparences offrir des garanties d'impartialité)

de se faire valoir son point de vue avant que l'administration ne prenne une décision qui l'affecte. Cette dernière règle peut s'appliquer à un nombre incalculable de situations et prescrire, selon les circonstances, un droit formel pour l'administré à un préavis, à un délai, à de la documentation, à être informé de la preuve détenue par l'administration, à un ajournement, au droit à l'avocat, *etc.* Dans tous les cas, le tribunal se demande si l'administré connaissait les intentions de l'administration à son endroit et s'il a pu faire valoir pleinement son point de vue[61]. Ces règles s'appliquent à l'ensemble de l'administration, y compris s'il y a lieu, au gouvernement lui-même; mais puisqu'il s'agit de règles de *common law,* le législateur reste libre de les écarter à la condition de le faire expressément[62].

21. La dernière catégorie de motifs permettant à une cour supérieure d'invalider une décision, et non la moindre, est celle relative au contrôle judiciaire de l'erreur que ce soit une erreur de droit ou encore l'exercice d'une discrétion administrative que le citoyen prétend erroné. Ainsi, un citoyen peut contester l'interprétation d'un texte de loi faite par un décideur administratif eu égard ou non à certains faits comme il peut contester l'exercice par le même décideur d'une discrétion qui lui est attribuée la loi (par exemple considérer l'intérêt public dans sa prise de décision)[63]. L'exercice est délicat. S'agissant de contrôle judiciaire, le tribunal doit bien dans un premier temps constater que le pouvoir d'interpréter un texte ou d'exercer une discrétion a été attribué par la loi au décideur administratif et non pas au tribunal judiciaire. Or le rôle du tribunal est d'appliquer la loi et de donner suite à l'intention du législateur. Et à ce niveau, il ne revient pas au tribunal de se substituer au décideur. Que le tribunal soit d'accord ou non avec la décision de l'administration ne change pas la problématique. Le contrôle judiciaire vise l'examen de la légalité d'une décision administrative et non pas de son opportunité. On imagine donc que l'intervention judiciaire dans ce domaine devient plus problématique. De tout temps, les tribunaux ont sanctionné par l'invalidité des exercices discrétionnaires fondés la mauvaise foi de leur titulaire ou encore lorsque l'exercice de

---

et aussi une composante institutionnelle (en ce que le fonctionnement de l'appareil administratif doit également au plan des apparences offrir des garanties d'impartialité et d'indépendance. Voir *Committee for Justice and Liberty et al. c. Canada (Office national de l'énergie et al.),* 1978, 1 R.C.S. 369 et *2747-3174 Québec Inc. c. Régie des permis d'alcool du Québec*, (1996) 3 R.C.S. 919.

[61] *Kane c. Conseil d'administration de l'U.C.B.*, 1980, 1 R.C.S. 1105, *Nicholson c. Haldimand-Norfolk Regional Board of Police Commissioners*, 1979, 1 R.C.S. 311.

[62] *Inuit Tapirisat c. P.G. Canada, supra*, note 55.

[63] Dans ce dernier cas, le citoyen est simplement d'avis que l'intérêt public est mieux servi par une décision différente de celle prise par le décideur.

la discrétion poursuivait une fin impropre ou discriminatoire[64]. Aujourd'hui, la jurisprudence exige que la cour supérieure, lorsqu'elle est saisie de la question, détermine la norme de contrôle applicable. Si la norme applicable est celle de la décision correcte, la cour écarte alors toute retenue et décide elle-même qu'elle est la décision qui aurait dû être prise. En cas de désaccord avec la décision du décideur administratif qui est contestée, celle-ci sera invalidée. Dans les autres cas, la cour fera preuve de retenue judiciaire et vérifiera si la décision contestée est, parmi les autres décisions possibles, raisonnable[65]. L'approche judiciaire ne brille pas par sa clarté mais elle est essentielle pour déterminer si la cour intervient ou non[66]. Encore une fois, toute décision de l'administration, y compris du gouvernement lui-même, peut être l'objet d'une telle contestation.

22. Traditionnellement, il n'existait pas en droit britannique de recours unique à la disposition du citoyen pour contester la légalité d'une décision administrative. Bien au contraire, ce dernier avait le choix entre différents recours judiciaires ayant chacun leur propre finalité et leurs propres conditions de recevabilité[67]. Par exemple, le bref de *certiorari* était utilisé pour faire déclarer invalide une décision administrative tandis que le bref de *prohibition* était utilisé pour interdire à l'administration de prendre une décision; le bref de *mandamus* servait à obliger l'administration à accomplir un acte, le *quo warranto*...à faire vérifier par la cour supérieure si le détenteur d'une charge publique avait bien les qualités requises par la loi pour ce faire et l'*habeas corpus* sert à faire vérifier par la cour la légalité d'une détention ou arrestation[68]. Lorsque l'État est directement visé par une procédure judiciaire, le recours indiqué est la déclaration de nullité. Dans plusieurs provinces du Canada et aussi devant les Cours fédérales du Canada (lorsqu'il s'agit dans ce dernier cas de l'administration fédérale), tous

[64] En invoquant les limitations que le droit administratif a traditionnellement apportées à l'exercice d'une discrétion laquelle n'est jamais considérée comme étant absolue. Voir *Roncarelli c. Duplessis*, (1959) R.C.S. 121 et *Padfield c. Minister of Agriculture*, 1968, A.C. 997.

[65] Il s'agit de vérifier si, parmi les décisions possibles et le contexte, la décision contestée est raisonnable. Voir *Veluppillai Pushpanathan c. Ministre de la citoyenneté et de l'immigration*, 1998, 1 R.C.S. 982, *Baker c. Le ministre de la Citoyenneté et de l'immigration*, (199) 2 R.C.S. 817, *Barreau du Nouveau-Brunswick c. Ryan*, 2003, 1 R.C.S. 247, *Dunsmuir c. Nouveau-Brunswick*, 2008, CSC 9 et *Doré c. Barreau du Québec*, 2012, CSC 12.

[66] Voir Suzanne Comtois, *Précis du contrôle judiciaire des décisions de fond rendues par les organismes administratifs*, Éditions Yvon Blais Inc., Cowansville, 2003 et Denis NADEAU, *L'arrêt Dunsmuir : bilan quinquennal d'un contrôle judiciaire en redéfinition*, 2013, 72 R. du B. 1.

[67] Voir P. Garant, *op.cit. supra*, note 56.

[68] Le droit à l'*habeas corpus* est maintenant enchâssé dans la *Charte canadienne des droits et libertés* (art.10(c)).

ces recours ont été unifiés[69]. Mais dans d'autres provinces comme au Québec[70], il revient au plaideur de choisir le recours le plus approprié.

4. Conclusion

23. On pourrait croire que selon la théorie de la séparation des pouvoirs[71], il appartient au pouvoir de surveiller le pouvoir de sorte à éviter les abus qu'un gouvernement par exemple pourrait retirer de sa position privilégiée. Si au Canada la constitution permet à l'exécutif lorsque majoritaire de dominer le parlement, elle garantit par ailleurs l'indépendance des tribunaux judiciaires et elle confie aux tribunaux supérieurs la mission de faire respecter les principes de constitutionnalisme et de la primauté du droit[72]. En ce qui concerne le contrôle de la constitutionnalité des lois, l'enchâssement d'une charte des droits et libertés fait aussi du juge du droit un juge des valeurs et judiciarise davantage l'État. La suprématie législative risque-t-elle d'être remplacée par la suprématie judiciaire? Entre la retenue et l'activisme judiciaire, le tribunal doit choisir en se fondant sur sa conception du rôle qui est le sien. Il faut aussi noter, cette fois en ce qui concerne le contrôle de la légalité, que ce sont les tribunaux ordinaires et non pas le législateur qui, au Canada, ont mis de l'avant les principes fondamentaux du droit applicable. L'expérience nous apprend que, la plupart du temps, lorsque le législateur intervenait dans le domaine du contentieux administratif, c'était généralement pour codifier les règles déjà formulées par la jurisprudence.

24. Le pouvoir que la constitution canadienne garantit aux tribunaux supérieurs peut paraître, vu de l'extérieur, trop vaste et trop accessible dans la mesure où il semble remettre en question l'équilibre traditionnel des pouvoirs au sein d'un État démocratique et dans lequel, seul le législateur est légitimement détenteur de la souveraineté populaire. À ce jour, la prudence judiciaire, la hiérarchie des tribunaux et le rôle joué par la Cour suprême du Canada ont permis de tempérer l'exercice de ce pouvoir. Un pouvoir que les acteurs politiques ne se sont pas gênés d'utiliser quelquefois à leur avantage. Par exemple, il est arrivé qu'un gouvernement, face à une question litigieuse et qui divise l'électorat (comme l'avortement, le mariage de personnes de même sexe, la sécession du Québec, les droits linguistiques...) s'en remette simplement aux tribunaux dont les décisions semblent mieux acceptées par l'opinion publique. Celle-ci semble

[69] *Loi sur les Cours fédérales, supra*, note 22, arts. 18 et 18.1. Au niveau des provinces, voir par exemple pour l'Ontario le *Judicial Review Procedure Act*, R.S.O., 1990, c. J.1.à

[70] Le nouveau *Code de procédure civile du Québec*, non encore en vigueur, fusionne les recours existants et crée un pourvoi en contrôle judiciaire. Voir la *Loi instituant le nouveau code de procédure civile,* L.Q., 2014, c.1, art.527 et ss.

[71] Montesquieu, *L'esprit des lois*, Livre V, chap. IV.

[72] Voir à ce sujet le *Renvoi relatif à la sécession du Québec*, *supra,* note 44.

en effet accepter que des non élus, c'est-à-dire des juges, puissent se substituer au monde politique pour tracer des règles fondamentales de la vie en société. Mais il reste vrai que la simple règle de la majorité est insuffisante pour garantir une véritable démocratie laquelle doit, de plus, assurer une protection adéquate aux droits fondamentaux et à ceux des minorités. À cet égard, la démocratie exige aussi une magistrature indépendante et dans la mesure où une population valide le rôle joué par les tribunaux dans ce domaine, ces derniers peuvent donc compter sur la confiance du public.

25. Très récemment, il s'est produit au Canada un affrontement direct entre le pouvoir exécutif et le pouvoir judiciaire, un événement qui fait ressortir malgré tout la fragilité des assises judiciaires. Le premier ministre du Canada avait procédé à la nomination d'un juge issu des cours fédérales pour combler l'un des trois postes réservés aux juges du Québec à la Cour suprême du Canada[73]. Cette nomination a été contestée devant les tribunaux et le gouvernement fédéral a alors décidé de demander à la Cour suprême du Canada son avis sur la validité de cette nomination[74]. Son avis fut négatif[75]. Ce jugement s'est inscrit parmi d'autres rendus récemment par la Cour suprême et qui ont déplu au gouvernement canadien. Par la suite, le premier ministre canadien a publiquement laissé entendre que la juge en chef de la Cour suprême avait tenté de communiquer avec lui pour discuter de cette nomination, ce qui évidemment aurait constitué de la part d'une cour de justice une ingérence inacceptable dans l'exercice du pouvoir exécutif. La Cour suprême a exceptionnellement émis un communiqué de presse de la juge en chef pour réfuter ces allégations... que le premier ministre Harper a d'ailleurs continué de laisser sous-entendre[76]. Dans ce genre de conflit, unique dans les annales canadiennes, opposant par médias interposés la magistrature au pouvoir politique, l'on constate que la seule arme à la disposition du pouvoir judiciaire reste le silence[77]. Hormis le monde juridique et quelques commentateurs, peu se sont portés publiquement à la défense de la cour ou ont dénoncé cette intimidation de la part du premier ministre canadien[78]. Le pouvoir judiciaire au Canada serait-il un géant aux pieds d'argile? Un gouvernement des juges, vraiment?

[73] *Supra*, note 11.

[74] Conformément à la procédure de renvoi. Voir *supra*, note 23.

[75] *Supra*, note 25.

[76] Ce communiqué daté du 2 mai 2014 est disponible sur le site de la cour. Voir www.scc-csc.gc.ca

[77] L'on conçoit mal un échange ininterrompu entre les parties par médias interposés.

[78] Voir JEFFREY SIMPSON, *Attacking the Supreme Court, the Conservatives sink to a manhole*, The Globe and Mail, May 7th, 2014 et STÉPHANIE MARIN, *L'affaire Harper c. la Cour suprême pourrait sortir de nos frontières,* Le Devoir, le 14 mai 2014. Une demande d'enquête aurait été formulée auprès de la Commission Internationale des Juristes.

LA LUCHA CONTRA LAS INMUNIDADES DEL PODER Y EL PRINCIPIO DE TUTELA JURISDICCIONAL EFECTIVA

CARLOS E. DELPIAZZO*

Sumario: 1. Propósito. 2. Afirmación de la responsabilidad estatal como principio. Su incidencia en la calidad del Estado de Derecho. 3. Exigencia de la tutela jurisdiccional efectiva. Se cae en irresponsabilidad administrativa si no se dispone de instrumentos eficaces para hacerla valer. 4. Independencia de la cuestión de los criterios de imputación. La generalización de la responsabilidad no equivale a la atribución objetiva. 5. Conclusión. La permanente actualidad de la lucha contra las inmunidades del poder.

1. PROPÓSITO

El 16 de septiembre de 2013, el derecho administrativo perdió a una de sus grandes referentes del siglo XX: el Profesor EDUARDO GARCÍA DE ENTERRÍA, alto exponente de una generación brillante integrada, entre otros, por JESÚS GONZÁLEZ PEREZ, JOSÉ LUIS VILLAR PALASÍ y JOSÉ LUIS MEILÁN GIL.

* Doctor en Derecho y Ciencias Sociales de la Universidad Mayor de la República Oriental del Uruguay. Catedrático de Derecho Administrativo, de Derecho Informático y de Derecho Telemático en la Facultad de Derecho de dicha universidad. Catedrático de Derecho Administrativo en la Facultad de Derecho de la Universidad de Montevideo. Decano de la Facultad de Derecho de la Universidad Católica del Uruguay Dámaso Antonio Larrañaga. Autor de 65 libros y más de cuatrocientos trabajos publicados en el país y en el exterior. Profesor invitado del Instituto Nacional de Administración Pública (España). Profesor visitante de la Especialización en Derecho Administrativo de la Universidad de Belgrano (Argentina). Profesor extraordinario visitante de la Universidad Católica de Salta (Argentina). Miembro del Comité Académico de la Maestría de Derecho Administrativo de la Facultad de Derecho de la Universidad Austral (Argentina) y de la Comisión Académica del Programa de Doctorado de Derecho Administrativo Iberoamericano liderado por la Universidad de La Coruña (España). Miembro del Instituto Uruguayo de Derecho Administrativo, del Instituto de Derecho Administrativo de la Universidad Notarial Argentina, de la Asociación Argentina de Derecho Administrativo, de la Asociación de Derecho Público del Mercosur, de la Academia Internacional de Derecho Comparado, de la Asociación Iberoamericana de Derecho Administrativo y de la Asociación Internacional de Derecho Administrativo. Secretario general del Foro Iberoamericano de Derecho Administrativo.

Más de cincuenta años antes, el 2 de marzo de 1962, el Profesor GARCÍA DE ENTERRÍA pronunciaba la conferencia inaugural del curso sobre "El poder y el derecho" en la Facultad de Derecho de la Universidad de Barcelona, la cual sería recogida luego en la *Revista de Administración Pública*[1] y tiempo después como libro[2].

En la introducción de esta lección magistral, afirmaba que no era exacto "que todo el problema del Estado de derecho pueda ser reconducido a un problema de justicia administrativa, como alguna vez se ha pretendido, pero sí lo es, sin embargo, que sin una total y plenaria resolución de este gran tema de la justicia administrativa el Estado de derecho es literalmente nada". Y tras examinar la cuestión de los poderes discrecionales, de los llamados actos políticos y de los denominados poderes normativos concluía proclamando lo que debe ser: "El poder administrativo es de suyo un poder esencial y universalmente justiciable"[3].

Es que no existe auténtica justicia administrativa que merezca llamarse tal[4] si todo órgano de la administración no puede ser responsabilizado ante un tribunal independiente que actúe en ejercicio de la plenitud de la función jurisdiccional[5].

Ello es así porque, tal como lo ha enseñado EDUARDO SOTO KLOSS[6], lo he subrayado antes[7] y lo recalca CELSO ANTONIO BANDEIRA DE MELLO[8], quien dice derecho dice responsabilidad y, por tanto, no pueden existir sujetos irresponsables ni reductos de irresponsabilidad.

2. AFIRMACIÓN DE LA RESPONSABILIDAD ESTATAL COMO PRINCIPIO

Según se ha señalado con magistral acierto, la categorización del Estado de derecho radica, antes que en la sujeción formal, en la concreción de valores

[1] EDUARDO GARCIA DE ENTERRIA, "La lucha contra las inmunidades del poder en el derecho administrativo (poderes discrecionales, poderes de gobierno, poderes normativos", en *Revista de Administración Pública,* núm. 38, Madrid, 1962, págs. 159 y ss.

[2] EDUARDO GARCÍA DE ENTERRÍA, *La lucha contra las inmunidades del poder,* 2ª ed., Madrid, Civitas, 1979.

[3] EDUARDO GARCÍA DE ENTERRÍA, *op. cit.*, págs. 12 y 97.

[4] CARLOS E. DELPIAZZO, "La justicia administrativa en Uruguay", en GERMÁN CISNEROS, JORGE FERNÁNDEZ RUIZ y MIGUEL ALEJANDRO LÓPEZ OLVERA (Coords.) *Justicia Administrativa*, México, D. F., UNAM, 2007, págs. 147 y ss.

[5] CARLOS E. DELPIAZZO, "Responsabilidad del Estado y tutela jurisdiccional efectiva", en *Estudios Jurídicos en homenaje a Mariano R. Brito,* Montevideo, F.C.U., 2008, págs. 972 y ss.

[6] EDUARDO SOTO KLOSS, *Derecho administrativo,* t. II, Santiago, Editorial Jurídica de Chile, 1996, pág. 285 y ss.

[7] CARLOS E. DELPIAZZO, "Acerca de la imputación de la responsabilidad del Estado en el derecho comparado actual", en *El Derecho,* Suplemento de Derecho Administrativo, Buenos Aires 2000, año XXXVIII, núm. 9975, págs. 17 y ss.

[8] CELSO ANTONIO BANDEIRA DE MELLO, *Curso de derecho administrativo*, México, D. F., Porrúa-UNAM, 2006, pág. 851.

propios, cuya realización es fuente de legitimidad de su existencia y fin de su obrar, de modo que la caracterización del Estado de derecho por su subordinación al orden jurídico formal es insuficiente. Por imperativo de su naturaleza instrumental, de su ser para fines, debe articular las esferas jurídicas de la persona humana, las comunidades menores y la suya propia[9].

Por eso he sostenido reiteradamente que la calidad del Estado de derecho depende, en buena medida, de la amplitud de la responsabilidad de sus autoridades y de la eficacia de los medios para hacerla valer en tiempo y forma. Consecuentemente, se desnaturaliza el Estado de derecho o, al menos, pierde valor cuando emergen espacios de irresponsabilidad administrativa que soslayan la centralidad de la persona humana y la servicialidad administrativa para el bien común que lo caracterizan[10].

Dos consecuencias derivan inexorablemente de tal perspectiva: que la responsabilidad es un principio general de derecho y que su alcance no admite exclusiones.

En primer lugar, hoy ya no puede dudarse de que la responsabilidad es un principio general de derecho impuesto por la realidad de que el Estado y todos sus órganos, funciones, cometidos y medios (materiales y humanos) están al servicio de la persona humana y sus derechos fundamentales, teniendo por finalidad la consecución del bien común. En consecuencia, cualquier ámbito de irresponsabilidad, por más pequeño y excepcional que sea, violenta el Estado de derecho, implica una desigualdad y genera un agravio que debe siempre repararse total e integralmente. Todo daño, cualquiera sea el órgano estatal que lo haya provocado, significa un detrimento de la esfera jurídica de alguien, es decir, un menoscabo de lo que le pertenece, una lesión en lo suyo, que debe ser reparada a quien la ha sufrido por aquel que la ha causado[11].

[9] Mariano R. Brito, "El Estado de derecho en una perspectiva axiológica", en *Ius Publicum*, núm. 6, Santiago de Chile, 2001, págs. 63 y ss.; íd., "Planificación y libertad en el Estado social de Derecho", en *Revista Uruguaya de Estudios Administrativos*, año I, núm. 1, Montevideo, 1977, págs. 31 y ss.; íd., y "Principio de legalidad e interés público en el derecho positivo uruguayo", en *La Justicia Uruguaya,* t. 90, sección Doctrina, Montevideo, 1985, págs. 11 y ss.

[10] Carlos E. Delpiazzo, *Estudios sobre la responsabilidad de la administración*, Montevideo, 2009, pág. 10; íd., "Panorama actual de la responsabilidad estatal", en Carlos E. Delpiazzo (Coord.), "Transformaciones actuales del derecho administrativo", Montevideo, F.C.U., 2010, pág. 13; íd., "La responsabilidad estatal en el actual Estado de derecho", en *Anuario Jurídico Villanueva*, núm. IV, Universidad Complutense, Madrid, 2010, pág. 15 y ss.; y "Calidad del Estado de derecho", en *Revista de Derecho de la Universidad de Montevideo*, año XIII, núm. 23, Montevideo, 2013, pág. 7.

[11] Carlos E. Delpiazzo, "Responsabilidad de la administración en Uruguay", en *Revista Iberoamericana de Administración Pública,* Madrid, INAP, 2003, núm. 10, págs. 31 y ss.; íd., y "Enfoque actual de la responsabilidad administrativa", en *Estudios en homenaje a don Jorge Fernández Ruiz,* Responsabilidad, Contratos y Servicios Públicos, México D. F., UNAM, 2005, págs. 227 y ss.

Que *la responsabilidad es un principio* resulta evidente que constituye uno de los soportes primarios estructurales del sistema jurídico, al que todos los principios prestan su contenido, porque "en todo sistema jurídico hay cantidad de reglas de gran generalidad, verdaderamente fundamentales, en el sentido de que a ellas pueden vincularse, de un modo directo o indirecto, una serie de soluciones expresas del derecho positivo a la vez que pueden resolverse, mediante su aplicación, casos no previstos, que dichas normas regulan implícitamente"[12].

La propia designación de "principios" alude a lo primero, esto es, lo que antecede plenamente a cuanto le sigue. Por eso, "háblase de principios habitualmente para referirse a aquellos primeros criterios o fundamentos que expresan el asiento —piedras sillares— de un ordenamiento (jurídico, en la especie que nos ocupa). Criterios de verdad que se procura hallar. Su noción de base alude entonces, a un sentido no solo ontológico, sino también lógico, en cuanto atendemos con ellos a unos soportes primarios estructurales del sistema entero del ordenamiento jurídico, al que prestan todo su sentido"[13].

En efecto, "cuando se habla de principio, lo primero que viene a la mente es la idea de inicio, de comienzo, de lo que se parte, y que se refiere a una acción, a una actividad, a un procedimiento o iter o camino, que se desarrolla y lleva a un término, a un fin. La idea de principio lleva en sí la de aquello que origina, que es origen o fuente de algo"[14].

Que *la responsabilidad es general* deriva de que trasciende un precepto concreto y no se confunde con apreciaciones singulares o particulares.

En rigor, lo general se opone a lo particular, de modo que no equivale a vaguedad sino que resulta abarcativo en su supuesto de la categoría o clase de sujetos abstractamente comprendidos sin individualizarlos. Es más: en la medida en que refieren a las verdades supremas del derecho, los principios generales resultan virtualmente comunes a todos los sistemas, ya que la afirmación de que son válidos solamente para un sistema es una contradicción con su *ratio iuris* de carácter universal que, desde los romanos, ha sido patrimonio común de nuestra conciencia jurídica[15].

Que *la responsabilidad es una regla de derecho* queda fuera de toda duda, en la medida en que constituye una garantía de los derechos humanos[16] y, como

[12] ALBERTO RAMÓN REAL, *Los principios generales de derecho en la Constitución uruguaya*, Montevideo, Acali, 1965, pág. 16; AA.VV., *Los principios generales de derecho en el derecho uruguayo y comparado*, Montevideo, F.C.U., 2001, págs. 87 y ss.

[13] MARIANO R. BRITO, *Derecho administrativo. Su permanencia, contemporaneidad, prospectiva,* Montevideo, U.M., 2004, págs. 37 y ss.

[14] EDUARDO SOTO KLOSS, *Derecho administrativo*, *op. cit.*, pág. 20.

[15] GIORGIO DEL VECCHIO, *Los principios generales del derecho*, Barcelona, Bosch, 1979, pág. 49.

[16] GRACIELA RUOCCO, "Una garantía de los derechos humanos: la responsabilidad patrimonial del Estado", en *Estudios Jurídicos*, núm. 10, Montevideo, Universidad Católica del Uruguay, 2012, págs. 175 y ss.

tal, se trata de una fórmula técnica del mundo jurídico y no de un simple criterio moral, de una buena intención o de una vaga directiva.

A pesar de que los principios no se presentan habitualmente con la estructura típica de una regla de derecho, ninguna duda puede existir acerca de que revisten el carácter de tal[17].

Siendo así, todos los principios constituyen fuente directa y principal de derecho[18], porque "sería ontológicamente absurdo y lógicamente contradictorio que siendo principios generales solo se apliquen si no hay texto, sino que los textos deben estar de acuerdo a [*sic*] los principios y los principios de acuerdo a [*sic*] la naturaleza de las cosas"[19].

Específicamente, el de responsabilidad, que se traduce en la obligación de responder (en el más amplio sentido) es un principio general de derecho —regla de derecho que forma parte del haz de la juridicidad constitutivo del bloque de constitucionalidad— conforme al cual todo órgano del Estado debe restituir lo suyo a cada quien cuando le ocasione un daño que la víctima no estaba obligada a soportar y que, por ende, no solo le ocasiona un menoscabo sino que implica una desigualdad ante las cargas públicas.

En segundo lugar, con fundamento en la afirmación de la responsabilidad como principio general de derecho, no pueden existir sujetos irresponsables ni reductos de irresponsabilidad, de modo que la administración debe responder siempre, cualquiera sea la causa, la relación en que se enmarque, la índole de la actividad que despliegue, el tipo de intervención de que se trate y el ámbito en el que se plantee.

En primer lugar, *la administración debe responder por toda causa*, es decir, no únicamente por sus acciones, sino también por sus omisiones o inactividad[20].

[17] JUAN PABLO CAJARVILLE PELUFFO, "Reflexiones sobre los principios generales de derecho en la Constitución uruguaya", en *Estudios jurídicos en memoria de Alberto Ramón Real*, Montevideo, F.C.U., 1996, págs. 173 y ss.; AA.VV., *Los principios generales de derecho en el derecho uruguayo y comparado, op. cit.*, págs. 137 y ss.

[18] CARLOS E. DELPIAZZO, *Derecho administrativo general, op. cit.*, vol. I, págs. 120 y ss.; íd., "Reconocimiento de los principios generales de derecho en el derecho administrativo uruguayo", en JAIME ARANCIBIA y JOSÉ IGNACIO MARTÍNEZ (Coords.), *La primacía de la persona. Estudios en homenaje al Prof. Eduardo Soto Kloss,* Santiago de Chile, Legal Publishing, 2009, págs. 229 y ss.; íd., "Recepción de los principios generales de derecho por el derecho positivo uruguayo", en AA.VV., *Los principios en el derecho administrativo iberoamericano. Actas del VII Foro Iberoamericano de Derecho Administrativo*; La Coruña, Netbiblo, 2008, págs. 607 y ss.

[19] HÉCTOR BARBE PÉREZ, "Los principios generales de derecho como fuente de derecho administrativo en el derecho positivo uruguayo", en *Estudios Jurídicos en memoria de Juan José Amézaga*, Montevideo, 1958, págs. 37 y ss.; íd., *en Los principios generales de derecho en el derecho uruguayo y comparado, op. cit.*, págs. 19 y ss.

[20] CARLOS E. DELPIAZZO, *Derecho administrativo general*, Montevideo, A.M.F., 2013, págs. 490 y ss.; GUILLERMO MUÑOZ, "Responsabilidad del Estado por omisión", *en Jornadas sobre responsabilidad del Estado y del funcionario público*, Buenos Aires, Universidad Austral, 2001, págs. 89 y ss.; JORGE LUIS SALOMONI, "La responsabilidad del Estado por omisión en la

En segundo lugar, *la administración debe responder por toda relación*, sea de índole contractual[21] o extracontractual[22], de derecho público o de derecho privado[23].

En tercer lugar, *la administración debe responder por su obrar de cualquier naturaleza*, tanto ilícito como lícito, ya que la antijuridicidad no es a su respecto la única fuente de responsabilidad[24].

En cuarto lugar, *la administración debe responder por su actuación directa e indirecta*, es decir, por la propia y por la de los terceros que participan en el desenvolvimiento de los cometidos que ella tiene asignados[25].

En quinto lugar, *la administración debe responder tanto en el ámbito nacional como en el internacional*, en virtud del control de convencionalidad o en otros supuestos en los que pueda corresponder[26].

República Argentina", en *La responsabilidad del Estado frente a terceros,* Guayaquil, 2005, págs. 73 y ss.; Daniela Urosa Maggi, *Tutela judicial frente a la inactividad administrativa en el derecho español y venezolano,* Caracas, Funeda, 2003, págs. 181 y ss.

[21] Carlos E. Delpiazzo y Graciela Ruocco, *Tratado jurisprudencial y doctrinario sobre actos y contratos de la administración*, Montevideo, La Ley, 2013, págs. 371 y ss.; Rodrigo A. Escobar Gil, *Responsabilidad contractual de la Administración,* Bogotá, Temis, 1989; y Adolfo Roberto Vázquez, *Responsabilidad contractual de la administración pública,* Buenos Aires, Abaco, 1992.

[22] Carlos E. Delpiazzo, *Derecho administrativo general*; *op. cit.*, vol. ii, pág. 477 y ss.; Jesús Gonzalez Pérez: *Responsabilidad patrimonial de las administraciones públicas,* 4ª ed., Madrid, Civitas, 2006, pág. 201 y ss.; Oriol Mir Puigpelat, *La responsabilidad patrimonial de la administración. Hacia un nuevo sistema,* 2ª ed., Madrid – Buenos Aires, Edisofer – BdeF, 2012, pág. 103 y ss.; y Adolfo Roberto Vázquez, *Responsabilidad aquiliana del Estado y sus funcionarios*, Buenos Aires, Abaco, 1990.

[23] Carlos E. Delpiazzo, "Actividad administrativa y derecho privado", en *Revista de Derecho,* año i, núm. 1, Montevideo, Universidad de Montevideo, 2002, págs. 25 y ss.; íd., y "Estudios sobre la responsabilidad de la administración, *op. cit.*, pág. 77 y ss.

[24] Carlos E. Delpiazzo, *Derecho administrativo general, op. cit.*, vol. ii, pág. 486 y ss.; Augusto Durán Martínez, "Responsabilidad por hecho lícito de la administración", en *casos de derecho administrativo*, Montevideo, Ingranusi, 1999, vol. i, págs. 187 y ss.; Mariana Santo, "Responsabilidad del Estado por actividad estatal legítima", en Carlos E. Delpiazzo (Coord.), *Transformaciones actuales del derecho administrativo*, Montevideo, F.C.U., 2010, págs. 41 y ss.; Julio Rodolfo Comadira, "La responsabilidad del Estado por su actividad lícita o legítima", en *Revista de Derecho* año ii, núm. 3, Universidad de Montevideo, Montevideo, 2003, pág. 9; íd., "Derecho administrativo", Buenos Aires, LexisNexis, 2004, 2ª ed., págs. 362 y 363.

[25] Carlos E. Delpiazzo, *Derecho administrativo general, op., cit.*, vol. ii, págs. 488 y ss.; íd., y "Responsabilidades del Estado y de los concesionarios de servicios públicos", en *Anuario de Derecho Administrativo*, t. vii, págs. 56 y ss.; Juan Pablo Cajarville Peluffo, *Sobre reforma del Estado y derecho administrativo*, Montevideo, Edit. Universidad, 1996, pág. 22; Alejandro Pérez Hualde, *El concesionario de servicios públicos privatizados. La responsabilidad del Estado por su accionar,* Buenos Aires, Depalma, 1997.

[26] Carlos E. Delpiazzo, *Derecho administrativo general, op. cit.,* vol. 2, pág. 299 y ss.; Eduardo G. Esteva Gallicchio, "El control de convencionalidad. Situación en Uruguay", en *Revista de Derecho Público*, núm. 42, Montevideo, 2012, pág. 45 y ss.; Augusto Durán Martínez, "La proyección del derecho internacional de los derechos humanos en el derecho administrativo uruguayo", en *Estudios sobre derechos humanos*, Montevideo, UCUDAL, 1999, pág. 89 y ss.,

En suma: el reconocimiento de la responsabilidad administrativa como principio general de derecho y la consecuente extensión de su aplicación a todo ámbito hace a la calidad del Estado de derecho y obliga a la interpretación de cada ordenamiento positivo con una perspectiva constitucionalizante que interdicte cualquier caso, por pequeño que sea, de irresponsabilidad de la administración y sus agentes.

3. Exigencia de la tutela jurisdiccional efectiva

Evidentemente, se cae en la irresponsabilidad administrativa si no se dispone de instrumentos eficaces para hacerla valer[27].

Más allá del simple derecho a la jurisdicción, el principio de la tutela jurisdiccional efectiva implica la universalidad del control jurisdiccional de la administración o la justiciabilidad sin excepciones del Estado, en el sentido de que cualquier acto o conducta, positiva o negativa, de la administración y de sus funcionarios puede someterse al enjuiciamiento de parte de órganos jurisdiccionales, a instancia de cualquier persona o entidad a quienes dichos actos o conductas lesionen en sus derechos o intereses[28].

Según la clásica definición de Jesús González Pérez, se trata del "derecho de toda persona a que se le haga justicia; a que cuando pretenda algo de otra, esa pretensión sea atendida por un órgano jurisdiccional [*sic*], a través [*sic*] de un proceso con unas garantías mínimas"[29].

La efectividad de la tutela jurisdiccional efectiva, erigida como principio, debe verificarse en cada uno de los tres momentos referidos[30]:

a) en el acceso a la justicia; b) en el proceso; y

c) una vez dictada la sentencia, haciendo efectiva su ejecución.

íd., "La jurisprudencia de la Corte Interamericana de Derechos Humanos en la perspectiva del Derecho Administrativo. Especial referencia al caso Gelman contra Uruguay", en *Estudios Jurídicos*, núm. 9, Montevideo, Universidad Católica del Uruguay, 2011, pág. 19 y ss.; Pablo Gutiérrez Colantuono "La responsabilidad estatal y el sistema americano de protección de derechos humanos: una perspectiva judicial", en AA.VV., *Cuestiones de responsabilidad del Estado y del funcionario público. Jornadas organizadas por la Universidad Austral*, Buenos Aires, RAP, 2008, pág. 499 y ss.; Gustavo Boullade "La responsabilidad internacional del Estado", en *Estudios de derecho Administrativo,* t. xi, Diké, Mendoza, 2004, págs. 403 y ss.

[27] Carlos E. Delpiazzo, "Responsabilidad del Estado y tutela jurisdiccional efectiva", cit., pág. 972 y ss.

[28] Juan Alfonso Santamaría Pastor, *Principios de derecho administrativo general,* t. i, Madrid, Iustel, 2005, pág. 88.

[29] Jesús González Pérez, *El derecho a la tutela jurisdiccional*, Madrid, Civitas, 2001, pág. 33.

[30] Gabriel Delpiazzo Antón, *Tutela jurisdiccional efectiva frente a la administración*, Montevideo, 2009, págs. 19 y ss.

En primer lugar, el acceso irrestricto a la jurisdicción constituye un aspecto esencial de la tutela jurisdiccional efectiva frente a la administración y es el presupuesto de sus demás manifestaciones.

En segundo lugar, respecto a la tutela efectiva en los procesos contra entidades estatales, una primera cuestión que convoca a la reflexión es el *exagerado respeto de los tribunales a algunas prerrogativas públicas* como la inembargabilidad del Estado, la ejecutoriedad de sus decisiones y, en particular, la presunción de juridicidad de los actos administrativos, que no son tales o que no tienen el alcance que se les asigna desde una visión equivocada de la separación de poderes.

Pero, una segunda cuestión es la que deriva de las *limitaciones en materia de medidas cautelares*. Superada la etapa de prohibición de adoptarlas frente a la administración, debe tenerse presente que la tutela cautelar forma parte de la tutela jurisdiccional efectiva y ella se logra, según los casos, no solo con suspensiones de ejecución de determinados actos, sino con medidas de ejecución provisional, de no innovar o de carácter positivo, tanto conservatorias como innovativas[31].

Una tercera cuestión vinculada al desarrollo de los procesos contencioso-administrativos es su *excesiva prolongación en el tiempo*. Al respecto, la duración razonable del proceso tiene su fundamento en el derecho a la seguridad jurídica y en la proporcionalidad entre medios y fines. Por tanto, la consideración del aspecto temporal con la perspectiva de los derechos fundamentales debe proyectar nueva luz para la interpretación y, en su caso, reformulación de las normas positivas que regulan el trámite y sus pasos, ya que la mirada de la cuestión desde la instrumentalidad del proceso sugiere que no puede ser un depósito de irresponsabilidad por la atemporalidad del actuar de magistrados y funcionarios.

Como cuarta cuestión, es preciso reivindicar que los requisitos de admisibilidad y de fondo en todos los juicios contra entidades estatales sean objeto de adecuada ponderación, para que no operen como *obstáculos al ingreso y progreso de la acción*.

Sobre el particular, debe priorizarse el principio *pro actione,* en cuya virtud el tribunal puede y debe procurar el sentido más favorable a la admisión de las pretensiones, evitando que meros formalismos o interpretaciones no

[31] Carlos E. Delpiazzo, "Medidas cautelares en el derecho administrativo", en Ángel Landoni Sosa (Dir.), *Curso sobre medidas cautelares*, Montevideo, F.C.U., 1999, págs. 214 y ss.; íd., "Medidas cautelares frente a la Administración", en *Anuario de Derecho Administrativo,* t. xv, Montevideo, 2008, págs. 63 y ss.; íd., "Importancia de las medidas cautelares en los contenciosos administrativos", en *Tribuna del Abogado,* núm. 155, Montevideo, 2007, págs. 28 y ss.; íd., "Déficits del régimen cautelar en los contenciosos administrativos uruguayos frente al panorama comparado", en *Revista de Derecho Administrativo,* año 22, núm. 74, Buenos Aires, 2010, págs. 863 y ss.

razonables de las normas procesales impidan el enjuiciamiento de fondo del asunto planteado[32].

En tercer lugar, en el Estado de derecho no solo debe ser posible llevar a juicio a las administraciones públicas y alcanzar un fallo favorable dictado por un tribunal independiente e imparcial, sino también que se pueda obtener la ejecución de la sentencia.

Respecto a las sentencias anulatorias, lo primero que se debe subrayar es el *deber de las entidades estatales de cumplir* los fallos jurisdiccionales que las alcanzan, adecuando su conducta a ellos y procediendo en consecuencia. Téngase en cuenta que en la mayoría de los casos la pretensión del actor no se satisface con su solo dictado, sino que es necesario que la administración dicte uno o más actos expresos u ordene medidas de contenido material a fin de cumplir el fallo jurisdiccional.

Frente a la negativa franca o disimulada de la administración a cumplir debidamente el fallo o aun ante la demora injustificada para hacerlo, se impone a los tribunales *disponer lo conveniente para su ejecución,* en la medida en que la función jurisdiccional consiste no solo en juzgar, sino en ejecutar lo juzgado.

Con carácter general, esto es, para las sentencias anulatorias y para las que condenan a dar, hacer o no hacer, es preciso reivindicar que, como consecuencia del deber estatal de cumplir los fallos, correlativo al derecho de quien ha obtenido una sentencia en su favor, *la sustitución del cumplimiento por la reparación de los daños causados no es el principio sino la excepción*, de modo que solo será procedente cuando resulte imposible la debida ejecución[33].

En resumen: se corre el riesgo de caer en la irresponsabilidad administrativa si no se dispone de instrumentos eficaces de control jurisdiccional para hacer valer el principio general de responsabilidad. Atentan contra él tanto las reacciones judiciales adversas a hacer pagar a la administración lo probado por considerar alta la carga económico-financiera correspondiente como las apreciaciones de hecho y no de derecho relativas a la contención del gasto público o a pseudolimitaciones presupuestales[34].

[32] Gabriel Delpiazzo Antón, *op. cit.*, pág. 75.

[33] Juan Pablo Cajarville Peluffo, "Incumplimiento de sentencias y responsabilidad estatal", en *Estudios jurídicos en homenaje al Prof. Mariano R. Brito*, Montevideo, F.C.U., 2008, págs. 925 y ss.; Augusto Durán Martínez, "Ejecución de la sentencia anulatoria. Una mirada al derecho comparado con la preocupación por el contencioso administrativo uruguayo", vol. II, en *Estudios de derecho público*, Montevideo, 2008, págs. 279 y ss.; *id. Contencioso Administrativo*, Montevideo, F.C.U., 2007, págs. 338 y ss.; Felipe Rotondo Tornaria, "Sentencias anulatorias del Tribunal de lo Contencioso Administrativo. Su cumplimiento", en *Transformación, Estado y Democracia,* Montevideo, 2007, págs. 88 y ss.; Graciela Ruocco, "Responsabilidad del Estado por inejecución de la sentencia anulatoria", en IV *Jornadas Académicas del Tribunal de lo Contencioso Administrativo en homenaje al Prof. Dr. Mariano R. Brito,* Montevideo, F.C.U., 2010, pág. 155; y Delpiazzo Antón, *op. cit.,* págs. 96 y ss.

[34] Agustín Gordillo, *Tratado de derecho administrativo*, t. II, 4ª ed., Buenos Aires, F.D.A., 2000, págs. XX-5 y ss.

4. Independencia de la cuestion de los criterios de imputación

La afirmación de la responsabilidad como principio y, por ende, su generalización, no equivale a su atribución objetiva.

En efecto, una cosa es el principio general de responsabilidad (de máximo rango en el ordenamiento) y otra diferente la opción que cada derecho positivo adopte para determinar cuándo surge la responsabilidad, es decir, si ella obedece a fundamentos de tipo subjetivo o de tipo objetivo.

Con carácter general, es interesante examinar el periplo intelectual de Eduardo García de Enterría, seguido a lo largo de sus prólogos de dos obras destacadas —separados entre sí por algo más de treinta años— para advertir cómo la lucha contra las inmunidades del poder no pasa por la proclamación acrítica del criterio objetivo de imputación de la responsabilidad.

En 1970, el eminente maestro se agraviaba de lo que entendía era "una insensibilidad general" más que una insuficiencia normativa para que los particulares pudieran hacer valer la responsabilidad administrativa. Decía: "Las pretensiones de indemnización suelen naufragar, como sabe cualquier práctico del derecho, en el rigor insólito (insólito porque para siempre en beneficio de los dañadores y responsables) que los jueces exigen para la prueba de la causalidad del daño y, finalmente y de manera especial, de su extensión concreta y en la virtual negación de las indemnizaciones alzadas o estimativas, que son, no obstante, las procedentes quizá en la mayor parte de los casos". Y se preguntaba: "¿Es que la impunidad por los daños causados a los súbditos será un precio obligado para que la administración pueda funcionar, un precio, pues, de la vida social?"[35].

Tras más de seis lustros, en el año 2002, manifestó su "juicio positivo en favor de una rectificación del sistema" de responsabilidad patrimonial del Estado, el cual, en su entender es disfuncional e insatisfactorio ya que, entre quienes lo promovieron —él fue uno— "nunca existió la idea de que la responsabilidad patrimonial de la administración en nuestro derecho tuviese que ser una responsabilidad objetiva y absoluta, capaz de incluir supuestos ilimitados de indemnización". Contrariamente, acentúa la tipificación de "tres causas específicas de imputación: primera, la realización directa y legítima del daño por la administración [...] Segunda causa de imputación: la actuación ilícita de la administración [...] Y finalmente, en tercer lugar, los casos de riesgo creado por la administración, que implicaría la imputación del caso fortuito derivado de ese riesgo a que la administración ha sometido, en beneficio propio, a los

[35] Eduardo Garcia de Enterria, "Prólogo", en Jesús Leguina Villa, *La responsabilidad civil de la administración pública*, Madrid, Tecnos, 1970, págs. 9 y 18.

ciudadanos. Solo en este último supuesto podría hablarse de la imputación de una responsabilidad objetiva"[36].

En el caso específico del Uruguay, la cuestión dista mucho de ser intrascendente, ya que en nuestro país es dable advertir un divorcio entre la doctrina y la jurisprudencia nacionales en materia de atribución de la responsabilidad administrativa.

En efecto, por un lado, *los autores* —con honrosas excepciones—[37] postulan un criterio objetivo de imputación de la responsabilidad administrativa[38].

Mientras tanto, por otro lado, *la jurisprudencia* se ha orientado en forma prácticamente monolítica en favor del criterio subjetivo, fundándose frecuentemente en la legislación civil[39].

[36] Eduardo García de Enterría, "Prólogo", en Oriol Mir Puigpelat, *La responsabilidad patrimonial de la administración. Hacia un nuevo sistema, op. cit.*, págs. xxi y ss.

[37] Enrique Sayagués Laso, *Tratado de derecho administrativo*, t. i, Montevideo, 1963, pág. 660 y ss.; Daniel Hugo Martins, "La responsabilidad de la administración y de los funcionarios en la Constitución uruguaya", en *Constitución y Administración,* Montevideo, 1993, págs. 267 y ss.; José Korzeniak, *Curso de derecho constitucional,* 2, vol. ii, Montevideo, F.C.U., 1971, págs. 17 y ss.

[38] Justino Jiménez de Aréchaga, *La Constitución del Uruguay de 1952*, t. ii, Montevideo, C.E.D., 1966, pág. 314; Sergio Deus, "Responsabilidad civil del Estado", en *La Justicia Uruguaya,* t. 94, Sección Doctrina, Montevideo, 1987, págs. 31 y ss.; Jorge Peirano Facio, "Responsabilidad del Estado", en *Anales del Foro*, núms. 109-120, págs. 72 y ss.; Julio A. Prat, *Derecho administrativo,* t. iv, vol. ii, Montevideo, Acali, 1978, pág. 71; Mariano R. Brito, "Responsabilidad extracontractual del Estado administrativa, legislativa y jurisdiccional", en *Estudios Jurídicos en memoria de Alberto Ramón Real,* Montevideo, F.C.U., 1996, págs. 129 y ss.; Martín J. Risso Ferrand, *Responsabilidad del Estado por su actividad jurisdiccional*, 2ª ed., Montevideo, F.C.U., 1998, págs. 38 y ss.; Augusto Durán Martínez, "Responsabilidad por hecho lícito de la administración", cit., págs. 192 y ss.; Graciela Berro, "Responsabilidad objetiva del Estado", en *Revista de Derecho Público*, Montevideo, 1992, núm. 2, págs. 89 y ss.; Cristina Vázquez, "Fundamentos de la responsabilidad del Estado en la doctrina juspublicista", en *Revista de Derecho Público*, núm. 7, Montevideo, 1995, págs. 32 y ss.; Horacio Cassinelli Muñoz, "Informe sobre la responsabilidad del Estado por acto legislativo", en *La Justicia Uruguaya,* t. 105, Sección Doctrina, Montevideo, 2003, págs. 323 y 324; íd., "Los límites de los derechos humanos en la Constitución nacional", en *Cuaderno*, núm. 13, Facultad de Derecho y Ciencias Sociales, Montevideo, 1990, pág. 190; y Martín Risso Ferrand y Alberto Pérez Pérez, *Intervenciones en Segundo Coloquio sobre Contenciosos de Derecho Público, Responsabilidad del Estado y Jurisdicción*, Montevideo, Edit. Universidad, 1995, págs. 122 y 123.

[39] Lorenzo Sánchez Carnelli, *Responsabilidad del Estado*, Montevideo, Edit. Nueva Jurídica, s. f., págs. 31 y ss.; Carlos de Cores, "Reflexiones sobre la naturaleza de la responsabilidad civil del Estado", en *Anuario de Derecho Civil Uruguayo*, t. xxii, Montevideo, 1992, págs. 399 y ss.; Alicia Castro, "Algunos comentarios sobre la jurisprudencia contencioso-administrativa de reparación patrimonial", en *Cuarto Coloquio sobre Contenciosos de Derecho Público, Responsabilidad del Estado y Jurisdicción*, Montevideo, Edit. Nueva Jurídica, 1998, págs. 86 y ss.; y Susana Bello, "Fundamento jurisprudencial de la responsabilidad del Estado por acto legislativo y jurisdiccional", en *Revista de Derecho Público*, núm. 8, Montevideo, 1995, págs. 53 y ss.

No obstante, en varias sentencias se reconoce la existencia de una presunción de culpa, lo que invierte la carga probatoria, siendo dable advertir una expansión de la noción de daño resarcible y a la vez una presunción del nexo causal que traslada a la administración obligada la prueba de descargo[40] e incluso se ha llegado a descartar el nexo causal[41].

En conclusión: como lo he señalado en reiteradas oportunidades a partir de la observación de la realidad[42], el moderno régimen de la responsabilidad, tanto en el ámbito público como en el privado, "desemboca finalmente en un sistema policéntrico"[43] y "pasa a ser múltiple, ya que resulta compuesto por diversos criterios de imputación, cada uno dotado de su propia y específica razón justificante, y también con un propio y específico campo de aplicación"[44]. Pero esa diversidad en nada mella el alcance universal de la responsabilidad administrativa erigido como principio general de derecho ni permite su identificación con la responsabilidad objetiva.

5. Conclusión

De cuanto viene de decirse resulta con nitidez que la lucha contra las inmunidades del poder no ha alcanzado su victoria definitiva y debe continuar y profundizarse para que sea verdad la afirmación del maestro García de Enterría en el sentido de que el poder sea "universalmente justiciable".

Esa lucha se concreta cada día en hacer verdad no solo el principio general de responsabilidad, sino también, en íntima asociación, el de tutela jurisdiccional efectiva. La cuestión no pasa tanto por los criterios de imputación en que pueda fundarse la responsabilidad administrativa, sino en la vitalización de la Justicia administrativa[45].

[40] Alicia Castro, "Algunos comentarios sobre la reparación del daño y los criterios de actualización en la responsabilidad civil del Estado", en *Segundo Coloquio*, *op. cit.*, págs. 104 y ss.

[41] Felipe Rotondo Tornaria, "Responsabilidad del Estado: criterio jurídico de imputación", en *Anuario de Derecho Administrativo*, t. vii, Montevideo, 1999, págs. 117 y 118.

[42] Carlos E. Delpiazzo, "Enfoque actual de la responsabilidad administrativa", cit., págs. 227 y ss.; íd., *Derecho administrativo uruguayo*, México, Porrúa–UNAM, 2005, págs. 406 a 409; íd., *Estudios sobre la responsabilidad de la administración*, *op. cit.*, págs. 41 y 42; íd., *Derecho administrativo general*, *op. cit.*, vol. ii, págs. 457 y 458.

[43] Jorge Gamarra, *Responsabilidad contractual*, t. ii, Montevideo, F.C.U., 1997, pág. 341.

[44] Jorge Gamarra, *Tratado de derecho civil uruguayo*, t. xix, Montevideo, F.C.U., 1981, pág. 42.

[45] Mariano R. Brito, "Los límites y las posibilidades de los diferentes sistemas de la jurisdicción administrativa", en *Derecho administrativo. Su permanencia, contemporaneidad, prospectiva*, *op. cit.*, pág. 374.

No faltarán dificultades prácticas[46] pero es preciso estar advertidos de que la defensa de la calidad del Estado de derecho exige luchar contra pretendidos "modelos de equilibrio" entre las reparaciones debidas y los recursos públicos disponibles (muchas veces engorrosamente aplicados a fines diferentes de los reclamados por el bien común) y contra frívolas conductas administrativas que desprecian el *accountability* que deben a la sociedad a cuyo servicio están.

Si bajamos la guardia en tema tan trascendente, estaremos comprometiendo inexorablemente la calidad del Estado de derecho, habilitando sus "fugas" y justificando a los corruptos que pretenden ejercer el poder como propio y no están dispuestos a responder por sus actos y omisiones[47].

[46] Agustín Gordillo, "La responsabilidad del Estado en la práctica", en AA.VV., *Cuestiones de responsabilidad del Estado y del funcionario público. Jornadas organizadas por la Universidad Austral,* Buenos Aires, RAP, 2008, pág. 729 y ss.

[47] Jaime Rodríguez Arana, *Reflexiones sobre el poder público*, Santiago de Compostela, Andavira, 2011, págs. 127 y ss.

LA ACCIÓN PÚBLICA ELECTORAL EN COLOMBIA. ORÍGENES DE UNA INSTITUCIÓN CENTENARIA

AUGUSTO HERNÁNDEZ BECERRA*

Sumario: 1. Introducción. 2. Nacimiento de la acción pública electoral. Análisis de contexto. A) Originalidad de la justicia contencioso-administrativa. B) El control judicial de los actos del Estado como sistema. C) El modelo colombiano de control judicial sobre los actos del Estado. D) Nacimiento de la acción electoral. 3. Jurisprudencia electoral. Primeras sentencias del Consejo de Estado. A) La acción de nulidad electoral es pública y no admite desistimiento. B) Independencia del poder electoral. C) No toda irregularidad acarrea nulidad de la elección. D) Caducidad de la acción electoral. E) Actos de violencia contra los escrutadores. F) Fraude electoral por exceso de votos. G) Inhabilidad por ejercicio previo de un empleo revestido de autoridad. 4. Comentario final.

1. INTRODUCCIÓN

Hace cien años, en cumplimiento de un mandato constitucional, la ley 130 de 1913 creó la jurisdicción contencioso-administrativa, la organizó con ocho tribunales seccionales y un tribunal supremo y la dotó de un procedimiento judicial propio, distinto del procedimiento civil.

Un año después, el acto reformatorio de la Constitución de 10 de septiembre de 1914 restableció el Consejo de Estado para que, además de ser cuerpo supremo consultivo del gobierno en asuntos de administración, calidad que ostentó durante el siglo XIX, asumiera las funciones del tribunal supremo de lo contencioso-administrativo creado el año anterior[1].

La reaparición del Consejo de Estado, fundado por Simón Bolívar en la ciudad de Angostura el 30 de octubre de 1817, coincidió en 1914 con la plena organización de la jurisdicción de lo contencioso-administrativo, en el contexto de un conjunto de importantes reformas administrativas y judiciales que situaron el país de frente al siglo XX.

Desde 1914 la jurisdicción ha funcionado ininterrumpidamente hasta nuestros días. Su jurisprudencia ha contribuido al progreso del Estado de

* Magistrado del Consejo de Estado, presidente de la Sala de Consulta y Servicio Civil.

[1] La ley 60 de 1914 determinó la composición y atribuciones del Consejo de Estado.

derecho y de las instituciones democráticas en Colombia, ha enderezado los entuertos de la administración pública y orientado su modernización, ha sido destacado escenario de defensa de los derechos de los asociados y, en decir del profesor LIBARDO RODRÍGUEZ, "permitió realmente la creación y el desarrollo del derecho administrativo en Colombia"[2].

Las reformas de hace un siglo tienen especial significación para la historia institucional del país: transformaron profundamente la organización y funcionamiento de la rama judicial, sentaron las bases de un modelo de justicia que esencialmente se conserva hasta nuestros días y dieron lugar, entre otras novedades, a la jurisdicción electoral, a la correspondiente acción electoral y a cien años de jurisprudencia electoral.

Lo que en esta oportunidad interesa subrayar es que con la jurisdicción de lo contencioso-administrativo nació también en 1914 la justicia electoral. Desde entonces los tribunales administrativos y el Consejo de Estado (a los que se han sumado en años recientes los juzgados administrativos) han conocido de demandas ciudadanas que controvirtieron la legalidad de las elecciones municipales, seccionales y nacionales. Sus sentencias no solo han anulado elecciones por diversos tipos de fraude, violencia o inhabilidad de los elegidos; también han enmendado yerros de toda índole y han convalidado elecciones cuya legitimidad se puso en duda por algún motivo finalmente no demostrado.

El análisis que sigue, sobre los orígenes de la acción electoral colombiana, se divide en dos partes a saber: 1) el nacimiento de la acción pública electoral y 2) las primeras definiciones de la acción electoral en la jurisprudencia del Consejo de Estado.

2. NACIMIENTO DE LA ACCIÓN PÚBLICA ELECTORAL. ANÁLISIS DE CONTEXTO

A) *Originalidad de la justicia contencioso-administrativa*

Los artículos 141 y 164 de la Constitución de 1886 autorizaron al legislador para establecer la jurisdicción contencioso-administrativa y determinaron que cuando ello ocurriera el Consejo de Estado decidiría las cuestiones respectivas, ya en primera y única instancia, ya en grado de apelación. El artículo 164, localizado en el Título XV, denominado "De la administración de justicia", señaló expresamente como materia de la jurisdicción contencioso-administrativa las cuestiones litigiosas ocasionadas por las providencias de las autoridades administrativas de los departamentos y las promovidas por los centros superiores de administración.

Durante largo tiempo el legislador se abstuvo de hacer uso de dicha facultad constitucional, y entre tanto se adscribió a la justicia ordinaria el co-

[2] LIBARDO RODRÍGUEZ y JORGE ENRIQUE SANTOS, *Un siglo de jurisdicción administrativa y de derecho administrativo en Colombia*, Bogotá, Edit. Temis, 2013, pág. 47.

nocimiento de asuntos que por su naturaleza son propios de la jurisdicción contencioso-administrativa, como la suspensión y anulación de las ordenanzas departamentales y de los acuerdos municipales.

Años más tarde, el artículo 42 del acto legislativo 3 de 1910 dispuso en forma perentoria: "La ley establecerá la jurisdicción contencioso-administrativa". Esa ley vino a ser la ley 130 de 1913. El acto reformatorio de la Constitución de 1914 restableció el Consejo de Estado y le asignó la doble función de tribunal supremo de lo contencioso-administrativo y de cuerpo supremo consultivo del gobierno en asuntos de administración, con lo cual la jurisdicción de lo contencioso-administrativo, liderada por el Consejo de Estado, adquirió rango constitucional. Desde entonces hasta hoy esta jurisdicción aparece directamente instituida no por la ley, sino por la Constitución.

En un principio los magistrados del Consejo de Estado fueron nombrados por la Corte Suprema de Justicia, y los magistrados de los tribunales, por el Consejo Estado. De esta manera la jurisdicción de lo contencioso-administrativo quedó por entero dentro de la rama judicial, exenta de toda injerencia de parte del ejecutivo. Es así como de manera natural, desde un comienzo, se tuvo claro que los jueces administrativos no quedaban bajo la órbita de la administración sino que pertenecían al poder judicial.

La justicia contencioso-administrativa colombiana presentó desde su origen, con la ley 130 de 1913, "Sobre la jurisdicción de lo contencioso-administrativo", características propias y rompió moldes que en Europa solo se superaron bastantes décadas después. La creación colombiana no fue producto de servil imitación. Ciertamente el modelo francés constituyó fuente de poderosa inspiración para la redacción de la ley, pero sobre sus contenidos obraron también otras experiencias europeas del siglo XIX[3]. Sobre este aspecto la comisión que preparó el proyecto de ley a consideración del Congreso de la República en 1911 ofrece la siguiente explicación: "[...] hemos estudiado las legislaciones extranjeras relativas a este importante tópico [*sic*], pero de ninguna de ellas nos ha sido dable copiar siquiera cinco disposiciones, como que hay diferencia considerable entre nuestra organización política y la de aquellos países [...]"[4].

Los comisionados declaran haber realizado una concienzuda investigación y confiesan haber tenido que recurrir al propio ingenio al encontrar que el contencioso-administrativo obedece en cada país a muy particulares condicionamientos culturales, jurídicos y políticos: "De ahí que nuestro trabajo, bien

[3] Mencionan los precedentes de Italia, España, el Imperio alemán, Bélgica, Holanda y el Imperio austro-húngaro.

[4] Informe de la Comisión integrada por los doctores Antonio José Cadavid y Rafael Uribe Uribe, 1911, *Jurisprudencia del Consejo de Estado*, Bogotá, Tipografía Minerva, 1918. En este Informe se mencionan los precedentes de Francia, Italia, España, el Imperio alemán, Bélgica, Holanda y el Imperio austro-húngaro.

que basándose en los mismos principios fundamentales sobre que descansan aquellas legislaciones, tengan marcado carácter de originalidad [...]".

En este informe los autores, si bien se muestran respetuosos de la doctrina jurídica francesa al expresar que "hay cuestiones que por su naturaleza misma son del resorte de la administración pública y no pueden llevarse ante el poder judicial" sino ante tribunales independientes de exclusivo carácter administrativo, agregan de inmediato con toda convicción: "constituidos, eso sí, con la independencia misma que tiene el poder judicial".

Navegando entre las aguas del principio de separación de poderes consagrado en la Constitución, que teóricamente gravita sobre el diseño del contencioso-administrativo por la forma como la doctrina francesa dogmatizó sobre este punto[5], se va perfilando en el informe, y se materializará en la futura ley 130 de 1913, un sistema de justicia administrativa independiente, a la vez, de la administración y de la justicia ordinaria.

De esta manera la nueva jurisdicción, se sostiene en el informe citado, será "una garantía para los miembros del cuerpo social contra las arbitrariedades de la administración que puedan ser lesivas de nuestros derechos", siguen afirmando los comisionados. Para lograr ese efecto, la jurisdicción estará constituida por "jueces a quienes podamos quejarnos con confianza en nombre de la ley", gracias a los cuales se logrará "que la ley tenga la plenitud de su imperio"[6]. Todo ello consta en el acta fundacional del contencioso-administrativo colombiano de 1911.

Como resultado de estas disquisiciones, la jurisdicción nació formada por jueces profesionales, separados e independientes de la administración, con poder cierto y pleno para anular sus actos, para obligarla a restablecer derechos conculcados, para condenarla a reconocer indemnizaciones por daños causados a los ciudadanos y con capacidad para hacer efectivas sus sentencias. Desde un principio se trató, por tanto, de jueces competentes para "intervenir sobre las funciones administrativas".

Es interesante anotar que, mientras en 1914 entraba a operar en Colombia una jurisdicción contencioso-administrativa de cierto refinamiento, Europa hacía preparativos para la primera guerra mundial, a la cual siguieron años de profundo desorden social e institucional, prolongadas dictaduras, la pesadilla del fascismo, violentas disputas y divisiones territoriales y una nueva

[5] La ley de 16-24 de agosto de 1790 determinó la construcción del sistema contencioso-administrativo francés hasta la expedición de las leyes de 16 de julio de 1980 y de 8 de febrero de 1995, sistematizadas y complementadas en las leyes de 4 de mayo y 30 de junio de 2000 (Código de la Justicia Administrativa), leyes que morigeraron (si no suprimieron) el rigor de la antigua y célebre regla. La ley de 1790 disponía: "Los tribunales no pueden inmiscuirse en el ejercicio del poder legislativo o suspender la ejecución de las leyes, ni intervenir o perturbar las funciones administrativas o citar ante ellos a los administradores por razón de sus funciones".

[6] Informe de la Comisión, *op. cit.*

guerra mundial. No fueron buenos tiempos para el derecho ni menos aún para la justicia administrativa[7].

Según observa el profesor EDUARDO GARCÍA DE ENTERRÍA, el sistema francés de lo contencioso-administrativo, antes de las reformas de 1980 y 1995[8], no ofrecía una verdadera protección jurisdiccional, pues para no contrariar el dogma de la separación de poderes "debía moverse sin afectar al fundamental principio de que los tribunales no podían interferir y ni siquiera «molestar» («troubler») el funcionamiento de la administración". Por otra parte, "sus decisiones carecían de verdadera «fuerza ejecutiva», pues ese mismo principio de «separación» impedía radicalmente su ejecución forzosa, que quedaba así confinada a la pura benevolencia (en estricto sentido) de la propia administración y de sus agentes, técnicamente superiores tanto a los ciudadanos como a los jueces"[9].

Atribuye el profesor GARCÍA DE ENTERRÍA a Alemania el mérito histórico de haber reconstruido el contencioso-administrativo como "una verdadera jurisdicción" a partir de una reforma legislativa en 1961, que con medidas sencillas y prácticas "abandonó y corrigió las extrañas y malignas reglas de la «separación» entre la administración y los tribunales" (págs. 182 y 183). Al haberse propagado por Europa durante las últimas décadas esta nueva orientación, "que entrega al juez contencioso-administrativo la integridad de los poderes de que dispone el juez civil —o laboral, o penal— sobre quienes son partes procesales en sus procesos propios", prosigue el profesor GARCÍA DE ENTERRÍA, ha ocurrido una "formidable revolución": la superación de un concepto de justicia que les limitaba a los ciudadanos "las posibilidades de reacción contra las decisiones autoritarias de la administración en su diaria actuación".

Puesto que puede ser útil para ir aclarando lo de los precedentes históricos, resulta interesante contrastar este hallazgo del profesor GARCÍA DE ENTERRÍA, indiscutiblemente válido para la Europa de fines del siglo XX, con dos piezas jurídicas del mundo jurídico colombiano de principios del mismo siglo XX. En primer lugar, una de las primeras sentencias del Consejo de Estado como tribunal judicial (diciembre de 1915), en la cual encontramos las siguientes

[7] Además debe observarse que todos los Estados europeos, salvo el Reino Unido, después de la segunda guerra mundial debieron superar duros períodos de transición de la dictadura a la democracia, que condujeron a la refundación de las instituciones y, bajo un nuevo marco constitucional, permitieron imprimir un desarrollo extraordinario a la idea del Estado constitucional de derecho y a sociedades democráticas fundadas en el respeto sin cortapisas de los derechos humanos (Cfr. por ejemplo, RAINER WAHL, *Los últimos cincuenta años de derecho administrativo alemán,* Madrid, Marcial Pons, 2013, págs. 34 a 37).

[8] Ver nota 6.

[9] EDUARDO GARCÍA DE ENTERRÍA, "La formación y el desarrollo en Europa de la jurisdicción contencioso-administrativa. Su adquisición definitiva de un *status* de jurisdicción plena y efectiva", en *Revista de Administración Pública*, núm. 179, Madrid, mayo-agosto de 2009, pág. 182.

consideraciones en torno a la jurisdicción contencioso-administrativa: "Se ve, pues, con abundante claridad, que es del todo indefendible la tesis de que no pueden acusarse de nulidad, en ejercicio de acción popular, cualesquiera actos o providencias de las asambleas departamentales que produzcan quebranto de la Constitución o de la ley.

"Los que tal tesis sostienen no se hacen cargo exacto del espíritu y del texto de la Carta Fundamental; de la naturaleza de la materia jurídica que se contempla: de la índole y extensión de las facultades del poder legislativo y de la razón y alcance de la jurisdicción contencioso-administrativa. Pierden de vista que esta institución, nueva en Colombia, tiene por objeto natural y propio defender la Constitución y la ley y los derechos de los ciudadanos, de los actos atentatorios que ejecuten los funcionarios administrativos. Por eso se establecen motivos de nulidad y se consagra acción popular, y por eso se organiza jurisdicción y se reglamentan procedimientos que no existían. Se ha creado un sistema para el juzgamiento de los actos de ciertas autoridades públicas y se han introducido al cuerpo del derecho nacional reformas sustanciales en favor de la justicia política y administrativa".

"[...] Si antes los ministros del despacho ejecutivo, las asambleas departamentales y los gobernadores podían violar la Constitución y la ley y atentar contra las garantías individuales, sin que hubiera en el arsenal de la legislación otra arma de defensa que la frecuentemente ilusoria del juicio de responsabilidad, o la acción dispendiosa ante el poder judicial ordinario y esto en algunos casos ¿por qué se han de tener como extraños y peligrosos los establecimientos de la ley 130, cuando su objeto es precisamente combatir el mal a que las leyes anteriores no atendían?"[10].

En segundo lugar deben recordarse los conceptos que en 1927 expusieron los tratadistas ARGÜELLO y BUENAHORA en tema de la jurisdicción colombiana de lo contencioso-administrativo, instituida y organizada trece años antes, y que en nuestra opinión conservan plena frescura y actualidad: "Para resolver las controversias surgidas por oposición entre los intereses privados existe el poder judicial; era indispensable crear una jurisdicción encargada de decidir las muy frecuentes entre la administración, es decir, las autoridades, y los individuos, porque los actos de esa administración pueden lesionar los intereses individuales o el mismo interés colectivo. La jurisdicción de lo contencioso-administrativo se ejerce, de esta suerte, por entidades que son el amparo de las garantías sociales consignadas en la Carta Fundamental, y que están investidas de la facultad de anular los actos públicos que sean violatorios de ella, llámense leyes, decretos, ordenanzas o acuerdos. Pudiera decirse que es una institución de defensa social. Como salvaguardia de la justicia y del derecho, es una jurisdicción distinta de la jurisdicción civil, especialísima, con autoridades infe-

[10] C. de E., sent. de diciembre 15 de 1915, C. P.: Luis F. Rosales.

riores y superiores, independiente, y capaz de dictar disposiciones definitivas de obediencia obligatoria"[11].

B) *El control judicial de los actos del Estado como sistema*

La aparición del contencioso-administrativo en 1913 se enmarca en un conjunto de reformas constitucionales y legales que a principios del siglo xx comprendieron toda la organización judicial. La idea central de la reforma obedeció al propósito de que nada en la actividad de los dos poderes políticos del Estado, el legislativo y el ejecutivo, escapara al control judicial. De esta manera los jueces se convirtieron en los supremos garantes de los principios de supremacía de la Constitución y de legalidad de los actos y procedimientos del Estado. Si bien esto ya es de por sí notable, mucho más lo es que la ley puso este control judicial en manos de la sociedad. En efecto, la ley lo organizó de tal manera que los jueces no podrían aplicarlo por iniciativa propia sino a instancias de cualquier ciudadano.

Todo empezó con una reforma constitucional que en 1910 asignó a la Corte Suprema de Justicia la función de controlar la constitucionalidad de las leyes y los decretos que dictara el presidente de la república en ejercicio de funciones de naturaleza legislativa[12]. Dicha reforma consagró la primacía de la Constitución en el ordenamiento jurídico y por consiguiente la excepción de inconstitucionalidad[13]. Confió a la Corte Suprema de Justicia "la guarda de la integridad de la Constitución" e instituyó la acción pública de inconstitucionalidad, merced a la cual la Corte tendría la facultad de "decidir definitivamente sobre la exequibilidad de los actos legislativos que hayan sido objetados como inconstitucionales por el gobierno, o sobre todas las leyes o decretos que hayan sido acusados ante ella por cualquier ciudadano como inconstitucionales"[14].

Nació así el sistema colombiano de control jurisdiccional de constitucionalidad, que se distingue por que confiere a "cualquier ciudadano" el poder de obtener del aparato judicial un pronunciamiento de fondo, obligatorio *erga omnes*, sobre la validez de una ley. Es la acción pública que colombianamente se denomina *acción de inexequibilidad.*

Reformas posteriores desarrollaron complementariamente un sistema de control automático y directo de constitucionalidad para determinados proyectos de ley y sobre decretos legislativos del presidente de la república. La Corte Suprema de Justicia, ante demandas ciudadanas, incluso en dos oportunidades invalidó reformas a la Constitución, por haber incurrido el Congreso de la Re-

[11] ALCIBÍADES ARGÜELLO y LUIS BUENAHORA, *Derecho administrativo colombiano*, Bogotá, Talleres de Ediciones Colombia, 1927, pág. 37.

[12] Acto Legislativo 3 de 1910.

[13] "En todo caso de incompatibilidad entre la Constitución y la ley se aplicarán de preferencia las disposiciones constitucionales" (art. 40).

[14] Art. 41.

pública, al aprobarlas, en vicios de procedimiento[15]. La Corte Constitucional, creada en 1991 para asumir la jurisdicción constitucional en reemplazo de la Corte Suprema de Justicia, recibió y consolidó esta tradición y la ha extendido en forma considerable, en especial hacia el campo de la eficacia de los principios constitucionales y la defensa de los derechos humanos.

En cuanto se refiere al contencioso-administrativo, ya desde la Constitución de 1886 se había previsto que el legislador podría establecer esta jurisdicción para que sus tribunales especializados resolvieran las cuestiones litigiosas ocasionadas por las decisiones de las autoridades administrativas de los departamentos y para que el Consejo de Estado resolviera las ocasionadas por las decisiones de los "centros superiores de la administración" (art. 164)[16]. La reforma constitucional de 1910 reiteró este mandato en el artículo 42, que simplemente dispuso: "La ley establecerá la jurisdicción contencioso-administrativa".

Dicha ley vino a ser la 130 de 1913, que al instituir esta jurisdicción definió su objeto en el artículo 1º así: "La jurisdicción contencioso-administrativa tiene por objeto la revisión de los actos de las corporaciones o empleados administrativos en el ejercicio de sus funciones, o con pretexto de ejercerlas, a petición del ministerio público, de los ciudadanos en general, o de las personas que se crean vulneradas en sus derechos, en los casos y dentro de los límites señalados en la presente ley".

En septiembre de 1914 se restableció por acto reformatorio el Consejo de Estado. La ley 60 de 1914, "orgánica del Consejo de Estado", dispuso sobre su organización pero no se ocupó en las normas de procedimiento porque el citado acto reformatorio de 1914 le había dado competencia para "desempeñar las funciones de tribunal supremo de lo contencioso-administrativo, conforme a las reglas que señale la ley", y dichas reglas, originalmente establecidas para el tribunal supremo, se encontraban en el procedimiento de la ley 130, que por esta razón conservaron su vigencia[17].

Como consecuencia de estas reformas, coetáneas y atrevidas, los ciudadanos, por el solo hecho de serlo, quedaron legitimados para demandar leyes y actos administrativos y obtener de los jueces un fallo de anulación si resultare probada la oposición de las primeras con la Constitución y de los segundos con

[15] Sentencias de 5 de mayo de 1978 y 3 de noviembre de 1981.

[16] Otra disposición del mismo texto de 1886 le asignaba al Consejo de Estado (hasta entonces organismo exclusivamente consultivo), la facultad de "decidir, sin ulterior recurso, las cuestiones contencioso-administrativas si la ley estableciere esta jurisdicción, ya deba conocer de ellas en primera y única instancia, o ya en grado de apelación. En este caso, el Consejo tendrá una sección de lo contencioso-administrativo con un fiscal, que serán creados por la ley" (art. 141, atri. 3ª).

[17] Gustavo Humberto Rodríguez R., "La jurisdicción y el procedimiento contencioso-administrativo. Historia, desarrollo y perspectivas", en *Revista del Instituto Colombiano de Derecho Procesal*, Bogotá, 1984, pág. 32.

la ley. De esta manera no solo se instauró un sistema integral de control judicial sobre los actos estatales que garantiza la congruencia del ordenamiento jurídico en su totalidad, sino un modelo participativo que, mediante el concepto de las acciones públicas, confiere a los ciudadanos un amplio derecho de acceso a la justicia.

C) *El modelo colombiano de control judicial sobre los actos del Estado*

Empezando el siglo XX, en cosa de apenas cuatro años quedó diseñado un modelo judicial bastante coherente y singular, que exhibe las siguientes características principales:

1) La estructura de la rama judicial es bifurcada, pues se compone de dos jurisdicciones separadas e independientes entre sí, que obedecen a distintas especialidades: la ordinaria, encabezada por la Corte Suprema de Justicia, y la contencioso-administrativa, cuyo supremo tribunal es el Consejo de Estado. La primera conoce de los litigios privados civiles y laborales y de las causas criminales. La segunda, de los litigios en que los particulares se enfrentan al Estado.

2) La organización dual del poder judicial permitió instaurar un sistema de control judicial total sobre la actividad del Estado, en el que la Corte Suprema de Justicia vino a controlar la constitucionalidad de los actos del poder legislativo[18] y la jurisdicción de lo contencioso-administrativo, con el Consejo de Estado a la cabeza, la legalidad de todos los actos de las autoridades, en sus diferentes niveles territoriales, en el entendido de que por estar subordinados a la ley son actos administrativos.

3) Los dos sistemas de justicia, el de constitucionalidad y el de legalidad, entran se activan por demandas que presenten los ciudadanos ante los respectivos jueces. Desde hace ya más de cien años en Colombia todos los ciudadanos están singularmente habilitados para demandar por inconstitucionales las leyes, y para demandar por cargos de ilegalidad los actos administrativos. La ley y la jurisprudencia han reconocido personería a los ciudadanos para presentar este tipo de demandas, pues se entiende que al hacerlo actúan en defensa del interés general, encarnado en la defensa de la supremacía de la Constitución sobre la ley y del principio de legalidad al que están subordinados los actos de las autoridades públicas. Se trata del instituto de las acciones públicas de inexequibilidad y de nulidad, cuyo punto de apoyo es la participación ciudadana.

Si de acuerdo con MONTESQUIEU una de las condiciones del principio de separación de los poderes es que el poder controle al poder, el sistema colombiano actúa una modalidad: que el poder judicial controle la juridicidad de los actos de los otros dos poderes.

[18] Desde 1991 esta parte del control fue asumida por la Corte Constitucional.

D) *Nacimiento de la acción electoral*

La jurisdicción electoral nació robusta en 1914, pues tuvo como referente normativo no solo la Constitución, sino dos grandes códigos, uno, la citada ley 130 de 1914, "sobre la jurisdicción de lo contencioso-administrativo", y otro, la ley 85 de 1916, "sobre elecciones"[19].

La ley 130 de 1913 instituyó la acción pública de nulidad electoral a partir de la siguiente regla de competencia: "Art. 38.—Los tribunales administrativos seccionales conocen privativamente y en una sola instancia de los asuntos siguientes:

"[...] c) De las demandas sobre nulidad de las votaciones o actas de escrutinio de los jurados de votación y juntas electorales".

Luego la ley 85 de 1916, "sobre elecciones", el primer código colombiano de elecciones del siglo XX, recogió numerosos aspectos de la legislación precedente, entre ellos el sistema de elección para garantizar la representación de las minorías, y formuló en todo su esplendor la acción pública de nulidad electoral en el artículo 190, que a la letra señala: "Todo ciudadano tiene derecho de pedir, dentro de los cuatro días siguientes al de la votación o escrutinio, que se declare nula una votación o uno o varios registros de escrutinio. Al efecto, presentará por escrito ante el juez de mayor categoría del distrito en lo civil, el memorial en que funde su demanda, con explicación de los motivos en que la apoya e indicación clara de las pruebas justificativas.

"Dentro del mismo término y de la misma manera puede reclamar contra cualquiera de las irregularidades de que trata el artículo 184".

Esta ley ratificó el Gran Consejo Electoral, cuyos miembros eran elegidos por el Congreso de la República, como organismo superior del "ramo" de las elecciones. La ley 85 precisó la naturaleza de la acción electoral, reglamentó sus pormenores procesales, fijó un período de caducidad de la acción muy breve de cuatro días y señaló los poderes del juez en el trámite y decisión de estos asuntos. En cuanto a la acción electoral, especificó que procedía tanto contra las elecciones como contra los actos de nombramiento. También determinó que mediante dicha acción se podía pedir la anulación de votos de acuerdo con una serie cerrada de causales y pedir la anulación de una elección por motivo de inhabilidad o falta de requisitos del elegido.

La ley estructuró la organización electoral[20] y dispuso que para el desempeño de las funciones oficiales del "ramo electoral" existirían las siguientes corporaciones: el Gran Consejo Electoral (que ya existía), compuesto de nueve miembros, cuatro elegidos por el Senado y cinco por la Cámara para un período de cuatro años; en cada departamento, un consejo electoral, con cinco miem-

[19] Esta ley subrogó y derogó leyes antiguas, algunas del siglo XIX, tales como las leyes 7ª y 71 de 1988, 119 de 1892, 42 de 1905, 80 y 88 de 1910 y 53 y 54 de 1912.

[20] Art. 44.

bros elegidos por el Gran Consejo; luego, en el plano territorial, un consejo escrutador por cada distrito, una junta electoral en cada círculo electoral, un jurado electoral en cada municipio y los jurados de votación que fueran necesarios en cada municipio cada uno integrado por cinco miembros principales y cinco suplentes personales, "encargados de recibir los votos y hacer el primer escrutinio de ellos".

Mirando al proceso de nulidad ante la jurisdicción de lo contencioso-administrativo, el artículo 179 de la ley 85 de 1916 dispuso que serían nulas las elecciones por cuatro causales: 1) que las elecciones se hubieran realizado en días distintos de los autorizados; 2) que se hubieran realizado en ausencia de la corporación escrutadora; 3) que se hubiera ejercido violencia contra los escrutadores, o las papeletas de votación se hubieran destruido, mezclado con otras o perdido por causa de violencia; 4) que el número de votantes excediera al de los ciudadanos registrados en el respectivo censo electoral.

Además serían nulos los registros electorales cuando hubieren "sufrido alteración sustancial" después de haber sido firmados por los miembros de la corporación escrutadora y cuando se comprobara "que el registro es falso o apócrifo"[21]. También había lugar a la nulidad de la elección cuando los votos para una corporación de representación popular se computaran con violación del sistema electoral (el del voto incompleto, descrito en el artículo 111)[22]. Sería nula, finalmente, la elección declarada en favor de "candidatos que conforme a la Constitución o a la ley tengan algún impedimento para ser elegidos"[23] y nula la elección de senadores y representantes que "no reúnan las condiciones constitucionales exigidas para el ejercicio de esos cargos"[24].

Las causales de nulidad electoral que hemos descrito se suman a la creada en el artículo 22 del acto legislativo 3 de 1910 en los siguientes términos: "Tampoco podrá ser senador o representante ningún individuo por departamento o circunscripción electoral donde tres meses antes de las elecciones haya ejercido jurisdicción o autoridad civil, política o militar".

En materia de competencias, por la naturaleza del asunto, las demandas electorales se reparten en este código de 1916 conforme a las siguientes reglas: 1) la Corte Suprema de Justicia conocerá en única instancia "de las demandas sobre nulidad o irregularidades de la elección de presidente de la república que se presenten ante ella misma, dentro de los cuatro días siguientes"[25]; 2) "los tribunales seccionales de lo contencioso-administrativo conocerán privativamente y en una sola instancia de las demandas sobre nulidad de las votaciones

[21] Art. 180.
[22] Art. 181.
[23] Art. 183.
[24] Art. 187.
[25] Art. 188.

y de los registros de escrutinios a que se refiere el capítulo XI de esta ley[26]; 3) "no obstante, si se tratare de la elección de senadores, de representantes o de consejeros electorales, la sentencia es apelable para ante el Consejo de Estado [...]"[27].

El juez que recibiera la petición de anulación electoral debía informar de inmediato al presidente del Tribunal Seccional de lo contencioso-administrativo, practicar las pruebas a que hubiera lugar y remitir lo actuado al Tribunal Administrativo, que dictaría a continuación fallo definitivo[28]. El Tribunal Administrativo tenía la facultad de decidir sobre la validez o nulidad de las votaciones o de los registros de escrutinio y sobre las irregularidades que hubieren sido acusadas de conformidad con lo dispuesto en la ley[29].

3. Jurisprudencia electoral. Primeras sentencias del Consejo de Estado

Desde sus primeros fallos electorales, el Consejo de Estado aclaró el sentido de algunas disposiciones que por su generalidad o ambigüedad se prestaban para distintas interpretaciones, y con su doctrina fue precisando los principios, criterios y conceptos rectores del sistema electoral que orientarían los ulteriores desarrollos de la legislación.

A continuación se presenta una muestra de algunos aspectos de relevancia abordados en los fallos iniciales del Consejo de Estado, que dieron lugar a sentencias de nulidad electoral o que sirvieron para ratificar la validez de algunas elecciones controvertidas en los estrados judiciales. Estas sentencias iniciales tienen el interés de explicar aspectos básicos de la acción electoral, tales como el carácter público de la acción, la inadmisibilidad del desistimiento, la independencia del poder electoral, la distinción entre irregularidades del escrutinio y causales de nulidad, la caducidad de la acción electoral, los actos de violencia sobre los jurados como causal de nulidad electoral, el fraude electoral por exceso de votos y la inhabilidad por ejercicio previo de empleo con autoridad.

A) *La acción de nulidad electoral es pública y no admite desistimiento*

En sentencia de 15 de diciembre de 1915, el Consejo de Estado sentó importante doctrina sobre varias materias, entre ellas la naturaleza pública o popular de la acción electoral en los siguientes términos: "Según estas disposiciones, claras y congruentes, los tribunales administrativos seccionales en pri-

[26] Art. 189.
[27] Arts. 186, 190, 194, 196.
[28] Ley 85 de 1916, arts. 191 y 192.
[29] Art. 194.

mera instancia, y el tribunal supremo, en segunda, tienen plena autoridad para declarar la nulidad de las ordenanzas o de cualquiera otra providencia de las asambleas departamentales, contrarias a la Constitución o a la ley, ya en un sentido general, ya en el específico de lesionar determinados derechos civiles o políticos.

"Si se trata en general de la violación de la Constitución o de la ley, esto es, si la providencia de la asamblea no se refiere a determinados derechos civiles de determinadas personas naturales o jurídicas, la acción de nulidad puede intentarse por cualquier individuo. También cabe la acción popular si el acto, aunque se refiera en concreto a derechos de determinadas personas, no son estos de carácter civil. Pero si la inconstitucionalidad o ilegalidad se funda en la violación de derechos civiles de determinadas personas, naturales o jurídicas, la acción solo puede ser ejercitada por las mismas personas que sufren el agravio.

"Este sistema descansa en principios fundamentales de ciencia jurídica. Para la defensa de los derechos civiles en casos particulares no hay acción popular, porque en punto a los intereses privados, cada persona es árbitro de ellos en cuanto no ataque derecho ajeno, y puede sostenerlos o renunciarlos [...]. Por eso, si los actos de una autoridad no tienen más alcance que afectar los derechos civiles de una persona, solo esta puede ejercitar los recursos judiciales para reparar el mal, ya que es libre para renunciar sus propios derechos.

"Pero tratándose de transgresiones de la Constitución o de la ley en general, de manera que el interés público esté de por medio, tiene cabida la acción popular. Así mismo tiene cabida, aunque la trasgresión recaiga directamente sobre derechos de carácter político de determinadas personas, una vez que en esta clase de derechos están empeñados el orden público y los intereses fundamentales del Estado. La violación de los derechos políticos del más insignificante ciudadano atañe a la suerte de todos y, en general, a la organización jurídica del país.

"Esta doctrina, fundada en los textos de la ley positiva y en los principios generales de derecho, la expuso ya el Consejo en varias decisiones, con referencia a resoluciones de los ministros del Despacho Ejecutivo acusadas como inconstitucionales e ilegales"[30].

En una providencia de 1921, al analizar la intención del demandante en un proceso electoral de desistir de la acción, se preguntaba el Consejo de Estado si el desistimiento era admisible "sin desconocer o vulnerar otros derechos que miran al interés general y al orden público y que han sido consagrados en defensa y representación de la comunidad". Para decidir, subrayó el Consejo que "[...] tratándose del desistimiento propuesto dentro de un juicio iniciado en virtud del derecho que confiere a todo ciudadano el artículo 190 del Código de Elecciones, juicio cuya promoción solo tiene cabida dentro de los cuatro días

[30] C. de E., sent. del 15 diciembre de 1915, C. P.: Luis F. Rosales.

siguientes al de la votación y escrutinio", debe tenerse en cuenta que se trata de un "juicio en el cual se crean expectativas o derechos de otros ciudadanos que pueden hacerse partes en el curso de él; juicio cuya sentencia de primera instancia debe ser consultada con el Consejo de Estado en caso de no ser apelada; y juicio, en fin, promovido en virtud de acción popular que tiene por objeto exclusivo y esencial mantener la integridad de la Constitución y de la ley".

Concluyó la providencia que si en tales condiciones el Consejo de Estado admitiera el desistimiento que propone el demandante, "a la comunidad se le cerraría el paso para que mediante la plenitud de las fórmulas propias de estos juicios se depurase la representación nacional y se prestigie la democrática institución del sufragio popular; en fin, con la admisión de dicho desistimiento se atendería el derecho individual que invoca el demandante, pero se desatenderían intereses más altos y valiosos, cuales son los de la ley y los de la Constitución"[31].

B) *Independencia del poder electoral*

También en una sentencia de 1921 el Consejo de Estado anuló la resolución de un gobernador en la cual excedía sus competencias constitucionales y legales, y adujo: "Si el poder electoral no tuviere independencia (art. 181 de la Constitución), si no existiera la ley 85 de 1916 [...] que establece los trámites para corregir, por medio de juicios especiales, las decisiones de las corporaciones electorales, y si en esta ley no existiera el artículo 307, que faculta al gobernador, únicamente al gobernador, para dictar los decretos necesarios para el cumplimiento de ella y para resolver las consultas que se le hagan para el mismo efecto, cuando sean de carácter urgente, entonces el gobernador, basándose en, el inciso copiado, quizá tendría facultad para dictar resoluciones que decidan cuestiones electorales pero entre tanto, providencias de esta clase son absolutamente infundadas y atacan la independencia del poder electoral"[32].

C) *No toda irregularidad acarrea nulidad de la elección*

Ya desde 1917 el Consejo de Estado comenzó a trazar una línea divisoria entre aquellas irregularidades que permitían presentar reclamaciones en el curso de los escrutinios pero que no tenían la entidad de causales de nulidad y las causales de nulidad taxativamente establecidas en la ley. "Como se ve, las irregularidades en que incurran las corporaciones electorales al computar y acumular los votos no dan acción de nulidad: dan apenas derecho para obtener su enmienda y para modificar, de acuerdo con la enmienda, la declaración que se haya hecho [...].

"Que son cosas distintas la nulidad de un escrutinio de senadores y representantes y la rectificación o enmienda del mismo escrutinio por causa de

[31] C. de E., auto del 16 de septiembre de 1921.

[32] C de E., sent. del 18 de enero de 1921.

indebida computación y acumulación de los votos, lo prueba el hecho de que la sentencia que se dicte en uno u otro caso produce resultados y consecuencias jurídicas distintos. La declaración de nulidad deja sin valor el escrutinio, como si el acto no hubiera existido, al paso que la resolución que ordena su enmienda no anula el acto sino que modifica sus resultados en lo que se dice relación a los candidatos. En el primer caso no hay representación, porque el acto no tuvo existencia jurídica en vicio que lo invalidaba; en el segundo sí la hay, pues la elección, declarada en un principio a favor de Pedro, puede corresponder a Juan por razón de la modificación que se decrete"[33].

Años más tarde, en 1931, el Consejo de Estado toma nota de un cambio legal que hace más clara la distinción entre causales de reclamación en los escrutinios y causales de nulidad electoral. "[Está comprobado] que dos miembros del jurado se retiraron de la población en horas de la noche. Hecho este último que los primeros testigos afirman fue resultado de la violencia ejercida, y [...] constituye por sí solo, como lo estima el tribunal, un indicio de la consumación de las amenazas injurias y violencias relatadas, de las cuales fue un consecuente obligado. Son también elementos de convicción que concurren a la formación de ese criterio, las constancias y réplicas que corren en las actas del jurado, y los telegramas alusivos a tales hechos que hubieron de dirigir a las autoridades y vecinos del Chaparral el gobernador del Tolima y el ministro de Gobierno. Esa forma de violencia física y moral, ejercida sobre dos de los cuatro miembros concurrentes a la constitución del jurado bajo aquel régimen de derecho, significa la consumación de graves irregularidades, de hechos sancionables por la justicia ordinaria, y sobre los cuales debe adelantarse una rigurosa investigación, pero no acarrea por sí sola, ni en sus consecuencias inmediatas, una sanción de nulidad de tales actuaciones, ni de la elección que luego tuvo efecto, porque no hay ley preexistente al hecho o hechos acusados, que erija ese fenómeno en causal de nulidad.

"Fue la ley 60 de 1930 la que incorporó al sistema de nulidades que puedan afectar los actos electorales, hechos que sean producto de atentados del linaje de los aquí denunciados, que embaracen o tiendan a hacer ilusorio el ejercicio de las funciones de los miembros de las corporaciones electorales, que dificulten, retarden o impidan su instalación. Mas como los actos denunciados nulos y que las dos demandas enumeran se cumplieron bajo el imperio de dos legislaciones, el tránsito de un derecho antiguo al sistema nuevo atrae el respeto a [*sic*] los principios de hermenéutica insertos en la ley 153 de 1887; en cuya sumisión, las leyes restrictivas que establecen nuevas sanciones para determinados actos no pueden tener jamás efecto retroactivo. Y como la invocada por los demandantes para sancionar aquí la violencia que ya se constató [*sic*] es la comentada ley 60 de 1930, como norma *ex post facto*, es inaplicable al caso"[34].

[33] C. de E., salvamento de voto de 24 de agosto de 1917, C. P.: Luis F. Rosales.

[34] C. de E., sent. del 4 de febrero de 1931.

D) *Caducidad de la acción electoral*

En una sentencia de 1930, el Consejo de Estado puntualiza un aspecto muy claro de la legislación electoral que no había suscitado mayor controversia: el término de caducidad de la acción: "De acuerdo con esta disposición [el artículo 190 de la ley 85 de 1916], todo ciudadano tiene derecho a pedir la nulidad de una votación o de uno o varios registros de escrutinio, etc.; mas ese derecho solo puede hacerlo valer dentro del perentorio término de los cuatro días que siguen al acto que se considere nulo. El mismo artículo dice que dentro de este preciso término puede también reclamarse contra cualquiera de las irregularidades de que trata el artículo 184 de esta misma ley electoral, siendo oportuno reproducir aquí tal disposición:

"«Art. 184.—Las irregularidades cometidas al computar y acumular los votos por las corporaciones escrutadoras, contra lo prevenido en el artículo 125, no producen nulidad en las elecciones; pero los particulares tienen derecho de reclamar contra el cómputo y acumulación indebidos, por los trámites establecidos en este capítulo, en la sección segunda».

"El mismo principio se aplica cuando por las corporaciones electorales se hayan declarado indebida y definitivamente nulos alguno o algunos registros, o se hayan computado votos a favor de individuo o individuos que constitucional o legalmente tengan algún impedimento para ser elegidos, *o* se haya incurrido en yerros aritméticos, o se haya cambiado o alterado el nombre o apellido de uno o de varios candidatos, siempre que en cualquiera de los casos enumerados el resultado de la elección sea distinto del que se hubiere obtenido sin tales irregularidades.

"Adviértase claramente que en estos preceptos de la ley electoral se hace distinción entre los varios actos que constituyen la función del sufragio: votaciones, registros de votaciones, registros de los escrutinios de los jurados electorales, etc., y para todos ellos la ley señala en el artículo 190 copiado más arriba, el plazo de cuatro días para intentar su nulidad en la forma que indica el Código de Elecciones; si se dejare transcurrir este plazo, es fuerza aceptar como valederos todos los actos electorales que no se hubieren denunciado; y este principio jurídico puede decirse que es de orden público, toda vez que él sanciona y da firmeza y estabilidad a procedimientos contra los cuales no se opuso tacha por ningún ciudadano en el tiempo oportuno, disponiendo de todas las facilidades concedidas para tal efecto por el legislador"[35].

E) *Actos de violencia contra los escrutadores*

En 1926 el Consejo de Estado se abstuvo de anular una elección, a pesar de haberse demostrado el uso de violencia contra los electores, porque la cau-

[35] C. de E., sent. del 27 de agosto de 1930.

sal de anulación electoral sobre violencia únicamente preveía la que se hiciera en contra de los escrutadores. Esta falencia de la legislación fue subsanada con la ley 60 de 1930. "El numeral 3 del artículo 179 de la ley 85 de 1916, en el cual se funda la nulidad pedida por el actor, dispone que son nulas las elecciones que se verifiquen ante los jurados de votación «cuando se haya ejercido violencia contra los escrutadores y destruido o mezclado con otras las papeletas de votación, o estas se hayan destruido o perdido por causa de violencia». El demandante no manifiesta que se hubiera ejercido violencia contra los escrutadores sino contra los electores, circunstancia que no está erigida en causal de nulidad, y menos por la disposición invocada en la demanda, de suerte que por este aspecto no hay lugar a decretar la nulidad que se pide.

"Si se ejerció realmente coacción sobre los electores tanto por parte del gobierno departamental como de la policía y de los jurados de votación, a fin de obtener el triunfo de determinados candidatos, hechos son estos que deberán sancionarse con las penas que para el efecto establece la misma ley 85 en su capítulo XVI, pero que, repítase, no autorizarían la declaratoria de nulidad, caso de haberse comprobado. Todos los testigos citados por el demandante afirman que se cometieron otras gravísimas irregularidades que, si no están erigidas en causales de nulidad, sí acarrean penas para sus autores, y por lo mismo se hace de todo punto necesaria la investigación de los hechos a fin de que se impongan las sanciones correspondientes a quienes impidieron el libre ejercicio del sufragio y ejecutaron actos prohibidos por las leyes"[36].

En 1931 el Consejo de Estado se ocupó de un caso de violencia contra los escrutadores, causal de nulidad electoral enacuerdo con el numeral 3 del artículo 179 de la ley 85 de 1916. Ocurrió entonces que el jurado electoral de los municipios de Yacopí e Ibama no computó algunos de los votos porque sobre sus miembros ejercieron coacción varios individuos, quienes a la cabeza de una multitud amenazante profirieron "amenazas, ultrajes y gritos, violentaron a sus miembros y los obligaron a firmar todo lo que ellos quisieron, inclusive el acta de escrutinio y otros papeles que no les dejaron ver".

Observa el Consejo de Estado que "el apoderado de los actores alega que como no hubo actos materiales (como quebrantamiento de urnas, mezcla de boletas en las urnas) no existe la violencia, y que apenas hubo actos preparatorios de la misma [*sic*], lo que prueba que aquella no se consumó". Agrega, sin embargo, que "Para el tribunal (que falló en primera instancia este caso) la violencia existe desde que se logra intimidar a la persona de quien se pretende conseguir una cosa por ese medio, desde que el ánimo del tal no está perfectamente libre para obrar conforme a su conciencia".

Considerados todos los antecedentes y sus respectivas pruebas, concluye el Consejo de Estado: "Todo acto que tienda a obligar a otro a hacer lo que de

[36] C. de E., sent. del 27 de julio de 1926.

otro modo no haría: gritos, amenazas, tumultos, son violencia. Tampoco cabe el argumento del mismo actor sobre que el inciso 3º del artículo 179 exija la concurrencia de la violencia con la mezcla y destrucción de papeletas, pues basta que exista una de las dos causales, ya que la violencia puede producir y de hecho produce muchas voces, no la mezcla o destrucción de papeletas, sino la colocación de votos ilegales, y la firma de registros contentivos de elementos dañados, como en el caso de este pleito"[37].

F) *Fraude electoral por exceso de votos*

Desde 1916 se consagró como causal de nulidad el hecho de que "el número de votantes excediera al de los ciudadanos registrados en el respectivo censo electoral" (art. 179, num. 4). En sentencia de 1945, el Consejo de Estado declaró la nulidad de una elección en un caso en el cual no se cumplía estrictamente el presupuesto de esta causal, al comprobar que en Versalles se produjo una votación equivalente al "porcentaje fantástico de 86,2 %, nunca visto en ninguna parte del país en votaciones pulcras". Razonó así la corporación: "En las elecciones de marzo en todo el país votaron 875.679 personas sobre un total de 2.278.502 electores hábiles, o sea que de cada cien electores hábiles votaron solamente 38. En el Valle del Cauca el número total de electores en el departamento fue de 80.053, sobre un total de cédulas válidas de 213.877, lo que arroja un porcentaje de votación de 33,4 %. En cambio, en Versalles, sobre 6.159 electores hábiles votaron 5.316, lo que representa el porcentaje fantástico de 86,2 %, nunca visto en ninguna parte del país en votaciones pulcras. Aparece más extravagante este último porcentaje si se tiene en cuenta que de conformidad con el acta de escrutinios del jurado electoral de Versalles ese municipio es de una gran extensión, y tiene algunos lugares como El Cairo y Albán, que están situados a más de 37 kilómetros de la cabecera, y sin más medios de comunicación que el transporte a caballo. Se está ante un porcentaje de votación exorbitante en las condiciones normales colombianas, e inusitado para un municipio tan extenso y sin vías de comunicación. Las corporaciones electorales no pueden declarar nulidad a este respecto sino cuando la cifra de votantes excede al número de sufragantes hábiles para la respectiva elección. Pero como los hechos no deben ser analizados aisladamente sino en relación unos con otros para descubrir su encadenamiento, claro está que el Consejo Electoral del Valle los tuvo en cuenta como factores enunciativos, y ahora el Consejo de Estado los estima legalmente como elementos indiciarios del fraude electoral"[38].

[37] Consejo de Estado, sent. del 9 de abril de 1931.

[38] C. de E., sent. del 20 de noviembre de 1945.

G) *Inhabilidad por ejercicio previo de un empleo revestido de autoridad*

Desde sus comienzos la jurisdicción electoral aplicó severamente la inhabilidad establecida en el artículo 22 del acto legislativo 3 de 1910, que dispuso: "Tampoco podrá ser senador o representante ningún individuo por departamento o circunscripción electoral donde tres meses antes de las elecciones haya ejercido jurisdicción o autoridad civil, política o militar".

Dicha causal de inhabilidad y, por tanto, de nulidad electoral, se aplicó con frecuencia, como en la sentencia de 1924 que pone de resalto lo siguiente: "Las disposiciones transcritas, por sí solas hacen ver, sin lugar a duda o vacilación alguna, que los inspectores provinciales de instrucción pública están investidos de jurisdicción o autoridad civil en el territorio en el cual ejercen sus funciones. Es cierto que tales jurisdicción y autoridad son limitadas, no solo a una parte del territorio que forma la circunscripción electoral, sino en sí mismas, pues únicamente dicen relación a cuanto se roce con la instrucción pública en la respectiva provincia; pero tal limitación en nada favorece la elección de que se trata, si se tiene en cuenta lo dispuesto en la segunda parte del artículo 22 del acto legislativo número 3 de 1910, que dice:

"«Tampoco podrá ser senador o representante ningún individuo por departamento o circunscripción electoral donde tres meses antes de las elecciones haya ejercido jurisdicción o autoridad civil, política o militar».

"Ni vale afirmar que el artículo 215 de la ley 85 de 1916 designa a Ios empleados que por ejercer jurisdicción o mando en toda una circunscripción electoral o parte de ella no pueden ser elegidos para los cargos mencionados, y que respecto de los demás empleados el impedimento solo alcanza a los que estén investidos de tales prerrogativas en toda la circunscripción, por lo menos, según los términos precisos del inciso 1º, en la parte final, del artículo expresado, porque esta disposición fue declarada inexequible por inconstitucional, por acuerdo de la Corte Suprema de Justicia de fecha 29 de septiembre de 1917, inserto en el número 1352 de la *Gaceta Judicial* correspondiente al 3 de noviembre del año citado, acuerdo que contiene en la parte motiva la siguiente consideración:

"«[...] el precepto constitucional consignado en el inciso 2º del artículo 22 del acto legislativo número 3 de 1910 es claro en cuanto establece ser incapaces para ser elegidos senadores o representantes individuos por departamento o circunscripción electoral donde tres meses antes de las elecciones hayan ejercido jurisdicción o autoridad civil, política o militar; considera que en virtud de la limitación que puso el legislador al precepto constitucional y por causa de la distinción que hizo, no tiene fundamento alguno y la parte final del inciso 1º del artículo 215 de la ley 85 de 1916 está en pugna con la disposición constitucional consignada en el segundo inciso del artículo 22 del acto legislativo mencionado. Por último, la Corte encuentra que la finalidad que tuvo en mira el constituyente al dictar la disposición de que se trata fue la de impedir que empleados, con jurisdicción o mando en todo o en parte de una circunscripción electoral, pudieran prevalerse de sus influencias oficiales para determinar una elección de senador o representante»".

Por las razones expresadas, el Consejo de Estado decretó la nulidad de la elección en los siguientes términos: "Hallándose comprobado que el señor Daniel Gómez Pinzón ejerció el empleo de Inspector de instrucción pública de la provincia de Vélez, en el departamento de Santander, en los tres meses anteriores a la elección de senadores, en la cual fue elegido senador suplente del principal señor Luis A. Mejía, el tribunal de primera instancia interpretó fielmente la Constitución al declarar nulos los votos emitidos y nula la elección recaída en favor del mencionado señor Gómez Pinzón para el cargo indicado, por cuanto de acuerdo con las consideraciones anteriores ejerció mando y jurisdicción en una parte de la circunscripción electoral respectiva, en el curso de los tres meses anteriores a tal elección"[39].

4. Comentario final

Puede parecer intrigante y paradójico que una institucionalidad tan vigorosa como la descrita, además de precursora en el plano internacional, se haya desarrollado paralelamente a la sucesión de enconadas y persistentes violencias sufridas por el país, causadas en su orden por la virulencia del sectarismo partidista, el narcotráfico, la guerrilla, el paramilitarismo y la narcoguerrilla.

Corresponde a sociólogos e historiadores proporcionar respuestas a esta cuestión. Con todo, la solidez y perduración de la jurisdicción colombiana de las elecciones, ya centenaria, puede encontrar explicación en varias razones culturales e institucionales que tienen como telón de fondo la mística partidista del siglo XIX y parte del XX, y la fogosidad de las contiendas electorales, frecuentemente competitivas. De tan amplio escenario pueden decantarse los siguientes aspectos: 1) la continua práctica de elecciones nacionales, departamentales, provinciales y municipales a lo largo del siglo XIX y también durante el siglo XX[40]; 2) la constante y casi ininterrumpida sujeción de los gobiernos nacionales a un orden constitucional fundado en el sistema democrático representativo[41]; 3) la temprana formación de partidos políticos nacionales, que dio

[39] C. de E., sent. del 13 de marzo de 1924.

[40] Registraduría Nacional del Estado Civil, *Historia electoral colombiana 1810-1988*, Bogotá, Imprenta Nacional, 1991; Carlos Ernesto Camargo Assis, *Hitos electorales en el contexto de la evolución político-constitucional de Colombia*, Bogotá, Biblioteca Jurídica Diké, 2011.

[41] Augusto Hernández Becerra, *Presidencialismo y reelección presidencial en Colombia*, 2014, en prensa.

lugar al sistema bipartidista de más larga duración en América Latina[42]; 4) una abrumadora mayoría de los dirigentes políticos han sido hombres de partido, muchos de ellos sectarios e intolerantes, lo cual echó más leña al fogón de la lucha electoral[43]; 5) la existencia histórica de autoridades electorales relativamente autónomas del ejecutivo, "al que se enfrentaban con frecuencia"[44]; 6) una "cultura de litigio electoral" alimentada por gran animosidad partidista y resultados electorales frecuentemente reñidos; 7) la tradición civilista, en el sentido de la casi total ausencia de gobiernos militares, directamente asociada con la permanencia de un orden constitucional y la práctica de elecciones; 8) la clase dirigente ha estado tradicionalmente formada por abogados, siempre presentes en el gobierno, en el Congreso y, por supuesto, en la justicia, circunstancia que ha contribuido a que los poderes públicos confluyan en una ideología a la vez constitucionalista y legalista[45].

[42] Mario Latorre, *Elecciones y partidos en Colombia*, Bogotá, Universidad de los Andes, 1974.

[43] "El aspecto más peligroso del sistema colombiano fue la politización sectaria del pueblo, que alcanzó una profundidad y una cobertura que me parece sin rival en la América Latina". [Malcolm Deas, "La tradición civilista", en *Fortalezas de Colombia* (Fernando Cepeda Ulloa, Ed.), Bogotá, Planeta, 2005, pág. 40].

[44] Eduardo Posada Carbó, "La tradición electoral", en *Fortalezas de Colombia*, *op. cit.*, pág. 59.

[45] Cfr. Victor Manuel Uribe-Urán, *Honorable lives. Lawyers, family and politics in Colombia, 1750-1850*. Pittsburgh, University of Pittsburgh Press, 2000; también Malcolm Deas, *Del poder y la gramática*, Bogotá, Tercer Mundo, 1993.

EL PROCESO ADMINISTRATIVO EN LA CONSTITUCIÓN DE REPÚBLICA DOMINICANA

VÍCTOR RAFAEL HERNÁNDEZ-MENDIBLE*

Sumario: 1. Introducción. A) Primeros contactos en América y España. B) Tributo póstumo en la Universidad Complutense de Madrid. C) El homenaje iberoamericano. 2. Fundamentación de este estudio. 3. Principios que fundamentan el Estado social y democrático de derecho. 4. Derecho fundamental a tutela judicial efectiva. A) Derecho de acceso a la justicia. B) Derecho a formular alegatos. C) Derecho a presentar medios probatorios. D) Derecho a solicitar medidas cautelares. E) Derecho a una sentencia fundada en derecho. F) Derecho a la ejecución del fallo. 5. Derecho fundamental al debido proceso. A) Derecho a la justicia accesible, oportuna y gratuita. a) Acceso a la justicia. b) El acceso oportuno. c) El acceso gratuito. B) Derecho a ser oído en un plazo razonable. C) Derecho a un tribunal competente, independiente e imparcial establecido en la ley. a) Competencia. b) Independencia. c) Imparcialidad. D) Derecho a la presunción de inocencia. E) Derecho a un juicio público, oral y contradictorio. a) Principio de publicidad. b) Principio de "oralidad". c) Principio de contradicción. F) Garantía de la cosa juzgada. G) Derecho a no ser obligado a declarar contra sí mismo. H) Garantía de la reserva legal. I) Derecho al juez natural. a) El tribunal predeterminado por la ley. b) El tribunal previamente conocido. c) El juez idóneo. J) Derecho al proceso legalmente establecido. K) Derecho a la prueba lícita. L) Derecho al recurso. M) Garantía de prohibición de la reforma en perjuicio. N) Derecho a la asistencia jurídica. Ñ) Garantía de la nulidad de los actos jurídicos. 6. Consideraciones finales.

* Doctor en Derecho. Director del Centro de Estudios de Regulación Económica en la Universidad Monteávila; profesor coordinador del Diplomado en Derecho Público en la Universidad Católica Andrés Bello (Venezuela) e invitado en la Maestría de la Universidad Externado de Colombia, siendo además parte del grupo de investigación en Derecho de la Regulación de Mercados Energéticos del Departamento de Derecho Minero-Energético de esta Universidad, y en la Maestría de Derecho Administrativo en la Pontificia Universidad Católica Madre y Maestra de Santo Domingo; profesor del Doctorado en Derecho Administrativo Iberoamericano de la Universidad de La Coruña. Es miembro del Foro Iberoamericano de Derecho Administrativo, de la Asociación Iberoamericana de Estudios de Regulación, de la Red de Contratos Públicos en la Globalización Jurídica; fundador de la Asociación Internacional de Derecho Administrativo, de la Asociación Iberoamericana de Derecho Administrativo y de la Red de Investigación de Derecho de los Bienes Públicos.

1. Introducción

Este trabajo constituye una manifestación de reconocimiento al pensamiento jurídico de don Eduardo García de Enterría, de quienes hemos estudiado parte de su obra académica. En mi caso particular, aprovecharé para referir sucintamente cómo tuve la oportunidad de conocerlo y relacionarme con él, y para agradecer a los organizadores la invitación a colaborar en esta obra colectiva.

A) *Primeros contactos en América y España*

Como estudiante en la Facultad de Derecho en la Universidad Católica Andrés Bello de Caracas, a mediados de la década de los ochenta del pasado siglo, el primer contacto con la disciplina del derecho administrativo lo teníamos mediante la doctrina científica representada por los profesores Allan R. Brewer-Carías, Jean Rivero, Massimo Severo Giannini y el catedrático Eduardo García de Enterría.

En octubre de 1986, cuando empezaba el tercer año de la carrera, tuve contacto con don Eduardo García de Enterría por medio del *Curso de derecho administrativo*, que publicaba junto al catedrático Tomás-Ramón Fernández Rodríguez. Ese acercamiento sin duda sería determinante años después, para seleccionar la universidad a la que asistiría —en aquella en que junto a don Jesús González Pérez, don Eduardo impartía clases luego de su prematura jubilación producto de las circunstancias de aquellos tiempos en España—, para investigar y ampliar mis conocimientos sobre derecho administrativo, en virtud de la beca Reconocimiento a la Excelencia Académica, otorgada por la Fundación Gran Mariscal de Ayacucho.

Fue así como en enero de 1994 cuando asistí por primera vez a clases en la Universidad Complutense de Madrid, tuve el privilegio de reencontrarme con el catedrático don Jesús González Pérez —a quien ya había conocido—, antes de conocer personalmente a los catedráticos Fernando Garrido Falla, José Luis Villar Palasí y a Sebastián Martín-Retortillo Baquer, Rafael Gómez-Ferrer Morant, Martin Basolls Coma, Álvaro Gil-Robles, Tomás de la Quadra-Salcedo y por supuesto al amigo y maestro de varios de ellos, Eduardo García de Enterría.

En aquel entonces tuve la oportunidad de recibir clases del catedrático en el seminario que impartía sobre "El sistema jurisdiccional de la Comunidad Europea", que dio origen a la ponencia sobre "Las medidas cautelares en el sistema jurisdiccional de la Comunidad Europea", que fue expuesta ante él el 7 de junio de 1994 y que luego fue ampliada para incluirla en el libro *La tutela judicial efectiva en el contencioso-administrativo*[1].

[1] Víctor R. Hernández-Mendible, *La tutela judicial cautelar en el contencioso-administrativo*, 2ª ed., Caracas, Vadell Hermanos, 1998, págs. 65-83.

Ocho años más tarde tuvimos oportunidad de reencontrarnos con don Eduardo García de Enterría con motivo de la reunión de la Asociación Iberoamericana de Derecho Administrativo, que se realizó en la Universidad Carlos III de Madrid, en octubre de 2002, donde actuó como anfitrión el catedrático don Luciano Parejo Alfonso, junto a los demás catedráticos y profesores del Departamento de Derecho Administrativo de dicha universidad (en esa ocasión formó parte la delegación venezolana el profesor José Luis Villegas Moreno, de la Universidad Católica del Táchira), en el salón dedicado a la memoria de los Abogados de Atocha, oportunidad en la que don Eduardo presentó una ponencia sobre "La responsabilidad del Estado legislador".

B) *Tributo póstumo en la Universidad Complutense de Madrid*

Pasó el tiempo y después de veinte años, el miércoles 29 de enero de 2014, volví a la Facultad de Derecho de la Universidad Complutense de Madrid, para asistir al acto académico en memoria del catedrático don Eduardo García de Enterría.

Este acto se desarrolló en el salón de grados que lleva su nombre, en la misma Facultad de Derecho de la Universidad Complutense de Madrid, oportunidad en que intervinieron los catedráticos y el presidente del Consejo de Estado, en el orden que se menciona a continuación: el decano de la Facultad de Derecho, Raúl Leopoldo Canosa Usera; el director del Departamento de Derecho Administrativo, José Eugenio Soriano García; el presidente del Consejo de Estado, José Manuel Roma Becaría, Jesús González Pérez, Ramón Parada Vásquez, Lorenzo Martín Retortillo, Alejandro Nieto García, Tomás-Ramón, Fernández Rodríguez, Santiago Muñoz Machado y Ricardo Alonso García.

En este espacio que tiene capacidad aproximada para 220 personas estuvieron presentes casi todos los discípulos de la Escuela de García de Enterría que residen en España. Cabe recordar que algunos se han marchado anticipadamente y otros por compromisos personales no pudieron estar físicamente, aunque todos, incluidos los miembros activos no españoles, que por invitación del propio maestro forman parte de la Escuela estuvieron presentes desde la distancia, como sucedió con los profesores Allan Brewer-Carías, Juan Carlos Cassagne, Luciano Vandelli y Diogo Figueiredo Moreira Neto.

En este homenaje póstumo además estuvimos, en representación de los profesores de América, algunos de los que integramos las organizaciones que agrupan al mayor número de académicos que se dedican a las distintas ramas del derecho administrativo en Iberoamérica. Cabe mencionar entre los asistentes: al presidente de la Asociación Internacional de Derecho Administrativo, Libardo Rodríguez Rodríguez, de Colombia; al vicepresidente del Foro Iberoamericano de Derecho Administrativo y presidente de la Asociación Peruana de Derecho

Administrativo, Jorge Danós Ordoñez, de Perú; al presidente de la Asociación Dominicana de Derecho Administrativo, Olivo Rodríguez Huerta, de República Dominicana; al secretario *pro tempore* de la Red de Investigación en Derecho de los Bienes Públicos, Víctor Hernández-Mendible, de Venezuela; a la profesora de la Universidad Central de Venezuela, Aurilivi Linares Martínez, y al profesor de la Universidad de Piura, Orlando Vignolo Cuevas. Además cabe recordar que la catedrática Carmen Chinchilla Marín actuó como anfitriona para los asistentes no españoles.

C) *El homenaje iberoamericano*

Las razones para organizar esta publicación laudatoria a don EDUARDO GARCÍA DE ENTERRÍA son conocidas por todos los que se hayan dedicado seriamente al derecho administrativo en cualquier lugar de América y Europa, por lo que sobra abundar en ello.

De allí que quiera aprovechar este espacio que me brindaron los profesores LIBARDO RODRÍGUEZ RODRÍGUEZ y ALLAN R. BREWER-CARÍAS, de Colombia y Venezuela, respectivamente, y el catedrático LUCIANO PAREJO ALFONSO de España, para felicitarlos públicamente tanto por esta iniciativa como por el éxito de la publicación, y para agradecerles la oportunidad de participar junto a tan distinguidos juristas, con un trabajo orientado a desarrollar unos de los temas a los que don Eduardo se dedicó durante su larga vida académica, tal como se demuestra desde su trabajo todavía vigente, titulado *La lucha contra las inmunidades del poder*, pero al que otorgó especial intensidad desde finales de la década de los ochenta y toda la década de los noventa del siglo XX, tal como consta en *Hacia una nueva justicia administrativa* y *La batalla por las medidas cautelares*. Me refiero al proceso administrativo analizado con la perspectiva del derecho fundamental a la tutela judicial efectiva que tiene anclaje en el artículo 24.1 de la Constitución de España de 1978 y que sirve de referente para estudiar el artículo 69 de la Constitución de la República Dominicana de 2010, lo que se hará en las páginas subsiguientes, con la esperanza de que se encuentre a la altura de este homenaje a la memoria de don EDUARDO GARCÍA DE ENTERRÍA.

2. FUNDAMENTACIÓN DE ESTE ESTUDIO

Una de las proyecciones del supraprincipio republicano de gobierno[2] consiste en que el sistema de control de la actividad administrativa que realizan

[2] VÍCTOR R. HERNÁNDEZ-MENDIBLE, "Los principios generales del derecho en el derecho administrativo", en *Los principios en el derecho administrativo iberoamericano,* Valladolid-Salamanca, Netbiblo-Junta de Castilla y León, 2008, pág. 676.

los órganos que ejercen el poder público es judicialista[3], es decir, es efectuado por el poder judicial conforme a la Constitución y las leyes[4].

En la actualidad el control jurisdiccional de la actividad administrativa efectuada por los órganos que ejercen el poder judicial se debe realizar por medio del proceso administrativo, que constituye el instrumento mediante el cual se garantiza el ejercicio de la tutela judicial efectiva y del debido proceso[5].

Esto tiene particular relevancia, si se tiene presente que hace cuatro años se produjo una modificación constitucional por la Asamblea Nacional Revisora, que con la perspectiva de los derechos fundamentales vino a ampliar el catálogo de derechos anteriormente reconocidos y que en el ámbito procesal se tradujo en la denominada constitucionalización del proceso en general, con su consecuente proyección sobre el procedimiento y el proceso administrativo[6].

La materialización de lo señalado se aprecia en el hecho de que a partir de 2010, ambos derechos —tutela judicial efectiva y debido proceso— han sido objeto de reconocimiento expreso en la norma suprema, tanto al otorgárseles jerarquía normativa constitucional a las convenciones y los tratados internacionales en materia de derechos humanos[7] válidamente suscritos y ratificados

[3] En la doctrina venezolana puede consultarse Allan R. Brewer-Carías, *Nuevas tendencias en el contencioso-administrativo en Venezuela,* Caracas, Editorial Jurídica Venezolana, 1993, pág. 13; Aurilivi Linares Martínez, "Ámbito y objeto de la jurisdicción contencioso-administrativa: hacia la consolidación de tribunales de plena jurisdicción", en *Procedimiento y justicia administrativa en América Latina,* México, D. F., Konrad Adenauer Stiftung, 2009, pág. 295. La explicación del sistema judicialista en la República Argentina puede leerse en Juan Carlos Cassagne, "El sistema judicialista argentino", en *Tratado de derecho procesal administrativo,* t. i, Buenos Aires, La Ley, 2007, págs. 49-72, y más recientemente, Tomás Hutchinson, *Derecho procesal administrativo,* t. i, Buenos Aires, Rubinzal-Culzoni, 2009, págs. 347-380.

[4] Const. Pol., arts. 149, párrs. i a iii, 165.1 y 165.2.

[5] Const. Pol., art. 69.

[6] Const. Pol., art. 69.10.

[7] El art. 74.3 de la Constitución dispone: "Los tratados, pactos y convenciones relativos a derechos humanos, suscritos y ratificados por el Estado Dominicano, tienen jerarquía constitucional y son de aplicación directa e inmediata por los tribunales y demás órganos del Estado".

Al igual que en algunos otros países de Iberoamericana, es posible sostener que en República Dominicana el sistema universal de los derechos humanos constituye parte del bloque de constitucionalidad. Román José Duque Corredor, "Postulados y principios. El sistema constitucional de los Derechos Humanos en la Constitución Venezolana", en *derecho administrativo iberoamericano. 100 autores en homenaje al posgrado de Derecho Administrativo de la Universidad Católica Andrés Bello,* t. i, Caracas, Ediciones Paredes, 2007, págs. 155-171; así mismo, se ha expresado que los instrumentos internacionales en materia de derechos humanos forman parte del "Derecho de la Constitución o bloque de la constitucionalidad". Jinesta Lobo, "La oralidad en el nuevo proceso contencioso-administrativo", en *Procedimiento y justicia administrativa en América Latina,* México, D. F., Konrad Adenauer Stiftung, 2009, pág. 339. En sentido similar, se sostiene que la "decisión de nuestros constituyentes de 1994 de ubicar los tratados de derechos humanos en la cúspide del sistema constitucional —por vía de su incorporación en el art. 75, inc. 22, de la Carta Magna— al tiempo cerró parcialmente a nivel por la República Dominicana, como al hacer mención directa a tales derechos en el propio texto constitucional.

Es así como la Constitución, asumiendo como propios los criterios existentes en los convenios internacionales en materia de derechos humanos suscritos y ratificados por la República Dominicana, instrumentos —repito— a los que la misma norma suprema reconoce jerarquía constitucional[8], dispone su aplicación y vigor en el ámbito interno una vez publicados en forma oficial[9] y promueve la configuración de un proceso tramitado ante tribunales competentes, independientes y predeterminados por la ley, que permitan el ejercicio de las debidas garantías para la protección efectiva de los derechos e intereses legítimos de las personas.

Son estas disposiciones jurídicas previstas en la Constitución las que se analizarán en este trabajo, para garantizar el ejercicio de los derechos fundamentales procesales en el orden jurisdiccional administrativo.

En aras de una mayor claridad en la exposición, dividiré el trabajo de la siguiente manera: se comenzará por analizar los principios que sirven de fundamento al Estado social y democrático de derecho (3); luego se estudiará el derecho fundamental a la tutela judicial efectiva (4); posteriormente se expondrán los derechos y garantías procesales reconocidas en la Constitución (5) y por último, (6), se realizarán algunas consideraciones finales.

3. Principios que fundamentan el Estado social y democrático de derecho

El supraprincipio republicano de gobierno democrático[10] exige que tanto las leyes, los reglamentos, los actos administrativos o las sentencias respeten sus límites y tengan su mismo contenido axiológico, constituyendo la base de la sociedad libre y de todos los actos jurídicos de quienes la integran[11]. Este encuentra su manifestación más acabada en la expresión Estado social y democrático de derecho[12], que tiene como pilares los principios que se enuncian

---

de regulación positiva una discusión sostenida en el plano jurisprudencial [...]". Pablo Ángel Gutiérrez Colantuono, *Administración pública, juridicidad y derechos humanos*, Buenos Aires, Abeledo Perrot, 2009, pág. 3.

[8] Const. Pol., art. 74.3.

[9] Art. 69, *ibid.*

[10] Eduardo Jorge Prats, *Derecho constitucional*, vol. i, Santo Domingo, Gaceta Judicial, 2003, págs. 611-615.

Const. Pol., arts. 4 y 268.

[11] Agustín Gordillo, "Fuentes supranacionales del derecho administrativo", en *Derecho administrativo. Obra colectiva en Homenaje al profesor Miguel S. Marienhoff*, Buenos Aires, Abeledo-Perrot, 1998, pág. 260.

[12] Const. Pol., art. 7º.

en la Constitución de 2010, los cuales establecen los cimientos de la plena constitucionalización del derecho administrativo.

Así las cosas, se establece que la administración pública debe realizar su función vicarial con sometimiento pleno al ordenamiento jurídico del Estado, debiendo destacarse en esta declaración los principios generales del derecho[13] y en caso de contravención los jueces del orden jurisdiccional administrativo se encuentran obligados a establecer la invalidez jurídica de los actos por ella dictados en contravención al derecho[14].

Ello así, se mencionarán algunos de los principios que tienen mayor incidencia en la actividad administrativa de los órganos que ejercen los poderes públicos y cuyo respeto deberán garantizar los tribunales del orden judicial contencioso-administrativo.

1) El principio de supremacía de la Constitución[15] se proyecta sobre el bloque de constitucionalidad[16], conformado por la Constitución, los principios constitucionales y los tratados, pactos y convenios internacionales relativos a derechos humanos suscritos y ratificados por la República Dominicana, que se encuentran revestidos de jerarquía constitucional[17], que son de aplicación directa e inmediata por los tribunales y demás órganos del Estado[18].

Todas estas disposiciones que integran el bloque de constitucionalidad tienen rango, valor y fuerza constitucional, constituyéndose en normas supremas que son el fundamento del resto del ordenamiento jurídico[19].

Ahora bien, el bloque de constitucionalidad puede modificarse mediante los mecanismos de revisión constitucional, conocidos como la reforma[20] o la Asamblea Nacional Revisora[21], debiendo considerarse cualquier otro mecanismo destinado a modificarlo o derogarlo nulo y sin valor jurídico alguno, en cuyo caso el bloque de constitucionalidad no perderá vigencia[22].

Este principio de supremacía del bloque de constitucionalidad se garantiza de varias maneras: la primera es mediante el ejercicio de la acción directa

[13] Art. 138, *ibid.*

[14] Arts. 6º y *ibid.*

[15] Arts. 6º y 184, *ibid.*

[16] Señala Jorge Prats, *op. cit.*, págs. 157-158, al analizar la Constitución Dominicana vigente hasta enero de 2010, que el bloque de constitucionalidad lo conformaban el texto de la Constitución y los convenios internacionales de derechos humanos suscritos y ratificados por el Estado.

[17] Con plena convicción sostiene Duque Corredor, que el sistema de derechos humanos forma parte fundamental del bloque de constitucionalidad. "Postulados y principios...", cit., págs. 155-156.

[18] Const. Pol., art. 74.3.

[19] Art. 7º, *ibid.*

[20] Arts. 267 al 269, *ibid.*

[21] Arts. 270 al 272, *ibid.*

[22] Arts. 6º y 267, *ibid.*

de constitucionalidad, que habilita al presidente de la república, a una tercera parte de los miembros del Senado o de la Cámara de Diputados y a toda persona que tenga interés legítimo y jurídicamente protegido, a formular pretensiones de inconstitucionalidad contra los actos jurídicos —leyes, decretos, reglamentos, resoluciones y ordenanzas—, que vulneren o desconozcan el bloque de constitucionalidad. En este caso, el control de la conformidad a la constitucionalidad lo ejerce el Tribunal Constitucional, que actúa como máximo y último intérprete de la Constitución, garantizando su supremacía y efectividad, velando por la aplicación e interpretación uniforme del contenido y alcance de las normas y principios constitucionales, fijando criterios que serán vinculantes para todos los órganos jurisdiccionales y, por supuesto, para el resto de los poderes públicos[23].

La segunda es mediante la potestad otorgada a los jueces para asegurar la integridad de la constitucionalidad en todos aquellos asuntos de su competencia, que les corresponda sentenciar. En atención a ello, los jueces, actuando de oficio o a instancia de parte interesada, en caso de presentarse incompatibilidad o colisión entre una ley u otra norma jurídica que deba aplicarse para resolver un asunto determinado, con alguna disposición que integre el bloque de constitucionalidad, deberán resolver la excepción de inconstitucionalidad, dándole aplicación preferente a este bloque, salvaguardando así la supremacía de constitucionalidad[24].

Considerada la Constitución la norma suprema y el fundamento de todo el ordenamiento jurídico, todas las personas y los órganos que ejercen el poder público están sujetos a ella, lo que reitera la propia Constitución en el capítulo de los deberes, al señalar que todas las personas tienen el deber de cumplirla y acatarla[25]. Este deber es ratificado respecto a los funcionarios de la administración pública, que en su condición de personas ya estaban llamados a cumplirla, pero además deben hacerlo como funcionarios públicos a cuyo sometimiento se encuentra sujeta toda su actuación[26].

2) El principio de legalidad, entendido en la afortunada frase de Hauriou como bloque de la legalidad[27], que lo integran actualmente las normas contenidas en los tratados, pactos o convenciones internacionales válidamente suscritos y ratificados por la República que tienen rango de ley[28], las leyes orgánicas y

[23] Art. 184, *ibid.*

[24] Art. 188, *ibid.*

[25] Art. 75.1, *ibid.*

[26] Arts. 6º y 138, *ibid.*

[27] Maurice Hauriou, *Précis de droit administratif et de droit public*, 11ª ed., Paris, Sirey, 1927.

José Araujo-Juárez, considera que los principios generales del derecho integran parte del bloque de legalidad. *Derecho administrativo. Parte general,* Caracas, Paredes Editores, 2007, pág. 231.

[28] Const. Pol., arts. 26.1, 26.2 y 93.1.L).

ordinarias[29], pasando a integrar estos, junto a la Constitución, los textos jurídicos que definen las atribuciones de los órganos que ejercen los poderes públicos, a los cuales deben sujetarse las actividades que realicen y que establecen la regulación de los derechos y garantías fundamentales[30]. De allí se derivan los principios siguientes:

a) El principio de legalidad administrativa, que habilita a la administración pública, conforme al criterio de la vinculación positiva, a organizarse y actuar con sometimiento pleno a la ley y al derecho[31].

b) El principio de legalidad presupuestaria, que somete la realización del gasto público a su previsión y aprobación en la ley de presupuesto[32].

c) El principio de legalidad tributaria, según el cual no podrán crearse ni cobrarse impuestos, tasas ni contribuciones que no estén establecidos en la ley, ni podrán concederse exenciones, rebajas o beneficios fiscales, sino en los casos previstos en la ley[33].

d) El principio de legalidad sancionatoria dispone que mediante ley preexistente que se establezcan o modifiquen los delitos, las faltas y las penas, las infracciones administrativas y las sanciones[34].

3) El principio de progresividad de los derechos humanos parte de la premisa de que los instrumentos internacionales y nacionales que reconocen los derechos humanos apenas enuncian los mínimos que deben ser garantizados por los poderes públicos, para que estos puedan ser considerados, ejercidos y disfrutados por sus titulares, pero al tratarse de tales mínimos, la esfera de ejercicio y protección puede ser mejorada, si se prefiere ampliada, en atención a garantizar un tratamiento, disfrute y resguardo más extenso para las personas humanas, que resultan beneficiadas así por la onda expansiva que proyecta el principio de progresividad[35].

La progresividad de los derechos humanos se materializa en sentido negativo, mediante la prohibición establecida a los poderes públicos de desconocer o desmejorar los estándares mínimos reconocidos en los instrumentos internacionales que reconocen los derechos humanos; y se materializa en sentido positivo, por medio de la ampliación del reconocimiento de los actualmente admitidos como tales, el mejoramiento en el desarrollo de su contenido y el fortalecimiento de los mecanismos institucionales de protección que garanticen su efectivo ejercicio y disfrute.

[29] Arts. 112 y 113, *ibid.*
[30] Arts. 74.2 y 112, *ibid.*
[31] Art. 138, *ibid.*
[32] Arts. 233 y 234, *ibid.*
[33] Arts. 243 y 244, *ibid.*
[34] Art. 40.3, *ibid.*
[35] Art. 74.4, *ibid.*

4) El principio del respeto de las situaciones jurídicas subjetivas[36] exige que los órganos que ejercen los poderes públicos actúen respetando el goce y el ejercicio irrenunciable, indivisible e interdependiente de los derechos inherentes a la persona humana, y garantizándolos a todas las personas, reconocidos en la Constitución, en los tratados o convenciones internacionales en materia de derechos humanos o incluso los que no figuren expresamente en dichos instrumentos[37], y de aquellos derechos e intereses reconocidos en la ley, en los actos administrativos, en los contratos celebrados entre los poderes públicos y los particulares. En caso de desconocimiento de estas situaciones se reconocen varios mecanismos eficaces para el restablecimiento de las situaciones jurídicas subjetivas lesionadas por la actividad de los poderes públicos, debiendo destacarse los procesos de *habeas data*[38], *habeas corpus*[39], amparo constitucional[40] y el proceso administrativo[41].

5) El principio de la separación de las ramas del poder público, que según la tradición liberal era rígido, existiendo un poder que creaba la ley, la cual constituía una expresión de la voluntad de pueblo; un poder que ejecutaba y cumplía la ley y un poder que velaba por el cumplimiento efectivo de la ley y administraba la justicia, ahora ha sido flexibilizado y si bien se admite que cada uno de los poderes públicos tienen funciones propias, ello no constituye óbice para que colaboren entre sí, a los fines de contribuir a la realización de los cometidos del Estado[42].

La distribución del poder público se expresa mediante el establecimiento de una rama denominada poder legislativo, otra poder ejecutivo y otra poder judicial, que son independientes en el ejercicio de sus funciones, que le atribuyen tanto el bloque de constitucionalidad como el bloque de legalidad.

6) El principio democrático se manifiesta en lo político, mediante la garantía de las libertades democráticas, el pluralismo y la alternabilidad, para que se pueda ejercer el derecho al sufragio activo y pasivo, mediante la realización de elecciones periódicas de las autoridades, que sean públicas y transparentes, por medio del sufragio universal, libre, directo y secreto, como expresión de la soberanía popular (principio de la democracia representativa)[43], con estímulo, fomento y desarrollo de todos los mecanismos que posibiliten la participación en los asuntos públicos (principio de la democracia participativa)[44].

[36] Arts. 7, 38 y 68, *ibid.*
[37] Art. 74.1, *ibid.*
[38] Art. 70, *ibid.*
[39] Art. 71, ibid
[40] Art. 72, *ibid.*
[41] Art. 164, *ibid.*
[42] Arts. 4º y 7º, *ibid.*
[43] *Id.*
[44] Arts. 203, 206, 208, 210 y 272, *ibid.*

Hay que tener presente que además de la democracia política se propugna la democracia social con la finalidad de lograr el efectivo acceso universal a bienes y servicios de calidad, que permitan satisfacer las necesidades esenciales, garantizando progreso en el nivel de vida, una mejora de la convivencia y una auténtica cohesión social en la población[45], permitiendo alcanzar la igualdad y solidaridad con responsabilidad y libertad, lo que asegura una auténtica paz social; y la democracia económica, en la que conviven las libertades económicas con las distintas modalidades de intervención del Estado (regulaciones, restricciones, limitaciones), que sean estrictamente necesarias, adecuadas y proporcionales para garantizar las efectivas condiciones para el ejercicio de estas libertades y la satisfacción del interés general[46].

7) El principio de la responsabilidad de los órganos que ejercen el poder público. El artículo 38 de la Constitución dispone: "El Estado se fundamenta en el respeto a la dignidad de la persona y se organiza para la protección real y efectiva de los derechos fundamentales que le son inherentes. La dignidad del ser humano es sagrada, innata e inviolable; su respeto y protección constituyen una responsabilidad esencial de los poderes públicos".

El Estado de derecho tiene uno de sus fundamentos en el principio de responsabilidad de todos los órganos que integran los poderes públicos[47], y tal responsabilidad se manifiesta en el plano internacional, en general, por incumplimiento de obligaciones internacionales[48] y en concreto, por la violación de derechos fundamentales de las personas físicas, cuando no han podido ser reparados mediante el orden interno de cada país.

En el ámbito nacional el Estado es responsable por los daños y perjuicios tanto a las personas naturales como a las personas morales o jurídicas, que por actuación u omisión administrativa antijurídica les sean imputables a las personas jurídicas de derecho público o a sus funcionarios[49].

En todo caso, se debe tener presente que el reconocimiento de la responsabilidad será conjunta y solidaria entre las personas públicas y sus funcionarios, en los términos que determine la ley.

8) El principio de control jurisdiccional pleno o de universalidad de control de los actos de los poderes públicos implica que no existen vacíos o lagunas en el control jurisdiccional de la actividad e inactividad, formal o material, de

[45] Art. 174, *ibid.*

[46] Arts. 50 a 53; 147.3 y 217 al 222 *ibid.*

[47] Sostiene Gordillo, que justamente lo que caracteriza a un principio es que tiene un contenido tan fuerte y tan profundo que su aplicación debe ser extensiva y desbordar el simple marco de interpretación literal, determinando así de forma integral cual debe ser la orientación de la institución por el que se ejecuta. "Fuentes supranacionales...", cit., pág. 260.

[48] Corte Interamericana de Derechos Humanos, sent. de 5 de febrero de 2001, caso Olmedo (Última *Tentación de cristo*) *vs* Chile.

[49] Const. Pol., art. 148.

los poderes públicos. Es así como conforme al derecho público subjetivo de acceder a los órganos jurisdiccionales y de solicitar tutela judicial efectiva de los derechos e intereses, todas las personas pueden acudir a las instancias jurisdiccionales competentes, para que una vez tramitado el debido proceso se produzca la sentencia fundada en derecho que resuelva la controversia planteada[50].

La existencia de la jurisdicción contencioso-administrativa encuentra una de sus razones de ser en la imposibilidad de aceptar la existencia de un poder del Estado que en ejercicio de la función administrativa realice una actuación o le sea imputable una omisión que sea inmune al control jurisdiccional, pues la garantía de la universalidad del control constituye uno de los cimientos sobre los cuales descansa el Estado de derecho[51].

En el mundo actual, la amplitud y plenitud del control jurisdiccional vienen impuestas tanto por el mandato de derecho a la tutela judicial efectiva[52], que no deja resquicio alguno de actuación u omisión que escape a ella, como por el reconocimiento constitucional del orden jurisdiccional administrativo[53], como el llamado a determinar si los órganos que ejercen el poder público en ejercicio de la función administrativa han actuado con estricto sometimiento a la Constitución, la ley y el derecho[54].

Si bien el legislador puede condicionar la formulación de las demandas al cumplimiento de unos requisitos determinados, ello debe hacerse conforme a la debida racionalidad en la interpretación constitucional, para encauzar que el proceso se desarrolle de manera válida, pero en ningún caso pueden utilizarse tales formalidades para impedir la procedencia del control jurisdiccional.

De allí que ninguna ley puede establecer la inmunidad jurisdiccional de determinadas conductas, actuaciones u omisiones, sin incurrir en infracción del orden jurídico constitucional[55] y sin que ello suponga una violación del principio de interdicción de la arbitrariedad de los órganos que ejercen el poder público; por tanto, todo intento de exclusión de control jurisdiccional de los órganos del poder público es inaceptable, por constituir un atentado a la garantía de la universalidad del control, que sirve de soporte al Estado de derecho.

[50] Arts. 69, 139, 164 y 184, *ibid.*

[51] EDUARDO GARCÍA DE ENTERRÍA, "La lucha contra las inmunidades del poder en el derecho administrativo", en *Revista de Administración Pública,* núm. 38, Madrid, 1962, págs. 159-205; ALLAN R. BREWER-CARÍAS, *Estado de derecho y control judicial,* Madrid, Instituto Nacional de Administración Pública, 1987; JESÚS GONZÁLEZ PÉREZ, *Comentarios a la Ley de la Jurisdicción Contencioso-Administrativa,* 4ª ed., Madrid, Civitas, 2003, pág. 20.

[52] Const. Pol., art. 69.

[53] Art. 163, *ibid.*

[54] Arts. 138 y 139, *ibid.*

[55] Arts. 6º y 73 *ibid.*

JOSÉ ARAUJO JUÁREZ, *Principios generales del derecho procesal administrativo,* 2ª ed., Caracas, Vadell Hermanos, 1997, págs. 121-122 y 391-392.

Dado que la jurisdicción contencioso-administrativa está llamada a garantizar el ejercicio de la tutela judicial efectiva y el debido proceso frente a los órganos del Estado que realizan la función administrativa, seguidamente se analizará el contenido de cada uno de estos derechos fundamentales, a los fines de esbozar como podrían desarrollarse en la Ley de la Jurisdicción Contencioso-Administrativa.

4. Derecho fundamental a la tutela judicial efectiva

Es un derecho inherente a la persona humana, según sostiene González Pérez, "le viene impuesto a todo Estado por principios superiores que el derecho positivo no puede desconocer, y existe con independencia de que figure en las declaraciones de derechos humanos y pactos internacionales, constitucionales y leyes de cada Estado"[56].

No obstante, a partir de la entrada en vigencia de la Constitución de 2010, no existe ningún género de dudas sobre el expreso reconocimiento constitucional del derecho a la tutela judicial efectiva en la República Dominicana. Es así como el artículo 69 dispone que "toda persona, en el ejercicio de sus derechos e intereses legítimos, tiene derecho a obtener la tutela judicial efectiva, con respeto del debido proceso que estará conformado por las garantías mínimas que establecen a continuación:".

Esta disposición permite considerar que el derecho a la tutela jurisdiccional efectiva consiste en el que tienen las personas de acceder a los órganos jurisdiccionales, para solicitar la protección de sus derechos e intereses contra quienes los lesionen, debiendo alegar y probar todo aquello que consideren pertinente, sin que en ningún caso —estado y grado del proceso— se les pueda menoscabar el derecho a la defensa. Igualmente, supone el derecho a obtener una tutela judicial cautelar adecuada y eficaz que garantice la eventual ejecución del fallo o evite que se continúe produciendo el daño irrogado por la otra parte, y a obtener un fallo fundado en derecho, que de resultar favorable a sus pretensiones, permita alcanzar la ejecución de la sentencia, incluso de manera forzosa, en contra de la voluntad del perdidoso.

El derecho a la tutela jurisdiccional efectiva incluye los elementos que se analizarán seguidamente:

A) *Derecho de acceso a la justicia*

Toda persona tiene derecho de acceso a los órganos jurisdiccionales, para lo cual se requiere, por una parte, la existencia de unos tribunales a los que se

[56] Jesús González Pérez, *El derecho a la tutela jurisdiccional,* 3ª ed., Madrid, Civitas, 2004, pág. 26.

pueda acudir para solicitar la administración de justicia[57], y por la otra, que la configuración jurídica del proceso no contenga obstáculos insalvables para la producción de la sentencia de fondo, es decir, de una sentencia sobre el mérito de la controversia[58].

Debe tenerse presente que ninguna norma legal puede prohibir o impedir el derecho de las personas de acceso a los órganos jurisdiccionales; sin embargo, ello no es óbice para que se establezcan requisitos procesales que regulen la tramitación del proceso de una manera adecuada, para permitir que se llegue a la sentencia que resuelva finalmente la controversia.

No toda formalidad que legalmente se exija para la admisión y continuación del trámite del proceso es constitucionalmente legítima; solo lo será en la medida en que no constituya un obstáculo irracional, un requisito formal tan riguroso que resulte contrario a la posibilidad de lograr la tutela judicial efectiva.

Por ello, la interpretación del derecho de acceso a la justicia que se puede concretar en expresiones como el principio *pro actione* o principio en favor de la pretensión, impone retirar obstáculos, condiciones o requisitos que no sean esenciales para garantizar el acceso a los órganos jurisdiccionales, en virtud de lo cual las formalidades solo deben ser las estrictamente necesarias para garantizar el fin último del proceso, que no puede ser otro que la materialización de la justicia.

Así las cosas, el derecho de acceso a la justicia demanda que no se imponga el cumplimiento de condiciones, limitaciones o restricciones que no sean proporcionales, racionales y necesarias para garantizar la sustanciación del proceso que conduzca al órgano jurisdiccional a producir una sentencia fundada en derecho.

Las formalidades expresa y legalmente establecidas son las únicas admisibles siempre que se interpreten y apliquen conforme a la posibilidad de lograr un real acceso a la jurisdicción para garantizar una justicia material, real y primordialmente efectiva, conforme a las exigencias del orden constitucional.

B) *Derecho a formular alegatos*

Toda persona que aspire a tutelar sus derechos e intereses tiene la carga de formular la alegación de sus pretensiones; es decir, tiene que argumentar las razones de hecho y de derecho que sirven de sustento a sus planteamientos, los cuales deben ser lícitos, conformes al orden público y a las buenas costumbres.

[57] JESÚS GONZÁLEZ PÉREZ, "Constitución y justicia administrativa", en *Revista Iberoamericana de Derecho Público y Administrativo*, núm. 2, San José de Costa Rica, 2002, págs. 11-13.

[58] JESÚS GONZÁLEZ PÉREZ, *Comentarios a la Ley de la Jurisdicción Contencioso-Administrativa,* 4ª ed., Madrid, Civitas, 2003, pág. 20.

No pueden formularse pretensiones procesales contrarias al ordenamiento jurídico, porque de así ocurrir, el órgano jurisdiccional se vería en la imposibilidad de pronunciarse favorablemente sobre el mérito de la controversia.

La pretensión procesal no solo debe ser acorde al ordenamiento jurídico, sino que además debe plantearse de manera pertinente en el tiempo; valga decir, debe ser oportuna para que no sea rechazada por haber prescrito el derecho o interés o por haber caducado la posibilidad de formular la pretensión.

El derecho de formular alegatos debe interpretarse en el sentido más amplio posible y puede valorarse a partir de una doble perspectiva:

a) Desde el punto de vista cuantitativo, el derecho a presentar alegatos en los plazos preclusivos establecidos en la ley no puede implicar que dentro de estos se preestablezcan límites máximos de tiempo a la exposición, porque la complejidad de cada caso justifica una racional valoración del órgano jurisdiccional, que siempre, teniendo por norte el principio *pro libertate,* debe ser lo más flexible posible para permitir que las partes efectúen sus exposiciones dentro del proceso y tampoco deben establecerse límites de cantidad de páginas a las que debe circunscribirse la exposición de los alegatos en un escrito determinado.

b) Desde el punto de vista cualitativo, el derecho a formular alegatos debe interpretarse, ejercerse y reconocerse de manera interdependiente tanto con el principio general de libertad[59] como con el derecho a expresarse libremente de viva voz o por escrito[60], el cual encuentra como límites también la prohibición de promoción de la guerra, de la discriminación, de la intolerancia religiosa o política y de la exhortación al desconocimiento de las instituciones democráticas, pero además demanda el respeto de los derechos fundamentales de los demás, valga decir, el respecto de la dignidad humana[61], la protección del honor, la vida privada, la intimidad y la propia imagen[62].

Por último, por razones eminentemente éticas, las partes y sus representantes judiciales deben dirigirse al tribunal y entre sí, formulando sus exposiciones verbales o comunicaciones escritas con apego a la verdad, actuando de buena fe, con decoro, respeto y educación.

C) *Derecho a presentar medios probatorios*

Toda persona que pretenda la tutela de sus derechos e intereses tiene la carga de promover los medios de pruebas que avalen sus alegatos y planteamientos[63].

[59] El art. 43 de la Constitución, que contiene el principio general de libertad.

[60] Const. Pol., art. 49.

[61] Art. 38, *ibid.*

[62] Art, 44, *ibid.*

[63] Víctor R. Hernández-Mendible, "El derecho constitucional a la prueba en los procesos administrativos", en *Actualidad del contencioso-administrativo y otros mecanismos de control del poder público*, Caracas, Editorial Jurídica Venezolana-CAJO, 2013, págs. 525-562.

La obtención y producción de los medios de pruebas debe ser conforme a la Constitución y las leyes, pues una prueba obtenida en un registro domiciliario sin una orden judicial previa[64], la captación de unos hechos mediante la interceptación de las comunicaciones telefónicas sin que se haya dictado una orden judicial al respecto[65], una confesión obtenida mediante tortura[66] o la adquisición de una declaración escrita mediante la violación de la correspondencia privada[67] son algunos ejemplos de pruebas obtenidas en violación de derechos constitucionales.

Por ello la carga de la producción de los medios probatorios debe realizarse conforme a los principios de licitud, honradez, transparencia y lealtad procesal, porque únicamente las pruebas obtenidas y producidas conforme a estos principios podrán incorporarse al proceso para que logre alcanzar su fin.

No debe admitirse como probado un hecho controvertido, por cierto que sea, mediante una prueba obtenida en contravención del ordenamiento jurídico, pues ninguna sentencia puede estar real y eficazmente fundada en derecho, cuando para su producción se ha tenido que acudir a la demostración de los hechos en violación del mismo derecho que se pretende proteger.

D) *Derecho a solicitar medidas cautelares*

El derecho a solicitar medidas cautelares constituye un derecho subjetivo que debe garantizarse siempre y cuando se cumplan los presupuestos procesales para su concesión, en cuyo caso el órgano jurisdiccional no tiene discrecionalidad para otorgar o negar las medidas cautelares, sino que se encuentra ante una auténtica obligación de concederlas, a los fines de garantizar la tutela judicial efectiva.

La tutela judicial no es efectiva si el órgano jurisdiccional no cuenta con las adecuadas potestades que garanticen la protección cautelar, mientras se produce la sentencia que reconozca la existencia del derecho o interés cuya tutela se reclama.

Quien asiste al proceso lo hace con una doble finalidad: por una parte, que se reconozca su derecho, y por otra, hacer efectiva la norma jurídica que resulta aplicable a dicho reconocimiento, que garantiza la existencia y el ejercicio del derecho.

La justificación de las medidas cautelares nace de la imposibilidad de que concuerden en un mismo momento la existencia del derecho (atribuido por la norma jurídica) con su reconocimiento (que realiza el órgano jurisdiccional).

[64] Const. Pol., art. 44.1.

[65] Art. 44.3, *ibid.*

[66] Arts. 42.1 y 69.6, *ibid.*

[67] Art. 44.3, *ibid.*

Así, las medidas cautelares persiguen garantizar que cuando se produzca la comprobación jurisdiccional de la existencia del derecho, tal reconocimiento que tiene los caracteres de definitividad y certeza del derecho preexistente no se haga ilusorio sino que, por el contrario, pueda hacerse efectivo.

Por ello, la tutela judicial cautelar busca lograr que el tiempo que debe transcurrir entre la existencia del derecho y el reconocimiento de este no incida en la efectividad de tal reconocimiento, al extremo de hacer ilusorio el derecho y en consecuencia inútil, la función jurisdiccional de dictar sentencia para administrar justicia[68].

E) *Derecho a una sentencia fundada en derecho*

El derecho de toda persona a obtener una sentencia fundada en derecho lleva a precisar qué implicaciones se derivan de ello.

En primer lugar nótese que una decisión jurisdiccional fundada en derecho debe ser tanto la que se pronuncia sobre una cuestión de admisibilidad o previa, como una sentencia que se pronuncia sobre el mérito de la controversia.

Además, una sentencia fundada en derecho es la que cumple con todos los extremos legales esenciales para que se repute como formalmente válida; pero también debe pronunciarse sobre el asunto controvertido, valorando adecuadamente las pruebas, resolviendo todas las pretensiones formuladas por las partes y aplicando para ello correctamente la norma jurídica; es decir, lo fundamental es que consista en una sentencia que analice todo lo alegado y probado en el proceso.

En segundo lugar, téngase presente que el derecho a obtener una sentencia fundada en derecho no supone que el órgano jurisdiccional resuelva en favor de la pretensión del actor, es decir, que sea favorable a quien promueve el proceso, sino que la decisión se profiera debidamente motivada y sea congruente.

F) *Derecho a la ejecución del fallo*

Toda persona que resulte vencedora en un proceso y en consecuencia beneficiada por el fallo judicial tiene derecho a la ejecución de la sentencia. En tal

[68] La doctrina científica ha sido copiosa al analizar el desarrollo de la institución de las medidas cautelares en el proceso administrativo como atributo fundamental del derecho a la tutela judicial efectiva. Baste recordar entre otros a ALLAN R. BREWER-CARÍAS, "Los efectos no suspensivos del recurso contencioso administrativo de anulación y sus excepciones", en *Revista de la Facultad de Derecho de la Universidad Central de Venezuela*, núms. 57-58, Caracas, 1968, que dio oportuna cuenta de la primera de ellas; luego haría lo propio respecto a la evolución, LUIS ORTIZ, *Jurisprudencia de medidas cautelares. 1980-1994,* Caracas, Editorial Jurídica Venezolana, 1995. Posteriormente, con aportes de la bibliografía europea como iberoamericana se recomienda, VÍCTOR R. HERNÁNDEZ-MENDIBLE, *La tutela judicial cautelar en el contencioso-administrativo,* 2ª ed., Caracas, Vadell Hermanos, 1998; y más recientemente, íd., "Cuarenta años de historia de las medidas cautelares en el proceso administrativo venezolano", en *Revista de Derecho Público*, núm. 30, Montevideo, 2007, págs. 153-184.

ejecución intervienen tanto las partes como el órgano jurisdiccional. Esto lleva a analizar los distintos aspectos involucrados en la ejecución de la sentencia[69].

El fundamento del derecho a lograr la ejecución de la sentencia se encuentra establecido en la Constitución, en atención a los siguientes postulados:

a) El derecho público subjetivo a la tutela judicial efectiva, que no se alcanzará si no se cumple realmente lo decidido por el órgano jurisdiccional[70].

b) El reconocimiento a los órganos jurisdiccionales no solamente de la potestad de juzgar, sino de hacer ejecutar lo sentenciado[71].

c) La obligación de todas las personas de cumplir los actos que en ejercicio de sus competencias dicten los órganos que ejercen el poder público[72].

De estos postulados constitucionales derivan derechos y obligaciones que se mencionarán seguidamente.

Quien haya resultado vencedor de manera total o parcial en el proceso, tiene legitimación para ejercer los siguientes derechos:

a) El derecho a obtener una ejecución de sentencia en sus propios términos y oportunamente.

b) El derecho a solicitar la adopción de las medidas encaminadas a la ejecución forzosa.

c) El derecho a pretender del órgano jurisdiccional la supresión de los obstáculos para la ejecución de las sentencias.

d) El derecho a solicitar la imposición de multas coercitivas, respecto a las personas que no cumplan su obligación de ejecutar las sentencias.

Quien haya resultado vencido de manera total o parcial en el proceso tiene las siguientes obligaciones:

a) La obligación de ejecutar la sentencia voluntaria e íntegramente.

[69] Eduardo García de Enterría, *Hacia una nueva justicia administrativa,* 2ª ed. ampliada, Madrid, Civitas, 1992; Miguel Beltrán de Felipe, *El poder de sustitución en la ejecución de las sentencias condenatorias de la administración,* Madrid, Civitas, 1995; Tomás-Ramón Fernández, "Una revolución de terciopelo que pone fin a un anacronismo (la Ley de 8 de febrero de 1995 y las nuevas reformas del contencioso-francés)", en *Revista Española de Derecho Administrativo,* núm. 91, Madrid, Civitas, 1996, págs. 385-402; Víctor R. Hernández-Mendible, "¿Nueva revolución en Francia: la posibilidad de dictar órdenes de ejecución contra la administración?", en *Procedimiento administrativo, proceso administrativo y justicia constitucional,* Caracas, Vadell Hermanos, 1997, págs. 203-223; José I. Hernández, "El poder de sustitución del juez contencioso-administrativo: contenido y ejecución de sentencia", en *El contencioso-administrativo hoy,* Caracas, Funeda, 2004, págs. 305-320; *id.,* "Ejecución de la sentencia en el orden contencioso-administrativo", en *El contencioso administrativo,* Caracas, Funeda, 2006, págs. 303-331.

[70] Const. Pol., art. 69.

[71] Art. 149, párr. i, *Ibid.*

[72] Art. 75.1, *Ibid.*

b) La obligación de adoptar las medidas adecuadas y necesarias para materializar la ejecución de la sentencia.

c) La obligación de no efectuar actuaciones destinadas a frustrar la ejecución de la sentencia.

d) La obligación de colaborar con los órganos que ejercen el poder público en el cumplimiento de las decisiones judiciales.

No obstante, siendo el derecho a la tutela judicial efectiva un derecho que se alcanza mediante el reconocimiento e interaplicación de otro derecho fundamental, seguidamente se analizará el otro derecho procesal reconocido por la Constitución.

5. Derecho fundamental al debido proceso

La Constitución ha reconocido un conjunto de derechos fundamentales y garantiza su efectividad por medio de los mecanismos de tutela y protección[73], que conducen a interpretarlos y aplicarlos en el sentido más favorable a sus titulares, de parte de los poderes públicos[74], es decir, conforme al principio de progresividad. Entre ellos cabe subrayar los diversos derechos procesales que se encuentran expresamente mencionados en el artículo 69 de la Constitución y que deben interpretarse y correlacionarse con el derecho a la tutela judicial efectiva.

A) *El derecho a la justicia accesible, oportuna y gratuita*

El primer atributo del derecho fundamental al debido proceso, se enuncia en el artículo 69.1 de la Constitución, caracterizándose por tres elementos: accesibilidad, oportunidad y gratuidad.

a) *Acceso a la justicia.* Toda persona tiene derecho de acceso a los órganos jurisdiccionales, para lo cual se requiere, por una parte, la existencia de unos tribunales en los que se pueda acudir para solicitar justicia[75] y por otra, que la configuración jurídica del proceso no tenga obstáculos insalvables para la producción de la sentencia de fondo, es decir, de una sentencia sobre el mérito de la controversia[76].

Debe tenerse presente que ninguna norma legal puede prohibir o impedir el derecho de las personas al acceso a los órganos jurisdiccionales, sin embargo, ello no constituye óbice para que se establezcan requisitos procesales que regulen la tramitación de la demanda en el proceso de una manera adecuada,

[73] Art. 69, *Ibid.*

[74] Art. 74.4, *Ibid.*

[75] Jesús González Pérez, "Constitución y Justicia Administrativa", cit., págs. 11-13.

[76] Jesús González Pérez, *Comentarios a la Ley de la Jurisdicción Contencioso-Administrativa, op. cit.*, pág. 20.

para permitir que se llegue a la sentencia fundada en derecho que resuelva finalmente la controversia.

No toda formalidad que legalmente se exija para la admisión y continuación de la tramitación del proceso es constitucionalmente legítima; solo lo será en la medida en que no constituya un obstáculo irracional, un requisito tan riguroso que resulte contrario a la posibilidad de lograr la tutela judicial efectiva.

Por ello, la interpretación del derecho de acceso a la justicia que se puede concretar en expresiones como el principio *pro actione* o principio en favor de la pretensión impone que no se establezcan obstáculos, condiciones o requisitos que no sean esenciales para garantizar el acceso a los órganos jurisdiccionales, en virtud de lo cual las formalidades únicamente deben ser las estrictamente necesarias para garantizar el fin último del proceso, que no puede ser otro que la materialización de la justicia.

Así pues, las formalidades expresas y legalmente establecidas son las únicas admisibles siempre que se interpreten y apliquen conforme a la posibilidad de lograr un auténtico acceso a la jurisdicción para garantizar una justicia material, real y primordialmente efectiva, según las exigencias del orden constitucional.

Como se puede observar, aquí existe una concurrencia plena respeto a lo anteriormente analizado, en cuanto al acceso al derecho a la tutela judicial efectiva.

b) *El acceso oportuno.* El acceso oportuno a la justicia, en el marco del proceso administrativo, se encuentra relacionado con una condicionante muy particular, como lo constituye la obligación jurídica que algunas legislaciones les imponen a los particulares de agotar previamente la vía administrativa o gubernativa antes de intentar las demandas ante los tribunales del orden jurisdiccional administrativo; es decir, aquella se convierte en una condición insoslayable para tener un efectivo y oportuno acceso a la justicia.

Esto ha generado un debate en la doctrina científica continental en favor y en contra de mantener la obligatoriedad de los recursos administrativos, como presupuesto necesario para tener acceso a la vía jurisdiccional; no obstante, una propuesta intermedia entre la posición que se inclina por mantenerla y la que se pronuncia por eliminarla consiste cambiarle de naturaleza jurídica, sin tener que proceder a eliminarla definitivamente.

Lo que se plantea es cambiar la regulación de la formulación de los recursos administrativos para los interesados, no como una obligación que siempre debe tramitarse para tener acceso a los órganos jurisdiccionales; sino como un derecho que les otorgue libertad de elegir entre ejercer los recursos administrativos antes de acudir a dichos órganos o dirigirse directamente a estos y formular las demandas, situación que siempre le deberá ser advertida en la respectiva notificación que realice la autoridad administrativa para que los lapsos puedan transcurrir de manera eficaz.

c) *El acceso gratuito.* Otro de los principios que ha establecido la Constitución es la gratuidad. Así, se aprecia que el artículo 149 de la Constitución señala que el Estado debe garantizar una "justicia gratuita", expresión que interpretada aisladamente haría pensar que las personas que acuden ante los órganos jurisdiccionales para que se les conceda la justicia del derecho que reclaman no están obligadas a efectuar pago de ninguna naturaleza por las actuaciones procesales.

Todo proceso tiene un costo; no existe un proceso totalmente gratuito para las partes porque las actuaciones jurisdiccionales que no generen pago directo de los usuarios del sistema judicial se van a pagar por medio del presupuesto general del poder judicial, integrado, entre otros ingresos, por los impuestos que pagan las personas, con independencia de que utilicen o no el sistema de justicia, y las actuaciones que requieran un pago concreto del beneficiario de ella, deberán ser sufragadas directamente por el interesado, en la oportunidad que la ley tenga establecido para ello.

En virtud de ello, debe interpretarse que el principio de gratuidad no supone la supresión de todos los pagos; solo excluye los de naturaleza arancelaria que están relacionados con el servicio de administración de justicia, que deberán efectuar las personas que acudan ante los órganos jurisdiccionales en busca de justicia, sin perjuicio de la obligación del pago de los honorarios profesionales que cada parte debe efectuar a sus respectivos abogados por su trabajo, de conformidad con la ley.

B) *Derecho a ser oído en un plazo razonable*

Toda persona tiene garantizado el goce y ejercicio del complejo derecho a la defensa, que comprende el derecho a formular alegatos en cualquier estado y grado de proceso, a que estos sean oídos con las debidas garantías, es decir, a la posibilidad de intentar excepciones, objeciones e impugnaciones y presentar medios probatorios establecidos en el ordenamiento jurídico, y a disponer de un plazo razonable que debe estar determinado legalmente.

Este derecho incluye el efectivo acceso al expediente, la revisión de las actas procesales, a obtener copia de los documentos y medios probatorios que cursen en él y a que la ley otorgue un tiempo prudencial para preparar los argumentos que se pretendan formular durante la tramitación del proceso.

Más allá de la conformación legal del proceso en la actualidad, la interpretación progresiva del derecho por los órganos jurisdiccionales ha apostado por la efectiva protección del derecho a la defensa de quienes no siendo los actores de las pretensiones que dan comienzo al proceso, sin embargo son titulares de derechos o interés relacionados con el asunto que ha generado la controversia y pueden verse afectados por la sentencia que la resuelve, en virtud de que esta pueda hacerse ejecutoria contra ellos o pueda hacer nugatorio su derecho, menoscabarlo o desmejorarlo.

En estos casos, para salvaguardar el ejercicio del derecho a la defensa en todo estado del proceso, se debe disponer que una vez producida la admisión de la demanda, el tribunal proceda a identificar a todas estas personas que puedan tener algún interés en aquel, bien por haber participado o intervenido en los procedimientos que constan en el expediente administrativo o porque sin haber intervenido en sede administrativa, son destinatarias o beneficiarias de alguna actuación de los órganos del poder público relacionada con el proceso que cursa en el tribunal, de donde se deriva el derecho a ser oídas para formular los alegatos que consideren pertinentes.

Una vez identificadas estas personas, el tribunal tiene que proceder a comunicarles la existencia del proceso mediante citación o notificación personal y en caso de no lograrse esta, entonces deberá proceder por medio de edictos, en aras de garantizar una posibilidad efectiva de ejercicio del derecho a la defensa.

En República Dominicana el idioma oficial es el español[77], que en consecuencia es el que utiliza la población en su vida común y que se usa en los actos oficiales.

Ello plantea que cuando una persona no habla o no entiende el idioma por medio del cual se comunican todas las actuaciones de los órganos que ejercen el poder público, a los fines de garantizarle el efectivo ejercicio del derecho a la defensa en lo que respecta a la posibilidad de que formule y se escuchen sus alegatos, y que pueda tener conocimiento de los planteamientos de su contraparte, tiene derecho a ser asistida por un intérprete oficial, y en caso que no lo pueda contratar, el Estado le deberá suministrar un intérprete público.

Igualmente sucede con las personas que tienen algún tipo de discapacidad auditiva o fonética; a los fines de ejercer su derecho a ser oídas, pueden contar con la asistencia de una persona que conozca el lenguaje de las señas, que pueda desempeñarse como intérprete sobre los asuntos que se debaten y los planteamientos, alegatos y argumentos que quieran exponer las personas discapacitadas, en tanto que las personas invidentes tienen derecho a que se les garantice la lectura de los documentos que se encuentren en el proceso, y a poder comunicarse mediante el sistema de escritura Braille.

C) *Derecho a un tribunal competente, independiente e imparcial establecido en la ley*

Toda persona tiene derecho a que los asuntos judiciales que le conciernen sean planteados, conocidos y decididos por un tribunal competente, independiente e imparcial, que deberá estar predeterminado en la Constitución o en la ley[78]. Por mandato constitucional, todos los jueces deben ser independientes,

[77] Const. Pol., art. 29.
[78] Art. 69.2, *ibid.*

imparciales, responsables e inamovibles[79]. El derecho analizado demanda que el órgano jurisdiccional tenga las características siguientes:

a) *Competencia.* Como sucede con todos los órganos que ejercen el poder público, está determinada por la Constitución y las leyes[80]. Conforme a ello, los órganos jurisdiccionales que resuelven los conflictos entre sujetos de derecho deben ser los que en razón de la materia, la cuantía o el territorio tengan atribuido, mediante ley, el conocimiento de tales asuntos.

La competencia constituye un presupuesto de validez de la sentencia de fondo; pero ello no impide que los jueces que no tienen la competencia para resolver el conflicto puedan recibir ciertas diligencias procesales o realizar pruebas, recibir válidamente una declaración judicial o incluso conceder medidas cautelares, siempre que ello se haga con fundamento en las normas jurídicas que les reconozcan competencia para este tipo de actuaciones.

b) *Independencia.* Es una exigencia constitucional[81] que puede analizarse con una triple perspectiva: por una parte, se entiende en el sentido de no estar vinculada con otra persona, de no depender intelectual, económica, profesional o moralmente de ella y, por tanto, no estar sujeta a sus órdenes o instrucciones y menos aún si esa persona puede tener un interés jurídico en un proceso.

Por otra parte se proclama la independencia, como la ausencia de vínculo con los otros órganos que ejercen el poder público, lo que exige que cada uno de ellos en el ejercicio de sus funciones y con estricto apego a la Constitución y las leyes resuelva lo que corresponde, sin más límites que los que imponen el ordenamiento jurídico y la conciencia del juzgador.

Existe un tercer escenario en el cual se debe manifestar la independencia, que es respecto a las organizaciones intermedias, los partidos políticos, las organizaciones no gubernamentales, la sociedad civil organizada, los grupos económicos y los medios de comunicación social.

c) *Imparcialidad.* Debe traducirse en que no se prejuzgue o anticipe una valoración de un asunto sin escuchar a todas las partes involucradas y considerado los hechos alegados y efectivamente probados conforme a la norma jurídica que resulte aplicable al asunto que se ha de resolver[82]. La imparcialidad exige que se actúe con objetividad, y en consecuencia, demanda del órgano jurisdiccional una actuación sin prejuicios, sin prevención respecto a alguna de las partes o sin tener un completo conocimiento del asunto.

La ausencia de imparcialidad o el temor a que esta se vea afectada puede generar la aplicación de instituciones procesales como el avocamiento (que altera la competencia en grado y puede afectar el derecho a la doble instancia)

[79] Art. 151, *ibid.*

[80] Art. 149, párr. II, *ibid.*

[81] Arts. 4º y 151, *ibid.*

[82] Arts. 69.2 y 151, *ibid.*

o la radicación (que afecta la competencia por el territorio). Sin embargo, ambas deben aplicarse con la debida prudencia y de manera extraordinaria por el órgano jurisdiccional, que tenga atribuida legalmente la competencia para resolver al respecto.

D) *Derecho a la presunción de inocencia*

Toda persona que se encuentra sujeta a una investigación de naturaleza administrativa o judicial por hechos supuestamente contrarios al ordenamiento jurídico tiene derecho a que se presuma su inocencia y que no sea condenada o declarada culpable, sin antes habérsele permitido demostrar la inexistencia de los hechos o las infracciones que se le imputan y sin que quien la investiga o acusa haya demostrado fehaciente e inequívocamente que tales hechos efectivamente ocurrieron y que son imputables a dicha persona[83].

La inocencia constituye una presunción *iuris tantum*, que admite prueba en contrario, y quien tiene la carga de probar lo contrario es quien ejerza la potestad de investigación o de acusación. La persona sometida a investigación o acusación debe considerarse inocente mientras quien acusa no demuestre plenamente su culpabilidad. Esta presunción no puede destruirse mediante suposiciones, conjeturas, sospechas o indicios, pues de existir la mínima duda posible, deberá privar la presunción de inocencia.

Incluso, habiéndose producido una decisión administrativa o jurisdiccional que haya establecido la supuesta culpabilidad y la consecuente responsabilidad de una persona, mientras esa decisión no adquiera firmeza por estar pendiente los plazos para la presentación o resolución de los recursos incoados contra tales decisiones, la presunción de inocencia se mantiene, pues se proyecta a todo lo largo del proceso y solo quedará finalmente desvirtuada por la decisión que sea definitivamente firme, es decir, irrevocable.

E) *Derecho a un juicio público, oral y contradictorio*

El legislador tiene el deber constitucional de conformar el proceso con las características de publicidad, "oralidad" y contradictorio, lo que conduce a analizar cómo debe concebirse el proceso administrativo en la futura Ley de la Jurisdicción Contencioso-Administrativa.

a) *Principio de publicidad.* Dado que toda la actuación de los órganos que ejercen el poder público se encuentra sometida al principio de la publicidad, siendo los tribunales órganos integrantes del poder judicial, los procesos de los cuales conocen se encuentran sujetos también a este principio.

Es así como la Constitución exige la publicidad del proceso, carácter público que debe constituir la regla, sin perjuicio de que en casos excepcionales,

[83] Art. 69.3, *ibid.*

por motivo de decencia pública o protección al honor, vida privada o intimidad de las personas, el tribunal resuelva que el asunto se debe tramitar a puertas cerradas, es decir, sin la participación de personas distintas de las que contienden, conforme a lo que disponga la ley.

En todo caso, la sentencia que se dicte se debe publicar —para difundir la doctrina del órgano jurisdiccional sobre el caso planteado—, sin que ello constituya óbice para que se indique la supresión de los nombres y apellidos de las partes ni cualquier otro elemento que pudiese permitir su identificación por personas ajenas al proceso.

Este principio de publicidad se puede interpretar en un doble sentido[84]: por una parte, la denominada publicidad interna que supone la necesidad de que los actos procesales se realicen en presencia de todas las partes involucradas en el proceso y que ellas tengan acceso pleno a ellos; y por otra, la publicidad externa que consiste en la posibilidad de aceptar la presencia de terceros ajenos al proceso que quieran conocer las actuaciones procesales. Sobre esta última, se ha formulado la distinción entre la publicidad externa inmediata, cuando la persona interesada lo hace directamente, acudiendo al tribunal para obtener la información de lo juzgado en el proceso, en tanto que la publicidad externa mediata se materializa cuando los sujetos interesados logran obtener la información de lo sucedido en el proceso por medio de terceras personas o de los medios de comunicación (prensa, radio, televisión, correo electrónico, Internet, Facebook o Twitter).

La publicidad, además de permitir conocer la rectitud de la actuación jurisdiccional, contribuye a evitar que se produzcan sentencias-sorpresa, es decir, las que no tienen nada que ver con lo que fue objeto de debate y de prueba durante el juicio.

Se puede afirmar que la publicidad no solo garantiza la presencia de cualquier ciudadano que tenga interés en asistir al proceso, sino que además permite que los medios de comunicación tengan acceso a la información que se genera del debate procesal, pudiendo informar tanto a quienes no pudieron asistir al recinto del tribunal como al público en general y también garantiza la transparencia, lo que permite un efectivo control social sobre la corrección de la conducta de los jueces, que están llamados a resolver los asuntos bajo el escrutinio vigilante de toda la sociedad[85].

b) *Principio de "oralidad"*. Informa la regulación que debe llevar a cabo el legislador para garantizar la realización de un proceso, en el cual se encuentren presentes las características de inmediación del juez, concentración de las actuaciones y su publicidad. Ello se traduce en la existencia de la preeminencia de la expresión o exposición oral sobre los escritos, pero de ningún modo

[84] JAIME PEYRANO, *El proceso civil*, Buenos Aires, Astrea, 1978, págs. 332-333.

[85] LUIGI FERRAJOLI, *Derecho y razón,* Madrid, Trotta, 1995, pág. 616.

supone la desaparición definitiva de estas actuaciones; por ello el proceso por audiencias se traduce en un sistema procesal mixto.

La introducción de la "oralidad" en el proceso administrativo es una exigencia del artículo 69.4 de la Constitución[86], que en virtud de su carácter normativo supremo no le otorga libertad de valoración al legislador para resolver si resulta conveniente o no el desarrollo de esta instrucción constitucional; este únicamente tiene la posibilidad de cumplir con la disposición constitucional dentro de la debida racionalidad jurídica.

Ello plantea la necesidad de determinar si la "oralidad" se debe medir cuantitativa o cualitativamente. Así se ha distinguido la presencia de ambas: desde el punto de vista cuantitativo, para que predomine la "oralidad" será suficiente que la mayoría de las actuaciones procesales sean verbales; y desde el aspecto cualitativo, se considera que existe el predominio de la "oralidad" en las actuaciones procesales, cuando esta se encuentre presente en los trámites fundamentales del proceso, valga decir, en los cuales se expone, debate y decide el objeto de la controversia[87].

En atención a ello se ha considerado que, cualitativamente hablando, la "oralidad" exigible es la referida a la producción de los medios probatorios y los alegatos de las conclusiones, que deben versar sobre los argumentos iniciales, las respectivas pretensiones y la incorporación de los medios probatorios al proceso, garantizando así tanto el contacto directo de los contendientes como la captación de los hechos objeto de la litis por el órgano jurisdiccional llamado a resolver la controversia y el conocimiento público que permita valorar el acierto de la sentencia[88].

La "oralidad" no supone la supresión de las actuaciones escritas, de los papeles, de los expedientes en los tribunales o juzgados, sino que pretende reducir al mínimo los que se redactan fuera del proceso y luego presentan las partes; si bien implica un aumento de las actuaciones directamente ante el órgano jurisdiccional; que debe dejar constancia de aquellos planteamientos esenciales que hagan las partes; también supone una reducción de las citaciones, notificaciones, oficios o comunicaciones, lo que redunda en un sensible adelgazamiento del expediente judicial.

La aplicación del principio de la "oralidad" no excluye la presentación de escritos en el proceso y menos aun supone su eliminación; lo que implica es la disminución de las actuaciones escritas de las partes, en favor de las actas

[86] En España se ha cuestionado la conveniencia de la constitucionalización del principio de la "oralidad". Cfr. Óscar J. Alzaga, *La Constitución española de 1978. Comentario sistemático*, Madrid, Ediciones El Foro, 1978, pág. 727.

[87] Javier Delgado Barrio, "Principio constitucional de predominio de la oralidad y jurisdicción contencioso-administrativa", en *Revista Española de Derecho Administrativo*, núm. 38, Madrid, Civitas, 1983, págs. 365-386.

[88] Delgado Barrio, *op. cit.*, págs. 365-386.

estrictamente esenciales que elabora el tribunal y de los autos que debe emitir el órgano jurisdiccional.

Como conclusión debe señalarse que la interpretación constitucional conduce a considerar que la adopción del principio de "oralidad" debe ser suficientemente racional para garantizar un equilibrio entre la escritura y aquella, pues no existe un sistema procesal total y absolutamente oral[89].

c) *Principio de contradicción.* Presupone la existencia de partes con derechos e intereses contrapuestos, lo que genera que acudan al proceso para dirimir el conflicto y con tal finalidad intercambian alegatos, pretensiones, excepciones y defensas, configurándose un proceso intersubjetivo.

Ello es así porque el proceso contencioso es dialéctico y mediante él las partes persiguen convencer al juzgador que escucha, instruye y decide, sobre la validez y justicia de sus pretensiones.

La contradicción como principio se interrelaciona con el principio de igualdad de armas, que garantiza que en un proceso contencioso una parte tenga tanto los mismos medios y el tiempo razonable para preparar sus alegatos y pruebas y para rechazar u oponerse a lo expuesto por la parte contraría.

Lo anterior permite considerar que además de un principio, la contradicción también constituye una garantía del derecho subjetivo a la defensa y al debido proceso que tiene toda persona para controvertir los hechos y los alegatos que se formulen en su contra.

De allí surge el deber-obligación del juez de garantizar la participación de todas las personas, en condición de partes o de terceros interesados en el proceso, mediante la libre exposición de los alegatos, tanto iniciales como durante el desarrollo del debate procesal, permitiendo para ello la formulación de objeciones, oposiciones y réplicas a los argumentos, interrogatorios, preguntas y medios probatorios que sean promovidos y producidos en la tramitación; es decir, con la oportuna realización de los actos procesales que permitan negar, rechazar u oponerse a la realización de determinado acto procesal y controlar que se realice con sujeción a los requisitos (formas) y tiempo (oportunidad) establecidos en el ordenamiento jurídico.

El contradictorio como instrumento que garantiza el debido proceso y el derecho a la defensa debe permitirse en todo estado y grado del proceso y se materializa de dos manera posibles: una es la contradicción concentrada, que es directa e inmediata y se produce en una única audiencia o actuación procesal; y otra es la contradicción dispersa o difusa, que se puede realizar en los distintos estados del proceso, entre el momento de interposición de la demanda que contiene las pretensiones y hasta antes de la expedición de la sentencia.

[89] Arístides Rengel-Romberg, "El juicio oral en el nuevo Código de Procedimiento Civil venezolano de 1987", en *Derecho y sociedad. Revista de Estudiantes de Derecho de la Universidad Monteávila,* núm. 1, Caracas, 2000, pág. 145.

Lo señalado no es otra cosa que el reconocimiento del principio de dialogicidad que debe respetarse en todo debate judicial y que se expresa tanto por medio de la carga de la argumentación que tienen las partes como de la carga de la prueba y de su consiguiente control, lo que garantiza que una vez verificada la contradicción de los alegatos y de los medios de pruebas, el órgano jurisdiccional llegue a una inferencia no monótona, que en tales circunstancias resulta legítimamente válida.

Así las cosas, al analizar el derecho constitucional a la defensa y con un enfoque filosófico a partir de la propuesta de la teoría normativa de la argumentación, se ha sostenido que "si se tiene en cuenta la gravedad de las consecuencias procesales de su violación, aparece [este] como uno de los principios fundamentales sobre cuya base se organiza todo el proceso. Naturalmente, se trata aquí de tutelar un derecho subjetivo; pero desde [*sic*] nuestra perspectiva, se trata también de garantizar que la argumentación, cuyo resultado será la sentencia, logre un nivel mínimo de calidad como argumentación. Porque una sentencia que se pronuncia *inaudita parte*, no solo conculca un derecho subjetivo, sino que desvaloriza objetivamente la motivación en la que se funda. Más allá de proteger los intereses de las partes, esta *bilateralidad de la audiencia* —como a veces se le llama— es un mecanismo para preservar también la racionalidad de las decisiones. Si en el proceso una de las partes queda en situación de indefensión, la sentencia será arbitraria; y no dejará de serlo porque luego, un nuevo juicio, procesalmente irreprochable, culmine en una sentencia cuya parte dispositiva tenga su mismo contenido material. Ya se lo había advertido la Medea de SÉNECA a CRÉON: *quien ha decidido algo sin oír a la otra parte, aunque haya decidido lo justo, no ha sido justo*"[90].

En consecuencia, en el proceso por audiencias siempre se debe preservar la bilateralidad de la audiencia, con la finalidad de garantizar la racionalidad y legitimidad de la sentencia.

F) *Garantía de la cosa juzgada*

También conocida con el aforismo latino *non bis in idem* o "no dos veces lo mismo"[91], persigue evitar la instauración de sucesivos procesos, entre las mismas partes, que actúen con el mismo carácter que en los procesos anteriores (elementos subjetivos), cuando la pretensión verse sobre los mismos hechos y con fundamento en el mismo título (elementos objetivos).

[90] EDUARDO PIACENZA, "Audiatur et altera pars", en *Revista de Derecho,* núm. 2, Caracas, Tribunal Supremo de Justicia, 2000, pág. 195; en sentido similar, VÍCTOR R. HERNÁNDEZ-MENDIBLE, "La inconsistencia argumentativa en el análisis del derecho a la defensa", en *Revista Tachirense de Derecho,* núm. 13, San Cristóbal, 2001, pág. 119.

[91] Const. Pol., art. 69.5.

La garantía de la cosa juzgada es una exigencia de las sociedades civilizadas, que por razones de seguridad jurídica, de confianza legítima y de buena fe requieren conocer cuando un asunto ha quedado resuelto de manera definitiva.

Una vez resuelto un asunto por una sentencia o un acto de autocomposición procesal (conciliación, transacción o convenimiento) que haya sido debidamente homologado por el órgano jurisdiccional y que ha adquirido firmeza, aquella o este se tornan inimpugnables, al no poder ser revisados por ningún otro órgano jurisdiccional; se hacen inmutables, pues no pueden ser modificados ni por el tribunal que los resolvió, ni por ningún otro tribunal o poder del Estado; y también son coercibles, porque pueden ejecutarse de manera forzosa.

Por tanto, la garantía de la cosa juzgada, de expreso reconocimiento constitucional, cuenta con un amplio desarrollo legislativo que permite a las partes oponerla como cuestión previa en un proceso o invocarla para pedir la invalidación de una sentencia, y también permite la posibilidad en el proceso de que el órgano jurisdiccional, haciendo uso de su conocimiento privado o por notoriedad judicial, al encontrarse al tanto de que el caso que le ha sido planteado para su conocimiento ya ha sido resuelto por el mismo tribunal o por otro, deba de oficio declarar la inadmisibilidad de la demanda, garantizando así el orden público procesal.

G) *Derecho a no ser obligado a declarar contra sí mismo*

El derecho a no estar obligado a declarar contra si mismo[92] se protege con la garantía de no ser coaccionado para declarar en ningún tipo de proceso mediante violencia física o moral.

Este derecho no impide la confesión de las partes en el proceso, que se obtiene cuando una de ellas realiza una declaración sobre los hechos controvertidos desfavorable a su pretensión y favorable a los intereses de su contraparte.

La confesión puede ser voluntaria ante un tribunal llamado a resolver el mérito del proceso (confesión judicial espontánea); o ante la parte o quien la representa (confesión extrajudicial espontánea), pero también se puede provocar mediante los medios que establece el ordenamiento jurídico, los cuales, al no implicar ningún tipo de coacción o violencia física o moral, no son contrarios a la Constitución.

H) *Garantía de la reserva legal*

De expreso reconocimiento constitucional[93], exige que los órganos que ejercen el poder público distintos del Congreso no se inmiscuyan en la función legislativa para regular materias que se encuentran exclusivamente atribuidas al poder legislativo.

[92] Art. 69.6, *Ibid.*
[93] Arts. 69.7 y 149, *ibid.*

Esta garantía demanda del legislador regular el ejercicio de los derechos fundamentales, las competencias de los poderes públicos o aquellas materias específicas de las cuales el interés general exige su intervención, mediante un acto jurídico de su competencia y en cumplimiento del procedimiento legislativo para la formación de las leyes, lo que excluye la posibilidad de regulación mediante actos reglamentarios o de otros actos administrativos normativos, los cuales, de producirse, serán nulos por haber sido dictados en usurpación de funciones[94].

Tal regulación exigida por la Constitución viene impuesta por la importancia político-jurídica que tienen los asuntos sobre los cuales se legisla, que no pueden quedar librados a la regulación de una autoridad pública que no sea una manifestación de una expresión democrática de la representación de la voluntad popular y que no se haya producido como consecuencia del consenso en el marco de la tolerancia y el pluralismo político.

Conforme a ello el legislador debe expedir la Ley de la Jurisdicción Contencioso Administrativa, que tiene su justificación, en primer lugar, en la exigencia constitucional de que este orden jurisdiccional lo ejerzan los tribunales superiores administrativos y contencioso-administrativos de primera instancia que determine la ley[95]; es decir, tales tribunales atribuyen su creación a la estricta reserva legal por disposición constitucional; en segundo lugar, porque solo mediante la ley, fuente de las competencias públicas, se pueden atribuir a los órganos jurisdiccionales, las materias que les corresponderá conocer[96]; y en tercer lugar, se necesita porque la regulación que garantiza el ejercicio de los derechos fundamentales es materia de reserva legal[97], y por medio de la ley se garantizará tanto el ejercicio del derecho a la tutela judicial efectiva y al debido proceso, como de la protección de los demás derechos fundamentales[98] de las actuaciones de los órganos que ejercen el poder público.

I) *Derecho al juez natural*

Toda persona tiene derecho a ser juzgada por su juez natural, lo que se traduce en que el juez tenga la competencia establecida en la ley para dirimir los conflictos sobre los derechos e intereses, que puedan surgir entre distintos sujetos de derecho. Ello supone un tribunal predeterminado en la ley, que sea previamente conocido e idóneo, en los términos que se mencionan a continuación.

a) *El tribunal predeterminado por la ley.* El tribunal determinado por la ley es el creado conforme al ordenamiento jurídico para conocer de una o varias materias que le son asignadas en la norma jurídica legal. Toda potestad pública

[94] Arts. 6º y 73, *ibid.*
[95] Art. 164, *ibid* .
[96] Art. 164, *ibid* .
[97] Arts. 74.2 y 112, *ibid* .
[98] Arts. 68, 70, 71 y 72, *ibid* .

deviene de la ley y es esta la que distribuye las competencias según las distintas materias, los ámbitos territoriales o los montos; es decir, la conformación de cada orden jurisdiccional debe establecerse en la ley. Igualmente corresponde a la ley establecer la integración, la organización y los procedimientos para el funcionamiento del órgano jurisdiccional[99].

b) *Tribunal previamente conocido.* Es el que existe con anterioridad al momento en que se producen los hechos que dan origen a que deba ejercer su competencia, que permite que los sujetos de derecho en conflicto lo conozcan antes que surja eso les permite saber con certeza ante qué autoridad jurisdiccional deben acudir para plantear su controversia, lo que impide que se le pueda considerar un tribunal *ad-hoc*, especial, de excepción o extraordinario[100].

Además el conocimiento previo de quien va a conocer de un asunto es primordial para las partes, porque únicamente así pueden saber si quien ejerce el cargo en el tribunal se encuentra o no legalmente habilitado para sentenciar, por no encontrarse incurso en alguna causal de inhibición o de recusación.

c) *El juez idóneo.* El que sea auténticamente conocedor de la materia que le corresponde resolver. Esto se relaciona con una condición exigible de todo funcionario público y en particular de los que desempeñan la función jurisdiccional, que es la especialidad. No es idóneo quien no tiene honradez intelectual, quien no tiene la formación jurídica necesaria para realizar correctamente la función de administración de justicia. La honradez no es exclusivamente un asunto de actuar con apego estricto a la ley, de no prestarse a ninguna clase de cohecho, prevaricación, soborno, componenda, de no solicitar recompensas o recibir agradecimientos, sino que también exige que quien ejerza el cargo de juez se encuentre profesionalmente capacitado para desempeñar la función jurisdiccional.

Sin embargo, no se trata de tener un título de abogado o de ser un conocedor del derecho en general, sino un auténtico jurisperito de la materia que se debe sentenciar. De allí que resulte igualmente deshonesto que quien desempeñándose con una conducta moralmente intachable ejerza un cargo para el cual no se encuentra académicamente preparado, pues está cobrando un salario por realizar una función pública para la cual no se encuentra profesionalmente capacitado, lo que en la práctica se traduce en una estafa —no en sentido del tipo penal— a todos las personas, que como contribuyentes pagan el sueldo de ese funcionario judicial.

J) *Derecho al proceso legalmente establecido*

El proceso constituye la secuencia, serie o cadena de actos coordinados que se efectúan como consecuencia del ejercicio de la acción, para tramitar las

[99] Art. 164, *ibid.*
[100] Art. 69.7, *ibid.*

pretensiones que han efectuado las partes y que tienen por finalidad excitar al Estado para que en ejercicio de su función jurisdiccional, resuelva la controversia y satisfaga las respectivas pretensiones, en aplicación del ordenamiento jurídico[101].

Es justamente dentro del proceso donde las partes despliegan sus estrategias procesales, donde van a argüir los planteamientos en favor de sus pretensiones, donde van a buscar convencer al órgano jurisdiccional de que la razón y el derecho los asisten.

El proceso tiene carácter instrumental. No es un fin en sí mismo; constituye la garantía del efectivo ejercicio de los derechos y como tal es un mecanismo fundamental para la obtención de la justicia.

Ahora bien, el debido proceso tiene naturaleza compleja; por una parte, constituye un derecho público subjetivo y como tal debe regularse mediante una ley, por constituir tales derechos una de las materias que son de reserva legal. Pero debe señalarse que no existe un debido proceso único ejercitable ante todos los órdenes jurisdiccionales, sino que en función de los asuntos que se han de dilucidar, el legislador tiene libertad de configurar el debido proceso en cada caso, teniendo como únicos límites los derechos fundamentales procesales y los principios constitucionales que informan el proceso.

Por otra parte el debido proceso también constituye una garantía del ejercicio del derecho a la tutela judicial efectiva, pues dentro del proceso de cognición plena las personas ejercen el derecho a formular alegatos y llevan a cabo la carga de presentar los medios de pruebas, con la finalidad de obtener una sentencia ajustada a derecho que resuelva la controversia.

En el proceso de cognición sumaria las personas ejercen el derecho a solicitar las medidas cautelares que garanticen la ejecución de la decisión que está llamada a resolver la controversia, siempre que se cumplan los presupuestos jurídicos para su concesión; y en el proceso de ejecución se ejercita el derecho al cumplimiento del fallo en sus propios términos, sin lo cual la tutela judicial efectiva no se lograría.

Por último, pero no por ello menos importante, el debido proceso debe ser expedito y sin dilaciones indebidas, pues como expresa el brocardo inglés, *justicia retrasada es justicia denegada.*

K) *El derecho a la prueba lícita*

Toda persona tiene derecho a promover libremente todos los medios probatorios, siempre que no sean ni ilegales, ni manifiestamente impertinentes[102],

[101] HERNÁNDEZ-MENDIBLE, *La tutela judicial cautelar en el contencioso-administrativo, op. cit.,* pág. 17.

[102] Const. Pol., art. 69.8.

valga decir, que conduzcan a demostrar los hechos controvertidos en el proceso también; tiene derecho a ejercer el control de los medios probatorios presentados por su contraparte mediante la formulación de la oposición, la presentación de objeciones o impugnaciones, y cualquier otro mecanismo jurídico que permita enervar la eficacia de dichos medios probatorios.

En el proceso las pruebas transitan por diferentes fases: en dos de ellas intervienen tanto las partes como el órgano jurisdiccional y en la tercera exclusivamente este. En la primera, corresponde a las partes la proposición o promoción de los medios de prueba y se requiere un pronunciamiento del órgano jurisdiccional sobre la admisibilidad de estos; en la segunda, de producción o evacuación, en la que las partes ejercen el control de la incorporación de los hechos al expediente, existe igualmente una amplia actuación de las partes, sin perjuicio de la apreciación que efectúe el órgano jurisdiccional en la sentencia de mérito; y, en la tercera el órgano jurisdiccional efectúa una valoración de los medios de pruebas, apoyado en las reglas de la sana crítica, salvo norma legal expresa, y se debe pronunciar sobre la convicción que le produjeron tales medios con respecto a los hechos controvertidos y las pretensiones de las partes.

Conforme al principio de la comunidad de los medios de pruebas, una vez aportados al proceso estos no son de quienes los promovieron, sino que se incorporan para demostrar los hechos controvertidos, pudiendo beneficiar o perjudicar a las partes que los promovieron. La única exigencia para que los medios probatorios puedan llevar a la convicción del juzgador de que constituyen auténticas pruebas es que hayan sido aportados de manera regular y lícita.

La Constitución ha reconocido el *principio constitucional de exclusión*[103], en cuya virtud no deben producir efecto alguno en el proceso en que pretendan hacerse valer las pruebas obtenidas inconstitucional o ilegalmente, esto es, las obtenidas en contravención al derecho, y al respecto deberá pronunciarse expresamente el órgano jurisdiccional, bien en las fases de proposición, de producción o de valoración, al resolver sobre el mérito de la controversia.

L) *Derecho al recurso*

Toda persona tiene derecho al recurso, en los términos que determinen la Constitución y las leyes[104]. Hay que comenzar señalando que si bien es cierto que los tratados en materia de derechos humanos reconocen como un derecho humano el doble grado de jurisdicción de una persona declarada culpable de un delito, es decir, en el orden jurisdiccional penal, este, como derecho humano, en principio no resulta extensible a los demás órdenes jurisdiccionales.

[103] El artículo 69.8 de la Constitución establece: "Es nula toda prueba obtenida en violación a [*sic*] la ley".

[104] Const. Pol., art. 69.9.

El derecho al debido proceso, que es de libre configuración del legislador en ejercicio de las competencias constitucionales establecidas, se satisface con un único grado de jurisdicción, al igual que sucede con la tutela judicial efectiva[105]. De allí que salvo en materia penal, no sea exigible un segundo grado de jurisdicción o un derecho al recurso como componente integrante del debido proceso y por ende no resulte admisible invocar el principio de la doble instancia, frente a una norma expresa que lo incluya.

Lo anterior permite señalar que, en principio, el derecho al recurso o a la doble instancia será ejercitable, siempre y cuando expresamente no lo limiten la Constitución o las leyes. En materia penal, el derecho al recurso o a la doble instancia constituye un componente esencial del derecho al debido proceso; en consecuencia, por mandato del artículo 8.2.h) de la Convención Americana sobre Derechos Humanos, debe proceder en todo proceso de naturaleza penal.

Ahora bien, ¿qué sucede en los demás órdenes jurisdiccionales? La Constitución establece la posibilidad de recurrir todas las sentencias ante un tribunal superior, al señalar que "toda decisión emanada de un tribunal podrá ser recurrida ante un tribunal superior, sujeto a las condiciones y excepciones que establezcan las leyes"[106].

En consecuencia, en el orden jurisdiccional administrativo, las sentencias de los tribunales contencioso-administrativos de primera instancia pueden ser recurridas ante los tribunales superiores administrativos[107] y las sentencias de estos tribunales son susceptibles de ser recurridas en casación, de conformidad con lo que disponga la ley[108].

M) *Garantía de prohibición de la reforma en perjuicio*

También se debe subrayar que en los supuestos en los que la ley establezca el derecho al recurso contra una sentencia, el tribunal que revise la decisión del inferior no puede agravar la sanción impuesta, cuando la recurrente sea únicamente la persona condenada[109].

Esta prohibición pretende evitar que la persona que haya sido sancionada por una sentencia de un tribunal de inferior jerarquía sienta temor de recurrir ante el tribunal superior para plantearle la revisión de la sentencia, ante la posibilidad de que este la ponga en una situación más gravosa que la establecida en el fallo recurrido.

[105] Víctor R. Hernández-Mendible, "Balance y perspectivas de la justicia administrativa (año y medio de la Constitución de 1999)", en *Estudios de derecho público. Libro homenaje a Humberto J. La Roche Rincón,* Caracas, Tribunal Supremo de Justicia, 2001, págs. 461-474.

[106] Const. Pol., art. 149, párr. III.

[107] Arts. 165.1, 165.2 y 165.3, *ibid.*

[108] Arts. 154.2 y 164, *ibid.*

[109] Art. 69., *ibid.*

En el entendido de que los órganos que ejercen los poderes públicos deben interpretar y aplicar las normas relativas a derechos fundamentales y sus garantías en el sentido más favorable a la persona titular de ellos, esta prohibición de *reformatio in peius* se debe producir no solamente respecto de las sentencias que impongan sanciones, sino de todas las sentencias que impongan una condena de hacer, no hacer o dejar de hacer; es decir, la prohibición de reforma en perjuicio se aplica a todas las sentencias condenatorias recurridas por la persona obligada a cumplirla, sin que importe que imponga o no una sanción.

N) *Derecho a la asistencia jurídica*

Toda persona natural o jurídica, pública o privada, incluso aunque sea abogado tiene derecho a la tutela judicial efectiva y al debido proceso, entre cuyos atributos comunes destaca el derecho a la defensa, lo que supone que para ejercerlo pueda contar con la asistencia de un letrado; es decir, ello supone que cuando una persona es citada o notificada para que acuda a un proceso a defenderse, debe comunicársele que tiene derecho a que un abogado de su confianza la asesore[110], y en caso de que no conozca a uno o no cuente con los medios económicos para contratarlo, el Estado se encuentra obligado a suministrarle una lista de abogados públicos para que elija uno o incluso a designarle un abogado que la asesore o represente en el proceso de manera gratuita[111].

En razón de lo señalado, las personas tienen derecho a designar a los abogados de su confianza para que las representen o actúen en el proceso, pero el Estado debe asegurar que en todo caso cuenten con asistencia jurídica letrada sin costo alguno en aquellos casos en que carezcan de recursos económicos para obtener una representación judicial que garantice no solo el derecho a la defensa y la tutela judicial efectiva, sino la lícita conformación del proceso.

Ñ) *Garantía de la nulidad de los actos jurídicos*

La garantía de la supremacía de bloque de la constitucionalidad y del respeto de los derechos fundamentales se traduce en la nulidad de cualquier actuación (actos administrativos, contratos, actuaciones materiales y evidentemente vías de hecho) o inactividad (silencio, abstenciones u omisiones) imputables a los órganos que ejercen el poder público que violen, lesionen o menoscaben la vigencia de la Constitución o de los derechos fundamentales, en cuyo caso se considera que "toda ley, decreto, resolución, reglamento o acto contrarios a la Constitución"[112], serán nulos de pleno derecho por disposición constitucional.

Agrega la propia Norma suprema que igualmente se consideran "nulos de pleno derecho los actos emanados de autoridad usurpada, las acciones o

[110] Convención Americana sobre Derechos Humanos, art. 8.1.
[111] Arts. 176 y 177, *ibid.*
[112] Art. 6º, *ibid.*

decisiones de los poderes públicos, instituciones o personas que alteren o subviertan el orden constitucional y toda decisión acordada por requisición de fuerza armada"[113].

Ahora bien, aunque la Constitución expresamente declara la nulidad de pleno derecho en estos supuestos existe un deber fundamental de respetar los actos jurídicos de los poderes públicos[114], por lo que las personas no pueden limitarse simplemente a ignorarlos o desacatarlos, sino que deben acudir a las vías institucionales para lograr el reconocimiento de la nulidad de pleno derecho de esos actos jurídicos.

En el caso de la administración pública, el control de la legalidad (entendida en el sentido de bloque de la legalidad) se atribuye a los tribunales que integran el poder judicial[115] y dentro de este a la jurisdicción contencioso administrativa, en los términos que establezca la ley[116].

Esta garantía de la nulidad de los actos jurídicos deberá ser ejercida por las personas titulares de derechos o intereses legítimos ante los órganos jurisdiccionales, por medio de los procesos de constitucionalidad o legalidad señalados en la Constitución.

En esencia estos constituyen los derechos fundamentales de carácter procesal reconocidos en el bloque de constitucionalidad, cuyo desarrollo y garantía frente a los órganos que ejercen el poder, público cuando actúan en ejercicio de la función administrativa, se encuentran encomendados a la Ley de la Jurisdicción Contencioso-Administrativa.

6. Consideraciones finales

Constituyendo la tutela judicial efectiva y el debido proceso las garantías de protección de los derechos fundamentales, solo se puede hablar de verdadera justicia en un sistema de gobierno republicano y democrático que tiene como valores superiores el respeto de la dignidad de la persona humana, la libertad, la igualdad y el pluralismo político en el marco del Estado de derecho.

Únicamente en un Estado democrático de derecho tiene justificación la existencia del orden jurisdiccional administrativo, pues en tal modelo de Estado este puede constituirse en una auténtica garantía para la protección de los derechos fundamentales de los exorbitantes privilegios y prerrogativas de los órganos del Estado.

De allí que los operadores jurídicos deben efectuar las necesarias reformas, pero no deben hacerse aisladamente, sino en el contexto de un proceso de

[113] Art. 73, *ibid.*
[114] Art. 75.1, *ibid.*
[115] Art. 138, *ibid.*
[116] Art. 164, *ibid.*

transformación más complejo y completo que debe acompañarse con la modificación de la organización, de la infraestructura y la dotación de herramientas tecnológicas en los tribunales; de la formación de los jueces y de la capacitación de los abogados, para garantizar la democracia, la libertad y una justicia material realmente adaptada a un auténtico y moderno Estado de derecho[117].

El nuevo proceso administrativo debe caracterizarse por tener trámites simples, informales y sobre todo eficaces para resolver los conflictos, en los cuales concurran las actuaciones escritas y las orales pero con predominio de estas en los actos fundamentales y garantizando una justicia expedita y sin dilaciones indebidas.

Allí se encuentra el gran reto que tiene por delante el Estado, la sociedad dominicana y sus operadores jurídicos, para lograr el efectivo cumplimiento de las disposiciones constitucionales, y alcanzar el bien común y la efectiva materialización de la justicia.

[117] Sobre todos estos aspectos, véase Víctor R. Hernández-Mendible, "El proceso administrativo por audiencias", en *Ley Orgánica de la Jurisdicción Contencioso-Administrativa,* 2ª ed., Caracas, Editorial Jurídica Venezolana, 2011, págs. 153-220.

PRINCIPIO GENERAL DE LA JUSTICIABILIDAD PLENARIA Y UNIVERSAL DE LA CONDUCTA ADMINISTRATIVA

ERNESTO JINESTA LOBO*

Sumario: 1. Introducción. 2. Justicia administrativa. 3. Posición en el Estado constitucional de derecho de la plena y universal justiciabilidad de la conducta administrativa: de principio general del derecho administrativo constitucional a derecho fundamental y humano. 4. Superación de la justicia administrativa objetiva o revisora por una plenaria y universal. A) Vigencia del principio, independientemente del modelo nacional de justicia administrativa adoptado. B) La necesaria ampliación tipológica de las pretensiones deducibles. C) Agotamiento facultativo u optativo de la vía administrativa previa. D) El reto de una justicia administrativa más informal. E) Capacidad procesal y legitimación: una justicia administrativa más democrática y accesible. F) Medidas cautelares en la justicia administrativa. G) Tipología de sentencias en la justicia administrativa. H) Instrumentos para la ejecución de sentencias en la justicia administrativa. 5. Discrecionalidad administrativa y control por la justicia administrativa. 6. La cuestión del "acto político o de gobierno". 7. El control de constitucionalidad de la conducta administrativa por la justicia constitucional. A) El amparo y el control de la conducta administrativa. B) Cuestiones de constitucionalidad y control de la actuación administrativa. 8. Conclusión general.

1. INTRODUCCIÓN

Una de las principales preocupaciones de EDUARDO GARCÍA DE ENTERRÍA en su prolongado apostolado jurídico lo fue la afirmación del principio de la

* Catedrático de Derecho Administrativo, Universidad Escuela Libre de Derecho (UELD) (Costa Rica); miembro de las Comisiones Redactora y Académica Programa de Doctorado en Derecho Administrativo Iberoamericano (DAI), Universidades de La Coruña (España), Nacional del Litoral (Argentina), Nacional del Nordeste (Argentina), de Montevideo (Uruguay), Veracruzana (México), de Guanajuato (México), Santo Tomás de Tunja (Colombia), de Piura (Perú), Monteávila (Venezuela), Hispanoamericana (Nicaragua), Escuela Libre de Derecho (Costa Rica); director y profesor de doctorado en Derecho Administrativo UELD; Presidente de la Asociación Costarricense de Derecho Administrativo; Miembro de la Asociación Internacional de Derecho Administrativo (AIDA) y del Foro Iberoamericano de Derecho Administrativo (FIDA); vicepresidente, por Costa Rica, de la Asociación Iberoamericana de Derecho Administrativo; miembro de honor de las Asociaciones Mexicana, Dominicana y Nicaragüense de Derecho Administrativo.

justiciabilidad[1] plena y universal de la conducta administrativa, en sus diversas manifestaciones. Fue así como acuñó la expresión de una justicia administrativa "plenaria y universal". De esa manera, tempranamente, en su largo y proverbial trayecto académico, GARCÍA DE ENTERRÍA proclamó la necesidad de evitar, a toda costa, la existencia de reductos de la conducta administrativa inmunes al control de legalidad ejercido por la justicia administrativa y, eventualmente, del control de constitucionalidad desplegado por los tribunales, las cortes o las salas constitucionales.

Una de las obras principales de GARCÍA DE ENTERRÍA fue *La lucha contra las inmunidades del poder*, en la que su tesis principal coincide con la de MASSIMO SEVERO GIANNINI, en el sentido de que la historia del derecho administrativo se resume en la lucha dialéctica entre autoridad y libertad, entre poder y derechos[2]. En esta célebre obra recién citada y de obligada referencia en el derecho administrativo universal, GARCÍA DE ENTERRÍA afirma que "el poder administrativo es de suyo un poder esencial y universalmente justiciable", mediante una "justicia judicial plenaria"[3]. GARCÍA DE ENTERRÍA, rematará sus ideas sobre la plena y universal justiciabilidad de la conducta administrativa en su clásica obra intitulada *Las transformaciones de la justicia administrativa: de excepción singular a la plenitud jurisdiccional ¿un cambio de paradigma?*[4].

[1] El *Diccionario de la lengua española* de la Real Academia de la Lengua Española, no registra la expresión "justiciabilidad"; lo que recoge es el vocablo "justiciable", en referencia a que ciertos hechos "pueden o deben someterse a la acción de los tribunales de justicia". Sin embargo, este neologismo nos evoca la idea o el concepto de revisión, fiscalización o control judicial de la actuación o conducta administrativa como pieza fundamental y tradicional del Estado de derecho; de ahí la razón para utilizarlo.

[2] SABINO CASSESE y MASSIMO GIANNINI Voce: MASSIMO SEVERO, *Dizionario Biográfico* en *www.treccani.it*

[3] *La lucha contra las inmunidades del poder en el derecho administrativo* (*Poderes discrecionales, poderes de gobierno, poderes normativos*), Madrid, Civitas, reimpresión de 3ª ed., 1989, págs. 97-98. Conferencia pronunciada por EDUARDO GARCÍA DE ENTERRÍA en la Facultad de Derecho de la Universidad de Barcelona el 2 de marzo de 1962 en el curso "El Poder y el Derecho" organizado por la promoción Manuel Balbé de ese año; la primera edición data de 1974.

[4] Madrid, Thomson-Civitas, 2007. También pueden consultarse de EDUARDO GARCÍA DE ENTERRÍA los siguientes artículos de revista: 1) "Perspectivas de las justicias administrativas nacionales en el ámbito de la Unión Europea", en *Rivista Trimestrale di Diritto Pubblico*, núm. 1, 1999, págs. 1-14; 2) "La justicia administrativa en el cambio de siglo", en *Responsa Iurisperitorum Digesta*, vol. 2, 2000, págs. 11-30; 3) "Contencioso administrativo objetivo y contencioso-administrativo subjetivo a finales del siglo XX. Una visión histórica y comparatista", en *RAP*, núm. 152, págs. 93-105; 4) "El nuevo Código Portugués del proceso de los tribunales administrativos, en *RAP*, núm. 162, págs. 421-426; 5) "La formación y el desarrollo en Europa de la jurisdicción contencioso-administrativa. Su adquisición definitiva de un *status* de jurisdicción plena y efectiva", en *RAP*, núm. 179, mayo-agosto, 2009, págs. 167-183. Cabe advertir que en 1989, GARCÍA DE ENTERRÍA publica la primera edición de su libro *Hacia una nueva justicia administrativa* (Madrid, Civitas), del que publica una segunda edición

Se trata de un tema íntimamente vinculado al Estado constitucional de derecho, entendido como una fase superior del Estado legal de derecho, puesto que los administrados deben contar con una justicia administrativa robusta, efectiva y célere que les garantice el ejercicio y goce de sus situaciones jurídicas sustanciales o de su pleno restablecimiento, sea *in natura* o por equivalente (indemnización de los daños y perjuicios), frente a los desmanes de los poderes públicos. No en vano, afirmó GARCÍA DE ENTERRÍA que la justicia administrativa era "pieza central del orden democrático sustantivo y de lo que se ha convenido en llamar Estado de derecho"[5]. De esa manera, se afirma la supremacía del bloque de legalidad, mediante la primacía judicial ejercida por la justicia administrativa sobre las diversas conductas administrativas desplegadas por los poderes públicos.

Sin embargo, hoy, la concepción de una justicia administrativa "plenaria y universal" que no deje ningún ámbito del poder público exento del control de legalidad, asume una connotación superior, pues, muchas constituciones incorporan la justicia administrativa, por lo menos, como una garantía institucional de los derechos fundamentales de los ciudadanos frente a los poderes públicos[6]. En definitiva, muchos ordenamientos jurídicos no se conforman hoy con una regulación infraconstitucional de la justicia administrativa, sino que van mucho más allá, consagrándola al ámbito constitucional e, incluso, en algunos supuestos, como un derecho fundamental de los ciudadanos. Se trata de una de las manifestaciones de lo que RICCARDO GUASTINI ha denominado la "constitucionalización del derecho"[7] y, en particular, del derecho administrativo con el surgimiento del denominado "derecho administrativo constitucional"[8].

Otra dimensión superior y ulterior es el reconocimiento directo o indirecto de este principio por los tribunales de protección de los derechos humanos, con lo que adopta, de esa forma, la connotación de un elemento esencial del patrón de convencionalidad —conformado por las declaraciones, convenciones y sentencias de los tribunales regionales en materia de derechos humanos— y, por consiguiente, de lo que se ha empezado a denominar el "Estado convencional

---

ampliada en 1992, donde ya refiere, entre otros temas, "La crisis del contencioso-administrativo francés: el fin de un paradigma", de "La reacción del contencioso francés a la crisis del modelo: ejecución de sentencias y medidas cautelares positivas" y de "La transformación del contencioso-administrativo francés: la reforma radical del sistema de ejecución de sentencias".

[5] *Las transformaciones de la justicia administrativa*, *op. cit.*, pág. 12.

[6] Esto sucede en aquellas constituciones que dentro del título o capítulo referente al poder judicial mencionan de manera específica a la jurisdicción contencioso-administrativa, sea que optan por el modelo judicialista puro con un orden jurisdiccional especializado.

[7] Cfr. RICCARDO GUASTINI, *Estudios de teoría constitucional*, México, D. F., Distribuciones Fontamara, 1ª reimpresión 1ª edición español, 2003, págs. 153-183.

[8] JAIME RODRÍGUEZ-ARANA MUÑOZ, *Aproximación al derecho administrativo constitucional*, Bogotá, Universidad Externado de Colombia, 2009, *in totum*.

de derecho", donde se acepta, pacíficamente, por aplicación del principio de la cláusula más favorable o de los principios *pro libertate* o *pro homine* que ese *corpus iuris* convencional, si bien constituye un estándar mínimo de protección, debe privar, prevalecer o preferirse cuando ofrece un umbral de tutela superior.

La dimensión constitucional y convencional de una justicia administrativa plenaria y universal ha llevado a que actualmente la doctrina, en la perspectiva de un *ius* administrativo *commune*, admita, por lo menos, la existencia de un principio general del derecho administrativo constitucional, que es el de la revisión o fiscalización jurisdiccional plenaria y universal de la función administrativa[9]. Las matizaciones del carácter plenario y universal de la revisión jurisdiccional de la actuación administrativa dependerán de cada ordenamiento jurídico nacional, puesto que, algunos lo llevarán hasta su máxima expresión y otros serán más conservadores o reservados en su desarrollo, probablemente, al ejercer el denominado "margen de apreciación nacional".

En suma, según las coordenadas históricas, políticas, sociales, económicas y culturales de cada ordenamiento jurídico, el principio de la plena y universal justiciabilidad de la conducta administrativa se comporta de manera diferente, adoptando diversos papeles, en algunos casos, el rango de tal, en otros de una garantía institucional y, finalmente, en algunos como un derecho fundamental expresamente consagrado en la parte dogmática de la Constitución, con lo cual crece, exponencialmente, su densidad normativa o carácter preceptivo. Sin embargo, la incursión de los tribunales regionales de protección de los derechos humanos en la materia y, en particular, su tratamiento como expresión específica de un conjunto de esos derechos expresamente regulados, nos permite, sin temor a equívocos, proclamar su condición de derecho humano universal.

[9] Es la doctrina italiana la que ha planteado este principio, así FABIO SAITTA, "Il principio di giustiziabilità dell'azione amministrativa", en *Studi sui principi del Diritto Amministrativo* –a cura di Mauro Renna e Fabio Saitta-, Milano, Giuffrè Editore, 2012, págs. 225-256. SABINO CASSESE , por su parte, prefiere hablar del "principio di azionabilitá delle pretese (giustiziabilità)" o del principio de la accionabilidad de las pretensiones de los administrados frente a los poderes públicos, en Il Diritto Amministrativo e i suoi principi", en *Istituzioni di Diritto Amministrativo* –diretto da Sabino Cassese-, Milano, Giuffrè Editore, 4ª ed., 2012, pág. 13. Otros, con una perspectiva más limitada, dado que los actos administrativos son una de las tantas y posibles manifestaciones de la conducta administrativa, hablan del "principio costituzionale di generale giustiziabilità degli atti amministrativi" (lo reconocen, entre otros, para el ordenamiento italiano, el alemán y el europeo) Así DARIA DE PRETIS y FULVIO CORTESE, "Stabilitá e contendibilitá del provvedimento amministrativo: percorsi di diritto comparato", en *Forme e strumenti della tutela nei confronti dei provvedimenti amministrativi. Nel diritto italiano, comunitario e comparato*", en Milano, Cedam, 2010, pág. 344. En igual sentido GINEVRA CERRINA FERONI, "La giustiziabilità degli atti della pubblica amministrazione", en *Codice della giustizia amministrativa*, a cura di G. Morbidelli, Milano, Giuffrè, 2005, pág. 35 y ss.

En definitiva, la afirmación de este principio esencial del derecho administrativo universal o común resulta de trascendental importancia en la construcción de un lenguaje común o intersubjetivo entre los iusadministrativistas de todo el mundo.

En esta contribución abordaremos los principales puntos de convergencia para la construcción efectiva del principio de la plena y universal justiciabilidad de la conducta administrativa, sin reparar en la realidad jurídico-positiva de cada ordenamiento jurídico nacional o local, dado que esa tarea diluye cualquier esfuerzo dogmático con una pretensión de generalidad y abstracción. Hemos omitido, deliberadamente, en lo posible, toda referencia a cualquier ordenamiento jurídico-administrativo nacional, porque, además de exceder los propósitos de esta contribución, complicaría, enormemente, la connotación de generalidad y abstracción inherente a todo principio general del derecho administrativo constitucional.

2. Justicia administrativa

En una perspectiva metodológica, hemos preferido la expresión "justicia administrativa" a la de "jurisdicción contencioso-administrativa" o de "proceso contencioso-administrativo", dado que algunos ordenamientos jurídicos siguen el modelo francés administrativista y no el judicialista con una jurisdicción especializada en la materia. En efecto, en los ordenamientos nacionales que se inspiran en el modelo francés, el órgano encargado de conocer y resolver las controversias de interés entre los administrados y las administraciones públicas o cualquier otra cuestión regida sustancialmente por el régimen del derecho administrativo no se encuentra adscrito o incardinado en la organización judicial (*v. gr.*, Consejo de Estado).

Con tal perspectiva, el concepto de "justicia administrativa" comprende, entonces, todos los instrumentos y garantías que admitan la posibilidad de impugnar, efectivamente, cualquier manifestación de la conducta o actuación administrativa, independientemente del órgano y de la adscripción de este, al que le corresponda conocer y resolver el asunto, según el modelo de justicia administrativa nacional adoptado.

3. Posición en el Estado constitucional de derecho de la plena y universal justiciabilidad de la conducta administrativa: de principio general del derecho administrativo constitucional a derecho fundamental y humano

La plena o integral, universal y efectiva justiciabilidad de toda forma de manifestación de la actuación administrativa o de cualquier relación jurídico-administrativa, constituye un desiderátum por alcanzar, pues la intensidad y alcance de tales conceptos jurídicos indeterminados, en cada ordenamiento jurídico nacional, varía según el grado de desarrollo legislativo, constitucional y de recepción de las innovaciones en la materia. Consecuentemente, la justiciabilidad plena y universal de la conducta administrativa puede adoptar distintas funciones, según sean las previsiones constitucionales adoptadas en un ordenamiento jurídico determinado. En efecto, podemos afirmar que la justiciabilidad plena y universal de la actuación administrativa puede aceptar el papel de un principio general del derecho administrativo constitucional cuando no existe una previsión del derecho más general a la tutela judicial efectiva o de acceso a la jurisdicción o del más específico derecho al control de la legalidad de la conducta administrativa, dado que puede inducirse a partir de una serie de preceptos constitucionales que sugieren esa posibilidad, como, por ejemplo, la sola mención a la existencia de una jurisdicción contencioso-administrativa especializada o de un órgano encargado de conocer y resolver las controversias de interés entre los administrados y las administraciones públicas.

Hoy son pocas las constituciones que no incorporan, expresamente, por lo menos, en una perspectiva más general, el derecho a la tutela judicial efectiva o de acceso a la jurisdicción, de cuyo contenido esencial es posible desprender el más específico de acceso a la justicia administrativa frente a cualquier manifestación específica de la conducta administrativa que le resulte lesiva a un administrado en su esfera patrimonial o extrapatrimonial. Resulta claro que para aquellos modelos de justicia administrativa de tipo judicialista, en los que una jurisdicción especializada o la común se encarga del control de la legalidad de la conducta administrativa, la previsión del derecho a la tutela judicial efectiva comprende, necesariamente, en su contenido esencial, el acceso a tal jurisdicción especializada o la ordinaria para la protección y defensa de las situaciones jurídicas sustanciales de las personas frente a las actuaciones o conductas de los poderes públicos. Incluso, para aquellos ordenamientos que siguen un modelo administrativista, en el que un órgano ajeno a la organización judicial se encarga de tal control, tal derecho interpretado y aplicado de manera extensiva le da fundamento, puesto que en último término se trata de la tutela de los derechos de los ciudadanos frente a las administraciones públicas, sin que importe la adscripción o posición del órgano de control en el diseño constitucional. Precisamente por lo anterior, FROMONT afirmó que "en principio, el derecho de los individuos a la protección jurisdiccional contra la administración fue reafirmado casi por todos después de 1945"[10].

[10] MICHEL FROMONT, "La convergencia de los sistemas de justicia administrativa en Europa", en *Pensamiento Constitucional*, año IX, núm. 9, pág. 245.

En esa última tesitura se sitúan, también, ciertos sistemas regionales de protección de los derechos humanos, como el europeo[11] y el americano[12], en los cuales esa facultad específica se entiende implícita en el contenido esencial del derecho humano más general a un proceso justo, equitativo y efectivo.

De modo, que progresivamente el principio en comento ya no solo se manifiesta y comporta como tal, esto es, con un grado preceptivo más general y abstracto, sino también, al propio tiempo, como un derecho fundamental

[11] En el sistema europeo de protección de los derechos humanos, el Tribunal Europeo ha extendido la expresión "derechos de carácter civil" a los derechos administrativos de los administrados frente a los poderes públicos, de modo que el sistema de control de la actuación administrativa se entiende incluido y cubierto en el ordinal 6.1 del Convenio Europeo de Derechos Humanos. Así, las sentencias de la Corte Europea de Derechos Humanos "Le Compte, Van Leuren et De Meyére c/. Belgique" de 23 de junio de 1981, "Benthem c/. Pays Bas" de 23 de octubre de 1985 y "Kanayet c/. Rusia" de 27 de julio de 2006. Francisco Rodríguez Pontón, *La articulación de las garantías administrativas y jurisdiccionales en el sistema del CEDH*, Madrid, Civitas, 2005, *in totum*, y C. Padrós Reig y J. Roca Sagarra, "La armonización europea en el control judicial de la administración: el papel del Tribunal Europeo de Derechos Humanos", en *RAP*, núm. 136, 1995. Cabe sdubrayar que en la sentencia 33.804 del 96 "Mennitto c/. Italia" de 3 de octubre de 2000, la Corte Europea de Derechos Humanos critica la distinción italiana, propia de su sistema de justicia administrativa para deslindar la competencia entre la jurisdicción ordinaria y la administrativa —esta última constituida por el Consejo de Estado y los tribunales regionales administrativos—, entre derechos subjetivos e intereses legítimos, dado que, en su opinión, según el artículo 6º del Convenio Europeo de Derechos Humanos, el interés legítimo reviste la condición de un "derecho de carácter civil", y por consiguiente el tutelado tiene derecho a una indemnización. Sentencia que ha llevado a la doctrina italiana y la jurisprudencia constitucional a plantearse la supervivencia del concepto jurídico indeterminado "interés legítimo", permitiendo que la justicia estrictamente administrativa no solo anule sino también restablezca la situación jurídica sustancial invocada (Así Francesco Caringera, *Corso di diritto processuale amministrativo dopo la sent. 204/2004 della Corte Costituzionale*, Milano, Giuffrè, 2005, pág. 209). Luego tenemos, en el caso del modelo de justicia administrativa francés, la demoledora crítica que hace la Corte Europea de Derechos Humanos, por infracción del derecho a un proceso imparcial, a él, dada la característica de la inserción del Consejo de Estado en la estructura de la administración; así, caso Kress c. France, sentencia núm. 39594 del 98 de 7 de junio de 2001, reiterado en el caso Martinie c. France, sentencia núm. 58675 del 00 de 12 de abril de 2006.

[12] La Corte Interamericana de Derechos Humanos en el Caso Salvador Chiriboga vs. Ecuador, sentencia de 6 de mayo de 2008, estimó que el proceso contencioso-administrativo debía desarrollarse dentro de un plazo razonable (art. 8.1 de la Convención Americana sobre Derechos Humanos) y que, a tenor del artículo 25.1 de la Convención Americana, debe ser "sencillo, rápido, expedito y efectivo" para la tutela de los derechos fundamentales reconocidos en ese instrumento, la Constitución y la ley (párr. 85). En el caso concreto, desde la interposición de dos procesos contencioso-administrativos subjetivos o de plena jurisdicción, habían transcurrido a la fecha del dictado de la sentencia de la Corte Interamericana 11 y 14 años (párr. 84), por lo que estimó que "el tiempo transcurrido sobrepasa excesivamente el plazo que pueda considerarse razonable para que el Estado emitiera una sentencia definitiva" (párr. 87), con lo que se produjo, también, una clara denegación de justicia (párrs. 87 y 88). Esta sentencia de la Corte Interamericana exhorta, entonces, a los países del sistema interamericano a regular, reformar y modificar los procesos contencioso-administrativos para que sean sencillos, rápidos, expeditos y efectivos y, desde luego, para que se resuelvan en un plazo razonable evitando una denegación de justicia. Se trata, entonces, de una sentencia que afecta los modelos nacionales de justicia administrativa.

o humano de las personas frente a los poderes públicos, obviamente, en este último caso, con un nivel superior y más intenso de normativa.

Ahora bien, no faltan hoy ordenamientos jurídicos constitucionales que incluyen de manera expresa, además del derecho general a la tutela judicial efectiva, un derecho singular de acudir ante la justicia administrativa para impugnar cualquier conducta administrativa. Esta constituye una fase superior e idónea de desarrollo en la materia por suponer una garantía explícita de las personas frente a las administraciones públicas. En tal sentido podemos apuntar una constitucionalización progresiva, mediante la consagración de cláusulas constitucionales expresas, de la justicia administrativa que provoca una "extensión e intensificación del control jurisdiccional de la administración"[13]. Tenemos, así, emblemáticos ejemplos en el entorno europeo como el artículo 19, párrafo 4º, de la Constitución Alemana (Ley Fundamental para la República Federal de Alemania) de 1949[14], el ordinal 113 de la Constitución italiana, del mismo año[15], y en el ámbito latinoamericano, el numeral 49 de la Constitución Política de Costa Rica de 1949[16].

4. Superación de la justicia administrativa objetiva o revisora por una plenaria y universal

A) *Vigencia del principio, independientemente del modelo nacional de justicia administrativa adoptado*

El principio de la plena justiciabilidad de la actuación administrativa debe regir, sin que importe el modelo de Estado adoptado constitucionalmente, si es

[13] Jean-Marie Woehrling, "Le controle juridictionnel de l'Administration en Europe de l'Ouest", en *Revue Européenne de Droit Public*, vol. 6, núm. 2, Londres, 1995, pág. 369. En igual sentido Eduardo García de Enterría, *Democracia, jueces y control de la administración*, Madrid, Thomson-Civitas, reimp. 5ª ed., 2005, pág. 53.

[14] Ese precepto dispone "Toda persona cuyos derechos sean vulnerados por el poder público, podrá recurrir a la vía judicial. Si no hubiese otra jurisdicción competente para conocer el recurso, la vía será de los tribunales ordinarios [...]".

[15] El artículo 113 de la Constitución italiana dispone lo siguiente: "Contra los actos de la administración pública, la protección jurisdiccional de los derechos y de intereses legítimos ante los órganos de la jurisdicción ordinaria y administrativa está otorgado. Esta protección jurisdiccional no puede ser excluida ni limitada a tipos particulares de recursos o categorías determinadas de actos".

[16] Después de la reforma constitucional parcial que hizo la ley 3124 de 25 de junio de 1963, el artículo 49 de la Constitución Política de Costa Rica dispone lo siguiente:

"Establécese la jurisdicción contencioso-administrativa como atribución del poder judicial, con el [*sic*] objeto de garantizar la legalidad de la función administrativa del Estado, de sus instituciones y de toda otra entidad de derecho público.

"La desviación de poder será motivo de impugnación de los actos administrativos.

"La ley protegerá, al menos, los derechos subjetivos y los intereses legítimos de los administrados".

compuesto o unitario, y de la organización judicial elegida en cada ordenamiento jurídico nacional. Lo mismo podemos afirmar del modelo de justicia administrativa que se haya adoptado, sea este "judicialista puro", en el que existe una jurisdicción contencioso-administrativa especializada, encargada de conocer y resolver de las pretensiones deducidas contra la conducta administrativa activa u omisiva de los poderes públicos (*v. gr.*, Alemania y España), "judicialista impuro", que es aquel en que los jueces ordinarios atienden ese tipo de pretensiones (*v. gr.* en algunos sistemas anglosajones) o uno "administrativista", en el cual se concibe, por ciertos lastres históricos, un órgano no adscrito a la organización judicial sino más bien a la propia administración, aunque con una función diferente, para resolver ese tipo de controversias (*v. gr.*, el francés con el Consejo de Estado y los que siguen tal modelo).

En definitiva, las opciones político-jurídicas nacionales del tipo de Estado, de la organización judicial y del modelo de justicia administrativa adoptado no deben menguar la vigencia del principio de la plena justiciabilidad de la actuación administrativa. No obstante, la intensidad con que rige el principio, obviamente, dependerá de la configuración constitucional y legal que haya elegido cada Estado, aunque como lo hemos afirmado, al transformarse, progresivamente, tal principio general en un derecho fundamental o humano, parece ser que los Estados deben efectuar el mayor esfuerzo normativo y organizativo para consagrar adecuadamente la vigencia, goce y ejercicio de él. La diferencia de hablar de un principio general de la plena justiciabilidad de la conducta administrativa o de un derecho humano o fundamental en tal sentido es que en el primer caso carece de mayor valor normativo o preceptivo, a diferencia de cuando se le concibe como un derecho fundamental y humano que vincula fuertemente a los poderes públicos adoptando la condición de un *higher law* o de un *ius eminens*. La tendencia mundial que se manifiesta en la jurisprudencia de los tribunales regionales encargados de la protección de los derechos fundamentales, según el sistema que se trate (europeo o americano) es que se le conciba como un derecho humano que dimana del contenido esencial de otros derechos tales como el de la tutela judicial efectiva, el debido proceso y la defensa, en este caso, frente a los poderes públicos y sus conductas de tipo administrativo.

Los Estados están compelidos, actualmente, a consagrar una justicia administrativa plenaria y universal, independientemente del modelo de Estado —compuesto o federado o unitario—, del tipo de organización judicial adoptada y del modelo de justicia que se siga (judicialista puro, impuro o administrativista), que le permita a cualquier administrado discutir e impugnar, con las garantías de una tutela judicial efectiva el debido proceso y la defensa, cualquier conducta administrativa. Se trata de una cuestión que dejó de estar librada a la discrecionalidad política de cada Estado, donde el margen de apreciación nacional se ha visto fuertemente reducido, en aras de lograr esos dos caracteres que son la plenitud y la universalidad. Lo contrario supondría la infracción de derechos humanos básicos de las personas como el acceso a la jurisdicción, la tutela judicial efectiva, el debido proceso y la defensa. Parece, entonces, que lo único que queda librado al margen de apreciación nacional y soberano de cada Estado es el tipo de organización jurisdiccional y el modelo de justicia administrativa que, finalmente, se adopte, sin que pueda admitirse, de manera obvia, primero, la ausencia de una justicia administrativa que garantice el goce y ejercicio de las situaciones jurídicas sustanciales, llámese derechos subjetivos o intereses legítimos, y segundo, una justicia administrativa que admita reductos exentos del control de legalidad o, en último término, de la supremacía de la ley sobre la conducta administrativa.

Todo lo anterior supone, por otra parte, que la justicia administrativa que se diseñe en el plano nacional no puede ser la tradicional, concebida de acuerdo con el modelo francés, sea la eminentemente revisora o de anulación de un acto administrativo, con las pretensiones clásicas de mera anulación y de plena jurisdicción. Como bien se sabe, la conducta o función administrativa no solo tiene como única manifestación la actividad formal de las administraciones públicas, sean los actos administrativos por escrito emitidos con el procedimiento administrativo previo, sino que ese concepto tiene otras formas de manifestación como las omisiones materiales y formales, las actuaciones materiales, manifestaciones que, por otra parte, no agotan la existencia de situaciones jurídicas nacidas y sometidas al derecho administrativo, por lo que ha debido acudirse a la noción dogmática de la "relación jurídico-administrativa".

En definitiva, los Estados, a partir de la vigencia del principio general del derecho administrativo o del derecho fundamental o humano a la justiciabilidad de la conducta administrativa, están obligados, a concebir una justicia administrativa plenaria y universal que les permita actuar tal principio o derecho y que, sobre todo, impida la existencia de ámbitos de la función administrativa exentos del control de legalidad, pues, eso sería una grave arbitrariedad o injusticia notoria que lesionaría derechos básicos y elementales de las personas que interaccionan con los poderes públicos. El cambio de paradigma en la justicia administrativa obedece, básicamente, al reconocimiento de la centralidad de la persona en el derecho administrativo[17].

B) *La necesaria ampliación tipológica de las pretensiones deducibles*

Como hemos indicado, la justicia administrativa, para que sea verdaderamente plenaria y universal, debe dejar de bascular sobre el eje de esa tradicional y vetusta categoría dogmática que es el acto administrativo manifestado por escrito y con el procedimiento administrativo previo (actividad formal), porque

[17] FROMONT, *op. cit.*, pág. 263.

aquella no agota todas las formas de manifestación de la función administrativa, al existir omisiones de tipo formal y material y actuaciones materiales que lesionan las situaciones jurídicas sustanciales de los administrados y, en general, de otras formas de interacción o de relaciones jurídicas entre administrados y administraciones públicas.

El acto administrativo constituye la manifestación de la función administrativa por antonomasia de la denominada "administración pública de limitación", sea de la concepción del Estado policía o liberal de derecho, donde la tónica era la vigencia de los derechos civiles y políticos, también denominados derechos de libertad, donde el Estado, únicamente, debía garantizarles a los particulares un margen considerable de autonomía de la voluntad, sin intromisiones o injerencias arbitrarias mediante una actitud predominantemente negativa. En el marco de este tipo de Estado el principio fundamental será la "prohibición del exceso".

Con el advenimiento del Estado social y democrático de derecho o del Estado de bienestar, los administrados tendrán, además, derechos prestacionales o también llamados sociales, económicos y culturales (*v. gr.*, educación, salud, vivienda, etc.) que les imponen a los poderes públicos, más que una actitud pasiva y negativa, una activa brindando una serie de prestaciones para erradicar las desigualdades reales y efectivas existentes en el conglomerado social. En este nuevo paradigma lo esencial será que los poderes públicos cumplan con las obligaciones positivas de hacer o de dar impuestas por el ordenamiento constitucional e infraconstitucional de desarrollo de aquel; por consiguiente, el principio rector será ahora el de la "prohibición del defecto".

Las pretensiones clásicas de mera anulación y de plena jurisdicción deducibles frente a un acto administrativo formal serán, entonces, a partir de ese momento, absolutamente insuficientes frente a las omisiones de tipo material en la prestación de servicios públicos debidos, las omisiones formales al no dictarse un acto formal impuesto por el ordenamiento jurídico y necesario para satisfacer los derechos de los administrados o bien ante un Estado más activo e incisivo en la realidad social, económica o cultural mediante actuaciones materiales desplegadas para el logro de la igualdad real y garantizar un mínimo vital a los ciudadanos.

Se requerirán, entonces, las denominadas pretensiones de condena para obligar a un poder público a subsanar una omisión indebida o para superar la situación antijurídica creada por una actuación material. Solo de esa forma será posible, entonces, concebir una justicia administrativa, verdaderamente, plenaria y universal. Esto supondrá que las leyes reguladoras o códigos sobre la justicia administrativa deben ampliar el espectro de las pretensiones que pueda deducir un administrado frente a un poder público, idealmente complementado con cláusulas residuales que le permitan impugnar cualquier manifestación de la función administrativa.

C) *Agotamiento facultativo u optativo de la vía administrativa previa*

Para concebir una justicia administrativa plenaria y universal es menester superar lastres y prejuicios históricos que, actualmente, no tienen razón de ser. Se trata de una serie de privilegios de tipo formal de los que han gozado los poderes públicos frente a los administrados para acrecentar su posición, de por si superior al estar presuntamente dedicados al logro del interés general o público, en los procesos diseñados para impugnar sus conductas y que debilitan o retardan las posibilidades de impugnación o revisión que tienen los administrados.

Uno de estos privilegios formales lo ha constituido el agotamiento preceptivo de la vía administrativa o gubernativa previa que le impone al administrado agotar todas las instancias administrativas antes de acudir ante la justicia administrativa, como si esta fuera una instancia posterior de lo que suceda en esa vía previa. Una de las razones históricas por las cuales hasta hace unos años se hablaba de "recurso contencioso-administrativo" lo fue el agotamiento preceptivo de la vía administrativa como requisito preceptivo para acceder a la justicia administrativa, como si se tratara de una instancia ulterior, cuando lo cierto es que el principio del que nos ocupamos, los derechos fundamentales a la tutela judicial efectiva, el debido proceso, la defensa y a la revisión o fiscalización de la función administrativa —este último para aquellos ordenamientos constitucionales que lo tienen expresamente recogido en la parte dogmática de sus constituciones— imponen que la justicia administrativa pueda accederse sin requisitos previos que desgasten al administrado y sin concebirla como una prolongación de lo que se discuta en la sede administrativa.

Si admitimos como una realidad incontrovertible el fenómeno de la "constitucionalización del derecho" y, en particular, del derecho administrativo o la existencia de un "derecho administrativo constitucional", es necesario examinar el privilegio del agotamiento preceptivo de la vía administrativa de acuerdo con el patrón de constitucionalidad y, en particular, con una serie de valores, principios y derechos admitidos universalmente y que forman, entonces, parte de una tradición constitucional común inherente al supraconcepto de Estado constitucional de derecho. Si el privilegio formal del agotamiento preceptivo como requisito de admisibilidad para acudir a la justicia administrativa puede tener sustento en una serie de principios de orden constitucional como la eficacia y la eficiencia o, incluso, la buena administración, es lo cierto que deben entenderse, en todo momento y en cualquier circunstancia, subordinados a los derechos fundamentales y deben ceder ante estos, que constituyen la base del entero ordenamiento jurídico o, incluso, frente a otros principios constitucionales. Si se admite que el administrado o la persona es el centro de cualquier construcción jurídica, incluso del derecho administrativo, no existe razón para dotar de una posición asimétrica a los poderes públicos; por el contrario, las administraciones públicas, modernamente, deben concebirse y entenderse como un sujeto de derecho más del ordenamiento jurídico, de modo que resulta repugnante para el "derecho de la Constitución"[18] la desigualdad crónica entre persona y organismo público. En efecto, el reconocimiento u otorgamiento de una prerrogativa adjetiva de ese orden a los poderes públicos no tiene justificación objetiva y razonable, si se entiende que la conducta administrativa debe ser objeto de un control de legalidad plenario y universal, sobre todo si son creados y puestos en funcionamiento para servir y atender las necesidades de los administrados, sea si se les concibe como "organizaciones serviciales". En tal perspectiva, el agotamiento preceptivo de la vía administrativa no resiste el escrutinio de constitucionalidad, no solo por violentar el principio de la igualdad real, que en algunos ordenamientos jurídicos se comporta como un derecho (derecho a la igualdad, tal y como lo proclama la Convención Americana sobre Derechos Humanos, art. 24) con un grado normativo o preceptivo superior. Por otra parte, la figura dogmática en comento lesiona el derecho a la tutela judicial efectiva por varias razones como las siguientes:

a) Normalmente, el administrado al interponer los recursos administrativos ordinarios procedentes no logra que el propio órgano que dictó el acto administrativo o su superior lo modifique o anule, de modo que, como indica García de Enterría, siguiendo la expresión de un juez estadounidense, es como "sacar agua de un pozo seco"[19]; al no lograr obtener nada con la interposición de los recursos, se transforma en una pesada carga o en un prolongado "calvario" o *via crucis*.

b) La etapa recursiva del procedimiento administrativo suele prolongarse más allá de los plazos legales y de lo que puede concebirse como un plazo razonable, extendiéndose indefinidamente e incluso por años la posibilidad de acceso a la justicia administrativa, sin posibilidad de hacerlo inmediatamente y cuando lo estime oportuno.

c) La sumatoria del plazo para sustanciar el procedimiento administrativo para el dictado del acto administrativo —el requerido para plantear y resolver los recursos ordinarios procedentes y el necesario para obtener sentencia ante la justicia administrativa— provoca que los administrados obtengan una justicia tardía, la que, a la postre, puede transformarse —según su prolongación y circunstancias particulares de los administrados justiciables— en una denegación de justicia. Se trata, entonces, de una prolongación perversa en favor de cualquier órgano público que tiene una vocación de pervivencia superior

[18] Expresión de Maurice Hauriou, *Principios de derecho público y constitucional*, Madrid, Reus, 1927, el Libro II es titulado por el autor "El derecho de la constitución", el capítulo II lo denominó "La limitación del poder por el derecho de la constitución" y la sección primera, "La limitación del poder por las reglas del derecho de la Constitución", págs. 280-304.

[19] Eduardo García de Enterría , *Hacia una nueva justicia administrativa*, 2ª ed., Madrid, Civitas, 1992, pág. 67.

a cualquier persona física. Los organismos públicos permanecen —por su condición de personas jurídicas— en tanto que los administrados pasan; estos tienen alma, corazón, sentimientos, emociones y aspiraciones, a diferencia de aquellos, cuyos funcionarios están dispuestos a prolongar, indefinidamente y por generaciones, la resolución de los asuntos de los administrados, provocando que sus deudos cobren sus créditos y ejerzan sus derechos.

Según el bloque de constitucionalidad, la interpretación más favorable a la eficacia expansiva y progresiva de los derechos fundamentales y a su vinculación más fuerte es la que aboga por el carácter facultativo del agotamiento de la vía administrativa, de manera que quede a la libérrima elección del administrado, de modo que sea este quien, después de efectuar un juicio de ponderación acerca del éxito eventual de los recursos interpuestos en la sede administrativa, decida si los interpone o no. En definitiva, el carácter electivo de la vía administrativa previa resulta absolutamente acorde con los derechos de los administrados de acceso a la justicia, de la tutela judicial efectiva, y con los principios o derechos —según se configure en cada ordenamiento jurídico— a la igualdad y a la fiscalización plena y universal de la conducta administrativa. Solo de esta manera se logra dignificar al ser humano o a la persona que lucha contra los poderes públicos provistos, ya de por sí, de prerrogativas de tipo sustancial. Deberán quedar a salvo aquellos casos en que el constituyente originario o el derivado o poder de enmienda haya dispuesto, en el propio texto constitucional, que es necesario el agotamiento preceptivo. Sin embargo, esta afirmación cada día es más relativa, sobre todo en América, cuando la Corte Interamericana de Derechos Humanos ha impuesto a los jueces nacionales o locales el deber de ejercer el denominado control de convencionalidad difuso, tanto sobre normas constitucionales originarias o derivadas como, desde luego sobre las de rango infraconstitucional[20].

D) *El reto de una justicia administrativa más informal*

Para el logro efectivo de una justicia administrativa plenaria y universal es preciso hacerla más informal y espiritual y no tan ritual como por tradición lo ha sido, básicamente, en aras de dotar a los órganos públicos de mayores privilegios formales. Si forma parte del interés general, al cual sirven con objetividad las administraciones públicas, el respeto de los derechos fundamentales y humanos de los administrados, entonces, tales privilegios que rigidifican la justicia administrativa y, ocasionalmente, la tornan inaccesible, deben erradicarse.

La deformalización de la justicia administrativa pasa por varios aspectos esenciales, tales como los siguientes:

[20] Ernesto Jinesta Lobo, "Control de convencionalidad ejercido por los tribunales y salas Constitucionales", en El *control difuso de convencionalidad* (Eduardo Ferrer Mac-Gregor, México, D. F., Fundap, 2012, págs. 269-288.

a) Establecer plazos más amplios, como sucede en la mayoría de las disciplinas procesales, para acceder a la justicia administrativa. No se justifica el establecimiento de plazos de caducidad fatales y excesivamente cortos; por el contrario, se deben establecer plazos más amplios y de prescripción, con la posibilidad de suspenderlos e interrumpirlos por las causales clásica y generalmente admitidas. Lo óptimo es que el plazo para acudir a la justicia administrativa corresponda con el plazo de prescripción del derecho sustantivo. Además, cuando la infracción de la situación jurídica sustancial invocada por el administrado continúa en el tiempo, el plazo debe correr a partir de su cesación quedando abierto en tanto persista esta.

b) La superación del privilegio formal del acto administrativo tácitamente consentido, que tiene una lógica irrefutable cuando se parte del carácter preceptivo del agotamiento de la vía administrativa previa. Si la adecuación de la figura del agotamiento de la vía administrativa al patrón de constitucionalidad y convencionalidad pasa por estimarla como facultativa u optativa, la figura del acto consentido debe reputarse como inconstitucional, puesto que obliga a interponer los recursos administrativos ordinarios procedentes, impidiendo el acceso directo a la justicia administrativa.

E) *Capacidad procesal y legitimación: una justicia administrativa más democrática y accesible*

Una justicia administrativa plenaria y universal que procure reducir al máximo cualquier reducto exento del control de legalidad debe estar regentada por reglas de capacidad y de legitimación procesales democráticas y flexibles que aseguren las mayores posibilidades de fiscalización de la conducta administrativa. Una justicia administrativa centrada en la defensa de derechos subjetivos e intereses legítimos personales y directos cierra las posibilidades de impugnación y, por consiguiente, de participación ciudadana y los diversos colectivos en procura de la adecuación sustancial al bloque de legalidad de la conducta administrativa, circunstancia que repercute, necesariamente, en el logro efectivo del interés general.

Consecuentemente, se deben establecer principios y reglas suficientemente elásticas sobre la materia, permitiendo que los menores de edad tengan capacidad procesal de acuerdo con su grado de madurez específica, incluso con posibilidad de comparecer directamente, sin necesidad de representante, y así mismo que los grupos, las uniones sin personalidad o los patrimonios independientes o autónomos que son afectados en sus intereses legítimos, incluso sin necesidad de estar integrados en estructuras formales u organizacionales, puedan comparecer ante la justicia administrativa.

En materia de legitimación, resulta clave la posibilidad de que ciertas organizaciones colectivas formalmente constituidas puedan acudir en defensa de los intereses corporativos o gremiales (*v. gr.*, sindicatos, asociaciones de empresarios, asociaciones de consumidores, etc.). Así mismo, debe preverse que una persona o grupo de personas puedan invocar la defensa de intereses difusos en ciertas materias de gran trascendencia como la defensa del dominio público constitucional, del patrimonio cultural, el ambiente, urbanismo, la protección al consumidor, la promoción de la competencia, etc.

Debe, también, cuando lo dispone expresamente una ley sectorial, proceder la acción popular en procura de la conformidad sustancial de la conducta administrativa con el bloque de legalidad.

F) *Medidas cautelares en la justicia administrativa*

El replanteamiento de las pretensiones para alcanzar una justicia administrativa plenaria y universal demanda, paralelamente, redimensionar las medidas cautelares que pueda decretar el juez administrativo. Remozamiento de la tutela cautelar y de los poderes cautelares del juez administrativo es lo que impone una justicia plenaria y universal, sin ámbitos inmunes al control de legalidad ejercido por aquel.

Una justicia administrativa revisora y objetiva que solo regula el juicio al acto administrativo formal con pretensiones de mera nulidad y de plena jurisdicción, solo concibe como única medida cautelar la suspensión de la ejecución del acto administrativo impugnado. Cuando se surte el paso hacia una justicia administrativa plenaria y universal, con pretensiones administrativas de todo tipo, incluso, frente a las omisiones formales o materiales y las actuaciones materiales e, incluso, pretensiones abiertas —justificadas por la categoría residual de la "relación jurídico-administrativa"—, se precisa un sistema cautelar *numerus apertus*. El nuevo paradigma de una justicia administrativa plenaria y universal, frente al tradicional de excepción, entendida como revisora y objetiva, demanda un arsenal considerable de poderes y medidas cautelares en manos del juez administrativo, cuyos criterios determinantes sean los principios de proporcionalidad en sentido estricto, idoneidad y necesidad o de intervención mínima para garantizar, provisionalmente, la efectividad de la sentencia de mérito que se haya de proferir.

En definitiva, el cambio de paradigma en materia de justicia administrativa, sea de un modelo objetivo y excepcional a uno subjetivo, plenario y universal, demanda que los administrados cuenten con la posibilidad de requerir y otorgárseles cualquier medida cautelar necesaria, idónea y oportuna para garantizar provisionalmente la eficacia de la sentencia de mérito, como acontece en el resto de los procesos[21]. La dignificación de la persona humana que lucha contra los poderes públicos y el principio o derecho a la igualdad así lo imponen.

[21] García de Enterría señala que la justicia administrativa "se ha situado en el mismo nivel que el proceso civil entre partes privadas, donde nadie puede discutir que se enfrentan dos pretensiones equivalentes en cuanto a la titularidad potencial de los mismos derechos, y

Ahora bien, la sola consideración de la existencia, hasta hace poco innominado o atípico, de un derecho fundamental a la tutela cautelar, como parte del contenido esencial del derecho a la tutela judicial efectiva, que ha proclamado la doctrina desde el último lustro del siglo pasado[22] y acogieron muchos tribunales constitucionales e, incluso, regionales, impone la necesidad de establecer un sistema de medidas cautelares completo, flexible y amplio. En tal sentido, se precisa, además de una válvula de escape o de una cláusula residual que habilite al juez administrativo para disponer cualquier medida cautelar proporcionada, idónea, necesaria y oportuna, la regulación de las medidas cautelares positivas, también llamadas anticipatorias o innovativas, no solo la clásica negativa o conservativa de la suspensión de la ejecución, en una amplia tipología que comprenda las inhibitorias, ordenatorias y las sustitutivas[23].

Obviamente, en tal regulación se deben consagrar y respetar ciertas categorías dogmáticas clásicas a las medidas cautelares, tales como la instrumentalidad, provisionalidad, *summaria cognitio* y la urgencia, siendo que esta última característica de la tutela cautelar justifica las medidas cautelares provisionalísimas, las *inaudita altera parte* y las *ante causam.* También deben tenerse como referentes indispensables para disponerlas, lo que la doctrina ha denominado los presupuestos de las medidas cautelares, que son el *fumus boni iuris* o apariencia de buen derecho, que pasa por un juicio de probabilidad sobre el éxito eventual de la pretensión o la actitud de la propia administración

---

respetando el principio básico de todo litigio judicial, que es el de igualdad de armas". *Las transformaciones de la justicia administrativa, op. cit.*, pág. 135. FROMONT observa, en el entorno europeo, a propósito de las últimas reformas en los ordenamientos jurídicos español, francés y alemán, que se ha producido un acercamiento entre los poderes tradicionales del juez ordinario en el derecho privado y los del juez administrativo, afirmando "ya no más el derecho público sería un derecho inequitativo frente a un derecho privado igualitario. En efecto, los dos derechos se acercan: el derecho público se esfuerza cada vez más en asegurar una cierta igualdad entre el individuo y el Estado, e, inversamente, el derecho privado es, progresivamente, inducido a tener en cuenta las desigualdades de hecho, es decir, a proteger la parte más débil [...]", *op. cit.*, pág. 264.

[22] Así EDUARDO GARCÍA DE ENTERRIA, *La batalla por las medidas cautelares. Derecho comunitario europeo y proceso contencioso-administrativo español*, Madrid, Civitas, 1992, págs. 174 y 208; *íd.* "Reflexión sobre la constitucionalización de las medidas cautelares en el contencioso-administrativo", en *REDA*, núm. 76, oct.-dic., Madrid, 1992, pág. 630; RODRÍGUEZ-ARANA MUÑOZ, "Suspensión del acto y medidas cautelares", en *Poder Judicial*, núm. 21, marzo, Madrid, 1991, pág. 145, VICENTE GIMENO SENDRA *et al.*, *Derecho Procesal Administrativo*, Valencia, Tirant lo Blanch, 1993, pág. 665. CARMEN CHINCHILLA MARÍN, "El derecho a la tutela cautelar como garantía de la efectividad de las resoluciones judiciales", en *Revista de Administración Pública*, núm. 131, may. Ago., 1993, pág. 171.

[23] Clasificación tipológica planteada por MARCO SICA, *Effettività della tutela giurisdizionale e provvedimenti d'urgenza. Nei confronti della pubblica amministrazione*, Milano, Giuffrè Editore, 1991, págs. 246-286 y seguida por ERNESTO JINESTA LOBO, *La tutela cautelar atípica en el proceso contencioso-administrativo*, San José, Ediciones Colegio de Abogados de Costa Rica, 1995, págs.285-287.

y el *periculum in mora*, representado por la amenaza fundada, razonable y objetiva de que la situación jurídica sustancial invocada resulte seriamente dañada o perjudicada de modo grave e irreparable durante el tiempo necesario para dictar sentencia, tanto el peligro de inutilidad como el de retardo de la sentencia de mérito. Al respecto, también resulta importante la regulación de la bilateralidad del *periculum in mora*, sea la necesaria ponderación del interés público y de los intereses de terceros cuando se decreta una medida cautelar.

G) *Tipología de sentencias en la justicia administrativa*

Si el imperativo de una justicia administrativa plenaria y universal supone el replanteamiento de las pretensiones, las reglas de la capacidad procesal, de la legitimación y de las medidas cautelares admisibles, lógicamente se producirá también un efecto en la taxonomía de las sentencias que pueda dictar el juez administrativo.

Aparte las sentencias meramente declarativas y constitutivas, clásicas en una justicia administrativa objetiva y revisora de un acto administrativo, lo importante será regular las sentencias condenatorias que le permitan al juez administrativo imponerles a los poderes públicos toda suerte de obligaciones de hacer, no hacer o de dar y las mixtas (meramente declarativas, constitutivas y de condena), evitándose toda suerte de enunciación *numerus clausus* o taxativa, dejando abierta la posibilidad de dictarse cualquier pronunciamiento para brindar plena efectividad a la tutela judicial administrativa o el restablecimiento pleno de la situación jurídica sustancial invocada. También resulta conveniente, por razones de economía procesal, que el juez administrativo pueda referirse en la sentencia a toda conducta conexa con la impugnada, desde luego, según el prudente arbitrio judicial y las reglas de la sana crítica y el autocontrol.

Dado el carácter complementario que ofrece la construcción dogmática de la "relación jurídico-administrativa", el juez administrativo debe tener habilitación suficiente para declarar en sentencia la existencia, inexistencia o contenido —derechos y obligaciones recíprocas— de una relación de tal naturaleza y, finalmente, emitir un pronunciamiento de condena a una obligación de hacer, no hacer o de dar.

En esta materia, resulta conveniente, tratándose de obligaciones pecuniarias, concederle al juez administrativo la posibilidad de reajustarlas o actualizarlas mediante algún mecanismo objetivo (indexación judicial), en aras de los principios de la intangibilidad relativa del patrimonio —evitándose un enriquecimiento ilícito de la administración pública vencida o un empobrecimiento sin causa del administrado victorioso—, justicia y equidad. De igual manera, si las partes han pactado algún mecanismo de indexación diferente, el juez administrativo debe tener la facultad de homologarlo.

H) *Instrumentos para la ejecución de sentencias en la justicia administrativa*

Actualmente se admite, de manera general y casi universal, que la ejecución plena e íntegra de la sentencia debe estar en manos de la justicia administrativa, en cuanto forma parte de la tutela judicial efectiva, siendo que, incluso, los sistemas más refractarios a esa idea como el francés y el español rectificaron a fines del siglo pasado, dejando de lado el viejo prejuicio revolucionario francés de que ningún órgano ajeno a la administración podía interferir en la actuación de la administración activa.

La ejecución plena e íntegra del fallo de mérito forma parte de una justicia administrativa cumplida y efectiva; de ahí la importancia de fortalecer, cada día más, las potestades de ejecución del juez administrativo para conminar a los poderes públicos al cumplimiento de lo dispuesto en la sentencia.

Es conveniente instituir dentro de la justicia administrativa respectiva un "cuerpo de jueces de ejecución" o de "jueces ejecutores", con plenos poderes para la plena efectividad y eficacia de las sentencias y demás resoluciones. La especialización de los órganos encargados de ejecutar lo juzgado, cualquiera que sea el esquema de justicia administrativo seguido en un país, se traduce, sin duda alguna, en mayor celeridad y eficiencia en la fase de ejecución, dado que los jueces de trámite y de conocimiento se encuentran absorbidos por otras responsabilidades y deberes; además, el volumen de litigiosidad administrativa crece cada día exponencialmente, siendo la especialidad una respuesta adecuada. Así mismo, tal especialización le permite al "juez ejecutor" acumular una serie de destrezas, habilidades y conocimientos indispensables frente a los poderes públicos para evitar que la sentencia o resolución se convierta en una declaración platónica de principios (*flatus vocis*). El juez ejecutor debe estar provisto de los poderes y habilitaciones legislativas suficientes, siendo los únicos límites razonables aquellos que dimanan del contenido del fallo que es ejecutado y el principio de proporcionalidad en sus diversas vertientes, tales como la idoneidad o adecuación, la necesidad o intervención mínima y la proporcionalidad en sentido estricto.

Un instrumento vital para la ejecución forzosa —ya que la ejecución voluntaria y espontánea es el desiderátum— lo constituyen las multas coercitivas impuestas al funcionario público que incumple sin justa causa los requerimientos del juez ejecutor. Debe tratarse de multas significativas, impuestas tras la observancia del debido proceso y susceptibles de cobrarse por la vía ejecutiva.

Cabe también plantearse la posibilidad de imponer multas coercitivas de tipo institucional, sea al órgano público que incumple, cuando se debe no a faltas directamente imputables a un funcionario público, sino ajenas a él y más bien atribuibles a la institución.

De igual manera, debe sopesarse la posibilidad de introducir como causal de suspensión o despido de un funcionario público, cuando incumpla por dolo o culpa grave una sentencia firme emitida por la justicia administrativa.

Tratándose de obligaciones dinerarias, la certificación emitida por el juez ejecutor y remitida al responsable de la ejecución presupuestaria debe constituir título suficiente y único para el pago respectivo, debiendo el funcionario incluir el contenido presupuestario requerido para el debido cumplimiento en el presupuesto inmediato siguiente. En garantía de lo cual la omisión debe reputarse como falta grave de servicio generadora de responsabilidad administrativa por funcionamiento anormal, además de causa de responsabilidad administrativa por falta personal, disciplinaria y penal del funcionario.

Debe admitirse también que la certificación del adeudo por el juez ejecutor permita el ajuste o la modificación de un presupuesto público en ejecución o bien la confección de uno extraordinario para dar cabal cumplimento a lo resuelto, todo dentro de un plazo perentorio y razonable. En caso de incumplimiento, el juez ejecutor debe comunicar al tribunal de cuentas o a la entidad de fiscalización superior respectiva (llamadas en algunos países "contralorías") para que no ejecute ningún trámite de aprobación o modificación presupuestaria del órgano incumplidor, hasta que se incluya la partida presupuestaria pertinente. Esta paralización presupuestaria, como herramienta para conminar al cumplimiento efectivo, podría ser dimensionada por el juez ejecutor para no afectar la gestión sustantiva de la entidad, el respeto de las situaciones jurídicas sustanciales de terceros o la satisfacción efectiva del interés general.

Uno de los grandes escollos para la ejecución plena e íntegra del fallo lo constituye el privilegio de la inembargabilidad de los bienes de las administraciones públicas. En nuestro criterio, sobre este extremo deben romperse ciertas ataduras dogmáticas; en primer término debe admitirse, de principio, la embargabilidad de los bienes privados de los poderes públicos con ciertas modulaciones; en segundo lugar, es preciso romper el viejo dogma de la inembargibilidad de los bienes del dominio público. En efecto, la ausencia de distinciones relevantes, tratándose del dominio de los poderes públicos, ha impedido que la tutela judicial administrativa sea verdaderamente efectiva. Evidentemente, habrá ciertos bienes del dominio público natural o artificial que no son susceptibles de embargo, precisamente, por estar librados al uso y aprovechamiento común, tales como la zona marítimo-terrestre o franja costera, ríos, lagos, plazas y parques, caminos, mercados y cementerios públicos. Igualmente no deben ser embargables los bienes del dominio público vinculados a la prestación de servicios públicos esenciales en materia de salud, educación o seguridad o cualquier otro que sea calificado como tal por el juez administrativo. Tampoco podrían embargarse los bienes públicos sobre los que un particular tenga algún título habilitante (*v. gr.*, permiso, concesión, etc.). Pero fuera de esos bienes del dominio público, el juez administrativo debe ponderar la posibilidad de su embargo para el logro de una justicia administrativa plenaria y universal.

5. Discrecionalidad administrativa y control por la justicia administrativa

En 1961, Eduardo García de Enterría, cuando escribió sus *Reflexiones sobre la ley y los principios generales del derecho en el derecho administrativo*"[24]. parafraseando a Hans Huber, señalaba que la discrecionalidad es "[...] «el caballo de Troya dentro del derecho administrativo de un Estado de derecho», por donde toda la estructura de este podría derrumbarse"[25], con lo cual apuntaba la necesidad de buscar y aplicar nuevas técnicas del control de discrecionalidad, aparte la ya tradicional de la desviación de poder.

Así, García de Enterría daba a entender que el ámbito de la discrecionalidad administrativa podía ser un foco relevante de inmunidad al control de legalidad que obstruya el logro de una justicia administrativa plenaria y universal. Precisamente por eso, en la obra citada de 1961 y en su más que clásica *La lucha contra las inmunidades del poder*, escrita un año después, en 1962, expuso magistralmente las nuevas técnicas y herramientas para el control pleno de la discrecionalidad administrativa.

Como sabemos, las tres técnicas alternativas —a la desviación de poder— que propuso García de Enterría en 1962 fueron las siguientes[26]:

a) El control de los hechos determinantes que facultan para el uso de una facultad discrecional, dado que el supuesto de hecho existe o no existe. Se trata, entonces, del control por el juez administrativo de la situación fáctica que habilita a la administración para ejercer la discrecionalidad y que debe verse reflejada en la motivación del acto administrativo como elemento formal, al comprender el conjunto de antecedentes fácticos que justifican su dictado.

b) El control sobre los conceptos jurídicos indeterminados, muy usuales en el derecho administrativo y el público en general (*v. gr.*, interés público o general, buena administración, precio justo, utilidad pública, urgencia, orden público, etc.), que tienen un margen de apreciación positiva y negativa y un halo de incertidumbre, pero que al fin y al cabo pueden ser fiscalizados por el juez administrativo mediante criterios de valor, técnicos o científicos o de experiencia. El concepto jurídico indeterminado, al ser aplicado a una circunstancia

[24] Memoria para opositar la Cátedra de Derecho Administrativo en la Universidad Complutense de Madrid, actualmente recogida en la obra *Reflexiones sobre la ley y los principios generales del derecho*, Madrid, Civitas, reimpresión, 1986.

[25] *Reflexiones sobre la ley y los principios generales del derecho*, *op. cit.*, pág. 41.

[26] *La lucha contra las inmunidades del poder*, *op. cit.*, págs. 30-49.

concreta, se da o no, por lo que ofrece una única solución justa, a diferencia de la discrecionalidad, que ofrece una pluralidad de soluciones justas posibles al suponer un margen de libertad de elección.

c) El control mediante los principios generales del derecho administrativo. Las administraciones públicas están sujetas no solo a la ley, sino también a los principios generales del derecho que forman parte del bloque de legalidad, que lo fundamentan y estructuran. García de Enterría apunta que en ninguna otra parcela del ordenamiento jurídico como en el derecho administrativo son tan necesarios los principios generales como mecanismo de control, dado el conjunto dinámico y caótico de normas administrativas. Así los principios de proporcionalidad, interdicción de arbitrariedad, protección de la confianza legítima, buena fe e igualdad son esenciales para controlar el ejercicio de las facultades administrativas discrecionales. Incluso García de Enterría entiende que los derechos fundamentales y humanos constituyen un límite infranqueable de la discrecionalidad porque son "principios constitucionalmente consagrados como base entera de la organización comunitaria y del orden jurídico"[27].

En nuestro criterio, resulta relevante que cada legislación nacional incluya, de manera expresa, los derechos fundamentales y humanos como un límite sustancial de la discrecionalidad, no por tener la condición de principios, sino de derechos plenamente exigibles con una eficacia normativa o preceptiva superior y más intensa a la de cualquier principio general del derecho. Por otra parte, debe considerarse que las reglas unívocas y de aplicación exacta de la ciencia y la técnica también deben constituir un valladar relevante de la discrecionalidad, pues las administraciones públicas, por ejemplo, al ejecutar una obra pública como un camino público y fijar su trazado o derrotero, no podría ejercer una libertad de elección que viole la reglas científicas en materia de ingeniería y geología.

Actualmente han surgido nuevos límites a la discrecionalidad administrativa, sobre todo en materia de emisión de normas reglamentarias y, más en general, de regulación, que son el denominado "análisis costo-beneficio" (*cost/ benefit analysis,* o por sus siglas en inglés CBA) y el "análisis o evaluación del impacto regulatorio" (en inglés *regulatory impact assessment* y por sus siglas, RIA). Estas figuras recientes imponen, antes de adoptar una política pública que suponga regulación o emisión de reglamentos administrativos, efectuar los estudios interdisciplinarios necesarios para reducir sus costos, cargas, el impacto y la afectación que produce en los administrados y grupos de estos, lo cual reduce, ostensiblemente, el margen de libre decisión o discrecionalidad en la toma de decisiones políticas o administrativas fundamentales, sobre todo dentro de un procedimiento de consulta y participativo. Incluso con estas herramientas se produce una redimensión del concepto de interés público, pues

[27] *La lucha…, op. cit.*, pág 48.

su definición ya no dependerá, en exclusiva, de la administración pública, sino de la ponderación y equilibrio entre costos y beneficios, de manera que una decisión de regulación debe justificarse y motivarse para acreditar que es mejor e inteligente (*better and smart regulation*)[28].

Todo ordenamiento jurídico que pretenda alcanzar el principio de la plena y universal justiciabilidad de la conducta administrativa debe, necesariamente, incorporar todas las técnicas de fiscalización de la discrecionalidad apuntadas. Producto de su aplicación queda una discrecionalidad residual, no fiscalizable, pues se trata de la expresión última o núcleo duro de la libertad de decisión que supone el uso de una facultad discrecional; la idea y el propósito, entonces, es reducir a la mínima expresión cualquier arbitrariedad administrativa.

6. La cuestión del "acto político o de gobierno"

Fue Eduardo García de Enterría quien advirtió desde 1962 en su obra clásica *La lucha contra las inmunidades del poder* que la categoría de los "actos políticos o de gobierno" era una zona inmune al control de legalidad ejercido por la justicia administrativa y que debía suprimirse radicalmente o, por lo menos, reducirse a su mínima expresión, siendo objeto de una interpretación restrictiva, por asentarse en la idea superada e incompatible con el Estado de derecho de la "razón de Estado".

La distinción surge a partir de la diferenciación entre política o gobierno y administración, o entre función política o de gobierno, llamada también de dirección política, y función administrativa, la cual no resulta nada fácil, dada la difícil aprehensión o deslinde material de sendos conceptos, por su contenido múltiple o heterogéneo y amorfo. En la doctrina fracasaron los intentos de sistematización de los denominados actos políticos o de gobierno, tanto por el fin o móvil, por su naturaleza sustancial y, el más inconveniente, de la enumeración o lista jurisprudencial por el efecto extensivo y no restrictivo que podía tener.

La regla debe ser que cualquier acto emanado de los órganos de gobierno, incluso de la máxima jerarquía y relevancia, que se encuentre sometido a un régimen legal debe ser controlado por la justicia administrativa, pues, le corresponde a esta ejercer el control de legalidad, no admitiéndose, bajo ningún concepto, una zona de inmunidad jurisdiccional.

Todo dependerá, entonces, del régimen jurídico positivo vigente en cada ordenamiento jurídico. Luego, si se trata de actos emanados de órganos del gobierno cuyo régimen jurídico sustancial se encuentra regulado en la propia

[28] Jean-Bernard Auby y Thomas Perroud, *La evaluación de impacto regulatorio*, Sevilla, INAP Editorial de Derecho Global, 2013, págs. 11-66. Se trata de la introducción a la obra a cargo de estos dos autores.

Constitución o en otro componente del patrón de constitucionalidad y no en norma infraconstitucional, le corresponderá entonces a la jurisdicción constitucional ejercer el control de constitucionalidad. De modo que la posibilidad de residenciar un acto político o de gobierno ante la justicia administrativa dependerá de que se encuentre regulado por el ordenamiento infraconstitucional o exclusivamente por el constitucional. En ningún caso, incluso tratándose de la dirección y gestión de las relaciones internacionales o de las interacciones o relaciones entre los poderes constitucionales, el acto será inmune, pues podrá radicarse ante la justicia administrativa o constitucional, según el régimen sea legal o constitucional, porque incluso los actos políticos están sujetos al ordenamiento jurídico; lo que pasa es que hay que determinar su rango y jerarquía para deslindar la competencia del control de legalidad del control de constitucionalidad. En caso de ser mixto el régimen —legal y constitucional—, se deben separar las órbitas del control de legalidad del de constitucionalidad. Se trata de un supuesto, precisamente, en el que el control de legalidad y el de constitucionalidad se complementan en aras de lograr la vigencia efectiva de la justiciabilidad plena y universal de la conducta administrativa.

7. El control de constitucionalidad de la conducta administrativa por la justicia constitucional

El surgimiento del Estado constitucional de derecho, como una fase superior del Estado legal de derecho, mediante jurisdicciones constitucionales robustas, generalizadas después de la posguerra, que se encargan de velar por el principio de la supremacía constitucional, ha supuesto que los poderes públicos deben adecuarse y someterse a la ley, a la Constitución y también a los instrumentos del derecho internacional público en materia de derechos humanos. Los patrones o bloques de constitucionalidad y convencionalidad vinculan más intensa y fuertemente a las administraciones públicas, más incluso que el bloque de mera legalidad.

Las constituciones modernas están formadas por una parte dogmática que contiene valores, principios esenciales de la organización política y social y los derechos fundamentales y otra orgánica donde se establecen los órganos de relevancia constitucional, junto con sus competencias y atribuciones, las cuales deben observar escrupulosamente las administraciones públicas. Luego, en el ámbito del derecho internacional público existen convenciones y protocolos de carácter universal y regional que les consagran a los administrados una serie de derechos humanos frente a los poderes públicos, a los que también deben someterse las administraciones públicas.

Para la defensa y protección del bloque de constitucionalidad se erigieron tribunales, salas y cortes constitucionales, mediante la jurisdicción constitucional de la libertad (amparo y *habeas corpus*) y de la jurisdicción constitucional orgánica (acción de inconstitucionalidad y otros mecanismos).

El sometimiento pleno de las administraciones públicas al bloque de constitucionalidad supone un paso relevante en la afirmación del principio de la plena y universal justiciabilidad de la conducta administrativa, pues el control de constitucionalidad, en sentido amplio, ejercido por la justicia constitucional viene a complementar el control de legalidad que, tradicionalmente, ha desplegado la justicia administrativa.

La intensidad y el alcance del control de constitucionalidad que pueden ejercer tribunales, salas y cortes constitucionales depende, en esencia, de la configuración legislativa nacional de sus atribuciones y competencias. Sin embargo, efectuando una labor de abstracción y generalización, intentaremos señalar cuáles deben ser las características idóneas de ese control para abonar y fortalecer el principio de la justiciabilidad plena y universal de la conducta administrativa.

A) *El amparo y el control de la conducta administrativa*[29]

El proceso de amparo, como uno de los componentes básicos de la justicia constitucional, ofrece posibilidades infinitas y fecundas para ejercer el control pleno y universal de la conducta administrativa.

Se trata, por lo general, de un proceso sumario seguido contra cualquier acto formal, actuación material u omisión —formal o material— de las administraciones públicas que infringe un derecho fundamental, emplazado en la parte orgánica de la respectiva Constitución y en algunos ordenamientos jurídicos que han constitucionalizado los instrumentos del derecho internacional público de derechos humanos —sea por cláusula constitucional expresa o por una jurisprudencia progresista—, contenidos en convenciones y protocolos internacionales o regionales. Incluso, algunos tribunales, salas y cortes constitucionales admiten la defensa y protección de derechos humanos contenidos en el *soft law* internacional, tales como declaraciones, resoluciones y recomendaciones de ciertos órganos internacionales o regionales.

Obviamente, en cuanto a las conductas administrativas objeto del proceso de amparo, puede haber variaciones sustanciales de un ordenamiento jurídico nacional a otro, pero en términos generales y óptimamente, debería estar diseñado para impugnar cualquier conducta administrativa violatoria de derechos fundamentales o humanos (*v. gr.*, actos formales, actuaciones materiales, omisiones formales y materiales).

Sea que el amparo tenga un carácter residual o subsidiario —debiendo agotarse las vías internas de protección ordinarias— o principal, se erige en un

[29] AA. VV., *El derecho de amparo en el mundo* (Héctor Fix-Zamudio y Eduardo Ferrer Mac-Gregor, Coors.), México, D. F., Porrúa-UNAM-Konrad Adenauer Stiftung, 2006, *in totum*.

instrumento poderoso y esencial para la tutela efectiva de los derechos fundamentales y, como hemos indicado, en algunos casos, de los derechos humanos, frente a las violaciones que perpetren los poderes públicos. En algunos sistemas jurídicos el amparo no tiene un efecto meramente reparador (reparación por equivalente mediante una condena al pago de los daños y perjuicios), sino también de pleno restablecimiento del goce y ejercicio del respectivo derecho fundamental o humano, mediante el dictado de sentencias de condena que les imponen a las administraciones públicas obligaciones de hacer, no hacer o abstenerse o de dar.

La intensidad del proceso de amparo como garantía para el logro del principio de la justiciabilidad plena y universal de la conducta administrativa crece notablemente en los ordenamientos jurídicos cuyas constituciones o jurisprudencia constitucional admiten la tutela y defensa de los derechos sociales o prestacionales, denominados en el ámbito internacional sociales, económicos y culturales (DESC), pues en esta materia las condenas a los poderes públicos a obligaciones de hacer, no hacer o dar son más intensas. Así sucede, por ejemplo, en la mayoría de los países latinoamericanos, siendo demostración de esto la jurisprudencia progresista y sanamente activista emitida por ciertas instancias como la Sala Constitucional de Costa Rica, la Corte Constitucional colombiana y el Tribunal Constitucional de Chile. Se trata, entonces, de un mecanismo para actuar plenamente el concepto de "administración prestacional" que procura la erradicación de las desigualdades reales y efectivas existentes en el conglomerado social mediante la prestación efectiva de ciertos servicios básicos y esenciales a los sectores de población en desventaja que les aseguren un mínimo vital.

Importa señalar que en algunos ordenamientos jurídicos el amparo resulta un mecanismo de control de los actos políticos o de gobierno que lesionan derechos fundamentales o humanos, lo que fortalece notablemente el principio de la justiciabilidad plena y universal de la conducta administrativa.

B) *Cuestiones de constitucionalidad y control de la actuación administrativa*

En lo relativo a la jurisdicción constitucional orgánica, cada ordenamiento jurídico varía en cuanto a los mecanismos que incorpora. En términos generales, el control de constitucionalidad *a posteriori*, que es el que nos interesa, pues el control *a priori* se dirige a proyectos de ley, podemos segmentarlo en el control concreto y el control abstracto.

Dentro del control de constitucionalidad concreto que supone un asunto previo (*v. gr.*, un proceso jurisdiccional ordinario) tenemos la acción de inconstitucionalidad, interpuesta por alguna de las partes principales que participan en él, y la consulta judicial de constitucionalidad, que plantea un juez ordinario que conoce de una cuestión previa y tiene una duda de constitucionalidad acerca de la norma o acto que debe aplicar.

En cuanto al control abstracto de constitucionalidad, que no requiere, en términos generales, una lesión individual y directa y, por consiguiente, no se precisa una cuestión previa, se suele verificar cuando procede la acción de inconstitucionalidad para la defensa y protección de intereses de carácter colectivo, sean corporativos y difusos. Lo mismo sucede cuando el ordenamiento prevé una legitimación institucional u orgánica, permitiéndoles a ciertos órganos plantear la acción de inconstitucionalidad.

La acción de inconstitucionalidad, mediante control concreto o abstracto, será una herramienta poderosa en el control plenario y universal de la conducta administrativa, cuando el ordenamiento jurídico respectivo la admita respecto de normas jurídicas de cualquier naturaleza, dentro de las que caben los reglamentos administrativos, porque en tal supuesto esa norma administrativa debe ser contrastada con el patrón de constitucionalidad, anulando cualquier disposición contraria a él. Mejor aún será cuando la acción de inconstitucionalidad sea procedente contra cualquier disposición general del derecho administrativo, en cuyo caso se podrá interponer contra un simple decreto ejecutivo que no tenga efecto normativo pero sí general o directrices —dictadas en el ejercicio de la dirección intersubjetiva o interorgánica— y, desde luego, contra circulares e instrucciones administrativas cuando afecten o lesionen la esfera patrimonial o extrapatrimonial de los administrados y no se reducen a tener efectos estrictamente internos a la organización administrativa respectiva. Algunos ordenamientos procesales constitucionales también admiten, con un criterio amplio, la acción de inconstitucionalidad contra los actos subjetivos de las autoridades públicas cuando infringen algún componente del patrón de constitucionalidad y no son susceptibles de los recursos de amparo o de *habeas corpus*.

Es de notar que la intensidad del control de constitucionalidad sobre tales manifestaciones de la conducta administrativa crecerá exponencialmente cuando el ordenamiento jurídico dispone que la sentencia constitucional debe tener efectos jurídicos *erga omnes*, pues la respectiva disposición administrativa debe desaparecer completamente del mundo jurídico y vinculará a todos los poderes públicos.

8. Conclusión general

En el ámbito del derecho administrativo constitucional podemos identificar, con claridad meridiana, el principio general de la plena y universal justiciabilidad de la actuación de las administraciones públicas en aras de mantener la plena sujeción de los poderes públicos al bloque o patrón de legalidad. Este principio, en la medida en que asegura la conformidad sustancial de la conducta administrativa al patrón de legalidad, legitima a los poderes públicos, en cuanto su legitimación deriva de la correcta y ajustada ejecución de la ley que es expresión de la voluntad general.

Este principio general ha evolucionado vertiginosamente adoptando los claros contornos de un derecho fundamental o humano, tanto en el ámbito nacional como en el regional y el internacional. Se trata del derecho a la plena y universal justiciabilidad de la actuación administrativa, con lo que ha adquirido un nivel superior de normativa o preceptiva. Dentro de los retos de las dogmática del derecho administrativo constitucional moderno, que comprende el estudio de la supremacía no solo de la ley, sino del bloque de constitucionalidad y de convencionalidad —contenido en convenios, declaraciones y protocolos en materia de derechos humanos— se encuentra su estudio sistemático, para procurar una aproximación conceptual, la definición de los sujetos activos y pasivos, su contenido esencial y sus límites intrínsecos y extrínsecos.

LOS RECURSOS DE URGENCIA EN EL PROCESO CONTENCIOSO-ADMINISTRATIVO FRANCÉS

FRANÇOIS JULIEN-LAFERRIÈRE*

Sumario: 1. Características de la jurisdicción contencioso-administrativa francesa. 2. La lenta aparición de los procedimientos de urgencia. 3. Los "référés". A) La urgencia. B) La causa seria. 4. Las reglas procesales de los "référés". A) Presentación de la demanda. B) Formación de juicio no colegiada. C) Instrucción del sumario. D) La audiencia pública. E) Decisión del juez. a) Forma de la decisión. b) Contenido de la decisión. a') "Référé" suspension. b') "Référé" libertad. F) Vías de recurso. 5. Conclusión.

1. CARACTERÍSTICAS DE LA JURISDICCIÓN CONTENCIOSO-ADMINISTRATIVA FRANCESA

El sistema jurisdiccional francés se caracteriza por la coexistencia de dos órdenes jurisdiccionales, totalmente independientes: el orden judicial[1], que es competente en materia civil, comercial, laboral y penal, y el orden contencioso-administrativo, competente para juzgar los litigios entre la administración y los particulares, o entre varias administraciones (el Estado y un municipio, por ejemplo). Es la llamada "dualidad de jurisdicciones".

El orden judicial está encabezado por la Corte de Casación, y el orden contencioso-administrativo, por el Consejo de Estado, sin que exista jerarquía ni relación directa entre ambos. Ninguno de ellos le puede imponer su autoridad o la de sus decisiones al otro. Esta separación estricta entre ambos órdenes jurisdiccionales obligó a crear un órgano de arbitraje encargado de zanjar las

* Profesor emérito de la Universidad París Sud, Juez de la Corte Nacional el Derecho de Asilo, Exvicedecano de la Facultad de Derecho de la Universidad París Sud, Exdirector del Instituto de Estudios de Derecho Público, Exdirector del Departamento de Derecho Público de la Universidad París Sud, Miembro fundador de la Asociación Internacional de Derecho Administrativo, Miembro de Honor de la Asociación Mexicana de Derecho Administrativo.

[1] En el vocabulario jurídico francés, las jurisdicciones "judiciales" son las que tienen competencia para resolver las controversias entre personas privadas aplicándose el derecho privado. Las jurisdicciones "administrativas" son las que conocen de los litigios en los cuales una persona pública (el Estado, una colectividad territorial o una empresa pública) es parte y para la solución de las cuales se aplica el derecho administrativo.

diferencias entre ellos con respecto a sus respectivas competencias: conflicto positivo, cuando ambos se declaran competentes para conocer un mismo litigio; conflicto negativo, cuando cada uno rehúsa su competencia. El órgano de arbitraje, que dice a quién compete el litigio disputado, es el Tribunal de Conflictos, integrado paritariamente por ministros de la Corte de Casación y por miembros del Consejo de Estado.

La existencia de la jurisdicción administrativa procede de la ley 16-24 de agosto de 1790, sobre la organización judicial, que proclama el principio de la sustracción del contencioso-administrativo al control de los tribunales ordinarios, llamados "judiciales":

"Las funciones judiciales son y serán distintas y quedarán siempre separadas de las funciones administrativas. Los jueces no podrán, bajo pena de prevaricación, perturbar en forma alguna las operaciones de los cuerpos administrativos ni citar a los administradores por razón de sus funciones"[2].

En virtud de este principio, el control de la administración no competía a los tribunales sino a la misma administración, y en última instancia al rey, jefe supremo de esta. Pronto se comprobó que este sistema de control puramente interno era inconveniente, pues la administración, al controlarse a sí misma era a la vez juez y parte, lo que no garantizaba a los administrados que sus litigios contra ella fueran resueltos imparcial y equitativamente. Por eso la Constitución del año VIII (1799), que instituyó el Consulado, creó el Consejo de Estado mediante el artículo 52, que disponía:

"Bajo la dirección de los *cónsules, un* consejo de Estado se encargará de redactar los proyectos de ley, así como de resolver las diferencias que surjan en materia administrativa"[3].

El Consejo de Estado, entonces solo tenía un papel consultivo, tanto en materia legislativa —podía proponer proyectos de ley y redactaba los que le remitía el primer cónsul— como en materia contenciosa. Para el ejercicio de esta facultad se ha creado una "comisión de lo contencioso", que admitía los recursos, los examinaba y proponía una solución. Pero la decisión final no la tomaba el Consejo de Estado, sino el primer cónsul[4], y luego, con el correr del tiempo, el emperador, el rey, de nuevo el emperador y, finalmente, el presidente de la República. Era el sistema de la "justicia retenida": el Consejo de Estado no tenía facultades jurisdiccionales, pues no dictaba sentencias; esta facultad le competía al primer cónsul, y luego a los sucesivos jefes del Estado, que "retenían" la justicia para ejercerla ellos mismos, aunque en la práctica, la decisión era casi siempre conforme al dictamen del Consejo de Estado.

[2] Ley de 16-24 de agosto de 1790, art. 13.

[3] Const. del 22 frimario del año VIII, art. 52.

[4] El primer cónsul también nombraba a los miembros del Consejo de Estado.

Paralelamente, la ley del 28 pluvioso año VIII (17 de febrero de 1800) creó los consejos de prefectura, a razón de uno por departamento[5], que tenían respecto del prefecto el mismo papel consultivo que el Consejo de Estado respecto del gobierno central, para los asuntos contenciosos del departamento. Pero en materia contenciosa los consejos de prefectura, a diferencia del Consejo de Estado, fueron dotados de la "justicia delegada" desde su creación en 1800; es decir, no se limitaban a emitir dictámenes, sino que resolvían los litigios de alcance departamental[6]. Contra los fallos de los consejos de prefectura se podía apelar ante el Consejo de Estado, que "proponía" una decisión al primer cónsul.

Hubo de esperar la ley de 24 de mayo de 1872, a comienzos de la Tercera República, para que el Consejo de Estado y los Consejos de Prefectura recibieran la "justicia delegada", es decir, el poder de dictar sentencias "en nombre del pueblo francés" y ya no simples dictámenes contenciosos. La ley dispuso: "El Consejo de Estado resolverá soberanamente sobre los recursos en materia contencioso-administrativa, y sobre las demandas de anulación por exceso de poder intentadas contra los actos de las diversas autoridades administrativas"[7].

Y la misma ley añadía: "El Consejo de Estado estará dividido en cuatro secciones, de las cuales tres estarán encargadas de examinar los asuntos puramente administrativos y una de juzgar los recursos contenciosos"[8].

El Consejo de Estado, pues, al mismo tiempo que heredó la justicia delegada, conservó su función de asesoría jurídica del gobierno, al igual que los consejos de prefectura para los prefectos. De la ley de 1872 data la doble característica del sistema contencioso-administrativo francés:

• la existencia de una verdadera jurisdicción contencioso-administrativa, bajo la autoridad del Consejo de Estado, y distinta de la jurisdicción judicial;

• la doble función del Consejo de Estado y de los consejos de prefectura —que se convierten en "consejos de prefectura interdepartamentales" en 1926 y en "tribunales administrativos" en 1954—, a la vez asesores jurídicos de la Administración y jueces administrativos. Con ello acumulan las atribuciones administrativas y jurisdiccionales.

[5] En 1789, Francia fue dividida en 83 departamentos, cada departamento estaba dividido en distritos, cada distrito en cantones y cada cantón en municipalidades (o comunas). El prefecto, creado por la misma ley de 28 pluvioso año VIII (17 de febrero de 1800), era —y sigue siendo— el representante del gobierno central en el departamento.

[6] Se trataba principalmente de los litigios relativos a los impuestos locales (departamentales y municipales), los contratos públicos, los daños causados por obras públicas y las elecciones de los concejales ("conseillers municipaux"), alcaldes ("maires") y tenientes de alcalde ("adjoints"), además de los miembros de la Asamblea Departamental ("conseil général").

[7] Ley de 24 de mayo de 1872 de la reorganización del Consejo de Estado, art. 9º.

[8] *Ibid.*, art. 10.

A partir del 1º de enero de 1954, los tribunales administrativos, que sustituyeron a los consejos de prefectura, formaron el primer grado de la jurisdicción, mientras el Consejo de Estado se convirtió en el tribunal de apelación en la mayoría de los casos. Luego, la ley de 31 de diciembre de 1987 creó cinco cortes administrativas de apelación (CAA) —ahora son ocho[9]—, y como consecuencia el Consejo de Estado se convierte principalmente en juez de casación del contencioso-administrativo, conservando unas muy escasas competencias de "primera y última instancia"[10].

Hoy, las jurisdicciones administrativas comunes[11] están integradas por 42 tribunales administrativos (31 en la Francia metropolitana y 11 en los departamentos y territorios de ultramar), ocho cortes administrativas de apelación, jueces de apelación comunes del contencioso-administrativo y el Consejo de Estado, que tiene las atribuciones de juez de casación, de juez de apelación (en pocas materias muy residuales) y de juez de primera instancia.

Las reglas relativas a la competencia de las jurisdicciones contencioso-administrativas, a su organización y al procedimiento aplicable ante ellas, esencialmente son de origen jurisprudencial: el mismo Consejo de Estado el que, a lo largo de los siglos XIX y XX, ha definido sus principios. Las primeras reglas procesales fueron dictadas por la Comisión de lo Contencioso, para fijar un marco jurídico indispensable para la instrucción de los casos, tanto desde el punto de vista de la administración como de los justiciables. Para ello, la Comisión se inspiró en las reglas del Código de Enjuiciamiento Civil, y las adoptó a las particularidades del derecho y de lo contencioso-administrativo, teniendo en cuenta que el derecho administrativo, a diferencia del derecho civil, no es igualitario, ya que los actores son de diferente naturaleza: el particular, que de ordinario es el demandante, defiende sus propios intereses, mientras que la administración, por lo regular demandada, representa y defiende el interés general. La necesidad a la que se enfrentó el Consejo de Estado de adaptar las reglas del proceso civil a las especificidades del proceso contencioso-administrativo explica que las reglas de procedimiento esencialmente sean jurisprudenciales.

El legislador y el poder reglamentario solo han intervenido, en este ámbito, para confirmar o invalidar las reglas jurisprudenciales. Ello explica que, en

[9] Las cinco primeras CAA son las de Burdeos, Lyón, Nancy, Nantes y París. Las tres otras son las de Douai, Marsella y Versalles.

[10] Esta competencia abarca los recursos contra las resoluciones del presidente de la República y el primer ministro ("décrets"), los actos generales ("actes réglementaires") de los ministros, las elecciones de las asambleas regionales y del Parlamento europeo, lo que representa cerca del 25 por ciento de los fallos del Consejo de Estado.

[11] También existen jurisdicciones administrativas "especializadas", entre las que destacan las jurisdicciones financieras (Corte de Cuentas, cámaras regionales de Cuentas y Corte de Disciplina Presupuestaria), el Consejo Superior de la Magistratura, la Corte Nacional del Derecho de Asilo y los colegios profesionales (médicos, farmacéuticos, arquitectos, etc.), entre otras.

un primer momento, los textos relativos a la jurisdicción administrativa hayan estado dispersos: ley de 22 de julio de 1889 de procedimiento ante los tribunales administrativos; decreto de 26 de septiembre de 1926, de organización y procedimiento aplicables a los tribunales administrativos; ordenanza de 31 de julio de 1945 sobre el Consejo de Estado; decreto de 30 de septiembre de 1953, de reforma del contencioso-administrativo; decreto de 30 de julio de 1963, de organización y funcionamiento del Consejo de Estado, etc.

Una primera codificación se encuentra en dos decretos de 13 de julio de 1973, que instituyeron el Código de los Tribunales Administrativos, sustituido en 1989 por el Código de los Tribunales Administrativos y de las Cortes Administrativas de Apelación. Pero esta codificación no afectaba al Consejo de Estado. Una ordenanza de 4 de mayo de 2000, vigente desde el 1º de enero de 2001, agrupa los textos aplicables a los tribunales administrativos, a las cortes administrativas de apelación y al Consejo de Estado en el Código de Justicia Administrativa (CJA).

El profesor Eduardo García de Enterría escribió: "con la codificación se elimina el protagonismo exclusivo o el monopolio del Consejo de Estado sobre la justicia administrativa"[12]. Pero ello no es del todo exacto. En efecto, por lo que se refiere a las reglas procesales, el CJA se limita a confirmar las reglas definidas por el Consejo de Estado y que ya habían sido corroboradas por el Código de los Tribunales Administrativos[13]. Además, el Código no incluye todas las reglas del proceso contencioso-administrativo aplicables ante los tribunales administrativos, las cortes administrativas de apelación y el Consejo de Estado. Muchas de ellas no están escritas y tienen carácter puramente jurisprudencial. Para convencerse de ello, basta abrir el libro de René Chapus, *Droit du contentieux administratif*[14] y comprobar que gran parte de los principios y reglas procesales en vigor provienen de fallos del Consejo de Estado que colman las lagunas o imprecisiones del Código y dan las recetas para aplicar las previsiones legales a casos concretos.

Lo mismo se puede decir de la teoría del recurso de anulación, o "recurso por exceso de poder": se trata de una construcción puramente pretoriana, cuyas reglas de fondo y de procedimiento fueron dictadas por el Consejo de Estado, fuera de todo marco legislativo, pero basándose en la jurisprudencia del Con-

[12] Eduardo García de Enterría, "La formación y el desarrollo en Europa de la jurisdicción contencioso-administrativa. Su adquisición definitiva de un *status* de jurisdicción plena y efectiva", en *Revista de Administración Pública*, núm. 79, 2009, pág. 176. El autor se refería entonces al Código de los Tribunales Administrativos y Cortes Administrativas de Apelación y no al Código de Justicia Administrativa, que todavía no existía.

[13] Por ello se habla de una "codification à droit constant"; es decir, no se trata de cambiar el derecho existente, sino de simplificarlo y hacerlo más asequible, reuniendo los textos dispersos en un solo *corpus* llamado "código".

[14] René Chapus, *Droit du contentieux administratif*, 13ª ed., Paris, Montchrestien, 2008 (no hay edición más reciente).

sejo del rey, del antiguo régimen anterior a la Revolución de 1789, que ya en su tiempo había elaborado un *corpus iuris* aplicable para resolver los conflictos que surgían del ejercicio del poder administrativo del rey, de sus agentes, los señores y las autoridades municipales[15].

Así elaboradas, las reglas procesales del contencioso-administrativo sufrían de un grave defecto: si bien se trataba de una magnífica construcción intelectual, carecían de ineficacia para, a la vez, preservar los intereses de la administración y garantizar los derechos de los administrados. Este defecto lo caracterizó de manera magistral JEAN RIVERO en su artículo "El hurón en el palacio real"[16]. El juez administrativo, al final de un espléndido razonamiento en forma de silogismo, declara ilegal el acto impugnado y lo anula, privándolo de todo valor jurídico, para el futuro como para el pasado. Concretamente, ¿qué efecto produce la resolución del juez? Está dictada varios meses e incluso varios años después que se ha impugnado el acto, el recurso no suspende su ejecución —que sigue siendo aplicable, aunque ilegal—, y el juez no deduce las consecuencias de su anulación, se niega a dictar a la administración su punto de vista y a sustituir el acto anulado por el acto que esta debería haber dictado. Como lo ha dicho GEORGES VEDEL, "el juez administrativo a veces prefiere la estética judicial al interés del justiciable"[17].

2. LA LENTA APARICIÓN DE LOS PROCEDIMIENTOS DE URGENCIA

La reacción fue en extremo lenta, tan profunda que era la tradición, casi el dogma, de la "intocabilidad" de la administración, y el principio de "separación de las autoridades administrativas y jurisdiccionales", basado en una equivocada interpretación de la ley de 16-24 de agosto de 1790 sobre la organización judicial, que supuestamente le prohibía al juez administrativo "comportarse como administrador"[18].

[15] Sobre el origen del recurso por exceso de poder, véase: JEAN-LOUIS MESTRE, "L'arrêt Landrin, acte de naissance du recours pour excès de pouvoir?", en *Revue Française de Droit Administratif*, núm. 2, mars-avril, Paris, 2003, págs. 211 y ss.; y sobre la evolución del recurso por exceso de poder desde el siglo XIX: PIERRE LANDON, *Histoire abrégée du recours pour excès de pouvoir des origines à 1954*, Paris, Librairie Générale de Droit et de Jurisprudence, 1963.

[16] JEAN RIVERO, "Le huron au Palais-Royal ou réflexions naïves sur le recours pour excès de pouvoir", Paris, Dalloz, chron. VI, 1962, págs. 37-40. Versión en español, "El hurón en el palacio real, o reflexiones ingenuas sobre el recurso por exceso de poder", en *Páginas de derecho administrativo*, Bogotá, Edit. Temis, 2002.

[17] GEORGES VEDEL, discurso pronunciado el 4 de julio de 2001, con motivo de las exequias de JEAN RIVERO.

[18] ÉDOUARD LAFERRIÈRE opinaba que, al dar órdenes a la administracion, el juez administrativo "saldría de su función jurisdiccional y se inmiscuiría en la de la administracion" (en francés: "sortir de sa fonction juridictionnelle et entreprendre sur l'administration"): *Traité de la juridiction administrative et des recours contentieux*, 2ª ed., Berger-Levrault, 1986, pág. 569. En sentido contrario, JEAN RIVERO escribió, en *Le huron au Palais-Royal ou réflexions naïves sur le recours pour excès de pouvoir*: "Cuando nuestro juez decide cuál de los dos cazadores

Una primera reforma fue operada por la ley de 8 de febrero de 1995[19], que introduce en el Código de los Tribunales Administrativos y de las Cortes Administrativas de Apelación un capítulo dedicado a la ejecución de los fallos. Mediante estas provisiones se autoriza al juez administrativo a ordenar a la administración aplicar las decisiones judiciales en los siguientes casos[20]:

• Cuando su fallo implica necesariamente que una persona moral pública o un organismo privado encargado de la gestión de un servicio público tome determinada medida de ejecución, y cuando se le presentan conclusiones con este fin, el juez prescribe, en el mismo fallo, dicha medida acompañada, en su caso, de un plazo para ejecutarse, y

• Cuando su fallo implica necesariamente que una persona moral pública o un organismo privado encargado de la gestión de un servicio público tome nueva decisión tras un nuevo sumario, y cuando se le presentan conclusiones con este fin, el juez prescribe, en el mismo fallo, que esta nueva decisión debe intervenir en un plazo que él determina.

En el primer caso, el juez resuelve de tal manera que la administración no tiene libertad alguna para tomar la decisión que permita ejecutar el fallo. La administración debe obedecer al juez de la misma manera que, en situación de competencia reglada, debe obedecer a la ley haciendo lo que esta le prescribe. En el segundo caso, el juez anula una decisión administrativa pero no le impone al autor de la decisión anulada que resuelva de nuevo en un sentido determinado, pues la administración no tiene competencia reglada, sino poder discrecional, pero el juez le ordena tomar una nueva decisión, que sustituirá a la anulada, y para ello le impone un plazo.

En ambos casos, y a petición del demandante, el juez administrativo, en toda etapa del proceso —primera instancia, apelación o casación—, puede prever que la administración debe pagar cierta suma de dinero por día, semana o mes, por si acaso no ejecuta la orden conminatoria en el plazo que se le imparte pera ello. En este caso, la orden conminatoria y la condena a pagar una multa se pronuncian en una misma sentencia[21].

La orden de pagar la multa la debe dar el ordenador competente en los dos meses que siguen a la sentencia. Si el ordenador no respeta este plazo, el contador público debe proceder al pago, a solicitud del acreedor[22]. El contador,

---

que se disputan el cuerpo de un alce que ambos pretenden haber matado, lo ha hecho realmente y debe llevárselo según las leyes de la caza, nosotros pensamos que sigue siendo juez y no que se vuelve cazador de alces".

[19] Ley 95-125 de 8 de febrero de 1985, de organización judicial y de procedimiento civil, penal y administrativo.

[20] CJA, arts. L. 911-1 y L. 911-2.

[21] Íd., arts. 911-3.

[22] Íd., arts. 911-9.

si no le paga al acreedor, se expone a una multa cuyo monto mínimo es de 150 euros, y el máximo de un año de sueldo[23].

Pero quedaba el pecado original del recurso de anulación, el que hacía del contencioso-administrativo más bien un objeto de satisfacción para el juez que para el administrado: el carácter no suspensivo del recurso. De ello derivaba la mayor ineficacia del recurso por exceso de poder, y contra ello los remedios fueron durante mucho tiempo muy parciales y poco satisfactorios.

Por tal razón, inspirándose en el artículo 54 el decreto de 30 de julio de 1963, que reglamentaba las condiciones en las que el Consejo de Estado podía "ordenar la suspensión de la ejecución de un acto impugnado"[24], la jurisprudencia admitió que, a solicitud del justiciable, el juez administrativo, en primera instancia o en fase de apelación o casación, podía "ordenar" el "sursis à exécution" —o suspensión provisional— de la ejecución de un acto administrativo[25] cuando se cumplían los siguientes requisitos:

• El demandante debía haber interpuesto un recurso de anulación contra el acto del que pedía la suspensión;

• El recurso de anulación debía basarse por lo menos en un "argumento serio";

• La ejecución del acto debía acarrear consecuencias excepcionalmente graves y "difícilmente reparables";

• Debía ser urgente evitar dichas consecuencias, y

• Además, hasta 1974, no se podía solicitar la suspensión de la ejecución de actos que concernían el orden público[26]. Y hasta 2001 tampoco se podía pedir el "sursis à exécution" de un acto negativo, pues se consideraba que esa suspensión tendría el mismo efecto que la expedición del acto positivo contrario y equivaldría a dirigir una intimación a la administración[27].

Aunque permitiera obtener una medida de suspensión provisional y, en ciertos casos, limitar el alcance del principio de ejecutoriedad de los actos administrativos, incluso en caso de recurso de anulación, el "sursis à exécution" era un remedio muy parcial por una doble razón:

[23] Código de Jurisdicciones Financieras, art. L. 313-1.

[24] Este artículo establecía: "Se puede ordenar el "sursis à exécution" (suspensión provisional), a petición del demandante, cada vez que se corre el riesgo de que la ejecución del acto impugnado acarree consecuencias difícilmente reparables y los argumentos presentados en el recurso parecen serios y aptos para justificar la anulación del acto impugnado" (en francés: "le sursis peut être ordonné à la demande du requérant [...] si l'exécution de la décision attaquée risque d'entraîner des conséquences difficilement réparables et si les moyens énoncés dans la requête paraissent [...] sérieux et de nature à justifier l'annulation de la décision attaquée".

[25] Se trata del "sursis à exécution", expresión de difícil traducción al español.

[26] El Consejo de Estado abandonó esta restricción en el fallo Ferrandiz Gil Ortega de 23 de julio de 1974, Rec. CE pág. 447.

[27] CE, 23 de enero de 1974, *Amoros*, Rec. CE pág. 51.

• El recurso de suspensión carecía efectos suspensivos, lo que significa que el acto impugnado seguía siendo ejecutorio a pesar del doble recurso del que era objeto: el recurso de anulación y el recurso de suspensión; y

• El procedimiento aplicable al recurso de suspensión era el común, de tal suerte que el juez tardaba varios meses antes de ordenar la suspensión o desechar el recurso.

La consecuencia era que el "sursis à exécution" tenía una eficacia muy limitada, lo que provocó una reforma operada por la ley de 8 de febrero de 1995, que instituyó la "suspensión provisional", por tres meses máximo, de los actos de los que se ha pedido el "sursis à exécution". Pero esta vez, el procedimiento era más adaptado a la urgencia: la resolución emanaba del presidente del Tribunal Administrativo o de la Corte Administrativa de Apelación, tras un sumario contradictorio pero sin intervención del comisario del gobierno. Para que se otorgara la suspensión provisional se necesitaba que se hubiera presentado un argumento serio de anulación, que existiera la urgencia y que las consecuencias, en caso de ejecución del acto, fueran "irreversibles".

Se llegaba a una situación absurda: para obtener una intervención eficaz del juez administrativo frente al riesgo de una ejecución irreparable de un acto administrativo ilegal se debían ejercer tres recursos: recurso de anulación (o por exceso de poder), acción de "sursis à exécution" y acción de "suspensión provisional".

3. Los "référés"

Paralelamente existían, en diversos ramos del derecho administrativo, procedimientos de urgencia especializados conocidos como "référé", término extraído del vocabulario del derecho civil: "référé précontractuel" (que permite comprobar la irregularidad del procedimiento de contratación antes que se firme el contrato), "référé fiscal" (para comprobar la irregularidad del cálculo de la base imponible o del monto del impuesto), etcétera. Pero faltaba un verdadero procedimiento de urgencia que salvaguardara los derechos del administrado en caso de violación de un derecho o libertad garantizada por la ley o la Constitución. Esto fue el objeto de la ley 2000-597 del 30 de junio de 2000[28], que instituyó dos nuevos procedimientos de urgencia de alcance general: el "référé suspension" y el "référé libertad", luego integrada en los artículos L. 521-1 y L. 521-2 del CDA.

Con el primero de estos recursos de urgencia se pretende obtener del juez administrativo —de primera instancia, apelación o casación—, que ordene la

[28] Loi 2000-597 du 30 juin 2000, relative au référé devant les juridictions administratives.

suspensión de la ejecución de un acto administrativo, contra el que se ha introducido un recurso de anulación, y cuando los siguientes requisitos se cumplen:

- Debe haber urgencia, y
- Debe existir "una duda seria" con respecto a la legalidad del acto[29].

No se le imparte al juez de la urgencia —juez no colegiado— un plazo determinado para dictar su decisión, pero debe hacerlo lo más pronto posible.

Este recurso plantea el problema de la definición de la urgencia y de la "duda seria". El Consejo de Estado, en su jurisprudencia, ha definido estas nociones. Hay urgencia cuando la ejecución de la decisión administrativa es susceptible de causar un "prejuicio suficientemente grave e inmediato" al demandante o a otra persona, o a la misma administración. Una causa seria es un argumento, invocado por el demandante en su recurso en anulación contra el acto impugnado, que deja pensar al juez de la urgencia, en el momento en que dicta su sentencia, que dicho acto probablemente es ilegal[30].

El segundo recurso de urgencia —que puede compararse con el recurso de amparo— también exige que haya urgencia, y además que la administración haya vulnerado "de manera grave y manifiestamente ilegal" una "libertad fundamental". Si se cumplen estos requisitos, el juez de la urgencia, a petición del demandante, puede "ordenar todas las medidas necesarias para salvaguardar la libertad fundamental"[31]. En este caso, contrariamente al anterior, debe dictar su decisión en un plazo de 48 horas. En ambos recursos, el juez administrativo puede multar a la administración si no ejecuta su decisión en un plazo que él puede impartirle.

El primer elemento común de ambos "référés" es que el juez no puede actuar por iniciativa propia, no dispone de una competencia de oficio; se ne-

[29] CJA, art. L. 521-1: "Cuando una decisión, inclusive negativa, de una autoridad administrativa ha sido impugnada por vía de un recurso de anulación u reformación, el juez de la urgencia, a petición del demandante, puede ordenar la suspensión de la ejecución de dicha decisión con tal que la urgencia lo justifique y que se haya invocado una causa que suscite una duda seria respecto de la legalidad de dicha decisión". (En francés: "Quand une décision administrative, même de rejet, fait l'objet d'une requête en annulation ou en réformation, le juge des référés, saisi d'une demande en ce sens, peut ordonner la suspension de l'exécution de cette décision, ou de certains de ses effets, lorsque l'urgence le justifie et qu'il est fait état d'un moyen propre à créer, en l'état de l'instruction, un doute sérieux quant à la légalité de la décision").

[30] CE, 28 de febrero de 2001, *Philippart et Lesage*, Rec. CE pág. 111; *Les grand arrêts de la jurisprudence administrative*, 16ª ed., Paris, Sirey, 2007, págs. 830 y ss.

[31] CJA, art. L. 521-2. Texto en francés: "Saisi d'une demande en ce sens justifiée par l'urgence, le juge des référés peut ordonner toutes mesures nécessaires à la sauvegarde d'une liberté fondamentale à laquelle une personne morale de droit public ou un organisme de droit privé chargé de la gestion d'un service public aurait porté, dans l'exercice d'un de ses pouvoirs, une atteinte grave et manifestement illégale. Le juge des référés se prononce dans un délai de quarante-huit heures".

cesita que el demandante le pida al juez que haga uso de las facultades que le atribuyen los artículos L. 521-1 y L. 521-2 del CJA.

El segundo elemento común estriba en la exigencia de la urgencia. Este requisito es lógico, ya que los "référés" son "procedimientos de urgencia"; solo se puede recurrir a ellos en caso de urgencia.

El tercer elemento común estriba en que la administración debe haber cometido una ilegalidad o, al menos, debe existir una "duda seria" con respecto a la legalidad de su actuación.

A) *La urgencia*

El juez administrativo evalúa el requisito de urgencia refiriéndose a la noción de "consecuencias difícilmente reparables" prevista en el decreto de 1963 sobre el "sursis à exécution", pues según el Consejo de Estado, "los artículos L. 521-1 y L. 521-2 del CJA sobre los référés han sustituido al artículo 54 del decreto de 30 de julio de 1963". El Consejo de Estado considera que se cumple con el requisito de urgencia "cuando la decisión administrativa impugnada perjudica de manera suficientemente grave e inmediata a un interés público, a la situación del demandante o a los intereses que este pretende defender"[32]. El juez administrativo supremo ha precisado que la urgencia "se evaluá de manera objetiva y global, teniendo en cuenta las circunstancias particulares del caso"[33], y los tribunales administrativos y cortes administrativas de apelación deben precisar, en sus sentencias, en qué elementos de hecho y de derecho se basan para considerar que la suspensión del acto impugnado es urgente, en el caso del "référé suspension", o para justificar la medida urgente de salvaguardia de la libertad que ordenan, en el caso del "référé libertad"[34]. Son elementos justificantes de la urgencia:

• La inmediatez del perjuicio: no hay urgencia si el perjuicio que causaría la ejecución del acto impugnado no es "suficientemente inmediato", es decir, debe ser probable que el evento temido se produzca en un futuro próximo. Por ejemplo: no es urgente suspender la ejecución de una resolución ministerial que entrará en vigor seis meses después de la demanda de suspensión[35], pero sí es urgente suspender la ejecución de una resolución ministerial vigente a la que le quedaran solo seis semanas, de tal suerte que no podrá ser anulada antes de haber producido todos sus efectos[36], y también es urgente suspender la resolu-

[32] CE, 19 de enero de 2001, *Confédération nationale des radios libres*, Rec. CE pág. 29; CE, 28 de febrero de 2001, *Préfet des Alpes Marítimes*, Rec. pág. 109; *Les grands arrêts de la jurisprudence administrative*, *op. cit.*, págs. 833 y ss.

[33] CE, 28 de febrero de 2001, *Préfet des Alpes Marítimes.*

[34] *Ibid.*

[35] CE, 28 de febrero de 2001, *Union syndicale Groupe des Dix*, Rec. CE pág. 1108.

[36] CE, 12 de febrero de 2001, *Association France nature environnement*, Rec. CE pág. 56 (a propósito de la resolución del ministro de Ecología que determina las fechas de comienzo y cese del período de caza de aves).

ción ministerial que prohíbe a un profesor el acceso a su universidad, pues la ejecución de esta resolución podría perturbar el desarrollo de los cursos y de los exámenes[37].

Tratándose del "référé libertad", se cumple con el requisito de urgencia si la intervención del juez más pronta posible es capaz de poner fin a la violación de la libertad o de prevenir una violación inminente.

Sin embargo, aunque el perjuicio sea inminente, no se considera que es urgente la suspensión del acto administrativo si el demandante no se ha apresurado a presentar su demanda[38] o si él mismo ha contribuido a provocar la situación en la que se encuentra[39].

• La gravedad del perjuicio: para que haya urgencia, el perjuicio temido debe ser "suficientemente grave". Es una diferencia con el requisito del "sursis à excution", que exigía un perjuicio cuyas consecuencias fueran "excepcionalmente graves y difícilmente reparables", o con el régimen de la suspensión provisional de la ley de 8 de febrero de 1995, que exigía "consecuencias irreversibles". Para que el juez use las facultades que le atribuye el procedimiento del "référé", el perjuicio alegado simplemente debe ser "grave", sin que se califique el grado de gravedad.

La gravedad del perjuicio no se evalúa de manera absoluta, sino relativa. El juez sopesa las consecuencias para el demandante, de la ejecución del acto administrativo o de la perpetración de la actuación de la administración, y las consecuencias, para la administración y el interés general, de la suspensión o de cualquier medida cautelar. En otras palabras: el juez considera los efectos perjudiciales de la decisión respecto al interés general, al interés particular del demandante y al colectivo que defiende —v. gr., el interés colectivo que defiende una asociación o una sociedad[40]—. Sin embargo, el juez tiene tendencia a privilegiar el interés general frente al particular. Por ejemplo, el Consejo de Estado ha considerado que "el interés público que deriva de la ejecución inmediata de la resolución del cabildo por la que se ha modificado el programa de ocupación de suelos supera el interés del demandante a realizar su proyecto de instalación industrial"[41]. Pero esta actitud no es sistemática: el interés del demandante prevalece cuando el interés general alegado por la administración en realidad no existe o puede salvaguardarse de tal manera que vulnere menos

[37] CE, 14 de enero de 2005, *Gollnisch*, req. 275509. En este caso, la resolución ministerial impugnada fue anulada por el Consejo de Estado el 26 de octubre de 2005 (Rec. CE, pág. 443), cuando ya había terminado el año académico.

[38] CE, 26 de marzo de 2001, *Association Radio Deux Couleurs*, Rec. CE pág. 1134.-CE, 15 de noviembre de 2005, *Sté Fiducial Audit*, Rec. CE pág. 1028.

[39] CE, 10 de agosto de 2001, *Association La Mosquée.*

[40] CE, 29 de octubre de 2003, *Société Techna SA*, Rec. CE pág. 422.

[41] CE, 5 de noviembre de 2001, *Commune du Cannet des Maures*, Rec. CE pág. 540.

los derechos del demandante. Tal es el caso, por ejemplo, cuando el interés sanitario alegado puede preservarse sin que se mate a una manada entera[42] o cuando los inconvenientes de las obras públicas proyectadas son excesivas en comparación con las ventajas que los vecinos sacarían de su realización[43].

En ciertos casos, el juez administrativo esquiva la dificultad y, sin explicar su solución, se limita a afirmar que "el acto criticado crea por sí mismo una situación de urgencia", instituyendo una verdadera presunción de urgencia. Es el caso, por ejemplo, de la decisión de expulsar a un extranjero[44] o de no renovarle el permiso de residencia[45], de expedir una licencia de construir[46] o de despedir a un servidor público[47].

En el "référé liberté", la gravedad del perjuicio causado por la actuación de la administración consiste en la "violación grave e inmediata de una libertad fundamental".

B) *La causa seria*

Para que el juez de la urgencia intervenga, se necesita que el demandante tenga una "causa seria" para solicitarle.

En el "référé suspension" se trata de un argumento apto para "crear una duda seria con respecto a la legalidad de la decisión" cuya suspensión se pide, mientras que en el "référé liberté" esta causa seria consiste en la "violación grave e inmediata de una libertad fundamental".

Un argumento apto para "crear una duda seria con respecto a la legalidad de la decisión" es un argumento invocado por el demandante en su recurso de anulación contra el acto impugnado, que le permite pensar al juez de la urgencia, en el momento en que dicta sentencia, que dicho acto probablemente es ilegal[48]. También se exigía un "argumento serio" para el "sursis à exécution", y la jurisprudencia asimilaba esta noción a la de argumento fundado, es decir, susceptible de establecer, sin la menor duda, la ilegalidad del acto litigioso. En el "référé suspension" se exige un argumento que permita dudar de la legalidad del acto litigioso, lo que no significa que la ilegalidad es segura, no deja lugar a dudas, sino que el juez de la urgencia, en el examen al que se dedica, y sin que tenga la posibilidad de profundizarlo, puede dudar razonablemente

[42] CE, 11 de mayo de 2001, *Duffaut*, Rec. CE pág. 241.

[43] CE, 22 de febrero de 2002, *Société des Pétroles Shell*, Rec. CE pág. 59.

[44] CE, 29 de septiembre de 2001, *Abd Nasser Mesbahi*, Rec. CE pág. 428.

[45] CE, 14 de marzo de 2001, *Ameur*, Rec. pág. 123.

[46] CE, 27 de julio de 2001, *Commune de Meudon*, Rec. pág. 1115 (la ejecución de la licencia de construir tiene "consecuencias difícilmente reversibles").

[47] CE, 18 de diciembre de 2001, *Rückler*, Rec. CE pág. 650.

[48] CE, 28 de febrero de 2001, *Philippart et Lesage*, Rec. CE pág. 111; *Les grands arrêts de la jurisprudence administrative*, *op. cit.*, págs. 830 y ss.

de la legalidad del acto en cuestión[49]. La apreciación por el juez de la urgencia del carácter serio del argumento en el cual se apoya para ordenar la suspensión del acto impugnado no compromete al juez que resolverá el recurso de anulación. Puede ocurrir —y ocurre en la práctica— que el juez de la urgencia suspenda el acto, basándose en un argumento que considera "serio", pero que el juez de la anulación deseche el recurso por exceso de poder.

En el "référé libertad", el juez de la urgencia solo puede ejercer sus facultades si la administración, "en el ejercicio de sus poderes", ha vulnerado una "libertad fundamental", "de manera grave y manifiestamente ilegal".

El primer requisito, "en el ejercicio de sus poderes", significa que la administración —persona pública o privada encargada de una misión de servicio público— actúa en los límites de sus facultades, lo que distingue esta hipótesis de la vía de hecho, que implica que la administración ha actuado fuera de sus competencias[50].

El segundo requisito, vulneración de una "libertad fundamental", implica definir cuáles libertades son fundamentales, para diferenciarlas de las que no lo son. No existe una definición general de la noción de "libertad fundamental", y el Consejo de Estado delimitó la noción empíricamente:

• Una libertad fundamental puede ser una libertad proclamada por la Constitución, tal como el "libre gobierno de las entidades locales"[51] y el derecho de asilo[52].

• Otras libertades son calificadas de "fundamentales" sin referencia a la Constitución o a una ley, pero porque parecen indispensables "en una sociedad democrática": pluralismo de pensamiento y opiniones[53], libertad de religión y de culto[54], libre ejercicio del derecho a voto[55], derecho de reunión[56], libertad sindical[57] y derecho de huelga[58].

[49] CE, 9 de julio de 2001, *Préfet du Loiret*, Rec. CE pág. 937.

[50] René Chapus, que califica la vía de hecho como la "loca de la casa", la define como "una vulneración grave del derecho de propiedad o una libertad fundamental" provocada por "actuación gravemente ilegal" de la administración, que esta vulneración resulte de "un acto jurídico de la administración manifiestamente insusceptible de relacionarse con una facultad que le pertenece o de la ejecución forzosa de una decisión administrativa cuando la administración no tenía el poder de hacerlo".

[51] CE, 18 de enero de 2001, *Commune de Venelles*, Rec. CE pág. 18.

[52] CE, 12 de enero de 2001, *Hyacinthe*, Rec. CE pág. 12, y CE 25 de marzo de 2003, *Silaimanov*, Rec. CE pág. 146.

[53] CE, 24 de febrero de 2001, *Tiberi*, Rec. CE pág. 85.

[54] CE, 25 de agosto de 2005, *Commune de Massat*, Rec. CE pág. 386.

[55] CE, 18 de mayo de 2001; *Meyet et Bouget*, Rec. CE pág. 244.

[56] CE, 19 de agosto de 2002, *Front National*, Rec. CE pág. 311.

[57] CE, 28 de marzo de 2006, *Commune de Saint Chléy d'Apcher*. Rec. CE pág. 1017.

[58] CE, 9 de diciembre de 2003, *Aguillon*, Rec. CE pág. 497.

• Es también "fundamental" la libertad personal en todos sus aspectos: denegación de restituir un pasaporte confiscado[59] o de inscribir un hijo en el pasaporte de sus padres[60], expulsión de un extranjero hacia un país en el que corre riesgos[61] o extradición de un extranjero cuyo recurso de anulación todavía está pendiente ante el Consejo de Estado[62], violación del secreto de la correspondencia[63] y derecho de un paciente de dar su consentimiento informado para someterse a un tratamiento médico[64].

• Algunas libertades son calificadas por el Consejo de Estado de "fundamentales para la aplicación del artículo L. 521-2 del CJA", sin que explicite el significado de esta expresión: derecho de defensa ante un tribunal[65], derecho de ejercer un recurso eficaz[66], presunción de inocencia[67], respeto de la vida privada, libertad de tránsito, "que incluye el derecho de salir del territorio francés" y derecho de toda persona sin hogar "en situación de desamparo médico, psíquico y social" a beneficiarse de un refugio de emergencia[68].

En cambio, no se considera que se viola una "libertad fundamental" en los siguientes casos: denegación del acceso a una formación de posgrado universitario[69], perturbaciones en el funcionamiento del servicio público de la educación nacional[70], ignorancia de la autoridad pública de su obligación de asegurar la seguridad pública[71], rechazo de restituir su licencia de conducir a un mensajero[72], rechazo de autorizar a un establecimiento comercial el derecho de instalar una terraza en el dominio público[73], etcétera.

Ha de tener en cuenta que las libertades fundamentales consagradas por el Consejo de Estado para la aplicación del artículo L. 521-2, como todas las libertades, no son absolutas, mas sí relativas y sujetas a restricciones "de alcance general" para permitir "ciertas intervenciones de la potestad pública destinadas a garantizar el interés general"[74].

[59] CE, 2 de abril de 2001, *Marcel*, Rec. CE pág. 167.

[60] CE, 4 de diciembre de 2002, *du Couëdic de Kérérant*, Rec. CE pág. 874.

[61] CE, 14 de enero de 2005, *Bondo*, Rec. CE pág. 915.

[62] CE, 29 de julio de 2003, *Pequini*, Rec. CE pág. 344.

[63] CE, 9 de abril de 2004, Vast, Rec. CE pág. 173

[64] CE, 16 de agosto de 2002, *Feuillatey c. CHU de Saint Etienne*, Rec. CE pág. 309.

[65] CE, 3 de abril de 2002, *Ministre de l'Intérieur c/ Kurtarici*, Rec. CE pág. 871.

[66] CE, 13 de marzo de 2006, *Bayrou et a.*, Rec. CE pág. 1017.

[67] CE, réf., 14 de marzo de 2005, *Gollnisch*, Rec. CE pág. 103.

[68] CE, 10 de febrero de 2012; *Karamoko c. Préfet de la Région Ile de France*, req. 356456. Inicialmente, el Consejo de Estado se negó a reconocer este derecho como una libertad fundamental: CE, 3 de mayo de 2002, *Association de réinsertion sociale du Limousin*, Rec. CE pág. 158.

[69] CE, 24 de enero de 2001, *Université Paris VIII-Vincennes Saint-Denis*, Rec. CE pág. 37.

[70] CE, 3 de abril de 2001, *Soriano*, Rec. CE, pág.1128.

[71] CE, 20 de julio de 2001, *Commune de Mandelieu-la-Napoule*, Rec. CE pág.388.

[72] CE, 15 de marzo de 2002, *Delaplace*, Rec. CE, pág. 105.

[73] CE, 16 de septiembre de 2002, *Eurl La Cour des Miracles et a.*, Rec. CE pág. 314.

[74] CE, 12 de noviembre de 2001, *Commune de Montreuil Bellay*, Rec. CE pág. 551: el municipio no vulnera de manera grave y manifiestamente ilegal el derecho de propiedad al

El juez de la urgencia considera que "teniendo en cuenta su oficio" —que solo es suspender la ejecución del acto administrativo, no anularlo—, no le compete examinar el argumento de la inconvencionalidad de la ley en la que el acto criticado se ampara[75]. Esta restricción fue muy criticada por la doctrina[76], pues no es más difícil evaluar la conformidad de una ley a un convenio internacional que la conformidad de un acto administrativo a una ley, sobre todo cuando esta evaluación no necesita un análisis profundo de ambas normas. Por eso el Consejo de Estado ha aceptado que el juez de la urgencia sancione la inconvencionalidad de una ley cuando un juez nacional (que no sea juez de la urgencia) o el Tribunal de Justicia de la Unión Europea o la Corte Europea de Derechos Humanos ya ha declarado dicha ley inconvencional[77].

4. Las reglas procesales de los "référés"

Puesto que los "référés" tienden a permitir al juez administrativo resolver rápidamente situaciones urgentes, los procedimientos aplicables en la materia se caracterizan por la simplificación de las reglas comunes, de tal suerte que el juez pueda resolver teniendo en cuenta la peculiaridad de cada caso, sin sacrificar la garantía de los derechos de la defensa y el carácter contradictorio del procedimiento contencioso-administrativo.

A) *Presentación de la demanda*

La demanda dirigida al juez de "référé" debe cumplir varios requisitos, sin los cuales será declarada inadmisible:

• Si se trata del "référé suspension", la demanda debe ser distinta del recurso de anulación; en este caso, el demandante debe presentar dos documentos: el recurso de anulación y el de "référé". Este puede ser posterior al primero, pero nunca anterior[78].

• La demanda debe precisar con claridad si se trata de un "référé suspension" o de un "référé libertad". En efecto, no se puede presentar simultáneamente

hacer uso de su derecho de retracto para adquirir un inmueble con vistas a construir viviendas sociales. CE, 6 de junio de 2005, *Commune de Houilles*, Rec. CE pág. 1036: un alcalde no comete una ilegalidad manifiesta al negar la autorización de abrir un "sex shop" en la comuna.

[75] CE, 30 de diciembre de 2002, *Carminati*, Rec. CE pág. 510.

[76] Véase, por ejemplo: B. Le Baut-Ferrarese, "L'office du juge administratif des référés face à la règle européenne", en *LPA*, 25 de febrero de 2004, t. x, pág. 4, Girardot, "Le retour de la loi écran devant le juge des référés", en *AJDA,* 2006 pág. 1875; C. Groulier, "Contrôle de conventionnalité de la loi et référé. De quelques doutes sérieux sur la jurisprudence Carminati", en *AJDA*, 2007 pág. 1274.

[77] CE, 16 de junio de 2003, *Floch*, Rec. CE pág. 882 (a propósito de una ley ya declarada contraria al Convenio Europeo de Derechos Humanos por el Consejo de Estado).

[78] CJA, art. R. 522-1.

una demanda de "référé suspension" y una de "référé libertad". El justiciable debe elegir en cuál artículo del CJA se apoya: L. 521-1 ("référé suspension") o L. 521-2 ("référé libertad").

• La demanda debe contener una exposición, al menos breve, de los hechos y argumentos jurídicos —especialmente en cuanto a la justificación de la urgencia—, y conclusiones; es decir, debe precisar qué medida cautelar se espera que pronuncie el juez.

El justiciable si quiere aumentar sus posibilidades de éxito, puede presentar dos demandas: una de "référé suspension" y otra de "référé libertad". Sin embargo, no puede presentar ambas demandas en un mismo escrito, pero sí en dos escritos distintos[79].

B) *Formación de juicio no colegiada*

En primer lugar, el juez de la urgencia es "juez único", es decir, no resuelve en forma colegiada, sino que examina el caso y resuelve solo. Además, la urgencia ha conducido a suprimir la intervención del "ponente público" —nueva denominación del "comisario del gobierno"—, de tal manera que el juez de la urgencia desempeña tres papeles: juez instructor, ministerio público y juez que toma la decisión.

Se trata de una excepción al principio de "colegialidad" proclamado en el artículo L. 222-1 del CJA[80]. Se justifica por "la naturaleza de las cuestiones para juzgar", en la medida en que la "colegialidad" no se considera adaptada a la urgencia. El inconveniente es que existe un mayor riesgo de error en la resolución del caso que si la formación fuera colegiada. Por ello el artículo L. 522-1 del CJA autoriza al juez de la urgencia a remitir el caso a una formación colegiada[81].

El artículo L. 511-2 del CJA dispone que "son jueces de la urgencia los presidentes de los tribunales administrativos y de las cortes administrativas de apelación, así como los magistrados que estos designan a tal efecto", a condición de que tengan "al menos una antigüedad de dos años [...]". En el Consejo de Estado, los jueces de la urgencia son "el presidente de la Sección de lo Contencioso y los consejeros de Estado que este designa a tal efecto".

[79] CE, 27 de marzo de 2001, *Djalout*, Rec. CE pág. 158. El Consejo de Estado no acepta que las dos demandas se presenten en un solo escrito, pues "las reglas relativas a su instrucción y las vías de recurso son distintas".

[80] CJA, art. L. 222-1: "Los fallos de los tribunales administrativos y de las cortes administrativas de apelación son dictados por formaciones colegiadas, a reserva de las excepciones justificadas por el objeto del litigio o la naturaleza de las cuestiones para juzgar".

[81] CJA, art. L. 522-1: "El juez de la urgencia resuelve al término de un procedimiento contradictorio, escrito u oral [...]. Salvo remisión a una formación colegiada, el ponente público no presenta sus conclusiones".

C) *Instrucción del sumario*

La fase de instrucción de los "référés" es aliviada con respecto al procedimiento contencioso-administrativo común. En efecto, la urgencia justifica que el sumario se desarrolle sin demora a fin de que el juez resuelva el caso en el mejor plazo posible.

El artículo L. 5 del CJA establece que "la instrucción de los casos es contradictoria", pero añade inmediatamente que "las exigencias de la contradicción son adaptadas a las de la urgencia". Ello significa que si bien el procedimiento de urgencia debe respetar el principio contradictorio, pueden existir algunos ajustes para dictar una sentencia rápidamente.

• La demanda se transmite inmediatamente a la administración demandada, a la que el juez imparte el "plazo más breve para presentar su defensa". Si el demandado no respeta este plazo, el juez hace caso omiso, sin requerimiento[82], y dicta su fallo; puesto que el demandante estuvo en condiciones de opinar sobre la demanda, se considera que el sumario ha sido contradictorio.

• No es obligación para el juez transmitir la defensa al demandante, salvo si "contienen un elemento nuevo que pueda influir sobre la sentencia del juez[83].

Si no hay otra posibilidad, teniendo en cuenta la necesidad de fallar rápidamente, el juez puede avisar a las partes que podrán conocer de las memorias y documentos presentados por las otras partes[84]. Por el mismo motivo, se admite que el demandado presente su defensa durante la audiencia pública al final de la cual el juez fallará[85].

El Consejo de Estado ha señalado que este procedimiento, a pesar de la brevedad de los plazos en los que las partes deben presentar sus argumentos, respeta el principio de contradicción y, por consiguiente, es compatible con las exigencias del artículo 6º del Convenio Europeo de Derechos Humanos[86].

D) *La audiencia pública*

La audiencia debe llevarse a cabo en el plazo más corto posible:

[82] CJA, art. R. 522-4: "Les délais les plus brefs sont donnés aux parties pour fournir leurs observations. Ils doivent être rigoureusement observés, faute de quoi il est passé outre sans mise en demeure".

[83] CE, 28 de mayo de 2001, *Société Codiam*, Rec. CE pág. 1093.

[84] CE, 18 de octubre de 2006, *Syndicat des copropriétaires de l'immeuble Les Jardins d'Arago*, Rec. CE pág. 1009.

[85] CE, 5 de noviembre de 2004, *Association pour la sauvegarde du patrimoine martiniquais*, Rec. CE pág. 816.

[86] El art. 6º, relativo al "derecho a un proceso equitativo", señala: "Toda persona tiene derecho a que su causa sea oída equitativa, públicamente y dentro de un plazo razonable, por un tribunal independiente e imparcial, establecido por la ley [...]".

• En el "référé suspension", las partes deben ser convocadas "sin demora y por cualquier medio a la audiencia"[87]. No se imparte un plazo preciso, pero el uso de la expresión "sin demora" expresa claramente que el juez debe celebrar la audiencia lo antes posible;

• En el "référé libertad", la audiencia debe llevarse a cabo "en un plazo de cuarenta y ocho horas"[88] contadas a partir de la presentación de la demanda.

Sin embargo, estos plazos no son sancionados. Si el juez no convoca a la audiencia "sin demora" o "en un plazo de cuarenta y ocho horas", no hay ninguna consecuencia jurídica, ni en cuanto al fondo del caso ni en cuanto a la validez de la decisión del juez. El plazo es puramente indicativo e incitativo.

Se desarrolla ante el juez de la urgencia, juez único, salvo si este ha remitido el caso a un cuerpo colegiado.

La audiencia se caracteriza por la importancia de su naturaleza oral, que contraviene el principio general aplicable al procedimiento contencioso-administrativo, que es su carácter escrito. Pero en los procedimientos de urgencia la necesidad de llegar rápidamente a una sentencia justifica que se atenúe el escrito y su formalismo en favor de la oralidad y su flexibilidad.

Durante la audiencia, el juez puede hacerles preguntas al demandante y al demandado y cada una de las partes puede contestar las alegaciones de la otra. Incluso, el demandado puede presentar, por primera vez, sus argumentos de forma oral, aunque no haya presentado su defensa por escrito. En resumen, fuera de la demanda inicial, que debe presentarse por escrito, todo el proceso puede ser oral.

Al término de la audiencia pública, el juez puede:

• dictar su sentencia, fallando sobre la demanda;

• aplazar su sentencia, para dictarla en el curso de una audiencia ulterior;

• remitir el caso a un cuerpo colegiado.

E) *Decisión del juez*

a) *Forma de la decisión;* la decisión del juez de la urgencia —en francés "ordonnance"— debe ser motivada: el juez debe indicar cuáles son "las razones de hecho y de derecho que justifican la urgencia"[89].

También debe precisar, en el référé suspension", qué argumento del demandante crea "una duda seria con respecto a la legalidad del acto" cuya anu-

[87] CJA, art. R. 522-6.

[88] CJA, art. L. 521-2.

[89] CE, 25 de abril de 2002, *Association des habitants du littoral du Morbihan*, Rec. CE pág. 220.

lación se solicita[90], o si se trata del "référé libertad", qué libertad fundamental ha violado la administración y por qué razón esta violación es "manifiesta"[91].

b) *Contenido de la decisión:* el juez de la urgencia, sea del "référé suspension" o del "référé libertad", solo puede dictar medidas provisionales[92]. No resuelve ninguna cuestión de fondo, su único papel es prescribir medidas cautelares que permitan en un caso evitar que se aplique un acto administrativo probablemente ilegal, y en el otro que se cometa o que siga cometiéndose una violación grave de una libertad fundamental. Por consiguiente, el juez de la urgencia no puede anular un acto administrativo[93] ni ordenar una medida que tenga consecuencias irreversibles[94] o que rebase lo necesario para que cese la ilegalidad[95].

a') "*Référé suspension*". El juez que falla una demanda de suspensión de un acto administrativo por vía del "référé suspension" debe decidir si suspende la ejecución de dicho acto, contra el cual se ha presentado un recurso de anulación.

El juez puede decidir positivamente y ordenar la suspensión. En este caso, la administración tiene obligación de dejar de ejecutar su acto, que queda como paralizado, sin posibilidad ninguna de producir efectos. Si la administración no respeta esta obligación y ejecuta su acto a pesar de la suspensión ordenada por el juez, comete una ilegalidad que puede sancionar el mismo juez[96]. Para facilitar la aplicación de esta obligación, el juez puede dictar instrucciones a la Administración por las cuales le indica de qué manera debe proceder para dejar el acto impugnado sin efectos[97].

La suspensión se extiende hasta que se dicte la sentencia sobre el recurso de anulación o hasta que el mismo juez de la urgencia ponga fin a la suspensión a solicitud de "toda persona interesada"[98].

El juez también puede desechar la demanda si es inadmisible (el acto cuya suspensión se solicita no ha sido impugnado por vía del recurso de anulación o no se ha presentado el "référé suspension" en un escrito distinto del recurso de anulación) o si no se cumple uno de los requisitos exigidos para obtener la

[90] CE 26 de enero de 2001, *Société de transports La Mouette*, Rec. CE pág. 1120.

[91] CE, 18 de enero de 2001, *Commune de Venelles*, Rec. CE pág. 18.

[92] CE 13 de febrero de 2006, *Commune de Fontenay-le-Comte*, Rec. CE pág. 1015.

[93] CE, 22 de febrero de 2001, *Moret*, Rec. CE pág. 1091.

[94] CE, 20 de octubre de 2004, *Ministre de l'Agriculture, de l'Alimentation, de la Pêche et des Affaires rurales c/ Etablissements Jaboulet*, Rec. CE pág. 824.

[95] CE, 27 de julio de 2001, *Ministre de l'Emploi et de la Solidarité c/ Sarl Le Grand Sud*, Rec. CE pág. 1122.

[96] CE, 5 de noviembre de 2003, *Association Convention, vie et nature pour une écologie radicale*, Rec. CE pág. 444.

[97] CE, 6 de agosto de 2002, *Ozoux*, REC. CE pág. 851.

[98] CJA, art. L. 521-4.

suspensión del acto litigioso (urgencia y duda seria con respecto a la legalidad del acto). Finalmente, el juez puede dictar un sobreseimiento, por ejemplo si el acto administrativo ha producido todos sus efectos y ya no es susceptible de ejecución.

b') "*Référé libertad*": en el "référé libertad" el juez también puede no considerar la demanda por inadmisibilidad o falta de urgencia o de violación manifiestamente ilegal de una libertad fundamental o dictar un sobreseimiento si ya ninguna medida es capaz de hacer cesar la violación.

Pero el juez puede, si los requisitos se cumplen, "ordenar todas las medidas necesarias para la salvaguardia de la libertad fundamental" que la administración está vulnerando. Entre ellas el juez puede ordenar la suspensión del acto administrativo que vulnera la libertad, pues es posible pedir la suspensión usando el "référé libertad" en vez del "référé suspension"[99]. Para el justiciable, la ventaja es que el juez resuelve más rápidamente en el primer caso (48 horas) que en el segundo ("sin demora", sin mayor precisión).

En el "référé libertad" los poderes del juez son peculiares porque puede conminar a la administración. Por ejemplo, puede ordenar:

• la restitución de pasaportes confiscados en espera de que se establezca la nacionalidad del titular[100],

• la instrucción inmediata de una demanda de inscripción de los hijos en el pasaporte de su padre[101],

• el aplazamiento de la ejecución de una orden de expulsión de un extranjero[102] o de un decreto de extradición[103];

• la expedición de un recibo de solicitud de asilo[104];

• anular la instrucción dada por un alcalde de abrir sistemáticamente la correspondencia destinada a los concejales[105].

F) *Vías de recurso*

En el sistema jurídico francés, el derecho de interponer recurso contra una sentencia dictada por una jurisdicción en primera instancia es un principio constitucional[106]. Este principio se aplica a los procedimientos de urgencia,

[99] CE, 30 de octubre de 2001, *Tbila*, Rec. CE pág. 523.

[100] CE, 2 de abril de 2001, *Ministre de l'Intérieur c/ Cts Marcel*, Rec. CE pág. 167.

[101] CE, 4 de diciembre de 2002, *du Couëdic de Kérérant*, Rec. CE pág. 875.

[102] CE, 10 de abril de 2001, *Nasser Merzouk*, Rec. CE pág. 1135.

[103] CE, 29 de julio de 2003, *Peqini*, Rec. CE pág. 344.

[104] CE, 2 de noviembre de 2001, *Ministre de l'Intérieur c/ Mme Farhoud*, Rec. CE pág. 1126.

[105] CE, 9 de abril de 2004, *Vast*, Rec. CE pág. 173.

[106] Corte Const., 23 de enero de 1987, *Conseil de la concurrence*, déc. 86-224 DC, Rec. Corte Const., pág. 8.

pero no de la misma manera, según se trate del "référé suspension" o del "référé libertad". Si bien en ambos casos existe una sola vía de recurso —suprimiéndose un grado de jurisdicción[107]—, esta difiere de un "référé" a otro: en el "référé suspension", el recurso posible es el de casación ante el Consejo de Estado, mientras que en el "référé libertad" es el de apelación, también ante el Consejo de Estado.

Ello constituye una doble especificidad del régimen de los "référés". En efecto, en el contencioso-administrativo común, los fallos de los tribunales administrativos pueden impugnarse por vía del recurso de apelación ante la Corte Administrativa de Apelación, cuyo fallo a su vez puede ser objeto de un recurso de casación ante el Consejo de Estado. En los "référés" no existe esta doble vía de recursos sucesivos: el Consejo de Estado es el único contralor del juez de la urgencia, sea como juez de apelación —lo que solo es excepcionalmente—, sea directamente como juez de casación —normalmente cuando se impugna un fallo de una Corte de Apelación, no directamente un fallo de un tribunal administrativo—.

Esta peculiaridad de las vías de recurso contra las sentencias del juez de la urgencia se explica de dos maneras:

• La supresión de un grado de jurisdicción —respectivamente la casación o la apelación— se justifica por el imperativo de celeridad: el caso debe resolverse definitivamente en el plazo más corto posible, lo que impuso que se simplificara el régimen de las vías de recurso, a costa del sacrificio de una parte de las garantías generalmente otorgadas a los justiciables por el contencioso-administrativo común.

• La solución escogida de abrir dos recursos distintos según el "référé" de que se trata obedece a otra lógica: en el "référé suspension", uno de los problemas que el juez de la urgencia debe resolver es saber si existe "una duda seria en cuanto a la legalidad del acto impugnado", lo que plantea una cuestión de derecho más que de hecho, problema por el cual el recurso de casación parece bien adaptado; en cambio, en el "référé libertad" está en juego una libertad fundamental, y para salvaguardarla el control del juez de apelación, que abarca el control de los hechos además del control del derecho, parece asegurar una mejor garantía.

• El recurso, sea de casación o de apelación, debe presentarse en el plazo de quince días contados a partir de la notificación del fallo de primera instancia[108]. La brevedad de este plazo también tiende a no prolongar el proceso y obtener una solución rápida.

[107] Los fallos de los tribunales administrativos pueden apelarse ante las cortes administrativas de apelación, y los fallos de estas pueden impugnarse ante el Consejo de Estado por vía de casación.

[108] CJA, arts. R. 523-1 y L. 523-1, respectivamente.

• En ambos casos, el recurso es examinado y resuelto por el presidente de la Sección de lo Contencioso del Consejo de Estado o por un consejero de Estado designado por él a tal efecto.

• El Consejo de Estado debe dictar su fallo en el plazo máximo de un mes cuando se trata de un recurso de casación en el "référé suspension"; en el "référé libertad"[109], el plazo es de cuarenta y ocho horas[110].

• En ambos "référés", el procedimiento se simplifica a fin de acelerar la solución del caso: la instrucción está a cargo del propio juez, sin magistrado ponente ni ministerio público, como en primera instancia. La instrucción es principalmente escrita y difiere según se trata del recurso de apelación o de casación.

En el recurso de apelación del "référé libertad", el juez reexamina el caso entero con iguales poderes que el juez de primera instancia. Por tanto, como sucede ante el Tribunal Administrativo, el juez puede reservar una parte importante de la audiencia a las observaciones orales de las partes.

En cambio, en el "référé suspension", como se trata de un recurso de casación, el Consejo de Estado solo verifica si el juez de primera instancia no ha cometido un error de derecho y si ha aplicado correctamente las reglas vigentes, sin examinar los elementos de hecho que el juez de primera instancia ha apreciado "soberanamente". Por consiguiente, las partes no toman la palabra y, si la toman, es "brevemente", sin que puedan presentar argumentos nuevos.

• Los poderes del juez también varían según los casos. En el "référé suspension", el presidente de la Sección de lo Contencioso o el magistrado designado por él puede desechar el recurso, y así confirmar la suspensión del acto administrativo impugnado. También puede anular el fallo de primera instancia y, en su caso, "resolver el fondo del litigio", es decir, primero sanciona el error de derecho cometido por el juez de primera instancia y en seguida reexamina los hechos y el derecho y resuelve el fondo del caso. Finalmente, puede poner fin a la suspensión si considera que esta ya no se justifica.

En el "référé libertad" el juez reexamina todo el caso, incluso según los nuevos argumentos presentados por las partes ante él y que no habían presentado en primera instancia. En efecto, el recurso de apelación abre un nuevo juicio del caso, el juez de apelación tiene los mismos poderes que el juez de primera instancia, de tal suerte que puede ordenar las mismas medidas que este.

5. Conclusión

Ambos "referés" tienden al mismo objeto: obtener que cese rápidamente una situación ilegal causada por la actuación administrativa. La naturaleza y

[109] CJA, art. R. 523-2.
[110] CJA, art. L. 523-1.

la causa de la ilegalidad son distintas —acto administrativo ilegal en un caso; vulneración de una libertad fundamental, en el otro—, pero, a fin de cuentas hay más semejanzas que diferencias entre ambas situaciones. Por tanto, quizá habría sido más sencillo, tanto para los justiciables como para los jueces, no crear dos procedimientos distintos, sino uno solo. En efecto, es legítimo preguntarse si la distinción entre ambos "référés", las diferencias entre ambos regímenes jurídicos, corresponden o no a una necesidad concreta y son favorables al justiciable. No es seguro y la complejidad, cuando su justificación no es evidente, es sospechosa, e incluso a veces peligrosa, pues puede conducir a la ineficacia del sistema. ¿Qué gana el administrado a quien el juez de la urgencia dice que su demanda es inadmisible porque presentó una demanda de "référé suspension" en vez de una demanda de "référé libertad"? Ha perdido tiempo, ante una situación urgente, y debe presentar una nueva demanda que ya quizá no tendrá interés, pues el tiempo habrá pasado y el juez no podrá ordenar ninguna medida eficaz. Este desdoblamiento de los procedimientos de urgencia es el principal inconveniente de la solución adoptada por el legislador del año 2000.

Sin embargo, el número de recursos de urgencia muestra que esta reforma era útil: en 2006[111], el Consejo de Estado recibió 470 recursos de suspensión (414 en 2005; aumento del 13,5 por ciento) y 572 recursos de amparo (497 en 2005; aumento del 15,1 por ciento)[112].

Con los "référés" se dispone de "un sistema extraordinariamente rico y matizado de medidas cautelares, con el que se pone fin al carácter básico y central del principio de ejecutividad de las decisiones administrativas". No lo dice un jurista francés, sino un español, gran conocedor del sistema jurídico francés, EDUARDO GARCÍA DE ENTERRÍA[113].

Ambos "referés" tienden al mismo objeto: obtener una solución rápida de una situación ilegal, causada por la actuación administrativa. La naturaleza y la causa de la ilegalidad son distintas, pero al final hay más semejanzas que diferencias entre ambas situaciones. Por tanto, tal vez habría sido más sencillo, para los justiciables y para los jueces, no crear dos procedimientos distintos, pero uno solo.

[111] Infortunadamente no hay estadística más reciente.

[112] *Informe anual del Consejo de Estado 2007*, París, La Documentation Française.

[113] GARCÍA DE ENTERRÍA, *op. cit.*, pág. 179.

EL CONTROL DE LA DISCRECIONALIDAD

MARCO ANÍBAL MORALES TOBAR

Sumario: 1. Nota introductoria. 2. El principio de legalidad y el régimen jurídico de las administraciones públicas. 3. Administración pública–juridicidad, binomio inseparable. 4. Las potestades de la Administración: formas de atribución y clases. 5. Potestades regladas y potestades discrecionales. 6. El control de la discrecionalidad. Los conceptos jurídicos indeterminados. La desviación del poder. El papel del poder jurisdiccional en el control de la discrecionalidad. 7. Desviación del poder. 8. Conceptos jurídicos indeterminados. 9. El papel del poder jurisdiccional en el control de la discrecionalidad. 10. A modo de conclusiones.

1. NOTA INTRODUCTORIA

He preparado este ensayo, con motivo del homenaje que se rinde al insigne administrativista español profesor EDUARDO GARCÍA DE ENTERRÍA, como signo de gratitud, por su valioso aporte al desarrollo de la ciencia del derecho administrativo.

Tan excelso maestro reflexionó con acertada inteligencia en el estudio de las técnicas jurídicas, y lo investigó para poner límites a las actuaciones del poder público; de ahí el tema que he escogido. Debo señalar que en muchas ocasiones dentro de sus juicios, opiniones, ensayos y textos, llamó la atención a la autoridad pública, por el abuso del poder público y la arbitrariedad de sus actuaciones. Como legado en beneficio de los ciudadanos, a los que él llamo administrados, dejó técnicas mediante las cuales pueden hacer valer sus derechos y reducir el indebido uso del poder discrecional de la autoridad pública. Quizá la obra primera, no por ser la que primero se publicó, sino en la que sienta las bases para tal fin, es el ya célebre clásico de *La lucha contra las inmunidades del poder,* cuya primera edición vio la luz en 1974, y en 1978, al expedirse la Constitución de España, se consideran los dictados de este texto en los artículos 9º, 24, 103 y 106.

De manera breve abordaré sobre el régimen jurídico de las administraciones públicas; haré una breve reflexión sobre lo que he dado por denominar el principio de juridicidad; veremos las formas de atribución y clases de las potestades administrativas; analizaremos las potestades regladas y las potestades discrecionales; me detendré en algún detalle sobre el tema esencial de este ensayo, que es el control de la discrecionalidad.

2. El principio de legalidad y el régimen jurídico de las administraciones públicas

Conocido por todos es que el derecho administrativo nace con la independencia de los Estados Unidos de Norteamérica y la Revolución francesa, como resultado de la limitación al poder del monarca y la estructuración tripartita. En ese mismo momento surgió la necesidad de la existencia de un derecho para poner límites al poder y lo que es más, para evitar la posibilidad de la arbitrariedad, el despotismo o el totalitarismo de parte de la autoridad. A esta limitación que el poder de la autoridad tiene, con referencia al derecho, es lo que se ha dado en denominar de manera general principio de legalidad.

En el Estado absolutista, el derecho y su posibilidad creadora radicaban en el monarca, en el rey, y el poder que este tenía para producir la norma radicaba en él mismo. Esto bien se puede resumir en la célebre y famosa frase pronunciada por Luis XIV, rey de Francia, que expresó: "El Estado soy yo" (*L'Etat, c'est moi*), y que nos da la justa acepción del poder del rey en sí mismo o en la divinidad. Si esto que acabamos de analizar entendemos por derecho, entonces hemos de convenir que el poder, en este contexto, es único, que radica en el monarca y que tiene por tanto la potestad de producir o dictar normas jurídicas, ejecutarlas e impartir justicia. Se debe tener presente que los actos del rey no eran susceptibles de ser impugnados, sino en determinadas circunstancias.

En este contexto Jorge Vélez García[1], ilustra con acierto la estructura del poder ostentado de manera absoluta por el monarca: "El dogma del absolutismo real incide obviamente sobre la determinación y ejercicio de los poderes administrativos. En primer término, cabe destacar que la soberanía absoluta del monarca implica que el poder administrativo, como todos los poderes, pertenece al rey, y solo al rey. El rey es, por así decirlo, la fuente de donde emana el poder de policía (asimilado en varios países de la Europa medieval a la administración); es la fuente de la justicia (*fons omnis justitiae*) y, desde luego, las ordenanzas y demás disposiciones regias constituyen la legislación, [...]. En resumen, la fuente de toda función pública, de todo poder administrativo, de toda competencia, emana de la voluntad del monarca".

El ocaso del poderío de tal dinastía, producido por la Revolución francesa en el siglo XVII, alumbró la institución del derecho administrativo, como

[1] Jorge Velez García, *Los dos sistemas del derecho administrativo,* Bogotá, Universidad Sergio Arboleda, 1996, pág. 7.

el conjunto de normas que trataban de regular la actividad y la organización de la administración pública, codificado bajo los principios ideológicos del liberalismo. Pero este liberalismo se interpretó de dos formas distintas. En opinión de unos, ser liberal significaba desconocer la administración, es decir, someterla a un derecho igual al de cualquier particular, no haciendo excepciones para ella. Según otros, el liberalismo suponía, por el contrario, crear un derecho especial, un conjunto de normas aplicables a la administración con independencia de los administrados. He aquí los dos grandes sistemas jurídico-político-administrativos que podemos distinguir: los anglosajones y los continentales; estos últimos se han denominado corrientemente sistemas de régimen administrativo. El sentido de la frase *régimen administrativo* significa la existencia de un derecho creado especialmente para la administración pública, es decir, el derecho administrativo.

A raíz del advenimiento del Estado liberal de derecho se produce un doble fenómeno jurídico-político; el primero, que el poder tenga la limitación en la ley, y en segundo lugar, que el poder mismo ya no sea único sino tripartito, concordante con el pensamiento de CHARLES LOUIS DE MONTESQUIEU, plasmado en su magistral obra *El espíritu de las leyes;* que exista la separación de ellos, erigiéndose en esta primera etapa el legislativo en el *poder* fundamental. De suerte que la ley emana del legislativo, debiendo el ejecutivo someterse a ella, cuestión que de modo posterior da como resultado el denominado principio de legalidad, irradiado dentro del desarrollo del constitucionalismo clásico, según el cual, todo acto proveniente de la función pública se debe someter a la ley. En este contexto, esta emana del Parlamento, que en principio y en virtud de la teoría de la soberanía nacional, era el soberano, razón por la cual la ley era la expresión de la voluntad soberana, tal como hasta la actualidad se mantiene en nuestro Código Civil[2].

Por tanto, todos los actos de la autoridad pública han de ajustarse a la ley, y su actuación no puede ir más allá de lo que en ella se dispone. Al respecto, nuestro texto constitucional (art. 226[3] *in limine*), recoge este principio, que además marca la diferencia de la actuación pública con la actuación privada, en el sentido de que la actividad de los ciudadanos del común radica en que está permitido hacer todo lo que la norma no prohíbe, cuestión que se encuentra consagrada en el artículo 66, número 29, letra (d) de la norma Primera[4].

[2] AA. VV., *La justicia constitucional en la actualidad*, 2002, pág. 82.

[3] "Art. 226.—Las instituciones del Estado, sus organismos, dependencias, las servidoras o servidores públicos y las personas que actúen en virtud de una potestad estatal ejercerán solamente las competencias y facultades que les sean atribuidas en la Constitución y la ley. Tendrán el deber de coordinar acciones para el cumplimiento de sus fines y hacer efectivo el goce y ejercicio de los derechos reconocidos en la Constitución".

[4] "Art. 66.—Se reconoce y garantizará a las personas: [...] 29. Los derechos de libertad también incluyen: [...] d) Que ninguna persona pueda ser obligada a hacer algo prohibido o a dejar de hacer algo no prohibido por la ley".

Además, hay que subrayar que este principio ha sido recogido por nuestra jurisprudencia, conforme consta de fallo que a continuación transcribo: "[...] cierto que el Consejo Superior del IESS es la máxima autoridad de este organismo autónomo, mas por ello de ninguna manera está autorizado para adoptar resoluciones al margen de lo que dispone la ley, a la cual, en ejercicio del principio de legalidad se halla sometido. En consecuencia, jamás puede adoptar decisiones válidas que vulneren los derechos establecidos por la Constitución y las leyes, y menos pretender absurdamente que tales decisiones modifiquen o reformen las disposiciones constitucionales, legales y reglamentarias de vigencia obligatoria" (Sent. de Casación, Sala Especializada de lo Contencioso Administrativo C. S. de J. 7- IV-1999, exp. 91-99, R. O. 236, 19-VII-99).

Es importante tener presente lo señalado, en tanto el acto no se ha emitido de conformidad tan solo con el texto legal, sino aun con la Constitución, razón suficiente para que el jurisdiccional estime al acto susceptible de ser impugnado. Al respecto, resulta orientador el criterio consignado por FERNANDO GARRIDO FALLA[5] en la determinación de los alcances del principio de legalidad: "El principio de legalidad postula la primacía jurídica de la Constitución y de la Ley en sentido material; es decir, la sumisión total de la acción administrativa a lo que se ha denominado el «bloque de legalidad».

"Se insiste, por tanto, en que esta institución no incluye solo la Constitución y las leyes formales emanadas del órgano legislativo, sino también de aquellas disposiciones que, dictadas por el propio poder ejecutivo, vinculan la administración en su actuación concreta, en virtud del principio de la jerarquía de las normas".

En la actualidad, se debe mirar el principio de legalidad con mucho mayor amplitud, puesto que el administrador público y la función administrativa no solo han de estar a lo dispuesto en la normativa jurídica vigente, sino a la juridicidad de sus actos, esto es, han de tener presente al derecho en su conjunto, a la misión que como función pública deben desarrollar, es decir, la consecución del bien común[6], todo ello enmarcado en el principio de responsabilidad en su actuación, para que conforme el mandato del artículo 227 de la Carta Primera[7], sus actuaciones estén enmarcadas en los principios de capacidad, honradez y

[5] FERNANDO GARRIDO FALLA, *Tratado de derecho administrativo*, t. III, Madrid, Tecnos, 2002, pág. 18.

[6] En Ecuador, a tal concepto a partir de la Constitución de 2008 se le ha dado el nombre de *Buen vivir,* concepto que a más de los señalados en la doctrina social de la Iglesia, incluye la protección y otorgamiento de derechos a la naturaleza y tener una cotidianidad en un entorno que le permita estar con sana paz y tranquilidad, que es lo que se conoce como *procura existencial* o *summak kawsay.*

[7] Constitución de la República del Ecuador, art. 227: "La administración pública constituye un servicio a la colectividad que se rige por los principios de eficacia, eficiencia, calidad, jerarquía, desconcentración, descentralización, coordinación, participación, planificación, transparencia y evaluación".

eficiencia. Pero además, la visión en la que deben fundar sus actuaciones será social, con lo que la libertad de sus realizaciones estará siempre restringida al ámbito de lo social.

Ahora bien, se debe considerar que entonces para que el agente público pueda actuar con agilidad, eficiencia y debida oportunidad, la norma ha de estar a la mano, esto es, de modo previo a su actuación, puesto que de no tener herramientas de actuación, la administración puede tornarse inútil.

La nueva visión del administrador público debe estar orientarse al cumplimiento del derecho, al respeto a la institucionalidad, a la democracia, sin perder de vista los fines del Estado, que como dijimos, son los que engloban el interés de la colectividad; sin perder de vista que esta visión pretende que los servicios y prestaciones que brinda el Estado sean de óptima calidad, a tiempo oportuno y con la calidez que demanda todo ser humano.

Por lo tanto, la administración pública en su funcionamiento encuentra limitaciones en el principio de juridicidad, lo que lleva a que todas sus actuaciones estén apegadas a derecho, a unos valores fundados en el bien común; a este conjunto de situaciones jurídicas y políticas de la administración pública denominamos *régimen administrativo,* y las normas, principios jurídicos y jurisprudencia que regulan dicho régimen constituyen el derecho administrativo. Debe señalarse que dicho régimen difiere de acuerdo con el sistema político y social en el que se desenvuelva, pero no por la realidad social y cultural, deja de existir este derecho y su régimen.

3. Administración pública–juridicidad, binomio inseparable

El surgimiento del principio de legalidad es un fenómeno jurídico político que, partiendo de la reducción del poder al derecho y de la separación o tripartición del poder, este se somete a dichas limitaciones. La realidad social y política en la que se desarrolla la actividad administrativa del Estado puede tener una materialización de orden liberal o de orden social. La modernidad y el desarrollo que los pueblos van teniendo por la fuerza de la evolución de su ser social, la necesidad de la solución inmediata a sus necesidades colectivas, como es la infraestructura, a la que debe agregarse por la fuerza de las circunstancias tecnológicas la información, y por otro lado todo aquello que hace relación a salud, alimentación, vivienda y seguridad social, lo que da como efecto que en los actuales momentos el Estado ponga su mirada y todo su accionar en lo social. Si el Estado tiene una tendencia hacia lo social y materializa este predicamento con sometimiento a derecho, entonces hablamos del Estado social de derecho; tendencia que se materializa mediante el desarrollo, planificación y ejecución de las políticas públicas que tiene cada Estado. En nuestro caso este tema está tratado de modo transversal en nuestro Código Político, siendo las normas más importantes que han de subrayarse las previstas en los artículos 11, número 8; 85; 275 y 277, número 3.

Ahora bien, lo que sí se debe tener presente es que en ningún caso el Estado social de derecho preconiza la estatización de los medios de producción ni se asemeja al WELFARE STATE.

El accionar de la administración pública, en conjunto, se ciñe a una serie de normas y reglas que determinan su desempeño; esto es, el conjunto de potestades, competencias o facultades que el órgano administrativo tiene para el cumplimiento de su función. De tal guisa que si materialmente la administración pública está constituida por el derecho, bien podemos decir que estos dos componentes son binomio inseparable, por lo que no es posible concebir la existencia del uno sin la necesaria presencia del otro.

La administración pública y su funcionamiento demandan la presencia del derecho en su conjunto, de suerte que la autoridad, agente público, servidor público que actúe en cualquiera de sus cometidos a nombre de la administración pública siempre tendrá que fundar sus actuaciones en derecho. No puede, por tanto, esgrimir para el eficaz ejercicio de las potestades, competencias, facultades o imperio que la norma le atribuya al órgano del que forma parte, la falta o ausencia de norma o del principio de juridicidad, porque como veremos, aun en esos casos tendrá una adecuada posibilidad de actuar conforme a derecho.

Fue precisamente EDUARDO GARCÍA DE ENTERRÍA quien con sobrada inteligencia jurídica, en la obra precitada, concluyó que la primera reducción al dogma de la discrecionalidad consistía en tener conciencia de que en todos los actos discrecionales había elementos reglados, tales como la potestad de la que dimana el acto, la extensión concreta de dicha potestad (competencia)[8].

Para concluir este apartado, debo dejar señalado que aun el ejercicio de la discrecionalidad, el agente público, está sometido a las directrices del derecho y al ordenamiento jurídico. Por tanto, como revisaremos de manera más amplia en el siguiente apartado, se debe considerar que este tipo de acciones no significa liberalidad de la autoridad y peor aún, arbitrariedad, pues la actuación de un buen administrador siempre estará sometida al principio de juridicidad.

4. LAS POTESTADES DE LA ADMINISTRACIÓN: FORMAS DE ATRIBUCIÓN Y CLASES

En mi criterio, las potestades nacen del poder que atribuye el soberano a los distintos órganos de la administración del Estado; por tanto, estas facultades constan en los textos constitucionales. La estructura misma del poder está concebida en la Carta Primera y de forma concreta en la organización que dicho texto le confiere al Estado. Así las cosas, debe quedar muy claro que es

[8] EDUARDO GARCIA DE ENTERRIA, *La lucha contra las inmunidades del poder*, 3ª ed., Madrid, Thomson Civitas, págs. 30-31.

el constituyente de modo directo o indirecto el que otorga el imperio al órgano público para el ejercicio del poder; además, en este primer plano debe quedar dicho que estas potestades por la esencia de su origen son imprescriptibles, indelegables e inalienables, de tal suerte que el poder solo se otorga al órgano que la Constitución designa y no a otro.

De modo general los autores suelen señalar que la potestad se atribuye por la ley. Personalmente considero que dicho concepto más bien tiene un significado histórico en cuanto que con el advenimiento del Estado de derecho, la función legislativa —en ese entonces denominado poder legislativo—, se erigió en el poder supremo, y se pensaba que mediante las facultades que otorgaba la ley se atribuían potestades. Ahora se estima que las competencias son las facultades que la ley —norma de menor jerarquía— atribuye a los distintos órganos del poder público. Ilustrativamente GARCÍA DE ENTERRÍA explica el mecanismo de atribución legal de potestades: "El principio de legalidad de la administración, con el contenido explicado, se expresa en un mecanismo técnico preciso: la legalidad atribuye potestades a la administración, precisamente. La legalidad otorga facultades de actuación, definiendo cuidadosamente sus límites, apodera, habilita a la administración para su acción confiriéndola al efecto poderes jurídicos. Toda acción administrativa se nos presenta así como ejercicio de un poder atribuido previamente por la ley y por ella delimitado y construido. Sin una atribución legal previa de potestades, la administración no puede actuar simplemente"[9].

Ahora bien, una vez delimitada la esfera de la potestad y la competencia, bien vale la pena entrar a dilucidar si otras normas también les atribuyen competencias a los órganos; en otras palabras, si solo la ley formal atribuye facultad de actuación a los órganos. En tal sentido, se debe considerar que no solo la ley emanada en la forma que los textos constitucionales disponen atribuye competencias al órgano, sino que también las normas surgen de cualquier norma jurídica que tenga fuerza material de ley; así, bien puede nacer una competencia del reglamento autónomo o del reglamento delegado, o bien de la ordenanza o de la norma estatutaria.

La potestad no es sino el ejercicio del poder que el Estado atribuye a uno de los órganos[10] determinados en el texto de la Carta Primera, de suerte que tan solo los órganos prescritos en la Constitución de un Estado están dotados de potestades. Se debe tener presente que, como lo indica el texto constitucional, "la soberanía radica en el pueblo [...]". Por tanto, el poder del Estado no está en sí mismo, ni en sus órganos, sino en el conjunto de personas —pueblo—

[9] EDUARDO GARCÍA DE ENTERRIA y TOMÁS-RAMÓN FERNÁNDEZ RODRÍGUEZ, *Curso de derecho administrativo*, t. I, Madrid, Civitas, 2002, pág. 449.

[10] Constitución del Ecuador, art. 1º, inc. 2º: "La soberanía radica en el pueblo, cuya voluntad es el fundamento de la autoridad, y se ejerce a través [*sic*] de los órganos del poder público y de las formas de participación directa previstas en la Constitución".

que lo conforma de manera que ningún órgano del poder es soberano, sino que la soberanía está concedida por el pueblo; este gran poder se va irradiando en todos los confines del aparato estatal.

Las potestades y competencias, así concebidas, no son sino expresión del poder del Estado, persona única e indivisible que para el ejercicio de sus facultades cuenta con o sin ella órganos públicos. Estos no son sino sujetos públicos con personalidad jurídica o sin ella que desarrollan actividades administrativas. Por otra parte, no se debe olvidar que el ejercicio de dichas actividades lleva a la consecución de un fin, que debe ser de orden social.

Las potestades y competencias atribuidas de modo inmediato y directo por la norma toman el nombre de reglamentarias; así, el desempeño del agente público en este caso se ve rigurosamente limitado por la norma jurídica, y al momento de obrar debe mirar que su voluntad o juicio se ajuste a los elementos fácticos que la regla concibe, de tal forma que la emisión del evento va necesariamente vinculada a la preexistencia de la norma jurídica, como vimos en el apartado anterior y por tanto el administrador conseguirá los efectos que ella concibe. Por ende, frente al ejercicio de potestades y competencias, el servidor público no es más que un fiel cumplidor de los deberes que el régimen administrativo le impone y en dicho ejercicio es creador de derechos subjetivos de los administrados.

Las potestades, las competencias y el poder en general van ligados al mando y a la obediencia, en toda organización humana, por fuerza del orden social-cultural (el más anciano) o por la de orden material o político (el mejor guerrero); pero ese mando-obediencia en las sociedades modernas está vinculado a la norma jurídica, al menos con fuerza material de ley; por tanto, las actuaciones del administrador público, sus potestades y competencias, no son otra cosa que el ejercicio de las atribuciones que dicha norma competente otorga al órgano en cuyo nombre ejerce el poder. Esto es lo que da fortaleza a la institucionalidad pública, perdiendo campo de acción la subjetividad o el poder arbitrario de actuación, que en muchos casos atenta contra el orden constituido y los principios de regularidad que un momento determinado pueden hasta atentar en contra del convivir democrático de los pueblos. De guisa que en ningún caso la potestad o la competencia nacen de un negocio jurídico concreto y siempre se ha de requerir la preexistencia de una norma jurídica con al menos fuerza material de ley. Como hemos reiterado, no nace la potestad y competencia del poder mismo, puesto que el imperio y la soberanía son inmanentes del ser social y se atribuye a los órganos del poder público solo mediante norma jurídica de alta jerarquía, como la Constitución o la ley. Así pues, siempre hemos de tener conciencia de que existen normas jurídicas que debemos respetar y por tanto estamos impelidos como ciudadanos a su cumplimiento, tanto más si es la autoridad o representante de un órgano que en el ejercicio de su mando dispone tal o cual cosa, siempre y cuando este obrar se ajuste a la norma, pues de lo contrario dicha actuación cae en el plano de lo inestimable y por tanto puede ser materia de objeción de los ciudadanos.

Reforzando dicho razonamiento, García de Enterría y Fernández[11] señalan: "[...] La potestad no se genera en relación jurídica alguna, ni en pactos, negocios o actos o hechos singulares, sino que procede directamente del ordenamiento. En segundo término, no recae sobre ningún objeto específico y determinado, sino que tiene un carácter genérico y se refiere a un ámbito de actuación definido en grandes líneas o direcciones genéricas. No consiste en una situación particular, sino en la posibilidad abstracta de producir efectos jurídicos, de donde eventualmente pueden surgir, como una simple consecuencia de su ejercicio, relaciones jurídicas particulares. No hay, por ello, frente a la potestad un sujeto obligado, sino «una situación pasiva de inercia» (Gianinni) que implica un sometimiento a los efectos que la potestad puede crear en su ejercicio, la inexcusabilidad de soportar que tales efectos se produzcan eventualmente afecten a la esfera jurídica del sometido". Así explicado el mecanismo de potestades, conviene insistir en su origen directo en el ordenamiento y no en actos jurídicos determinados. La potestad siempre es una derivación de un *status* legal, por lo cual resulta inexcusable una norma previa que, además de configurarla, la atribuya en concreto.

Es importante notar que el obrar del agente público siempre debe mirar el beneficio de terceros y no el suyo propio; esto es, el ejercicio de una potestad o de una competencia siempre trae consigo el beneficio a terceros. A esto denomino *función*. El órgano-sujeto tiene potestades y competencias que le están atribuidas por la norma constitucional o legal, que le otorgan el ejercicio de poder u obrar, cuando se encuentra en la realización de dichas actividades pone en funcionamiento el aparato administrativo para la consecución del fin propuesto, que como bien sabemos, debe ser en beneficio del interés colectivo que es superior al interés del órgano que ejercita el poder. Al respecto debemos tener presente lo señalado en el artículo 233 *in limine* de nuestra Carta Política[12]; desde luego que no es menos cierto que, cuando la administración ejerce potestades o competencias organizativas, es posible que se actúe en beneficio del órgano que está obrando tal circunstancia, pero ha de entenderse que dicha actuación incidirá en beneficio colectivo.

Ahora bien, la pregunta que a lo largo de este análisis surge inmediatamente es si el administrador es un sujeto normocrático; esto es, ¿siempre actúa con prevención en la norma? O si su actuación en algún momento no cuenta con la existencia previa de la norma jurídica o de la regla que se adapte a

[11] García de Enterría y Fernández Rodríguez, *op. cit.,* págs. 449-451.

[12] Constitución de la República del Ecuador, art. 233: "Ninguna servidora ni servidor público estará exento de responsabilidades por los actos realizados en el ejercicio de sus funciones, o por sus omisiones, y serán responsables administrativa, civil y penalmente por el manejo y administración de fondos, bienes o recursos públicos".

los contenidos fácticos de su obrar. En estas circunstancias el órgano público pone de manifiesto su actividad discrecional, que en ningún momento significa que el administrador puede hacer uso arbitrario de su voluntad o actuar a su simple capricho. De modo que esta ausencia de la norma jurídica hace que el principio de legalidad no tenga plena realización; sin embargo, esto no significa que la iniciativa u obrar del agente público se realice en contra del principio de juridicidad. Entendiendo bien dicha limitación, FERNANDO GARRIDO FALLA[13] manifiesta que "el poder discrecional no es sino una limitación del principio de la legalidad desde el punto vista negativo".

Hoy existe toda una corriente doctrinaria y jurisprudencial, que ha formado una verdadera escuela a partir de los dictados de GARCÍA DE ENTERRÍA, que de manera soberbia ha repensado, investigado y creado técnicas jurídicas para limitar la actuación de la autoridad en ausencia de norma, a una serie de principios que, bien entendidos y conocidos, hacen que un buen administrador no tenga equívocos, errores ni cometa desviaciones o abuse del poder del que se encuentra investido.

En esta reflexión, hemos de considerar con GARCÍA DE ENTERRÍA, que el órgano administrativo tenía la potestad o competencia de actuación, que esta debe reducirse al obrar de un órgano concreto de la administración y que dichas realizaciones han de perseguir un objetivo de orden público. En este mismo sentido, sobre la base de lo enseñado por el precitado autor, se ha pronunciado la jurisprudencia ecuatoriana, como puede observarse en la sentencia de 31 de mayo de 2002, dictada por la Sala de lo Contencioso-Administrativo de la Corte Suprema de Justicia: "La discrecionalidad no puede referirse a la totalidad de los elementos de un acto, a un acto en bloque; la discrecionalidad, por el contrario, ha de referirse siempre a alguno o algunos de los elementos del acto. Así concebidos esta clase de actos, es evidente que ellos, han de ser originados únicamente en la ley, que es su única fuente de origen, y como enseña la doctrina, al darle origen la ley determina a los mismos cuatro elementos reglados en toda potestad discrecional, los cuales son: la existencia misma de la potestad, su extensión (que nunca podrá ser absoluta), la competencia para actuar, que se refiere a un ente y dentro de este a un órgano determinado y no a cualquiera, y, por último, el fin porque todo poder es conferido por la ley como instrumento para la obtención de una finalidad específica, la cual estará normalmente implícita y se referirá a un sector concreto de las necesidades generales, pero que en cualquier caso tendrá que ser necesariamente una finalidad pública".

Estas actuaciones bajo la presencia de la norma previa y que alumbra y fundamenta el desenvolvimiento público con sujeción a normativa preexistente es lo que la técnica jurídica denomina *potestad reglada,* y el método de ac-

[13] FERNANDO GARRIDO FALLA, *Tratado de derecho administrativo*, Madrid, Instituto de Estudios Políticos, 1973, pág. 244.

tuación del agente público en ausencia de norma jurídica preexistente es lo que denominamos *potestad discrecional,* que con mayor amplitud pasamos a revisar a continuación.

5. Potestades regladas y potestades discrecionales

La actividad administrativa no siempre en todo su obrar está precedida de una norma o una regla, que previamente configurada se ajuste de manera concreta a los hechos fácticos que el administrador debe atender en su actuación; es posible también que se tengan alternativas similares o semejantes en las que la autoridad se ve impelida a escoger una de ellas, siendo que llegaron a converger después de cumplir con los mismos procesos y al final del camino, el agente público se ve en la disyuntiva de quedarse con una de ellas; en otros casos es posible que la actuación se ciña al informe técnico y tome tan solo dicho concepto científico, en su decisión. Es también común ver cómo la decisión al momento de tomarse pone de manifiesto la propia iniciativa y voluntad del servidor o autoridad, pues ante todo debemos tener presente que el órgano ejerce sus facultades con la ayuda de una persona física a la que no es posible desligarle en todo de su propia personalidad, conciencia social y actitud frente a los fenómenos sociales, culturales y económicos que rodean su decisión.

El obrar administrativo, en la mayoría de las ocasiones, implica la ejecución de una norma dictada previamente, y con toda certeza quien la confecciona no siempre tendrá presente ni a la mano todas las alternativas y vicisitudes que se generarán alrededor de la aplicación de determinada hipótesis jurídica, lo que provoca que en un momento determinado, en el cual el administrador público deba optar por una resolución, se enfrentará a circunstancias de oportunidad y conveniencia que ni siquiera se imaginaron en toda su amplitud y complejidad, en los albores de la producción normativa. El legislador, si aplica una buena técnica, será lo menos detallista al momento de crear la norma; es el administrador al que le corresponde, en cada caso concreto, resolver de suyo el problema que tenga, la que la realidad del mundo actual depara, tanto más que la administración pública debe estar a tono con la actualidad técnica y científica de los cambiantes momentos y con la satisfacción de necesidades que van a la par de dichos avances; dicha iniciativa en ningún caso lo puede llevar, como quedó dicho, a actuar con arbitrariedad o subjetividad. Por ello es de radical importancia la motivación del obrar de la administración y no puede verse tan solo como una mera formalidad, tanto más si su actuación se funda en la potestad discrecional.

La potestad discrecional lleva a la administración pública a actuar no de forma arbitraria, se ha dicho, sino que tendrá que observar, en guarda del principio de juridicidad, principios y valores de orden superior, como es el bien común, la honradez, la protección de los bienes jurídicos y el beneficio general.

Actuar con discrecionalidad no implica obrar subjetivamente o solo por la mera voluntad del servidor público; peor entraña libertad ilimitada o irresponsabilidad de actuación de la administración.

Los clásicos atribuían a las facultades discrecionales el no sometimiento a derecho y, por tanto, a partir de este concepto se dio pábulo a la arbitrariedad. Como dijimos en líneas anteriores, el membrete del obrar administrativo bajo el criterio de discrecionalidad determinaba que sus actos no fueran susceptibles de revisión por el contralor contencioso[14].

Ampliando sobre los alcances de las facultades discrecionales de la administración, JAIME SANTOFIMIO GAMBOA[15] con la perspectiva del derecho colombiano, acota:

"[...] tanto la jurisprudencia como la doctrina están de acuerdo en señalar que la facultad discrecional no es absoluta o pura; de serlo, se quebrantaría el principio rector de la legalidad de los actos de nuestro Estado de derecho, permitiendo que estos escapen de su control natural; en principio, ningún acto de la administración queda libre entre nosotros de tal control. [...] discrecionalidad no es lo mismo que arbitrariedad y esta reinaría donde existieran autoridades cuyos actos carezcan [*sic*] por entero de control por la jurisdicción contencioso administrativa".

La motivación en los actos discrecionales encierra los verdaderos justificativos que tiene la administración en su obrar, de tal suerte que la actividad administrativa en su actuar discrecional en esencia guardará total pertinencia entre las cuestiones de orden fáctico y los principios jurídicos que sirvieron de base para tomar tal o cual decisión; además, considerará en el caso concreto el fin que persigue, que siempre ha de ser de orden social.

El margen de actuación de la autoridad administrativa no puede llevar a consideraciones *extra lege*. Su libertad de actuación y el sentido de apreciación de la realidad fáctica en ningún caso lo puede alejar de la determinación racional de las cosas, de tal suerte que, como veremos, el obrar administrativo no puede convertirse en arbitrario, despótico, totalitario ni atrabiliario; es decir, debe guardar ciertas formas, protocolos y rituales en su proceder, a los efectos de que al momento de fiscalizar dichas actuaciones, estas tengan sustento en cuestiones de orden jurídico y técnico. La administración, cuando obra con discrecionalidad, debe guardar determinadas directrices que le ajusten a la juridicidad, aunque el texto legal, como en algunos casos, le otorgue libertad casi total de actuación; es decir, la conformación de voluntad solo depende de su racionalidad de actuación.

[14] Hasta, la actualidad, nuestra obsoleta Ley de la Jurisdicción Contencioso-Administrativa, en el art. 6º, trae la excepción de someter determinadas actuaciones de la administración al control jurisdiccional de legalidad, entre ellas las discrecionales a dicha jurisdicción.

[15] JAIME ORLANDO SANTOFIMIO GAMBOA, *Tratado de derecho administrativo*, t. II, Bogotá, Universidad Externado de Colombia, 2003, pág. 51.

En general, hay varias formas de atribución de la potestad discrecional. Nuestro reglamento de discrecionalidad[16] señala, además de las expresadas, la discrecionalidad técnica, en cuyo caso la administración actúa con vista a los informes de orden científico, en las varias materias del convivir social, a efecto de que con mérito a ellos, la autoridad pueda tomar la decisión que mejor corresponda a los intereses de la colectividad. En el grado de apreciación de alternativas técnicas, científicamente viables, el administrador valorará y ponderará la calidad de la propuesta que ha de escogerse. Esto implicará que no siempre lo mejor será lo más barato, ni que aquello que se pueda realizar en corto tiempo es lo más beneficioso; en los aspectos de orden técnico la autoridad debe obrar con responsabilidad, manteniendo en los criterios de oportunidad y conveniencia la relación equilibrada del costo-beneficio del bien, de la obra o del servicio.

6. El control de discrecionalidad. Los conceptos jurídicos indeterminados. La desviación del poder. El papel del poder jurisdiccional en el control de la discrecionalidad

Como dijimos, aun cuando existiesen normas que permitieran a la autoridad actuar y obrar con libertad absoluta, todos los actos de la administración pública deben estar sujetos al control administrativo, contencioso y constitucional, con el afán de garantizar la plena vigencia del Estado social de derecho. No se puede dejar de mirar la actuación de la autoridad sino con sujeción a la juridicidad, a la racionalidad y a la moralidad, y siempre el obrar estará en razón del bien común, de la defensa de los bienes jurídicos a los que el Estado está llamado a proteger y siempre mirando con concepto de proporcionalidad en tanto los derechos entren en contraposición.

Puede ser que se vea excesivo y hasta extravagante que queramos que todos los actos de la administración pública estén sometidos al control judicial o constitucional; lo cierto es que en torno a este tema gira gran parte del desarrollo del derecho administrativo, de las reducciones y los límites del poder de la autoridad administrativa.

La discrecionalidad no implica arbitrariedad ni mucho menos actuar de modo o manera ilegal; de manera que, la operación que la administración realiza amparada en su potestad discrecional implica un obrar con apego a la juridicidad. La autoridad, funcionario o agente público, lo primero que realiza es un examen para entender si la potestad o competencia le está o no atribuida

[16] Vale en este punto señalar que en Ecuador expidió el presidente de la República un "reglamento para el control de la discrecionalidad", que consta en el *Registro Oficial* 686 de 18 de octubre de 2002. Las notas que en este caso llaman la atención es que mediante una norma se dicten reglas para la discrecionalidad, cuestión que básicamente más bien debió ser recogida por la doctrina y la jurisprudencia nacionales.

por la norma, para luego mirar el cumplimiento de un procedimiento, de ritualidades o curiales que enmarquen su obrar dentro de la operación de debido proceso, para concluir observando siempre la consecución del bien común, de tal manera que siempre tendremos al menos cuatro elementos que le limitan a la administración la libertad al momento de tomar decisiones o expedir actos; estos son: la conexión irremediable con la norma que le atribuye la potestad o competencia, el debido proceso, la racionalidad en la actuación y el fin.

JUAN MIGUEL DE LA CUÉTARA[17], examina de modo minucioso el alcance de la actividad discrecional de la administración pública analizando la jurisprudencia del Tribunal Supremo español, que en este caso, a propósito de la revisión de una sentencia motivada por la alteración vial de un plan de urbanismo, muy lúcidamente concluyó: "La libertad que esta prerrogativa (la de variación de planes) otorgue a la administración en esta materia nunca podrá justificar una actuación arbitraria o irracional, dado que esta idea de libertad se traduce jurídicamente en nuestro campo con el concepto técnico de discrecionalidad, como sabemos en la actualidad, no es un cheque en blanco que permita todo tipo de intervenciones sin la menor cortapisa. La discrecionalidad, por el contrario, solo faculta a la administración para disponer de un cierto margen de libertad en la fijación de objetivos, como medio para satisfacer mejor el interés público, que es, en verdad, el que sirve de causa legitimadora a su actuación".

Empero lo señalado, para nuestro análisis no podemos dejar de anotar el contenido del Reglamento de Control de la Discrecionalidad, que en el artículo 2º, de manera clara especifica al menos cuatro cánones que limitan al agente público en el uso de la discrecionalidad, esto es: la racionalidad, la pertinencia de los hechos, valoración en base de informes previos y el fin[18].

7. DESVIACIÓN DEL PODER

Tras lo anotado bien cabe manifestar que en la valoración siempre ha de estar el análisis del hecho causal o de la realidad fáctica que impelió al

[17] JUAN MIGUEL DE LA CUÉTARA, *Las potestades administrativas*, Madrid, Tecnos, 1986, pág. 232.

[18] Reglamento de Control de la Discrecionalidad, art. 2º.—"*De los actos discrecionales*. La potestad discrecional de la administración en la producción de actos administrativos se justifica en la presunción de racionalidad con que aquella se ha utilizado en relación con los hechos, medios técnicos y la multiplicidad de aspectos a [*sic*] tener en cuenta en su decisión, a fin de que la potestad discrecional no sea arbitraria, ni sea utilizada para producir una desviación de poder sino, antes al contrario, ha de fundarse en una situación fáctica probada, valorada a través [*sic*] de previos informes que la norma jurídica de aplicación determine e interpretados y valorados dentro de la racionalidad del fin que aquella persigue.

"La discrecionalidad respaldada por el derecho implica la elección de una entre varias opciones igualmente válidas, dentro de los límites de la potestad y de la competencia del órgano. Todo acto administrativo dictado en ejercicio de la potestad discrecional reglada es impugnable en vía administrativa o judicial".

administrador en su actuar discrecional. Entonces observaremos mediante la motivación del acto la forma en que algunos aspectos reglados lo conforman, los cuales pueden desprenderse de los informes de orden técnico, económico o jurídico, cuestiones que esencialmente nos llevarán a dilucidar si la autoridad tiene la suficiente potestad o competencia para declarar su voluntad en el caso que es de su conocimiento, cuestión primera que debe observar un buen administrador. Luego mirará de manera racional el fin que se persigue y si en sus facultades está el decidir sobre ese supuesto o hecho planteado, que debe tener como efecto el fin propuesto para no caer en desviación de poder, cuestión que en el proceso fiscalizador del acto bien puede producir su nulidad.

Cabe anotar que el fin propuesto siempre habita en la norma; por tanto, este es otro elemento de lo reglado que se debe considerar al ejercer el control del acto. El órgano emisor del acto debe tener entre sus competencias o potestades la atribución para conocer sobre la materia de la que tratan los hechos mismos que han de ser posibles y no tornarse en fallidos, como refiere el artículo 10 del Reglamento de Control de la Discrecionalidad.

En la actuación discrecional se debe tener cuidado de motivar el acto debidamente, pues esta es la única fórmula válida para determinar los hechos, las causas y su relación con los principios jurídicos invocados, a fin de establecerse en realidad, si los supuestos fácticos calzan con los elementos jurídicos y sobre todo saber si los hechos realmente acaecieron y no se trata de una realidad inexistente o a medias. Debe tenerse presente que la motivación del acto es una cuestión esencial, pues en su momento el administrado puede argüir indefensión, alegando que no se le han dado a conocer todos y cada uno de los elementos que sirvieron para la expedición de tal acto.

Cabe anotar que es importante y de rigor establecer que la autoridad administrativa o jurisdiccional según el caso, al momento de su estudio y control debe apreciar con suma ponderación la actuación del agente público, a efectos de conocer si el criterio discrecional con el que ejerció su potestad respetó los límites que la racionalidad y proporcionalidad imponen a un buen administrador, de tal guisa que pueda concluirse que su obrar se fundó en informes técnicos, económicos y jurídicos objetivos y con fundamento en ellos tomó su decisión, para que no exista distorsión de clase alguna y sobre todo no se vaya a producir la figura indeseada de desvío de poder, figura jurídico-administrativa que se produce cuando el administrador competente, aun guardando las formas en el procedimiento, dedica su actuación a fines distintos de los propios del órgano.

En algunas ocasiones suele confundirse el desvío del poder, que como queda anotado en principio no es sino destinar la actuación a un fin distinto de los que se le atribuyen, con el exceso de poder, que constituye una clara figura de incompetencia y hasta arbitrariedad en la actuación del órgano.

Ya analizamos la sentencia de la Corte Suprema (31 de mayo de 2002) en la que pertinentemente se abordaron los alcances de la actividad discrecional y los elementos reglados que de modo indefectible deben integrarla. En ese sentido, la transgresión de los límites de actuación impuesta por la norma, falsamente cobijada por el ejercicio de la potestad discrecional, configura la desviación de poder. Transcribiendo lo dictaminado por el Tribunal Supremo español, citado por Juan Miguel de la Cuétara (1986), la desviación de poder entraña: "[...] el ejercicio de potestades administrativas para fines distintos de los fijados en el Ordenamiento Jurídico precepto (83, 3 L.J.CA) que ha sido interpretado en numerosas sentencias en el sentido en que significa una desviación finalística del propósito de la norma, en definitiva, una discordancia entre el ordenamiento jurídico y la actividad administrativa, al perseguir esta fines distintos de los fines previstos por aquel" (sent. de 28 de noviembre de 1983, Sala Tercera, ponente Ruiz- Jarabo Ferrán, *Colex*, núm. 1639).

Ahora bien, siempre en la realización de las actividades propias de la administración, el agente público debe observar que su actuación se encamine hacia los contenidos teleológicos del órgano, contenidos que en la mayoría de los casos están dados en las normas de creación y funcionamiento de dichos organismos. Para concluir este pensamiento, debemos siempre tener presente que no se puede concebir la existencia de una entidad de derecho público sin un cometido funcional, esto es, sin que se establezcan fines, objetivos o propósitos que ha de perseguir y ha de dedicar sus actuaciones.

Sobre el comentario anterior, Eduardo García de Enterría, de forma magnífica y didáctica, expresa: "El segundo gran proceso [...] consiste, como saben ustedes, en constatar [*sic*] que el fin de las potestades discrecionales es un elemento reglado de las mismas [*sic*]. En efecto, las autoridades administrativas pueden contar, y cuentan, con poderes discrecionales, pero no para el cumplimiento de cualquier finalidad, sino precisamente de la finalidad considerada por la ley, y en todo caso de la finalidad pública, de utilidad o interés general"[19].

8. Conceptos jurídicos indeterminados

Una vez concluido el apasionante análisis de la desviación del poder, pasemos ahora a examinar los llamados conceptos jurídicos indeterminados, cuestión que dentro del análisis general de la discrecionalidad es de gran relevancia en tanto que el administrador, al hacer uso ellos debe centrar o concretar en lo posible de la manera más afinada a cada uno de ellos. Por tanto, en dichos conceptos no puede basarse una resolución para generalizar un criterio; así cuando hablamos de justo precio en materia de expropiación, hemos de entender que es el precio que dicho bien tiene dentro del mercado,

[19] García de Enterría, *op. cit.*, pág. 32.

esto es, que el propietario del inmueble expropiado, con el monto que el Estado le entrega por la expropiación, podrá adquirir otro de similares o iguales características. Nótese que el concepto de justo precio dista mucho de ser exacto y que por tanto se puede prestar a equívocos o imprecisiones o situaciones que muchas ocasiones producen vaguedad en determinar opinión o juicio. Como este concepto de justo precio, la norma jurídica utiliza otros tales como buena fe, probidad, bien común, diligencia, buen padre de familia, emergencia, urgencia, necesidad pública. El artículo 8º del aludido Reglamento de Control de la Discrecionalidad menciona otros tantos, tales como bien público, interés público y oferta más conveniente.

Estos conceptos le confieren a la autoridad administrativa la posibilidad de actuar dentro de un amplio ámbito, en el que su actuación puede devenir subjetiva y hasta arbitraria, sin dejar de lado que el criterio con el que el actuario se desempeña puede estar muy restringido a su propia realidad, que puede en un momento ser diametralmente opuesta a la verdad de los hechos y por tanto a su aplicación jurídica; de suerte que el rango de interpretación en la toma de una decisión debe ser razonable y racional, para no causar daño a ningún bien jurídico, por minúsculo que nos parezca, pues todos ellos merecen al menos respeto. Por lo anotado, la autoridad administrativa y el juez administrativo, el primero al emitir el acto y el segundo al controlar el rigor en su emisión, deben, como ya señalamos en líneas anteriores, ponderar de modo debido los hechos, circunstancias y razones que se tienen para la emisión del acto. Reitero una vez más, lo importante que resulta la motivación de los actos, para catalogar las razones que impelieron a la autoridad a emítirlos.

Para subrayar lo antes anotado, transcribimos el pensamiento de García de Enterría respecto de los conceptos jurídicos indeterminados, en el análisis de la reducción de la potestad discrecional[20]: "Lo peculiar de estos conceptos jurídicos indeterminados es que su calificación en una circunstancia concreta no puede ser más que una: o se da o no se da el concepto; o hay buena fe o no hay buena fe en el negocio, o el sujeto se ha comportado como buen padre de familia o no, podemos decir en términos del derecho privado; o en nuestro campo: o hay utilidad pública o no la hay; o se da, en efecto, una perturbación del orden público, o no se da; o el precio que se señala es justo o no lo es , etc. *Tertium non datur*. Hay, pues, y esto es esencial, una unidad de solución justa en la aplicación del concepto a una circunstancia concreta [...]".

Siempre habrá en los conceptos indeterminados un sentido concreto y definido de lo que se desea, sea que veamos en una perspectiva positiva o negativa; así, el precio justo es el que un bien tiene dentro del mercado y no otro.

Para que lo dicho quede aún mejor precisado, llamo a reflexionar en el siguiente supuesto: Pedro es propietario de un bien raíz, en el que tiene, amén en su casa de habitación, una granja avícola que le representa una renta men-

[20] García de Enterría, *op. cit.*, pág. 40.

sual, con la que puede costear sus gastos y los de su familia y tener una vida digna. El Ministerio de Obras Públicas, para una ampliación vial, requiere que dicha casa de habitación y la granja avícola sean expropiadas, pues el ancho de la vía así lo requiere. El avalúo de la municipalidad, de acuerdo con el examen técnico de los expertos avaluadores de la entidad, en consideración de sus criterios y demás normas, señalará un valor en el que estará involucrado todo bien y todo concepto. Imaginemos que el precio del bien en el mercado inmobiliario y productivo es de quinientos mil dólares y el avalúo de cuatrocientos mil dólares. Como es de rigor, conforme lo señalado en el artículo 58 de la Ley Orgánica del Sistema Nacional de Contratación Pública[21], en ningún caso el precio que ha de otorgarse será mayor que dicho avalúo más el diez por ciento. Considérese que el margen de apreciación o de llegar con justicia al precio de parte de la autoridad está en el diez por ciento. No tiene el administrador cómo ir más allá de lo que la norma le permite; por tanto, el justo precio, siendo un concepto que en ocasiones nos parece incierto, lo podemos llegar a concretar. Para concluir, debemos anotar que el precio que se puede pagar en el caso al propietario no es el justo, puesto que le estamos sustrayendo de un sistema de vida que le permite desarrollar sus actividades con dignidad y que luego con ese valor quién sabe que pueda llegar a tener el mismo régimen de vida; por tanto, el criterio del diez por ciento de apreciación para llegar a lo justo es al menos controvertido. Está por demás anotar que esto es lo que se da en el supuesto analizado. Cada caso tiene unas circunstancias y la apreciación de ellas debe realizarse aplicando criterios de razonabilidad y racionalidad que, como indiqué, no afecten los bienes jurídicos y traten de acercarse en lo posible a la realidad. Nótese en este caso el sentido de apreciación del legislador al redactar la norma y la sinrazón de dejarle al juez o al administrador sin más opción que la de entregarle como precio justo el avalúo de la municipalidad más un diez por ciento.

Siguiendo el ejemplo propuesto, resulta evidente que los conceptos jurídicos indeterminados tienen un papel primordial en el control de los alcances de la actividad administrativa que deben examinarse con el auxilio de los criterios

[21] Ley Orgánica del Sistema Nacional de Contratación Pública, art. 58: "[...] Para este acuerdo, el precio se fijará, tanto para bienes ubicados en el sector urbano como en el sector rural, en función del avalúo realizado por la Dirección de Avalúos y Catastros de la Municipalidad en que se encuentren dichos bienes, que considerará los precios comerciales actualizados de la zona.

"El precio que se convenga no podrá exceder del diez (10 %) por ciento sobre dicho avalúo.

"Se podrá impugnar el precio, mas no el acto administrativo, en vía administrativa.

"El acuerdo y la correspondiente transferencia de dominio se formalizarán en la respectiva escritura pública, que se inscribirá en el Registro de la Propiedad.

"En el supuesto de que no sea posible un acuerdo directo, se procederá al juicio de expropiación conforme al trámite previsto en el Código de Procedimiento Civil. El juez en su resolución está obligado a sujetarse al avalúo establecido por la Dirección de Avalúos y Catastros de la Municipalidad, sin perjuicio de que el propietario inicie las acciones que le franquea la ley respecto de un eventual daño emergente [...]".

de razonabilidad y racionalidad conjugados con las garantías fundamentales, principios generales del derecho y los fundamentos fácticos y jurídicos sobre los que se construye una decisión administrativa. Por lo que deben ponderarse las circunstancias ciertas y reales, además de las condiciones relevantes que rodean el ejercicio de la actividad discrecional de la administración, actuación que desde luego está sometida a una normativa jurídica y por tanto es susceptible de revisión jurisdiccional.

De manera que los órganos jurisdiccionales, a criterio del Tribunal Supremo español, citado por Juan Miguel de la Cuetara: [...] deben «penetrar en el modo y manera de ejercitarse la discrecionalidad» para «controlar los fundamentos en que se asienta»".

Al respecto resulta esclarecedor referirnos a la sentencia de la Corte Suprema de Justicia de 31 de mayo de 2002, que examina el ejercicio de la potestad discrecional conferida a las municipalidades para ordenar el cambio de suelo, omitiendo los estudios de la incidencia de dicha modificación en la colectividad: "Tal modo de actuar sin duda afecta a la finalidad por la que la ley confirió potestad discrecional relativa a la municipalidad para poder ordenar el cambio de suelo, ya que como se dijo antes la municipalidad conforme a lo determinado en el art. 12 de su ley tiene fines que se dirigen esencialmente a la satisfacción de las necesidades colectivas del vecindario, de modo que un correcto ejercicio de la discrecionalidad conferida por la ley debe encausarse primeramente al estudio de los efectos que la resolución de cambio de suelo podría tener respecto de los moradores que pudieran ser afectados, es decir, de la colectividad. No habiéndose procedido de tal manera, es evidente que la resolución impugnada se halla incursa en la desviación de poder, por lo que al haberse utilizado indebidamente la potestad discrecional, el acto administrativo resultado de la misma [*sic*], es nulo de nulidad absoluta".

Así las cosas, la discusión principal estriba en dilucidar si este margen es revisable por los jueces, y la respuesta es afirmativa de acuerdo con el derecho a la tutela judicial efectiva[22] y la impugnabilidad jurisdiccional de los actos administrativos consagrados[23] en la Constitución Política del Estado.

Es propicio referir la sentencia de la Corte Suprema de Justicia de Ecuador de 9 de marzo de 2004, sobre el alcance el control jurisdiccional de la potestad discrecional de la administración pública, cuyo ejercicio se manifiesta con gran nitidez en la adjudicación de contratos públicos: "No faltan razones para afirmar que en materia de contratación pública, sobre todo en el acto ad-

[22] Constitución del Ecuador, art. 75: "Toda persona tiene derecho al acceso gratuito a la justicia y a la tutela efectiva, imparcial y expedita de sus derechos e intereses, con sujeción a los principios de inmediación y celeridad; en ningún caso quedará en indefensión. El incumplimiento de las resoluciones judiciales será sancionado por la ley".

[23] Constitución del Ecuador, Art. 173: "Los actos administrativos de cualquier autoridad del Estado podrán ser impugnados, tanto en la vía administrativa como ante los correspondientes órganos de la función judicial".

ministrativo de adjudicación, existe un margen de apreciación en manos de la administración que muchas veces no está bien canalizado. Mas es evidente que un oferente que creyere que se han vulnerado sus derechos subjetivos puede impugnar la decisión del Comité de Contrataciones en todas las actuaciones previas al acto de adjudicación, pero no la adjudicación en sí misma, puesto que ello constituiría un exceso que es inaceptable. Lo que ha hecho el Tribunal *a quo* es invadir funciones que son propias de la administración, a [*sic*] pretexto de efectuar un control de la legalidad. De allí que MALARET, citado por MIGUEL BELTRÁN DE FELIPE, afirme que: «De la pretensión del particular, aun cuando fundada en un derecho derivado del ordenamiento, no se deduce necesariamente que el tribunal pueda dictar un acto administrativo; el reconocimiento de una situación jurídica individualizada no implica que el tribunal pueda sustituir a la administración, sino que en este supuesto dictará una sentencia obligando [*sic*] a la administración a que dicte un determinado acto administrativo». *Discrecionalidad administrativa y Constitución*, Madrid, 1995, pág. 119). No es posible que los tribunales de justicia sustituyan las decisiones administrativas discrecionales como en el presente caso; lo que sí cabe sustituir son las potestades regladas, porque allí viene todo delimitado, en tanto que la decisión discrecional no es susceptible de sustitución por parte de la justicia, la que solo puede obligar a rectificar al ente [*sic*] administrativo siempre que la acción discrecional no pase los filtros de control de esta facultad, que no es el caso". *Gaceta Judicial*. año CV, serie XVII, núm. 15. pág. 5204 (Quito, 9 de marzo de 2004).

Por lo dictaminado, se evidencia el reconocimiento jurisprudencial de los márgenes de apreciación administrativa, revisables, mas no sustituibles por la justicia. De suerte que no solo la autoridad o el administrador público han de tener determinada posición de cara a las actuaciones discrecionales, sino que también el juez, al sentenciar o resolver, ha de entender con claridad que lo que está haciendo es juzgando y no administrando; el administrador también, a la inversa, en sus actuaciones debe mirar con total ponderación, racionalidad y sensatez que lo que está haciendo es administrando y no juzgando las conductas de los ciudadanos.

Al respecto hay que tener claro que si bien el poder jurisdiccional, no puede inmiscuirse en la gestión y actuación administrativa, no es menos cierto que tiene el suficiente imperio para impartir justicia; esto es, que cuando encuentre cualquier actuación violatoria del principio de juridicidad, además de anular el acto ha de mandar a reparar el daño causado al ciudadano que lo haya sufrido, así es como se pronuncia en su estudio monográfico sobre el control de la discrecionalidad LUIS CARLOS FERNÁNDEZ-ESPINAR[24], cuando con propiedad

[24] LUIS CARLOS FERNÁNDEZ-ESPINAR, *El control judicial de la discrecionalidad administrativa. La necesaria revisión de la construcción dogmática del mito de la discrecionalidad y su control*, en www.dialnet.unirioja.es/servlet/articulo?codigo=4119517, págs. 226 y 227.

señala: "[...] el hecho de que se considere doctrinalmente que el interés público constituye el núcleo mismo de la razón de ser de la discrecionalidad no debe suponer de ninguna manera que el núcleo de ese interés público, evidentemente fijado en su contenido y extensión previamente por la propia administración, suponga un límite al objeto y amplitud del control judicial".

De forma posterior, fundándose en criterios de los técnicos y científicos del derecho administrativo como FERNÁNDEZ RODRÍGUEZ, señala: "[...] si no solo existe la pretensión del demandante de la anulación del acto administrativo sino de reconocimiento de una situación jurídica individual, a lo que el argumento habitual de la administración demandada será que al tribunal le está vedado acceder a ella porque supondría «sustituir a la administración» en sus competencias".

Concluye dicho autor: "[...] se trata en definitiva de defender los derechos de los ciudadanos, que por cierto no tienen otra posibilidad de hacerlo si no es acudir a los tribunales de lo contencioso-administrativo a través [*sic*] del apoyo de *«los profesores de derecho administrativo y juristas de contenciosos-administrativos»,* y no defender, por el contrario, las inmunidades en la práctica de la administración [...]"

Conceptos que hemos subrayado en todos nuestros estudios, pues no cabe la menor duda de que, reitero, el derecho administrativo es aquel que sirve a los ciudadanos para poner límites al poder y el control jurisdiccional contencioso- administrativo; es el llamado a enmarcar la actuación de la autoridad en los límites de sus potestades y competencias.

Para concluir, se debe dejar sentado que el juez tiene que valorar incluso las decisiones tomadas por la autoridad apoyándose en informes técnicos, valorar su verdad científica, mirar y analizar si los criterios en los que se sustentan los conceptos son reales, razonables, fiables y probados; esto es, aun los informes emitidos por los expertos y sobre los que toma decisión la autoridad son materia de revisión de parte del juez contencioso-administrativo. Con esto queda claro que conforme de las corrientes modernas de control la discrecionalidad del poder, de acuerdo con lo consagrado en la Constitución, el juez tiene la plena posibilidad de revisar los actos de la administración. Como dijimos, esta cuestión se consagra en nuestra Carta. Para reforzar este pensamiento, traigo a colación las lúcidas palabras del administrativista iberoamericano JUAN CARLOS CASSAGNE[25], cuando al respecto señala: "La referida tesis afirma la plenitud del control judicial sobre los aspectos discrecionales de la actividad administrativa, reconociendo la posibilidad, incluso, [*de*] que el juez la sustituya en caso de ser necesario para la protección de los derechos e intereses de las personas lesionadas. Encuentra fundamento dogmático cons-

[25] JUAN CARLOS CASSAGNE, *La discrecionalidad administrativa*, en *www.cassagne.com.ar/.../Cassagne/La%20discrecionalidad%20administra.*

titucional en tres principios básicos de la Constitución española: a) el sometimiento de la administración a la ley y al derecho (art. 103.1); b) la interdicción de la arbitrariedad para todos los poderes públicos (art. 9.3); y c) el principio de la tutela judicial efectiva (art. 24.1)".

9. El papel del poder jurisdiccional en el control de la discrecionalidad

En concordancia con lo señalado, para cerrar este corto ensayo, me parece importante, pasar breve revista de algunos conceptos sustanciales en materia de discrecionalidad, emitidos por el más célebre y conspicuo condiscípulo de García de Enterría, como es el profesor Tomás-Ramón Fernández Rodríguez, en su obra *Discrecionalidad, arbitrariedad y control jurisdiccional*, estudio que debe ser leído y releído por jueces y administradores de la cosa pública, fundamentalmente para que esté claro que el aparato administrativo y el derecho administrativo se han creado como herramientas para servir a la colectividad, para garantizarle al ciudadano que la autoridad no abuse del poder del que se encuentra investido. Hay que tener presente que estamos hace más de doscientos años dentro de este sistema y sin embargo parece que no se hubiera o avanzado muy poco, aun cuando puede haber voces que señalen lo contrario.

Lo dicho se corrobora con lo manifestado por Fernández Rodríguez, cuando tomando las referencias realizadas por García de Enterría a los textos de Alexis de Tocqueville señala[26]: "La nación no ha olvidado lo que debe a los Parlamentos; ellos solos han resistido a la tiranía; ellos solos han defendido los derechos de la nación [...] Se les debe reconocimiento, pero no es de reconocimiento lo que hay que ocuparse para regenerar un imperio [...] Nuestra magistratura estaba justamente constituida para resistir el despotismo, pero este ya no existirá desde ahora".

Ahora es conveniente tener presente que la referencia a los Parlamentos no es otra que a los jueces de la época, es decir, de la monarquía. También es apropiado manifestar que durante la primera época del Estado republicano era casi un imposible juzgar los actos de la administración, como hemos visto en este ensayo, problema que se mantuvo hasta casi finales del siglo pasado, a cualquier título, sea discrecionalidad de la actuación, actos de gobierno o actos políticos, que como ya lo dijimos, estaban exentos del control jurisdiccional, tanto de legalidad como de constitucionalidad.

Desde luego que al juzgar al poder, su discrecionalidad, el abuso del manejo de los conceptos jurídicos indeterminados, a los que aludimos líneas arriba o limitar la autoridad a que solo actúe dentro de las materias y ámbitos que

[26] Tomás-Ramón Fernández Rodríguez, *Discrecionalidad, arbitrariedad y control jurisdiccional*, Lima, Palestra Editores, 2006, pág. 338.

le corresponden es cuestión hasta estos días muy difícil, en la que el juez debe revestirse del suficiente coraje para emitir fallos en los que el poder al que aludimos se sienta incómodo; sin embargo, la naturaleza republicana de un Estado permite que funcionen los pesos y contrafrenos, para que la democracia y la institucionalidad pervivan en beneficio de sus asociados, y el poder jurisdiccional, está llamado, apoyado en la majestad de su investidura, a dictaminar sin dobleces, sin favor ni temor, sino siempre teniendo presente el papel que desempeñan dentro de la vida republicana a la que hemos aludido.

Ahora nos parece que hoy esto ya no sucede; es decir, los jueces juzgan con total independencia e imparcialidad al administrador y a la autoridad. Esto es, en palabras de FERNÁNDEZ RODRÍGUEZ[27], "el control institucional a la administración está felizmente normalizado"; de suyo no es así y el mismo autor manifiesta que el control al poder es solo de excepción.

Todo esto nos lleva a reflexionar sobre si el sistema creado para controlar el poder mediante una jurisdicción especial está bien, es decir, ha cumplido de manera cabal con el viejo deseo de que el control independiente e imparcial fortalece la democracia, la institucionalidad pública y da seguridad y confianza dentro del sistema al ciudadano, al hombre de a pie, al simple ser de la calle. Las reflexiones van mucho más allá y nos cuestionamos si el interés colectivo, el interés público, es realmente el que pertenece a la sociedad en su conjunto, o es el que está tan solo en manos del conjunto de personas que manejan el Estado, creándose, en frases de FERNÁNDEZ RODRÍGUEZ, un Estado estatocéntrico.

Como bien se puede notar, el papel que tiene el poder jurisdiccional, como creador del derecho y hacedor último de los términos de la justicia es muy complejo y radicalmente delicado. Jamás el juez satisfará a las partes en conflicto; empero, debe conocer que su función es crear confianza, seguridad y certezas dentro de la sociedad, y que con sus autos y sentencias está llamado a dignificar al ser humano y brindarle el soporte necesario para creer en la institucionalidad pública.

10. A MODO DE CONCLUSIONES

1) Sin lugar a dudas, el estudio, análisis y reflexión sobre el control del poder a la autoridad, además de apasionante, es un tema inacabado y en el que debe siempre repensarse.

2) A lo largo del tiempo, con fundamento en el estudio realizado por pensadores y estudiosos del derecho administrativo, se han ido creando fórmulas técnicas que limitan, reducen o le imponen patrones a la potestad discrecional de la autoridad pública.

[27] TOMÁS-RAMÓN FERNÁNDEZ RODRÍGUEZ *op. cit.,* pág. 339.

3) A la actualidad existen técnicas jurídicas que limitan el que aun en la actuación discrecional la autoridad actúe a su arbitrio, en detrimento de los derechos del ciudadano y sobre todo de las libertades públicas.

4) La motivación de los actos discrecionales forma parte esencial de su contenido, sin que importen el tipo y la naturaleza de la discrecionalidad; y

5) Son los jueces los llamados con sus sentencias a crear una línea doctrinaria que asegure que las actuaciones de la autoridad estén a tono con la realidad social, política y cultural de la colectividad, para procurar que el ciudadano, además de lograr la satisfacción plena de sus derechos, sienta que el Estado le garantiza tales derechos.

BIBLIOGRAFÍA

CASSAGNE, JUAN CARLOS: *La discrecionalidad administrativa*, en *www.cassagne.com.ar/.../Cassagne/La%20discrecionalidad%20administra.*

DE LA CUÉTARA, JUAN MIGUEL: *Las potestades administrativas*, Madrid, Tecnos, 1986.

GARCÍA DE ENTERRÍA, EDUARDO: *La lucha contra las inmunidades del poder*, 3ª ed., Madrid, Thomson Civitas, 1983.

GARCÍA DE ENTERRÍA, EDUARDO y FERNÁNDEZ RODRÍGUEZ, TOMÁS-RAMÓN: *Curso de derecho administrativo,* t. I, Madrid, Civitas, 2002.

GARRIDO FALLA, FERNANDO: *Tratado de derecho administrativo,* t. I, Madrid, Instituto de Estudios Políticos, 1973.

—*Tratado de derecho administrativo*, t. III, Madrid, Tecnos, 2002.

FERNÁNDEZ-ESPINAR, LUIS CARLOS: *El control judicial de la discrecionalidad administrativa. La necesaria revisión de la construcción dogmática del mito de la discrecionalidad y su control*, en *www.dialnet.unirioja.es/servlet/articulo?codigo=4119517*

FERNÁNDEZ RODRÍGUEZ, TOMÁS-RAMÓN: *Discrecionalidad, arbitrariedad y control jurisdiccional*, Lima, Palestra Editores, 2006.

SANTOFIMIO GAMBOA, JAIME ORLANDO: *Tratado de derecho administrativo*, t. II, Bogotá, Universidad Externado de Colombia, 2003.

VÉLEZ GARCÍA, JORGE: *Los dos sistemas del derecho administrativo,* Bogotá, Universidad Sergio Arboleda, Serie Mayor, 1994.

A) *Plexo normativo*

Constitución del Ecuador.

Ley de la Jurisdicción Contencioso Administrativa.

Ley Orgánica del Sistema Nacional de Contratación Pública.

Reglamento de Discrecionalidad Administrativa.

LA PROTECCIÓN DE LOS DERECHOS HUMANOS EN LA LEY DE LA JURISDICCIÓN CONTENCIOSO ADMINISTRATIVA EN NICARAGUA

KARLOS NAVARRO MEDAL*

Sumario: 1. Introducción. 2. El derecho a la tutela judicial efectiva. 3. Alcance del derecho a la tutela judicial efectiva. 4. Obstáculos para acceder a la jurisdicción contencioso-administrativa. A) El carácter revisor del proceso contencioso administrativo. B) Requisitos de admisibilidad de la pretensión procesal administrativa. a) El agotamiento de la vía administrativa. b) El silencio administrativo negativo y el positivo. c) Plazo para promover el pleito.

1. INTRODUCCIÓN

Los movimientos constitucionalistas de inspiración iusnaturalista que racionalizaron el Estado mediante las constituciones escritas y las declaraciones de derechos reconocieron la dignidad humana, la igualdad y la libertad como principio básico de todo ordenamiento jurídico del cual derivan un conjunto de derechos inherentes a la persona humana[1].

El Estado constitucional, tal como se ha configurado desde sus orígenes, supone un sistema de equilibrio de poderes y una definición de los derechos que van a quedar garantizados por esa división y limitación de poder.

La Constitución Política de Nicaragua (en adelante CN) establece la dignidad de la persona como fuente de la declaración de derecho y de su mismo

* Doctor en Derecho Administrativo, Universidad de Salamanca (España). Decano de Derecho de la Universidad Hispanoamericana y catedrático de Derecho Administrativo en la UNAN-Managua. En la actualidad preside la comisión técnica de redacción de los proyectos de ley de Procedimiento Administrativo y Contencioso-Administrativo.

[1] Sobre la conceptualización de los derechos fundamentales como concepto histórico, concreción de las facultades e instituciones que en cada momento realizan las exigencias de la dignidad, la libertad y la igualdad, puede consultarse ANTONIO E. PÉREZ LUÑO, *Derechos humanos, Estado de derecho y Constitución*, Madrid, Tecnos, 1999, págs. 48 y ss. Sobre la centralidad del concepto de dignidad humana, como fórmula omnicomprensiva y fundante y presupuesto, al mismo tiempo, lógico e ideológico de las modernas constituciones, véase la magnífica obra de A. SPADARO, *Contributo per una teoria della Costituzione,* vol. I, Fra democracia relativista e assolutismo etico, Milano, Giuffrè, 1994, esp., págs. 69-76.

sistema de garantía previsto y reconoce una eficaz tutela de los derechos fundamentales, que constituye la más elemental garantía de los derechos de la persona.

El artículo 5º de la CN establece que son principios de la nación nicaragüense: la libertad; la justicia; el respeto a la dignidad de la persona humana; el pluralismo político, social y étnico; el reconocimiento a las distintas formas de propiedad; la libre cooperación internacional y el respeto de la libre autodeterminación de los pueblos; y el artículo 33, inciso, 2º, dispone que debemos ser tratados con el respeto debido a la dignidad inherente al ser humano.

Dentro del sistema de tutela de los derechos, la CN establece las llamadas garantías jurisdiccionales, reservadas únicamente para el principio de igualdad del artículo 27; así, como para la objeción de conciencia: "Toda persona tiene derecho a la libertad de conciencia, de pensamiento y de profesar o no una religión. Nadie puede ser objeto de medidas coercitivas que puedan menoscabar estos derechos ni a ser obligado a declarar su credo, ideología o creencias" (CN, art. 27).

El artículo 160 así mismo establece: "La administración de la justicia garantiza el principio de la legalidad; protege y tutela los derechos humanos mediante la aplicación de la ley en los asuntos o procesos de su competencia".

La Constitución ordena la tutela jurisdiccional de los derechos fundamentales por medio de dos vías. La primera: un procedimiento judicial preferente y sumario encomendado a los "tribunales ordinarios", y la segunda, un recurso de amparo[2].

[2] Omar Gracia, señala que en "el ordenamiento jurídico-constitucional nicaragüense configura un mecanismo de protección constitucional que denomina «recurso de amparo» (arts. 45 y 188 de la Constitución)". Rizo Oyanguren (1992), citado por Sánchez Corrales, ha señalado que el amparo en Nicaragua es un "juicio autónomo de carácter contencioso"; es decir, el amparo implica la existencia de un litigio que se da dentro de un proceso y ante una instancia jurisdiccional y que concluye mediante una sentencia de carácter definitivo. Ello, lógicamente, pondría al amparo como un auténtico juicio similar al tratamiento generalizado que existe sobre esta figura en el ámbito latinoamericano y que se conoce por diversos nombres: acción de tutela en Colombia, *mandado de segurança* en Brasil y juicio de amparo en México, entre otros.

En el caso nicaragüense, el mecanismo de protección de constitucionalidad denominado por el constituyente y el legislador ordinario "recurso de amparo" no es un medio de "impugnación de decisiones" emanadas de "autoridad" que afectan o vulneran derechos constitucionales, sino todo lo contrario, un auténtico mecanismo de protección de derechos y garantías constitucionales de forma autónoma y eventualmente, como se podrá observar más adelante, como un medio de control de normas en casos concretos.

En ese sentido, el mecanismo de protección en el sistema nicaragüense tiene una doble naturaleza que puede fácilmente identificarse en la redacción constitucional y legal sobre su tratamiento. El art. 45 de la Constitución establece: "Las personas cuyos derechos constitucionales hayan sido violados o estén en peligro de serlo, pueden interponer el recurso de exhibición personal o de amparo, según el caso y de acuerdo a [*sic*] la Ley de Amparo".

El art. 188 del texto constitucional reafirma la idea de mecanismo de protección de "derechos" y agrega la expresión "garantías", ambos consagrados en la Constitución Política.

Este tipo de garantía ha sido considerado por muchos como la piedra angular del sistema de protección de los derechos fundamentales, hasta el punto de que KELSEN afirmaba que las declaraciones de derechos le atribuyen al individuo un derecho en el sentido técnico de la palabra solo si tiene la posibilidad de reclamar en juicio contra un acto inconstitucional del órgano y, especialmente, si puede poner en movimiento un procedimiento que anule el acto inconstitucional. Por ello, a partir del período de entreguerras empiezan a generalizarse los instrumentos de protección jurisdiccional de los derechos fundamentales.

2. El derecho a la tutela judicial efectiva

El derecho fundamental de toda persona de acceder a tribunales independientes en procura de justicia proclamado en el artículo 10 de la Declaración

---

Por su parte, la Ley de Amparo introduce otro elemento que va a configurar en su totalidad la doble naturaleza o naturaleza dual del recurso de amparo en Nicaragua. El recurso de amparo podrá también servir como cauce o instrumento jurídico para controlar la constitucionalidad de ciertas normas en casos concretos. En ese sentido, el art. 22 de la Ley de Amparo hace referencia a la utilización del mecanismo para activar la denominada "inconstitucionalidad en casos concretos" que opera como un mecanismo de control de normas aplicadas al caso particular que está siendo objeto del amparo. El art. 29, inc. 3º, de la misma Ley de Amparo señala que uno de los requisitos del escrito de amparo es señalar si una "ley, decreto o reglamento" aplicada a ese caso es, a juicio del recurrente, considerada inconstitucional.

En ese sentido, el recurso de amparo en el sistema constitucional nicaragüense tendrá como naturaleza jurídica la protección de "derechos y garantías constitucionales" (C N, arts. 45 y 188) y el control de normas en casos concretos (ley, decreto o reglamentos) que se estén aplicando al caso y que según valoración del recurrente del amparo (sujeto con legitimación activa) las considere inconstitucionales, o bien, tal como subraya el art. 5º de la Ley Orgánica del Poder Judicial, a juicio de la "autoridad judicial" se consideran inconstitucionales. *El recurso de amparo en el ordenamiento nicaragüense.* Del mismo autor: "El sistema mixto de control de constitucionalidad en Nicaragua", en *Libro homenaje al profesor Héctor Fix–Zamudio, op. cit.*, págs. 554 y 555; Curso de derecho constitucional, Managua, INEJ 2011.

Sobre el recurso de amparo en Nicaragua puede consultarse: SERGIO CUAREZMA TERÁN y MARÍA ASUNCIÓN MORENO CASTILLO, "La justicia constitucional en Nicaragua", en *Anuario Iberoamericano de Justicia Constitucional*, Madrid, Centro de Estudios Constitucionales, 1997, págs. 265-268; IVÁN ESCOBAR FORNOS, *Introducción al derecho procesal constitucional,* México, D. F., Porrúa, 2005, págs. 247-292; *id.*, *Derecho procesal constitucional: el amparo*, Managua, Hispamer, 2004, pág. 16. PABLO PÉREZ TREMPS, "La jurisdicción constitucional en Nicaragua", en *La justicia constitucional como elemento de consolidación de la democracia en Centroamérica,* Valencia, Tirant lo Blanch, 2000, págs. 222–228; JOSEFINA RAMOS MENDOZA, "Sistemas de control de constitucionalidad en Nicaragua I y II", en *Justicia*, núms. 20-21, febrero-abril de 2000, págs. 9-13 y 19-21, respectivamente; FRANCISCO ROSALES ARGÜELLO, "El constitucionalismo y el amparo de los derechos fundamentales", en EDWIN CASTRO RIVERA y SERGIO J. CUAREZMA TERÁN (Dirs.), *A 21 años de la Constitución Política: vigencia y desafíos,* Managua, INEJ, 2008, págs. 75-88; JULIO RAMÓN GARCÍA VÍLCHEZ, *Manual de amparo. Teoría, práctica y jurisprudencia*, Managua, LEA–Grupo Editorial, 2004, págs. 40-47; SELENE GUEVARA SOLÍS, "Algunos aspectos del amparo en Nicaragua", en *Libro homenaje al profesor Héctor Fix– Zamudio, op. cit.*, pág. 513.

Universal de Derechos Humanos de 1945 también fue ampliamente reconocido, aunque en algunos casos con formulaciones diferentes, tanto en el derecho europeo y el americano, como en tratados internacionales.

Así, por ejemplo, cabe citar las constituciones de posguerra, como la italiana de 1947 (art. 24.1) y la de la República Federal de Alemania de 1949 (art. 19.4), que incorporaron disposiciones que expresamente reconocieron el derecho de acceder a órganos judiciales para la protección de situaciones jurídicas subjetivas.

También, con posterioridad, en el Convenio Europeo para la Protección de los Derechos Humanos, firmado en Roma el 4 de enero de 1950, se estipuló ante la violación de los derechos y libertades allí reconocidos el derecho de toda persona a un recurso efectivo ante una instancia nacional.

Con una formulación análoga a la de los textos constitucionales italiano y alemán, la Constitución española de 1978 en el artículo 24.1 reconoce el derecho de toda persona a obtener tutela efectiva de los jueces y tribunales en el ejercicio de sus derechos e intereses legítimos, sin que, en ningún caso, pueda producirse una situación de indefensión.

En la Constitución este derecho se encuentra en el artículo 160: "La administración de la justicia garantiza el principio de la legalidad; protege y tutela los derechos humanos mediante la aplicación de la ley en los asuntos o procesos de su competencia".

En fecha posterior, la Carta de los Derechos Fundamentales de la Unión Europea, proclamada en Niza entre el 7 y el 9 de diciembre de 2000, aceptó expresamente en el artículo 47 el derecho a la tutela judicial efectiva y a un juez imparcial[3].

Del mismo modo, los países americanos han celebrado tratados en los que se ha consagrado el derecho de acceso de toda persona a la jurisdicción en defensa de sus derechos. Así cabe citar en primer lugar el artículo XVIII de la Declaración Americana de Derechos y Deberes del Hombre, aprobada en Bogotá en 1948, y en especial la Convención Americana sobre Derechos Humanos, suscrita en San José de Costa Rica en noviembre de 1969, donde se regula este derecho fundamental con una formulación análoga a la de las cartas europeas citadas.

[3] En el inc. I, basado en el art. 13 del CEDH, se estatuye que "toda persona cuyos derechos y libertades garantizados por el Derecho de la Unión hayan sido violados tiene derecho a la tutela judicial efectiva respetando las condiciones establecidas en el presente artículo".

A su vez, el apart. 2, que se corresponde con el apart. 1 del art. 6º del CEDH, reconoce el derecho de toda persona a que su causa sea oída equitativa y públicamente en plazo razonable por un juez independiente e imparcial establecido previamente por la ley. Y se agrega el derecho a hacerse aconsejar, patrocinar y defender.

En el tercer párrafo se determina el derecho a contar con asistencia jurídica gratuita a quienes no dispongan de recursos suficientes, siempre y cuando dicha asistencia se necesite para asegurar la efectividad del acceso a la justicia.

En el artículo 8.1[4] del último de los pactos citados, se reconocen los siguientes derechos: a) a ser oído con las debidas garantías; b) a que el proceso se desarrolle dentro de un plazo razonable, y c) a ser juzgado por un juez o tribunal competente, independiente e imparcial, establecido con anterioridad por la ley. A su vez, en el artículo 25.1 se dispone: "Toda persona tiene derecho a un recurso sencillo y rápido o a cualquier otro recurso efectivo ante los jueces o tribunales competentes, que la ampare contra actos que violen sus derechos fundamentales reconocidos por la Constitución, la ley o la presente convención, aun cuando tal violación sea cometida por personas que actúan en ejercicio de sus funciones oficiales".

En los incisos siguientes, los Estados parte se comprometen a garantizar: que la decisión del recurso indicado estará a cargo de la autoridad competente, que cumplirán la resolución judicial del recurso y que desarrollarán las posibilidades del recurso judicial.

En lo que concierne a Nicaragua, se ha otorgado jerarquía constitucional a los tratados internacionales de protección a los derechos humanos: artículo 46: "En el territorio nacional toda persona goza de la protección estatal y del reconocimiento de los derechos inherentes a la persona humana, del irrestricto respeto, promoción y protección de los derechos humanos y de la plena vigencia de los derechos consignados en la Declaración Universal de los Derechos Humanos; en la Declaración Americana de Derechos y Deberes del Hombre; en el Pacto Internacional de Derechos Económicos, Sociales y Culturales; en el Pacto Internacional de Derechos Civiles y Políticos de la Organización de las Naciones Unidas y en la Convención Americana de Derechos Humanos de la Organización de Estados Americanos".

De estos tratados, los cuatro primeros tutelan ampliamente el derecho de acceso a la justicia

3. Alcance del derecho a la tutela judicial efectiva.

El contenido del derecho a la tutela judicial efectiva es muy amplio, ya que despliega sus efectos en tres momentos distintos[5]: primero, al acceder a la

[4] El art. 8.1 del Pacto de San José de Costa Rica textualmente determina: "Toda persona tiene derecho a ser oída, con las debidas garantías y dentro de un plazo razonable por un juez o tribunal competente, independiente e imparcial, establecido con anterioridad por la ley, en la sustanciación de cualquier acusación penal formulada contra ella o para la determinación de sus derechos y obligaciones de orden civil, laboral, fiscal o de cualquier otro carácter".

[5] Jesús González Pérez, *El derecho a la tutela jurisdiccional,* Madrid, Civitas, 2000, pág. 59; Pablo Esteban Perrino, "El derecho a la tutela judicial efectiva y el acceso a la jurisdicción contencioso-administrativa", en *Revista de Derecho Público,* 2003-I, Proceso administrativo I, págs. 257-294.

justicia; segundo, durante el desarrollo del proceso; y finalmente, al tiempo de ejecutarse la sentencia[6].

Dentro de dicho esquema, la tutela judicial efectiva comprende el reconocimiento de los siguientes derechos:

a) a concurrir ante los tribunales de justicia y a obtener de ellos una sentencia útil;

b) a acceder a una instancia judicial ordinaria y a lograr un control judicial suficiente sobre lo actuado en sede administrativa;

c) a un juez natural e imparcial;

d) a la eliminación de las trabas que impidan u obstaculizan el acceso a la jurisdicción;

e) a la interpretación de las normas reguladoras de los requisitos de acceso a la jurisdicción en forma favorable a la admisión de la pretensión evitándose incurrir en hermenéuticas ritualistas (*in dubio pro actione*);

f) a que no se desestimen aquellas pretensiones que padecen de defectos que pueden ser subsanados;

g) a la no aplicación en forma retroactiva de nuevas pautas jurisprudenciales respecto a los requisitos de admisibilidad, a fin de evitar situaciones de desamparo judicial.

h) a peticionar y obtener tutela cautelar para que no se torne ilusorio el derecho que se defiende;

i) al cumplimiento de todas las etapas del procedimiento legalmente previsto, el cual deberá asegurar la posibilidad del justiciable a ser oído y a ofrecer y producir la prueba pertinente antes de dictarse la sentencia;

j) a una decisión fundada que haga mérito de las principales cuestiones planteadas;

k) a impugnar la sentencia definitiva;

l) a tener la posibilidad de ejecutar en tiempo y forma la sentencia y, por ende, a su cumplimiento por parte de la autoridad condenada;

m) al desarrollo del proceso en una dimensión temporal razonable;

n) a contar con asistencia letrada.

4. Obstáculos para acceder a la jurisdicción contencioso administrativa

Tal como surge de lo señalado, el derecho a la protección judicial receptado en nuestro ordenamiento despliega sus efectos, en primer lugar, en el momento

[6] Carsten Kremer, "Los límites de la cosa juzgada en el derecho de la Union Europea", en *Revista de Derecho*, núm. xxxv, Valparaiso (Chile), 2010, 2º semestre, págs. 189-226. Perrino, "El derecho a la tutela judicial efectiva y el acceso a la jurisdicción contencioso administrativa", cit., págs. 257-294.

del acceso a la jurisdicción, al asegurar al justiciable la defensa de sus derechos en sede jurisdiccional en forma real y efectiva y no meramente teórica.

En este sentido ha expresado la Comisión Interamericana de Derechos Humanos de que "el principio de la tutela judicial efectiva puede traducirse en la garantía de la libre entrada a los tribunales para la defensa de los derechos e intereses frente al poder público, aun cuando la legalidad ordinaria no haya reconocido un recurso o acción concreto. Este principio implica lógicamente un conjunto de garantías elementales en la tramitación de los procesos judiciales".

Con fundamento en lo expuesto examinaremos las dificultades que tradicionalmente se presentan al tiempo de promover un litigio contra la administración.

A) *Carácter revisor del proceso contencioso administrativo*

El primer problema que cabe mencionar y que ha ocasionado muchas dificultades para el acceso a la justicia en los litigios contra el Estado concierne al mítico principio de la decisión previa y su consecuencia, el carácter revisor de actos de la jurisdicción contencioso-administrativa que fue adoptado en aquellos sistemas jurídicos que siguió en gran medida el modelo francés.

Como bien se sabe en Nicaragua en un primer momento, al igual que aconteció en Francia y en España y en numerosos países latinoamericanos, tradicionalmente se entendió que la jurisdicción contencioso-administrativa era de carácter revisor de lo actuado en sede administrativa[7].

De ahí que se requería, y aún se exige en algunos países, que constituye un requisito imprescindible en este tipo de procesos la existencia de un acto previo denegatorio.

[7] En la Constitución de 1974, en el Título XII, llamado "Poder judicial", que trataba de la organización y atribuciones de este poder, se encuentran las normas que regulan al contencioso-administrativo; se estableció la creación de la jurisdicción contencioso-administrativa. Los arts. 303 y 304, estructuran un Tribunal de lo Contencioso Administrativo, adscrito al poder judicial.

El art. 303 establecía: "Habrá un tribunal de lo contencioso-administrativo en la capital de la República, que conocerá de los asuntos y en la forma que determine la ley. Se compondrá de cinco magistrados con sus respectivos suplentes, electos [*sic*] por el Congreso Nacional en Cámaras Unidas, de los cuales dos pertenecerán al partido que hubiere obtenido el segundo lugar en las últimas elecciones de Autoridades Supremas. El Magistrado primeramente electo [*sic*] será el presidente de dicho tribunal. La ley podrá, a iniciativa de la Corte Suprema de Justicia, crear otros órganos de la Contencioso-Administrativo".

Por su parte, el art. 304 señalaba: "Contra las resoluciones del Tribunal de lo contencioso-administrativo se podrá recurrir ante la Corte Suprema de Justicia, en los casos que determine la ley".

En los arts. 284, 288, 290 y 305 del mismo cuerpo legal se desarrollaron otros aspectos de lo contencioso-administrativo. A pesar de dedicársele todos estos artículos el Tribunal de lo contencioso-administrativo nunca se organizó, ni se dictó la ley para su funcionamiento.

Esta concepción, que no es más que un resabio de la antigua doctrina francesa del ministro-juez[8], fue abandonada por el Consejo de Estado en 1889 en el caso Cadot[9], que consideraba que el objeto del proceso contencioso-administrativo era la impugnación de *actos ilegítimos*, cuando en verdad —según lo ha señalado la moderna doctrina administrativa, siguiendo las enseñanzas de JAIME GUASP—, el objeto de todo proceso y también el del contencioso administrativo es siempre una pretensión[10].

El proceso no es otra cosa que el instituto jurídico destinado a la satisfacción de pretensiones[11].

El acto administrativo, por ende, no es el objeto del proceso. Solo constituye en un determinado tipo de controversia contencioso-administrativa un presupuesto de aquella.

En consecuencia, no es el contenido del acto impugnado, sino las pretensiones las que contribuyen a delimitar los poderes del juez.

Lo ha señalado CASSAGNE: "Si se parte del principio según el cual, en los sistemas judicialistas como es el nuestro [...], la jurisdicción contencioso-administrativa es plena y no se halla recortada por la interpretación francesa de la división de poderes, no cabe sino reconocer la manifiesta y abierta incompatibilidad del dogma revisor con la existencia de una efectiva tutela judicial"[12].

La ley de la jurisdicción contencioso-administrativa (350) fija el ámbito de la jurisdicción contenciosa en los artículos 14 y siguientes. Incluye para ello una cláusula general, a la que añade posteriormente un listado de cuestiones incluidas y excluidas del ámbito de conocimiento de la justicia administrativa.

Con carácter general, la jurisdicción contenciosa conocerá de las pretensiones que se deduzcan contra actos, resoluciones, disposiciones generales, omisiones, situaciones y simples vías de hecho de la administración pública (LJ, art. 14).

[8] JEAN RIVERO y JEAN WALINE, *Droit administratif*, 16ème ed., Paris, Dalloz, 1996, pág. 191.

[9] *Les grands arrêts de la jurisprudence administrative*, 10ª ed., Paris, Sirey, 1993, págs. 35 y ss.

[10] JAIME GUASP DELGADO, *La pretensión procesal*, Madrid, Civitas, 1981, pág. 57; cfr. LINO E. PALACIO, *Derecho procesal civil*, t. I, Buenos Aires, Abeledo-Perrot, 1967, págs. 376 y ss. Según la conocida definición de GUASP, "La pretensión es la reclamación o queja que una parte dirige frente a otra y ante el juez que se trata de satisfacer mediante el proceso" (*Derecho procesal civil*, t. I, Madrid, Instituto de Estudios Políticos, 1968, t. I, pág. 217). A su vez, siguiendo de cerca las enseñanzas del citado maestro español, LINO E. PALACIO sostiene que "la pretensión es una declaración de voluntad por la que se solicita una actuación de un órgano jurisdiccional frente a persona determinada y distinta del autor de la declaración" (*op. cit.*, t. I, pág. 394).

[11] GUASP, *Derecho procesal civil*, *op, cit.*, t. I, pág. 16 y JESÚS GONZÁLEZ PÉREZ, *Derecho procesal administrativo*, Madrid, Instituto de Estudios Políticos, 1957, t. I, págs. 43 y 211.

[12] JUAN CARLOS CASSAGNE, "La tutela judicial efectiva. Su incompatibilidad con el dogma revisor y con la regla del agotamiento de la vía administrativa", en *Rev. de Der. Adm.* núm. 32, pág. 1533.

Como puede verse, la ley jurisdiccional es, en este sentido, bastante avanzada, en cuanto admite que se planteen pretensiones no solo en cuanto a la actividad jurídica de la administración (actos administrativos y reglamentos), sino también respecto a su actividad material (inactividad de la administración y vías de hecho), pero principalmente apunta su ámbito en la pretensión procesal.

B) *Requisitos de admisibilidad de la pretensión procesal administrativa*

Otro de los temas que ha suscitado numerosos inconvenientes al momento de acceder a la jurisdicción es el relativo a los llamados requisitos de admisibilidad de la pretensión impugnatoria.

La existencia de recaudos de admisibilidad en todo proceso obedece, según los casos, a una adecuada ordenación del proceso y a razones de seguridad jurídica. Su concurrencia es necesaria para que la relación jurídica procesal quede válidamente constituida y el juez pueda dictar la sentencia de fondo.

En los juicios contencioso-administrativos, además de los requisitos de admisibilidad comunes a todos los procesos, generalmente los distintos ordenamientos jurídicos exigen el cumplimiento de otros presupuestos específicos propios de este tipo de litigios, modernamente denominados por algún sector de la doctrina condiciones de acceso a la instancia judicial (v. gr. tratándose de pretensiones impugnatorias: agotamiento de la vía, acto administrativo definitivo, plazo de caducidad, etc.)[13].

Cuando no media una adecuada regulación o se efectúa de parte de los jueces una interpretación ritualista de estos presupuestos procesales, se puede incurrir en limitaciones contrarias al texto constitucional descalificables por dar lugar a situaciones de privación de justicia. Ello ha ocurrido en más de una ocasión con algunos de los requisitos tradicionalmente previstos para las pretensiones procesales administrativas impugnatorias. Seguidamente lo examinaremos.

a) *El agotamiento de la vía administrativa.* El estudio comparativo de la legislación de países europeos y americanos pone de relieve un tratamiento disímil del instituto del agotamiento de la vía, pues mientras que en algunos regímenes los recursos administrativos no son de articulación obligatoria sino facultativa para acceder a la instancia judicial, como en Francia, Italia[14] (a partir

[13] Jesús González Pérez, *Derecho procesal administrativo hispanoamericano*, Bogotá, Edit. Temis, 1985, pág. 162; Armando Emilio Grau, *Habilitación de la instancia contencioso-administrativa*, La Plata, Platense, 1971, págs. 68 y ss.; Manuel María Díez, *Derecho procesal administrativo* (*lo contencioso administrativo*), Buenos Aires, Plus Ultra, 1996, pág. 87.

[14] En el derecho francés por regla los recursos administrativos son de carácter optativo para el particular (Manuel J. Sarmiento Acosta, *Los recursos administrativos en el marco de la justicia administrativa*, Madrid, Civitas, 1996, pág. 369; cfr.: Turpin Dominique, *Contentieux administratif*, Paris, Hachette, 1994, pág. 98). Sin embargo, al lado de los recursos adminis-

de la reforma de 1971) y México[15], en otros ordenamientos comparados —si bien con diferentes matices— se mantiene vigente este instituto. Tal el caso de Alemania[16], España, Estados Unidos, Perú, Colombia, Uruguay, Costa Rica,

---

trativos comunes, cuya articulación es siempre optativa para el interesado, existe una cantidad cada vez más importante de recursos administrativos especiales, que en numerosos casos se exige obligatoriamente su presentación para poder acudir al juez contencioso-administrativo (cfr.: Pierre Subra de Bieusses, "Los recursos administrativos en el derecho francés", en *D. A.*, núm. 221, págs. 69 y 79 y Turpin, *op. cit.*, pág. 98. Es importante señalar que en los casos en que no es exigible la interposición de un recurso administrativo para acceder a la vía contencioso-administrativa, de todas maneras siempre es menester el tránsito por una vía administrativa previa en virtud del requisito de la *décision préalable* (Maurice Hauriou, *Précis de droit administratif et de droit public*, 9ª ed., Paris, Recueil Sirey, 1919, págs. 445 y ss. y Héctor A. Mairal, *Control judicial de la administración pública*, Buenos Aires, Depalma, 1982, t. i, pág. 314). Según esta regla, que aparece como una supervivencia de la antigua doctrina del ministro-juez, no puede interponerse un recurso contencioso-administrativo si no existe una decisión previa contraria a la pretensión del requirente adoptada por la autoridad competente en la materia litigiosa (Waline y Rivero, *op. cit.*, pág. 210. Según lo señala Turpin, la regla de la decisión previa "sirve para ligar el contencioso, en virtud del adagio "si no hay decisión, no hay acción", *op. cit.*, pág. 97).

En Italia hasta el año 1971 era obligatorio el agotamiento de los remedios administrativos. Con la reforma que introdujo la ley 1034 del 6 de diciembre de dicho año (art. 20), de creación de los tribunales regionales administrativos, se suprimió tal exigencia al establecerse el carácter facultativo del recurso jerárquico (Sebastiano Cassarino, "Los recursos administrativos en el derecho italiano", en *D.A.*, núm. 221, pág. 43). La ley citada, creadora de los tribunales administrativos regionales, al establecer que el recurso judicial también se podía presentar directamente contra actos no definitivos, produjo una reforma radical en lo que se refiere a las relaciones entre este recurso y los recursos administrativos ordinarios (art. 20) (cfr. Pietro Virga, *Diritto amministrativo*, t. ii, Milano, Giuffrè, 1987, pág. 195; L. Mazzarolli / G. Pericu / A. Romano / F. A. Roversi Monaco y F. G. Scoca, *Diritto Admminustrativo*, Monduzzi, t. ii, 1993, pág. 1495; Falcon Giandomenico, "La justicia administrativa" en *La justicia administrativa en el derecho comparado* (Javier Barnes Vázquez, Dir.), Madrid, Consejería de la Presidencia de la Junta de Anadalucía, Civitas, 1993, pág. 225; Cassarino, *op. cit.,* págs. 43-44; Mairal, *op. cit.*, t. i, págs. 314-315 y Sarmiento Acosta, *op. cit.*, pág. 390). A partir de entonces, es facultativa la deducción del recurso jerárquico, pues son impugnables judicialmente en forma directa los actos no definitivos.

[15] En México, los arts. 83 de la Ley Federal de Procedimientos Administrativos, 29 de la Ley del Tribunal Contencioso-Administrativo del Distrito Federal y 208 de la Ley de Procedimientos Administrativos del Distrito Federal determinan el carácter potestativo de los recursos administrativos.

[16] En *Alemania* la ley de la jurisdicción contencioso-administrativa del 21 de enero de 1960 establece, como principio, que antes de deducirse ante los tribunales administrativos las pretensiones impugnatoria y la obligacional o de imposición a que se dicte un acto administrativo, deberá transitarse una vía previa recursiva ante la autoridad administrativa, salvo cuando el acto que se cuestiona en sede judicial fue dictado por la autoridad jerárquicamente superior (art. 68, inc. 2º); Karl-Peter Sommermann, "La justicia administrativa alemana", en *La justicia administrativa en el derecho comparado*, *op. cit.*, págs. 75-78 y 83; Sarmiento Acosta, *op. cit.*, pág. 379 y Ibáñez González-Varas, *La jurisdicción contencioso-administrativa en Alemania*, Madrid, Centro de Publicaciones del Ministerio de Justicia, Civitas, 1993, págs. 194, 240 y 376 y ss.). Explica que "la doctrina alemana valora positivamente la vía administrativa cuando estos tres efectos que la justifican: -La mayor protección de los derechos de los particulares,

desde el punto de vista de la ampliación de las posibilidades de estos por la extensión, con la vía administrativa, al enjuiciamiento a la oportunidad del acto administrativo, ya que los tribunales extienden su enjuiciamiento no más allá de la legalidad del acto administrativo. -El autocontrol administrativo, al permitirse a la administración que corrija el acto. -La descarga del trabajo de los tribunales, llamado por ULE «efecto-filtro» [...] Por contrapartida, cuando el sentido de la vía administrativa, cuando aquellos tres fines no se presenten, esta se obvia [...]" (págs. 377-378). No rige el principio del agotamiento de la vía cuando se interponen las pretensiones declarativa o prestacional general (GONZÁLEZ-VARAS, *op. cit.*, pág. 378). En tal sentido escriben MARTIN BULLINGER y MARIANO BACIGALUPO: "Con arreglo al §. 68 VwGO, el procedimiento de contradicción —denominación genérica de la vía administrativa de recurso— solo está configurado con carácter obligatorio para poder acceder a la garantía judicial, si la acción contencioso-administrativa interpuesta está dirigida a impugnar un acto administrativo (*Anfechtungsklage,* § 42, apdo. 1 VwGO) o a obligar a la autoridad a dictar tal acto (*Verpflichtungsklage*, § 42, apdo. 1 VwGO). Sin embargo, conforme a la ley marco del Estatuto Jurídico de los Funcionarios Públicos, también se debe agotar la vía administrativa con carácter previo a la interposición de todos los recursos contencioso-administrativos entablados por funcionarios públicos con apoyo en su *status funcionarial* (*Klagen aus dem Beamtenverhältnis*), independientemente de que la acción contencioso-administrativa interpuesta sea una de las previstas en el señalado §. 68 VwGO" (*op. cit.*, pág. 19).

En *España* el art. 37, inc. 1º, de la ley 27 de la Jurisdicción Contencioso-Administrativa establece: "El recurso contencioso-administrativo será admisible en relación con las disposiciones y los actos de la administración que hayan puesto fin a la vía administrativa" de conformidad con lo previsto en la legislación sobre procedimiento administrativo. Según el art. 109 de la ley 30 de 1992, de régimen jurídico de las administraciones públicas y del procedimiento administrativo común, "Ponen fin a la vía administrativa: a) las resoluciones de los recursos ordinarios. b) Las resoluciones de los procedimientos de impugnación a que se refiere el artículo 107.2 [esto es, de aquellos procedimientos de impugnación o reclamación que establezcan las leyes en sustitución del recurso ordinario]. c) Las resoluciones de los órganos administrativos que carezcan de superior jerárquico, salvo que una ley establezca lo contrario. c) Las demás resoluciones de órganos administrativos, cuando una disposición legal o reglamentaria así lo establezca".

Cabe señalar que el presupuesto procesal del agotamiento de la vía administrativa se mantiene incólume en la ley 29 de 1998, de 13 de julio, reguladora de la jurisdicción contencioso-administrativa (art. 25, inc. 1º).

En el derecho *estadounidense*, si bien la doctrina discute si el agotamiento de los remedios administrativos (*exhaustion of administrative remedies*) constituye un principio o regla general, lo cierto es que, primero por vía jurisprudencial ("Myers v. Bethlehem Shipbuilding Corporation" (opinión del juez Brandeis) 303 U.S. 41, 58 S.Ct. 459, 82 L.Ed 638 (1938); cfr: ALFRED C. AMAN (JR.) y WILLIAM T. MAYTON, *Administrative Law*, St. Paul, Minn, West Group, 1998, págs. 405-406 y ALBERTO B. BIANCHI, "Tiene fundamentos constitucionales el agotamiento de la instancia administrativa", LL, 1995-A, págs. 419 y ss. Explica BERNARD SCHWARTZ que aparentemente el primer caso en que la Suprema Corte requirió el cumplimiento del agotamiento de los remedios administrativos fue en 1903 en "Cosmos Exploration Co. v. Gray Eagle Oil Co.", 190 U.S. 301, (*Administrative law*, 3ª ed., Boston-Toronto-London, Little, Brown and Company, 1991, pág. 543, nota 13) y luego mediante su consagración legislativa la necesidad de transitar la vía previa administrativa constituye un recaudo que es preciso cumplimentar para abrir las puertas de los tribunales, aunque son numerosas las excepciones (SCHWARTZ, *op. cit*, págs. 544 y ss.) similares, como señala TAWIL en número a las admitidas en nuestro país respecto de la reclamación previa. GUIDO S. TAWIL, *Administración y justicia. Alcance del control judicial de la actividad administrativa*, t. II, edición del autor, Buenos Aires, 1993, pág. 110. Así, la Administrative Procedure Act. en la Secc. 704 dispone: "*Actos judicialmente revisables*. Las

Argentina (tanto en el ámbito federal como en el local[17]) y Nicaragua. La ley de organización, competencia y recursos administrativos (350) establece en el

---

decisiones de las agencias administrativas que, conforme a la ley, sean judicialmente revisables, y las decisiones finales de dichas agencias respecto de las cuales no exista otro remedio adecuado en un tribunal están sujetas a revisión judicial. Las decisiones administrativas de carácter preliminar, de procedimiento o interlocutorias, que no sean directamente revisables judicialmente, lo serán luego de [*sic*] haber sido revisadas por una decisión final de la agencia administrativa. Salvo que la ley lo disponga expresamente de otra forma, una decisión de una agencia administrativa normalmente considerada final será considerada tal, a los efectos de esta sección, en cualquier caso que se haya presentado o fuera o se haya ordenado presentar contra ella recurso de reconsideración, a menos que se establezca que el acto administrativo está suspendido en sus efectos, pendiente una apelación ante la autoridad superior de la agencia".

En *Perú* el requisito en cuestión tiene sustento constitucional, pues en el artículo 148 se dispone: "Las resoluciones administrativas que causen estado son susceptibles de impugnación mediante la acción contencioso-administrativa". Dicha exigencia está reglamentada en el artículo 8° del Texto Único Ordenado de la Ley de Normas Generales de Procedimientos Administrativos (decr. supremo 02-94- JUS, del 31/01/94); modificado por la ley 26810, y en el artículo 541, incisos 1 y 2, del Código Procesal Civil (cfr.: JORGE DANÓS ORDOÑEZ, "Las resoluciones que ponen fin al procedimiento administrativo. Las llamadas resoluciones que causan estado", en *Academia de la Magistratura*, núm. 1, Lima, 1998, págs. 207 y ss. y GUSTAVO BACACORZO, "El procedimiento administrativo en el Perú", en *Derecho administrativo* homenaje al profesor Miguel S. Marienhoff (Juan Carlos Cassagne, Dir.), Buenos Aires, Abeledo-Perrot, 1997, págs. 577-578.

C C. A. de *Colombia*, art. 135 (texto modificado por el decr. ley 2304 de 1989; cfr. JAIME VIDAL PERDOMO, *Derecho administrativo*, 10ª ed., Bogotá, Edit. Temis, 1994, pág. 291).

En Uruguay la exigencia del agotamiento de la vía administrativa tiene raigambre constitucional. El art. 319 de la Constitución uruguaya establece que la acción de nulidad ante el Tribunal contencioso-Administrativo no puede ejercitarse si antes no se ha agotado la vía administrativa mediante los recursos correspondientes, los cuales están reglados en la ley 15524, modificada por la ley 15869, Ley Orgánica del Tribunal de lo Contencioso-Administrativo (ley 15869, art. 4).

Ley Reguladora de la Jurisdicción Contencioso-Administrativa de *Costa Rica* (Ley General de la Administración Pública arts. 18 y 31 y art. 126).

[17] Catamarca: art. 5º C. C. A. (ley 2403 B. O. 6/8/71); Córdoba: art. 6º C. de P. C. A. (ley 7182 B.O. 27/11/84); Corrientes: art. 10, C. C. A. (ley 4106 B.O. 11/3/87); Chaco: art. 9º C. C. A. (ley 848 B. O. 7/9/67); Entre Ríos: art. 4º, Cód. Procesal Adm. (ley 7061 B. O. 2/11/83); Formosa: art. 4º, Cód. Procesal Adm. (t.o. 1978. B. O. 20/1/78); Jujuy: art. 5º C. C. A. (ley 1883 B. O. 4/9/48); La Pampa: art. 9º, C. de P. C. A. (ley 952 B. O. 23/11/79); Mendoza: art. 5º C. P. A. (ley 3918 B. O. 14/8/73); Misiones: art. 8º C. de P. C. A. (ley 3064 B. O. 2/12/93); Neuquén: art. 6º, C. P. A. (ley 1305 B. O. 7/8/81); Río Negro: art. 98 Normas de Procedimiento Administrativo (ley 819 B. O. 13/10/80) y art. 1º, ley 525 sobre Jurisdicción Contencioso Administrativa; Salta: art. 26, inc. 1º, Cód. de Proced. en lo Cont. Adm. (ley 793); San Juan: art. 25, Ley de Proced. Adm. (ley 3784 B. O. 6/6/73); Santa Cruz: arts. 23 y 30 Ley de Proced. Adm. (ley 1260 B. O. 24/4/79); Santa Fe: art. 7º, Recurso Cont. Adm. (ley 11330 B. O. 29/1/96); Santiago del Estero: arts. 1º y 4º, Ley de lo Cont. Adm. (ley 2297 B. O. 26/9/51); Tierra del Fuego: arts. 7º y 8º, Cód. Cont. Adm. (Ley 133 B. O. 18/4/94); Tucumán: art. 12, C. de P. A. (ley 6205 B. O. 23/8/91); Ciudad Autónoma de Buenos Aires (art. 3º, incs. 1º a 3º C. C. A. y Trib. Cabe señalar que en La Rioja si bien el art. 4º del C. de P. C. A. exige para la promoción de la pretensión procesal administrativa la existencia de un acto administrativo denegatorio, no es necesario haber agotado previamente los medios de impugnación establecidos en las normas de procedimiento administrativo, cuya utilización es de carácter optativo para el interesado (ley 4243, C. P. A., art. 4º).

artículo 45: "El recurso de apelación se resolverá en un término de treinta días, a partir de su interposición, agotándose así la vía administrativa y legitimará al agraviado a hacer uso del recurso de amparo, mientras no esté en vigencia la Ley de Procedimientos de lo contencioso-administrativo[18].

En Ley de Amparo, artículo 27, en los requisitos del escrito de interposición del recurso, inciso 6º, se señala: "El haber agotado los recursos ordinarios establecidos por la ley, o no haberse dictado resolución en la última instancia dentro del término que la ley respectiva señala".

Igualmente la ley de la jurisdicción contencioso administrativa dispone en el artículo 46: "*Agotamiento de la vía administrativa*: Para ejercer la acción contencioso-administrativa será requisito indispensable haber agotado previamente la vía administrativa en la forma establecida por la ley.

"Esta vía se tendrá por agotada cuando se diere cualquiera de las condiciones siguientes:

"1. Cuando se hubiere hecho uso en tiempo y forma de los recursos administrativos señalados por la ley de la materia y se hubiere notificado una resolución expresa.

[18] JUAN BAUTISTA ARRIEN, "El procedimiento administrativo y el procedimiento contencioso-administrativo en Nicaragua", comenta: "Me gustaría presentar propuestas para descentralizar la vía administrativa y brindar mayor independencia administrativa a los ciudadanos. a) La primera es la teoría denominada en el derecho alemán como la doble vía, que ya había sido explicada por el Dr. CAIRO MANUEL LÓPEZ, sosteniendo la necesidad de brindar la potestad al administrado de escoger ante qué vía recurrir, es decir, o utilizar los recursos administrativos o recurrir al contencioso-administrativo de una vez". Más adelante, en su artículo presenta diferentes puntos de vista sobre el agotamiento de la vía administrativa: "La validez de esta teoría se sigue discutiendo, grandes juristas están a favor de ella como el Dr. JESÚS GONZÁLEZ PÉREZ, quien sostiene que la vía administrativa en España aun con toda la regulación que posee, representa un privilegio para la administración pública y una carga para el administrado. Considera que el recurrir a la vía administrativa debería de ser una facultad potestativa para el administrado", permitiendo la descongestión de la administración pública.

"Por otro lado, otro catedrático de gran prestigio como el Dr. RAMÓN PARADA sostiene la idea de mantener la vigencia de la vía administrativa, pero propone implementar ciertas reformas en cuanto a la ampliación de los términos para que los administradores puedan interponer sus recursos con más tiempo sin que precluya o prescriba su derecho material pero sobre todo que los plazos de caducidad de la acción contencioso-administrativa sean superiores a los plazos de interposición. Esta recomendación está planteada en nuestra ley 350, ya que su art. 129 sostiene que la acción contencioso-administrativa prescribe a los cinco años, contados a partir del agotamiento de la vía administrativa, mientras que los plazos de interposición del recurso en sus varias facetas (ante resoluciones expresas, vías de hecho, entre otras no exceden de 60 días según el art. 47 y 48 de la misma ley.

"Otra teoría es la creación de un tribunal administrativo en Nicaragua, separado totalmente de la administración pública, cuyos funcionarios sean administrativistas escogidos por concurso de mérito u oposición. Este supuesto tribunal con la debida estructura física y la adecuada división de competencias por salas podría ser una respuesta estructural ante la falta de independencia de nuestra vía administrativa".

"2. Cuando en un procedimiento administrativo no se dictare la resolución final correspondiente dentro del plazo de treinta días, se produce el silencio administrativo, se tendrá por aceptada la solicitud del recurrente.

"3. Cuando así lo disponga expresamente la ley".

El requisito del agotamiento de la vía administrativa, calificado por GARCÍA DE ENTERRÍA como "una reduplicación del privilegio de la decisión previa"[19], con razón viene siendo duramente controvertido por la doctrina ya que, por su muchas veces inadecuada regulación y en otras por su irrazonable aplicación, convierte —en un número muy significativo de casos— el tránsito previo por la vía administrativa en una trampa o carrera de obstáculos para el litigante y demora injustificadamente el acceso a la jurisdicción.

De ahí que ante los abusos en que se ha incurrido en su reglamentación y aplicación las opiniones doctrinarias mayoritarias postulan, cuando no su eliminación, su templanza mediante una reforma sustancial al régimen recursivo propugnando el carácter facultativo de los recursos administrativos[20].

Tales criterios son la respuesta a la desmesurada expansión que ha tenido este recaudo de admisibilidad, lo cual llevó a que se lo exija en supuestos en los que se presenta claramente como un ritualismo inútil, dilatorio u obstructivo del juzgamiento judicial, como así también a las dificultades que derivan, muchas veces, de su compleja configuración, olvidando la función de garantía para el administrado que debe cumplir el procedimiento administrativo.

Al respecto cabe recordar que en un relevante dictamen de la Comisión Interamericana de Derechos Humanos emitido el 29 de septiembre de 1999 se expresó que el principio de tutela judicial efectiva, protegido por el Pacto de

[19] EDUARDO GARCÍA DE ENTERRÍA, *Hacia una justicia administrativa*, 2ª ed., Madrid, Civitas, 1992, págs. 66-67.

[20] Cfr.: GARCÍA DE ENTERRÍA, *Hacia una justicia administrativa*, *op. cit.*, págs. 66-67; JESÚS GONZÁLEZ PÉREZ, *Derecho procesal administrativo hispanoamericano*, Bogotá, Edit. Temis, 1985, pág. 177, nota 26, y en *La reforma de la legislación procesal administrativa*, Madrid, Civitas, 1992, págs. 46 y ss. y en "La Constitución y la reforma de la jurisdicción contencioso-administrativa", separata de *Anales de la Real Academia de Ciencias Morales y Políticas*, núm. 75, curso académico 1997-1998, Madrid, 1998, págs. 318-319. TOMÁS R. FERNÁNDEZ, "Reflexiones sobre la vía administrativa de recurso", en *D.A.*, núm. 221, págs. 5 y ss.; FERNANDO GARRIDO FALLA y JOSÉ M. FERNÁNDEZ PASTRANA, *Régimen jurídico y procedimiento de las administraciones públicas (un estudio de la ley 30/1992)*, Madrid, Civitas, 1995, págs. 244-245; JOSÉ LUIS PIÑAR MAÑAS, "La pretendida especialidad de los recursos especiales", en *D.A.*, núm. 221, pág. 132; JOSÉ LUIS RIVERO YSERN, "Vía administrativa de recurso y jurisdicción contencioso-administrativa", en *El procedimiento administrativo en el derecho comparado*, *op. cit.*, págs. 201 y ss.; AGUSTÍN A. GORDILLO, *Tratado de derecho administrativo*, 3ª ed., t. II, Buenos Aires, Fundación de Derecho Administrativo, 1998, págs. 12-16. JUAN BAUTISTA ARRIEN, *El procedimiento administrativo y el procedimiento contencioso-administrativo en Nicaragua*. Inédito.

San José de Costa Rica, exige "que el acceso a la justicia no se convierta en un desagradable juego de confusiones en desmedro de los particulares"[21].

Vale decir que la incertidumbre o falta de claridad en la configuración de este recaudo constituye una violación del principio de tutela efectiva[22].

Por lo demás, la experiencia pone de resalto que a menudo no se verifica el motivo principal que se esgrime tradicionalmente para justificar dicho instituto, como es la de generar una etapa de conciliación previa al juicio y otorgar a la administración la oportunidad de revisar el caso y corregir errores. En efecto, lamentablemente es común que la administración rechace los recursos administrativos sin efectuar un estudio serio de la cuestión, desaprovechando la ocasión que ello le confiere para revisar la legitimidad y la oportunidad, cuando el recurso lo permite, de la acción administrativa.

El agotamiento de la vía también se transforma en irrazonable y lesivo para el derecho de defensa cuando se establecen plazos intrínsecamente irrazonables por su brevedad para deducir un recurso administrativo necesario para dejar expedita la revisión judicial.

[21] Comisión Interamericana de Derechos Humanos, informe 105-99 emitido en el caso 10194, "Palacios, Narciso –Argentina", emitido el 29/9/99, publicado en *LL*, 2000-F, pág. 594, con nota de Carlos A. Botassi, *Habilitación de instancia y derechos humanos*.

[22] Juan Bautista Arrien, en su estudio "El procedimiento administrativo y el procedimiento contencioso-administrativo en Nicaragua", sostiene: "Pronto terminaré una investigación de campo que sobre este tema he venido realizando durante casi tres meses, la que ha incluido una serie de entrevistas con asesores legales de instituciones como: el Ministerio de Fomento, Industria y Comercio, la Oficina de Defensa del Consumidor de dicho Ministerio, el Ministerio de Gobernación, la Dirección General de Ingresos, la Corporación Nacional del Pueblo (Cornap), la alcaldía de Managua, la Dirección de Urbanismo de dicha alcaldía, la Dirección de Bienes Inmuebles de la misma alcaldía y catedráticos universitarios cuya especialidad radica en la materia administrativa.

"Pretendo adelantar ciertos comentarios y conclusiones en las que todos los entrevistados coincidieron, adjuntándolas a los comentarios que sobre los recursos administrativos ya he realizado.

"• Si bien existe en nuestro país como marco general una ley que regule el procedimiento administrativo (ley 290), se han creado una serie de procedimientos para regular materias específicas, lo cual es una práctica muy normal, el problema es que muchas veces van más allá de la ley 290, al crear otros recursos, con distintos plazos, términos y formalidades.

"• La falta de publicación obligatoria y ordenada de esta serie de procedimientos en un medio de publicación administrativa del Estado puede llevar en un momento dado al litigante a una grave confusión por aplicar los recursos de la ley 290, desconociendo que existen recursos específicos. Hay que recordar que en nuestro país no se puede alegar desconocimiento de la ley (Título Preliminar I, núm. III del Código Civil).

"• El problema central en nuestro país es la ausencia de una verdadera ley de procedimiento administrativo, que no solo regule los recursos administrativos como lo hace la ley 290, sino que desarrolle la amplitud de materias que contiene dicho procedimiento".

b) *El silencio administrativo negativo y el positivo.* Es necesario distinguir el silencio negativo del positivo. De acuerdo con García de Entierría, el silencio administrativo negativo es una simple ficción de efectos estrictamente procesales, limitados, que permite acceder a la siguiente instancia administrativa, o en su caso, al proceso contencioso-administrativo.

Inicialmente, la administración eludía su obligación de resolver, con solo permanecer inactiva; de esta manera, el administrado quedaba indefenso y privado de toda garantía judicial. Por ello, el 17 de julio de 1900, Francia instauró una ley, en la que pasado cierto plazo sin que la administración resolviera, se presumía que la pretensión del administrado había sido denegada, permitiéndole así, promover contra dicha denegación los recursos correspondientes[23].

Por tanto, el silencio negativo no se consideraba un verdadero acto administrativo desestimatorio, ya que al carecer de toda actividad voluntaria de la administración no era admisible como proceso administrativo alguno destinado a averiguar el sentido de una voluntad inexistente.

En esta figura existían dos problemas: en el caso de España, los plazos de producción del silencio y del acceso a la vía jurisdiccional, y el de las resoluciones tardías. Los plazos de producción del silencio negativo fijados por el articulo 39 LJ 56 y por el artículo 94 LPA eran excesivos (6 meses); si la petición se dirigía a una autoridad cuyos actos no causaban estado en la vía administrativa, a esos seis meses había que sumárseles una espera de tres meses, por la impugnación del acto presunto ante el superior jerárquico, para entenderse también por desestimando y dejar abierto el acceso a la vía jurisdiccional.

Lo peor era que una vez cumplidos los plazos indicados, quedaba abierto indefinidamente el acceso a la vía jurisdiccional, mientras la administración no dictara la resolución expresa, que según la ley no podía en ningún caso evadir. Sin embargo, el articulo 58 LJ 56, limitó en un año el plazo para la interposición del recurso contencioso-administrativo, contado desde la producción del silencio en el caso de las peticiones; y un año desde la interposición del recurso de reposición, esta última aplicada también al silencio del recurso de

[23] Posteriormente, siguiendo el modelo de la ley francesa, esta figura del silencio negativo fue introducida en España por los Estatutos Locales de José Calvo Sotelo de 1924 y 1925, la ley municipal republicana de 1935 de España y más tarde por la ley española del 18 de marzo de 1944.

El funcionamiento de esta ley era el siguiente: si formulada una petición ante la administración y en el término de tres meses no le era notificada la resolución al interesado, este podía denunciar la mora, y si transcurridos otros tres meses desde la denuncia no se recibía respuesta alguna, se podía considerar desestimada la petición, deduciendo frente a la supuesta denegación el recurso administrativo o procesal según fuera el caso o esperando la resolución expresa de la solicitud. En el caso de recursos administrativos, el interesado que lo hubiere interpuesto podía hacer lo mismo, pero sin la necesidad en este caso de denunciar la mora. Sin embargo, en ambos casos la administración no está exenta de dictar una resolución expresa sobre la petición o recurso formulados.

alzada, le impedía al interesado interponer contencioso-administrativo una vez transcurrido ese lapso. Por tanto, si dejaba pasar más de un año para acudir a los tribunales, tendría que hacer todo el procedimiento de nuevo, hasta obtener una nueva desestimación presunta por el silencio.

Con respecto a las resoluciones tardías dictadas por la administración con posterioridad a la producción del silencio, la jurisprudencia terminó aceptando que los recursos interpuestos contra las resoluciones tardías reabrían el plazo del recurso, resolviendo el problema de esperar la resolución expresa de su petición o recurso.

La ley 30 de 1992, de 26 de noviembre, de régimen jurídico de las administraciones públicas y del procedimiento administrativo común, de España, introduce una nueva regulación del silencio administrativo, ampliando significativamente la extensión del silencio positivo al fijar unos supuestos de directa aplicación —si bien permitiendo establecer, por vía reglamentaria, excepciones a la regla general de silencio positivo— y al mismo tiempo reforzando la obligación de resolver respecto a la regulación anterior al extenderla a los procedimientos iniciados de oficio. La LRJPAC introduce como novedad la denominada certificación de acto presunto, que no solo sirve para acreditar la producción del silencio, sino que además constituye un requisito para su eficacia, por lo que se ha llegado a señalar que vendría a sustituir la denuncia de la mora prevista por la legislación anterior.

La certificación del acto presunto devino en un fracaso, ya que los ciudadanos nunca obtenían este documento y no podían contar con esta legitimación.

La reforma de la ley 30 de 1992 eliminó el juego de palabras utilizado por la ley "efectos de la falta de resolución expresa en plazo".

Con la reforma, el silencio opera automáticamente, dependiendo únicamente del trascurso del tiempo de la inactividad de la administración, sin imponerle cargos al particular. En consecuencia, se suprime la certificación de acto presunto cuya virtualidad como requisito de eficacia de los actos administrativos había sido cuestionada ya por los tribunales del orden judicial contencioso-administrativo. Así, el Tribunal Supremo, en sentencia de 8 de octubre de 1996, ha declarado que "la falta de petición específica de la certificación de acto presunto, cuando la administración ha conocido que no había resuelto una determinada reclamación ante ella presentada, carece de entidad suficiente para determinar el cierre del proceso mediante la aceptación de la causa de inadmisibilidad" (consistente en la falta de eficacia del acto impugnado por no haberse expedido la oportuna certificación).

Se convierte la certificación por medio de esta jurisprudencia, en un requisito preprocesal, puramente formal, cuya ausencia carece de virtualidad para declarar la inadmisibilidad del recurso por ausencia de eficacia del acto presunto correspondiente. El proyecto de ese momento pretendió sancionar definitivamente esta doctrina jurisprudencial, de forma que los efectos de la inactividad de la administración se producen por el mero transcurso del plazo sin que se haya resuelto y notificado al solicitante la resolución expresa, dejando abierta la posibilidad de acreditar su existencia por cualquier medio de prueba admitido en derecho. Esta modificación se conectó con la regulación de la ley reguladora de la jurisdicción contencioso-administrativa, la cual, al introducir el nuevo recurso por inactividad (art. 29), en la regulación del plazo de interposición de los recursos omite toda referencia a la exigencia de certificación.

Pero el proyecto recuperó la clásica naturaleza de cada tipo de silencio administrativo. El silencio positivo equivale a un verdadero acto, de modo que una vez producido, solo cabe dictar una resolución confirmatoria del acto, en tanto que el silencio negativo se configura como una ficción legal, cuyos únicos efectos de contraen a permitir a los interesados la interposición del recurso administrativo o contencioso-administrativo que resulte procedente. Por ello, en este segundo supuesto subsiste la obligación de resolver de parte de la administración, que deberá hacerlo sin vinculación alguna al efecto desestimatorio del silencio. Si la administración resuelve después de producido el silencio negativo dando la razón la particular, evitará la provocación de un pleito o pondrá fin al ya comenzado, ya que el particular habrá obtenido la satisfacción extraprocesal de su pretensión.

García de Enterría advierte, por otra parte, sobre el carácter amplio de la previsión de este artículo, que choca con la eufórica proclamación hecha en la exposición de motivos de la ley en favor del silencio positivo. El resultado es que por vía reglamentaria se ha desvirtuado la regla general. En 1992, con la ley de procedimiento administrativo de 1958, un 90,1 por ciento de los procedimientos tenían efectos desestimatorios en 1996, y con la ley 30 de 1992, que estableció la regla general del silencio positivo, con las normas reglamentarias se logró que un 77,5 por ciento de los procedimientos mantengan el silencio negativo, mientras que solo el 22,5 por ciento de los procedimientos siguen la "regla general" del silencio positivo.

Se establece, por tanto, la regla general del sentido estimatorio de las solicitudes en todos los casos, salvo que una norma con rango de ley establezca lo contrario, eliminando las menciones a las licencias y autorizaciones de los apartados a) y b) del artículo 43.2. El apartado b), relativo a las "solicitudes cuya estimación habilitaría al solicitante para el ejercicio de derechos preexistentes", había sido especialmente criticado por diversos autores (García de Enterría, González Pérez, González Navarro y Parejo o García Trevijano), dadas las dificultades en su interpretación.

La generalización del silencio administrativo se trató de una apuesta plenamente consciente con el objetivo de conseguir una administración más tecnificada, moderna, eficaz y receptiva que sabe dar respuestas a las demandas de los ciudadanos.

El silencio administrativo, en España, se consolida como una técnica o mecanismo de acceso a la jurisdicción contencioso-administrativa, y por ello, unido al carácter revisor de esta jurisdicción.

Otra de las novedades del proyecto de reforma de la ley fue la regulación de la suspensión del plazo para resolver. En este sentido, la ley, acogiendo el moderno derecho comunitario, establece unas causas tasadas de suspensión que permitan a la administración resolver en plazo cuando se dan circunstancias particulares: requerimiento a los interesados para subsanar deficiencias, pronunciamiento previo y preceptivo de un órgano de las comunidades europeas, intervención preceptiva y determinante, vía informe de otras administraciones públicas, pruebas técnicas o iniciación de negociaciones para terminar convencionalmente el procedimiento. Se trata, en definitiva, de regular el tiempo en el procedimiento acorde con sus circunstancias, de forma que no se produzca el transcurso del plazo para resolver por circunstancias ajenas al órgano competente para resolver el procedimiento.

El Código de Procedimiento Administrativo portugués de 1991, interpreta con carácter general de modo negativo (desestimación tácita) la ausencia de resolución dentro del plazo establecido, que a falta de disposición expresa se fija en noventa días con carácter supletorio. Esta desestimación, como es natural, no puede tener otro sentido que el de abrir las correspondientes vías impugnatorias confiriéndole al interesado la facultad de acceder al correspondiente recurso. Lo único que hace falta es que la norma —y así lo hace—, a partir de determinado momento, otorgue el debido efecto a esta situación real permitiendo el acceso a las vías impugnatorias. Es, pues, idéntica técnica del silencio administrativo negativo, con una formulación más clara y despojada de trámites como la denuncia de la mora y la petición de certificación de acto presunto, y, por consiguiente, menos gravosa para los interesados.

La estimación tácita se limita a supuestos específicos relacionados con los actos administrativos necesitados de aprobación y a la actividad de control del ejercicio de los derechos de los particulares mediante autorizaciones.

En Italia no existe una regulación general del procedimiento administrativo al modo de otros países europeos y americanos; no obstante, puede decirse que, en general, el ordenamiento italiano considera la estimación por silencio una situación claramente excepcional relativa a supuestos de fiscalización de la actividad privada por medio de técnicas de autorización, licencia o habilitación. La regulación se completa con la posibilidad de que la administración pueda anular el acto de conformidad ilegítimamente producido, salvo subsanación de los vicios por el particular con la imposición a los solicitantes de la obligación de declarar que se cumplen los supuestos y requisitos exigidos por la ley.

En Francia, la pasividad de la administración se equipara a una negación, a efectos de permitir el acceso al recurso, acceso que queda abierto indefinidamente. En coherencia con esta construcción, el silencio positivo es meramente marginal, solo posible en determinados supuestos no previstos expresamente por la norma.

En el derecho alemán la inactividad de la administración y la negativa a dictar el acto que se le solicita reciben directamente un tratamiento de carácter judicial mediante la demanda de imposición o de condena a dictar un acto. En el primero de los casos mencionados, cuando un particular se dirija a la administración y no obtenga respuesta en un plazo razonable, al menos tres meses, siempre que no concurra ninguna circunstancia especial que justifique uno más breve, se podrá acudir al tribunal contencioso ejercitando esta acción. La demanda ha de fundarse en que la omisión, además de ser ilegal, lesiona los derechos del actor. La sentencia estimatoria se resuelve en la condena a la administración para que dicte el acto que se solicitó.

En Chile, la ley 30 de 1992, antes de la reforma, establece el silencio positivo y también el certificado, que ya con anterioridad se comprobó que no funcionaba en España.

En otros países de América Latina también introdujo el silencio negativo y el positivo[24].

[24] En la ley 27.444 de Procedimiento Administrativo General de Perú, "los procedimientos administrativos que, por exigencia legal, deben iniciar los administrados ante las entidades para satisfacer o ejercer sus intereses o derechos, se clasifican conforme a las disposiciones de esta ley, en: procedimientos de aprobación automática o de evaluación previa por la entidad, y este ultimo a su vez sujeto, en caso de falta de pronunciamiento oportuno, a silencio positivo o silencio negativo, regulados estos últimos, en los artículos 33 y 34 de la presente ley y derogados por la ley 29.060, del Silencio Administrativo. Cada entidad señala estos procedimientos en un texto único de Procedimientos Administrativos (TUPA), siguiendo los criterios establecidos en el presente ordenamiento" (art. 30).

Es decir, que la solicitud presentada por el administrado será considerada aprobada ante la entidad competente para conocerla, siempre y cuando cumpla con los requisitos establecidos y entregue la documentación completa exigida por el TUPA de la institución.

Sin embargo, posteriormente, esta entidad queda obligada a verificar la autenticidad de las declaraciones, documentos, informaciones y traducciones presentadas del administrado; bajo apercibimiento de que en caso de comprobar fraude o falsedad del administrado, la entidad procederá a comunicar el hecho a la autoridad jerárquica superior, si lo hubiere, para que se declare la nulidad del acto administrativo, se imponga una multa al administrado en favor de la entidad entre dos y cinco unidades impositivas tributarias vigentes a la fecha de pago; y, además, si la conducta se adecua a los supuestos previstos en el título XIX, "Delitos contra la fe pública del Código Penal", esta deberá comunicársele al ministerio público para que interponga la acción penal correspondiente.

Con la aprobación de la ley 29060, de silencio administrativo, se prioriza el silencio administrativo positivo; en tal sentido, el silencio administrativo negativo, por mandato de la ley, se vuelve excepcional, pero no se lo elimina. Y también señala que en materia tributaria y aduanera, el silencio administrativo se rige por sus propias leyes y normas especiales.

En el proyecto de Ley General del Régimen Jurídico de las Administraciones Públicas y Procedimiento Administrativo Común de Nicaragua, el silencio administrativo negativo se encuentra estipulado en el artículo 33 y se utiliza excepcionalmente; es decir, vencido el plazo máximo sin que la administración notifique una resolución expresa de las solicitudes planteadas por los interesados u otras solicitudes derivadas del procedimiento, se entenderá silencio positivo, como regla general, y negativo excepcionalmente. Si el silencio es negativo, el interesado podrá interponer el recurso administrativo, amparo o contencioso-administrativo que resulte procedente.

Estos actos administrativos producidos por el silencio administrativo tendrán valor tanto ante la administración como ante cualquier persona física o jurídica, pública o privada, y producirán efectos desde el vencimiento del plazo máximo para dictar y notificar la resolución expresa, aunque esta no se haya producido. Dicho plazo será establecido por el procedimiento administrativo de la institución a la que el interesado presentó la solicitud, y a falta de este, si

---

Su finalidad es la misma que la de la mayoría de las legislaciones que regulan este ámbito: limitar al poder público y sus agentes; imponiendo que frente a la inactividad de la administración, la petición del administrado se da por aceptada dentro de los límites de su solicitud, y también crea la figura de la declaración jurada, para reafirmar la declaración ficta, de su solicitud y hacerla valer no sólo ante la misma administración, sino también ante otros organismos públicos administrativos.

El art. 3º de la ley 29.060 dispone, que la declaración jurada reemplaza al documento previsto en el art. 31, párr. 31.2, de la ley 27.444, que se refiere al documento que requiere el administrado para ejercer sus derechos en los procedimientos de aprobación automática.

Los supuestos normativos, del silencio administrativo negativo están contenidos en la Primera Disposición, Transitorias Complementarias y Finales, de la ley 29060; esta ficción legal, de carácter procedimental, le permite al administrado acceder a la siguiente instancia administrativa, o en su caso, al proceso contencioso administrativo.

En México, de manera general en lo federal, a la falta de actividad de la autoridad administrativa se le reconoce por ley la consecuencia negativa, en términos de lo dispuesto por el art. 17 de la Ley Federal de Procedimiento Administrativo; pero también encontramos algunos casos en los cuales la falta de respuesta tendrá una consecuencia positiva en beneficio del particular, la cual se establece en la ley o disposición correspondiente.

En el sistema jurídico mexicano, el silencio administrativo trae como consecuencia que se restablezca la figura de resolución negativa ficta, es decir, que en caso de que la administración pública omita dar respuesta expresa a una solicitud o recurso legal, esta se entenderá como contestada en sentido negativo y le dejará al interesado despejada la vía para impugnar dicha resolución negativa en un procedimiento contencioso administrativo. Esto tiene sus excepciones, y en el caso de que si ley que regula la materia del acto sobre el que recae la solicitud o recurso establece específicamente la figura de resolución afirmativa ficta, ante el silencio de la autoridad la solicitud o recurso se entenderá como resuelto en favor del solicitante o recurrente.

Es decir, ante la inactividad de la administración pública, esta se entenderá siempre como una resolución negativa o silencio administrativo negativo; sin embargo, si la ley que regula la materia en la que recae la solicitud del administrado y establece que la resolución es afirmativa, se entenderá que la administración la ha aceptado.

en la norma reguladora no se estipula un plazo específico, el silencio se producirá por el transcurso de cuatro meses.

En el mismo artículo se encuentra la figura del certificado acreditativo del silencio producido, que sirve para acreditar la existencia de un acto administrativo producido por silencio administrativo y podrá ser solicitado por el interesado al órgano competente para resolver. Una vez solicitado, este tendrá un plazo máximo de quince días para emitirlo.

En nuestro país, el sentido negativo del silencio de la administración se lo otorga la norma reguladora del procedimiento de que se trate en cada caso.

c) Plazo para promover el pleito. Otro requisito procesal para demandar judicialmente a la administración consiste en la necesidad de interponer la demanda judicial dentro de un plazo, cuya duración —si bien varía en cada legislación— es normalmente breve[25].

[25] Pablo Esteban Perrino, en su artículo "El derecho a la tutela judicial efectiva y el acceso a la jurisdicción contencioso-administrativa", señala: "En Alemania la ley de la jurisdicción contencioso-administrativa (art. 74.I y II) establece un plazo de un mes para deducir las pretensiones de anulación y de prestación obligacional. No están sujetas a plazos las pretensiones declarativas y contra la inactividad (silencio negativo).

"Por su parte, la Ley reguladora de la jurisdicción contencioso-administrativa española, ley 29 de 1998, de 13 de julio, establece en el art. 46, inc. 1º, un plazo de caducidad de dos meses para deducir el recurso contencioso administrativo contra reglamentos y actos administrativos expresos que pongan fin a la vía administrativa, y del recurso de lesividad.

"El término se amplía a seis meses para los recursos que se dirijan contra los llamados actos presuntos (silencio). Para impugnar vías de hecho el plazo es de diez días, si se ha efectuado una reclamación en sede administrativa pidiendo su cese, y veinte días cuando no se ha realizado dicho requerimiento a contar desde el momento en que se verificó la actuación en vía de hecho (art. 46, inc. 3º).

"En Italia, como consecuencia de su singular sistema de control judicial de la administración, corresponde a los tribunales judiciales intervenir en los pleitos en los que estén lesionados derechos subjetivos y a los tribunales administrativos en los litigios incoados en defensa de intereses legítimos. En el primer supuesto no es aplicable plazo de caducidad alguno, sino de prescripción. En cambio, en el segundo caso rige el plazo general de caducidad de sesenta días.

"En el sistema británico rige un plazo general de tres meses para el acceso a la justicia, salvo que la Corte considere que existe una buena razón para extender dicho término. Sin embargo, la Supreme Court Act de 1981 estableció en la subsección 6 que la Corte puede considerar en que supuestos se produce una tardanza injustificada en la presentación de la demanda judicial, examinando en cada caso la afectación de derechos de terceros y el perjuicio que ello ocasionaría a la buena administración, pudiendo rechazar la presentación. Ello sin perjuicio de las reglas de la Corte que establecen plazos a ese efecto (subsección 7).

"En los Estados Unidos, si bien no existe a nivel federal un plazo general para demandar al Estado (*statutes of limitations*) las normas que establecen el régimen de revisión judicial comúnmente establecen plazos dentro de los cuales se debe presentar la acción pertinente, cuya extensión varía según los casos. Explica Schwartz que estos plazos deben ser rigurosamente observados y que las acciones que se promuevan dentro del término fijado serán rechazadas, sin que importe cuán importante sea el caso. Seguidamente el mencionado jurista señala que la Ley Federal de Comercio y otras normas similares prevén un plazo de sesenta días para presentar la

El efecto que deriva de la promoción extemporánea de un pleito, por haber sido iniciado tardíamente, es la pérdida del derecho material en juego, pues se entiende que en tal caso el acto impugnado ha devenido firme y, por ende, inatacable.

Las razones que se invocan para justificar este recaudo procesal son la necesidad de dar seguridad jurídica y estabilidad a la actividad administrativa y evitar una incertidumbre continua en el desenvolvimiento de la actividad de la administración, como también la eficacia administrativa, ya que la administración debe conocer el período dentro del cual sus actos pueden ser atacados y las consecuencias que de ello pudieran derivarse[26].

Salvo algunas excepciones, la generalidad de la doctrina considera que se trata de plazos de caducidad y no de prescripción, porque son términos perentorios, de efectos automáticos y fatales y cuyo curso no es susceptible de suspensión o interrupción. Este criterio no es compartido por HUTCHINSON, que entiende que no resulta fácil distinguir la caducidad de la prescripción porque ambos institutos responden conceptualmente al mismo supuesto de hecho: la inactividad en el ejercicio del derecho o de la potestad jurídica durante un tiempo determinado, lo cual conduce a la misma consecuencia jurídica: la extinción del derecho prefiere considerarlos plazos de prescripción. En definitiva, concluye este autor, lo que importa, más allá de la denominación que se les quiera otorgar a dichos plazos, son las características que las normas les asignen.

La imposición de un plazo de caducidad para requerir la revisión judicial del obrar administrativo ha generado relevantes problemas que aún no han encontrado una respuesta satisfactoria en nuestro derecho ni tampoco —algunos de ellos— en las legislaciones comparadas.

El primero de ellos reside en su aplicación frente a los plazos de prescripción. En este sentido, al estar una misma situación jurídica sometida a dos plazos distintos, uno más breve de caducidad y otro de prescripción, es viable que a pesar de no estar prescrita la acción no es susceptible de ser incoada si no se promovió el pleito dentro del plazo de caducidad. En definitiva, los plazos de caducidad se sobreponen a los de prescripción, reemplazándolos[27].

---

petición de revisión, la legislación general de Nueva York el término de cuatro meses y la ley de control de Precios de 1942 treinta días.

"También en nuestro país, tanto a nivel federal como provincial [en Argentina], se prevén plazos para promover los pleitos contencioso-administrativos.

"Como puede advertirse, si bien con matizaciones, la existencia de plazos para enjuiciar al Estado es común a la generalidad de las legislaciones comparadas". Publicado en la *Revista de Derecho Público*, año 2003-I, Proceso administrativo –I, págs. 257-294.

[26] BARNES VÁZQUEZ, "La tutela judicial efectiva en la Grundgesetz (art. 19. IV)" en *La justicia administrativa en el derecho comparado*, *op. cit.*, pág. 188.

[27] Véase al respecto el ya clásico trabajo de JUAN A. SANTAMARÍA PASTOR, "El problema de los plazos en el recurso contencioso-administrativo *¿Prescripción o caducidad?*", en *Revista de Administración Pública*, núm. 58, pág. 185 y ss.

Los hechos demuestran claramente que el campo de acción de los plazos previstos en los ordenamientos procesales administrativos se superponen a los de prescripción y los tornan ilusorios, pues en los casos en que ambos institutos son aplicables, en definitiva, el único término que cobra relevancia, por ser el más exiguo y por los efectos que derivan de su incumplimiento, es el de caducidad. Es que si no se ha promovido el pleito dentro de los plazos procesales, con posterioridad no será viable requerir la revisión judicial no obstante que la acción no haya prescrito. Téngase presente al respecto que si bien sería posible en tal supuesto presentar una denuncia de ilegitimidad, su rechazo no deja abierta la vía judicial.

Por lo expuesto, consideramos necesario efectuar un profundo replanteo de la cuestión, pues entendemos que no es razonable que una misma situación jurídica esté sujeta a dos plazos disímiles.

El otro grave problema que suscitan los plazos de caducidad es su aplicación frente a los supuestos en que se alega la existencia de un acto administrativo viciado de nulidad absoluta, dado el carácter imprescriptible de la acción en tal supuesto. En rigor, se trata de una dificultad que deriva de la situación indicada de duplicación de plazos (de caducidad y de prescripción), que impera en el derecho administrativo.

LA NUEVA JURISDICCIÓN CONTENCIOSO-ADMINISTRATIVA EN COSTA RICA

ENRIQUE ROJAS FRANCO*

Sumario: 1. Antecedentes. 2. Innovaciones introducidas al proceso mediante el CPCA. A) Control universal de la conducta subjetiva B) Materias excluidas del procedimiento. C) Capacidad procesal. D) Legitimación. E) Medidas cautelares. F) Economía procesal. G) Oralidad. H) Conciliación. I) Recursos. J) Derecho opcional de agotamiento de vía administrativa. 3. Conclusiones.

1. ANTECEDENTES

La jurisdicción contencioso-administrativa fue modificada a partir de la emisión del nuevo Código Procesal Contencioso Administrativo (CPCA), que entró en vigencia el 1º de enero de 2008.

La iniciativa de este proyecto se remonta a enero de 1998, cuando la Corte Suprema de Justicia gestionó, tras la invitación del exmagistrado Álvaro Fernández Silva a un grupo de juristas nacionales, la confección de una reforma integral de la normativa referente al proceso contencioso-administrativo. El precedente de dicha ley fue la Ley de Jurisdicción Contencioso-Administrativa de 1966 (LJCA). Es importante recordar que el artículo 49 de la Constitución Política[1] establece la jurisdicción contencioso-administrativa con objeto de garantizar la legalidad de la función administrativa.

El enfoque de ambas legislaciones es diferente. Las modificaciones en el CPCA responden a las necesidades del proceso contencioso-administrativo; determina que los procesos sometidos a dicha jurisdicción serán determinados por criterios subjetivos. Consecuentemente, la jurisdicción contencioso-administrativa, a partir de la entrada en vigencia del CPCA, incluyó en los procesos de su jurisdicción todos aquellos que tuvieran función o conducta

[1] "Art. 49.—Establécese la jurisdicción contencioso-administrativa como atribución del poder judicial, con el objeto de garantizar la legalidad de la función administrativa del Estado, de sus instituciones y de toda otra entidad de derecho público.

"La desviación de poder será motivo de impugnación de los actos administrativos.

"La ley protegerá, al menos, los derechos subjetivos y los intereses legítimos de los administrados" (reformado por el artículo único de la ley 3124 del 25 de junio de 1963).

administrativa, todas las situaciones que involucraran al Estado, en todas las posibles manifestaciones, formales o materiales.

"Justicia con visión humanista y democrática, fortaleciéndose así la libertad, la igualdad y la dignidad del ser humano. Con el nuevo Código, la administración no podrá escudarse, ni disimular sus abusos e ineficacia detrás de procedimientos que desincentiven el acceso a la justicia y la obtención de una tutela judicial efectiva, ocasionada por el obstáculo de procesos largos (de años), inaccesibles para la mayoría y con altos costos asociados al litigio. El Código Procesal Contencioso-Administrativo representa un instrumento de garantía contra cualquier abuso de poder; se busca una nueva administración de justicia orientada hacia la persona y sus necesidades, y no en función de sí misma"[2].

La adopción del CPCA tenía como objetivo principal satisfacer necesidades de los administrados, ante las situaciones que involucraran al Estado en su actuar normal, anormal o inclusive en las circunstancias que implican una omisión. Genera un espacio para solventar los conflictos administrativos de forma más expedita.

2. Innovaciones introducidas al proceso mediante el CPCA

El cambio introducido con el Código Procesal Contencioso-Administrativo fue significativo, pues incluyó cuantiosas novedades que desembocaron en una protección más amplia a los derechos de los administrados, un proceso incluyente.

"De esa forma el administrado pasa ahora a ser un verdadero ciudadano en el proceso con técnicas e institutos orientados a la humanización y democratización judiciales que en modo alguno contradice, antes bien confirma y consagra, la satisfacción de los intereses públicos, entendidos como la suma coincidente de los intereses de los administrados, tal y como lo dispone el artículo 113, inciso 1), de la Ley General de la Administración Pública[3] (LGAP)"[4].

[2] En este sentido, Luis Paulino Mora Mora, presidente de la Corte Suprema de Justicia, discurso pronunciado en el acto oficial de sanción del Código Procesal Contencioso-Administrativo, mayo del 2006.

[3] Art. 113.—"1. El servidor público deberá desempeñar sus funciones de modo que satisfagan primordialmente el interés público, el cual será considerado como la expresión de los intereses individuales coincidentes de los administrados.

"2. El interés público prevalecerá sobre el interés de la administración pública cuando pueda estar en conflicto.

"3. En la apreciación del interés público se tendrá [*sic*] en cuenta, en primer lugar, los valores de seguridad jurídica y justicia para la comunidad y el individuo, a los que no puede en ningún caso anteponerse la mera conveniencia".

[4] M. Jiménez Mata, *et. al.*, *Nuevo proceso contencioso administrativo*, San José, Editorial Jurídica Continental, 2008.

A) *Control universal de la conducta subjetiva*

Como ya se mencionó, con la Ley de Jurisdicción Contenciosa Administrativa solamente se regulaban los actos administrativos como figura objeto de los procesos jurisdiccionales. El nuevo proceso incluido en el CPCA abarca las omisiones de la administración, las vías de hecho. El beneficio de incluir estas acciones en la jurisdicción es un mayor control de las acciones de la administración, evitando impunidad o un uso excesivo y sin fundamento de la potestad imperio.

B) *Materias excluidas del proceso*

El artículo 3º del CPCA[5] indicaba en principio que la materia laboral y la que se relacionara con poderes del Estado y relaciones internacionales se encontraban excluidas del proceso contencioso-administrativo. No obstante, el inciso que indicaba que el empleo se encontraba excluido fue anulado por un voto de la Sala Constitucional (9928-10 del 9 de junio de 2010) y fue aclarado mediante el voto 11034-10 de 23 de junio de 2010, en el sentido de que "Las causas pendientes de ser resueltas ante la jurisdicción laboral a la fecha de publicación íntegra de esa sentencia en el *Boletín Judicial* serán conocidas y resueltas, definitivamente, por ese orden jurisdiccional, para lo cual, si se trata de una pretensión que, por su contenido material y régimen jurídico aplicable se rige por el derecho administrativo, el órgano jurisdiccional laboral deberá aplicarlo. Se exceptúan de lo anterior, los procesos que sirvieron de asunto previo o base a las acciones de inconstitucionalidad acumuladas, en los que deberán readecuarse los procesos, si resulta posible o conducente o tramitarse, desde un inicio, ante la jurisdicción contencioso-administrativa, previo auto de pase de la jurisdicción laboral. Todos los asuntos planteados a partir del día siguiente a la publicación íntegra de la sentencia en el *Boletín Judicial* deberán ser interpuestos ante la jurisdicción contencioso-administrativa o laboral, según corresponda por el contenido material o sustancial de la pretensión y el régimen jurídico aplicable"[6].

Así mismo los procesos cobratorios en los cuales el Estado es parte dejaron de ser analizados en la jurisdicción contencioso-administrativa y actualmente los juzgados de cobro son la autoridad competente para analizar esta clase de procesos.

[5] Art. 3.—"La jurisdicción contencioso-administrativa y civil de Hacienda no conocerá las pretensiones siguientes:

"a) Anulado.

"b) Las concernientes a los actos de relación entre los poderes del Estado o con motivo de las relaciones internacionales, sin perjuicio de las indemnizaciones procedentes, cuya determinación corresponderá a la jurisdicción contencioso-administrativa".

[6] Sala Constitucional, voto 11034-10 del 23 de junio de 2010.

C) *Capacidad procesal*

La capacidad procesal bajo el régimen del LJCA se encontraba bastante diezmada; la posibilidad de intervenir en un proceso judicial de la jurisdicción contencioso-administrativa era bastante limitada. Por esto los cambios introducidos con el CPCA son determinantes para el acceso a la justicia de parte de los administrados, situación que afecta directamente el control jurisdiccional que se puede realizar de la actuación de la administración.

En concreto, se les otorga capacidad procesal a los menores de edad para que tengan participación directa, sin necesidad de representante.

Este es un cambio vertiginoso que representa el objeto de la reforma de universalizar el proceso. En este mismo sentido los grupos, incluso aquellos sin personalidad jurídica, o uniones de personas sin identidad de patrimonio, con el requisito esencial de que sus intereses legítimos hayan sido afectados. Esto lo determina el artículo 9º del CPCA[7].

D) *Legitimación*

En la misma línea que se examina en el apartado anterior es posible vislumbrar modificaciones en las que incursiona el proceso de la jurisdicción contencioso-administrativa con la vigencia del CPCA. La legitimación activa y la pasiva, respectivamente, se entienden como la capacidad que otorga la ley a un sujeto para demandar o ser demandado en un proceso judicial. Actualmente, en la jurisdicción contencioso-administrativa se reconoce como factor legitimador la defensa de derechos e intereses colectivos o difusos, gremiales, corporativos e inclusive de grupo.

Introduce, el artículo 10, inciso 1 c), del CPCA[8], la posibilidad de acción popular en casos establecidos de forma expresa por la legislación vigente.

[7] "Tendrán capacidad procesal ante la jurisdicción contencioso-administrativa y civil de Hacienda, además de los sujetos que la ostenten de conformidad con la legislación común:

"a) Los menores de edad, cuando puedan hacerlo en forma directa, sin necesidad de que concurra su representante.

"b) Los grupos, las uniones sin personalidad o los patrimonios independientes o autónomos, afectados en sus intereses legítimos, sin necesidad de estar integrados en estructuras formales de personas jurídicas. Para el reclamo de daños y perjuicios en los supuestos de este apartado, será necesario comprobar la titularidad de la situación jurídica lesionada de quien demanda. Igual regla se aplicará para los supuestos contenidos en los apartados c) y d) del artículo 10 de este Código".

[8] "1) Estarán legitimados para demandar:

"a) Quienes invoquen la afectación de intereses legítimos o derechos subjetivos.

"b) Las entidades, las corporaciones y las instituciones de derecho público, y cuantas ostenten la representación y defensa de intereses o derechos de carácter general, gremial o corporativo, en cuanto afecten tales intereses o derechos, y los grupos regidos por algún estatuto, en tanto defiendan intereses colectivos.

No obstante, el inciso 1º a) del mismo artículo tiene mayor relevancia, en vista de la amplia y constante utilización, cuando se afecte un interés legítimo o derecho subjetivo. Este inciso fue una innovación en el proceso, pues con la vigencia de LJCA y en complemento con la jurisprudencia preeminente de la Sala, exigía que este fuera directo, personal y actual.

E) *Medidas cautelares*

Son vitales en el proceso contencioso-administrativo, pues los procesos normalmente se revisten de mucha complejidad y tratan temas de gran importancia. Es un instrumento básico de la jurisdicción que tiene como fin asegurar el derecho fundamental previsto en el artículo 41 de la Constitución Política, derecho a justicia pronta y cumplida[9].

En este sentido, la Sala Constitucional ha indicado mediante reiterada jurisprudencia la preeminencia de la figura de las medidas cautelares. El voto 3463 del 20 de julio de 1993 a la letra dice:

"[...] Las medidas cautelares, evitando el *periculum mora*, tienden a posibilitar la ejecución de la sentencia de condena y la conservación de los bienes y cosas que deberán ser apreciados por el tribunal con posterioridad; [...] pero las previsiones que tienden a asegurar las posibles responsabilidades civiles derivadas de la comisión de los hechos delictivos, así como la devolución de las cosas objeto del delito a sus propietarios, son simplemente medidas de aseguramiento de la reparación del daño causado y pago de las costas proce-

---

"c) Quienes invoquen la defensa de intereses difusos y colectivos.

"d) Todas las personas por acción popular, cuando así lo disponga expresamente la ley.

"e) La administración, además de los casos comprendidos en el párrafo quinto del presente artículo, cuando se haya causado un daño o perjuicio a los intereses públicos, a la Hacienda Pública, y para exigir responsabilidad contractual y extracontractual.

"2) Podrán impugnar directamente disposiciones reglamentarias quienes ostenten, respecto de estas, algún interés legítimo, individual o colectivo, o algún derecho subjetivo, sin que se requiera acto de aplicación individual.

"3) Igualmente estarán legitimados la Defensoría de los Habitantes y, en materia de hacienda pública, la Contraloría General de la República, cuando pretenda asegurar o restablecer la legalidad de las actuaciones u omisiones sujetas a su fiscalización o tutela.

"4) Cualquier interesado que haya sido afectado en sus intereses legítimos o derechos subjetivos podrá pedir la declaratoria, el reconocimiento o el restablecimiento de una situación jurídica, con reparación patrimonial o sin ella.

"5) La administración podrá impugnar un acto propio, firme y creador de algún derecho subjetivo, cuando el superior jerárquico supremo haya declarado, en resolución fundada, que es lesivo a los intereses públicos".

[9] "Ocurriendo a las leyes, todos han de encontrar reparación para las injurias o daños que hayan recibido en su persona, propiedad o intereses morales. Debe hacérseles justicia pronta, cumplida, sin denegación y en estricta conformidad con las leyes".

sales, como lo son la fianza, el embargo preventivo, la ocupación de bienes o cosas y la pensión provisional. Las fianzas y los embargos, en materia penal, no son medidas cautelares en sentido técnico jurídico, tal como se entiende el concepto en el ámbito del proceso civil. Estas medidas son ejercidas por los tribunales de justicia, con la finalidad de posibilitar la actuación del derecho, es decir, con el propósito de asegurar efectivamente el resultado del proceso, ante la eventual imposición de una pena pecuniaria o de índole civil, al acceder a una acción resarcitoria por el daño moral o material ocasionado por el delito. Las medidas de aseguramiento tienden a crear la certeza necesaria para que el eventual reconocimiento de un derecho en una sentencia definitiva pueda hacerse efectivo. Tal actividad de aseguramiento es indispensable tanto en el proceso civil como en el penal, pero las normas por las que se rige varían según se trate de la jurisdicción que la ordene [...]".

Ante la necesidad de proteger los bienes jurídicos tutelados en un proceso contencioso-administrativo, judicial en general, en procura de que no sea vacío, sino un proceso cuyo objetivo pueda alcanzarse de forma concreta y veraz, indican los estrados judiciales del país, las medidas cautelares son la piedra angular en muchos casos. Evitan que el peligro en la posible demora sea un factor para no alcanzar una justicia material ejecutable y no se quede en la formalidad de una sentencia, como indicaba el jurista ULPIANO; el objetivo es dar a cada uno lo suyo, de modo que no se haga inútil, estéril o vano el derecho alegado.

Indica JESÚS GONZÁLEZ PÉREZ:

"La tutela jurisdiccional no será definitiva si al pronunciarse la sentencia resulta difícil o prácticamente imposible la satisfacción de las pretensiones. La lentitud de los procesos puede dar lugar a que, cuando llegue la decisión, carezca de sentido. De aquí la necesidad de arbitrar medidas que aseguren los efectos de la sentencia"[10].

Es importante recordar que para que una medida cautelar se conceda existen requisitos esenciales como, por ejemplo, *periculum in mora* o peligro en la demora y *fummus boni iuris* o apariencia de buen derecho. Además debe hacerse una ponderación de los intereses que se disputan en el proceso, y en este análisis de intereses se debe incluir de forma primordial el interés público.

En adición es importante subrayar que las medidas deben ser instrumentales o accesorias, temporales o provisionales y razonables. En el CPCA el legislador previó las medidas cautelares en general, mas no las tipificó y enumeró de forma cerrada, dándole la posibilidad al administrado de solicitar o alegar la que considere pertinente y el juez otorgarla de la misma forma, en vista de que el CPCA (art. 19) determina que las medidas cautelares pueden otorgarse de

[10] JESÚS GONZÁLEZ PÉREZ, *Manual de derecho administrativo*, Madrid, Civitas, 2001, pág. 587.

oficio o a instancia de parte[11]. Obviamente, ciertos tipos de medidas cautelares, como la *ante causam*, solamente podrán ser solicitadas por gestión de la parte interesada y no por el juez. No obstante, además de estas, es posible interponer medidas durante el proceso y en la etapa de jurisdicción. La diversidad de opciones de medidas cautelares tiene como finalidad una tutela amplia del objeto del proceso.

Con el fin de evitar burlas del proceso, las medidas cautelares podrán ser modificadas e inclusive suprimidas en caso de que cambien las circunstancias en las cuales se otorgaron; de igual forma, podrá ser de oficio o a instancia de parte. Así lo explica el legislador en el artículo 29 del CPCA[12].

F) *Economía procesal*

Dentro de los beneficios incluidos en el nuevo proceso contencioso-administrativo se encuentra la eliminación de publicación de edictos. Con la ley vigente antes del año 2008, la LRJCA, las partes tenían que publicar en el *Boletín Judicial* y en un diario de circulación nacional un aviso que anunciara la interposición de la acción. Dicha publicación, además de ser una erogación económica para la parte, también era un atraso en el proceso.

En este sentido, no queda duda de que la eliminación de publicación de edictos beneficia a las partes. El CPCA introduce un mecanismo que como factor de economía procesal agiliza el proceso y reduce costos económicos.

G) *Oralidad*

La tendencia del poder judicial de Costa Rica ha sido innovar y modificar los procesos emigrando a la oralidad, y la jurisdicción-contencioso administrativa no ha sido la excepción. El proceso contencioso-administrativo descrito en el CPCA ha destacado por ser un proceso que prevé fases en la cuales predomina la oralidad, pero mantiene fases escritas. Es posible identificar la oralidad en las distintas audiencias que forman parte del proceso.

[11] "1) Durante el transcurso del proceso o en la fase de ejecución, el tribunal o el juez respectivo podrá ordenar, a instancia de parte, las medidas cautelares adecuadas y necesarias para proteger y garantizar, provisionalmente, el objeto del proceso y la efectividad de la sentencia.

"2) Tales medidas también podrán ser adoptadas por el tribunal o el juez respectivo, a instancia de parte, antes de iniciado el proceso".

[12] "1) Cuando varíen las circunstancias de hecho que motivaron la adopción de alguna medida cautelar, el tribunal, el juez o la jueza respectiva, de oficio o a instancia de parte, podrá modificarla o suprimirla.

"2) En igual forma, cuando varíen las circunstancias de hecho que dieron motivo al rechazo de la medida solicitada, el tribunal, el juez o la jueza respectiva, de oficio o a instancia de parte, podrá considerar nuevamente la procedencia de aquella u otra medida cautelar".

Es posible mencionar dentro de los beneficios percibidos como consecuencia de incorporar la oralidad en el proceso la inmediatez y la concentración de la prueba, la promoción del contradictorio, la verificación de la verdad formal de los hechos y la publicidad. Esta es en definitiva una innovación marcada por la entrada en vigencia del CPCA, pues la LRJCA avistaba un proceso meramente escrito.

Como ya dijimos, el CPCA incorpora la oralidad en diferentes fases del proceso, mayormente audiencia, entre ellas: la audiencia de medidas cautelares, prevista en el artículo 24[13]; la audiencia de conciliación, prevista al comienzo del proceso, pero como lo indica el artículo 74[14], puede intentarse tantas veces como se considere pertinente durante el proceso; la audiencia preliminar incluida en el artículo 90[15]; la audiencia de juicio oral; la audiencia oral prevista en caso de interposición de recurso de casación y revisión, respectivamente, y la audiencia que es posible celebrar en el caso de trámite preferente y en la ejecución de sentencia.

H) *Conciliación*

La procura de conciliación es una nueva tendencia que sigue así mismo el poder judicial. Con la entrada en vigencia de la Ley de Resolución Alterna

[13] “1) El tribunal o el respectivo juez o la jueza dará audiencia a las partes hasta por tres días, acerca de la solicitud de la medida, salvo lo previsto en el artículo siguiente, de este Código.

”2) Transcurrido ese plazo, el tribunal o el respectivo juez o jueza resolverá lo procedente, excepto si estima necesario realizar una audiencia oral, en cuyo caso la realizará en un plazo máximo de tres días hábiles”.

[14] “1) La jueza o el juez conciliador convocará a tantas audiencias como estime necesarias.

”2) Para lograr la conciliación, la jueza o el juez podrá reunirse con las partes, en forma conjunta o separada”.

[15] “1) En la audiencia preliminar, en forma oral, se resolverá:

”a) El saneamiento del proceso, cuando sea necesario, resolviendo toda clase de nulidades procesales, alegadas o no, y las demás cuestiones no atinentes al mérito del asunto.

”b) La aclaración y el ajuste de los extremos de la demanda, contrademanda y contestación y réplica, cuando, a criterio del juez tramitador, resulten oscuros o imprecisos, sea de oficio o a gestión de parte.

”c) La intervención del coadyuvante.

”d) Las defensas previas.

”e) La determinación de los hechos controvertidos y con trascendencia para la resolución del caso y que deban ser objeto de prueba.

”2) Durante la audiencia, las partes podrán ofrecer otros medios de prueba que, a juicio del juez tramitador, sean de interés para la resolución del proceso y se refieran, únicamente, a hechos nuevos o a rectificaciones realizadas en la propia audiencia.

”3) También se resolverá la admisión de los elementos probatorios ofrecidos, cuando así proceda, se rechazarán los que sean evidentemente impertinentes o inconducentes, y se dispondrá el señalamiento y diligenciamiento de los que correspondan”.

de Conflictos y Promoción de la Paz Social, la 7727, se ha introducido en los procesos, donde la materia lo permite, la conciliación, siendo este el caso de la jurisdicción contencioso-administrativa.

Dentro de esta jurisdicción se encuentra previsto, con la entrada en vigencia del CPCA, la posibilidad de que la Procuraduría General de la República pueda realizar acuerdos conciliatorios[16]. El artículo 72 del CPCA[17] indica que la administración pública podrá conciliar sobre la conducta administrativa, su validez y efectos.

Es importante subrayar que la conciliación se ha considerado una figura procesal de tal trascendencia que con la reforma presentada en el proceso con la entrada en vigencia del CPCA se ha incluido un juez conciliador, cuyo único enfoque es el de llevar a cabo dicha audiencia con el mejor resultado posible.

I) *Recursos*

Los recursos procesales se dividen en ordinarios y extraordinarios. Los recursos ordinarios previstos por el CPCA son la revocatoria y la apelación.

El recurso de revocatoria, regulado por el artículo 132 del CPCA[18], se interpone ante la misma instancia en audiencia preliminar, y de juicio se hace de forma oral y en la misma audiencia.

Por su parte, el recurso de apelación se debe interponer en el plazo de tres días ante el tribunal de apelaciones. Si bien la ley indica que debe ser ante

[16] Art. 217.—Reformas de la Ley Orgánica de la Procuraduría General de la República:

"1) Adiciónase al artículo 3, un inciso l), en los siguientes términos:

"«Art. 3º.—

"[...]

"l) Proponer y acordar arreglos o convenios durante la tramitación de cualquier proceso, cuando valore su procedencia y oportunidad. En estos casos, se requerirá autorización escrita del procurador general, del procurador general adjunto o del funcionario en quien estos deleguen»".

[17] "1) La administración pública podrá conciliar sobre la conducta administrativa, su validez y sus efectos, con independencia de su naturaleza pública o privada.

"2) A la audiencia de conciliación asistirán las partes en litigio o sus representantes, excepto los coadyuvantes".

[18] "1) Contra las providencias no cabrá recurso alguno.

"2) Contra los autos, salvo disposición en contrario, cabrá únicamente recurso de revocatoria, el cual deberá interponerse dentro del tercer día hábil. Dicho recurso deberá ser resuelto en el plazo de tres días hábiles, contados a partir del día siguiente al vencimiento del plazo para su interposición.

"3) Contra los autos dictados en las audiencias solo cabrá el recurso de revocatoria, el cual deberá interponerse en forma oral y motivada, en la propia audiencia, y deberá ser resuelto inmediatamente por el tribunal. No cabrá el recurso de apelación, salvo en los casos dispuestos expresamente por este código".

el tribunal de casación[19], no se ha creado aún de acuerdo con lo dictado en el transitorio I del CPCA[20].

El recurso de casación se presenta ante la Sala I, como indica el Transitorio I, *ut supra*. Siendo este un recurso extraordinario, existen razones limitadas para interponerlos, entre ellas: por violación de normas procesales, por violación de normas sustantivas, contra la resolución final de ejecución de sentencia y en interés del ordenamiento jurídico. Las causales que prevén la procedencia del recurso de casación están normadas en el artículo 137 del Código Procesal Contencioso-Administrativo[21]. En este sentido es necesario acotar que el recurso

[19] "Art. 133.—

"1) Cuando proceda, el recurso de apelación deberá interponerse directamente ante el Tribunal de Casación de lo Contencioso-Administrativo, en el plazo de tres días hábiles.

"2) Dicho recurso no requiere formalidades especiales. El superior, en caso de admitirlo, citará, en el mismo acto, a una audiencia oral, a fin de que las partes expresen agravios y formulen conclusiones. Tal resolución deberá notificarse a todas las partes, al menos tres días hábiles antes de realizar la audiencia.

"3) Si alguna de las partes o sus representantes tienen justa causa para no asistir a la audiencia, deberán acreditarla ante el tribunal. De ser procedente, deberá efectuarse un nuevo señalamiento, el cual será notificado al menos con tres días hábiles de anticipación a la realización de la audiencia.

"4) Si la parte o su representante no asiste a la audiencia sin justa causa, el recurso se tendrá por desistido y, por firme, la resolución recurrida".

[20] "Transitorio I.—La Corte Plena pondrá en funcionamiento el Tribunal de Casación de lo Contencioso-Administrativo y Civil de Hacienda, cuando las circunstancias jurídicas o de hecho así lo exijan. Entre tanto, los recursos de apelación y casación asignados a él en el presente código serán del conocimiento de la Sala Primera de la Corte Suprema de Justicia".

[21] "Art. 137.—

"1) Procederá el recurso de casación por violación de normas procesales del ordenamiento jurídico, en los siguientes casos:

"a) Falta de emplazamiento, incluso la deficiencia en la composición de la litis, así como la notificación defectuosa del emplazamiento a las partes principales.

"b) Indefensión de la parte, que no le sea imputable, cuando se le afecten los derechos de defensa y del debido proceso.

"c) Falta de determinación clara y precisa, en la sentencia, de los hechos acreditados por el tribunal o por haberse fundado en medios probatorios ilegítimos o introducidos ilegalmente al proceso.

"d) Falta de motivación.

"e) Incompetencia de los tribunales costarricenses, habiendo sido alegada y rechazada en el momento procesal correspondiente.

"f) Dictado de la sentencia por un número menor de jueces que el exigido para conformar el tribunal o cuando uno de ellos no haya estado presente en el juicio oral y público.

"g) Inobservancia de las reglas previstas en este código para la deliberación, el plazo de dictado de la sentencia o la redacción del fallo en sus elementos esenciales.

"h) Violación de las normas cuya inobservancia sea sancionada con la nulidad absoluta.

"i) Contradicción con la cosa juzgada.

extraordinario de casación sufrió varias modificaciones en el proceso; la más importante fue la informalidad plasmada en él, alejándose del formalismo del proceso civil, acercándose al objetivo del proceso contencioso, los intereses públicos. En este sentido, los profesores RAFAEL GONZÁLEZ BALLAR y CÉSAR HINES CÉSPEDES[22] explican que en el proceso contencioso-administrativo regido por la LRJCA "[...] los motivos de casación en esta tipología de procesos no pueden estar clausuradamente tasados, porque por principio general, el ordenamiento jurídico administrativo rebasa la simple normatividad, con fines que trascienden el interés particular, sin perjuicio de la protección a los intereses subjetivos e intereses legítimos"[23].

El recurso de revisión, por otra parte, está regulado por el artículo 154 del CPCA[24] e indica que este recurso extraordinario se regirá por lo que indique el proceso civil; es decir, se hace referencia a los artículos 619 y siguientes del Código Procesal Civil[25]. A pesar de que apliquen la normativa civil, es

---

"2) Las causales del recurso de casación por las razones procesales establecidas en el presente artículo solo podrán alegarse por la parte a quien haya perjudicado la inobservancia de la norma procesal. Además, será necesario haber gestionado, ante el órgano jurisdiccional pertinente, la rectificación del vicio, en los casos que sea posible su rectificación en el tribunal".

[22] R. GONZÁLEZ BALLAR, *et al.*, *Reflexiones para el recurso de casación en el proceso contencioso-administrativo*, San José, Instituto de Investigaciones Jurídicas de la Universidad de Costa Rica, 2006.

[23] *Id.*

[24] "1) El recurso de revisión será de conocimiento de la Sala Primera de la Corte Suprema de Justicia, en los mismos términos establecidos para el proceso civil.

"2) Con la admisión del recurso, conferirá traslado, por quince días, a quienes hayan litigado en el proceso o a sus causahabientes, y fijará hora y fecha para la audiencia oral, en la que se evacuarán las pruebas ofrecidas y admitidas y se emitirán conclusiones. Esa resolución deberá notificarse a todas las partes, por lo menos con cinco días hábiles de antelación a la audiencia.

"3) La lectura y redacción de la sentencia se regirá por los plazos establecidos para el recurso de casación".

[25] "Art. 619.—*Procedencia y causales.*

"El recurso de revisión procederá solamente contra una sentencia firme con autoridad y eficacia de cosa juzgada material, en los siguientes casos:

"1) Si la parte que la pide demostrare que por impedírselo fuerza mayor, o por obra de la contraria, no recusó al juez o no pudo presentar algún documento u otra clase de prueba, o comparecer al acto en que se evacuó alguna de la contraria; de modo que en uno y otro caso haya habido indefensión y no haya sido posible en el curso del proceso pedir rectificación del vicio.

"2) Si la sentencia hubiere recaído en virtud de documentos que al tiempo de dictarse ignoraba el interesado haber sido declarados falsos, o cuya falsedad hubiere sido declarada después de la sentencia.

"3) Si habiéndose dictado en virtud de prueba testimonial, los testigos hubieren sido condenados por falso testimonio, dado en las declaraciones que sirvieron de fundamento a la sentencia.

"4) Si habiéndose dictado en virtud de dictámenes de peritos, estos hubieran sido condenados penalmente por falso testimonio al producir dicha prueba.

importante subrayar que el trámite de evacuación de pruebas y conclusiones debe hacerse de forma oral.

J) *Derecho opcional para el agotamiento de la vía administrativa*

La LJCA determinaba (art. 31)[26] el agotamiento de la vía administrativa como requisito para acceder a la vía contencioso-administrativa; no obstante, el voto de la Sala Constitucional número 03669-2006 anuló este requisito dos años antes que entrara en vigencia en el Código Procesal. El CPCA introduce un cambio al determinar que el agotamiento de la vía ya no es preceptivo sino facultativo, con excepción de los casos que determina el artículo 31 en el inciso 1)[27], en materia municipal y de contratación administrativa.

"5) Si la sentencia se hubiere ganado en virtud de cohecho, violencia u otra maquinación fraudulenta, lo cual hubiere sido declarado en sentencia penal.

"6) En los procesos que carezcan del recurso de casación, haberse dictado la sentencia sin haber sido emplazado el recurrente, o sin haber sido notificado del emplazamiento, siempre que el vicio no se hubiera convalidado.

"7) Haber existido indebida representación durante todo el proceso.

"8) Ser la sentencia contradictoria con otra anterior que produzca cosa juzgada, cuando el recurrente no hubiere podido alegar esa excepción por haber sido ausente en el segundo proceso, y por habérsele nombrado curador procesal, ignorándose además la existencia de la primera sentencia.

No habrá lugar a la revisión si la excepción se hubiere opuesto oportunamente y hubiere sido denegada.

"9) En caso de procesos seguidos con un curador procesal, si el recurrente justificare haber estado ausente de la República desde el principio, de manera que no hubiere podido presentarse en tiempo hábil para rendir prueba".

[26] "1. Anulado.

"2. Anulado.

" (La Sala Constitucional, mediante resolución núm. 03669-2006, dispuso anular los párrafos 1º y 2º de este artículo, cuyos textos disponían: «1) Será requisito para admitir la acción contencioso-administrativa el agotamiento de la vía administrativa. 2) Este trámite se entenderá cumplido: a) cuando se haya hecho uso en tiempo y forma de todos los recursos administrativos que tuviere el negocio; y b) cuando la ley lo disponga expresamente)»".

3. En todo caso, cuando lo impugnado emanare directamente de la jerarquía superior de la respectiva entidad administrativa y careciere de ulterior recurso administrativo, deberá formularse recurso de reposición o reconsideración ante el mismo órgano que ha dictado el acto o la disposición, en el plazo de dos meses, a contar de la fecha en que se notifique o publique el acto, con los requisitos a que se refiere el artículo 38".

[27] "Art. 31.—

"1) El agotamiento de la vía administrativa será facultativo, salvo para lo dispuesto en los artículos 173 y 182 de la Constitución Política.

"2) En todo caso, si se opta por apelar [de] la conducta administrativa ante un jerarca impropio, este deberá resolver el recurso administrativo planteado, dentro del plazo máximo de un mes.

3. Conclusiones

La jurisdicción contencioso-administrativa es regulada desde el año 2008 por el Código Procesal Contencioso-Administrativo. A partir de este momento han empezado cambios en dicha jurisdicción en procura de un mejor y mayor acceso a la justicia de parte de los administrados. Innovaciones como la oralidad y la estimulación de la conciliación tienen como finalidad el acceso a la justicia y el control de la actuación de la administración de parte de los administrados.

"3) Si en los procesos establecidos contra el Estado, bajo la representación judicial de la Procuraduría General de la República, se ha acudido directamente a la vía jurisdiccional, sin haber agotado la vía administrativa, el juez tramitador, en el mismo auto que da traslado de la demanda, concederá un plazo de ocho días hábiles previos al emplazamiento previsto en el artículo 63 de este código, a efecto de que el superior jerárquico supremo del órgano o la entidad competente, de acuerdo con las reglas del artículo 126 de la Ley General de la Administración Pública, confirme, o bien, modifique, anule, revoque o cese la conducta administrativa impugnada, en beneficio del administrado y sin suspensión de los procedimientos. Vencido el plazo indicado, si el jerarca supremo guarda silencio o mantiene la conducta impugnada, empezará a correr automáticamente el plazo otorgado para la contestación de la demanda, a partir del día hábil siguiente y sin necesidad de resolución que así lo disponga. Igual regla se seguirá cuando la demanda se interponga en forma conjunta contra el Estado y una entidad descentralizada".

LE CONSEIL D'ETAT FRANÇAIS
ET LE POLITIQUEMENT CORRECT

Pierre Subra de Bieusses*

Résumé: 1 – Le Conseil d'Etat et la mise en œuvre du droit communautaire. 2 – Le Conseil d'Etat et les rapports entre droit du travail et droit de la concurrence. 3 – Le Conseil d'Etat et la gestion des services publics locaux.

"El Consejo de Estado acierta a configurar lúcida y rápidamente un verdadero sistema de lo contencioso-administrativo, a cuyo servicio despliega una jurisprudencia cada vez mas precisa y técnica, con la cual concluirá por diseñar un verdadero sistema que se llamará enseguida por una doctrina alerta, que resalta y sistematiza esa jurisprudencia, el sistema de Derecho Administrativo"[1].

Si le Conseil d'Etat français, ainsi que le considère à juste titre García de Enterría " acierta a configurar lúcida y rápidamente un verdadero sistema de lo contensioso-administrativo, a cuyo servicio despliega una jurisprudencia cada vez mas precisa y técnica [...] ", au long de son histoire ses décisions n'en sont pas moins conditionnées, à l'instar de celles de toute autre juridiction, par l'idéologie de ses membres, ou plus exactement, de la majorité de ceux-ci.

Pour prendre un exemple plus ancien, on le remarque clairement avec sa célèbre jurisprudence sur le principe de la liberté du commerce et de l'industrie[2].

Les lois (toujours en vigueur) des 10 août 1871 sur l'organisation du département et du 6 avril 1884 sur l'organisation de la commune attribuent à ces collectivités la compétence de régler par leurs délibérations les affaires d'intérêt départemental et les affaires de la commune.

Cette attribution de pouvoirs généraux pour l'organisation de la vie locale semblait logiquement conférer une totale liberté, un pouvoir discrétionnaire aux

* Professeur Emérite de la Faculté de Droit de l'Université Paris X-Nanterre.

[1] Eduardo García de Enterría, *Las transformaciones de la justicia administrativa : de excepción singular a la plenitud jurisdiccional. ¿ Un cambio de paradigma ?*, Madrid, Thomson-Civitas, 2007, págs. 40 y 41.

[2] Les réformes territoriales actuellement préparées par le gouvernement en place devraient probablement conduire à la suppression de cette formule dite de la « clause de compétence générale ».

conseils municipaux et généraux [3] en matière de création de services publics, sous le contrôle de ce qui était alors la tutelle des autorités de l'Etat.

La loi faisait donc ces conseils seuls juges de la nécessité de la transformation d'une activité en service public parce qu'ils sont seuls à pouvoir apprécier ce que sont les besoins collectifs locaux.

Juge de la légalité des délibérations de ces assemblées locales par le biais des recours contre les actes de tutelle des représentants de l'Etat, le Conseil d'Etat en a pourtant jugé autrement. Il a limité le pouvoir des collectivités départementale et municipale en leur imposant le respect du principe de la liberté du commerce et de l'industrie[4]. Il s'est ainsi posé, indirectement mais sûrement, en juge de l'opportunité de la création des services publics.

Si quelques uns de ses membres, par exemple Blum dans ses conclusions sur un arrêt de 1911 (CE 03/02/1911, commune de Mesle-sur-Sarthe, Rec p. 196), se déclareront favorables à la « *municipalisation progressive du plus grand nombre de services d'intérêt commun* », dans sa très grande majorité le Conseil d'Etat y était hostile.

Cela parce que, ainsi que le souligne Jèze, « à l'heure actuelle, le Conseil d'Etat est composé en majorité d'hommes dont la formation intellectuelle, au point de vue économique, remonte à une époque où triomphaient, au point de vue économique les doctrines de l'économie politique dite orthodoxe, libérale, doctrines individualistes à outrance » [5].

Toujours selon Jèze « au point de vue politique, quelle que soit la préoccupation des juges du Conseil d'Etat de ne les point manifester, il n'est pas douteux que les programmes socialistes ou même interventionnistes, n'ont point la faveur de la majorité ».

Pour faire obstacle à l'interventionnisme local en lui opposant le principe de la liberté du commerce et de l'industrie, le Conseil d'Etat a exhumé le décret d'Allarde des 2 et 17 mars 1791 et plus précisément, dans ce texte à valeur législative, l'article aux termes duquel « il sera libre à toute personne de faire tel négoce ou d'exercer toute profession, art ou métier qu'elle trouvera bon ... »

En fondant le principe de la liberté d'entreprendre le décret de mars 1791, constate Hauriou ( ), « accorde sous contrôle la liberté commerciale aux individus, mais, par la généralité de ses termes, il ne semble pas la leur réserver ». Il n'exclut donc pas les personnes publiques de l'exercice de cette liberté. C'est pourtant une interprétation toute différente que retient alors le Conseil d'Etat

[3] Le Conseil Général est, en France, l'assemblée délibérante départementale. Selon les projets de réforme territoriale précités, cette institution serait appelée à être supprimée.

[4] Sur ce principe et la jurisprudence qui y est relative, Gilles Guglielmi et Geneviève Koubi, *Droit du service public*, Paris, Éditions Montchretien, 2000, n° 352 et ss.

[5] G. Jèze, les principes généraux du droit administratif, 1914, 2ème éd, p. 307-308.

(voir par ex. avis du 2 août 1896 — Rec p 642 —; Casanova du 29 mars 1901 — Rec p 333 —; syndicat des agents généraux des Compagnies d'assurances du Territoire de Belfort du 21 janvier 1921 — Rec p 82 —). D'après lui le décret d'Allarde affirmerait non seulement le principe de la liberté du commerce et de l'industrie pour les personnes privées, mais également le droit pour ces personnes de ne pas être concurrencées dans l'exercice de leur activité professionnelle par les personnes publiques [6].

En prétendant tirer du texte qu'il invoque cette deuxième conséquence, le Conseil d'Etat lui fait en réalité dire ce qu'il ne dit pas.

De fait, ce dont il s'agit pour lui en considérant que les activités de caractère économique sont des activités qui relèvent par nature de l'initiative privée, ce n'est pas de dire le droit, c'est de fonder une solution jurisprudentielle conforme à l'idée libérale de l'existence d'une division naturelle et nécessaire du travail dans la société entre ce qui relève des personnes publiques et ce qui relève des personnes privées.

Ce faisant, constatent Gilles Guglielmi et Geneviève Koubi, il prend une position qui « considère comme légitime de produire une interprétation des textes contraire à la volonté de leurs auteurs dès lors que c'est pour la bonne cause ».

S'il y a donc là, parmi divers autres cas, une illustration de l'inévitable influence de l'idéologie de ses membres sur certains des grands arrêts de la Haute Assemblée, plus récemment et de façon comparable quoique quelque peu différente sa démarche apparaît parfois, toujours au détriment de la rigueur juridique, caractérisée par un ralliement conjoncturel à ce qu'il est convenu de nos jours de qualifier de « *politiquement correct* » ou, en d'autres termes, de « *pensée unique* ».

Là encore entre autres exemples, on en retiendra trois échelonnés sur les quinze dernières années.

Relatifs à des questions différentes (mise en œuvre du droit communautaire, application du droit du travail, attribution d'une délégation de service public) mais dont chacun se trouve, sous des angles divers, concernée par le droit de la concurrence, les trois arrêts que l'on va examiner ont pour point commun de traduire un même mode de raisonnement.

[6] En vertu de cette jurisprudence, la création de services publics à caractère économique susceptibles d'être assurés par des personnes privées ne peut être admise qu'en cas de circonstances exceptionnelles, c'est-à-dire soit en cas de carence ou d'insuffisance de l'initiative privée, soit en cas d'exploitation du service dans des conditions telles qu'elles n'engendrent pas de concurrence pour les personnes privées fournissant des prestations analogues.

Au fil du temps cette jurisprudence connaîtra une série d'assouplissements , mais sans remise en cause du principe lui-même ; avant que n'intervienne avec un avis du Conseil d'Etat du 8 novembre 2000 (Aff Société Jean-Louis Bernard consultants, AJDA 2000, p 1066) un changement d'analyse significatif que nous n'avons pas le loisir d'expliciter ici.

1. Le Conseil d'Etat et la mise en œuvre du droit communautaire

La question soulevée par le cas que l'on va examiner en premier lieu est celle de l'application du droit communautaire dérivé et plus précisément de ses directives. Question qui a fait l'objet en 1978 d'une jurisprudence de principe à laquelle l'arrêt du 6 février 1998 dont il va être question ci-après prétend se conformer.

En préalable à son analyse on rappellera donc brièvement l'essentiel de cette jurisprudence issue d'un arrêt d'Assemblée du 22 décembre 1978, Ministre de l'Intérieur c/Cohn-Bendit (Rec p. 624).

Objet, le 25 mai 1968, d'une mesure d'expulsion prise par un arrêté du Ministère de l'Intérieur dont le Conseil d'Etat avait admis la validité (CE, 9 janvier 1970, Rec p. 15), Mr D. Cohn-Bendit [7] en a demandé l'abrogation en 1975. Sa demande a été rejetée par une décision du 2 février 1976 qu'il a déférée au tribunal administratif de Paris. A l'appui de son recours il soutenait que la dite décision de refus était intervenue en violation d'une disposition d'une directive du Conseil des Communautés Européennes en date du 25 février 1964.

Amené à se prononcer sur saisine du Ministre de l'Intérieur qui interjetait appel contre un jugement de renvoi du tribunal administratif, le Conseil d'Etat s'est fondé sur une interprétation de l'article 189 du traité instituant la communauté économique européenne, article dont on sait qu'il dispose, en son alinéa 3, que « la directive lie tout Etat membre destinataire quant au résultat à atteindre, en laissant aux instances nationales la compétence quant à la forme et aux moyens ».

Son interprétation de ce texte l'a conduit à juger qu'une directive communautaire n'a pas d'effet direct dans les Etats membres de la communauté et qu'elle ne peut donc être invoquée par un particulier à l'appui d'un recours dirigé contre un acte administratif individuel. Cela même dans l'hypothèse où l'autorité nationale a laissé écouler le délai imparti pour la transposition en droit interne.

A partir de là, dès lors qu'allait progressivement se renforcer l'opinion favorable à la suprématie du droit et du juge communautaire, le Conseil d'Etat n'allait pas manquer de se montrer sensible à cette composante du politiquement correct. A compter du milieu des années 80 il a peu à peu atténué la portée de sa jurisprudence initiale (v, notamment, CE 28 septembre 1984, Confédération des sociétés protectrices des animaux de France, Rec tables, p. 512 ; 7 décembre 1984, Fédération française des sociétés protectrices de la nature, Rec p. 410; Ass 3 février 1989, Cie Alitalia, Rec p. 44, Ass 20 octobre 1989, Nicolo, Rec p. 190; 24 septembre 1990, Boisdet, Rec p. 251; Ass 28 février 1992, SA Rothmans

[7] Homme politique franco-allemand, Mr Daniel Cohn-Bendit fut, tout d'abord, l'une des figures marquantes du mouvement étudiant de mai 1968 en France.

international France et SA Philippe Morris France, Rec p. 81; 8 juillet 1991, Polazzi, Rec p. 276; Ass 30 octobre 1996, Revert et Badelon, AJDA 1996, p. 1044 et chron; R.T.D.E. 1997, p. 171 et s.).

Toutefois, à tout le moins jusqu'à l'arrêt du 6 février 1998 que nous allons évoquer, il parvenait à concilier cette évolution avec le maintien d'une certaine effectivité au principe d'absence d'effet direct des directives.

L'affaire qui va donner lieu à celui-ci concernait la passation d'une convention de délégation de service public et de travail public.

Par une délibération du 18 juillet 1991, le conseil de la communauté urbaine de Lyon décidait la réalisation d'un ouvrage autoroutier (dit périphérique de Lyon). Le lendemain, 19 juillet, il prenait la décision de signer le contrat de concession et la convention de concession elle-même. S'agissant d'un contrat de concession qui était tout à la fois de travaux publics et de service public, une redevance sur les usagers permettait la rémunération du concessionnaire.

Par une requête enregistrée le 16 septembre 1991, un contribuable de la communauté urbaine et usager de la voie considérée a demandé au tribunal administratif de Lyon d'annuler la délibération du 18 juillet 1991, la décision de signer la convention envisagée par la dite délibération et la convention elle-même.

A l'appui de sa demande il faisait essentiellement valoir que la délégation de travail public et de service public dont il s'agissait avait été conclue sans publicité préalable, en méconnaissance des dispositions d'une directive du conseil de la communauté européenne an date du 18 juillet 1989.

Par un jugement du 16 avril 1992, le tribunal administratif a rejeté la requête au motif, notamment, qu'à l'égard du défaut de publicité allégué par le requérant il convenait de considérer :

– « qu'il est de règle que le concédant a le libre choix du concessionnaire en l'absence de dispositions contraires » ;

– « qu'il ressort clairement de l'article 189 du traité instituant la communauté économique européenne que, si les directives lient les Etats membres quant aux résultats à atteindre et si, pour atteindre le résultat qu'elles définissent, les autorités nationales sont tenues d'adapter la législation et la réglementation des Etats membres qui leur sont destinées, ces autorités restent seules compétentes pour décider de la forme à donner à l'exécution des directives et pour fixer elles-mêmes, sous le contrôle des juridictions nationales, les moyens propres à leur faire produire effet en droit interne » ;

– « qu'ainsi , quelles que soient les précisions qu'elles contiennent à l'intention des Etats membres, les directives ne sauraient être invoquées par les ressortissants de ces Etats à l'appui d'un recours contre un acte administratif individuel », de sorte que le requérant ne pouvait utilement invoquer, à l'appui de son recours pour excès de pouvoir contre les décisions litigieuses, un moyen tiré de la méconnaissance de la directive du conseil de la communauté 89 / 410 / CEE du 18 juillet 1989.

Appel ayant été interjeté de cette décision, le Conseil d'Etat s'est prononcé par l'arrêt du 6 dévrier 1998 précité (CE Ass, 6 février 1998, Mr TETE, Association de sauvegarde de l'Ouest Lyonnais, RFDA 1998, p. 407).

A priori, l'affaire dont il avait à connaître ne semblait pas spécialement de nature à donner lieu à une solution remarquable.

En effet, comme l'établissent d'ailleurs certaines observations du commissaire du gouvernement, la motivation du tribunal administratif était parfaitement conforme à l'état du droit tel qu'il résultait, notamment, de la jurisprudence Cohn-Bendit que l'on vient de rappeler.

Une jurisprudence est certes toujours susceptible d'évolution, mais en l'espèce les motifs d'un statu quo jurisprudentiel semblaient pouvoir s'imposer, étant donné que l'intérêt juridique d'un changement pouvait apparaître assez mince et qu'en revanche se révélaient très lourds de conséquence les inconvénients pratiques d'une censure de la décision des premiers juges.

Le rejet de la requête par le tribunal administratif se fondait sur la considération que l'on ne pouvait utilement invoquer la méconnaissance de l'exigence de publicité instaurée par la directive travaux du 18 juillet 1989 (également applicable aux concessions de travaux) dans la mesure où, faute d'une transposition de cette directive dans le délai prescrit, perdurait à la date des actes incriminés un état de droit qui ignorait une telle exigence.

Il est vrai que cette analyse conduisait à l'acceptation d'une absence de publicité alors même qu'un régime de publicité aurait normalement dû être mis en place au plus tard le 20 juillet 1990, mais il n'était pas pour autant très nécessaire de trouver un remède jurisprudentiel à cette situation, compte tenu de ce qu'au moment où le Conseil d'Etat allait avoir à se prononcer ladite situation se trouvait manifestement dépassée du fait de l'intervention de la loi de transposition du 3 janvier 1991 et des textes d'application (décret et arrêté du 31 mars 1992) destinés à la faire entrer en vigueur.

Dans ces conditions, consacrer par la voie juridictionnelle l'obligation de publicité que le tribunal administratif n'avait pas cru devoir retenir, s'avérait superflu au regard de l'actualité d'un droit devenu conforme aux exigences communautaires et ne pouvait avoir qu'une portée réduite (sur le terrain de la publicité) puisque seulement rétrospective.

En revanche, et cela était tout aussi clair, en termes de conséquences sur l'emploi, de frais d'entretien, d'amortissements des investissements, d'indemnisation du concessionnaire, d'incidences fiscales au détriment des contribuables locaux, revenir sur le jugement de première instance et par là même sur la concession ne pouvait qu'entraîner des inconvénients déjà considérables dans le seul cas du périphérique lyonnais, mais de surcroît susceptibles de s'amplifier dès lors qu'une telle décision recèlerait des potentialités d'expansion susceptibles de mettre en péril d'autres concessions conclues après le 20 juillet 1990.

Dans ce contexte, eu égard à l'orthodoxie du jugement attaqué et compte tenu de ce que juger autrement serait, tout à la fois, pratiquement préjudiciable et juridiquement peu utile (en ce sens qu'il était désormais satisfait par les textes aux prescriptions de la directive travaux en matière de publicité), tout semblait aller dans les sens, à tout le moins pour un esprit simple, d'une confirmation de la décision de rejet du tribunal administratif de Lyon.

Telle n'a pourtant pas été l'analyse de la Haute Assemblée qui, censurant les premiers juges, annule la délibération du conseil de la communauté urbaine et la décision de son président de signer la convention de concession.

La censure intervient au motif que les règles nationales applicables en juillet 1991 ne prévoyaient pas de mesures de publicité en matière de contrats de concession de travaux publics, qu'en conséquence « elles n'étaient pas compatibles avec les objectifs de la directive du 18 juillet 1989 » et qu'elles ne pouvaient donc « donner de base légale à la délibération attaquée qui, prise sans que la Communauté urbaine de Lyon ait assuré une publicité de ses intentions de passer ce contrat de concession compatible avec les objectifs de la directive … a été adoptée dans des conditions irrégulières ».

Quel pouvait être, exactement, le sens de cette motivation ?

Si elle refuse l'invocabilité des directives à l'encontre des actes administratifs individuels, la jurisprudence postérieure à l'arrêt Cohn-Bendit que l'on a citée plus haut admet en revanche que le justiciable puisse se prévaloir des directives communautaires, y compris dans les litiges relatifs à des décisions individuelles, en recourant à la technique contentieuse de l'exception d'illégalité. Le requérant invoque l'illégalité de la norme nationale qui lui est appliquée au regard de la directive.

On pourrait donc penser, à première lecture, que l'absence d'obligation de publicité procédant d'une norme nationale, législative ou réglementaire, le tribunal administratif aurait eu le tort de ne pas considérer que le requérant pouvait invoquer la directive en soulevant l'exception d'illégalité du droit national.

Seulement, en réalité, tel n'était pas le cas. Cela pour la simple raison que les « règles incompatibles » dont il est fait état ne correspondaient à aucun texte. Seulement consacrée par le juge, la pleine liberté du concédant dans le choix du concessionnaire de travaux publics ne procédait d'aucune disposition législative ou réglementaire. On ne pouvait donc faire grief au tribunal administratif de n'avoir pas eu recours à la technique de l'exception d'illégalité puisqu'il ne se trouvait en présence d'aucun texte illégal et l'on ne pouvait davantage lui reprocher d'avoir conclu à la validité d'une passation sans publicité préalable puisque la jurisprudence du Conseil d'Etat était en ce sens.

Sa décision n'en a pas moins fait l'objet d'une annulation, mais comme la seule lecture de l'arrêt n'éclaire pas exactement sur le raisonnement dont elle procède, c'est ailleurs qu'il faut chercher, c'est-à-dire dans l'argumentation du commissaire du gouvernement dont les conclusions ont été suivies.

Le droit national ne prévoyant pas de mesures de publicité préalable de l'intention du concédant de passer un contrat de concession de travaux, il était certainement incompatible avec la directive une fois expiré son délai de transposition.

Mais cela constaté, eu égard au caractère jurisprudentiel du droit incompatible, pouvait-on valablement considérer que les décisions incriminées se trouvaient entachées d'illégalité du seul fait que leurs auteurs n'avaient pas spontanément respecté la directive ? Autrement dit, pour reprendre les termes des conclusions, était-il « possible d'invoquer la méconnaissance d'une directive communautaire à l'appui d'une demande d'annulation d'une décision non réglementaire, alors qu'aucun texte de droit interne de valeur législative ou réglementaire n'existe dans le champ d'application de cette directive » ?

C'est ce que vont admettre le commissaire du gouvernement et à sa suite le Conseil d'Etat qui s'est rangé à ses conclusions.

A l'appui de cette décision sont invoqués des motifs dont on peut douter qu'ils traduisent la véritable préoccupation du juge dans cette affaire. On les envisagera donc d'abord avant d'évoquer le raisonnement suivi et la portée exacte de la décision.

A) *Les motifs invoqués et la véritable préoccupation du juge*

a) *Les motifs invoqués.* Les conclusions auxquelles nous nous référons envisagent en premier lieu la solution qui aurait consisté à accepter l'impossibilité d'envisager par voie d'exception l'incompatibilité d'une législation ou d'une réglementation française ayant servi de base légale à la décision attaquée dans la mesure où il n'existait pas de textes applicables en droit interne dans le champ de la directive communautaire.

Il y avait là une formule qui amenait certes à faire abstraction de l'exigence communautaire de publicité (ce qui ne représentait qu'un inconvénient limité parce que seulement rétrospectif), mais qui, parce qu'elle permettait en évitant d'avoir à les prononcer, d'échapper aux conséquences pénalisantes des annulations, pouvait sembler d'autant plus acceptable qu'elle était, toujours d'après le commissaire du gouvernement, « parfaitement orthodoxe au regard de la théorie jurisprudentielle de l'exception d'illégalité ».

On pouvait certes regretter qu'elle conduise à faire bénéficier les règles jurisprudentielles, par rapport au droit communautaire, d'une « autonomie plus grande que celle des lois et règlements », mais cela n'était que la conséquence logique de la formulation donnée par le Conseil d'Etat au mécanisme de l'exception d'illégalité qui « n'a lieu de jouer que dans la mesure où un texte sert de base légale à la décision qui est directement attaquée devant le juge de l'excès de pouvoir et que ce texte est lui-même contraire à une norme juridique qui lui est supérieure ».

Cette première solution est pourtant écartée, au double motif qu'elle aurait l'inconvénient majeur de démontrer « que dans certains cas le juge national ne disposerait pas des outils lui permettant d'assurer la primauté du droit communautaire », et que laissant sans effet dans le litige une directive au délai de transposition expiré, elle serait « directement contraire à la jurisprudence de la Cour de Justice des Communautés Européennes ».

Discutable en lui-même, sauf à admettre la subordination inconditionnelle du juge national aux analyses de la C.J.C.E., l'argument sur la contrariété à la jurisprudence de Luxembourg emporte d'autant moins la conviction que peu après l'avoir formulé, les conclusions sont conduites à souligner fort justement que les constructions juridiques de la Cour de Justice ne peuvent toujours se prévaloir d'une parfaite « justesse d'analyse et de raisonnement ».

Quant à l'impossibilité pour le juge d'assurer la primauté du droit communautaire, l'assertion ne convainc pas davantage.

Il est vrai que dans le cadre d'un recours pour excès de pouvoir et en l'absence de texte à écarter, la technique de l'exception d'illégalité ne permet pas de tirer les conséquences d'un retard de transposition. Cela étant, c'est trop généraliser que d'en déduire que le juge ne disposerait alors d'aucun outil pour assurer la primauté du droit communautaire, car c'est négliger qu'existe devant lui une autre voie de droit pour conférer à un particulier les droits que ce dernier tire de l'ordre juridique communautaire, par le biais du contentieux de la responsabilité, y compris dans le cas de non respect des délais de transposition des directives.

Dans ces conditions on comprend mal en vertu de quoi ces possibilités offertes par le contentieux de la responsabilité sont considérées comme insusceptibles d'influer sur la décision à prendre et l'on s'étonne, en présence d'une solution juridiquement fondée et pratiquement souhaitable, de la voir écartée par référence à deux objections non déterminantes. Mais à vrai dire, là ne devait pas être la véritable préoccupation du Conseil d'Etat et de son commissaire du gouvernement.

b) *La véritable préoccupation du juge.* Jugeant « délicate » la question de savoir s'il était possible de tirer les conséquences juridiques de la méconnaissance des objectifs de la directive, les conclusions soulignent que la solution a y apporter n'est pas évidente.

En effet, à partir du moment où l'on n'entendait pas s'arrêter à la considération « que d'autres voies que le recours pour excès de pouvoir permettraient vraisemblablement d'assurer à terme une effectivité du droit communautaire », ce qui rendait la situation délicate et donc importait vraiment, c'était qu'en empêchant de tirer les conséquences juridiques de la méconnaissance des objectifs de la directive sur le terrain de l'excès de pouvoir, le droit national en vigueur ne permettait pas de faire prévaloir le droit communautaire dans le cadre de ce contentieux particulier.

Sans doute aurait-on pu, sans aberration juridique, se borner à le constater et à s'en accommoder, mais cela n'a pas été le sentiment de la Haute Assemblée pour qui l'objectif de primauté du droit communautaire l'emportait désormais sur tout autre impératif. Dès lors que l'état de droit faisait obstacle à la pleine satisfaction de cet objectif, il en résultait une difficulté qu'il était nécessaire de résoudre.

Ce qui importait donc réellement, ce n'était pas d'apporter une solution jurisprudentielle pertinente à l'exigence de publicité dans la passation des concessions de travaux publics, parce qu'elle était désormais satisfaite, mais, au-delà du cas de l'espèce et avec une portée générale, de faire en sorte que dans le contentieux de l'annulation rien ne fasse plus obstacle à la possibilité de se prévaloir en toute hypothèse des objectifs d'une directive communautaire non transposée dans le délai prescrit.

L'objectif ainsi fixé, on va faire en sorte de l'atteindre par un raisonnement dont le développement s'explique par le souci d'une solution qui, est-il prétendu, ne remette pas en cause l'analyse de l'article 189 du traité à laquelle le Conseil d'Etat s'était jusqu'alors tenu et qui le conduisait à considérer que les directives n'ont pas d'effet direct à l'égard des particuliers. En d'autres termes il s'agissait de surmonter la difficulté en restant fidèle à la jurisprudence Cohn-Bendit.

B) *Le raisonnement suivi et l'exacte portée de la décision qui en résulte*

a) *Le raisonnement suivi.* S'interrogeant sur l'éventualité d'une solution consistant à admettre « qu'un requérant puisse invoquer directement une directive à l'appui d'un recours contre un acte individuel », les conclusions constatent qu'elle n'aurait en réalité « qu'une portée pratique limitée », mais elles l'écartent au motif qu'elle irait à l'encontre de la jurisprudence du 22 décembre 1978 dont la portée paraît être la bonne parce qu'elle repose « sur une construction juridique impeccable et conforme à l'intention des signataires du traité » et qu'elle permet ainsi « de faire prévaloir le droit communautaire sans attenter au principe d'absence d'effet direct des directives ».

En conséquence, la difficulté ne pouvait être surmontée que par une autre solution qui, en l'absence de dispositions textuelles et donc sans pouvoir trouver appui sur la jurisprudence jusqu'alors intervenue en matière d'exception d'illégalité, fasse prévaloir le droit communautaire sans pour autant s'écarter de la jurisprudence Cohn-Bendit.

On estime y parvenir par une application de la technique de l'exception d'illégalité, alors même que « la décision attaquée a été prise au vu d'un état de droit caractérisé par l'absence de texte applicable ».

Il est d'abord constaté que, de façon générale, l'absence de texte n'est pas constitutive de vide juridique parce « qu'avant même toute intervention du juge dans la matière en cause il découle de notre système juridique que le silence de la loi, largement entendu, équivaut à une liberté d'action dont les personnes privées mais aussi les personnes publiques peuvent se prévaloir pour agir comme elles estiment devoir le faire ».

Il s'avère ensuite que dans la matière dont il s'agissait en l'espèce « le juge était intervenu pour combler l'absence de disposition textuelle en consacrant le principe de liberté et en lui conférant la valeur de règle de droit des concessions ».

Des règles non écrites régissaient donc bien le droit des concessions. Consacrant le principe de liberté en matière de passation elles ne prévoyaient évidemment pas de mesures de publicité préalable à l'intention du concessionnaire de passer le contrat et n'étaient donc pas compatibles avec les dispositions de la directive du 18 juillet 1989, entre la date d'expiration du délai de transposition de celle-ci et l'entrée en vigueur de la loi la transposant en droit interne.

Dans ces conditions, le commissaire du gouvernement a suggéré, et le Conseil d'Etat a considéré, qu'il y avait bien lieu, nonobstant l'absence de texte, de « faire jouer le mécanisme d'exception d'illégalité en constatant que les principes juridiques sur le fondement desquels la délibération attaquée reposait, étaient incompatibles avec le droit communautaire », et par ce biais de conclure à l'illégalité de la délibération attaquée pour défaut de base légale.

Cela tout en reconnaissant que cette solution posait une difficulté dans la mesure où « la théorie de l'exception d'illégalité n'avait jamais eu à jouer jusqu'à présent dans un cas équivalent » et qu'elle paraîtrait « quelque peu hardie au regard des raisonnements traditionnels de la jurisprudence [...] ».

Il n'en a pas moins semblé que c'est elle qui devait être préférée parce qu'elle aboutirait, a-t-il été estimé, « à un résultat tout à la fois opportun et respectueux de la jurisprudence du Conseil d'Etat et du droit communautaire ».

A s'en tenir à ce raisonnement, le double objectif consistant à assurer la primauté du droit communautaire sans mise en cause de la jurisprudence Cohn-Bendit se trouverait atteint, mais à bien y regarder il est permis de ne pas en être convaincu.

b) *L'exacte portée de la décision.* Quant à l'opportunité de la solution, on a observé plus haut que, dans la mesure ou la transposition de la directive était finalement intervenue, elle n'avait qu'un intérêt limité parce que seulement rétrospectif du point de vue de l'exigence de publicité. En revanche elle pénalisait lourdement les partenaires (et était susceptible d'en pénaliser plusieurs autres) qui n'avaient pourtant fait que se conformer à l'état du droit en vigueur et qui se trouvaient donc victimes d'une indéniable insécurité juridique, sans que les inconvénients de leur situation soient atténués par le fait que la responsabilité en incombe, en dernière analyse, non pas au juge, mais à « la lenteur du gouvernement à transposer les directives communautaires ». Pour qui privilégiait ces considérations, l'opportunité n'apparaissait sans doute pas évidente.

Désormais chacun aurait à savoir qu'à la différence de ce qu'avaient pu légitimement estimer les acteurs de la présente affaire, dans tous les cas où se présenterait à nouveau une situation caractérisée par la non transposition d'une directive et l'absence de textes nationaux, il conviendrait de prendre la précaution de « respecter spontanément » les objectifs de la directive.

On voit bien là l'essentiel de la solution retenue, la primauté du droit communautaire se trouve désormais garantie en toute hypothèse, en parfaite cohérence avec les exigences de la cour de justice des communautés européennes.

Est-elle opportune ? Elle l'est certes, mais à la condition de postuler, ce qui était bien dans l'air du temps, qu'il y avait bien une absolue nécessité à faire prévaloir le droit communautaire sans conditions et en toutes circonstances.

Est-elle également, comme le donnent à entendre les conclusions qui l'inspirent, parfaitement respectueuse des solutions jurisprudentielles qui l'ont précédée ?

On peut d'abord remarquer qu'il y avait quelque paradoxe à prétendre qu'une solution qui aboutit à conférer un effet direct aux directives reste fidèle à une jurisprudence dont il résultait que si les dites directives lient les Etats membres quant aux résultats à atteindre elles n'ont pas d'effet direct à l'égard des particuliers.

Cela étant, il est vrai qu'au stade d'évolution qui était celui de la jurisprudence avant l'arrêt du 6 février 1998, le principe d'absence d'effet direct des directives connaissait encore, quoique de façon atténuée, une certaine effectivité. Précisément dans des cas, du type de celui qu' illustrait l'affaire du périphérique de Lyon où étaient amenés à se rencontrer la non transposition fautive d'une directive et un état de droit national caractérisé par l'absence de textes. Absence de textes qui, rendant impossible le recours au mécanisme de l'exception d'illégalité, empêchait les objectifs communautaires de produire leurs effets en vertu du principe d'absence d'effet direct de la jurisprudence Cohn-Bendit.

Avec l'arrêt en question ce n'est plus le cas, parce qu'en adhérant à un raisonnement en termes d'exception d'illégalité, non plus à propos d'un texte illégal, mais de l'illégalité d'un état de droit issu du silence de la loi et des principes formulés par le juge, le Conseil d'Etat a supprimé le dernier obstacle à la pleine effectivité du droit communautaire dérivé.

Toujours selon les conclusions et donc selon le Conseil d'Etat qui les a fait siennes, la solution ainsi retenue aurait l'avantage de ne pas être artificielle, parce qu'elle aurait « pour elle de solides arguments ». D'abord parce qu'elle permettrait « *d*e faire prévaloir l'effectivité du droit communautaire dans un cas où on pouvait penser que le recours pour excès de pouvoir ne permettait pas d'obtenir ce résultat ».

Ensuite parce qu'elle pourrait « se prévaloir de ce que de droit interne applicable, s'il était de valeur jurisprudentielle, n'était pas moins parfaitement clair et précis ».

Ces deux considérations sont certes exactes en elles mêmes, mais elles ne démontrent pas pour autant que les conditions de recours à l'exception d'illégalité se trouvaient réunies en l'espèce et par là même que la solution que l'on envisage se situait dans la ligne des décisions antérieures, elles mêmes supposées fidèles, par le biais de l'exception d'illégalité, à la jurisprudence Cohn-Bendit.

Il est vrai que l'absence de textes n'était pas génératrice de vide juridique. Abstraction faite des précisions et aménagements apportés après coup par la jurisprudence, cette absence impliquait à elle seule un régime juridique de « liberté d'action dont les personnes publiques peuvent se prévaloir pour agir comme elles estiment », y compris en se dispensant de procéder à une publicité préalable à la passation de leurs contrats.

Il est vrai aussi que s'agissant, pour ce qui nous intéresse, des contrats de concession de travaux, ce régime de liberté était devenu irrégulier à compter de l'expiration du délai de transposition de la directive travaux.

Pouvait-on pour autant soulever l'exception de son illégalité sans que la solution soit artificielle ?

S'il n'y avait pas de vide juridique au sens de l'analyse du commissaire du gouvernement que l'on a rappelée plus haut, l'absence de texte était en revanche bel et bien source de vide juridique au regard du système d'exception d'illégalité conçu et constamment entendu par référence à l'illégalité d'un texte.

Encore récemment les auteurs d'une chronique, eux-mêmes membres du Conseil d'Etat (MM D. Chauvaux et Th. X. Girardot, AJDA 1996, chronique générale de jurisprudence administrative française, p. 950 cts), rappelaient que si « les décisions successives du Conseil d'Etat ... ont complété et précisé un dispositif dont la finalité est indiscutablement d'élargir les possibilités d'invoquer le droit communautaire », on ne peut pourtant « affirmer que le contentieux de la légalité permette dans tous les cas au justiciable d'obtenir le bénéfice des directives communautaires. Cela parce que leur invocabilité d'exclusion, même si elle a reçu sa plus grande extension possible, rencontre des limites et est notamment radicalement inopérante, faute de norme à écarter, dans le cas où il n'existerait aucune législation ni réglementation nationale dans le champ d'application de la directive invoquée ».

Force est alors d'admettre qu'il est bien artificiel de soulever l'exception d'illégalité d'un état de droit qui ne procède d'aucun texte, puisque la norme illégale susceptible d'être écartée par le moyen de l'exception d'illégalité ne peut qu'être législative ou réglementaire.

A défaut de telles normes dont l'absence empêche le recours à l'invocabilité d'exclusion du droit communautaire, l'effectivité de ce dernier ne pourrait résulter que d'une invocabilité de substitution dont on sait qu'elle consiste à pallier une défaillance du système juridique national par l'application des dispositions de la directive.

Seulement, à tout le moins jusqu'en février 1998, il résultait de la jurisprudence (v. pex, CE 11 juillet 1998, conseil départemental de l'ordre des médecins des Alpes Maritimes c/Boucq, RFDA 1989, p. 347) que puisque les directives ne pouvaient directement conférer des droits aux particuliers, les juridictions administratives refusaient d'appliquer l'invocabilité de substitution.

Il n'en va plus de même avec l'arrêt du 6 février 1998. En effet, le raisonnement en matière d'exception d'illégalité s'avérant artificiel, et par voie de conséquence également artificielle l'invocabilité d'exclusion censée rattacher la solution à la jurisprudence sur l'absence d'effet direct, il ne reste plus que le droit reconnu au requérant d'invoquer directement les objectifs de la directive à l'appui de ses conclusions à fin d'annulation d'actes individuels, c'est-à-dire l'acceptation par le Conseil d'Etat d'une invocabilité de substitution.

Voilà bien l'apport effectif de l'arrêt qui tranche de l'affaire du périphérique de Lyon : il prive de la portée qu'elle conservait encore la jurisprudence Cohn-Bendit.

S'en seront sans doute félicités les tenants d'un politiquement correct qui fait primer sur toute autre considération le souci de voir assurée la plus parfaite effectivité possible du droit communautaire. Cela étant, pour complaire à cette façon de voir, pour se situer dans l'air du temps, le Conseil d'Etat n'a eu d'autre ressource que de se fonder sur un raisonnement artificiel. Raisonnement artificiel qui, pour reprendre les propos du commissaire du gouvernement lui-même, conduit à renoncer à une construction juridique impeccable et conforme à l'intention des signataires du traité de Rome ; à une lecture dudit traité « marquée par la volonté de respecter des équilibres institutionnels bien précis » ; à l'idée « que la définition de ces équilibres relève des autorités compétentes des Etats membres et non pas des juges ».

2. Le Conseil d'Etat et les rapports entre droit du travail et droit de la concurrence

En favorisant le droit communautaire, le Conseil d'Etat favorise, évidemment, un droit de la concurrence. Mais il existe aussi un droit de la concurrence national. Comme le politiquement correct est désormais de considérer que point de salut hors du tout concurrence, notre juridiction administrative ne va pas manquer d'apporter sa contribution à la primauté du droit de la concurrence, quelle qu'en soit la source.

On peut le vérifier avec un arrêt de section du 30 avril 2003, syndicat professionnel des exploitants indépendants des réseaux d'eau et d'assainissement (AJDA 2003, p 1150) qui, une nouvelle fois sans grande rigueur juridique, fait prévaloir le droit de la concurrence sur le droit du travail.

Dans cette affaire une convention collective avait été signée, en avril 2000, par le syndicat professionnel des entreprises de services d'eau et d'assainissement (auquel adhèrent les trois principaux groupes intervenant dans ces secteurs) et trois syndicats de salariés.

Pour leur part, les petites entreprises qui interviennent, quoique de façon minoritaire, dans ces mêmes secteurs d'activité sont regroupées dans un syndicat professionnel des exploitants indépendants des réseaux d'eau et d'assainissement. Elles ne relevaient pas de la convention collective précitée.

Aux termes de l'article L.122.12, alinéa 2, du code du travail, « s'il survient une modification dans la situation juridique de l'employeur, notamment par succession, vente, fusion, transformation du fonds, mise en société, tous les contrats de travail en cours au jour de la modification subsistent entre le nouvel employeur et le personnel de l'entreprise ».

Après avoir rappel, en son point 1, que « lorsque les conditions d'application de l'article L.122.12.2 sont réunies, le transfert de personnel est opposable à tous, employeurs et salariés », l'article 2-5 de cette convention prévoit, en son point 2, des dispositions particulières destinées à s'appliquer lors que les conditions d'application de l'article L.122-12 ne sont pas réunies ou en cas de désaccord sur son applicabilité entre les employeurs concernés. Dispositions d'après lesquelles, « afin d'exercer au mieux la continuité des emplois des salariés affectés à l'exécution de ces services publics, l'employeur entrant reprend les contrats de travail de l'employeur sortant affectés à l'exploitation et à la clientèle depuis au moins six mois ».

Les trois entreprises signataires de la convention collective, très dominantes sur les marchés de l'eau et de l'assainissement, ont demandé son extension aux autres opérateurs intervenant sur ces mêmes marchés. Cette extension a été prononcée par un arrêté du Ministre des affaires sociales du 28.12.2000.

Le syndicat des opérateurs jusqu'alors non concernés par la convention a demandé au juge administratif d'annuler cet arrêté ministériel. A l'appui de ses conclusions il faisait notamment valoir qu'en imposant à tous les délégataires des charges supplémentaires au titre de la reprise des salariés, l'extension des stipulations du point 2 de l'article 2-5 avait pour conséquence de rendre plus difficile, sinon impossible, l'obtention de nouveaux marchés ou délégations de services publics par les petites entreprises ne relevant pas du syndicat professionnel des entreprises des services d'eau et d'assainissement.

Le débat était donc placé sur le terrain de l'application du droit de la concurrence aux personnes publiques. Application dont le principe ne faisait en lui-même plus de doute depuis les arrêts Société Million et Marais (CE sect, 3 novembre 1997, Rec p. 406, cncl J.H. Stahl ; AJDA 1997, p.945, chron T.X. Garardet et F. Raymond) et Société E.D.A. (CE sect, 28 mars 1999, AJDA 1999, p. 427, concl J.H. Stahl, note M. Bazcs).

Par son arrêt du 30 avril 2003, le Conseil d'Etat a fait droit aux conclusions du syndicat requérant en annulant l'extension de l'article 2-5 précité. Cela au motif que « compte tenu des caractéristiques propres du marché des services d'eau et d'assainissement », elle est « de nature à porter une atteinte excessive à ladite concurrence ».

A première vue cette décision pouvait sembler constituer une simple illustration de la jurisprudence que l'on vient de citer. Pourtant, à mieux y regarder, elle se révèle spécifique et d'une spécificité que l'on peut estimer contestable à un double point de vue.

Dès lors que l'opposabilité des règles de concurrence aux personnes publiques n'est plus objet de discussion, dans chaque hypothèse où elle se rencontre, il appartient nécessairement à l'autorité administrative, et le cas échéant au juge qui contrôle sa décision, de déterminer, d'une part qu'elle est exactement la règle de concurrence opposable et, d'autre part, si l'impératif de concurrence est, ou non, conciliable avec un autre impératif. Sur ces deux points l'arrêt que l'on envisage se différencie des décisions qui le précèdent. Cela d'une façon qu'explique sans doute l'air du temps du tout concurrence mais qui n'emporte pas pour autant l'adhésion.

A) *Le droit de la concurrence source de légalité administrative*

Depuis l'arrêt Million et Marais précité, le juge appréciait l'action de l'administration au regard de la légalité concurrentielle par référence aux dispositions des articles 7 et 8 de l'ordonnance du 1er décembre 1986, par la suite codifiée aux articles L.420-1 et 420-2 du Code du commerce. C'est-à-dire par référence à la législation sur les abus de position dominante (articles 7 ordonnance et L.420-1 Code du commerce) et les ententes illicites (articles 8 ordonnance et L.420-2 Code du commerce).

Dans l'affaire Million et Marais le conseil d'Etat s'est déterminé en considérant qu'il ne pouvait être soutenu que le contrat de délégation de service public dont il s'agissait « permettait à la société ... d'abuser de sa position dominante ». De même, avec un arrêt du 18 octobre 1999 (TC 18/10/1999,

Aéroport de Paris et Air France c/TAT, Rec p.469; AJDA 1999 p. 1030, note M. Bazex), c'est le Tribunal des conflits qui considère qu'à la charge d'Aéroport de Paris et de la Compagnie Air France « ont été relevées des pratiques d'ententes illicites » et « qu'en outre a été relevé contre Aéroport de Paris un abus de position dominante ».

On observe donc que c'est par référence aux dispositions des articles L.420-1 et L.420-2 du Code de commerce que la jurisprudence envisageait la soumission de l'administration au droit de la concurrence.

Avec la présente affaire il ne pouvait en aller de même étant donné que le syndicat requérant se limitait à faire état du principe de libre concurrence et d'égalité de traitement sans invoquer les dispositions du Code de commerce. La réalité des faits ne permettant donc pas de situer le débat contentieux sur le terrain de l'entente illicite ou de l'abus de position dominante, une argumentation limitée à l'évocation des principes de libre concurrence et d'égalité de traitement pouvait-elle suffire à fonder une censure de l'arrêté attaqué ? Autrement dit, était-elle de nature à justifier l'annulation de l'extension des dispositions de l'article 2-5 de la convention collective à l'ensemble des entreprises des secteurs de l'eau et de l'assainissement ?

Dans ses conclusions sur un arrêt du 27 juillet 2001 (CE 27 juillet 2001, CAMIF, BJCP 2001, N° 19, p.497) le commissaire du gouvernement observait que « le périmètre du principe de liberté de la concurrence n'est pas très clair lorsqu'il n'est pas rattaché à une disposition identifiée du droit des marchés publics, de l'ordonnance du 1er décembre 1986 ou du Traité de Rome ».

Peu auparavant c'est sans doute cette imprécision du principe dont avait tenu compte la jurisprudence qui, tout en se fondant sur l'absence d'atteinte au principe de la concurrence pour conclure à la légalité d'un décret, avait en même temps précisé que tel n'était pas le cas parce que celui-ci ne mettait pas les établissements publics concernés « dans une situation leur permettant d'abuser d'une position dominante » (CE 1er avril 1998, Union hospitalière privée, Rec p.114).

Ainsi, jusqu'au 30 avril 2003 il n'était pas évident que l'on puisse valablement contester un acte administratif au seul motif d'une méconnaissance du principe de libre concurrence. A partir de l'arrêt qui est ici commenté il en est allé différemment puisqu'il applique ce principe considéré en lui-même, détaché de toute hypothèse d'entente illicite ou d'abus de position dominante et réalise en ce faisant, un sensible élargissement de la soumission de l'administration au droit de la concurrence.

Dans ces conditions, étant donné que les dispositions du Code de Commerce issues de l'ordonnance de 1986 ne représentent plus qu'une partie de ce droit, il conviendrait que ses autres composantes se caractérisent elles aussi par une précision suffisante. Il y a là, à priori, une exigence élémentaire pour la simple raison qu'un contrôle ne saurait s'exercer valablement au regard de règles trop incertaines. Ce n'est pourtant pas ainsi que l'entend le Conseil d'Etat en procédant, avec cet arrêt, à une extension du contrôle de l'administration qui se révèle porteur d'insécurité juridique en raison de l'imprécision du principe qui le fonde.

Chaque fois que se pose la question du respect du droit de la concurrence par l'autorité publique, c'est que celle-ci est considérée en tant qu'opérateur sur un marché et qu'il s'agit de savoir si son intervention y est cause d'effets anti-concurrentiels. Or sous cet angle la comparaison des motifs de l'arrêt Syndicat professionnel des exploitants indépendants des réseaux d'eau et d'assainissement avec ceux des décisions qui le précèdent révèle une indéniable différence. Lorsque l'appréciation de la légalité de l'intervention administrative s'effectue par référence aux dispositions précises du code de commerce, leur précision permet au juge d'identifier concrètement l'atteinte (ou l'absence d'atteinte) au marché. Rien de tel en revanche dans la présente affaire. La consistance incertaine du principe qu'elle met en œuvre conduit la Haute assemblée à limiter sa démonstration à la seule évocation des caractéristiques propres du marché des services d'eau et d'assainissement (effectivement caractérisé par la domination ou la tendance à la domination d'un faible nombre d'opérateurs). Au-delà, sur la relation de cause à effet entre les caractéristiques du marché concerné et la portée dissuasive de la disposition conventionnelle incriminée, sur son caractère nécessairement aggravant des distorsions de concurrence entre concessionnaires sortants et soumissionnaires, sur la nature excessive de l'atteinte ainsi portée à la libre concurrence, force est de constater que la motivation en reste au registre de la simple affirmation.

Il apparaît donc, et on ne peut que le regretter, que le principe de libre concurrence qui présuppose l'égalité des candidats est érigé au rang des règles du Code de commerce alors que, selon une publication du Conseil d'Etat lui-même [8], « l'égale concurrence reste une notion qui ne se vérifie pas aisément et qui est dès lors davantage de l'objectif que de la réalité objective ».

On voit par là qu'en passant des règles précises du Code de commerce à un principe incertain et en réalisant par là un élargissement contestable des sources de la légalité concurrentielle, l'arrêt Syndicat professionnel des exploitants indépendants des réseaux d'eau et d'assainissement se distingue sur ce premier point des décisions qui le précèdent. Or, il s'en démarque aussi sur la façon d'envisager la conciliation des impératifs de la concurrence avec ceux qui procèdent d'autres dispositifs juridiques, en appréhendant cette conciliation, de telle sorte qu'elle retrouve en réalité pratiquement escamotée.

[8] Collectivités publiques et concurrence, Etudes et Documents du Conseil d'Etat (E.D.C.E.) n° 53, p.265

B) *La conciliation des impératifs de la concurrence avec les objectifs d'ordre social*

Comme le rappelle l'arrêt lui-même, « il incombe au ministre d'opérer, sous le contrôle du juge de l'excès de pouvoir, une conciliation entre, d'une part, les objectifs d'ordre social [...] et, d'autre part, les impératifs tenant à la préservation de la libre concurrence dans le secteur en cause ». Cette obligation de conciliation entre les impératifs de préservation de la concurrence et d'autres objectifs s'exerçant sous le contrôle du juge, celui-ci doit évidemment, déterminer si l'espèce est ou non révélatrice d'une atteinte au bon fonctionnement du marché, puis, dans l'hypothèse d'une atteinte avérée, d'apprécier si elle est ou non justifiée par la prise en compte d'autres impératifs de l'action publique, en l'occurrence la poursuite d'objectifs d'ordre social.

Au premier stade de cette démarche, s'agissant de déceler une atteinte au marché, il convient de mettre en œuvre, comme le suggéraient les conclusions sur l'affaire Société EDA, des outils d'analyse plus fins, plus précis et plus en harmonie avec ceux qui ont cours dans d'autres branches du droit. C'est bien ainsi que l'a alors entendu le juge en faisant en sorte d'être informé, « d'une part, sur l'existence, sur les aéroports d'Orly et de Roissy Charles-de-Gaulle, de marchés pertinents pour la fourniture d'installations pour la location de véhicules sans chauffeur, d'autre part, sur les incidences en terme de concurrence, de l'obligation faite aux candidats de présenter une offre portant conjointement sur ces deux aéroports ». Depuis lors, l'analyse économique caractérise plusieurs des décisions intervenues en la matière. Ainsi un arrêt Société Cégedim du 29 juillet 2002 (AJDA 2002, p. 1072, note S. Nicinski ; Dr. Adm. 2002, n° 172, note M. Bazex et Blazy) ne censure-t-il un arrêté établissant le tarif des publications de l'INSEE sur le terrain de l'abus automatique de position dominante sur un marché pertinent « qu'après avoir déterminé, moyennant un examen minutieux des faits et de leurs conséquences, que l'abus résultait de l'établissement d'un tarif unitaire dégressif pour les clients finaux et d'une redevance proportionnelle de 20 centimes pour les rediffuseurs ».

Ici, le rappel par l'arrêt de l'exigence de conciliation entre les deux sortes d'objectifs en présence ne saurait dissimuler que la démarche n'est plus la même. S'il est considéré que la généralisation des obligations définies au point 2 de l'article 2-5 de la convention (obligations relatives à la reprise du personnel en place) « est de nature à dissuader les concurrents de présenter leur candidature et à aggraver les distorsions de concurrence entre les concessionnaires sortants et les soumissionnaires » et, par là même, « à porter une atteinte excessive à la libre concurrence », il ne s'agit pas de conclusions auxquelles aurait conduit une véritable étude des faits, mais, comme on l'a déjà relevé, d'une affirmation que n'assortit aucune démonstration. Renonçant à la pratique qu'illustrent les exemples précédents, le juge se dispense de l'analyse économique seule susceptible d'apporter la démonstration de l'atteinte (ou de l'absence d'atteinte) au marché et de permettre d'apprécier, à la supposer établie, si elle est ou non justifiée par la prise en compte d'autres impératifs. Dans ces conditions il postule une infraction au droit de la concurrence qui n'est en réalité absolument pas évidente.

En prêtant à la disposition étendue un effet de limitation d'accès au marché, de dissuasion de prétention de certaines candidatures, d'aggravation des distorsions entre les concessionnaires sortants et les soumissionnaires, la motivation envisage la relation, en elle-même pertinente, entre la liberté d'accès au marché et la garantie de l'égalité entre candidats qui en constitue le corollaire indispensable. Seulement, au-delà des principes, en quoi dans cette affaire l'extension du point 2 de l'article 2-5 était-elle effectivement génératrice d'inégalité entre les candidats potentiels ?

A priori l'hypothèse semble écartée par le simple fait que l'extension de la disposition en cause conduit à l'appliquer à toutes les entreprises de la branche et donc à tous les candidats à l'attribution d'une délégation de service public. La convention n'opérant aucune distinction entre les entreprises selon leur taille, les entreprises comprises dans son champ d'application doivent toutes, sans exception, respecter le point de l'article 2-5 qui assure la continuité des emplois des salariés affecté à l'exploitation du service. Il est donc à première vue paradoxal d'imputer l'aggravation de distorsions et par là même d'inégalités à une décision qui, précisément par l'extension qu'elle réalise, crée des obligations égales pour tous.

On peut certes objecter que cette égalité de droit génèrerait, en pratique, des conséquences inégalitaires quant à la situation économique des employeurs et ferait barrage à l'entrée de certains d'entre eux sur le marché. C'est d'ailleurs cette façon de voir qui fonde la décision du 30 avril 2003 dont le seul élément concret de motivation repose sur la constatation d'une domination ou d'une tendance à la domination de trois groupes dans les secteurs concernés. Elle n'est pas pour autant à l'abri de la critique.

Pouvait-on, en toute rigueur, annuler l'arrêté d'extension au seul motif que, s'agissant de secteurs ou l'offre potentielle est déjà limitée, l'obligation faite aux nouveaux titulaires d'un marché public ou d'une délégation de service public (y compris ceux qui n'adhèrent pas à l'organisation patronale signataire de la convention) de « reprendre le personnel en place auquel l'employeur sortant n'aura pas proposé une autre affectation est de nature à dissuader les concurrents de présenter leur candidature et à aggraver des distorsions de concurrence entre les concessionnaires sortants et les soumissionnaires » ?

Il est permis, croyons nous, de ne pas en convenir.

En premier lieu, ce n'est que le défaut d'analyse relevé plus haut qui conduit à une distinction artificielle entre la catégorie des concessionnaires sortants et celle des soumissionnaires et à considérer que l'avantage de l'extension n'irait qu'à la première au détriment nécessaire de la seconde. Les soumissionnaires supportant seuls le poids des dépenses de personnel impliquées par l'obligation de reprise, leur accès au marché s'en trouverait limité, voire rendu impossible, au seul avantage du groupe dominant des concessionnaires sortants encore mieux assurés de rester en place. Or cette distinction est, au moins pour partie, artificielle parce qu'elle néglige, d'une part que l'on ne peut poser en règle générale que le délégataire sortant est toujours candidat à la réattribution du contrat, d'autre part que la circonstance qu'une entreprise soit candidate à la réattribution d'une délégation ne la fait pas pour autant échapper aux conséquences de l'extension dans tous les cas où elle est candidate à une nouvelle délégation jusqu'àlors détenue par une entreprise non signataire de la convention collective.

L'opposition entre concessionnaires sortants et soumissionnaires n'ayant ni la portée ni la netteté que lui prête l'arrêt, le motif de l'annulation perd par là même de sa pertinence. Toutefois, cette pertinence ne se retrouverait-elle pas dès lors que l'on admettrait que les formules employées distinguent en réalité entre les quelques opérateurs puissants, majoritairement concessionnaires sortants, et les petits entrepreneurs surtout réduits au rôle d'éventuels soumissionnaires ? Sous cet angle ce serait nier l'évidence que de ne pas admettre qu'au-delà de l'égalité juridique, les conséquences économiques de l'extension ne sont pas les mêmes pour les uns et pour les autres. La charge représentée par la reprise du personnel ne sera pas significative pour la grande entreprise, elle le sera pour la petite, au point, dans certains cas, de la dissuader de soumissionner. S'il y a là une donnée objective, elle doit cependant être relativisée parce que les avantages de l'extension ne sont pas malgré tout à sens unique. Sa portée ne doit pas seulement être envisagée du point de vue de l'entreprise candidate, mais également de celle qui ne conserve pas le contrat dont elle était titulaire. Dans cette hypothèse, si l'extension n'avait pas été censurée, la petite entreprise délégataire à laquelle succède une entreprise de plus grande taille se serait vue dispensée des charges liées au licenciement des salariés précédemment affectés à l'exécution de la délégation ? Or, de fait, les possibilités de reclassement du personnel sont inversement proportionnelles à la taille de l'entreprise, de sorte que ce sont les plus faibles qui se trouvent le plus exposées au risque de devoir licencier. Cela étant, pour l'essentiel, c'est à l'égard de ces mêmes petites entreprises que l'obligation de reprise du personnel risquait effectivement de constituer une barrière à l'entrée sur le marché, mais devait-on pour autant voir là une atteinte excessive au droit de la concurrence ?

Telle est certes la conclusion du Conseil d'Etat, mais elle traduit une perception des exigences de la concurrence qui n'entraîne pas l'adhésion.

Jusqu'ici il pouvait sembler admis qu'en imposant le respect des principes de liberté d'accès, d'égalité de traitement des candidats et de transparence des procédures le droit de la concurrence avait d'abord pour objet de créer les conditions d'une égalité de traitement formelle des candidatures et des offres et que sa finalité n'était pas de compenser les inégalités de fait entre les concurrents. Désormais, à tout le moins dans cette affaire, l'analyse se trouve inversée : l'égalité formelle s'efface au profit de la seule égalité réelle. Ce qui incombe à l'autorité publique ce n'est pas de traiter également les candidatures, mais de favoriser les entreprises en infériorité économique. On peut donc craindre qu'il y ait là une évolution qui ne soit pas de nature à améliorer la rigueur et l'objectivité du contrôle juridictionnel de l'administration.

Dès lors, dans une hypothèse où l'atteinte au droit de la concurrence s'avérait douteuse, on aurait pu penser que l'évaluation des autres impératifs susceptibles de la contrebalancer serait conduite avec un soin particulier. C'est d'ailleurs ce à quoi invitaient les conclusions du commissaire du gouvernement qui soulignaient que les préoccupations d'ordre social « liées au maintien de l'emploi et à la stabilité des contrats de travail, pèsent d'un poids singulièrement lourd ». Or, à bien lire la décision, elles n'ont pas pesé très lourd. Faute là encore d'un minimum d'analyse, on ignore en vertu de quoi porte une atteinte excessive à la libre concurrence une clause qui « a pour objet de préserver l'emploi des entreprises des secteurs en cause ». A vrai dire, en termes de conciliation entre deux sortes d'impératifs, la démonstration n'est jamais clairement établie.

On avait, d'une part, l'extension de dispositions sociales dont on ne pouvait méconnaître qu'elle permettait d'éviter une discrimination entre les salariés du SPDE et ceux des autres entreprises du secteur, qu'elle apportait à ceux-ci une sérieuse garantie de stabilité de leur emploi, qu'elle évitait de subordonner leur sort aux incertitudes du champ d'application de l'article L.122-12. De l'autre, une bien incertaine atteinte au droit de la concurrence. C'est pourtant cette dernière qui est privilégiée par le Conseil d'Etat.

Dans un domaine où sont en jeu des préoccupations d'ordre social déterminantes on ne peut que regretter qu'au détriment de la rigueur juridique, une décision essentiellement soucieuse de s'inscrire dans l'air du temps fasse apparaître comme prémonitoire l'intitulé d'une étude plus ancienne au recueil Dalloz : « A bas le droit du travail, vive la concurrence » (B. Edelman, D 1992, chron p. 7).

3. Le Conseil d'Etat et la gestion des services publics locaux

Dix ans après l'affaire que l'on vient d'évoquer, l'adhésion aux vertus supposées du tout concurrence reste une composante essentielle du politiquement correct. Toutefois, de façon parfois contradictoire, celui-ci en vient à adopter quelques nouvelles façons de voir.

Ainsi, par exemple, en matière de gestion des services publics locaux. En ce domaine la France a traditionnellement fait une assez large place à la gestion déléguée[9] selon diverses modalités contractuelles parmi lesquelles, bien évidemment, la concession. Cependant, depuis quelques années, s'est développé une tendance favorable à un retour à plus de gestion directe par les collectivités publiques.

La pensée à la mode étant maintenant en ce sens, le Conseil d'Etat, toujours sensible à l'air du temps, n'allait pas manquer d'y apporter sa contribution.

Si divers arrêts en ce sens la précédaient [10], la décision que l'on va maintenant envisager (CE 3 février 2012, commune de Veyrier-du-Lac, communauté d'agglomération d'Annecy) se révèle spécialement caractéristique de cette orientation. Elle est relative à la gestion d'un service public communal d'eau potable.

En juillet 2011 avait pris fin une convention de délégation de service public de distribution d'eau entre la Société Lyonnaise des Eaux France et la commune de Veyrier-du-Lac dans le département de Haute-Savoie.

Considérant qu'il y aurait là une formule plus favorable que la précédente, la commune a souhaité profiter de cette situation pour confier la gestion de son service public à la communauté d'agglomération d'Annecy à laquelle elle n'appartient pas mais dont elle est limitrophe [11].

Dans cette perspective deux options semblaient logiquement envisageables.

Soit adhérer à la communauté d'agglomération qui dans l'exercice de sa compétence eau potable gère en régie directe le service public correspondant.

Soit demeurer hors communauté et recourir à nouveau à la délégation de service public en choisissant celle-ci pour délégataire, après libre discussion de son offre considérée comme la plus avantageuse.

Ne s'arrêtant pas à la première de ces deux hypothèses la commune de Veyrier-du-Lac n'a pas pour autant retenu la seconde dont la mise en œuvre eut impliqué, en application de l'article L.1411-2 précité, « une procédure de publicité permettant la présentation de plusieurs offres concurrentes ». Or, cette

[9] D'après l'article L.1411-2 de notre code général des collectivités territoriales, « une délégation de service public est un contrat par lequel une personne morale de droit public confie la gestion d'un service public dont elle est responsable à un délégataire public ou privé dont la rémunération est subordonnée aux résultats de l'exploitation du service ».

Toujours selon cet article, « les délégations de service public des personnes morales de droit public … sont soumises par l'autorité délégante à une procédure de publicité permettant la présentation de plusieurs offres concurrentes ».

[10] V, pex, CE 12 décembre 2003, département des Landes, AJDA 2004, p. 195 , Chron Donnat et Casas; CE 8 avril 2009, commune d'Olivet, AJDA 2009, p. 1090, chron Liébert t Botteghi.

[11] Créée par une loi du 12 juillet 1999, la communauté d'agglomération est un établissement public de coopération intercommunale regroupant plusieurs communes formant un ensemble de plus de 50.000 habitants, d'un seul tenant, en vue d'élaborer et conduire ensemble un projet commun de développement urbain et d'aménagement du territoire.

contrainte a été évitée au motif que la dite communauté pouvait se voir confier l'exploitation du service public communal de distribution d'eau potable moyennant la signature d'une convention ayant pour objet d'instaurer une « entente » dans les conditions définies par les articles L.5221-1 et L.5221-2 du code général des collectivités territoriales. Convention qui, ainsi que le souligne le Conseil d'Etat, est alors conclue « hors règles de la commande publique » et donc sans publicité préalable.

Estimant que cette convention s'analysait en réalité en une convention de délégation de service public qui aurait dû être passée conformément aux dispositions des articles L.1411-1 et suivants du code général des collectivités territoriales, la Société Lyonnaise des Eaux France a formé un recours, en date du 19 septembre 2011, devant le tribunal administratif de Grenoble.

Par une ordonnance du 12 octobre suivant, celui-ci a requalifié la convention en délégation de service public, constaté que les formalités de publicité applicables en la matière n'avaient pas été respectées et, en conséquence, annulé la convention.

Il y avait là une décision conforme à la jurisprudence Communauté de Communes du Piémont de Barr (CE 20 mai 1998, Rec p 201 : AJDA 1998, p 552, chron F. Raynaud et P. Fombeur, RFDA 1998, p 609, concl H.Savoie) établie à propos d'une espèce non identique (marché public dans un cas, DSP dans l'autre) mais très comparable pour l'essentiel. Par cet important arrêt le Conseil d'Etat a solennellement rappelé aux collectivités territoriales en particulier et aux personnes publiques en général les obligations de concurrence qui pèsent sur elles lorsqu'elles décident de contracter. Dans cette optique il a alors jugé qu'il lui appartenait, le cas échéant, de procéder à la requalification du contrat, tel que conclu par ces dernières, afin de le faire relever de l'application des règles de publicité et de mise en concurrence.

Sur pourvoi en cassation de la commune de Veyrier-du-Lac et de la communauté d'agglomération d'Annecy, le Conseil d'Etat, par l'arrêt du 3 février 2012 que l'on évoque, a annulé l'ordonnance du 12 octobre 2011 en considérant que la convention litigieuse « n'était pas soumise aux règles de la commande publique » et que le juge de première instance avait donc « commis une erreur de droit en l'annulant au motif que les collectivités contractantes avaient méconnu leurs obligations de publicité et de mise en concurrence ».

Cette décision n'est peut-être pas pour surprendre dans la mesure où elle apparaît comme une illustration supplémentaire du mouvement jurisprudentiel déjà engagé en défaveur de la formule délégataire en matière de services publics de distribution d'eau et d'assainissement mais elle n'en retient pas moins fortement l'attention dès lors que sa censure de l'ordonnance de première instance revient à mettre en question la jurisprudence Communauté de communes du Piémont de Barr que l'on croyait pourtant bien établie. Cela de façon d'autant plus significative qu'en se prononçant de la sorte l'arrêt va à l'encontre de l'avis du Rapporteur public[12] qui pour sa part, concluait à la parfaite applicabilité de cette jurisprudence au cas de l'espèce.

Or, si le Conseil d'Etat s'arrête ainsi à une solution novatrice, il le fait sur la base de motifs qui ne paraissent pas de nature à entraîner l'adhésion.

On observe d'abord, brièvement, car cela n'est que subsidiaire, que la portée de quelques uns d'entre eux ne relève pas de l'évidence. Ainsi comprend-on mal, par exemple, en quoi l'observation selon laquelle, « la convention doit permettre à la commune de Veyrier-du-Lac ... de bénéficier des installations plus performantes de la communauté d'agglomération » viendrait utilement à l'appui du bien fondé d'une exclusion des règles de la commande publique. En effet, dès lors qu'en favorisant la pluralité des offres la publicité et la mise en concurrence ont pour objet et effet de permettre au délégant de choisir l'offre qui correspond le mieux à ses attentes, en l'espèce, loin de priver la commune de l'avantage que relève l'arrêt, la mise en œuvre de la procédure de DSP lui eut précisément permis de vérifier la plus grande attractivité de l'offre de la communauté d'agglomération et, par là même, de la retenir en connaissance de cause.

Cela étant, c'est essentiellement par référence à la jurisprudence communautaire, aux dispositions des articles L.5221-1 et L.5221-2 du code général des collectivités territoriales[13] et à sa propre jurisprudence que la Haute Assemblée croit devoir, à l'encontre des conclusions de son rapporteur public, censurer la décision du premier juge.

A) *La convention litigieuse et la jurisprudence communautaire*

Pour parvenir à la conclusion que la convention conclue entre la commune et la communauté d'agglomération ne pouvait être valablement dispensée de la procédure de publicité et de mise en concurrence dans les conditions définies à l'article L. 1411-5 du CGCT et devait donc être requalifiée en contrat de délégation de service public, l'ordonnance du 12 octobre 2011 estimait notamment qu'il ne résultait d'aucune stipulation de la dire convention « que la commune de Veyrier-du-Lac s'engageait à assurer un service en faveur de la Communauté d'Agglomération d'Annecy en contrepartie de celui fourni par celle-ci, ni que

[12] En vertu d'un décret du 7 janvier 2009, à compter du 1er février suivant l'appellation commissaire du gouvernement a été remplacée par celle de Rapporteur public, mais le rôle de celui-ci reste le même.

[13] Art L 5221-1 : « Deux ou plusieurs conseils municipaux, organes délibérants d'établissements publics de coopération intercommunale ou de syndicats mixtes peuvent provoquer entre eux ... une entente sur les objets d'utilité communale ou intercommunale compris dans leurs attributions ...

"Ils peuvent passer entre eux des conventions à l'effet d'entreprendre ou de conserver à frais communs des ouvrages ou des institutions d'utilité commune".

les redevances perçues auraient pour seul objet d'assurer le remboursement des frais engagés par la communauté d'agglomération ».

Ces considérations traduisaient, implicitement mais sûrement, une évaluation de la convention litigieuse au regard de la jurisprudence établie par l'arrêt Hambourg de la Cour de Justice (CJCE 9 juin 2009, Commission des Communautés Européennes c/Allemagne, aff C-480/06, AJDA 2009, 1131, 1535, chr E. Broussy, F. Donnat et Lambert, 1715, note J.D. Dreyfus et S. Rodrigues ; JCP Adm. 2248, notes F. Lichère et F. Linditch) à propos d'un contrat conclu entre quatre collectivités allemandes et la ville de Hambourg en matière de traitement de déchets. Jurisprudence visant à permettre la soustraction à la directive 92/50 sur les services [14] de contrats ayant pour objet une véritable coopération entre collectivités publiques et pour effet une mutualisation de leurs moyens.

L'affaire venant le Conseil d'Etat, le Rapporteur public suppose, pour les besoins du raisonnement, qu'une entente au sens des articles L.5221-1 et L.5221-2, précités, puisse permettre de gérer un service public, admet qu'un pareille hypothèse soit susceptible de relever de cette jurisprudence communautaire et souligne en conséquence l'intérêt de s'interroger sur son « euro compatibilité ». Pour ce faire il rappelle la distinction entre la simple prestation de services qu'encadrent les règles de la commande publique et la coopération authentique que l'arrêt Hambourg dispense de ces mêmes règles. Coopération authentique caractérisée, selon la Cour, par les critères que constituent, d'une part l'existence d'engagements réciproques (même s'ils peuvent être d'ampleur différente) et de l'autre la neutralité financière découlant de ce que les mouvements financiers correspondent au seul remboursement des charges.

A partir de là, le cas de l'espèce ne lui semblant satisfaire à aucune de ces deux conditions, il conclut logiquement à la pertinence de l'ordonnance en cause et, par là même, au rejet du pourvoi.

Ayant à envisager la décision dont la censure lui était demandée et les conclusions de son Rapporteur Public, la Haute Assemblée est inévitablement conduite à situer aussi son analyse sur le terrain de la jurisprudence Hambourg.

Par une référence implicite mais claire aux critères de celle-ci, elle relève qu' « une commune peut accomplir les missions de service public qui lui incombent … en coopération avec d'autres personnes publiques » et qu'elle peut ainsi conclure « une convention constitutive d'une entente pour exercer en coopération des mêmes missions, notamment par la mutualisation de moyens dédiés à l'exploitation d'un service public, à la condition que cette entente ne permette pas une intervention à des fins lucratives de l'une de ces personnes publiques … ».

[14] La directive 92/50/CEE du 18 juin 1992 portant coordination des procédures de passation des marchés publics de service (qui vise expressément la distribution d'eau, objet du contrat en cause), fixe notamment aux Etats des objectifs en matière de publicité préalable.

Cela posé, il est jugé que les critères en question caractérisent le cas de l'espèce, aussi bien pour ce qui est de l'exigence d'une absence de fins lucratives que l'on envisagera plus loin, que pour l'effectivité de la coopération et de la mutualisation de services qui en résulte et sur laquelle on se penchera en premier lieu.

Sur ce point il résulte de l'arrêt que cette effectivité d'une coopération de mutualisation telle qu'envisagée par la jurisprudence Hambourg tiendrait, d'une part à ce que « l'entente tend à l'exploitation d'un même service public en continuité géographique sur l'ensemble du territoire couvert par ces deux personnes publiques sous la responsabilité opérationnelle de la communauté d'agglomération » et d'autre part à ce que la commune « met à disposition de l'entente l'intégralité de ses propres infrastructures ».

Qu'en était-il en réalité ?

a) *De l'exploitation d'un même service.* D'après l'arrêt Hambourg, « le contrat litigieux instaure une coopération entre collectivités locales ayant pour objet d'assurer la mise en œuvre d'une mission de service public qui est commune à ces dernières ». L'arrêt du 3 février 2012 donne à entendre qu'il en serait de même en l'espèce, dès lors que « l'entente tend à l'exploitation d'un même service public en continuité géographique », mais il y a là une affirmation qui surprend car dans cette affaire il est objectivement inexact de raisonner en termes d'unicité du service public. Il s'agit certes d'une identité d'objet, à savoir la distribution de l'eau potable, mais le rapprochement s'arrête là.

Préalablement à la convention qui est source du contentieux que l'on envisage, existaient séparément deux services publics de distribution d'eau potable, celui de la communauté d'agglomération d'Annecy et celui de la commune de Veyrier-du-Lac, objet, jusqu'alors, d'un contrat de délégation de service public.

Si à l'expiration de celui-ci la commune délégante avait fait le choix d'adhérer à la communauté d'agglomération, on n'aurait effectivement plus eu qu'un seul service public au périmètre géographique augmenté du territoire de Veyrier-de-Lac. Le choix s'étant en réalité porté sur la formule de la convention dite « *d'entente* » afin de charger la communauté d'agglomération, pour une durée de trente ans, de la production et de la distribution d'eau potable sur la commune, on n'a toujours pas un même service public, mais encore deux services publics distincts. Leur gestion est certes maintenant à la charge de la seule communauté d'agglomération, mais elle gère le sien en régie directe et celui de la commune en vertu de la convention qui le lui confie, sans que pour autant la commune ait été dessaisie de sa compétence.

Le continuité géographique ne changeant rien à cette réalité, il n'y a pas plus de service commun que si les deux entités publiques se trouvaient géographiquement éloignées.

b) *Des engagements de la commune contractante.* Si, on vient de le vérifier, la coopération au sens de la jurisprudence Hambourg correspond à la mise en œuvre d'une mission de service public commune aux collectivités contractantes, elle implique aussi, selon cette même jurisprudence, « certains engagements des collectivités locales directement en rapport avec l'objet du service public ».

C'est ce que confirme le document de travail de la Commission relatif à l'application du droit de l'Union Européenne sur les marchés publics aux relations entre pouvoirs adjudicateurs (document de travail du 4 octobre 2011). Il y est en effet précisé qu'avec la coopération horizontale dans le cadre de laquelle les pouvoirs adjudicateurs peuvent conclure des contrats non couverts par le droit UE sur les marchés publics, l'exécution conjointe de la mission de service public « se caractérise par la participation et les obligations mutuelles des partenaires contractuels, débouchant sur une synergie mutuelle ».

On croit alors comprendre que, d'après le Conseil d'Etat, cette condition particulière serait ici satisfaite dans la mesure où « la commune de Veyrier-du-Lac met à disposition de l'entente l'intégralité de ses propres infrastructures », mais là encore l'argument ne convainc pas.

Dans une étude sur la jurisprudence dont il est question, J. B. Dreyfus relève qu' « une véritable collaboration ... ne saurait se limiter à la fourniture par l'un des cocontractants d'une prestation à l'autre », de sorte que « l'instauration d'obligations réciproques et d'assistance mutuelle est un point essentiel à la reconnaissance d'une véritable coopération » (J. B. Dreyfus, La coopération conventionnelle « public-public », AJCT 2010, p. 98).

Or, qu'en est-il dans notre affaire ? La considération selon laquelle la remise des infrastructures communales à la communauté d'agglomération traduirait une situation d'obligations mutuelles ne résiste pas à l'examen. Elle est objectivement inexacte, car elle ne change rien au fait qu'aux termes de la convention entre les deux entités publiques la commune n'assure aucun service fourni par celle-ci. Il y a là, simplement, une caractéristique identique à celle de tous les multiples cas de DSP dans lesquelles les biens du service sont confiés en gestion au délégataire.

Force est donc d'adhérer, sur ce point, aux conclusions du Rapporteur public d'après lesquelles, à bien lire la convention, « aucune contrepartie n'est prévue, la commune n'ayant pas davantage de prérogatives qu'une autorité délégante dans le cadre d'une concession ».

Tout confirme donc que la convention intervenue entre la commune de Veyrier-du-Lac et la communauté d'agglomération d'Annecy ne pouvait être valablement soustraite aux règles de publicité et de mise en concurrence en application de la jurisprudence communautaire sur la coopération « public-public ».

Cela étant, il convient encore de vérifier si ne seraient pas mieux fondés les autres motifs que, par référence aux textes et à la jurisprudence interne, l'arrêt développe à l'appui de la censure de l'ordonnance du Tribunal de Grenoble.

Motifs selon lesquels la soustraction de la convention litigieuse aux règles de la commande publique se justifierait en raison, tout à la fois, de la spécificité d'une convention conclue dans le cadre d'une entente des articles L. 5221-1 et L. 5221-2 CGCT et de l'appréciation du cas de l'espèce au regard du concept jurisprudentiel « d'opérateur sur un marché concurrentiel ».

B) *La censure de la décision du premier juge par référence aux solutions du droit interne*

Si elle s'avérait pertinente, la motivation par référence aux effets du caractère « d'entente » de la convention en cause serait à elle seule suffisante. On l'examinera donc en premier lieu.

a) *De la référence aux articles L. 5221-2 du code général des collectivités territoriales.* En application de deux délibérations identiques des conseil municipal et communautaire, le maire de la commune de Veyrier-du-Lac et le Président de la communauté d'agglomération d'Annecy ont donc signé une « convention pour l'exploitation du service public de distribution d'eau potable sur le territoire de la commune de Veyrier-du-Lac ».

Aux termes des délibérations qui autorisaient cette signature, les deux entités publiques décidaient d'instaurer, selon la formule des articles L. 5221-1 et L. 5221-2 précités, une entente intercommunale ayant pour objet l'exploitation du service de distribution d'eau potable de la commune. Entente dans le cadre de laquelle s'inscrirait la convention à venir.

En procédant de la sorte elles ont considéré que l'exploitation du service public en question pouvait être confiée sans publicité ni mise en concurrence. On a déjà vu qu'en première instance le tribunal administratif en avait jugé différemment. Saisi par le précédent délégataire il a requalifié la convention dite « d'entente » en convention de délégation de service public et l'a logiquement annulée parce qu'elle avait été conclue sans publicité ni mise en concurrence.

Devant le Conseil d'Etat le rapporteur public n'a pas jugé différemment en estimant que « le contrat a toutes les caractéristiques d'une délégation de service public, et le partenaire de la commune aurait dû être choisi après mise en concurrence avec d'autres opérateurs ».

Nécessairement amenée à envisager elle aussi l'affaire sous cet angle la Haute Assemblée a pour sa part, après avoir rappelé la teneur des dispositions du C.G.C.T. dont il s'agissait, considéré « qu'une commune peut accomplir les missions de service public qui lui incombent … en coopération avec d'autres personnes publiques, selon les modalités prévues par le législateur ; qu'elle peut aussi conclure, hors règles de la commande publique, sur le fondement de l'article L. 5221-1 du Code général des collectivités territoriales, une convention constitutive d'une entente ... à la condition que cette entente ne permette pas une intervention à des fins lucratives de l'une de ces personnes publiques agissant tel un opérateur sur un marché concurrentiel ».

Abstraction faite de cette dernière condition, essentielle, mais que l'on envisagera plus loin, il résulte de ce considérant que selon le Conseil d'Etat rien ne s'oppose à ce qu'un contrat conclu dans le cadre d'une entente, « hors règles de la commande publique », ait pour objet la dévolution d'une mission de service public. Autrement dit, que même si les conditions de qualification d'une DSP se trouvent réunies, la simple référence à la formule de « l'entente » suffit à changer la nature du contrat et par là même à le soustraire aux obligations de publicité et de mise en concurrence.

Là encore les motifs de l'arrêt ne sont pas de nature à convaincre. Si l'objet d'un contrat répond aux critères de la délégation de service public au sens de l'article L. 1411-1 du C.G.C.T. précité, ce qui semble être clairement le cas en l'espèce, on ne saurait valablement le qualifier de contrat « d'entente » parce qu'aux termes de l'article L. 5211-1 l'objet d'un tel contrat n'est pas le même.

D'après cet article, « deux ou plusieurs conseils municipaux, organes délibérants d'établissements publics de coopération intercommunale ou de syndicats mixtes peuvent provoquer entre eux ... une entente sur les objets d'utilité communale ou intercommunale compris dans leurs attributions ... ».

Cela posé, le texte indique ce que la réalisation de l'entente a pour conséquence de permettre, à savoir la passation « de conventions à l'effet d'entreprendre ou de conserver à frais communs des ouvrages ou des institutions d'utilité commune ».

Il y a là deux précisions qui invalident l'analyse d'après laquelle ne soulevait aucune objection le fait, que, tout en étant constitutive d'une entente, la convention en cause permettait l'accomplissement d'une mission de service public.

D'abord parce qu'il ne résulte pas de l'article L. 5221-1 qui n'envisage que des opérations de réalisation ou d'entretien d'ouvrages d'utilité commune, qu'une convention d'entente intercommunale puisse avoir pour objet l'exploitation d'un service public.

Ensuite parce que contrairement à ce que dispose l'article, la convention dont il s'agit ne prévoit pas de réalisation aux frais communs des cocontractants. Toutes les prestations d'exploitation confiées à la communauté d'agglomération sont réalisées aux seuls frais de cette dernière qui couvre ses dépenses en facturant aux usagers du service la redevance pour consommation d'eau. Enfin, toujours selon la convention, c'est également la communauté d'agglomération qui assure le financement des travaux d'interconnexion dont elle est chargée.

Ainsi apparaît-il que contrairement à ce qui ressort de la motivation de l'arrêt, la convention sur la nature de laquelle le Conseil d'Etat se prononce ne répond pas aux caractéristiques de l'entente intercommunale mais à celle de la délégation de service public.

Il continue donc d'apparaître que c'est à tort qu'il a été considéré qu'elle pouvait échapper aux règles de la commande publique, c'est-à-dire aux obligations de publicité et de mise en concurrence. Reste alors à vérifier, pour ne rien négliger, si la décision de la Haute Assemblée ne se justifierait pas, malgré tout, par référence à une jurisprudence particulière relative au concept « d'opérateur agissant sur un marché concurrentiel ».

b) *La convention litigieuse au regard de la jurisprudence sur « l'opérateur agissant sur un marché concurrentiel ».* A la question de l'éventuelle correspondance du cas de l'espèce aux critères dégagés par la C.J.C.E. à l'occasion de l'affaire Commission des Communautés Européennes c/Allemagne (arrêt Hambourg du 9 juin 2009), nous n'avons répondu que par référence aux premiers d'entre eux portant sur l'effectivité d'une coopération authentique, en laissant en suspens la prise en considération du second. Second critère relatif, eu égard à la poursuite d'objectifs d'intérêt public, à la prohibition de transferts financiers entre les partenaires publics autres que ceux correspondant au remboursement des frais réellement encourus.

Cela rappelé, on doit maintenant observer que ce deuxième aspect de la jurisprudence communautaire sur la condition d'une absence de transfert financier peut faire l'objet d'un rapprochement avec une jurisprudence interne issue d'un arrêt commune d'Aix-en-Provence du 6 avril 2007 (CE sect 6 avril 2007, AJDA 2007, p. 1020, chron F. Lenica et J. Boucher).

Avec cette décision qui rappelle que la dévolution de service public à un tiers ne peut normalement se faire qu'en respectant les obligations de publicité et de mise en concurrence définies par une loi du 29 janvier 1993 (pour les DSP) ou le code des marchés publics, le Conseil d'Etat s'arrête aux exceptions que souffre ce principe et notamment celle qui découle de l'hypothèse où le tiers ne peut être regardé comme un opérateur sur un marché concurrentiel.

Notre arrêt du 3 février 2012 est clairement inspiré de cette jurisprudence puisqu'il annule l'ordonnance du juge des référés en retenant, à la suite des motifs précédemment envisagés, que la convention litigieuse se trouvait bien hors du champ d'application de l'article L. 551-13 CGCT, dès lors que le tiers, en l'occurrence la communauté d'agglomération ne pouvait être regardé comme agissant tel un opérateur sur un marché concurrentiel.

Il parvient à cette conclusion en tenant compte de ce que la « convention litigieuse n'a pas provoqué de transferts financiers indirects entre collectivités autres que ceux résultant strictement de la compensation des charges d'investissement et d'exploitation du service mutualisé ».

On voit que le raisonnement est très comparable à celui de la CJCE lorsqu'elle conditionne le non assujettissement aux règles de la commande publique à l'absence de mouvements financiers « autres que ceux correspondant au remboursement de la part des charges [...] ».

Cette motivation est-elle enfin pertinente ?

Cela n'a pas été le sentiment du juge de première instance qui a considéré qu'il ne résultait « d'aucune des stipulations de la convention ... que les redevances perçues avaient pour seul objet d'assurer le remboursement des frais engagés par la Communauté d'agglomération ». Confirmant cette analyse le Rapporteur Public estime que le texte ne disant rien sur ce point, l'affirmation n'apparaît pas inexacte.

L'analyse inverse du Conseil d'Etat repose sur les deux motifs suivants :

La partie proportionnelle du tarif tel que déterminé par la convention, correspondrait au prix coûtant de la production et de l'acheminement par mètre cube d'eau potable.

Toujours en vertu de la convention, on appliquerait à la révision annuelle de ce prix proportionnel le même indice que celui du tarif appliqué aux usagers de la communauté d'agglomération d'Annecy par la régie gestionnaire du service public dont les recettes doivent strictement équilibrer les dépenses.

Là encore on ne peut que constater que la démonstration n'est pas convaincante, dans la mesure, notamment, où elle prête aux stipulations conventionnelles un sens et une portée que leur lecture ne confirme pas.

En quoi, tout d'abord, résulterait-il de la convention que la partie proportionnelle du tarif correspondrait au prix coûtant ?

De fait il y a là une affirmation que rien ne vient étayer. Dans la mesure où, comme le souligne le Rapporteur Public, « *le texte ne dit rien de précis sur ce point* » et passe ainsi sous silence la question de la détermination des coûts. Dans ces conditions rien ne permet de déceler que le calcul de la tarification serait basé sur une analyse des coûts et correspondrait donc nécessairement à un prix coûtant que l'on ignore.

Si l'on tente malgré tout de tirer quelques enseignements d'un texte dépourvu de précision, on peut subsidiairement considérer que prévoyant une gestion du service public aux risques et périls de son gestionnaire que rémunèrent les redevances perçues auprès des usagers, la convention n'exclut pas une éventuelle marge bénéficiaire. Marge bénéficiaire qui resterait alors acquise à la Communauté d'agglomération, puisque toujours selon la convention, toutes les recettes du service viennent abonder son budget global. L'hypothèse ne correspondrait évidemment pas au postulat de la seule compensation des charges d'investissement et d'exploitation.

Par ailleurs, on ne perçoit pas non plus l'évidence d'une relation nécessaire entre la révision annuelle du prix proportionnel selon le même indice que celui appliqué par la régie gestionnaire (dont les recettes doivent strictement équilibrer les dépenses) et la garantie du prix coûtant qui serait sensé se vérifier tout au long des trente années d'existence du contrat. A vrai dire, cette vision des choses revient à postuler qu'à la différence de la gestion déléguée supposée plus coûteuse pour l'usager, la gestion en régie directe impliquerait le respect du prix coûtant. Cette interprétation est en réalité viciée par le fait que le nécessaire équilibre du budget en recettes et en dépenses n'est en rien spécifique à la gestion en régie directe des services publics industriels et commerciaux puisque le code général des collectivités territoriales l'impose à l'identique aux concessions et aux affermages, c'est-à-dire aux délégations de ces mêmes services publics.

De fait il n'y a, dans aucun cas, relation nécessaire entre obligation d'équilibre des recettes et des dépenses et gestion au prix coûtant. Pour s'en convaincre il suffit d'observer que si la chose existe avec les délégations de service public, l'examen de la pratique révèle que ne sont pas absents les exemples de régie directe que ne caractérise pas davantage une gestion au prix coûtant.

Les motifs développés à l'appui de cette thèse se révélant inopérants, force est de constater que c'est à tort qu'il est apparu au Conseil d'Etat que dans l'affaire dont il avait à connaître la Communauté d'agglomération d'Annecy ne pouvait être regardée comme agissant tel un opérateur sur un marché concurrentiel et qu'en conséquence le cas de l'espèce relevait de l'application de la jurisprudence commune d'Aix-en-Provence. A bien y regarder, c'est d'ailleurs le contraire qui eut été surprenant. On voit mal en effet, dans le cadre d'un contrat de dévolution d'un service public industriel et commercial d'eau potable qui relève d'un marché « contestable » au sens économique du terme, comment l'opérateur titulaire de cette dévolution qui supporte le risque économique de son activité pourrait être considéré autrement que comme un opérateur agissant sur un marché concurrentiel.

En définitive, avec aussi peu de rigueur juridique que dans les deux cas précédemment étudiés, l'arrêt commune de Veyrier-du-Lac censure une décision de requalification d'un contrat intervenue en parfaite conformité avec la rigoureuse jurisprudence communauté de communes du Piémont de Barr, selon une motivation dont aucun des composants ne résiste à l'analyse.

Ainsi, ce qui avec nos trois arrêts mérite en réalité de retenir l'attention, c'est qu'ils présentent, ainsi que le souligne un commentaire de celui du 3 février 2012 (L. Richer, AJDA 2012, pp. 555 et ss), « un intérêt de méthode, en tant qu'illustration de la manière dont le juge peut forcer les faits pour qu'ils viennent au soutien d'un discours juridique qui, lui-même, sert à justifier une solution qui relève de la politique jurisprudentielle plus que du droit ». Méthode qui permet de fonder des politiques jurisprudentielles changeantes parce que sensibles aux tendances dominantes du moment.

PER UNA REVISIONE DEI LIMITI DEL SINDACATO GIURISDIZIONALE NEI CONFRONTI DEI PROVVEDIMENTI AMMINISTRATIVI

Aldo Travi

Sommario: 1. Il sindacato giurisdizionale sull'amministrazione in uno degli ultimi scritti di Eduardo García de Enterría e le innovazioni sulla giustizia amministrativa in Italia. 2. L'esigenza e l'utilità di una riflessione sui margini attuali di autoritarietà dell'amministrazione. 3. I limiti al sindacato giurisdizionale rispetto alle valutazioni tecniche dell'amministrazione. 4. L'esigenza di una revisione di questi limiti. 5. I limiti al sindacato giurisdizionale rispetto alla discrezionalità amministrativa. 6. Le ragioni per una nozione più specifica di discrezionalità amministrativa e l'esigenza di estendere il sindacato giurisdizionale negli altri casi. 7. La prospettiva di un 'nuovo paradigma'.

1. Il sindacato giurisdizionale sull'amministrazione in uno degli ultimi scritti di Eduardo García de Enterría e le innovazioni sulla giustizia amministrativa in Italia.

Tra gli ultimi scritti di Eduardo García de Enterría, *Las transformaciones de la justicia administrativa: de exceptión singular a la plenitud jurisdiccional. ¿Un cambio de paradigma?*, è certamente fra quelli più frequentemente richiamati nella dottrina italiana[1]. La sua traduzione, preceduta da un pregevole

[1] Cfr. Torchia, "Le nuove pronunce nel Codice del processo amministrativo", in *Giornale dir. amm.*, 2010, 1319 ss.; Pajno, "Il codice del processo amminsitrativo fra «cambio di paradigma» e paura della tutela", in *Corriere giuridico*, 2010, p. 885 ss.; Manganaro, "Strumenti giuridici alternativi alla tutela giurisdizionale nell'ordinamento amministrativo italiano", in *Direito*, vol. 16, n. 2, p. 37 ss.; Carbone, *L'azione di adempimento nel processo amministrativo*, Torino 2012, p. 11; Caponigro, "Una nuova stagione per la tutela giurisdizionale degli interessi legittimi", in *www.giustizia-amministrativa.it*; Carpentieri, "Esecuzione del giudicato", in *www.giustizia-amministrativa.it* (Rossi, "Le innovazioni del diritto e del processo amministrativo, relazione al Consiglio nazionale forense", Roma 14 marzo 2013, in *www.consiglionazionaleforense.it*; Rizzetto, "Luci ed ombre dei sistemi monisti e dualisti a confronto: il sindacato sul potere discrezionale in Italia e in Spagna", relazione al convegno "La giustizia amministrativa in Europa: Francia, Germania, Austria, Spagna (Confronto sulle esperienze all'estero nell'ambito della Rete di formazione giudiziaria – EJTN), Roma 28 ottobre 2013, in *www.giustizia-amministrativa.it*; Sordi, Relazione al Convegno "L'integrazione degli ordinamenti giuridici in Europa", Lecce 23-24 maggio 2014; ecc. Una recensione di S. Rodolfo Masera del testo spagnolo era già stata pubblicata su *Diritto pubblico* 2008, 681 ss.

contributo del traduttore[2], ne ha agevolato la lettura da parte del pubblico italiano in un periodo particolare per l'assetto della giustizia amministrativa. In Italia il dibattito sulla giustizia amministrativa era divenuto molto vivace alla fine degli anni '90, in concomitanza con la revisione del riparto di giurisdizione attuata in conseguenza della c.d. privatizzazione del pubblico impiego, ed era salito ulteriormente di tono nei primi anni del decennio successivo, in seguito ai provvedimenti della Corte costituzionale e del legislatore che, in breve lasso di tempo, avevano inciso in vario senso su tale riparto[3]. Alla fine degli anni '90, inoltre, la Corte di cassazione italiana aveva superato il dogma della irresponsabilità dell'amministrazione nel caso di lesione degli interessi legittimi, introducendo così un principio di responsabilità civile dell'amministrazione anche nell'esercizio del potere amministrativo[4]. In questo modo, nel giro di pochi anni, alcuni dei capisaldi secolari della giustizia amministrativa erano stati superati, con una serie di effetti importanti, che coinvolgevano il modello generale e che stavano producendo anche inediti contrasti fra le giurisdizioni superiori (la Cassazione e il Consiglio di Stato)[5] e con interventi tutt'altro che isolati della Corte costituzionale[6].

Non deve dunque stupire che in questo contesto in Italia riuscisse ad affermarsi, soprattutto per iniziativa del Consiglio di Stato, l'esigenza di un codice del processo amministrativo: la delega al Governo fu inserita, quasi fuori tempo massimo, in un legge del 2009 dedicata soprattutto alla riforma della giustizia civile, e fu attuata essenzialmente dallo stesso Consiglio di Stato, con un testo elaborato dallo stesso consesso ed approvato dal Governo nel 2010 con alcune

[2] *Le trasformazioni della giustizia amministrativa. Un cambio di paradigma?*, Milano 2010. La traduzione è stata curata da S. Rodolfo Masera, che ne ha fatto precedere il testo da un saggio di particolare intensità, *La supremazia della legge ed il valore del diritto nel giudizio amministrativo*.

[3] Il decreto legislativo 31 marzo 1998, n. 80 (artt. 33-35), per bilanciare il trasferimento al giudice civile delle vertenze concernenti i dipendenti pubblici con rapporto 'contrattuale', aveva esteso considerevolmente la giurisdizione del giudice amministrativo sui diritti soggettivi, in tema di servizi pubblici, urbanistica e risarcimento del danno. Queste previsioni furono dichiarate parzialmente illegittime da Corte cost. 17 luglio 2000, n. 292, perché non giustificate dalla legge di delega in base alla quale era stato emanato il decreto legislativo. Il legislatore intervenne subito riproponendo disposizioni analoghe nella legge 21 luglio 2000, n. 205 (art.7), che però a sua volta fu dichiarata parzialmente illegittima da Corte cost. 6 luglio 2004, n. 204, perché l'estensione della giurisdizione amministrativa superava i limiti compatibili con l'art. 103 della Costituzione.

[4] Cassazione, sezioni unite, 22 luglio 1999, n. 500, in *Foro it.* 1999, I, 2487, con note di Pardolesi e di Palmieri, e in *Foro it.* 1999, I, 3201, con note di Caranta, Fracchia, Romano, Scoditti.

[5] Il contrasto era emerso in particolare sul rapporto fra tutela impugnatoria e tutela risarcitoria: la Cassazione, che sosteneva l'autonomia fra le due azioni, di fronte alla posizione contraria del Consiglio di Stato, iniziò ad annullare le decisioni del Consiglio di Stato che non si adeguavano all'indirizzo del giudice civile, sostenendo che esse sarebbero state viziate da eccesso di potere giurisdizionale (cfr. Cassazione, sezioni unite, 16 novembre 2007, n. 23741).

[6] Tra le più significative cfr. Corte costituzionale 27 aprile 2007, n. 140, in *Foro it.* 2008, I, 435, con nota di Verde; Corte costituzionale 11 maggio 2006, n. 191, in *Foro it.*, 2006, I, 1625.

modifiche[7]. Proprio negli stessi mesi veniva pubblicata la traduzione italianadel volume di García de Enterría: le riflessioni a tutto campo dell'autore hanno contribuito così al dibattito che ha accompagnato l'entrata in vigore del nuovo codice, favorendo soprattutto il confronto con linee di tendenza più generali riscontrabili in altri Paesi occidentali.

Nel suo volume García de Enterría registrava l'evoluzione riscontrabile sull'assetto della giustizia amministrativa nella maggior parte dei Paesi occidentali: al termine di questa evoluzione si è affermata la convinzione che il cittadino deve essere "protetto efficacemente in caso di lesione provocata da illegittima azione amministrativa"[8]. Oggi la giustizia amministrativa può essere correttamente rappresentata come un baluardo che concorre a edificare la posizione del cittadino come persona libera. Compito del giudice amministrativo è tutelare, nella sua pienezza, lo spazio di libertà che spetta alla persona, secondo un ordine che ha come parametro innanzi tutto la legge e che non ammette più forme generali di subordinazione all'amministrazione in omaggio all'interesse pubblico di cui essa è portatrice. Gli istituti processuali che hanno contraddistinto questa evoluzione, e che nel volume sono analizzati puntualmente, e la stessa ricostruzione della tutela del cittadino nei termini di diritto soggettivo (con indubbie difficoltà a conciliare anche la tradizione francese[9]), in questa prospettiva passano in secondo piano. Elemento centrale e decisivo risulta piuttosto la maturazione di una concezione nuova della giustizia amministrativa, che rispetto al cittadino non corrisponde più a un catalogo di limiti o di deroghe, ma rappresenta uno strumento per una più efficace realizzazione di posizioni di libertà, ovvero, in termini generali, dei diritti.

Se il punto di partenza, richiamato nella prima pagine del volume, era l'utopia roussoviana di "una forma di governo che ponga la legge al di sopra dell'uomo"[10], il punto di arrivo era la consapevolezza del valore della libertà della persona e la sua incompatibilità con ogni concezione autoritaria dell'amministrazione, ancorché inserita nello schema della democrazia liberale o del

[7] Su queste vicende cfr. Autori vari, "Il codice del processo amministrativo", in *Foro it.* 2010, V, 205 ss.

[8] *Le trasformazioni della giustizia amministrativa. Un cambio di paradigma?* cit., p. 77 (le citazioni si riferiscono alla traduzione italiana).

[9] Cfr. *Le trasformazioni della giustizia amministrativa. Un cambio di paradigma?* cit., p. 69, nota n.2. La tesi di García de Enterría secondo cui anche il 'recours pour excès de pouvoir' si sarebbe trasformato in un rimedio di diritto soggettivo è stata sostenuta anche in Italia da Scoca, "Recours pour excès de pouvoir e ricorso al giudice amministrativo. Stesse radici, simili problemi, soluzioni diverse", in *Dir. proc. amm.* 2013, 1 ss.; per la tesi contraria v. però Broyelle, "Le recours pour excès de pouvoir est-il destiné à protéger la situation juridique du requérant ?", relazione al *Colloquio sull'interesse legittimo in memoria di Umberto Pototschnig*, Milano 19 aprile 2013, in corso di stampa.

[10] *Le trasformazioni della giustizia amministrativa. Un cambio di paradigma?* cit., p. 5, nota n.1.

'Rechtsstaat'[11]. D'altronde, a ben vedere, la vicenda del diritto amministrativo della seconda metà dell'Ottocento e di buona parte del Novecento è la vicenda di una singolare simbiosi fra aspirazioni di libertà e ideologie autoritarie[12]: la ricerca di un punto d'incontro fra questi due poli ha caratterizzato per oltre un secolo anche i sistemi più dichiaratamente liberali ed in ogni ordinamento le nozioni-chiave (come l'atto amministrativo[13], il potere amministrativo, l'interesse pubblico o l'interesse generale, il principio di legalità[14]) testimoniano altrettanti proposte epocali di sintesi.

Queste considerazioni si ispirano indubbiamente al diritto amministrativo in generale, ma valgono a maggior ragione per la giustizia amministrativa. Infatti nella giustizia amministrativa i conflitti fra libertà e autorità emergono istituzionalmente nella loro cruda evidenza. Quando interviene la giustizia amministrativa una conciliazione fra le posizioni contrapposte delle parti non può essere ricercata attraverso i compromessi o i bilanciamenti che sono usuali quando l'amministrazione opera discrezionalmente.

Nel suo volume García de Enterría individua come, a conclusione di una lunga evoluzione, la dialettica tradizionale fra aspirazioni di libertà e ideologie autoritarie non sia più proponibile: la giustizia amministrativa si è affermata come strumento diretto non più a definire un equilibrio fra posizioni contrapposte, quanto ad assicurare la libertà dei cittadini. Si può forse osservare che, se oggi si percepisce con maggiore chiarezza che la ragione ultima dell'amministrazione è di rendere un servizio ai cittadini, di conseguenza anche i caratteri della giustizia amministrativa si atteggiano diversamente. García de Enterría, però, nelle sue riflessioni, non si è concentrato su prospettive così generali (e inevitabilmente generiche), ma ha condotto piuttosto un lavoro certosino sugli istituti che meglio rappresentano l'evoluzione della giustizia amministrativa. Risultano particolarmente emblematiche, per questo aspetto, le considerazioni svolte nel volume sui caratteri e sull'incisività della sentenza pronunciata nei confronti della pubblica amministrazione.

Le conclusioni del volume assumono quindi un rilievo ancora maggiore.

2. L'esigenza e l'utilità di una riflessione sui margini attuali di autoritarietà dell'amministrazione.

L'analisi svolta da García de Enterría risulta di notevole interesse, non soltanto perché era ricavata dall'esame di ordinamenti che esprimono tradizioni

[11] *Le trasformazioni della giustizia amministrativa. Un cambio di paradigma?* cit., p. 65 ss.

[12] Cfr. Sordi, *Giustizia e amministrazione nell'Italia liberale. La formazione della nozione di interesse legittimo*, Milano 1985.

[13] Cfr. Nigro, *Giustizia amministrativa*, 3ª ediz., Bologna, 1983, p. 31 ss.

[14] Considerazioni analoghe valgono per altre nozioni-chiave, come quella di 'interesse legittimo' nel diritto amministrativo italiano, di 'service publique' nel diritto amministrativo francese, ecc.

diverse, ma anche perché era ricondotta, più che ad effetti meccanici di processi di integrazione politica, alla affermazione di un nuovo modello condiviso di rapporti fra il cittadino e l'amministrazione. Questa conclusione era fondata sull'evoluzione che si riscontra, con toni diversi ma su linee convergenti, nella giustizia amministrativa dei Paesi occidentali, soprattutto dell'Europa continentale. Nello stesso tempo, nel volume è possibile riconoscere anche una testimonianza, che rende la lettura ancora più coinvolgente, perché l'autore aveva dedicato la sua vita di studioso al confronto con gli interrogativi di fondo del diritto amministrativo e con le contraddizioni della 'sua' giustizia. A maggior ragione era logico, in questa prospettiva, che l'attenzione si concentrasse sul passato e si risolvesse nella proposta di una lettura critica dell'assetto più recente.

A mio parere, però, il valore del testo e l'importanza del messaggio proposto dall'autore devono suggerire di proseguire le sue riflessioni in una direzione ulteriore. Una volta scandagliata l'evoluzione intervenuta nel passato, l'attenzione va rivolta oggi al presente, nella prospettiva però di uno sviluppo futuro che superi gli ostacoli maggiori che ancora si oppongono alla realizzazione delle ragioni attuali della giustizia amministrativa descritte da García de Enterría. Infatti il superamento di una concezione autoritaria dell'amministrazione, rispetto all'assetto della giustizia amministrativa, non può dirsi ancora pienamente raggiunto, e non si realizza soltanto con gli strumenti sui quali si era concentrata l'attenzione negli ultimi decenni, in particolare sui poteri decisori del giudice, sugli effetti della sentenza, sull'accelerazione dei giudizi. Sono necessari ulteriori interventi, con una serie di corollari importanti sul piano processuale.

Prima di svolgere alcune riflessioni in questo senso è però giusto dar conto di alcuni profili più generali.

Innanzi tutto, l'indagine che ho prospettato può sembrare che si presti a una critica che viene mossa molto spesso alle proposte di riforma sulla giustizia amministrativa che siano formulate 'de iure condendo'. Il livello di queste proposte viene identificato spesso con lo spazio della speculazione libera in cui tutti i postulati possono essere discussi e superati, in una prospettiva che, proprio perché del tutto svincolata dal diritto positivo, finisce con l'avere soltanto un fondamento ideologico. E un confronto ideologico sui temi della giustizia amministrativa risulta sostanzialmente improduttivo, perché finisce col risultare condizionato da punti di vista soggettivi e da sensibilità personali. Non era certamente questo l'orientamento tracciato da García de Enterría nel suo volume. L'indagine non può prescindere dal diritto positivo e dai binari del dialogo scientifico.

Le riflessioni svolte da García de Enterría consentono però di superare anche questa critica. Nelle sue riflessioni l'autore ha dimostrato ancora una volta che le vicende della giustizia amministrativa sono principalmente determinate da ragioni 'culturali': nel medio e nel lungo periodo le trasformazioni della giurisprudenza e della legislazione sono state il portato di innovazioni del diritto amministrativo che hanno travalicato la dimensione normativa ed hanno trovato fondamento in nuove sensibilità culturali. García de Enterría, pur dimostrando sempre attenzione scrupolosa per il dato positivo, ha confermato che i mutamenti epocali della giustizia amministrativa non si possono risolvere solo a questo livello. Il 'paradigma' cui s'intitola il volume non è stato trasformato da singole leggi, ma è stato trasformato piuttosto da concezioni più profonde che tutt'al più sono state rappresentate anche nella legge, o di cui una legge ha rappresentato soltanto il punto di emersione.

A mio parere, quando si voglia trarre un bilancio dell'attività talvolta confusa dei legislatori dell'Europa occidentale negli ultimi decenni in tema di giustizia amministrativa, ciò che risulta veramente acquisito non è la legge, ma è il valore di fondo che la ispira o che in essa viene rappresentato. In questa situazione anche il rapporto fra la legge e la sua interpretazione appare quasi rovesciato, perché un valore condiviso rappresenta il fattore effettivo di stabilità e costituisce un diaframma difficilmente superabile anche quando venga perseguito un indirizzo di rigorosa applicazione della legge. Insomma, nella giustizia amministrativa risulta particolarmente evidente come il 'paradigma' che si esprime sul piano giuridico negli istituti processuali preceda ampiamente tale piano.

Rilevare gli aspetti che caratterizzano ancora oggi una concezione autoritaria dell'amministrazione, sul piano della giustizia amministrativa, vale perciò come invito a cogliere aspetti rispetto ai quali non sembra ancora maturata una sensibilità adeguata. Aiuta a indirizzare l'attenzione verso profili che probabilmente non sono percepiti ancora con adeguato spirito critico. E tutto ciò non è poco, in tempi in cui si deve riconoscere che fondamentale è proprio il dato culturale. Si profila anzi un primo passo per un confronto a più ampio raggio su alcuni limiti strutturali che, a mio giudizio, contraddistinguono ancora oggi la giustizia amministrativa.

Questo punto merita di essere ulteriormente ribadito. Oggi è comune (è quasi unanime e scontata) l'affermazione che una concezione autoritaria dell'amministrazione sia ormai superata e risulti perciò inattuale. Nello stesso tempo, però, si accetta passivamente che rispetto a vari profili dell'attività amministrativa il giudice mantenga un atteggiamento 'deferente' nei confronti dell'amministrazione[15]. In questi termini si realizza, a ben vedere, una con-

[15] Il termine è reso celebre dal caso Chevron U.S.A., Inc. v. Natural Resources Defense Council, Inc., deciso dalla Corte suprema USA nel 1984, e considerato un punto fermo per la teoria della "administrative deference" (non a caso designata dalla stessa Corte suprema, in alcune pronunce successive, come "Chevron deference": cfr. Christensen v. Harrys County, 529 U.S. 576 (1999), e Bernhart v. Walton, 535 U.S. 212 (2002)). Sul caso Chevron anche la letteratura italiana è molto ampia: cfr. per tutti Denozza, "Discrezione e deferenza: il controllo giudiziario sugli atti delle autorità indipendenti «regolatrici»", in *Mercato, concorrenza, regole*, 2000, 469 ss., Clarich, "Potere economico e autorità indipendenti: funzioni neutrali e sindacato del giudice amministrativo", in *www.rivista.ssef.it*.

cezione nuovamente 'autoritaria', che esclude un confronto col cittadino che abbia, come unico criterio, quello della legalità. Ed è significativo che di questo atteggiamento 'deferente' siano state fornite varie giustificazioni di ordine principalmente generale o sociologico: si tratta, infatti, di un atteggiamento che travalica il dato giuridico e del quale si cerca di dare ragione guardando piuttosto alle 'mentalità' che governano, sul piano concreto, i rapporti effettivi fra le istituzioni. In realtà, anche soltanto considerando i postulati dello Stato di diritto, la legge, per definizione, non contempla e non consente alcuna 'deferenza'. Il problema, dunque, non è di ordine sociologico, così come non è di ordine sociologico l'analisi sui casi in cui il giudice preferisca disattendere la legge. L'indagine deve svolgersi in termini giuridici, perché ha come obiettivo la verifica della necessità o meno di certe soluzioni proprio sul piano del diritto.

Le riflessioni che di seguito saranno svolte prendono in considerazione essenzialmente l'ordinamento italiano. L'ordinamento italiano, d'altra parte, si presta bene a un'analisi del genere, perché l'assetto della giustizia amministrativa ha subìto in pochi anni modificazioni radicali e perché il processo amministrativo è regolato da un codice molto recente; queste condizioni favoriscono una riflessione più intensa sulle alternative di fondo, perché il peso della tradizione precedente risulta meno incombente. Nello stesso tempo, però, vi è anche l'ambizione che le riflessioni possano assumere un rilievo più generale, perché riguardano profili rispetto ai quali, pur con sensibili variazioni, le ragioni generali sono comuni.

3. I limiti al sindacato giurisdizionale rispetto alle valutazioni tecniche dell'amministrazione.

Un primo ordine di limiti strutturali da considerare criticamente concerne la cognizione del giudice amministrativo rispetto alle valutazioni dell'amministrazione che siano effettuate sulla base di criteri latamente tecnici. Si tratta di un tema rispetto al quale le soluzioni accolte nei diversi Paesi dell'Europa occidentale non sono uniformi e queste divergenze stanno condizionano anche le modalità e le soluzioni accolte per l'attuazione del diritto comunitario nei Paesi dell'Unione europea. Nel diritto amministrativo italiano i limiti al sindacato del giudice amministrativo rispetto alle valutazioni 'tecniche' dell'amministrazione sono ancora oggi particolarmente evidenti.

Nel diritto amministrativo italiano la concezione (di origine germanica) dei concetti giuridici indeterminati non ha ricevuto un'accoglienza positiva, anche se non sono mancati alcuni spunti interessanti a favore di soluzioni del genere[16]. L'attenzione si è concentrata piuttosto sulla circostanza che determinate valuta-

[16] Cfr. Merusi, "Variazioni su tecnica e processo", in *Dir.proc.amm.* 2004, 973 ss. (cfr. particolarmente a p. 976); l'autore formula considerazioni convergenti con quelle accolte nel presente contributo.

zioni dell'amministrazione, compiute in vista dell'emanazione di tipologie molto varie di atti, non trovano fondamento né nell'applicazione puntuale di regole giuridiche (come si verifica invece nel caso dell'attività tipicamente vincolata), né in un apprezzamento degli interessi in gioco (come si verifica invece nel caso dell'attività discrezionale), ma richiedono l'applicazione, da parte dell'amministrazione, di regole non codificate nell'ordinamento[17]. Quando queste regole siano univoche, o perché si configurano come le uniche ragionevolmente possibili (si pensi alla c.d. valutazioni 'semplici', o ai c.d. accertamenti tecnici[18]), o perché la legge le richiami espressamente escludendo ogni margine per regole difformi (in realtà, in casi del genere si può dubitare in definitiva che si tratti ancora di regole esclusivamente tecniche, e non anche giuridiche), nel diritto italiano si ammette, almeno in via di principio, che il giudice possa verificare la loro corretta applicazione. Quando invece queste regole ammettano un margine di opinabilità il giudice amministrativo italiano ritiene, tendenzialmente, di poter esercitare soltanto un sindacato indiretto[19]. Precisamente, può verificare la ragionevolezza del criterio accolto dall'amministrazione, la completezza e la serietà dell'istruttoria, l'adeguatezza della motivazione fornita (nei casi in cui non venga meno anche il dovere di motivazione), ma non può stabilire se la valutazione dell'amministrazione sia 'giusta', 'condivisibile', 'appropriata', o comunque concretamente preferibile. Un sindacato di questo genere gli è tendenzialmente precluso. Di conseguenza, nei rapporti col cittadino, fa testo la valutazione dell'amministrazione, anche se erronea.

Le giustificazioni addotte per l'esclusione di un sindacato più intenso sono molto varie e spaziano da ragioni di ordine sostanziale a argomenti tipicamente processuali. Dopo oltre un secolo di dibattiti nella giurisprudenza italiana, si può affermare, senza ombra di dubbio, che mentre la soluzione in quanto tale (che esclude un sindacato pieno del giudice) è ampiamente condivisa, il fondamento di essa rimane tuttora controverso. Già questo elemento dovrebbe

[17] Per l'analisi della dottrina italiana si rinvia particolarmente a Marzuoli, *Potere amministrativo e valutazioni tecniche*, Milano 1985, che rappresenta tuttora il contributo fondamentale in materia. Tuttavia le conclusioni dell'autore, secondo cui le valutazioni di ordine tecnico dell'amministrazione non potevano ritenersi in via generale espressione di un potere 'riservato' alla stessa amministrazione, non sono state accolte dalla giurisprudenza amministrativa. Fra gli interventi successivi si segnala in particolare De Pretis, *Valutazione amministrativa e discrezionalità tecnica*, Padova, 1995.

[18] Cfr., A. Sandulli, *Manuale di diritto amministrativo*, 15 ediz., Napoli 1989, p. 593 ss.

[19] Cfr., Marzuoli, *Potere amministrativo e valutazioni tecniche,* cit., p. 30 ss., p. 73 ss., p. 141 ss. Questa posizione, come si vedrà, rimane sostanzialmente ferma anche nella giurisprudenza più recente, tanto che da parte di alcuni autori un suo superamento viene prospettato ormai soltanto in forza del diritto sovranazionale: cfr. Allena, "Il sindacato del giudice amministrativo sulle valutazioni tecniche complesse: orientamenti tradizionali versus obblighi internazionali", in *Dir. proc. amm.,* 2012, 1602. Nella giurisprudenza italiana (sia civile che amministrativa) le ipotesi in esame sono designate tuttora, in prevalenza, con espressione equivoca, come ipotesi di 'discrezionalità tecnica'.

indurre a valutare con cautela la bontà della soluzione: nel diritto ciò che vale realmente deve trovare una spiegazione appagante e se nessuna spiegazione risulta soddisfacente allora è la soluzione che deve essere rivista.

Molto spesso, invece di proporre un argomento specifico a sostegno della soluzione accolta, essa viene considerata come 'scontata', sul rilievo che troverebbe fondamento nel 'modello' della giustizia amministrativa: il ruolo del giudice amministrativo sarebbe definito dalla garanzia della corretta applicazione della legge, mentre nel caso delle valutazioni tecniche 'opinabili' l'attività amministrativa è determinata dall'applicazione di regole non giuridiche[20]. In questa prospettiva viene spesso invocato in Italia il c.d. 'merito amministrativo', nozione difficilmente definibile in termini positivi e meglio rappresentata in termini negativi come l'ambito dell'azione amministrativa che non è determinata da regole di legittimità e che perciò sfugge al sindacato del giudice[21]. La nozione di 'merito amministrativo', a sua volta, richiama sul piano processuale gli accertamenti sugli elementi di fatto compiuti dal giudice di merito che non sono sindacabili in Cassazione perché esorbitano dall'ambito della violazione di legge. In realtà le analogie fra le due situazioni sono molto esili e attengono più al livello 'negativo', quello delle esclusioni, che al livello 'positivo', quello delle condivisioni; la formula tuttavia ha avuto un successo straordinario e ha favorito il diffondersi della convinzione che la limitazione del sindacato del giudice amministrativo potesse ritenersi fisiologica.

In realtà, se l'indagine viene svolta più in profondità, il quadro risulta molto articolato.

In primo luogo nel diritto amministrativo italiano l'ambito stesso delle 'valutazioni tecniche' è poco chiaro. A questa nozione sono ricondotte situazioni obiettivamente diverse, rispetto alle quali l'applicazione di regole scientifiche o tecniche talvolta ha ben poco a vedere. Per esempio, spesso anche l'applicazione delle clausole generali che orientano l'attività amministrativa viene ricondotta alle valutazioni tecniche. Si tratta, in effetti, di un utilizzo strumentale della nozione, che si spiega con l'esigenza di ancorare alle soluzioni accolte per le valutazioni tecniche anche i limiti del sindacato del giudice amministrativo sull'applicazione delle clausole generali da parte dell'amministrazione.

In secondo luogo negli ultimi decenni si è percepito con maggiore chiarezza come la stessa giurisprudenza amministrativa non utilizzi parametri uniformi. Accanto ad affermazioni di ordine generale convivono giurisprudenze di settore che praticano criteri molto diversi. Analogamente a quanto si riscontra anche

[20] E' una spiegazione che sembra comportare un vizio logico: da un 'modello' non si può ricavare la soluzione di un problema giuridico concreto; semmai è dalla soluzione concreta che si può risalire al modello.

[21] Le incertezze della dottrina e della giurisprudenza nell'utilizzare la nozione di 'merito amministrativo' erano già state poste in luce da AMORTH, *Il merito dell'atto amministrativo*, Milano 1939, p 1 ss.

in altri Paesi (per esempio, in Francia[22]), in alcuni ambiti particolari il giudice amministrativo italiano esercita un sindacato più intenso. Per descrivere questo fenomeno è stato sostenuto che il giudice amministrativo eserciti un sindacato più intenso quando la valutazione " tecnica" inerisca a posizioni del cittadino particolarmente rilevanti per l'ordinamento: per esempio, quando siano coinvolti la salute delle persone o altri diritti fondamentali, la posizione lavorativa (ma è significativo che lo stesso criterio non sia stato adottato in Italia per i giudizi dell'amministrazione nei concorsi per l'assunzione di personale pubblico o per gli esami d'accesso a una professione), ecc.[23] Di conseguenza in alcuni casi il giudice amministrativo esercita un controllo 'pieno' sulla valutazione dell'amministrazione, perché evidentemente è convinto che altrimenti rimarrebbe scoperto un interesse giuridico primario. Ciò deve indurre a ritenere, però, che il carattere 'tecnico' (o non giuridico) della valutazione compiuta dall'amministrazione non identifichi un limite istituzionale per il sindacato del giudice e non comporti necessariamente la limitazione dei suoi poteri di cognizione a un controllo 'indiretto'.

Nella normalità degli altri casi, invece, il sindacato del giudice amministrativo è solo limitato, nei termini che ho già richiamato sopra. Questo carattere è emerso in particolare nei giudizi che hanno ad oggetto provvedimenti di amministrazioni indipendenti, come l'Autorità antitrust: da questi provvedimenti possono derivare effetti dirompenti per l'equilibrio economico di un'impresa, ma nei confronti di essi il giudice amministrativo italiano mostra particolare 'deferenza'. La discussione si è sviluppata anche avanti alla Corte europea dei diritti dell'uomo, in occasione del ricorso sul caso 'Menarini': la Corte europea ritenne che il sindacato del giudice amministrativo su una sanzione amministrativa applicata dall'Autorità antitrust, anche se esercitato in forma 'deferente, fosse sufficiente in base alla Convenzione europea dei diritti dell'uomo. Tuttavia un giudice portoghese della Corte presentò una interessante opinione dissenziente, nella quale rilevava come, in realtà, il giudice amministrativo italiano si fosse limitato a richiamare gli argomenti dell'Autorità antitrust, dimostrando così che tali argomenti erano stati considerati, almeno in linea di fatto, come incontestabili. Il controllo del giudice amministrativo era stato solo formale[24].

[22] D. Costa, *Relazione*, a « *Cinquièmes rencontres franco-italiennes. L'influence du droit de l'Union européenne sur les droits administratifs français et italien* », Brescia 24 maggio 2014.

[23] D'Angelo, "Giudice amministrativo e valutazioni tecniche dopo la l. 21 luglio 2000 n. 205", in *Dir. amm.*, 2005, 659 ss.

[24] Corte europea dei diritti dell'uomo, sentenza 27 settembre 2011, ricorso n. 43509/08, Menarini Diagnostics c. Italia. Nella sua opinione dissenziente il giudice portoghese Pinto de Albuquerque rilevava fra l'altro: "Una lettura attenta dei motivi della decisione rivela che la sentenza del TAR contiene più di 60 citazioni e riferimenti ai paragrafi della decisione dell'AGCM, e quella del Consiglio di Stato più di 40 citazioni e riferimenti al suddetto testo. Gli organi giurisdizionali non fanno che ripetere l'uno dopo l'altro gli argomenti già sostenuti dall'AGCM,

Questa conclusione appare ancora più grave perché il diritto amministrativo italiano, pur essendo ampiamente tributario delle figure di illegittimità amministrativa elaborate nel diritto francese, non conosce la figura dell'"erreur manifeste d'appréciation". Di conseguenza il sindacato indiretto sulle valutazioni tecniche dell'amministrazione finisce, in Italia, con l'essere modellato su quello ammesso rispetto all'attività discrezionale, con l'ulteriore handicap che non è utilizzabile, in questo contesto, la figura principale per il sindacato sulla discrezionalità, che è l'eccesso di potere per sviamento.

4. L'esigenza di una revisione di questi limiti

Il tema della tecnica conduce naturalmente a quello della scienza e delle sue verità, ambito centrale nel pensiero occidentale moderno. La prospettiva della 'falsificazione' delle affermazioni scientifiche ha aperto nuovi indirizzi di ricerca anche rispetto al tema della certezza, ponendo l'attenzione soprattutto sui suoi condizionamenti, culturali o soggettivi, e comunque riconoscendo la relatività di tante verità. La stessa teoria del "paradigma", cui alludeva García de Enterría anche nell'intitolazione del suo volume, si inserisce in questa logica[25].

L'esigenza di una maggiore attenzione della giustizia amministrativa per la 'verità' non si pone, però, in contrasto con linee di tendenza più generali. La circostanza che una valutazione latamente 'tecnica' provenga da un'amministrazione non comporta che essa abbia una un maggior grado di attendibilità. Se essa non è adeguata alle risultanze della tecnica, non è ragionevole che faccia testo rispetto ai cittadini: il giudice deve disattenderla. Ciò vale in generale, ma a maggior ragione vale in tempi come gli attuali in cui lo sviluppo di un Paese come sistema economico e sociale risulta strettamente legato alla sua capacità

---

rinviando con notevole enfasi ai paragrafi della decisione amministrativa. La presunta analisi degli argomenti del ricorso della società è stata semplicemente un'adesione formale da parte dei giudici alla valutazione tecnica "indiscutibile" e incontestabile dell'AGCM. In definitiva, non vi è stata alcuna valutazione indipendente, concreta e dettagliata di illegittimità e responsabilità del comportamento della ricorrente."

Per gli indirizzi della Corte europea e del dibattito che ha suscitato in Italia, cfr. Allena, *Art. 6 Cedu - Procedimento e processo amministrativo*, Napoli 2012. Sulla pronuncia della Corte europea sul caso Menarini cfr. anche Bosco, "Du contrôle de pleine juridiction exercé sur les décisions des autorités de concurrence", in *Papers Social Science Research Network* (*http://papers.ssrn.com/sol3/papers.cfm?abstract_id=2014062*); Bombois, "L'arrêt Menarini c. Italie de la Cour européenne des droits de l'homme. Droit antitrust, champ pénal et contrôle de pleine juridiction", in *Cahiers de droit européen*, 2011-12, p. 541 ss.; Cardonnel, "La Cour européenne des droits de l'homme examine les modalités du contrôle juridictionnel sur les décisions en matière de cartel", in *Concurrences – Revue de droit de la concurrence*, 2011, n. 4, 166 ss.; Bronckers e Valery, "Fair and effective Competition Policy in the EU: which role for Authorities and which role for the Courts after Menarini?", in *European Competition Journal*, 2012, p. 283 ss.

[25] T. S. Khun, *The Structure of Scientific Revolutions*, Chicago 1962.

di adeguarsi rapidamente alle evoluzioni della tecnica. Non si può accettare che le ragioni del cittadino, meglio fondate dal punto di vista tecnico, debbano soccombere a una cattiva tecnica dell'amministrazione.

Certamente si deve ammettere che le ragioni della politica, tanto più in un sistema democratico, abbiano sempre il primo posto: pertanto in via di principio nulla vieta alla legge di attribuire a un'amministrazione il compito di effettuare valutazioni di ordine tecnico con effetti rilevanti sul piano normativo e, perciò, in grado di condizionare anche la cognizione del giudice. La regolazione economica attribuita alle Autorità indipendenti è costellata da previsioni di questo genere, fra l'altro in ambiti di rilevanza primaria per lo sviluppo di un Paese[26].

Tuttavia il rischio che vengano istituzionalizzate situazioni di abuso deve indurre a considerare con rigore la portata di queste disposizioni. Per esempio, appare problematica la possibilità di riconoscere ad esse un valore solo esemplificativo, o di ammettere con larghezza la possibilità di attribuzioni 'implicite', non ricavabili univocamente dalla legge. Il rapporto fra la regola e la deroga non può essere capovolto e deve rimanere chiaro.

Analogamente non è in discussione la circostanza che rispetto a certe valutazioni tecniche, tipicamente opinabili (si pensi agli apprezzamenti di ordine estetico, ai fini della protezione degli ambienti urbani), il ruolo dell'amministrazione non sia quello di un soggetto che semplicemente proponga una soluzione destinata ad essere confrontata con tutte le altre. La circostanza che la legge affidi espressamente a un'amministrazione valutazioni del genere induce a ritenere che la sua valutazione possa avere un valore privilegiato. Tuttavia questo valore privilegiato non può tradursi nella preclusione per il giudice di stabilire che la valutazione sia erronea, per esempio perché espressione di criteri superati, o non più riconosciuti in ambito scientifico. Di fronte a ciò che è oggettivamente opinabile il giudice non può sovrapporre la propria valutazione a quella dell'amministrazione, ma il margine in cui l'amministrazione prevale corrisponde a quello proprio della reale opinabilità. A questo margine residuale si può attingere solo dopo aver escluso che per ogni altro profilo la valutazione dell'amministrazione sia obiettivamente sbagliata, mentre il giudice amministrativo italiano in genere segue l'itinerario opposto e al riscontro della possibilità di margini di opinabilità nell'attività amministrativa fa corrispondere, in via di principio, l'esclusione di un proprio intervento[27]. L'affermazione

[26] Di fronte a una disposizione legislativa le critiche suscitate da considerazioni di ordine tecnico attengono principalmente al piano politico; il profilo della cognizione del giudice diventa marginale.

[27] Mi permetto di rinviare sul punto a un mio contributo, "Il giudice amministrativo e le questioni tecnico-scientifiche: formule nuove e vecchie soluzioni", in *Diritto pubblico,* 2004, 439 ss. La posizione della giurisprudenza appare nel complesso divergente: per un esempio di un sindacato più ampio cfr. Cons. Stato, VI, 2 marzo 2004 n. 926, in *Diritto e formazione*, 2004, 997, con nota di De Pretis, *Antitrust, valutazioni tecniche e controllo giurisdizionale.*

della opinabilità, nella giurisprudenza italiana, non è un risultato finale, ma è un dato di partenza, e anche questo è un problema grave.

Nella giustizia amministrativa in passato la distinzione fra regole giuridiche e regole tecniche rappresentava uno dei postulati generali: il giudice amministrativo sovrintendeva alla corretta applicazione delle prime, mentre rispetto alle seconde era tendenzialmente indifferente. Oggi, invece, la distinzione è diventata più esile. Le regole tecniche, nella misura in cui governano un'attività amministrativa rilevante per i cittadini, acquistano pieno valore giuridico. La diversità fondamentale non inerisce alla capacità di indirizzare l'attività amministrativa (e, quindi, alla necessità e all'ampiezza del controllo del giudice), ma inerisce alla definizione della loro efficacia. Una regola tecnica non nasce dalla volontà di un organo politico, ma nasce da un convincimento maturato sul piano tecnico, secondo criteri specifici di ogni singola materia; pertanto la regola tecnica è superata quando questo convincimento venga meno.

5. I limiti al sindacato giurisdizionale rispetto alla discrezionalità amministrativa.

Un secondo ordine di limiti strutturali inerisce all'ambito che tradizionalmente viene identificato con le valutazioni tipicamente discrezionali. Di esse si predica la necessità di una riserva all'amministrazione, fatto salvo soltanto un sindacato indiretto, quando siano violati i limiti della discrezionalità. Questa riserva a sua volta viene fondata in genere su principi di ordine istituzionale, che attengono alle responsabilità specifiche degli organi amministrativi (cui fa da contraltare l'irresponsabilità del giudice), al riconoscimento di margini di libertà codificati dalla legge, alle ultime declinazioni del principio della separazione dei poteri, a ragioni generali di flessibilità e di efficienza.

Anche nella tradizione italiana la discrezionalità amministrativa individua la linea di confine per lo spazio d'intervento del giudice e per la portata delle sue pronunce. Soltanto nel giudizio di ottemperanza, che garantisce l'esecuzione delle sentenze da parte dell'amministrazione, la discrezionalità non rappresenta un fattore preclusivo, ma ciò viene giustificato con ragioni di eccezionalità, riconducibili all'esigenza di assicurare l'osservanza della sentenza, e sul piano pratico, quando siano in gioco profili discrezionali, è ormai raro che il giudice intervenga direttamente sostituendosi all'amministrazione e, in genere, viene nominato un commissario[28].

[28] Il codice del processo amministrativo ha previsto espressamente l'intervento del Commissario nel giudizio di ottemperanza (cfr. particolarmente art. 114). Un intervento diretto del giudice non è escluso (cfr. art. 114, comma 4, lett. a)), ma è evidente che, in presenza di atti discrezionali, rappresenta ormai una soluzione recessiva. Gli esempi di intervento sostitutivo diretto del giudice amministrativo rispetto a un'attività discrezionale dell'amministrazione sono ormai rari: per uno di essi, cfr. Cons. Stato, sez. VI, 19 gennaio 1995, n. 41, in *Giornale dir. amm.*, 1995, 976.

Rispetto alla discrezionalità amministrativa la dottrina italiana nel secolo scorso ha elaborato analisi di grande valore culturale, che hanno posto in luce gli elementi di continuità e di divergenza rispetto all'autonomia privata, la rilevanza essenziale della ponderazione degli interessi in gioco, la coerenza con l'assetto organizzativo dell'amministrazione e col procedimento amministrativo. In un primo tempo l'attenzione era indirizzata innanzi tutto sulla distinzione fra attività discrezionale e attività vincolata, che ha una matrice di diritto sostanziale ma con riflessi evidenti sul piano processuale. L'individuazione di una chiara linea di confine sembrava più urgente nel momento in cui emergeva che la distinzione non ineriva più ad ambiti diversi dell'attività amministrativa, ma si collocava all'interno di una stessa attività amministrativa, fra profili diversi che concorrono nell'esercizio di un potere, dal momento che il principio di legalità impediva di ammettere poteri amministrativi totalmente discrezionali. Intorno agli anni quaranta del secolo scorso le analisi avevano assunto una direzione nuova, con la teoria che ha identificato il nucleo della discrezionalità amministrativa nella ponderazione degli interessi concretamente rilevanti[29]. Questa lettura aveva posto al centro dell'attenzione il rapporto fra il diritto amministrativo e gli interessi su cui l'amministrazione incideva nella sua attività, con un arricchimento di prospettive che ha orientato tutta la dottrina italiana successiva.

La selezione fra interessi, a mio parere, ha come criterio un giudizio di valore, perché in mancanza di un criterio predeterminato dalla legge l'attribuzione di un peso diverso agli interessi in gioco si traduce in un giudizio di valore. Un giudizio del genere, se in concreto è compatibile con l'ordinamento, non può neppure essere sindacato da un giudice, perché, in mancanza di una regola stabilita nell'ordinamento, il criterio per valutarlo non è giuridico, ma è ideologico. Si tenga presente, però, che nella dottrina italiana la circostanza che nella discrezionalità amministrativa la selezione degli interessi introducesse un giudizio di valore non ha comportato l'elaborazione di tavole di valori, nella logica della "philosophie de l'esprit" del primo dopoguerra, né reazioni antiformalistiche, come, nei primi decenni del Novecento, nella polemica di Max Scheler nei confronti dell'etica kantiana. Per la dottrina italiana riconoscere lo spazio per un bilanciamento di interessi ha significato innanzi tutto riconoscere una competenza all'amministrazione[30]; questa competenza si esprime essenzialmente nel potere di intervenire sugli interessi in gioco, mentre il profilo proprio dei 'valori' è rimasto marginale, evidentemente perché non viene ritenuto rilevante sul piano giuridico.

[29] Mi riferisco, come è evidente, a M. S. Giannini, *Il potere discrezionale della pubblica amministrazione*, Milano, 1939 (ristampa a cura di Cassese, in M. S. Giannini, *Scritti*, vol. I, Milano, 2000). Per un confronto con le tesi successive, sono interessanti le osservazioni dello stesso autore, *Diritto amministrativo*, 3ª ediz., vol. II, Milano, 1993, p. 52 ss.

[30] Cfr. Piras, "Discrezionalità amministrativa", in *Enciclopedia del diritto*, vol. XIII, Milano, 1964, con ampi riferimenti anche al dibattito precedente.

La concezione della discrezionalità amministrativa come espressione di un apprezzamento degli interessi è tuttora prevalente, nella dottrina e nella giurisprudenza italiane. Novità importanti hanno riguardato, invece, l'identificazione dell'ambito della discrezionalità amministrativa. Alcuni giovani studiosi hanno posto in discussione la nozione di discrezionalità amministrativa ricavata dal confronto con l'attività vincolata o qualificata dall'apprezzamento degli interessi cui la norma assegna rilevanza[31]. Anche alla luce delle riflessioni sulle situazioni di libertà nel diritto privato emerge che, nei casi in cui la legge non definisce puntualmente la regola dell'azione amministrativa, non sempre all'amministrazione è rimessa una scelta fra gli interessi rilevanti. Molte volte la legge non detta una regola puntuale semplicemente perché le situazioni concrete non sono puntualmente codificabili, ma senza che sia necessario ricercare la concorrenza di interessi diversi o contrapposti, fra i quali l'amministrazione sia chiamata a decidere. In conclusione, in molti casi in cui la legge non detta una regola puntuale, non viene postulato, a ben vedere, alcun giudizio di valore.

Quando l'amministrazione distribuisce una risorsa scarsa fra i soggetti che aspirano a riceverla, inevitabilmente, all'origine, deve essere elaborato un criterio di riparto, sulla base di un giudizio di valore, e se questo criterio non è stabilito dalla legge spetta necessariamente all'amministrazione elaborarlo. Questa necessità non è sostituita dal richiamo a regole di razionalità generali, perché anche la decisione di applicare regole generali, come quelle del mercato, ha di per sé una componente fondamentale di scelta e presuppone pertanto un giudizio di valore. Fortunatamente, però, l'amministrazione non si trova quotidianamente ad operare scelte 'tragiche', ma più spesso determina la sua azione secondo criteri di prudente apprezzamento, nella logica secondo cui dovrebbe operare nelle stesse condizioni qualsiasi altro soggetto 'avveduto'. Il modello può essere rappresentato, in questi casi, da una figura emblematica e un po' misteriosa del diritto civile italiano, quella del 'buon padre di famiglia', che evoca un criterio razionale e condivisibile rispetto ad attività il cui svolgimento non è codificato e che (solo) in questo senso è essenzialmente libero.

6. Le ragioni per una nozione più specifica di discrezionalità amministrativa e l'esigenza di estendere il sindacato giurisdizionale negli altri casi

In questo modo nell'ambito che viene assegnato comunemente alla discrezionalità amministrativa si afferma la distinzione fra un livello 'alto', di

[31] In questo senso, negli ultimi anni, si sono espressi in Italia, seppur con posizioni di partenza molto diverse, Cudia, *Funzione amministrativa e soggettività della tutela - Dall'eccesso di potere alle regole del rapporto,* Milano, 2008; Codini, *Scelte amministrative e sindacato giurisdizionale - Per una ridefinizione della discrezionalità*, Napoli, 2008; Sigismondi, *Eccesso di potere e clausole generali, modelli di sindacato sui poteri pubblici e sui poteri privati a confronto*, Napoli, 2012.

scelte ispirate a giudizi di valore, e un livello 'basso', di attività amministrativa ordinaria, che non è regolata puntualmente dalla legge, ma che ciò nonostante non postula giudizi di valori.

Il livello 'alto' corrisponde propriamente alla discrezionalità amministrativa, le cui componenti sono state analizzate con cura dalla dottrina italiana del Novecento: essa ha come nucleo una componente di ordine politico. Per questa ragione la discrezionalità amministrativa è il campo di valutazioni riservate all'amministrazione: se il criterio concreto dell'azione amministrativa è anche di ordine politico, il giudice, in base al principio di indipendenza, deve mantenersi estraneo e non può interferire, a meno che non riscontri le patologie dell'eccesso di potere. Anche queste patologie, però, non coinvolgono mai la componente 'politica' della discrezionalità.

Il livello 'basso', invece, non attinge al profilo della scelta politica; anzi, non postula alcuna capacità di selezione di interessi e richiede soltanto l'applicazione di standard ordinari di buona amministrazione. Le circostanze che questi 'standard' non siano codificati nelle leggi amministrative non toglie nulla al fatto che siano chiaramente identificabili. Il rapporto con l'azione amministrativa è analogo alle regole di condotta che, rispetto all'attività privata 'libera', sono determinate dal canone del 'buon padre di famiglia' o da altre clausole generali, che costituiscono una base comune nella cultura giuridica europea.

La giurisprudenza amministrativa italiana[32] invoca la discrezionalità amministrativa per una serie di apprezzamenti che non comportano alcuna applicazione di giudizi di valore, ma che richiedono come criterio direttivo soltanto canoni di ragionevolezza e di efficienza. Canoni del genere non comportano la necessità di un bilanciamento degli interessi in gioco, nel senso richiesto invece per la discrezionalità amministrativa. Sono semplicemente i criteri direttivi per un'attività giuridica qualificata, nei casi in cui la legge non stabilisca precise e puntuali regole di condotta. Di conseguenza, per esempio, il rilascio del porto d'armi, sulla base di un apprezzamento delle caratteristiche del cittadino che lo richiede[33], l'ammonimento dell'autorità di pubblica sicurezza nei confronti di chi si sia reso responsabile di stalking[34], la concessione o il diniego della cittadinanza[35], la verifica dell'anomalia delle offerte in una procedura d'appalto[36] non comportano valutazioni discrezionali, anche se la giurisprudenza italiana anche recente utilizza abitualmente tale nozione.

[32] Si tenga presente che la giurisprudenza italiana è piuttosto imprecisa anche nell'uso del termine 'discrezionalità': in particolare tende ad assimilare alla 'discrezionalità amministrativa' le valutazioni tecniche demandate all'amministrazione (c.d. 'discrezionalità tecnica').

[33] Cons. Stato, sez. III, 15 aprile 2013, n. 2035.

[34] Cons. Stato, sez. I, 29 maggio 2013, n. 438/12. L'istituto è disciplinato in Italia dall'art. 8 d.l. 23 febbraio 2009 n. 11, conv. in legge dall'art. 1 l. 23 aprile 2009 n. 38.

[35] Cons. Stato, sez. III, 28 maggio 2013, n. 2920.

[36] Cons. Stato, sez. III, 10 maggio 2013, n. 2533.

A ben vedere la giurisprudenza che in questi casi riconduce le valutazioni dell'amministrazione alla discrezionalità intende identificare, più ancora che la disciplina dell'attività, i limiti per il sindacato giurisdizionale. Il giudice amministrativo non può verificare se la decisione dell'amministrazione sia o meno corretta, ma può effettuare un sindacato solo 'estrinseco' o indiretto, secondo il modello dell'eccesso di potere. Il ricorso alla categoria della discrezionalità diventa l'argomento per sostenere che, là dove la legge non stabilisce una regola puntuale, il sindacato del giudice deve essere limitato.

Di fronte a questa conclusione viene naturale rilevare che soluzioni diverse avrebbero potuto maturare se nel diritto amministrativo italiano fossero state accolte letture differenti, come quella fondata piuttosto sulla nozione di concetti giuridici indeterminati. In questo modo anche il livello 'basso' delle situazioni che in genere vengono ricondotte dalla giurisprudenza italiana alla discrezionalità amministrativa avrebbe potuto trovare un assetto più appagante. L'aspetto che qui interessa è però soprattutto di ordine istituzionale. Dal punto di vista dei rapporti con il controllo giurisdizionale, in casi del genere non si configura alcuna ragione per imporre un controllo 'limitato'. Non sono in gioco profili di scelta latamente 'politica', come invece vale per la discrezionalità in senso 'proprio' (quella che corrisponde al livello 'alto'). In concreto manca una disposizione puntuale che regoli l'attività amministrativa, ma ciò non giustifica la riduzione del sindacato giurisdizionale nei termini 'indiretti' dell'eccesso di potere: il giudice amministrativo deve poter compiere un sindacato diretto, utilizzando le clausole generali riconosciute dall'ordinamento[37].

La pregnanza delle clausole generali nel diritto privato è sempre maggiore[38]: il diritto del lavoro, il diritto dei consumatori, il diritto delle associazioni, il diritto delle società si reggono ormai in ampia misura su clausole del genere. Il richiamo a una logica analoga è possibile anche nel diritto amministrativo. Fra l'altro, i settori del diritto appena richiamati si caratterizzano proprio per il fatto che il rapporto giuridico fra i soggetti è condizionato da uno squilibrio sostanziale, che comporta un 'potere' giuridico per una parte soltanto, e una situazione analoga caratterizza anche il rapporto fra l'amministrazione e il cit-

[37] In generale, per le clausole generali nel diritto amministrativo, cfr. Autori vari, "Le clausole generali nel diritto amministrativo", in *Giurisprudenza italiana,* 2012, 1191.

[38] Cfr. in particolare: E. FABIANI, "Clausola generale", in *Encicl. dir.-Annali*, Milano, 2012, vol. V, 183 ss.; Autori Vari, "Le clausole generali nel diritto privato", in *Giurisprudenza italiana*, 2011, 1689 ss.; DENOZZA, "Norme, principi e clausole generali nel diritto commerciale: un'analisi funzionale", in *Riv. critica dir. privato*, 2011, 379; BARCELLONA, "Sul senso delle «clausole generali» - Il diritto tra giudice e legge", in *Democrazia e diritto*, 2009, 261. Per le implicazioni di ordine processuale, PALMIERI, "Il sindacato giudiziale sulle clausole generali in materia di lavoro pubblico e privato", in *Riv. dir. proc.*, 2011, 1486, e soprattutto E. FABIANI, *Clausole generali e sindacato della Cassazione*, Torino, 2003, che dà conto, fra l'altro, di un orientamento della Cassazione italiana, che ritiene di poter verificare la corretta interpretazione della clausola generale da parte del giudice di merito.

tadino nel diritto amministrativo. Anzi, il confronto con il diritto privato induce a ritenere che a maggior ragione nel diritto amministrativo si deve ammettere un sindacato più intenso, perché l'amministrazione è un soggetto pubblico e il soggetto pubblico oggi, come ha dimostrato García de Enterría nel volume da cui traggono spunto queste pagine, ben più intensamente dei soggetti privati deve essere sottoposto al diritto e al controllo del giudice.

7. La prospettiva di un 'nuovo paradigma'

La concezione autoritaria dell'amministrazione non è pienamente superata. Certamente, della concezione tradizionale rimane poco: questo poco si identifica, in particolare, con la nozione dell'atto 'politico' (o 'di governo), che nel diritto italiano sfugge tendenzialmente a qualsiasi sindacato giurisdizionale, ma la cui portata pratica è oggi del tutto marginale[39]. Come spesso succede, però, il superamento della concezione tradizionale ha riguardato gli elementi che di tale concezione sembravano più caratteristici, ma non ha coinvolto altri aspetti che venivano più facilmente ammessi e considerati fisiologici: mi riferisco appunto all'ambito delle valutazioni tecniche dell'amministrazione, o all'ambito di quell'attività che, soltanto per non essere regolata puntualmente dalla legge, la giurisprudenza italiana tende a definire come anch'essa discrezionale. In entrambi questi casi riemerge una concezione autoritaria che si esprime nella 'deferenza' del giudice verso le valutazioni compiute dall'amministrazione, nell'assunzione di modelli limitati di controllo giurisdizionale, in definitiva nell'attribuzione generale di un valore normativo alla decisione adottata dall'amministrazione. Si configura così una subordinazione istituzionale del cittadino in quanto tale; il valore della libertà della persona passa in secondo piano e, nello stesso tempo, il rischio di abusi diventa più forte. E rtutto ciò si verifica anche se non è coinvolto alcun valore istituzionale che possa altrimenti risultare compromesso, come è invece la garanzia per un giudizio di valore che attinge al livello 'politico'.

Si può forse sperare che l'assetto attuale sia soltanto transitorio e che le modificazioni epocali che sono state registrate nell'evoluzione recente della giustizia amministrativa inducano a ritenere prossimo il suo superamento. In realtà, se si considera l'esperienza italiana, questa previsione non risulta giustificata. Circa quindici anni fa il Consiglio di Stato italiano aveva proclamato una netta inversione di tendenza rispetto al sindacato sulle valutazioni tecniche, affermando la necessità di un sindacato più intenso e 'diretto', e per qualche anno la giurisprudenza amministrativa aveva seguito, almeno formalmente,

[39] Cfr. Sigismondi, "La nozione di atto politico: una nozione in evoluzione", in *Foro it.* 2013, I, 2436 ss.; Tropea, "Genealogia, comparazione e decostruzione di un problema ancora aperto: l'atto politico", in *Diritto amm.vo,* 2012, 329 ss.

questo indirizzo[40]. Oggi spunti del genere sono completamente ignorati e lo stesso codice del processo amministrativo testimonia in varie disposizioni (in particolare, nella disciplina della consulenza tecnica) un arretramento netto. L'evoluzione in atto in Italia non testimonia una maggiore apertura, ma testimonia piuttosto un riflusso[41].

D'altra parte anche il ruolo del diritto europeo in questo ambito appare limitato. Fra gli ordinamenti di giustizia amministrativa dei Paesi dell'Unione le differenze sono sostanziali e le innovazioni imposte dalle norme comunitarie (per esempio in materia di contenzioso sugli appalti) non colmano le distanze. I problemi sono molto più profondi di quanto non appaia a una lettura superficiale, che si limiti a riscontrare l'affermazione di regole sostanziali di legittimità o la necessità di riconoscere certi poteri cautelari o decisori. Il limite maggiore che si riscontra oggi rispetto all'esigenza di una applicazione uniforme del diritto dell'Unione è rappresentato dal fatto che le nozioni di legittimità amministrativa nei vari Paesi non combaciano e anche l'intensità del sindacato giurisdizionale (soprattutto per i profili inerenti alla cognizione) è diversa. Le tradizioni nazionali, da questo punto di vista, dimostrano una notevole capacità di persistenza e, ancor peggio, di assimilazione[42].

Queste difficoltà non si superano neppure introducendo formule procedimentali che rendano più trasparente l'operato dell'amministrazione e che consentano di anticipare la soluzione dei conflitti a una fase precedente a quella del provvedimento amministrativo. Il procedimento non sostituisce la tutela giurisdizionale e non può compensarne i limiti; la tesi, rappresentata anche nella giurisprudenza italiana[43], secondo cui la partecipazione procedimentale rappresenterebbe un fattore di compensazione di carenze sul versante del principio di legalità non può essere condivisa. Il valore individuale della libertà

[40] Cons. Stato, sez. IV, 9 aprile 1999, n. 601, in *Foro amm.* 2001, III, 9 ss. Su questa giurisprudenza cfr. in generale D'Angelo, "La consulenza tecnica nel processo amministrativo fra prassi consolidate e spunti innovativi", in *Foro amm.-Tar*, 2005, 579 ss. Per una delle ultime espressioni di questo orientamento, cfr. Cons. Stato, sez. V, 17 dicembre 2009, n. 8175, in *Foro amm.-Cons. Stato*, 2009, 2852.

[41] Il riflusso è reso oggi più evidente dall'indirizzo della Cassazione, che ha 'codificato' la giurisprudenza amministrativa precedente, escludendo qualsiasi margine di innovazione. Cfr. già Cass., sez. un., 17 marzo 2008, n. 7063, in *Giur. it.* 2008, 2052 (con questa sentenza la Cassazione aveva respinto il ricorso, per motivi di giurisdizione, proposto contro la decisione del Consiglio di Stato sul caso Menarini); per la giurisprudenza più recente cfr. Cass., sez. un., 17 febbraio 2012, n. 2312, in *Foro it.* 2014, I, 568. Il Consiglio di Stato si è adeguato alla Cassazione: Cons. Stato, sez. VI, 14 agosto 2013, n. 4174, in *Foro it.* 2014, III, 174, con nota di Sigismondi, *Giudizio amministrativo e valutazioni riservate: alla ricerca di un punto di equilibrio*.

[42] Per queste considerazioni cfr. Autori Vari, *Forme e strumenti della tutela nei confronti dei provvedimenti amministrativi nel diritto italiano, comunitario e comparato* (a cura di Falcon), Padova, 2010.

[43] Cfr. Cons. Stato, sez. VI, 2 maggio 2012, n. 2521; Cons. Stato, sez. VI, 2 marzo 2010, n. 1215, in *Giornale di diritto amministrativo* 2010, 947 ss.

della persona e dei suoi diritti esige un giudice, che intervenga nei confronti di abusi. E gli abusi più gravi maturano in un procedimento 'trasparente', rispetto al quale l'amministrazione può essere condizionata più fortemente da pressioni o da esigenze di consenso collettivo.

La distanza rispetto a un modello che rappresenti la giustizia amministrativa come un baluardo della libertà rispetto alla tendenze di subordinazione istituzionale del cittadino è dunque ancora notevole. Non resta che promuovere la maturazione, nella cultura giuridica, di un nuovo 'paradigma'. Il volume di García de Enterría indica la direzione da seguire.

OTROS TEMAS
DE DERECHO ADMINISTRATIVO

EL SERVICIO PÚBLICO: SU METAMORFOSIS Y SUBSISTENCIA COMO INSTITUCIÓN JURÍDICA*

Juan Carlos Cassagne**

Sumario: 1. Preliminar. 2. La ideología del servicio y el principio de subsidiariedad. 3. Hacia una nueva concepción del servicio público. 4. El correcto sentido que cabe asignarle a la "*Publicatio*". 5. Principios de interpretación. 6. Acerca de cómo evolucionó la concepción del servicio público en el derecho argentino. Recapitulación sobre la concepción actual. 7. El servicio público en el marco del proceso de reforma del Estado y liberalización de la economía. 8. Consideraciones finales.

1. Preliminar

El más ligero examen sobre la realidad jurídica muestra que el servicio público ha dejado de ser la institución central del derecho administrativo, pero al propio tiempo nos enseña que, tras la profunda crisis que soportó durante la mitad del siglo xx, sigue cumpliendo una función trascendente para satisfacer las necesidades básicas de la población. Para ello, ha tenido que producirse una profunda transformación del concepto original, al menos el que propugnaba la Escuela de Burdeos, que tras la máscara de la solidaridad impuso una concepción estatista y autoritaria.

Lo acontecido, lejos de ser una metamorfosis kafkiana, refleja más bien el producto de la evolución del papel del Estado en la economía, mediante un proceso que ocurrió en casi todos los países europeos y en gran parte de los latinoamericanos (Brasil, Chile, Perú y Colombia, entre otros) los cuales, más que poner fin a la ideologización del concepto de servicio público y a su exa-

* Con este trabajo me adhiero al justo y merecido homenaje que se le tributa con esta publicación a mi querido maestro y amigo Eduardo García de Enterría, constructor del moderno derecho administrativo e infatigable defensor del Estado de derecho y de sus principios fundamentales.

** Catedrático de Derecho Administrativo en la UBA y en la UCA. Miembro de número de la Academia Nacional de Derecho y Ciencias Sociales de Buenos Aires. Académico honorario de la Real Academia de Jurisprudencia y Legislación de Madrid. Académico correspondiente de la Real Academia de Ciencias Morales y Políticas de Madrid.

gerada extensión, pusieron el acento en la función del control y de garantía[1] que debe cumplir el Estado para asegurar determinadas prestaciones básicas a la comunidad, en un escenario en el que también se promueve, la competencia entre las empresas que satisfacen necesidades colectivas por medio de prestaciones susceptibles de llevarse a cabo en un sistema de libre mercado. En ese proceso se ha reafirmado el control o la intervención estatal para evitar o controlar las prácticas derivadas de los procesos de concentración empresaria que tienden, por lo general, a la formación de monopolios o de posiciones dominantes en los mercados cuyas actividades deben ser objeto de control y regulación para impedir conductas abusivas que afecten la libre competencia.

Otros países, como Estados Unidos, al rechazar como regla la gestión estatal de los servicios de utilidad pública (salvo excepciones puntales) no cayeron en los defectos europeos y solo tuvieron que profundizar las técnicas de control o regulación de actividades que prestaban empresas privadas mediante fórmulas, reglas y mecanismos que hoy guardan bastante semejanza con lo que ha acontecido en Europa continental.

La historia de la teoría del servicio público, en los modelos de origen francés, con sus luces y sus sombras, ha transitado por diversos caminos que parten desde la adopción generalizada del sistema de concesiones privadas, como regla general, hasta el más amplio estatismo. Este movimiento circular ha concluido y actualmente la realidad es otra.

En ese espacio, los avances tecnológicos han aumentado en forma exponencial las necesidades colectivas, y el Estado, en su función de garante de prestaciones de calidad a precios justos y razonables fijados libremente en condiciones de competencia, precisa ejercer sus poderes de regulación y control.

De ahí la necesidad de reducir la noción a un grupo de prestaciones obligatorias que, con sus más y sus menos, se encuentran sometidas a un régimen homogéneo y diferenciado que las distingue tanto de la actividad administrativa estatal como de aquellas empresas privadas que se rigen por las reglas del mercado y el principio de la libertad económica y de los llamados servicios sociales (como la educación y la salud). En otro plano, quedan también fuera del concepto típico y restringido de servicio público económico las actividades de interés público que realizan los particulares *iure proprio* (v. gr. servicio de

[1] Santiago Muñoz Machado, *Tratado de derecho administrativo y derecho público general,* t. iv, Madrid, Iustel, 2011, págs. 497 y ss. En el derecho argentino se ha dicho que el objetivo final es la construcción de la institucionalidad regulatoria y que los organismos reguladores no son meros controladores de la legalidad. Tampoco su actividad se limita a la defensa de los usuarios sino al establecimiento de reglas obligatorias que orientan la actividad de los prestadores a lograr la mayor eficiencia y calidad del servicio público con el menor costo posible para el usuario, Cfr. Daniel Mauro Nallar Dera, *Regulación y control de los servicios públicos*, Buenos Aires-Madrid-Barcelona, Marcial Pons, 2010, págs. 52-54.

taxis)[2], aun cuando se encuentran sometidas a una intensa regulación estatal, las cuales, según las realidades que operan en los respectivos países, pueden asimilarse al régimen de los servicios públicos económicos típicos (v. gr. en lo que concierne a la obligatoriedad de las prestaciones y al control de las tarifas).

2. La ideología del servicio y el principio de subsidiariedad

De cuño francés, la noción de servicio público tiene un fundamento constitucional que se descubre a poco de leer el inciso 9º del Preámbulo de la Constitución francesa de 1946, incorporado luego, por mención expresa, en el Preámbulo de la Constitución de la V República, hoy vigente. Aquel inciso declara que todos los bienes y todas las empresas, cuya explotación tiene los caracteres de un servicio público nacional o de monopolio de hecho, son de propiedad de la colectividad[3].

En lo que concierne al origen de la teoría del servicio público, resulta erróneo atribuirle a Duguit la paternidad[4]. Más aún, el servicio público[5] no recibe solo una impronta ideológica, sino que constituye una categoría producto de la razón histórica que tiende a resolver tensiones sociales ue pugnan por la satisfacción de las necesidades colectivas en un proceso dialéctico que, si no se resuelve en forma armónica, termina enfrentando al Estado con la sociedad.

[2] Que parte de la doctrina italiana y la argentina denominaron "servicios públicos impropios"; véase: Miguel S. Marienhoff, *Tratado de derecho administrativo,* t. ii, 4ª ed., actualizada, Buenos Aires, Abeledo-Perrot, 1993, págs. 36 y ss., Manuel María Díez, *Derecho administrativo,* t. iii, Buenos Aires, Edit. Bibliográfica Omeba, 1967, págs. 191-192.

[3] "Tout bien, toute entreprise, dont l'exploitation a ou acquiert les caractères d'un service public national ou d'un monopole de fait, doit devenir la propriété de la collectivité".

[4] Tal como lo sostuvimos en "Reflexiones sobre la legislación económica y el servicio público", en *ED,* 161-857. Sin embargo, se ha afirmado lo contrario (Héctor A. Mairal, "La ideología del servicio público", en *Revista de Derecho Administrativo,* núm. 14, Buenos Aires, 1993, págs. 359 y ss.). En la doctrina francesa se han publicado distintos trabajos que confirman lo que sostenemos en el texto: véase André de Laubadère, en Journées Hauriou, *Le pensé du Doyen Maurice Hauriou et son influence*, Collections Philosophie Comparée du Droit et de l'État, Extrait des Annales de la Faculté de Droit et des Sciences Économiques de Toulouse, Paris, A. Pédone, 1969, págs. 209 y ss.; puede verse también en el mismo sentido, Jean Rivero, "Hauriou et l'avénement de la notion du service public", en *L'evolution du droit public: Etudes en Honneur d'Achille Mestre*, Paris, Sirey, 1956, págs. 462 y ss. En la doctrina española se ha advertido también la paternidad de Hauriou (véase: José Luis Meilán Gil, "El servicio público en el derecho actual", en *Revista de Derecho Administrativo,* núm. 17, Buenos Aires, 1994, págs. 341 y ss.).

[5] Sobre las diversas concepciones del servicio público, véase Jorge H. Sarmiento García, "Servicios públicos: distintas relaciones, contratos y sujetos", en AA .VV., Juan Carlos Cassagne, y Enrique Rivero Ysern (Dirs.), *La contratación pública,* vol. i, Buenos Aires, Hammurabi, 2006, págs. 479-506 y Rubén Miguel Citara, *El servicio público*, Parte i, Buenos Aires, Ciencias de la Administración, 1995, págs. 21 y ss.

En rigor, se han cruzado en el campo aplicativo, dos corrientes antagónicas principalmente. En opinión de HAURIOU, el derecho administrativo se encuentra más orientado hacia la gestión de los servicios públicos que a la pura policía[6] y constituye una noción capital del "régimen administrativo", junto con el poder público. Mientras el servicio público configura el fin que persigue la actividad de la administración pública, el poder público implica el medio de realización de dicha finalidad que autolimita el poder por la "idea de servicio"[7].

Como puede apreciarse, nada más lejos de la concepción estatista que desarrolló la Escuela de Burdeos, con DUGUIT a la cabeza, que idealizó al Estado como titular del derecho objetivo. Además, al desplazar la idea de poder público, con fundamento en una concepción que pretendía ser antiautoritaria y solidarista y hacer del Estado una especie de cooperativa de servicios públicos, desaparecieron los límites materiales del poder público, el cual pudo ejercer discrecionalmente el Estado, so pretexto de cumplir con sus responsabilidades sociales en aras del interés general[8]. Porque, como bien se ha advertido, la gestión estatal directa de los servicios públicos dejaba a los ciudadanos inermes frente a los poderes públicos[9], sin controles externos e independientes.

Esa discrecionalidad condujo a la absorción generalizada por el Estado de las prestaciones propias del servicio público económico cuya proverbial ineficiencia en el campo empresarial agravó la calidad de los servicios, originando la crisis de la construcción dogmática que le servía de base.

En efecto, no obstante que "la concesión del servicio público, es decir, su gestión por los particulares, es el único medio que el Estado entendía entonces para satisfacer esas demandas" de una sociedad cada vez más industrial y urbana[10], la ideología socialista que latía en la concepción de DUGUIT, al transformarse en una concepción autoritaria y estatista, generó una ruptura profunda en el sistema concesional, hasta el punto de que el Estado terminó finalmente haciéndose cargo de la gestión directa de los servicios públicos. Es lo que se conoció como el proceso de *nacionalización* de los grandes servicios públicos (especialmente los llamados industriales o comerciales) que más tarde, en la

[6] MAURICE HAURIOU, "La gestion administrative", trad. española publicada en *Obra escogida,* Madrid, Instituto de Estudios Administrativos, 1976, pág. 71.

[7] MAURICE HAURIOU, *Précis du droit administratif et du droit public général*, 11ª ed., Paris, Recueil Sirey, 1927, en publicación cit. en nota 6, pág. 117.

[8] Se ha dicho que "el servicio público como técnica jurídica nace en el ambiente creado como consecuencia de un determinado entendimiento de las relaciones entre Estado y sociedad, en cuya construcción teórica habría que citar, además de a ROUSSEAU, a LOCKE y a HEGEL" (Cfr. MEILÁN GIL, *op. cit.,* cap. II, punto 3).

[9] EDUARDO GARCÍA DE ENTERRÍA y TOMÁS RAMÓN FERNÁNDEZ, *Curso de derecho administrativo*, t. II, 10ª ed., Madrid, Thompson-Civitas, 2006, pág. 71.

[10] Cfr. JOSÉ LUIS MEILÁN GIL, *La cláusula de progreso en los servicios públicos*, Madrid, Inmasa, 1968, págs. 20 y ss.

era del "Estado de bienestar", alcanzaron un nivel de generalización casi total, siendo muy pocos los países que pudieron sustraerse al influjo estatizante.

A partir de los procesos de liberalización de la economía, en un marco jurídico que tiende a reducir la categoría del servicio público a los servicios esenciales o primordiales, se produjo en Europa y en muchos países de Latinoamérica el repliegue del Estado que se condujo al abandono de la gestión directa —como regla general— junto a la aparición de la competencia como fundamento de la eficiencia con fundamento en la ideología de la libertad de mercado, actuando los derechos fundamentales como límites naturales que acotan el alcance de la institución.

Esta idea que, en cierto sentido, fue una vuelta a una concepción más cercana a la de HAURIOU, armoniza plenamente con el principio de subsidiariedad y comenzó a incorporarse en las legislaciones y textos constitucionales (v. gr., art. 173 de la Constitución de Brasil).

Un reflejo de esa tendencia se advierte en nuestra Constitución Nacional, tras su reforma en 1994 (art. 42), que impone a las autoridades proveer "a la defensa de la competencia contra toda forma de distorsión de los mercados, al control de los monopolios naturales y legales" y "al de la calidad y eficiencia de los servicios públicos"[11].

En el marco del derecho constitucional comparado cabe advertir que si bien el artículo 128.2. de la Constitución española no acoge el principio de subsidiariedad, al reconocer "la iniciativa pública en materia económica", se ha interpretado que dicha intervención tiene como límite someterse a las mismas exigencias que los particulares para no desnaturalizar el principio de libre competencia, que constituye, por otra parte, un principio básico y central del derecho comunitario[12].

Por lo demás, la evolución en materia de servicios públicos no puede prescindir de su punto de partida, que es la figura de la concesión, cuyo retorno, como consecuencia del proceso de liberalización económica, llevado a cabo en nuestro país y en otros lugares del mundo, demandó la adaptación del instituto a las nuevas circunstancias históricas e incluso su reemplazo por nuevas relaciones de prestación para no caer en los errores del pasado. Entre esas nuevas relaciones de prestación se encuentran las derivadas del nuevo fenómeno de la colaboración público-privada que conduce a replantear la teoría clásica del servicio público asentándola sobre nuevas bases y formulaciones técnicas.

[11] Sobre este punto cfr. ISMAEL MATA, "Noción actual del servicio público (luego de las reformas del Estado, de la Const. Nac.)", en Jornadas Jurídicas sobre Servicio Público de Electricidad, Buenos Aires, 8 y 9-VI-1995, Ente Nacional Regulador de la Electricidad, págs. 19 y ss.

[12] Véase el comentario al precepto constitucional español en *Leyes administrativas*, ed. preparada por LUIS MARTÍN REBOLLO, 8ª ed., Navarra, Aranzadi, 2002, pág. 146.

3. Hacia una nueva concepción del servicio público

Si se penetra en el meollo del problema puede advertirse que la institución del servicio público precisa una justificación y delimitación adecuadas para atribuirle sentido en un mundo que afirma, con todos los matices y peculiaridades diferenciales, los principios de la economía social de mercado, bajo el arbitraje de un Estado que actúa activamente en defensa de la competencia.

Esa delimitación (que reduce el ámbito de la noción tradicional) se opera en tres sentidos. En primer lugar, se circunscribe a las actividades que resultan primordiales[13] o esenciales[14] o indispensables[15] para la satisfacción de las necesidades sociales[16] o de la comunidad, que no resulta posible llevar a cabo mediante un régimen de libre competencia, esto es, bajo las leyes del mercado. Estas actividades deben ser gestionadas, en principio, por los particulares ya que no es función del Estado, como sostenía Hauriou, perseguir el lucro. En esta idea subyace otra clara aplicación del principio de subsidiariedad.

En segundo lugar, mientras la técnica del servicio público se limita a las prestaciones de naturaleza económica que crean o generan relaciones singulares con los habitantes, donde las inversiones se retribuyen con los ingresos provenientes de la explotación de la actividad, en los llamados servicios sociales o asistenciales[17], el principio fundamental aplicable es el de la solidaridad[18]. En estos casos —a diferencia de los servicios públicos-económicos—, la responsabilidad por la satisfacción de las necesidades sociales recae en forma inmediata sobre el Estado, si bien ellas también pueden ser satisfechas por los particulares mediante el otorgamiento de subvenciones o subsidios.

[13] Cfr. Juan Francisco Linares, *Derecho administrativo*, Buenos Aires, Astrea, 1986, págs. 512-513, a quien seguimos en este punto. Véase también en la línea doctrinaria que propugna una concepción restringida de la noción: Rodolfo Carlos Barra, "Hacia una concepción restrictiva del concepto jurídico del servicio público", en *LL*, 1983-B, pág. 363 y Juan Ramón de Estrada, "Enseñanza privada y servicio público", en *ED,* 119-55.

[14] Cfr. José Luis Meilán Gil, "El servicio público en el derecho actual", en *Revista de Derecho Administrativo*, núm. 17, punto II.1, Buenos Aires, 1994.

[15] Héctor A. Mairal, "El concepto de servicio público en el derecho argentino actual", en *Servicio público, policía y fomento*, Buenos Aires, Ediciones Rap, s. f., págs. 229/236, esp. pág. 231.

[16] Este aspecto se ha subrayado en el derecho británico: Tony Prosser, *Law and the Regulators*, Oxford, Clarendon Press, 1997, pág. 288.

[17] Véase Jorge H Sarmiento García, "Noción y elementos del servicio público", en Jorge H. Sarmiento García / Ismael Farrando / Javier Urrutigoity / Patricia R. Martínez / Guillermo A. Pose / Mónica Buj Montero / Osvaldo A. F. Pritz y Jorge Vicchi, *Los servicios públicos*, Buenos Aires, Depalma, 1994, págs. 9-10; allí sostiene que no considera conveniente englobarlos en la categoría del servicio público por ser su régimen diferente.

[18] En igual sentido, con fundamento en la doctrina social de la Iglesia, véase Jorge H. Sarmiento García, *Concesión de servicios públicos*, Buenos Aires, Ciudad Argentina, 1999, págs. 26-28.

Ahora bien, el principio de solidaridad también puede jugar para permitir el acceso de los sectores carenciados de la población a los servicios públicos económicos, especialmente a los llamados servicios universales, a precios que prevean la situación económica en que se encuentran tales sectores y su capacidad de pago[19]. No hay que olvidar la idea de servicio que subyace en el fondo de la institución[20]. No obstante, la posibilidad de establecer tarifas sociales debe hallarse prevista en los respectivos contratos o marcos regulatorios. En cualquier caso, si, por ejemplo, se dictara por ley un régimen que prescribiera tarifas sociales aplicables a determinados servicios públicos, ello no debería afectar la ecuación económica financiera de los respectivos contratos o marcos regulatorios que controlan las relaciones entre los prestadores de servicios públicos y el Estado ni tampoco provocar una irrazonable desigualdad en las tarifas producto de los denominados subsidios cruzados, expresos o implícitos. Se trata de un tema complejo que hace a la justicia de los precios que pagan los usuarios en el que habrá que armonizar las reglas de la justicia conmutativa con los principios de la distributiva y el monto de las inversiones requeridas para mantener la calidad y eficiencia de las prestaciones.

El último de los resguardos que permite morigerar la fuerza expansiva que había adquirido la institución del servicio público en su momento se vincula con el carácter obligatorio[21] que precisa revestir la prestación privada para ser regida por el derecho administrativo mediante régimen especial.

Como puede advertirse, las notas centrales de la noción (satisfacción de necesidades primordiales, contenido económico de la prestación y obligatoriedad) se encuentran estrechamente relacionadas con el nuevo sentido que persigue la figura, en cuanto permite el desarrollo de la competencia en el resto de las actividades económicas, las cuales, aun cuando sean de interés público, no se rigen por el régimen administrativo del servicio público.

El principio de la competencia justifica la razón por la cual, también en aquellos supuestos en los cuales los marcos regulatorios y las respectivas con-

[19] *Vid.* NALLAR DERA, *Regulación y control..., op. cit.*, págs. 444-447.

[20] DOMÉNICO SORACE, "Estado y servicios públicos", trad. del italiano con prólogo de DIEGO ZEGARRA VALDIVIA, Lima, Palestra, 2006, pág. 8.

[21] MIGUEL S. MARIENHOFF, *Tratado de derecho administrativo*, t. II, Buenos Aires, Abeledo Perrot, 1993, págs. 81-83; LINARES, *op. cit.*, págs. 610-511. La nota de obligatoriedad ya había sido advertida, en Italia, por ARNALDO DE VALLES ("I servizi pubblici", en VITTORIO EMANUELE ORLANDO (Dir.), *Primo Trattato Completo di Diritto Amministrativo Italiano*, t. VI, Milano, Società Editrice Libraria, 1930, págs. 614 y ss.).

Esta nota —la obligatoriedad— es destacada por HÉCTOR A. MAIRAL, "La ideología...", cit., y en "El concepto...", cit., pág. 232. TAWIL, por su parte, considera que el rasgo distintivo del servicio público y el principio básico sobre el cual se asientan los demás, es el de continuidad (conferencia titulada "Los principios en el contrato de concesión de servicios públicos", en Principios del Derecho Administrativo. Su Aplicación Práctica, Buenos Aires, 20 y 21 de agosto de 2008.

cesiones o licencias consagran privilegios de exclusividad, se pueda imponer a los prestatarios la obligación de "libre acceso" (*open access*) a la red de transporte (gas, electricidad, telefonía básica)[22].

Pero aún no ha caído el telón en este vasto escenario jurídico que acota la noción jurídica del servicio público. Para completar la escena faltan todavía dos elementos; la *publicatio*, que requiere también una adaptación al nuevo sentido del concepto y el régimen administrativo especial[23] (continuidad, igualdad, regularidad, etc.), sobre el cual solo haremos referencia a determinados principios que deben regir en materia de interpretación.

4. El correcto sentido que cabe asignarle a la "publicatio"

La concepción del servicio público aparece, en las tendencias doctrinarias elaboradas en este siglo, completada por dos características fundamentales para dicha categoría jurídica. La primera, relativa al régimen jurídico especial del servicio público, fue desarrollada, principalmente, por la Escuela de Burdeos, destacándose hoy como aspecto principal y distintivo el carácter obligatorio de la prestación. En cambio, la segunda nota, sostenida por Villar Palasí y buena parte de la doctrina española que abordó el tema a partir de 1950, puso el acento en la declaración formal de asunción de la titularidad de determinada actividad de parte del Estado (*publicatio*).

Y cuando parecía haberse superado el llamado problema de la crisis del servicio público —que tuvo su génesis en las nacionalizaciones producidas al finalizar la segunda guerra mundial y la consecuente asunción de su gestión por el Estado[24]—, se produjo, en un movimiento circular a raíz del proceso de

[22] Tony Gilland y Peter Vass, *Regulatory Review 1993*, London, Centre for the Study of Regulated Industries, 1993, explican el concepto de *open access* al sostener que la promoción de competencia en el mercado no se refiere a la competencia para obtener redes alternativas de transporte, sino que trata de facilitar el acceso en igualdad de condiciones a productores situados sobre la red que compiten entre sí, evitando conductas discriminatorias del propietario de la red en beneficio de su propia fuente de producción.

[23] Jean François Lachaume, *Grands services publics*, Paris, Masson, 1989, pág. 23, señala que el régimen exorbitante del derecho privado constituye más una consecuencia de la presencia de un servicio público que un elemento de su definición. Esta idea se reitera en Lachaume, Boiteau y Pauliat, *Grands services publics*, *op. cit.*, pág. 39.

[24] Recuérdese el art. 40 de la antigua Constitución argentina de 1949, que nos permitimos transcribir: "La organización de la riqueza y su explotación tienen por fin el bienestar del pueblo, dentro de un orden económico conforme a los principios de la justicia social. El Estado, mediante una ley, podrá intervenir en la economía y monopolizar determinada actividad, en salvaguardia de los intereses generales y dentro de los límites fijados por los derechos fundamentales asegurados en esta Constitución. Salvo la importación y exportación, que estarán a cargo del Estado, de acuerdo con las limitaciones y el régimen que se determine por ley, toda actividad económica se organizará conforme a la libre iniciativa privada, siempre que no tenga por fin ostensible o encubierto dominar los mercados nacionales, eliminar la competencia o aumentar usurariamente los beneficios.

liberalización de la economía y las privatizaciones consecuentes, una vuelta de tuerca en la concepción del servicio público por la que volvió a ser una técnica de gestión esencialmente privada[25].

Se ha dicho, con acierto, que "es bueno hacer notar que a pesar de que constantemente se hable de la crisis de la noción de servicio público, realmente esta crisis se refiere sobre todo a la importancia que tuvo históricamente esta noción para identificar el concepto y campo de acción del derecho administrativo, pues la realidad política, constitucional y administrativa de los Estados muestra que la noción no solo no ha desaparecido sino que ha venido acrecentando su importancia"[26].

Ese acrecentamiento no es casual. Antes bien, es el resultado de la necesidad de adaptar el régimen jurídico del servicio público, prestado hasta entonces por el Estado, a una realidad que plantea la limitación del poder público y la aparición de las cargas y garantías de los concesionarios en forma paralela a la protección de los derechos (sobre todo las libertades) de los habitantes.

Hay que puntualizar que, al privatizarse algunas actividades que no satisfacen necesidades primordiales de los habitantes, se opera una transferencia de la titularidad pública hacia la privada (v. gr. la actividad de radiodifusión y televisión), que no escapa a la regulación estatal y se justifica por el hecho de tratarse de actividades de interés público[27], lo que, en definitiva, implica acotar la tendencia expansiva que había alcanzado la institución del servicio público.

Este proceso ha desorientado a más de un intérprete y por ahora resulta incierto predecir cuál será la tesis que prevalecerá en el campo jurídico del ser-

---

"Los minerales, las caídas de agua, los yacimientos de petróleo, de carbón y de gas, y las demás fuentes naturales de energía, con excepción de los vegetales, son propiedades imprescriptibles e inalienables de la Nación, con la correspondiente participación en su producto que se convendrá con las provincias.

"Los servicios públicos pertenecen originariamente al Estado, y bajo ningún concepto podrán ser enajenados o concedidos para su explotación. Los que se hallaran en poder de particulares serán transferidos al Estado, mediante compra o expropiación con indemnización previa, cuando una ley nacional lo determine.

"El precio por la expropiación de empresas concesionarios de servicios públicos será el del costo de origen de los bienes afectados a la explotación, menos las sumas que se hubieren amortizado durante el lapso cumplido desde el otorgamiento de la concesión y los excedentes sobre una ganancia razonable que serán considerados también como reintegración del capital invertido".

[25] Nos hemos ocupado en este problema en dos trabajos: "Reflexiones sobre la regulación económica y el servicio público", *ED*, 161-857 y "El servicio público y las técnicas concesionales", *LL* 1995-C, 1174.

[26] LIBARDO RODRÍGUEZ RODRÍGUEZ, "Panorama de las transformaciones del derecho público colombiano con ocasión de la Constitución de 1991", en *El derecho público en Iberoamérica*, libro homenaje al profesor JAIME VIDAL PERDOMO, t. I, Bogotá, Edit. Temis, 2010, pág. 232.

[27] JUAN CARLOS CASSAGNE, *La intervención administrativa*, 2ª ed., Buenos Aires, Abeledo-Perrot, 1994, págs. 38 y ss.

vicio público del futuro. En efecto, existen opiniones que siguen aferradas al criterio clásico; algunas que proponen directamente suprimirlo o reemplazarlo con categorías afines al derecho anglosajón y otras, sustituirlo por el llamado servicio universal. La postura que propiciamos es aquella que intenta combinar los elementos originarios, y sus notas complementarias, con los principios de la nueva realidad económica y social (prevista expresamente en el art. 42 de la Constitución Nacional).

En ese contexto, uno de los primeros intentos se ha centrado en la pretensión de suprimir la *publicatio* como nota central de la categoría del servicio público[28], como si esta figura fuera la causante del régimen autoritario y estatista que llegó a caracterizar el servicio público en determinadas épocas históricas.

Sin embargo, lo único que implica la *publicatio* es la declaración —fundada en la necesidad[29] y trascendencia social— de la titularidad privada a la pública. Ahora bien, cuando esa transferencia o asunción que lleva a cabo el Estado se hace en un marco que reconoce, a su vez, la titularidad privada de la gestión del servicio, la *publicatio* implica la titularidad pública de la potestad de regular la gestión privada según las reglas del servicio público. De ahí que cuando se dan esas dos titularidades (pública y privada), la *publicatio* coincide con el concepto de regulación económica.Todas las demás consecuencias que suelen atribuírsele a la *publicatio* no son más que las propias del régimen jurídico especial que tipifica a los servicios públicos y, a lo sumo, traducen discrepancias (en su mayor parte fundadas) con la decisión estatal de disponer la *publicatio* en sectores donde es posible un régimen de actividad económica abierto y competitivo. Por lo demás, la *publicatio* no implica atribuir al Estado derecho real alguno. En rigor, ella traduce la incorporación de una actividad al sistema del derecho público y tan solo expresa la decisión estatal de que determinada actividad se sujete a las potestades administrativas mediante un régimen especial, quedando bajo su directo control[30]. En cualquier caso, esa declaración formal, que debe efectuar siempre el poder legislativo[31], se encuentra limitada por el principio de subsidiariedad del que se desprende, a su vez, la idea de acotar el servicio

[28] Véase Juan Miguel de la Cuétara, *Servicio público y telecomunicaciones*, Madrid, Universidad Autónoma de Madrid, 1995, que reproduce la conferencia del autor en las Jornadas Internacionales de Servicios Públicos, realizadas en Mendoza en octubre de 1994.

[29] Según Citara, la declaración formal que justifica la calificación legal de determinada actividad como servicio público es "la conciencia pública de una necesidad comunitaria que, por los motivos propios de la situación del momento, se entiende debe ser satisfecha por el Estado" (*op. cit.*, pág. 93). Al respecto, puntualiza que esa necesidad no debe ser de aquellas que pertenecen primariamente al campo de acción de los particulares y que la declaración formal está limitada por el principio de subsidiariedad (*op. cit.*, pág. 60).

[30] García de Enterría, y Fernández, *Curso..., op. cit.*, t. ii, pág. 68.

[31] Díez, *Derecho Adm..., op. cit.*, t. iii, págs. 192 y ss., rechaza la teoría del servicio público virtual que se originó en el Consejo de Estado francés que, en su momento, recibió la fuerte crítica de Laubadère, en cuanto implicaba la abdicación del legislativo para definir el servicio público que, en vez de limitar su creación, tiende a facilitarla (*op. cit.* t. iii, pág. 193).

público a las actividades esenciales o primordiales que satisfacen necesidades públicas de la sociedad.

En una línea similar, se ha sostenido que el principio del Estado social de derecho y el papel medular que en dicho sistema cumplen los derechos fundamentales imponen una doble limitación al servicio público como título de intervención del Estado, consistente en la eficacia de los derechos fundamentales y el carácter esencial que tipifica la actividad[32].

En suma, la declaración formal de *publicatio* no tiene contenido patrimonial alguno que le permita ejercer al Estado el dominio sobre el servicio concedido o los bienes a él afectados. Por esa causa, nunca justifica el desplazamiento del concesionario y la correlativa asunción de la gestión directa del servicio público de parte del Estado.

Sobre este requisito, se ha señalado que el gran cambio en los servicios públicos en la década de 1990 consiste en aceptar la compatibilidad de las cargas y prerrogativas de derecho público con la competencia dentro y fuera del servicio[33], con lo que estamos de acuerdo. Pero de allí a sostener que hay que abandonar el concepto jurídico de la *publicatio* o de la declaración legislativa, para reemplazarlo por otro ambivalente o polifacético, como es la "multívoca"[34] expresión de regulación económica, extraña a las raíces doctrinarias que inspiraron la noción de servicio público, media una gran distancia. Solo la tecnología del mañana dirá si la distribución del gas o de la electricidad —por ejemplo— podrá llevarse a cabo bajo un régimen abierto de competencia, y también si la exclusividad[35] o el monopolio y las prestaciones obligatorias desaparecerán de los futuros regímenes jurídicos a raíz de las innovaciones tecnológicas[36].

Mientras tanto, seguirá siendo necesario distinguir —en el campo la regulación económica— por un lado, lo que puede entenderse como su manifesta-

[32] Jaime Rodríguez-Arana Muñoz, "El concepto de servicio público en el derecho administrativo Español", conferencia pronunciada en las Jornadas sobre Servicios Públicos organizadas por la Universidad Nacional de Cuyo y el Instituto de Derecho Administrativo de dicha ciudad, septiembre de 1994. Señala al respecto que el carácter esencial que les atribuía el art. 128.2 de la C. E. a los servicios públicos "impide la extensión del régimen jurídico de servicio público a otro tipo de actividades que no reúnan ese carácter; en otras palabras, impide considerar a cualesquiera empresas públicas como servicios públicos en todo caso".

[33] Gaspar Ariño Ortiz, en *Servicios públicos, regulación y renegociación,* cit., especialmente págs. 9-50.

[34] Aguilar Valdez, "Competencia y regulación...", cit., pág. 78, y sus citas.

[35] Véase Miguel S. Marienhoff, "Los «privilegios en el derecho público» (exclusividad; monopolio; exención impositiva). Lo atinente a la «reserva de zona». La «zona de influencia»", en *ED*, 162-1200.

[36] Kinnie Smith S. (Jr.), "Future structures for the regulated energy industries intramuros the United States", en *Journal of Energy & Natural Resources Law,* vol. 13, núm. 2, mayo 1995, pág. 75, analiza la regulación del servicio público en el mercado energético del futuro.

ción de máxima intensidad, esto es, los servicios públicos[37], y, por el otro, las llamadas actividades de interés público. Ello porque el problema que plantea la naciente realidad no se resuelve con la unificación de todas las regulaciones, sino más bien con el reconocimiento de la especialidad y diversidad que tiene el servicio público con otras actividades de interés público que no se imponen como prestaciones obligatorias. Lo cierto es que el grado de liberalización no ha seguido una dogmática uniforme ni un grado de intensidad semejante[38], siendo esta una característica común que limita las posibilidades de formular una generalización[39].

En muchos países, el servicio público se desenvuelve en un marco que tiende a segmentar los mercados y a generar la máxima libertad compatible con la calidad y eficiencia de las respectivas actividades; objetivos que, en algunos ordenamientos, como el argentino[40], se han transformado en un deber del Estado según lo prescrito en el artículo 42 de la Constitución Nacional[41].

No obstante que en Argentina se han producido algunos cambios en la titularidad de la gestión atribuida a empresas privadas (v. gr. concesión del servicio de provisión y distribución de agua potable de la Ciudad de Buenos Aires y en varios partidos del conurbano de la Provincia de Buenos Aires, entre otros)[42],

[37] En este sentido, Mairal, "El concepto de servicio público...", cit., pág. 231; Alberto B. Bianchi, "Prólogo" en Rodolfo Martínez de Vedia, *La organización en la regulación de servicios públicos*, Buenos Aires, Ábaco, 2003, págs. 9-14, esp. pág. 11.

[38] Allan Randolph Brewer-Carias, "Estudios de derecho administrativo 2005-2007", Caracas, Edit. Jurídica Venezolana, 2007, pág. 532.

[39] García de Enterría y Fernández, *Curso*..., *op. cit.*, t. ii, pág. 70.

[40] Const. Pol. Se ha señalado que el mal funcionamiento de los servicios públicos deslegitima al Estado, Antonio Martínez Marín, *El buen funcionamiento de los servicios públicos*, 2ª ed., Madrid, Tecnos, 1990, págs. 17 y ss.

[41] Para un estudio sobre la determinación de un servicio público —*publicatio*— en el marco de los órdenes nacional, provincial, interprovincial y municipal, véase el cuidadoso estudio de Alejandro Pérez Hualde, "Competencia para la regulación de los servicios públicos", en AAVV, *Servicio público, policía y fomento. Jornadas organizadas por la Universidad Austral*, Buenos Aires, Ediciones Rap, s. f., págs. 287-297.

[42] Por el decreto 304-06, modificado por el decreto 273-06, ambos ratificados por ley 26100, se constituyó la empresa Aguas y Saneamientos Argentinos Sociedad Anónima (AYSA), con objeto de sustituir el servicio que prestaba la anterior concesionaria privada (Aguas Argentinas S. A.), cuyo contrato de concesión fue rescindido por el Estado. La empresa AYSA se constituyó como sociedad anónima mercantil regida por la ley 19550, no siéndole aplicables las prescripciones de la LNPA y su reglamentación, ni el régimen de contrataciones del decreto 1023-01, ni tampoco la Ley de Obras Públicas, ni en general, las normas o principios de derecho administrativo, todo ello sin perjuicio de la aplicabilidad del régimen de control público de la Ley de Administración Financiera (24156).

Otro ejemplo de estatización, no obstante el propósito declarado de privatizarla, es el de la empresa Correo Oficial de la República Argentina S. A., creada por decreto 721-04, con un régimen similar al que después adoptó AYSA y que reemplazó a la concesionaria privada Correo Argentino S. A.

la tendencia general sigue reconociendo la titularidad privada de la gestión de los servicios esenciales (p. ej., concesión del servicio de distribución de gas y de electricidad) combinada, en algunos casos, con la titularidad pública de la gestión.

5. Principios de interpretación

En el campo de la interpretación, los principios jurídicos constituyen mandatos obligatorios carentes de presupuestos de hecho que, sin embargo, prevalecen sobre las normas no obstante que tengan como fuente la propia Constitución, la costumbre o la jurisprudencia de los tribunales. Al respecto, pueden reconocerse como principios interpretativos en materia de servicios públicos los siguientes:

a) El principio de subsidiaridad que asigna prevalencia de la gestión privada frente a la estatal, el cual impide que la reversión[43] y el rescate[44]configuren poderes implícitos, previéndose en algunos regímenes (v. gr. el de la electricidad) fórmulas de continuidad de la gestión al término de la concesión[45].

b) El de flexibilidad interpretativa en favor de la estabilidad de la concesión y su finalidad específica (incluso el equilibrio económico de la concesión)[46], habida cuenta del carácter de contrato en marcha, en el cual el intercambio de las prestaciones no se produce ni se refleja al momento de celebrarse el contrato. Se hallan involucradas, por lo general, relaciones contractuales destinadas a perdurar por una considerable cantidad de años[47], por lo que resulta difícil prever *ab initio* todas las contingencias[48], a lo que se suma el hecho de que,

[43] Hace algunos años, García de Enterría sostuvo que la reversión no era una cláusula política sino económica (Eduardo García de Enterría, "El dogma de la reversión de las concesiones", en *Dos estudios sobre la usucapión en el derecho administrativo,* Madrid, Tecnos, 1974). En su momento, se apoyó la atenuación del rigor del dogma de la reversión al propiciar la eliminación de la reversión gratuita cuando no se habían amortizado las inversiones del concesionario: véase Gaspar Ariño Ortíz, "El servicio público como alternativa", en *Revista Española de Derecho Administrativo*", núm. 23, Madrid, 1979, págs. 537 y ss., especialmente pág. 556; en el mismo sentido: Iñigo Del Guayo Castiella, *El servicio público del gas,* Madrid, Marcial Pons, 1992, pág. 211.

[44] Decr. 1738 de 1992, art. 4º, inc. 5º.

[45] Ley 24.076, arts. 6º y 7º.

[46] Véase Juan Francisco Mestre Delgado, *La extinción de la concesión de servicio público*, Madrid, La Ley, 1992, págs. 66 y ss.

[47] Sobre los contratos para la prestación de servicios públicos, larga duración, cfr. Alejandro Pérez Hualde, "La renegociación de concesiones de servicios públicos. Transparencia en peligro", en *Revista de Derecho Público,* 2002-2, págs. 131-145, esp. pág. 132, y sus citas.

[48] La cuestión ha sido analizada en Ronald H. Coase, "The nature of the firm", en Oliver E. Williamson y Sidney G. Winter (Eds.), *The nature of the firm. Origins, evolution, and development*, Oxford, Oxford University Press, 1993, pág. 67.

con el devenir, las expectativas de los contratantes pueden verse afectadas por medidas de índole general o sectorial dañosas a la estabilidad o perdurabilidad de las obligaciones y derechos originariamente acordados;

c) Correlativamente, el de mutabilidad[49] consensuada, dado que las circunstancias reales, las necesidades sociales y las innovaciones tecnológicas no se pueden prever de antemano con precisión y son esencialmente dinámicas y cambiantes.

d) El ejercicio de la potestad tarifaria con base contractual[50].

e) La atenuación de la discrecionalidad de la autoridad concedente[51].

f) La proporcionalidad entre las sanciones que aplique la administración y la realización efectiva (o el cumplimiento) del fin que persigue el servicio, de modo de hacer compatible la máxima calidad con la eficiencia de las prestaciones.

g) El desplazamiento de la relación de sujeción especial de la firma y su correlativo reemplazo por vínculos de base contractual que contengan, inclusive, procedimientos de regulación consensuada o negociada[52]. Y por último

h) El establecimiento de un régimen de responsabilidad contractual frente al Estado[53] y a los usuarios, presentes y futuros, que signifique un verdadero equilibrio entre los intereses contemporáneos e intergeneracionales en juego, privilegiando el interés atemporal del servicio.

Ahora bien, muchos de los principios que establecen los marcos regulatorios han sido desplazados por las leyes dictadas con motivo del estado de

[49] José Manuel Sala Arquer, *El principio de continuidad de los servicios públicos*, Madrid, Instituto Nacional de Administración Pública, 1977, pág. 1920, se refiere a este principio calificándolo como principio de adaptación, si bien sin extraer las consecuencias que sostenemos en el texto. En nuestra opinión, el principio de mutabilidad del servicio público debe desenvolverse con arreglo a los principios de calidad y eficiencia (Const. Pol. art. 42) y la cláusula de progreso (art. 75, inc. 18 *ibid.*) que tipifica, positivamente, el objetivo de bien común como fin del Estado.

[50] Esta caracterización de la potestad tarifaria con base contractual se advierte en los marcos regulatorios eléctrico (ley 24.065, arts. 42 y 46) y del gas (ley 24.076, arts. 37 y ss.); con anterioridad, Grecco sostuvo "el carácter estrictamente reglamentario de todas las disposiciones concernientes a la organización y funcionamiento del servicio público, entre las cuales se halla, naturalmente, el punto relativo a las tarifas" (Carlos M. Grecco, "Potestad tarifaria, control estatal y tutela del usuario", en *Revista de Derecho Administrativo*, núm. 5, Buenos Aires, Depalma, 1990, pág. 491).

[51] Decr. 1738 de 1992, art. 4º, inc. 5º.

[52] Para tal supuesto, en el marco de las privatizaciones británicas, Stephen C. Littlechild, *Regulation of British Telecommunications' Profitability. Report to The Secretary of State, February 1983*, London, Department of Industry, 1983, pág. 36.

[53] Cfr: Pablo Esteban Perrino, *La responsabilidad contractual del Estado,* La Ley 2012-F., 1286.

emergencia económica, que increíblemente continúa (leyes 25561, 25790 y sus posteriores prórrogas), y es posible que algunos de los nuevos principios regulatorios subsistan *a posteriori* de la emergencia, según la política que sigan los gobiernos de turno. Tal es el caso, por ejemplo, en materia tarifaria, de la derogación de las cláusulas de actualización de las tarifas basadas en índices internacionales.

6. Acerca de cómo evolucionó la concepción del servicio público en el derecho argentino. Recapitulación sobre la concepción actual

En Argentina, la concepción del servicio público ha atravesado por diferentes ciclos históricos, cada uno de los cuales implicó el desarrollo de determinado modelo de Estado que influyó en el régimen jurídico y económico de las respectivas actividades[54].

Esas etapas, pueden fraccionarse en cinco períodos, a saber:

1) Entre 1880 y 1930, casi todos los servicios públicos (a excepción del de Correos y el ferrocarril de fomento) eran prestados por empresas privadas bajo el régimen de la concesión (electricidad, teléfonos, gas, subterráneos, ferrocarriles, etc.). Este período coincidió con un extraordinario crecimiento económico que llegó a situar a Argentina dentro de los primeros lugares en el comercio internacional, situación que se alcanzó en un contexto de libertades económicas y protección de la propiedad privada similar al existente en el sistema estadounidense;

2) El período 1930 a 1943 fue de estancamiento económico y social, caracterizado por la aparición de ideas intervencionistas para salir de la "gran depresión" y el comienzo de la quiebra del sistema de la concesión de los principales servicios públicos junto a la paralela adopción de las concepciones francesas entonces dominantes, claramente inclinadas a favorecer al Estado frente a los concesionarios;

3) A partir de 1946 se produjo la llamada nacionalización de los principales servicios públicos, que pasaron a prestarse por empresas públicas. Este período se caracterizó por servicios ineficientes y abultados déficits de explotación, con tarifas políticas y elevada ocupación de personal. El efecto de esta política de nacionalizaciones no solo provocó la anquilosis empresarial en cada sector, sino que se trasladó a las finanzas públicas y a la economía en general, habiendo sido uno de los factores que nos llevó a padecer una de las grandes hiperinflaciones de la historia;

4) En 1989 comenzó la etapa que se denominó Reforma del Estado[55] la cual, fundamentalmente, se apoya en políticas de liberalización de la economía

[54] Sarmiento García, *Concesión de servicios públicos...*, *op. cit.*, págs. 41-45.

[55] Alejandro Pérez Hualde, "El modelo económico de la Constitución argentina y la reforma del Estado", *JA* 2003-II, págs. 880-890.

mediante las privatizaciones de empresas públicas, la desregulación y desmonopolización de actividades. Sin embargo, el éxito económico quedó en gran parte empañado por la carencia de planes sociales adecuados que compensaran la desocupación y las consecuentes carencias sociales.

En esta etapa aparecen, en el campo de los servicios públicos, los marcos regulatorios sectoriales y se crean los órganos reguladores[56], a los que se les atribuyen funciones judiciales. Se trata, en definitiva, del ejercicio de facultades judiciales de parte de organismos administrativos, posibilidad admitida por la doctrina nacional[57] y también reconocida por la Corte Suprema de Justicia de la Nación a condición de que la decisión judicial administrativa correspondiente sea luego sometida a un control judicial suficiente[58].

El proceso descrito quedó consolidado en la reforma constitucional de 1994 con la incorporación, entre otros, de tres principios esenciales; a saber:

a) La configuración del servicio público como nueva categoría constitucional (Const. Pol., art. 42), que evidentemente se integra con la recepción de los caracteres de la institución que hacen a su régimen jurídico especial[59].

b) La defensa de la competencia contra toda forma de distorsión de los mercados (art. 42, *ibid.*)[60]. Y

c) El deber del Congreso de proveer a la defensa del valor de la moneda (art. 75, inc. 19, *ibid.*), a lo que se suman las libertades económicas ya consagradas en el anterior artículo 14 de la Constitución Nacional (no modificado por la reforma constitucional).

En resumidas cuentas, las bases de la concepción del servicio público se orientan en el proceso que estamos describiendo hacia:

[56] Julio Rodolfo Comadira, "Los sujetos reguladores en la posprivatización", en *RAP*, núm. 183, Buenos Aires, Ediciones Rap, 1993, págs. 27 y ss.

[57] Cfr. Miguel S. Marienhoff, *Tratado de derecho administrativo*, t. i, Buenos Aires, Abeledo Perrot, 1990, págs. 86 y ss. y 91-92; Guastavino, *op. cit.,* t. i, págs. 40-41 y t. ii, págs. 322 y ss.; Juan Carlos Cassagne, *Derecho administrativo*, t. i, 8ª ed. act., Buenos Aires, LexisNexis-Abeledo Perrot, 2006, págs. 79 y ss.

[58] "Recurso de hecho deducido por Poggio, Marta del Campo de; Poggio, José Víctor y Saavedra, Delia Josefina Poggio de, en la causa Fernández Arias, Elena y otros c/Poggio, José s/sucesión", en *Fallos*, 247:652 (1960), esp. cons. 5º.

[59] La constitucionalización de la categoría jurídica del servicio público desplaza, al menos en Argentina, toda concepción opuesta a la subsistencia de la institución que ahora resurge montada sobre nuevos principios. Ampliar en Pérez Hualde, *El concesionario...*, *op. cit.*, págs. 3-6.

Una consideración general acerca de las tesis que propician la supresión o inutilidad de la noción de servicio público, y una sólida réplica, puede verse en Sarmiento García, "Noción y elementos...", cit., en Sarmiento García *et al., Los servicios públicos...* cit., esp. págs. 1 y ss.

[60] Aguilar Valdez, "Competencia y regulación..." cit., págs. 68-76.

a) El reconocimiento de que la gestión del servicio público es tarea eminentemente privada[61], salvo supuestos de insuficiencia[62] o de necesidad de sustracción de las reglas del mercado[63].

b) La limitación del régimen del servicio público a las actividades primordiales que satisfacen necesidades de naturaleza económica.

c) La admisión de que la *publicatio*, esto es, la declaración de que determinada actividad constituye servicio público, emana del Congreso[64]; para cada actividad específica[65] y no en forma generalizada.

5) Finalmente, una última etapa, tras la severa crisis económica de 2000-2001, el Estado asumió la titularidad de la gestión de determinados servicios públicos (v. gr. provisión y distribución de agua potable y servicio de correos), con el marco jurídico de las sociedades anónimas de la ley 19550. Con todo, dichas intervenciones estatales han sido parciales, en determinados sectores de la economía, manteniéndose el resto de los servicios y actividades públicos en manos de la gestión privada, aunque con tarifas congeladas o mínimas que no han permitido hacer las inversiones requeridas para mantener la calidad y eficiencia de las prestaciones.

[61] En igual sentido, Julio R. Comadira, "El derecho administrativo como régimen exorbitante en el servicio público", en *Servicio público, policía y fomento*, Buenos Aires, Ediciones Rap, s. f., págs. 17-47, esp. págs. 29-30. Mairal sintetiza: "[A]quí se trata de un actividad privada. No creo que hoy pueda decirse que el servicio público es una actividad estatal", Mairal, "El concepto de servicio...", cit., pág. 232.

[62] En el mismo sentido, Rodolfo C. Barra, *Reforma del Estado*, Separata de *Enciclopedia Jurídica Omeba, Apéndice VII*, s.l., 1995, pág. 3.

[63] En este aspecto, Barra, *Reforma del Estado...*, *op. cit.*, pág. 17.

[64] Mairal, "El concepto de servicio público...", cit. pág. 231; Bianchi, en su "Prólogo"..., cit., pág. 11.

En oportunidad de la renegociación de la ley 25.561, el decreto 311 de 2003 "recordó" cuáles eran los servicios públicos comprendidos en la renegociación de la ley 25561: a) provisión de servicios de agua potable y desagües cloacales; b) servicio de transporte y distribución de energía eléctrica; c) servicio de transporte y distribución de gas; d) servicio de telecomunicaciones de telefonía básica (fija); e) transporte público automotor y ferroviario de personas, de superficie y subterráneo; f) servicio ferroviario de cargas; g) concesiones viales con cobro a usuarios, incluidos los accesos a la ciudad de Buenos Aires; h) servicio portuario; i) vías fluviales por peaje; j) concesión del servicio de la Terminal de Omnibus de Retiro de la Ciudad de Buenos Aires; k) servicio postal, monetario y de telegrafía; l) sistema nacional de aeropuertos.

[65] Cfr. Gaspar Ariño Ortiz, "Teoría y práctica de la regulación para la competencia (Hacia un nuevo concepto en servicio público)", pág. 22, ponencia presentada al Seminario sobre Regulación de los Servicios Públicos Privatizados, celebrado en la Universidad de Belgrano, Buenos Aires, los días 5 a 7-IX-1995, advierte que la apertura de los servicios a la competencia se caracteriza, entre otras notas, por "la no calificación como servicio público de una determinada actividad o sector, en su conjunto, sino solo de algunas tareas, misiones, actuaciones concretas dentro de aquel".

7. El servicio público en el marco del proceso de reforma del Estado y liberalización de la economía

Como se ha visto, no hubo otra institución —como el servicio público— que haya soportado tanto el peso de los cambios operados en el campo de la economía. Su adaptación a los diferentes sistemas pudo llevarse a cabo gracias a la extraordinaria versatilidad instrumental que caracteriza a las instituciones del derecho administrativo, cuya velocidad de mutación corre pareja con el crecimiento de las necesidades sociales y las innovaciones tecnológicas. Algunas instituciones decaen y otras renacen. Por las causas que más adelante se describen, el servicio público padeció de una crisis profunda que llevó a un sector de la doctrina a sostener su desaparición de la escena jurídica[66].

Su resurgimiento, en el marco de la economía social de mercado, sitúa a esta institución dentro de límites más acotados y precisos, pues si bien, en cierto modo y en alguna época, su régimen encarnó principios contrarios, actualmente tiende hacia una compatibilización con la libre actuación de los agentes económicos[67].

La política que presidió las transformaciones que caracterizan este proceso se apoyó, en esencia, en el principio de subsidiariedad o suplencia —calificado como inspirador de los fundamentos de nuestro Estado de libertad[68]— cuya incorporación en los distintos ordenamientos positivos no siempre ha sido explícita, tal como sucedió en los Estados Unidos de Norteamérica, donde, no obstante los problemas provocados por la grave crisis económica de 1929 y, sobre todo, durante la época en que prevaleció la política del *New Deal* impulsada por el presidente Roosevelt, ha sido uno de los principios más arraigados en el sistema imperante[69].

[66] *Vid.* Gaspar Ariño Ortiz, en *Servicios públicos, regulación y renegociación,* Buenos Aires, LexisNexis, 2005, págs. 51 y ss.

[67] Sabino Cassese, "La trasformazione dei servizi pubblici in Italia", conferencia presentada en el Instituto Italiano de Cultura de Buenos Aires el 12/6/96, publicada en *AeDP,* Buenos Aires, 1996, sección doctrina, núm. 4, págs. 8 y ss. Se ha dicho que los comienzos de la década de 1980 "marcan el tiempo de la universalización de la economía de mercado o economía libre de empresa, o sea de la autorregulación del mercado como modelo de racionalidad funcional" (Jorge A. Aja Espil, "Prólogo", en *La intervención administrativa,* 2ª ed., Buenos Aires, Abeledo Perrot, 1994, pág. 13).

[68] Alejandro Pérez Hualde, *El concesionario de servicios públicos privatizados*, Buenos Aires, Depalma, 1997, pág. 8.

[69] En igual sentido, Alberto B. Bianchi, *La regulación económica*, t. i, Buenos Aires, Ábaco, 2001, págs. 84-85: "[Frank Delano Roosevelt] enfrentó la crisis sin adherir a ninguno de los dogmas fundamentalistas de izquierda o de derecha que como canto de sirena sonaban por entonces, y desde el primer día de su largo gobierno desarrolló un vasto programa de reformas económicas basadas en la intervención estatal en la economía [...]. Entre 1933 y 1935 fueron dictadas una gran cantidad de leyes que cambiaron profundamente el rol [*sic*] del Estado e influyeron en su actividad muchas décadas después de superada la crisis".

El intervencionismo estadounidense —el Estado de bienestar— no condujo a una nacionalización generalizada de empresas privadas como técnica de participación del Estado en la economía. No obstante, sobre la base del axioma de que no se podía relegar a las reglas del mercado el bienestar social y económico de la nación[70], se creó un buen número de empresas estatales a fin de estabilizar la economía y conceder préstamos a diversas categorías de personas físicas y jurídicas (Corporación de Recursos para la Reconstrucción, Corporación Federal Aseguradora de Depósitos, Compañía de Reservas Metalíferas, Corporación de Reservas Petroleras, entre muchas otras), algunas de las cuales se disolvieron inmediatamente después de la segunda guerra mundial junto con una multiplicidad de agencias reguladoras sectoriales[71].

En Europa e Hispanoamérica las cosas ocurrieron de distinto modo y el proceso intervencionista fue precisamente el inverso. En vez de limitarse a la adopción de medidas de regulación económica[72], el Estado dispuso una fuerte ola de nacionalizaciones[73]. Esa ola ahogó las iniciativas privadas, barriendo las estructuras e instituciones que encontró a su paso, diseñadas para sistemas tanto de gestión privada como de propiedad privada.

El intervencionismo estatal llegó a desvirtuar la raíz del sistema del servicio público. Es que el servicio público, como institución jurídica, adquiere sentido cuando se lo concibe como un sistema de gestión privada circunscrito a aquellas prestaciones vitales de índole económica que no puedan realizarse bajo un régimen de libertad. La razón de ello estriba en la confusión que ocurre cuando el Estado gestiona directamente los servicios públicos en calidad de dueño o accionista de la empresa pública. En tal caso, la potestad regulatoria se unifica en la entidad prestataria y desaparece el poder concedente como controlante, además de la natural tendencia contraria al establecimiento de autorregulaciones dentro de la propia administración, aun cuando fueran para beneficio de los habitantes. Desde luego que puede haber excepciones y que no justifica privatizar una empresa pública que cumple funciones de servicio público con calidad y eficiencia (tal como acontece con la prestación estatal de los servicios públicos en Medellín, Colombia).

[70] STEPHEN BREYER / RICHARD STEWART / CASS SUNSTEIN y MATTHEW SPITZER, *Administrative Law and Regulatory Policy*, 5th ed., New York, Aspen, 2002, pág. 22.

[71] BIANCHI, *La regulación... op. cit.*, págs. 117-122.

[72] Para los conceptos de regulación económica y de servicio público, pueden consultarse: ÓSCAR AGUILAR VALDEZ, "Competencia y regulación económica. Lineamientos para una introducción jurídica a su estudio", en *Servicio público, policía y fomento*, Buenos Aires, Ediciones Rap, s. f., págs. 59-121, esp. págs. 78 ss.; y ÓSCAR CUADROS, *Bases constitucionales de la regulación pública*, San Juan, Universidad Católica de Cuyo, 1999, págs. 30-38.

[73] También denominadas "recuperaciones" en nuestro país; véase "Ipucha Martín y otros c/ Cía de Aguas Corrientes de la Pcia. de Bs. As. (en liquidación)", *Fallos,* 221:731 (1951); "Huerta J.A. y otros c/ Puerto de San Nicolás S.A.", *Fallos,* 224:536 (1952); entre otros.

El proceso de transformación, aún no completado en muchas partes del mundo, plantea el quiebre del sistema estatista que regía la economía y la vida social, caracterizado por la intervención creciente del Estado, operándose su desplazamiento por un sistema apoyado en la economía social de mercado, que privilegia el principio de la libertad en sus diversas manifestaciones y estimula el consenso, junto con los mecanismos naturales de formación de los precios de los bienes y servicios.

Ese cambio no se ha ceñido al retiro del Estado del escenario industrial y comercial. Es más amplio y significativo dado que comprende, entre otras cosas, la aparición de nuevas funciones estatales originadas en la necesidad de promover y proteger la competencia mediante la limitación o prohibición, en su caso, de los monopolios y de aquellas regulaciones distorsivas del mercado.

Por eso, no debería causar asombro el hecho (por cierto, paradójico) de que, para desregular y desmonopolizar determinadas actividades (los servicios económicos de interés general del derecho comunitario europeo[74]), se acuda a los marcos regulatorios a fin de encauzarlas en los principios de la nueva visión económica y sociopolítica.

Y con el bagaje proveniente de las regulaciones y desregulaciones —a la par que con las privatizaciones—[75] se entra de lleno en la era del Estado subsidiario[76], en un proceso que en Latinoamérica se ha mantenido en esa línea en

[74] Una visión británica sobre los conceptos de *service public*, *servizio pubblico*, obligaciones del servicio público y actividades económicas de interés general, se encuentra en TONY PROSSER, *Law and the regulators*, Oxford, Clarendon Press, 1997, págs. 287-306.

[75] El tema de las privatizaciones también ha ocupado la atención de la doctrina francesa; véase DIDIER LINOTTE / ACHILLE MESTRE y RAPHAEL ROMI, *Services publics et droit public economique*, 2ème éd., Paris, Litec, 1992, págs. 241 y ss., o págs. 209 y ss. de la 3ª edición de 1995; JEAN RIVERO y JEAN WALINE, *Droit administratif*, 16ème ed., Paris, Dalloz, 1996, págs. 444-445; PIERRE DELVOLVÉ, *Droit public de l'Économie*, Paris, Dalloz, 1998, págs. 747-786; JEAN-MARIE AUBY y JEAN-BERNARD AUBY, *Institutions Administratives*, 7ª ed., Paris, Dalloz, 1996, págs. 536-537; GEORGES DUPUIS / MARIE-JOSÉ GUÉDON y PATRICE CHRÉTIEN, *Droit administratif*, 6ème ed. rev., Paris, Armand Colin, 1999, págs. 299 y 504; JEAN-FRANÇOIS LACHAUME / CLAUDIE PAULIAT y HÉLÈNE BOITEAU, *Grands services publics*, 2ª ed., Paris, Armand Colin, 2000, pág. 260; JEAN-PHILLIPE COLSON, *Droit public économique*, 2ª ed., Paris, LGDJ, 1997, págs. 128-154; RENÉ CHAPUS, *Droit administratif général*, t. I, 14ª ed., Paris, Montchrestien, 2000, págs. 352-354.

[76] JUAN CARLOS CASSAGNE, *La intervención administrativa*, págs. 109 y ss., con sus respectivas citas. El principio de subsidiariedad solo justifica la regulación en la medida en que sea necesario que el Estado intervenga (con su actividad legislativa y reglamentaria) para garantizar la continuidad y regularidad de los servicios públicos y armonizar las relaciones entre los prestadores del servicio y los usuarios. En cambio, cuando el funcionamiento del mercado permite la libre elección de los consumidores en un marco de oferta y demanda, sin que concurran posiciones dominantes que lo distorsionan, la regulación carece de sentido, y también cuando es posible la llamada autorregulación o los acuerdos entre los sectores involucrados. Los mecanismos espontáneos o de consenso resultan siempre preferibles a cualquier regulación proveniente de los funcionarios, muchas veces alejada de la realidad o influida por criterios tanto políticos como ideológicos. Sobre el principio de subsidiariedad en los servicios

algunos países (v. gr. Brasil, Chile, Colombia y Perú), y en otros ha retrocedido a los antiguos esquemas estatistas (p. ej., Venezuela).

La regulación económica constituye una de las funciones esenciales del Estado subsidiario que se configura básicamente —en su dimensión normativa— como una típica emanación del denominado poder de policía. Mediante ella se comprime el ámbito de la libertad en el campo económico por medio del establecimiento de límites a su ejercicio y la imposición de obligaciones y cargas, con la finalidad de armonizar los derechos de los prestatarios de los servicios públicos (y demás actividades privadas de interés público que capta el derecho administrativo) con los intereses de la comunidad (entre los que se encuentra la protección de los usuarios).

Su necesidad aparece como un correlato del servicio público con objeto de armonizar los poderes de los prestatarios con el interés de los clientes o usuarios, e incluso, con el interés más genérico y atemporal de la comunidad (interés público, en suma)[77]. Desde luego que ni el grado ni la intensidad de la regulación pueden ser ilimitados ni absolutos, siendo mayor en aquellos supuestos en los cuales existan situaciones de monopolio o de exclusividad, aunque no todo servicio público tiene *per se* estas características. En menor grado, también alcanzan las regulaciones administrativas las llamadas actividades de interés público.

La regulación económica tiene hoy un nuevo sentido, con motivo de habérsele asignado al Estado en la Constitución, entre otras, la función de estimular y proteger la libre competencia en beneficio de los consumidores. Ello lleva a adoptar, en forma previa o concomitante, una política de segmentación de los diversos mercados —en tanto sea posible— junto a la desregulación de las actividades comerciales o industriales, con el fin de sustentar las libertades básicas del mercado. De lo contrario, el ámbito donde se encuentran oferta y demanda recibiría señales falsas o artificiales, alterándose el sistema natural de formación de los precios y las condiciones de las transacciones que inciden sobre ellos. Se sabe, por la experiencia de los sistemas interventores, que el costo de los mecanismos estatales que inciden artificialmente en el mercado termina siendo pagado por la propia comunidad, sobre cuyos miembros recaen los efectos nocivos de una economía ineficiente.

El sentido actual que asume la regulación económica —desarrollada con una intensidad mayor en el campo de los servicios públicos— no implica que el Estado abdique de las otras finalidades básicas establecidas en los diferentes

públicos: FRANCISCO GONZÁLEZ NAVARRO, "El servicio público y el principio de subsidiariedad", conferencia pronunciada en Mendoza el 12-X-1994.

[77] También calificable como interés colectivo; véase: SARMIENTO GARCÍA, *La concesión de servicios públicos..., op. cit.*, pág. 106 y n. 104, con cita de la sentencia "Bacci, José c/ CHADE", en *LL* t. 3, pág. 957.

marcos regulatorios. Esas finalidades se centran en los aspectos siguientes: 1) asegurar la estabilidad de los suministros y prestaciones; 2) alcanzar grados óptimos de eficiencia y calidad en los servicios[78] y 3) proteger las libertades y demás derechos de los usuarios.

Con todo, es necesario advertir que con independencia de la vigencia institucional del servicio público, no se puede negar que la administración ha pasado a cumplir funciones prestacionales[79] (sobre todo en el campo de la salud y en la previsión social) que han extendido sus cometidos más allá de los servicios económicos o públicos de interés general. En ese contexto, se ha propuesto sustituir el término *servicio público* por *prestación* o al menos la utilización indistinta de uno u otro[80].

8. Consideraciones finales

El servicio público, como el derecho administrativo, es producto de una realidad histórica determinada. Esta determinación recibe generalmente el influjo de creencias arraigadas en cada país y en el escenario del derecho comparado, que obra siempre como prueba comparativa del acierto de las políticas de turno.

Hay, como diría Ortega[81], una razón histórica que explica el sentido y el alcance de la institución en las diferentes épocas, que no se divorcia totalmente del pasado, ya sea que implique un retroceso, como ha ocurrido en Argentina, o una mejora en la calidad de las prestaciones, como todos los sectores sociales y políticos pretenden, aunque no coincidan en los medios para llevarla a cabo.

Ante todo, la metamorfosis producida en el servicio público conduce a la necesidad de acotar el concepto a aquellas prestaciones primordiales o esenciales de la población de naturaleza económica, determinadas por ley y sometidas a un régimen propio del derecho público.

El tema de la gestión estatal o privada no es menor. La historia, sobre todo la de nuestro país, demuestra que en el período de mayor decadencia económica y de ineficientes prestaciones, entre 1975-1990, prácticamente todos los servicios públicos estaban en manos del Estado, con tarifas controladas y las empresas bajo el poder efectivo de sindicatos y contratistas privados.

Así como no se puede volver al pasado (aunque haya habido unas cuantas estatizaciones explícitas o encubiertas), tampoco se podrá seguir mucho tiem-

[78] Este objetivo tiene, actualmente, rango constitucional (Const. Pol., art. 42).

[79] Luciano Parejo Alfonso, "Lecciones de derecho administrativo", Madrid, Tirant lo Blanch, 2007, págs. 344 y ss.

[80] José Ramón Parada Vázquez, "Derecho administrativo", t. i, Parte general, Madrid, Marcial Pons, 1989, pág. 312.

[81] José Ortega y Gasset, *Historia como sistema,* 7ª ed., Madrid, Revista de Occidente, 1975, esp. págs. 74 y ss.

po con tarifas congeladas que benefician indistintamente a pobres y a ricos y con subsidios de discutible transparencia, porque ello traduce una economía artificial que en algún momento es susceptible de producir una grave crisis económica-social.

El problema que hoy es necesario superar tiene por causa la concepción de unos cuantos ideólogos y políticos que, con fundamento en creencias antiguas (aunque arraigadas en el pasado), pretenden que el Estado asuma la gestión de la mayor cantidad de servicios públicos que fuera posible.

No se trata de propugnar una solución liberal a ultranza sino de tomar la decisión más conveniente en cada caso con arreglo al principio de subsidiaridad que conduce a dejar a los particulares la gestión de aquellas actividades que puedan desarrollar sin la injerencia del Estado. Esto no impide la intervención estatal en caso de la ausencia de la iniciativa privada, ni tampoco excluye la razonable regulación estatal para equilibrar todos los intereses en juego y lograr la armonía social.

POTESTADES PÚBLICAS. REFLEXIONES ACERCA DE LAS POTESTADES SANCIONADORA Y DISCIPLINARIA

Dra. MIRIAM M. IVANEGA*

Sumario: 1. Las potencias públicas. A) Potestades innovativas y conservativas. B) Potestad de supremacía general y de supremacía especial. C) Potestad-poder y potestad funcional. D) Potestades regladas y discrecionales. 2. Potestad sancionadora A) El poder sancionador. B) Poder de la policía, policía administrativa y sanciones administrativas. C) Potestad sancionadora y derecho penal. D) Potestad sancionadora y disciplina. 3. Principios del derecho sancionador y disciplinario. A) El principio de legalidad. B) La tipicidad. C) Culpabilidad. D) Proporcionalidad. E) Presunción de inocencia.

Es innegable la presencia de las obras del profesor español EDUARDO GARCÍA DE ENTERRÍA en la creación y el desarrollo del derecho público iberoamericano. Basta recorrer sus innumerables escritos, libros y monografías para reconocer en él a un verdadero doctrinario y maestro.

Aún sabiendo que el pequeño homenaje que le podamos brindar nunca reflejará la influencia que ha tenido en nuestra formación, abordaremos brevemente uno de los temas que a todos los que transitamos el derecho administrativo en algún momento llevó a recorrer sus páginas: las potestades públicas: ¿quién no ha leído el sentido y el contenido que otorgó al principio de legalidad, a la técnica de atribución de potestades, a las formas de manifestación de estas y su enfoque sobre las potestades sancionadora y disciplinaria?

Bien, hemos de plasmar algunas reflexiones vinculadas a estas figuras jurídicas.

1. LAS POTESTADES PÚBLICAS

Toda acción administrativa se presenta como el ejercicio de un poder que la ley atribuye en forma previa y que delimita, por lo que el ejercicio de potestades de parte de la administración siempre presupone una atribución legal[1].

* Profesora de la Facultad de Derecho de la Universidad de Buenos Aires.

[1] EDUARDO GARCÍA DE ENTERRÍA y TOMÁS-RAMÓN FERNÁNDEZ, *Curso de derecho administrativo*, t. I, Madrid, Civitas, 2000, págs. 431 y ss.

Expresa el maestro español que "el concepto de potestad se perfila a través [*sic*] de un contraste dialéctico con el del derecho subjetivo"[2].

Potestad y derecho subjetivo son especies de un mismo género: los poderes jurídicos, es decir, facultades de querer y de obrar conferidas a los sujetos por el ordenamiento. Se distinguen en que mientras el derecho subjetivo encuentra su origen en una relación jurídica concreta y recae sobre un objeto cierto y determinado, la potestad deriva directamente del ordenamiento jurídico y tiene un carácter genérico.

El derecho subjetivo consiste en una pretensión concreta y se corresponde con un deber atribuible a un sujeto pasivo, que en ese sentido es un sujeto obligado.

En cambio, la potestad no se genera en una relación jurídica, ni en pactos, negocios jurídicos, actos o hechos singulares, ni consiste en una pretensión particular como el derecho subjetivo. Al contrario: se refiere a un ámbito de actuación definido en grandes líneas y a la posibilidad abstracta de producir efectos jurídicos de "donde eventualmente pueden surgir, como una simple consecuencia de su ejercicio, relaciones jurídicas particulares"[3]. En consecuencia, ocupa una situación preliminar respecto de la relación jurídica[4].

La palabra deriva de *potis esse,* una posición absoluta de supremacía (que data del *ius quiritum* basado en el instituto de la *potestad dominical*)[5]. SANTI ROMANO en su estudio incluido en los *Frammenti di un Dizionario Giuridico* proyectó la noción al ámbito del derecho administrativo, la que luego fue objeto de un amplio desarrollo en las doctrinas italiana y española.

De esta forma, se configura como una facultad de actuación otorgada por una norma jurídica, que apodera y habilita a la administración, de lo que se deriva que toda la acción administrativa se presenta como ejercicio de un poder atribuido en forma previa por la ley, y por ella delimitado y construido. Es un título de esa acción[6].

En esos términos, frente a la potestad nadie está en una situación de deber u obligación, sino en una abstracta sujeción que vincula a soportar efectos jurídicos que surgen del ejercicio de la potestad y una eventual incidencia en la propia esfera jurídica. Los que están sometidas a la sujeción potestativa no son personas determinadas, sino el conjunto de ciudadanos. En su mayoría

[2] *Ibid.*

[3] *Ibid.*, pág. 442.

[4] FERNANDO GARRIDO FALLA, *Tratado de derecho administrativo*, t. I, Madrid, IEP, 1940, pág. 391.

[5] JOSÉ LUIS VILLAR PALASI y JOSÉ LUIS VILLAR ESCURRA, *Principios de derecho administrativo*, t. II, 3ª ed., Madrid, Universidad Complutense de Madrid, 1993, págs. 16 y ss.

[6] VILLAR PALASI y VILLAR EZCURRA, *op. cit.*, pág. 17; GARCÍA DE ENTERRÍA y FERNÁNDEZ, *op. cit.*, págs. 441-442. Ver también JORGE DE ESTEBAN y PEDRO J. GONZÁLEZ-TREVIJANO, *Curso de derecho constitucional español*, t. I, Madrid, UCM, 1992, págs. 93 y ss.

pertenecen a la especie denominada potestad-función, en el sentido de que deben ejercitarse en interés ajeno al propio del titular; se dirigen al interés de la comunidad, no del aparato administrativo[7].

Ahora bien, siguiendo su pensamiento, es necesario recordar que las potestades públicas no se diferencian técnicamente de las potestades que el ordenamiento jurídico les otorga a los particulares, aunque varíen en el contenido material concreto. En el caso de la administración su otorgamiento concreta el principio de legalidad, se manifiesta el "poder público".

La doctrina argentina puntualiza que si bien se utilizan indistintamente los términos poder, potestad y prerrogativa —que suelen denominarse en lenguaje técnico "potestades"—[8], la doctrina los ha distinguido, aun cuando no sigue un mismo criterio diferenciador.

En general, el *poder* se identifica con el principio ordenador de la sociedad, de carácter político, que se realiza mediante medios jurídicos y materiales; es el elemento ontológico, causa formal del Estado. Es su principio e instrumento político.

Ese poder se realiza con medios jurídicos y materiales: las *prerrogativas* que constituyen uno de esos medios y que encuentran fundamento en el régimen exorbitante[9].

Un sector doctrinario incluye en la diferenciación el concepto de *potestad*, como poder de actuación que se ejerce de acuerdo con el ordenamiento jurídico y que puede generar situaciones jurídicas que obliguen a los sujetos[10].

Esta distinción es discutida por autores que consideran que el poder y la potestad suelen expresar idéntica realidad y que, por tanto, solo cabe atenerse a la diferencia entre poder y prerrogativa[11].

La doctrina ha desarrollado diversas clasificaciones de las potestades públicas que atienden a los efectos de su ejercicio, a los sujetos alcanzados y a la determinación posible de todas las condiciones de ejercicio, entre otros. Entre ellas, cabe señalar:

[7] García de Enterría y Fernández, págs. 434-436.

[8] Juan Carlos Cassagne, *Derecho administrativo*, t. i, Buenos Aires, LexisNexis, 2008, ver cap. iv.

[9] Rodolfo C. Barra, *Tratado de derecho administrativo*, t. i, Buenos Aires, Ábaco, 2003, pág. 270 y ss.

[10] Cassagne, *op.* y cap. *cit.*, El maestro Marienhoff también entiende que el poder implica una generalidad, un atributo estatal, mientras que la potestad lleva consigo el ejercicio de aquel, es el reflejo de ese poder. Miguel S. Marienhoff, *Tratado de derecho administrativo*, t. i, Buenos Aires, Abeledo Perrot, 2000, págs. 623 y ss.

[11] Barra, *op.* y pág. *cit.* Este autor entiende que si alguna distinción cabría hacerse entre poder y potestad, esta sería sutil, pues solo se diferenciarían porque el poder es un principio político ontológico y la potestad el modo concreto de ejercer ese poder: ordenar, sancionar, etcétera. La prerrogativa constituirá el instrumento técnico (jurídico) por el cual se ejerce ese poder o potestad.

A) *Potestades innovativas y conservativas*

Las primeras consisten en la posibilidad de crear, modificar o extinguir situaciones o relaciones jurídicas concretas, derechos, deberes, obligaciones, normas (por ejemplo, las potestades reglamentarias, de policía). Las conservativas pueden dar lugar a la conservación y tutela de situaciones jurídicas preexistentes, sin modificarlas o extinguirlas (potestad certificante)[12].

B) *Potestad de supremacía general y de supremacía especial*

Esta distinción se apoya en la eventual existencia de un título concreto como justificativo de la potestad.

En el caso de las primeras, todos los ciudadanos, por ser tales, se encuentran sometidas a potestades generales. En el segundo supuesto, la potestad se ejercita respecto de quienes están en una situación de subordinación, que deriva de un título concreto (por ejemplo, del ejercicio de la función pública).

C) *Potestad-poder y potestad funcional*

La potestad-poder es creativa, operativa y se sitúa en una posición superior en el ordenamiento jurídico. Solo se reconoce por encima de ella la Constitución y sus principios. En cambio, las funcionales derivan de las anteriores y se justifican a partir de los fines a los que se dirige la actuación administrativa.

D) *Potestades regladas y discrecionales*

Esta clasificación fue especial objeto de análisis del profesor GARCÍA DE ENTERRÍA. Apuntaremos brevemente que la esfera de discrecionalidad de los órganos administrativos no implica que tengan un ámbito de actuación desvinculado del orden jurídico o que aquella no resulte fiscalizable ni constituye un ámbito de libertad de apreciación extralegal que obste a la revisión judicial.

La jurisprudencia argentina nos aporta innumerables decisiones en ese sentido, aceptando que "no existen actos reglados ni discrecionales cualitativamente diferenciales, sino únicamente actos en los que la discrecionalidad se encuentra cuantitativamente más acentuada que la regulación y a la inversa [...], al no poder hablarse hoy en día de dos categoría contradictorias y absolutas como si se tratara de dos sectores autónomos y opuestos, sino más bien de una cuestión de grados [...]"[13].

La teoría alemana de los conceptos jurídicos indeterminados conformó uno de los medios para reducir la discrecionalidad. Dichos conceptos constituyen un supuesto de remisión legal, en el cual se reconoce una sola solución justa.

[12] GARCÍA DE ENTERRÍA y FERNÁNDEZ, *op. cit.*, pág. 433.

[13] CSJN, fallos: 315:1361, 306:820. También fallos: 324:1860; 320:2509; 331:735 321:3103; 259:266; 262:67.

Acogida por la doctrina española, con esta teoría se explica que la discrecionalidad supone el ámbito de libertad para que la administración proceda a elegir la solución aplicable al caso, lo que resulta consustancial al proceso de aplicación de la ley y del derecho e implica una dosis de creación e integración —cualquiera fuera el órgano estatal que actúe—.

Por ello "resulta imprescindible distinguir entre conceptos determinados e indeterminados para saber si estamos frente a una actividad reglada o discrecional".

En los primeros existe precisión en la determinación normativa, no admitiéndose dudas sobre la aplicación al caso. Pero en el segundo supuesto los conceptos jurídicos indeterminados presentan una estructura compleja que, como regla, no admiten más de una solución justa[14].

Si bien no es esta la ocasión para debatir sobre el tema, nótese que los conceptos jurídicos indeterminados no son una construcción teórica. Son una técnica empleada en las leyes para atribuir o delimitar ciertas potestades a la administración o para imponer límites o prohibiciones. No existe potestad discrecional para apreciar, a su voluntad, la presencia y alcance del concepto legal en la situación determinada. Tiene sí, el privilegio de la decisión previa, "que le permite avanzar su estimación propia de la realidad del concepto legal de cuya aplicación se trata, y de esa posición privilegiada arranca una presunción puramente formal de legalidad que configura al recurso contra tal estimación con un carácter impugnatorio"[15].

El control judicial de la aplicación de estos conceptos siempre es posible; en la medida en que ellos proceden de las leyes, o de la Constitución, su control será siempre una cuestión jurídica, y el juez lo ejercerá sobre el modo en que la administración los estima presentes en el caso. De esta forma, verificará la deliberada función delimitadora de la ley en su aplicación por aquella[16].

2. Potestad sancionadora

A) *El poder sancionador*

El debate acerca del encuadramiento y el alcance de la potestad sancionadora de la administración ha ocupado la atención de la doctrina administrativista durante largo tiempo.

Se resumen dos posiciones diferentes acerca del alcance de esta potestad, una representada en la doctrina española por Tomás-Ramón Fernández,

[14] Juan Carlos Cassagne, *El principio de legalidad. El control judicial de la discrecionalidad administrativa*, Buenos Aires-Madrid, Marcial Pons, 2009, págs. 182-185.

[15] Eduardo García de Enterría, *Democracia, jueces y control de la administración,* Madrid, Civitas, 1995, pág. 128.

[16] *Ibid.*, pág. 134.

García de Enterría y García Macho; la otra, por Alejandro Nieto García y Silva Sánchez. Los primeros sostienen que la potestad sancionadora debe ser ejercida por la administración con especial cuidado y respeto de los derechos y garantías de los ciudadanos. Los segundos se preocupan por la necesidad de obtener el fin que la norma busca y proteger los intereses sociales en riesgo.

Lo cierto es que el sistema jurídico no le regala a la administración prerrogativas por razones de eficiencia, sino que se las otorga porque presume que la administración realiza el derecho y procura la satisfacción del interés público en las relaciones entre los ciudadanos y de estos con aquella[17].

Se trata de una potestad ejercida respecto de determinadas actividades sometidas al poder de policía y a un régimen jurídico de sujeción, fiscalización y control[18], incardinada en el concepto general del *ius punendi.*

En el derecho argentino, Marienhoff la define como la atribución que le compete a la administración "para imponer correcciones a los ciudadanos o administrados, por acción de estos contrarios a lo ordenado por la administración, y sanciones disciplinarias a los funcionarios o empleados por faltas cometidas en el ejercicio de su cargo, todo ello sin perjuicio de la acción de los tribunales judiciales". Esta amplia noción incluye la potestad sancionadora correctiva y disciplinaria[19].

B) *Poder de policía, policía administrativa y sanciones administrativas*

Las sanciones administrativas son identificadas directamente como instrumentos de la policía administrativa.

El fundamento de la potestad es paralelo al que justifica la ejecutividad y ejecutoriedad de los actos administrativos; la sanción se impone precisamente para reprimir transgresiones producidas en un campo cuya competencia y cuidado se le encomendaron previamente a la administración.

Sin embargo, este criterio es discutido por quienes afirman que no debe vincularse con la policía administrativa, pues se relaciona con toda actividad interventora o regulada por la administración[20].

Hemos sostenido que el uso indiscriminado de las nociones de policía y actividad de policía pone en tela de juicio el valor jurídico de la distinción bajo esos términos[21].

[17] Fernando García Pullés, "Ejercicio de la potestad sancionatatoria y desvío de poder", en *Cuestiones de intervención estatal*, Buenos Aires, Ediciones RAP, 2011, pág. 356.

[18] Daniel Maljar, *Derecho administrativo sancionador*, Buenos Aires, Ad-Hoc, 2004, pág. 34.

[19] Marienhoff, *Tratado de derecho administrativo, op. cit.*, págs. 628-629.

[20] Armando Canosa, *Régimen administrativo del transporte terrestre*, Buenos Aires, Ábaco, 2002, pág. 203.

[21] Miriam M. Ivanega, "De nuevo acerca del poder de policía", en *LL*, Suplemento Derecho Constitucional, 15-3-2007.

Se trata de identificar situaciones sometidas a "regímenes de diversidad irreconciliable: leyes y actos administrativos, es decir, disposiciones superiores y providencias subalternas"[22].

La discusión acerca de la conveniencia de esta terminología parece estar aún vigente. El torbellino de casos que pueden quedar comprendidos en dichos conceptos seguirá trayendo el replanteo de su sentido jurídico y utilidad[23].

Recordemos brevemente que el poder de policía traduce la limitación y restricción de derechos por vía legislativa. Concebida como una facultad de esa naturaleza, su objeto es la reglamentación de derechos[24].

En la República Argentina, esta categoría también es cuestionada desde el ángulo constitucional, aun cuando tiene arraigo en la doctrina jurídica y en la jurisprudencia de la Corte Suprema de Justicia de la Nación. En ese sentido, la expresión "poder de policía", que se utiliza para significar la atribución reglamentaria de los derechos, es innecesaria, pues la Constitución (en el caso, la Norma Fundamental argentina) dispone que los derechos reconocidos a los habitantes del país se ejerzan de acuerdo con las leyes que reglamentan su ejercicio.

El principal crítico de esta noción en el ámbito del derecho administrativo, y que abogó por su eliminación, fue Agustín Gordillo. Este profesor considera que los conceptos y definiciones deben tener una utilidad y ser funcionales para algo: "Clasificar porque sí no tiene sentido: yo no encuentro cuál es la razón jurídica por la cual es conveniente y útil tener esta tripartición [...]"[25].

[22] Celso Antonio Bandeira de Mello, *Curso de derecho administrativo*, México, D. F., Porrúa-UNAM, 2006. Señala este profesor brasileño que esta situación es "fuente de las más lamentables y temibles confusiones, pues lleva algunas veces a reconocerle a la administración poderes que serían inconcebibles en el Estado de derecho, dándole una preeminencia que no posee, por ser impropia de quien solo puede actuar basado en la ley que le confiera determinados poderes para ser ejercidos en los términos y formas que ella establece".

[23] Por ejemplo, Agustín Gordillo y Celso Antonio Bandeira de Mello puntualizan que en general en los nuevos textos del derecho administrativo se ha eliminado la introducción de capítulos especiales alusivos al poder de policía, habiendo una tendencia generalizada a su eliminación.

[24] Pablo Gallegos Fedriani,"Poder de policía y poder de policía de emergencia", en *Documentación Administrativa,* núms. 267-268, Madrid, INAP, 2004. La mayoría de los autores coinciden en que de las clasificaciones formuladas respecto de las formas de la actividad administrativa, la que refleja más claramente el contenido e esa actividad es la que distingue entre la limitación del obrar de los particulares (policía para el derecho francés y administración de ordenación para el sistema alemán), la actividad de prestación de servicios de interés general (servicio público en Francia y administración prestación para el derecho alemán y la actividad de fomento. Ver Fabián O. Canda, "Régimen jurídico de la actividad de policía", en AA. VV., *Servicio público, policía y fomento*, Buenos Aires, Ediciones Rap, 2004.

[25] Agustín A. Gordillo, "Policía y poder de policía", en AA VV, *Servicios públicos, policía y fomento*, *op. cit.*, explica Gordillo que al publicar en el año 1960 el artículo "La crisis de la noción de Poder de policía" analizó la crisis de la noción proponiendo su eliminación, no del

C) *Potestad sancionadora y derecho penal*

Volviendo a la potestad sancionadora, constituye "un auténtico poder jurídico, esto es, de un poder derivado del ordenamiento jurídico y que, como todos los demás atribuidos a la administración, está encaminado al mejor gobierno de los diversos sectores de la vida social [...]. Es un poder de signo represivo que se acciona frente a cualquier perturbación que de dicho orden se produzca"[26].

En tanto que la administración pública se encuentra investida de esta potestad por el ordenamiento jurídico, su ejercicio repercute directamente sobre los ciudadanos. De ahí el carácter "aflictivo" que contiene, al significar un acto de gravamen que implica debilitar la esfera jurídica de los particulares[27].

Adelantamos que tanto la identificación entre la potestad sancionadora de la administración y el derecho penal como la discusión acerca de la existencia de un derecho sancionador autónomo se vieron reflejados en el ámbito disciplinario, de forma que los argumentos en favor y en contra de aquellas posturas calaron hondo en la explicación de la potestad disciplinaria.

Así, por un lado, se propició una relación directa con el derecho penal, y por el otro, llegó a perder su identidad, al ser equiparada, en cuanto a sus efectos, al poder sancionador general.

En esta ocasión, basta señalar que como consecuencia de la división de poderes se trasmitió al poder judicial la parte principal del *ius punendi* estatal, planteándose que el residual (la potestad sancionatoria) no estuviera limitado por las garantías que se imponían en el ámbito penal.

La defensa a ultranza por los administradores fue consentida por los jueces que controlaron la administración.

En la propuesta de NIETO, por ejemplo, las garantías del derecho penal solo son trasladables al derecho administrativo sancionador si resultan compatibles con la organización general del derecho público y constitucional.

El otorgamiento a esta potestad de una naturaleza penal implica que las sanciones administrativas deban fundarse en preceptos que reúnan los requi-

---

régimen y las normas de policía. Y ello fundamentalmente vinculado al servicio público, pues en aquella época se encontraban en manos del Estado y no existía diferencia entre la noción de actividad estatal y la noción de servicio público. Era el mismo régimen jurídico aplicable. Pero ello cambia con las privatizaciones, volviendo a tener sentido el concepto. Sin embargo, el tema de policía y poder de policía no está debatido en el mundo y no existe consenso en la utilidad al conocimiento jurídico. Agréguese, la "deliberada confusión entre actividad legislativa y ejecutiva implica también una deliberada confusión en el funcionamiento de supuestas categorías o palabras hechas de policía y poder de policía".

[26] JOSÉ SUAY RINCÓN, *Sanciones administrativas*, Bolonia, Real Colegio de España, 1989, pág. 20.

[27] *Ibid.*, pág. 27.

sitos sustanciales de toda norma penal válida. El llamado derecho penal administrativo (constituido por las penas de policía y las penas disciplinarias) se nutre en subsidio de los principios del derecho penal sustantivo, en términos de MARIENHOFF[28].

Recuérdese que ADOLFO MERKL le otorga naturaleza penal a la potestad sancionadora de la Administración, caracterizándola como la competencia de las autoridades administrativas para imponer sanciones por acciones u omisiones antijurídicas, incluyendo en esa categoría al derecho penal disciplinario contra los funcionarios públicos[29].

Por cierto, el maestro español nos indica que no parece hacer base alguna para distinguir por su naturaleza estas sanciones administrativas de las penas propiamente dichas.

"Todos los esfuerzos por dotar a las sanciones administrativas de algunas justificación teórica y de una sustancia propia han fracasado. Solo razones de política criminal explican las opciones varias, y a menudo contradictorias, del legislador en favor de una u otra de esas dos vías represivas: Queda, como último núcleo irreductible, un solo criterio: solo los procesos judiciales pueden imponer penas privativas de libertad [...] y las privativas de otros derechos civiles y políticos [...]"[30].

A su criterio, también se distinguen por el fin, pues las primeras, conforme la Constitución española, deben orientarse a la reeducación y reinserción social, mientras que las sanciones administrativas tienden a una finalidad represiva más pragmática[31].

D) *Potestad sancionadora y disciplinaria*

Estamos frente a una relación de género-especie que debe respetar las características propias de cada una, en particular por los fines que persiguen y los derechos que se afectan con su ejercicio.

Dos efectos tiene este vínculo: el primero está dado por las consecuencias del ejercicio de cada una de las potestades, si ambas responden a las mismas bases y reciben el mismo tratamiento en cuanto a los principios aplicables. El segundo parte de la discusión sobre si constituyen disciplinas científicas autónomas, aspecto que será analizado más adelante.

La integración general de los poderes disciplinarios a los poderes sancionatorios generales se ha defendido a partir del criterio de que "la única sin-

[28] MARIENHOFF, *Tratado de derecho administrativo*, *op. cit.*, págs. 629 y 176-177. Cabe señalar que según este autor el derecho penal administrativo no sale del ámbito del derecho penal sustantivo.

[29] ADOLFO MERKL, *Teoría general del derecho administrativo*, México, D. F., Edit. Nacional, 1980, págs. 347-348.

[30] GARCÍA DE ENTERRÍA y FERNÁNDEZ, *Curso...*, *op. cit.*, pág. 166.

[31] *Ibid.*

gularidad que hoy resta de las sanciones disciplinarias respecto de las demás sanciones administrativas es, en su relación con las penas judiciales, la inaplicación respecto de ellas del principio *non bis in idem*, esto es, su compatibilidad con dichas penas"[32].

El ámbito propio de la disciplina en la función pública tuvo un especial desarrollo con el enfoque "relaciones de sujeción especial", una de las categorías del derecho más cuestionadas por la doctrina moderna.

Esta noción proveniente de Alemania permitió caracterizar ciertos vínculos estrechos entre una persona y el Estado y que en cierta época implicaron que un individuo pudiera quedar a merced del poder.

De su origen en la monarquía constitucional —etapa que suponía un ámbito no reglado, no cubierto por el derecho y con un amplio arbitrio de la administración— se pasó a una época en la cual el Estado de derecho permitió instituir la teoría clásica de las relaciones especiales de sujeción, como vínculos orgánicos, internos, de poder, fundados en la obediencia y la fidelidad.

En esta etapa aparecen las relaciones de sujeción general, como relaciones obligacionales de carácter jurídico fundamentadas en la regulación de la intersubjetividad. Los vínculos especiales eran objeto de regulación por medio de reglamentos, aunque operaban en el marco de una libertad restringida, pues las personas seguían en cierta forma a merced del Estado.

Justamente a este marco de relaciones un sector de la doctrina administrativa insiste en considerar fundamento del derecho disciplinario[33].

En estos vínculos de sujeción especial, el individuo está frente a la administración en una posición más acentuada "que la normal sujeción frente a la administración considerada simplemente como titular del poder de imperio". Existe, por ende, un primer requisito para identificarlas, "elemento que viene determinado por el hecho de que el ejercicio de la relación principal exija que el particular ingrese personalmente en la esfera jurídica y material, o simplemente jurídica, de la administración, de manera que se haga necesaria una especial disciplina más acentuada". El ejemplo típico es el ejercicio de la función o un servicio público.

En el marco del empleo público, esa especial relación determina el campo de actuación del Estado con el objetivo de cumplir con fines estatales y de la consiguiente responsabilidad del agente público y de la carga que significa el ejercicio de la función.

Esta concepción se sustenta en los objetivos públicos y en la relación de supremacía estatal para cumplir con ellos, por sobre los derechos y los límites del poder.

[32] *Ibid.*, págs. 170 y ss.

[33] Carlos A. Gómez Pavajeau, *Dogmática del derecho disciplinario*, Bogotá, UEC, 2007, págs. 248-251.

Además de esta condición, otro de sus elementos se apoya en la insuficiencia del poder de policía (que involucra la normal supremacía general de la administración) para una regulación suficiente del comportamiento personal del sujeto de la relación administrativa[34].

De esta supremacía especial se derivan cuatro poderes: dictar normas internas para regular el desarrollo de la relación principal, dar órdenes concretas a los sujetos a los que afecta este vínculo, vigilar con el fin de comprobar si se cumplen las normas internas y castigar con sanciones administrativas el comportamiento de los individuos que resulte perjudicial para la mejor actuación de esa relación principal. Este es el poder disciplinario[35].

Con este criterio, la peculiaridad de las sanciones reside en dos caracteres: el reconocimiento de una especie de titularidad natural de la administración que deriva de actuar en su propio ámbito interno, tutelando su propia organización y funcionamiento, y en segundo término, la estimación como ilícitos sancionables de conductas valoradas con criterios deontológicos más que jurídicos. Por ello en el derecho público se pretendió dispensar al ejercicio de este tipo de potestad de los requisitos generales de la legalidad y la tipicidad "sustituyendo estas reglas por una suerte de potestad doméstica, legitimada en la simple posición de un previo sometimiento general de los destinatarios de —voluntario normalmente, pero no siempre: soldados, presos— de las medidas disciplinarias"[36].

3. Principios del derecho sancionador y disciplinario

Con sustento en las decisiones del Tribunal Constitucional español —siguiendo la postura del Tribunal Supremo—, el profesor español indica que los principios inspiradores del orden penal son de aplicación con matices al derecho sancionador, pues ambos son manifestaciones del orden punitivo estatal.

Consideraremos cinco de los principios que postula, en los que analiza su sustancia, principalmente según las decisiones de los tribunales españoles.

A) *El principio de legalidad*

Expresión del principio *nullum crimen, nulla poena sine lege*, la ley debe preceder a la conducta sancionable, que tiene que determinar el contenido de la sanción[37].

[34] Renato Alessi, *Instituciones de derecho administrativo*, t. i, Barcelona, Bosch, 1970, traducción de la 3ª edición italiana, págs. 228-229.

[35] Alessi, *op. cit.*, págs. 230-231.

[36] García de Enterría y Fernández, *Curso...*, *op. cit.*, págs. 170 y ss.

[37] *Ibid.*

La reserva de la ley es una técnica mediante la cual se exige que una materia sea regulada por la ley, de forma de asegurar que solo el legislador, como cuerpo colegiado representativo, sea el encargado de fijar normas generales que dispongan el régimen jurídico. En el Estado constitucional, la conexión entre la reserva de ley y la democracia pone su atención en el procedimiento por el cual se adopta la decisión: el procedimiento legislativo. Así se convierte en una garantía, pues en la materia sobre la que recae la decisión que se adopta procede de la discusión pública parlamentaria, que le otorga a la decisión un plus de legitimidad[38].

La Corte Suprema de Justicia de la Nación (CSJN) de la República Argentina ha sostenido que "en esa sujeción al orden jurídico radica una de las bases del Estado de derecho, sin la cual no sería factible el logro de sus objetivos [...]. El sometimiento del Estado moderno al principio de legalidad lo condiciona a actuar dentro del marco normativo previamente formulados por ese mismo poder público que, de tal modo, se autolimita. El ejercicio de tal poder, por ende, no puede desvincularse del orden jurídico en que el propio Estado se encuentra inmerso [...]"[39].

Este principio está consagrado en el artículo 30 de la Convención Americana de Derechos Humanos, interpretándose que la expresión *leyes* de esta disposición, en el marco de los derechos humanos, es una limitación a la interferencia del poder público sobre los derechos y libertades de la persona humana.

Por tanto, se trata de ley en sentido formal, norma emanada del órgano legislativo y promulgada por el poder ejecutivo conforme a los procedimientos de cada país[40].

El sentido de la reserva ley también se apoya en la naturaleza de su formación, pues en el poder legislativo se encuentra representada la voluntad popular y son escuchadas las minorías.

"La reserva de ley para todos los actos de intervención en la esfera de libertad, dentro del constitucionalismo democrático, es un elemento esencial para que los derechos del hombre puedan estar jurídicamente protegidos y existir plenamente en la realidad. Para que los principios y reserva de ley constituyan una garantía efectiva de los derechos y libertades de la persona humana, se requiere no solo su proclamación formal, sino la existencia de un régimen que garantice eficazmente su aplicación y un control adecuado del ejercicio de las competencias de los órganos"[41].

La tesis se reafirma al comprobar la especial trascendencia del principio de seguridad, en los ámbitos limitativos de la libertad individual, pues cuando

[38] Magdalena Correa Henao, *La limitación de los derechos fundamentales*, Bogotá, Universidad Externado de Colombia, 2003, págs. 107 y ss.

[39] CSJN, fallos: 315:2771.

[40] CIDH, Opinión Consultiva 0-C 6-86 del 9/05/86, Seria A núm. 6, págs. 21 y ss.

[41] *Ibid.*

se ejercita la potestad sancionadora se tiene "el más exquisito cuidado en la observancia de la forma se impone. Porque es la potestad sancionadora de la administración sumamente grave y temible, cuyo ejercicio, como el de la potestad punitiva del Estado, debe verse rodeado de las máximas cautelas (sent. Tribunal Supremo del 12 de febrero de 1986)"[42].

B) *La tipicidad*

El principio impone la exigencia material absoluta, de la predeterminación normativa de conducta y sanciones.

Así entonces, preferimos considerar su tratamiento con la legalidad, pues ambas suponen la máxima de: *nulla crimen sine lege* y *nulla poena sine lege*, que comprende tres funciones:

1) *Nulla poena sine lege praevia* (ninguna pena sin ley penal previamente promulgada) prohíbe la retroactividad de nuevas o más severas leyes penales.

2) *Nulla poena sine lege scripta* (ninguna pena sin ley penal escrita) prohíbe el derecho consuetudinario y su aplicación en el ámbito jurídico penal, para la creación o agravación de tipos.

3) *Nulla poena sine lege stricta* (ninguna pena sin mandato expreso-textual de la ley) rechaza la analogía.

Con la función prejurídica o condicionante de las legislaciones, la tipicidad asume un papel de garantía jurídico-política y social. "Se trata de que la ley contenga descripciones de acciones, tal como si ellas ya se hubieran cumplido"[43].

El artículo 18 de la Constitución Nacional argentina expresa: "Nadie puede ser penado sin juicio previo fundado en ley anterior al hecho del proceso".

La exigencia de delimitar con precisión y en forma clara las figuras delictivas es un presupuesto necesario de la interpretación. La cuestión conflictiva se presenta si ese requisito constitucional tiene el mismo alcance en materia disciplinaria.

El legislador, al elaborar la ley penal debe usar los términos indispensables para dar la noción completa de cada acción humana punible, sin emplear expresiones más o menos técnicas, en cuya acepción puedan considerarse comprendidas acciones distintas. No será correcto decir "el que cometa hurto", sino que deberán explicarse las acciones constitutivas del hurto, mencionando todas las circunstancias necesarias y solo esas: "He ahí las dos caras de la medalla: de un lado, se impone al legislador la necesidad de redactar las leyes penales dando a los delitos la contextura de tipos; del otro, para el intérprete

[42] García de Enterría y Fernández, *Curso...*, *op. cit.*, pág. 175.

[43] Carlos Fontán Balestra, *Tratado de derecho penal*, t. II, Parte general, Buenos Aires, Abeledo Perrot, 1966, pág. 26.A.

no hay más acciones humanas punibles que las que se superponen exactamente con los tipos legales"[44].

En consecuencia, en el caso del "tipo penal" se está frente a una abstracción con la que se define un hecho. La tipicidad es el medio de que dispone la ley penal para delimitar el grupo de las acciones antijurídicas que son punibles. Toda acción que no reúna las características contenidas en alguna de las figuras de la parte especial no es un delito.

La limitación de los hechos punibles empieza y termina en cada tipo. Por ello, una acción solo es delito si están presentes todos los elementos de una figura, lo que impide que sea punible un hecho con varios elementos de distintas figuras que no alcancen a completar una[45].

Con un enfoque de carácter dual, la doctrina penal argentina señala que se trata de una fórmula legal necesaria tanto al poder punitivo para habilitar su ejercicio formal como al derecho penal, porque sin él no se puede llevar a cabo una interpretación reductora del ámbito de lo prohibido, que debe partir de una limitación semántica.

En ese sentido, el tipo penal no constituye una fórmula que define lo prohibido, "sino solo una fórmula necesaria para que el derecho penal pueda interpretarla en forma reductora de los ámbitos de hipótesis de prohibición"[46].

En consecuencia, no caben cláusulas generales o indeterminada de infracción que permitirían al organismo sancionador actuar con excesivo arbitrio y no con prudencia y razonabilidad[47].

Respecto del ámbito disciplinario, cabe acotar que como advierte García de Enterría, es difícil evitar la formulación de estándares deontológicos de conductas a los cuales conectar efectos sancionatorios. Tales estándares deben interpretarse "como conceptos jurídicos indeterminados y por ende rellenarse a través [*sic*] de un análisis pormenorizado y concreto de los hechos y de una calificación de los mismos [*sic*] desde los valores expresos en dichos conceptos jurídicos y no por meros juicios apodícticos o de invocación del abstracto honor o dignidad de un colectivo"[48].

Hemos indicado[49] que, aun admitiendo que la previa determinación normativa de las faltas y sanciones es fundamental para el ejercicio de la potestad disciplinaria, es necesario considerar si la tipicidad puede medirse en "grados", de forma tal que se admita su aplicación en forma morigerada.

[44] *Ibid.*

[45] *Ibid.*, pág. 27-1.

[46] Eugenio R. Zaffaroni, *Derecho penal*, Parte general, Buenos Aires, Ediar, págs. 414 y ss.

[47] García de Enterría y Fernández, *op. cit.*, pág. 178.

[48] *Ibid.*

[49] Miriam M. Ivanega, *Cuestiones de potestad disciplinaria y derecho de defensa*, 2ª ed. actualizada, Buenos Aires, Ediciones RAP, 2013, cap. v.

La CSJN en la República Argentina, en su conformación actual, si bien aceptó como regla que las infracciones disciplinarias no son susceptibles de ser típicamente descritas, en el sentido en que lo son los delitos del derecho criminal, "tampoco resulta posible admitir que los funcionarios estén expuestos a ser separados forzadamente del servicio por el mero hecho de incurrir en conductas innominadas, cuya descripción concreta depende exclusivamente del juicio formulado *a posteriori* por el órgano sancionador, según el libre arbitrio de este. Esto último supondría tanto legitimar la existencia de un poder legal en blanco como retornar, inexcusablemente, al concepto de los *delicta innominata* del derecho antiguo (cfr. HEINZ, MATTES, *Problemas de derecho penal administrativo,* Madrid, Edersa, 1979; *idem*, ALEJANDRO NIETO, "Problemas capitales del derecho disciplinario", en *Revista de la Administración Pública*, Instituto de Estudios Políticos, 1970, núm. 63, pág. 39)"[50].

En síntesis, el tratamiento del tema no es pacífico.

Insistimos en que cuando las conductas involucran deberes deontológicos o que no permiten mayor determinación, las normas deberán contener la mayor precisión que el lenguaje le permita, a efectos de que la autoridad administrativa interprete la acción u omisión en forma armónica y razonable, en conjunto con los objetivos que persigue y la función específica del agente público.

Debe repararse en que en algunas ocasiones la indeterminación de la falta no se funda en la imposibilidad de definir la conducta sancionable, sino en un problema de técnica legislativa. Aquí la ausencia de tipicidad es producto de la ambigüedad de los términos utilizados en las normas, no por aplicación de la noción de "conceptos jurídicos indeterminados", sino porque se adopta equivocadamente y como regla general, pues en materia disciplinaria las faltas y sanciones son indeterminables.

Lo importante es que siempre el equilibrio entre tipicidad y actividad disciplinaria tiene como marco los principios de juridicidad, verdad material, proporcionalidad y debido proceso.

C) *Culpabilidad*

Este principio consiste en la necesidad de la existencia de culpa para ser castigado; de él surge la presunción de inocencia como regla probatoria o de juicio.

La culpabilidad se encuentra estrechamente vinculada con la imputabilidad, de tal forma que quien carece de facultades psíquicas y físicas no puede ser declarado culpable y por ende no puede ser responsable penalmente de sus actos[51].

[50] CSJN, fallos: 329:3617

[51] CIDH, Opinión Consultiva OC-17 de 2002.

Como parte del derecho sancionador general, la culpa del agente público es un presupuesto esencial para configurar la responsabilidad. Se pretendió en otras épocas justificar que la responsabilidad administrativa a efectos de sanciones de esa naturaleza era una responsabilidad objetiva, y que por ende no requería dolo o culpa en la conducta sancionables.

Esta tesitura condenada por la jurisprudencia española fue desterrada por los mandatos constitucionales (art. 25). Bastará la remisión a los principios de derecho penal aplicables a esta materia.

Un dato que hay que considerar respecto de la culpabilidad de las sanciones administrativas es la admisión de responsabilidad de las personas jurídicas, frente al viejo principio *universitas delinquere non potest*. El profesor español nos indica que varias leyes (como la Ley de Mercado de Valores de 1988 y la Ley de Defensa de la Competencia de 1989) extienden la responsabilidad a la de sus administradores[52].

Respecto de la potestad disciplinaria, es imprescindible que exista un elemento subjetivo que consiste en la voluntariedad del comportamiento en su doble cara intencional o culposa. Es un requisito constitucional previo a la declaración de responsabilidad, y llega incluso a considerarse que emana del principio de dignidad del ser humano[53].

La culpabilidad es un límite para la responsabilidad; en consecuencia, es el requerimiento de demostrar que la acción llevada a cabo por el sujeto haya sido querida o, sin serlo, sea consecuencia del incumplimiento del "deber objetivo de cuidado", "es decir, que este pueda prever el alcance de su conducta al ser la misma [*sic*] negligente, al desatender las reglas propias de una técnica o profesión (impericia) o al generar innecesariamente un riesgo". Se requiere así que la persona conozca la antijuridicidad de su conducta y, además, que no exista causa exculpativa[54].

D) *Proporcionalidad*

Se define la proporcionalidad, en sentido amplio, como una prescripción en virtud de la cual la intervención pública sobre las actividades de los particulares ha de ser: a) idónea, b) indispensable, c) proporcionada.

Cada uno de los tres principios exige un análisis distinto en su aplicación: el medio debe ser adecuado respecto al fin; necesario respecto de los medios

[52] García Enterría y Fernández, *Curso...*, *op .cit.*, pág. 180.

[53] Gómez Pavajeau, *op. cit.*, págs. 413 y ss. Este autor marca cuatro fases en la evolución hacia la responsabilidad subjetiva en el derecho administrativo, que se incorpora en forma tardía: 1) de la arbitrariedad, 2) la moderada, 3) de la legalidad, 4) aceptación de la culpabilidad como elemento para que se configure la responsabilidad.

[54] Jorge I. Rincón Córdoba, *Derecho administrativo laboral*, Bogotá, Universidad Externado de Colombia, 2009, págs. 599-600.

igualmente eficaces y proporcionados, en la ecuación costo-beneficio y en el respeto del contenido de los derechos involucrados[55].

La naturaleza implícita y explícita de este principio obliga a contar con él en todas las esferas de actuación administrativa discrecional, de forma que su aplicación es un deber para poner en marcha todo tipo de actividad de aquella índole.

En el *ius punendi* estatal, este principio cobró un especial protagonismo, en particular cuando la dogmática llevó a un proceso de "penalización" de la facultad sancionadora de la administración, lo que implicó la traslación de los principios del derecho penal, uno de los cuales en la modernidad fue el principio de proporcionalidad, con una evolución distinta de la producida en el derecho administrativo[56].

E) *Presunción de inocencia*

El Pacto de San José de Costa Rica, artículo 8º, establece que toda persona inculpada de delito tiene derecho a que se presuma su inocencia mientras no se establezca legalmente su culpabilidad.

Supone que no se puede sancionar al supuesto infractor sin pruebas que permitan destruir aquella presunción.

En materia sancionadora, las personas acusadas por la comisión de infracciones son inocentes, mientras no se pruebe su culpabilidad y, en consecuencia, su responsabilidad.

En virtud de este principio, el Estado debe probar la responsabilidad del infractor por medio del procedimiento administrativo respectivo. Dictado el acto sancionatorio, el orden jurídico presume validez, por lo cual el sancionado debe probar su ilegitimidad[57].

Ya es indiscutible que esta presunción abarca todas las manifestaciones del *ius punendi*.

La presunción constitucional de inocencia, proclamada como principio cardinal del proceso penal y derecho fundamental de todos los individuos,

[55] JUAN CIANCIARDO, *El principio de razonabilidad*, 2ª ed., Buenos Aires, Ábaco-Universidad Austral, 2009, pág. 28. CIANCIARDO indica que en Europa Continental suele hablarse del *principio de proporcionalidad*, en tanto que la expresión *principio de razonabilidad* se emplea en Estados Unidos. Sin embargo, las diferencias son más aparentes que reales. Por ello, cuando hace referencia a este último, sostiene que no puede ser desglosado tan claramente en subprincipios, aunque se encuentran implícitamente en el juicio global. Por eso la jurisprudencia argentina ha analizado la adecuación, la necesidad y la proporcionalidad al aplicar el principio de razonabilidad.

[56] DANIEL SARMIENTO RAMÍREZ-ESCUDERO, *El principio de proporcionalidad en el derecho administrativo*, Bogotá, UEC, Serie Derecho Administrativo, 2007, págs. 21 y ss.

[57] CARLOS BALBÍN, *Curso de derecho administrativo*, t. I, Buenos Aires, La Ley, 2007, pág. 817.

permite que a cualquier persona acusada de una infracción sancionable se la considere inocente mientras no se demuestre lo contrario.

Esta presunción solo se destruye cuando un tribunal independiente, imparcial y establecido por la ley, declara su culpabilidad en un proceso celebrado respetando todas las garantías.

Se trata de un principio que deshizo, en la esfera sancionadora administrativa, viejos privilegios que procedían del antiguo derecho de policía: la presunción de verdad de las actas o denuncias de funcionarios administrativos, la presunción de verdad del mismo acto de sanción, entre otros.

La presunción constitucional de inocencia, al decir de GARCÍA DE ENTERRÍA, con rango de derecho fundamental, supone que sólo sobre la base de pruebas cumplidas cuya aportación es cara de quien acusa (aquí, la propia administración, en su fase instructora), podrá alguien ser sancionado. La supuesta presunción de verdad de los actos administrativos no es tal, pues constituye un mecanismos de autotutela previa que presume solo la validez en tanto esta no se destruya con un medio impugnatorio; "pero la impugnación podrá basarse, justamente, en que la administración no ha alcanzado con sus pruebas a destruir esa presunción constitucional de inocencia [...] es inimaginable imponer a alguien la carga de probar su inocencia, lo que normalmente equivale a una *probatio* diabólica"[58].

En conclusión: esta síntesis representa una mínima referencia sobre uno de los innumerables temas que pasaron por la pluma del maestro EDUARDO GARCÍA DE ENTERRÍA.

El camino forjado por este profesor, creador de una escuela que traspasó las fronteras de su país, nos impide expresar con palabras la trascendencia que ha tenido en la formación de discípulos de distintas nacionalidades y que seguramente seguirá teniendo.

[58] GARCÍA DE ENTERRÍA y FERNÁNDEZ, *Curso...*, *op. cit.*, pág. 181.

LA PRESENCIA DE LOS PADRES EN EL DERECHO A LA EDUCACIÓN

LORENZO MARTÍN-RETORTILLO BAQUER*

Sumario: 1. Introducción. 2. Breve excurso histórico: el ejemplo de la Constitución de Cádiz. 3. Los nuevos tiempos: la educación como un derecho fundamental. 4. Los sujetos de la relación educativa. 5. En especial, la presencia de los padres en la relación escolar. 6. Objeto y contenidos de la función educativa. 7. Contenidos del derecho de los padres. Su reflejo en la jurisprudencia. 8. Una perspectiva máxima sobre los derechos de los padres: el debate sobre la enseñanza "en casa". 9. Final.

1. INTRODUCCIÓN

De acuerdo con el planeamiento tradicional que ha venido ofreciendo el Código Civil de 1889, entre los deberes que incumben a los padres para con los hijos está muy presente siempre la educación[1], que se considerará incluida de forma expresa en el concepto de *alimentos*[2]. Es interesante recordar que en dicha configuración "la patria potestad se ejercerá siempre en beneficio de los hijos" (C. C. art. 154). Cabe señalar que la situación de los padres respecto a dicha educación de los hijos se orienta primordialmente en la perspectiva de *los deberes.*

Cuando en las *modernas* declaraciones de derechos la educación aparece como un derecho fundamental, se va a poner énfasis en los *derechos* de los padres al respecto. ¿Cuándo y por qué surge este protagonismo? Me parece una pregunta interesante a la que no siempre se le ha prestado la debida atención.

* Catedrático emérito de Derecho Administrativo, Universidad Complutense de Madrid.

[1] Según el art. 110 del Código Civil, "el padre y la madre [...] están obligados a velar por los hijos menores y a prestarles alimentos". Por su parte, según el art. 154, "los hijos no emancipados están bajo la potestad del padre y de la madre. La patria potestad se ejercerá siempre en beneficio de los hijos, de acuerdo con su personalidad, y comprende los siguientes deberes y facultades: 1º. Velar por ellos, tenerlos en su compañía, alimentarlos, educarlos y procurarles una formación integral [...]".

[2] El párrafo segundo del art. 142 del Código Civil puntualiza: "Los alimentos comprenden también la educación e instrucción del alimentista mientras sea menor de edad y aun después cuando no haya terminado su formación por causa que no le sea imputable".

Hace cinco años emprendí un estudio sistemático para ver cómo se perfilaban esos derechos de los padres en la correspondiente jurisprudencia del Tribunal Europeo de Derechos Humanos[3]. Desde entonces, no han dejado de presentarse nuevos casos. Incluso, en el ámbito interno, tanto el Tribunal Supremo como el Constitucional han tenido ocasión de enfrentarse con supuestos bien interesantes. Y, sobre todo, está el aliciente del interrogante que hace un momento recogía de por qué se incluye a los padres en el derecho a la educación. Ello me anima a ocuparme de nuevo en el argumento[4].

2. Breve excurso histórico: el ejemplo de la Constitución de Cádiz

Para abordar el tema, bueno será comenzar con un breve excurso histórico. Frescos todavía los ecos de las celebraciones del segundo centenario de la Constitución de Cádiz, de 1812, parece oportuno recordar que hay en ella un precepto precioso sobre la enseñanza, el artículo 366, especialmente subrayado por el profesor Ignacio Torres Muro[5], en el que se apuesta por que "en todos los pueblos de la monarquía se establecerán escuelas de primeras letras, en las que se enseñará a los niños a leer, escribir y contar, y el catecismo de la religión católica, que comprenderá también una breve exposición de las obligaciones civiles"[6]. Se advierte, en efecto, el benéfico influjo de las ideas de los ilustrados, y creo que especialmente entre nosotros de Jovellanos, tan próximo a la Constitución de Cádiz, con su reciente "Memoria sobre educación pública"[7], encomiando el papel de la educación en los Estados: "Con la instrucción

[3] Véase mi libro, *Los padres tendrán derecho preferente a escoger el tipo de educación que habrá de darse a sus hijos* (*Un estudio de jurisprudencia del Tribunal Europeo de Derechos Humanos*), Zaragoza, Justicia de Aragón, 2008. En otra perspectiva, véase mi reciente trabajo, "Los derechos de los padres sobre la educación de sus hijos según la jurisprudencia del Tribunal Europeo de Derechos Humanos y la «enseñanza en casa»", en *Revista Española de Derecho Administrativo*, núm.158, 2013, págs. 159 ss.

[4] Se ofrece ahora una versión bastante ampliada y reformada de la que fue ponencia inaugural del VI Simposio Internacional de Derecho Concordatario, dedicado al tema "La enseñanza de la religión en la escuela pública", ponencia sostenida en el impresionante marco de la antigua Universidad de Alcalá de Henares, el 16 de octubre de 2013, y que aparecerá publicada en las actas de dicho congreso bajo el título "El derecho de los padres a escoger la educación de los hijos".

[5] Véase Ignacio Torres Muro, "La educación en tres momentos constitucionales (1812-1931-1978)", en *Revista Española de Pedagogía*, núm. 253, 2012, págs. 401 y ss.

[6] Véase Antonio Álvarez de Morales, "La enseñanza en escuelas y universidades", en *Cortes y Constitución de Cádiz* (José Antonio Escudero, Dir.), vol. iii, Madrid, Espasa Libros, 2011, pág. 382 y ss.

[7] Una amplia cita, en mi trabajo "Los derechos de los padres sobre la educación de los hijos según la jurisprudencia del Tribunal Europeo de Derechos Humanos y la «enseñanza en casa»", cit., pág.160.

—dirá—, todo se mejora y florece; sin ella todo decae y se arruina en un Estado"[8]; pero, no menos, la obra de GODOY y, señaladamente, como subraya TORRES MURO[9], la influencia francesa[10].

Los constituyentes de Cádiz fueron del todo sensibles a dicha aspiración. El precepto se inserta en un título dedicado a "La instrucción pública", el "importante objeto de la instrucción pública", como se apostilla en el artículo 370, al encomendar a las Cortes que se ocupen en los planes y demás incumbencias. Y aún querría aludir a otra referencia de nuestra primera Constitución en el sentido moderno: el artículo 368 puntualizará que "el plan general de enseñanza será uniforme en todo el reino, debiendo explicarse la Constitución Política de la monarquía en todas las universidades y establecimientos literarios, donde se enseñen las ciencias eclesiásticas y políticas".

Recapitulando sobre estas previsiones de Cádiz desde el punto de vista de la indagación que anima este trabajo, recalcaría:

a) El efecto y esa tan sorprendente como lógica exigencia de que se establecerán escuelas de primeras letras *en todos* los pueblos de la monarquía, inequívoco símbolo de modernidad que dice mucho de las previsiones de la Constitución al organizar el Estado.

Si se quiere que "todos los españoles sean justos y benéficos", como prescribe el artículo 6º, qué duda cabe de que la instrucción pública *para todos* resulta ser presupuesto elemental.

Bien sabemos que la Constitución de Cádiz, si fue un gran símbolo, tuvo escasa vigencia, de modo que la mayor parte de sus previsiones no pudieron alcanzarse, lo que ciertamente sucedió con esta idea de dotar de escuelas a todos los pueblos. Quedaba así apuntada una ingente aventura, de cuya evolución recordaré la anécdota de lo que supuso al iniciarse el siglo pasado la creación del Ministerio de Instrucción Pública, con el conde de Romanones como titular, y la liberación que representó que los maestros pasaran a ser considerados "maestros nacionales": ayuntamientos había que, en el sistema anterior, tardaban

[8] Las palabras de JOVELLANOS están tomadas de su *Memoria sobre educación pública, o sea Tratado teórico práctico de enseñanza, con aplicación a las escuelas y colegios de niños* (escrito en 1801), colección Libros que han Cambiado el Mundo, Madrid, Biblioteca El Mundo, 2011, prólogo de ELENA DE LORENZO ÁLVAREZ, págs. 15-16.

[9] IGNACIO TORRES MURO, *op. cit.*

[10] Recuérdese que en la Declaración de Derechos del Hombre y del Ciudadano, que antecede a la Constitución francesa de 1783 y que vino a sustituir a la famosa Declaración de 1789, el art. XXII disponía: "La instrucción es necesaria a todos: la sociedad debe proteger con todas sus fuerzas los progresos del entendimiento humano y proporcionar la educación conveniente a todos sus individuos". Véase mi edición en el volumen *Derechos del hombre y del ciudadano con varias máximas republicanas y un discurso preliminar dirigido a los americanos,* Madrid, Civitas, 2011. La fecha original del volumen es 1797. Por su parte, la citada Constitución francesa de 1783, en la perspectiva de la *garantía de los derechos,* disponía en el art. 122 que "la Constitución garantiza a todos los franceses [...] una instrucción común [...]".

meses y aun años en abonar a los maestros la debida retribución, como bien se ha descrito en la literatura que refleja la época.

Pero bueno, lo importante ahora era subrayar esa aspiración a que la escuela pudiera llegar a todos los niños, en una España rural y tan dispersa.

b) Pero la norma hacía también previsiones en cuanto al contenido. ¡Y que previsiones tan razonables a la altura de la época!: "se enseñará a los niños a leer, escribir y contar", aspectos decisivos para una formación y, para a partir de ahí, poder desarrollar la propia personalidad.

c) Entra también en lid el tema de la enseñanza de la religión. Sabida es la apuesta de los constituyentes de Cádiz por la rigurosa y excluyente confesionalidad del Estado, en la rígida fórmula del artículo 12, que ha estudiado el profesor De la Hera en la magna obra sobre Cádiz dirigida por José Antonio Escudero[11]. Tan moderna y liberal en tantos aspectos, para nada tuvo en cuenta la Constitución la fórmula generosa para con la libertad de conciencia de la Declaración de Derechos del Buen Pueblo de Virginia, de 1776, con que se abrían las declaraciones de derechos de la era moderna: "Que la religión, o los deberes que tenemos para con nuestro Creador, y la manera de cumplirlos, solo pueden regirse por la razón y la convicción, no por la fuerza o la violencia; en consecuencia, todos los hombres tienen igual derecho al libre ejercicio de la religión de acuerdo con el dictamen de su conciencia, y que es deber recíproco de todos el practicar la paciencia, el amor y la caridad cristiana para con el prójimo" (art. XVI y último). Lejos también de la primera enmienda a la Constitución de los Estados Unidos —en vigor desde 1791—, con su fórmula, tan moderna y certera, de permitir la más amplia libertad religiosa sin que hubiera una religión oficial. Por más que los enemigos de la Constitución recalcaran la influencia francesa, tampoco se tuvieron en cuenta las fórmulas abiertas de nuestros vecinos del norte[12].

La contundente exigencia de que la católica fuera la única religión de la nación española, según el artículo 12 de la Constitución, puede explicar la previsión que se plasma de enseñarse a los niños "el catecismo de la religión católica". Con lo que, desde los inicios del constitucionalismo queda asentada la regla de la enseñanza de la religión en la escuela, en concreto, de la religión católica.

d) Hoy, como veremos, se insiste en que la educación debe inculcar a los niños el respeto de los derechos y libertades fundamentales. Pues bien, me parece de una gran modernidad la fórmula de 1812, cuando recalca que se

[11] Alberto de la Hera, "El artículo 12 de la Constitución de Cádiz y la religión católica", en *Cortes y Constitución de Cádiz. 200 años,* t. II, *op. cit.*, págs. 695 y ss.

[12] Recuérdese que la Declaración de Derechos del Hombre y del Ciudadano de 1789 afirmaba en el artículo 10 que "nadie debe ser inquietado por sus opiniones, incluso religiosas, en tanto que su manifestación no altere el orden público establecido por la ley". Por su parte, la Constitución de 1793 garantizaba expresamente "el libre ejercicio de los cultos" (arts. 7º y 122).

enseñará "una breve exposición de las obligaciones civiles". La educación de ciudadanos en sociedad y en libertad implica, como requisito *sine qua non* ese familiarizarse con "las obligaciones civiles" y aprender a respetarlas.

e) Otra previsión del mayor interés, si bien referida a los centros superiores —"todos los centros donde se enseñen las ciencias eclesiásticas y políticas"—, es la que implicaba la enseñanza de "la Constitución política de la monarquía": el complejo funcionamiento del Estado no había de ser un arcano para unos pocos iniciados, sino que se querían abrir puertas para que esos conocimientos se generalizaran[13].

f) Un par de acotaciones metodológicas antes de concluir con este punto. En una Constitución en que abundaban las libertades públicas y derechos reconocidos, en cambio la educación no se consideraba entonces un derecho, con unos titulares investidos de pretensiones[14]. En general, las constituciones se consideraban un instrumento programático, marcando unas líneas de actuación que irían concretando y desarrollando los poderes públicos. Tal sería el destino reservado a la previsión del citado artículo 366.

g) Desde el punto de vista de la indagación que me interesa, me importa notar especialmente que los preceptos contemplados para nada mencionan a *los padres,* y eso que se trata de preceptos minuciosos con abundantes referencias. En cambio, es curioso que sí se aluda a *los niños.* Es que, obviamente, a simple vista, se considera que la enseñanza es algo que atañe a los niños.

h) Dos últimas palabras para terminar con esta reflexión histórica: fórmulas tan modernas y moderadas, como la referida, no impidieron que a la llegada de "el Deseado", en 1814, no solo se derogara inmediatamente la Contitución de 1812, sino que se iniciara en la sociedad esa brutal explosión de cainismo que desde entonces tan presente se ha hecho en momentos cruciales de la historia española. Lo que, creo, conviene tener siempre muy presente, si de una vez queremos liberarnos de nuestros viejos fantasmas. Lo que me lleva también a recalcar la consideración de la importancia de suponer que siempre hay *otros* que posiblemente no coincidan con nuestra postura, pues es normal que tengan ideas diferentes. ¡Falta mucho para que la sociedad española, tan excluyente, asuma dicha filosofía!

3. Los nuevos tiempos: la educación como un derecho fundamental

Volviendo a nuestro tiempo, hoy, bien sabemos que la educación figura de manera inexcusable en las enumeraciones de derechos fundamentales que

[13] *Vid.* José María Lahoz, "La Constitución de 1812 y la enseñanza del derecho constitucional", en *Cortes y Constitución de Cádiz,* vol. III, *op. cit.*, págs. 393 y ss.

[14] Como se indicaba antes, la Constitución francesa de 1793 apostaba por la fórmula de "la garantía de los derechos", y en el propio texto se incluía el compromiso de que "la Constitución garantiza a todos los franceses [...] una instrucción pública [...]" (art. 122).

presiden nuestros sistemas jurídicos, ya se trate de las declaraciones de derechos o del correspondiente título de las constituciones[15].

Como bien se sabe, la expresión "toda persona" o "todos tienen derecho a la educación" figura de manera expresa en la afirmación que abre el artículo 26 de la Declaración Universal de Derechos Humanos —sería el texto fundamental de los nuevos tiempos—, el artículo 27 de la Constitución española de 1978 (en adelante, CE), o el artículo 14 de la Carta de Derechos Fundamentales de la Unión Europea, por aludir a tres textos señeros, pero de indudable aplicación en España. Valdrá la pena reproducir en sus tres apartados el artículo 26 de la Declaración Universal de Derechos Humanos que hicieron las Naciones Unidas en su sesión de París de 10 de diciembre de 1948, auténtico punto de partida de la moderna concepción:

"1. Toda persona tiene derecho a la educación. La educación debe ser gratuita, al menos en lo concerniente a la instrucción elemental y fundamental. La instrucción elemental será obligatoria. La instrucción técnica y profesional habrá de ser generalizada; el acceso a los estudios superiores será igual para todos, en función de los méritos respectivos.

"2. La educación tendrá por objeto el pleno desarrollo de la personalidad humana y el fortalecimiento del respeto a los derechos humanos y a las libertades fundamentales; favorecerá la comprensión, la tolerancia y la amistad entre todas las naciones y todos los grupos étnicos o religiosos y promoverá el desarrollo de las actividades de las Naciones Unidas para el mantenimiento de la paz.

"3. Los padres tendrán derecho preferente a escoger el tipo de educación que habrá de darse a sus hijos".

La Declaración Universal, de enorme influencia, ha marcado la evolución ulterior; más adelante aludiremos a otros documentos que han seguido directamente su impronta, pero de momento valga una remisión genérica al artículo 27 de la Constitución española, al que paso a aludir inmediatamente, sin perjuicio de que más adelante se reproduzcan algunos de sus contenidos. Pero convendrá antes señalar otro aspecto determinante.

Hoy nos consta también que, a diferencia de las tradicionales constituciones *programáticas*, las actuales proclamaciones de derechos humanos tienen una innegable vocación de ser inmediatamente operativas y aplicables. La jurisprudencia del Tribunal Europeo de Derechos Humanos repite hasta la saciedad uno de sus párrafos paradigmáticos: lo que el Convenio Europeo de

[15] Desde un punto de vista sistemático, me parece de interés recordar que la Constitución española anterior a la Declaración Universal de Derechos Humanos, la de 1931 de la Segunda República, dedica especial importancia a la enseñanza, como ha señalado Ignacio Torres Muro en el trabajo citado, así, los arts. 48, de forma especial, y 49 y 50, en los que se establece la educación no como un derecho fundamental, en la perspectiva del derecho objetivo, pero para nada se alude en ellos a los padres.

Derechos Humanos garantiza "no son derechos teóricos o ilusorios, sino reales y efectivos". Lo cual implicará utilizar un conjunto de conceptos y categorías que nos son familiares a los hombres de derecho: va a tener un papel destacado el concepto de relación jurídica, lo cual supone obviamente la presencia de diversos sujetos engarzados en esa relación jurídica. Del mismo modo que aparecerán diversas titularidades jurídicas que se manifestarán en derechos subjetivos y en pretensiones, también en cargas límite y obligaciones, a veces, con connotación positiva —obligaciones de hacer—, pero, en ocasiones, con una vertiente negativa que se traducirá en la obligación de evitar.

Pues bien, del conjunto de implicaciones actuales del derecho a la educación, tal como se establece en los textos que nos son aplicables, me fijaré ahora en dos apartados: ante todo —y nos va a interesar especialmente para lo que pretendo—, el de los sujetos de esa relación jurídica educativa; en segundo lugar, el del objeto y los contenidos que expresamente se señalan como integrantes de la función educativa.

4. Los sujetos de la relación educativa

a) Pensamos ante todo en los niños, destinatarios inmediatos de la función educativa, desde esa idea de que la educación debe alcanzarlos a todos —expresión genérica habitual, que obviamente considera también incluidas a las niñas— los de un país, en nuestro caso, de España. El precepto de Cádiz sí hablaba de los niños, como se notó, expresión que no se utiliza en cambio de forma expresa ni en el artículo 26 de la Declaración Universal ni en el 27 de la vigente Constitución, aunque se presupone que están incluidos en ellos. Hoy, la Constitución habla de "los alumnos" (27.7 CE). Conviene advertir que en nuestras actuales sociedades, la enseñanza no solo se dirige a los niños: piénsese en la importancia de la enseñanza continuada, en la continuidad de la enseñanza profesional, sin olvidar la presencia tan viva de la enseñanza para las personas mayores.

Pero, sin perjuicio de esa pluralidad, va a interesar de manera especial el niño como protagonista de la relación educativa. Téngase en cuenta que, cuando hablemos de los padres, el papel de estos se hace efectivo ante la presencia de sus hijos menores de edad. Cuando el niño deja de ser niño, es decir, al adquirir la mayoría de edad, desaparece como regla el protagonismo de los padres. Los niños van a ostentar un conjunto de titularidades, como el derecho a que en las más variadas circunstancias —lo cual puede introducir dificultades adicionales—, se les dote de una plaza escolar. Tienen también un conjunto de obligaciones, como la de seguir las enseñanzas de sus profesores y respetar las reglas disciplinarias que se apliquen en el centro correspondiente.

b) Un papel destacado lo va a tener el Estado, responsable de atender el servicio educativo a lo largo de toda la nación, y por ende de implantar las instalaciones correspondientes. Y uso la expresión genérica "el Estado", en cuanto es el responsable genéricamente, sin perjuicio de las modalidades organizativas en su seno y del reparto de competencias. Aparte eso, el Estado, genéricamente, ha de responder de los compromisos internacionales asumidos referentes al funcionamiento del sistema educativo: téngase en cuenta, por ejemplo, que las eventuales reclamaciones ante el Tribunal Europeo de Derechos Humanos, derivadas del mal funcionamiento de cualquiera de los centros públicos educativos, se sustancian frente al reino de España. Otra cosa es que la operatividad de la organización en el día a día llame a actuar a muy diversas instituciones del Estado, normalmente las comunidades autónomas, a veces los municipios o las provincias, y, en ocasiones, órganos de la propia administración general del Estado. De ahí que desde un afán omnicomprensivo el artículo 27 CE se refiera constantemente a "los poderes públicos".

El papel del Estado está repleto de obligaciones positivas, nada menos que asegurar la implantación, organización y financiación del sistema educativo público, y la financiación de centros privados "que reúnan los requisitos que la ley establezca" (art. 27.9), pero también la importante función inspectora que cubra a todos (art. 27.8). Pero le afectan también notables obligaciones negativas, como la de evitar determinados "adoctrinamientos", en los términos que luego se describirán.

c) Es normal que también el propio centro, o incluso los profesores (art. 27.7), puedan estar presentes en la relación educativa.

d) Garantizándose la libertad de enseñanza (art. 27.1) y suponiendo con normalidad que los centros privados puedan formar parte del sistema educativo, las personas físicas o jurídicas (art. 27.6) que hayan creado centros docentes integrados en el sistema, reclamarán también en ocasiones su presencia en el conjunto de sujetos de la relación educativa. Aquí se abre la puerta a una diversidad de sujetos, siendo notable la significativa presencia de organizaciones religiosas.

Con un conjunto de derechos y titularidades, como el derecho de instalación en cumplimiento de la libertad de enseñanza dentro del respeto de la ley, derecho a la garantía de "su" ideario o incluso derecho a la correspondiente subvención cuando así se establezca. También, obligaciones, como respeto de los compromisos del correspondiente convenio, en su caso, y, siempre, "respeto a los principios constitucionales" (art. 27.6).

e) He dejado para el final a los padres, cuya posición va a interesar de manera señalada, a los que dedicaré el siguiente epígrafe.

5. En especial, la presencia de los padres en la relación educativa

Aquí hay que insistir en una destacada novedad. De pronto, se deja sentir, y con un protagonismo destacado, la presencia de los padres en la relación educativa: ¿cómo y por qué se explica esta aparición? Trataremos de ir respondiendo a estos interrogantes.

Hay que subrayar que en la reciente configuración del derecho a la educación, los textos fundamentales que surgen tras la segunda guerra mundial, sean declaraciones de derechos, sean las propias constituciones, dedican especial atención a los padres como sujetos de la relación educativa.

Se habrá observado al reproducir antes el artículo 26 de la Declaración Universal de Derechos Humanos, que se dedica todo un apartado a los padres, auténtico punto de partida de esta moderna configuración. Cada regla es fruto de su tiempo, y no es casual que tan significativa previsión aparezca en la Declaración Universal de 1948; luego intentaremos determinar la razón. A partir de esa consagración inicial, se va expandiendo y afianzando, adquiriendo también matices y peculiaridades: "Los padres tendrán derecho preferente a escoger el tipo de educación que habrá de darse a sus hijos" es, recuérdese, el contenido tan directo del texto de la Declaración Universal. Sin perjuicio de la indudable carga, la novedosa fórmula es un precepto bastante neutral que se centra en principio en la educación, sin más matices: es decir, opción de los padres genéricamente ante "el tipo de educación". Pero no tardarían en aparecer matices significativos en la forma utilizada.

Al año siguiente de la Declaración Universal, en 1949, se aprueba la *Grundgesetz* alemana, la Ley Fundamental de Bonn, cuyo artículo 7º, dedicado al sistema escolar, incluye amplias referencias al tema. Y en un sistema de asentado pluralismo religioso aparece, en concreto, la referencia a la enseñanza de la religión[16]. Se puede subrayar así, el apartado 2 de dicho artículo 7º, que dispone: "Las personas autorizadas para la educación tienen el derecho de decidir la participación de sus hijos en la enseñanza de la religión"[17]. De forma que lo que era referencia genérica en la Declaración Universal incorpora ahora este matiz no despreciable de la enseñanza religiosa. En los textos posteriores podremos advertir que se confirma o desarrolla la nueva línea.

En efecto, en el ámbito de las Naciones Unidas, cuando en 1946 se firman los pactos de Nueva York que pormenorizan la Declaración Universal, ya desde la metodología de tratados internacionales, se va a hacer también especial referencia a la situación de los padres en tema de la enseñanza de la religión. Por partida doble, además, como veremos, según el punto de partida que se adopte.

[16] Me remito a la ponencia de María José Roca, "El modelo alemán de enseñanza de la religión en la escuela pública", en el citado VI Congreso, así como a sus actas.

[17] De subrayar, desde el punto de vista de los compromisos del Estado, lo que prescribe el apartado 3 del precepto: "La enseñanza de la religión es asignatura ordinaria del programa en las escuelas públicas, con excepción de las no confesionales. Sin perjuicio del derecho de supervisión del Estado, la enseñanza religiosa será impartida de acuerdo con los principios de las comunidades religiosas. Ningún profesor podrá ser obligado contra su voluntad a impartir la enseñanza de la religión".

El derecho a la educación se incluye en el artículo 13 del Pacto de Derechos Económicos, Sociales y Culturales, en cuyo apartado 3 se precisa: "Los Estados parte en el presente pacto se comprometen a respetar la libertad de los padres y, en su caso, de los tutores legales, de escoger para sus hijos o pupilos escuelas distintas de las creadas por las autoridades públicas, siempre que aquellas satisfagan las normas mínimas que el Estado prescriba o apruebe en materia de enseñanza, y de hacer que sus hijos o pupilos reciban la educación religiosa o moral que esté de acuerdo con sus propias convicciones". El precepto, siguiendo la pauta de la Declaración Universal, insiste como punto central en el dato de la libertad de los padres al determinar la educación de los hijos, abriendo la oportunidad de escoger escuelas distintas de las públicas. Al mismo tiempo, se da entrada a la opción referente a la educación religiosa o moral, dualidad de criterios según se practique o no una religión. Esta última oportunidad se repite también cuando el Pacto de Derechos Civiles y Políticos regula la libertad de conciencia en el artículo 18. Su último apartado, el 4, prescribirá: "Los Estados parte en el presente pacto se comprometen a respetar la libertad de los padres y, en su caso, de los tutores legales, para garantizar que los hijos reciban la educación religiosa y moral que esté de acuerdo con sus propias convicciones". Este texto que, obviamente, es complementario del anterior, deja de lado la opción genérica para elegir la enseñanza, insistiendo solo en la vertiente religiosa.

Curiosamente, y podemos decir que de manera un tanto sorprendente, esto es lo que se hace cuando en 1978 se elabora la Constitución española: no se opta por la referencia genérica a la educación, en línea con la Declaración Universal, sino que se hace hincapié en la vertiente religiosa. Hay que suponer que esta fue una aspiración incisiva al redactar tan complejo como polémico artículo 27, cuyo texto resultó rigurosamente consensuado hasta en sus más mínimos detalles. Tal es el texto aprobado: "Los poderes públicos garantizan el derecho que asiste a los padres para que sus hijos reciban la formación religiosa y moral que esté de acuerdo con sus propias convicciones" (art. 27.3). Como si, desde este punto de vista de los padres en el panorama español solo interesara la vertiente religiosa, cuando, como en seguida veremos, lo que se quería con la Declaración Universal era de mucho más amplio alcance.

Al redactarse en 2000 la Carta de Derechos Fundamentales de la Unión Europea, se utiliza una fórmula de cierta amplitud, pero en la que también se incluye de forma expresa la connotación religiosa. Dentro del título dedicado a las libertades, el artículo 14, entre una amplia serie de previsiones sobre el derecho a la educación, insiste en la necesidad de respetar "el derecho de los padres a garantizar la educación y la enseñanza de sus hijos conforme a sus convicciones religiosas, filosóficas y pedagógicas". El derecho de los padres adquiere, por tanto, una gran amplitud: las opciones pedagógicas, que permiten enfrentarse con la educación en su conjunto, pero, igualmente, en cuanto a las creencias, el aseguramiento de que la educación y la enseñanza se haran de conformidad con sus convicciones religiosas o filosóficas, oportunidad para los que no participen de aquellas.

He dejado para final de este apartado, alterando el orden cronológico, la respuesta que se da en el sistema de derechos humanos de Estrasburgo[18], dado que nos va a facilitar una clave interesante. Sorprende[19] que el derecho a la educación no tuviera acceso al Convenio Europeo de Derechos Humanos cuando se redactó en 1950. No figuraba entre las prioridades que se decidieron abordar. Hubo que esperar a la elaboración del Protocolo Adicional, que se hizo a los dos años, para que el "Derecho a la instrucción" tuviera acceso al sistema. En 1952 se incorporaron, en efecto, la garantía de la propiedad (art. 1º), los derechos electorales (art. 3º) y el que ahora nos interesa (art. 2º). Está redactado así: "*Derecho a la instrucción.* A nadie se le puede negar el derecho a la instrucción. El Estado, en el ejercicio de las funciones que asuma en el campo de la educación y de la enseñanza [,] respetará el derecho de los padres a asegurar esta educación y esta enseñanza conforme a sus convicciones religiosas y filosóficas". Frente a la fuerza que presentan las fórmulas del derecho a la educación que se han ido ofreciendo, a mí me llama la atención especialmente la redacción tan poco impactante, tan débil, diría, incluso, del precepto recién transcrito. Ante todo, esa referencia negativa al derecho, tan sorprendente, frente a la tan patente y plena fórmula habitual —"toda persona tiene derecho a la educación"—, afianzando tan directamente al destinatario, el texto se despacha con esa afirmación indirecta, que parece casi una concesión de mala gana. Diría, que en el conjunto del precepto parece tener más entidad el derecho de los padres, lo cual no sería lo más acertado, dado que lo primario parece ser asegurar la educación para todos, en primer lugar para los niños. Existe, empero, una explicación para penetrar en el *quid* del precepto que estudiamos y que —entiendo— nos ofrece una clave decisiva para explicar la presencia de los padres en la relación educativa, como intento precisar en las presentes páginas. Y es que cada norma será fruto de su tiempo y de sus circunstancias. En otro lugar[20] he recordado las expresivas palabras del juez noruego Terje Wold, en su voto particular a la sentencia sobre el "Caso relativo al régimen lingüístico de la enseñanza en Bélgica, II" (23.VII.1968), que resultará oportuno transcribir ahora: "Los trabajos preparatorios muestran también claramente que no estaba en el ánimo de nadie que el artículo 2º pudiese establecer el derecho a una prestación positiva del Estado. Esto es, a mi juicio, lo que hay

[18] VÉASE GÉRARD GONZÁLEZ, "Le droit à l'instruction au sens de la convention européenne des droits de l'homme", en *Revue Française de Droit Administratif*, Paris, septiembre-octobre 2010, págs. 1003 y ss.

[19] Transcribo a continuación lo que había escrito en mi trabajo, "Los derechos de los padres sobre la educación... y la «enseñanza en casa»", cit., págs. 167-168.

[20] Me remito a mi libro *Los padres tendrán derecho preferente a escoger el tipo de educación que habrá de darse a sus hijos..., op. cit.*, pág. 59, nota 15.

que tomar en consideración cuando se interpreta el artículo 2º. No debemos olvidar que Europa, en el momento en que se adoptó el Convenio acababa de pasar años de supresión de la libertad en aquellos pueblos donde los gobiernos emplearon todo tipo de medios y presiones para «nazificar» a la juventud, especialmente a través [*sic*] de las escuelas y organizaciones juveniles. Era, por tanto, una finalidad importante del Convenio que esto no se repitiese y que el derecho de educar fuese protegido. En los trabajos preparatorios se pone frecuentemente el acento en este aspecto". Me parece una muy importante revelación, advirtiendo que lo que vale para el Convenio Europeo de 1950 se puede trasladar igualmente a la Declaración Universal de Derechos Humanos de 1948: intensa preocupación por evitar el adoctrinamiento de los niños. De ahí que, más que el peso del derecho a la educación preocupara, como se refleja en el precepto, el derecho de los padres a asegurar que la educación que se dé a los niños sea coherente con sus convicciones religiosas o filosóficas. En suma, muy presente esa realidad histórica, tan reciente cuando se redactó el texto —y no digamos cuando se redactó la Declaración Universal—, de la "nazificación" de la juventud, ese intento de los regímenes totalitarios, de uno y otro signo, de *adoctrinar* a la juventud. Creo, y permítaseme que insista, que aquí está el *quid* de la cuestión, lo que explica el texto del Protocolo, pero explica también el precepto de la Declaración Universal y, en definitiva, da la clave de la presencia y protagonismo de los padres en la regulación moderna del derecho a la educación.

6. Objeto y contenidos de la función educativa

Pero decía que importa también fijarse en el objeto y contenidos que se señalan como integrantes de la función educativa. Recuérdese que, como recalcaba al comienzo, la metodología ya estaba en la Constitución de Cádiz. Al analizar los posibles derechos de los padres, ambos aspectos van a importar de manera decisiva, pues, al menos a simple vista, resulta de la mayor importancia, por supuesto el cómo, pero singularmente, qué es lo que se enseña a los niños. Se parte de la base de que de que habrán de enseñarse los contenidos de los saberes elementales de nuestra época, lo que se da por sentado y nada se dice al respecto, disponiendo obviamente las autoridades escolásticas de un gran margen de apreciación en lo que se refiere a contenidos, metodología, etc. Pero, más allá de ello, no será ocioso detenerse en tres líneas de contenidos de especial significado, alguna de las cuales han podido suscitar de una manera u otra el desconcierto o, incluso, el descontento de los padres, provocando las correspondientes tensiones, que en algún caso han debido resolverse mediante la correspondiente decisión jurisdiccional. Me referiré, en primer lugar, al sistema democrático y a los derechos fundamentales; en segundo lugar, a la enseñanza de la religión. Ambas opciones quedan reflejadas, como se vio, en las declaraciones y constituciones. Pero me referiré también, por último, a algo sobrevenido, como la introducción de la educación sexual en la enseñanza.

a) La Declaración Universal, que en este punto inaugura la configuración moderna del derecho a la educación, ofrece una fórmula valiosísima. Recuérdese, antes de nada, que en el afán por que se propague la Declaración, considerada *ideal común*, en la proclamación de arranque, la Asamblea General (de Naciones Unidas), pone el acento en que "tanto los individuos como las instituciones promuevan mediante la enseñanza y la educación, el respeto a estos derechos y libertades". De modo que, afán general de que se proyecte, mediante la enseñanza y la educación, el respeto de los derechos humanos. Pero, más en concreto, dentro de los contenidos del precepto dedicado a la educación —art. 26—, se recalca, como se recordará, que esta "tendrá por objeto el pleno desarrollo de la personalidad humana y el fortalecimiento del respeto a los derechos humanos y a las libertades fundamentales; favorecerá la comprensión, la tolerancia y la amistad entre todas las naciones y todos los grupos étnicos o religiosos; y promoverá el desarrollo de las actividades de Naciones Unidas para el mantenimiento de la paz".

Es decir, dando por sentado que la enseñanza cumplirá su misión fundamental, esto es, desarrollar los conocimientos de nuestro tiempo —difícil sustituir en el actual estadio de los saberes aquella tan certera referencia de la Constitución de Cádiz a "leer, escribir y contar"—, además se quiere poner especial acento en que los niños habrán de ser educados asimilando la idea de convivencia y tolerancia, y, de forma señalada, el respeto del patrimonio de derechos humanos y libertades públicas. No se olvide que en el sistema de Cádiz que se recordaba, figuraba que había que enseñar a los niños "una breve exposición de las obligaciones civiles", fórmula de indudable modernidad como testimonio del refuerzo de una conciencia cívica.

La propuesta tendría gran influencia, y después unos y otros la recibirían a su manera. Conocido es el ejemplo de la CE de 1978 (art. 27.2), donde resulta bien fácil comprobar el mimetismo: "La educación tendrá por objeto el pleno desarrollo de la personalidad humana en el respeto a los principios democráticos de convivencia y a los derechos y libertades fundamentales".

b) Como se vio, la enseñanza de la religión no se mencionaba de forma expresa en la fórmula de la Declaración Universal, pero ya se advirtió cómo iba apareciendo en los textos y cómo, en su momento, se incorporaría a la CE, al mismo tiempo que se afianzaba el derecho de los padres al respecto. Será útil tener presente la fórmula: "Los poderes públicos garantizan el derecho que asiste a los padres para que sus hijos reciban la formación religiosa y moral que esté de acuerdo con sus propias convicciones" (art. 27.3).

Se trata, sin duda, de un precepto de gran amplitud que permite por lo mismo muchas interpretaciones. Muy clara la vertiente negativa, es decir, que los hijos no reciban formación religiosa y moral que no esté de acuerdo con las convicciones de los padres. En este punto entiendo que no caben dudas ni interpretaciones. Pienso, en cambio, que el afrontar el contenido positivo podía dar cabida a un variado número de respuestas. Una de las cuales podría ser la fórmula, que a mí me parece tan razonable y a la altura de los tiempos, de que se enseñara, con carácter general, una aproximación al contenido de las diversas religiones, según un planteamiento histórico y filosófico. Una asignatura abordada con cuidado para que los niños resultaran informados e interesados pero en absoluto adoctrinados. Solución, de cierta presencia en el derecho comparado, muy satisfactoria desde el punto de vista del pluralismo y la neutralidad que debe caracterizar al Estado que la Constitución dibuja, y también desde el punto de vista de la aspiración a la no discriminación dentro de la comunidad escolar. No habría por qué hacer patentes las diferencias entre los niños, ni habría que hacer declarar si tenían o no religión ni cuál fuera esta. El Estado cumplía con una formación sólida y profesional en los grandes principios y en la historia. Después quedaba abierta la puerta para que los padres que lo desearan, y según sus creencias, llevaran al niño a la parroquia o a la catequesis, al centro confesional correspondiente, a la mezquita, a la sinagoga o a cualquiera de los centros. Es decir, la educación en cada una de las religiones se haría desde estas y en sus propios centros.

Pero la realidad española sufrió profunda mutación con los sorpresivos, nada debatidos en la sociedad española, y tan cuestionados desde no pocos sectores, Acuerdos entre el Estado Español y la Santa Sede, de 3 de enero de 1979 (recuérdese que la Constitución es de una semana antes, 27 de diciembre de 1978), y, en concreto, con el Acuerdo sobre Enseñanza y Asuntos Culturales. Se recordará, por dar muestra del gran alcance de las nuevas previsiones, que según su artículo II, "los planes educativos en los niveles de educación preescolar, de educación general básica (EGB) y de bachillerato unificado polivalente (BUP) y grados de formación profesional correspondientes a los alumnos de las mismas edades, incluirán la enseñanza de la religión católica en todos los centros de educación, en condiciones equiparables a las demás disciplinas fundamentales". Desde ese planteamiento, corresponde a la jerarquía eclesiástica señalar los contenidos de dicha enseñanza (art. VI), y proponer las personas que deban impartir dicha enseñanza (art. III), que, en cambio, serán remunerados por el Estado. Cierto que "dicha enseñanza no tendrá carácter obligatorio para los alumnos. Se garantiza, sin embargo, el derecho a recibirla" (art. II, párr. 2).

Como se advertirá, el sistema ha cambiado radicalmente. Se impone la enseñanza de una religión concreta, la católica, manteniendo, como quien dice, la fórmula de Cádiz, haciendo caso omiso del tan diferente alcance constitucional: entonces la católica era la religión oficial y única, mientras que la Constitución de 1978 ha asumido el criterio de que no haya religión oficial, suponiendo que serán varias las existentes. La solución ahora establecida le abre la puerta a una profunda quiebra en la comunidad escolar, cuando, en un centro público, unos tengan que optar expresamente, mientras otros no lo hagan. La Iglesia católica, con lo conseguido por el Acuerdo, se aprovecha de la fuerza institucional de los centros públicos para que desde el prestigio y la autoridad del Estado se adoctrine a los niños en las ideas de una religión concreta. Sin que sea de despreciar, entre otros efectos, el importante aspecto de la financiación, al que tan sensibles somos en nuestros días: el Estado asume el costo de la enseñanza de esta religión concreta. Lo cual no deja de chirriar en un Estado no confesional, considerando los sensibles recelos que produce en las demás religiones y en el conjunto de ciudadanos que no tienen compromiso religioso alguno: aparte lo que representa el sensible trato de favor y la clara discriminación que representa, suponen que al pagar sus impuestos están favoreciendo a una concreta religión que ha podido ser beligerante con la suya o con su postura. Decididamente no es una postura satisfactoria a la altura de los tiempos, pero tal fue el despertar de la implantación del nuevo sistema constitucional.

Trece años más tarde, en 1992, dicha línea discriminatoria —aunque en menor volumen—, iba a profundizarse. Dicho año, de especial significado, iba a darse un paso importante, al aprobarse los Acuerdos de Cooperación del Estado Español con la Federación de Entidades Evangélicas (ley 24 de1992, de 10 de noviembre), con la Federación de Comunidades Israelitas (ley 25 de1992) y con la Comisión Islámica (ley 26 de1992). No se aprovecha acontecimiento tan destacado para dar los pasos que pudieran conducir a una enseñanza religiosa que fuera válida para todos, sino que actuando de forma mimética y con automatismo, se amplía a estos nuevos ámbitos la originaria previsión para la Iglesia católica. En cada una de las tres leyes mencionadas se incluye un precepto de redacción similar, el artículo 10, en los tres casos, que garantiza el derecho a recibir la enseñanza religiosa propia en los centros docentes, con características similares a las previstas para aquella.

A partir de entonces, en lugar de una son cuatro las religiones favorecidas. En hipótesis, aunque luego en la práctica el modelo no se haya hecho efectivo, podría suceder que en un centro concreto unos alumnos fueran a la clase de religión católica, otros a la protestante —¿cuál de ellas?—, otros a la de religión judaica y otros a la musulmana, más el grupo de los que no optaran por ninguna de ellas. Cierto que, en la práctica, al margen de unos territorios bastante concretos, no ha sido frecuente crear grupos para la impartición de estas tres enseñanzas, pero ahí queda el compromiso asumido. Y siguen valiendo las tres notas que antes observaba: implicación del Estado en unas concretas doctrinas religiosas, fragmentación de la comunidad escolar forzando a que los que deseen enseñanza hagan manifestación expresa de sus creencias, y, por otra parte, en su caso, financiación pública de las correspondientes clases. Cabrá repetir lo que antes se señalaba: no son solo cuatro las religiones que si bien minoritarias tienen cierta presencia en España; las demás, aún las más consistentes, quedan excluidas del sistema. Con todo, siguen valiendo las reflexiones de los ciudadanos que no han asumido un compromiso religioso, forzados a financiar a aquellas con sus impuestos.

c) Subrayaré, en tercer lugar, que además de las dos variantes anteriores, y en general como una especialización de la primera —desarrollo de la personalidad, defensa de los derechos y libertades, recordando cómo en Cádiz, en alguna fase se prescribía la enseñanza de la Constitución—, a veces se estima conveniente incluir en los programas escolares *educación sexual*, y, por otra parte, alguna variante de lo que aquí se denominó *educación para la ciudadanía.*

7. Contenidos del derecho de los padres. Su reflejo en la jurisprudencia

La vieja obligación de los padres de encargarse de la educación de los hijos se ha aumentado, con la vertiente de un conjunto de derechos. Ante todo, la generalización del "derecho a la educación", vinculado al viejo deber de los padres de cuidar de sus hijos, conduce a que aparezca en aquellos el derecho a que estos consigan un puesto escolar. Lo cual, obviamente, abrirá muchas variantes ante la compleja realidad social o geográfica española. Pero más allá de lo elemental, con una perspectiva ideológica, con apoyo concreto en el artículo 27.3 CE, y en el artículo 2º del Protocolo al Convenio Europeo, cobra fuerza el derecho a que los niños no sean educados en doctrinas religiosas distintas de la querida por los padres. A partir de allí, han ido apareciendo una serie de variantes que han dado lugar a una muy rica y convincente jurisprudencia del Tribunal Europeo de Derechos Humanos, a alguna de cuyas líneas quiero aludir en esta parte final de mi exposición. Se trata de una serie escasa y fácilmente abarcable, pero muy rica y clarificadora, en mi opinión, con el añadido de que aparecen las reivindicaciones más usuales de los padres. Como decía al comienzo, me propuse estudiarla de forma completa, y el resultado dio lugar entonces a un pequeño libro, de manera que ahora, a los cinco años resulta grato pararse de nuevo a reflexionar para ver qué aspectos positivos conviene seguir teniendo presentes, también para comprobar cómo han evolucionado las novedades jurisprudenciales.

a) La serie que entonces estudié se cerraba con dos sentencias de 2007, muy interesantes desde el punto de vista de que la enseñanza de la religión en las escuelas debe cuidar de no adoctrinar a los niños, hiriéndoles las creencias o las de sus padres. La última es el caso Zengin c. Turquía (9.IX.2007): obligación en Turquía de acudir a las clases de "cultura religiosa y ética", si bien a los niños de familias cristianas y judías se les excusaba la asistencia. Los Zengin no consiguen que lo mismo suceda con su hija. La asignatura estaba influida por el Islam, pero en concreto por las doctrinas suníes, mayoritarias en Turquía, Pero la familia Zengin, también musulmana, pertenece a la rama de los alevitas, que presenta enormes diferencias con aquellas. Se quejan los recurrentes de que en las explicaciones se omita cualquier referencia a la rama alevita, y sus particularidades, pero además de que la enseñanza no se imparta de manera objetiva, crítica y plural, sino con un neto adoctrinamiento de los niños desde el punto de vista de las doctrinas de los suníes. El Tribunal Europeo, tras analizar con detenimiento los programas y explicaciones, estima que es legítima la reivindicación del señor Zengin, al no respetársele sus creencias. Y se condena a Turquía.

b) El penúltimo caso es otra sentencia, también de gran fuste, y muy comentada, sobre adoctrinamiento de los niños, ahora referente a Noruega: asunto Folgero y otros (25.6.2007). Noruega ensayaba una nueva fórmula de explicación unitaria en el ámbito religioso, intentando no discriminar y promover la comprensión mutua, la tolerancia y el respeto entre los alumnos de diverso origen y creencias. Pero se objeta que las explicaciones están demasiado volcadas en la línea de la "Iglesia de Noruega", sin que se consideren correctas las posibles dispensas establecidas. El Tribunal, en sentencia de Gran Sala que debió ser muy discutida —decidida por nueve votos contra ocho—, sin dejar de reconocer la buena intención de las autoridades educativas, termina reconociendo que había un adoctrinamiento incompatible con las convicciones de los padres recurrentes.

c) Especialmente significativa es la primera sentencia de toda la serie, en la que los recursos —que luego se acumularon— estaban motivados por las creencias religiosas de los padres opuestos a determinados contenidos de la enseñanza que recibían sus hijos. Se trata, en mi opinión, de un caso modélico, claro y sin fisuras, que abordó de lleno el delicado problema que se le planteaba, sentando criterios muy firmes que se han seguido de forma indiscutida al abordarse los supuestos posteriores, y que creo oportuno tener muy presente. Por eso me permito insistir sobre él. Caso que me parece ejemplar no solo por el razonamiento y la respuesta del Tribunal, sino también en cuanto a las circunstancias que están en la base de la reclamación. Los tres matrimonios recurrentes se oponían, por razones religiosas, a que se impartiera *educación sexual* en las escuelas. Se trata de la sentencia Kjeldsen, Busk Madsen y Pedersen c. Dinamarca (7.12.1976). Un conjunto de circunstancias, algunas muy preocupantes —crecido número de adolescentes embarazadas o abundancia de abortos—, condujo a que se introdujera en la escuela la educación sexual, no como materia separada, sino integrada en las diversas asignaturas: biología, higiene, etcétera. Enseñanza que, insisto, los padres consideraban contraria a sus ideas religiosas. Antes de extractar el contenido del fallo, he de hacer referencia a las circunstancias que acompañaron la decisión de las autoridades escolares. El tema, sin duda polémico, pero de necesaria solución —ya aludí a algunas de las causas no queridas—, venía discutiéndose en la sociedad danesa, y se había ensayado incluso en alguna escuela. Pues bien, ante la necesidad de enfrentarse con él, se crea una comisión para que estudie el problema y haga propuestas, comisión de muy amplia base en cuanto estaba integrada por médicos, pedagogos, juristas, teólogos y expertos del gobierno, y que se tomó su tiempo para abordar el asunto. Su propuesta determinaría que había que abordar el tema, lo que implicaba un espeso entramado normativo: ley, reglamentos, circulares y guías del Ministerio. Partiendo de que la correspondiente ley, de 1970, sería aprobada por el Parlamento por unanimidad, todo el conjunto de previsiones apuesta por la objetividad y la delicadeza, el tacto para no asustar a los niños y, sin duda, el intento de no ejercer influencia. La filosofía inspiradora partía de la base de que los niños tienen que aprender a cuidar de sí mismos, a mostrar consideración para con los demás y a no atraerse problemas por pura ignorancia.

La sentencia, muy mesurada, tras un análisis minucioso de todos los elementos, rechaza radicalmente el recurso. El estudio del caso evidenció que no se trataba de adoctrinar, ni de preconizar determinado comportamiento sexual, o de incitar a dedicarse precozmente a prácticas peligrosas para su salud, su equilibrio o su futuro. Hoy, los niños llegan a saber todo; —se razona—, de ahí que importe una información profesional, seria y objetiva. De donde va a alcanzarse desde el comienzo una conclusión que puede parecer sorprendente desde el punto de vista del derecho de los padres. Va a alcanzarse, en efecto, la conclusión notable de que el derecho de los padres puede hacerse valer una vez asegurada la instrucción de los hijos. Es decir, es el niño quien importa primordialmente, por lo que deberán ceder las pretensiones de los padres que menoscaben los derechos de aquel. Los derechos de los padres no tienen carácter autónomo o separado: valen en cuanto sean útiles para asegurar la formación de los niños, pero no si el dogmatismo de los progenitores resulta un impedimento para la formación de los infantes.

Ahora bien, el mundo jurídico está lleno de matices, por lo que no suelen valer las fórmulas rígidas o absolutas. Derecho a impedir adoctrinamientos, pero no derecho de veto frente a cualquier referencia de significado religioso. De ahí que la tan cuidada sentencia advierta expresamente frente a otra posible tentación. Como se dice certeramente en el párrafo 53 de tal sentencia, ese derecho de los padres "no impide a los Estados difundir, mediante la enseñanza o la educación, informaciones o conocimientos que, directamente o no, tengan carácter religioso o filosófico. No autoriza ni siquiera a los padres a oponerse a la integración de tal enseñanza o educación en el programa escolar, sin lo cual cualquier enseñanza institucionalizada correría el riesgo de mostrarse impracticable. Parece, en efecto, muy difícil que cierto número de asignaturas enseñadas en el colegio no tengan, de cerca o de lejos, un tinte o incidencia de carácter filosófico, si se tiene en cuenta la existencia de religiones que forman un conjunto dogmático y moral muy vasto, que tiene o puede tener respuestas a toda cuestión de orden filosófico, cosmológico o ético".

En resumen: lo importante en la escuela, o en el profesor, será la objetividad, la profesionalidad y, de forma señalada —¡palabra clave!—, el no adoctrinamiento. Lo cual, a poco que se piense, representa un reto mayúsculo para los Estados al garantizar la calidad de los profesores, a quienes se encomienda la delicada tarea de enseñar a los niños. ¡No vale cualquiera para enseñar! Se necesita una arraigada vocación, pero también una preparación a fondo a la altura de los tiempos. Y no cabe engañarse: la devaluación en la preparación y selección de profesores es un craso error de enormes repercusiones.

Diré que tras este caso aparecen periódicamente supuestos de padres que por razones religiosas se oponen a que se dé a sus hijos educación sexual —hay también un caso español—, siendo siempre tajante la respuesta denegatoria del Tribunal Europeo, recalcando los argumentos que se acaban de exponer. Incluso, la evolución de la sociedad acentúa la importancia de que los niños tengan las ideas claras. A los viejos motivos —recuérdense, del caso danés, los embarazos indeseados y el aumento de abortos—, hoy hay que añadir sin falta nuevas circunstancias de gran entidad, como la presencia del Sida, la necesidad de estar preparado para defenderse, en algunos contados casos pero no menos importantes, de los posibles abusos de sus familiares o de sus profesores, el posible mal uso de Internet y, en general, de las redes y tentáculos de la eventual presencia de la pedofilia.

d) Reflexionando objetivamente sobre todo este panorama, diré que tengo muy presente la sentencia danesa cuando pienso en el bochorno que ha vivido la sociedad española estos años pasados sobre el problema de la asignatura Educación para la Ciudadanía: idas y venidas, protestas, amenazas, movilización de los padres, campañas de prensa, reproches mutuos, puesta en cuestión de todo el sistema escolar, recursos judiciales, para concluir con que el Tribunal Supremo tuviera que zanjar el problema, en términos similares a los que en seguida me refiero. Y después, desde otra vertiente, al ser suprimida la asignatura por la nueva ley. Ello me lleva a recalcar con énfasis el comportamiento de las autoridades danesas al tratar, como se dijo, tan delicado tema, preparándolo a fondo, resolviéndose por unanimidad una cuestión tan próxima a la polémica, dadas las diferencias existentes en nuestra sociedad pluralista. ¡No es lícito hacer una exhibición de fuerza en temas como estos, ni en uno ni en otro sentido! Es legítimo que se enseñen en la escuela una serie de materias del mayor interés, pero sobre los que la sociedad española puede estar dividida. Bien sé que hay quien hace gala de la confrontación como táctica de comportamiento. Pero hay que oponerse radicalmente a tal metodología. De ahí que haya que recalcar que estamos ante temas de consenso y de compromiso. ¡No cabe una respuesta unilateral y partidista! Para nada sirve hacer una ley que los demás están deseando derogar en cuanto lleguen al poder. ¡La educación es cosa muy seria y bien sabemos que el futuro del país depende de ella; de ahí que haya que evitar a toda costa el continuo trasiego y, de forma especial, que en este sector aparezca el partidismo que fomente el fantasma del cainismo!

e) El clima de tensión que se produjo en la sociedad hizo que el asunto llegara a los tribunales, debiendo enfrentarse con el problema en última instancia el Tribunal Supremo, que zanjó en efecto la cuestión. Varios padres habían solicitado dispensa de la asignatura para sus hijos. Con fecha 11 de febrero de 2009, el TS dictó cuatro sentencias en sendos recursos de casación, de alcance muy parecido, obviamente con argumentaciones en gran parte coincidentes. Opto por exponer la doctrina jurisprudencial tal como se expresa en la sentencia correspondiente al recurso 905 de 2008. De esta manera, el TS tendrá ocasión de pronunciarse sobre el destacado tema del derecho de los padres en cuanto a la educación de sus hijos. En puridad, a pesar de las apariencias, el asunto es bastante simple, a la vista de la doctrina consolidada del Tribunal Europeo de Derechos Humanos, a la que dediqué especial atención, teniendo en cuenta también la dogmática de los derechos fundamentales y sus límites inherentes. Es decir, da la impresión de un asunto al que se ha pretendido sacar mucho cuando en realidad había poco, lo que hace que alguno de los votos particulares evoque la vieja expresión de "mucho ruido y pocas nueces".

Es bien sabido, en efecto, que el derecho a la libertad ideológica y religiosa no autoriza cualquier cosa[21], tiene límites que respetar, como digo, tiene así que soportar la normalidad de ciertas enseñanzas, del mismo modo que el derecho de los padres a determinar la educación de sus hijos no puede vetar cualquier enseñanza. Ya se recordaba antes la doctrina del Tribunal Europeo de Derechos Humanos en el caso Kjeldsen y otros contra Dinamarca, de que si religiones con presencia propia respecto de tantos problemas personales y sociales pudieran objetar cualquier punto de la enseñanza que rozara con dicha doctrina, en la práctica sería poco menos que imposible que el Estado atendiera a la educación de todos. Y es que, en ocasiones, la interpretación tiene que dulcificar la aparente dureza de algunas normas. Muy presente también que si hoy la educación ha de abordar en cuanto a los niños "el pleno desarrollo de la personalidad humana en el respeto a [*sic*] los principios democráticos de convivencia y a [*sic*] los derechos y libertades fundamentales" (art. 27.2, como se recordó), la preparación para el pluralismo exigirá que tengan que enfrentarse con muy variados puntos de vista. Pero, como digo, por una serie de razones, las cosas se sacaron de quicio.

Se trata, en efecto, de un recurso de casación frente a sentencia de la Sala de lo Contencioso-Administrativo del Tribunal Superior de Justicia de Andalucía, en Sevilla. Unos padres habían pretendido que se dispensara a su hija de cursar la asignatura, apoyándose en el argumento de la libertad religiosa (art. 16.1 CE) y en el derecho de los padres a determinar la formación religiosa de los hijos (art. 27.3). La tensión que se había producido en la sociedad, con muy marca-

[21] En mi libro *Estudios sobre libertad religiosa,* Madrid, Reus, 2011, incluyo significativas muestras sobre los límites a que está sometida la libertad religiosa.

da enemistad hacia la asignatura, se refleja también en el fallo del TS. Vemos como, el presidente de la sección que debía enjuiciar el asunto lo elevó a la Sala en Pleno, dada la repercusión social que se había dado al tema. Por lo que, según mi cuenta, firman la sentencia veintinueve magistrados. Advierto lo que significa que tan crecido número de jueces tuvieran que enfrentarse con el problema. Y el hecho es que debió haber un debate muy vivo en la elaboración de la sentencia, lo cual no deja de sorprender, pues se pensaría que la jurisprudencia del Tribunal Europeo de Derechos Humanos proporciona abundantes pistas para un asunto como este, como ya he referido. Al final, hubo de cambiarse el ponente, dado que el que había actuado como tal no participaría de la opinión que sustentaba la mayoría, y manifestó su deseo de formular voto particular disidente. En efecto, justificando el disentimiento con el fallo, hubo dos votos particulares individuales, otro que lo firmaron dos magistrados y un tercero que reunió tres firmas. Hubo también un voto concurrente, que participaba del alcance del fallo pero se apartaba de la argumentación, firmado por tres magistrados. Lo que permite deducir que entre los veintinueve magistrados participantes, al menos siete no participaron de la opinión de la mayoría. Y en efecto, en cuanto al "papel" o al número de páginas, en el conjunto de la sentencia, el espacio ocupado por los votos particulares es casi el triple del ocupado por el cuerpo de la sentencia, tal como fue aprobada por la mayoría. Entiendo que la falta de consenso al regularse la cuestión, con el exacerbamiento producido por la imposición de la mayoría gubernativa, facilitó el que se formularan votos particulares, algunos muy ideologizados. Es curioso que hay quien advierte en su voto que no habría inconveniente en asumir la regulación en cuanto en la asignatura se explicaba el sistema constitucional y los derechos humanos —echando en falta, incluso, que no se dedicara importancia al sistema europeo—, pero el óbice aparecería al aproximarse la asignatura a lo que, en apariencia, parece pertenecer a la "educación sexual", materia delicada, sin duda, pero sobre la que el Tribunal Europeo de Derechos Humanos se ha pronunciado tajantemente, como se dijo y habrá ocasión de insistir en ello.

Las autoridades educativas de la Junta de Andalucía rechazaron la pretensión, por lo que los padres recurrieron ante la Sala de lo Contencioso-Administrativo del Tribunal Superior de Andalucía. El Tribunal aceptó el recurso y ordenó a las autoridades educativas que dispensaran a la alumna de cursar la cuestionada asignatura. La sentencia fue recurrida en casación por el Ministerio Fiscal, el abogado del Estado y los servicios jurídicos de la Junta de Andalucía. Los tres solicitaban que se casara la sentencia y se confirmara la decisión administrativa de la necesidad de que la niña cursara la asignatura. El fiscal basaba su recurso en la errónea apreciación de los derechos fundamentales reconocidos en los artículos 16.1 y 27.3, (mientras no diga otra cosa, hay que entender que todos estos preceptos son de la CE), respecto al derecho a la objeción de conciencia del artículo 30.1. El abogado del Estado, entre otros argumentos, alegaría infracción del artículo 16.1 respecto al 9º y la jurisprudencia sobre objeción de conciencia, y del artículo 27, apartado 4, respecto a sus apartados 2 y 5 y al 149,1.30. Por su parte, la letrada de la Junta de Andalucía, aparte otros argumentos en cuanto a la aplicación legal, apreciaría incorrecta utilización de los artículos 10.2, 16.1 y 27.3, de los artículos 10.1 y 27.2 respecto al 27.4, por incorrecto uso también del artículo 2º del Protocolo número 1, en conexión con la jurisprudencia del Tribunal Europeo de Derechos Humanos y con los artículos 10.2 y 96.1 CE. Obviamente, los demandantes se opondrían a los recursos de casación, alegando que de la Constitución deriva directamente un derecho a la objeción de conciencia, que es a los padres a quienes corresponde educar a los hijos, y que no se sienten inquietados por la transmisión de conocimientos científicos y culturales sino por el adoctrinamiento que se busca con la materia obligatoria Educación para la Ciudadanía.

El TS apreció los recursos y casó la sentencia, concluyendo, en definitiva, en la necesidad de que la niña cursara la asignatura. Se trata de un fallo claro y convincente, cuyo ponente fue el profesor Luis María Díez Picazo. Se parte de que dada la regulación, y dado el origen remoto de la asignatura en las recomendaciones europeas, el deber jurídico de cursar la materia Educación para la Ciudadanía es un deber jurídico válido. Y es que los derechos fundamentales no son absolutos, sino que deberán conocer límites. La libertad ideológica y religiosa del artículo 16.1 así, “no es necesariamente incompatible con una enseñanza del pluralismo que trasmita la realidad social de la existencia de concepciones diferentes”. Obviamente, habrá exigencias, y así, “la compatibilidad será de apreciar siempre que la expresión de esa diversidad se haga con neutralidad y sin adoctrinamiento. Es decir, dando cuenta de la realidad y del contenido de las diversas concepciones, sin presiones dirigidas a la captación de voluntades a favor de alguna de ellas. Y así tendrá lugar cuando la enseñanza sea desarrollada con un sentido crítico [...]”.

Algo parecido se va a afirmar en cuanto al artículo 27.3. El derecho de los padres, se dirá, “tampoco es incompatible con la enseñanza del pluralismo que deriva del 27.2”. Tanto el 16.1 como el 27.3 marcan un límite a la actividad educativa del Estado, pero aquí el Supremo introduce una diferencia destacable: “El Estado en el ámbito correspondiente a los principios y a la moral común subyacente en los derechos fundamentales, tiene la potestad y el deber de impartirlos, y lo puede hacer, como ya se ha dicho, incluso, en términos de promoción. Sin embargo, dentro del espacio propio de lo que sean planteamientos ideológicos, religiosos y morales individuales, en los que existan diferencias y debates sociales, la enseñanza se debe limitar a exponerlos e informar sobre ellos con neutralidad, sin ningún adoctrinamiento, para, de esta forma, respetar el espacio de libertad consustancial a la convivencia constitucional” (FJ 6). Y recalcaré que sobre la necesidad de neutralidad y no adoctrinamiento insiste reiteradamente la sentencia, partiendo de la base de que se respetan en el caso.

Se puntualizará por eso que "cuanto acaba de expresarse debería ser suficiente para tener por establecido que la materia Educación para la Ciudadanía es ajustada a derecho, pues no es correcto sostener, como se desprende de la sentencia impugnada, que el Estado no tenga nada que decir sobre la educación de los menores, ni quepa ninguna transmisión de valores a través [*sic*] del sistema educativo. Ya se ha visto cuáles son los equilibrios que la Constitución exige en este tema" (FJ 7). Otra de las principales líneas argumentales del TS es que "la Constitución española no proclama un derecho a la objeción de conciencia con alcance general". No deriva del artículo 16.1 la opción de que la libertad ideológica y religiosa ampare el derecho a comportarse siempre con arreglo a las propias creencias. A veces, el derecho topa con la necesaria compatibilidad con los otros derechos y, en concreto, con el respeto del mantenimiento del orden público, como reconoce el propio precepto. Por otra parte, los ciudadanos, a tenor del artículo 9.1, deben respetar las normas. "Esto es, se dirá, un mandato incondicional de obediencia al derecho; derecho que, además, en la Constitución española es el elaborado por procedimientos propios de una democracia moderna. A ello hay que añadir que el reconocimiento de un derecho a la objeción de conciencia de alcance general, con base en el artículo 16.1 CE, equivaldría en la práctica a hacer depender la eficacia de las normas jurídicas de su conformidad con cada conciencia individual, lo que supondría socavar los fundamentos mismos del Estado democrático de derecho".

Tampoco del artículo 27.3 derivaría un derecho general de los padres a la objeción de conciencia. Es la misma lógica del ámbito limitado de los derechos. Puntualizará, por eso, el TS: "De entrada hay que destacar que dicho precepto constitucional solo reconoce el derecho a elegir la educación religiosa y moral de los hijos, no sobre materias ajenas a la religión y a la moral". Y algo más adelante se puntualizará: "Pero, si esto no fuera suficiente, hay que recordar que los apartados segundo y tercero del artículo 27 se limitan mutuamente: ciertamente el Estado no puede llevar sus competencias educativas tan lejos que invada el derecho de los padres a decidir sobre la educación religiosa y moral de los hijos; pero, paralelamente, tampoco los padres pueden llevar ese último derecho tan lejos que desvirtúe el deber del Estado de garantizar una educación «en el respeto a los principios democráticos de convivencia y a los derechos y libertades fundamentales». El punto de equilibrio constitucionalmente adecuado puede ser a veces difícil de encontrar; pero es indiscutible que los padres no tienen sobre la base del artículo 27.3 CE, un derecho ilimitado a oponerse a la programación de la enseñanza por el Estado".

Da gusto comprobar cómo en esta delicada materia el Tribunal Supremo se alinea decididamente en la dirección perfilada de manera tan neta por el Tribunal Europeo de Derechos Humanos. Hay quien a veces se les hace la boca agua citando su jurisprudencia, pero no será necesario señalar que no vale la mera cita de las sentencias, o la utilización escorada de alguno de sus párrafos, sino que lo que importa es el respeto sincero al contenido.

Al mismo tiempo que se resuelve satisfactoriamente el caso, el TS aprovecha para lanzar un importante aviso a los responsables de los servicios educativos, a los centros y también a los profesores. Ya señalé que la sentencia insiste de manera especial en la enseñanza de las materias delicadas, en la exigencia de neutralidad, por una parte, pero también en la necesidad de evitar el adoctrinamiento[22]. Es un envite mayúsculo al Estado en cuanto responsable de la educación, que se manifiesta ahora en el reto a la profesionalidad de los docentes, dado que su profesión requiere el adecuado nivel de conocimientos pero también asumir un talante de respeto para no molestar a nadie al exponer tan delicadas materias. Pero ahí radica precisamente la profesionalidad y el oficio de los profesores. ¡Ojalá que se vaya haciendo realidad de una vez en España la libertad de conciencia por la que tan fuerte ha apostado la Constitución de 1978!

f) Volvamos ahora a la otra fuente. La serie jurisprudencial del Tribunal Europeo de Derechos Humanos sigue fluyendo, de manera contenida, pero sin que dejen de aparecer nuevos casos. Según mi cuenta, son dos los aparecidos después que cerré mi estudio. Ambos, con respuesta interesante sin duda con la perspectiva del derecho de los padres. El primero introduce aspectos novedosos que no habían aparecido todavía. En el segundo, ciertamente interesante, vuelve a aparecer el tema de la *educación sexual,* que el Tribunal resuelve aplicando su consolidada doctrina, de manera que aunque no faltan los razonamientos consistentes, se cierra con una decisión de inadmisión.

En el asunto Grzelak c. Polonia (15.6.2010, recurso interpuesto por el matrimonio Grzelak y su hijo Mateusz, que tenía once años cuando se inter-

[22] Puede ser interesante recordar estos dos párrafos del FJ 10 de la sentencia: "Es preciso insistir en un extremo de indudable importancia: el hecho de que la materia Educación para la Ciudadanía sea ajustada a derecho y que el deber jurídico de cursarla sea válido no autoriza a la administración educativa —ni tampoco a los centros docentes, ni a los concretos profesores— a imponer o inculcar, ni siquiera de manera indirecta, puntos de vista determinados sobre cuestiones morales que en la sociedad española son controvertidas.

"Ello es consecuencia del pluralismo, consagrado como valor superior de nuestro ordenamiento jurídico, y del deber de neutralidad ideológica del Estado que prohíbe a este incurrir en cualquier forma de proselitismo. Las materias que el Estado en su irrenunciable función de programación de la enseñanza califica como obligatorias no deben ser pretexto para tratar de persuadir a los alumnos sobre ideas y doctrinas que —independientemente de que estén mejor o peor argumentadas— reflejan tomas de posición sobre problemas sobre los que no existe un generalizado consenso moral en la sociedad española. En una sociedad democrática, no debe ser la administración educativa —ni tampoco los centros docentes, ni los concretos profesores— quien [*sic*] se erija en árbitro de las cuestiones morales controvertidas. Estas pertenecen al ámbito de libre debate en la sociedad civil, donde no se da la relación vertical profesor-alumno, y por supuesto al de las conciencias individuales. Todo ello implica que cuando deban abordarse problemas de esa índole al impartir la materia Educación para la Ciudadanía —o, llegado el caso, cualquiera otra—, es exigible la más exquisita objetividad y el más prudente distanciamiento".

puso), aparecen mezcladas, como suele ser usual, pretensiones que se refieren al derecho de libertad religiosa, también en la perspectiva de la no discriminación, y al derecho de los padres a determinar la educación de los hijos, artículos, según la nomenclatura del Convenio Europeo, 9º y 14 y 2º del Protocolo Adicional. Dentro de ese espacio común no dejan de manifestarse, empero, algunas circunstancias que le atribuyen carácter novedoso al caso. Se trata de la situación de un niño, hijo de padres agnósticos, no religioso él mismo, que no desea recibir clase de religión en un centro donde todos los demás alumnos sí la reciben, supuesto situado en Polonia, cursando el resto de los estudiantes clase de religión católica. Desde este punto de vista no habría ningún inconveniente, dado que es voluntario participar en dicha clase. En todo caso, se deja constancia de que el niño se queja de haber sido objeto de acoso por sus compañeros a causa de sus ideas, por lo que cambia un par de veces de colegio, aunque también la escuela recuerda que él mismo ha provocado a sus compañeros burlándose de los símbolos religiosos.

Sin duda, se trata de un problema complejo a la vista de la situación real esa difícil convivencia, si no se aborda con toda delicadeza entre la mayoría de los creyentes y quien tiene el legítimo derecho de no serlo. En suma, las secuelas derivadas de la presencia histórica de una religión oficial o mayoritaria de hecho y la difícil adaptación a una situación de apertura, problema al que me he referido en otras ocasiones.

La cuestión principal en el caso, que se desdoblará además en una doble dirección, tiene que ver con el empleo del tiempo de Mateusz mientras el resto de los alumnos están en clase de religión. ¿De qué manera acomodar ese vacío? En teoría, la regulación prevé que a tal efecto se establezca clase de ética. En la práctica, se describe que el niño pasa ese tiempo, bien en los pasillos, bien en la biblioteca, o en el club de la escuela. Frente a ello, los padres insistirán repetidamente en que se ocupe su tiempo dándole clase de ética. En este sentido han desarrollado los padres una intensa actividad, y se han dirigido aparte de a la dirección de la escuela, a las autoridades educativas, el ministro de Educación, al defensor del pueblo y al propio presidente de la república, habiendo trascendido su recurso incluso a la prensa. No logran satisfacer su aspiración, pues se les responde alegándose la falta de profesores, razones financieras y el insuficiente número de alumnos interesados. En efecto, la regulación exige que se alcance el número de siete alumnos para constituir un grupo, a lo que no se llega, ni aun intentando reunir alumnos de otras clases del colegio o de otros centros de la propia localidad.

Pero el no cursar asignatura alguna en esa hora tiene también otro orden de consecuencias, aparentemente menores, pero a las que se otorgará especial significado. En la hoja de calificaciones figuran todas las asignaturas, también, conjuntamente, "religión-ética", que obviamente no se puede calificar, por lo que la correspondiente casilla figurará en blanco o con una mera raya. Y aquí aparece el problema en cuanto el dato —conocida la ausencia de la asignatura de ética— evidenciaría que no ha cursado la asignatura de religión. ¿Sería ello discriminatorio, se rompería la exigencia de que en materia religiosa el Estado debe hacer gala de neutralidad? Dejemos de momento la respuesta para proceder con cierto sistema.

En el asunto ha comparecido también como tercero la Helsinki Foundation for Human Rights, de Varsovia. En su alegato insiste especialmente con estadísticas en el escaso número de clases de ética a lo largo de toda Polonia, con lo que las previsiones de la regulación quedan de hecho defraudadas. Censura también el criterio del mínimo de siete alumnos para poder establecer una clase, sugiriendo como más razonable el número de tres, como sucede para la enseñanza de la lengua de las minorías étnicas.

El Tribunal Europeo de Derechos Humanos ofrecerá en sus razonamientos una síntesis de su consolidada doctrina sobre libertad religiosa. De entre ella subrayaré su bien conocida afirmación de que "el Tribunal reitera que la libertad de manifestar las propias creencias religiosas conlleva también un aspecto negativo, en concreto, el derecho de las personas de no ser requeridas a manifestar su fe o sus creencias religiosas, así como a no ser obligadas a asumir una posición de la que pueda deducirse si se tienen o no tales creencias" (pág. 87). Recordándose a continuación el criterio del Tribunal de que "el artículo 9º es también una aportación preciosa para los no creyentes, como el tercer recurrente del caso". Y a la hora de abrir paso al argumento de la no discriminación en tema de la libertad religiosa, el Tribunal "constata que la ausencia de nota para «religión-ética» en las sucesivas valoraciones escolares del tercer recurrente encaja dentro del ámbito del aspecto negativo de la libertad de pensamiento, conciencia y religión protegido por el artículo 9º del Convenio en cuanto puede ser considerado como muestra de su afiliación religiosa. De donde deriva que el artículo 14 tomado en consideración con el artículo 9º resulta de aplicación en el presente caso" (pág. 88).

En su aproximación a este problema, el Tribunal concretará que las previsiones de la regulación "que contemplan la asignación de una nota a «religión-ética» en las calificaciones escolares, en principio, no pueden ser consideradas como contrarias al artículo 14 del Convenio conjuntamente con el artículo 9º, en cuanto la nota constituye información neutral de que el alumno siguió uno de los dos cursos opcionales ofrecidos por la escuela. En todo caso, una regulación de este tipo ha de respetar también el derecho de los alumnos a no sentirse obligados a revelar, aunque sea indirectamente, sus creencias religiosas o la falta de ellas" (pág. 92).

Es importante señalar por eso que —no sé si acertadamente, como luego se dirá—, en este asunto el Tribunal Europeo pone el acento en el dato de que los alumnos no deben ser forzados a evidenciar cuáles son sus creencias religiosas. Destacado principio que tiene fuerza de regla general, aunque no debe olvidarse que siendo voluntaria la clase de religión, o de ética, para acceder a ella —incluso para que se forme el grupo correspondiente—, el alumno debe solicitarlo, con lo que, obviamente, habrá de evidenciar cuáles son esas creencias.

Entrando en la resolución del caso, comenzaré por la referencia al derecho de los padres, de acuerdo con el artículo 2° del Protocolo Adicional. Es legítimo que los padres que no quieran que su hijo curse la asignatura de religión católica no hagan la solicitud al respecto o, en consecuencia, soliciten para él una clase de ética. El Tribunal recalcará con fuerza, de acuerdo con su doctrina tradicional, que "el único límite que no debe ser excedido en este campo es la prohibición de adoctrinamiento" (pág. 104), remitiéndose en este punto a lo que expuso en su sentencia Kjeldsen c. Dinamarca. Acotado esto, y visto que en el supuesto de que no se ha producido adoctrinamiento —el cursar la enseñanza de religión es voluntario, como se ha dicho—. El Tribunal supone que el Estado dispone de un margen de apreciación al ordenar las enseñanzas y, en concreto al momento de fijar un número mínimo de alumnos para constituir un grupo. En esta línea, y sin manifestar recelo alguno, el Tribunal da por bueno el margen de siete alumnos establecido. Lo que implicará que la queja de los padres se considere carente de fundamento y se rechace. Por lo que el asunto va a centrarse en la pretensión del hijo, de Mateusz, que alegaba violación de su libertad de creencias, en un sentido discriminatorio, incluso. Ventilado el problema de la introducción de la clase de ética —pretensión lógica y defendible, que choca solo con el legítimo límite del número de alumnos que exige la regulación—, aparece este otro problema, aparentemente formal, pero que podría tener mayores consecuencias: no se ha cursado ni una ni otra asignatura —religión católica o ética— y con toda lógica no se puede poner nota alguna en el conjunto de las calificaciones. En su lugar habrá solo o bien un vacío o una simple raya. ¿Cabe sacar consecuencias de ello?[23]

El Tribunal Europeo va a ser recalcitrante en este punto. Considera, en concreto, "que la ausencia de nota en «religión-ética» puede ser interpretada por cualquier persona razonable como una señal de que el tercer recurrente no siguió las clases de religión, del todo asequibles, por lo que podría ser considerada como una persona sin creencias religiosas. El gobierno, en su escrito, indicaba que la mayoría de las clases de religión son de religión católica. El hecho de no disponer de la nota de «religión-ética» tiene inevitablemente una connotación específica y distingue a la persona afectada de quienes sí tienen esa nota. Tal observación adquiere especial significado en un país como Polonia, donde la gran mayoría de la población está vinculada a una determinada población" (pág. 95).

[23] El Tribunal Europeo se fija en la posible vertiente discriminatoria en cuanto quedan patentes las creencias del niño. No se le da importancia, en cambio, al hecho de que la nota cuente y se tome en consideración al momento de elaborar el promedio. Lo que no sucedía antes —no se computaba la nota para el promedio—, pero ha sido modificado por una reciente reforma.

El gobierno insistía en sus alegaciones en que la ausencia de la referida nota era algo del todo neutral y reflejaba simplemente que se hubiera seguido o no la clase en cualquiera de sus dos variantes. Pero el argumento no convenció al Tribunal: el certificado de notas —dirá—, no es en absoluto ambiguo y es cualquier cosa menos neutral, muestra evidencia de que la clase de ética no era asequible y que no optó por atender la clase de religión: "A la vista de todo lo anterior, el Tribunal constata [*sic*] que la carencia de nota de «religión-ética» en los certificados de estudio del tercer recurrente a lo largo de todo su período escolar, representaba una injustificada forma de estigmatización" (pág. 99). Lo que implicará que el margen de apreciación del Estado fue excedido en este punto, en cuanto resultó infringida la esencia del derecho del tercer reclamante a no tener que manifestar su religión o creencias, con fundamento en el artículo 9º del Convenio" (pág. 100). Lo que lleva al Tribunal a la conclusión de que se violó el artículo 14 del Convenio en su relación con el artículo 9º, y, en consecuencia, se condena a Polonia.

Uno de los siete jueces, el islandés David Thór Björgvinsson, se apartó de la opinión de la mayoría, entendiendo que el recurrente no había acreditado que hubiera sufrido o pudiera sufrir inconvenientes que representaron una interferencia con su derecho a la libertad de pensamiento, conciencia y religión, del artículo 9º del Convenio, ni en su aspecto positivo ni en el negativo. Por tanto, no habría habido violación.

A mí, la opinión mayoritaria, si bien la considero bien intencionada, me parece un tanto forzada, si se parte de la base de que los derechos tienen un ámbito de aplicación pero son inevitables zonas límite, que permiten cierta elasticidad. Y es que las dos conclusiones principales del Tribunal parecen contradictorias o incongruentes o, cuando menos, difíciles de casar: si se acepta que es correcto que pueda no haber clase de ética (por las señaladas razones financieras, de ausencia de profesores, que dentro del margen de disposición del Estado permiten dar por bueno el número de siete alumnos para implantar un grupo), no se ve qué solución pueda dársele a la otra secuela, pues si no ha habido clase, malamente puede haber notas. No parece fácil encontrar una solución adecuada, pues no deja de parecer razonable que quienes han cursado la asignatura —que sería religión católica en el caso concreto— reciban la nota correspondiente. ¿Dejar a todos sin nota? Parece absurdo.

Obviamente que en cuanto a la situación anterior —durante su estancia en los diversos colegios, hay que decir que la posible discriminación— si así puede denominarse, no proviene de que no tenga la nota en el certificado de calificaciones, sino de que el resto de los alumnos saben que él, porque así lo ha querido, no ha asistido a la clase voluntaria de religión católica. Él mismo marca diferencias y no tendría por qué esconderlo. La postura del Tribunal parece de un paternalismo subido, como si tuviera que protegerlo para que no se supiera lo que todo el mundo va a conocer. Ha sido el alumno, insisto, quien al tomar su decisión queda en evidencia en un ámbito como una escuela, en el que todo se sabe. Lo que a veces es normal y no tendría por qué acarrear mayores consecuencias. En este sentido, me parece razonable lo que se dice en el voto particular: "El posible impacto positivo o negativo para el promedio del recurrente, de no haber seguido un curso de religión o ética, y de no tener esa nota en consecuencia, es pura especulación". Lo que lleva al juez Thór Björgvinsson, a recalcar que el recurrente no ha acreditado que a consecuencia de la fórmula establecida pudiera sufrir perjuicios en cuanto a sus futuras perspectivas educacionales o de empleo. Parece, en efecto, que lo que vaya a suceder en el futuro es pura especulación, aparte de que cualquiera puede cambiar sus puntos de vista a lo largo de la vida.

Es muy importante, sí, que no se fuerce a nadie a declarar cuáles son sus creencias, pero en el caso lo cierto es que al no optar por clase de religión ya está adoptando una postura que pronto será conocida en la comunidad escolar. ¡No se puede desconocer la realidad! Y lo mismo sucedería al optar por clase de ética, en el supuesto de que se impartiera la disciplina. Él lo quiere, y el problema es que parece inevitable que esa alternativa trascienda. El alcance de la garantía del derecho a no declarar, en el caso de la presencia o ausencia en una clase, es algo muy diferente de otros supuestos que se le han planteado al Tribunal: que no figure la religión en el documento de identidad[24], o no tener que expresar las creencias cuando se va a actuar como testigo en un Tribunal[25]. Eso sí son situaciones neutras o indiferentes y, podemos decir, pasajeras. Algo del todo distinto es, en cambio, la postura de quien para todo un curso en la escuela —o para todo el período docente— elige determinada situación, que cualquiera va a conocer de inmediato en la comunidad escolar. Sería un milagro pretender que no se conociera la postura ante la religión de esa única persona, en un ambiente escolar en el que el resto de participantes tienen otras ideas. Me parece que la solución de la mayoría del Tribunal en este punto carece de mínima lógica. Porque lo que se ha conocido a lo largo de los años de escolarización es muy fácil que se propague por el pueblo o la ciudad, independientemente de lo que diga un certificado de estudios.

g) Periódicamente reaparece en la jurisprudencia del Tribunal Europeo de Derechos Humanos el tema de la oposición de los padres, por razones religiosas, a las clases de educación sexual. En este sentido es muy ilustrativo el último de los asuntos planteados, según mi cuenta, el caso Dojan c. Alemania, una decisión de inadmisión de 13.9.2011, del mayor interés como

[24] Recuérdese el asunto Sofianopoulos, Spaïdiotis, Metallinos y Kontogiannis c. Grecia (12.xii.2002), que he estudiado con detenimiento en el capítulo segundo de mi libro *Estudios sobre libertad religiosa*, Madrid, Reus, 2011, págs. 69 y ss.

[25] Recuérdese la sentencia Dimitras y otros c. Grecia (3.vi.2010), que he estudiado en mi trabajo "Símbolos religiosos en actos y espacios institucionales", en *Anuario de Derecho Eclesiástico del Estado*, vol. xxviii, 2012, pág. 63.

confirmación de la doctrina tradicional, que he estudiado recientemente en otro lugar[26]. Los recurrentes son cinco matrimonios pertenecientes a la Iglesia Cristiano-Evangélica Baptista —Christian Evangelical Baptist Church— que se niegan, por razones religiosas, a que sus hijos reciban clase de educación sexual obligatoria, según la programación del "Land" Renania de Norte-Westfalia, donde viven. A lo largo del caso aparecerán unos y otros en una serie de supuestos puntuales, como las propias clases de educación sexual, aunque según la programación escolar, forma parte también de dicha educación la representación de una obra de teatro titulada *Mi cuerpo es mío* (*Mein Körper gehört mir*), con la que se quiere que los niños tomen conciencia del problema de los abusos sexuales, ya sea por extraños o, incluso, por miembros de la familia. Pues bien, los padres se niegan sistemáticamente a que los niños acudan a ese tipo de actividades. Tildan las clases de "liberales", pornográficas incluso, dando una imagen libertadora de la sexualidad que podría conducir a una "sexualización" prematura de los niños, alegando que la doctrina bíblica de la castidad, limitando la sexualidad al matrimonio, ya puede constituir suficiente protección frente a los abusos sexuales. Algunos de los padres, incluso, impidieron que sus hijos fueran a la escuela cuando se celebraba la fiesta del "Carnaval" —de asistencia obligatoria—, aunque no tuvieran que disfrazarse —o, incluso, así hubiera actividades alternativas, como natación—, alegando que era incompatible con las creencias religiosas y morales que habían inculcado a sus hijos, pues, sostenían, se trataba de una festividad católica inspirada por el deseo carnal y acompañada de comportamientos inmorales y desinhibidos.

El caso es que el incumplimiento de unos y otros de lo que eran actividades escolares obligatorias, en unas y otras circunstancias, se trduciría en sanción a los padres. Ante la inasistencia a clase, y tras los correspondientes avisos, la autoridad escolar procede a imponer una multa a los padres. Cuando el Tribunal que conoce del recurso confirma la multa, considera, en caso de falta de pago de ella, que se ha producido una desobediencia, ante la cual procede a determinar la privación de libertad (30, 40, 43 días, por ejemplo). El Tribunal Europeo aborda este aspecto con detenimiento y concluye que los medios usados para forzar a los padres a asegurar la asistencia a clase de los niños "no han sido desproporcionados". Según la legislación escolar, la omisión de los padres constituye una infracción administrativa ("an administrative offence"), comprobando que ni la cuantía de la multa ni el procedimiento han sido irregulares. En lo que se refiere a la privación de libertad impuesta por los tribunales ante la falta de pago de la multa, se recalca que no se trata de una sanción por la infracción administrativa, sino sólo de un medio para forzar al recurrente a pagar la multa.

[26] Me remito a lo señalado en mi citado trabajo, "Los derechos de los padres...", cit., págs. 172 y ss.

El Tribunal Europeo, recogiendo argumentaciones de los tribunales internos, pero haciendo uso también de su propia doctrina, recalcará que se impone una consideración unitaria y conjunta, tanto de las dos frases del artículo 2º del Protocolo, como de los artículos 8º, 9º y 10 del Convenio Europeo y con el espíritu general de este, instrumento destinado a mantener y promover los valores de la sociedad democrática, lo que conecta también con la finalidad de la enseñanza, una de cuyas funciones consiste en moldear y desarrollar el carácter y las habilidades mentales de los alumnos, así como su independencia personal. Se dice incluso: "El Tribunal recalca que ha analizado en concreto el sistema alemán imponiendo la presencia obligatoria en la escuela a la par que se excluye en general la educación en la propia casa. Ha llegado a la conclusión de que al introducir tal sistema ha aspirado a asegurar la integración de los niños en la sociedad, con la idea de evitar la aparición de sociedades paralelas, consideraciones que van en la misma dirección de la jurisprudencia del Tribunal sobre la importancia del pluralismo para la democracia, y que encajan en el margen de apreciación de los Estados contratantes a la hora de establecer e interpretar las normas de su sistema educativo". Bien puede observarse que el Tribunal se mueve con seguridad en lo que es doctrina afianzada: se repetirán los supuestos que van apareciendo en la sociedad, pero la solución jurídica es clara y firme, es decir, no hay por qué alterarla. La decidida postura del Tribunal resulta, por lo demás, inequívoca advertencia a quienes pretendan defender los nuevos casos. Y es que, además, se ha producido una rica interacción entre las argumentaciones afianzadas por el Tribunal Europeo y las de los tribunales del orden interno, muy pendientes de las exigencias del Convenio, coincidentes en esto con las de la propia Constitución. Del mismo modo que el Tribunal Europeo valora positivamente la correspondiente ley del "Land", que establece que el fin de la educación sexual es dotar a los alumnos de conocimientos sobre los aspectos biológicos, éticos, sociales y culturales de la sexualidad, de acuerdo con su edad y madurez, para habituarlos a desarrollar sus propios puntos de vista morales y darles una aproximación independiente a su propia sexualidad, con la idea de que la educación sexual debe desarrollar la tolerancia entre los seres humanos, independientemente de su orientación sexual o identidad. En suma, la opción una vez más por la inadmisión del recurso se convierte en un respaldo claro de la política educativa cuestionada por los padres, con el convencimiento en la razonabilidad de los fines y tras la verificación del equilibrio, calidad, profesionalidad y neutralidad del desarrollo efectivo de la enseñanza práctica.

Con una secuela muy importante que va a presidir todo el sistema de derechos de los padres en la educación de los hijos, que ya subrayé en mi libro de hace cinco años, y que, por lo que se ve, sigue teniendo plena vigencia y a la que en seguida me referiré con más detalle: las pretensiones de los padres deben ceder cuando esté en juego el interés del niño; va a ser el bien del niño lo que importe.

8. Una perspectiva máxima sobre los derechos de los padres: el debate sobre la enseñanza en casa

¿Hasta dónde puede llegar realmente el derecho de los padres al determinar la educación de los hijos? La movilidad propia de nuestros tiempos, el trasiego de personas y el abundante intercambio de ideas, también acaso cierta desconfianza hacia lo público, han hecho que aparezcan entre nosotros voces reclaman que una experiencia practicada con normalidad en algunos países. Me refiero a lo que se denomina "enseñanza en casa".

Por supuesto que siempre, y sin duda en el actual sistema español, resulta decisivo para la educación de los niños lo que puedan aprender "en casa". Así, esa entrañable labor cotidiana de tantos padres "que ayudan" a los niños a hacer los deberes. Sin duda, también, el ambiente cultural que puedan encontrar las criaturas o especialmente los adolescentes: que haya libros en casa, o música, que los padres lleven a los niños a ver las manifestaciones artísticas, como el teatro, etcétera. Sin duda, un sinfín de oportunidades. Pero ahora, con la "enseñanza en casa" no se alude a eso, sino a una variante permitida y practicada en algunos países, incluso de la Unión Europea, que supone que la enseñanza hoy obligatoria no tiene por qué cursarse necesariamente en las escuelas, sino que los niños pueden ser educados sin salir de sus casas, siempre que se cumplan determinados requisitos. Suenan voces, como digo, que defienden la alternativa, muy centradas en experiencias extranjeras. Yo mismo participé hace dos años en un simposio sobre el tema, celebrado en la Facultad de Derecho de la Universidad Complutense, cuyas actas deben estar a punto de aparecer (en mi caso, adelanté la publicación de mi ponencia en esta misma revista[27], alguna de cuyas ideas he podido aprovechar para esta reflexión). Personalmente, soy un decidido partidario de la enseñanza pública, con la ilusión de saberme miembro de una familia en la que desde hace generaciones, miembros, de ambos sexos, se han dedicado al magisterio, y yo mismo llevo más de cincuenta años viviendo un ilusionado compromiso con la enseñanza pública[28]. Hay, en no pocos países de nuestro entorno cultural una importante tradición de prestigio de la escuela pública, como una fórmula para formar ciudadanos libres y responsables con respeto al principio de igualdad de oportunidades. Los ejemplos de Francia, Alemania, el Reino Unido, Italia, etc., son determinantes de esa tendencia, a la que también se sumaría España decididamente. Antes se indicó el significado de la Declaración Universal de Derechos Humanos para afirmar el derecho a la educación que, se dice, será *obligatoria* en lo referente a la instrucción elemental. Es decir, nos encontramos con una fórmula de "derecho-deber". Luego, cada Estado garantizará el desarrollo de dicho compromiso de acuerdo con

[27] El ya citado trabajo, "*Los derechos de los padres sobre la educación de los...*", aparecido en el número 158, de 2013, págs. 159 y ss.

[28] Me remito al trabajo citado en la nota anterior.

sus propios criterios y con su estructura constitucional. Pues bien, en España, en línea con la tradición de los países a los que me refería hace un momento, se ha optado por que esa obligatoriedad implique la necesaria asistencia a los centros correspondientes; que pueden ser los centros públicos o centros privados concertados, muchos de ellos confesionales, lo que permite incluso intentar buscar algunas afinidades ideológicas. Obligatoriedad —tan destacable para propiciar la igualdad de oportunidades, repito— que asume la importancia de la "socialización" de los niños, ese contacto con algo diferente de lo que ve en casa. Obligatoriedad que se traduce en la responsabilidad de padres y tutores, que serán sancionados de omitir dicha obligación[29].

¿No podría aparecer aquí el derecho de los padres a predeterminar la educación de sus hijos que venimos estudiando, en esta fórmula máxima si se quiere, intentando romper esa obligatoriedad de acudir a los centros? La postura del Tribunal Europeo de Derechos Humanos es tajante e inequívoca. Obviamente, y como no podía ser menos, da por buena dicha fórmula de obligatoriedad, respetando el ámbito de disposición de los Estados, y negándose a amparar pretensiones. He tratado de extractar su posición en el trabajo citado —recordaré que fue muy destacada la doctrina del Tribunal Europeo en el asunto Konrad c. Alemania, 11.10.2006—, y recalcaré que la lección ofrecida recientemente por la decisión de inadmisión Dojan c. Alemania (13.9.2011), que antes se ha expuesto, resulta concluyente. Los Estados son libres de organizar la educación de una manera u otra, pero si optan por la obligatoriedad de acudir a los centros, no se admiten excusas. Solo en casos especialmente cualificados, como determinadas enfermedades, los Estados que admiten la obligatoriedad de presencia suelen admitir excepciones, siempre que se cumplan determinadas condiciones.

Pues bien, también sobre este tema se ha producido en España una valiosa sentencia, de la que convendrá hacerse eco, en cuanto, aparte otros aspectos, se entra de lleno en el ámbito de los derechos de los padres. En efecto, la sentencia del Tribunal Constitucional 133 de 2010, de 2 de diciembre[30], cuyo ponente fue quien presidía el Tribunal, la profesora MARÍA EMILIA CASAS BAAMONDE[31], se enfrenta de lleno con la pretensión de unos padres de saltarse la obligación legal de escolarizar a los hijos, pretendiendo impartir ellos mismos la instrucción en casa. El asunto proviene de Coín, Málaga, y había sido el Ministerio Fiscal

[29] En otro lugar he señalado la disfuncionalidad y complejidad de la fórmula española para forzar a los responsables. La exposición que antes he hecho del asunto Dojan c. Alemania muestra bien a las claras cómo pueden funcionar las cosas con normalidad y sencillez si quieren tomarse en serio.

[30] Puede verse el trabajo de ANA VALERO HEREDIA, "Ideario educativo constitucional y «homeschooling»: a propósito de la sentencia del TC 133 de 2010, de 2 de diciembre", en *Revista Española de Derecho Constitucional*, 94 (2012), págs. 411 y ss.

[31] Me remito de nuevo a mi citado trabajo, "Los derechos de los padres...", cit., págs. 180 y ss.

quien había puesto en marcha el expediente para que el Juzgado de Primera Instancia acordara la escolarización de los hijos menores de los recurrentes. Decisión que, en efecto, acordó el juez, entendiendo que el sistema jurídico español no amparaba la pretensión de los padres, poniendo el acento, a su vez, en los graves perjuicios que se seguirían a los niños, tanto desde el punto de vista de la integración social con otros niños de su edad, como luego por los problemas para su posible carrera académica, dadas las dificultades para el acceso a la universidad. Línea similar seguiría la Audiencia Provincial de Málaga, al denegar el recurso de apelación. A modo de síntesis se dirá, tal como lo transcribe la sentencia del Tribunal Constitucional: "Recuerda que el derecho a ser escolarizado es un derecho del menor, no de los padres, que convive con la consiguiente obligación de los poderes públicos de procurar dicha escolarización, incluso imperativamente, si ello fuera necesario".

El Tribunal Constitucional, al resolver el correspondiente recurso de amparo, trataría ampliamente el tema, con apoyo en la Ley Orgánica del Derecho a la Educación y, obviamente, en la Constitución, con razonamientos muy didácticos. Se afirmará así que "la educación a la que todos tienen derecho y cuya garantía corresponde a los poderes públicos como tarea propia no se contrae, por tanto, a un proceso de mera transmisión de conocimientos, sino que aspira a posibilitar el libre desarrollo de la personalidad y de las capacidades de los alumnos y comprende la formación de ciudadanos responsables llamados a participar en los procesos que se desarrollan en el marco de una sociedad plural en condiciones de igualdad y tolerancia, y con pleno respeto a los derechos y libertades fundamentales del resto de los miembros" (FJ 7, a).

Profundizando el argumento, y tras considerar la función de trasmisión de conocimientos, propia de la escuela, se puntualizará: "Sin embargo, según hemos indicado, esta no es la única finalidad que deben perseguir los poderes públicos a la hora de configurar el sistema educativo en general y la enseñanza básica en particular, que han de servir también a la garantía del libre desarrollo de la personalidad individual en el marco de una sociedad democrática, y a la formación de ciudadanos respetuosos con los principios democráticos de convivencia y con los derechos y libertades fundamentales, una finalidad esta que se ve satisfecha más eficazmente mediante un modelo de enseñanza básica en el que el contacto con la sociedad plural y con los diversos y heterogéneos elementos que la integran, lejos de tener lugar de manera puramente ocasional y fragmentaria, forma parte de la experiencia cotidiana que facilita la escolarización" (8, b). Poco después se retoma el argumento, con apoyo directo, como se verá, en la doctrina de Estrasburgo: "Por lo demás, el Tribunal Europeo de Derechos Humanos ha reconocido que la apreciación de estos objetivos no puede «ser satisfechos [*sic*] en la misma medida por la educación en el propio domicilio, incluso en el caso de que esta permitiera a los niños la adquisición del mismo nivel de conocimientos que proporciona la educación primaria escolar» (caso Konrad c. Alemania)".

El paralelismo con la decisión del Tribunal Europeo de Derechos Humanos se realza si se considera que el Tribunal Constitucional recalca también la importante labor educativa que pueden realizar los padres en casa, ya sea cuando regresan los niños por la tarde, ya sea en los fines de semana, y que también el sistema español deja abierta la puerta a la creación por los particulares de centros docentes que puedan ser reconocidos.

En definitiva, el Tribunal Constitucional, tras analizar la regulación del derecho a la educación en el sistema jurídico español, ha tomado partido decididamente por la solución de que, según la actual regulación, no tiene cabida la opción por la enseñanza en casa. Esa opción máxima de impedir la escolarización no tendría cabida en el elenco de derechos de los padres; no es una opción válida en el sistema español.

9. Final

Para concluir, señalaremos el importante papel que están llamados a desempeñar los padres en la educación de los hijos. Desde que fueron convocados a participar en la regulación educativa, se han ido perfilando y depurando sus derechos, que son de gran alcance, habiendo desempeñado la jurisprudencia de unos y otros tribunales destacado papel al respecto. Se ha tratado de sus derechos, contando también con que los afectan obligaciones y cargas. Nada hay aislado en el universo jurídico. Y es que por muy importante que sea la posición de los padres, no se puede olvidar que todo el sistema educativo está montado para que los niños aprendan y *se eduquen*: es obvio que son estos los protagonistas de la educación. La afirmación decidida de la Audiencia Provincial de Málaga antes referida, que en otros términos hizo suya el Tribunal Constitucional, y que, en puridad coincide con consagrada jurisprudencia del Tribunal Europeo de Derechos Humanos, me servirá para poner punto final a estas reflexiones: "El derecho a ser escolarizado es un derecho del menor, no de los padres, que convive con la consiguiente obligación de los poderes públicos de procurar dicha escolarización, incluso imperativamente, si ello fuera necesario". Es decir, el importante cúmulo de facultades que el sistema jurídico reconoce a los padres se apoya en un basamento incuestionable: toda la educación está organizada para asegurar la correcta formación de los niños. Como he tenido oportunidad de subrayar en otras ocasiones, los derechos de los padres no son derechos autónomos y absolutos, sino que solo se justifican si se encarrilan a la correcta educación del niño. Terminaré así evocando la vieja idea que recoge la afirmación de la más reciente declaración de derechos, la Carta de Derechos Fundamentales de la Unión Europea, cuyo artículo 24.2 dispone: "En todos los actos relativos a los niños llevados a cabo por autoridades públicas o instituciones privadas, el interés superior del niño constituirá una consideración primordial". Pero hay otra observación que debe recogerse sin falta antes de concluir: los padres fueron llamados a esta encomienda para corregir claras deformaciones del Estado en su deriva totalitaria. Es de esperar que esa situación no vuelva a repetirse en la apuesta por un Estado democrático y de derecho. Ojalá que el incesante proceso de racionalización del Estado no permita volver a tan lamentable situación. Y entonces se confirma otra destacada observación: armas a los padres para protegerse del Estado, pero también, llamada activa a este para que pueda defender a los niños, si fuere menester, de las incorrectas actuaciones de los padres.

REFLEXIONES SOBRE LA NECESIDAD DE DEPURAR EL ESTATUS DE LA SANCIÓN ADMINISTRATIVA

LUCIANO PAREJO ALFONSO*

Sumario: 1. Introducción. 2. Excurso sobre la evolución de la relación del derecho administrativo y penal y su estado actual. 3. El necesario cuestionamiento de la sanción como manifestación de un inexistente "ius puniendi" del Estado. La reivindicación de la condición administrativa de la potestad sancionadora. 4. Breves consideraciones finales sobre la tarea pendiente en la reconstrucción dogmática del régimen de la sanción administrativa.

1. INTRODUCCIÓN

Con entera independencia de la concepción que se tenga del derecho administrativo, es claro que 1) se caracteriza —y en ello radica la principal razón de su singularización respecto de las demás ramas del derecho— por su construcción en función de la ejecución y para ella —y de la ejecución sistemática, en términos específicos y precisamente por un sujeto diseñado a tal fin— de las normas que, por su carácter y objeto, precisan de una tal ejecución para cumplir su cometido y, justamente por ello, la presuponen y "programan" o, dicho de otro modo, por serle constitutiva —estructural y funcionalmente— una radical dependencia entre normación (programación de la actuación) y ejecución (actuación programada); de donde 2) la elección por el legislador, en el marco de la Constitución, de la "administrativización" de una materia o sector de la realidad implica de suyo una responsabilidad y cualificación específicas del aludido sujeto, que no es otro que el complejo orgánico-funcional "gobierno-administración", para la determinación de lo que deba ser derecho en el caso concreto.

En su evolución y estado actuales y medido por el apuntado criterio, el derecho administrativo español dista de poder calificarse como maduro y consistente, pues carece de la capacidad para asegurar, en la realización del derecho y con verdadera eficacia, las consecuencias que son corolario natural

* Catedrático de Derecho Administrativo, Universidad Carlos III de Madrid.

de la "administrativización" legislativa de las materias por él ocupadas. Más aún —y quizás no en último término por tal razón—, en la evolución más reciente son perceptibles procesos que contribuyen a minar su posición y función con grave deterioro de principios estructurales del Estado ordenamiento.

Este fenómeno es evidente, como es lógico, allí donde se da la articulación del derecho administrativo con otras ramas del derecho y, en particular, la penal (lo que ocurre en variadas formas, pero especialmente bajo la de impronta jurídico-administrativa en los tipos penales y sus consecuencias) y desde luego en la zona de contacto que resulta del empleo, frente a la transgresión del orden jurídico, de la punición penal y la sanción administrativa. En este contexto, el maestro García de Enterría, sensible desde siempre a las relaciones del derecho administrativo con otras disciplinas y atento permanentemente a las novedades con potencial trascendencia sistémica, llamó la atención, en su momento y en una de sus últimas contribuciones doctrinales, sobre la evolución de la doctrina del Tribunal Constitucional en punto a la cuestión prejudicial administrativa en el proceso penal[1]. Si se considera —sobre todo la aludida doctrina consti-

[1] La atención al derecho sancionador fue, además, una constante en la obra de Eduardo García de Enterría, como acreditan sus estudios pioneros siguientes: "Consideraciones jurídico-administrativas sobre las jurisdicciones punitivas especiales", en *Proceso a la jurisdicción de delitos monetarios y a los tribunales de contrabando*, Madrid, Círculo de Estudios Jurídicos, 1970; *id.*, "El problema jurídico de las sanciones administrativas", en *REDA*, núm. 10, 1976.

La alusión que se hace en el texto es a: Eduardo García de Enterría, "La nulidad de los actos administrativos que sean constitutivos de delito ante la doctrina del Tribunal Constitucional sobre cuestiones prejudiciales administrativas apreciadas por los jueces penales en particular, el caso de la prevaricación", en *REDA*, núm. 98, 1998, págs. 231-249.

Se trata de la doctrina del Tribunal Constitucional sucesivamente decantada en las sentencias 30 de 1996, de 26 de febrero; 50 de1996, de 26 de marzo; 91 de 1996, de 27 de mayo; 102 de 1996, de 11 de junio, y 255 de 2000, de 30 de octubre. A tenor de esta última:

"Este tribunal ha reconocido reiteradamente «la legitimidad desde la perspectiva constitucional del instituto de la prejudicialidad no devolutiva» [...], pero cuando el ordenamiento jurídico impone la necesidad de deferir al conocimiento de otro orden jurisdiccional una cuestión prejudicial, máxime cuando del conocimiento de esta cuestión por el tribunal competente pueda derivarse la limitación del derecho a la libertad, el apartamiento arbitrario de esta previsión legal del que resulte una contradicción entre dos resoluciones judiciales, de forma que unos mismos hechos existan y dejen de existir respectivamente en cada una de ellas, incurre en vulneración del derecho fundamental a la tutela judicial efectiva, por cuanto la resolución judicial así adoptada no puede considerarse como una resolución razonada, fundada en derecho y no arbitraria, contenidos estos esenciales del derecho fundamental reconocido en el art. 24.1 CE".

La llamada de atención del profesor García de Enterría fue y es de todo punto oportuna, pues obliga a plantearse, como se apunta en el texto, si la previsión procesal de la cuestión prejudicial administrativa de carácter determinante se mueve exclusivamente en dicho plano procesal o tiene, por el contrario, calado sustantivo (en función de la penetración del derecho administrativo en la tipificación penal), sin perjuicio de no poder ponerse en tela de juicio la competencia del juez penal para la decisión final en su sede propia. Pero esta es una cuestión, ciertamente de gran calado, que no procede ahora abordar aquí.

tucional— que la previsión legal de la cuestión prejudicial administrativa de carácter determinante y, por tanto, devolutivo suscita de suyo el interrogante de si es, más allá del plano procesal en que toda operación aplicativa ha de ocurrir, expresión en realidad de una regla lógica de orden sustantivo, resulta plenamente consecuente con el ejemplo que García de Enterría nos ha legado, hacer, con ocasión de rendir tributo a su persona y su obra, algunas reflexiones críticas a propósito de la relación entre la pena judicial y la sanción administrativa, cuyos términos son en la actualidad —y contra lo que en principio pueda parecer— todo menos claros.

2. Excurso sobre la evolución de la relación del derecho administrativo y el penal y su estado actual

El problema enunciado se inscribe en el más amplio de la relación entre los derechos administrativo y penal, que, sin embargo y a pesar de atravesar actualmente una fase especialmente crítica, desborda los estrechos márgenes en los que ha de moverse la reflexión propuesta. Sin perjuicio, pues, de dejarlo aquí de lado, parece procedente dejar siquiera apuntados sus aspectos más sobresalientes.

He expuesto ya en otro lugar[2] que las zonas de contacto e, incluso, solapamiento entre el derecho penal y el administrativo (comenzando por el de la seguridad y el orden públicos) son tradicionales y frecuentes[3], propician

[2] Luciano Parejo Alfonso, *Seguridad y policía de seguridad*, Valencia, Tirant lo Blanch, 2008.

[3] Las relaciones indicadas no son efectivamente de hoy, existen desde el nacimiento del derecho administrativo y son inevitables, en tanto que ambas ramas del derecho incluyen en su objeto:

a) La represión de acciones u omisiones y, por tanto, la tipificación de las correspondientes conductas como ilícitos (delitos y faltas, el derecho penal; infracciones administrativas, el derecho administrativo) que deben ser objeto de pena y sanción, respectivamente. Lo que ha encontrado reflejo en la regulación conjunta por el art. 25 de la Constitución de 1978 de las garantías frente al *ius puniendi* propiamente dicho o penal y la potestad sancionadora administrativa, con la consecuencia de importantes malentendidos en el ulterior tratamiento de esta.

La convivencia de ambos mecanismos de retribución de ilícitos mediante pena-sanción ha dado lugar —a partir de la CE— a su completa depuración, con el resultado, por obra fundamentalmente del Tribunal Constitucional, de: 1) la traslación, con modulaciones, de las garantías penales al derecho sancionador administrativo (SsTC 18 de 1981, de 8 de junio; 9 de 1982, de 10 de marzo; 83 de 1984, de 24 de julio; 48 de1984, de 4 de abril; 87 de 1985, de 16 de julio; 2 de 1987, de 21 de enero; 42 de 1987, de 7 de abril; 3 de 1988, de 21 de enero; 19 de 1989, de 21 de diciembre; 61 de 1990, de 29 de marzo; 76 de 1990, de 26 de abril; 154 de 1990, de 15 de octubre; 246 de 1991, de 19 de diciembre; 21 de 1993, de 18 de enero; 297 de 1993, de 18 de octubre;120 de 1996, de 8 de julio; 127 de 1996, de 9 de julio; 128 de 1996, de 9 de julio; 169 de 1996, de 29 de octubre; 39 de 1997, de 27 de febrero; 45 de 1997, de 11 de marzo; 83 de 1997, de 22 de abril; 95 de 1997, de 19 de mayo; 25 de 2002, de 11 de febrero, y 75 de 2002, de 8 de abril) sobre la más que discutible base de que el poder judicial de imponer penas y la potestad sancionadora administrativa no serían más que manifestaciones de un mismo y teórico la utilización por el legislador de uno y otro como "reserva de implementación" respectiva para asegurar el adecuado control social y se ha progresado desde luego en este terreno[4]. Si bien hasta hace poco el recurso al derecho administrativo venía siendo preferente[5], dando lugar a un dilatado y notable

---

ius puniendi estatal; 2) el establecimiento de la preferencia de la persecución del ilícito penal sobre la sanción de la infracción administrativa (STC 77 de 1983, de 3 de octubre); y 3) la prohibición de la doble retribución penal y administrativa de unos mismos hechos —principio de *non bis in* ídem— (SsTC 2 de 1981, de 30 de enero; 77 de 1983, de 3 de octubre; 195 de 1985, de 27 de noviembre; 154 de 1990, de 15 de octubre y 2 de 2003, de 16 de febrero).

b) La prevención de la actualización de riesgos y peligros de lesión o perturbación de la seguridad y el orden.

Aunque este sea el objeto específico del derecho regulador de la acción de la policía en cuanto precisa organización administrativa, la acción judicial de orden criminal no se ha circunscrito nunca a la retribución del ilícito ya cometido, extendiéndose igualmente a la prevención del peligro de perturbación del orden (véase Julio Leal Medina, *La historia de las medidas de seguridad. De las instituciones preventivas más remotas a los criterios científicos penales modernos*, Madrid, Thomson-Aranzadi, 2006), solapándose así parcialmente con el derecho administrativo de la seguridad ciudadana y el orden público. El derecho penal moderno conoce, en efecto, no solo la peligrosidad criminal —entendida como resultado de un juicio pronóstico sobre la probabilidad de que se produzca una acción constitutiva de ilícito penal—, sino también la peligrosidad social —concebida como probabilidad de que se produzca una acción dañosa, con entera independencia de que constituya o no ilícito penal—; categoría esta que —aún juzgada imprescindible— se considera ella misma "peligrosa" por la contradicción de principio que existe entre pena y medida de seguridad (véase Carlos María Romeo Casabona, *Peligrosidad y derecho penal preventivo*, Barcelona, Bosch, 1986, especialmente págs. 13 a 15, 17 a 19 y 20 y ss.).

[4] A partir de la CE se han clarificado los ámbitos respectivos de la policía administrativa de la seguridad y el orden públicos y la persecución judicial del ilícito penal, sobre todo gracias a la supresión, en esta, de las medidas de seguridad referidas a la peligrosidad predelictual y, por tanto, social, por efecto de la doctrina del Tribunal Constitucional (STC 23 de 1986, de 14 febrero, conforme a la cual son contrarias al principio de legalidad penal la imposición de medidas de seguridad con anticipación a la punición de la conducta penal y la concurrencia sobre un mismo hecho de pena y medida, ya que —siendo la medida de seguridad una condena— no es permisible otra condena que la que recaiga sobre quien haya sido declarado culpable de la comisión de un ilícito penal. Además, supone un quebrantamiento del principio *non bis in idem*, hacer concurrir penas y medidas de seguridad sobre tipos de hechos, igualmente definidos, y ello aunque se pretenda salvar la validez de la concurrencia de penas y medidas de seguridad diciendo que en un caso se sanciona la "culpabilidad" y en el otro la "peligrosidad"; en el mismo sentido, STC 21 de 1987, de 19 febrero). En la actualidad persiste, sin embargo, la zona de fricción que representa la peligrosidad posdelictual (cfr., José Manuel Maza Martín, *La necesaria reforma del Código Penal en materia de medidas de seguridad*, en volumen colectivo, serie Cuadernos de Derecho Judicial, Madrid, Escuela Judicial del Consejo General del Poder Judicial, 2007, págs. 13 a 45).

[5] Lo que es consecuente con el orden sustantivo constitucional. Es esta, por su porte, cuestión que no puede aquí tratarse con la extensión y el detalle que reclama. Baste a los efectos que ahora importan decir que de la fundamentación del entero orden constitucional en el valor superior de la libertad (CE, art. 10.1) deriva la preferencia de las opciones de dirección y control sociales con menor incidencia en las libertades y los derechos constitucionales sobre los que

proceso de administrativización del control social con paralelo acantonamiento del criminal en las transgresiones de mayor trascendencia o rechazo social (intervención mínima; *ultima ratio*), en los últimos tiempos esa preferencia parece estar siendo sustituida por una de signo inverso: la criminalización de supuestos antes tratados con técnicas jurídico-administrativas o, en otros términos, la utilización de la pena al servicio de la efectividad de normas de comportamiento con sede en el derecho administrativo o, incluso, sustituyendo a este en su función propia. El desbordado Estado regulador actual está, pues y ante su impotencia para asegurar el control social que promete, reconsiderando la anterior opción y, en todo caso, la jurisdicción penal está asumiendo, en la aplicación del derecho penal, una posición de decidido y más que cuestionable activismo[6]. No se trata de un fenómeno exclusivamente español, pero en nuestro caso presenta perfiles propios por razón de la activación de la respuesta penal que ha supuesto el progreso de la corrupción y no solo en el ámbito urbanístico-inmobiliario[7]. La gravedad del problema:

---

la tengan mayor y, por tanto, del recurso a las soluciones organizativas y regulatorias civiles sobre las militares y, en lo que aquí interesa, de las jurídico-administrativas sobre las penales.

[6] El punto de inflexión en tal sentido queda bien reflejado en la siguiente afirmación de la sentencia de la Sala de lo Penal del Tribunal Supremo de 27 de noviembre de 2009 (caso Andratx, relativo a construcción en suelo rústico):

"[...] la desastrosa situación a que, a pesar de la normativa legal y administrativa, se ha llegado en España respecto a la ordenación del territorio, incluida la destrucción paisajista [*sic*], justifica que, ante la inoperancia de la disciplina administrativa, se acude [*sic*] al Derecho penal, como *ultima ratio* [...]".

[7] Con referencia al ordenamiento alemán (W. Hoffmann-Riem, "Administrativ induzierte Pönalisierung. Strafrecht als Auffangordnung für Verwaltungsrecht", en Müller-Dietz, Müller, Kunz, Radtke, Brito, Momsen, Koriath (Eds.), *Festschrift fur Heike Jung*, Nomos, 2007, págs. 299 y ss.,) tiene señalado: 1) el empleo del derecho penal para abrir a la administración pública nuevas posibilidades de actuación, en especial, su utilización como "exclusa" para, por la vía de la habilitación de facultades de investigación en sede del procedimiento criminal, revitalizar la eficacia de las facultades de investigación en sede administrativa, compensando así los déficit que esta presente; 2) la tendencia a nuevas formas de imbricación entre el derecho penal y el administrativo y, en concreto, el empleo de la norma penal para la ampliación del campo de la actuación, por ejemplo, de la policía administrativa de seguridad; y 3) el empleo instrumental del derecho penal —novedoso por sus términos y extensión— para la consecución del éxito en el control social o para la evitación del completo fracaso en el control administrativo.

Entre nosotros (además del autor de estas líneas: "La deriva de las relaciones entre los derechos administrativo y penal. Algunas reflexiones sobre la necesaria recuperación de su lógica sistemática", en *DA*, núm. 284 y 285, reproducido también, con variaciones, en *Derechos y garantías del ciudadano. Estudios en homenaje al profesor Alfonso Pérez Moreno*, F. López Menudo (Coord.) Madrid, Iustel, 2011) y en tono de mayor alarma, Santiago Muñoz Machado (*Tratado de derecho administrativo y derecho público general*, t. i, La formación de las instituciones públicas y su sometimiento al derecho, Madrid, Iustel, 2006, págs. 79 y 80) ha advertido, invocando la imagen de la "irrupción del juez penal en el paisaje administrativo" (acuñada por F. Thiriez), sobre el reciente fenómeno de la valoración penal de la actuación de la administración pública, es decir, sobre el avance del derecho penal sobre el campo dominado en

a) Descansa en la combinación de la autosuficiencia universal que postula de sí misma la valoración penal de las relaciones sociales con el avance de la técnica de la criminalización de la infracción de las normas administrativas (con abandono del principio de intervención mínima o última *ratio*). Y

b) Radica en la quiebra de la lógica de las relaciones e interacciones entre las ramas del derecho (en la medida en que desconoce e impide el despliegue por cada una de ellas de su función propia y específica) y, en definitiva, la del ordenamiento como sistema (unidad, compleción y coherencia, es decir, ausencia de contradicciones internas), arrastrando con ella la de los principios últimos que lo sostienen: seguridad jurídica y, con ella, Estado de derecho[8].

---

exclusiva por el derecho administrativo. Fenómeno que llega al punto de justificar la advertencia del riesgo de que el derecho administrativo sea desplazado por el derecho penal en su función de disciplinar el comportamiento de la administración, convirtiéndose en un nuevo instrumento de gestión administrativa (sustitutivo en todo caso de las sanciones administrativas). Este autor cifra en los siguientes los problemas que genera el fenómeno que denuncia: 1) utilización por los tribunales administrativos del derecho penal para valorar la legalidad de los actos administrativos: 2) resolución de cuestiones administrativas por los jueces penales (tendencia que critica como extensión grave e innecesaria de la jurisdicción penal y, además, peligrosa para el Estado de derecho porque la fiabilidad del rigor técnico de la decisión judicial es escasa); 3) defectuosa articulación entre la jurisdicción penal y administrativa a efectos de resolución por esta de cuestiones prejudiciales; 4) aplicación de la represión penal a delitos no intencionales cometidos por autoridades y funcionarios con ocasión del ejercicio de sus cargos; y 5) preferencia absoluta de la represión penal sobre las sanciones administrativas (régimen del *non bis in idem*).

Del mismo autor, véase igualmente "De los delitos y las penas: ayer y hoy", en J. Ortiz Blasco y P. Mahillo Garcías (Coords.), *La responsabilidad penal en la administración pública. Una imperfección normativa*, Barcelona, Fundación Democracia y Gobierno Local, 2010.

En modo alguno puede sorprender, por tanto, que A. Jiménez Blanco ("El juez penal y el control de la administración: Notas sobre la sentencia de la Sala Segunda del Tribunal Supremo de 27 de noviembre de 2009. Asunto Andratx", en *Derechos y garantías del ciudadano, op. cit.*), señalando la porosidad y movilidad de las fronteras entre el derecho administrativo y el derecho penal, advierta al orden contencioso-administrativo, ante la situación actual, la necesidad de ocuparse en restablecer siquiera sea un poco de orden.

[8] La causa material inmediata puede verse en la acelerada y continua transformación a que, bajo el signo de la innovación, se ven sometidos hoy la sociedad y el Estado, minando crecientemente la capacidad de este y su derecho para cumplir de manera efectiva las funciones de dirección y control sociales que les incumben (al respecto, cfr., Parejo Alfonso, *Seguridad pública y policía administrativa de seguridad, op. cit.*; y también "La idea de la reforma del derecho administrativo general. Su planteamiento en España", en *Innovación y reforma en el derecho administrativo*, Javier Barnes (Ed.), Sevilla, Global Law Press, 2006). Pero a la efectividad de esta causa contribuyen sin duda:

• Tanto el "tacticismo coyunturalista" propio —quizás por necesidad— de la gestión de los asuntos públicos en la actualidad, que lleva al desmantelamiento, sin alternativas claras y perfiladas, de técnicas administrativas tradicionales al servicio de nuevos objetivos abstractos (flexibilización, eficiencia, liberalización), privando progresivamente a la administración pública —sin por ello poder exonerarla de responsabilidad última alguna— de los instrumentos precisos para hacer frente a su cometido y poniéndola así forzosamente bajo una luz negativa que no hace sino retroalimentar el proceso.

Si bien es plausible la identificación de la debilidad de la acción punitiva penal como causa histórica (hasta hace poco) del diverso curso del desarrollo de las potestades punitiva y sancionadora, es dudoso que el reciente cambio de actitud en la acción punitiva judicial (en parte motivada por la falta de decisión o energía en el control de parte de la jurisdicción contencioso-administrativa; por ejemplo en el campo del urbanismo) tenga efectos precisamente positivos. Más allá de la alabanza (que debe compartirse) por la efectiva persecución de la corrupción, se echa de menos en este punto una reflexión más detenida sobre la deriva que (ocultada por el efecto beneficioso de la persecución de la corrupción) tiene el proceso expansivo-incisivo de la legislación y la acción punitiva penales y sus efectos perturbadores en la relación estructural entre el derecho penal y el administrativo, por un lado, y en el funcionamiento y acción de las administraciones públicas, por otro. Esa perturbación tiene que ver con una suerte de independización del derecho penal de un verdadero control constitucional y su consecuente desbordamiento de los principios que habían asegurado tradicionalmente la adecuada contención de la potencia de su motor, el *ius puniendi*: la excepcionalidad de las cláusulas en blanco o muy abiertas y la

• Como la indisposición del derecho administrativo (en cuanto ciencia jurídica) para ofrecer un sistema trabado de técnicas a la altura de los retos del tiempo y, por tanto, idóneas, por útiles y efectivas, para el control colectivo de los riesgos y peligros que se ciernen sobre la compleja sociedad actual (cfr., al respecto L. Parejo Alfonso, "La idea de la reforma del derecho administrativo general...", *op. cit.*; y *Problemas actuales del derecho administrativo*, *op. cit.*). La prueba la suministra la ausencia de toda preocupación —aunque solo fuera a título de simple alusión— por las cuestiones sistémicas ahora tratadas en las obras generales sobre el derecho administrativo más autorizadas (por todas, Eduardo García de Enterría y T. R. Fernández, *Curso de derecho administrativo*, i [13ª ed.] y ii [10ª ed.], Madrid, Thomson-Cívitas, 2006; y J. R. Parada Vázquez, *Derecho administrativo*, t. i, Parte General, 13ª ed., Madrid, Marcial Pons, 2008), centrada como esta su atención en la defensa de un concepto de administración y actividad administrativa desde las ideas, por lo que hace a la primera, de *potentior personae* (proclive al exceso y, por tanto, la patología) y, en lo que respecta a la segunda, de formalización procedimental y relevancia jurídica (dejando fuera así la mayor parte de la realidad administrativa), lo que vale decir: 1) lastrado por una visión tópica, distanciada, desconfiada y pesimista de la administración-poder (es ilustrativa la conclusión a la que, en el punto relativo a la administración y los jueces, llega gráficamente J. Parada Vázquez, *op. cit.*, pág. 37, utilizando para caracterizar a la administración, la imagen de apariencia de Caperucita que esconde las garras del lobo que es en cuanto el más fuerte y arrogante de los poderes públicos); de donde la identificación de la clave en el equilibrio entre privilegios y garantías y la puesta del acento en la afirmación del derecho administrativo como "el" estatuto jurídico de la administración y su actividad) y 2) centrado en la decisión con relevancia jurídica (el acto) y el control así mismo jurídico de esta (esencialmente el judicial), con la doble tendencia a ver el progreso en: 1) la lucha, para su eliminación o "desmantelamiento", contra lo que —pudiendo ser elementos inherentes o especialidades requeridas por la función administrativa— se ofrecen solo como "privilegios" (tendencia que llega incluso, como la otra cara de la misma moneda, a la —en gran parte cumplida— "normalización" del proceso contencioso-administrativo); y 2) atender preferentemente al fenómeno de la relación con el derecho privado, pero preferente, si no exclusivamente, desde el punto de vista de la crítica de la "huida" hacia él.

intervención mínima; desbordamiento, al que se suma la utilización instrumental de la legislación sectorial administrativa para tipificar ilícitos penales (no articulada técnicamente de forma suficientemente correcta). Aunque no sea posible detenerse en ella, es claro que esta cuestión justifica, por su trascendencia, un tratamiento más detenido por la doctrina jurídico-administrativa.

3. El necesario cuestionamiento de la sanción como manifestación de un inexistente "ius puniendi" del Estado. La reivindicación de la condición administrativa de la potestad sancionadora

La diferenciación en el seno del ordenamiento jurídico-administrativo no es precisamente una nota exclusiva del derecho sancionador. Su peculiaridad reside más bien, como ha puesto de relieve A. J. Huergo Lora[9], en su carácter hasta ahora mestizo: cruce de derecho penal y administrativo. Abandonada hace tiempo por infructuosa, la búsqueda de la clave ontológica para distinguir la sanción de la pena, de la primera se dice desde que es una suerte de injerto penal en la planta administrativa hasta que desempeña una función complementaria en la represión del ilícito. Lo que, lejos de haber inhibido, ha potenciado su *vis* expansiva en el campo propiamente administrativo, contaminando indebidamente con su lógica toda acción de la administración con consecuencias negativas, adversas, para su destinatario.

Sin duda, no existe claridad por lo que hace a la identidad o diferencia entre el derecho penal y el sancionador administrativo, en la medida en que la afirmación de su distinción, cuando se hace, se matiza inmediatamente, bien señalando la apuntada complementariedad, bien remitiendo las diferencias al plano de las garantías (de modo que, aun no siendo propiamente la sanción una pena, su régimen aparece penetrado por los principios básicos de esta)[10].

El desplazamiento de la cuestión al plano de las garantías en modo alguno resuelve la cuestión de que se trata: el carácter idéntico o distinto de los instrumentos de control social de que se trata. Es cierto que en tal perspectiva cabe diferenciar la respuesta administrativa de la penal, al menos teóricamen-

[9] Alejandro Huergo Lora, ponencia presentada al II Seminario de Teoría y Método sobre Derecho penal y Derecho administrativo celebrado en la Universidad Autónoma de Madrid el 29 de noviembre de 2013. Este autor ha prestado especial atención al derecho sancionador: véase: "Sanciones urbanísticas", en *Revista de Urbanismo y Edificación*, núm. 19, 2009; *Las sanciones administrativas*, Madrid, Iustel, 2007, y "El régimen sancionador en la Ley General de la Comunicación Audiovisual", en S. Muñoz Machado (Dir.), *Derecho de la regulación económica*, vol. v, Madrid, Iustel, 2012.

[10] También en el derecho comunitario se produce el fenómeno de la traslación de las garantías penales a las sanciones. Véase José Antonio Sánchez Santana, *La potestad sancionadora de la Comisión Europea. La presunción de inocencia, el principio* "nemo tenetur prodere se ipsum" *y los derechos de defensa en la jurisprudencia del TJUE*, en *http://www.ugr.es/~redce/REDCE15/articulos/15JASanchezSantana.htm*

te, por su mayor rapidez, agilidad y efectividad en el control de los comportamientos sociales (para lo que se recurrirá, como punto de referencia comparativa, al garantismo, inclusivo de la doble instancia, propio del enjuiciamiento penal). Pero no es menos cierto que el resultado de la comparación es positivo para el mecanismo administrativo solo a condición, precisamente, de una modulación suficiente de las garantías que —por interpretación constitucional— se extiendan a la imposición de la sanción administrativa. Procedimiento que lleva implícito, se quiera o no, la admisión de la diferencia de dicha sanción respecto de la pena judicial. No pueden olvidarse, sin embargo, los problemas que para el adecuado cumplimiento por la sanción administrativa de su función propia plantea —en el plano temporal y, por tanto, de la eficacia— el control judicial contencioso-administrativo. Pero lejos de justificar su retroproyección sobre la comentada comparación, estos problemas deberían motivar una reflexión doctrinal sobre el rumbo inducido a la evolución del recurso contencioso-administrativo en tanto que determinante de la prácticamente completa dilución de su faceta de control de una decisión previa del poder público beneficiaria de la presunción de legalidad al servicio del interés general y la paulatina conversión del juez administrativo de un juez especializado sensible al interés general en uno cuya posición-función se aproxima bastante a la del juez civil[11].

[11] Por más que la cuestión apuntada desborde el marco de estas reflexiones, no puede dejar de señalarse que, aun siendo ciertas, positivas e irrenunciables las conquistas alcanzadas en la evolución de lo contencioso-administrativo por lo que hace al imperio del Estado de derecho, existe también un riesgo cierto en el paso desde la concepción revisora a la de conocimiento de las pretensiones deducidas en el proceso para la efectividad de orden constitucional como un sistema, de no complementarse la visión clásica de tutela de derechos frente a la administración (apoyada en el modelo, así mismo clásico, de relación jurídico-administrativa bilateral enjuiciada por el método jurídico estricto). Pues:

• Si es innegable el radical cambio que supone la posición fundamental del ciudadano establecida en el artículo 10.1 CE, no lo es menos que tal posición lo es en el interés general y no contra este (entidad polimorfa), que siempre debe prevalecer por mandato constitucional.

• En el centro del cambio, de las transformaciones que se vienen sucediendo, está, en lo que aquí interesa, la que viene experimentando la dirección y el control sociales (la dirección de la administración mediante la programación normativa y, por tanto, la relación entre normación y ejecución y las condiciones en que esta ocurre), de modo que el juez se ve abocado a resolver, no supuestos simples de colisión interés privado-interés público, sino de constelaciones complejas de intereses de textura, radio de acción, sentido y alcance muy diversos en los que no es factible la solución simple mediante el querido y manido mecanismo de la subsunción, sino exigente del mucho más difícil de la ponderación (R. ALEXY). Con la consecuencia del paso a primer plano no tanto de la decisión y su motivación, cuanto del proceso conducente a la toma de esa decisión y de su correcto desarrollo. Lo que no deja de repercutir sobre el papel de retroalimentación de la programación normativa de la actuación administrativa que corresponde a la jurisprudencia.

El riesgo aludido es el de pase a un muy segundo plano, cuando no a la marginación, de la dimensión de control (que constituye, en realidad, su esencia) de la jurisdicción contencioso-administrativa y, por tanto, de desvirtuación (por desfiguración) de su función constitucional, que es singular y específica: la de prestación de la tutela del artículo 24.1 CE en el contexto del

En todo caso, la persistencia del estado actual de indefinición en cuanto al carácter de la sanción administrativa, que induce el efecto "tranquilizador" de la extensión modulada a ella de las garantías penales implica paradójicamente un doble riesgo:

a) El de potencial y negativa descoordinación con el derecho comunitario-europeo, con consecuencias nada despreciables. Pues, sin perjuicio de la inexistencia en dicho derecho de un régimen general en la materia, la jurisprudencia del TJUE tiene establecida la naturaleza no penal tanto de las sanciones previstas por el derecho comunitario y aplicadas directamente por los órganos e instituciones comunitarios, como de las sanciones que, si también establecidas por el derecho comunitario, deben ser y son aplicadas y, por tanto, impuestas por las autoridades nacionales[12].

b) Y también, en todo caso, de un efecto inverso al perseguido, por demás perverso: el del empleo de la sanción administrativa como un mecanismo efectivamente punitivo independiente y paralelo al penal. Acreditan que no se trata de un riesgo teórico las propuestas en curso de supresión de las faltas penales en sede de reforma del Código Penal (con supuesta conversión automática de ellas en sanciones administrativas) y la increíble potenciación de las sanciones en sede de reforma de la Ley de Seguridad Ciudadana (potenciación que desfigura completamente el instituto de la sanción administrativa). La sanción administrativa es lo que es (un instrumento auxiliar para la consecución del interés general perseguido en un sector administrativizado) y no puede convertirse, legítimamente al menos, en un instrumento de real punición retributiva soslayando la sede natural de esta.

Para determinar lo que realmente sea la sanción administrativa, pues, lo decisivo es el plano sustantivo, ya que es perfectamente plausible la extensión a un instrumento de las garantías del otro conservando ambos el carácter que a cada uno le es propio.

En realidad, el enturbiamiento de la cuestión procede de la asunción por el Tribunal Constitucional del discutible *ius puniendi* del Estado y su carácter supuestamente único (con lo que la pena y la sanción administrativa se ofrecen inevitablemente como sus meras manifestaciones)[13]. La ambigüedad

---

control de la legalidad de la actuación de la administración (legalidad de la que forma parte el interés general que justifica la tarea servicial de aquella). Lo que remite al complejo sistema de controles (diversos) de los poderes públicos inscrito en la CE y que en una democracia escéptica como la actual adquiere renovada importancia. Por tanto: plena jurisdicción sí, pero no "normalización" de la jurisdicción por el rasero de la ordinaria común que, sin embargo, se viene produciendo.

[12] Al respecto, véase, M. López Benítez, "El marco constitucional de las sanciones comunitarias", en *DA*, núm. 359.

[13] Los pronunciamientos del Tribunal Constitucional al respecto son numerosos (arrancando nada menos que de la STC 2 de 1981, de 30 de enero), pero basta con la cita de la STC

del lenguaje ordinario no contribuye a disipar la turbiedad así generada en cuanto hace a la relación entre los instrumentos punitivo y sancionador: mientras el verbo *punir* y el sustantivo *pena* tienen un significado preciso (los de "castigar a un culpado" y "castigo impuesto conforme a la ley por los jueces o tribunales a los responsables de un delito o falta", única y primera acepción no desmentida por las restantes, respectivamente), el verbo *sancionar* y el sustantivo *sanción* son más amplios y, por tanto, proclives a la polisemia[14].

Tampoco las prescripciones constitucionales más directamente referidas al asunto son concluyentes:

a) La prohibición constitucional de sanciones administrativas (de la administración civil) que impliquen privación de libertad se establece ciertamente en el mismo precepto (CE, art. 25) en que se determinan las garantías de orden penal y a continuación de ellas. Pero tal prohibición no participa de la condición

---

77 de 2010, de 10 de octubre, en la que —con cita de la STC 188 de 2005— se afirma ya sin matización alguna y a propósito del principio *non bis in idem* que "[...] el *ius puniendi* aparece compartido en nuestro país entre los órganos judiciales penales y la administración [...]".

Pero debe hacerse notar que 1) el *ius puniendi* se trae a colación a partir del principio general del *non bis in idem* (una garantía), principio no expresamente proclamado por el texto constitucional, y (siendo una categoría dogmática y no jurídico-positiva) se afirma, por tanto, al servicio exclusivamente de tal garantía (sin pretensión alguna de calificación sustantiva); y 2) la eficacia inhibitoria de la doble reacción estatal de tal construcción no es total, pues puede ceder cuando concurre una relación de supremacía especial. Y ello ya desde la STC 2 de 1981, de 30 de enero, pero también en todas las posteriores (p. ej., SsTC 158 de 1985, de 27 de noviembre; 2 de 2003, de 16 de enero, y 188 de 2005, de 7 de julio), siendo destacable la STC 177 de 1999, de 11 de octubre, en tanto que —en un caso de sanción administrativa previa a la condena penal— desplaza a segundo plano la garantía de preferencia de la reacción penal para, sobre la base de la seguridad jurídica, mantener la sanción administrativa impuesta.

[14] *En el Diccionario de la lengua española*, de Real Academia:

—Sancionar tiene tres acepciones consignadas por este orden: "1. Dar fuerza de ley a una disposición; 2. Autorizar o aprobar cualquier acto, uso o costumbre; y 3. Aplicar una sanción o castigo'.

Y sanción cuenta hasta con cinco acepciones (enumeradas, significativamente, en orden diferente): '1. Pena que una ley o un reglamento establece para sus infractores; 2. autorización o aprobación que se da a cualquier acto, uso o costumbre; 3. acto solemne por el que el jefe del Estado confirma una ley o estatuto; 4. mal dimanado de una culpa o yerro y que es como su castigo o pena; y 5. estatuto o ley'.

La traslación al campo jurídico del significado más genérico del concepto 'sanción' y, correlativamente, del de 'infracción', aparece claramente en la STC 77 de 2010, de 19 de octubre, cuando dice:

"Ya en la STC 2 de 1981, de 30 de enero, se situó el principio *non bis in idem* bajo la órbita del art. 25.1 CE, a pesar de su falta de mención expresa, dada su conexión con las garantías de tipicidad y legalidad de las infracciones, y se delimitó su contenido como la prohibición de duplicidad de sanciones en los casos en que quepa apreciar una triple identidad del sujeto, hecho y fundamento (FJ 4; así como, entre muchas otras, SSTC 2 de 2003, de 16 de enero, FJ 3; 236 de 2007, de 7 de noviembre, FJ 14)".

de garantía frente al ejercicio de la potestad sancionadora, siendo en realidad un límite constitucional a esta. Lo cual es sustancialmente distinta y aboga más bien en favor de la diferencia cualitativa entre la potestad sancionadora y la punición penal.

b) Y la reserva al poder judicial, a título de garantía y en el artículo 18.2 CE, del levantamiento de la inviolabilidad del domicilio únicamente expresa la posición constitucional de aquel poder en el aseguramiento de la fundamental que se reconoce al ciudadano (art. 10.1 *ibid.*) y, por tanto, la exclusión del radio de acción de la autotutela gubernativo-administrativa. Lo que todo lo más dice aquí también de la diferencia cualitativa de las funciones de juzgar y gobernar-administrar.

Se quiera o no, y como creo que —desde el campo penal— ha demostrado C. SUAY[15], en la admisión de un *ius puniendi* del Estado siguen operando elementos de arrastre histórico y, en concreto, la construcción dogmática —comprensiva de las doctrinas del principio monárquico y de los derechos públicos subjetivos— elaborada por los grandes juristas alemanes y, destacadamente, por F. J. STAHL / K. F. W. VON GERBER / P. LABAND y G. JELLLINEK a lo largo del siglo XIX[16]. Se trata, en efecto, de una construcción que, inscrita en la peculiar evolución constitucional alemana fundada en el principio monárquico, tiene por objetivo la juridificación del Estado mediante la afirmación de su personalidad (su condición de sujeto titular de derechos) y su autolimitación (su sometimiento al derecho), que se complementa (explicando las relaciones jurídico-públicas) con la compleja teoría de los derechos públicos subjetivos elaborada sobre el modelo de los correspondientes institutos iusprivatistas. Con la consecuencia de la derivación de la personalidad de la titularidad por el Estado de derechos públicos subjetivos (pues la alternativa sería la negación de la condición de sujeto del derecho). De donde, a su vez, la afirmación, en sede del derecho penal, del derecho público subjetivo del Estado a castigar, es decir, del *ius puniendi*.

Ya K. BINDING[17], que partía de la tesis de que los delincuentes no infringían tanto las normas penales (pues la acción delictiva más bien realiza —cumple— los elementos de los tipos penales), como en verdad las normas del derecho público, sostiene que el Estado —al tener por misión proteger al individuo de

[15] CELIA SUAY, "Refutación del *ius puniendi*", en LUIS ARROYO ZAPATERO e IGNACIO BERDUGO GÓMEZ DE LA TORRE, *Homenaje al Dr. Marino Barbero Santos: in memoriam*, vol. I, Salamanca, Universidad de Castilla-La Mancha y Universidad de Salamanca, 2001.

[16] FRIEDERICH JULIUS STAHL, *Das monarchische Prinzip. Eine staatsrechtlich-politische Abhandlung,* Heidelberg E.A. Mohr, 1845; KARL FRIEDRICH VON GERBER, *System des deutschen Privatrechts*, Jena, F. Mauke, 1863; *id.*, *Grundzüge eines Systems des deutschen Staatsrechts*, Leipzig, B. Tauchnitz, 1865; PAUL LABAND, *Das Staatsrecht des Deutschen Reichs,* Tübingen, Laupp, tres volúmenes 1876-1882; y GEORG JELLINEK, *Das System der subjektiven* öffentlichen *Rechte*, Freiburgo, J.C.B Mohr (P. Siebeck), 1892.

[17] KARL BINDING, *Grundriss des deutschen Strafrechts. Allgemeiner Teil,* Leipzig, Ed. von W. Engelmann, 1902 (6ª ed. mejorada y ampliada).

la lesión de sus derechos— puede por ello exigirle el respeto del orden jurídico. La puesta en cuestión por el delincuente de la autoridad de la ley determina, así, el derecho del Estado a la punición por intermedio del corolario del deber de aquel respeto: las relaciones de subordinación, diferenciadas en generales (en el ámbito externo o referido a los súbditos) y especiales (en el ámbito local o referido a los súbditos integrados en grado diverso en el aparato del Estado). El derecho del Estado a obediencia (consecuencia de la referida subordinación) se transforma así, según K. Binding y en caso de delito, en derecho a la pena conforme a su regulación normativa (de donde la diferenciación entre derecho penal objetivo y subjetivo)[18]. Ahora bien —y esto es importante—, como la pena tiene condición retributiva (*quia pecatum*), la sanción impuesta en el ámbito interno (administrativo) tiene naturaleza distinta en la medida en que solo persigue la simple corrección de las conductas (*ne pecetur*), razón, por la que en la concurrencia de una y otra no rige el principio *non bis in idem*.

Sin perjuicio de la posterior crítica kelseniana a semejante construcción[19], esta ha tenido —y en buena medida sigue teniendo— una gran influencia en el desarrollo del derecho penal (desde luego el positivista). Se entiende, pues, que en el período de entreguerras, A. Rocco —además de profesor de derecho, diputado y ministro de Justicia y de asuntos del Culto de Italia entre 1925 y 1932, promotor de los Códigos Penal y de Procedimiento Penal de 1930— considere[20] al delito desobediencia a la ley penal expresiva de la voluntad general y concibe consecuentemente el *ius puniendi* como derecho subjetivo derivado del *status subiectionis generalis*, llegando a afirmar que quien le niegue al Estado tal derecho de punir le cierra la puerta a toda comprensión y fundamentación del sistema de Derecho penal.

Es esta visión subjetiva, que subsiste al día de hoy[21], la que conduce a la puesta en duda teórica de la legitimación de la potestad sancionadora admi-

[18] En el planteamiento de K. Binding luce la absorción por el derecho penal del "derecho penal de policía" (que se consuma con la legislación procesal penal del Reich de 1º de febrero de 1877) desarrollado en Alemania (principal exponente: Paul Johann Anselm Ritter von Feuerbach) y referido a la defensa frente a peligros (*cura advertendi mala futura*), en cuyo contexto se distinguió el delito natural (lesión de derechos subjetivos) de la mera infracción como simple injusto policial. Binding, en efecto, considera ya la legislación de policía una auténtica legislación penal. Sobre esta evolución, véase Eduardo Cordero Quinzacara, "El derecho administrativo sancionador y su relación con el derecho penal", en *Revista de Derecho*, vol. xxv, núm. 2, diciembre 2012.

[19] Basada en la negación de la "personalización" del Estado (visión antropomórfica de este), al considerarlo un mero centro de imputación de efectos derivados de las normas jurídicas, y conducente a la objetividad del derecho, en la que el deber jurídico no es otra cosa que la norma subjetivizada.

[20] A. Rocco, "Sul concetto del diritto subiettivo di punire", en *Opere giuridiche: scritti giuridici vari*, vol. iii, Roma, Società Editrice del "Foro Italiano", 1932.

[21] Véanse las referencias doctrinales extranjeras y españolas que así lo acreditan en Celia Suay, "*Refutación...*", cit.

nistrativa[22] y la afirmación de la unidad del derecho sancionador[23], pero no es hoy, sin embargo, general[24] tras las críticas de que ha sido objeto en el propio campo penal desde la afirmación de la facultad de punir como poder jurídico que no pertenece a la administración sino justamente al juez[25]. En esta línea es compartible la posición de CELIA SUAY[26], que sosteniendo la obsolescencia en el constitucionalismo actual del concepto de la relación de sujeción especial, postula la superación también del de relación general de sujeción (ya KELSEN señaló que el Estado no tenía una posición supraordenada a la de los sujetos ordinarios, sino coordinada con ella, por lo que el mantenimiento de aquella es contraria a los presupuestos del Estado democrático de derecho) y de la doctrina de los derechos de los individuos como límites al poder del Estado, concretamente su *ius puniendi*. No son los derechos y los bienes jurídicos los que imponen límites al poder punitivo, sino que es la ley penal (constitucional) la que pone límites a la libertad y los derechos que de ella derivan. Tanto el poder público como los ciudadanos están sometidos al Estado de derecho y su ordenamiento jurídico (CE, art. 9.1). Pero de ello no se deduce tanto una sujeción general de los ciudadanos a los poderes, cuanto que estos están al servicio de aquellos, debiendo respetar, proteger y fomentar los derechos y libertades y orientar su actividad por los principios rectores de la política social y económica. Entre los medios que los poderes públicos pueden utilizar para estos objetivos están

[22] Por todos, E. GARCÍA DE ENTERRÍA, "Consideraciones jurídico-administrativas sobre las jurisdicciones punitivas especiales", cit.; y "El problema jurídico de las sanciones administrativas", cit.; EDUARDO GARCÍA DE ENTERRÍA y TOMÁS-RAMÓN FERNÁNDEZ, *Curso de derecho administrativo*, vol. II, 13ª ed., Madrid, Civitas-Thomson Reuters, 2013; y RAMÓN PARADA, *id.*, "El poder sancionador de la administración y la crisis del sistema judicial penal", en *RAP*, 67, 1972; *Evolución y constitucionalización de las infracciones administrativas*, PJ 4 (1982); y *Derecho administrativo*, t. I, Parte General, 19ª ed., Madrid, Marical Pons, 2012.

[23] En el campo penal, MIGUEL BAJO FERNÁNDEZ, "La unidad del derecho sancionador", en *Estudios jurídicos en homenaje al profesor Luis Díez-Picazo* (A. Cabanillas Sánchez, Cord.), vol. IV, 2002; y en el campo administrativo, ALEJANDRO NIETO, *Derecho administrativo sancionador*, 5ª ed., Tecnos, 2012, que —a pesar de su posición crítica respecto del *ius puniendi*— acepta un *ius publicum puniendi* capaz de albergar las potestades judicial penal y administrativa sancionadora.

[24] En nuestra doctrina, TOMÁS VIVES ANTÓN y MANUEL COBO DEL ROSAL, *Derecho penal. Parte general*, 5ª ed., Valencia, Tirant lo Blanch, 1999; DIEGO MANUEL LUZÓN PEÑA, *Curso de derecho penal*, t. I, Parte general, Madrid, Universitas, 1996; GONZALO QUINTERO OLIVARES, *Represión penal y Estado de derecho*, Barcelona, Dirosa, 1976; GONZALO QUINTERO OLIVARES, FERMÍN MORALES PRATS y MIGUEL PRATS CANUT, *Curso de derecho penal. Parte General*, Barcelona, Cedecs, 1996; y GONZALO RODRÍGUEZ MOURULLO, *Derecho penal. Parte General*, Madrid, Civitas, 1978.

[25] FRANCESCO ANTOLISEI, *Manuale di Diritto penale. Parte generale* (16ª ed. actualizada e integrada por L. Conti), Milano, Giuffrè, 2003; versión en español: *Manual de derecho penal* (trad. de Juan del Rosal y Angel Torio), Buenos Aires, Uthea, 1969; también: *Manual de derecho penal; parte general*, Bogotá, Edit. Temis, 1988.

[26] SUAY, "Refutación...", cit.

implícitos la pena y la sanción, que son puros instrumentos resultantes de apoderamientos constitucionales (o reconducibles a la norma constitucional), en modo alguno fines en sí mismos.

Con esta perspectiva, que permite otra interpretación del orden constitucional, resulta cuestionable la identidad de naturaleza entre la pena y la sanción administrativa, entendida —cual es procedente— como una técnica más al servicio de la efectividad de las políticas públicas formalizadas en los programas legales que ha de ejecutar la administración[27]. Basta para la duda el siguiente interrogante: ¿por qué se admite sin restricción la índole administrativa de las potestades de prevención de la infracción del orden jurídico mediante órdenes y prohibiciones (con incidencia incluso en la libertad deambulatoria) e incluso acciones sobre el cuerpo de las personas (cacheos), las de revocación de títulos habilitantes (incluso para el ejercicio de profesión u oficio; como, por ejemplo, el de piloto de aviación), y la de restablecimiento del orden jurídico infringido mediante la imposición de obligaciones de hacer y no hacer con incidencia en grado diverso en bienes (hasta su completo sacrificio, como —por ejemplo— en el caso de la demolición en el urbanismo), con proyección en su ejercicio de la autotutela y se discute, sin embargo, la de la potestad de imponer sanciones? Mas aún ¿por qué sucede lo mismo con las multas coercitivas[28] y el comiso con motivo de la imposición de una sanción? La prueba de la debilidad del actual estado de la cuestión la proporciona la exclusión o, cuando menos, fuerte modulación por la doctrina del Tribunal Constitucional[29] y, con ella, la

[27] Esta afirmación se realiza sin desconocer la diversidad propia del fenómeno sancionador administrativo, pues la potestad sancionadora no la atribuye el legislador siempre en los mismos términos, sino en los que resultan pertinentes en función de la materia de que se trate. Las ulteriores consideraciones que se desarrollan en el texto deben entenderse, pues, en el plano teórico general en que se formulan a efectos del deslinde de principio con el poder punitivo judicial y sin perjuicio de las modulaciones y gradaciones que impongan, en su caso, las diferentes manifestaciones de la potestad sancionadora.

[28] Valga como ejemplo de la entidad que ha llegado a adquirir el instituto de ejecución forzosa "multa coercitiva" la habilitación a la Comisión Nacional de la Competencia por el artículo 67 de la vigente ley 15 de 2007, de 3 de julio, de defensa de la competencia, para imponer, con el requerimiento previo de cumplimiento y a las empresas, asociaciones, uniones o agrupaciones de estas y agentes económicos en general, multas coercitivas de hasta nada menos que 12.000 euros al día con el fin de obligarlas a: a) cesar en una conducta que haya sido declarada prohibida conforme a lo dispuesto en la ley; b) deshacer una operación de concentración que haya sido declarada prohibida conforme a lo dispuesto en la ley; c) la remoción de los efectos provocados por una conducta restrictiva de la competencia; d) el cumplimiento de los compromisos o condiciones adoptados en las resoluciones de la Comisión Nacional de la Competencia o en los acuerdos de Consejo de Ministros; e) el cumplimiento de lo ordenado en una resolución, requerimiento o acuerdo de la Comisión Nacional de la Competencia o del Consejo de Ministros; f) el cumplimiento del deber de colaboración; y g) el cumplimiento de las medidas cautelares.

[29] Entre otras, SsTC 2 de 1981, de 30 de enero; 2 de 1987, de 21 de enero; 219 de 1989, de 21 de diciembre; 61 de 1990, de 29 de marzo; 234 de 1991, de 10 de diciembre; 48 de 1996, de 25 de marzo, y 112 de 1996, de 24 de marzo.

jurisprudencia contencioso-administrativa[30] de la aplicación del principio *non bis in idem* al ejercicio de la potestad sancionadora en el ámbito de las relaciones especiales de sujeción.

El hecho histórico de la confusión de poderes en el régimen absoluto y la específica evolución de su división en el proceso de construcción del Estado de derecho, con reserva al poder judicial de la imposición de penas y, desde luego, las privativas de libertad, no bastan para sostener —en el orden constitucional actual— la diferencia solo formal (y, por tanto, la identidad sustancial) de pena y sanción administrativa. El acento puesto constitucionalmente en las garantías frente a la privación de la libertad personal (y su entrega al poder judicial) trae aún causa de la reacción inicial frente a la arbitrariedad del poder absoluto del monarca, sin que de ello quepa extraer la condición de "pena menor" de la sanción administrativa. Opera aquí la misma distorsión que la denunciada en su día por J. García Morillo[31] en punto a la interpretación del artículo 17 CE solo en clave de las garantías penales, distorsión que, acogida en la doctrina del Tribunal Constitucional[32], oculta el hecho de que las restricciones a la libertad personal permitidas por el artículo 17 CE no se circunscriben a la privación de ella bajo la garantía del juez penal (la detención y la prisión), coexistiendo lícitamente con ella las afectaciones administrativas en sede de la seguridad y el orden públicos; coexistencia absolutamente necesaria para el buen funcionamiento de la vida social y admitida con naturalidad en los textos internacionales determinantes[33]. Del texto constitucional mismo lo que deriva es:

[30] SsTS de 2 de febrero y 8 de marzo de 1984; 22 de febrero de 1985; y 6 de mayo de 1988.

[31] Joaquín García Morillo, *La libertad personal*, Valencia, Universidad de Valencia, 1995.

[32] De la cual resulta: a) el recto entendimiento del concepto de libertad que figura en el artículo 17 CE como condición del íntegro sistema de garantías de dicho precepto (STC 98 de 1986, de 10 de julio); b) la identificación de la libertad personal con la libertad frente a la detención (STC 120 de 1990 de 27 de junio, que reitera las anteriores 126 de 1987, 22 de 1988 y 61 de 1990); y c) la consideración de la detención como cualquier situación en que la persona se vea impedida u obstaculizada para autodeterminar, por obra de su voluntad, una conducta lícita, de suerte que consiste en una situación fáctica tal que no cabe encontrar zonas intermedias entre la detención y la libertad (STC 98 de 1986 citada).

[33] El artículo 29.2 de la Declaración Universal de los Derechos Humanos establece:

"En el ejercicio de sus derechos y en el disfrute de sus libertades, toda persona estará solamente sujeta a las limitaciones establecidas por la ley con el único fin de asegurar el reconocimiento y el respeto de los derechos y libertades de los demás, y de satisfacer las justas exigencias de la moral, del orden público y del bienestar general en una sociedad democrática".

Y el art. 5.1 del Convenio de Roma para la Protección de los Derechos Humanos dispone:

"Toda persona tiene derecho a la libertad y a la seguridad. Nadie puede ser privado de su libertad, salvo en los casos siguientes y con arreglo al procedimiento establecido por la ley:

"[...] d) Si se trata de la privación de libertad, conforme a derecho, de un menor con el fin de vigilar su educación, o de su detención, conforme a derecho, con el fin de hacerle comparecer ante la autoridad competente;

• La identificación de la detención y la pena (imponible solo sobre la base de la ley así mismo penal) como instrumentos con identidad propia ligados primariamente a la vida, la integridad física, la intimidad personal y familiar y la libertad personal (CE., arts. 15; 17. 2, 3 y 4; 18.1 y 2; 24.2 y 25.2).

• La posibilidad de la afectación de la libertad no solo por el juez que decide la detención o aplica la pena, sino también por el complejo Gobierno-administración (art. 17.1 *ibid.*, en la medida en que remite a los casos y formas previstos en la ley; art. 19 *ibid.*, ya que no reserva al juez la limitación de la libertad de residencia y de entrada al territorio nacional y salida de él; e, implícitamente, artículos 16.1 y 21.2 CE, en tanto que fijan el orden público (fin de la misión de las fuerzas y cuerpos de la seguridad del Estado, es decir, de la administración conforme al art. 104 CE) como límite a los derechos fundamentales que reconocen.

• El implícito reconocimiento de la identidad de la sanción administrativa (regida, como cualquier otra potestad administrativa, por el principio de legalidad) en la prohibición de los tribunales de honor únicamente en el ámbito de la administración civil y las organizaciones profesionales (art. 26).

La jurisprudencia del Tribunal Europeo de Derechos Humanos[34] en modo alguno obliga a una interpretación distinta (la de asimilación al derecho penal)

"e) Si se trata de la privación de libertad, conforme a derecho, de una persona susceptible de propagar una enfermedad contagiosa, de un enajenado, de un alcohólico, de un toxicómano o de un vagabundo;

"f) Si se trata de la privación de libertad o de la detención, conforme a derecho, de una persona para impedir su entrada ilegal en el territorio o contra la cual esté en curso un procedimiento de expulsión o extradición".

[34] En la sentencia de 8 de junio de 1995, Jamil c. Francia, se señala: " [...] 30. La Cour rappelle que la qualification de «peine» contenue dans l'article *7§1* possède une portée autonome. Pour rendre efficace la protection offerte par cette disposition (art. 7§1), la Cour doit demeurer libre d'aller au-delà des apparences et apprécier elle-même si une mesure particulière s'analyse au fond en une «peine» au sens de cette clause (art. 7-1) [... / ...]. 31. Le libellé de l'article 7§1, seconde phrase, indique que la base de toute appréciation de l'existence d'une peine consiste à déterminer si la mesure en question est imposée à la suite d'une condamnation pour une «infraction». D'autres éléments peuvent être estimés pertinents à cet égard: la qualification de la mesure en droit interne, sa nature et son but, les procédures associées à son adoption et à son exécution, ainsi que sa gravité. [... / ...]. 32. Prononcée par la juridiction répressive et destinée à exercer un effet dissuasif, la sanction infligée à M. Jamil pouvait aboutir à une privation de liberté de caractère punitif (voir, mutatis mutandis, les arrêts Engel et autres c. Pays-Bas du 8 juin 1976, série A núm. 22, pág. 35, par. 82, et Öztürk c. Allemagne du 21 février 1984)".

Según el TEDH, pues, el concepto "acusación en materia penal" del art. 6º del Convenio europeo tiene carácter autónomo respecto de las categorías empleadas por los ordenamientos internos de los Estados (STEDH de 26 de marzo de 1982, asunto Adolf c. Austria, siendo aplicable solo en los términos propios del Convenio de 1950, dependiendo de la apreciación de su concurrencia —además de la existencia de un reproche de comisión de una infracción penal— de la existencia o inexistencia de repercusiones importantes sobre la situación de la persona afectada. (STEDH de 15 de julio de 1982, asunto Eckle c. Alemania). Se entiende así del orden constitucional, pues no puede perderse de vista que —ante la diversidad de los derechos nacionales— opera con "conceptos autónomos" y precisamente indagando, más allá de las apariencias y en función del valor de la libertad personal y, por tanto, de su privación, lo que sea en cada caso verdadera o sustantivamente "detención" o "pena".

Alcanzado este punto, estrictamente preciso resulta advertir que no se trata aquí en modo alguno de resucitar el de todo punto superado debate sobre el llamado derecho penal administrativo ligado a los planteamientos de J. Goldschmidt[35] y A. Merkl[36]. Pero aunque así sea (y deba ser), es perfectamente lícito y procedente aprovechar los argumentos válidos de la posición de uno y otro autor. Del primero es destacable la referencia del derecho penal a la protección de la libertad personal (con la consecuencia de su caracterización por la verdadera antijuricidad[37]) y la del sancionador administrativo a la promoción del bien público (con la consecuencia de su caracterización por la perturbación del fin perseguido por la acción administrativa[38]), sin perjuicio de reconocer la relatividad del deslinde de los campos respectivos (por la entrega de su delimitación al legislador). Y del segundo lo es, aparte la alusión (de otro lado excesiva, pero acorde con la época) a la libre disposición del legislador, el acento en la condición —la sanción de las infracciones— de potestad administrativa ejercida, tras la tramitación de procedimiento administrativo, mediante la adopción de un acto administrativo. La combinación entre el criterio de diferenciación teleológica y la relativización de la diferencia con destacamiento de los elementos

---

que tiene carácter penal todo reproche que presente tales características, aunque la correspondiente infracción haya sido despenalizada (es decir, "administrativizada") en el Estado miembro (a fin de no dejar en la discreción de los Estados miembros aplicar el Convenio; STEDH de 21 de febrero de 1984, asunto Oztürk c. Alemania). La clave para la calificación como penal o no la integran los criterios fijados en la sentencia de 8 de junio de 1976, asunto Engel y otros c. Paises Bajos: 1) calificación jurídica en el derecho interno; 2) naturaleza de la infracción (criterio de gran importancia, que guarda relación principalmente con la finalidad disuasoria o represiva de la norma); 3) gravedad de la pena-sanción posible. En la STEDH de 25 de agosto de 1985, asunto Lutz c. Alemania, la aplicación de tales criterios aboca en la consideración como acusación materialmente penal, dada la gravedad de la repercusión sobre la persona afectada, de una sanción por infracción de las normas de circulación vial.

[35] James Goldschmidt, *Das Verwaltungsstrafrecht; eine Untersuchung der Grenzgebiete zwischen Strafrecht und Verwaltungsrecht auf rechtsgeschichtlicher und rechtsvergleichender Grundlage,* Berlin, C. Heymanns, 1902.

[36] Adolf Merkl, *Allgemeines Verwaltungsrecht*, Verlag Österreich GmbH, 1999 (la primera edición es de 1927); versión en español: *Teoría general del derecho administrativo*, Granada, Comares, 2004.

Dejando de lado ahora la posición de E. Wolf, en cuya opinión el derecho penal administrativo es formalmente derecho administrativo y materialmente derecho penal.

[37] Expresivamente en Oreste Ranelletti ("La polizia di sicurezza", en *Primo Trattato completo di Diritto Amministrativo italiano*, V. E. Orlando (Dir.), t. IV, Milano, Società Editrice Libraria, 1904): *malum quia malum.*

[38] Expresivamente en Ranelletti (*op. cit.*): *malum solo quia prohibitum.*

formales señala en la dirección correcta que apuntan en las posiciones de G. ZANOBINI[39] y, más recientemente, A. M. SANDULLI[40], por un lado, y C. ROXIN y G. JAKOBS[41], por otro: la privación de libertad y, por tanto, la prisión como límite a la sanción administrativa y la procura por esta de los intereses perseguidos por la acción administrativa los dos primeros, respectivamente; y el criterio de la gradación o, incluso, cuantitativo los dos últimos.

En la actualidad no es preciso ni debe recurrirse a criterios metajurídicos (en particular éticos) para diferenciar lo penal de lo sancionador administrativo. Esa diferencia es jurídico-positiva y resulta sin más del orden constitucional, como demuestra la reconstrucción en Alemania de un derecho sancionador administrativo autónomo respecto del penal (el *Ordnungswidrigkeitenrecht*, que debe mucho al impulso, sobre todo en materia económica, de la obra de E. SCHMIDT, cercana a los planteamientos de J. GOLDSCHMIDT), donde la preocupación por el Estado de derecho es especialmente acusada y que puede utilizarse como referencia para el caso español. Sin perjuicio de la extensión a él, con modulaciones, de algunas de las garantías penales, la autonomía de dicho derecho se pone en evidencia en su actuación con arreglo al principio de oportunidad, en claro contraste con el de estricta legalidad que preside el ejercicio de la potestad punitiva penal (en este sentido, en nuestra doctrina, M. MONTORO PUERTO)[42].

Lo decisivo, en efecto, es el carácter constituido de los poderes públicos y de su división o separación, y su puesta total al servicio del orden constitucional sustantivo (CE, arts. 1.1 y 9º) presidido por la posición fundamental reconocida a la persona y el libre desarrollo de su personalidad en sociedad (art. 10, *ibid.*) y estructurado en función de dicho valor en torno a los extremos representados por las libertades y derechos íntimamente ligados a este y los de contenido preferentemente social en los términos que resultan de la articulación sistemática del título I CE y, concretamente, del artículo 53 CE. Los poderes públicos son, en esta perspectiva, instrumentos para la realización constante del orden constitucional a partir de la lógica de su división funcional básica y, por tanto, su diferenciación directamente dispuesta por la Norma Fundamental. El que la ultimación de la distribución de cometidos y responsabilidades entre ellos sea resultado de la configuración legal, ni pone en cuestión el Estado de Derecho, ni

[39] GUIDO ZANOBINI, *Le sanzioni amministrative*, Torino, F. Bocca, 1924.

[40] ALDO SANDULLI, *Manuale di Diritto Amministrativo*, Napoli, Jovene, 1984.

[41] CLAUS ROXIN, *Derecho penal.* t. I, Parte General, Madrid, Civitas, 1997; y GÜNTHER JAKOBS, *Derecho penal. Parte general*, 2ª ed., Madrid, Marcial Pons, 1997.

[42] MIGUEL MONTORO PUERTO, *La infracción administrativa, características, manifestaciones y sanción*, Barcelona, Nauta, 1965. Para esta autora la identidad de la potestad sancionadora luce en el principio de oportunidad, al decir "[...] poseyendo la administración la potestad de sancionar las infracciones cometidas contra el ordenamiento jurídico administrativo, surge de esa potestad el derecho de imponer la sanción al caso concreto, derecho que puede ser ejercitado o no, según convenga al mejor cuidado de los intereses de cautela".

convierte en fruto del libre arbitrio la diferencia analizada, toda vez la referida configuración es siempre una operación inscrita en, el orden constitucional en conjunto, dirigida por él y controlable a partir de este.

En el orden constitucional, en efecto, ambas potestades (la punitiva judicial y la sancionadora administrativa) tienen un núcleo propio, girando la penal en torno a la retribución por la lesión de bienes capaces de justificar la restricción de la libertad personal y la administrativa a la mera corrección de comportamientos que comprometen la efectividad de los fines y objetivos de la programación administrativa de políticas públicas. La existencia de zonas secantes en el halo de los respectivos campos derivados de la configuración legal no desmiente la diferencia resultante y es susceptible de control por la vía, bien sea de previsiones expresas constitucionales (como, por ejemplo, las de los artículos 45 y 46, *ibid.*), bien sea de principios generales, especialmente el de proporcionalidad. Pues es claro que el recurso al específico instrumento de dirección y control social que representa la sanción solo puede ser válido cuando se mantiene en línea de continuación de tal funcionalidad, es decir, se pone al servicio exclusivamente de la efectividad de la pertinente política pública (con ausencia de todo contenido, finalidad y efecto verdaderamente aflictivos propios de la pena) o, lo que es lo mismo, de la desmotivación de conductas contradictorias con el interés general (constituyendo así una alternativa o, en su caso, complemento de técnicas positivas de incentivo a la persecución de dicho interés general, de fomento)[43]. Lo que significa: es inadecuado cuando la respuesta o reacción frente a transgresiones del orden jurídico, al no ser instrumental en el sentido indicado, deba, de acuerdo con el orden constitucional, revestir la gravedad propia de la reprobación de la comunidad (y el correspondiente castigo), tener consecuencias de importancia significativa para el transgresor (por eso mismo el art. 25.2 CE establece solo para las penas y las medidas de seguridad adoptadas igualmente en sede penal —es decir, no para las sanciones administrativas— la orientación a la reeducación y reinserción social, no pudiendo consistir en trabajos forzados; con aclaración de que el condenado a pena de prisión: 1) goza —durante el cumplimiento de la condena— de los

[43] Acreditar el expresado carácter instrumental de la sanción administrativa con datos jurídico-positivos es tarea fácil. Baste de nuevo con traer a colación aquí la regulación que de la exención del pago de multas o de reducción del importe de esta por puras razones prácticas ligadas a la facilitación de la efectividad de la política pública de libre competencia (incentivación de la colaboración para la realización del interés general) hace la ley 15 de 2007, de 3 de julio, de Defensa de la Competencia. Conforme a los artículos 65 y 66 de este texto legal, en efecto, cabe: 1) eximir del pago de multas cuando la empresa o la persona física correspondiente sea la primera en aportar elementos de prueba que permitan ordenar el desarrollo de la pertinente inspección o comprobar una infracción en cuanto a un cártel; y 2) reducir el importe de multas (aún no dándose los requisitos para una exención del pago) cuando se faciliten elementos de prueba que aporten un valor añadido significativo a los que ya disponga la Comisión Nacional de la Competencia.

derechos fundamentales, a excepción de expresamente limitados por el fallo condenatorio, el sentido de la pena y la ley penitenciaria; y 2) tiene derecho a un trabajo remunerado y a los beneficios correspondientes de la seguridad social, y al acceso a la cultura y al desarrollo integral de su personalidad).

En cualquier caso, la configuración legal no representa peculiaridad alguna en el desarrollo constitucional (existen, derechos constitucionales de configuración legal que no por ello están en la libre disposición del legislador). Los procesos de "penalización" y "despenalización" de ilícitos o transgresiones del orden jurídico, aparte poder ser su constitucionalidad objeto de control, se encuadran perfectamente en el margen de apreciación de que goza el legislador para el aludido desarrollo, sin que, por otro lado, puedan hacerse equivalentes dichas innovaciones en la determinación del ilícito penal a unas correlativas desaparición de las correspondientes sanciones administrativas o conversión en ellas. Lo prueba de nuevo la Ley Fundamental de Bonn, en la que el orden de los derechos fundamentales (cap. I) incluye ordinariamente las restricciones a tales derechos en la perspectiva de su legitimación solo por ley o en virtud de una ley, sin referencia alguna al poder capaz para actualizarlas; poder cuya determinación resulta, por tanto, de las determinaciones organizativas[44]. Solo para determinados derechos ligados a la personalidad reserva su restricción a la ley penal (art. 9º libertad de asociación) o la pone bajo la garantía del juez (art. 13: inviolabilidad del domicilio).

Nada hay en la CE que permita singularizar la potestad sancionadora en la acción ejecutivo-administrativa: al Gobierno le están atribuidas (aparte la dirección de la política interior y la exterior) la función ejecutiva (dirigiendo la administración) y la potestad reglamentaria (art. 97 CE) y la administración pública se agota en el servicio con objetividad de los intereses generales actuando, de acuerdo con los principios de eficacia, jerarquía, descentralización, desconcentración y coordinación, con sometimiento pleno a la ley y al derecho (incluso en tal misión la protección del libre ejercicio de los derechos y libertades y la garantía de la seguridad ciudadana; arts. 103.1 y 104.1 CE). No hay especificación alguna de la sanción de las infracciones (como, en otro caso, habría sido necesario), por lo que tampoco hay razón para que esta no sea una potestad administrativa más.

De modo que las referencias constitucionales a los supuestos legitimadores de restricciones o limitaciones de libertades y derechos fundamentales que

[44] Así sucede, con carácter general, en el art. 19 y, en particular, en los supuestos de los derechos la libertad personal —art. 2º—; la libertad de opinión, de medios de comunicación, artística y científica —art. 5º—; la libertad de reunión —art. 8º—; el derecho al secreto de las comunicaciones —art. 10—; las libertades de circulación y residencia —art. 11, donde se enumera casos habilitantes de restricciones que claramente desbordan el radio de acción del poder judicial—; la libertad de profesión —art. 12—; los derechos de herencia y propiedad —art. 14—, y el derecho a la nacionalidad —art. 16—; todos ellos de la Ley Fundamental de Bonn.

afectan o pueden afectar a la administración (así el del orden público en los arts. 16 y 21 CE o el de motivos ideológicos o políticos en el art. 19 CE) deben entenderse como límites constitucionales de la acción ejecutivo-administrativa. Al igual que lo son claramente las prohibiciones de los artículos 25.3 (sanciones que impliquen privación de libertad) y 26 (sanciones en virtud de códigos de honor), ambos de la CE.

Cuestión distinta es, por sus implicaciones históricas, técnico-jurídicas y prácticas, pero sobre todo por obedecer a la lógica del tipo de responsabilidad exigida en el ejercicio de ambas potestades, la de la extensión, en lo pertinente a la imposición de sanciones administrativas no de las garantías propias de la imposición judicial de penas sin más, sino exclusivamente (de forma expresa y clara) del principio de no sanción sin tipificación legal previa de la infracción, lo que no constituye sino especificación, por razón del objeto de la acción administrativa, del principio de legalidad de toda ella. Sin que la ampliación de la aludida extensión a otras garantías penales derivadas del artículo 24.2 CE desmienta el razonamiento, porque no es necesaria (por referirse claramente el precepto constitucional al ámbito penal) y efectuada en todo caso con las modulaciones que se reconoce impone el carácter administrativo de la imposición de sanciones, incluida la nada secundaria de la prestación de la tutela por el juez predeterminado por ley solo bajo la forma de control *ex post* conforme para toda la acción administrativa prescribe el artículo 106.1 CE.

4. Breves consideraciones finales sobre la tarea pendiente en la reconstrucción dogmática del régimen de la sanción administrativa

La ventaja principal que aportaría la asunción del carácter plenamente administrativo de la potestad sancionadora sería la de proporcionar soporte sólido a la adecuada resolución de problemas y dificultades fundamentales que viene padeciendo su régimen jurídico y, en particular, el de dispersión del derecho administrativo sancionador por ausencia de una idónea unificación de su régimen general.

No se trataría de la sujeción del ejercicio de todas las manifestaciones positivas de la potestad sancionadora a un único y rígido marco legal, pues el objeto de cada política pública articulada en forma de programa administrativo que se valga de dicha potestad deja de suyo en dicho objeto su impronta y es necesario que así sea. Pero precisamente esa inevitable diversidad tipológica demanda un régimen fundamental común de ejercicio construido desde ella, disciplinándola solo en lo necesario, especialmente en función del doble criterio de las repercusiones que la correspondiente sanción tenga en la esfera jurídica del ciudadano afectado y de la trascendencia de la culpabilidad en la apreciación de la infracción. En todo caso, la finalidad esencial del régimen común debería ser triple:

a) La fijación de las características y límites de la sanción que impidan su desnaturalización o su confusión o mezcla con meras consecuencias negativas derivadas de la aplicación del derecho objetivo o de actos unilaterales o acuerdos, convenios, pactos o contratos.

Lo primero, para conjurar el peligro no solo de la conversión de la sanción en una punición alternativa a la penal (o que implique una respuesta más grave que esta), sino de su interferencia con otras respuestas administrativas a las transgresiones del orden, significativamente las de restauración de la efectividad de este; la reposición, en su caso, de la realidad física alterada; y la indemnización de los daños y perjuicios ocasionados[45].

Y lo segundo para cortar (en lo posible) la tendencia del legislador a anudar a las sanciones medidas accesorias diversas que tienen sustantividad propia y nada tienen que ver con la corrección de la transgresión en aras a la efectividad de la correspondiente política pública-programa normativo.

[45] Este último aspecto ni siquiera está claro en la regulación básica actual del procedimiento sancionador. El art. 130.2 LRJPAC, aunque establece la compatibilidad de las responsabilidades administrativas del infractor sustanciadas en el procedimiento sancionador (sanción) con la reposición de la situación alterada a su estado originario, y con la indemnización por los daños y perjuicios causados (reparación), deja en el aire —en el inciso relativo a quedar "expedita la vía judicial correspondiente"— la duda de si el acto administrativo puede fijar una indemnización en favor de terceros. Esta imprecisión se ha trasladado a la regulación de concretos sectores, como el de protección del consumidor y, concretamente, el artículo 48 del texto refundido de la Ley General para la Defensa de Consumidores y Usuarios (real decreto legislativo 1 de 2007, de 16 de noviembre). La sola consideración de quedar tal extremo fuera de la competencia de la administración (por pertenecer al poder judicial) carece de consistencia para sostener la inconstitucionalidad de la previsión legal habilitante de esta al efecto (téngase en cuenta que nadie ha puesto seriamente en duda la constitucionalidad de la atribución de funciones arbitrales a las administraciones independientes en los sectores regulados; desde este punto de vista, el art. 130.2 LRJPAC solo habría venido a generalizar previsiones legales sectoriales). En todo caso no puede dejar de tenerse en cuenta que tradicionalmente el Tribunal Supremo ha entendido restrictivamente la potestad de pronunciamientos administrativos sobre indemnización de daños y perjuicios (p. ej., STS de 7 diciembre de 1977, sobre determinación de daños y perjuicios en la riqueza piscícola por causa de la incorporación a las aguas o a sus álveos de sustancias perjudiciales para la fauna acuícola , en la que se entiende tal determinación como una manifestación del privilegio de autotutela sobre el dominio público que siempre debe utilizarse con toda mesura y ponderación). Lo cierto es que en materias como la defensa de bienes e intereses sociales (consumo) o de relevancia constitucional directa (ambiente), la extensión de la competencia de la administración a la indemnización de terceros (con ser criticable desde diversos puntos de vista) resulta una solución que, en la práctica, abre una vía favorable para los particulares ante la inexistencia de una opción mejor para el rápido y efectivo restablecimiento o resarcimiento de sus derechos. Y no deja de haber opiniones doctrinales favorables a la misma por razones de eficiencia y eficacia. Es una cuestión, en todo caso, que justifica mayor atención que la que hasta ahora se le ha prestado.

b) La diferenciación clara, por tanto, de las sanciones (y sus garantías) respecto de las medidas de protección sustantiva de la legalidad tanto por la doctrina del Tribunal Constitucional (recordada en el auto 145 de 2012, de 16 de julio de 2012)[46], como por la jurisprudencia del Tribunal Supremo (recogida en la STS de 23 de febrero de 2011)[47].

[46] Se dice en este auto: "Por lo demás, el art. 36.4 de la ley 26 de 2007 lo que afirma es la independencia de sanciones y medidas de prevención, evitación de nuevos daños y reparación (medioambientales), lo que en nada afecta al art. 25.1 CE, ya que estas últimas no pueden considerarse ni equivalentes a sanciones ni, mucho menos, sanciones encubiertas [...]. Todo ello no es sino una manifestación de la compatibilidad que se reconoce con carácter general entre las responsabilidades administrativas derivadas de un procedimiento sancionador y la posibilidad de exigencia de reposición al estado originario de la situación alterada por el infractor (al respecto, art. 130.2 de la ley 30 de 1992, de 26 de noviembre, de régimen jurídico de las administraciones públicas y del procedimiento administrativo común).

"[...], como recuerda la STC 187 de 2006, de 19 de junio, FJ 3, «En la medida en que las garantías previstas en el art. 25.1 CE solo resultan aplicables a las consecuencias jurídicas de carácter sancionador, no puede pretenderse que se extiendan los efectos de la vulneración de dicho precepto a otras consecuencias, como son las de obligación de reposición del medio alterado, que no tiene una finalidad sancionadora sino de restauración de la legalidad medioambiental». También la STC 252 de 2006, de 25 de julio, FJ 5, recalca la distinta naturaleza de la obligación de reparar el medio ambiente dañado respecto de la predicable de las sanciones administrativas con la consiguiente falta de afectación a las garantías protegidas por el art. 25.1 CE, cuando afirma que «la lesión del derecho a legalidad sancionadora (art. 25.1 CE) solo se produce por la sanción administrativa, pero no se ve comprometido tal derecho fundamental por la imposición de una medida de restablecimiento del medio ambiente lesionado en virtud de la actuación de la demandante de amparo. Siguiendo la argumentación desarrollada en las SSTC 100 de 2003, de 2 de julio; 210 de 2005, de 18 de julio; 98 de 2006, de 27 de marzo, y 187 de 2006, de 19 de junio, hemos de recordar que la imposición de una medida de contenido reparador o indemnizatorio no puede verse alterada por la eventual estimación de este recurso de amparo, dado que no participa de la naturaleza sancionadora propia de la multa impuesta a la entidad recurrente, sanción esta última caracterizada por constituir una consecuencia represiva, retributiva o de castigo, nota que singulariza a las sanciones administrativas dentro del conjunto de los denominados actos de gravamen, según hemos tenido ocasión de recordar en las SSTC 276 de 2000, de 16 de noviembre, FJ 3, y 132/2001, de 8 de junio, FJ 3»".

[47] Se dice en esta sentencia: "[...] Quinto. Cuestión distinta es la relativa a la posibilidad —una vez anulada la sanción— de subsistencia de la indemnización exigida a la recurrente, [...], y que es la valoración —no discutida— del menoscabo causado al dominio público hidráulico, como consecuencia de la captación de agua para riego.

"Nuestro examen sobre esta concreta cuestión comenzará señalando que dicha indemnización, por los daños causados al dominio público hidráulico, es una medida legal diferente de la estrictamente sancionadora, pero compatible con la misma [*sic*], de conformidad con el artículo 130.2 de la ley 30 de 1992, de 26 de noviembre, de Régimen Jurídico de las Administraciones Públicas y del Procedimiento Administrativo Común (LRJPA), [...]. Compatibilidad que, a nivel constitucional incluso se expresa en el artículo 45.3 de la Constitución española que dispone que «Para quienes violen lo dispuesto en el apartado anterior, en los términos que la ley fije se establecerán sanciones penales o, en su caso, administrativas, así como la obligación de reparar el daño causado»".

En la sentencia de 3 de julio de 1997 decíamos a este propósito y por referencia a otro precepto de similares características, en materia de vertidos a aguas fluviales: "La sentencia

c) La superación de las dificultades que plantea la defectuosa regulación actual de las facultades de investigación y obtención de pruebas. La carga de la prueba es, en efecto, uno de los extremos precisados de revisión desde el punto de vista del grado de su modulación respecto de la garantía penal. Y el tratamiento de las actas levantadas por los servidores de la administración precisa mejoras, particularmente por lo que se refiere a la pertinente graduación de la presunción de veracidad en función, por un lado, de las características (tecnicidad, complejidad, etc.) de la materia de que se trate, y, por otro lado, del estatuto del agente actuante, exigiendo en todo caso el estatuto de funcionario y, cuando proceda, de funcionario especializado (con conocimientos adecuados, lo que remite a su formación).

En todo caso existe un problema fundamental y previo que hay que resolver (y cuya trascendencia, teniendo en cuenta el proceso actual de sustitución de las intervenciones administrativas *ex ante* de los actos y actividades de particulares por la intervención *ex post*): el del fundamento, carácter y alcance de la potestad de supervisión (denominada también de vigilancia, inspección, etc.). Por de pronto, las normas no logran aún precisar si se trata de una potestad con diversas manifestaciones, concreciones o grados o de potestades diferentes. El panorama es de pluralidad de atribuciones expresas de esta(s) potestad(es), en especial en los sectores liberalizados y regulados (bajo una autoridad-administración independiente). Pero la cuestión es si, constitucionalmente hablando, cabe o no considerarla(s) una potestad implícita por inherente al Estado (por ser necesaria para el cumplimiento de sus fines, cual sucede con la potestad organizatoria) y, en todo caso, si se precisa una habilitación genérica acompañada de una regulación de las correspondientes características generales. El asunto es

---

impugnada, para llegar a la estimación del recurso, parece partir del presupuesto de que los daños causados al dominio público solo pueden exigirse cuando haya un previo pronunciamiento sancionatorio. Esto no es así, ya que el artículo 30 (del Reglamento de Policía Fluvial de 1958) que se cita en el fundamento cuarto establece que la responsabilidad civil se regirá por la legislación común, lo que supone una invocación a la culpa aquiliana del artículo 1902 del Código Civil y a la obligación de reparar los daños causados, y el 35, también citado en la sentencia, separa con toda claridad la imposición de la sanción con la obligación de reparar los daños causados [...]".

"Esta misma doctrina la hemos reiterado [...] en las sentencias de 19 de enero de 1996 y 30 de junio de 1999 [...].

"Finalmente, en la sentencia de esta sala de 2 de febrero de 2001, con relación a los mismos preceptos legales y reglamentarios ahora analizados, decíamos que «se limitan a consagrar la regla o principio 'quien contamina, paga', que inspira el régimen de protección medioambiental en materia de aguas y de otros recursos naturales y que debe ser rigurosamente exigido por las administraciones *públicas para evitar la degradación de dichos recursos. Principio que, entre nosotros, tiene incluso rango* constitucional al disponer expresamente el artículo 45 de la Constitución española que quienes agredan al medio ambiente tienen la obligación de reparar el daño causado»".

[...]".

importante, porque de ello depende la posibilidad de la afirmación, en la relación administración-ciudadano, de la existencia de un deber de este de suministrar la información necesaria para satisfacer el correspondiente interés general y, en su caso, en qué condiciones y con que límites. Este deber, entonces, podría predicarse tanto del destinatario de la acción en este caso sancionadora, como de terceros que conozcan hechos determinantes o tengan documentos relevantes. El derecho español tiene aún mucho camino que recorrer en este punto, al menos si se toma como punto de referencia el derecho comunitario-europeo.

www.ingramcontent.com/pod-product-compliance
Lightning Source LLC
Chambersburg PA
CBHW061148240926
51846CB00006B/952
9789583510229